미국 예외론의
대안을 찾아서

미국 예외론의 대안을 찾아서

배영수 지음

In Search of an Alternative to American exceptionalism

일조각

영국만 아는 사람은 영국을 모른다.

– 영국 속담 –

차례

서문 ····· 9

제1장 **서론—미국 예외론의 맹점** ····· 23

1. 논쟁의 구도 | 2. 시선의 방향 | 3. 주체와 객체 | 4. 관점과 형성 과정

제1부_노동계급

제2장 **계급의 개념** ····· 51

1. 역사와 사회이론 | 2. 계급 | 3. 문화 | 4. 역사적 유물론 | 5. 톰슨의 학문적 유산

제3장 **노동과정—테일러주의를 중심으로** ····· 85

1. 용어와 쟁점 | 2. 공장제와 분업 | 3. "노동자의 통제"
4. 테일러주의의 등장과 "독점 자본주의" | 5. 테일러주의 | 6. 노동과정과 생산관계

제4장 **주거 공간** ····· 121

1. 도시사와 공간 개념 | 2. 새로운 공간 개념 | 3. 주거지 분화론을 넘어

제5장 **미국 노동운동의 특색** ····· 141

1. 주제와 쟁점 | 2. 용어와 개념 | 3. 사례 | 4. 함의

제2부_계급과 국가

제6장 **엘리트와 권력구조—파워 엘리트 논쟁에 대한 재검토** ····· 171

1. 주제 | 2. 배경 | 3. 논쟁 | 4. 후속 연구 1 | 5. 후속 연구 2 | 6. 최근 동향
7. 역사적 시각 | 8. 권력구조

제7장 **기업가—미국 기업사 연구에 관한 제언** ····· 225

1. 쟁점 | 2. 기업사의 태동 | 3. 챈들러의 패러다임 | 4. 대안을 찾아서

제8장 **중산층** ····· 255

1. 주제 | 2. 형성 | 3. 변형 | 4. 구성 | 5. 과제

제9장 **노사관계의 변형** 285

1. 쟁점 | 2. 단체교섭의 도입 | 3. 단체교섭의 정착 | 4. 케인스주의의 대두 | 5. 해석

제10장 **노사관계의 새로운 양상** 313

1. 쟁점 | 2. 담합주의 이론 | 3. 수권 관리 이론 | 4. 시민권 이론 | 5. 역사적 시각 | 6. 과제

제3부 미국과 세계

제11장 **미국의 인종관계에 대한 새로운 이해** 341

1. 쟁점 | 2. 인종의 개념 | 3. 인종 개념의 역사 | 4. 백인성의 역사 | 5. 백인의 정체
6. 백인성의 해체 전략

제12장 **미국 제국론** 381

1. 쟁점과 용어 | 2. 군사력 | 3. 경제력 | 4. 제도적 권위와 문화적 매력 | 5. 동의와 강제
6. 제국의 개념 | 7. 미국의 제권 | 8. 미국 제국주의의 성격

제13장 **세계화의 제도적 토대** 421

1. 주제 | 2. 시각과 접근방법 | 3. 브레턴우즈 체제의 수립 | 4. 브레턴우즈 체제의 변형
5. 국제 분업 구조의 변형 | 6. 미국의 역할

제14장 **세계화, 근대화, 그리고 미국화—전후 유럽의 미국 대중문화 수용에 관한 논쟁** 449

1. 주제 | 2. 문화적 제국주의 이론 | 3. 근대화 이론 | 4. 대안과 과제

제15장 **세계화의 문화적 함의—한국 기업문화의 변형** 489

1. 쟁점 | 2. 경제개혁의 문화적 파장 | 3. 시장과 국가, 그리고 기업 | 4. 생산체제와 기업문화

제16장 **결론—미국 예외론의 대안을 찾아서** 521

발문 535

참고문헌 541

인명 찾아보기 607

사항 찾아보기 613

일러두기

1. 본문의 인명, 지명 등은 국립국어원의 외래어 표기법을 기준으로 했다. 다만, 표준적인 표기 방식이 원어 발음과 큰 차이가 있는 경우에는 원어 발음에 가깝게 표기했다.
2. 각주에서는 참고문헌이 처음 등장할 때부터 약식으로 표기했다. 정식 표기는 참고문헌 목록에 들어 있다.

서문

1. 주제

이 책은 "미국을 어떻게 이해할 것인가?" 하는 물음을 주제로 삼는다. 이 물음은 간단한 듯이 보이지만, 가만히 따져 보면 그렇지 않다. 그것은 먼저 "미국을 어떤 나라로 볼 수 있는가?" 하는 의문이 될 수 있다. 이것은 물론 낯익은 물음이다. 여행자를 위한 안내책자에서 미국의 쇠퇴를 진단하는 비교적 진지한 저술에 이르기까지, 주변에서 손쉽게 구할 수 있는 서적에서 자주 부딪히는 물음이다. 그런데 달리 해석하면, 그것은 "미국을 이해하려면 어떻게 해야 하는가?" 하는 의문이 될 수도 있다. 이것은 일반인에게 낯선 것이며 전문가들조차 잘 다루지 않는 접근방법에 관한 문제이다. 그렇지만 첫째 물음에 대해 올바른 해답을 찾기 위해서는 반드시 다뤄야 하는 문제라 할 수 있다. 접근방법이 적절하지 않으면 연구하는 대상도 올바르게 이해할 수 없기 때문이다. 이렇게 서로 연결되어 있는 두 의문을, 이 책은 함께 다룬다.

그렇지만 두 의문을 같은 비중으로 다루지는 않는다. 낯익은 주제를 다루는 첫째 물음이 더 중요하지만, 이 책에서는 서론과 결론에서만 다루고 본론에서는 다루지 않는다. 본론은 접근방법을 다루는 둘째 물음에 초점을 맞추고 그에 관한 여러 가지 쟁점을 하나씩 차례로 검토한다. 바꿔 말해, 이 책은 미국이 어떤 나라인가 하는 의문을 취급하면서도 그 답을 얻기 위해 어떻게 접근해야 하는가 하는 문제에 치중한다는 것이다. 이처럼 조심스러운 태도를 취하는 이유는 물론 적절한 접근방법을 선택하지 않으면 미국에 대해 정확한 지식이나 심층적 이해를 얻을 수 없다는 데 있다.

이 진부한 말을 꺼내는 것은 미국에 관한 단편적이고 피상적인 지식이 우리 주변에 넘쳐나기 때문이다. 미국에 관한 지식은 신문, 방송이나 영화 같은 대중매체나 미국 여행자를 위해 제작된 여러 가지 안내책자에서 손쉽게 접할 수 있다. 이런 데서는 물론 누구도 깊이 있는 지식을 기대하지 않는다. 그런 지식을 기대한다면, 근래에 학자와 언론인을 비롯해 관심 있는 지식인들이 미국에 대한 관찰과 연구를 토대로 자주 발표하는 비평을 찾아볼 수 있다. 그러나 거기에 들어 있는 분석도 그리 수준 높은 것이라 하기 어렵다. 미국에 대한 비평은 요즈음 유럽 학자들이 많이 써내는 편인데, 흔히 미국의 사회적 · 문화적 문제점을 지적하고 경제적 쇠퇴를 진단한다. 그런데 그 자료는 대개 약간의 문헌과 저자의 관찰에 지나지 않는다. 더욱이, 참고문헌도 통계자료를 제외하면 대부분 자의적으로 선택한 듯이 보이는 몇몇 사회과학자들의 저술에 국한되어 있다. 저자의 관찰도 저자가 방문한 일부 지역과 특별히 주목한 일부 측면에 집중되어 있다. 그런 관찰을 통해서도 19세기 프랑스의 석학 알렉시스 드 토크빌은 고전적 작품을 남길 수 있었지만, 그것은 물론 근대사회에 대한 그의 심오한 통찰력 덕분이다. 그런 통찰력은 근래의 저술에서 찾아보기 어렵다. 그래서 요즈음 서점에서 만나는 미국 비평서는 대개 일반인을 대상으로 미국을 소개하며 비평하는 교양서적의 수준을 넘지 못한다. 거기서 체계적이고 심층적인 이해를 얻을 수는 없는 것이다.

진부한 이야기를 하는 직접적인 이유는 그런 서적에서 흔히 볼 수 있는 다른 문제점에 있다. 그런 서적은 대부분 미국에 관해 전문적 식견을 갖추지 못한 이들이 집필하거나 번역한 것이다. 그렇기 때문에 집필이나 번역의 의도가 미국에 대한 이해를 심화시키기보다는 미국에 관해 어떤 메시지를 전파하는 데 있는 것이 아닌가 하는 생각이 든다. 이런 생각은 이 책에서 다루는 수많은 학술서적을 읽을 때도 자주 떠오른다. 거기에도 편견, 선입견, 이념, 가치관, 이데올로기 같은 것들이 짙게 드리워져 있기 때문이다. 이는 미국에 국한된 것은 아니지만, 미국에 관한 담론에서 유난히 심각한 현상이라 할 수 있다. 한편에서는 자유와 풍요를 비롯해 미국이 대변하는 가치를 옹호해 왔고, 다른 한편에서는 그런 가치에 소외와 불평등 같은 부작용이 따른다고 맹렬히 공격해 왔던 것이다.

이런 상황에서 필요한 것은 무엇보다도 냉정한 경계심이다. 사고 체계의 차이는 지적 진보에 기여만 하는 것이 아니라 중대한 장애를 가져오기도 한다. 편견이나 가치관, 또는 이데올로기의 차이 덕분에 어느 한 쪽에서 보지 못하는 것을 다른 쪽에서는 볼 수가 있다. 그렇지만 서로 공유하는 암묵적 전제가 있는 경우에는 어느 쪽에서도 그 전제를 깨닫지 못할 때가 있다. 왜냐하면 편견에서 이데올로기까지 사고 과정에 영향을 끼치는 지적 요인들은 우리의 다양하고 복잡한 사회생활 가운데서 어느 하나의 측면이나 부분을 뚜렷하게 보여 주는 반면에, 다른 것들은 흐릿하게만 보여 주거나 아예 우리의 시야에서 감춰 버리기 때문이다. 이런 장애를 뛰어넘기는 여간 어렵지 않다. 우리는 어떤 뜻에서 모두 편견 덩어리이기 때문이다. 우리가 할 수 있는 일은 저런 지적 요인에 내재하는 맹점을 하나하나 드러내면서 거기에 빠지지 않도록 경계하는 것밖에 없는 듯하다. 또 그렇게 하기 위해, 이데올로기를 비롯해 자신의 사고에 영향을 끼칠 수 있는 모든 지적 요인에 대해 언제나 거리를 두려고 노력할 필요가 있다.

진부한 말을 꺼내는 중요한 이유는 주제의 성격에 있다. 미국이 어떤 나라인가 하는 것은 겉보기와 달리 대단히 커다란 질문이다. '나라'라는 낱말은 매우 많은 것을 담고 있다. 거기에는 일정한 지리적 구역에서 살아가는 사람들, 그들을 둘러싸고 있는 자연, 그들이 만들어 놓은 온갖 시설과 제도, 또 그런 것들을 움직이며 살아가는 방식, 이 모든 것들이 서로 얽혀서 하나의 덩어리를 이루며 자리 잡고 있다. 이 거대하고 복잡한 화합물을 어떻게 설명할 수 있을까? 예를 들어 우리가 가장 잘 안다고 할 수 있는 한국을 외국인에게 설명해야 한다면, 도대체 어디서 말문을 열어야 할까? 이처럼 당황스러운 질문을 줄여, 어떤 이들은 "미국은 우리에게 무엇인가?" 하는 의문을 제기하기도 한다. 이는 물론 의미 있는 문제이다. 그렇지만 그것은 '우리'가 누구이든 간에 '우리'의 관점을 전제로 삼는 대신, 다른 사람들의 견지를 경시하는 의문이다. 그렇게 의문을 제기하면 미국을 온전하게 이해할 수 있을 만큼 넓은 시야를 확보할 수 없는 것이다. 그렇다면 미국이 어떤 나라인가 하는 간단하고도 당황스러운 질문에 매달리는 수밖에 없다.

더욱이, 거기에 들어 있는 많은 의문에 관해서는 그보다 훨씬 더 많은 정보와 지식이 축적되어 있다. 그것들을 소화하는 것은 두말할 나위도 없이 개인의 능력으로 감당하기 어려운 일이다. 게다가 그런 정보와 지식을 엮어서 하나의 덩어리로 만든다는 것은 상상하기도 쉽지 않다. 그래도 미국은 역사가 짧으니 공부하는 부담도 작을 것이라고 흔히들 생각한다. 이런 생각은 역사를 전문적으로 연구하는 학자들도 많이 지니고 있다. 그러나 이는 지식의 대상과 그에 관해 축적되어 있는 지식의 분량을 혼동하는 것이다. 그것은 천체를 연구하는 물리학자는 공부해야 할 것이 많지만 세균을 연구하는 생물학자는 공부할 것이 별로 없다고 말하는 것과 같다.

미국에 관한 지식이 얼마나 축적되어 있는지 알 길은 없지만, 대강이라도 가늠해 볼 수는 있다. 인터넷에서 이용할 수 있는 데이터베이스 가운데 월드캣WorldCat이라는 것이 있다. 이것은 세계 각국의 도서관에 소장되어 있는 문건의 목록을 온라인으로 합쳐 놓은 데이터베이스이다. 거기에는 112개국 69,000개 정도의 도서관이 연결되어 있고, 한글과 영어를 포함해 360개가 넘는 언어로 작성된 문건이 등록되어 있으며, 등록 문건의 규모는 대략 13억 5천만 종에 이른다. 한마디로 말해, 이 데이터베이스를 이용하면 오늘날 인류가 갖고 있는 문헌은 거의 모두 찾아볼 수 있는 셈이다. 거기에 들어가 검색어 창에 영어로 중국혁명, 러시아혁명, 영국혁명(또는 영국내란), 프랑스혁명, 미국혁명을 차례로 입력하고 엔터키를 친 다음, 검색하는 문헌의 종류를 책으로 한정하고 소설이나 청소년을 위한 서적을 제외한다. 그러면 이런 결과가 나온다—중국 1,006종, 러시아 5,615종, 영국 1,503종(956종), 프랑스 18,966종, 미국 37,427종. 이것이 이 글을 쓰는 2009년 1월 24일의 현황이다.

이 방대한 분량의 문헌 속에는 오늘날의 미국을 이해하려면 도저히 경시할 수 없는 중요한 지식이 들어 있다. 물론, 그런 지식이 저 많은 문헌 속에 골고루 흩어져 있는 것은 아니다. 대부분의 문헌은 지식의 창조라는 측면에서 볼 때 의미가 없는 것들이다. 중요한 지식은 지도적인 학자들이 발표하는 학술서적에 들어 있다. 문제는 월드캣에서 드러나듯이 미국의 경우에는 그런 서적이 다른 나라에 비해 훨씬 많다는 데 있다. 예를 들어 미국혁명에 관해 중요한 지식을 갖추기 위해서는 다른 혁명의 경우보다 더 많은 시간과 노력을 들여야 하는 것이다. 그래도 그런 투자를 하지 않을 수가 없다. 위에서 언급한 혁명들은 저 다섯 나라가 오늘날과 같은 모습으로 발전하는 과정에 커다란 영향을 끼친 사건이기 때문이다. 더욱이 다른 네 나라가 혁명 후에 중대한 변화를 겪은 반면에, 미국은 혁명의 결과 수립된 체제를 지금도 그대로 유지하고 있다. 따라서 미국혁명을 이해할 때에야 비로소 오늘날 미국의 정치질서는 물론이요 경제체제와 사회구조도 그 뿌리에 이르기까지 깊이 있게 이해할 수 있다.

이렇게 많은 연구 문헌이 있는 주제에 접근할 때 먼저 떠오르는 과제는 문헌을 소화하는 일이다. 가장 효과적인 방법은 주제를 명확하게 설정해서 탐구해야 할 범위부터 제한하는 것이다. 서두에서 제기한 주제 가운데 첫째 물음, 즉 "미국을 어떤 나라로 볼 수 있는가?" 하는 의문은 오래전부터 전문가들이 미국 문명론이라는 분야에서 다루던 것이다. 여기에도 수많은 문헌과 다양한 견해가 있지만, 가장 중요한 것은 미국 예외론, 즉 미국을 역사의 보편적 발전 과정에서 벗어나는 예외적인 경우로 간주하는 관념이다. 그것은 미국인들의 집단적 정체성에 기초를 제공한 면면한 지적 전통으로서, 시대적 상황에 따라 강조점을 바꿔 왔다. 미국혁명의 시대에는 미국이 신의 구상에 따라 자유를 찾는 사람들의 마지막 피난처가 되는 운명을 지니고 있다는 신념으로 나타났고, 19세기 초 국민주의가 대두하던 때에는 미국에는 세습적인 군주제나 귀족세력이 존재하지 않는다는 자부심으로 드러났으며, 19세기 말 계급 갈등이 심화되던 때에는 미국에는 사회주의가 존재하지 않는다는 진단으로 이어졌고, 20세기 중엽 냉전이 심화되던 때에는 정치적 자유나 경제적 풍요를 강조하는 해석으로 바뀌었다. 그것은 '예외주의'라고도 옮길 수 있을 만큼 뚜렷한 이념적 성격을 띠고 있는 것이다.

미국 예외론은 한동안 크게 흔들렸지만 오늘날에는 다시 자리를 잡은 것으로 보인다. 그것은 1960년대에 급진주의가 대두했을 때 큰 타격을 입었다. 비판적 지식인들이 미국에 심각한 빈곤과 부패가 존재한다는 것을 깨닫고, 미국도 유럽과 다를 바가 없다고 생각하기 시작했던 것이다. 그때부터 예외론은 미국과 다른 나라를 비교하지 않은 채 미국의 우월성을 일방적으로 주장하는 신념 체계라는 비판이 설득력을 얻기 시작했다. 또 근래에는 세계화 조류 덕분에 미국을 올바르게 파악하기 위해서는 미국을 국제관계 속에서 탐구해야 한다는 제안이 널리 받아들여지기도 한다. 그러나 소련이 붕괴하고 미국이 유일의 초강대국이 되자, 보수적 지식인들을 중심으로 미국의 특수성에 주목하는 견해가 다양한 형태를 띠고 대두하고 있다. 그것은 미국 사회주의의 취약성을 확인하는 연구에서 외교정책이나 복지정책, 또는 인종관계에서 미국의 특징을 발견하는 연구로 확산되고 있는 것이다.

그러므로 예외론은 "미국을 어떤 나라로 볼 수 있는가?" 하는 물음을 깊이 있게 다루는 데 적합한 주제라 할 수 있다. 그것은 미국의 국민적 정체성에 관한 정치적 담론인 동시에 오랫동안 많은 학자들이 관심을 기울인 학술적 담론이다. 더욱이, 근래에는 그 문제점을 지적하고 대안을 모색하는 노력이 한창 진행되고 있는 논쟁적인 주제이기도 하다. 그렇기 때문에 예외론을 다루는 문헌에서는 미국에 관해 심오한 통찰력을 담고 있는 저술을 자주 접할 수 있다.

따라서 이 책은 미국 예외론을 주제로 삼고, 서론에 해당하는 제1장에서 그것을 재검토한다. 예외론에 대해서는 지난 40년 동안 다양한 비판이 쏟아져 나왔지만, 그래도 중요한 문제점이 간과되어 왔다고 할 수 있다. 예외론에는 시대에 따라 강조점이 바뀌는데도 변함없이 유지되는 신조들, 언제나 미국의 우월성에 주목하는 관념들이 있다. 서론에서는 그런 관념이 언제, 어떻게 형성되었는지 추적하면서, 그 아래에 깔려 있는 암묵적 전제에 접근한다. 구체적으로 말해, 예외론은 유럽인들이 아메리카를 인식하기 위해 만든 패러다임이자 미국인들이 거기서 출발해 유럽을 대상으로 자신들의 정체를 설명하기 위해 만든 이데올로기라는 점을 지적한다. 따라서 그것은 미국을 서양이라는 범주 안에서 생각하는 틀이라는 것, 더 정확하게 말하면 미국인들이 유럽에 비추어 자신들을 바라보는 틀이라는 것을 강조한다. 그리고 그런 자기중심적 시각으로 인해 예외론은 대서양을 넘어서는 커다란 세계를 보지 못하는 맹점을 지니고 있다는 점을 부연한다.

2. 시각과 접근방법

그러면 "미국을 이해하려면 어떻게 해야 하는가?" 하는 물음에 부딪히게 된다. 예외론이 국제적인 비교나 관계를 경시할 뿐 아니라 비서양 세계를 간과하는 문제점도 지니고 있다면, 다른 틀이 필요한 것이다. 아직도 예외론의 대안으로서 이렇다 할 만한 것이 없기 때문에 문제는 더욱 심각하다. 한마디로 말해, 미국을 바라보는 틀을 새로 만들어야 하는 것이다. 그것도 이미 축적되어 있는 방대한 연구 성과를 체계적으로 종합할 수 있도록 만들어야 하는 것이다.

대안을 모색하기 위해서는 예외론과 다른 시각을 도입할 필요가 있다. 이는 예외론에 내재하는 자기중심적 시각을 다른 시각으로 대체하자는 것이 아니라 다만 보완하자는 것이다. 시각의 보완은 얼마든지 가능하고 또 바람직한 일이다. 우리는 상상이나 학습을 통해 다양한 시각을 확보할 수 있다. 게다가 앞에서 말한 것처럼 하나의 시각을 통해 전체를 볼 수 없다면, 다른 시각에 의지할 필요가 있다. 사실, 지금까지 미국인들이 미국에 대한 연구를 주도하며 축적한 업적이 모두 예외론에 빠져 있는 것은 아니다. 더욱이, 예외론에서 벗어나지 못한 업적에서도 의미 있는 시사점을 얻을 수도 있다. 그러니 그들의 업적을 시각 문제 때문에 소홀히 취급하려 든다면, 그것은 쥐와 쌀독을 가리지 않고 몽둥이를 휘둘러 대는 것과 같은 일이다. 중요한 것은 미국인들이 자기중심적 시각 때문에 보지 못하는 것이 있다면 다른 시각에 의지해 그것을 밝혀내는 일이다. 그런 시각 가운데서 필자가 상상할 수 있는 것은 아시아인의 시각, 특히 한국인의 시각이다. 물론, 아시아인은 두말할 나위가 없고 한국인도 하나의 시각만 갖고 있는 것은 아니요, 또 필자가 다른 사람들이 갖고 있는 시각을 대변할 수도 없다. 따라서 필자가 추구하는 것은 필자 자신이 한국인 내지 아시아인으로서 지니고 있는 시각이다.

그 생각은 요즈음 세계 역사학계에서 진행되는 논의와 깊이 연관되어 있다. 근래에 미국에서는 많은 역사학자들이 기존 역사의 연구와 서술에 유럽중심주의가 자리 잡고 있다는 점에 주목해 왔다. 그리고 그 대책으로 역사 서술에서 아시아나 아프리카 등지의 비중을 늘려야 한다고 주장해 왔다. 국내에서도 유럽중심주의를 주제로 대규모 학술대회가 개최되는 등, 관심이 고조되었다. 그렇지만 동아시아 국가들을 비롯해 유럽처럼 발전한 지역도 유럽의 연장으로 간주해야 한다고 주장하며, 동아시아에서 유럽중심주의를 극복할 수 있는지 의심하는 학자들도 있다. 이는 물론 유럽중심주의를 역사를 해석하는 패러다임이 아니라 세계를 이해하는 패러다임으로 오해하기 때문이다. 그것은 또한 동아시아를 비롯해 유럽 이외의 세계가 지니고 있는 역사를 유럽의 역사와 다른 방식으로 해석하지 못하기 때문이다. 이런 난관 때문인지, 국내에는 유럽중심주의의 대안으로 한국의 시각이나 아시아의 시각을 확립해야 한다고 주장하는 학자들도 있다. 그래도 다행스러운 것은 그런 의견이 결국 다른 형태의 중심주의로 연결될 것이라는 비판이 있다는 점이다.

여기서 중요한 것은 미국 예외론에서 유럽중심주의를 찾아내고 그것을 넘어서는 일이다. 예외론은 유럽중심주의가 아메리카로 건너가서 변형된 것이다. 서론에서 상론하듯이, 아메리카에 유럽 식민지를 건설했던 사람들은 거기서 그들이 지배하는 질서와 함께 그것을 뒷받침하는 자기중심적 관념을 수립했다. 그 관념의 요체는 유럽중심주의, 한마디로 말해 유럽을 기준으로 다른 지역의 주민이나 문명을 평가하고 그에 따라 상정할 수 있는 세계적 위계질서에서 유럽이 정점을 차지한다고 보는 안목이다. 거기서 벗어나는 길은 유럽과 다른 새로운 시각을 도입하는 데서 시작된다고 할 수 있다. 필자에게 가능한 방법은 한국이나 아시아의 제도와 문화, 그리고 그 아래에 있는 역사적 경험에 비추어 미국을 살펴보는 것, 바꿔 말해 미국을 우리 자신과 비교해 보는 것이다.

비교는 물론 동일한 범주의 존재를 요구하는데, 그런 범주 가운데 이 책의 주제에 적합한 것으로는 무엇보다 근대성을 생각할 수 있다. 근대성은 매우 포괄적인 용어이지만, 여기서는 주로 자본주의 경제체제와 그에 수반되는 정치적 · 사회적 함의를 가리킨다. 이런 뜻에서 근대성은 오늘날 미국과 유럽 이외에 동아시아에서도 상당히 진전된 형태로 구현되어 있는 것으로 여겨진다. 근래에 일각에서는 동아시아의 근대성이 미국이나 유럽과 다른 형태를 띠고 있다는 점에 착안해 "다양한 근대성"이라는 개념을 사용하기도 한다. 따라서 이 책에서 필자는 자본주의에 초점을 맞추고 미국과 유럽, 그리고 동아시아에서 구현된 근대성을 비교하고자 시도한다.

그렇지만 비교는 제한된 범위 안에서만 시도한다. 근대성에 초점을 맞춘다 해도, 비교는 필자가 감당할 수 없는 방대한 작업이다. 미국 문명론에 관한 연구 성과만 생각해도, 그것은 도저히 엄두가 나지 않는 일이다. 그래도 비교를 시도하는 것은 미국 문명을 바라보는 시각을 점검할 필요가 있기 때문이다. 따라서 이 책에서는 미국에 대한 연구 성과를 종합하면서 결함이 발견되는 경우에 한해 비교적 시각을 도입한다. 더욱이, 아래에서 언급하듯이 역사학적 비교보다는 사회과학적 비교에 주력한다.

미국 예외론의 대안을 모색하기 위해서는, 시각 이외에 접근방법도 점검할 필요가 있다. 이 책에서 필자는 종래의 연구 성과를 종합하고자 시도하는 만큼, 필자 자신의 경험적 연구보다 다른 학자들의 업적에 대한 비평에 더 많이 의지한다. 더욱이, 필자가 종사하는 역사학 분야를 넘어 정치학, 경제학, 사회학, 지리학 등 사회과학의 여러 분야에서 축적된 이론에 대한 검토에도 크게 의지한다. 이는 우선 이 책이 역사학적 주제만 다루는 것이 아니라, 역사학자들이 경시하지만 사회과학자들이 주목하는 주제도 다루기 때문이다. 더 중요한 이유는 역사와 이론의 관계에 대해 필자가 많은 역사학자나 사회과학자들과 다른 생각을 갖고 있다는 것이다.

역사와 이론은 편치 않은 관계를 맺고 있다. 역사학과 사회과학은 함께 사회적 현상을 다루면서도 서로 다른 종류의 지식을 얻으려 노력한다. 전자가 개별적 이해를 추구하는 반면에, 후자는 일반적 이론을 지향하는 것이다. 그래도 사실을 탐구하는 데 이론은 필수적인 장비이고, 이론을 구축하는 데 사실은 불가결한 재료이다. 따라서 역사와 이론 사이에는 서로 의존하는 상보적 공생관계가 성립할 수 있다. 그런데 이런 관계는 이념적 차원에서 가능하지만, 실제에서는 그렇지 않다. 역사학자들은 대체로 사회과학적 이론이 사실을 충분히 이해하지 못한 채 구성한 피상적이고 도식적인 지식이라고 폄하한다. 반면에 사회과학자들은 대개 역사학적 설명이 일반적이거나 반복적으로 나타나는 패턴을 간과하고 특정한 사례에 관해 세부적인 사실을 재구성하는 데 매몰되어 있다고 비판한다.

그런 긴장 속에서 일부 역사학자들은 사실에 대한 지식을 바탕으로 이론적 논의에 기여하는 "이론적 역사학"에 종사하고자 한다. 필자는 그와 같은 주장에 동조하면서도, 사회과학적 이론의 중요성을 더욱 강조하는 편이다. 잘 알려져 있다시피, 역사학은 근대적 학문으로 발전하는 과정에서 민족주의 내지 국민주의로부터 커다란 영향을 받았다. 그 영향은 오늘날에도 뚜렷하게 볼 수 있다. 미국 예외론에서 드러나듯이, 역사학자 가운데 적잖은 사람들이 자국사의 특수성이나 특이성을 강조한다. 게다가 대부분은 국민국가를 연구 대상으로 삼는 일반적 관행에서 벗어나지 못하고 있다. 실제로 자신이 연구하는 사건이나 현상을 다른 나라에서 보이는 유사한 사례와 비교하는 데 노력을 기울이는 역사학자는 많지 않다. 더욱이, 역사학자들은 하나의 사건이나 현상에 작용하는 요인 가운데서 본질적인 것과 우발적인 것을 제대로 식별하지 못하는 난관에 자주 부딪힌다. 해결책은 흔히 말하듯이 국경선을 넘어 역사를 바라보는 국제사나 여러 국가를 비교하는 비교사에만 있는 것이 아니다. 사회과학적 이론은 본래 유사한 사례에 대한 일반적 설명이므로, 많은 민족이나 국가에서 공통적으로 나타나는 일반적인 패턴에 주의를 환기하고 그것을 전제로 개별적인 특징을 인식할 수 있도록 도와준다. 또 그것은 개별적인 사건이나 현상에서 일반적으로 나타나는 본질적인 요인과 그렇지 않은 우발적인 요인을 구분할 수 있도록 도와주기도 한다. 물론, 이론이 적절한 사실에 충분한 기초를 두고 있는지 점검하고, 또 그것이 정태적 이해에 빠져 있다면 동태적 접근이 가능하도록 비판과 수정을 가해야 할 것이다.

그렇지만 역사와 이론의 관계를 그렇게 보고 이 책의 주제에 접근하면, 다른 문제점에 부딪히게 된다. 논의의 범위가 역사학에서 사회과학으로, 또 사실에서 이론으로 확대되기 때문이다. 이는 필자가 깊이 알지 못하는 분야로 나아가는 모험일 뿐 아니라 대단히 많은 연구 문헌을 소화해야 하는 부담까지 수반한다. 그래도 사회과학은 과감한 일반화를 통해, 때때로 큰 그림을 보여 주며 문제를 다시 생각하도록 일깨워 준다. 특히 예외론이 알게 모르게 지속적으로 영향을 끼쳐 온 미국사 연구에서, 그것은 미국이 세계적인 구조나 과정 속에서 어떤 위치를 차지하고 있는지 살펴보는 데 도움을 준다. 이론에는 피하기 어려운 위험과 적지 않은 고통뿐 아니라 뿌리치기 힘든 매력도 함께 들어 있는 것으로 보인다.

해결책은 주제를 더욱 좁히고 초점을 분명하게 맞추는 데 있는 듯하다. 미국 예외론은 오랜 세월에 걸쳐 다양한 분야에서 전개되어 왔기 때문에, 포괄적인 문명론의 형태를 띠고 있다. 덕분에 이제 미국 문명을 유럽 문명과 분명히 다른 것으로 간주할 수 있게 되었다.

그렇지만 문명이란 너무 포괄적인 실체여서, 집중적인 논의에 붙이기가 어렵다. 다행스러운 것은 근래에 예외론이 미국 사회주의의 취약성을 중심으로 전개되어 왔다는 점이다. 이 비교적 작은 주제는 앞에서 언급한 것처럼 본래 19세기 말에 제기되었는데, 1970년대에 급진주의가 후퇴하면서 다시 대두했다. 그리고는 잠시 관심을 끌지 못하는 듯하다가 소련의 붕괴 이후에 다시 주목을 끌기 시작했다. 이 과정에서 논의는 좌파 정당과 노동운동을 뛰어넘어 미국인들의 사회생활 전반에 걸쳐 넓게 전개되었다. 20세기 초에 베르너 좀바르트가 "미국에는 왜 사회주의가 없는가?" 하고 의문을 던졌을 때에도, 그것은 이미 미국의 정치질서와 경제체제, 그리고 사회구조와 직결된 거대한 문제였다. 그렇다면 좀바르트의 의문은 미국의 특징적인 양상을 들여다보는 데 도움이 되는 일종의 창문이라 할 수 있을 것이다.

주제를 이처럼 고전적인 방식으로 설정한다고 해서, 접근방법까지 그렇게 할 생각은 없다. 좀바르트처럼 미국 노동자의 정치적 · 경제적 · 사회적 위상을 차례로 분석한다면, 중요한 것들을 놓칠 수 있다. 그런 방법을 통해서는 미국의 정치질서와 경제체제, 그리고 사회구조가 서로 어떻게 얽혀 있는지, 또 동시에 얼마나 미묘하게 분리되어 있는지 파악하기 어렵다. 게다가 이들 사회적 구성물이 모두 역사 속에서 형성되고 변형되는 제도인데도, 그것들이 어떻게 만들어졌는지, 지금까지 어떤 변화를 겪었는지, 또 오늘날 어떤 변화를 겪고 있는지 올바르게 인식하기도 어렵다. 더욱이, 이미 언급한 것처럼 미국을 다른 나라와 비교할 뿐 아니라 국제관계 속에서 바라볼 필요가 있다는 점도 분명하다.

그런 점에서 사회사는 매력 있는 접근방법이라 할 수 있다. 사회사는 널리 알려져 있듯이 1950년대 말부터 영국과 미국에서 새로운 조류로 대두하기 시작했다. 그것은 과거처럼 빈민이나 풍속을 연구하는 데서 벗어나, 노동자를 비롯해 주류에 속하지 않는 사회집단에 주목했다. 그리고 거기에 속하는 이름 없는 사람들을 통계에 의지해 수치로 처리하지 않고, 일기나 편지 같은 단편적인 자료 등을 이용해 그들의 의식과 경험을 탐구했다. 그래서 그들이 지배집단의 억압이나 착취에 일방적으로 희생당하기만 한 것이 아니라 거기에 도전하거나 저항하면서 기존질서를 바꾸는 능동적 역할도 했다는 점을 역설했다. 이 새로운 사회사는 "아래에서 위로 올라가는 시각"을 채택하고, 노동자나 여성, 또는 흑인 같은 비주류 세력이 역사 속에서 주체로서 지니는 능동성을 부각시켰던 것이다.

그러나 사회사는 중대한 문제점도 안고 있다. 가장 주목을 끄는 것은 이미 1970년대 중엽에 거론되었던 "사회사의 정치적 위기"이다. 그것은 한마디로 말하면 사회사에서 권력관계가 경시되는 경향이 있다는 비판이다. 여기서 권력관계란 사회집단 사이에 존재하는 지배-종속, 착취-피착취 관계, 바꿔 말해 우리가 보통 힘이라고 부르는 넓은 뜻의 권력을 토대로 수립되는 사회적 관계를 가리킨다. 바로 그런 관계가 사회사 연구에서 점점 경시되고 있다는 것이 비판의 요점이었다. 이는 1980년대에 들어와 사회사 열기가 식고 문화사가 뜨거운 분야로 등장한 뒤에 더욱 심각해진 문제점이다. 많은 문화사 연구자들이 과거의 문화적 변화를 탐구하면서 정치적 맥락을 간과함으로써, 마치 창고에서 골동품을 꺼내 보듯이 문화를 사회질서와 관계없는 현상으로 취급하는 듯한 모습을 보인 것이다. 최근 일부에서 권력관계에 대한 탐구를 촉구하지만, 그와 같은 연구 동향은 아직도 지속되고 있다.

그렇지만 그런 문제점은 해결할 수 있다. 권력관계를 경시하는 경향은 사회사라는 분야에 내재하는 것이 아니라 이 분야에 종사하는 연구자들이 채택하는 초점과 시야에서 유래하는 것이다. 예를 들면, 노동사에 집중하는 연구자들은 흔히 노동자들의 집단적 의식과 경험을 탐구하기 위해 그들에게 초점을 맞추는 반면에, 그들을 고용하는 기업가나 그를 지원하는 정치인을 자신의 시야에서 가장자리로 밀어낸다. 그럼으로써 노동자들을 둘러싸고 있는 권력관계를 경시하게 되는 것이다. 사실, 노동사 연구자들은 오랫동안 기업이나 기업가들을 적대시했을 뿐 아니라 심지어 기업사 연구자들마저 백안시했다. 이는 두말할 나위도 없이 노동사 연구자들이 대부분 지니고 있던 급진적인 이데올로기—노동운동의 대의에 봉사하며 현존하는 사회질서를 하루빨리 크게 바꾸려는 소망—의 소산이다. 이런 문제점에서 벗어나는 가장 좋은 길은 그런 이데올로기를 버리고, 지배집단이나 중산층을 시야의 한복판에 갖다 놓고 거기에 초점을 맞추는 것이다. 그렇다고 해서 노동자를 비롯해 비주류 세력을 시야의 가장자리로 밀어내자는 말은 아니다. 우리는 시야를 넓힐 수 있고 또 초점을 옮길 수 있다. 그리고 이들 사회세력은 홀로 존재할 수 없을 만큼 서로 깊이 얽혀 있는 일종의 복합체이다. 그렇다면 시야를 넓히고 초점을 옮겨 가면서 그것을 살펴봄으로써 여러 장의 영상을 얻어 내고, 또 그것들을 종합해서 하나의 입체 영상을 구성하자는 것이다.

3. 구성

그런 시각과 접근방법이 이 책의 본론을 관류한다. 본론은 모두 3부로 구성되는데, 제1

부는 좀바르트의 의문을 노동계급으로 확대하고 거기에 집중한다. 먼저 계급의 개념을 면밀하게 검토한다. 계급 개념에 관해서는 중요한 논쟁이 있었으므로, 그것을 다시 검토하면서 개념을 올바르게 이해하는 데 주력한다. 이어서 계급 개념을 생산 현장에서 형성되는 사회적 관계에 비춰 비판적으로 검토하고, 또 기존 논쟁에서 경시되었던 소비 현장에 주의를 환기한다. 또 그렇게 해서 계급 개념을 수정하고 그것을 이용해 미국 노동계급의 형성 및 변형 과정을 추적하며, 미국의 노동계급이 다른 선진국에 비해 취약한 이유에 접근한다.

제2부는 '계급과 국가'라는 제목 아래, 시야를 넓혀 엘리트와 중산층, 그리고 노사관계를 차례로 살펴본다. 역사학자들이 오랫동안 외면했던 미국 엘리트의 구성과 역사를 살펴보고 그것을 미국의 특징적인 권력구조에 비춰 설명할 수 있다고 제안한다. 또 미국의 엘리트 가운데서 가장 큰 비중을 차지하는 기업가들에게 초점을 맞추고, 이 집단을 사회사라는 넓은 맥락에서 살펴봐야 한다고 강조한다. 다음에는 중산층에 관한 연구를 비판적으로 검토하며 미국 자본주의의 발전에서 중산층이 차지하는 위상과 역할을 평가하고자 시도한다. 끝으로 노사관계에 초점을 맞춰 20세기에 일어난 변화를 추적하고, 그것을 자유주의의 확산 과정으로 이해하면서 국가의 역할에 대한 관심을 촉구한다.

제3부는 시야를 더욱 넓혀 '미국과 세계'의 관계를 살펴본다. 여기서는 주제의 성격상 사회사적 접근방법을 일부에서만 채택하고, 대체로 정치 · 경제적 관계에 주목한다. 먼저 인종관계에 관한 최근 담론을 면밀하게 검토하고, 인종관계가 미국 내부에 국한된 문제가 아니라 세계질서의 일환이라는 점을 지적한다. 이어서 미국의 세계적 위상과 역할을 탐구한다. 우선 미국이 제국인가 아닌가 하는 문제를 놓고 벌어진 최근 논쟁을 검토하면서, 미국이 세계질서를 유지하는 방식에 어떤 특징이 있는지 생각한다. 다음에는 세계화로 관심을 돌려 그 제도적 토대를 짚어 보면서 미국의 주도적 역할을 살펴본다. 또 유럽의 미국화에 관한 논쟁을 검토하며 미국 대중문화의 확산에 주목한다. 끝으로, 한국의 기업문화에 일어나는 변화를 살펴보며 미국이 주도하는 세계화의 문화적 파장을 생각한다.

결론에 해당하는 제16장에서는 예외론의 대안을 탐구한다. 거기서 필자는 본론에서 전개한 견해를 정리하고, 미국이 근대 세계에서 차지하는 위상을 생각하면 미국을 예외가 아니라 극단으로 볼 수 있다고 제안한다.

전반적으로 볼 때, 이 책은 애매한 성격을 지닌다. 이것은 넓은 뜻에서 미국 문명론에 속한다고 할 수 있지만, 실제로는 주제를 좁혀 미국의 정치질서와 경제체제, 사회구조에 초점을 맞추고 그것을 이해하는 패러다임을 재구성하고자 시도한다. 그리고 그 근거를 확보하기 위해, 역사학은 물론이요 사회과학의 여러 분야에서도 의미 있는 연구 성과를 검토하고 종합한다. 이 과정에서 중요한 비중을 차지하는 것은 필자의 경험적 연구보다 다른 학자의 업적에 대한 비평이다. 더욱이 필자는 역사학적 사고, 즉 시대적이고 전체적인 맥락을 고려하며 동태적인 이해를 추구하는 습관에만 의지하지 않고, 세계적인 구조와 과정에 주목하는 사회과학적 이론에도 의지한다. 바꿔 말해, 역사적 이해와 이론적 고찰을 동시에 구사한다.

이런 접근방법 아래에는 분명히 지나친 욕심이 깔려 있다. 그러나 돌이켜 보면 역사학과 사회과학은 원래 하나가 아니던가? 이 책이 다양한 분야를 넘나들며 상이한 사고방식에 기대는 것은 어찌 보면 그리로 되돌아가는 것이다. 그것은 필자의 별난 취향 때문이 아니라 주제의 복잡한 성격, 즉 "미국을 어떻게 이해할 수 있는가?" 하는 저 간단한 질문이 따지고 보면 매우 많은 의문을 한데 묶어 놓은 까다로운 문제라는 점 때문이다. 따라서 문제를 풀어 가는 과정도 복잡하고 때로는 험난할 수밖에 없다. 그래도 순탄치 않을 여정에서, 첫걸음은 벌써 떼어 놓은 셈이다.

제1장 서론—미국 예외론의 맹점

미국이 어떤 나라인가 하는 것은 미국인들에게 매우 중요한 물음이다. 그들은 영국과 결별하고 새로운 나라를 세우려 했을 때, 어떤 나라를 만들어야 할 것인지 논쟁을 벌였다. 그리고 도대체 미국인이란 어떤 성격을 지닌 존재인지 고민을 거듭했다. 이런 쟁점은 이후에도 큰 의미를 지니고 있었다. 그들 가운데 많은 이들이 혈통 덕분에 저절로 미국인이 된 것이 아니라 자신의 의식적인 선택에 따라, 때로는 역경을 무릅쓰고, 그런 지위를 얻었기 때문이다. 따라서 그 물음은 미국인들이 하나의 국민으로서 어떤 정체성을 지니고 있는가 하는 의문이라 할 수도 있다.

많은 미국인들은 그 해답으로 미국이 예외적인 나라라 말한다. 바꿔 말해, 미국은 다른 나라에서 볼 수 없는 어떤 특별한 성질을 지니고 있다는 것이다. 그리고 그런 성질로 신분에 개의치 않는 사회적 평등주의, 무엇이든 자신의 힘으로 성취하려고 하는 억센 개인주의, 또는 유난히 취약한 사회주의 같은 것을 내세운다. 이런 해답은 두말할 나위도 없이 시대적 사조에 따라, 또 개인에 따라 서로 다른 강조점을 지니고 있다. 그래도 거기에는 미국이 다른 나라보다 우월하다는 의식이 공통적으로 자리 잡고 있고, 그렇기 때문에 그런 관념을 뭉뚱그려 미국 예외론*American exceptionalism*이라 부른다.

예외론은 정치적 이념인 동시에 학술적 담론이라는 이중적인 본질을 지니고 있다. 미국이 어떤 나라인가 하는 것은 미국을 어떤 나라로 만들어야 하는가 하는 물음이나 미국을 어떤 나라로 볼 수 있는가 하는 물음과 선명하게 구분되지 않는다. 따라서 이런 물음에 대한 답변도 서로 영향을 주고받으며 미국 예외론에 복합적 성격을 부여한다. 그렇기 때문에 미국 예외론에서는 정치적 선언과 학문적 해석의 경계선을 명확하게 설정하기가 어렵다. 사실 미국 예외론이 학계에서 주목할 만한 주제로 부각된 것은 아래에서 소개하는 바와 같이 1950년대에 발표된 중요한 연구 성과 덕분인데, 이들 업적 뒤에 냉전이라는 정치적 배경이 자리 잡고 있다는 점은 이제 잘 알려져 있다.

그래도 예외론은 학술적 담론으로서 풍부한 내용을 지니게 되었다. 그것은 무엇보다도 1960년대부터 예외론에 대한 비판이 제기되었고, 또 그에 대한 반론이 이어졌기 때문이다. 덕분에 예외론은 물론이요, 그에 대한 비판도 점점 더 정교한 형태를 띠게 되었고, 또 더욱 깊은 수준에 이르게 되었다. 그렇지만 아직도 예외론의 문제점이 모두 밝혀진 것은 아니다. 특히 그 인식론적 기초까지 파고들어 가 거기에 어떤 문제점이 있는지 밝혀내는 일은 이제 겨우 시작 단계에 있다. 그것이 이 서장에서 다루는 과제이다.

1. 논쟁의 구도

미국 예외론만큼 기이한 이력을 지닌 어구도 드물 것이다. 그것은 창조와 확산의 과정에서 치열한 이데올로기 투쟁을 고스란히 겪었다. 이 어구는 원래 1920년대 말에 공산주의자들이 만들어 낸 것이다. 이 시기에 코민테른에서는 마르크스가 말했던 보편적 운동 법칙에 따라 자본주의가 발전기를 지나 쇠퇴기에 들어섰다고 선언했다. 그러나 미국 공산당의 지도자들은 미국의 경우 자본주의가 아직도 발전하고 있다고 진단하고, 코민테른이 이 특수한 사정에 맞는 활동 전략을 존중해야 한다고 주장했다. 당시 독재체제를 구축하고 있던 스탈린과 그의 추종자들이 보기에, 이는 코민테른의 일반 노선에서 벗어나는 '예외론'이었다.[1]

1 Rodgers, "Exceptionalism." 예외론은 국내에도 소개되어 있는데, 예를 들어 김봉중, 『미국은 과연 특별한 나라인가?』를 보라. 특히 267-320을 보라. 또한 권용립, 『미국』, 24-32도 참고하라.

이 어구가 미국의 우파 학자들 사이에서 널리 쓰이기 시작한 것은 제2차 세계대전 이후의 일이다. 그들은 대공황의 충격과 파시즘의 대두, 그리고 전쟁의 참상을 겪으면서, 이런 역사의 소용돌이에서 미국은 대체로 벗어나 있다고 생각했다. 더욱이 미국이 소련과 냉전을 벌이며 패권을 다투는 상황을 맞게 되자, 그들 가운데서도 보수적인 학자들은 미국의 특징을 설명하고 장점을 부각시키기 위해 노력했다. 특히 페리 밀러, 대니얼 부어스틴, 루이스 하츠, 헨리 내시 스미스, 데이비드 포터 같은 쟁쟁한 학자들의 업적을 통해, 예외론은 미국의 후진성이 아니라 우월성을 표현하는 용어로 변했다.[2]

그러나 그것은 한때 잊힌 듯했다. 이미 1960년대에 미국의 청년들이 인종주의나 빈부격차, 또는 베트남전쟁 같은 문제점을 지적하며 미국도 유럽과 마찬가지로 부패한 사회라고 비판했을 때, 그것은 이념의 무대에서 퇴장하게 된 것처럼 보였다. 그리고 1980년대부터 사회사 연구자들을 비롯해 역사학자들이 미국의 노동계급 형성 과정과 자생적 사회주의를 탐구하고 유럽처럼 미국에서도 구조적 불평등과 사회적 갈등이 오랫동안 지속되어 왔음을 보여 주면서 예외론에 반대했을 때, 그것은 이론의 무대에서도 생명력을 잃은 것처럼 보였다.[3] 그래서 예외론이라는 용어가 우스갯거리 정도로 취급되기까지 했다.

그래도 미국 예외론은 살아남았는데, 이는 1960년대 말에 해방 열기가 식으면서 드러나기 시작했다. 해방운동을 선도했던 신좌파는 노동조합이 기존체제에 편입되어 있다는 것을 깨닫고, 왜 그렇게 되었는지 고민했다. 그들의 고민은 1974년에 간행된 『꿈은 깨어졌는가?』에서 보이듯이, 미국에서는 왜 사회주의 운동이 상대적으로 취약한지, 또 그것이 미국 사회의 성격과 어떻게 연관되어 있는지, 이런 의문에 집중되었다. 바꿔 말해, 좌절을 겪은 신좌파는 미국이 다른 산업사회와는 다른 발전 과정을 걷고 있는 것은 아닌지 묻고 있었던 것이다. 그것은 이미 1906년에 베르너 좀바르트가 『미국에는 왜 사회주의가 없는가?』라는 책에서 다룬 문제였고, 따라서 이 책이 70년이 지난 시점에서 영어로 번역, 간행된 것은 결코 우연이 아니었다.[4] 그 결과, 예외론은 1950년대에 보여 주었던 풍성한 면모를 잃어버리고, 사회주의의 상대적 취약성이라는 문제의식으로 움츠러들었다.

---

2 Rodgers, "Exceptionalism Revisited," 22-25; Miller, *Errand into the Wilderness*; Boorstin, *Genius of American Politics*; Hartz, *Liberal Tradition in America*; Smith, *Virgin Land*; Potter, *People of Plenty*. 이들이 수립한 예외론 전통은 이후에도 이어지는데, 그 대표적 업적으로는 다음 저술을 들 수 있다. Marx, *Machine in the Garden*; Kammen, *People of Paradox*.

3 Wilentz, *Chants Democratic*; Salvatore, *Eugene V. Debs*; Wilentz, "Against Exceptionalism"; Foner, "No Socialism in the United States?"; Veysey, "Autonomy of American History Reconsidered."

4 Laslett and Lipset, eds., *Failure of a Dream?*; Sombart, *No Socialism in the United States?*

그러나 예외론은 1990년대에 들어와서 새로이 활력을 얻었다고 할 수 있다. 소련의 해체를 계기로 일부 논객들은 "역사의 종말"을 외치며 세계가 이데올로기적 갈등을 넘어 자유주의와 자본주의로 귀일할 것으로 기대했는데, 이는 미국을 예외가 아니라 오히려 전형으로 간주한다는 함의를 지니고 있었다. 그렇지만 곧 세계화로 말미암아 보편적인 공통점뿐 아니라 국가별 차이점도 분명하게 드러났고, 또 미국의 보수주의자들은 "문명의 충돌" 운운하며 종교적 갈등에 주의를 환기하고 미국의 역사적 사명을 강조했다. 그에 따라 예외론자들이 목청을 높이기 시작했고, 또 관심을 끌기도 했다. 이는 시이머 마틴 립셋이 저술한 『미국 예외론』 같은 책에서 분명하게 드러난다. 한국에도 널리 알려져 있는 이 저명한 정치학자는 미국 예외론을 주장하는 책을 1960년대 초부터 여러 권 써내고도 역사학계로부터 관심을 끌지 못했으나, 이 책은 미국역사학보에서 세 편의 서평을 한데 묶어 게재할 정도로 주목을 받은 것이다.[5] 게다가 예외론자들은 사회주의에 집착하지 않고 외교정책을 비롯해 다양한 주제로 관심을 넓혀 가며 미국의 특수성을 강조했다.[6]

그래도 논쟁의 구도가 바뀌었다. 예외론의 문제점으로 널리 논의된 것은 시야가 좁다는 점이다. 이 점은 오래전에 시작된 미국사학계의 반성 가운데서 드러난 바 있다. 그것은 1968년에 간행된 논문집 『미국사에 대한 비교사적 접근』에서 분명하게 보인다. 남부사의 거장 밴 우드워드는 이 책의 편자 서문에서, 미국학계 안에서도 문학평론가나 사회과학자들이 자주 국제적 비교를 시도하는 데 반해 역사학자들은 여간해서 그러지 않는다고 지적한다. 이어서 그는 역사학 분야에서 비교란 물론 매우 위험한 작업이지만, 그런 시도가 미국의 특수성이나 우월성을 상정하는 안이한 견해를 교정하는 데 도움이 될 것이라고 확언한다.[7] 이런 반성은 1980년대에 들어와서 좀바르트 테제를 중심으로 사회사 연구자들이 예외론에 대해 제기한 비판으로 이어진다. 이는 노동사 연구자 숀 윌런츠가 미국과 유럽의 사회주의 운동을 비교사적 방법에 따라 검토하며 예외론을 공격한 논문에서 잘 드러난다. 더욱이, 칼 데글러는 1987년 미국역사학회**American Historical Association** 회장 취임 연설에서, 예외론을 거론하며 비교사의 필요성을 역설한다.[8] 이런

---

5 Lipset, *American Exceptionalism*; "Review Essays: American Exceptionalism." 또한 다음도 참고하라. Lipset, *First New Nation*; idem and Marks, *It Didn't Happen Here*.

6 Ninkovich, *Wilsonian Century*; Spanos, "American Exceptionalism"; Zuckerman, "Dodo."

7 Woodward, ed., *Comparative Approach*.

8 Wilentz, "Against Exceptionalism"; Degler, "In Pursuit of American History." 또한 다음도 참고하라. Katznelson and Zolberg, eds., *Working-Class Formation*; Gerber, "Shifting Perspectives"; Halpern and

비판에 따라 근래에 예외론자들은 시이머 마틴 립셋처럼 시야를 미국 밖으로 넓히며 국제적 비교를 시도하기도 한다. 그래도 문제가 남는데, 그것은 개념상 예외론이 국제적 비교를 전제로 성립하는 이론인데도 그것을 옹호하는 학자들은 그런 비교를 경시해 왔다는 점이다.

시야를 국제무대로 넓혀야 한다는 지적은 1990년대에 들어와서 예외론자들이 미국의 국제관계를 외면한다는 비판으로 연결되었다. 이언 티렐은 1991년 미국역사학보에 게재된 논문에서 예외론이 시대에 뒤떨어진 해석틀이라고 정면으로 비판한다. 그것은 국가와 국민을 분석 단위로 삼기 때문에, 무역이나 환경, 또는 이데올로기 같은 초국적인 영향력을 간과한다는 것이다.[9] 이런 비판 아래에는 국제사*international history*에 대한 관심이 깔려 있다. 국제사는 1980년대에 대두하기 시작한 분야로, 다양한 국가와 국민이 정치적 · 경제적, 또는 문화적 측면에서 어떤 국제질서를 형성하는가, 또 거꾸로 국제질서로부터 어떤 영향을 받는가 하는 문제에 초점을 맞춘다.[10] 이 새로운 동향이 1990년대에 거세게 밀어닥친 세계화의 조류를 타고 주목을 끌었고, 미국사학회*Organization of American Historians*는 "미국사의 국제화" 프로젝트를 추진했다. 이 유력한 단체는 외국 학자들의 참여를 유도함으로써 국제적 비교와 교류에 대한 관심을 촉구하고자 했던 것이다.[11] 그에 따라 예외론의 문제점이 더욱 뚜렷하게 드러났는데, 그것은 토머스 벤더가 편집한 『세계화 시대의 미국사 재고찰』에 집약되어 있다. 여기에 기고한 학자들은 미국의 탄생과 성장에 국제적 조류가 끼친 영향을 살펴보면서 예외론자들의 좁은 시야를 비판한다.[12]

따라서 예외론자들은 미국만 독특하다는 편견을 벗어던지고, 모든 나라가 특수하다는 균형 잡힌 일반론을 받아들이는 경향을 보인다. 이런 변화는 1991년에 출간된 『미국은 다른가?』에서 뚜렷하게 나타났다. 편자 바이런 셰이퍼는 이 논문집에 붙인 서문에서, 미국만이 아니라 일본이나 프랑스 같은 나라도 특징을 지닌 사회이므로 미국 예외론을 미국의 경

Morris, "Persistence of Exceptionalism"; Kirk, "'Peculiarities' versus 'Exceptions'"; Lipold and Isaac, "Striking Deaths."

9 Tyrrell, "American Exceptionalism." 이에 대한 비판과 반론도 참고하라. McGerr, "Price of the 'New Transnational History'"; Tyrell, "Ian Tyrell Responds."

10 Iriye, "Internationalization of History."

11 Thelen, "Of Audiences, Borderlands, and Comparisons"; idem, "Nation and Beyond"; Tyrell, "Making Nations/Making States."

12 Bender, "Introduction." 대니얼 로저스도 같은 견해를 갖고 있는데, 이에 관해서는 Rodgers, "Exceptionalism"; idem, "Exceptionalism Revisited"를 보라.

험에서 특징적인 현상을 이해하는 관념으로 보자고 제안했다. 사실 예외론은 다른 나라들이 미국에는 없는 갖가지 폐단에 물들어 있다고 보고 그런 나라들을 하나의 범주에 몰아넣는 틀이기 때문에, 셰이퍼의 제안은 의미 있는 것이었다.[13] 이런 변화는 또한 지도적인 미국학 전문가 마이클 캐먼에게서도 보인다. 그는 1993년에 발표한 논문에서, 예외론에 대한 비판을 종합적으로 검토하고서 "미국은 다르기 때문에 내가 보기에 '다르다'는 용어가 정확한 것으로서 용납될 것 같다"는 결론을 내린다.[14] 심지어 립셋 같은 완고한 예외론자도 1990년대에 와서는 셰이퍼나 캐먼처럼 말하는 것을 볼 수 있다.

의미 있는 진전은 또 있었다. 좀바르트가 좋지 않은 문제를 제기했다는 점이 드러난 것이다. 미국 역사학계의 진보파 거두 에릭 포너는 좀바르트가 던진 의문을 제목으로 삼은 1984년도 논문에서, 사회적 유동성, 지적 풍토와 정치적 전통, 그리고 노동계급의 다양한 구성과 급진주의의 내부 문제점 등, 몇 가지 쟁점을 중심으로 그때까지 제시되었던 견해들을 살펴본다. 그리고 일부 쟁점만 해결되었을 뿐이고 대부분은 미결 상태에 있다고 정리하면서, 논쟁이 끝을 보지 못하는 이유로 문제 자체가 근본적인 결함을 지니고 있다는 점을 지적한다. 문제가 부정문의 형태로 제기되어 있기 때문에 존재하지 않는 것을 설명해야 하고, 그러기 위해 몰역사적인 해답을 찾게 된다는 것이다. 더욱이 포너는 좀바르트의 의문이 유럽을 단일한 실체로 볼 때만, 그것도 언제나 계급의식과 사회주의의 강한 영향력 아래에 놓여 있는 사회로 볼 때만 성립하는 것이라고 비판한다. 그는 차라리 "왜 어떤 선진 자본주의 사회에서도 사회주의적 변혁이 없었을까?" 하고 묻는 편이 낫다고 본다.[15]

그래도 많은 쟁점이 남아 있는 것은 한편으로 경험적 연구가 부족한 데 이유가 있지만, 다른 한편으로는 예외론에 대한 이론적 검토가 충분치 않은 데도 이유가 있다. 지금까지 전개된 논쟁에서 포너처럼 문제 자체를 검토한 논객은 드물다. 논객들은 서로 사실에 대해 다른 해석을 제기하거나, 아니면 이론상의 문제점을 피상적으로 지적하는 데 그쳤던 것이다. 그러나 예외론이 오랫동안 많은 사람들의 손을 거쳐 왔기 때문에 매우 느슨하고 엉성하기는 해도 지금까지 살아 있는 틀이라는 점을 감안한다면, 그것을 이론적 측면에서 검토해 볼 가치가 있다. 하나의 설명틀로서 예외론에 관해 어떤 문제가 제기되어 있는지, 혹시 아직도 드러나지 않은 문제가 없는지, 어떻게 해서 예외론에 그런 문제가 생겨난 것인

13 Shafer, "Preface."

14 Kammen, "Problem of American Exceptionalism."

15 Foner, "No Socialism in the United States?" 74.

지, 이렇게 물어보고 해답을 찾아낼 때, 논쟁을 더욱 생산적인 방향으로 끌고 갈 수 있을 것이다.

2. 시선의 방향

그런 방향은 지금까지 예외론을 둘러싼 논쟁에서 거론되지 않은 문제점에서 찾을 수 있다. 예외론자들의 시야가 좁다는 비판은 예외론을 넘어 미국사 전체에, 심지어 근대 역사학에 일반적으로 적용된다. 사실, 근대 역사학은 국민국가라는 틀에 얽매여 국제적인 시야를 경시해 왔으니 말이다. 그런데 시야에 관해 제기된 비판에는 시선의 문제가 수반되어 있다. 왜냐하면 미국을 외국과 비교하거나 국제질서를 고려하려면 미국을 바깥에서 들여다보는 시선이 필요하기 때문이다. 그런데 시야에 관한 비판에서, 시선의 방향을 거꾸로 돌려 미국에서 바깥으로 내다보는 것도 중요하다는 지적은 찾아보기 어렵다. 구체적으로 말하자면, 미국이 국제질서에 끼치는 영향과 국제질서에서 차지하는 위상은 거의 거론되지 않으며, 따라서 그런 것이 예외론에서 무시되어 왔다는 지적도 보이지 않는 것이다.

맥락과 초점이 다르지만, 예외론의 이런 문제점은 이미 거론된 적이 있다. 『미국의 제국주의 문화』는 1993년에 간행된 이래 미국학의 기존 패러다임을 비판한 중요한 성과로 간주되는데, 편자 가운데 한 사람인 에이미 캐플런은 서론에서 미국학에서 제국주의 문화에 관한 논의가 없다고 지적한다. 미국사에서 제국주의가 일시적인 현상이었던 것처럼 취급하는 외교사 분야의 경향에 따라, 미국학 전문가들도 제국주의에 주목하지 않는다는 것이다. 캐플런은 거기에 미국 예외론이 깔려 있다고, 다시 말해 미국은 제국으로 팽창하려는 구세계 국가들과 달리 반제국주의 국가라는 생각이 들어 있다고 본다.[16] 그렇지만 캐플런은 제국주의라는 용어를 20세기 미국의 대외정책 전반에 걸쳐 적용할 수 있을 만큼 느슨한 뜻으로 쓰고 있고, 따라서 그의 논지가 정밀하다고 하기는 어렵다.

그래도 거기에는 일리가 있다. 외교사 전문가 메릴린 영은 예외론적 관념이 외교사 연구자들 사이에도 널리 퍼져 있다고 지적한다. 그들에 따르면 미국은 자국의 생각대로 국제질서를 구축할 수 있는 힘을 갖고 있으나, 다른 강대국처럼 외국에 대해 먼저 침략을 감행하지 않고 외국으로부터 공격을 받을 때만 거기에 대응하며, 그것도 주로 설득력에 의지

16 Kaplan, " 'Left Alone with America.' "

한다는 것이다. 이 독선적 관념은 일반인들은 물론이요 정책담당자들도 수용하고 있기 때문에 외교문서에 반영되며, 따라서 그것을 이용하는 외교사 연구자들에게도 영향을 준다. 그래서 영은 미국이 세계적 패권을 누리며 심각한 자기도취에 빠져 있는 현실을 잊지 말자고 제안한다.[17] 바꿔 말해, 미국이 국제무대에서 갖고 있는 세력과 위상을 고려해야 한다는 것이다.

예외론자들이 그러지 않는다는 것, 바꿔 말해 비판자들과 마찬가지로 시선을 바깥 방향으로 보내지 않는다는 것, 이것은 예외론이 학술적 담론으로 형성되는 과정에 내재되어 있던 문제점이다. 학술적 차원에서 예외론은 알렉시스 드 토크빌의 저 유명한 『미국의 민주주의』에서 시작되었다고 흔히 알려져 있다. 그가 미국인들이 어느 나라 국민보다도 "조건의 평등"을 누리고 있다고 강조하면서, 처음으로 이를 "예외적인" 현상이라 불렀다는 것이다.[18] 그러나 토크빌이 당대 미국의 지식인들에게 그것을 처음으로 깨우쳐 준 것은 아니다. 아래에서 살펴보겠지만, 미국을 예외적인 나라로 보는 관념은 토크빌이 미국을 방문하기 이전에 미국인들 사이에 널리 퍼져 있었고, 그것을 학술적 차원으로 끌어올린 것은 미국 역사학의 아버지라 불리는 조지 밴크로프트였다.

그는 미국의 역사를 유럽과 다른 사회가 탄생, 성장하는 과정으로 본다. 이는 그의 주저로서 미국 역사학계에 큰 영향을 끼친 『미국의 역사』에서 뚜렷하게 드러난다. 전부 10권으로 구성된 이 방대한 저술은 1830년대에 그가 민주주의에 대한 신념을 역설하며 구상해서 40년에 가까운 기간에 걸쳐 완성한 것이다. 거기서 주역은 보통 사람들, 특히 서부에서 자연상태에 가까운 환경 속에서 살며 단순하지만 활기에 넘치는 생활을 하는 사람들이다. 그들의 생활방식은 동부뿐 아니라 유럽과도 대비되는 것인데, 그것은 이미 식민지 시대에 형성되었다. 그들의 선조가 하느님의 뜻에 따라 타락한 유럽에서 벗어나 아메리카에서 새로운 삶을 꾸렸고, 그들은 그것을 토대로 독립된 국가를 건설하고 민주주의를 발전시키고 있었던 것이다. 이 해석 아래에는 나중에 상론할 청교도적 역사관 이외에, 밴크로프트가 청년 시절에 독일에서 철학과 역사를 공부하면서 배운 배아胚芽이론도 깔려 있다. 그래서 그는 미국인들이 처음부터 자유와 자치를 누렸고, 그것이 아메리카에서 유럽과 다른 사회가 성립하는 데 중핵이 되었다고 주장한다.[19] 그는 제2권 말미에서 17세기의 역사를 요약

17 Young, "Age of Global Power."

18 Tocqueville, *Democracy in America*, 452–459.

19 Noble, *Historians against History*, 29–36.

하면서 미국의 특징적인 모습을 이렇게 묘사한다.

> 구세계의 제도 가운데서, 군주제는 떠나고 싶지 않았기에 그 그림자만 아메리카까지 뻗쳤고, 영주 식민지에는 그림자의 그림자만 뻗쳤다. 봉건 귀족제는 유럽에서 그 소임을 마쳤기에 황야에서 겪는 평등한 고난 속에서는 새로운 생명을 얻을 수 없었다. 12개 식민지 가운데서 4개 식민지에서는 처음부터 아예 존재하지 않았고, 나머지 식민지에서는 재산소유 형태에만 겨우 흔적을 남겼던 것이다. 성직제도가 떠나지 않고 이해관계에 얽매여 구세계에 눌러 앉았으나, 종교는 아메리카의 수풀에 동반자로 왔다. 아메리카의 정신은 결코 형식 숭배에 굽히지 않았으니, 아메리카 대륙의 영국 영토에는 고위 성직자가 한 명도 없었던 것이다. 유럽 도회지에서 상업계를 좌우하던 길드는 도시 주민이 토지 귀족에 대항해 만든 단단한 참호여서 우리 고장으로 옮겨 올 수 없었다. 여기에는 길드의 연합 저항을 부를 만한 귀족의 성채가 없기 때문이다. 자유로운 사람들 외에는 아무것도 유럽에서 오지 않았다. 과거 문명의 다른 모든 요소와 결별한 사람들, 자신을 믿고 열심히 일하는 사람들, 사람들의 행복을 돕는 모든 전통 덕분에 현명해진 사람들—이들만이 유럽의 영향에서 벗어나 신세계에서 우리 공화국의 터전을 닦았다.[20]

여기에는 봉건제의 부재를 비롯해 후대에 예외론자들이 끊임없이 강조하는 주제들이 들어 있지만, 여기서 중요한 것은 밴크로프트가 미국을 유럽에서 구분하는 데 주력했다는 점, 그래서 그의 시선이 미국 바깥에서 안쪽으로 흐르고 있다는 점이다.

이와 같은 방향의 시선은 미국에서 근대적인 역사학이 발전하는 데 크게 기여한 프레드릭 잭슨 터너에게서도 나타난다. 그는 미국의 특징적인 요소가 발전하는 과정을 설명함으로써 예외론적 관념을 미국사의 해석틀로 개발했다고 할 수 있다. 그의 업적 가운데서 가장 중요한 것은 1893년 미국역사학회에서 발표한 논문 「미국사에서 변경지대가 지니는 의미」이다. 여기서 그는 먼저 자신의 관점, 즉 미국을 유럽과 다른 나라로 만든 것은 변경지대라는 점을 선언한다. 이어서 여러 변경지대를 개관하고 마지막에는 그런 것들이 미국에 끼친 영향을 논의한다. 그에 따르면, 변경지대는 무엇보다도 다양한 이민을 미국인으로 만들어 준 용광로였다고 한다. "변경지대라는 도가니 속에서 이민은 미국화되고 해방되었으며 하나의 국민으로 통합되었는데, 그 심성이나 특질에서 영국적인 요소는 없었다. 이 과정은 처음부터 오늘날까지 계속되어 왔다."[21] 왜냐하면 변경지대에서는 생활조건 때

20 Bancroft, *History of the United States*, II: 451.

21 Turner, *Rereading Frederick Jackson Turner*, 47.

문에 개인주의가 발달하고 그것이 민주주의를 촉진하면서, 조야하고 물질주의적이지만 강인하고 실제적이며 낙관적인 기질과 마음껏 자유를 누리며 지칠 줄 모르고 도전하는 정신이 형성되었기 때문이다. 이런 해석 뒤에는 19세기 말에 급격하게 진행된 산업화와 도시화, 그리고 그로 인해 야기된 사회적 갈등과 문화적 쇠퇴 등 많은 미국인들이 심각하게 우려하던 변화가 있었다. 터너는 그런 변화에서 유럽화 경향을 읽어 내고 미국의 민주주의를 지키려 했던 것이다.[22] 이런 관심에도 불구하고, 그의 논문은 발표 당시에 주목을 끌지 못했다. 그러나 터너는 이 해석을 학계 바깥에서 널리 전파하는 데 성공했고, 거기서 얻은 넓은 호응을 배경으로 학계에서 주도적인 위치를 차지했으며, 냉전 초기에 등장한 예외론자들에게도 영향을 끼쳤다.[23]

3. 주체와 객체

이렇게 예외론이 학술적 담론으로 형성되던 시기에 예외론자들이 던지던 시선의 방향이 결정되었다면, 그 시선의 주체와 객체에 관해 의문이 떠오른다. 다시 말해, 예외론자들이 보여 주던 시선이 과연 누구의 것이었는지, 또 정확하게 무엇을 보는 것이었는지, 궁금해진다. 왜냐하면 이런 의문이 풀릴 때에야 비로소 예외론의 성격과 한계가 뚜렷하게 드러날 것이기 때문이다.

이 문제에 접근하기 위해서는, 먼저 예외론이 일반인들에게 널리 확산되어 있는 관념이라는 점을 기억할 필요가 있다. 그것은 본질적으로 미국이 어떤 나라인지 따져 보기 위해 나누는 이야기, 바꿔 말해 미국의 국민적 정체성을 규명하는 담론이기 때문에, 학술적 차원과 더불어 정치적 차원도 지니고 있다. 사실은 이 두 차원이 서로 영향을 주고받으며 예외론의 성격을 규정했다고 할 수 있다. 따라서 예외론을 학술적 담론으로서 분석하기 위해서는, 그것을 정치적 이념으로서 검토해 봐야 한다.

이런 뜻에서 미국 사학계의 거물 조이스 애플비의 견해는 중요하다. 그에 따르면 예외론은 1790년대에 정쟁 속에서 부각된 이데올로기다. 그는 국민감정이란 국민 사이의 차이를 강조하는 경향이 있지만, 미국 예외론은 한 걸음 더 나아가 그런 차이를 우열관계로 묘

22 Noble, *Historians against History*, 49–55; Wrobel, *End of American Exceptionalism*, 13–41; Etulain, "Frontier and American Exceptionalism."

23 Wrobel, *End of American Exceptionalism*, 127–132.

사한다고 지적한다. 미국의 경우에는 국민감정이 국가 형성에 앞서 문화적 유산으로 존재했던 것이 아니라 국가 형성에 뒤이어 창조되었는데, 그 과정에서는 국민적 정체성을 모색하는 작업이 필요했다. 국민적 정체성의 토대는 식민지 시대부터 조성되어 있었다. 영국령 북미 대륙에서는 평민이 귀족이나 성직자의 억압과 착취에 시달리지 않고 물질적 풍요를 누릴 수 있다는 관념이 있었던 것이다. 그것은 독립전쟁과 헌법 제정을 통해 국가를 형성하는 과정에서 공화주의와 결합됨으로써 국민적 정체성에 대한 인식으로 연결되었다. 이 관념은 1790년대에 프랑스혁명의 영향 때문에 정치지도자들이 친영파와 친불파로 나뉘어 대립하면서 대중을 동원하는 과정에서 국민을 통합하는 이데올로기로 전환되었다. 대중은 예외론에서 정치적 평등을 주장하고 토지와 경제적 자립을 확보하는 데 도움이 되는 논리를 발견할 수 있었던 것이다.

이렇게 애플비는 예외론의 이데올로기적 성격을 규명하고 그 암묵적인 전제를 검토함으로써, 지금까지 밝혀지지 않았던 예외론의 문제점을 폭로하는 성과를 거둔다. 그에 따르면, 예외론은 미국인을 자율성을 지닌 개인으로 상정하고, 미국을 자유와 진보를 사랑하는 사람들의 나라로 규정한다. 여기서 북미 대륙은 사람이 살지 않는 지역으로 묘사되며, 미국인은 처녀 대륙을 정복할 수 있는 힘을 가진 백인 남성이다. 여성과 원주민은 포함되지 않는 것이다. 이 암묵적인 전제 때문에, 예외론에서는 미국의 건설과 발전에 참여한 다양한 집단이 제대로 고려되지 않는다. 이런 뜻에서 애플비는 예외론을 "미국에 고유한 형태의 유럽중심주의"로 규정한다.[24]

그의 비판은 더욱 발전시킬 여지가 있는 것으로 보인다. 애플비가 역설하는 것은 논문 제목에서 드러나듯이 예외론의 한계를 넘어 "미국의 역사적 다양성"을 복원해야 한다는 점이다. 그래서 그는 결론에서 포스트모더니즘을 비판하고 다문화주의를 옹호하면서, 역사에 대한 연구가 억압당한 집단의 복권에 기여할 수 있다고 선언한다. 여기서 보이는 다원주의적 경향은 애플비의 견해에 뚜렷한 한계를 그어 준다. 그는 미국사를 만들어 낸 다양한 요소들 사이의 관계에 대해서는 언급하지 않는다. 예외론에서는 흑인이나 여성 같은 소수집단이 경시된다고 지적하고, 이제 흑인이나 여성의 경험을 탐구해야 한다고 강조하는 데서 그칠 뿐이지 인종 사이의 관계나 젠더에 토대를 두고 있는 질서를 중시해야 한다는 주장까지 펼치지는 않는 것이다. 물론, 흑인이나 여성의 경험을 연구하자면 그것을 둘

24 Appleby, "America's Historic Diversity," 420. 예외론이 미국의 정계에 널리 정착하는 과정에 관해서는 Murrin, "Jeffersonian Triumph"를 참고하라.

러싸고 있는 맥락으로서 백인 남성이 지배하는 사회질서까지 파악할 수 있고, 실제로 이런 바람직한 시도는 많다. 그러나 그런 시도를 종합하면서 다양한 집단 사이의 관계를 고찰하고 그것들을 하나의 전체로서 이해하는 것은 다른 일인데, 이에 대해 애플비는 적극적인 태도를 보이지 않는다. 그렇기 때문에, 그는 예외론에서 경시되는 인종질서를 비롯해 사회적 위계질서와 그것을 지탱하는 세력관계를 폭로하지 못하는 것이다. 더욱이, 예외론에서 거론되지 않는 국제질서와 미국의 위상에 대해서는 관심조차 기울이지 않는다. 어떤 측면에서 보면, 이는 당연한 일이기도 하다. 왜냐하면 애플비는 예외론자들의 업적을 면밀하게 검토하지 않은 채 예외론을 비판하기 때문이다. 따라서 그의 견해를 발전시키기 위해서는, 다원주의적 경향을 경계하는 동시에 예외론자들의 저술 가운데서 중요한 것만이라도 점검할 필요가 있다.

이 작업은 먼저 예외론의 기원을 추적함으로써, 예외론을 둘러싸고 있는 지적 맥락을 파악하는 데서 시작해야 할 것이다. 예외론은 애플비가 말하듯이 1790년대에 형성되었지만, 그 기원은 그로부터 300년 전으로 거슬러 올라가 시작되는 "아메리카의 고안" 과정에 있었다. 이 구절은 멕시코의 역사가 에드문도 오고르만이 1961년에 발표한 책의 제목에서 따온 것이다. 여기서 그는 아메리카가 하나의 개념으로서 그리 멀지 않은 과거에 고안된 것이라고, 구체적으로 말해 근대 초기에 유럽인들이 만들어 낸 지적 구성물이라고 지적한다. 널리 알려져 있는 것처럼 콜럼버스는 1492년 10월에 자신이 아시아에 도달했다고 생각했는데, 이는 그가 알고 있던 세계에 아메리카가 없었기 때문이다. 세계가 유럽, 아프리카, 아시아 세 부분으로 나뉘어 있으면서도 하나의 땅 덩어리로 이어져 있고 그 바깥에는 바다가 있다는 당대의 세계관에서, 그도 벗어나지 못했던 것이다. 그 후에 탐험을 계속하다가 자신이 발견한 땅이 네 번째 부분일지도 모른다고 생각한 적이 있었지만, 곧 포기하고 당대의 세계관으로 되돌아갔다.

다른 세계가 존재할지도 모른다고 생각한 것은 그의 경쟁자 아메리고 베스푸치였다. 베스푸치는 1501년 5월부터 다음 해 9월까지 남아메리카의 동부 해안을 탐험하면서, 유럽인들이 바다밖에 없는 것으로 알고 있던 남반구에 대륙이 존재한다는 가설을 세웠다. 그는 이것을 놓고 오래 고민하다가, 1503년경에 와서 "신세계"라 불리는 유명한 편지를 썼다. 자신이 탐험한 땅이 아시아의 일부가 아니라고 생각한 베스푸치는, 유럽, 아프리카, 아시아로 구성된 세계 바깥에도 땅 덩어리가 있을 것이라는 낡은 관념—오랫동안 잊혀 있었던 관념—을 들추어내고 그것을 '신세계'라 불렀던 것이다. 그러나 나중에는 그것이 유럽인들이 모르던 세계라는 생각을 버렸는데, 그래도 다른 가설을 내세우지 못했다. 유럽인들은 그 땅을 곧 "아메리고의 땅"이라 부르면서, 그것이 유럽, 아프리카, 아시아로 이루어진 땅 덩어리에 연결되어 있지 않고 바다를 끼고 갈라져 있다는 점에서 '구세계'와 구분했다. 거기서 "아메리카의 고안"이 시작되었다.

유럽인들은 아메리카를 '구세계'에 통합시켜 생각하기도 했는데, 이는 오고르만이 말하는 과정을 더욱 진전시켰다. 어떤 사람들은 토머스 모어가 『유토피아』에서 그린 것처럼 아메리카를 신세계로 여기고, 오랜 사회적 폐단이 없는 이상사회를 꿈꾸었다. 그러나 대부분은 아메리카를 세계의 "네 번째 부분"으로 보고, 가톨릭교회의 가르침에 따라 그 땅이 인류가 이용할 수 있도록 열려 있다고 생각했다. 교회는 고전 고대의 세계관을 물려받아, 유럽에서 인류가 시작되었고 또 거기서 문명이 고도로 발전했기 때문에 유럽이 세계에서 가장 높은 위치를 차지하고 있다고 가르쳤다. 그리고 유럽 문명은 기독교에 토대를 두고 있기 때문에 유럽만이 진정한 문명을 갖고 있다고 목청을 돋워 말했다. 오고르만은 이 유럽중심주의에서 세계와 역사를 보는 안목이 형성되었다고 지적한다.

> 그러므로 유럽은 문명과 기독교의 땅으로서, 현세와 내세에서 유일하게 인류의 진정한 이해관계를 대변할 수 있었다. 그러므로 유럽의 역사는 여러 문명 가운데서 하나의 특정한 문명의 역사로 간주된 것이 아니라, 진정으로 의미 있는 유일한 문명의 역사로 이해되었고 또 유럽인들의 생활 속에서 표현되었다. 유럽의 역사가 보편적인 역사였던 것이다. 유럽은 역사의 패러다임이 되었고, 유럽의 생활양식은 다른 모든 문명의 가치와 의미를 재단하는 최고 척도로 간주되었다.[25]

이 시각에서 볼 때, 아메리카는 열려 있는 공간, 바꿔 말해 자연상태에 있는 대륙이었다. 물론, 유럽인들은 아메리카에 사람이 살고 있다는 것을 알고 있었기 때문에 원주민에게 어떤 위상을 부여해야 할지 고민했다. 일부에서는 유럽인들이 원주민으로부터 토지를 강탈하고 노동력을 착취한다고 개탄하기도 했다. 그러나 일반적인 여론은 원주민이 인간이기는 해도 영적인 존재가 아니라는 것이었다. 그리고 유럽인들은 아메리카를 자신들의 생각대로 바꿔 놓을 수 있는 우월한 힘과 기술을 갖고 있었다. 아메리카는 이렇게 유럽인들에 의해 고안되었다.

---

25 O'Gorman, *Invention of America*, 137.

"아메리카의 고안"은 오늘날의 관점에서 보면 유럽중심주의의 변용이 아니라 식민주의의 산물이라고 불러야 할 것이다. 그것은 오고르만에 따르면 이미 유럽에서 형성된 사고방식이 아메리카로 연장되어 새로운 요소를 포괄하면서 변화를 겪은 결과이다. 그렇지만 그도 애플비와 마찬가지로, 이 사고방식이 겉으로는 같은 모습을 띠고 있지만 유럽과는 다른 맥락에 들어가서 새로운 기능을 갖게 되었다는 점에 주목하지 않는다. 중세 유럽이 이슬람 문명에 대해 여러 측면에서 열등한 위치에 있었을 때, 유럽중심주의는 정체성에 관한 담론으로서 중요한 기능을 갖고 있었다. 그러나 근대 초기에 유럽이 외부로 팽창하면서 우월한 기술과 무력을 바탕으로 다른 지역과 지배-종속 관계를 수립하고 있었을 때, 그것은 다른 기능을 수행하고 있었다. 아메리카와 그 원주민에 대한 유럽인들의 인식은 오고르만이 시사하듯이 그들이 벌이던 식민사업을 합리화시키는 수단으로서 중요한 의미를 지니고 있었다.

이는 피터 흄의 탁월한 분석에서 잘 드러난다. 그는 콜럼버스의 항해 일지에서 시작해 이후 300년 동안 유럽인들이 카리브 해 원주민에 관해 남겨 놓은 주요 기록과 문학작품을 검토한 다음, 유럽인과 아메리카인의 접촉이 "식민지에서의 대면"이었다고 규정한다. 유럽인들은 카리브 해에서 원주민이 토지를 내버려 두고 유목생활을 하며 식인 행위를 저지르는 야만 상태에 있는 것으로 묘사했고, 그럼으로써 종교와 문명의 이름으로 원주민에 대한 지배와 착취를 정당화시켰다는 것이다. 메리 루이즈 프랫의 표현을 빌리면, 그들은 아메리카를 "제국의 시선"으로 바라보았다고 하겠다. 상업적 이익을 얻기 위해 비유럽 세계에 가서, 자원과 원주민에 대해 조사하고 거기서 얻은 지식을 유럽의 사고 체계에 편입시켰으니 말이다.[26]

그러나 식민주의는 "아메리카의 고안"을 낳은 산모이면서도, 그런 아메리카를 모태로 하여 형성된 미국 예외론에 어떤 유산도 남겨 주지 않은 것처럼 보인다. 미국의 지도적인 역사가 잭 그린의 근작 『아메리카의 지적 구성 과정』에서도 그렇게 보인다. 그는 300년에 걸쳐 미국 예외론이 형성된 과정을 세 단계로 나누어 이해한다. 먼저 16~17세기에 유럽이 아메리카에 대해 걸었던 기대와 실제로 접촉했던 결과를, 다음에는 미국혁명에 이르기까지 80여 년 동안에 있었던 경험과 평가를, 마지막으로 혁명 후에 나타났던 아메리카에 대한 새로운 이해를 서술한다. 첫 단계에서 유럽인들은 원주민이 야만 상태에서 벗어나지

26 Hulme, *Colonial Encounters*; Pratt, *Imperial Eyes*.

못한 것으로 보고 우월한 기술과 무력을 토대로 아메리카에 대한 점령과 식민사업을 정당화시켰는데, 특히 영국인들은 아메리카가 광대한 토지와 풍부한 자원이 있다는 점에서 예외적인 공간이라는 데 주목하고 영국에서 악화되던 빈곤과 인구 문제를 해결하고자 했다. 그린은 이것이 식민주의적 담론이었다는 점을 명시적으로 지적한다.[27]

그러나 그린은 그것이 미국인의 정체성과 어떤 관계가 있는지 거론하지 않는다. 17세기 말에서 18세기 말에 이르기는 두 번째 단계에서, 영국의 아메리카 식민지는 유럽과 달리 평등한 사회로 알려져 있었다. 거기에는 막대한 재산과 특권을 가진 영주나 땅 한 뼘 갖지 못한 농노가 없었고, 자영농이 상인, 장인과 더불어 물질적 풍요와 종교적 자유를 누리고 있었다. 그래도 아메리카는 단순하고 소박한 생활에서 벗어나지 못해 유럽에 비해 뒤떨어져 있다고 생각되었다. 그린은 이 단계에서 유럽계 아메리카인들이 원주민이나 흑인의 희생에 주목하지 않았다고 덧붙여 지적한다. 세 번째 단계에서 그들은 영국에 대해 독립을 선언하고 전쟁을 치르면서 자신들의 정체성을 다시 규정했고, 유럽인들은 이를 지켜보며 아메리카를 새롭게 평가하게 되었다. 이 과정에서 토머스 페인은 결정적인 역할을 했다. 페인은 1776년에 『상식』을 발표해 식민지를 독립으로 이끌고 가면서, 선동적인 용어로 영국을 비하하고 아메리카와 유럽계 아메리카인을 찬양했다. 아메리카는 영국보다 나은 나라였다. 거기에는 농노를 착취하는 귀족이 없고 시대에 뒤떨어진 군주도 없으며, 미덕을 지닌 평민이 공화정을 세우고 자유와 기회를 누릴 수 있는 나라였다. 이런 주장은 다른 유럽계 아메리카인들이 지지하며 발전시켰고, 계몽사상에 경도된 유럽인들도 수용했다. 그린에 따르면, "아메리카가 특수한 곳이고 [유럽계] 아메리카인들이 세계사에 등장하는 다른 모든 국민과 다르다는 관념은 …… 혁명 말기에 오면 이전 어느 때보다 더 널리 확산되었고 더 크게 부각되었다." 이 마지막 단계에서 몇몇 유럽인들이 아메리카의 문화적 후진성과 더불어 흑인 노예제에 대해 지적했으나, 유럽계 아메리카인들은 거기에 주의를 기울이지 않았다. 그들은 아메리카의 긍정적인 측면에 집중하는 반면에, 원주민과 흑인이 자리 잡고 있는 어두운 측면을 외면했다. 여기서 그린은 "미국인의 정체성이 구성되는 과정에 들어 있는 이 '타자들'에 대한 체계적 무시"를 지적한다.[28] 그러나 그 이유가 무엇인지 또 그것이 어떤 의미를 지니고 있는지, 그는 묻지 않는다.

그린이 묻지 않는 이유는 미국인의 정체성이 구성되는 과정을 바라보는 그의 관점 속에

27 Greene, *Intellectual Construction of America*, chs. 1-2, pp. 8-62.
28 Ibid., 198, 209.

들어 있다. 그는 그 과정을 재구성하기 위해 유럽인과 유럽계 아메리카인들이 만든 문헌을 참고하면서도, 이 자료를 충분히 비판적으로 검토하지 않음으로써 암묵적으로 그들의 관점을 수용한 것으로 보인다. 그들이 아메리카와 어떤 관계를 갖고 있었는지, 또 아메리카에서 무엇을 보고 있었는지, 살펴보지 않는 것이다. 따라서 그들이 구성한 정체성 담론에서, 주체나 객체가 어떻게 바뀌는지도 포착하지 못한다.

이 문제의 해답은 그의 책 속에 들어 있다. 그린이 설정한 첫 번째 단계에서 아메리카를 고안하고 그 정체성을 규정한 주체는 식민사업을 기획한 유럽인들이었고, 그런 인식과 담론의 객체는 아메리카와 그 원주민이었다. 그렇지만 그 다음 두 단계에서는 주체가 식민사업을 직접 수행한 유럽계 아메리카인들이었고, 객체도 그들이었다. 그들은 아메리카에 관해 말하면서 원주민이나 흑인 같은 비유럽계 아메리카인들을 배제하고 자기 자신들에만 주목했던 것이다. 따라서 아메리카를 바라보는 주체가 식민사업의 기획자에서 수행자로 이어진 데 반해, 이 주체가 바라보는 객체는 식민사업의 대상에서 수행자 자신으로 바뀌었다. 이는 아래에서 다루듯이 아메리카로 이주한 유럽인들이 스스로 '아메리카인'이라는 호칭을 사용하면서 원주민 대신에 아메리카의 주인으로 변모한 데서 잘 드러난다. 그 결과, 두 번째 단계부터는 정체성 담론에서 비유럽인들이 사라진 것이다.

그렇지만 그린처럼 " '타자들'에 대한 체계적 무시"를 지적하는 것도 미국 예외론에서는 드문 현상이다. 2차대전의 종전을 앞두고 인종주의에 대한 비판이 고조되어 있던 때에, 스웨덴의 촉망받던 경제학자 군나르 뮈르달은 대작 『미국의 딜레마』를 발표하고 인종문제가 미국 문명의 근간에 자리 잡고 있다고 지적했다. 이 1,500쪽에 가까운 방대한 보고서에서, 그는 흑인 문제가 "백인의 문제"라는 것, 바꿔 말해 흑인의 열악한 처지는 백인이 스스로 지니고 있는 가치관을 제대로 실천에 옮기지 못하기 때문에 개선되지 않는 것이라 역설했다.[29] 바로 이즈음에 미국 예외론은 학술적 담론으로서 크게 발전했지만, 거기서 인종관계는 일관성 있게 배제되었다. 페리 밀러는 미국 문화의 특징이 청교도 식민지에서 형성되기 시작한다고 보고 청교도에 주목하는 반면에 원주민에 대해서는 관심을 두지 않았다. 부어스틴과 하츠는 자유주의에 초점을 맞추어 미국의 특징을 설명하면서, 인종주의를 아예 거론하지 않거나 아니면 사라져 버린 옛 남부의 "봉건적인" 전통처럼 취급했다. 경제적 풍요와 그것을 가능케 만든 심성에서 미국의 특징을 찾은 스미스와 포터는 흑인과 원주

29 Myrdal, *American Dilemma*.

민의 존재를 아예 무시하거나 경제발전을 위해 넘어야 할 장애물처럼 취급했다.[30]

그들의 가르침을 받으며 성장한 미국학 연구자들이 인종관계에 관심을 보인 것은 흑인 민권운동이 지적 충격을 던진 다음이다. 예를 들면, 마이클 캐먼은 미국 문명을 특징짓는 여러 역설 가운데서, 원주민을 '고귀한 야만인'으로 보는 관념과 흑인을 노예로 부리며 자유를 외치는 자세에 주의를 환기했다. 그렇지만 그도 인종관계가 미국 문명에서 어떤 의미를 지니는지 살펴보지 않았다. 그 뒤를 이어 리처드 슬로킨은 1973년에 발표한 저술에서 17세기 초부터 19세기 중엽까지 변경지대에서 백인 이주민이 문명을 건설하면서 원주민에게 보여 준 태도를 살펴보면서, 미국 문화에서 폭력이 어떤 의미를 지니고 있는지 탐구한 바 있다.[31] 이렇듯 흑인과 인종관계에 대한 연구가 하나의 조류로 대두했던 1970년대에, 미국학 분야에서는 캐먼과 슬로킨의 연구를 제외하면 인종에 관한 논의가 거의 없었다는 것은 예외론의 전통 탓으로 돌릴 수 있다.

4. 관점과 형성 과정

이렇게 예외론을 주장하는 학자들이 인종과 인종주의를 경시 내지 무시하는 이유가 잭 그린에게서 드러나듯이 그들이 스스로 선택한 자료에 묵시적으로 내재하는 관점을 수용하는 데 있다면, 그 관점이 어떤 본질과 의미를 지니고 있는지 이해하기 위해서는 그것이 수립되는 예외론의 형성 과정으로 되돌아가야 한다. 이 문제는 그린에 의지해서는 해결할 수 없는데, 이는 그가 보여 주는 윤곽이 모호해서 아메리카에서 일어난 지적 변화를 세밀하게 추적할 수 없기 때문이다. 그런 변화는 버나드 베일린의 『미국혁명의 이데올로기적 기원』에서 뚜렷하게 나타난다. 여기서 그는 혁명 사상의 핵심으로 아메리카를 자유의 마지막 피난처로 간주하는 관념을 강조한다. 그 내용은 자유를 보장하는 정치체제가 세계 도처에서 와해되고 영국에만 남아 있었는데, 거기서도 전제정치를 기도하는 움직임이 있어 영국의 식민지 아메리카에서만 자유가 명맥을 유지하고 있다는 것이다. 이것은 식민지 저술가들 사이에서 오랫동안 논의되다가, 1760년대에 영국과 식민지 사이에 갈등이 시작

30 Miller, *Errand into the Wilderness*; Boorstin, *Genius of American Politics*; Hartz, *Liberal Tradition in America*, 167-172; Smith, *Virgin Land*; Potter, *People of Plenty*. 또한 Rodgers, "Exceptionalism Revisited," 28-30도 참조하라.

31 Kammen, *People of Paradox*, 186-193; Slotkin, *Regeneration through Violence*.

되면서 완전한 형태로 표현되어 식민지인들이 저항하는 데 주요 근거로 사용되었다. 그것이 이후에 어떻게 되었는지, 베일린은 말하지 않는다. 그렇지만 그것이 미국과 미국인의 정체성이 형성되는 데 결정적인 영향을 끼쳤다는 것은 분명하다. 식민지인들은 독립을 선언하면서, 영국인으로서 타고나는 권리를 포기하고 인간으로서 타고나는 권리를 주장했고, "생명과 자유와 행복 추구"를 비롯해 기본적 인권의 보장을 위해 국가를 건설하고 정치체제를 수립했다. 두말할 나위도 없이, 그때부터 오늘에 이르기까지 미국인들은 자유를 미국의 핵심적 가치로 간주해 왔다. 이런 뜻에서, 아메리카를 자유의 마지막 피난처로 보는 관념은 미국 예외론에서 핵심이 되었던 것이다.

베일린에 따르면, 그런 관념은 서로 다른 세 갈래의 사조가 결합되어 만들어졌다고 한다. 영국의 급진파는 오래전부터 내각이 부패를 만연시키며 국왕의 대권을 이용해 의회를 조종하고 있으며, 언젠가 헌정질서를 파괴하고 권력을 집중시키면서 전제정치를 수립함으로써 자유를 말살하기 위해 획책한다고 우려했다. 식민지의 급진파는 그런 생각을 수용하고 연장해서, 결국 자유가 아직 자치를 누리고 있는 아메리카로 도피할 수밖에 없다고 주장했다. 이런 사조는 아메리카에서 주변성이나 후진성보다는 젊음과 미래를 발견하던 일부 계몽사상가들의 견해와 연결되었다. 계몽사상가들은 세계의 역사를 문명의 발전 과정으로 보고 그 정점에 유럽이 있다고 생각했지만, 모두 낙관론에 물들어 있었던 것은 아니다. 계몽사상에 따르면 어떤 문명이든 생명이 있는 유기체처럼 탄생하고 성장한 다음에 쇠퇴하고 소멸하는 단계를 거치게 되는데, 유럽이 이미 쇠퇴 단계에 있는 것은 아닌지 걱정하는 사람들도 있었다. 그들의 눈에는 쇠퇴의 징후가 분명했다. 유럽에 사치품이 범람했을 뿐 아니라 세련된 생활과 함께 나약하고 의존적인 태도가 풍미하기도 했다. 반면에 아메리카는 문명이 겨우 발전하기 시작한 젊은 사회였다. 거기서는 사람들이 건강하고 자율적인 태도를 갖고 있었고, 조야하다고 할 수 있을 정도로 소박한 생활에 만족하고 있었다. 바꿔 말해, 나중에 공화주의자들이 미덕이라 찬양하는 요소들이 형성되어 있었던 것이다. 또 하나의 사조인 청교도들의 성약聖約 이론은 아메리카를 자유의 마지막 피난처로 보는 관념에 토대를 제공했다. 이미 17세기부터 청교도들은 아메리카에서 우월성과 특수성을 찾아내고 있었다. 그들이 보기에 식민지의 단순하고 소박한 생활은 영적 순수성에 도달하는 데 필요한 조건이었다. 그들은 유럽이 너무나 타락해서 갱생을 기대할 수 없게 되었기에 아메리카로 이주하기로 결정했고, 거기서 구원의 은총을 기다리며 성자처럼 살기로 하느님 앞에서 함께 약속했다. 그리고 자신들의 식민사업이 하느님의 손에서 계획된 일이며, 아메리카는 언젠가 드러나겠지만 하느님의 구상에서 특수한 위치를 차지하고 있다고 생각했다. 이는 매우 편협한 관념이었지만, 식민지의 개신교도들에게 널리 수용될 수 있을 만큼 매력 있는 관념이기도 했다.[32]

이들 사조 가운데서 청교도 신앙은 미국 예외론의 형성 과정에서 가장 중요한 요소라 할 수 있다. 영국의 급진파와 그 식민지 후예들이 아메리카의 특수성을 아메리카에 외재하는 환경에서 찾은 반면에, 청교도와 일부 계몽사상가들은 아메리카의 내적 본질에서 찾았기 때문이다. 그리고 계몽사상가들이 역사의 보편적인 법칙에 따라 아메리카에서 보이는 장점을 아메리카에 고유한 것이 아니라 다른 때 다른 곳에서도 볼 수 있는 것으로 여긴 반면에, 청교도들은 세계사에 대한 해석에 따라 그것을 오직 아메리카에서만 볼 수 있는 것으로 믿었기 때문이다.

더욱이 청교도 신앙은 예외론의 형성 과정을 넘어 발전 과정에도 지속적인 영향을 끼쳤는데, 이는 한국을 포함해 세계에 널리 유포되어 있는 건국 신화에서 뚜렷하게 드러난다. 이 신화에 따르면, 미국의 기원은 1607년에 영리를 목적으로 건설된 제임스타운이 아니라 그보다 13년 늦게 자유로운 신앙생활을 위해 수립된 플리머스에 있다. 이것은 식민지 시대가 아니라 건국 이후에 나타난 관념이다. 그 출발점은 1820년 12월 필그림의 아메리카 도착 200주년 기념식에서, 대니얼 웹스터가 플리머스는 다른 식민지와 달리 순수한 종교적 동기에 따라 건설되었다고 찬양한 데 있다. 그는 또 그들이 자연에 문명을 이식시키는 데 성공한 덕분에 문명이 동부에서 서부로 확대되기 시작했다고 부연하면서, 그들의 도착은 오래 기념할 만한 중요한 사건이라고 주장했다. 그의 주장은 미국의 영토를 태평양 연안까지 확장시키려던 팽창주의적 정서와 어우러져서, 곧 플리머스를 미국사의 '진정한' 출발점으로 보는 일반적 관념으로 확산되었다. 이 관념은 이미 정립되어 있던 예외론에 통합되었고, 아직도 그 일부로 남아 있다.[33]

청교도들은 식민주의적 시각을 지니고 있었다. 한 세기 전에 아메리카를 고안했던 사람들과 마찬가지로, 청교도들도 원주민을 종교를 모르는 미개인으로 규정하고 자신들의 문명과 종교를 전파하기 위해 노력하는 한편, 거기에 저항하는 원주민에 대해 정복 전쟁을 감행함으로써 영토를 확보하려 했다. 그것은 발견이나 매입 이외에 영토를 얻는 고전적 방법이었다. 그들이 17세기에 벌였던 두 차례의 정복 전쟁은 북부 해안지방에서 영국 식

32 베일린, 『미국혁명의 이데올로기적 기원』, 배영수 역 (새물결, 1999), 2-3장, 49-125쪽.
33 Kupperman, "International at the Creation."

민지가 여럿으로 늘어나고 이들이 네덜란드 식민지와 영토를 위해 경쟁한 결과였다. 게다가 청교도들은 16~17세기에 영국이 아일랜드를 식민지로 만들 때 사용하던 방법을 동원했다. 그것은 일부 지역에서 원주민을 전멸시킴으로써 전체 원주민에게 공포심을 심어 주고, 원주민이 단결하지 못하도록 경쟁시킴으로써 지배적인 위치를 유지하며, 원주민에게 약속한 것은 무시하고 자신들의 행위를 정당화시키는 데 필요하다면 사실도 왜곡하면서 선전한다는 것이었다.[34] 이 모든 것은 하느님의 구상에 따라 아메리카에 "언덕 위의 도시"를 세우는 사업의 일환이었다. 따라서 아메리카를 고안했던 사람들과 마찬가지로, 청교도들도 원주민을 쫓아내고 토지를 빼앗아 정착한 다음에 그것을 자신들의 신앙으로 정당화했다. 이는 코네티컷에서 밀퍼드라는 촌락을 건설한 청교도들에게서 단적으로 드러난다. 그들은 1640년에 소집된 촌락 회의에서, 토지에서 쫓겨난 원주민 문제를 논의하고 그 결론을 회의록에 이렇게 기록했다.

1. 대지는 주님의 것이고 다른 소유자는 없다. 가결.
2. 주님은 성도에게 대지를 나눠 주실 수 있다. 가결.
3. 우리는 성도들이다. 가결.[35]

이런 식민주의적 시각에는 인종주의적 함의가 들어 있다. 청교도들은 흔히 아메리카를 '황야*wilderness*'로 표현했는데, 그것은 거기에 주민이 아예 없거나 조금 있다 해도 토지를 내버려 두고 있는 상태를 가리켰다.[36] 그 함의는 물론 아메리카가 열려 있는 공간이고, 따라서 자신들이 토지를 차지해도 좋다는 합리화에 있었다. 다른 함의는 원주민이 토지를 개간하지 않고 내버려 둘 만큼 자연을 이용할 줄 모른다고, 바꿔 말해 미개인이라고 규정하는 데 있었다. 이런 뜻에서 원주민은 흔히 savage로 불렸으나, 이 단어는 원래 자연의 거칢과 함께 아름다움을 가리키는 데도 쓰였을 정도로 중립적인 의미를 지니고 있었다. 그러나 청교도들은 정복 전쟁을 비롯해 원주민과 살육전을 벌이며 그것을 주로 짐승 같은 사나움을 가리키는 데 썼다. 이런 용법은 비슷한 시기에 남부 식민지에서도 나타났고, 얼

---

34 Jennings, *Invasion of America*, chs. 13, 17-18, pp. 202-227, 298-326.

35 Kammen, *People of Paradox*, 187에서 재인용.

36 그런 태도는 17세기 말에 자연상태에 관해 깊은 생각에 빠져 있던 존 로크에게서 분명하게 나타난다. 저 유명한 『정부론』에서 재산의 개념을 설명하면서, 그는 아메리카를 예로 들어가며 자연이란 인류가 공유하는 자원으로서 인간이 노동을 통해 개량*improvement*하지 않으면 쓸모없는 황무지*waste*일 뿐이라고 역설한다. Locke, *Second Treatise*, ch. 5, pp. 19-31을 보라.

마 뒤부터는 중립적인 의미로는 쓰이지 않게 되었다.[37] 이와 같은 용법의 변화 뒤에는 피정복민을 비하하는 오랜 사고방식이 자리 잡고 있었던 것으로 보인다. 이미 중세부터 유럽인들은 개간이나 정복을 통해 변경지대로 팽창하면서 원주민을 억압하고 차별했는데, 거기서 인류를 문명인과 미개인으로, 또 기독교도와 비기독교도로 구분하고 양자 사이에 뛰어넘기 어려운 간극이 있다고 보는 이분법이 발전했다. 그것은 피정복민에 대한 제도적 억압과 차별을 정당화하는 근거로, 바꿔 말해 인종주의적인 방식으로 사용되었다.[38]

그렇다고 해서 인종주의에서 타자들을 체계적으로 무시하는 자세가 유래했다고 말하기는 어렵다. 물론, 인종주의는 청교도를 포함해 유럽계 아메리카인들 사이에서 아메리카에는 미개인과 황야밖에 없다는 생각, 다시 말해 원주민을 인간 이하의 존재로 비하하는 관념이나 원주민의 존재와 권리를 부정하는 관념이 형성되는 데 기여했다. 그러나 그것은 그들에게 자아를 규정할 수 있도록 타자를 발견하고 인식하는 데 기여하기도 했다. 그들은 원주민을 식민지에 통합시키는 데 실패하고 식민지로부터 추방하는 데 주력하면서, 원주민을 폭력에 호소하는 야만인으로 묘사함으로써 자신들을 그로부터 피해를 입으며 문명을 건설하는 희생자로 부각시켰던 것이다. 원주민 대신 노동력으로 수입한 흑인에 대해서도, 유럽계 아메리카인들은 비슷한 이미지를 구축했다. 그들은 미국혁명 이래 영국에 대해 자유를 요구하면서도 흑인에 대해서는 자유를 허용하지 않은 이유를 해명해야 했고, 또 유럽과 그 식민지에서 농노제와 노예제를 철폐하는데도 미국 남부에서는 그렇게 하지 않는 이유를 설명해야 했다. 더욱이, 반란을 비롯해 노예의 저항을 봉쇄하고 노예와 하층 백인의 연대도 저지해야 했다. 이런 부담 때문에 그들은 흑인에게는 인간성 대신 야수성만 있다거나, 인간이라 해도 성인이 되지 못하고 아동 같은 속성만 지닌다고 주장했다. 그럼으로써 흑인에게 인간성과 문명을 가르치는 사명을 스스로 떠맡을 수 있었다.[39] 바꿔 말해, 흑인도 원주민처럼 자아에 대비되는 타자로서 무시할 수 없는 존재였던 것이다.

---

37 Jennings, *Invasion of America*, 58-84.

38 Bartlett, *Making of Europe*.

인종이나 인종주의는 흔히 인류를 생물학적 차이로 구분할 때 적용되는 개념이지만, 이것은 18세기 말기부터 19세기 초기에 형성된 이른바 과학적 인종주의에 토대를 두고 있는 용법이다. 이 용법에서 핵심적인 요소는 생물학적 차이가 인구집단 사이에 있는 뛰어넘을 수 없는 장벽이라는 점에 있는데, 그런 요소는 문명인/미개인 및 기독교도/비기독교도 이분법에도 들어 있다. 이 이분법은 소수의 개인들이 문화적 차이를 극복할 수 있다 해도, 원주민이 집단적으로 그런 차이를 뛰어넘기는 어려우며 여기에 제도적 억압과 차별을 정당화해 주는 근거가 있다고 강조하는 것이다. 상세한 것은 배영수, "백인 우월주의"를 보라.

39 Takaki, *Iron Cages*.

그러나 인종주의적이고 식민주의적인 시각은 유럽중심주의와 결합됨으로써 "'타자들'에 대한 체계적 무시"를 낳은 것으로 보인다. 유럽중심주의는 개념상 유럽에 대비되는 주변부의 존재 위에서 성립하므로, 그 자체로서는 주변부에 속하는 타자를 배제하지 않는다. 조이스 애플비가 지적하듯이 유럽중심주의적 세계관은 유럽계 아메리카인들에게 아메리카를 자리매김하는 틀을 제공함으로써 비유럽계 아메리카인을 경시하거나 간과할 수 있는 여지를 열어 주지만, 체계적으로 무시하도록 유도하지는 않는다는 것이다. 잭 그린이 보여 주듯이 유럽계 아메리카인들은 "아메리카의 고안" 과정에서 유럽중심주의를 이어받고 그에 입각해 아메리카를 이해했다. 특히, 그들은 스스로 '아메리카인'이라 부르며 유럽인과 구분되는 자기 정체성을 모색했다. 이런 측면에서 유럽인은 그들의 타자로서 원주민이나 흑인 못지않게 중요했다. 그렇지만 그들이 '아메리카인'이 되기 위해서는 원주민을 경시하거나 간과하지 않고 부정하는 것도 중요했다. 왜냐하면 자기 자신들을 아메리카와 일체화시키는 데는 한편으로 아메리카의 자연이 있어야 했지만, 다른 한편으로는 거기에 다른 주인主人이 없어야 했기 때문이다. 이미 살펴본 것처럼 그들은 아메리카에는 주민이 없거나 있어도 자연을 그대로 내버려 둔다고 주장했는데, 이는 바꿔 말하면 그들이 식민주의와 인종주의에 입각해 아메리카를 전유하는 과정의 일환이었다.

그 과정은 '아메리칸'과 '인디언'의 용법 변화에서 잘 드러난다. 『옥스퍼드 영어사전』에 따르면, American은 1578년에 처음으로 쓰였을 때 북미 대륙의 원주민을 가리켰다. 그것이 대륙을 가리키는 데 쓰인 것은 그로부터 20년이 흐른 뒤의 일이고, 더 좁혀서 영국의 북미 식민지를 가리키게 된 것은 1647년에 와서야 시작된 일이었다. 더욱이, 북미 대륙에 이주한 유럽인의 자손, 특히 영국 식민지의 주민을 가리키는 데 쓰이기 시작한 것은 1765년, 그러니까 인지법을 계기로 영국과 식민지 사이에 갈등이 심화되었을 때였다. 그때에는 이미 식민지 주민이 원주민을 다른 이름으로 부르고 있었다. 영어에서 India는 중세부터 우리가 알고 있는 인도를 가리키는 데 쓰였고, 1553년에 와서는 북미 대륙을 가리키는 데도 쓰이기 시작했다. 그와 마찬가지로 Indian은 1566년에 처음 쓰였을 때 인도인을 가리켰는데, 그로부터 반세기가 넘게 흐른 뒤인 1618년에야 북미 대륙과 서인도의 원주민에게로 전용되기 시작했다.[40] 간단히 줄이면, 영국인들은 북미 대륙의 원주민을 16세기 중엽부터 American이라 부르다가 두 세대 가까이 세월이 흐른 다음에야 Indian이라는

40 *Oxford English Dictionary*, A, 279; I, 204.

다른 이름으로 부르기 시작했다. 그리고 북미 대륙에 정착한 다음인 17세기 중엽부터 자신들이 건설한 식민지를 American이라 부르기 시작했고, 자신들을 영국인과 구분해야 할 필요가 생겼을 때에는 그 용법을 자신들에게로 연장해서 사용했던 것이다.

용어에서 보이는 아메리카의 전유 과정은 흑인에게로 연장되었다고 할 수 있다. 흑인은 잘 알려져 있듯이 유럽 식민주의에 희생당해 아메리카에 통합되었지만, 오랫동안 아메리카인이 아니라 아프리카인으로 인식되었다. 흑인은 두말할 나위도 없이 인종주의 때문에, 유럽계 아메리카인들이 원주민과 유럽인을 대상으로 자신들의 정체성을 규정하는 과정에서 배제되었다. 그들에게는 흑인이 아프리카로 되돌려 보내고 싶을 만큼 아메리카 가운데서 드러내고 싶지 않은 존재였던 것이다.

이 식민주의적이고 인종주의적인 시각이 유럽중심주의적인 세계관과 더불어 학술적 차원의 예외론으로 전승됨으로써 인종이나 인종주의에 대한 무관심을 조장했던 것으로 보인다. 이미 살펴본 바와 같이 미국학을 이끈 예외론자들이 인종관계를 경시한 것은, 무엇보다도 식민지 시대에 형성된 유럽계 아메리카인들의 관점이 학술적 담론으로 흡수된 결과이다. 대표적인 사례로 페리 밀러의 『황야를 개간하라는 사명』을 들 수 있다. 여기서 밀러는 청교도들을 중심으로 유럽 문화가 아메리카에 이식되어 독특한 문화로 변형되는 과정을 추적하면서, 그들의 식민사업을 신이 그들에게 부여한 사명으로 묘사하고 아메리카를 황야로 간주한다. 이렇게 청교도의 정신과 안목에 따라 아메리카를 이해하기 때문에, 그는 이 책에서 원주민이나 인종관계를 거론하지 않는다. 여기에 암묵적으로 전제되어 있는 식민주의적이고 인종주의적인 시각은 이 책의 구상 단계에서 보이는 유럽중심주의적 세계관과 결합되어 있다. 거기에 붙인 서문에 따르면 밀러는 젊은 시절에 모험 삼아 선원으로 배를 탔는데, 어느 날 콩고 강에서 기름통을 내려놓는 일을 하다가 갑자기 미국 문화의 특징을 해명해야 할 필요가 있다는 것을 깨달았다고 한다.[41] 이 갑작스러운 깨달음이 왜 하필 아프리카에서 있었는지 알 수 없으나, 그 결과는 매우 역설적인 것이다. 그런 깨달음은 아프리카에서 얻은 것이지만, 그 산물에서는 아프리카가 보이지 않으니 말이다. 바꿔 말하면, 그 책은 아메리카인이 아프리카에 서서 유럽인과 나누는 대화인 셈이다.

그렇다고 해서 이런 시각과 세계관에 관해 청교도만 탓할 수는 없다. 물론, 청교도의 안목은 밀러가 자료로 이용한 청교도 문헌을 통해 그에게 흡수된 것으로 보인다. 앞에서 살

41 Miller, *Errand into the Wilderness*, vii–x. 이에 대한 상세한 분석으로는 다음을 참고하라. Kaplan, "'Left Alone with America,'" 3–11.

펴본 것처럼, 청교도들은 또한 식민지 시대에 형성된 예외론에서도 식민주의적이고 인종주의적인 시각을 수립하는 데 중요한 역할을 했다. 실은, 거기서 시작된 전통이 밀러에게 이어져 있고 또 밀러를 통해 오늘날까지 내려온다. 그러나 청교도만이 그런 역할을 한 것은 아니다. 인종주의와 식민주의는 청교도 이외에 유럽의 팽창에 참여한 다양한 집단 사이에서 널리 공유되었기 때문이다. 여기서 말하고자 하는 것은 청교도 신앙이 예외론의 형성과 발전에 기여한 핵심적 요소였던 만큼, 청교도의 역할을 분명하게 확인할 수 있다는 점이다.

그렇게 해서 확인할 수 있는 예외론자들의 시각은 앞에서 거론한 시선과 연관되어 있다. 이미 살펴보았듯이 그들의 시선은 미국을 유럽에서 구분해 내기 위해 바깥에서 안쪽으로 쏠려 있는데, 이 방향에서는 미국을 둘러싸고 있는 국제질서와 거기서 미국이 차지하는 위상이 보이지 않는다. 이런 맹점을 지니고 있는 시선의 주체는 두말할 나위도 없이 유럽계 아메리카인들이다. 예외론은 지금까지 살펴본 것처럼 유럽에 대비해 아메리카가 어떻게 다른가 살펴보던 유럽계 아메리카인들의 담론에서 계승된 유산이기 때문이다. 그것은 또한 유럽계 아메리카인들이 이 유산 위에서 미국의 국민적 정체성을 규정하면서 형성하고 발전시킨 담론이기 때문이다. 유럽에서 아메리카로 흐르는 시선의 주체로서, 그들은 초점을 모든 아메리카인이 아니라 자기 자신들에게 맞추었다. 이는 유럽중심주의적 세계관에 따라 그들이 유럽을 향해 자신들의 정체를 설명하기 위해 자신들을 아메리카와 일체화시킨 결과였다. 그들은 아메리카의 식민자로서 그렇게 할 수 있었지만, 그 때문에 식민주의적이고 인종주의적인 시각에서 벗어날 수 없었다. 거기에 원주민과 흑인을 보지 못한다는 예외론의 두 번째 맹점이 있다. 따라서 두 가지 맹점은 유럽계 아메리카인들이 식민자로서 아메리카를 바라보는 행위를 통해 서로 연결되어 있는 것이다.

이렇게 미국 예외론이 식민주의 담론이라는 점을 지적한다고 해서, 거기에 내재되어 있는 문제점을 모두 설명할 수 있는 것은 물론 아니다. 특히 여성이 무시된다는 점은 식민주의 담론에 들어 있는 남성중심주의만으로는 제대로 해명할 수 없다. 그렇지만 요즈음 흔히 말하듯이 예외론을 넘어서기 위해서는, 그것이 식민주의 담론으로서 지니는 성격과 한계를 분명하게 이해해야 할 것이다.

제1부

노동계급

앞에서 시도한 것처럼 미국 예외론에 내재하는 문제점, 특히 인식론적 기초에 들어 있는 맹점을 파악하는 작업은 미국 문명을 올바르게 인식하는 데 필수적이지만, 그것은 출발점에 지나지 않는다. 예외론은 하나의 정치적 이념으로서는 물론이요 미국 문명에 관한 학술적 담론으로서도 대단한 영향력을 지니고 있다. 학문의 영역에서 예외론의 영향력은 1960년대부터 뚜렷하게 줄어들었으나, 1990년대 이후에 다시 늘어났다고 할 수 있다. 소련이 해체되고 사회주의가 퇴조하며 세계화의 조류가 거세게 밀어닥치자, 미국이 지니는 특징이 다시 관심을 끌게 되었고 또 가끔 미국이 우월하다는 의식과 연결되기도 했던 것이다. 그래서 요즈음 예외론자들은 심지어 범죄의 패턴이나 외교정책의 기조에서 미국의 특징적 면모를 찾아내기도 한다.

그렇지만 예외론이 학술적 담론으로서 지니는 영향력은 미국 사회주의에 관한 논쟁에서 가장 뚜렷하다. 논쟁은 "왜 미국에는 사회주의가 없는가?" 하는 물음으로 20세기 초에 시작되었지만, 그로부터 두 세대가 지난 1970년대에 와서야 본격적으로 전개되기 시작했다. 정치학자, 사회학자 등 사회과학자들이 역사학자들과 더불어 다양한 측면에서 접근하며 미국의 정치체제와 경제체제, 그리고 사회구조를 거론했다. 1980년대를 넘어 1990년대까지 계속된 이 논쟁에서 핵심적 관심사로 부각된 것은 미국 노동운동의 성격이라 할 수 있다. 미국의 노동운동이 사회주의 정당과 손잡고 혁명적인 목표를 추구하는 대신 정치와 거리를 두고 직접적인 경제적 이익을 확보하는 데 관심을 기울인다는 점에 많은 학자들이 주목했던 것이다.

논쟁이 그렇게 진행되는 와중에, 노동운동에 대한 이해는 근본적인 변화를 겪고 있었다. 처음에는 대다수 학자들이 노동운동을 그저 노동자들이 노동조합 같은 기구를 통해 추진하는 운동쯤으로 여겼지만, 몇몇 학자들이 노동운동의 보수적 성격에도 불구하고 때로는 적지 않은 노동자들이 급진적 성향을 보였다는 사실을 지적함에 따라 많은 학자들이 노동조합을 지도부와 일반 조합원으로 구분해서 바라보기 시작했다. 다른 한편에서는 역사학자들이 노동운동 대신에 노동자의 세계를 탐구하는 데 관심을 기울이고 있었다. 그들은 노동조합이나 노동자 정당 같은 제도를 중심으로 노동운동을 이해하는 종래의 연구 동향을 비판하며, 의식과 문화에 초점을 맞추어 노동자들의 역사적 경험을 파악하는 데 주력했다. 그럼으로써 계급의식을 깨닫고 기존질서에 도전하는 노동자들의 능동적인 모습을 발견할 수 있을 것으로 기대했다. "새로운 사회사"라 불리는 이런 움직임은 1960년대 초에 뚜렷하게 나타났고, 1970년대부터는 커다란 흐름으로 자리 잡았다.

그렇지만 이 새로운 동향이 미국 사회주의에 관한 논쟁에 얼마나 도움이 되었는지 의심스럽다. 사회사 연구자들은 분명히 의미 있는 견해를 제시했다. 예를 들면, 적어도 20세기 초에는 미국의 사회주의 정당이 유럽과 비교해도 손색이 없을 정도로 넓은 지지세력을 확보하고 있었다는 점, 또 "왜 미국에는 사회주의가 없는가?" 하는 질문 자체가 유럽을 규범으로 설정하는 한편 역사적 변화를 간과하는 문제라는 점 같은 것을 지적했다. 그러나 그들은 미국 사회주의의 취약성이나 쇠퇴 과정에 관해 이렇다 할 만한 견해를 제시하지는 않았다. 사실은 그런 주제에 관심을 기울이지 않았다고 할 수 있다. 그들의 관심은 노동계급의 형성에 집중되어 있었고, 따라서 노동운동이나 사회주의의 역사를 바라볼 때도 그들의 시야는 대개 성장 국면에 머물러 있었던 것이다.

그렇다면 '새로운 사회사'에 의지해 미국 사회주의 논쟁에 접근해 볼 여지가 있다. 바꿔 말해 미국 사회주의의 역사를, 특히 그 쇠퇴 국면을 노동자들의 의식과 문화에 비추어 살펴보는 과제가 아직 남아 있다는 것이다. 이것이 제1부에서 취급하는 과제이다.

거기에는 중대한 이론적 문제가 개재되어 있다. '새로운 사회사'는 계급의 개념을 토대로 대두한 연구 동향이다. 그것을 주도한 학자들은 계급이란 하나의 사회구조를 구성하는 객관적 요소가 아니라 어떤 사회구조 속에서 사람들이 다른 사람들과 구분된다고 느낄 때 발생하는 역사적 현상이라고 강조했다. 그리고 이 개념을 가지고 노동사를 넘어 역사의 일반적인 전개 과정을 설명하고자 노력했다. 그것은 그들의 연구 업적에서 잘 드러나듯이 계급의 형성 과정을 파악하는 데 적합하다. 반면에 계급이 분해되는 과정을 설명하는 데는 적합하지 않다. 이는 계급의 개념을 놓고 1980년대 중엽부터 약 10년 동안 계속된 논쟁에서 분명하게 드러난 것이다. 따라서 계급 개념에 관한 이론적 쟁점을 다룰 필요가 있다. 이런 필요에 따라 제2장은 계급 개념과 그에 관한 논쟁을 역사적 맥락에 비춰 가며 면밀하게 검토한다.

이어서 필자는 계급의 형성만이 아니라 분해까지 설명할 수 있도록 계급 개념에 부분적인 수정을 가하고자 시도한다. 사회사 연구자들 사이에서 통용되는 개념은 생산관계를 전제로 구성되어 있다. 그것은 무엇보다도 사람들이 생산관계에서 겪는 경험에 뿌리를 두고 있는 것이다. 그렇다면 그것을 검토하기 위해서는 먼저 생산관계를 살펴볼 필요가 있는데, 문제는 생산관계가 너무나 방대한 주제여서 접근하기가 어렵다는 데 있다. 가능한 것은 생산관계의 경험을 살펴보는 것, 그것도 그 경험이 첨예한 형태로 집중되는 지점을 중심으로 살펴보는 것이다. 그래서 제3장은 자본가와 노동자가 서로 관계를 맺고 또 그것을 경험하는 생산 현장에 초점을 맞춘다.

그 다음에는 시선을 거주지로 옮긴다. 거주지는 노동자들이 생산관계를 경험하는 다른 하나의 공간일 뿐 아니라, 소비생활을 영위하는 공간이기도 하다. 이것은 종래의 계급 개념에서 경시되거나 간과되었던 측면이다. 더욱이, 소비에 관한 연구에서도 주목을 끌지 못하고 있다. 소비문화 연구자들은 백화점이나 놀이공원에 훨씬 더 큰 관심을 기울이는 편이다. 그러나 주거가 소비생활에서 가장 큰 비중을 차지한다는 점은 부인할 수 없다. 더욱이, 그것이 개인의 정체성을 좌우하는 중요한 의미를 지닌다는 점도 기억할 필요가 있다. 그런데도 사회사 연구자들을 비롯해 역사학자들은 대체로 주거생활에 주목하지 않으며, 주거 공간에 대해서는 더욱 그렇다. 사실, 공간은 역사학자들이 보지 못하는 차원이라 할 수 있다. 제4장은 공간이 역사가 전개되는 맥락이라는 점을 밝히고, 그것을 역사학적 분석으로 끌어들일 수 있는 방안을 모색한다.

끝으로 제5장은 미국 노동운동의 특색을 다시 생각한다. 미국의 노동운동은 흔히 허약하고 온건하며, 이는 미국 노동자들이 일자리와 임금에 주목하는 태도를 갖고 있기 때문이라고 알려져 있다. 이런 이해는 미국 예외론의 일환으로서, 이미 사회사 연구자들이 비판적으로 검토한 바 있다. 그래도 남는 문제는 어째서 미국의 노동운동이 일찍부터 쇠퇴 국면에 접어들었는가 하는 것이다. 특히, 그런 국면에서 미국의 노동자들이 어떤 생각과 태도를 보였는가 하는 것이다. 그 해답을 찾기 위해, 제5장은 먼저 사회사 연구자들이 흔히 채용하는 계급 개념에 비판과 수정을 가한다. 또 이 새로운 개념을 활용해 미국 노동운동의 쇠퇴 과정을 설명하고자 시도한다. 그 결과, 미국의 노동자들은 20세기 초부터 빠른 속도로 공동체적 전통에서 벗어나 경제적 개인주의로 기울었으며, 따라서 노동운동의 쇠퇴에 일조했다고 지적한다. 그리고 이것이 예외적 현상이 아니라 다른 선진국보다 한 세대 정도 앞서 겪은 일반적 조류라고 부연한다.

제2장 계급의 개념

계급의 개념을 올바르게 이해하고 나아가 필요하면 적절하게 수정하기 위해서는, 이 개념은 물론이요 그것을 둘러싸고 있는 맥락도 면밀하게 검토해야 한다. 개념이란 결국 육안으로는 분별조차 하기 어려운 사실들을 파악하기 위해 사용하는 도구이므로, 용도를 고려하지 않고서는 그 실체를 깊이 꿰뚫어 볼 수 없기 때문이다.

오늘날 널리 쓰이는 계급 개념은 1960년대 초에 사회사 분야에서 새로운 조류가 대두하는 과정에서 수립된 것이다. 사회사는 20세기 초에 경제사와 더불어 자리 잡은 역사학의 한 분야로서, 위인이나 정치인 대신에 이름 없는 보통 사람들을 집중적으로 연구하는 경향을 일컬었다. 그런 경향 속에서 성장한 영국의 마르크스주의 역사학자들은 보통 사람들이 역사 속에서 어떤 역할을 해 왔는지, 더 정확하게 말하면 어떻게 지배세력에 맞서 스스로 역사를 만들어 왔는지 파악하고자 했다. 그들의 노력은 1960년대 초에 계급의 개념을 새로운 방식으로 규정하는 결과를 가져왔다. 그리고 새로운 정의는 역사를 "아래에서 위로" 바라보는 그들의 시각과 함께 "새로운 사회사"라 불리는 조류가 되었다.

한동안 세계 역사학계를 풍미했던 저 조류는 1980년대 말부터 "새로운 문화사"에 밀리기 시작했고 또 계급의 개념과 함께 밀려나는 듯했다. 문화사 연구자들은 계급 개념 아래에 유물론과 환원론이 깔려 있다고 비판하며 사회사의 이론적 토대를 공격했던 것이다. 그렇지만 계급 개념은 상처를 입고서도 살아남았다. 비록 패권적 지위에서는 밀려났지만, 젠더 및 인종과 더불어 사람들의 정체성을 규정하는 기본적 범주로서 역사학계에서 여전히 중요한 위상을 차지하고 있는 것이다.

어떻게 해서 그렇게 되었는가? 사회사는 문화사에 밀려났는데도, 사회사의 토대였던 계급 개념은 어떻게 문화사 연구자들의 맹렬한 공격 속에서 살아남았는가? 도대체 사회사 연구자들은 그것을 어떤 방식으로 규정했던가? 그리고 어떤 이유에서 그렇게 했던가? 이런 의문은 계급 개념을 깊이 있게 이해하자면 피할 수 없는 문제라 할 수 있다.

1. 역사와 사회이론

서양의 사회사 연구 동향은 1970년대 말부터 1980년대 초에 집중적으로 국내에 소개되었는데, 그때 자주 제기된 논제 한 가지는 역사학과 사회과학 사이에 어떤 관계를 설정해야 하는가였다. 당시에 소개된 사회사의 성격을 고려하면 이것은 자연스러운 일이었다. 관심의 초점이었던 프랑스의 아날학파는 역사학을 시간의 차원에서 인간에 접근하는 학문이라고 규정하고 세분화된 특수사에 매몰되지 않으며 인간을 종합적으로 파악하기 위해서는 "전체사"를 지향해야 한다는 입장에 서 있었으며, 따라서 이에 도움이 되는 학문이라면 어떤 분야에 대해서도 진취적인 자세를 취했다.[1] 독일의 사회사도 국가를 중심으로 하는 전통적인 정치사와 구분되는 특수사에서 탈피하면서 에릭 홉스봄이 말하는 의미에서 사회의 역사에 접근하고 있었으므로, 일각에서는 "역사적 사회과학"을 주창할 정도로 사회과학에 대해 개방적인 태도를 보여 주었다.[2]

당시 국내 서양사학자들은 역사학과 사회과학의 관계에 대해서 크게 두 가지 견해로 나뉘어 있었다. 대부분은 프랑스와 독일의 사회사 연구자들만큼 적극적이지는 않았지만 사

1 민석홍, 「아날르학파의 성립과 논리」. 그 외에 다음도 참고하라. 오주환, 「아날르학파의 역사와 사론」; 나종일, 「브로델의 전체사」; 이거스, 『현대 사회 사학의 흐름』; 신광영, 「서구 사회사연구의 동향」.

2 이민호, 『현대사회와 역사이론』; 이광주, 「독일사학의 사회사적 전환」; 이상신, 「사회사의 개념과 방법론」; Hobsbawm, "From Social History to the History of Society."

회과학에서 개발된 개념과 이론과 접근방법을 활용하는 데 대해 찬성하는 뜻을 표시했다. 한마디로 말해, 사실을 해명하는 데 도움이 된다면 무엇이든 간에 외면할 이유가 없다는 것이었다. 그렇지만 몇몇 학자들은 사회과학의 도움을 받음에 따라 역사가 몰가치적이고 비대중적인 서술로 경도될 가능성이 있다고 경고하거나, 사회과학 이론의 효용이 매우 제한되어 있다는 점을 강조했다.[3] 특히 양병우는 역사학과 사회과학이 다같이 사회현상을 다루면서도 서로 다른 목표를 갖고 있다고—전자는 개별적인 이해를 제공하고 후자는 일반적인 이론을 구축하려 한다고—지적했다. 그렇지만 개별적인 이해가 설득력을 갖기 위해서는 개념적 파악에 입각해야 하는 반면에 일반적 이론이란 개념 체계에 불과하므로 양자는 본질적으로 겹친다고 부연했다. 그리고 혁명 이론을 예로 들면서, 개별적인 현상을 제대로 설명하지 못하면 이론을 수정해야 한다는 기본적인 원칙을 역설했다. 언뜻 보기에 매우 다른 이들 견해는 한 가지 공통점을 가지고 있는데, 그것은 이들이 모두 역사학과 사회과학 사이의 분업을 수용한다는 점, 바꿔 말해 사회현상을 설명하는 데 있어서 두 분야가 각각 개별적인 이해와 일반적인 이론을 추구하면서도 서로 의존하는 상보적 관계를 가진다고 본다는 점이다.

이런 전제에 대해 영국의 역사가 개러스 스테드먼 존스는 의견을 달리한다. 그는 역사학과 사회과학 사이에 "일종의 편리한 공생 관계"를 수립하려는 지배적인 흐름을 비판하면서, 공생 관계의 전제는 역사란 이론이 없는 학문이고 사회과학은 이론의 창고라는 생각이라고 지적한다. 이어서 실제로는 사회과학의 이론적 토대가 의심스럽고 불안하다고 주장한다. 예를 들어 역사사회학은 역사에 충분히 근거를 두고 있지 않을 뿐 아니라 대개 사회학적 개념화 과정에서 면밀한 역사학적 분석을 무시하기 때문에, 이 분야에서는 동태적으로 접근하려는 노력에도 불구하고 만족할 만한 성과가 나오지 않는다는 것이다. 그러므로 스테드먼 존스는 "이론적 역사학"을 주창하면서, 역사가들이 스스로 이론적 작업을 수행해야 할 필요가 있다고 강조한다.[4]

그가 이런 의견을 피력할 때 구체적으로 어떤 연구 경향을 염두에 두고 있었는지는 분명치 않지만, 아날학파를 생각하지는 않은 것 같다. 미국의 역사 이론 전문가 하비 케이의 견해에 따르면, 아날학파의 사회사는 "밑바탕의 역사"로서, "아래에서 위로" 보는 시각이 결여되어 있고 따라서 홉스봄이 말하는 "사회의 역사"를 제대로 서술하지 못하기 때문이

---

3 길현모, 「역사학과 사회과학」; 양병우, 「역사 · 사회과학 · 혁명이론」.

4 Stedman Jones, "From Historical Sociology to Theoretical History." (인용은 295)

다. 미국의 역사가 유진 제노비즈와 엘리자베스 폭스-제노비즈는 마르크 블로흐가 "인간 생활의 모든 측면 사이에 있는 전체적 관계에 대한 안목과 역사적 역동성에 대한 분석"을 보여 준 반면에, 페르낭 브로델의 "구조적 분석은 그 인류학적이고 생태학적이며 또 고고학적인 편향으로 인해 은연중에 역사적 과정 자체를 부정하고 시간적 차원을 왜곡한다"고 비판한다. 이어서 그들은 브로델에게서 영향을 받은 연구자들이 하층계급의 생활을 묘사하는 데 몰두해 그것을 계급관계로부터 유리된 자율적 구조로 이해하고 있는데, 이는 결국 사회사에서 정치적 차원을 제거함으로써 이 분야를 "자유주의 이데올로그들이 관장하는 새로운 골동품 수렁"에 빠뜨리는 것이라고 질책한다.[5]

스테드먼 존스가 "이론적 역사학"에 관해 논의하면서 염두에 두고 있었던 것은 영국의 사회사, 특히 마르크스주의 사회사 연구자들의 작업이었던 것으로 보인다. 영국에서는 1950년대 중엽 이래 일군의 역사학자들이 스탈린 시대의 마르크스주의에 의문을 제기하고, 경험적 연구를 통해서 대답을 찾아내려고 노력해 왔다. 이른바 "새로운 사회사"는 그런 노력의 전위로서 1960년대 초에 출발할 때부터 노동사에 대한 제도적 · 조직적 접근방법에서 탈피해 계급을 중심으로 새로운 주제에 주목하는 동시에 그에 관련되는 기존 이론을 검토하는 방향으로 나아갔다. 그 결과, 영국 사회사에서는 이론적 논의가 활발해지면서 문화와 의식에 집중되는 양상이 나타났다.[6]

거기에 가장 중요한 기여를 한 인물은 영국뿐 아니라 사실상 전 세계에 걸쳐서 커다란 영향력을 행사했던 에드워드 파머 톰슨이다. 톰슨의 논적 페리 앤더슨은 그를 가리켜 "우리 시대의 가장 훌륭한 사회주의 저술가"라고 평가하면서, "톰슨 말고는 어떤 마르크스주의 역사가도 연구 과정에서 부딪히는 어려운 개념상 문제를 피하지 않고 직접적으로 제기하고 탐구하는 데 그토록 노력을 기울인 사람은 없다"고 찬양한다.[7] 사실, 톰슨은 경험적 연구와 이론적 비판을 통해 계급 개념과 문화 이론, 그리고 역사적 유물론에서 새로운 지평선을 여는 데 주력함으로써 영국의 사회사 연구를 선도하는 동시에 마르크스주의 이론에 상당한 파장을 일으키기도 했다.[8]

---

5 케이, 『영국의 마르크스주의 역사가들』, 262-271; Fox-Genovese and Genovese, "Political Crisis of Social History." (인용은 207, 209, 214) 아날학파를 포함하여 사회사의 전반적인 "타락"에 대한 비판으로는 특히 Judt, "Clown in Regal Purple"을 참고하라.

6 영국 사회사의 이론적 특징은 독일 사회사와 비교함으로써 그와 같이 규정할 수 있는데, 이에 관해서는 다음에 소개하는 매우 흥미 있는 논문을 참고하라. Eley and Nield, "Why Does Social History Ignore Politics?"

7 Anderson, *Arguments*, 1-2.

8 톰슨에 대한 포괄적인 소개로는 케이, 『영국의 마르크스주의 역사가들』, 제6장을 참고하라. 그리고 톰슨의 광범

2. 계급

톰슨의 경험적 연구 중에서 이론적으로 가장 큰 관심을 끈 것은 『영국 노동계급의 형성』(이하 『형성』)이라 할 수 있다.[9] 이 책은 이미 현대의 고전으로 간주되고 있는데, 여기서 톰슨은 "사춘기에서 성년 초기에 이르기까지 영국 노동계급의 전기"를, 다시 말해 노동계급의 형성 과정을 핵심적인 과제로 설정한다. 그의 견해는 한마디로 줄이자면 "1780년부터 1832년 사이의 시기에 대부분의 영국 노동자들이 자신들끼리는 이해관계가 동일한 반면에 지배자 및 사용자들과는 대립된다고 느끼게 되었다"는 것이다. 이를 입증하기 위해 그는 이 책을 세 부분으로 나누고, 제1부에서 18세기부터 전해 오는 민중적 전통, 특히 평민급진주의를 검토한 다음, 제2부에서는 산업혁명과 프랑스혁명의 진전에 따라 노동자들이 경험한 객관적 영향력, 즉 경제적 착취와 정치적 탄압을 분석 · 묘사하고, 제3부에서는 다시 급진주의 전통으로 돌아와서 1820년대와 1830년대의 노동자 계급의식에 대한 논의로 결말을 짓고 있다.[10] 톰슨은 무려 800쪽이 넘는 방대한 규모의 책에서 회의록과 신문, 잡지에서 정보원 보고서와 우송 과정에서 가로챈 편지까지 다양한 자료를 바탕으로, 역사에 대한 냉철한 분석에 그치지 않고 도덕적 비판까지 가하면서 유려한 문장으로 자신의 주장을 표현함으로써 읽는 이로 하여금 문학적 감동을 맛보게 해 준다.

물론 『형성』에 대해서는 많은 비판이 있고 또 그중에는 적절하다고 생각되는 것도 있다. 예를 들면, 1830년대 초만 하더라도 자본주의적 생산관계가 널리 확산되지 않았고 공장제도의 발달도 공업부문에 따라 크게 달랐는데도 톰슨이 농업 노동자와 장인, 그리고 직조공 등 일부 노동자의 경험을 일반화시킨다든가, 그들의 경험조차도 부르주아지와의 관계 속에서 파악하지 않음으로써 뒤에서 살펴보듯이 자신이 규정한 계급 개념을 스스로 입증하지 못한다든가, 노동계급이 1830년대 초까지 형성되었다고 주장한다면 19세기 중엽에 나타나는 타협적인 노동운동에 대해서는 적절하게 설명할 수 없으니 노동계급의 형성 시기를 19세기 말까지 끌어내려야 한다든가 하는 것이다.[11]

위한 영향력을 종합적으로 검토하기 위해서는 Kaye and McClelland, eds., *Thompson*을 참고하라.

9 원본 초판으로 *Making of the English Working Class* (London: Victor Gollancz, 1963)가 있고, 한글 번역본으로는 『영국 노동계급의 형성』, 나종일 등 역 (창작과비평사, 2000)이 있다.

10 인용은 *Making*, 11, 12.

11 *Making*을 비판하는 글은 너무 많아서 여기서 열거할 수 없으므로 다음에 소개하는 개관으로 대신한다. McClelland, "Introduction"; Morris, *Class and Class Consciousness*; Hobsbawm, *Workers*, 176-213.

이렇게 경험적인 측면에서 제기된 적절한 비판에도 불구하고 『형성』은 이론적 측면에서 큰 충격파를 몰고 왔는데, 이는 무엇보다도 그가 제시한 계급의 개념에서 비롯된 것이다. 그는 당대 마르크스주의의 주류인 스탈린주의자들이 계급을 거의 수학적으로 규정할 수 있는 존재로, 그러니까 생산수단에 대해 일정한 관계를 맺고 있는 사람들의 집합으로 간주한다고 비판한다. 다른 한편 자유주의자들, 특히 구조-기능주의 사회학자들은 아예 계급 개념을 사실과는 거리가 먼 이론적 구조물로 간주하거나 사회구조를 구성하는 요소로 정의함으로써 역시 정태적 관념에 빠진다고 지적한다. 그에 반해 톰슨은 계급을 인간관계 속에서 발생하는 역사적 현상으로 간주한다. "나는 계급이라는 말을 서로 다르고 언뜻 보기에 관계없는 수많은 사건을 경험이라는 원료 속에서 또한 의식 속에서 통합시키는 역사적 현상으로 해석한다. 나는 그것이 역사적 현상이라는 점을 강조한다." 톰슨에게 계급은 또한 동태적 과정이다. 그것은 역사적으로 변화하는 인간관계이기 때문에, "다른 어떤 관계와도 마찬가지로 우리가 그것을 주어진 어떤 순간에 정지시켜 놓고 그 구조를 해부하려고 시도하면 분석하기가 어려워지는 하나의 흐름이다." 이런 본질을 무시하고 어떤 일정한 시점에서 보면 계급은 없고 여러 가지 경험을 가진 수많은 개인들만 있을 뿐이지만, "사회변화가 진행되는 적당한 기간에 걸쳐서 이 사람들을 관찰하면 우리는 그들의 관계와 그들의 관념, 그리고 그들의 제도에서 패턴을 알아낼 수 있다"는 것이다.[12]

이와 같이 계급을 움직이는 역사적 관계로 규정하며 동태적 과정으로 취급하면, 곧 공시적 분석이 어려워진다는 문제점이 생긴다. 구체적으로 말하면, 역사학자가 어떤 특정한 시점에 서서 단편적이나마 관계있는 증거들을 수집하고 그로부터 그 시점의 사회구조를 재구성해 내는 작업 자체를 하기가 어려워진다는 것이다. 그렇지만 톰슨은 그런 문제점이 있다 해도 계급을 탐구할 때 정태적인 관념에 빠지면 안 된다고 역설한다.[13] 『형성』 출간 2년 후에 발표한 논문에서, 그는 자신에 대한 비판에 답하는 가운데 계급 개념을 공식화하면서 다음과 같이 강조한다.

> 계급은 (때로 제도로 표출되는) 사회적·문화적 구성물로서, 다른 계급들과의 관계 속에서만 규정될 수 있으며, 그것은 추상적으로 혹은 맥락에서 격리시켜서가 아니라 궁극적으로 시간, 즉 작용과 반작용, 변화와 갈등을 매개로 해서만 규정될 수 있다. 하나의 계급에 대

---

12 *Making*, 9-11. (강조는 원문)

13 Sewell, "How Classes are Made." 특히 57-59를 보라. 톰슨 자신이 공시적 분석의 필요성을 이론적으로 천명하기도 했는데, 이에 관해서는 Thompson, "Folklore"를 보라. 특히 259-260을 보라.

해 이야기할 때, 우리는 같은 범주에 드는 이해관계와 전통과 가치체계를 공유하는, 그리고 하나의 계급으로서 행동하고 다른 집단과 관련된 행위와 의식에 있어서 자신들을 계급적인 방식으로 규정하는 성향을 가진, 매우 느슨하게 규정되는 집단을 생각한다. 그러나 계급 그 자체는 사물이 아니다. 그것은 하나의 현상이다.[14]

톰슨이 계급을 역사적 현상이라는 동태적 과정으로 파악한 것은 계급의식에 대한 새로운 이해에 근거를 두고 있다. 그는 계급의식에 관한 당위론적 관념을 거부한다. 스탈린주의자들은 계급을 사물로 간주하기 때문에 어떤 계급이 처한 객관적 조건으로부터 그 계급이 자체의 위치와 이해관계를 올바르게 인식할 때 의당 가지게 될 계급의식을 연역해 낸다. 그러나 그런 계급의식이 실제로는 거의 나타나지 않으므로, 결국에는 정당과 같은 조직체가 바람직한 계급의식을 밝혀 주어야 한다는 이론이 나온다. 구조-기능주의자들에게 계급의식이란 일부 지식인들이 만들어 내는 것으로서, 사회 전체의 공존과 번영을 저해하지 않도록 조작을 가해야 할 대상으로 등장한다. 그러나 톰슨은 계급과 계급의식을 서로 분리시켜서 생각하지 않는다. 그에게 계급이란 대립되는 이해관계에 대한 감정과 인식이 나타날 때 비로소 발생하는 역사적 현상이다. 톰슨 자신의 말을 빌리면, "사람들이 (전해 내려오는 것이든 함께 얻은 것이든 간에) 공동 경험의 결과로 그들의 이해관계가 자신들 사이에서는 같은 반면에 그들과 이해관계가 다른 (그리고 보통 충돌하는) 사람들과는 대립된다는 점을 느끼고 표현할 때, 계급은 발생한다."[15]

이 점에 관해 상당한 비판이 있다. 페리 앤더슨은 톰슨에 따르면 생산양식에 대한 분석 없이도 대립되는 이해관계가 집단적으로 표출되는 것을 발견하면 그것으로써 계급의 존재 여부를 결정할 수 있다는 점을 지적하고, 이를 "의식의 기준"이라고 부르면서 그의 계급 개념이 지나치게 주의주의와 주관주의에 빠져 있다고 비난한다. 영국의 역사가 리처드 존슨은 톰슨을 "문화주의적 마르크스주의자"라고 부르는데, 그 이유는 톰슨이 생산양식을 고려하지 않고 계급에 관심을 집중시키면서 문화 및 경험과 연관 지어 이해하려고 한다는 것이다. 그에 따르면 톰슨은 계급관계가 경제적 관계에 뿌리박고 있음을 잊어버리고 사람들의 인식에 집착하여 계급을 "집단적인 상호주관적 관계"로 본다고 한다. 그럼으로써 톰슨은 모리스 도브가 대표하는 경제주의 역사학의 전통에서 멀리 벗어나서 결국 상대

14 Thompson, *Poverty of Theory*, 245-301. (인용은 295, 강조는 원문) 계급 개념에 대한 톰슨 자신의 이론적 해명으로는 다음을 참고하라. Thompson, "Eighteenth-Century English Society." 특히 146-150을 보라.

15 *Making*, 9-10. 또한 "E. P. Thompson"을 보라. 특히 6-7을 보라.

주의로 빠진다는 것이다.[16]

이런 비판은 구조주의에 근거를 두고 있다. 앤더슨은 계급을 생산수단에 대한 객관적 관계로 규정하며, 존슨은 생산관계란 사람들 사이의 관계가 아니라 사람들과 생산수단 사이의 이중적 관계라는 루이 알튀세르의 마르크스 해석을 수용하고 있는 것이다. 이 구조주의적 시각에서 보면 계급은 이미 객관적으로 주어져 있는 것이므로 계급의 형성 과정이 시야에 들어오지 않는데, 톰슨의 문제의식은 바로 여기서 시작된다고 할 수 있다. 캐나다의 정치학자 엘렌 우드가 적절하게 지적하듯이, 톰슨은 계급의 객관적 조건과 계급 자체를 구분하고 어떻게 해서 전자에서 후자가 발전해 계급이 형성되는가 하는 문제를 제기한다. 이 문제를 규명하기 위해, 톰슨은 『형성』에서 객관적인 생산관계를 분석하는 데 관심을 두기보다는 오히려 그에 기초한 갈등을 통해 계급의식이 발달하는 과정을 분석하는 데 치중한다.[17] 그럼으로써 그는 계급의 형성이라는 중요한 사회적 과정에 관해 인식의 지평을 넓혀 주었다고 할 수 있는데, 구조주의자들은 그들의 시각 때문에 이 점을 올바르게 평가하지 못하는 것이다. 톰슨에 대한 구조주의적 비판이 이런 문제점을 안고 있다는 것을 인식하지 못하고, 그가 생산양식이나 더 좁게 말해 생산관계에 관한 객관적 근거도 없이 주관적 의식이나 비물질적 문화에만 의지해서 계급을 파악한다고 이해하는 경우도 가끔 생기는데, 이는 『형성』을 충분히 검토하지 않을 때 생기는 오해인 것으로 보인다.

계급의 객관적 조건으로부터 계급의식이 발달하는 과정을 구명하기 위해서 톰슨은 "경험*experience*" 이라는 개념을 도입한다. 그렇지만 그 정의가 언제나 분명한 것은 아니다. 그는 경험과 의식, 혹은 존재 사이의 관계에 대해 논의할 때 경험이라는 용어를 의식의 바깥에 있는 사고 재료라는 뜻으로 쓴다. 예를 들면 사람들은 태어나면서부터, 또는 비자발적

---

16 Anderson, *Arguments*, 39-43; Johnson, "Edward Thompson."
리처드 존슨은 20세기 영국 마르크스주의 전통이라는 맥락 속에서 톰슨에 대한 비판을 시도하기도 한다. 이에 관해서는 그의 두 논문 "Culture and the Historians" 와 "Three Problematics" 를 참고하라. 그러나 그는 여러 가지 점에서 그런 맥락을 오해하고 있는데, 그것은 빌 슈와츠가 훌륭하게 설명해 주고 있다. 그의 논문 " 'The People' in History" 를 참조하라.

17 Wood, "Politics of Theory." 특히 48-52를 보라.
톰슨은 레이먼드 윌리엄스의 문화 이론에 대한 비판—이에 관해서는 뒤에서 논의할 것이다—이 *Making*에 들어 있다는 점을 들어서 존슨이 자신을 "문화주의자" 라고 부르는 것은 *Making*을 저술한 맥락, 즉 1950년대 말 1960년대 초 영국의 지적 분위기를 모르기 때문이라고 반박한다. 이에 관해서는 Thompson, "Politics of Theory" 를 참고하라.
문화주의라는 개념과 그에 입각한 톰슨 비판의 문제점에 관해서는 McLennan, "E. P. Thompson" 을 보라. 특히 116-121을 보라.
톰슨과 앤더슨 및 존슨 사이의 논쟁에 관한 개관으로는 Magarey, "That Hoary Old Chestnut" 을 보라.

으로 일정한 생산관계 속에 들어가 있게 되는데, 거기서 차지하는 위치가 같으면 대체로 유사한 경험, 즉 "계급 경험"을 공유하게 된다고 말한다. 그리고 "계급의식은 이런 경험을 전통, 가치체계, 관념, 그리고 제도적 형태 속에 구현되어 있는 문화적 조건 속에서 다루는 방식"이라고 선언한다.[18] 그런데 톰슨은 경험이란 의식의 일부라는 식으로 말할 때가 있는데, 이런 경우는 대개 논의의 초점을 경험의 개념을 규정하는 데 두고 있는 때인 듯하다. 그에 따르면 경험은 "서로 연관된 여러 사건이나 여러 차례 되풀이되는 같은 종류의 사건에 대해 개인이나 사회집단이 보여 주는 정신적 · 정서적 반응"이다. "사람들(철학자뿐 아니라)은 이성이 있어서 자기 자신과 자신의 세계에서 일어나고 있는 일에 대해 생각하며" 따라서 "경험은 사회적 존재 안에서 자연발생적으로 생기지만 사고의 바깥에서 생기는 것은 아니다."[19] 이렇게 볼 때, 경험의 개념이 모호하다는 페리 앤더슨이나 윌리엄 슈얼 2세의 지적은 옳다.[20] 톰슨 자신도 이런 비판을 받아들여 전자를 "경험 I"로, 후자를 "경험 II"로 구분하지만, 그렇다고 해서 이 개념이 더 명확해진 것 같지는 않다.[21]

여하튼 톰슨의 관심은 사람들이 계급 경험을 다루는 방식에 집중되어 있다. 그는 계급 경험이란 객관적 조건에 따라, 다시 말해 대체로 생산관계에 따라 결정된다고 보기 때문에 이에 관해서는 주의를 기울이지 않는 반면에, 계급의식은 결정되어 있지 않으므로 도대체 어떤 방식으로 계급의식이 등장하는가 하는 문제에 주목한다. 그는 이렇게 말한다.

> [계급] 경험이 결정되어 있는 것처럼 보이는 반면에 계급의식은 그렇지 않다. 우리는 유사한 직업 집단의 반응에서 어떤 논리를 찾아낼 수는 있지만, 어떠한 법칙도 단언할 수는 없다. 계급의 의식은 서로 다른 시간과 장소에서 같은 방식으로 등장하지만, 똑같은 방식으로 등장하는 것은 결코 아니다.[22]

---

18 *Making*, 10.

19 Thompson, *Poverty of Theory*, 1-210. (인용은 7, 8)

20 Anderson, *Arguments*, 25-29; Sewell, "How Classes are Made," 59-63.

21 Thompson, "Politics of Theory," 406. 경험에 관한 논의를 전반적으로 검토하는 데는 Ireland, "Appeal to Experience"가 유용하다.

22 *Making*, 10. (강조는 원문)

윌리엄 슈얼은 계급의식의 등장 방식이 결정되어 있지 않다는 톰슨의 이론이 실제 역사 서술에서 관철되지 않는다고 비판을 가한다. 그는 톰슨이 계급의식의 등장을 설명하는 인과관계의 방향을 생산관계>계급 경험>계급의식으로 설정하고 있으며, 인과관계의 성격은 느슨하기는 해도 여전히 결정론에서 벗어나지 못하고 있다고 주장한다. (Sewell, "How Classes are Made," 54-68.)

그러나 슈얼의 주장은 계급의식이 없으면 계급도 없다는 식으로 계급을 계급의식으로 환원시킨 다음에 톰슨의 결정론 비판을 무시할 때, 즉 계급의식이란 계급 경험을 문화적 조건 속에서 다루는 방식이기 때문에 미리 결정되어 있는 것이 아니라는 톰슨의 주장을 도외시할 때만이 성립할 수 있는 것으로 보인다.

톰슨이 이처럼 계급의식의 등장 방식을 결정론적으로 단정할 수 없는, 따라서 해명해야 할 과제로 규정하는 것은 그가 역사에서 인간이 차지하는 이중적 역할에 대해 투철하게 인식하고 있었기 때문인 듯하다. 뒤에서 논의하겠지만, 그는 인간이 역사의 제물이자 또한 주체로서 객관적 조건에 의해 제약당하는 동시에 그에 대해 능동적으로 움직이는 존재라고 믿는다. 사실, 그는 일찍부터 인간의 능동성*human agency*, 즉 "인간의 의식적인 선택과 가치, 그리고 행동이 역사에서 차지하는 역할" 에 주목하며 구조적 필연성을 강조하는 사조에 대항했다.[23] 이런 자세는 이미 1955년부터, 바꿔 말해 톰슨이 스탈린주의에 대해 결별을 선언하기 전부터 그의 사고를 엮어 나가는 씨줄이었다고 할 수 있다. 그해에 발표한 윌리엄 모리스 연구에서, 그는 모리스가 19세기 중엽의 영국 자본주의에 대한 낭만주의적 비판에서 시작해서 결국 혁명적 사회주의 운동에 투신하는 과정을 살펴본다. 그리고 그것이 인류의 역사를 목적이 없는 투쟁의 역사로 보는 기계론적 유물론에 대해 모리스가 의식적으로 반발한 결과라고 설명한다. 또 결론에 가서는 모리스가 영국 마르크스주의에 커다란 공헌을 한 것은 모리스의 생애를 지배한 "도덕적 현실주의," 즉 실천 속에 배어 있는 도덕적 모범과 저술 속에 들어 있는 도덕적 통찰력이라고 역설한다.[24] 이런 입장은 『형성』에서도 명백하다. 톰슨은 『형성』의 서두를 책 제목에 대한 설명으로 시작하면서 "형성" 이라는 용어를 쓴 이유는 "그 책이 조건에 따라 제약을 받기만 하는 것이 아니라 능동성에 따라 움직이기도 하는 능동적 과정에 대한 연구이기 때문" 이라고 밝힌다. 바꿔 말해 노동계급은 아침이 오면 자연히 해가 떠오르듯이 등장한 것이 아니라 "그 자체의 형성 과정에 참여했다" 는 것이다. 그래서 『형성』의 서문에서 톰슨은 계급 개념에 관한 간략한 논의를 마무리 지으면서, "계급은 사람들이 살아가면서 규정하는 것이며 종국에는 이것이 계급의 유일한 정의" 라고 선언한다.[25]

3. 문화

그런 계급의 형성 과정을 탐구하려면 문화에 관심을 기울여야 한다. 톰슨에 따르면 계급의식이란 계급 경험을 "문화적 조건 속에서 다루는 방식" 이기 때문이다. 그는 인간의

23 Anderson, *Arguments*, 16.
24 Thompson, *William Morris*. 특히 717-730을 보라.
25 *Making*, 9, 11.

경험은 생각일 뿐 아니라 감정이며, "사람들은 자신의 감정을 문화 속에서, 규범, 가족 및 친족에 대한 책임과 의존으로서, 가치로서 혹은 예술이나 종교적 신념 속에서 (더욱 정교한 형태를 통해) 다룬다" 고 생각한다. 그렇기 때문에 그는 문화를 "온전한 반쪽," 즉 "감정적 · 도덕적 의식" 이라고 부를 수도 있다는 견해를 피력하면서, 설령 마르크스 학자들이 '문화' 는 마르크스에 반하는 개념이라고 주장한다 해도 전력을 다해 이것을 옹호할 것이라고 선언한다.[26]

문화에 대한 톰슨의 태도를 올바르게 이해하기 위해서는 『형성』 출간 이전의 시기로 거슬러 올라갈 필요가 있다. 그는 자신에게 큰 영향을 끼친 사람들이 마르크스와 비코, 그리고 유럽 대륙의 몇몇 소설가라는 점을 인정하면서도 자신의 뿌리가 어디까지나 영국 문화에 있음을 강조하는데, 이는 그가 다른 문화에서는 찾기 어려운 "어떤 강점과 인간적인 전통" 을 거기서 발견한다는 점을 뜻한다.[27] 바로 이 때문에 톰슨은 1950년대 말 1960년대 초에 문화에 관한 논의를 주도하던 레이먼드 윌리엄스를 비판한다. 윌리엄스는 1960년에 발표한 『장기적 혁명』 에서 영국이 겪고 있는 문화 변동을 민주정치 및 산업 발전과 연관지어 논의하면서 사회주의 전통이나 급진주의 전통에 대해서는 거의 언급하지 않는다. 톰슨은 윌리엄스가 그럼으로써 영국 문화에 내재해 있는 역동적 가능성을 외면한다고 주장한다.[28]

톰슨의 비판적 평가 아래에는 문화의 개념에 대한 이견이 깔려 있다. 윌리엄스는 1958년에 발표한 『문화와 사회』 에서 많은 마르크스주의자들이 경제적 · 기술적 결정론에 빠져 문화 이론을 발전시키는 데 무관심했다고 지적한다. 이어서 사회적 현실을 구성하는 모든 요소들이 서로 연관되어 있다는 점을 강조한다면, 경제를 총체적 현실에서 따로 떼어 거기에 궁극적인 중요성을 부여하기 어려운 것과 마찬가지로 문화도 그런 현실에서 분리시키지 말고 "전체적인 생활방식, 전반적인 사회적 과정" 으로 보자고 제안한다. 윌리엄스는 나중에 『마르크스주의와 문학』 에서 이 제안을 문화 유물론, 즉 문화를 물적인 것으로 파악함으로써 "서로 다른 특정한 생활방식들을 창출하는 구성적인 사회적 과정으로서의 문화의 개념이 가지는 온전한 가능성" 을 탐색하는 작업으로 발전시킨다.[29] 이에 관해 톰슨

---

26 Thompson, "Poverty of Theory," 171.

27 Thompson, *Poverty of Theory*, 266. 또한 ibid., 303-402, 특히 319-320을 참고하라.

28 Williams, *Long Revolution*; Thompson, "Long Revolution (Part I)"; idem, "Long Revolution (Part II)."

29 Williams, *Culture and Society*, 258-275 (인용은 273); idem, *Marxism and Literature*, 1-20. (인용은 5, 19) 그 외에 다음도 참고하라. Eagleton, "Introduction"; 김영희, 「Leavis와 Williams」, 180-199.

은 결정론에 대한 윌리엄스의 비판에 공감을 표시하면서도 이 제안에 따르면 문화를 사회와 구분하기 어려워진다고 지적한다. "어떤 문화 이론이든 거기에는 문화와 문화가 아닌 것 사이의 변증법적 상호작용의 개념이 들어 있어야 한다"는 것이다. 톰슨의 주장은 한편에는 생활 경험이라는 원료가 다른 한편에는 이 원료를 다루는 온갖 분야와 체계가 인간에게 있다고 상정하고, 그 사이에 "능동적인 과정—곧 인간이 자신의 역사를 만들어 나가는 과정"이 진행된다는 것이다.[30]

이런 주장에는 역사적 유물론의 견지에서는 간과할 수 없는 중대한 위험이 따른다. 영국의 사회사 연구자 로버트 그레이는 톰슨이 문화를 인간의 도덕적 선택과 의식의 능동성이 자리 잡고 있는 특별한 터전으로 보는 한편, 그에 대해 결정적 압력을 가하는 모든 것을 "비문화*non-culture*"에 쓸어 넣어 버리는 경향을 보인다고 지적한다. 이어서 그런 압력도 문화의 형태를 띠고 있을 수 있다고 말하면서, 뒤에서 논의할 토대/상부구조 비유에서 결정의 문제가 복잡하다는 점을 강조한다.[31] 더욱 중요한 것은 톰슨이 문화와 비문화 사이의 변증법적 상호작용과 문화에 내포된 인간의 능동성을 강조함으로써, 결국 역사를 인간이 문화에서 얻어 낸 힘을 가지고 비문화의 결정적 압력에 대항해 싸우는 과정으로 환원시키는 것은 아닌가 하는 의구심이 든다는 것이다. 만일 그렇다면 비문화에 포함되는 생산력과 생산관계 사이의 모순은 역사적 변화를 설명하는 데 있어서 어떤 위치를 차지하게 될 것인가 하는 의문이 뒤따른다. 이 점에서 볼 때, 그는 자신의 이론적 토대인 역사적 유물론으로부터 스스로 멀어져 가는 위험에 직면해 있는 셈이다. 또한 이 점에서 볼 때, 톰슨에게서는 역사적 유물론이 도덕주의로 대체되었다는 페리 앤더슨의 견해가 비록 스탈린주의에 대한 톰슨의 도덕적 비판을 두고 제시된 것이기는 하지만, 전적으로 부당하다고 단언할 수는 없을 것이다.[32]

문화를 하나의 독립된 영역으로 취급하고 거기서 인간의 능동성을 보는 톰슨의 시각은 이미 『형성』에서 확립되었지만, 그것이 정교하게 발전한 것은 『평민의 관습』에서이다.[33] 여기서 그는 1780～1832년간에 형성되는 영국 노동계급의 원형을 찾아내는 작업을 하면서 18세기의 관습에 주목한다. 그에 따르면, 관습은 법률과 실천 사이의 접촉 영역으로서

30 Thompson, "Long Revolution (Part I)," 33. (강조는 원문)
31 Gray, "History, Marxism and Theory." 특히 171-177을 보라.
32 Anderson, *Arguments*, 116-120.
33 *Customs in Common*.

한편으로는 보통법에 매우 가까웠고 다른 한편으로는 오늘날 우리가 문화라고 부르는 것과 겹쳐져 있었다. 그것은 18세기에 유난히 활력을 띠고 있었는데, 이는 한편에서 관습을 유지하고 나아가 새로 만들어 내려는 노력이 있었던 반면에 다른 한편에서는 그것을 "개혁"하려는 압력이 작용했기 때문이다. 이는 곧 귀족문화와 평민문화 사이에 심원한 간극이 있었다는 것을 의미한다. 18세기의 평민문화는 보통 전통문화에 속한다고 보는 특징들을, 다시 말해 농촌뿐 아니라 광공업 지역에서도 과거로부터 전해 오는 여러 가지 관습을 내포하고 있었다. 이런 관습의 한 가지 특징은 전통적인 관행을 유지하려는 보수적 성격과 더불어, "지배자나 상인, 혹은 사용자가 강제하는 경제적 합리화 및 혁신(가령 인클로저, 산업규율, 규제 없는 '자유로운' 곡물시장 같은 것)에 대해서 관습의 이름으로 빈번하게 저항하는" 반란적 성격을 가지고 있다는 점이다. 또 하나의 특징은 "어떤 부분에서는 노골적인 금전적 제재나 거래, 혹은 자극보다는 '비경제적인' 것을 중시한다는 점"이다. 그래서 18세기에는 "혁신적인 시장경제와 평민들의 관습적인 도덕경제*moral economy* 사이에 지속적인 대립"이 있었고, "이 대립 속에서 뒤이어 나타나는 계급의 형성 과정과 계급의식의 원형을 볼 수 있다"는 것이다.[34]

톰슨은 그와 같은 대립이 귀족문화와 평민문화의 분리를 보여 주는 징후이므로 이것을 계급의 관점에서 보아야 한다고 주장한다. 평민이 단일한 자아의식과 명확한 목표, 그리고 계급적인 조직을 갖춘, 따라서 계급의식이 있는 사람들은 아니므로, 역사적 주체로서의 노동계급이 존재한 것은 아니다. 더욱이 전문직업인과 제조업자들은 빠른 속도로 성장하고 있었지만, 18세기 말 이전에는 독자적인 제도와 목표를 갖추고 자율적으로 행동하는 계급으로 성숙하지는 못했다. 그러므로 톰슨은 18세기 영국을 귀족계급, 특히 농업 자본주의를 이끌어 가고 있던 젠트리가 지배하는 "단일 계급" 사회로 파악할 수도 있을 것이라고 말한다. 이어서 평민 사이에는 자신이 종사하는 특정한 직종을 우선시하는 수직적 의식이 강하기는 하지만, 그 때문에 넓은 연대관계와 수평적 의식이 발전하지 못한 것은 아니라고 강조한다. 물론 서로 다른 직종에 종사하는 사람들이 연대해서 사용자에 대항해 공동으로 저항하기는 힘들었겠지만, 이 "시대착오적인 가정을 제쳐 두면 노동에 종사하던 18세기 사람들에게서 수평적 연대관계와 수평적 의식을 보여 주는 많은 증거들을 발견할

34 Ibid., iv-xii, 1-15, 97-102. (인용은 iv, 1, 9, 11, 12) 도덕경제의 개념에 대해서는 같은 책, 제4장 및 제5장, 185-258, 259-351쪽을 보라.

수 있다"는 것이다.[35]

톰슨에 따르면 그런 증거가 풍부하게 나타나는 때가 있었다. 인클로저를 통해 젠트리가 공유지와 황무지 등 공유자원의 이용권을 침해하는 데 반해 농민들이 탄원, 폭력, 방화, 폭동 등의 방법으로 광범위하게 저항할 때, 곡물시장의 발달에 따라 상인들이 곡물을 은닉하거나 외지로 반출함으로써 폭리를 취하는 데 반해 지역주민들이 식량 폭동을 일으켜 "정당한 가격"을 강제하고 "도덕경제"를 옹호할 때, 그리고 제조업자들이 기계적 시간을 중심으로 엄격한 산업규율을 확립하고자 하는 데 반해 노동자들이 노동과 여가를 명확하게 구분하지 않는 과업중심적인 노동 습관을 견지하려고 할 때가 그렇다.[36] 거기서 나타나는 저 "계급 없는 계급투쟁" 때문에 18세기 영국의 계급관계를 귀족의 가부장적 온정주의와 그에 순응하는 평민의 경의로 설명하기는 어렵다. 왜냐하면 귀족은 폭동과 같은 평민의 저항에 대해 무력 사용을 피하고 과도한 조치 대신에 관대한 태도로 대처함으로써 평민을 이반시키지 않도록 노력했으며, 평민은 귀족에게 호의를 요구함으로써 가부장적 시혜의 형태로 제공되는 물질적 이득을 얻을 수 있다는 점을 알고 있었기 때문이다. 따라서 톰슨은 18세기 영국의 귀족-평민 관계에서 갈등에 기초한 상호성에 주목한다. 그 자신의 비유법을 쓰자면 유리판 위에 올려놓은 쇳가루가 자석을 아래에 갖다 댈 때 눈으로 볼 수 있는 자장을 형성하면서 두 개의 극으로 나누어지는 것과 같은 관계에 주목한다.[37]

톰슨은 이런 상호성을 문화 속에서 본다. 그에 따르면 18세기 영국에서 평민은 계급의식을 결여하고 있으므로 우리가 노동자 계급문화에 대해서 말하는 것처럼 평민문화를 계급문화로 취급할 수는 없다. 그러면서도 톰슨은 이 문화를 이해하기 위해서는 "변증법적인 대립과 조정과 (때때로) 화해를 포괄하는 계급이라는 개념을 써야 한다"고 생각한다. 그는 이와 같은 갈등적 요소를 부각시키려는 의도에서 "민중문화"라는 용어를 거부한다. 그것은 피터 버크와 같은 사회사 연구자들이 인류학에서 빌려 온 용어로서, 문화를 "공유되는 의미와 태도 및 가치와 그것들이 구현된 상징 형태들(행위와 인공물)로 이루어진 하나의 체계"라는 개념으로 정의하는 데서 드러나듯이, 사회적 합의의 냄새를 과도하게 풍긴다는 것이다. 나아가 톰슨은 문화라는 용어 자체가 합의를 연상시키기 때문에 사회적·문화적

---

35 Ibid., 1-6, 16-35, 49-64. (인용은 63)

36 Ibid., 97-184, 185-258, 352-403.

37 Ibid., 56-67, 73. 톰슨은 그런 계급관계가 성립한 구조적 맥락이 허약한 국가라고 부연하는데, 이에 관해서는 같은 책, 78-83을 보라.

모순을 분식하지 않을까 우려한다. 따라서 그는 문화라는 단어를 사회, 정치, 경제와 같이 느슨한 기술적記述的 용어로 쓰고, 그것이 포괄하는 여러 요소들—관습, 의식, 상징 등—을 하나씩 면밀하게 검토할 필요가 있다고 주장한다.[38]

그러므로 톰슨은 안토니오 그람시의 문화적 패권 개념을 사용하되 거기에 지나치게 의존하지 않으려고 한다. 18세기 영국의 지배계급이 지닌 통제력은 경제적이거나 물리적인 힘보다는 주로 문화적 패권에 있었는데, 그것은 세력과 지위, 그리고 권위에 있어서 전반적인 윤곽이 "땅과 하늘만큼 불가피하고 불가항력적인 것" 이었으므로 "기존의 권위 구조와 착취 양식을 자연질서의 일부로 보는 바로 그런 정신상태를 유도한다" 라고 한다. 그런데도 지배계급에 대한 분노와 저항이 있었다는 사실은 평민이 가부장적 온정주의를 귀족이 바라는 대로 받아들인 것이 아니라는 점, 바꿔 말해 평민은 귀족에게 경의를 표시함으로써 오히려 상당한 양보를 강요했다는 점을 의미한다. 더욱이, 평민문화가 귀족문화로부터 독립된 자체 활력을 지니고 있었기 때문에 평민은 그들 나름대로 생활방식과 인생관을 지켜 나갔다는 것이다.[39] 톰슨은 그람시의 패권 개념이 두 가지 점을 설명해 주지 못한다고 주장한다.

> 문화적 패권은 정치적으로, 사회적으로 실천이 가능한 바깥 테두리를 정해 주고 그래서 실천이 이루어지는 형태에 영향을 줄 수 있었지만, 그것은 지배-종속 관계라는 건축물의 뼈대를 제공했을 뿐이고 그 건축물의 창틀 안에서는 여러 가지 다른 장치를 가설하고 다른 각본을 상연할 수 있었다.[40]

이것을 설명하기 위해 톰슨은 "연극*theatre*" / "반연극*countertheatre*" 이라는 관념을 도입한다. 그는 지배계급의 기능 가운데 어떤 것은 눈에 잘 띄는 반면에 다른 것은 그렇지 않다는 점에 주목한다. 예를 들어 젠트리는 하층민의 노동을 착취하는 활동을 소작, 매매, 과세와 같은 방법을 매개로 해서 쉽게 파악되지 않게끔 수행하지만, 치안과 사법, 예배 참석 등의 활동은 복장과 언행과 표정을 통해 하층민의 시선을 집중시키고 그들로부터 경외심을 이끌어 낼 수 있도록 수행한다는 것이다. 톰슨은 후자를 "연극" 이라는 관념, 바꿔 말하면

---

38 Ibid., 6, 13, 71-72. (인용은 72) 피터 버크가 차용한 문화 개념에 관해서는 Burke, *Popular Culture*, xi을 참고하라.

39 *Customs in Common*, 43.

40 Ibid., 85-86.

“사회체제란 일단 수립되고 나면 매일 힘을 과시함으로써 인정받을 필요는 없으므로 …… 중요한 것은 계속해서 연극으로 꾸미는 것” 이라는 관념으로 이해한다. 그에 반해서 “반연극” 은 평민들이 허수아비 불태우기와 같이 지배계급에 대해 행하는 “위협과 선동의 연극” 을 의미한다.[41]

이 연극/반연극 관념을 도입함으로써 톰슨이 부각시키고자 하는 것은 평민문화가 갖고 있는 본래적인 능동적 활력이다. 그의 주장은 패권이란 고정된 단계가 아니라 움직이는 과정이기 때문에 지배계급이 끊임없이 기술을 발휘해 연극을 꾸미고 양보를 해야만 유지할 수 있다는 것이며, 또 그것은 결코 피지배민의 사고 전반에 걸쳐 통제력을 갖지는 못하는 것이어서 어느 부분에서든지 이단적인 사고를 허용한다는 것이다. 따라서 “패권은 (18세기 영국에서 그랬듯이) 평민의 경험과 역량으로 형성되어 있으며 대단한 활력을 지니고 있는 능동적인 평민문화와 공존할 수 있다.”[42]

이 점을 강조함으로써 톰슨은 궁극적으로 인간의 능동성을 무시하는 마르크스주의자들을 비판한다. 톰슨은 문화적 패권에 관한 이론적 논의를 마무리 지으면서 이렇게 잘라 말한다.

> 그러므로 나는 서구의 일부 구조주의자와 마르크스주의자들이 지지하는 견해를 받아들일 수가 없는데, 그것은 패권이 피지배민에게—바꿔 말하면 지식인이 아닌 모든 사람들에게—포괄적 지배를 강제하는 것으로서 이들의 경험이 시작되는 문간에까지 뻗쳐 있으며, 떨쳐 버릴 수도 없고 경험을 통해 바로잡을 수도 없는 종속의 범주들을 태어날 때부터 이들의 마음속에다가 심어 놓는다는 점이다. 이런 일은 어디선가 일어났을지도 모르지만, 영국에서, 18세기에, 그런 일은 일어나지 않았다.[43]

4. 역사적 유물론

인간의 능동성이라는 테마는 톰슨의 경험적인 연구뿐 아니라 그것과 맞물려 있는 이론적 입장도 관통하고 있는 주제라 할 수 있다. 톰슨이 견지하는 이론적 입장의 토대는 1973

41 Ibid., 44-46, 67, 73-75. (인용은 46, 67)
42 Ibid., 85-87.
43 Ibid., 87.

년에 그가 철학자 레셰크 코와코프스키에게 보낸 공개 서한에서 드러난다. 여기서 그는 마르크스주의를 보는 입장을 교리, 방법, 유산 그리고 전통으로 분류한다. 첫째는 마르크스주의가 마르크스와 엥겔스 등의 저술에서 일관성 있고 체계적인 일단의 신조들로 완성되어 있다고 보는 것이다. 여기서는 현실이 변하는 데 반해 경전은 그대로 있고, 그에 대한 해석만 바뀔 뿐—그것도 정당과 같은 공식적인 제도의 승인 아래 바뀔 뿐—이다. 두 번째 입장은 마르크스의 합리적 태도와 비판의식, 그리고 반결정론적 자세 같은 것을 이어받으려는 사고방식이다. 그렇지만 이것은 마르크스와 그 추종자들만이 가지고 있는 특질이 아니기 때문에, 방법으로서의 마르크스주의를 엄격하게 규정할 필요가 생긴다. 따라서 그의 방법을 변증법으로 규정하고 그것을 다른 사상가의 변증법과 구분하기 위해 역사적 유물론으로 규정하며, 한 걸음 더 나아가 그것을 생산양식과 사회구성의 관계에 관한 명제로 규정하게 된다. 이렇게 되면 마르크스의 방법을 그가 도달한 결론에서 떼어 냄으로써 그 활력을 없애 버리는 지경에 이르거나, 그의 방법이 담겨 있는 마르크스의 기초적 저술에 매달려서 마르크스주의를 교리로 보는 입장에 빠진다. 셋째, 유산으로 보는 입장은 코와코프스키가 제안하듯이 마르크스의 업적 중에서 영속성이 있는 것은 발전시키고 그 이외의 것은 버림으로써 마르크스주의를 독립된 사상으로 남겨 두지 않고 과학의 발전 과정에 동화시키자는 것이다. 톰슨이 보기에 이것은 기회주의적 절충주의에 빠져서 스스로 해체될 위험을 안고 있다.[44]

톰슨의 입장은 한마디로 말해 마르크스주의를 전통으로 보는 것인데, 이는 마르크스주의를 역사와 사회에 대한 기본적 인식에 영향을 주는 철학적 영감으로 취급함으로써 원칙 없는 절충주의에 빠지지 않으면서 유연하고 창조적인 사고를 추구하자는 것이다. 그는 마르크스와 엥겔스로부터 계승해야 할 전통으로서 무산계급 운동에의 투신과 더불어, 역사적 설명에서 계급 갈등이 지니는 중요성과 분석 방법으로서 변증법이 지니는 우월성을 강조한다. 그러면서도 그는 방법으로서의 마르크스주의에서 더 나아가 "방법 외부에 있는 기준으로서 방법 자체를 비판하는 것" 까지 허용해야 한다고 주장한다. 왜냐하면 방법으로서의 마르크스주의에 없는 것은 바로 "역사적 유물론의 방법에 내재하는 경험적 통제와 경험적 수혈—개념들을 부수고 새로 만들어 내는 데까지 이르는 경험적 통제와 경험적 수혈" 이기 때문이다. 그러므로 톰슨이 옹호하는 전통으로서의 마르크스주의는 "마르크스주

44 Thompson, *Poverty of Theory*, 320-326.

의 사상의 모든 부분을 면밀하게 재검토하는 것—그리고 정당하다고 생각되는 비판 도구는 역사적 증거든 내적 일관성에 대한 검토든, 혹은 지적으로 충분한 근거가 있는 이의든 간에 모두 채용하는 것" 이다.[45]

이런 입장에서 톰슨은 마르크스의 역사학 방법론을 계승하고자 한다. 그는 무엇보다도 마르크스와 엥겔스로부터 공식적인 논리가 아니라 구체적인 분석 방법으로서 변증법을 계승하고자 하는데, 그것은 이 방법이 복잡한 사실들 속에 숨어 있는 여러 가지 의미를 밝혀내는 단서이기 때문이다. 그가 보기에 변증법적 분석 방법은 "사물의 양면성, 외형 속의 잠재태, 과정상의 모순, 결과의 결과를 꿰뚫어 볼 수 있는 직관적 통찰력" 을 제공한다. 그런 통찰력을 활용하면, 법칙에 의존하는 도식적인 접근방법으로는 도저히 파악할 수 없는 인과관계를 해명할 수 있다는 것이다. 왜냐하면 톰슨이 스스로 명시적으로 지적하지는 않지만, 역사적 과정은 변증법적인 속성을 지니고 있기 때문이다. 그는 마르크스를 따라 역사적 사건이란 인간의 개별적, 혹은 집단적 의지가 충돌한 결과일 뿐 아니라, "그런 충돌은 항상 체계화된 맥락 속에서, 즉 총체로서 파악되는 사회체제 안에서 발생한다" 고 생각한다. 쉽게 말해 "상황이나 사건이 인간을 지배하는 것 같고 인간이 사건을 지배하는 것 같지 않으며 인간이 사회적인 힘의 제물처럼 보이지만, 그 힘은 끝까지 분석해 보면 인간 의지의 산물이다." 톰슨은 그러므로 "인간이 자신의 역사를 만들어 가는 데 있어서 제물로서 또 주체로서 이중적인 역할을 한다는 인식은 마르크스의 사상에서 핵심적인 것" 이라고 선언한다.[46]

그와 같은 변증법적 분석 방법에 입각해서 역사를 연구하기 위해 먼저 수행해야 하는 작업은 어떤 개념을 갖고 자료를 보면서 그 개념에 들어맞는 증거만 가려내는 것이 아니라, 관계있는 모든 증거에, 특히 개념과 맞아떨어지는 것보다는 오히려 그렇지 않은 사실들에 비추어 개념을 비판적으로 검토하는 것이다. 언뜻 보면 이것은 톰슨이 마르크스를 자의적으로 해석해 실증주의를 옹호하고 있는 것이 아닌가 하는 의구심을 불러일으킨다. 실제로 그는 1978년에 발표한 유명한 논문 「이론의 빈곤, 또는 과오의 세계」에서 자신의 역사학 방법론을 상세히 설명하면서 역사가의 과제는 주어져 있는 사실들에 의미를 부여하는 것

45 Ibid., 326-328. 인용은 326, 327. 이로부터 5년 후에 톰슨은 알튀세르가 마르크스주의 안에서 스탈린주의 전통을 계승하고 있다고 비판하면서 그것과 자신이 생각하는 전통으로서의 마르크스주의를 구분하기 위해 '전통' 이라는 단수 용어 대신에 '전통들' 이라는 복수 용어를 쓰겠다고 선언한다(Thompson, "Poverty of Theory," 188-189).

46 Thompson, *Poverty of Theory*, 328, 331, 362-363.

이 아니라 사료에 새겨져 있는 사실들 자체의 "목소리"를 드러내는 것이라는 점을 분명히 하고 있다.[47] 이런 견해를 유재건은 "실재론적 전체론"으로, 다시 말해 역사 자체가 총체적 과정이기 때문에 그에 대한 인식과 탐구는 그런 총체성을 밝혀 주는 방법에 입각해야 한다는 입장으로 이해한다.[48]

톰슨의 역사학 방법론을 올바르게 이해하기 위해서는, 그것이 마르크스주의를 전통으로서 발전시켜 나가려는 그의 이론적 입장과 맞물려 있다는 점, 특히 루이 알튀세르가 초기에 주장한 구조주의를 비판하는 형태로 제시되었다는 점을 기억할 필요가 있다. 톰슨은 「이론의 빈곤」에서 알튀세르의 인식론을 비판하면서 자신의 방법론을 보여 준다. 알튀세르는 경험론적 지식관이 "저 현실적 대상 자체에 대한 지식을, 알고자 하는 현실적 대상의 현실적 일부라고 생각하는 관념"이라고 비판한다. 경험론은 황금을 금광석에서 추출하듯이 현실적 대상에서 비본질적인 것을 버리고 본질만을 추상화해서 지식으로 여긴다는 것이다. 이에 반해서 알튀세르는 현실이 본질과 비본질로 구조화되어 있으므로 현실적 대상과 지식 대상, 즉 지식이 작용하는 대상을 구분하고, "지식의 생산 과정은 전적으로 지식, '두뇌,' 혹은 사고 속에서 진행된다"고 주장한다.[49] 여기서 그는 사고란 현실에 토대를 두고 있는, "역사학적으로 구성된 사고 기구 체계"라고 부연하지만, 톰슨은 이를 관념론이라고 비판한다. 그에 의하면 현실적 대상은 지식에 대해서 아무런 작용을 하지 않는다는 점에서 인식론적으로 무기력하지만, 그렇다고 해서 그것이 "사회적으로나 이데올로기적으로 무기력한 것은 결코 아니다." 더욱이 현실과 사고는 완전히 분리되어 있는 것이 아니라 "바로 알튀세르가 간과하는 사회적 존재와 사회적 의식 사이의 대화"라고 비판한다.[50]

결국 톰슨의 비판은 알튀세르주의가 "경험적 통제와 경험적 수혈"을 거부하는 관념론이라는 데 요점이 있다. 이런 맥락에서 볼 때, 그의 방법론은 알튀세르의 닫혀 있는 이론 체계를 비판하면서 "세계와 우리 자신에 대한 열려 있는 탐구"를 주장하는 데 본의가 있는 것으로 보인다. 그는 "이런 탐구가 [알튀세르주의에] 맞먹는 이론적 엄격성을 요구하지만, 그것은 어디까지나 …… 개념화와 경험적 연구의 대화 속에서 이루어져야 한다"고 강조한다. 또한 그렇기 때문에 마르크스의 역사학 방법에는 "개념에 입각한 증거의 선택, 자

47 Ibid., 350; Thompson, "Poverty of Theory," 13-37. 또한 "E. P. Thompson," 3, 14도 보라.
48 유재건, 「톰슨의 역사 방법론」.
49 Althusser and Balibar, *Reading Capital*, 34-43. (인용은 37, 41, 강조는 원문)
50 Thompson, "Poverty of Theory," 5-25. (인용은 9, 18, 강조는 원문)

료의 구조적 조직, 그리고 그 다음에는 장차 경험적 연구에서 틀림없이 제기될 비판을 염두에 두고 진행되는 개념과 실제 사이의 지속적인 변증법적 상호작용" 이 들어 있다는 것이다.[51] 이렇게 볼 때 톰슨의 역사학 방법론을 "실재론적 전체론" 으로 규정하는 것은 경험적 연구를 통해 끊임없이 이론을 발전시켜 나가려는 그의 자세를 온전히 담아 내지 못하는, 따라서 부분적으로만 타당한 파악 방식이라고 하겠다.

그와 같은 입장과 방법에 입각해서 볼 때, 마르크스주의를 전통으로서 발전시켜 나가는데 커다란 장애물이 있다면 그것은 역사적 유물론에 대한 기계론적 해석이다. 왜냐하면 역사적 유물론을 기계론적으로 해석하면 역사를 도식적으로 설명하게 되고 따라서 "경험적 통계와 경험적 수혈" 이 어려워지기 때문인데, 이 점은 토대/상부구조론에서 명백하게 드러난다. 이것은 생산양식과 사회구성 사이에 조응 관계가 있고, 그 관계에서 생산양식이 결정력을 가진다는 마르크스주의 명제를 표현하는 것으로서, 마르크스와 엥겔스의 저술에서 조명과 색조 등 다른 비유로도 표현된다. 톰슨은 알튀세르와 같이 사료를 가지고 과거를 재구성하는 역사학적 작업을 해 본 적이 없는 마르크스주의자들이 "그런 비유 중에서 하나를 '정확하고' 또 '과학적인' 공식으로 지목하고 그것을 더 단단하게 조여서 어설프게 '기계론' 으로 만들어 버린다" 고 비판한다.[52]

톰슨은 그런 공식에 들어 있는 도식적인 경향을 경계한다. 그의 비판은 자신의 경험적 연구, 특히 『휘그파와 밀렵꾼』에 근거를 두고 있다고 할 수 있다. 여기서 그는 1723년에 제정된 밀렵법密獵法, 즉 검댕으로 얼굴을 검게 칠하는 등 위장을 하고서 무기를 들고 사슴이나 토끼 등을 밀렵하는 행위와, 그와 관련해 재산상, 신체상으로 위협을 가하는 여러 가지 행위를 사형으로 엄벌하는 법률을 분석한다. 이렇게 엄한 법을 의회에서 심각한 토론도 없이 통과시켰고 그 뒤 약 20년 동안 이것을 실제로 집행해 밀렵꾼들을 처형했으며, 그럼으로써 당시 정권을 잡고 있던 휘그파는 삼림자원을 이용해 식량 부족분을 보충하고 가축을 사육하던 사냥터 주민의 관습적인 용익권을 제약하고 지주의 재산권을 보호하려 했다. 그 후 사슴 밀렵을 극형으로 처벌하는 규정은 완화되었으나, 1823년 사실상 철폐될 때까지 무장 및 위장, 협박과 방화, 그리고 총격 등 밀렵과 관련된 위협은 여전히 엄벌 대상으로 간주되었다. 따라서 톰슨은 이 법이 계급 지배의 도구, 또는 이데올로기의 한 예라는

51 Ibid., 39-40, 94-98, 167 (강조는 원문); Thompson, *Poverty of Theory*, 274, 349. 또한 "E. P. Thompson," 17-18도 보라.

52 Thompson, "Poverty of Theory," 158.

점을 인정한다. 그러나 그는 밀렵법이 그 이상의 것, 구체적으로 말해 토대/상부구조론에 숨겨져 있는 환원론으로는 파악할 수 없는 측면을 보여 준다고 역설한다. 그것은 용익권과 재산권 사이의 갈등을 규제하고 조정하는 규칙과 절차를 지배계급이 이 법으로 규정하고, 거기에 보편성과 형평성의 기준을 채용함으로써 "일종의 계급 갈등이 전개되는 순수한 광장"을 마련하고자 했다는 점이다. 쉽게 말해 이는 계급 갈등을 부분적으로 법률의 테두리 안으로 끌어들인다는 뜻으로 이해할 수 있겠는데, 이렇게 볼 때 법률은 또한 계급관계가 표출되는 형태이기도 하다는 것이 톰슨의 주장이다.[53] 이 주장은 법률 이외에 정치, 문화, 그리고 경제도 서로 분리되어 있는 영역이 아니라 하나의 사회적 총체를 구성하고 있으며, 그래서 이른바 토대란 법률과 정치와 이데올로기를 필요로 할 뿐 아니라 그것들을 통해 구체화된다는 생각을 전제로 하고 있다.[54] 그러므로 토대/상부구조 비유는 역사를 제대로 파악하기에는 너무나 도식적인 설명 모델인 것이다.

이런 입장에서 톰슨은 알튀세르 등 구조주의자들의 역사적 유물론 해석을 비판한다. 그는 구조주의적 해석이 인간의 능동성을 배제하는 기계론과 함께 인과관계를 '경제'로 돌리는 환원론을 내포하고 있는 모델이라고 주장한다.[55] 구조주의자들의 기본적인 입장이 토대/상부구조 비유에 수반된 기계론과 환원론을 거부하는 것이라는 점을 고려하면, 그의 견해는 지나친 것이라 할 수 있다. 그렇지만 거기에 내포된 중요한 점은 엘렌 우드가 바로 이 문제를 다루는 논문에서 강조하듯이, 구조주의자들처럼 사회적 총체와 과정을 여러 '수준'과 '심급'으로 구분해서 인식하고 이 인식론적 절차를 존재론적 범주와 혼동하며, 그럼으로써 각 수준과 심급을 동떨어져 있는 대상으로 파악할 뿐 아니라 나아가 그것들 사이의 필연적 연관까지도 부인해서는 안 된다는 것이다. 톰슨의 주장은 경제와 법률, 이데올로기 같은 여러 영역들이 단일한 사회적 총체를 구성하고 있는데, 그것이 "토대에는 상부구조가 필요하다"는 뜻에서가 아니라 "지붕 위의 기와처럼 겹쳐져 있다*imbricate*"는 뜻에서 그렇다는 것이다.[56]

톰슨은 또한 토대/상부구조 비유에 수반되는 결정론을 경계한다. 그는 역사를 분석해 보면 여러 사태의 전개 과정에서 되풀이해서 나타나는 패턴이 있고 그 속에서 어떤 인과관

---

53 Thompson, *Whigs and Hunters*. 특히 245-269를 보라. (인용은 265)

54 Wood, "Falling Through the Cracks." 특히 135-141을 보라.

55 Thompson, *Poverty of Theory*, 287-291.

56 Thompson, *Whigs and Hunters*, 260-261; Wood, "Falling Through the Cracks," 142-148.

계를 발견할 수 있는데, 그것이 인간의 의지와 무관하게 보이기 때문에 그런 전개 과정이 어떤 법칙에 따라 진행되는 것으로 설명하기 쉽다는 점을 인정한다. 그렇지만 "어떤 과정이 우리가 이해하고 예상하는 식으로 전개된다고—그것이 법칙에 부합된다고—말하는 것과 그것이 법칙의 결과로 발생한다, 법칙에 따라 일어난다고 말하는 것과는 차이가 있다." 그는 교조적인 마르크스주의자들이 이 법칙이라는 용어를 자연과학의 법칙과 혼동해서 거기에 결정론적 단정의 의미를 부여함으로써, 인간이 전반적인 역사적 과정에 복종해야 한다는 필연성을 주장한다고 비판한다. 더욱이 그런 혼동에 의지해서 스탈린주의자들은 법칙을 아는 엘리트가 경제와 민중을 조종한다는 관념에 이를 만큼 타락했다고 한다. "바로 이 어의상 혼란(분명히 마르크스와 엥겔스도 연루되어 있는 혼란)을 통해 역사 변화의 법칙이라는 관념이 인간의 능동성과는 무관한 형이상학적인(그래서 초역사적인) 실체가 되어 마르크스주의 전통에 뿌리를 내렸다."[57]

그에 반해 톰슨은 토대/상부구조 비유를 버리고, 사회적 존재가 사회적 의식을 결정한다는 마르크스의 다른 공식을 쓰면서 존재와 의식 사이를 "경험" 이라는 개념으로 접속시킴으로써 그런 조응 관계를 설명한다. 구체적으로 말해 사회적 존재와 사회적 의식 사이의 상호작용에서 경험이 생기고, 이것이 사회적 의식에 일정한 영향을 끼친다는 것이다.

> 우리가 말하고자 하는 바는 이렇다. 사회적 존재 안에서 변화가 일어나면, 경험도 변한다. 그리고 이 경험이 기존 사회적 의식에 압력을 행사하고 새로운 문제를 던지며 더 정교한 지적 활동을 통해 소화해야 할 많은 재료를 제공하는데, 이런 뜻에서 경험은 결정력이 있다.[58]

결국 톰슨은 경험이라는 개념을 도입함으로써 사회적 존재가 사회적 의식에 간접적인 결정력을 행사할 뿐이라는 점을 역설하고 있는 셈이다.

그렇다면 조응 관계의 의미를 규정하는 문제가 제기되는데, 톰슨은 이에 관한 알튀세르의 대답, 즉 "상대적 자율성" 과 "최종 심급의 결정" 이 "빈 깡통" 에 불과하다고 비판한다.[59] 왜냐하면 톰슨이 어느 논문에서 지적하듯이 그런 개념들을 채택함으로써 이론상으

57 Thompson, *Poverty of Theory*, 331-332.

58 Thompson, "Poverty of Theory," 8. (강조는 원문)

59 Ibid., 96-98.

로는 조응 관계에 관한 기계론적 해석을 피하는 반면에 실제에 있어서는 최종적인 결정의 순간을 자꾸 뒤로 미루어 결국에는 조응 관계를 한없이 느슨하게 만들어 버릴 수 있기 때문이다.[60] 그렇지만, 영국의 비판적 사회학자 스튜어트 홀이 지적하듯이, 이런 비판 아래에는 알튀세르에 대한 암묵적인 동의, 즉 조응 관계가 느슨하고 복잡하다는 점이 전제되어 있다.[61] 이에 관해 톰슨이 알튀세르를 비판하면서 주장하고자 하는 바는 오히려 조응 방식을 명확하게 밝혀야 한다는 점이라 할 수 있다. 사실, 그는 법칙 대신에 "논리"라는 용어를 비유법으로 써서 사회적 존재와 사회적 의식 사이의 관계에 관해 인과성을 시사하면서도 결정론적 단정을 배제하자고 제안한다. 그에 따르면 이 용어는 "바로 이런 식으로 움직인다"는 뜻에 가까운데, 그것은 사회적 존재가 사회적 의식에 대해 '결정'하는 힘을 갖는 것이 아니라 '한계를 정하고 압력을 가하는' 힘을 가질 뿐이라는 점을 표현하는 말이다. 톰슨은 이것을 다음과 같이 요약한다.

> [조응 관계에 관한 명제에서] 핵심적인 개념은 알튀세르가 검토하지 않고 있는데, 그것은 "결정"이라는 개념 자체이다. 그러므로 중요한 것은 레이먼드 윌리엄스와 내가 다른 사람들과 함께 오래전부터 강조해 왔는데도 주목을 끌지 못했지만, "결정한다"는 용어를 "한계를 정하고" 또 "압력을 가한다"는 의미로 규정하는 것, 그리고 "운동의 법칙"을 "과정의 논리"로 규정하는 것이다.[62]

이 "한계"와 "압력"은 "문화 유물론"에서 윌리엄스가 토대/상부구조론에 대해 비판적인 견해를 제시하면서 쓴 용어이다. 그는 토대나 상부구조를 정통파 마르크스주의자들처럼 구체적 실체를 지칭하는 범주로 보지 말고 사회적 총체를 구성하는 과정으로 간주해야 한다고 주장하면서, 이 사회적 과정 속에서 존재가 의식을 결정한다는 명제를 새롭게 해석한다. 윌리엄스에 따르면, 결정은 "한계의 설정"이라는 뜻과 함께 "압력의 행사"라는 적극적인 의미를 갖고 있다. 양자는 전체적인 사회적 과정에 내재하는 과정으로서 복합적으로 상호 연관되어 있다. 왜냐하면 적극적인 결정은 "한계"에다가 밀어붙이는 "압력"일 뿐 아니라, "어떤 사회적 양태를 존속시키고 갱생시키는 방식으로 행동하도록 만드는 강제력"이며 또한 "새로운 사회구성이 아직 실현되지 않은 의향과 요구를 가지고 행사하는 압

60 Thompson, "Folklore," 263.

61 Hall, "In Defence of Theory." 특히 381-382를 보라.

62 Thompson, "Poverty of Theory," 159.

력" 이기 때문이다. 말하자면 윌리엄스가 "한계와 압력" 으로 정의하는 결정에는 사회변동을 초래하는 내적 모순이 들어 있는 것이다.[63]

톰슨이 역사적 유물론을 이렇게 해석하는 것은 마르크스로부터 내려오는 전통을 발전시켜 나가려는 노력의 산물이다. 톰슨에 따르면 마르크스는 1844년에 법률, 도덕, 정치 등에 대해 차례로 비판하고 궁극적으로 각 부분의 상호관계와 전체적 연관성을 보여 주려는 계획을 세웠으나, 1848년까지 역사적 유물론을 구성하는 가설들만 제시했을 뿐이고 그 이후에는 약 20년 동안 "자본의 순환" 을 탐구하는 데 진력하다가 그것들을 더 이상 발전시키지 못했다. 만년에 와서야 그는 젊었을 때 세운 계획을 다시 추진하고자 했다. 따라서 톰슨은 마르크스주의 전통을 발전시켜 나가는 데 있어서 천착해야 하는 과제가 "자본의 순환에서 자본주의로 옮겨가는 것" 이라고 생각한다. 바꿔 말해 "고도로 개념화되고 추상화된 생산양식—그 속에서는 결정론이 절대적인 것처럼 보인다—에서부터 압력의 행사로서의, 더 커다란(그리고 때로는 대항적인) 과정 속에 들어 있는 과정의 논리로서의 역사적 결정으로 움직여 나가야 한다" 는 것이다.[64]

여기에 필요한 것은 경제학을 다른 분석적인 학문과 연결시키거나 구조를 과정과 연결시키는 "접속개념*junction-concept*" 이다. 이것은 예를 들면 경제학에서 쓰이는 "필요" 처럼 인류학에서 규범으로, 역사학에서는 욕구나 가치로 나타나는 개념이나, 톰슨 자신이 제시한 역사적 현상으로서의 "계급" 같은 개념이다. 접속개념 가운데서 톰슨이 특히 강조하는 것은 사회와 역사를 이해하는 데 필수적이지만 정치경제학이나 마르크스에게는 없는 "경험" 이다.[65] 왜냐하면 이것은 구조와 과정 사이의 접속개념으로서 인간을 역사적 과정의 주체로 부각시켜 주기 때문이다. 톰슨은 이렇게 설명한다.

> 이 용어(경험) 속에서는 사람들이 주체로 돌아온다. 자율적인 주체, "자유로운 개인" 으

63 Williams, *Marxism and Literature*, 75-94. (인용은 87) 또한 Williams, *Problems*, 31-49도 참고하라. 윌리엄스는 이미 1973년부터 결정의 개념을 "한계와 압력" 으로 규정하는데, 이에 관해서는 그의 논문 "Base and Superstructure" 를 보라.

64 Thompson, "Poverty of Theory," 162-163. (강조는 원문)

65 Ibid., 163. 또한 같은 글, 110도 보라.

앤더슨은 접속개념으로서의 경험에 대해 비판하면서, 톰슨이 장기적인 역사적 변화의 근원이 생산력과 생산관계의 모순에 있다는 역사적 유물론의 신조를 잊어버리고 있다고 주장한다.(Anderson, *Arguments*, 81) 그렇지만 톰슨이 이에 관해 언급하지 않는다는 것이 앤더슨의 주장처럼 곧 그가 이 신조를 무시한다는 점을 의미하는지 의심스럽고, 또 앤더슨은 이런 주장을 하면서 그 전거를 올바르게 제시하지 않고 있어서 그것을 확인하기도 어렵다.

로서가 아니라, 일정한 생산상황과 생산관계를 필요와 이해관계로서, 또 대립으로서 경험하고, 그리고는 이 경험을 그들의 의식과 그들의 문화 속에서 …… 매우 복잡한 방식으로 "다루며" 나아가(항상 그런 것은 아니지만 가끔은 그로부터 귀결되는 계급구조를 통해) 자신들의 일정한 상황에 따라 행동하는 사람들로서 돌아온다.[66]

5. 톰슨의 학문적 유산

이렇게 경험이라는 개념을 도입함으로써 인간의 능동성을 부각시킨다는 생각은 계급과 문화, 그리고 역사적 유물론에 관한 톰슨의 비판과 제안을 꿰뚫고 있는데, 이것을 어떻게 평가하고 또 어떻게 수용할 것인가 하는 문제는 그의 작업을 둘러싸고 있는 맥락과 결부시켜 논의해야 한다고 생각된다.

이미 지적한 바와 같이 톰슨은 『형성』에서 처음으로 역사에서 인간의 능동성이 갖는 중요성을 강조했는데, 이는 당대 영국 마르크스주의 역사가들이 결정론에 대해 모호한 태도를 취하고 있었던 데 대한 대답이었다. 역사학자 빌 슈와츠는 1930년대 중엽부터 약 20년 동안 그들이 펼쳤던 지적 활동을 검토하는 글에서, 그들의 관심이 사회주의로 향하는 길에서 자신들이 선도적인 역할을 수행해야 한다는 점을 증명하는 데 있었다고 지적한다. 그렇지만 그들은 1946년에 "공산당역사학자모임"을 결성한 것처럼 공산당이라는 제도적인 틀 안에 머물러 있으려 했기 때문에 당의 공식적인 견해에 대해 공개적으로 비판하기를 꺼렸다고 부연한다.[67]

톰슨은 24세의 청년으로 거기에 가담했고 10년 후에 이 모임이 와해될 때까지 모리스 도브와 도나 토어 같은 지도적인 인물의 지적 영향력 아래서 성장했다. 두말할 나위도 없이 톰슨 자신의 개인적 경험도 그의 지적 성장에서 중요한 요인이었던 것으로 보인다. 그

---

66 Thompson, "Poverty of Theory," 164. (강조는 원문)

67 Schwarz, " 'The People' in History" ; Anderson, *Arguments*, 100-130; Soper, "Socialist Humanism."

하비 케이도 톰슨을 20세기 영국 마르크스주의 역사학의 전통 속에서 이해한다.(케이, 『영국의 마르크스주의 역사가들』, 제1장 및 제7장) 그는 모리스 도브에서 에드워드 톰슨에까지 이르는 주요한 영국 마르크스주의 역사가들의 업적을 검토하고서, 그들이 토대/상부구조 모델에 내포된 경제 결정론을 극복하고 인간의 능동성을 부각시키려는 문제의식을 공유하고 있다고 지적한다. 나아가 케이는 그들이 계급투쟁을 역사적 과정의 기본 동인으로 설정하는 "계급 결정론"을 대안으로 제시하고 있으며 이 이론에 톰슨이 기여한 바가 매우 크다고 주장한다.

그러나 이것은 받아들이기 어렵다. 물론 영국 마르크스주의 역사가들이 계급투쟁에 주목하고 있는 것은 사실이다. 그러나 "계급 결정론"은 케이가 붙여 준 용어로서 이는 톰슨처럼 계급투쟁에 관해 이야기하면서도 그것이 곧 역사를 결정한다고는 말한 적이 없는 경우도 포괄하기 때문에 그들의 견해를 오도할 위험을 안고 있다.

에게 있어서 "현실 속에 있는 사람들을 다시 한 번 사회주의의 이론과 희망의 중심에 놓는다" 는 생각은 이미 1946년에 싹튼 것으로 보이는데, 그것은 그해에 톰슨이 자원봉사대의 일원으로 유고슬라비아와 불가리아에 가서 철도 부설사업에 참여해 일하는 과정에서, 1943년 이래로 고조되어 있던 "저 반란적인 인민전선형의 정치적 계기" 를 확인한 바 있었기 때문이다. 톰슨이 몇몇 동료들과 함께 그런 생각을 사회주의적 휴머니즘으로 공식화한 것은 1956년이다. 그는 그해에 일어난 여러 사건 중에서 특히 헝가리 민중봉기를 소련이 무력으로 진압한 사실을 지적하면서, 그로 인해서 영국 공산당원 3만 명 중에서 3분의 1이 탈당하고 나아가 사회주의 운동 전반에 대한 거부감이 크게 확산되었다고 강조한다. 그리고 그런 위기에 처해 스탈린주의와 결별한 후, 사회주의 재생의 토대를 건설하기 위해 동료들과 함께 신좌파 단체를 조직했다고 설명한다.[68]

톰슨에게 있어서 민중의 능동적 역할에 대한 기대는 냉전시대에 들어와 인간의 능동성에 관한 일종의 집착으로 바뀐 것처럼 보인다. 그는 1960년에 발표한 글에서 "인민전선형의 정치적 계기" 가 영국과 미국의 반동과 스탈린주의 때문에 파괴되었다고 주장한다. 여기서 그가 강조하는 것은 그와 같은 대중적 저항운동이 힘에 의해 파괴되었을 뿐 아니라 "문화적 결함" 때문에 와해되기도 했다는 점이다. 구체적으로 말해 동서 양극체제 내에서 이데올로기적 복종을 요구하는 압력은 강했으나 그에 대한 굴복이 결코 불가피하지 않았음에도, 인간이 스스로 역사를 만들어 가지 못한다는 무기력한 생각이 확산되었기 때문이라는 것이다. 톰슨은 이 생각이 "문화적 결함" 을 낳은 이데올로기라는 점을 이렇게 설명한다.

> 상황을 돌이킬 수 없었을 때 수동적인 반응으로서 무관심이 확산되었던 것과 꼭 마찬가지로, 이 이데올로기는 무관심을 조장하는 **능동적인** 요소가 되었다. 그것은 그 자체로서 하나의 지적·문화적 사실—상황에 대한 어떤 자세, 즉 능동성의 중심을 잃어버리는 것이 되었다. 이 무관심이라는 이데올로기가 만연하여 세계가 위험에 처하게 되었는데 …… 그것은 두 단계를 거쳐 성장했다. 첫째 단계에서는 설명할 수 없거나 인내할 수 없는 사회적 현실로부터 책임 의식이 있는 사람들이 퇴각해 버렸다. …… 둘째 단계에서는 그런 후퇴가 현상에 대한 굴복으로 변한다. 그러므로 문화적 결함에 대해 말해도 좋은 것이다.[69]

---

68 Thompson, "Socialist Humanism" (Soper, "Socialist Humanism," 208에서 재인용); "E. P. Thompson," 12; Thompson, *Poverty of Theory*, 303-305.

69 Thompson, *Poverty of Theory*, 211-243. (인용은 213-214, 강조는 원문)

톰슨은 그래서 환경이 일정한 방향 없이 아무렇게나 변하고 있는데도 사람들은 그 변화를 통제할 수 없다는 무력증에 빠져 있다고 개탄한다. 그러나 그는 "오직 '당위'와 '현실' 사이의 싸움 속에서만 역사가 의미를 가질 수 있기 때문에, 선택이라는 '당위'가 환경이라는 '현실'에 개입할 수 있도록 만들어야 하며 그럼으로써 인간성이 우리가 선택한 환경에 의해서 규정되게 해야 한다"고 주장한다.[70]

이렇게 볼 때 톰슨이 스탈린주의뿐 아니라 구조주의에 대해 격렬한 비판을 퍼붓는 것은 쉽게 이해할 수 있다. 그가 보기에 알튀세르와 그 추종자들은 역사에 있어서 구조적 필연성을 강조하고 인간을 그것의 담지자로 취급함으로써 스탈린주의자들과 마찬가지로 인간의 능동성을 질식시키고 마는 이론을 선전하고 있는 것이다. 그런 조류에 대항해 "능동성의 중심"을 되찾아서 "인민전선형의 정치적 계기"를 추구하고 궁극적으로는 사회주의 혁명을 준비하는 것이 톰슨의 실천적 관심이고, 바로 이것이 지금까지 살펴본 그의 역사학에 원동력을 제공한 것으로 보인다.

그런 실천적 관심은 톰슨의 학문적 성취와 더불어 세계 역사학계에 심대한 영향을 끼쳤다. 그의 『형성』은 1960년대 초부터 1980년대 말까지 세계의 사회사 연구자들에게 귀감으로 여겨졌는데, 이는 거기서 그가 역사학자로서 보여 준 자세와 역량 못지않게 이론가로서 던진 충격 때문이라 할 수 있다. 사실, 이 시기에 사회사 연구자들은 다루는 시기나 지역이 서로 달랐지만, 대부분 『형성』을 모델로 삼고 계급의 형성 과정을 밝히는 데 몰두했다. 이 점은 프랑스혁명의 함의에 주목한 윌리엄 슈얼의 저술이나 보훔 지방을 다룬 데이비드 크루의 연구, 또는 뉴욕 시에 초점을 맞춘 숀 윌런츠의 작품만 훑어 봐도 뚜렷하게 드러난다.[71] 더욱이 이들의 업적에서 나타나듯이, 톰슨을 따르는 사회사 연구자들은 실천적 관심사도 어느 정도 그와 함께 나누어 갖고 있었다. 두말할 나위도 없이, 사회사 연구자들이 이데올로기의 측면에서 모두 톰슨과 같은 입장을 갖고 있었던 것은 아니다. 그래도 역사를 바라보는 안목에서는, 대개 톰슨과 마찬가지로 마르크스에게 의지하고 있었다.

그러나 톰슨의 영향력은 그가 세상을 떠나기 전부터 줄어들고 있었다. 1990년대 초에는 사회사가 퇴조하고 문화사가 대두하면서, 역사를 바라보는 안목도 근본적인 변화를 겪고 있었던 것이다. 이런 일대 반전은 사실 1980년대 초에 시작되었다. 이는 스테드먼 존스의 차티즘 연구에서 분명하게 드러난다. 오랫동안 차티즘은 사회적 현상으로, 구체적으로 말

---

70 Ibid., 239.

71 Sewell, *Work and Revolution*; Crew, *Town in the Ruhr*; Wilentz, *Chants Democratic*.

해 1830년대 초부터 1840년대 말까지 영국 노동자들이 빈곤과 실업 등 산업혁명에 수반된 폐단 때문에 추진한 운동으로 간주되었다. 스테드먼 존스는 이 해석에 따르면 왜 차티스트들이 그 해법으로 임금이나 복지를 거론하지 않고 보통선거권을 강조했는지 이해할 수 없다고 비판한다. 이어서 그들이 그런 사회적 폐단의 원인으로 자신들에게 정치권력이 없다는 점에 주목했다고 지적하며, 차티즘의 이데올로기적 기원을 탐구할 필요가 있다고 주장한다. 그리고는 산업혁명 이전에 형성된 급진주의, 즉 영국인은 태어날 때부터 자유롭다고 역설하며 정치적 부패와 억압에 항의하던 비판적 전통을 기원으로 지목한다. 스테드먼 존스는 차티스트들이 발행한 신문과 잡지 등을 이용해 그들이 사용한 언어와 담론을 분석함으로써 그런 결론에 도달한다. 그에 따르면, 그들은 영국 사회가 사용자와 피고용인으로 구분되어 있다고 생각한 것이 아니라 참정권이 있는 사람들과 참정권이 없는 사람들, 바꿔 말하면 정치권력을 이용해 일하지 않고도 넉넉하게 지내는 사람들과 정치권력이 없기 때문에 땀 흘리며 일하지 않으면 안 되는 사람들로 구분되어 있다고 생각했다. 그들은 재산이란 노동의 산물이며 재산권은 누구도 침해할 수 없는 권리라는 급진주의의 핵심적 신조를 고스란히 간직하고 있었던 것이다. 따라서 그들이 생각하는 노동계급에는 노동자만이 아니라 참정권이 없는 중산층도 포함되었으며, 이는 차티즘을 근대적인 노동계급 운동으로 간주할 수 없다는 것을 뜻한다. 그렇기 때문에 차티즘의 대두와 퇴조도 경기의 부침보다 국가의 정책, 즉 영국 정부가 급진파에 대해 일방적 탄압을 가하는가 아니면 유연한 태도를 취하는가에 따라 좌우되었던 것으로 보인다.[72]

스테드먼 존스의 새로운 해석과 분석 방법은 곧 사회사에 관한 논쟁을 불러일으켰으나, 점차 다른 학자들에게 수용되면서 뚜렷한 흐름으로 확대되었다. 영국사 전문가 제임스 버넌은 계급을 정치의 소산으로 규정한다고 해서 부의 물질성을 부인하는 것이 아니라, 언어의 중요성에 주의를 환기하려는 것뿐이라고 하면서 "언어로의 전환"을 옹호했다. 그렇지만 윌리엄 슈얼은 사회적 관계가 물질적 필요만이 아니라 상징적 의미와 정치적 권위에 의해서도 구성된다고 주장하며 "탈유물론적 노동사"를 제창했다. 한 걸음 더 나아가 패트릭 조이스는 톰슨이 대변하는 사회사와 결별해야 할 때가 왔다고 선언하면서, 여성주의 이론과 포스트모더니즘 등에 의지해 포괄적인 이론을 개진했다. 그 요지는 계급이 젠더와 마찬가지로 용어가 지시하는 어떤 물질적인 것의 반영이 아니라 그것에 관한 담론을 통해 형

72 Stedman Jones, "Rethinking Chartism."

성된 것이라는 점, 그리고 사회란 구성 요소들이 하나의 전체로 통합되어 있는 체계가 아니라 다양한 주체들이 대충 어우러져 있는 세계로서 인간의 행동을 제약하면서도 그로 인해 끊임없이 변형되는 구조라는 점이다.[73]

그들의 비판은 분명히 사회사의 퇴조와 더불어 "새로운 문화사"의 대두에 기여했다. 스테드먼 존스 등은 사회란 물질적 토대 위에서 모든 부분이 유기적으로 통합되어 있는 총체라는 관념을 비판함으로써 사회사의 이론적 기초를 공격했을 뿐 아니라, 언어나 정치를 자율적인 영역으로 취급하며 문화에 대한 역사학적 탐구를 역설하기도 했다. 더욱이 1980년대 말에는 계급 개념의 한계가 뚜렷하게 드러나기 시작했기 때문에, 그들의 비판이 커다란 반향을 지니게 되었다고 할 수 있다. 한편에서는 조앤 스콧을 비롯해 여성주의자들이 젠더 개념의 역사학적 유용성을 역설했고, 다른 한편에서는 백인성 연구자들이 계급 개념에는 백인 남성 노동자가 노동계급의 전형으로 설정되어 있다는 점에서 인종주의적 함의가 들어 있다고 지적하면서 인종 개념에 대한 역사학적 연구를 촉구했다.[74] 따라서 1990년대부터는 계급 개념이 역사학적 저술에서 주제로 등장하는 경우에도, 대개 독자적인 주제로 부각되지 않고 젠더나 인종 개념과의 상호관계 속에서 취급되기 시작했다. 사실, 이들 개념이 서로 어떤 영향을 끼치며 사람들의 정체성 형성에 기여하는가 하는 것은 역사학계의 중심적 관심사로 떠올랐다.

그러나 스테드먼 존스를 비롯해 사회사에 비판적인 학자들이 톰슨의 계급 개념을 얼마나 효과적으로 공략했는지 의심스럽다. 그들의 비판은 역사학계에서 탈구조주의나 포스트모더니즘 같은 사조가 확산되는 데 일조하면서, 사회적 총체성에 대한 신념을 불식시키는 효과를 가져왔다고 할 수 있다. 이는 예를 들면 홉스봄이 주창했던 "전체사," 사회적 총체성을 전제로 제안되었던 저 야심만만한 프로젝트가 오늘날에는 흘러간 옛 노래 정도로 취급된다는 점에서 잘 드러난다. 그렇지만 톰슨의 계급 개념은 사회적 총체성이라는 관념에 토대를 두고 있는데도, 지금도 역사학적 설명의 도구로서 상당한 지위를 유지하고 있다. 이런 차이는 두 사람의 상이한 입장과 연관되어 있다. 홉스봄은 끝까지 공산당에 충성

73 사회사 논쟁은 범위가 상당히 넓은데, 필자에게 가장 유용했던 것은 다음과 같은 글이다. Kirk, "In Defense of Class"; Mayfield and Thorne, "Social History and Its Discontents"; Steinberg, "Culturally Speaking"; Vernon, "Who's Afraid of the 'Linguistic Turn'?"; Sewell, "Toward a Post-Materialist Rhetoric for Labor History"; Joyce, "End of Social History?"; Kirk, "Class and the 'Linguistic Turn.'" 다음 글도 유용하다. 이영석, 「'언어로의 전환'과 노동사의 위기」.

74 Scott, "Gender." 백인성 연구에 관해서는 이 책 제10장 "미국의 인종관계"를 보라.

을 바친 마르크스주의자로서 역사적 유물론에 대한 공식적 해석에 집착했기 때문에, 사회적 총체성에 관한 비판에 직접적으로 노출되어 있었던 것으로 보인다.[75] 반면에 톰슨은 앞에서 살펴본 것처럼 생산양식과 사회구성의 조응 관계에 관해 공식적인 "운동의 법칙"을 거부하고 "과정의 논리"라는 대안을 주장하며 유연한 해석을 추구했다. 이처럼 톰슨 자신이 사회적 총체성에 관해 비판적인 자세를 견지했던 만큼, 스테드먼 존스 등의 비판은 파괴적인 효과를 지닐 수 없었던 것 같다. 돌이켜 보면 그의 계급 개념은 한때 리처드 존슨 같은 구조주의자들이 너무 문화주의적이라고 불평했을 정도로, 물적 토대에 뿌리를 갖고 있으면서도 그와 거리를 두고 있는 것이다.

그에 못지않게 중요한 것은 사회사에 비판적인 학자들이 톰슨의 계급 개념을 면밀하게 검토하지 않는다는 점이다. 스테드먼 존스는 앞에서 살펴본 것처럼 차티즘에 관한 연구에서 산업혁명 이전에 형성된 급진주의를 거론함으로써, 계급 개념으로 포괄할 수 없는 전통을 부각시키기는 하지만 그 개념 자체를 비판적으로 검토하지는 않는다. 그를 따라 톰슨에 대한 비판에 가세한 다른 학자들도 그런 시도는 감행하지 않는다. 그들은 계급 개념의 한계를 인식하고 그것을 극복하기 위해, 언어나 담론, 소비나 정치처럼 거기에 내포되지 않는 영역에 관심을 기울일 뿐이다. 따라서 톰슨이 수립한 개념은 용도가 줄었다 해도 여전히 유효한 것으로 보인다.

그렇다고 해서 사회사 연구자들이 톰슨이 대변하는 시각과 접근방법에 집착하는 것은 아니다. 문화사 연구자들의 비판이 수그러든 오늘날, 사회사 연구자들은 사회사의 부침을 회고하고 미래를 전망하면서 유연한 자세를 취한다. 그들은 문화사와 마찬가지로 사회사에서도 많은 연구자들이 조그마한 주제에 집중하는 반면에 "큰 그림"을 제시하는 못하는데 대해 우려한다. 다른 한편에서는 세계화 추세로 말미암아 세계적인 차원이나 아니면 적어도 국제적인 차원의 역사에 대한 관심이 커져 가고 있기 때문에, 그런 파편화 경향에 대해 더욱 우려한다. 이런 상황에서는 톰슨이 대변하는 사회사적 시각과 접근방법, 그리고 거기에 암묵적 전제로 자리 잡고 있는 국가라는 분석 단위가 전적으로 적합한 것은 아니라고 인정한다. 따라서 적지 않은 연구자들이 사회적 총체성이라는 관념을 버려야 한다고 지적하며, 하나의 사회를 조직하고 유지하는 권력 자체를 지배세력이 피지배세력에게 강요하는 일방적인 관계가 아니라 피지배세력이 참여하기도 하는 쌍방적인 관계로 간주

75 이데올로기가 홉스봄의 학술적 업적에 끼친 영향은 최근에 와서야 비판적으로 검토되기 시작했는데, 이에 관해서는 다음을 보라. Cronin, "Memoir, Social History and Commitment."

해야 한다고 역설한다. 한마디로 줄이면, 이제 사회사 연구자들은 "문화로의 전환"을 시도하는 것이다.[76]

이렇게 사회사의 연구 동향이 바뀌는 배경에는 현재에 대한 새로운 이해가 자리 잡고 있다. 최근에 사회사 논쟁을 전반적으로 재검토한 제프 일리와 키스 닐드에 따르면, 사회사 연구자들은 1980년대에 대부분의 선진국에서 노동운동이 뚜렷하게 후퇴하는 데 주목했다. 노동운동의 후퇴는 마르크스주의적 역사관에 따르면 사회변혁의 동력이 약화된다는 것을 뜻했는데, 노동계급의 주축으로 간주되던 공장 노동자들이 제조업의 상대적 위축에 따라 크게 줄어들었기 때문에 그 의미가 더욱 심각한 것으로 보였다. 게다가 공장 노동자 가운데서 숙련된 기능을 가진 백인 남성이 줄어들고 그런 기능을 지니지 못한 여성과 흑인 등 유색인이 늘어났기 때문에, 종래의 노동계급이라는 범주는 그만큼 적실성을 잃게 되었다. 그것은 오랫동안 백인 남성이 대변했기 때문에 여성 노동자와 유색인 노동자들이 소수집단으로 지니는 정체성과 이해관계를 충분히 포괄하지 못했던 것이다. 이런 현상은 물론 1960년대부터 성장했던 여성 해방운동과 흑인 민권운동의 연장선 위에 있었다. 일리와 닐드에 따르면, 그런 사회적·문화적 변화 못지않게 사회사 논쟁에 커다란 영향을 끼친 것은 1980년대 말에 시작된 일련의 정치적 사건, 즉 독일의 통일과 소련의 해체, 그리고 사회주의의 몰락이었다. 이들 사건을 계기로 사회주의가 사회변혁의 목표로서 의미를 상실했고, 따라서 마르크스주의적 역사관은 더 이상 사회사 연구자들에게 방향감각을 제시하는 기능을 하지 못하게 되었다.[77]

그런 동향을 고려할 때, 제프 일리와 키스 닐드처럼 "이제 계급 개념은 어떤 가치를 지니고 있는가?" 하고 묻는 것은 의미 있는 일이다. 이들은 "언어로의 전환" 이후에 많은 역사학자들이 계급을 언어와 정치의 산물로 간주하며 언어와 정치를 생산이나 물질과 유리되어 있는 현상으로 취급한다고 우려한다. 다른 한편으로, 적지 않은 사회사 연구자들이 포스트모더니스트들의 말에 귀를 기울이지 않고, 계급이란 결국 경제적 요인에 의해 결정된다는 유물론적이고 환원론적인 관념에 매달린다고 비판한다. 그리고 계급이 해체되는 오늘날의 현실을 고려할 때, 톰슨의 개념에 다시 주목할 필요가 있다고 역설한다. 그들에 따르면, 그가 제시한 개념은 "극히 유연하고 개방적인 것이어서, 사회적 결정 과정이 물질

76 Stearns, "Social History"; Seidman, "Social History"; Gunn, "From Hegemony to Governmentality"; Parthasarathi, "State and Social History"; Walkowitz, "Cultural Turn."

77 Eley and Nield, *Future of Class in History*, 1–12.

생활에서 시작된다는 모델에다 사회변화가 계급투쟁과 그 결과를 기초로 전개된다는 이론을 결합시킨 것에 지나지 않는다."[78] 이런 제안 아래에는 일종의 절충적 사회관이 깔려 있다. 즉, 사회란 마르크스주의자들의 주장과 달리 모든 구성 요소들이 유기적으로 연결되어 있는 하나의 총체라 할 수 없다는 생각, 그래도 포스트모더니스트들의 견해와 달리 "정치적인 것"과 "문화적인 것", 그리고 "사회적인 것"이 "경제적인 것"과 더불어 서로 연관되어 있다는 생각이 깔려 있다. 바꿔 말해, 일리와 닐드는 저런 요소들 사이에 서로 영향을 주고받는 복합적인 상호관계가 있다고 보는 것이다. 그렇다면 거기에는 경제 결정론이 끼어들 수 없을 뿐더러, 톰슨이 대안으로 제안한 "과정의 논리"도 자리 잡기가 어렵다. 그러나 거기서는 계급 개념과 사회사적 분석이 계급의 분해를 설명할 수 있을 만큼 유연성을 띨 수 있다. 일리와 닐드가 보기에, 그런 유연성은 인간이 역사의 주체로서 지니는 능동성을 밝혀내고, 나아가 사회사를 포함해 역사학 전체를 포스트모더니스트들의 공격에서 지켜 내는 데 도움이 된다는 것이다.

그들의 견해는 대체로 설득력이 있지만, 한두 가지 근본적인 문제점을 지니고 있는 것으로 보인다. 일리와 닐드가 말하는 요점은 톰슨이 만든 개념을 더욱 유연하게 만들어 계급의 분해도 해명할 수 있도록 하자는 것, 그러기 위해 사회를 느슨하고 복잡한 상호관계의 집합으로 보자는 것이다. 그렇지만 그들은 톰슨의 계급 개념 뒤에 목적론이 자리 잡고 있다는 점을 잊고 있다. 앞에서 살펴보았듯이 톰슨은 계급이란 저절로 나타나는 것이 아니라 사람들이 만들어 내는 것이라고 강조했을 뿐 아니라, 계급을 형성하는 사람들이 사회변화를 가져오는 능동적인 역할을 하리라고 기대하기도 했다. 이 목적론을 건드리지 않고도 톰슨의 계급 개념을 분해 과정에도 적용할 수 있을 만큼 충분히 유연하게 만들 수 있다고 일리와 닐드는 생각하는 것 같다. 그렇지만 문제의 본질에는 목적론도 들어 있다는 점을 기억할 필요가 있다. 그들은 계급의 후퇴나 분해를 부인할 수 없는 사실로 인정함으로써 묵시적으로 목적론적 역사관을 거부하는데, 이는 분명히 톰슨의 개념에 내재하는 본래의 용도나 목적에서 벗어나는 것이다. 바꿔 말해, 계급은 어떻게 해서 나타나는가 하는 물음을 다루기 위해 만든 개념을 가지고 계급이 어떻게 해서 사라지는가 하는 물음을 풀어 보려고 하는 것이 올바른 일인지 의심스럽다는 것이다.

목적론적 역사관을 버리는 것은 계급 개념을 넘어 사회사의 발전을 위해 중요한 일이

78 Ibid., 139-176. (인용은 84)

다. 마르크스주의를 수용하든 거부하든 간에, 사회사 연구자들이 대부분 마르크스로부터 커다란 영향을 받았다는 점은 잘 알려져 있다. 그리고 그 덕분에 이름 없는 보통 사람들이 역사에서 수행한 역할을 밝혀내는 등 괄목할 만한 성과를 내었다는 점도 부인하기 어렵다. 그래도 마르크스에게서 빌려 온 시각과 접근방법, 그리고 역사관에만 의지해서는 역사를 온전하게 설명할 수 없다는 점도 인정해야 한다. 이는 무엇보다도 홉스봄의 역저『극단의 시대』에 대해 페리 앤더슨이 비평하며 역설한 것이다. 앤더슨은 그것이 여러 가지 측면에서 탁월한 저술이지만 자본주의의 발전과 민주주의의 확산을 비롯해 20세기 후반에 일어난 중대한 변화에 관해 거의 다루지 않는 등 커다란 결함을 지니고 있다고 지적한다. 또 소련의 해체와 공산주의의 몰락에 대해 서술하면서도 그 요인을 천착하지는 않는다고 부연한다. 그리고 이런 결함이 저자가 겉으로는 "패배"를 인정하면서도 속으로는 그것과 대면하지 못하고 회피하는 데서 오는 것이라고 진단한다. 끝으로 앤더슨은 그런 태도 때문에 좌파가 허송세월하고 있다고 개탄한다.[79] 바꿔 말해, 오늘날 좌파는 목적론적 역사관에 얽매여서 거기에 맞지 않는 역사의 전개 과정을 외면하고 있다는 것이다. 일리와 닐드가 홉스봄처럼 완고하지 않다는 것은 분명하다. 그렇지만 앤더슨이 주장하는 것만큼 유연한 자세를 갖고 있는지 의심스럽다. 그들은 계급 개념의 가치를 옹호하면서도 그 배경에 있는 목적론적 역사관에 대해서는 입장을 천명하지 않는다.

더욱이, 바로 그렇기 때문에 일리와 닐드는 톰슨의 계급 개념에 내재하는 본질도 비판적으로 분석하지 못하는 것으로 보인다. 스테드먼 존스를 비롯해 여러 학자들이 가하는 공격에서 저 친숙한 개념을 구해 내는 데 관심을 두고 있는 탓인지, 그들은 그것을 면밀하게 검토하고 거기에 어떤 문제점이 있는지 파악하려 하지 않는다. 더욱이, 그것을 계급의 해체에 적용하자면 어떤 측면에서 어떤 수정을 가해야 하는지 의문을 제기하지 않는다. 바꿔 말하면, 톰슨을 비판하는 사람들과 마찬가지로 지지하는 사람들도 그가 만든 개념 자체를 본격적으로 검토하지 않는 것이다.

계급 개념은 톰슨이 남겨 놓은 학문적 유산 가운데 가장 소중한 것이라 할 수 있다. 그것을 지키는 데서 멈추지 않고 더 많은 것을 설명할 수 있도록 가꾸자면, 그가 만든 개념 자체를 비판적으로 분석하고 그 문제점을 파악하는 작업은 외면할 수 없다. 바로 톰슨 자신이 역사학자는 연구하는 주제에 관계가 있는 모든 사실을 수집한 다음에 개념과 맞아떨어

---

79 Anderson, "Confronting Defeat."

지는 것보다는 그렇지 않은 것에 주목하면서 그에 비춰 개념을 비판적으로 검토해야 한다고 역설했으니 말이다. 그러기 위해서는 계급 개념을 형성 과정은 물론이요 해체 과정에도 적용할 수 있도록 목적론적 역사관까지 버려야 한다. 거기에는 물론 "패배와 대면" 하는 용기가 필요하다.

제3장

노동과정
—테일러주의를 중심으로

계급을 역사적 현상으로 이해한다면, 그것도 형성되기만 하는 것이 아니라 해체될 수도 있는 현상으로 이해한다면, 그런 현상이 발생하는 조건을 면밀하게 검토할 필요가 있다. 그 조건은 두말할 나위도 없이 사람들이 지니고 있는 의식과 그들을 둘러싸고 있는 환경으로 구성된다. 의식이 앞에서 살펴본 바와 같이 존재에 의해 결정되는 것이 아니라 존재의 한계와 압력 속에서 상당한 자율성을 지닌다면, 그것은 환경과 구분해서 검토해야 한다. 더욱이 그것은 앞선 시대로부터 물려받은 전통에 따라 좌우되므로, 다시 말해 대단히 다양하고 복잡하며 끊임없이 변전하는 흐름의 영향 아래에 있으므로, 특정 집단의 사람들에게 초점을 맞추고 조심스럽게 접근할 필요가 있다. 이 책에서는 나중에 20세기의 미국 노동자들에 한해 논의할 것이다.

그렇지만 계급이 발생하는 환경은 근대 세계에서 일반적으로 나타나는 자본주의라는 거대한 구조물에 따라 결정되는 만큼, 이론적 검토가 필요한 주제이다. 물론, 자본주의가 결국에는 사람들이 만들어 낸 것이라는 점을 감안할 때 이 환경 속에 들어 있는 의식을 간과할 수는 없다. 더욱이 계급이란 의식과 환경 사이에서 일어나는 상호작용의 소산이므로, 의식은 환경에 대한 이론적 논의에서도 경시할 수 없는 요소이다. 그런 상호관계를 염두에 둔다면, 환경은 두 측면에서 접근할 수 있다. 하나는 노동자들이 자본가와 직접 관계를 맺는 생산 현장이고, 다른 하나는 그들이 자본가의 직접적 통제에서 벗어나 살아가면서 앞선 세대로부터 물려받은 전통을 다음 세대로 전달하는 주거 지역이다. 바꿔 말하면, 계급이 발생하는 환경은 자본주의적 생산관계와 그것을 뒷받침하는 재생산 관계의 두 측면으로 나누어 접근할 수 있다는 것이다. 이들 측면이 노동자들의 의식세계에서 가장 중요한 영역을 포괄하기 때문이다.

이 장에서는 먼저 생산 현장, 즉 자본주의적 생산관계가 집약되는 공간에 초점을 맞춘다. 거기서는 사람들이 자본가와 노동자로서 관계를 맺고 재화를 생산하는데, 이는 인류의 역사에서 노동과정이 지니는 여러 형태 가운데 하나이다. 인간은 태초부터 자연에서 재료를 얻고 거기에 노동을 가함으로써 필요한 것을 만들어 왔는데, 이 노동과정이 자본주의적 형태를 띠는 것은 근대에 들어와서 자본가와 노동자라는 존재가 대두하면서 벌어진 일이다. 그렇지만 거기서 자본가와 노동자가 구체적으로 어떤 관계를 맺는지, 또 자본주의가 발전함에 따라 그 관계가 어떤 변화를 겪는지, 잘 알려져 있지 않다. 이런 의문이 이 장의 핵심적인 관심사이다.

1. 용어와 쟁점

노동과정*labor process*은 1974년에 미국의 해리 브레이버먼이 『노동과 독점 자본』을 통해 주의를 환기한 주제이다. 이 책에서 그는 자본주의적 노동과정에 대한 논의가 『자본론』 제1권에서 핵심적인 위치를 차지한다고 말하면서, 거기서 마르크스는 "자본주의 사회의 생산과정이 그 사회의 주요 추진력인 자본 축적의 동력 아래서 끊임없이 변형되는 방식"을 분석한다고 지적한다. 이 분석에 따르면, 생산과정의 변형은 "첫째, 각 산업부문에 있어서 노동과정의 계속적 변화, 둘째, 직업 및 산업 간 노동력의 재배분"로 나타난다. 브레이버먼은 『자본론』 제1권이 완성된 1860대 중반 이후 한 세기 동안에 이 동력이 훨씬 더 강하게 작용했으며, 그에 따라 생산과정이 변하고 노동인구의 직업별 · 산업별 구조도 변했다고 진단한다. 그렇지만 이 변화에 대해서 "마르크스 사후에 포괄적인 마르크스주의적 분석이 전혀 이루어지지 않았다"고 평가하고, "지난 100년간의 자본주의 생산양식의 발전에 대한 연구"를 자신의 과제로 설정한다.[1] 따라서 브레이버먼의 이론적 출발점은 『자본론』에 들어 있는 노동과정에 대한 분석이다.

노동과정이란 마르크스에 따르면 인간이 그 필요를 충족시킬 목적으로 사용가치를 생산하기 위해 자연과 상호작용을 갖는 보편적인 과정이다. 바꿔 말하면, 그것은 재화—용역도 포함시켜 말할 수 있다—를 생산하기 위해 재료에다 인간의 노동을 투입하는 과정이라고 할 수 있다. 이 과정은 세 가지 요소, 즉 노동능력과 노동대상 그리고 노동수단으로 구성되는데, 마르크스는 이것들을 다시 분류하여 노동능력을 주관적 조건이라 하고 노동대상과 노동수단은 객관적 조건이라 부른다. 이 두 가지 조건이 결합되는 방식에 따라 생산양식이 결정된다. 널리 알려져 있듯이 자본주의에서는 자본가가 노동대상과 노동수단, 곧 생산수단을 소유하고 노동자로부터 노동능력을 사서 재화를 생산한다. 따라서 자본주의적 생산이 이루어지기 위해서는 세 가지 기본적인 사회적 조건이 충족되어야 한다. 즉, 생산수단에서 분리되어 있으며 노동능력을 판매하고자 하는 노동자의 존재, 노동자가 법률적인 속박 없이 노동능력을 처분할 수 있는 자유, 그리고 노동자를 고용함으로써 자본을 축적하고자 하는 사용자의 존재이다. 이런 조건에서 자본과 노동이 결합되고 자본주의적 노동과정이 성립된다.[2]

『자본론』 제1권에 의하면, 자본주의적 노동과정은 처음에는 자본가의 형식적 통제 아래에 있었다. 공장제 수공업*manufacture* 아래서 자본가는 노동자를 공간적으로 집중시키고 그들 사이에 단순 협업을 도입했으며, 그에 따라 생산성이 증가하고 더 큰 자본이 축적되었다. 종전에 비해 노동과정에는 아무런 변화가 없었지만 생산의 규모가 커졌으므로, 이제 자본가는 더 이상 노동과정에 직접 참여하지 않고 생산수단의 소유자로서 노동자의 생산활동을 조정, 감독만 함으로써 절대적 잉여가치를 증대시킬 수 있었다. 이른바 "자본에 대한 노동의 형식적 종속"은 생산수단의 소유권을 토대로 성립했던 것이다. 그로부터 노동과정에 근거를 두는 "자본에 대한 노동의 실질적 종속"이 발전했다. 공장제 수공업 아래서 자본가는 분업을 도입하고 노동자들에게 각기 다른 작업을 수행하게 하여 생산성을 더욱 향상시킬 수 있었다. 그러나 노동자들이 서로 협력해 자본가에게 저항함에 따라, 새로운 문제에 직면하게 되었다. 그러므로 자본가는 생산의 규모가 더 큰 공장제 공업*machinofacture*으로 한 걸음 더 나아가고자 했다. 기계를 도입하고 그것을 중심으로 노동과

1 Braverman, *Labor and Monopoly Capital*, 8-9.
2 Marx, *Capital*, Ⅰ, 283-306.

정을 재편했을 뿐 아니라 노동대상과 노동수단은 물론이요 노동능력에 대한 통제권도 노동자에게서 빼앗았다. 그리고는 노동시간과 노동강도, 그리고 작업 방법 등에 관해 자신의 의지를 강제함으로써 상대적 잉여가치도 생산하도록 만든 것이다. 이제 자본가는 생산 현장에서 노동과정을 직접적으로 통제하기 시작했다. "형식적 종속"에서 "실질적 종속"으로 이행하는 이런 변화는 마르크스에 따르면 18세기 말 19세기 초에 근대적 공장제가 발달하는 과정에서 이루어졌다.[3]

브레이버먼은 마르크스의 노동과정론에서 출발해 현대 자본주의를 이해하는 데 매우 중요한 결론에 도달한다. 브레이버먼은 "자본에 대한 노동의 실질적 종속"—이 어구를 쓰지 않으면서도 그 개념은 쓰는데—이 근대적 공장에서 시작되었지만, 그런 관계를 바탕으로 경영진이 노동과정에 대해 통제권을 장악한 것은 "독점 자본주의" 단계에 이르러서야 가능했다고 주장한다. 그에 따르면, 인간의 노동은 동물의 경우와는 달리 실행과 구상의 결합이라는 특징을 지닌다. 사실 숙련공들은 오랜 훈련과 경험을 통해 얻은 기능을 갖고 있었고, 거기에 의지해 주어진 작업을 어떻게 처리할 것인지 구상하고 그에 따라 실행하는 방식을 따랐다.[4] 그러나 19세기 말에 등장한 이른바 테일러주의*Taylorism*를 통해, 경영진은 생산과정을 세밀하게 구분하고 또 기계를 도입함으로써 숙련공들의 기능을 단편적이고 단순한 비숙련 노동으로 대체했다. 『노동과 독점 자본』에 따르면, 테일러주의는 인간의 노동을 구상 없이 실행만 필요한 동물적인 형태로 격하시키는 주요 계기인 동시에 그런 노동을 노동자 대신에 경영진이 직접 통제하기 시작하는 대변화의 분수령이었다. 브레이버먼은 그 결과로 현대 자본주의 국가에서는 비숙련공이 노동인구의 대부분을 차지하게 되었으며, 그런 변화가 생산직뿐 아니라 사무직과 서비스직에서도 진행되기 때문에 노동이 동질화되고 나아가 노동자의 계급적 연대가 이루어질 가능성이 열린다고 진단한다.

오늘날 브레이버먼의 견해는 그대로 받아들이기 어렵다. 『노동과 독점 자본』은 노사관계 연구자들에게 충격을 던지면서 노동과정에 대한 연구를 자극했고, 그 덕분에 노동과정의 변형 과정과 통제권을 둘러싼 투쟁에 관해 많은 것이 밝혀졌다. 그러나 1980년대에 대

3 Ibid., 439-639, 1019-1049. 그 외에 다음도 참고하라. Gartman, "Marx and the Labor Process"; Brighton Labor Process Group, "Capitalist Labor Process."

4 여기서 기능은 영어의 skill을 가리킨다. 기능이라는 용어를 사용하는 이유는 이것이 육체적 민첩성, 즉 단순한 작업을 민첩하게 반복할 수 있는 능력 이외에 상당 기간의 훈련을 통해 습득하는 정신적 · 육체적 자질도 포함한다는 뜻을 드러내자는 데 있다. 기능의 개념에 관한 논의는 다음을 참고하라. More, *Skill and the English Working Class*; Littler, *Labour Process*, 7-11.

부분의 선진국에서 뚜렷하게 드러난 노동운동의 후퇴로 말미암아, 노동자의 계급적 연대를 기대하던 브레이버먼의 전망은 설득력을 잃었다. 또 1990년대에는 사회주의권을 넘어 전 세계를 놀라게 했던 소련과 동구의 정치적 변화로 말미암아, 그의 견해를 밑받침하던 마르크스주의 이데올로기마저 치명적인 타격을 입었다. 따라서 1990년대 중엽에 이르면, 노사관계 연구자들 사이에서 노동과정은 부차적인 주제로 격하되었다고 할 수 있다.

그렇지만 주요 쟁점은 여전히 미결 상태에 있다. 노동과정에 관한 논쟁은 브레이버먼이 주목한 테일러주의에 집중되었고 또 그에 관한 연구 성과도 상당히 축적되었지만, 그것이 숙련 기능의 쇠퇴를 가져왔는지 그렇지 않았는지 아직도 단언하기 어렵다. 무엇보다도 20세기에 발전한 첨단산업은 많은 노동자들에게 높은 수준의 교육과 함께 새로운 종류의 기능을 요구했기 때문이다.[5] 테일러주의의 역사적 발전 과정도 분명치 않다. 브레이버먼의 견해가 이론적인 수준에서 벗어나지 못한 데다가, 자본주의적 노동과정의 변형에 관한 경험적 연구는 너무 산만해서 종합하기 어렵기 때문이다. 더욱이, 테일러주의에 대한 브레이버먼의 분석도 다시 살펴볼 필요가 있다. 테일러주의에서 노동과정이 가장 중요한 부분이지만 관리도 결코 경시되지 않았다. 그 주안점은 오히려 관리의 조직과 방법에 있었다고 할 수 있다. 그런데도 브레이버먼은 기업이라는 노동과정의 제도적 맥락에 충분히 주의를 기울이지 않았다. 더욱 중요한 것은 테일러주의가 노사관계의 역사에서 어떤 함의를 지니고 있는가 하는 의문이다. 브레이버먼의 주장처럼, 그것이 과연 "실질적 종속"이 확립되는 계기였는지 아니었는지 분명치 않은 것이다.

이런 쟁점을 해결하기 위해서는 이론적 비판과 함께 경험적 사실에 관한 탐구가 필요하다. 노동과정은 산업혁명 이후에 계속해서 변화를 겪었을 뿐 아니라 그런 변화마저 점점 더 빠른 속도로 진행되었기 때문에, 그 역사적 발전 과정이 충분히 밝혀져 있다고 할 수 없다.[6] 그래도 일부 산업에서는 노동과정이 어떻게 변형되었는지 비교적 소상하게 알려져 있다. 테일러주의에 관한 논쟁에서 중심 무대였던 미국에 관해서는, 그리고 그 무대에서 각광을 받았던 미국의 철강산업은 물론이요 기계 및 자동차 산업에 관해서도 연구 성과가 상당히 많이 축적되어 있다. 게다가 이런 부문과 달리 20세기 초부터 일찌감치 사양길에 접어든 것으로 보였던 피복산업에서도 노동과정의 발전 과정이 자세히 밝혀져 있다. 산업의 역사에서 이렇게 상이한 위상을 차지하는 부문들을 함께 검토하는 시도는 노동과정의

5 Acemoglu, "Technical Change."
6 Hafter, "Cost of Inventiveness."

역사적 발전 과정을 전반적으로 파악하는 데 도움이 될 것이다.

2. 공장제와 분업

브레이버먼은 자본주의적 노동과정을 기술적인 관점보다 자본 축적의 관점에서 파악해야 한다고 강조한다. 자본주의적 노동과정은 노동자가 생계를 유지하기 위해, 그리고 사용자가 부를 축적하기 위해, 자본의 일부를 임금으로 변환시킴으로써 서로 고용관계를 맺을 때 형성된다.

> 이리하여 [자본주의적] 노동과정이 시작된다. 노동과정은 일반적으로는 사용가치를 창조하는 과정이지만 이제는 자본을 확대시키는, 즉 이윤을 창출하는 특수한 과정이 되었다. 이 점에서 보면, 노동과정을 기술적인 관점에서 파악해 단순한 노동 방식으로 보는 것은 어리석은 일이다. 노동과정은 또한 자본 축적의 과정이 되었다. 더 나아가, 노동과정을 장악하는 자본가의 사고와 행위를 지배하는 것은 후자의 측면이다. 따라서 이 책 전체를 통해 살펴보고자 하는 것은 자본 축적이 노동과정을 지배하고 형성하는 방식이다.[7]

자본 축적의 관점에서 접근할 때 핵심적인 문제로 떠오르는 것은 노동과정에 대한 통제권이다. 자본주의적 노동과정이 형성되는 데 있어서 자본가와 노동자가 매매하는 것은 양자가 "동의한 노동량이 아니라 동의한 시간 동안에 노동하는 능력", 즉 노동능력*labor power*이다. 다시 말해, 노동자가 상품 생산에 노동을 얼마만큼 투입하는가 하는 것은 노동시장에서 결정되지 않는다. 그것은 노동과정에서 노동을 투입하는 시간과 강도에 따라 결정된다. 그런데 자본가는 노동자로부터 노동능력을 사고 그것을 자신이 소유하는 생산수단과 결합시켜 사용가치를 생산하므로, 생산조건을 장악하는 자본가가 노동과정에 대해 책임을 지는 반면에 노동자는 생산을 직접 담당하면서도 노동과정으로부터 '소외' 된다. 그러므로 양자는 "노동능력의 '완전한 유용성'을 실현하는 문제"를 놓고 적대적인 관계를 맺는다. 노동자가 노동능력을 적게 사용함으로써 생존에 필요한 에너지를 충분히 확보하고자 하는 반면에, 자본가는 노동강도를 강화함으로써 잉여가치를 더 많이 착취하고 자본을 더 많이 축적하고자 하는 것이다. 따라서 자본가는 노동과정에 대한 통제권을 노동

---

7 Braverman, *Labor and Monopoly Capital*, 53.

자로부터 자신에게로 이전시키고자 한다.[8]

노동과정 통제권의 이전에 관해, 브레이버먼은 마르크스와 다른 견해를 제시하면서도 암묵적인 방식을 채택한다. 『노동과 독점 자본』에서 그는 "실질적 종속"의 토대인 노동과정 통제권을 자본가가 장악한 것이 테일러주의의 단계였다고 주장한다. 그러면서도 그 전제조건은 공장제가 발달한 18세기 말에서 19세기 초에 마련되었다고 서술한다. 그에 따르면, "이 초기의 공장은 작은 생산단위의 집적에 불과했고 전통적인 [작업] 방법이 그대로 유지되었으며, 따라서 작업은 전통적인 지식과 기능을 가지고 있는 생산자의 직접적인 통제 아래에 있었다." 산업 자본주의 초기에는 자본가가 "노동능력과 거기서 얻어 낼 수 있는 노동 사이의 차이를 무시하고 원료를 사들이는 것과 꼭 같은 방식으로 노동을 사고자 했던 것"이다.

그런 자세가 오래 지속되지 않았다는 점에 브레이버먼은 주의를 환기한다. "기술이 혁명적으로 발달하는 상황에서 잉여를 남겨 자본을 축적하려는 충동 때문에, 자본가에게는 노동자를 고용하면 생산하지 않는 시간이 바로 비용이 되므로 전적으로 새로운 관리 기술이 탄생했다." 전통적으로 수공업자들은 분산된 상태에서 독립적으로 작업을 수행했는데, 이제 자본가는 그들을 공간적으로 집중시켰다. 그러고는 그들 사이의 협업을 조직하거나, 간단한 형태의 분업을 도입함으로써 생산성을 향상시키려 했다. 또 동력기계를 이용하는 근대적인 공장에서는 새로운 공정을 수립하면서 거기에 필요한 작업을 구상하고 조정하고자 했다. "이런 관리 기능을 자본가는 자본을 소유했기 때문에 떠맡았다." 왜냐하면 "'자유로운 노동계약'을 전제로 성립하는 자본주의의 특수하고 새로운 관계 아래서, 자본가는 피고용인으로부터 자신의 이익에 가장 적합한 행위를 끌어내고 노동자가 자발적인 계약에 따라 노동과정을 수행하는 동안 그들에게 자신의 의사를 강요해야 했기" 때문이다. 따라서 "역사적으로 이 [노동과정 통제권의] 이전은 노동자에게는 **생산과정에서 점진적으로 소외되는 현상**으로 나타나고 자본가에게는 **관리의 문제**로 나타난다."[9]

브레이버먼은 통제권의 이전이 노동과정의 세밀한 분해를 수반했다고 강조한다. 관리를 하기 위해서는 노동자를 단일한 장소에 집중시켜야 했고, 그런 선결조건이 충족되는 공장에서 자본가는 "생산 작업을 여러 구성 요소로 분할하기" 시작했다. 따라서 "모든 사회에 나타나는 사회적 분업과 달리, 작업장 내 분업은 자본주의 사회의 특수한 산물이다."

8 Ibid., 48-58. (인용은 54, 57)

9 Ibid., 59-69. (인용은 58, 59, 60, 67, 강조는 원문)

전자는 사회 전반에 걸쳐 직업에 따라 인구를 배분하는 것이지만, 후자는 이른바 기술적 분업으로서 "생산물의 제작에 관련되는 과정을 여러 가지 작업으로 분해하고 많은 노동자들이 그것을 각각 수행하게 만드는 것" 이다. 이런 경향은 산업 자본주의 초기부터 나타났다. 이미 1776년에, 바꿔 말하면 영국에서 산업혁명이 전개되기 시작하던 시기에, 애덤 스미스는 『국부론』에서 기술적 분업이 어떤 이익을 가져다주는지 보여 주었다. 그는 저 유명한 핀 제작의 경우를 들어서 공정이 대략 18개의 작업으로 분할됨에 따라 노동자의 숙련 정도가 증가하고 작업시간이 절약되며 기계화가 촉진된다고 설파했다. 여기서 브레이버먼이 주목하는 것은 노동과정의 세분화를 통해 노동생산성이 향상되는데, 거기서 발생하는 이득을 자본가가 얻기 때문에 기술적 분업이 발달한다는 점이다.[10]

브레이버먼에 따르면 노동과정의 세분화가 진전된 다른 한 가지 이유는 노동비용의 절약이다. 이것은 『국부론』으로부터 반세기가 지난 다음인 1832년에 영국의 수학자 찰스 배비지가 역설한 것인데, 그는 핀 공장을 예로 들며 노동과정 분해에 따라 단순화된 작업에 성인 남성 대신 아동이나 여성을 고용함으로써 노동비용을 절약하는 이득을 얻을 수 있다는 점을 입증했다. 숙련공이 수행하는 작업에는 기능이 필요하지 않은 단순한 부분도 있으므로, 그것을 비숙련공이 대신하게 하면 지출하는 임금의 총액을 줄일 수 있다는 것이다. 그러므로 자본가는 숙련공이 혼자서 수행하는 기능을 여러 단계의 단순 작업으로 분해하고 그중 하나에만 집중하는 비숙련공을 여럿 고용한다. 브레이버먼은 이 배비지의 원리가 "자본주의 생산양식에서 작업장 내 분업이 광범위하게 활용되고 급속하게 확산되는 것을 해명하는 이유 중에서 가장 설득력 있는 것" 이라고 주장한다. 자본가는 축적을 위해 노동능력이라는 상품의 가격을 하락시키는 데 관심을 가지므로 노동과정을 지속적으로 분해하기 때문이라는 것이다.[11]

이런 브레이버먼의 이론은 경험적 측면에서 볼 때 몇 가지 문제점을 안고 있다. 우선 그는 궁극적으로 노동과정이 자본주의에 내재하는 논리에 의해 분해된다는 점을 이론적으로 해명하고 있을 뿐이지, 실제로 기술적 분업이 어떻게 발전했으며 그 과정이 자본주의 발전과 어떻게 연관되었는지에 대해서는 무관심한 듯이 보인다. 특히, 테일러주의가 "그 때까지 분업의 역사에서 있었던 가장 큰 혁명" 을 가져왔다고 말하면서도 배비지에서 테일

10 Ibid., 70-78. (인용은 72, 73, 75) 이런 노동과정 분해 이론에 반대하며 노동자에 대한 자본가의 지배 기도를 강조하는 견해로는 Marglin, "What Do Bosses Do?" 를 보라.

11 Braverman, *Labor and Monopoly Capital*, 79-83. (인용은 79)

러에 이르는 약 반세기를 간과한다.[12]

역사학자들의 연구는 그 기간에 공장제 공업뿐 아니라 공장제 수공업에서도 기술적 분업이 상당한 수준으로 발달했다는 점을 보여 준다. 영국의 마르크스주의 역사학자 라파엘 새뮤얼은 19세기 중엽에도 영국의 산업을 주도한 것은 동력기계를 이용하는 근대적인 공장이 아니라 인간의 힘과 손 기술에 의존하는 수공작업장*manufactory*이었다고 지적한다. 그의 분석에 따르면 1870년에도 동력기계에 의존하는 부문은 주로 방직업과 제철업, 제당업과 기계공업에 국한되었고, 피복, 피혁, 금속, 도자기, 유리, 건축, 목재, 식품 가공 등 대부분의 산업은 인간의 힘과 손 기술을 기반으로 성장하고 있었다. 여기서 주목해야 할 점은 수공업 내에서 분업이 진척되고 개별 작업이 단순화됨으로써 기계화가 지연되었다는 사실이다. 예를 들어, 종래에 제화업에서는 밑창을 갑피에 박음질하는 작업은 한 사람의 노동자가 맡아서 했으나, 이 시기에 대갈못이 도입됨에 따라 밑창을 갑피에 붙이는 대갈못공과 붙은 부문을 손질하는 마무리공 두 사람의 작업으로 분화되었다. 또 톱제작은 자르기 및 날 만들기, 담금질하기, 벼리기, 윤내기, 톱니 만들기, 손잡이 만들기, 마무리 짓기 등 7개 작업으로 세분화되었고, 그 각각이 독자적인 직종으로 성립했다. 그에 따라 "기능이 쇠퇴하고 노동비용이 감소하며 생산성이 크게 상승했다."[13]

미국의 노동사 연구자 숀 윌런츠는 새뮤얼의 견해에서 한 걸음 더 나아가 "대도시형 산업화"라는 개념을 제시한다. 그는 19세기 전반기 뉴욕 시에서 노동계급이 대두하는 과정을 추적하면서, 수공작업장이 활력을 지니고 있었다는 사실을 보여 준다. 거기서는 동력기계에 의존하는 공장제가 제철, 금속, 양조, 제당 등 몇 개 부문에서 발달했는데, 고용된 노동자들은 당시 제조업에 종사하던 노동인구의 1할 이하에 불과했다. 반면에 나머지 대부분은 피복, 제화, 가구 등 소비재를 생산하는 경공업과 건축업처럼 기계화가 별로 진전되지 않은 부문에서 일했다. 당시 뉴욕이 미국 상업의 중심지였던 만큼 그곳의 제조업자들은 팽창하고 있던 여러 지역시장에 용이하게 접근할 수 있었고, 또 농촌과 해외에서 몰려드는 이주민을 낮은 임금으로 쉽게 구할 수 있었으며, 그렇기 때문에 큰 자본이 필요한 산업부문을 제외하고는 노동절약형 기계를 도입하는 데 소극적인 태도를 취했다. 오히려 분업을 고도화하거나 청부에 의존함으로써 생산비를 절감하고 생산고를 증대시키는 방법을 택했다. 길드 체제에서라면 한 사람의 장인이 혼자서 다 해냈을 작업을 여러 부분으로

12 Ibid., 91.

13 Samuel, "Workshop of the World." (인용은 50)

분해하고, 그중에서 전통적인 기능이 필요한 부분만 장인이나 숙련공에게 맡기고 나머지 대부분의 작업은 비숙련공이나 가내노동자, 또는 청부업자에게 넘겼던 것이다. 이와 같이 동력기계를 도입하지 않고 종래의 공정을 세분, 재편함으로써 이윤을 증대시키는 생산체제를 가리켜 윌런츠는 “사이비 장인제도”라 부른다. 이것은 일부 소비재 생산 업종에 기계가 도입된 후에도, 심지어 20세기 초에도 뉴욕 제조업의 핵심으로 남아 있었다.[14]

그렇다고 해서 19세기 중엽까지 수공작업장에서 발전한 분업이 20세기 전환기에 보이는 공장 내의 분업과 구분되지 않는다는 말은 결코 아니다. 새뮤얼이나 윌런츠가 밝혀내는 분업은 대체로 20명 내외의 노동자를 고용하는 소규모 작업장에서 흔히 볼 수 있는 데 반해, 20세기 전환기에는 수백 명 이상, 어떤 경우에는 수만 명의 노동자들이 복잡한 생산조직 아래서 일하는 공장이 많아졌을 뿐 아니라 거기서 벌어지는 활동이 자본주의적 생산의 주축을 이루었기 때문이다. 예를 들면, 피복산업에서는 19세기 말에 이르기까지 청부업체는 물론이요 대다수의 제조업체도 30명 미만의 노동자를 고용했으며 공정도 재단, 재봉, 시침질, 다림질 등 몇 개 부분으로만 나뉘어 있었을 뿐이다. 그러나 1890년대부터는 남성 피복을 중심으로 독점적인 대기업이 등장하면서 공정이 세밀하게 분해되었으며, 그래서 정장 상의는 90 내지 100개, 하의는 60개, 그리고 조끼는 40 내지 50개의 공정을 거치게 되었다. 이 분업 체계를 피복업계에서는 “조립제도”라 불렀는데, 그것은 물론 가변적인 것이어서 작업장의 규모에 따라 유사한 공정 몇 가지는 통합해 한 사람이 수행하기도 했다. 그래도 “조립제도”가 수백 명 내지 수천 명을 고용하는 대기업에서 특징적으로 발달했다는 점은 명백하다.[15]

그렇다면 어째서 이와 같이 세밀한 분업이 상대적으로 간단한 분업을 대체하지 않고, 윌런츠가 보여 주듯이 오히려 20세기에 이르기까지 공존하면서 대두했는가 하는 문제가 떠오른다. 이에 관해 라파엘 새뮤얼은 매우 중요한 실마리를 제공한다. 앞서 언급한 연구에서 그는 근대적 공장제가 구래의 생산체제들을 통합하면서 그것들과 함께 발달했다고 주장한다. 많은 경제사 연구자들이 선대제와 공장제 수공업이 동력기계를 이용하는 근대적인 공장제로 ‘대체’되었다고 생각한다는 점을 기억한다면, 이는 주목할 만한 의견이다. 그 근거는 19세기 영국에서는 노동력이 값싸고 풍부하며 가변적이었으므로 이를 이용해 잉여가치를 증대시킬 여지가 많았고, 근대적 공장제는 전통적 기능을 파괴하는 한편 새로운

14 Wilentz, *Chants Democratic*, 107-142.

15 Bae, *Labor in Retreat*, 48-55, 67-70.

기능을 요구했으며, 대규모 공장은 자주 변동하는 수요 중에서 안정된 부분만 장악하고 불안정한 나머지는 소규모 작업장에 부담케 하는 발전 전략을 채택했다는 것이다. 그래서 새뮤얼은 근대적 공장제의 발달 과정을 이전 생산체제와의 "통합 · 불균형 발전"으로 규정한다. 그리고 그 점이 『자본론』에 드러나 있음에도 철학자와 경제학자들이 마르크스의 이론적 견고성에 관심을 기울이기 때문에 공장제의 발달을 이전 생산체제와 시간적으로 분리된 것처럼 해석할 뿐이라고 부연한다.[16]

새뮤얼이 주장하는 "통합 · 불균형 발전"의 논리는 기술적 분업의 발전을 설명하는 데 원용할 만한 것으로 보인다. 두말할 나위도 없이 세밀한 분업은 동력기계를 이용하는 대규모 공장에서 특징적으로 발달했으며, 그에 비해 상대적으로 간단한 분업 체계는 산업혁명기 이래 소규모 수공작업장의 전형적인 면모가 되었다. 물론 19세기를 통해 수공작업장의 분업 체계가 어느 정도 진보했고, 또 20세기에 들어와서는 동력기계를 도입함으로써 근대적인 공장으로 발달하기도 했다. 하지만 사치품이나 일부 기호식품 등 시장이 매우 제한되어 있는 산업부문을 제외하면, 그런 작업장조차도 대체로 대규모 공장과 청부 내지 하청의 관계를 맺거나, 외형상 독립을 유지한다 해도 대규모 공장의 시장 지배력에 좌우되었다. 다시 말해, 대규모 공장이 자본주의 생산양식의 중심을 형성한다면 소규모 작업장은 주변적인 위치를 점하는 생산체제를 구성하므로, 전자에 특징적인 세밀한 분업도 후자에서 흔히 보이는 간단한 분업과 "통합 · 불균형 발전"의 관계를 갖는 것이라고 해도 무방할 것 같다.

3. "노동자의 통제"

상이한 생산체제 사이의 "통합 · 불균형 발전"은 브레이버먼의 이론이 안고 있는 다른 한 가지 문제점에 직결되어 있다. 비교적 간단한 분업을 이용하는 생산체제가 활력을 지니고 있었기 때문에, 거기서는 브레이버먼이 말하는 "초기의 공장"과 마찬가지로 사용자 대신에 노동자가 노동과정을 통제할 수 있었던 것으로 보인다. 소규모 작업장에서는 노동과정이 세밀하게 분해되지 않았던 만큼, 숙련공을 비롯해 노동자들이 생산에서 핵심적인 역할을 담당했다. 미국의 대표적인 노동사 연구자 데이비드 몽고메리는 사실상 숙련공들

---

16 Samuel, "Workshop of the World," 10-11, 57-60.

이 생산을 통제했다고 주장한다. 그에 따르면, 기계, 금속, 제철, 주물, 탄광, 유리, 방적, 제화 등 여러 부문에서 숙련공들이 오랜 훈련과 경험을 통해 생산과정에 대한 지식과 기술을 습득했고, 이 점에서 사용자보다 우월했기 때문에 "기능상 자율권"을 행사했다. 작업의 방법과 속도를 통제할 뿐 아니라 생산고도 스스로 정해서 생산을 제한하고, 그럼으로써 임금 삭감과 고용 불안에 대처했다. 또 더 많은 수입과 더 높은 직위를 얻기 위해 동료를 불리한 입장에 빠뜨리지 않도록 "남자다운 태도"를 강조하며 사용자의 권위에 저항했다. 20세기 전환기에 이르면, 숙련공들은 이렇게 생산고를 제한하고 연대의 윤리를 강조하는 관행을 노동조합이 제정하는 작업 규칙에 반영할 뿐 아니라 대대적인 파업 운동을 주도함으로써 생산에 대한 "노동자의 통제"를 유지하기 위해 노력했다.[17]

그렇지만 "노동자의 통제"가 노동과정의 모든 측면에서 확고했던 것은 아니다. 영국 노동사의 거장 에드워드 톰슨이 지적하듯이, 산업 자본주의는 곧 생산 현장에서는 물론이요 사회 전반에서도 시간을 엄수하는 규율을 의미했다. 초기에 자본가들은 과업 위주의 불규칙적인 노동 관행 대신에 여가로부터 분리되며 시간에 따라 측정되는 노동 습관을 확립하는 데 주력했다. 공장제 아래서는 다른 측면에서 보다 엄격한 산업규율을 수립하고자 했다. 프랑스 노동사 전문가 미셸 페로에 의하면, 산업혁명 초기에 자본가들은 노동자의 행동을 쉽게 관찰하는 데 주로 관심을 기울였지만, 19세기에 들어와서는 결근과 지각 이외에 노동시간 중의 음주와 잡담, 그리고 장비 훼손과 나아가 작업의 질까지 감독함으로써 노동자의 신체와 행동에 대해서도 규율을 강제하고자 했다. 몽고메리도 이런 규율을 암묵적으로나마 인정하는 것으로 보인다. 그가 기능상 자율권을 설명하면서 작업의 방법 및 속도와 생산고에 대한 통제에 초점을 맞추는 이유도 사실은 거기에 있는 듯하다.[18]

그래도 "노동자의 통제"라는 개념은 언뜻 보기에 미국 공장제의 발달과정에 대한 연구 성과와 상충되는 것 같다. 미국의 기업사 전문가 대니얼 넬슨에 따르면, 19세기 말 이전에 미국의 공장은 "직장*foreman*의 제국"이었다. 직장은 노동자의 고용 및 해고, 훈련과 규율 확립, 작업 방법 및 속도의 결정 등 여러 분야에서 생산활동을 직접 통제하는 광범위한 권한을 행사했다. 그 권한은 산업 부문별로 차이가 있었다. 강철이나 면방직처럼 생산과정이 화학적 반응이나 연속적 처리로 이루어지는 산업에서는 매우 제한되었으나, 기계, 제

---

17 Montgomery, "Workers' Control." 몽고메리는 다른 저서에서 이 개념을 일반화하는데, 이에 관해서는 *House of Labor*, 9-44를 보라.

18 Thompson, "Time"; Perrot, "Industrial Discipline."

철, 주물, 유리, 도자기 등 그렇지 않은 산업에서는 상당히 강력했다. 직장의 권한은 경영진이 생산과정을 얼마나 통제하는가에 따라 달랐던 것이다. 더구나 그것은 노동자들의 단결된 저항에 따라 제한되기도 했다. 그렇지만 직장이 노동자들과 어떤 관계에 있었는지는 분명하다. 직장은 그런 권한을 이용해 노동자들이 노동능력을 최대한 발휘하게 강제하거나 유인함으로써, 생산고를 높이고 생산비를 낮춰야 하는 임무를 갖고 있었던 것이다.[19]

그와 같은 직장의 권한이 몽고메리가 말하는 숙련공의 통제권과 반드시 상충하는 것은 아니다. 적어도 19세기 말까지, 기계, 제철, 주물, 유리, 도자기 같은 부문에서 넬슨의 "직장"은 흔히 몽고메리의 "숙련공"이었기 때문이다. 영국의 마르크스주의 경제학자 모리스 도브에 따르면 영국에서는 1870년에도 많은 노동자들이 대자본가가 아니라 청부업자에게 고용되어 있었는데, 청부업자는 대체로 숙련공으로서 생산에 직접 참여하면서 휘하의 노동자들을 감독했다. 이 점은 가내수공업은 물론이요 제철, 석탄, 금속 부문의 대규모 공장에서도 마찬가지였다.[20] 미국에서도 사정은 같았다. 탄광과 제철소, 기계 제작소와 유리 공장 등 여러 종류의 작업장에서 숙련공은 도급제로 일하면서 자신을 도와줄 노동자를 고용하고 감독했던 것이다.

이런 사정은 19세기 자본주의 기업의 내부 조직을 검토하면 쉽게 이해할 수 있다. 이미 산업혁명 이전부터 제조업자는 기업의 규모가 확대되는 데에 따르는 부담—자본, 감독, 위험 등—을 덜기 위해서 생산을 비롯해 기업 활동 전반에 걸쳐 청부제도에 의존했다. 이 관행은 19세기 중엽부터 임금제도가 성과급을 중심으로 변화하는 과정에서 기업의 내부에 정착한 것으로 보인다. 제조업자는 기업의 규모를 늘리기 위해 흔히 독립된 청부업체를 흡수했는데, 그것은 외형상 그러했을 뿐이고 내부적으로는 여전히 청부관계를 유지했다. 다만 흡수된 청부업체는 더 이상 다른 제조업자와 거래하지 않고 오직 한 사람과 거래해야 하는, 이른바 내부 청부제도가 수립되었던 것이다.[21]

이 제도가 얼마나 일반적이었으며 얼마만큼 다양했는지 아직 알려져 있지 않으나, 그 대체적인 모습은 분명하다. 청부업자들은 특정한 제조업자에게 종속되어, 그가 요구하는 물량과 가격과 시기에 맞추어 생산, 납품하고 그 대가를 받으며 거기서 노동비용 등 생산비를 지출하고 이윤을 남겼다. 그들의 지위는 제조업자로부터 생산수단, 특히 도구나 원료,

19 Nelson, *Managers and Workers*, 34-48.

20 Dobb, *Development of Capitalism*, 265-267.

21 Pollard, *Modern Management*, 51-66; Littler, *Labour Process*, 64-69.

또는 동력을 얼마나 제공받는가에 따라 달랐던 것으로 보인다. 생산수단을 대부분 스스로 조달하는 청부업자들은 제조업자가 제시하는 조건에 속박을 받았을 뿐이고 노동과정에 대해서는 배타적인 통제권을 행사했다. 대다수 청부업자들은 제조업자로부터 모든 생산수단을 공급받으며 수입의 대부분을 급료에 의존하는 직장으로 변모했으나, 제조업자가 청부 금액을 삭감하는 데에만 주로 관심을 기울였기 때문에 노동과정에 대해서는 통제권을 유지했다. 이런 청부업자들은 대개 영세한 사업가로서, 기업 내의 큰 청부업체와 하청 관계를 맺기도 했다. 따라서 19세기의 자본주의 기업은 오늘날처럼 하나의 위계질서로 통합되어 있는 단일한 생산단위가 아니라, 권위가 횡적으로 분산되어 있는 관리 구조 아래서 독립적으로 운영되는 여러 작은 생산단위의 집합체였던 것이다.[22]

내부 청부제도 아래서 청부업자들은 생산수단의 조달 방법 이외에 생산기술과 청부 규모 등 여러 요인에 따라 상이한 지위를 가졌으나, 대개 관리자인 동시에 노동자였다. 생산과정을 비교적 용이하게 분할할 수 있었던 기계와 석탄, 그리고 건축 부문에서 청부업자들은 상당한 규모의 자본을 갖고 많은 노동자를 고용했다. 예를 들면, 19세기 말 미국의 큰 방직기계 공장에는 100명이 넘는 노동자를 고용하고 있는 청부업자도 여럿 있었다. 그러나 생산과정을 분할하기 어려웠던 제철, 주물, 유리, 도자기 등 다른 부문에서는 영세한 청부업자들이 많았다. 그들은 한두 명에서 대여섯 명의 노동자를 직접 고용하고, 보통 조수라 불리던—주물업계에서는 '버크셔*berkshire*'라 불리던—이들의 도움을 받으며 작업을 수행했다. (제조업자가 고용한 노동자들에게 의존할 수도 있었는데, 그런 경우에는 임금을 지불하는 책임을 제조업자와 분담했다.) 청부금에서 생산비를 제하면 이윤이 얼마 되지 않았으므로, 휘하의 노동자들을 감독할 뿐 아니라 자신의 노동력까지 팔아야 했던 것이다. 어떤 지위에 있었던 간에, 청부업자들은 독립된 수공업자에서 출발했기 때문에 생산과정에 대해 제조업자나 휘하 노동자들보다 우월한 지식과 기술을 지니고 있었다.[23]

이런 사실이 시사하는 것은 "노동자의 통제"의 토대가 숙련공의 우월한 지식 이외에 자본주의 기업의 분권화된 관리 구조에도 있었다는 점이다. 이것은 강철공업에서 뚜렷하게 드러난다. 미국의 노사관계 전문가 캐서린 스톤의 연구에 따르면, 이 부문에서는 그 모태

---

22 Nelson, *Managers and Workers*, 34-42.
넬슨은 내부 청부제도가 기계공업 등 몇 개 부문에만 국한되었다고 지적하지만, 다른 연구는 그것이 일반적 현상이었다는 점을 보여 준다. Clawson, *Bureaucracy and the Labor Process*, 71-94; Englander, "Inside Contract System."

23 Clawson, *Bureaucracy and the Labor Process*, 94-111.

인 제철업과 마찬가지로 숙련공들이 자신의 지식과 판단, 그리고 기능에 의지하며 생산활동을 주도했다. 그들은 기업과 청부관계를 맺었고, 청부금은 생산한 강철의 무게에 따라 정해졌다. 청부금은 톤*ton* 단위로 계산하는데 관행상 강철의 시장가격에 따라 변동했으므로, 그들은 기업과 이윤을 분배하는 동업관계에 있었던 셈이다. 바로 그렇기 때문에 숙련공들은 자신을 도와주는 비숙련공들을 스스로 고용해 일을 시키고 임금을 지불했으며, 기업이 고용, 제공하는 비숙련공에 대해서도 임금의 일부를 책임져야 했다.[24] 몽고메리 자신도 숙련공의 기능상 자율권이 "우월한 지식과 함께 한 사람 이상의 조수에 대해 갖고 있는 감독권에 기초를 두고 있었다"[25]고 지적함으로써 분권적 관리 구조의 중요성을 인정한다.

이 점은 곧 숙련공과 비숙련공, 그리고 사용자 사이의 관계를 어떻게 파악할 것인가 하는 문제를 제기한다. 영국의 마르크스주의 논객 진 몬즈는 "노동자의 통제" 개념을 비판하면서, 통제권을 향유한 것은 제철, 석탄, 금속, 건축 부문의 노동귀족이었고 이 부문의 비숙련공을 포함해 대다수 노동자들은 통제권에서 배제되었다고 주장한다.[26] 이것은 영국의 역사학자 존 포스터가 레닌주의적 입장에서 산업혁명기의 계급구조를 논하면서 노동귀족을 비숙련공과 분리된 별개의 집단으로 파악하는 견해와 일치한다.[27] 영국 노동사 연구자 패트릭 조이스는 노동과정론을 검토하는 논문에서 이 문제를 사용자에게까지 확대한다. 그는 "계급 형성에서 고용관계가 하는 역할을 고전적인 마르크스주의적 관념에 따라 해석하는 방법"에 반대한다. 공장제와 구래의 생산체제 사이에 통합·불균형 발전의 관계가 19세기 내내 지속되었기 때문에, 고용관계는 제조업자와 숙련공 사이의 청부관계와 숙련공과 비숙련공 사이의 하청관계로서 간접적이고 모호한 형태를 띠고 있었다는 것이다. 더욱이 장인제도의 유산인 공동체 의식이 19세기에도 강하게 남아 있었기 때문에, 그는 그런 고용관계를 갈등으로만 이해할 것이 아니라 "상호의존적이고 협동적인" 노사관계로도 파악해야 한다고 강조한다.[28]

---

24 Stone, "Job Structures." 특히 115-118을 보라.

25 Montgomery, "Workers' Control," 11.

26 Monds, "Workers' Control."

27 Foster, *Class Struggle and the Industrial Revolution*. 이에 대한 비판으로는 다음을 참고하라. Stedman Jones, "Class Struggle and the Industrial Revolution."

28 Joyce, "Labour, Capital and Compromise." (인용은 72) 이 논문은 Price, "Labour Process and Labour History"에 대한 반박이다. 두 사람은 얼마 후 또 한 차례 논쟁을 벌였다. 두 번째 논쟁은 Price, "Conflict and Co-operation"과 Joyce, "Language of Reciprocity and Conflict"인데 모두 *Social History*에 실려 있다. 여기서 조이스는 처음 견해에서 약간 후퇴해서 계급 갈등이 노동과정 변형의 주요 요인이라는 점을 인정한다. 본문에 나오는 조이스의 견해는 이 점을 감안하여 요약한 것이다.

이 문제는 객관적인 생산관계라는 척도보다 생산을 둘러싼 사회적 관계에 대한 의식이라는 관점에서 접근하는 편이 나을 것 같다. 왜냐하면 19세기를 통해 자본주의적 생산관계가 점진적으로 확산되면서 그에 대한 인식도 변했기 때문이다. 사실 숙련공이 청부 내지 하청 업자로서 자신의 피고용인에 대해 잉여가치를 착취하는 입장에 서 있었다는 점과 적어도 19세기 중엽에 이르기까지 그가 사회적으로 상당한 지위를 차지하고 있었다는 점은 부인하기 어렵다. 반면에 숙련공이 흔히 가족이나 친척, 또는 이웃사람을 조수로 고용했으며 그들과 함께 작업을 하면서 훈련을 통해 그들에게 기능을 전수했다는 것도 사실이다. 그래도 분명한 것은 19세기 전반기에 미국과 프랑스, 그리고 독일—영국의 경우에는 그리 뚜렷하지 않다—에서 노동자들이 생산활동 참여 여부를 근거로 사회적 관계를 인식했다는 점, 그래서 사회를 "생산자"나 "근면한 사람"과 "기생자"나 "나태한 사람"으로 구분했다는 점이다.[29]

이런 인식은 19세기 후반기에 작업장의 규모가 커지고 자본가와 노동자 사이의 거리가 더욱 멀어짐에 따라 근대적인 형태로 발전한 것으로 보인다. 이 점은 19세기 말에도 생산의 규모와 방식이 매우 전통적이었던 피복산업에서 명확하게 드러난다. 예를 들면, 여성 외투를 만들던 시카고의 유태인 비숙련공들이 1886년 5월 임금 인상을 요구하며 시위를 벌였는데, 이들은 작업장을 경영하는 청부업자에게 이 문제를 제기한 것이 아니라 제조업자에게 제기했던 것이다.[30] 이것은 비숙련공들이 청부업자 내지 숙련공들에 대해 어떤 면에서 적대적 관계를 설정하고 있었지만, 그것을 자본가인 제조업자와 맺은 보다 기본적인 적대적 관계에 종속시키고 있었다는 점을 시사한다. 결국 "노동자의 통제" 개념은 숙련공과 비숙련공 사이의 갈등에도 불구하고 성립하는 것이라 하겠다. 숙련공을 중핵으로 하는 노동자의 통제권은 다양한 산업부문에서 나타났던 현상으로서, 소규모 작업장뿐 아니라 내부 청부제도에 의존하는 근대적인 대규모 공장에서도 일반적인 실상이었던 것으로 보인다.

4. 테일러주의의 등장과 "독점 자본주의"

브레이버먼은 "노동자의 통제"를 간과하기 때문에 테일러주의의 등장을 자본의 내적

29 Wilentz, *Chants Democratic*, 61-103; Sewell, *Work & Revolution*, 194-218; 코카, 『임노동과 계급형성』.
30 Carsel, *Garment Workers' Union*, xix-xx, 19-21.

논리에 의지해 설명한다. 그가 『노동과 독점 자본』에서 말하는 요지는 19세기 말에 기업이 대규모화하고 독점 자본이 형성되며 과학이 생산에 응용되기 시작하는 변화가 일어났고, 이런 변화를 가져온 "힘"으로 말미암아 테일러주의가 등장했다는 점이다. 애덤 스미스에서 찰스 배비지까지 반세기 동안 자본 축적이라는 논리가 노동과정의 분해를 가져왔듯이, 그 다음 반세기 동안에도 동일한 발전 과정이 전개되었다고 가정하는 것이다. 실제로 브레이버먼은 테일러주의에서 시작되는 "가장 결정적인 단계"의 노동과정 분해가 "처음부터 자본주의 생산양식에 내재되어 있으며 자본주의적 관리 아래서 자본주의의 역사 전체를 통해 발전한다"고 선언한다.[31]

영국의 노동사 전문가 리처드 프라이스는 노동사에 입각해 노동과정론을 검토하면서 브레이버먼의 주장을 적절하게 비판한다. 그에 따르면 브레이버먼의 명제는 자본이란 "그 자체의 존재 조건으로서 지속적 축적"을 추구하기 때문에 노동과정을 분해한다는 것이며, 이는 역사적 내용으로 채워지지 않은 매우 추상적인 것이어서 왜 19세기 말이라는 특정 시점에서 테일러주의가 등장했는지 조금도 설명해 주지 못한다. 브레이버먼은 그것을 잉여가치 추구라는 자본의 내적 논리로 이해함으로써 19세기 말에 발생한 노동과정 변형을 사회적 맥락에서 분리시킨다는 것이다.[32] 프라이스 이외에 다른 학자들도 바로 이것이 『노동과 독점 자본』의 중대한 이론적 약점이라는 데 동의한다. 특히 미국 사회학계에서는 데이비드 스타크가 테일러주의의 등장을 계급 갈등의 관점에서 설명하고자 하며, 데이비드 가트먼도 자동차산업의 노동과정 변형을 소개하면서 브레이버먼과 그를 추종하는 연구자들이 "자본의 논리"에 지나치게 의존함으로써 이 논리와 노동자의 저항 사이에 있는 변증법을 무시한다고 비판한다.[33]

그러나 브레이버먼을 비판하는 연구자들은 설득력 있는 관점을 제시할 뿐이지, 그에 입각해 경험적 사실을 탐구함으로써 테일러주의의 등장을 해명하는 작업은 경시한다. 물론 데이비드 몽고메리나 댄 클로슨은 계급 갈등의 관점에서 테일러주의가 등장한 과정을 서술하고 있지만, 그 아래 깔려 있는 요인에 대해 분석을 가하지는 않는다.[34] 다른 한편에서

---

31 Braverman, *Labor and Monopoly Capital*, 126.

32 Price, "Labour Process Formation." (인용은 93)

33 Stark, "Transformation of the Labour Process"; Gartman, *Auto Slavery*, 1-18.
이 점에 관해서는 앞서 소개한 Clawson과 Brighton Labor Process Group 이외에 다음도 참고하라. Burawoy, *Politics of Production*, 21-84; Coombs, "Labour and Monopoly Capital"; Edwards, *Contested Terrain*, 11-22; Elbaum et al., "Labour Process."

34 Montgomery, *House of Labor*, 171-213; Clawson, *Bureaucracy and the Labor Process*, 167-210.

는 경제학자 윌리엄 라조닉과 앤드루 짐발리스트 같은 학자들이 구체적 사례를 분석하며 테일러주의를 포함해 자본주의적 노동과정이 왜 변형되는가 하는 문제를 제기하면서, 계급 갈등 이외에 자본 내의 경쟁과 노동계급의 분열도 중요하다고 역설한다.[35] 그렇지만 이들의 분석은 왜가 아니라 어떻게라는 문제, 다시 말해 노동과정이 변형되는 양상과 속도에 영향을 끼치는 요인들을 다루는 데 집중되어 있다. 이 점은 짐발리스트가 인쇄업의 노동과정을 역사적 시각에서 고찰한 뒤에 도달한 결론에서 뚜렷하게 드러난다. "노동 내, 그리고 자본 내 분열은 단기적으로 볼 때 노동과정에 일차적인 영향을 끼쳤다. 어느 한 쪽이 얻는 단기적 이득이나 손실은 장기적 안목에서 보면 언제나 [자본이 도입하는] 기술의 지속적 충격 때문에 소멸했다."[36] 따라서 왜 19세기 말에 테일러주의가 등장했는가 하는 문제는 남아 있다.

테일러주의의 등장 요인을 이해하는 단서는 "노동자의 통제" 에서 찾을 수 있다. 미국의 기업가들은 19세기 말에 와서 노동자들이 생산고를 제한하고 있다고 비난하면서 "노동자의 통제" 를 공격했다. 몽고메리가 밝히는 바와 같이 숙련공들은 스스로 정한 할당량을 넘어서 생산하지 않도록 주의를 기울였고, 새로운 도구나 기계가 도입되더라도 관습적으로 통용되는 할당량을 넘기지 않으려 했다. 게다가 이 시기에 숙련공들을 중심으로 노동운동이 성장함에 따라, 그런 관행은 더욱 강화되는 경향이 있었다. 더욱이, 비숙련공들도 비록 기능상 자율권은 없었으나 생산고를 제한하고자 노력했다. 예컨대 남성피복 노동자들은 19세기 말에 이르면 재단사를 제외하고는 대부분 비숙련공들이었고, 이들의 작업 속도를 올리기 위해 직장은 흔히 작업반마다 일손이 빠른 사람을 한두 명씩 포함시키고 그들로 하여금 다른 노동자들을 선도하도록 했다. 그러나 노동자들은 작업 속도를 선도하는 동료를 면전에서 모욕하고 배척하는 등 사회적 압력이나 심지어 신체적 위협을 가함으로써 속도를 늦추게 했다. 그렇게 해서 그들은 과로를 방지하고 건강을 보호할 뿐 아니라 "일거리를 만들어 냄" 으로써 피복산업의 계절성 때문에 해마다 겪어야 하는 비수기의 실업 사태도 통제하고자 했다. 그러나 사용자들에게 그것은 생산고의 제한일 뿐이었다. '효율성' 을 추구하는 당대의 사회적 분위기를 배경으로, 사용자들은 노동자가 선천적으로 나태하고 정신적으로 열등하며 따라서 노동조합을 통한 집단행동으로 생산고를 제한하도록 내버려 두어서는 안 된다고 역설하기 시작했다. 그러므로 1904년에 미국 노동국이 생산고 제한

35 Elbaum et al., "Labor Process"; Zimbalist, ed., *Case Studies*.

36 Zimbalist, "Technology and the Labor Process." (인용은 125)

관행에 대해 광범위하고 심층적인 조사보고서를 간행한 데서 짐작할 수 있듯이, 20세기 전환기의 자본가들은 이 관행에 대해 본격적인 공세를 취했던 것이다.[37]

"노동자의 통제"에 대한 자본가의 공략은 이른바 "독점 자본주의"의 성립과 직결되어 있다.[38] 산업 자본주의는 19세기 전반에 미국, 독일, 프랑스로 확산되면서 발전을 거듭했으나, 1870년대 중엽에 공황을 겪은 후 1890년대 중엽에 이르기까지 약 20년 동안 물가하락세를 수반하는 낮은 성장률을 경험했다. "대불황"이라 불리는 이 경기침체는 정도의 차이가 있기는 하지만 영국을 포함해 이들 국가에서 비슷하게 나타났는데, 그것은 기본적으로 생산력이 비약적으로 발전해서 상품의 공급이 수요를 초과하는 사태가 빚어진 결과로 보인다. 더욱이 미국에서 뚜렷하게 드러났듯이, 이 시기에는 철도와 해운, 그리고 전신·전화가 발달함에 따라 지역시장이 전국적으로 통합되며 국내시장이 국제시장과 보다 긴밀하게 연결되었다. 그 결과, 기업 간의 경쟁은 더욱 격화되었고 이윤율은 전반적으로 하락했다.[39]

이런 위기에 대한 자본가들의 일차적인 전략은 제국주의적 팽창 이외에, 기존 시장 안에서 공급을 통제함으로써 지속적으로 하락하는 물가를 안정시키고 이윤의 총량을 유지하는 것이었다. 이 전략은 독점 자본의 형성을 초래했다. 사실 1880년대부터 트러스트나 지주회사의 형태로 동일한 종류의 상품을 생산하는 기업들이 수평적으로 합병하는 한편, 원료의 채취에서 상품의 판매에 이르기까지 여러 기업들이 수직적으로 통합했다. 집중을 통해 거대화한 기업들은 독점적인 지위를 확보함으로써 시장에서 경쟁을 벌이는 것이 아니라 스스로 상품의 가격을 결정하는 힘을 가지려 했다. 시장이라는 '보이지 않는 손'에 의존하는 대신에 시장을 지배하고 경제를 주도하는 "보이는 손"이 되려 했던 것이다.[40]

독점 자본은 나아가 생산비를 절감하고 생산성을 제고함으로써 이윤율을 증가시키는 전략을 채택했다. 적지 않은 수의 대기업이 독점적 이윤에 만족했고, 그런 기업은 시장이 전국적으로 또 국제적으로 통합되는 상황에서 경쟁력을 확보하기 위해 노력하지 않았기

---

37 Montgomery, "Workers' Control," 15-27; Bae, *Labor in Retreat*, 79-83; Rodgers, "In Search of Progressivism"; Palmer, "Class, Conception and Conflict"; U.S., House, *Report of the Commissioner of Labor*.

38 브레이버먼은 테일러주의와 "독점 자본주의"의 연관성을 지적하면서도 그것을 분석하지 않는다. 이 점에 관해서는 다음을 보라. Littler, *Labour Process*, 29; Elger and Schwarz, "Monopoly Capitalism."

39 Landes, *Unbound Prometheus*, 231-248; Littler, *Labour Process*, 72-78.

40 Livingston, "Economic History and Theory"; Chandler, *Visible Hand*, 287-376.

때문에 얼마 되지 않아 대개 쇠퇴하거나 몰락했다. 대부분의 대기업들은 문자 그대로 시장을 독점한 것이 아니라 '과점'하는 위치를 차지했을 뿐이다. 더욱이 시장이 통합되기만 한 것이 아니라 팽창하기도 했고 또 새로운 원료 공급원이 발견되기도 했으므로, 기존 기업에 맞서려는 새로운 도전자들이 계속해서 등장했다. 한마디로 말해, 이른바 독점 자본주의에서는 "과점적 경쟁"이 조성되었던 것이다. 따라서 유명한 기업사 연구자 알프레드 챈들러 2세가 1880년대부터 1940년대 말에 이르는 시기에 미국, 영국, 독일의 200개 대기업을 비교하는 연구 업적 『규모와 범위』에서 강조하듯이, 많은 대기업들은 수평적 합병과 수직적 통합에 이어 "삼면투자", 즉 생산 및 배분 시설을 합리화하고 그것을 관리하는 경영진을 충원하는 정책을 추진했다. 그런 투자를 행한 대기업들은 효율적인 생산이 가능한 대규모 시설을 구축할 뿐 아니라 흔히 유기적으로 연관되어 있는 다양한 상품을 생산함으로써 "규모의 경제"와 "범위의 경제"를 함께 달성했다. 여기서 얻는 이점을 가지고 대기업들은 이윤을 증대시키는 동시에 시장 점유율을 늘리고, 또 새로운 시장으로 진출하면서 지속적으로 성장할 수 있었다는 것이다.[41]

"규모의 경제"와 "범위의 경제"를 달성하는 데는 기업조직의 혁신이 필수적이었다. 이 점에 관해 챈들러는 전문경영인의 역할이 중요하다고 역설한다. 그에 따르면, 대기업은 "삼면투자"를 통해 대규모 생산 및 배분 시설을 구축하고 관리 인력을 확보함으로써 장기적인 성장에 필요한 "조직역량"을 얻었다고 한다. 전문경영인들은 하나의 위계질서를 구성했다—하위층은 상부의 지시에 따라 일상적인 관리를 담당하고, 중간층은 구매, 생산, 판매, 연구 중에서 어느 한 가지 기능을 담당하거나 특정한 상품을 전담하는 부서의 책임자들로서 해당 부서의 업무에 대해 책임을 지며, 고위층은 각 부서의 업무를 평가하고 자원을 분배하며 기업 전체의 장기 전략을 수립, 집행하는 역할을 맡았다.[42] 이런 경영진이 대규모 생산 및 배분 시설을 효율적으로 통제해 대량생산과 대량유통이 가능하도록 기업조직을 혁신했다. 다시 말해, 시설의 집중과 합리화를 통해 상품의 처리 과정에 대한 통제력을 확보했다. 챈들러는 미국 기업사에 관한 자신의 역저 『보이는 손』에서 이렇게 천명한다.

> 기본적인 조직혁신은 다량 처리를 종합, 통제해야 할 필요성에 대한 반응이었다. 생산고의 제고와 단위 비용의 절감은 [가끔 규모의 경제로 간주되지만] 공장 규모가 증가한 결과

41 Chandler, *Scale and Scope*, 14-31.

42 Ibid., 31-45.

라기보다는 오히려 처리하는 물량과 속도가 증가한 결과였다. 그와 같은 [속도의] 경제는 공장 내의 작업을 보다 특화, 분화시키는 데서 유래한 것이라기보다는 공장 내에서 재료의 흐름을 통합하고 조정하는 능력에서 유래했다.[43]

여기서 챈들러는 조직혁신 가운데 관리의 측면에 지나치게 주목한다. 이는 그가 일련의 저술에서 현대 자본주의의 역동성을 설명하면서 전문경영인의 역할을 너무 강조하기 때문인 것 같다. 그는 현대 자본주의의 활력이 결국 제조업부문에서 대기업이 달성하는 지속적 성장에 있다고 전제하고서, 그런 성장이 단기적 이윤 축적에 주력하는 기업 소유자가 아니라 소유로부터 분리된 전문경영인이 장기적 전략을 수립하고 이윤율과 시장 점유율을 확대하는 데서 온다고 역설한다. 이 견해는 물론 소유와 경영의 분리라는 유명한 명제, 이 책의 제6장에서 설명하는 것처럼 근거가 빈약한 명제에 토대를 두고 있다. 더욱이, 챈들러는 하급 관리자들이 중간층 이상 경영진의 전략을 실행하기 위해 노동과정을 어떻게 조직하고 통제하는지에 대해서는 관심을 기울이지 않는다. 따라서 "공장 내의 작업을 보다 특화, 분화시키는 데" 대해 이론적으로 천명할 뿐이지 경험적으로 천착하지는 않는다.

생산비를 절감하고 생산성을 제고하려는 경영진의 목표는 본질적으로 노동과정을 통해 실현되는 것이므로, 실제로는 관리 구조가 노동과정과 불가분의 관계를 가지면서 재편된 것으로 보인다. 이는 20세기 전환기부터 자본주의의 발전을 선도한 새로운 산업부문 중에서도 자동차산업, 특히 포드자동차 회사에서 명백하게 드러난다. 챈들러는 이 회사의 성장에서 "조직역량," 보다 정확하게 말해 전문경영인으로 구성되는 관리조직의 역량이 중요했다는 점을 보여 준다. 포드사는 1914년 봄 디트로이트에 하일랜드 파크 공장을 건설하면서 규모의 경제를 달성할 수 있도록 양산체제를 수립했고 같은 시기에 국제적인 판매망을 구축하면서 생산 및 판매 시설을 운영할 유능한 전문경영인들을 충원했다. 그 결과, 저 유명한 T형 자동차를 생산하는 데 소요되는 노동시간을 12.5시간에서 1.5시간으로 단축시키고 경쟁 차종보다 훨씬 싼 가격인 450달러 정도로 판매가격을 낮출 수 있었다. 덕분에 포드사는 짧은 시간 안에 크게 성장할 수 있었는데, 그런 경쟁력은 "삼면투자" 를 통한 "조직역량" 의 확대에서 나왔다.[44]

그러나 챈들러는 생산비 절감과 생산성 제고의 직접적 계기가 노동과정의 재편이었다

43 Chandler, *Visible Hand*, 281.

44 Chandler, *Scale and Scope*, 205-208.

는 점을 간과한다. 이는 포드사의 노무관리에 대한 스티븐 마이어 3세의 연구에서 잘 드러난다. 그에 따르면, 노동과정이 재편되기 전에 포드사의 공장은 "하나의 통합된 공장이라기보다는 수공작업장의 집합체" 였다. 거기서는 조립공, 주물공, 기계공 등 숙련공들이 많은 비숙련공들의 도움을 받으며 독립적으로 작업했다. 이미 20세기 전환기부터 비숙련공들의 작업이 분화되고 도구가 특화되었지만, 그들의 기능이 아직 세밀하게 분해되지 않았기 때문에 그들을 중심으로 편성된 수많은 작업조가 각각 노동과정에서 일부를 담당하고 통제했던 것이다. 그러나 T형이라는 단일 모형을 대량생산하기 위해, 포드는 표준화된 규격에 따라 부품을 제작하고 그것을 조립함으로써 자동차를 완성하는 체제를 수립하고자 했다. 그에 따르는 "불가항력적인 내적 논리" 때문에 노동과정은 전반적으로 재조직되었다. 새로운 생산방식이 도입되자 부품 제작에서는 오차가 큰 숙련공의 손 기술 대신에 주형鑄型을 이용하게 되었고, 조립에서는 숙련공의 기능을 세밀하게 분해하고 그중에서 가능한 것은 기계화시키며 그렇지 않은 것은 그에 알맞은 특수한 도구를 개발해 비숙련공이 수행하게 되었다. 또한 일부의 작업 속도가 늦어서 공정의 연속적 흐름이 막히는 병목현상이 생기지 않도록, 노동과정을 수행하는 모든 작업 부서 사이의 균형을 맞추려 했다.[45] 간단히 줄이면, 관리 구조와 노동과정의 재편은 20세기 전환기에 포드자동차에서 추진된 조직혁신의 양면이었다.

이는 자동차산업 같은 당대의 첨단산업뿐 아니라 20세기 전환기 이후에 자본주의의 발전에서 뒤처지는 오래된 산업부문에서도 명백하게 나타난다. 예를 들어 미국의 남성 피복산업은 이미 19세기 초부터 가정과 맞춤가게의 영역을 벗어나 공장제가 주도하는 상품생산 단계로 진입했고, 1890년대 말부터는 고급 기성복 시장을 겨냥하는 대기업을 중심으로

45 Meyer, *Five Dollar Day*, 9–36. (인용은 15, 17) 그 외에 Gartman, *Auto Slavery*, 19–82도 참고하라.

여기서 이 예는 타당한 것으로 보인다. 헨리 포드는 테일러나 과학적 관리에서 영향을 받은 적이 없다고 주장했으나, 그가 고용한 관리자와 기사들은 육체노동에서 지적 활동을 분리해 계획 부서에 집중시킨다는 테일러주의의 기본 원칙을 충실하게 따랐다. 사실 테일러는 디트로이트를 몇 차례 방문해 자동차산업에 종사하는 관리자들을 대상으로 연설하면서, 자신이 역설하는 관리의 제 원칙이 "전문가의 도움 없이" 이 부문에서 독자적으로 개발, 적용되고 있다고 긍정적으로 평가했다. 그곳의 관리자와 기사들은 미국기계공학협회를 통해 새로운 관리 개혁 방안을 접하고 있었으며, 포드사는 이 점에서 선도적인 위치에 있었다. 그들은 엄격한 의미에서 테일러주의를 추종하지 않았다 해도 그것을 일반 원칙으로 수용했던 것이다. (Meyer, *Five Dollar Day*, 9–22) 이 점은 포드주의에 대해 새로운 해석을 제시한 조절학파*Regulation School*도 인정한다. 예를 들어 미셸 아글리에타는 포드주의란 "생산과정과 소비양식 사이의 접합이라는 원리" 라고 규정하면서, 생산과정의 측면은 두 가지 원리—조립공정의 반자동화와 작업 위치의 고정—로 테일러주의적 노동과정을 보완하는 것이라고 설명한다. (Aglietta, *Capitalist Regulation*, 116–122)

재편되었다. 대기업은 대체로 청부업체를 흡수하며 성립했는데, 산하의 공장은 규모가 크다 해도 포드사와 마찬가지로 "하나의 통합된 공장이라기보다는 수공작업장의 집합체" 였다. 재단과 재봉에는 동력기계가 사용되었으나, 그 이외의 작업은 대개 서너 명의 노동자가 하나의 팀을 이루어 담당하고 힘과 손 기술을 이용해 수행했다. 그러나 생산성과 품질을 향상시켜 경쟁력을 얻기 위해서는, 노동과정과 생산시설을 체계적으로 통합하고 단일한 생산단위로 조직해야 했다. 대기업들은 이른바 "조립제도" 를 도입함으로써 노동과정을 세밀하게 분해하고 단순화된 개별 작업을 비숙련공에게 맡기는 한편, 각 작업반이 처리하는 물량과 속도를 균형 있게 조절했다. 그 결과 재단사 이외에 전통적인 숙련공은 불필요하게 되었고, 비숙련공들은 대부분 수일 내에 일을 배운 다음 곧 매우 빠른 속도에 도달할 수 있었다. 그것은 물론 생산비 절감과 생산성 제고라는 효과를 가져왔다.[46]

강철공업은 바로 테일러주의가 탄생하는 무대였는데, 여기서 조직혁신은 관리 구조와 노동과정의 재편뿐 아니라 "노동자의 통제" 에 대한 공략이었다는 점이 명백하게 드러난다. 앤드루 카네기는 1890년대 중엽까지 여러 강철 공장을 사들임으로써 수평적 합병을 추진하면서 철광석의 채취에 이르는 수직적 통합도 추진했다. 그리고 유럽에서 개발된 새로운 생산기술을 이용해 생산비를 절감할 수 있도록 대규모 생산단위를 구축했고, 그것을 효율적으로 운영할 수 있도록 관리 구조도 집중시켰다. 그런데도 생산성은 별로 증가하지 않았다. 숙련공들은 우월한 지식과 분권적 관리 구조에 의존해 생산과정의 여러 단계에서 생산고를 제한했으며, 강력한 노동조합을 통해 단결되어 있었던 것이다. 카네기는 바로 이 장애물을 제거하고자 했고, 그 결과 1892년 저 역사적인 홈스테드*Homestead* 파업이 발생했다. 여기서 승리한 후, 그는 생산기술과 생산조직을 함께 재편하는 혁신을 추진했다. 그것은 기본적인 생산과정, 즉 용해와 제련, 그리고 압연을 통합하고 기계화하는 것이었다. 구체적으로 말하면, 고로高爐에 철광석과 석회석을 채워 넣고 용해된 선철과 찌꺼기를 운반하는 작업은 전기로 움직이는 운반 장치로 대신했고, 용해된 선철을 냉각시키지 않은 채 운반하고 전로轉爐에 넣어 제련했으며, 거기서 나온 주괴철鑄塊鐵을 다시 냉각시키지 않은 채 운반하고 몇 차례 계속해 압연 장치를 거칠 수 있도록 용해, 제련, 압연 세 단계를 통합했다.[47] 결국 재료의 기계적 운반과 연속적 압연, 그리고 생산과정의 통합이라는 세 가지 혁신을 통해 노동자의 작업을 대부분 기계로 대체했던 것이다.

---

46 Bae, *Labor in Retreat*, 63-70.

47 Brody, *Steelworkers*, 7-17; Stone, "Job Structures," 118-123; Montgomery, *House of Labor*, 22-44.

그런 조직혁신은 주로 기계공업에 종사하는 기사들이 주장하고 또 지도했다. 그들은 당대에 널리, 또 빠르게 진행되던 기계화를 수행하며 근대 기술의 첨단에 서 있었으나, 기계 제작소의 작업이 낡은 관리 구조와 숙련공의 통제 아래에 있었기 때문에 일찍부터 관리 문제에 주목했다. 더욱이, 기계공업 이외의 부문에서도 많은 제조업체들이 기업의 규모가 커짐에 따라 관리 문제에 관심을 기울였다. 따라서 기계기사들은 미국기계공학협회 *American Society of Mechanical Engineers*를 조직하고, 공장 관리가 혼돈에 빠져 있어서 자원이 낭비된다고 지적하면서 과학적 지식을 응용함으로써 공장을 "기계적 모형" 에 따라 관리해야 한다고 역설했다. 그리고 관리 문제를 다루는 서적과 전문잡지를 간행했다. 거기서 제시된 개선 방안은 때로 검토나 실험의 수준을 넘어 주요 제조업체에 도입되기도 했다. 이른바 "체계적 관리 운동" 이 시작되었던 것이다.[48]

기계기사들의 눈에는 문제점이 분명했다. 20세기 전환기의 관리 운동을 탐구한 대니얼 넬슨에 따르면 "[기계기사들은] 기계 제작 및 작동의 과학적 원리와 기계 제작소의 유연한 배치 방식에 능통했기 때문에, 기존의 관리 상태, 특히 분권적 관리 구조와 청부업자 내지 직장의 역할에 대해 커다란 불만을 품게 되었다." 그들의 접근방법은 "정연한 절차와 면밀한 조직, 그리고 세부에 대한 관심" 이었다. 기계기사들은 재료비와 노동비용, 그리고 간접비 등 원가의 계산을 통해 문제점을 구체적으로 밝혀낸 다음, 재료의 구매와 관리를 일원화하고 공정의 모든 단계를 유기적으로 통합하고자 했다. 따라서 재료 및 부품의 흐름과 작업의 순서는 경영진의 단일한 통제를 받도록 만들어야 했다. 이런 제안은 결과적으로 직장의 권한을 위축시키는 것이었다. "그들에게 가장 중요하고 시급한 문제는 생산고를 제한하는 관행이었는데, 그들은 무엇보다도 직장들이 업무 부담은 많으나 능력이 없어서 주먹구구식으로 감독하기 때문에 이 문제가 생겼다고 생각했다." [49]

테일러주의는 이 "체계적 관리 운동" 의 일부로 발전했다. 프레드릭 테일러가 이 운동과 관계를 맺기 시작한 것은 시력 때문에 대학 진학을 포기하고, 기계공 및 주형 도안사로서 견습공 생활을 마친 뒤에 1878년 미드베일 제철소*Midvale Steel Company*에 취직한 때부터였다. 이 기업은 5년 전부터 종업원이 75명에서 400명으로 불어나고 건물도 대여섯 채로 늘어나는 등 빠른 속도로 성장하고 있었다. 그렇지만 관리를 개선하려는 경영진의 노력에도 불구하고, 관리 구조가 분권화되어 있었고 생산과정도 통합되지 않은 상태에 있었다. 기

48 Nelson, *Managers and Workers*, 48-55.

49 Nelson, *Frederick W. Taylor*, 11-13.

계 제작실의 직장보가 된 테일러는 곧 생산고를 늘리고자 했다. 그러나 노동자들이 은밀하게 비공식적 태업을 벌이며 생산고를 늘리지 않으려 저항했으므로, 테일러는 경영진의 지원 아래 몇 사람을 해고하고 임금을 삭감하는 등 2~3년 동안 전력을 다해 싸운 뒤에야 자신의 뜻을 관철시킬 수 있었다. 테일러가 "과학적 관리"의 방법을 개발하기 시작한 것은 이로부터 수년이 지난 다음이지만, 후에 기회가 있을 때마다 스스로 술회했듯이 이 "투쟁"은 그가 분권적 관리 구조와 생산고 제한 관행을 비판하고 관리에 "과학적인" 체계를 도입하는 데 주력하는 계기가 되었다. 실제로 "투쟁"이 끝나고 얼마 되지 않아 그는 대학에 등록해 기계공학을 공부하기 시작했고, 1883년 학사 학위를 얻은 다음에 미국기계공학협회에 가입함으로써 당대의 관리 개혁 운동에 적극적으로 참여했다.[50]

5. 테일러주의

그렇지만 브레이버먼은 역사적 맥락을 무시하고 테일러주의를 제한된 관점에서 이해한다. 그에 따르면, 테일러주의는 노동과정을 세밀하게 분해함으로써 노동과정 통제권을 노동자로부터 박탈하고 경영진이 장악하게 만들려는 시도라는 것이다. 그는 테일러가 주창한 과학적 관리를 하나의 '운동'으로 간주하지만, 실제로는 그것을 테일러 개인의 관념으로 환원시키고 그로부터 세 가지 기본 원리들을 도출한다. 제1원리는 "**노동자의 기능으로부터 노동과정을 분리하는 것**"으로, 테일러 자신의 표현을 빌리자면 "과거에 노동자가 소유하고 있던 모든 전통적 지식을 모은 다음, 이 지식을 분류하고 도식화하며 규칙, 법칙, 공식으로 만드는 일을 …… 관리자가 담당해야 한다"는 것이다. 이 원리는 말하자면 노동자의 통제권을 밑받침하는 기초—여기서는 물론 분권적 관리 구조가 간과된다—를 파괴하는 데 선행되어야 할 준비 작업이라 하겠다. 제2원리는 "**실행에서 구상을 분리하는 것**"이다. 테일러는 "있을 수 있는 모든 두뇌 작업을 작업장에서 제거하고 계획이나 설계를 담당하는 부서에 집중시켜야 한다"고 주장했다. 브레이버먼에 따르면 그 취지는 경영진이 노동과정에 대한 지식을 토대로 구상 기능을 독점함으로써 노동자가 경영진의 통제에 따라 작업을 수행하는 역할만 담당하게 만드는 데 있었다. 제3원리는 노동과정에 관한 "**이 지식의 독점을 이용해 노동과정의 각 단계와 그 실행 방식을 통제하는 것**"이다. 이제 경영진은 노동자

50 Ibid., 21-34; Palmer, "Class, Conception and Conflict"; Taylor, *Principle of Scientific Management*, 48-50; Taylor, "Testimony," 79-87.

가 수행해야 할 작업과 그것을 수행하는 방법을 상세하게 지시하고 면밀하게 통제해야 한다는 것이다.[51]

테일러주의를 그처럼 규정하기 때문에 브레이버먼은 거기에 있는 다른 측면을 파악하지 못한다. 그는 제2원리를 핵심이라고 강조하는 반면에 제3원리를 상대적으로 경시한다. 그러나 이 제3원리는 테일러가 다른 원리 못지않게 강조한 것인데, 이것은 노동과정을 통제하는 권한을 하나의 사무실—테일러 자신의 용어를 쓰자면 "계획부"—에 집중시키고 거기서 노동자를 감독할 수 있도록 관리 구조를 개혁해야 한다는 것이다.

"계획부" 관념은 1880년대 중엽에 처음 형성되었다. 당시 테일러는 미드베일에서 일하면서 기계 제작실에서 공장 전체로 시야를 확대하고 노동과정 전반을 종합적으로 통제하는 관리 구조를 개발하고자 했다. 다른 수많은 제조업체와 마찬가지로 미드베일에서도 직장—넬슨의 "직장"—들이 노동과정의 각 단계에서 작업의 순서와 방법을 결정하는 권한을 쥐고 있었기 때문에, 그는 자연히 직장의 권한을 제한하려는 생각을 하기 시작했다. 그 결과는 직장의 권한 중에서 작업 순서 및 방법에 관한 것을 제거하고 나머지 권한을 총괄, 규율, 검사, 세 가지 기능으로 나누며 그것을 각기 전담하는 직장을 둔다는 것이었다. 이로부터 기능별 직장제가 발전했는데, 그것은 테일러가 1898~1901년간에 베슬리헴 제철회사*Bethlehem Iron Company*의 조직을 개편하던 때에 완전한 형태를 갖추었다. 이 회사는 대포 같은 무기를 생산하는 대기업이었는데, 1890년대 초부터 시장 점유율이 하락하자 관리를 개혁하고자 했다. 이 일을 맡은 테일러는 우선 공장 전체를 연구한 다음, 생산을 계획하고 기능별로 감독하는 체계를 개발했다. 약 2년에 걸쳐 베슬리헴의 조직을 혁신하는 과정에서 그런 생각을 더욱 정교하게 다듬었고, 1903년에 "공장 관리"라는 제목으로 발표한 논문에서 그것을 정리했다. 그에 따르면, 기능별 직장은 노동자 개개인의 작업을 감독하는 하급 관리자로서 8가지 기능 중 하나를 담당하게 되어 있었다. 그것은 작업하는 순서, 방법, 시간, 속도와 교육, 규율, 수리, 검사였는데, 이 모든 기능은 계획부에서 수립한 생산 계획에 따라 공장장의 지휘 아래 수행되어야 했다.[52]

따라서 계획부와 기능별 직장제는 노동자를 감독하는 권한을 전통적 직장으로부터 경영진으로 이전하는 연결고리로서 테일러주의에서 빼놓을 수 없는 요소라 할 수 있을 것이

---

51 Braverman, *Labor and Monopoly Capital*, 112-121. (강조는 원문)

52 Nelson, *Frederick W. Taylor*, 38-41, 76-85; Montgomery, *House of Labor*, 221-225; Taylor, "Shop Management," *Scientific Management*, 94-109.

다. 테일러의 요점은 노동자의 노동과정 통제를 가능케 하던 분권적 관리 구조를 철폐하고 권위를 한 곳에 집중시킨 다음, 거기서 노동과정을 통제하도록 하자는 데 있었기 때문이다. 물론 테일러가 주창한 다른 여러 방안처럼 계획부나 기능별 직장제 역시 원안대로 널리 시행되지는 않았으나, 직장의 권한을 대부분 박탈하고 관리의 권위를 집중시킨다는 그 기본적인 원리는 실현되었다. 대니얼 넬슨의 연구에 따르면, 실제로 20세기 전환기부터 직장은 청부업자 내지 하청업자로서 누리던 자율적인 노동과정 통제권을 잃어버리고 제조업자로부터 급료를 받는 하급 관리자로서 경영진의 최하층에 편입되기 시작했다.[53] 그렇다면 테일러주의는 노동과정의 분해와 함께 관리 구조의 재편을 통해 노동과정에 대한 통제권을 노동자에게서 자본가에게로 이전시키려는 시도라 규정할 수 있다. 영국의 노동 사회학자 크레이그 리틀러도 테일러주의를 "통제 구조의 관료화" 로 파악한다는 점에서 이에 동의하는 것으로 보인다.[54]

테일러주의를 이렇게 이해하면, 나머지 중요한 문제는 기계화이다. 왜냐하면 20세기 전환기의 노동과정 변형이 테일러주의와 기계화의 결합으로 이루어졌기 때문이다. 브레이버먼은 『노동과 독점 자본』 제2부에서 "과학-기술 혁명" 이 자본주의적 생산에 어떤 의미를 지니는지 검토하고, 이 혁명과 그 산물인 기계가 노동과정의 통제에 어떤 영향을 주는지 논의한다. 그에 따르면, 자본가들은 19세기 말부터 과학적 연구를 축적 수단으로 인식하고 기술혁신에 활용함으로써 노동자의 기능을 과학으로 대체하기 시작했다. 기업은 테일러주의적인 시간 및 동작 연구와 함께 노동과정의 기계화를 추진함으로써, "가능한 한 점진적으로 노동자에게서 통제 기능을 제거하고 직접적인 과정[노동과정]의 외부에서 경영진이 통제하는 장치로 이전하고자" 했다. 그 결과, 노동은 구상 부분을 잃어버리고 "이제 경영진이 관리하는 생산과정에서 하나의 객관적 요소로 종속되는 상태"—자본가들이 항상 추구하면서도 부분적으로밖에 실현시키지 못하는 이상—에 접근한다. 그러므로 브레이버먼에게 기계화는 경영진이 노동과정에 대한 통제권을 확립하는 수단이다. "기계는 경영진이 종전에 규율이라는 수단을 통해 시도한 것을 전적으로 기계적인 수단으로써 시도할 기회를 준다" 는 것이다.[55]

『노동과 독점 자본』에는 기계화에 대한 일반론이 우세하고 20세기 전환기에 대한 구체

53 Nelson, *Management and Workers*, 48-54; Littler, *Labour Process*, 86-94.

54 Littler, *Labour Process*, 58.

55 Braverman, *Labor and Monopoly Capital*, 172, 195, 212.

적 논의가 부족하기는 하지만, 브레이버먼의 견해는 수용해도 좋을 것 같다. 미국의 경제학자 스티븐 마글린과 역사학자 데이비드 노블이 각각 보여 주듯이, 기술은 생산을 효율화시키는 데 쓰이는 객관적 수단일 뿐 아니라 노동자에 대한 자본가의 통제를 강화시키는 사회적 기능도 지니고 있는 것으로 보인다.[56] 미국의 사회학자 리처드 에드워즈도 이에 동의하는 듯하다. 그는 통제 형태를 기준으로 노동과정을 분류하고, 바로 20세기 전환기에 "기술적 통제," 즉 기계를 고안하고 작업과정을 계획함으로써 생산과정의 기초를 기술에 두고 그에 의지해 노동과정을 통제하는 형태가 성립한다고 주장한다.[57]

그렇지만 테일러주의를 통해 노동과정에 대한 자본가의 통제가 완성된 것은 결코 아니다. 노동자들은 이미 테일러주의가 등장하던 시기부터 "실질적 종속"을 강화하려는 기업의 시도에 대해 광범위하고 격렬한 저항 운동을 전개했고, 이런 움직임은 1920년대 초까지 계속되었다. 이후 저항이 약화됨에 따라 테일러주의는 미국을 넘어 독일, 영국, 프랑스 등지에서 여러 산업부문으로 확산되었다.[58] 그러나 이 과정에서 노동자들은 테일러주의적 노동과정에 급소라고 할 만한 약점이 내재해 있다는 점을 발견했다. 생산과정 전체가 단일한 관리의 권위 아래 유기적으로 통합되어 있었기 때문에, 어느 한 단계의 작업에 차질이 생기면 그 여파는 공장 전체에 걸쳐서 나타나기 마련이었다. 이 점은 테일러주의적 노동과정이 본격적으로 확산되기 전에 드러났다. 예를 들면, 1910～11년간에 시카고의 남성 피복산업을 완전히 마비시킨 파업이 수개월 동안 계속되었는데, 그 발단은 어느 대규모

56 Marglin, "What Do Bosses Do?"; Noble, *America by Design*.

57 Edwards, *Contested Terrain*, 11-22, 111-125.

58 Price, "Labour Process and Labour History," 65-69; Perrot, "Industrial Discipline," 160-165; Palmer, "Class, Conception and Conflict," 41-44; Littler, *Labour Process*, 99-145; Nadworny, *Scientific Management*."

리처드 에드워즈는 테일러주의가 도입된 사례는 소수에 불과하다고 주장한다. (*Contested Terrain*, 97-104) 나아가 마이클 부라보이는 "테일러주의가 자본가의 통제를 증대시키는 실제적인 도구로서는 실패" 였으나 "성장하는 노동운동에 대한 이데올로기적 공세에 동원될 수 있었다" 고 주장한다. (*Politics of Production*, 41-43) 사실 테일러주의는 1920년대 유럽에서 하나의 이데올로기로서 매우 중요한 의미를 지니고 있었다. 이에 관해서는 다음을 참고하라. Gramsci, *Prison Notebooks*, 279-318; Maier, "Between Taylorism and Technocracy."

그렇지만 테일러주의가 실제로서는 실패했다는 주장은 받아들이기 어렵다. 에드워즈와 부라보이가 제시하는 근거는 주로 대니얼 넬슨의 연구(*Managers and Workers*, 68-78)인데, 그것은 테일러주의의 개념을 테일러와 그 후계자들이 주창한 구체적인 관리 개혁안으로 규정하고 이것을 전제로 1901～17년간에 그런 방안이 도입된 사례들을 검토한 결과이다. 그러나 테일러주의는 그 주창자들에게만 국한되지 않는 하나의 운동이라는 점과 이 운동을 통해 확산된 테일러주의의 기본 원리들은 실행되는 데 상당한 시간이 소요되었다는 점을 고려할 때, 넬슨의 견해는 설득력이 없다. 이에 관해서는 다음을 참고하라. Littler, *Labour Process*, 48-50; 톰슨, 『노동사회학』, 128-133.

업체에서 정장 하의의 솔기를 봉제하는 여공들이 작업을 거부한 데 있었다. 직장의 압력에도 불구하고 다른 부서의 노동자들이 그 일을 대신하지 않겠다는 뜻을 분명히 하자, 정장 하의의 생산은 전면적으로 중단될 수밖에 없었다. 그리고 불만에 가득 차 있던 다른 업체의 노동자들은 재단실에서 가장 치명적인 급소를 발견하고 그것을 공략함으로써 총파업에 돌입했다.[59] 이런 파업 전략은 자본주의가 다시 위기에 직면하는 1930년대에 오면 흔히 볼 수 있을 만큼 일반화된다.

6. 노동과정과 생산관계

테일러주의적 노동과정을 올바르게 이해하기 위해 검토해야 할 문제는 아직 남아 있다. 우선 생산기술의 문제가 그렇다. 특히, 기계화가 노동과정의 세분화와 어떻게 연관되어 있는가 하는 것은 중요한 문제이다. 브레이버먼의 주장처럼 20세기 전환기에 노동과정이 세분화되고 또한 기계화되었으며 그래서 그에 대한 통제권이 이전되었다면, 왜 이 시점에서 이 두 가지 변화가 함께 진행되었는가 하는 것이다.

이에 대해 브레이버먼은 답하지 않는다. 그의 관심이 20세기 전환기보다는 그 이후의 시대를 중심으로 기계화가 노동과정 통제권에 대해 지니는 의미를 일반화하는 데 집중되어 있기 때문이다. 더 정확하게 말하면, 브레이버먼은 이 시기에 관한 한 세분화와 기계화를 연관시키지 않는다. 그에 따르면, "논리적으로 테일러주의는 관리 방법과 노동 조직의 발달 과정의 일부이지 기술의 발달과는 무관하다. 기술의 발달에서 테일러주의의 역할은 사소한 것이었다."[60] 그러나 테일러 자신이 도구의 개량에 커다란 노력을 기울였다는 점과 포드사의 하일랜드 파크 공장에서 드러나듯이 테일러주의적인 세분화가 기계화와 함께 진행되었다는 점, 그리고 무엇보다도 중요한 것은 대기업이 생산비 절감과 생산성 제고를 위해서 그런 노동과정 변형을 동시에 추구했다는 점으로 미루어 볼 때, 양자의 관계는 면밀하게 천착해야 할 문제로 보인다. 이것은 새로운 생산기술의 발달과 더 넓게는 제2차 산업혁명에 대한 포괄적인 이해를 요구하는 듯하다.[61]

---

59 Bae, *Labor in Retreat*, 87-96.

60 Braverman, *Labor and Monopoly Capital*, 85.

61 Clawson, *Bureaucracy and the Labor Process*, 245; Lazonick, "Technological Change." 과학과 자본의 관계에 대한 이론적 접근을 위해서는 Aronowitz, "Marx, Braverman, and the Logic of Capital"을 참고하라. 특히 133-136을 보라.

또 하나의 문제는 20세기 전환기의 노동과정 변형에서 국가가 어떤 역할을 했는가 하는 것이다. 브레이버먼이 국가의 역할을 도외시하는 것은 아니다. 사실 그는『노동과 독점 자본』제3부에서 짤막하기는 하지만 하나의 독립된 장을 설정해 국가의 역할을 다룬다. 그렇지만 거기서 그가 말하는 것은 "독점 자본주의" 시대에 들어와 국가가 자본주의적 생산관계의 보증인이자 자본가계급의 도구로서의 역할뿐 아니라 경제적 잉여를 흡수하고 군비를 증강하며 복지정책을 시행하고 교육, 보건 등 공공 서비스를 제공하는 기능까지 수행한다는 점뿐이다. 그의 관심사는 자본주의 국가의 역할이 증대되는 경향을 확인하는 데 머물러 있는 것이다. 따라서 20세기 전환기의 노동과정 변형에서 국가가 수행한 역할에 대해 따로 언급하지 않는다. 이 점에서 브레이버먼은 비판받을 만하다. 언뜻 생각해 보더라도 국가는 노동자의 저항에 대해 물리적 탄압과 법률적 제약을 가하는 한편, 기술학교와 대학 등 교육제도를 개편함으로써 변형되는 노동과정에 필요한 노동력을 양성하는 등 여러 가지 역할을 떠맡았기 때문이다.[62]

그런 문제를 모두 거론하지 않아도, 브레이버먼의 견해는 수정할 요소가 분명히 있다. 우선, 테일러주의는 노동과정에 대한 경영진의 통제권을 확립하기 위해 노동과정을 세밀하게 분해하고 구상과 실행을 분리한 다음에 경영진이 구상을 독점하고 노동자에게는 실행만 담당하게 하는 시도에 그친 것이 아니다. 그것은 분권적 관리 구조를 단일한 권위 아래 집중시키는 노력이었다. 노동과정을 세밀하게 분해하는 시도와 관리 구조를 재편하는 노력은 기본적으로 위기에 직면한 자본가들이 노동자의 저항을 극복하기 위해 선택한 처방이었던 것으로 보인다. 대불황 시대에 이윤율 하락세를 맞아, 자본가들은 독점적 지위를 확보하는 데서 멈추지 않고 생산비 절감과 생산성 제고를 통해 이윤율을 증대시키고자 했다. 그러기 위해 테일러주의적인 조직혁신을 기도했던 것 같다. 왜냐하면 그 시기에 이르기까지 노동과정에 대한 실질적 통제권을 행사한 것은 노동자였으며, 그것은 브레이버먼의 견해와는 달리 생산과정에 대한 우월한 지식뿐 아니라 분권적 관리 구조에도 의존하고 있었기 때문이다.

브레이버먼의 견해를 수정해야 한다는 주장은 마르크스의 이론까지 수정해야 한다는

62 Burawoy, *Politics of Production*, 122-155.
그 외에 노동시장과 계급구조, 이데올로기와 문화, 그리고 인종주의와 성차별주의 등 다양한 문제가 남아 있는데, 이에 관해서는 다음 문헌을 참고하라. Edwards, *Contested Terrain*; Gordon et. al, *Segmented Work, Divided Workers*; Herman, "Conceptualizing Control"; Aronowitz, "Marx, Braverman, and the Logic of Capital"; Burawoy, *Politics of Production*.

점을 시사한다. 여기에는 브레이버먼 자신도 암묵적으로 동의하는 것으로 보인다. 그는 테일러주의를 통해 노동과정에 대한 자본가의 직접 통제가 확립되었다는 견해를 천명하는데, 이는 종래에는 자본가가 아니라 노동자가 노동과정을 통제했다는 판단을 은연중에 전제하는 것이다. 그런데도 그는 『노동과 독점 자본』에서 "형식적 종속"이나 "실질적 종속"이라는 용어를 피하면서 마르크스의 노동과정론을 수정해야 한다고 말하지 않는다.[63] 그러나 리처드 프라이스는 "형식적 종속"에서 "실질적 종속"으로의 이행이 마르크스의 지적과는 달리 18세기 말 19세기 초에 완성되지 않았다고 지적한다. 이어서 그는 "노동자의 통제"를 "자본가의 노동과정 통제에 대한 저항으로 이론화해야 한다"고 제안한다. "그리고 이 점에서 마르크스는 우리를 도와주기보다는 오히려 방해했다"고 주장하면서, "일단 산업 자본주의가 성립되어 자본가가 노동과정을 완전히 통제할 수 있게 된 다음에는 자본가의 생산과정 지배가 문제되지 않는다고 본 마르크스"를 문제 삼는다. 한 걸음 더 나아가 그는 "마르크스가 말하는 의미에서 완전한 종속이 실현된 적이 있는지" 의심하면서, "실질적 지배를 산업 자본주의에 내재하는 **경향**으로만 간주할 수도 있을 것"이라고 제의한다. 그러므로 "[노동자의] 저항과 [자본가의] 지배 사이의 공존적이고 변증법적인 관계가 존재한다"는 것이다.[64]

그렇게 이해하면, 프라이스의 이론에서 새로운 문제가 제기된다. 지금까지 검토한 바에 따르면, 지배-저항의 변증법적 관계가 노동과정의 변형을 해명하는 중요한 관건이라는 점은 수긍할 수 있다. 그러나 이 관계는 생산 현장에서 하나의 항상적 요소로 존재하므로, 왜 특정 시점에서 그것이 심화되어 노동과정을 변형시키는 힘으로 등장하는가 하는 의문이 생긴다. 프라이스는 노동과정을 둘러싼 갈등이 영국의 경우에 19세기 초와 19세기 말 20세기 초, 그리고 1960년대 중엽 이후에 첨예하게 나타난다고 말하면서, 20세기 전환기에는 자본이 새로운 단계의 축적 필요성에 직면해 노동과정에 대한 지배를 강화하려고 한 데서 갈등이 격화되었다고 지적한다.[65] 그런데 여기서 한 걸음 더 나아가서, 그런 축적의 필요성을 해명하기 위해서는 결국 자본주의의 발전 과정을 고려해야 하고 그렇게 할 때에야 비로소 노동과정의 변형을 올바르게 이해할 수 있다는 결론에 이르게 된다.

---

63 Littler, *Labour Process*, 25-26.

64 Price, "Labour Process Formation," 91-92; Price, "Labour Process and Labour History," 60-62. (강조는 원문) 그 외에 Aronowitz, "Marx, Braverman, and the Logic of Capital," 136-141과 톰슨, 『노동사회학』, 106-108도 참고하라.

65 Price, "Labour Process and Labour History," 64-72.

그렇다면 또 하나의 문제, 즉 노동과정의 변형이 자본주의의 발전 과정에 있어서 무엇을 의미하는가 하는 의문이 떠오른다. 이것은 전자를 이해하기 위해 그것을 후자의 맥락 속에 놓고 분석하는 방식을 거꾸로 뒤집어 접근해 보자는 것이다. 이 의문에 대해 몇몇 연구자는 20세기 전환기의 경우에 자본이 축적의 중심을 절대적 잉여가치에서 상대적 잉여가치의 착취로 옮긴다고 생각하는데, 그것은 문제의 두 측면 중 하나, 즉 생산력에 국한해서 접근하는 것이다. 다른 측면인 생산관계는 브레이버먼이 『노동과 독점 자본』에서 부분적으로 취급한다. 거기서 그는 노동과정 변형이 현대 자본주의 국가의 계급구조, 특히 노동계급의 구성에 어떤 결과를 가져왔는가 하는 문제를 다루고 있는 것이다. 그렇지만 이것은 이 글에서 검토하지 않은 문제로서, 노동과정 변형이 가져온 장기적 결과를 평가하는 작업이다. 그러므로 노동과정 변형과 그것을 둘러싼 갈등이 자본주의의 발전 과정에서 어떤 역사적 의미를 지니는가 하는 문제는 여전히 남아 있는 셈이다.

생산관계의 측면에서 이 문제에 접근할 때 도움을 주는 것은 사회사 분야의 연구 업적인 것 같다. 에드워드 톰슨은 앞에서 살펴본 것처럼 『영국 노동계급의 형성』에서 계급의식을 주제로 설정하고, 산업혁명기 영국의 노동자들이 경제적 착취와 정치적 억압을 경험하면서 시민계급과 분리되어 그에 적대하는 의식을 가지게 되었다는 점을 보여 준다. 그에 따르면, 전통적 장인과 가내수공업자, 그리고 농민 등 독립적인 생산자가 자본주의적 생산관계에 편입됨에 따라 시민계급과 갈등을 일으킴에 따라, 또한 정부에 대해 저항운동을 벌이는 과정에서 시민계급과 달리 집중적인 탄압을 겪음에 따라 하나의 계급으로 등장했다는 것이다.[66] 그런데 산업혁명기에는 노동과정에 대한 자본가의 '형식적 지배'에서 '실질적 지배'로의 이행이 처음으로 시작되었으므로, 톰슨이 시사하는 것은 19세기 초의 계급 갈등이 그런 노동과정 변형을 둘러싸고 전개되었다는 점이다. 바꿔 말하면, 그 시기의 계급 갈등은 기본적으로 자본주의적 생산관계에 대해 노동계급이 문제를 제기하는 방식으로 표출되었다는 점이라 하겠다.

반면에 에릭 홉스봄은 19세기 영국의 노사관계를 개관하는 논문에서, 이미 19세기 중엽부터 노동자들이 '게임의 규칙,' 즉 노동을 상품으로 간주하며 그 매매 조건에 관해 사용자와 교섭해야 한다는 점을 "부분적으로" 배우기 시작했다고 지적한다. 이어서 19세기 말에 대불황이 끝나는 시기에 오면 그들이 '게임의 규칙'을 "완전히" 배웠고, "사용자들은

66 Thompson, *Making.*

노동자의 노동시간을 정말로 효율적으로 이용하는 여러 가지 방법('과학적 관리'의 기법)을 발견했다"고 주장한다.[67] 홉스봄은 결국 노동과정에 대한 자본가의 '실질적 지배'가 강화되는 데 대한 저항이 자본주의적 생산관계를 전제로 전개되었다는 점을 시사한다.

홉스봄의 주장은 부분적으로 수정해야 할 것으로 보인다. 왜냐하면 20세기 전환기에는 사회주의와 생디칼리슴 등 반자본주의 이데올로기가 노동운동에서 상당한 영향력을 갖고 있었는데, 그것은 곧 자본주의적 생산관계에 대한 거부를 내포하고 있었기 때문이다. 따라서 '게임의 규칙'을 배우는 과정은 결코 돌이킬 수 없는 것이 아니며, '실질적 지배'에 대한 저항이 자본주의적 생산관계 자체에 대한 도전으로 발전할 수도 있다고 이해해야 할 것이다. 더욱이, 20세기 전환기의 급진적 노동운동에는 '게임의 규칙'을 모르는 비숙련공들도 다수 가담했다. '실질적 지배'를 위한 노력이 노동과정의 세분화 및 기계화를 수반했기 때문에 단편적인 작업을 수행하는 노동자가 많이 필요하게 되었고, 그 결과 산업 자본주의가 발달하지 않은 지역에서도 노동력을 동원해야 했다. 비숙련공들은 대체로 자본주의적 생산관계에 익숙하지 않았던 만큼 거기에 적응하려고 노력하는 반면에, 그것을 거부하는 이데올로기에 사회적 기반을 제공하기도 했다.

이 점은 미국에서 뚜렷하게 드러난다. 숀 윌런츠에 따르면 19세기 전반기에 심각한 계급 갈등이 전개되었는데, 그것은 본질적으로 자본주의적 생산관계가 확립되는 데 대해 독립된 소생산자들이 저항함으로써 벌어진 투쟁이었다. 이 투쟁의 이념적 기초인 노동자 공화주의와 노동 가치설은 영국보다 더 강고하게 미국 노동운동을 지배했다. 그래서 1880년대 후반에야 비로소 '게임의 규칙'을 존중하는 노동운동이 대두한 것으로 보인다. 바로 그 시기에 미국노동연맹*American Federation of Labor*이 출범해서 산업 자본주의를 용인하고 단체협약을 통해 노동자의 권익을 증진시킨다는 노선을 정착시키기 시작했던 것이다. 그러나 20세기 전환기에 자본가들이 '실질적 지배'를 강화하려 하자 대규모 노동쟁의가 빈발했다. 몽고메리가 지적하듯이 쟁의를 주도한 것은 노동과정 통제권을 장악하고 있던 숙련공들이었는데, 그들은 대개 미국노동연맹 산하의 노조를 통해 조직적으로 저항했다. 비숙련공들도 그런 투쟁에 참여했을 뿐 아니라 때로는 그것을 주도하기도 했는데, 이들 중 대부분은 여전히 공동체적 전통이 사회적 관계를 지배하고 있던 중동부 및 남부 유럽의 농촌에서 미국으로 이주한 사람들이었다. 이 두 부류의 노동자들이 20세기 초 미국에서 사회

---

67 Hobsbawm, "Custom, Wages and Work-Load." (인용은 345) 그 외에 다음도 보라. Hobsbawm, *Workers*, chs. 10-11, pp. 176-213; Stedman Jones, "Working-Class Culture."

주의와 생디칼리슴이 성장하는 토대였던 것으로 보인다.[68] 그렇다면 20세기 전환기에 노동과정을 둘러싸고 벌어진 갈등은 이제 '실질적 지배'를 강화하려는 자본가의 공세에 대해, 한편에서는 자본주의적 생산관계에 이미 편입되어 그것을 용인하는 노동자들이, 또 다른 한편에서는 그것을 거부하는 노동자들이 함께 저항함으로써 나타난, 말하자면 두 개의 차원을 가진 갈등이라고 생각할 수 있을 것이다.

이런 뜻에서 노동과정과 생산관계는 자본주의의 발전에서 따로 떼어 놓을 수 없을 만큼 깊이 연관되어 있는 측면이라 할 수 있다. 이는 노동과정이 자본가와 노동자의 관계가 구체적으로 표현되는 지점인 동시에 거기서 실제로 형성되는 세력관계로부터 영향을 받는 구성물이기 때문이다. 따라서 노동과정의 변형 과정을 깊이 있게 이해하기 위해서는, 생산관계의 전개 과정을 올바르게 파악할 필요가 있다. 그렇지만 생산관계에 대한 탐구는 아직 초보적인 단계에 머물러 있다. 위에서 언급한 양상 외에는, 이 책 제2부에서 간략하게 검토하는 것처럼 20세기 중엽에 대두하는 타협적 노사관계가 논의되고 있을 뿐이다. 이는 자본주의적 생산관계를 놓고 많은 논객들이 자유와 평등을 가리키며 좋아한 반면에, 다른 논객들은 지배와 종속을 읽어 내는 데 열중한 결과라 할 수 있다. 이런 이데올로기의 자장磁場에서 벗어날 수 있을 때에야 비로소 생산관계와 노동과정에 대한 올바른 이해에 접근할 수 있다는 것은 두말할 나위도 없다.

그래도 분명한 것은 지금까지 살펴본 것처럼 자본주의적 노동과정의 변형을 '형식적 지배'에서 '실질적 지배'로 넘어가는 과정, 바꿔 말하면 노동자에 대한 사용자의 통제가 심화되는 역사로만 이해할 수는 없다는 점이다. 거기서 노동자들은 치명적인 약점을 찾아내며 사용자에게 효과적으로 저항했을 뿐 아니라, 자본주의적 생산관계를 용인하고 그것을 전제로 사용자와 타협하기도 했기 때문이다.

이는 톰슨이 제시한 계급 개념에 관해 중요한 함의를 지니고 있다. 그는 이미 살펴보았듯이 계급의 형성 과정을 설명하기 위해 생산관계에서 축적되는 경험에 주목하고, 거기서 노동자들이 사용자와 이해관계가 대립된다는 점을 깨닫는다고 강조한다. 테일러주의에서 드러나는 것은 노동자들이 사용자의 통제에 지속적으로 저항한다는 점 이외에, 타협적 노사관계를 모색하기도 한다는 점이다. 노동자들은 생산관계에서 사용자와 이해관계가 충

68 수많은 연구 문헌 중에서 특히 다음을 참고하라. Wilentz, *Chants Democratic*; Montgomery, *House of Labor*; Brody, *Steelworkers*; Greene, *Slavic Community on Strike*; Gutman, *Work, Culture, and Society*; Dubofsky, *We Shall Be All*; Laslett, *Labor and the Left*.

돌하기만 하는 것이 아니라 합치할 수도 있다고 이해하는 것이다. 그렇다면 생산관계에서 축적되는 경험은 톰슨의 해석과 달리 계급의 형성에 기여하는 재료가 될 뿐 아니라, 계급의 해체에 기여하는 재료가 되기도 한다고 할 수 있다.

지금까지 논의한 것은 노동과정에 국한되어 있다. 노동과정은 분명히 자본주의에서 수립되는 사회적 관계를 생산의 측면에서 살펴보는 데 적합하다. 그 대신 소비의 측면은 간과되는데, 이에 관해서는 별도의 논의가 필요하다.

제4장

주거 공간

계급이라는 현상을 올바르게 이해하자면, 소비는 경시할 수 없는 영역이다. 소비는 사회의 생존과 발전에 불가결한 활동일 뿐 아니라, 계급을 비롯한 사회적 관계가 전체적으로 재생산되는 영역이기도 하기 때문이다. 자본주의에서는 더욱 그렇다. 자본주의는 인류의 역사에 등장한 다른 어떤 체제보다 소비에 많이 의존하는 체제이다. 그것은 근대 초기에 대두할 때부터 유럽을 중심으로 구축된 세계적인 교역체계에 의존했고, 또 20세기에 들어와서는 인류에게 처음으로 대중소비라는 현상을 가능하게 했다.

그런데도 계급을 연구하는 역사학자들은 대체로 소비에 주목하지 않는다. 이는 기본적으로 사회사 연구자들 사이에서 널리 나타나는 '생산주의적 편견' 탓이라 할 수 있다. 계급이 생산관계에서 축적되는 경험을 토대로 발생하는 현상이라고 이해한다면, 계급의 형성을 설명하기 위해 생산관계에 주목하는 것은 당연한 일이다. 더욱이 생산관계가 경제는 물론이요 정치와 법률, 나아가 이데올로기도 포괄하는 복잡한 사회적 관계의 총체라 해도 본질적으로 노동과정에 집약되어 있다고 가정한다면, 생산 현장에 초점을 맞추는 것은 조금도 이상한 일이 아니다. 그렇지만 사회사 연구자들이 생산 현장에 머무르며 소비로 눈을 돌리지 않는다면, 이는 결코 바람직한 일이라 할 수 없다.

소비가 역사학계에서 주요 주제로 관심을 끌기 시작한 것은 1970년대 말 1980년대 초라 할 수 있는데, 초기의 연구는 부르주아지와 여성에 집중되어 있었다. 그들이 근대 사회에서 소비를 주도한 집단이라는 점을 기억한다면, 이는 자연스러운 일인 것 같다. 그렇지만 소비에 관한 연구는 곧 농민과 노동자로 확대되었고, 그에 따라 갑자기 많은 업적이 발표되면서 주목할 만한 견해가 제시되었다. 예를 들어, 소비행태는 언제나 엘리트가 선도하고 중간층이나 하층이 추종한다는 해석은 폐기되었다. 대중문화에서는 생산자가 소비자의 행동을 통제하거나 심지어 조작한다는 이론, 20세기 중엽에 널리 통용되던 비판이론도 빛을 잃어버렸다. 바꿔 말해, 농민이나 노동자, 또는 민중이 상당한 정도의 문화적 자율성을 지니고 있다는 점, 또는 그들의 세계가 생산 현장보다 넓다는 점이 드러난 것이다.

그 세계는 흔히 알려져 있는 것보다 더 넓다. 소비에 관한 연구는 상품에 집중되어 있는데, 거기서 상품이란 대개 일상생활에서 소비되는 온갖 재화나 용역을 말한다. 구체적으로 말해, 옷이나 영화, 또는 자동차나 백화점 같은 것들이 소비문화를 탐구하는 역사학자들 사이에서 주요 관심사로 취급되는 것이다. 그러나 소비에서 가장 중요한 비중을 차지하는 것은 주거생활이다. 이는 주거비가 소비지출에서 차지하는 비중—계층에 따라 다르지만 중산층에서도 대개 3분의 1에 이른다는 점—을 생각하면 쉬이 수긍할 수 있는 것이다. 더욱이, 주거는 인간의 정체성 형성에서 중대한 역할을 담당한다. 거주지는 흔히 출생지와 더불어 신원을 확인하는 데 필수적인 요소로 간주된다. 또 사람들은 자신이 살고 있는 집을 통해 자신의 정체성을 드러내기도 한다. 한마디로 말하면, 주거생활은 소비의 세계에서 핵심적인 부분을 차지하는데도 역사학자들 사이에서 간과되고 있는 것이다.

이 잊혀 있는 부분을 이해하고 계급이라는 현상을 탐구하는 데 활용하기 위해서는, 먼저 그에 대한 주의를 환기할 필요가 있다. 주거생활은 본질적으로 거주하는 공간을 확보하고 유지하는 활동이지만, 역사학자들은 대개 그런 공간에 주목하지 않기 때문이다. 물론 역사학자들이 공간에 대해 전혀 무관심한 것은 아니어서, 흔히 지리적 조건을 비롯해 자연환경을 역사의 무대로 취급한다. 또 도시사 분야에서는 공간의 기능적 분화에 대해 비교적 활발한 논의를 벌이기도 한다. 그러나 역사학계에서 논의의 초점은 언제나 공간 자체가 아니라 특정 공간 속에 들어 있는 사회라 할 수 있다.

따라서 1979년 "역사의 공간적 차원"이라는 제목 아래 간행된 『급진역사학보*Radical*

History Review』 특집호는 기억할 만한 업적이다. 그것은 1960년대 말부터 지리학계에서 대두한 연구 동향, 즉 아래에서 소개하듯이 공간과 사회의 관계를 재검토하며 공간을 사회적 과정의 일부로 이해하는 경향을 반영한다. 더욱이, 그 특집호는 새로운 문제의식을 제기한다. 간단히 말해 공간을 역사의 무대가 아니라 그 산물로 보자는 것, 따라서 공간의 변형 자체를 역사학적 연구의 대상으로 삼자는 것이라 할 수 있다.[1]

이제 돌이켜 보면 그에 대한 호응이 컸다고 할 수는 없지만, 점차 공간에 대한 연구가 활발해지는 동시에 문제의식도 새로운 방향으로 전환하고 있는 것으로 보인다. 아직 연구 성과가 많이 축적되지 않았기 때문에 확신하기는 어렵다. 그렇지만 1980년대 중엽부터 지리학계에서 공간의 구조와 사회적 과정의 관계에 대해 새로운 해석이 제기되었는데, 공간에 관한 한 역사학자들의 연구가 지리학계의 동향을 뒤쫓아 왔다는 점을 고려할 때 그런 진단이 가능하다는 것이다. 과감하게 단순화한다면, 1970년대 말에 제기된 문제가 왜 공간이 오늘날 우리가 보는 것처럼 변형되는가 하는 것이었다면, 이후에 부각된 문제는 공간이 그런 변형을 통해 거꾸로 사회에 어떤 영향을 끼치는가 하는 것이라 할 수 있다.

이 장에서는 계급 개념을 염두에 두고, 그런 연구 동향을 검토하고 바람직한 방향을 모색한다. 이 작업은 공간 가운데서도 도시 공간에 초점을 맞춰 시도한다. 공간의 문제가 도시에 국한된 것은 물론 아니지만, 지금까지 전개된 논의가 도시 공간에 집중되어 있기 때문이다. 다른 한편, 이 작업은 역사학의 범위를 크게 벗어날 것이다. 공간에 관한 연구는 지리학계가 선도해 왔으므로, 지리학에 의지하지 않고서는 도시사의 연구 동향을 올바르게 파악할 수 없기 때문이다. 지리적인 범위에 관해 덧붙인다면, 도시사 연구가 활발한 미국을 중심으로 하되 필요에 따라 유럽의 몇몇 나라에 대해서도 논의할 것이다. 주제가 공간의 개념이라는 이론적인 문제를 밑에 깔고 있기 때문에, 학문적 영역이나 정치적 경계에 따라서 논의의 테두리를 긋기는 어렵다.

1. 도시사와 공간 개념

도시사는 연구 대상을 지리적으로 규정함으로써 성립하는 분야이기 때문에, 연구 주제의 측면에서 보자면 외적으로 특징이 뚜렷하고 내적으로 일관성이 있는 하나의 독립된 분

1 "Introduction: The Spatial Dimension of History."

야로 인정하기 어려울 만큼 다양한 내용을 담고 있다. 사실 도시사 연구자들은 매우 다양한 주제에 관심을 기울여 왔다. 미국의 역사학자들은 유럽보다 뒤늦은 1930년대에 와서야 도시에 관심을 기울이기 시작했는데, 대개 농촌에서 도시로 집중되는 인구이동, 도시의 특징적인 경제 및 사회 생활, 그리고 도시 문화를 탐구하는 데 주력했다.[2] 그보다 한 세대 후에는 이른바 "새로운 도시사"가 대두했는데, 그것은 스티븐 선스트롬의 지적처럼 종래의 도시사와 그리 선명하게 구분되지 않았다. 그래도 주제의 측면에서 볼 때, 새로운 세대의 학자들은 과거와 달리 도시인의 지리적·사회적 이동을 비롯해 '이름 없는' 민중의 사회적 경험에 관심을 기울였다고 할 수 있다.[3]

따라서 도시사 안에서도 공간은 연구 주제로서 간과되었다고 할 수는 없어도 분명히 경시되었고, 1960년대 초에 와서야 비로소 주의를 끌기 시작했다. 1962년에는 샘 배스 워너 2세가 미국 대도시 주변에서 교외가 발전한 과정에 관해 중요한 연구 성과를 발표함으로써, 근대 도시의 공간 구조를 설명하는 데 역사학적 접근이 유용하다는 점을 처음으로 보여 주었다. 다음 해에는 오스카 핸들린이 도시사를 역사학의 한 분야로 발전시키자고 역설하면서, 공간에 주목할 필요가 있다고 주장했다. 그는 근대 도시가 그 바깥에 있는 세계와 불가분의 관계를 가지고 있으며 바로 거기서 도시사의 핵심적인 과제가 유래한다고 지적하고, 그런 과제로 도시의 사회질서와 도시인의 사회적 적응 이외에 도시 공간의 조직을 들면서 근대 도시에서 공간이 기능적으로 분화되는 과정을 개관한다.[4]

공간이 중요한 연구 주제로 부각되는 데는 그런 지도적인 역사학자들 이외에 도시사회학자들도 기여했다. 그들은 '시카고학파'라 불렸는데, 그 기원은 1925년 시카고대학의 사회학 교수 로버트 파크와 어니스트 버제스 등이 발표한 『도시』라는 저서에 있었다.[5] 이들은 주로 생태학에 의존해 도시를 생존경쟁의 원리에 따라 움직이는 생태계처럼 취급하면서, 사회집단들이 도시 공간에 침입, 계승, 지배하는 과정에 주목했다. 여기서 시작된 지역사회 연구의 전통이 미국 사회학계에서 면면히 이어져 오다가, 2차대전 이후에 교외가 급격하게 팽창함에 따라 더욱 활기를 띠었고 1950년대 말부터는 학계는 물론이요 세간의 이목도 끌

---

2 Schlesinger, *Rise of the City*; Bridenbaugh, *Cities in Wilderness*; Mumford, *Culture of Cities*.

3 Thernstrom, "New Urban History." 또한 다음도 참고하라. Lampard, "Urbanization and Social Changes"; Schnore, " 'New' Urban History." "새로운 도시사"의 업적으로는 다음을 보라. Thernstrom, *Poverty and Progress*; idem, *Other Bostonians*; Thernstrom and Sennett, eds., *Nineteenth-Century Cities*.

4 Warner, *Streetcar Suburbs*; Handlin, "Modern City."

5 Park, Burgess, and McKenzie, *City*.

기 시작했다.[6] 이런 사회학계의 동향에 긍정적이든 부정적이든 간에, 일부 역사학자들은 거기서 영향을 받아 교외의 기원을 비롯해 도시 공간에 주목하게 된 것으로 보인다.[7]

덕분에 1970년대 중엽에 이르면, 근대 도시의 공간이 변형되는 양상과 과정이 드러나게 되었다. 산업 자본주의가 발전하기 이전에, 도회지는 대부분 규모가 작고 기능이 거의 분화되지 않았다. 또 도회지에서 가정은 흔히 생산 현장일 뿐 아니라 소비 장소이기도 했다. 구체적으로 말하자면, "작업 공간과 생활 공간은 대개 완전히 통합되어 있었고, 그래서 직공은 물론이요 가족 성원들도 문자 그대로 작업장의 위나 뒤에서 살았다."[8] 19세기 초부터 공장제가 발달하고 산업규율이 강화됨에 따라, 작업은 시간상으로 점차 휴식과 구분되었지만 공간상으로는 여전히 생활과 가까운 위치에 있었다. 왜냐하면 이른바 "걷는 도시"에서는 도시의 중심부에 상업과 산업, 그리고 노동력이 집적되어 있었기 때문이다.[9] 다만 부유층은 도심지의 혼잡하고 열악한 환경을 피해 "낭만적 교외"로 이주했고, 또 그 지역의 주민들도 매력 있는 주거지를 개발하려고 노력했다.[10] 19세기 말에는 중산층도 도심지에서 주변지역으로 이주함으로써 샘 워너가 명명한 "전차 타는 교외"가 형성되었다.[11] 대공황이 시작되기 전까지는 숙련공들도 도심지에서 빠져 나가면서 교외의 급격한 팽창을 가져왔다. 대도시의 중심부에는 저임금에 묶여 있던 비숙련공들이 남았는데, 그들도 대부분 취업 장소에서 상당히 떨어진 곳에 정착했기 때문에 직업과 상관없이 서로 뒤섞여 살게 되었다. 그렇게 해서 최근까지 유지된 공간적 구조의 기본 패턴이 자리 잡았다. 물론, 현실은 이보다 훨씬 복잡하다. 사회 · 경제적 지위는 물론이요 가족 구성과 민족이라는 요소 때문에 주거 패턴이 복잡해졌고, 그래서 동심원이나 부채꼴, 혹은 덩어리 같은 패턴이 혼재했던 것이다.[12] 여기서 중요한 것은 미국의 도시는 대개 자동차 시대가 오기 전에 이미

6 예로는 다음을 보라. Berger, *Working-Class Suburb*; Gans, *Levittowners*; Kornblum, *Blue Collar Community*.

7 영국에서도 비슷한 동향이 나타났는데, 이에 관해서는 다음을 보라. Dyos, *Victorian Suburb*; Briggs, *Victorian Cities*; Dyos, ed., *Urban History*; Dyos and Wolff, eds., *Victorian City*.

8 Jackson, *Crabgrass Frontier*, 15. 다음도 참고하라. Bridenbaugh, *Cities in Revolt*; Nash, *Urban Crucible*.

9 Warner, *Streetcar Suburbs*, 15-21.

10 Mumford, *Culture of Cities*, 210-218; idem, *City in History*, 482-524; Jackson, *Crabgrass Frontier*, 45-86; Binford, *First Suburbs*.

11 Warner, *Streetcar Suburbs*; idem, *Private City*.

12 Park, Burgess, and McKenzie, City; Hoyt, *Residential Neighborhoods*; Timms, *Urban Mosaic*; Pooley, "Choice and Constraint"; Walker, "Transformation of Urban Structure"; idem, "Theory of Suburbanization"; Conzen, "Patterns of Residence."

주거 지역이 상공업 지역 등으로부터 기능적으로 구분되었고 또 계급에 따라 분화되었다는 점이다.

이렇게 도시 공간의 역사적 구조가 밝혀지자 새로운 문제점이 떠올랐다. 그것은 무엇보다도 공간이 왜 그렇게 변형되었는가 하는 의문으로 집약되었다. 지리학자 데이비드 하비는 1975년에 발표한 논문에서 사회학자들이 제시한 기존의 주거지 분화 이론이 비슷한 사람들끼리 모여 산다는 단순한 생각에서 벗어나지 못했다고 비판했다.[13] 사실 시카고학파의 이론적 핵심은 "여과*filtering*," 즉 주택시장에서 수요와 공급을 통해 조절되는 과정을 거쳐 주거지가 사회 · 경제적 지위에 따라 분화된다는 생태학적이며 고전경제학적인 개념이라 할 수 있다. 그것은 워너 등 많은 도시사 연구자들에게서도 보인다. 그들은 수많은 도시인들이 보다 나은 환경을 찾았고 또 수많은 개발업자들이 거기에 부응해 도시의 경관을 바꿔 나갔다는 점을 밝혀냈으니 말이다. 그러나 이 설명은 시야를 조금만 넓혀도 설득력을 잃기 시작한다. 유럽 대륙으로 눈을 돌려 프랑스를 살펴보면, 파리에서 드러나듯이 교외는 이미 19세기 전반기에 주거 지역으로 변모했다. 그런데 그리로 나간 것은 부자가 아니라 노동자들이었고, 이후에도 상층과 중산층이 중심부를 차지하고 노동계급은 주변부로 밀려 나가는 패턴이 대체로 유지되었다.[14] 그런 패턴은 "여과"와 "낭만적 교외" 대신에 선택과 강제, 그리고 화려한 도심을 특징으로 삼고 있는 것이다.

하비의 비판 아래에는 도시를 연구하는 사회학자나 역사학자들과는 다른 전제, 구체적으로 말해 공간과 사회의 관계에 대한, 나아가서는 공간의 개념 자체에 대한, 상이한 견해가 깔려 있다. 기본적으로 그들은 공간이란 사회에 의미 있는 영향력을 미치지 못한다고 가정한다. 이 가정은 분명히 19세기 말부터 학문적 전문화 때문에 강화되었지만, 원래는 계몽사상의 유산이다. 계몽사상은 서양의 지적 전통 속에 진보에 대한 신념이라는 시간적인 이상을 정착시켰는데, 그 핵심에는 자연에 대한 인간의 지배라는 관념이 들어 있었다. 그리고 이 관념은 공간, 특히 유럽인들이 15세기에 대양 항해를 통해 '발견'한 공간을 자연환경으로 인식하고 정복하려는 태도를 내포하고 있었다. 그로부터 공간에 대한 관심을 이어받은 자연과학은 공간을 다루면서 그것이 갖고 있는 관계에서 분리해 추상화시키는 방법에 의존했고, 그 결과 공간이란 끝이 없고 형체가 없으며 내용도 없는 공백이라는 개념에 도달했다. 그에 따르면 공간은 움직이지 않으며 존재조차도 아닌 무엇이었고, 그렇

13 Harvey, "Class Structure."

14 Wagenaar, "Conquest of the Center."

기 때문에 원인이 될 수는 없었다. 이 관념이 사회과학과 역사학에 유포되었고, 결국에는 "공간이 사회이론에서 종속적인 위치에 처하게 되는 상태" 에 이르게 되었다.[15]

따라서 공간이 혹시 고려 대상이 된다 해도 용기容器, 즉 역사가 전개되는 무대 이상의 것은 아니다. 20세기 역사학계에서 지리를 가장 예민하게 의식한다고 알려져 있던 아날학파도 마찬가지이다. 페르낭 브로델은 "전체사" 를 역설한 것으로 유명한데, 그는 널리 알려져 있듯이 역사를 장기 지속, 집단과 조직, 그리고 사건이라는 세 개의 수준으로 나눈다. 그리고 자신의 대표작 가운데 하나인 『지중해와 지중해 세계』에서 제1부를 첫째 수준, 즉 인간과 환경 사이의 관계라는 측면에서 바라보는 역사에 할애한다. 여기서 그는 지리에 특히 주의를 기울이는데, 그것은 "구조적 현실이 서서히 전개되는 과정을 재발견하고 시간이 매우 긴 시각으로 사물을 보는 데 지리가 도움이 된다" 고 믿기 때문이다.[16] 그러나 버나드 베일린이 이 책에 대해 쓴 날카로운 서평에서 비판하듯이, 브로델은 이 세 개의 수준을 "지중해 세계의 유기적 전체성에 대한 파악" 으로 통합하는 데 실패했으며, 따라서 집단과 조직의 역사와 사건의 역사가 지니는 공간적 차원을 탐색하지 못했다.[17] 바로 그 때문에 『지중해와 지중해 세계』의 제2판 서문에서, 브로델은 스스로 접근방법을 수정해 "원래 이 책을 정당화시키는 근거가 되었던 공간과 시간(지리와 역사)의 변증법" 에서 후퇴한다.[18]

2. 새로운 공간 개념

다른 한편에서는 지리학자들이 공간에 대해 새로운 시각을 개발해 왔는데, 이것은 "역사의 공간적 차원" 을 검토하는 데 매우 유용한 것으로 보인다. 지리학은 오랫동안 역사학과 사회과학으로부터 고립되어 있었다. 역사지리학은 전통적으로 역사학을 인접 영역으

15 Soja, *Postmodern Geographies*, 31. 다음도 참고하라. Harvey, *Condition of Postmodernity*, 240–259; Sack, *Conceptions of Space*, 3–31; Bochner, "Space."

16 Braudel, *The Mediterranean*, 23.

17 Bailyn, "Braudel's Geohistory." 다음도 참고하라. Harsgor, "Total History"; Baker, "Reflections."

18 Braudel, *The Mediterranean*, 16. 브로델은 이후에 더욱 후퇴를 해서 *Civilization and Capitalism*에서는 세계경제와 전국시장의 지리적 테두리를 교통기술의 견지에서 논하는 이외에는 공간에 관해 언급하지 않는다. 이에 관해서는 다음을 보라. vol. 1. *Structures of Everyday Life*, 415–430; vol. 3. *Perspective of the World*, 21–45, 315–322. 그 부분적인 이유는 전체적인 틀과 주요 개념을 이매뉴얼 월러스틴에게서 빌려 쓰고 있는데, 월러스틴이 중심부와 주변부 같은 공간적인 용어로 뜻하는 것이 분업이라는 데 있는 듯하다. 이에 관해서는 다음을 보라. Wallerstein, *Modern World-System Ⅰ*, 15–16, 100–103, 116–117, 347–357.

로 취급하며 긴밀한 교류의 필요성을 강조하면서도, "경관에 변화를 가져오는 요인으로서 인간에 관심을 두기보다는 인간이 변형시킨 경관에 집중함으로써" 지리학과 역사학의 교류를 증진시키는 데 실패했다.[19] 그러나 1960년대 말에는 일군의 이단적인 지리학자들이 종래의 연구가 과연 사회적 적실성을 가지고 있는지 의문을 제기했다. 그리고 비판적인 사회이론, 특히 마르크스주의를 수용하고 공간적 구조와 사회적 과정 사이의 관계를 연구해 왔다.

그들에게는 앙리 르페브르라는 선구자가 있었는데, 그는 자본주의가 생명력을 갖고 있는 것은 공간을 통해 확장되기 때문이라고 주장하며 프랑스 마르크스주의에서 독자적인 노선을 걸었다. "자본주의가 백 년 동안 그 내적 모순을 해결하지는 못했지만 완화시킬 수 있었던 것은" 그의 말을 빌리자면 "공간을 점령하고 공간을 생산함으로써였다." 여기서 그가 말하는 것은 자연 공간이 아니라 "사회적 공간" 으로서, 독일의 유명한 사회학자 게오르그 지멜이 같은 용어로 사회학적 세계를 뜻한 것과는 다른 것이다.[20] 르페브르가 말하는 사회적 공간은 "조각으로 잘라 내서 사고파는 상품" 을 가리킨다. 바로 거기서 자본주의는 일상생활을 지배해 왔고 그렇게 해서 사회적 관계가 계속해서 재생산되게 했다는 것이다. 그는 "(생산수단은 물론이요 생산관계의) 재생산이 이루어지는 곳은 **사회 전체**일 뿐 아니라 **공간 전체**" 라고 주장한다.[21] 그의 사상은 광대하고 미묘한 영역을 아우르는데, 그것을 검토하는 어려운 작업을 여기서 시도할 필요는 없다. 여기서 중요한 것은 르페브르가 사회와 공간의 관계를 문제로 제기하고 공간이 사회적 구성물이라는 관념을 주장했다는 점이다.

프랑스의 사회학자 마누엘 카스텔도 이런 관념에 찬동한다. 그렇지만 르페브르가 이 관념을 지나치게 밀고 나가 공간이 인간의 자유로운 창조의 산물인 것처럼 보이게 만들었다고 하면서 이를 인간주의라고 비판한다. 이 비판은 구조주의적 마르크스주의의 영향을 받아 인간의 능동성을 경시하는 데서 나온 것으로 보인다. 사실, 카스텔은 도시 연구에서도 특히 소비를 이해하는 데 구조주의적 마르크스주의를 도입함으로써 이단적인 지리학자들

19 Baker, "Historical Geography," 561.
상론을 위해서는 다음을 보라. Darby, "Geography and History"; Baker, "Ideology and Historical Geography"; Earle, *Geographical Inquiry*, 1-23; Norton, *Historical Analysis*, 17-61; Gregory, *Ideology, Science and Human Geography*.

20 Frisby, *Simmel and Since*, 98-117.

21 Lefebvre, *Survival of Capitalism*, 19, 21, 83; idem, *Production of Space*. 다음도 참고하라. Gregory, *Geographical Imaginations*, 348-416; Soja, *Postmodern Geographies*, 76-93; Merrifield, "Place and Space"; Martins, "Theory of Social Space."

사이에서 한때 상당한 영향력을 행사한 적이 있다. 그가 공간의 개념에 관해 르페브르를 비판하며 강조하고자 한 것은 공간이란 사회구조와 사회관계의 연관에 따라 특정화된다는 점인 듯하다. 그에게 공간은 "그것을 통해 표출되는 사회적 과정에서 그 의미가 도출되는 사회적 형태" 이다.[22] 그래서 카스텔은 공간을 사회적 과정의 견지에서 해석하자고 제안한다.

데이비드 하비는 그와 같은 관념들을 마르크스주의 정치경제학의 시각에서 발전시키려 노력한다. 1970년대 초부터 지리학계에서 새로운 동향을 선도한 그의 작업은 사회적 공간의 개념에서 출발한다. 그는 공간의 개념이 다양하다고 지적하고, "공간을 어떻게 하면 적절하게 개념화할 수 있는가 하는 문제는 공간에 연관된 인간의 실생활을 통해 해결해야 한다" 고 선언한다. 따라서 그는 근대 물리학의 공간 개념을 거부한다. 다른 한편으로 사회와 공간의 관계를 면밀하게 검토하고서, 이렇게 주장한다. "공간의 형태는 …… 사회적 과정이 전개되는 무대와 같이 움직이지 않는 객체가 아니다. 사회적 과정이 공간적인 것과 마찬가지로, 그것은 사회적 과정을 '포함' 하는 물체라고 생각된다."[23]

그는 이 주장을 궁극적으로 "자본의 도시화" 라는 테제로 발전시킨다. 그에 따르면 자본주의 아래서 자본은 1차적 순환 과정, 즉 상품의 생산과정에서 잉여가치를 착취하는데, 여기서는 투자 기회에 비해 자본이 과도하게 축적된다. 그렇게 해서 형성되는 잉여 자본은 순환 과정에서 제거하지 않으면 그 가치가 저하되는 경향이 있다. 그러므로 자본은 2차적 순환 과정, 바꿔 말해 생산과 소비를 모두 증진시키는 데 도움이 되는 물리적 하부구조의 건설사업—흔히 국가의 개입 아래 진행되는 사업—에 투입된다. 그 결과는 건조환경***built environment***, 즉 도시의 경관 전체를 형성하는 교통망, 공장, 사무실, 주택, 학교, 공원 같은 것들로 나타난다. 끝으로, 자본의 3차적 순환 과정은 생산력의 발달에 기여하는 과학과 기술에 대한 투자와 노동능력의 재생산에 연관되는 사회적 비용에 대한 투자를 가리키는 것으로, 건조환경과는 직접적인 관계가 없다.

하비에 따르면 자본주의 사회가 "그 자체의 모습에 따라" 창조한 이 건조환경을 이해하려면, 자본가와 노동자의 갈등에 특히 주목해야 한다. 자본가들 가운데서는 두 개의 분파가 도시 공간을 창조하는 데 주로 개입하는데, 하나는 지주나 부동산에 투자하는 금융기관처럼 지대를 차지하려 하는 분파이고 다른 하나는 물리적 구조를 건설함으로써 이윤을 얻

---

22 Castells, *Urban Question*, 430.
23 Harvey, *Social Justice*, 10–11, 13.

으려는 분파이다. 노동자는 이런 자본가 분파들과 갈등하는 관계에 있다. 왜냐하면 노동자는 "건조환경을 소비 수단으로, 또 재생산을 위한 수단으로 사용하기" 때문이다. 더욱이 자본가 일반이 건조환경을 둘러싼 갈등에 개입한다. 그것은 건조환경이 잉여 자본의 출구일 뿐 아니라, 주택 소유에서 생계비와 소비, 그리고 산업규율에 이르기까지 노동자를 지배하는 지렛대도 제공하기 때문이다. 그래서 하비는 도시 공간이란 자본주의 아래서 진행되는 사회적 과정에 통합되어 있는 부분이라 주장한다. "건조환경의 생산과 사용은 모든 측면에서 자본의 순환이라는 궤도 속에 들어 있다"는 것이다.[24]

내용이 풍부한 하비의 테제를 이와 같이 짤막하게 살펴봐도, 자본의 과잉 축적과 가치저하 같은 개념을 중심으로 이론적인 논의가 필요하다는 것은 분명하다. 더욱 중요한 것은 그의 주장이 대체로 경험적 연구보다 마르크스의 저작에 더 많이 의존하고 있으므로, 테제 전반을 역사적 사실에 비춰 면밀하게 검토할 필요가 있다. 그래도 하비는 공간이 변형되는 역동적인 과정에 주의를 환기한다는 점에서, 도시 공간에 관해 연구하는 역사학자들에게 흥미 있는 시각을 제공하는 것으로 보인다. 『급진역사학보』의 편집인들이 "역사의 공간적 차원"이라는 제목 아래 발행한 특집호에서 강조한 것도 바로 그런 시각이다. 그들은 브로델이나 그 외 여러 역사학자들의 저작에서는 공간적 범주가 제대로 개발되지 않은 채 사용되었다고 지적하고, 반면에 마르크스주의 지리학자들은 너무 추상적인 논의에 빠져 공간이 변형되는 구체적 과정에 관심을 기울이지 않는다고 비판한다. 이어서 "공간적 관계란 사회적 자원의 소유와 사용을 놓고 여러 집단들이 벌이는 치열한 투쟁과 협상의 산물이라고 보는 복합적인 견해"를 제시한다.[25] 미국의 사회사 연구자 로이 로센즈위그가 공원과 놀이터에서 벌이는 여가활동을 포함해 노동계급의 여가 패턴을 연구한 자신의 저서에서 채택한 시각도 바로 그런 것이다.[26]

그런 시각은 엘리자베스 블랙마에 의해 한 걸음 더 발전했다고 할 수 있다. 이는 뉴욕 시의 주택시장에 대한 그의 중요한 연구에서 드러난다. 부동산 소유자들은 지리적으로 토지가 풍부한 가운데서도, 식민지 시대부터 맨해튼에서 인위적으로 희소성을 조성했다. 한편으로 그들 스스로 토지의 사회적 독점 상태를 만들어 나갔고, 다른 한편으로는 18세기 말

---

24 인용은 Harvey, *Limits to Capital*, 234. 다음도 참고하라. Harvey, *Urbanization of Capital*; idem, *Consciousness and the Urban Experience*; Gregory, *Geographic Imaginations*, 348-416.

25 Editors' Introduction: The Spatial Dimension of History, 5.

26 Rosenzweig, *Eight Hours*. 다음도 참고하라. Rosenzweig and Blackmar, *Park and the People*.

에 이르기까지 점점 더 많은 노동자들이 사용자의 가구에서 독립해서 임대주택으로 이사했기 때문이다. 그렇게 형성된 주택시장을 통해 뉴욕의 부동산 소유자들은 지대를 거두어들일 수 있었고, 이를 이용해 맨해튼 남부를 업무 지구로 만드는 한편 자신들이 들어가 살 "훌륭한" 주거지를 개발했다. 이 지리적 변화 때문에 독립해 있던 장인들이 부동산에 대한 통제권을 잃게 되었다. 부동산은 그들이 자신의 가구 안에서 경제활동을 조직하고 피부양자의 노동능력을 사용하는 가부장적 권한의 기초였으므로, 그들과 견습공 등 피고용인의 관계가 와해되는 사회적 변화도 뒤따랐다.[27] 블랙마 자신은 분명하게 지적하지 않지만, 이것은 공간이 사회적 과정에 연루되며 사회적 변화에 영향을 끼친다는 점을 시사한다.

사회적 과정을 바라보는 이 공간적 시각은 하비가 드러내 놓고 말하지는 않아도 그의 테제 속에 잠재해 있다. 그것은 간단히 줄이면 공간이 사회적 구성물일 뿐 아니라 사회적 과정의 일부이기도 하며, 따라서 거꾸로 사회적 과정에 영향을 줄 수도 있다는 것이다. 이는 앞서 언급한 『급진역사학보』 특집호에서 존 앰스덴이 이미 조심스럽게 살펴본 적이 있다. 그는 역사학적 분석에서 공간적 차원이 중요하다는 점을 강조하기 위해, 실례로 1979년 6월 어느 토요일에 로스앤젤레스에서 있었던 인종주의 반대집회를 든다. 이 지역의 활동가들은 토요일에는 라플라시타라는 집회장과 주변 광장에 많은 사람들이 모여 든다는 점을 염두에 두고, 그리로 통하는 거리를 중심으로 도심지에서 행진을 벌임으로써 사람들의 관심을 끌어 대규모 군중집회를 열고자 했다. 그러나 집회 허가가 난 장소는 거기서 상당히 떨어져 있는 다른 광장이었고, 시위대가 집회 장소로 행진하면서 라플라시타를 지나치자마자 행진이 와해되기 시작했다. 라플라시타에서 따라 나선 사람은 전혀 없었고, 시당국이 저 다른 광장의 공간을 집회에 불편하게 만들어 놓은 것을 보고는 활동가들도 대개 주저했던 것이다. 앰스덴은 이 사건에서 "건조환경이 때로는 개인과 집단의 행위에 심대한 영향을 끼칠 수 있다는 관념에 대해 놀라운 확신"을 얻는다고 주장한다. 그렇지만 이 관념을 더 이상 밀고 나가지 않는다. 다만 조심스럽지만 모호한 호소, 즉 "사회가 시간을 통해 변하는 과정뿐 아니라 지리적으로 조직되어 있는 방식에 따라 사회를 이해하는 능력과 성향, 바꿔 말해 '공간적 상상력'"을 역설할 뿐이다.[28]

공간적 시각은 존 메리먼의 『도시생활의 주변』에 내포되어 있다. 19세기 전반기 프랑스 도시의 주변 지역에 대한 이 연구에서, 그는 어떻게 공간적 한계성이 부르주아지와 프롤레

27 Blackmar, *Manhattan for Rent*, 14-108.

28 Amsden, "Historians and the Spatial Imagination." (인용은 12, 14) 또한 Epstein, "Spatial Practices"도 보라.

타리아 사이의 사회적 분화, 또 제2제국에 이르는 정치과정에 기여했는지 보여 준다. 이 책에서 다루는 다양한 도시 주변 지역 중에서 예를 들어 랭스의 근교에서는, 작업의 집중, 기계화의 영향, 사회생활의 조직, 그리고 공상적 사회주의와 공화주의의 영향 등 여러 요인 때문에 모직물 노동자들의 정치적 동원이 가능했다. 메리먼은 "그러나 대규모 산업화와 도시 성장에 부수된 공간적 요소 또한 1848년 혁명에 뒤이은 사회적 · 정치적 갈등에 기여했다" 고 강조한다. 그에 따르면 노동자들은 자신의 경제적 역할로 인해 도시의 한계지에 살게 됨에 따라 이웃사람들과 연대의식을 느꼈을 뿐 아니라, 도심에서 쫓겨났다는 소외의식도 느꼈다. 메리먼은 바로 이것이 그들이 동원되는 과정에서 "주요한, 아마 결정적이라고도 할 수 있을, 역할을 했다" 고 본다. 더욱이 노동자들이 "사회적인 동시에 공간적인 정체성正體性과 연대의식" 을 기초로 정치적으로 도전하는 동안, 다른 한편에서는 엘리트가 도시의 주변 지역으로 그 지배력을 확장하고자 했다. 메리먼은 그로 인해 발생한 갈등이 이 시기는 물론이요 그 이후에도 프랑스 역사의 주요 주제가 된다고 부연한다.[29]

그렇지만 그는 공간적 시각을 천착하지 않는다. 메리먼은 사회적인 동시에 공간적인 한계성 개념에 초점을 맞추고 있으므로, 공간에 대한 관심을 19세기 프랑스의 도시 밖으로는 넓히지 않는다. 실제로 그 책에서는 다른 공간에 대해 생각하거나 공간의 일반적 개념, 또는 공간과 사회의 관계를 검토하지 않는다. 결국 그는 사회적 과정에 영향을 미치는 공간이란 무엇인가 하는 기본적인 의문을 다른 이들에게 미루어 버린 셈이다.

그 의문은 아직도 계몽사상의 유산에 얽매여 있는 이들이 볼 때 좋은 문제가 아니다. 예를 들어 영국의 사회학자 존 어리는 공간과 사회의 관계를 검토하는 자신의 논문에서, 사회적 실체 사이의 시간적 관계는 물론이요 공간적 관계도 생각하는 것은 필요하다고 지적한다. 그렇지만 공간과 사회가 상호작용을 한다고 생각하는 것은 범주상의 오류라고 주장한다. 그 이유는 다름이 아니라 사회와 달리 공간은 실질적인 것이 아니라는 데 있다.[30] 물론 유클리드의 공간, 즉 19세기에 와서 구조와 대비시키며 공허한 것으로 인식하게 된 공간은 그렇다. 사실, 우리는 이 오래된 관념에 너무나 철저히 길들여져 있기 때문에 공간이라는 말만 들어도 벌써 마음속에 기하학적인 모형을 떠올리게 된다.

그러나 현실은 그렇게 추상적인 것이 아니다. 공간은 또한 추상화시킬 수 없을 만큼 구체적인 것이기도 하다. 실제로 공간은 우리의 일상생활을 너무나 친밀하게 감싸고 있어

---

29 Merriman, *Margins of City Life*, 195, 200, 227.

30 Urry, "Social Relations, Space and Time."

서, 우리는 흔히 그것이 토지라는 물질적 기초를 가지고 있다는 뻔한 진실에 유의하지 않는다. 공간은 이 기초 위에 있기 때문에 무엇보다도 생산과 재생산의 조건으로서 사람들이 소유하고 이용하는 대상이다. 또한 공간은 이 기초 위에 있기 때문에 재산관계를 포함해 사회적 관계를 매개하는 실질적인 것이다. 공간, 즉 르페브르적 의미의 사회적 공간은 사회적 관계에서 뗄 수 없을 만큼 거기에 개재되어 있다. 그것은 용기일 뿐 아니라 매체媒體이기도 하다.

일부 지리학자들은 바로 이 개념을 사회이론에 통합시키고자 노력한다. 데릭 그레고리는 이 개념을 옹호하는 지도적인 지리철학자로서 구조화 이론에 기대를 건다. 거기서는 "사회적 관계와 공간적 구조의 상호관계를 과학적 탐구의 중심적 초점으로 본격적으로 복원시키는 데 필요한 구체성으로의 복귀"를 발견할 수 있다는 것이다.[31] 그렇지만 그의 주장에 설득력이 있는지 의심스럽다. 구조화 이론, 특히 그레고리가 주목하는 앤서니 기든스의 이론에서 시간과 공간은 모두 사회체제의 구성에 필수적인 것으로 간주되지만, 공간을 매체로 보는 개념은 용납되지 않는다. 기든스는 시간과 공간이 행동을 둘러싸고 있는 환경 이상의 것이라고 말하면서도, 시간지리학의 틀 속에서 개인의 행동을 분석할 때는 시간과 공간을 환경으로서만 취급한다. 사실 그의 이론은 구조의 이중성이라는 관념, 다시 말해 개인과 사회체제 사이의 상호작용이라는 문제에 집중되어 있기 때문에, 공간이 여러 개인이나 집단 사이의 사회적 관계를 매개하는 방식은 다루지 않는다. 끝으로 그의 구조화 이론은 "사회변화 이론을 모색하는 작업은 …… 실패로 끝날 수밖에 없다"는 전제에서 출발하기 때문에, 사회적 관계의 전개 과정에 관한 관심이나 안목을 갖고 있지 않다. 따라서 그것을 역사학적 접근과 조화시키기는 어려울 것으로 보인다.[32] 나이절 스리프트는 구조화 이론이 지니는 함의를 탐색하며 사회적 행동의 결정에 관해 마르크스주의 이론을 개발하려 시도하는데, 거기서도 공간은 용기 이상의 것이 아닌 듯하다.[33]

에드워드 소자는 공간과 사회이론을 결합하기 위해 다른 방안을 모색한다. 한마디로 줄이면 "제3의 해석지리학, 즉 공간성을 사회적 산물(내지 결과)인 동시에 사회생활의 형성요인(내지 매체)이라 …… 인식하는 지리학"을 주창한다. 그 핵심에는 사회와 공간 사이에

31 Gregory and Urry, "Introduction." (인용은 3) 다음도 참고하라. Gregory, "Human Agency and Human Geography."

32 Giddens, *Constitution of Society*; idem, *Central Problems in Social Theory*. 인용은 Giddens, *Constitution of Society*, xxviii.

33 Thrift, "Determination of Social Action."

양방 통행식 흐름이 있다고 보고 그것을 "사회-공간적 변증법" 으로 규정하는 공식이 있다. 이 변증법은 공간성, 즉 공간 자체가 아니라 사회에 의해 조성된 공간적 구조를 가리키는 특정 개념에 기초를 두고 있다. 여기서 공간성이란 물리적 · 심리적 공간에서 분리하거나 그것으로 환원할 수 없다. 그것은 시간성과 더불어 "사회적 행동과 관계(계급관계를 포함해)가 물적으로 구성되고 구체화되는 방식" 을 규정하는 구조가 된다. 소자는 이 구성/구체화 과정이 변증법적 유물론에 공간적 차원을 도입하는 데 도움이 될 것이라고 주장한다.[34]

"사회-공간적 변증법" 은 면밀하게 검토할 필요가 있다. 거기서 공간적인 것은 곧 사회적인 것이 되는데, 이는 소자가 공간성이 사회적 산물이자 사회적 매체라는 의미에서 그것을 실질적인 것으로 간주하기 때문이다.[35] 이 점을 강조함으로써, 그는 역사적 유물론에 지리적 차원을 도입하고자 할 뿐 아니라 공간적 물신주의, 즉 사회적인 것을 공간으로 물화시키고 그렇게 해서 계급투쟁에 대한 관심을 분산시키는 경향을 모면하고자 하는 것으로 보인다.[36] 그러나 그렇게 함으로써 소자는 공간이 인간생활의 맥락으로서 항상 물리적 속성을 갖는다는 점을 잊어버린 것 같다. 공간은 이 내재적 맥락성 때문에 상품의 형태를 취하든 그렇지 않든 간에 사회적 과정 속으로 통합될 때 획득하는 실질성과 공존하고 또 연관된다. 따라서 이 두 속성 중에 어느 한 쪽에만 배타적으로 초점을 맞추면 공간에 대한 오해가 생긴다. 예를 들어 사회학자 피터 손더스는 도시사회학을 개관하는 논문에서 맥락성만 강조함으로써, 사회적인 것을 공간적인 것에서부터 분리하고 비공간적 사회과학으로 돌아가자는 설득력 없는 주장을 결론으로 제시한다.[37] 반면에, 소자는 자신의 공간성 개념 속에 맥락성이 잠재해 있음에도 그것을 억누르고 실질성만 강조한다. 그는 실질성에 기초를 둔 공간 이론을 개발하는 데만 관심을 쏟고 있어서, 공간이 맥락으로서 갖는 특수성을 이론화한다는 것이 과연 가능한 일인가 하는 의문에 대해 조금도 개의치 않는 것 같다.[38] "사회-공간적 변증법" 은 주로 철학적 사색을 통해 공식화되었는데, 그가 이것을 경험적 연구로 뒷받침하지 않는 것도 아마 그러한 일면적 관심 때문이 아닌가 싶다.

---

34 Soja, *Postmodern Geographies*, 76-137. (인용은 7, 129)

35 Sayer, "Difference that Space Makes."

36 Soja and Hadjimichalis, "Geographical Materialism and Spatial Fetishism."

37 Saunders, "Space, the City and Urban Sociology."

38 Harvey, "Geopolitics of Capitalism"; Massey, "New Directions in Space."

3. 주거지 분화론을 넘어

그렇다면, 사회적 구성물이자 사회적 매체로서의 공간이라는 개념을 경험적 측면에서 검토해 볼 필요가 있다. 이 측면에서는 주거지 분화에 관한 논쟁을 살펴보는 것이 좋을 것 같다. 주거지 분화는 오랫동안 역사학자와 사회과학자의 공통 관심사였는데, 1970년대 중엽에 이들 사이에서 이론에 관한 논쟁이 시작되었다. 얼마 되지 않아 정체 상태에 빠진 이 논쟁에서, 핵심적인 쟁점은 공간의 개념, 구체적으로 말해 공간의 구조와 계급의 형성 및 해체 과정 사이에 어떤 관계를 설정하느냐 하는 문제였다. 따라서 주거지 분화에 관한 논쟁은 공간의 개념을 경험적인 측면에서 살펴보기에 적합한 시금석이라 할 수 있다.

시카고학파의 영향 때문에 많은 학자들이 지역사회의 생태적 · 문화적 변동에 주목했지만, 일부는 다른 문제, 즉 공간의 구조가 사회적 관계에 어떤 영향을 끼치는가 하는 의문을 다루면서 주거지의 계급별 분리에 관심을 기울였다. 그것은 이미 1960년대 말에 샘 워너와 존 포스터 같은 역사학자들이 거론한 문제였다.[39] 그렇지만 데이비드 하비가 1975년에 발표한 논문에서 주거지 분화를 마르크스주의적 관점에서 분석하려고 시도했을 때, 큰 관심을 끌기 시작했다. 하비는 자본주의 아래서 주거지 분화가 사회적 관계와 긴밀하게 연관되어 있다고 믿고, 주거 지역에 따라 사회적 유동성과 분위기가 서로 다르며 인구가 집중된 큰 지역이 작은 지역사회로 분리되면 계급의식이 발전하기 어렵다고 주장한다. 이 논문은 경험적 기초가 없기 때문에 결론이 매우 가설적인 명제들로 끝나는데, 그중에는 주거지 분화를 "계급관계와 사회적 분화가 생산되고 유지되는 과정에 영향을 주는 필연적인 매개적 요소"로 간주해야 한다는 제안이 들어 있다.[40]

하비가 이 제안을 끌어 낸 곳은 부분적으로는 존 포스터가 초기의 산업 자본주의에 관한 저서에서 제시한 테제인 것 같다.[41] 하비는 그 책에 대한 서평—주거지 분화에 관한 논문보다 겨우 몇 개월 앞서서 발표한 서평—에서, 포스터의 저서를 "토론 주제의 금광"이라고 칭찬하면서 "직업을 기초로 한 당대의 편협성"은 포스터가 계급의식을 다루면서 서술한 노동계급 내의 직업별 주거지 분리에 근거를 두고 있었다고 해석한다.[42] 그렇지만 이는

39 Warner, *Private City*, 173; Foster, "Nineteenth-Century Towns."

40 Harvey, "Class Structure," 368.

41 Foster, *Class Struggle*.

42 Harvey, Review. (인용은 110)

전적으로 옳은 생각이라 할 수 없다. 포스터는 마르크스-레닌주의자로서 19세기 중엽 영국의 사회적 안정이 제국주의와 노동귀족 덕분에 조성된 것이라고 주장한다. 대규모 해외 투자에 따른 수익이 있었기 때문에 숙련공에게 높은 임금을 지불할 수 있었고, 그래서 숙련공과 비숙련공 사이에—직업 간이 아니라—임금 격차가 커지면서 대중적인 노동계급 운동이 와해되었다는 것이다.[43] 더욱이, 포스터는 어느 논문에서 공간을 거론하면서 계급별 주거지 분리에 관한 자신의 생각을 밝힌다. 그 요점은 부르주아지가 노동자들의 눈에 띄지 않는 곳에 사는 도시에서는 노동자들이 빈부격차에 대해 민감하지 않았다는 것이다. 부르주아지가 가까이 살면 노동자들이 빈부격차에 예민해지지만 부르주아지가 보이지 않으면 노동자들이 기존 사회적 관계에 순응하는 경향이 있었다는 것이다. 따라서 포스터는 엘리트가 "노동계급에서 사회에 대한 비판의식이 발달하는 가능성의 지역별 차이"에 영향을 끼쳤다고 주장한다. 그렇지만 "물론 부르주아지가 존재하느냐 않느냐 하는 사실 하나만으로 노동자들의 연대나 분열을 설명할 수는 없다"는 경고를 덧붙인다.[44]

데이비드 캐너다인은 1982년에 발표한 논문에서 포스터의 주장을 정면으로 공박한다. 그는 주거지가 분화되어 있지 않으면 인격적인 관계가 가능하고 그래서 사용자와 노동자 사이의 협조가 용이해지며 노동자의 계급의식이 억제된다고 하면서 포스터에 반대하는 명제를 제시한다. 이어서 주거지 분리도 계급 형성에 상반되는 영향을 끼친다고 주장한다. 주거지가 분리되면 비슷한 신분을 가진 사람들끼리 모여 살게 되기 때문에, 사회적 정체성正體性과 연대의식이 발달할 수 있다. 반면에 주거지가 분리되면 준거집단이 없어지므로, 사람들이 상대적 빈곤과 사회적 불평등에 대해 둔감해지기도 한다. 포스터의 견해를 포함해 모두 네 가지 상반되는 견해 사이에는 타협의 여지가 거의 없고, 그래서 캐너다인은 "공간적 분리와 사회계급 사이의 관계에 관해서는 일관성 있는 이론이 없다"고 선언한다. 그렇기 때문에 그는 장래의 연구 과제로 제안할 것도 없다. "땅 위의 형상"과 "사회 속의 형상" 사이의 관계는 공허하거나 무의미하다고 생각하고 이 주제를 그냥 무시해 버리거나, 아니면 그 관계가 의미가 있고 상호 인과적인 것이라는 검증되지 않은 주장을 받아들이라는 것이다.[45]

여기서 주거지 분화에 관한 논쟁은 정체 상태에 빠졌다. 캐너다인의 논문이 발표된 이

43 Foster, *Class Struggle*, 161-250.

44 Foster, "Nineteenth-Century Towns," 298.

45 Cannadine, "Residential Differentiation." (인용은 247)

후, 공간과 계급의 관계는 별로 거론되지 않았다. 이제 돌이켜 보면, 쟁점이 올바르게 설정되어 있었는지 의심스럽다. 제2장에서 살펴보았듯이, 계급이란 사람들이 살아가면서 겪는 다양한 경험의 총체에 뿌리를 두고 있는 것이다. 그런데도 하비나 캐너다인 같은 학자들은 주거지 분화라는 공간적 구조의 변화에 주목하고, 이 하나의 측면에서 계급이라는 복합적인 과정에 접근하고자 했다.[46] 그들은 그것이 위태로운 접근방법이라는 포스터의 경고를 경시했던 것이다.

따라서 1980년대 초 이후, 논객들은 주거지 분화를 거론하는 경우에도 조심스럽게 접근하는 경향을 보인다. 예를 들어 도시지리학자 리처드 해리스는 1984년에 발표한 논문에서, 논쟁을 전반적으로 검토한 다음에 포스터와 비슷한 결론에 도달한다. 그는 일반적으로 주거지 분리가 계급 간의 무지와 계급 내의 결속에 기여한다고 주장한다. 그렇지만 이어서 계급 간의 무지 때문에 노동자들이 사회적 불평등에 둔감하고 정치에 소극적인 태도를 취하기도 하지만, 계급 내의 결속 덕분에 정치적 활동이 활발해지기도 한다고 덧붙인다. 주거지 분리는 정치적으로 모호한 결과를 가져온다는 것이다. 따라서 해리스는 분리의 결과가 "매우 부수적인" 것이라고 지적하고, 계급구조와 주택문제, 통신기술과 정치활동 같은 것을 고려해야 한다고 제안한다.[47] 그러나 그는 왜 이런 요소들이 중요한지 설명하지 않는다. 바꿔 말하면 계급의 형성과 해체를 분석하기 위해서는 거기에 연관되는 다양한 요인을 고려해야 한다는 점은 인정하지만, 그 요인들을 어떤 틀로 통합할 것인지, 또 거기서 공간을 어떤 위치에 놓을 것인지 제안하지 않는 것이다.

그에 못지않게 중요한 것은 공간이 의식에 어떤 영향을 끼치는가 하는 근본적인 의문이다. 이것은 주거지 분화를 거론한 학자들이 계급이라는 현상에 관심을 기울이면서도 간과하던 의문이다. 그들의 관심은 주거지 분리의 사회적 결과를 이론화하는 데 집중되었던 것이다. 다만 도시사회학자 마이클 새비지가 계급 개념을 다시 검토하는 1996년도 논문에서, 그런 문제를 거론하며 사회적 교류관계에 주의를 환기할 뿐이다. 그는 계급이 형성되기만 하는 것이 아니라 해체될 수도 있다고 지적하고, 계급의 변형을 해명하기 위해 공간의 재편에 주목할 필요가 있다고 역설한다. 공간은 사회적 과정이 전개되는 수동적인 무대가 아니라, 사람들의 의식에 영향을 끼치는 구성력을 지니고 있다는 것이다. 그렇지만

46 Billinge, "Reconstructing Societies."

47 Harris, "Residential Segregation." (인용은 41) 다음도 참고하라. Pratt, "Reproduction, Class, and the Spatial Structure."

"정확하게 어떤 방식으로 공간이 사회적 정체성의 형성에 개입하는지" 분명치 않다고 지적한다. 그 답변으로 새비지가 제안하는 것은 공간을 거소*habitat*로 보자는 것, 구체적으로 말해 사람들이 살아가면서 나름대로 생활양식을 수립하고 표현하는 장소로 보자는 것이다. 그런 장소에서 사람들은 생활양식을 공유하면서 그 일환으로 사회적 교류관계를 구축하는데, 그것이 계급의 형성이나 변형에 직접적인 영향을 끼치기 때문이다.[48]

새비지의 견해는 종래의 주거지 분화론에 비해 분명히 진일보한 것이지만, 만족할 만한 제안이라고 하기는 어렵다. 기존의 논의에서 정체성을 비롯해 의식에 대한 관심이 부족했다고 지적하고 그것을 문제로 제기하는 것은 중요한 일이다. 그렇지만 그 해답으로 사회적 교류관계에 주목하자고 제안하는 것은 문제를 지나치게 단순화시키는 결과를 낳을 수 있다. 새비지가 주장하듯이 공간을 거소로 본다면, 더욱이 거기서 거주자들이 특징적인 생활양식을 형성한다고 본다면, 그 공간에서는 사회적 교류관계보다 더 많은 것을 찾아낼 수 있을 것이다. 사회적 관계에 배어 있는 관습과 전통을 포함해 특징적인 관념과 행태, 언어와 담론 등 흔히 지방문화라 부르는 것을 만날 수 있을 것이다. 계급은 그 풍부한 문화 속에서 형성, 변형, 또는 해체되므로, 여기서는 좁은 초점보다 넓은 시야가 바람직한 듯하다.

그렇다면 이제 주거지 분화론을 공간과 계급 사이의 관계라는 큰 문제로 규정하고, 문화에 주목하며 접근할 필요가 있는 것으로 보인다. 그 단서는 지리철학자들의 업적—역사학자들에게 잘 알려져 있지 않은 업적—에서 찾을 수 있다. 이미 1970년대 중엽에 몇몇 지리학자들은 공간을 용기로 보는 친숙한 관념을 거부하고, 공간에 대한 이해와 실천을 현상학적 방법으로 탐구함으로써 중요한 연구 성과를 발표한 바 있다. 이-푸 투안이나 에드워드 렐프 같은 학자들은 사람들이 공간을 어떻게 이해하고 경험하는가, 또 자신들의 이해와 경험을 어떤 방식으로 공간에서 표현하는가 하는 물음을 다루었다. 그러기 위해 그들은 공간을 장소로 구체화시키고, 사람들이 특정한 장소를 이해하고 경험하는 방식과 그것을 구성하고 사용하는 방식을 탐구했다. 이-푸 투안은 『공간과 장소』에서 사람들이 장소를 인지하고 해석하는 방식을 두루 살펴보면서, 그것이 생활 속에서 발생하는 총체적 경험의 일부라는 점을 밝힌다. 또 에드워드 렐프는 『장소와 정소定所 상실』에서 인간의 정체성이 장소의 정체성과 어떻게 얽혀 있는지 파헤친다. 사람들이 어떤 장소를 다른 장소와 구분하고, 자신이 거기에 뿌리를 내리고 있다고 느낄 수 있지만 반대로 거기서 떨어져 나와 있다

48 Savage, "Space, Networks and Class Formation." (인용은 69)

고 느낄 수도 있다는 점을 드러내는 것이다.[49]

이들 지리철학자들의 견해는 한마디로 줄이자면 공간은 문화에서 분리되지 않는다는 것이다. 사실, 이는 매우 진부한 명제이다. 공간은 본래 인간을 둘러싸고 있는 자연이고, 문화는 원래 인간이 자신과 자연 사이에 만들어 놓은 인터페이스이니 말이다. 공간을 공백이나 용기로 여기는 관념 때문에 오랫동안 잊혀 있던 이 평범한 이치는 르페브르가 말하는 사회적 공간에 특히 잘 들어맞는다. 그것은 사회생활 속에 편입되어 사람들에 의해 끊임없이 변형되는 공간으로서, 사회적 관계에 개재되는 매체이기 때문이다. 거기서 사람들은 주어져 있는 자연을 자신들의 생각과 힘에 따라 건조환경으로 바꿔 놓는다. 또 그런 환경을 통해 사회적 관계를 표현하거나 재편하려고 애쓴다. 따라서 공간과 계급의 관계는 문화를 통하지 않고서는 올바르게 이해하기 어렵다.

이 견해에는 계급을 탐구하는 데 중요한 함의가 들어 있다. 서두에서 언급한 것처럼, 오늘날 사회사 연구자들은 '생산주의적 편견' 때문에 계급을 탐구할 때 생산 현장에 주목하는 경향이 있다. 계급이 형성되는 과정을 밝히기 위해, 대개 생산관계가 집약되어 있고 따라서 계급 경험도 집중되는 것으로 보이는 작업장을 살펴보는 것이다. 반면에 생산관계가 재생산되는 주거지는 잘 들여다보지 않는다. 물론, 사회사 연구자들이 생산 현장 바깥에 존재하는 세력관계를 경시하는 것은 아니다. 그들은 예를 들어 소비문화에 상당한 관심을 기울인다. 그래도 생산관계가 재생산되는 영역, 자본주의가 발전함에 따라 다른 반쪽에서 점점 더 멀리 떨어져 나가 더 커다란 자율성을 누리는 소비 영역, 거기에 적절한 비중을 둔다고 할 수는 없다. 특히, 주거 공간에서는 다양한 직업과 상이한 지위를 지니는 사람들이 뒤섞여 살아가면서 생산 현장과 다른 문화를 형성한다는 점을 염두에 두고 소비 영역을 탐구한다고 하기는 어렵다. 그렇다면 주거 공간을 중심으로 소비 영역에서 형성되는 문화를 탐구하고 그것이 생산 영역의 문화와 맺는 상호관계를 관찰할 필요가 있다. 이것이 사람들이 살아가면서 얻는 총체적 경험에 좀 더 가까이 다가갈 수 있는 길이기 때문이다. 더욱이 주거지 분화론에서 드러나듯이 소비 영역에서는 탈계급적인 문화를 관찰할 수 있으므로, 형성뿐 아니라 해체 가능성까지 고려하며 계급이라는 현상을 탐구하자면 생산 현장에 못지않게 주거 공간에 주목할 필요가 있다.

이 제안은 지금까지 계급을 역사적 현상으로 이해하고 연구하는 과정에서 경시되었던

49 Tuan, *Space and Place*; Relph, *Place and Placelessness*; Cresswell, "Space and Place"; Seaman and Sowers, "Place and Placelessness."

부분에 주목하자는 것이다. 계급을 올바르게 규명하기 위해서는, 이미 상론했던 노동과정을 비롯해 다른 측면도 함께 검토해야 한다. 그 작업은 다음 장에서 시도한다.

제5장 미국 노동운동의 특색

지금까지 계급 개념과 노동과정, 그리고 주거 공간을 살펴보았는데, 이는 모두 이 책의 주제인 미국 문명을 올바르게 이해하기 위해 그에 적합한 도구를 만드는 과정의 일환이다. 이제 앞에서 논의한 것을 통합해 그런 도구를 만들어 내고, 그것을 토대로 미국 문명에 관한 종래의 설명을 다시 검토하고 대안을 모색할 차례이다.

1. 주제와 쟁점

무엇보다 먼저 할 일은 주제를 명확하게 설정하는 것이다. 이미 살펴보았듯이 미국 문명에 관한 설명으로서 예외론은 다양한 주제를 포괄하는 틀이며, 미국 사회주의라는 특정한 주제에 초점을 맞춘다 해도 심각한 문제점을 안고 있는 해석이다. 베르너 좀바르트처럼 "미국에는 왜 사회주의가 없는가?" 하고 문제를 부정문으로 제기하면, 없는 것을 설명하기 위해 몰역사적인 해답을 찾게 된다. 그렇다고 해서 에릭 포너가 제안하듯이 "왜 어떤 선진 자본주의에서도 사회주의적 변혁이 없었을까?" 하고 묻는다면, 화제를 바꿔 미국이라는 특정 국가 대신에 선진국이라는 일반적 범주를 다루게 된다. 그렇다면 미국과 다른 나라를 비교하면서 미국 사회주의의 특색을 파악할 필요가 있겠는데, 이에 관해서는 숀 윌런츠도 큰 도움이 되지 않는다. 그는 20세기 초에는 미국에서도 사회주의가 유럽 못지않게 영향력을 지니고 있었다고 주장하지만, 이는 수용하기가 어려운 의견이기 때문이다.[1] 좀 더 긴 안목과 큰 시야를 가지고 20세기 유럽을 전반적으로 되돌아보면, 특히 20세기 중엽의 독일이나 이탈리아, 또는 스웨덴 같은 나라를 생각하면, 그의 견해는 수긍할 수 없다.

그래도 포너와 윌런츠는 주제를 다듬는 데 도움이 된다. 포너의 제안은 주제를 역사학적 탐구에 적합한 형태로, 그것도 비교사적 접근이 가능한 형태로 설정해야 한다는 것이다. 윌런츠의 주장은 바꿔 말하면 미국 사회주의의 존재, 특히 20세기 초에 절정에 이르렀던 사회주의자들의 영향력에 주의를 환기한다. 다른 한편으로는 사회주의의 몰락이라는 근래의 사태—그들이 그런 견해를 제시하던 1980년대에는 예측하기 어려웠던 역사적 추세—도 고려해야 한다. 그렇다면 그들의 견해는 사회주의가 선진국에서는 대체로 쇠퇴했는데, 다른 나라에 비해 미국에서는 훨씬 일찍부터 쇠퇴했다는 사실에 주목해야 한다는 점을 시사하는 듯하다. 한마디로 줄이면, 미국에서는 사회주의가 왜 그렇게 일찍부터 쇠퇴했는가 하고 물어보자는 것이다.

이 문제도 좀바르트의 질문과 마찬가지로 노동운동과 불가분의 관계를 지니고 있다. 사회주의는 널리 알려져 있듯이 노동자를 대변하는 정치운동으로 출발했고, 20세기 중엽에 대중정치를 표방하며 중산층에 접근할 때도 계급 운동이라는 본질을 유지했다. 그렇기 때문에 좀바르트는 자신의 물음을 노동자의 지위에 관한 문제, 바꿔 말해 미국의 노동자들이 어떤 위치를 차지하고 있기에 사회주의를 지지하지 않는가 하는 의문으로 간주했던 것이다. 이는 물론 같은 문제가 아니다. 한편에서 정당체제와 권력구조에 주목한다면, 다른 한편에서는 사회구조와 경제체제에 관심을 기울인다. 더욱이, 문제가 바뀌는 과정에서 정치운동과 경제투쟁의 관계뿐 아니라 운동 지도부와 일반 노동자의 관계도 경시된다. 그래도 문제의 초점을 사회주의에서 노동운동으로 옮겨, 미국에서는 노동운동이 왜 그렇게 일찍부터 후퇴했는가 하고 묻는 것은 의미 있는 일이다. 미국의 사회주의는 주로 이민 노동자들 사이에서 뿌리를 내린 운동인 데 비해, 노동운동은 그보다 훨씬 더 넓은 기반을 가진 운

1 Sombart, *No Socialism in the United States?*; Foner, "No Socialism in the United States?"; Wilentz, "Against Exceptionalism"; Gerber, "Shifting Perspectives."

동이다. 따라서 노동운동은 이 책의 주제인 미국 문명에 접근하는 데 그만큼 넓은 통로를 열어 준다고 할 수 있다. 더욱이, 미국의 노동운동은 사회주의와 마찬가지로 다른 선진국의 경우보다 빨리 후퇴하기 시작했다. 그렇기 때문에 그것은 미국 문명을 자본주의의 일반적 발전 과정에 비춰 보는 데 적절한 주제라 할 수 있다. 간단히 말해, 초점을 옮기는 것은 정체 상태에 빠져 있는 사회주의 논쟁에서 벗어나는 동시에 미국 문명에 더욱 효과적으로 접근하는 길인 셈이다.

미국 노동운동의 후퇴는 친숙한 화두이지만, 미국 문명론의 일환으로서는 깊이 있게 논의되지 않은 주제라 할 수 있다. 근래에 많은 학자들은 미국을 비롯해 여러 선진국에서 노동운동이 위축되는 현상에 주목하고, 세계화나 기술혁신, 또는 산업구조의 변화 같은 자본주의의 전반적 발전 과정에서 그 요인을 발견해 왔다. 따라서 그들의 견해는 나중에 다루듯이 미국을 다른 나라와 비교하는 데 유용하지만, 미국의 경우를 깊이 있게 천착하는 데는 큰 도움이 되지 않는다. 더욱이 근래의 논의는 20세기 중엽에 집중되어 있어서, 그 이전에 있었던 미국 노동운동의 후퇴가 간과된다. 바꿔 말해, 노동운동의 위축 현상에 관심을 기울이는 학자들은 그것이 그리 멀지 않은 과거에 시작된 사태라고 생각하는 경향이 있다. 이런 경향 아래에는 노동운동이 오랫동안 성장세를 보였다는 인식, 그리고 노동운동이 단기적 부침을 겪으면서도 장기적으로는 근본적 사회변화를 가져오는 세력으로 성장하리라는 신념, 이런 낯익은 관념이 깔려 있다. 그렇기 때문에 노동운동의 후퇴가 적어도 미국에서는 얼마나 일찍부터 시작된 과정인지, 또 거기에 미국 문명을 이해하는 데 유용한 어떤 특징이 있는지, 알려져 있지 않다. 아니, 정확하게 말하면 그런 문제가 거론조차 되지 않는다.

그러나 저 낯익은 관념을 버리고 미국 노동사를 돌이켜 보면, 이미 1920~33년간에 뚜렷한 후퇴 국면이 있었다는 사실이 드러난다. 널리 알려져 있듯이, 19세기 초부터 미국의 노동자들은 공화주의에서 출발해 반자본주의적 전통을 구축했다. 자본주의가 발전함에 따라 자신들의 경제적 독립이 어려워지고 또 자신들의 손에서 생산된 가치가 자본가에게 집중된다는 점을 깨닫고 자본주의를 거부했던 것이다. 이 전통은 부침을 겪다가 19세기 말에 대두한 사회주의와 다양한 급진주의로 연결되었고, 20세기 전환기에는 급진파가 노동운동 지도부의 3분의 1을 차지하는 등 노동운동에 대해 커다란 영향력을 갖고 있었다.[2]

2 가장 중요한 연구로 다음과 같은 것들을 들 수 있다. Wilentz, *Chants Democratic*; Gutman, *Work, Culture & Society*; Montgomery, *Workers' Control in America*; Laslett, *Labor and the Left*.

그러나 급진주의는 1차대전기에 국가로부터 조직적인 탄압을 받았고, 결국 1920년대에 와서는 노동계에 대한 영향력을 거의 모두 잃어 버렸다. 따라서 1930년대의 대공황 속에서도 미국의 노동운동은 급진성을 보여 주지 않았으며, 이때부터 주도적인 경향으로 자라난 개혁적 전통도 사실은 급진주의가 사라진 뒤에 남겨진 빈자리를 차지한 것이다. 그렇다고 해서 이때부터 미국의 노동운동에서 전투성이 약화되었다고 말하는 것은 아니다. 시대에 따라 차이가 있기는 하나, 파업 활동을 중심으로 살펴보면 전투성은 대체로 유지되었다고 할 것이다. 그러나 두말할 나위도 없이, 전투성은 급진성과 다르다.[3]

급진성이 쇠퇴한 다음에 그 자리를 차지한 것은 온건하고 위축된 노동운동이었다. 1920년대에는 사회주의를 비롯해 급진주의의 영향력이 거의 소멸하는 동시에, 새뮤얼 곰퍼스가 역설하던 "진정한 조합주의*pure and simple unionism*"가 지배적인 조류로 대두했다. 이 노선은 1880년대 중엽에 그가 미국노동연맹*American Federation of Labor*의 조직을 주도하면서 제창한 것이다. 그때까지 미국의 노동운동은 모두 불황이나 탄압을 견디지 못하고 좌절을 겪었다. 곰퍼스는 그 이유가 부실한 조직 기반과 과도한 정치투쟁에 있다고 보았다. 그래서 연맹의 가입 자격을 숙련공으로 구성된 노동조합으로 한정함으로써 경기변동을 이겨낼 수 있을 만큼 탄탄한 조직을 구축하는 한편, 사회주의자들을 비롯해 급진적인 정파가 노조를 정치에 동원하는 것을 저지했다. 바꿔 말하면 종래와 같이 고용관계를 철폐하고자 노력하지 않고, 오히려 그것을 용인하고 임금 인상과 노동시간 단축 등 고용조건의 개선을 위해 경제투쟁에 주력하자고 강조했던 것이다. 미국노동연맹이 20세기 전환기에 격렬한 노사갈등을 거치며 살아남았을 뿐 아니라 미국 노동운동의 주도권을 장악함에 따라, 곰퍼스의 노선은 대세로 자리 잡았다. 더욱이, 미국의 노동운동은 수량의 차원에서 볼 때 1920년대에 크게 위축되었다. 조합원은 1890년대 후반부터 꾸준히 증가했는데, 1917년 미국이 1차대전에 개입하던 때에 300만 명 정도였다. 그 수효는 전쟁 중에 급격히 팽창해 1920년에는 500만 명을 넘었으나, 불과 4년 만에 350만 명으로 감소한 다음 겨우 현상을 유지했고 대공황으로 인해 300만 명 미만으로 떨어지는 추세를 보였다.[4]

더욱 중요한 것은 1920년대에 나타난 미국 노동운동의 후퇴가 미국 문명론의 일환으로 거론된 적이 있다는 점이다. 이는 1928년 미국의 경제학자 셀리그 펄먼이 발표한 『노동운

3 가장 중요한 연구로 다음과 같은 것을 들 수 있다. Tomlins, *State and the Unions*; Lichtenstein, *Labor's War at Home*; Dubofsky, *State and Labor in Modern America*.

4 U.S. Bureau of the Census, *Historical Statistics of the United States*, Pt. 1, 177.

동론』에서 분명하게 보인다. 이 중요한 저술에서, 그는 미국의 노동운동이 사회주의 대신에 "진정한 조합주의"를 고수한다는 점에서 특징을 지닌다고 주장한다. 미국의 노동운동 지도자들은 사회질서를 바꾸는 데 관심을 기울이지 않는 반면에, 노조를 통해 일자리에 대한 통제력을 장악하고 그것을 이용해 사용자와 고용조건을 협상하는 데 주력한다는 것이다. 펄먼은 그것을 "기업형 조합주의*business unionism*"라 부르며 혁명적 조합주의와 대비시킨다. 미국의 노동운동은 사회변혁을 외치는 정치적 급진주의를 배제하고, 산업 자본주의를 전제로 노동자의 권리와 이익을 점진적으로 신장하는 데 주력한다는 것이다.

펄먼은 그런 특징에 대한 해석을 통해 미국 문명에 관한 자신의 견해를 피력한다. 그에 따르면, 미국의 노동운동이 정치적 전망 대신 경제적 손익에 주목하며 급진적인 변화보다 점진적인 접근을 선호하는 데는 여러 가지 요인이 작용한다. 펄먼은 일부 요인이 "미국에서 사유재산이 갖는 막강한 세력"과 "부적합한 정치적 도구"에 있다고 주장한다. 여기서 후자는 미국에서는 국가가 경제개혁의 도구로서 본질적인 약점을 갖고 있으며 정당체제가 노동운동에 독자적인 정치적 공간을 허용하지 않는다는 점을 뜻한다.[5] 이 견해는 근래의 연구가 뒷받침해 주는 것으로 보인다. 예를 들어, 윌리엄 포바스는 법원과 법률의 역할을 강조한다. 미국에서는 노동운동이 19세기 내내 공적인 권위와 담론에 가로막혀 기존질서에 도전하는 데 실패했고, 결국 그 때문에 투표권과 정치활동에 호소하는 대신에 생산현장에서 확보한 자력에 의지해 고용조건을 개선하는 데 주력하게 되었다는 것이다. 또 빅토리아 하탐은 법원이 노동자들의 집단행동을 억제함으로써 기존질서를 유지하는 데 강한 힘을 발휘하며, 미국노동연맹이 사회변화보다 경제적 이익을 추구하는 데 커다란 영향을 끼쳤다고 주장한다.[6]

펄먼의 해석 가운데 가장 주목을 끌었던 것은 그가 미국 노동자들의 의식에 관해 제시한 견해이다. 그는 "진정한 조합주의"를 기존질서의 산물로만 보지 않는다. 그것은 곰퍼스가 제창한 노선일 뿐 아니라 많은 조합원들이 존중하는 원칙이기도 했다. 이 점을 드러내기 위해, 펄먼은 미국 노동자들이 혁명적 계급의식을 갖고 있는 것이 아니라 일자리와 임금에 주목하는 태도, 즉 "직업 및 임금 의식*job and wage consciousness*"을 지니고 있다고 주장한다. 이는 경험적 연구보다 이론적 추론에 토대를 두고 있는 견해이다. 펄먼에 따르면, 안정된 일자리를 확보하고 높은 임금을 추구하는 태도는 노동자들의 집단심리, 즉 노동자들이

---

5 Perlman, *Theory*, 155–162, 169–176.

6 Forbath, *Law and the Shaping*; Hattam, *Labor Visions and State Power*.

기회가 제한된 세계에서 살고 있기 때문에 공통적으로 갖게 되는 심리에서 유래한다. 그는 이런 심리를 중세 길드에서 추론한다. 중세에는 영업의 기회가 매우 제한되어 있었으므로, 길드의 구성원들이 그런 기회를 공유하기 위해 공동체적 전통을 형성했고 그것이 근대의 노동조합으로 전승되었다는 것이다.[7]

이 해석은 한때 미국 노동운동을 이해하는 패러다임이 되었으나, 오늘날에는 거의 거론조차 되지 않을 만큼 경시된다. 펄먼의 『노동운동론』은 1950년대 말까지 한 세대 동안 미국의 노동관계 학자들 사이에서 널리 수용되었다. 그것은 미국 노동운동의 특색에 대한 설명인 동시에 마르크스-레닌주의에 대한 안티테제로 간주되었다. 사실 펄먼은 유럽에 있을 때에는 마르크스주의에 경도되어 있었으나, 미국으로 이주한 뒤에 존 코먼스 같은 거장 경제학자의 지도 아래 미국 노동운동의 역사를 연구하면서 대안적 이론을 발전시켰다. 따라서 학계에서 이데올로기적 조류가 바뀌자, 펄먼의 해석은 찬양 대신 비판의 표적으로 부각되었다. "새로운 노동사"를 비롯해 비판적인 입장에서 노동관계를 연구하는 학자들은 1960년대부터 펄먼을 집중적으로 공격하며 그의 이론을 쓸모없는 것으로 취급했던 것이다.[8] 오늘날에도 펄먼은 거의 잊혀 있다.

그러나 펄먼의 견해는 미국 노동운동의 후퇴에 관한 설명으로 되새겨볼 필요가 있다. 우선 리처드 오스트리처가 명쾌하게 지적한 것처럼 "새로운 노동사" 연구자들은 노동자들의 계급의식이나 계급문화에 주의를 환기했지만, "새로운 정치사" 연구자들은 1870년대부터 1920년대까지 노동자들의 정치적 행태에서 계급적 성향을 발견하지 못했다.[9] 바꿔 말해, 노동운동의 방향이 바뀌던 저 중요한 시기에 미국 노동자들이 어떤 의식을 지니고 있었는지 아직도 분명치 않은 것이다. 더욱이 지도적인 노동사 연구자들은 노동운동의 후퇴를 살펴보면서도, 펄먼과 달리 노동자들의 의식을 천착하지 않는다. 어빙 번스타인은 1920년대를 "빈약한 시절"이라 부르며, 경제적 · 정치적 · 사회적 요인에 주목한다. 전반적인 번영에도 불구하고 여러 산업부문이 고질적인 불황에 시달렸고, 정치적 조류는 보수적인 법원과 더불어 노동운동에 반대되는 방향으로 흘렀으며, 사회적 분위기가 친기업적인 방향으로 기울어져 있었는데도 노동자들은 인종과 민족, 그리고 기능에 따른 분열을 극복하고자 노력하지 않았다는 것이다. 데이비드 브로디는 기업의 복지정책에 주

7 Perlman, *Theory*, 254-272.

8 Dawson, "History and Ideology."

9 Oestreicher, "Urban Working-Class Political Behavior."

목하고, 대공황이 없었더라면 이것이 미국의 노동관계를 안정시켰을 것이라고 주장한다. 그러나 이런 것은 구조적인 요인들로서, 노동자들을 둘러싸고 있던 환경을 구성했을 뿐이다.[10]

따라서 노동운동의 주체에 관해서는 중요한 문제가 남아 있다. 예를 들어, 노동자들이 그런 환경에 어떻게 대응했는가, 또 노동운동의 후퇴에서 어떤 역할을 했는가 하는 의문이 아직도 제기되지 않은 것이다. 근래에는 데이비드 몽고메리가 이런 문제에 주목했으나, 생산 현장에만 초점을 맞춤으로써 작업장에서 벌어진 그 모든 투쟁에도 불구하고 왜 노동운동이 후퇴했는지 설명하지 못한다. 리자베스 코언은 1920년대에 노동자들이 기업 복지 정책의 혜택을 받으면서 미국 자본주의에 대해 사회적 책임을 강조하는 도덕적 관념을 갖게 되었다고 주장한 바 있는데, 이는 그들 사이에서 보이던 타협적 경향이 "빈약한 시절"을 이해하는 데 관건이라는 점을 시사한다. 그렇지만 코언은 뉴딜에 관심을 기울인 탓인지, 이 점을 1920년대의 노동운동 후퇴에 대한 설명으로 발전시키지 않는다.[11] 그 시절에 있었던 노동운동의 후퇴에 관한 한, 미국 노동자들의 사고방식과 행동양식은 아직도 미지의 세계인 것이다.

2. 용어와 개념

저 미지의 세계를 탐사하는 적합한 도구는 계급의 개념이다. 그것은 노동자들의 사고방식과 행동양식, 나아가 생활양식을 포괄하는 것이기 때문이다. 더욱이, 여기서 핵심적 주제로 다루는 노동운동은 노동자들이 자신들의 의식을 행동으로 표현하는 제도로서, 계급이라는 역사적 현상의 본질적인 부분이기 때문이다. 그런데 에드워드 톰슨이 역사학적 탐구의 수단으로 개발한 계급 개념은 제2장에서 살펴본 것처럼 형성 과정만이 아니라 해체 과정도 설명할 수 있도록 유연하게 다듬을 필요가 있다.

계급은 동전처럼 양면을 가진다. 한 면은 노동자들이 사용자들을 인식하는 방식이고, 다른 면은 그들이 동료들에 대해 갖는 이해이다. 이 두 번째 면에서 필자는 톰슨과 견해를 달리한다. 그는 계급이란 노동자들이 "(물려받았든 아니면 함께 겪었든 간에) 공통 경험의 결과로" 그들의 이해관계가 자신들 사이에서는 동일한 동시에 다른 사람들과는 상이하다고

10 Bernstein, *Lean Years*; Brody, *Workers in Industrial America*.

11 Montgomery, *House of Labor*; Cohen, *Making a New Deal*.

생각할 때 발생한다고 역설했다. 그런 경험은 주로 생산관계에 의해 결정된다. 이 관계는 톰슨이 비판적으로 검토하지 않고 당연하게 받아들인 개념으로서, 사용자와 피고용인 사이의 일차적 관계와 피고용인들 사이의 부차적 관계로 구성된다. 톰슨은 후자에 대해서도 언급했지만, 그의 분석틀에서 후자는 전자에 부수되는 것처럼 보인다. 그는 계급을 구조나 사물로 보는 지배적 조류—그 배경에 마르크스주의가 있든 자유주의가 있든 간에—를 공격하면서, 계급은 결정되어 있는 것이 아니라 노동자들이 자신들의 경험을 해석하는 방식에 따라 좌우된다는 점을 보여 주는 데 주력했다. 그리고 경험이 생산 현장에서 벌어지는 착취, 바꿔 말하면 일차적 관계를 중심으로 형성된다고 보았다. 그래서 일차적 관계가 부차적 관계에 어떤 영향을 끼치는지에 대해 주목한 반면에, 그 역에 대해서는 주의를 기울이지 않았던 것이다. 사실 그의 작업 토대인 마르크스주의는 오랫동안 일차적 관계에 대해 주로 또는 배타적으로 관심을 두고 있었다. 그러나 계급은 문화의 관계인 동시에 힘의 관계이며, 따라서 노동자들이 자신들을 동원하는 방식과 동료와 관계를 맺는 방식에 따라 좌우된다.

부차적 관계를 부수적인 요소로 평가절하하지 않기 위해, 여기서는 '계급'을 톰슨이 말하는 역사적 과정을 가리키는 데만 쓰고 일반적으로는 사회적 관계라는 총칭을 쓴다. 바로 이 지점에서 다시 한 번 필자는 톰슨과 견해를 달리하여, 생산 현장 바깥의 사회생활에 주목한다. 그는 어떻게 경험에서 의식이 발전하는가 하는 데 주로 관심을 쏟은 반면에, 생산관계가 부차적 측면에서 전개되는 방식에 대해서는 상론하지 않았다. 필자는 부차적 측면이 일차적 측면에 어떤 영향을 끼치는지 주의를 기울이면서, 생산관계가 두 측면에서 전개되는 방식을 모두 포착하고자 한다. 노동자들의 생활은 20세기 전환기에 이르러 시간상으로나 공간상으로 작업장과 주거지로 더욱 뚜렷하게 분리되고 있었으므로, 생산관계를 두 측면에서 함께 파악하기 위해 그들의 생활을 생산의 영역과 소비의 영역으로 나누어 접근한다. 생산의 영역에서는, 노동과정의 변화에 주목하고 그것이 사용자와 피고용인들 사이의 일차적 관계는 물론이요 피고용인들 사이의 부차적 관계에도 어떤 영향을 끼쳤는지 검토한다. 소비의 영역에서는 노동자들의 주거지에 초점을 맞추고, 그들의 사회생활이 어떻게 조직되었는지, 사회 전반의 변화에 따라 어떻게 바뀌었는지, 또 작업장에서 전개되는 일차적 관계에 어떤 영향을 끼쳤는지 검토한다.

이 주제들은 다른 장에서 전반적으로 다룬 바 있으므로, 여기서는 그 내용 가운데 필요한 부분만 요약하면서 보충함으로써 전체적인 모습을 살펴본다. 먼저 생산의 영역에서는,

20세기 전환기에 와서 노동과정에 커다란 변화가 일어났다. 이는 당대에 여러 산업부문에서 진행된 전체적인 변화의 일부로서, 노동과정을 세밀하게 분해한 다음에 다시 단일한 권위를 중심으로 재편성함으로써 노동과정에 대한 통제권을 노동자로부터 자본가에게로 이전하려는 노력이었다. 그러나 흔히 생각하듯이 그 결과로 자본가가 노동과정을 완전히 지배한 것은 아니고, 노동자들이 저항할 수 있는 공간이 여전히 남아 있었다. 왜냐하면 노동과정은 생산성의 측면에서 더욱 효율적인 과정으로 바뀐 반면에, 일관된 체계를 갖춤으로써 파업이나 태업 같은 저항에 더욱 취약해진 동시에 노동자들 사이에서 연대의식을 고무했기 때문이다. 따라서 자본가와 노동자들 사이에서 지배와 저항의 관계, 바꿔 말해 갈등이 지속되었다. 그러나 갈등은 양측에서 암묵적으로 받아들이는 한계 안에서만 지속될 뿐이고, 어느 한 쪽이 고용관계를 떠나 버리면 중단된다. 그러므로 양측은 갈등이 일어나는 공간을 공유한다는 기본적인 타협을 수용한다. 더욱이, 타협에 임하는 조건이 불평등하다. 고용관계에서 사용자는 노동자들을 해고할 수 있는 결정적인 수단을 갖고 있는 데 반해, 노동자들은 사용자를 도산하게 만들 수 있는 수단, 즉 자멸적인 무기를 쓰지 못한다. 사회혁명을 추구하지 않는 한, 그들은 사용자가 경쟁력을 갖고 영업을 계속할 수 있도록 자제하지 않을 수 없다. 그러므로 작업장에서는 타협을 지향하는 압력이 갈등을 추구하는 경향과 병존한다.

이 상반되는 두 가지 힘은 완전한 자율성을 갖추지 못하고, 소비의 영역에서 흐르고 있는 조류와 깊은 관계를 맺고 있다. 이 점은 소비의 영역에서 일어나고 있던 변화를 검토하고 난 뒤에야 비로소 논할 수 있을 것이다. 이 영역에서 노동자들 사이의 사회적 관계를 파악하기 위해서는, 그들의 사회생활 가운데서 이른바 공동체라고 부르는 가장 중요한 부분을 살펴봐야 한다. 바로 여기서 또 하나의 문제점이 떠오른다. 왜냐하면 공동체라는 단어는 우리의 일상적 대화에서 다양한 맥락 속에서 상이한 의미로 쓰이고 있고, 학계에서도 흔히 면밀한 검토 없이 상식적인 의미로 쓰이고 있기 때문이다.

미국의 역사학자들도 예외가 아니다. 그들은 대개 지역사회, 즉 주민들이 사회생활을 공유하는 공간적인 범주를 가리킬 때 이 용어를 쓴다. 그러나 사회생활에서 구체적으로 무엇을 얼마나 공유하는지 정확하게 밝히지 않는다. 일부 학자들은 이 용어에서 공간적인 의미를 제거하고 사회적인 의미를 강조하면서, 혈연 바깥에서 형성된 친근한 인신적 관계를 가리킨다. 그 대표적인 사례가 공동체를 중심으로 미국의 사회적 변화를 개관하는 토머스 벤더의 저서라 할 수 있다. 이 책에서 그는 미국사회가 19세기에 공동사회

*Gemeinschaft*와 이익사회*Gesellschaft*로 분기했다고 주장하면서, 전자가 후자로 대체되었다는 견해를 부인한다.[12] 그의 주장은 공동체가 친근한 인신적 관계로 구성되는 조직이라는 개념에 토대를 두고 있다. 따라서 이 조직은 개인들이 공동의 이익을 추구하기 위해 구성하는 비인신적 단체와 양립할 수 있다. 바로 그렇기 때문에 많은 역사가들이 자신이 연구하는 시기에 공동체가 해체되고 있었다고 누누이 지적해도, 벤더는 받아들이지 않는다. 예를 들면, 17세기 뉴잉글랜드 연구자들은 최초의 이주민이 공동체를 수립했으나 한 세대가 지나기도 전에 그것이 해체되기 시작했다는 사실을 밝혔다.[13] 그래도 벤더는 공동체가 그 후에도 오랫동안 건재했고 오늘날에도 소멸하지 않았다고 보는 것이다.

역사학자들은 이 개념을 사회과학으로부터 차용해서 쓰기 때문에 거기서도 같은 혼란이 벌어지는데, 그 원천에는 페르디난트 퇴니에스가 자리 잡고 있다. 그는 공동사회와 이익사회라는 개념을 19세기 말에 구성했는데, 이 개념들은 그가 당시 독일인들의 사회생활을 가족과 도시로 나누어 관찰한 데서 유래했다. 퇴니에스는 공동사회 개념을 가족생활에서 끌어냈고, 그럼으로써 가족과 공동체를 가르는 구분선을 흐리게 만들면서 공동체의 쇠퇴가 도시의 대두와 관계가 있다고 시사했다. 그의 생각에는 공동체의 쇠퇴가 자본주의의 발전과 같은 커다란 사회적 변화와 연관되어 있다는 인식이 분명히 들어 있었다.[14] 그렇지만 그의 주된 관심사가 사회생활과 인간 본성에 관한 보편적인 이론을 개발하는 데 있었기 때문에, 퇴니에스는 자신의 개념들이 역사에서 어떤 구체적 형태를 띠고 나타났는지에 대해서는 주의를 기울이지 않았다. 퇴니에스 이후에 사회과학, 특히 사회학에서는, 도시를 이익사회의 중심으로 보고 그것이 친근한 사회생활에 부정적인 영향을 끼치며 공동사회를 잠식한다고 생각하는 전통이 형성되었다.[15] 이 전통은 계속해서 공동사회의 원형을 가족에서 구했다. 물론 이 전통 안에서도 학자들은 공동체의 개념을 조금씩 다르게 정의했다.[16] 그러나 그들은 모두 퇴니에스의 개념틀을 수용했고, 따라서 가족과 도시에서 개념을 끌어내는 그의 추론 방법을 비판하는 데 실패했던 것이다.

퇴니에스의 공동체 개념이 역사에 실재하던 구체적 형태와 거리가 멀다는 점은 역사를

---

12 Bender, *Community and Social Change*.

13 예로 다음과 같은 연구를 들 수 있다. Greven, *Four Generations*; Lockridge, *New England Town*; Demos, *Little Commonwealth*.

14 Tönnies, *Community and Society*, 42–43, 57–62, 64 ff.

15 Simmel, "Metropolis and Mental Life"; Park et al., *City*; Wirth, "Urbanism."

16 Nisbet, *Quest for Community*; Janowitz, *Community Press*; Suttles, *Social Construction of Communities*.

되돌아보면 분명하다. 그가 이해하고자 하던 공동체는 원래 가족에서 유래한 것이 아니라 중세 유럽의 촌락에 기원을 두고 있었다. 거기서 촌락은 주거 공간인 동시에 협소하고 고립된 세계를 움직이는 집단적 실체였다. 무엇보다도 그것은 한 사람의 영주로부터 지배를 받으며 농토 경작과 공유지 경영을 조정하는 공식적인 구조를 갖추고 있었다. 공동체는 하나의 단체로서, 농민이 경작하는 토지에 대해 보유권을 갖고 있는 영주와 교섭을 했다. 거기에는 촌락 회의와 촌장, 그리고 원로회 같은 제도가 있었다. 촌락 회의는 일정 규모 이상의 토지를 보유하고 있는 가계의 가장들로 구성되었는데, 많은 지역에서 일 년에 몇 차례만 소집되어 농토 경작과 공유지 경영에 관해 논의하고 촌락 간부를 선출했다. 촌장은 공동체와 영주 사이에서 매개자 역할을 했고, 원로회는 촌장에게 조언을 제공하고 촌락 회의의 휴회 기간에 그 권위를 대신 행사했다. 그러나 이런 기구는 흔히 영주와 부유한 농민의 영향력 아래에 있었고, 그래서 주민 사이에서 반목을 불러일으키기도 했다. 다만 관습과 법률에 의지해, 공동체의 이익을 위협하는 권위와 영향력에 제한을 가할 수 있었다. 그리고 공동체는 영주에게 대항해 전체의 이익을 보호하기 위해서 주민을 단결하게 만드는 한편, 부족한 자원을 축내지 않도록 외부인의 이주를 규제하며 문호를 통제했다.[17]

공동체의 기원이 가족 대신에 중세 촌락에 있다는 사실 못지않게 중요한 것은 공동체와 공동체 문화, 그리고 그 물적 토대를 구분해서 인식하는 일이다. 흔히 공동체라는 용어를 쓸 때는 인신적 상호의존과 자발적 사회통제 등 공동체에 특징적인 사고와 행태를 생각한다. 그런 문화적 특질은 주민이 공유하고 있던 생활양식의 일부로서, 촌락이 영주나 외부인과 맺는 관계에서 집단적 실체였다는 점에서 이해할 수 있다. 촌락은 하나의 단체로서 주민 사이의 자발적인 협력과 규제를 요구했던 것이다. 또 그 특질은 주민이 집단적으로 보유하는 초지나 삼림 같은 자원은 물론이요 개별적으로 보유하는 농토를 이용하는 데서도 생산활동을 서로 조정해야 할 필요가 있었다는 점에서도 이해할 수 있다. 그런 필요는 매우 절실해서, 때로 강제적인 공동 경작, 즉 주민에게 집단적 결정에 따라 씨앗을 뿌리고 열매를 거둬들이도록 강제하는 관행으로 발전하기도 했다. 이런 필요성이 결혼, 혈연, 친분 같은 인신적 관계와 더불어, 공동체적 사회생활을 가능하게 해 주었다. 따라서 공동체는 질병이나 빈곤 같은 불행에 빠진 사람들에게 구호를 제공하는 한편, 과음이나 도박 같은 비행에 대해 처벌을 가할 수 있었고, 또 주민은 그와 같은 공동체의 조치에 호소하기 전

17 Blum, "Internal Structure and Polity."

에 먼저 품앗이 같은 상호부조와 따돌림 같은 사회통제에 의지할 수 있었다.[18]

이 공동체와 공동체 문화의 물적 토대는 봉건적 재산관계와 통제 관계—이는 재산에 대한 통제권을 둘러싸고 형성되는 사회적 관계를 포착하기 위해 필자가 고안해 사용하는 개념이다—였다고 할 수 있다. 봉건제는 주군과 봉신 사이의 권력관계였을 뿐 아니라, 영주와 농민 사이의 재산관계였으며, 이는 인신적인 지배 및 종속과 통합되어 있었다. 봉건적 재산관계는 영주에게 토지와 거기서 사는 사람들을 함께 지배하는 권위를 부여했고, 영주는 그들에게 일정 규모의 토지를 보유하는 권한을 주고 그 대가로 그들에게 부역을 부과하거나 그들로부터 잉여 생산물을 수취했다. 이런 관계는 농민에게 보유지와 공유 자원에 대한 집단적 통제를 요구했다. 주민은 토지를 사유재산으로 보유한 것이 아니라, 하나로 통합되어 있는 단일 장원에 대해 일단의 신민으로서 권리를 갖고 있었다. 그리고 촌락은 초지나 삼림 같은 자원을 공유하고, 농민이 일정한 규칙에 따라 이런 공유 재산을 이용하게 했다. 이와 같이 사유재산이나 그에 대한 소유자의 개별적 통제와 뚜렷이 구분되는 봉건적 재산관계와 통제 관계가 중세의 촌락 공동체와 그 문화적 특질의 전제였던 것이다.

그런 전제가 무너지면, 공동체는 존립할 수 없다. 사실 봉건적 재산관계와 통제 관계가 쇠퇴함에 따라, 바꿔 말해 자본주의가 발전함에 따라, 촌락 공동체는 해체되는 운명을 맞이했다. 근대 유럽에 확산된 사유재산제는 촌장이나 원로, 또는 촌락 회의가 주민의 영농 방법이나 토지 거래에 개입할 수 있는 여지를 남겨 놓지 않았던 것이다.

그렇지만 공동체의 운명에서 문화는 제도보다 오래 지속되었다. 인신적 상호의존이나 자발적 사회통제 같은 관습은 아래에서 다루듯이 일상생활을 규정하는 공간적 여건과 물질적 필요 때문에, 공동체가 집단적 실체로서 와해된 뒤에도 오랫동안 유지되었던 것이다. 심지어 오늘날 자본주의가 고도로 발전한 사회에서도 살아 있는 전통이라 할 수 있다. 그래도 그 힘은 분명히 줄어들었고, 그 대신 개인주의가 자리를 잡았다. 특히, 개인은 경제활동의 궁극적 주체로서 자유와 주도권을 지니는 것으로 여겨진다. 이런 경제적 개인주의는 두말할 나위도 없이 자본주의의 문화적 측면이다. 바꿔 말해, 자본주의는 촌락 공동체라는 제도뿐 아니라 그 문화에 대해서도 해체 압력을 가하는 것이다. 따라서 공동체가 남겨 놓은 문화적 전통은 자본주의의 발전에 따라 확산되는 경제적 개인주의로 점차 대체되

18 Gierke, *Community in Historical Perspective*, 96–104, 124–133, 241–243; Blum, "European Village as Community." 또한 다음도 참조하라. Bloch, *Feudal Society*; Duby, *Early Growth of the European Economy*; Thompson, *Customs in Common*, 467–538.

고 있다고 할 수 있다.

그런 문화적 변동은 계급 개념에 관해 중요한 함의를 지니고 있다. 이미 지적한 것처럼 톰슨이 수립한 개념에서는 소비의 영역이 상대적으로 경시되고, 따라서 거기서 일어나는 문화적 변동이 생산의 영역에 끼치는 영향도 중시되지 않는다. 그렇지만 소비의 영역에서는 공동체 문화가 점점 경제적 개인주의로 대체되어 왔다. 특히, 아래에서 다루는 주거 공간에서는 그런 문화적 변동이 뚜렷하게 나타나면서 노동자들 사이의 사회적 관계를 느슨하게 바꿔 놓는 결과를 가져왔다. 이런 문화적 · 사회적 변화가 생산 현장의 사회적 관계와 무관한 것으로 보이지 않는다. 그것은 생산 현장에서 노동자들이 사용자에 맞서 자신들의 힘을 동원하는 데 중요한 영향을 끼치기 때문이다. 따라서 계급이라는 역사적 현상을 올바르게 탐구하기 위해, 필자는 주거지에서 공동체적 전통이 경제적 개인주의로 대체되는 현상도 작업장에서 갈등과 타협이 공존하며 경쟁하는 상태만큼 중시하고자 한다.

3. 사례

위에서 소개한 개념을 노동사 연구에 사용하기 위해서는, 연구 대상을 특정 사례로 한정해야 한다. 이 장의 주제가 1920년대 미국 노동운동의 후퇴라는 점을 고려할 때, 오랫동안 역사가들이 관심을 기울이지 않았던 남성피복 노동조합*Amalgamated Clothing Workers of America*이 흥미를 끈다. 이 노조는 성인은 물론이요 아동이 입는 정장과 외투 등, 기성복을 제조하는 부문을 장악하고 있었다. 오늘날 이 산업은 미국 경제에서 주변적인 위치를 차지하고 있으나, 20세기 초에는 매우 중요한 부문이었다. 이 산업에 고용된 노동자는 1910년에 20만 명 정도였는데, 이는 철강업 전체 노동력의 3분의 2에 해당하는 수치였다. 남성피복 노조는 1914년 산업별 조합, 즉 당시 급진파가 혁명운동의 조직 기반이라고 상정한 조합 형태로 출발했고, 또 그런 기대에 부응했다. 전국에 걸쳐 남성피복 노동자들을 조직하려는 공격적인 운동을 지속적으로 추진했고, 그 결과 1세계대전이 끝날 즈음에는 확고한 거점을 확보했던 것이다. 그러나 남성피복 노조는 1920년대에 들어와서 곧 18만 명에 가까운 조합원 중에서 4만 명을 잃어버렸고 미국노동연맹 같은 기업형 조합주의로 돌아섰다. 간단히 말하면, 이 노조는 셀리그 펄먼이 주장하던 미국 노동운동론에 부합하는 사례인 것이다.

남성피복 노동조합에는 몇몇 중심지가 있었는데, 그중에서도 시카고가 눈여겨볼 만한 지역이다. 시카고는 20세기 초에 두 번째로 큰 생산 중심지였고, 노동과정의 발전 수준과 노동력의 민족별 구성에서 전국적인 변화 양상을 대변했기 때문이다. 이미 제3장에서 소개한 것처럼 남성피복을 생산하는 과정은 이 시기에 빠른 속도로 세분화, 기계화되었는데, 이런 변화는 대규모 공장의 수립을 전제로 진행되고 있었다. 거기에 따라 숙련공을 대체하게 된 수많은 비숙련공들은 동부 유럽과 남부 유럽에서 대거 미국으로 이주한 이른바 "새로운 이민" 가운데서 충원되었다. 주로 유태인과 이탈리아인에게 의존하던 뉴욕과 달리, 시카고는 그들 이외에 폴란드인, 보헤미아인 등, 다양한 이민을 고용했다. 8,000명의 노동자를 고용하던 이 부문의 최대 업체를 비롯해, 여러 대기업이 노동자의 단결을 막기 위해 그런 정책을 채택했기 때문이다. 그런데도 시카고의 노동자들은 대부분 1차대전을 계기로 노동조합에 가입했고, 1920년대에는 전체 조합원의 4분의 1 정도를 차지했다. 더욱이, 사용자들과 안정된 관계를 유지하며 중앙 지도부에 건전한 재정을 보장해 줌으로써 시카고를 남성피복 노조의 보루로 만들었다.[19]

그들이 전개했던 노동운동은 필자가 다른 글에서 다룬 바 있으므로, 여기서 다시 되풀이할 필요는 없다. 그렇지만 그것을 위에서 소개한 개념에 비춰 간단하게 살펴보면서, 전체적인 윤곽을 선명하게 정리할 필요가 있다. 그것은 1920년대에 있었던 노동운동의 후퇴를 깊이 있게 이해하는 데, 특히 종래에 경시되었던 소비 영역의 문화적 변동이라는 측면에서 탐구하는 데 도움이 되기 때문이다.

남성피복 노조의 역사에서 1910년대는 고난과 영광의 기간이라 할 수 있다. 그 기간은 1910년 9월부터 이듬해 2월까지 시카고의 남성피복 산업을 마비시켰던 총파업으로 시작되었다. 발단은 어느 대규모 업체에서 정장 하의의 솔기를 봉제하는 여공들이 임금 삭감에 항의하며 작업을 거부한 데 있었다. 직장의 압력에도 불구하고 다른 부서의 노동자들이 그 일을 대신하지 않겠다는 뜻을 분명히 하자, 정장 하의의 생산은 전면적으로 중단될 수밖에 없었다. 그들은 작업 중단을 파업으로 확대하기 위해 다른 업체의 노동자들에게 호소했고, 몇 주 사이에 4만 명의 노동자들이 호응해 총파업을 현실로 만들었다. 더욱이 그들은 노조로 조직되어 있지 않았지만, 추위와 허기에 시달리면서도 몇 개월 동안 파업을 계속했다. 그러나 결과는 실패였다. 시카고의 업체들은 일감을 다른 도시로 보냄으로써 노동자의 압력을 견딜 수 있었던 것이다. 그래도 파업의 결과로 가장 큰 업체에서 노동조

19 Bae, *Labor in Retreat*, 2-3.

합이 결성되었고, 사용자도 곧 노조가 노사관계의 안정에 도움이 된다는 점을 깨닫고 노조와 동반자 관계를 수립했다. 이 노조는 1914년 남성피복 노동조합이 출범한 뒤에는 그 핵심 세력이 되었고, 그때까지 노조에 가입하지 않은 노동자들을 조직하는 데 주력했다. 그리고 미국이 1차대전에 가담하면서 군복을 대량으로 발주했을 때 기회를 놓치지 않았다. 따라서 전쟁이 끝나던 1919년까지 시카고의 남성피복 노동자들을 완전히 조직하는 성과를 거둘 수 있었다.[20]

그런 좌절과 승리를 설명하기 위해서는 여러 요인을 고려해야 하겠지만, 그들의 주거지에 뿌리 내렸던 공동체 문화를 배제할 수는 없다. 대기업의 대두와 노동과정의 재편, 그리고 전쟁으로 인한 수요 팽창은 분명히 중요한 요인이다. 그 이외에 노동자 주거지에서 대두한 공동체 문화도 1910년대에 그들이 작업장에서 노사관계를 타협 대신 갈등으로 끌고 가는 데 기여한 것으로 보인다. 이를 이해하기 위해서는 그들의 주거지를 살펴봐야 한다.

시카고의 남성피복 노동자들은 대부분 공동체 문화가 활력을 유지하던 동부 및 남부 유럽의 농촌 출신이었다. 그 활력은 지역에 따라 상당히 달랐는데, 그 차이는 주로 산업화의 진척 수준에 달려 있었다. 산업이 비교적 일찍 발달한 보헤미아에서는, 대지주만이 근대적인 영농법을 도입했고 다수는 자본 부족으로 인해 전통적인 방법을 유지했다. 거기서는 20세기 초까지도 중소농민이 지조 단위로 소유하고 있던 토지를 통합하지 않은 채 경작했던 만큼, 집단적 실체로서의 공동체는 이미 소멸했으나 자발적 협력과 규제의 전통이 건재했다. 폴란드와 남부 이탈리아에서는, 산업의 발달이 지체됨에 따라 농민이 공장보다는 농장에서 생계를 유지할 방도를 찾았다. 그리고 대토지 소유자들은 농토를 통합하지 않고 산재하는 채로 두고 있었던 만큼 농업을 기계화하기가 어려웠고 또 저렴한 노동력이 풍부했으므로 인력을 선호했다. 따라서 때로 농업 노동자들은 중소농민과 생존이라는 공동 목표를 위해 하나의 집단을 구축하고 있는 듯이 보였다. 공유 재산이 여기저기 남아 있던 남부 이탈리아에서는, 대다수 농민이 대지주가 공유 재산을 차지하려는 데 공동으로 저항했다. 그리고 러시아령 폴란드에서는, 귀족이 농민의 토지를 잠식하는 사태를 저지하기 위해 국가가 공동체를 유지시키기도 했다. 더욱이 이들 지역에서는 전통적인 영농법이 중소농민 사이에서 지속되었고, 남부 이탈리아의 경우에는 농업 노동자들 사이에서도 지속되었다. 따라서 그들은 20세기 초에도 상호부조와 사회통제를 강력한 규범으로서 존중했다.

20 Ibid., 85-96, 117-150.

동부 유럽 유태인들의 경우에도, 사회생활은 집단적 실체로서의 공동체로 조직되어 있었고 그 속에서는 인신적 상호의존의 관계가 구속력을 갖고 있었다. 물론, 그들의 공동체는 민족과 종교, 그리고 경제적 기능에 토대를 두고 있었다는 점에서 농민의 촌락 공동체와 달랐다. 유태인들은 비우호적이거나 때때로 적대적인 세계에서 대부분 상업이나 수공업에 종사하면서, 한편으로 자신들의 종교적 필요를 충족시키기 위해 또 다른 한편으로는 거주 국가의 감독 편의를 위해 반자율적 조직을 유지했다. 그렇지만 그들의 공동체와 그 문화는 19세기 중엽 이후에 발전한 도시와 산업 자본주의 때문에 급격하게 쇠퇴했다. 도시에 집중된 유태인 가운데서 장인들은 작업장의 규모를 늘리고 임금 노동자를 고용하며 사용자로 변신하고자 노력했다. 반면에 직공과 견습공들은 기능을 익히지 못한 젊은 유태인들과 함께, 전통적인 가부장적 관계에도 불구하고 열악한 고용조건과 작업환경에 대해 항의했다. 유태인들은 더욱 적대감이 높아가던 세계 속에서 살고 있으면서도, 그들의 민족적 단결에 쐐기를 박는 내부의 계급 갈등을 억제하지 못했던 것이다.[21]

유태인들은 다른 이민 집단과 마찬가지로 특정 지역에 밀집해 거주하면서 공동체 문화를 이식했다. 시카고는 1871년 대화재를 계기로 다시 건설되었는데, 그 과정에서 이민은 민족별로 서로 다른 구역을 차지했다. 물론, 어떤 구역도 하나의 집단이 독점할 수는 없었으나 적어도 지배할 수는 있었다. 더욱이, 하나의 구역 안에서도 모국의 출신지에 따라 서로 인접한 주택에 살며 소집단을 만드는 경향을 보였다. 대개 유럽에서 외부 세계로부터 고립된 촌락이나 도읍에서 살았기 때문에, 지방적 사고방식을 갖고 있었고 그 때문에 출신지에 따라 모여들었던 것이다. 그와 같은 밀집 지역에서 이민 노동자들은 친숙한 공동체를 재창조하려고 애썼다. 교회는 물론이요 학교와 신문사, 상조회 같은 기구를 만들고, 인신적 상호의존과 자발적 사회통제의 전통에 따라 사회적 관계를 유지하려 했던 것이다.

그러나 이민 노동자들이 만든 공동체는 그들이 유럽에서 경험하던 것과 달랐다. 지금까지 역사학자들은 이민을 연쇄적인 운동으로 묘사하면서도 개인과 가족을 중심으로 하는 개별적인 과정이라고 보았다. 따라서 미국에 정착하는 과정에서 이민의 사회적 관계에 어떤 변화가 일어났는지 의문을 품지 않았다. 그저 이민 노동자들이 유럽에서 알고 있던 사회생활 양식을 재창조했을 것이라고 상정하고, 그것을 이른바 민족 공동체라고 불렀다. 그러나 민족 공동체는 공식적인 구조를 갖춘 집단적 실체가 아니었고, 거주지와 관계없이

21 Ibid., 16-23.

문호를 자유롭게 개방했으며, 구성원에 대해 거의 통제력이 없었다. 미국에서는 공동체를 밑받침할 물적 토대가 이미 사라지고, 그 자리에 사유재산과 그에 대한 개별적 통제가 정착해 있었기 때문이다. 공동체 대신에 그 문화만이 부분적으로 재창조되었던 것이다.[22]

그래도 공동체 문화는 1910년대에 시카고의 남성피복 노동자들이 사용자에 맞서 싸우는 데 중요한 자원이 되었다. 그들은 1910년 가을에 파업을 확산시키려 작업장을 돌아다니며 동참을 호소하는 한편, 이른바 민족 공동체에 형성되어 있던 인맥을 널리 이용했다. 무려 5개월 동안 파업을 계속하는 동안에도 민족 공동체에 의지해 노동자들을 동원하고 구호기금을 사용했다. 그들의 공동체 문화는 파업이 끝난 뒤에도 커다란 영향력을 발휘했다. 작업장에서 민족 간 갈등을 조장하던 사용자의 책략은 이제 거의 쓸모가 없었다. 1910~11년 파업에서 계급적 연대의식을 확인한 이민 노동자들은 자신들 사이의 민족 간 갈등을 통제할 수 있었는데, 그 배경에는 민족별 지도자를 중심으로 구축되어 있던 작업장의 사회적 관계가 자리 잡고 있었다. 나중에 남성피복 노조를 넘어 미국 노동운동을 선도한 시드니 힐먼도 그런 지도자 가운데 하나였다. 민족 공동체에 형성되어 있던 사회적 관계는 사실 남성피복 노조가 시카고를 조직하는 데 핵심적인 자원이 되었다. 노조는 조직가들을 민족별로 임명했을 뿐 아니라 각종 집회도 작업장 이외에 민족 집단 내지 주거 지역에 따라 개최했다. 바꿔 말하면, 주거지에 형성되어 있던 공동체 문화를 노동운동의 지렛대로 이용했던 것이다.[23]

그러나 1920년대에는 뚜렷한 반전이 나타났다. 남성피복 노조는 수적 측면에서 위축되었다. 1920~29년간에 조합원은 전국적으로 18만 명에서 14만 명으로 감소했는데, 그중 시카고에서 줄어든 조합원은 1만여 명이었다. 노조는 또한 작업장에서 갈등보다 타협을 강조했다. 우선, 지도부는 1920년대 중엽에 제3당 설립 운동의 추진 방법을 놓고 공산주의자들과 결별하고 주류 노동운동과 제휴하는 노선을 선택했다. 더욱이 사용자들이 노동력을 감축하고 노동강도를 강화하기 위해 노력하자, 거기에 저항하기보다는 적극적으로 협조하는 정책을 선택했다. 그런 정책에 대해 일반 조합원들은 불만을 품고 반대했으나, 지도부는 듣지 않고 오히려 비판의 목소리를 잠재우려 했다. 특히 시카고에서는 노조가 거의 모든 작업장을 장악했기 때문에, 지도부가 일반 조합원에 대해 강한 통제력을 지니고 있었다. 노조는 많은 사용자와 협의해 직업소개소와 같은 역할을 수행했고, 그에 따라 일

22 Ibid., 23-32.
23 Ibid., 85-113.

자리를 통제할 수 있었다. 또 실업보험을 도입하고 급여를 지급하는 업무도 담당했기 때문에, 이를 통해서도 일반 조합원에게 영향력을 행사할 수 있었다. 간단히 말해, 남성피복 노조는 1920년대 후반에 와서 급진적인 외양을 버리고 미국노동연맹처럼 보수적인 기업형 조합주의로 돌아섰던 것이다.[24]

이런 반전에는 분명히 여러 요인이 작용했다. 경제적 요인은, 구체적으로 말해 1920년대에 피복 산업계가 겪었던 고질적인 불황은, 물론 중요하다. 그 시기에 영화, 자동차, 가전제품 같은 당대의 첨단 업종은 호황을 누렸지만, 다른 업종은 그렇지 않았던 것이다. 그 이외에 보수적인 정계와 법원도 분명히 노동운동에 불리한 여건을 조성했다.

그렇지만 그런 환경에 노동자들이 어떻게 대처했는지, 또 왜 그렇게 행동했는지, 파악하지 않고서는 저 반전을 올바르게 설명할 수 없다. 작업장에서는 그들이 사용자에 대항하는 데 뚜렷한 한계가 있었다. 시카고의 남성피복 노동자들은 노동강도의 강화에 관해 노조 지도부는 물론이요 사용자에게도 저항했다. 작업의 속도와 방법에 관한 조사를 거부했고, 조사에 응하는 경우에도 작업을 조직적으로 통제했으며, 노동강도를 강화한다 해도 가능한 한 기준을 낮게 설정하도록 요구했다. 또 자신들의 요구가 받아들여지지 않으면 태업을 감행하기도 했다. 그렇지만 이런 저항이 전면적인 투쟁으로 발전하지는 않았다. 노동자들은 지도부의 타협 노선에 불만을 품고 있었지만, 노사관계를 갈등으로 끌고 가지는 않았던 것이다. 거기에는 물론 고질적인 불황과 보수적인 분위기가 작용한 듯하다.

더욱이, 그들은 불리한 상황에 적극적으로 대처할 수 있을 만큼 자신들 사이의 유대관계가 단단하지 않다고 느낀 것으로 보인다. 이 점을 이해하기 위해서는, 그들의 주거지에서 일어난 문화적 변동을 살펴볼 필요가 있다. 우선, 20세기 전환기에 이민 사이에서 공동체 문화가 형성되도록 도와주던 공간적 조건이 사라졌다. 이민은 처음에 집세가 싸고 일자리가 많은 도심 인근에 밀집해서 거주했으나, 점차 가계소득이 늘어남에 따라 그보다 나은 주거 지역으로 이주했다. 특히 1차대전 동안에 임금이 오르고 일자리가 많아지자, 도회지 전역으로 분산해서 거주하기 시작했다. 공간적 밀집은 자발적 협력과 규제는 물론이요 인신적 상호의존의 필요조건이었으나, 1920년대에는 빠른 속도로 무너지고 있었던 것이다.[25] 더욱 중요한 것은 소비생활의 변화 때문에 인신적 상호의존 자체가 위축되고 있었다는 점이다. 19세기 말부터 발전한 대량생산 체제는 1차대전 이후에 대중소비 단계로 이어

24 배영수, 「노동운동과 혁신주의」.

25 배영수, 「노동계급 문화와 거주형태」, 107-112.

졌고, 그에 따라 미국인들이 사용하던 재화와 용역은 빠른 속도로 상품화되었다. 이 팽창하던 상품 세계는 공동체와 달리 노동이나 노동의 산물이라는 형태로 상호부조를 제공할 수 있는 여지를 빠르게 줄여 나갔고, 그 대신에 현금이나 상품을 매체로 삼아 사회적 관계를 구축할 가능성을 넓게 열어 주었다. 주로 이민 노동자들이 조직한 상조회가 이 시기에 일종의 보험회사로 변형된 과정에서 드러나듯이, 사회적 관계는 개인의 경제적 능력과 필요에 따라 합리적 계산을 토대로 재편되는 경향이 뚜렷하게 나타났다. 이러한 사회적 관계의 개별화 경향이 1차대전을 전후해 급속하게 진행됨에 따라, 이민 사이에서는 분명히 공동체적인 인신적 상호의존이 자본주의적인 경제적 개인주의로 대체되고 있었다.[26]

소비의 영역에서 일어난 이런 변화는 생산의 영역에 영향을 끼쳤던 것으로 보인다. 1920년대에 노동자들이 지도부의 타협 노선에 불만을 갖고 있으면서도 대안을 추구하지 않았던 이유는 작업장에서 형성되어 있던 사회적 관계가 사용자에 대한 투쟁에 유리하지 않았다는 점에서도 찾을 수 있다. 작업장의 주도권은 이미 노조 지도부가 장악하고 있었고, 그에 대해 비판적인 태도를 취하던 급진파는 노동자 가운데서 소수의 지지만 받고 있었을 뿐 아니라 서로 분열되어 있기도 했다. 더욱 중요한 것은 이전과 달리 민족별 지도자들이 뚜렷한 역할을 담당하지 않았다는 점이다. 그들은 1910~11년 파업이나 그에 뒤이은 조직 운동에서 핵심적인 역할을 수행했으나, 1920년대에는 대체로 노조 지도부에 이미 흡수되어 있었다. 더구나 그들의 사회적 기반이라 할 수 있는 민족 공동체에서도, 사회적 관계가 이전보다 느슨해지고 있었다. 민족 공동체는 이민의 분산 거주와 경제적 개인주의의 대두 때문에 종래와 같이 긴밀한 유대관계를 유지하지 못했던 것이다. 따라서 주거 공간에서 일어난 이런 변화는 노동자의 동원에 불리한 영향을 끼쳤다.

노조는 그런 영향에 대처하기 위해 노력했다. 그런 영향은 무엇보다도 일반 조합원들이 노조에서 주최하는 각종 집회에 점차 참석하지 않는 경향으로 나타났다. 그 배경에는 조합원들의 분산 거주 이외에 노조에 대한 무관심이 있었다. 지도부는 그로 인해 사용자에 대한 협상력이 훼손되지 않을까 우려했고, 따라서 일반 조합원들의 관심과 참여를 고취하기 위해 교육 프로그램을 개발하고 민족별 집회를 개최하는 등, 주목할 만한 조치를 취했다. 그런데도 지도부는 일반 조합원들의 호응을 이끌어 내지 못했고, 결국 1920년대 말에는 그런 조치를 상당 부분 축소하게 되었다. 바꿔 말해, 그 시기에 노조는 노사관계를 갈등

26 배영수, 「상조회, 공동체, 자본주의」, 218-230.

으로 끌고 갈 수 있을 만한 조직적 역량을 갖추지 못했던 것이다. 그러므로 작업장에 존재하던 상반되는 두 경향은 적어도 부분적으로는 주거지에서 일어난 변화 때문에, 균형을 잃고 갈등보다 타협으로 기울었다고 할 수 있다.[27]

4. 함의

1920년대에 시카고의 남성피복 노조가 겪은 후퇴는 예외적인 현상이 아니다. 그것은 남성피복 노조의 전국적 경험을 넘어 미국 노동운동의 전반적 추세 가운데 일부였다. 그런 변화를 관찰하면서, 셀리그 펄먼은 자신의 노동운동론에서 남성피복 노조를 거론했다. 그는 "남성피복 노조가 미국의 괄목할 만한 '사회주의적' 조합이기는 하나, 실제로는 해당 산업부문에서 자본주의에 맞서 싸우기 위해 노력하는 것이 아니라 일자리에 대해 철저한 통제력을 확보하기 위해 노력하기 시작했다"고 주장했다. 그리고 시드니 힐먼을 포함해 진보적인 노조 지도자들은 1880년대에 곰퍼스가 사회주의에서 "진정한 조합주의"로 전향했을 때와 같이 미국적인 노동운동으로 경도되는 단계에 있다고 진단했다.[28] 덧붙여 그 배경에는 미국 노동자들의 "직업 및 임금 의식"이 자리 잡고 있다고 강조했다. 그렇다면 남성피복 노조의 경험이 1920년대 미국 노동운동의 전반적 후퇴에 관해 어떤 함의를 지니고 있는지 살펴볼 필요가 있다. 물론, 초점은 정치적 · 경제적 환경보다 노동자의 생각과 행동, 특히 펄먼이 이론적으로 구성한 심리적 기제 대신에 여기서 다룬 문화적 변동에 맞추는 것이 바람직하다.

사실, 시카고 남성피복 노동자들의 경험은 당대에 흐르던 커다란 이민의 물줄기를 타고 동부 및 남부 유럽에서 미국으로 이주한 다른 수많은 이민도 겪은 문화적 적응의 과정이었다. 그것은 이민사 연구자들 사이에서 흔히 미국화 과정으로 알려져 있다. 유럽 문화에서 미국 문화로 옮겨 가는 이 과정에서 주체는 물론 이민 개개인이다. 따라서 이민 사이의 사회적 관계에 일어나는 변화는 기존 이민사 연구에서 경시된다. 그 관계를 지배하던 공동체 문화는 앞에서 훑어본 것처럼 이민이 미국에 적응하는 과정에서 두 세대 안에 쇠퇴하기도 했다. 유럽에서는 공동체가 해체되고 그 문화가 쇠퇴하는 과정이 흔히 수백 년에 걸쳐 진행되었지만, 19세기 말 20세기 초에 미국으로 이주한 동부 및 남부 유럽인들 사이

27 배영수, 「노동계급 문화와 거주형태」, 112-123.

28 Perlman, *Theory*, 233, 278.

에서는 그렇지 않았던 것이다. 이들에게 이민이란, 공동체적 전통이 강하게 남아 있던 자본주의 세계의 변두리에서, 이 전통에 대해 본질적으로 적대적인 자본주의 중심지로 짧은 기간 안에 이동하는 과정이었다. 따라서 그런 이동 자체가 공동체 문화에 심대한 타격을 가했다.[29]

그런 문화적 변동은 주목할 만한 역사적 역설이다. 이민을 움직이게 만든 것은 무엇보다도 농노 해방과 인구 압력 이외에 미국 자본주의이다. 미국의 자본주의는 19세기 말부터 노동과정을 세밀하게 분해하고 그에 필요한 비숙련 노동력을 확보해 대량생산 체제를 수립하는 중이었다. 이 끌어당기는 힘 덕분에, 이민 노동자들은 사용자와 벌이는 갈등에서 강력한 자원이 된 공동체적 전통을 갖고 올 수 있었다. 그러나 동시에 그 힘은 이 전통을 조용하면서도 빠르게 파괴했다. 대량생산 체제는 엄청난 규모로 상품을 만들어 냈고, 또 미국 사회를 대중소비 단계로 이끌고 갔다. 그 결과로 상품화와 개별화의 경향이 크게 강화되어, 이른바 민족 공동체가 쇠약한 상태에 빠지게 되었다. 따라서 민족 공동체는 1920년대에 들어와 이민 노동자들이 사용자에 대항해 투쟁을 벌이는 데에 지원을 보낼 수 없게 되었다. 게다가, 상품화 및 개별화 경향은 이민 노동자들로 하여금 작업장에서 형성된 그들의 사회적 관계를 경제적 개인주의의 견지에서 해석하게 유도함으로써, 노동운동을 내부로부터 약화시켰다. 이런 문화적 변동은 그들의 거주 형태에 일어난 급격한 변화로부터 영향을 받았기 때문에 더욱 극적인 현상으로 나타났던 것이다.[30] 그렇다면 1920년대 노동운동의 후퇴 요인으로 이민 노동자들의 공동체 문화가 미국 자본주의의 급속한 발전에 따라 극적으로 쇠락했다는 점을 지적할 수 있다.

이 해석은 미국 노동운동의 장기적 추세를 다시 생각해 볼 필요가 있다는 점을 시사한다. 1920년대의 후퇴 요인이 당대에 조성되었던 불리한 환경 못지않게 이민 노동자들 사이에서 진행된 문화적 변동, 그것도 자본주의의 발전에 수반되는 구조적 현상에 있다면, 그 현상은 미국의 노동자들에게 전반적으로 닥쳐온 장기적 변화라 할 수 있기 때문이다. 그렇지만 이는 20세기 중엽 이후의 후퇴에 주목하는 종래의 논의에서 배제되어 있다.

종래의 논의 가운데서 가장 주목을 끈 것은 오래전에 나온 대니얼 벨의 저술과 근년에 나온 마이클 골드필드의 작품이다. 주지하다시피 벨은 미국 경제가 한창 호황을 구가하던 1959년에 "이데올로기의 종언"을 선포하면서, 미국의 노동자들이 지속적인 기술혁신 덕

29 배영수, 「상조회, 공동체, 자본주의」, 203-206, 234-235.

30 Ibid., 219-234; 배영수, 「노동계급 문화와 거주형태」, 122-123.

분에 임금 인상을 누리는 동시에 전통적인 공장에서 해방되고 있다고 주장한다. 바꿔 말해 미국의 노동자들은 사무실에서 일하는 중간계급으로 변모하고 있으며, 따라서 급진적인 노선으로 경도되지 않을 것이라고 진단한다.[31] 이 견해는 사회주의의 쇠퇴를 계기로 다시 부각되고 있으나, 그가 예언한 노동계급의 부르주아지화가 틀린 명제라는 점은 분명한 것 같다. 골드필드는 벨과 마찬가지로 노동운동의 후퇴가 1950년대 중엽에 시작되었다고 보지만, 노동자를 둘러싸고 있는 세력관계에 초점을 맞춘다. 중요한 요인은 전후에 강화된 사용자들의 공세와 국가의 비우호적 노동정책에 있다는 것이다.[32] 그 대신, 골드필드는 노동자들이 그런 불리한 환경에 어떻게 대처했는지 살펴보지 않는다. 따라서 종래의 논의에서는 1920년대에 관한 해석과 마찬가지로 노동운동의 주체가 보이지 않는다.

전후 노동운동의 후퇴에서 주체가 하는 역할을 올바르게 이해하기 위해서는, 무엇보다 먼저 후퇴의 양상을 정확하게 파악해야 한다. 벨과 골드필드는 위에서 언급한 것처럼 대다수 연구자들과 달리 후퇴가 시작된 시기를 1970년대 말이 아니라 1950년대 중엽이라고 지적한다. 이는 조합원의 수효에 집착하지 않고 비중까지 감안할 때, 그래서 노조의 영향력까지 고려할 때, 쉬이 수긍할 수 있는 것이다. 사실, 미국의 노동조합은 1970년대에 2,300만 명에 육박하는 조합원을 확보해 최고조에 이르렀다가 위축되었지만, 조합 밀도, 즉 노동인구 중에서 조합원이 차지하는 비율은 1950년대 중엽에 최고 수준인 33%에 달했다가 거의 계속 하락하여 오늘날에는 12%로 떨어져 있는 형편이다. 더욱이, 미국의 노동운동은 성격의 측면에서도 1950년대 중엽에 후퇴하기 시작했다고 할 수 있다. 그 시기에 노동운동 내부에는 뉴딜시대에 시작된 개혁적 전통이 활력을 잃지 않고 있었고, 또 이 전통은 월터 루서 같은 지도자 덕분에 한동안 지속되었다. 루서 같은 지도자들은 매카시즘에 의지해 많은 노조에서 급진파를 축출하는 데 방조함으로써 그런 전통을 지켰다. 더욱이, 그들은 점차 사회개혁보다 경제성장을 강조했다.[33] 개혁적 전통은 1935년 산업별노동조합회의*Congress of Industrial Organizations*의 출범을 계기로 대두했으나, 대략 20년 동안 지속된 다음에 쇠퇴했던 것이다. 이는 저 조직이 1955년 미국노동연맹과 통합되었다는 사실에서 뚜렷하게 드러난다. 이런 사실을 고려할 때, 미국의 노동운동은 지난 반세기 동안 후퇴 국면에 있었던 것으로 보인다. 거기에 비춰 보면, 1935~55년간에 나타났던 팽창적인

31 Bell, *End of Ideology*, 221-226, 264-271, 275-298.

32 Goldfield, *Decline of Organized Labor*.

33 Davis, "US Working Class"; idem, "Barren Marriage."

추세와 진보적인 자세가 오히려 일시적인 현상이라 할 수 있다. 바꿔 말하면, 미국의 노동운동은 '잠시' 진보적인 면모를 보였다가 보수적인 태도로 되돌아갔다고, 1880년대 중엽에 새뮤얼 곰퍼스가 제창했던 "진정한 조합주의"로 회귀했다고 할 수 있다.

그렇다면 미국 노동운동의 특색을 생각할 수 있고, 또 셀리그 펄먼이 말한 기업형 조합주의를 다시 생각할 수 있다. 돌이켜 보면 미국의 노동운동은 1935~55년간에 괄목할 만한 성장을 이룩했음에도, 노사 간의 세력관계를 바꾸는 데 실패했다. 그 기간에 있었던 진전은 대체로 일시적인 환경 덕분이라 할 수 있다. 사용자들이 대공황으로 말미암아 위신을 잃었고, 정부가 뉴딜 정책에 따라 노동운동에 우호적인 자세를 견지했다. 그러나 그런 환경은 지속되지 않았다. 냉전이 시작됨에 따라, 정부는 보수적인 자세를 취했고 자본가는 미국적 가치의 화신으로서 위신을 되찾았던 것이다. 이는 조금도 새로운 현상이 아니다. 장기적 안목에서 보면, 그것은 19세기 미국에서 확립되었던 세력관계일 뿐 아니라, 1935~55년간을 제외하면 20세기에도 지속되었던 조류이다. 이런 환경 때문에, 미국의 노동자들은 파업을 비롯해 사용자와 대결을 벌일 때 흔히 지역사회의 지원에 호소했다. 그리고 19세기 미국의 지역사회는 자주 그런 호소에 부응했으며, 이민 노동자들이 많이 거주하는 지역사회는 더욱 그랬다. 그러나 20세기에는 그런 일이 줄어들었다. 지역사회의 호응과 지원은 1930년대의 대공황기를 제외하면 뚜렷하게 감소하는 경향을 보였다. 이는 20세기 미국 노동운동에 나타나는 전반적인 온건성과 장기적인 후퇴에서 경시할 수 없는 측면이다. 그것이 공동체 문화의 쇠락과 연관되어 있다는 점은 1920년대 시카고 남성피복 노동자들의 경험에서 엿볼 수 있다. 20세기 미국의 노동자들이 소극적 자세를 취하며 사용자에 대해 타협 노선을 선택한 요인은 펄먼이 추론한 노동자들의 본래적 집단 심리에 있는 것이 아니라, 경제적 개인주의가 자본주의의 발전에서 힘을 얻으며 공동체적 전통을 밀어내고 노동계급과 지역사회에 자리를 잡은 데 있는 것처럼 보인다. 이미 남성피복 노조에서 드러났듯이, 그들은 이 구조적 현상을 파악하고 대처하고자 했으나 효과적으로 통제하지 못했다. 노동계급과 지역사회에서 진행된 문화적 변동은 조금씩, 그러나 확실하게, 미국의 노동운동을 침식한 것으로 보인다.

노동운동의 후퇴에서 보이는 미국의 특색을 올바르게 이해하기 위해서는, 그것을 국제적 맥락에 비춰 살펴봐야 한다. 국제적 맥락은 물론 노동운동이 발달한 선진 자본주의 국가, 그것도 노동운동에 관한 연구가 활발한 몇몇 유럽 국가로 한정해야 한다. 그렇지만 거기서도 후퇴에 관한 논의는 활발하지 않다는 점을 기억할 필요가 있다. 한편에서는 자유주의자들이 노동자의 부르주아지화 전망을 간직하고 있다면, 다른 한편에서는 마르크스주의자들이 노동자가 자본주의의 무덤을 파는 사람이라는 신념을 버리지 않고 있다. 어느 편에서도 노동운동의 후퇴를 중요한 주제로 간주하지 않는 것이다.

그래도 주목할 만한 견해가 있다면, 유명한 마르크스주의 역사학자 에릭 홉스봄이 20세기에 관한 개설에서 제시한 해석이다. 그에 따르면 선진국의 노동계급은 대개 1980년대부터 수적으로 축소되었는데, 그 요인은 산업구조의 변화와 자동화 같은 기술혁신에서 찾을 수 있다. 미국을 제외하고 대부분의 선진국에서는 2차대전 이후에 노동자들이 전체 노동인구 가운데 3분의 1 정도를 차지하고 있었다. 그러나 방직, 철강, 조선 같은 주요산업이 새로운 공업국가로 옮겨 가고 또 남아 있는 다른 산업이 점점 더 자동기계에 의존함에 따라, 노동자들이 줄어들었다는 것이다. 여기서 홉스봄이 주의를 환기하는 현상은 노동자들의 계급의식에서 나타난 위기이다. 그에 따르면 계급의식은 생산 현장의 착취와 억압, 심각한 빈부격차, 사회적 · 문화적 격리, 그리고 집단의식 때문에 유지되었다. 그러나 노동자들은 2차대전이 끝난 뒤에 20년 동안 호황이 지속됨에 따라 경제적 여유와 개별적 생활을 향유하기 시작했고, 또 1970년대 경제위기 이래 기능, 민족, 또는 인종에 따라 분열되었으며, 그 결과로 노동계급은 여전히 존재하되 계급의식이 약화된 상태에 이르렀다.[34]

홉스봄의 설명은 중대한 문제점을 안고 있다. 계급과 계급의식을 별개의 현상인 듯이 구분하는 접근방법은 논외로 친다고 해도, 계급의식의 쇠퇴 요인으로 들고 있는 것들이 2차대전 이후에 새로이 나타난 것이 아니라 그보다 훨씬 이전부터 존재한 사실이라는 점을 부인하기 어렵다. 노동계급의 내적 분열은 국가에 따라 차이가 있지만 대체로 이미 19세기에 뚜렷하게 드러났고, 노동자들이 생활 중심을 집단에서 개인으로 바꾸며 기존질서와 타협하는 현상도 스테드먼 존스가 보여 주듯이 적어도 런던에서는 19세기 말부터 분명하게 나타났던 것이다.[35] 물론 이런 현상이 전후의 장기호황과 이후에 닥쳐온 경제위기로 인해 더욱 심화되었고, 그 결과로 홉스봄이 말하는 계급의식의 토대가 크게 침식되었다고 할 수는 있다. 그렇지만 그것은 곧 근래에 나타난 노동운동의 후퇴는 뿌리가 매우 깊은 사태라는 점을 간접적으로 인정하는 셈이 된다.

그 점은 노동사의 윤곽을 다시 설정할 때 분명하게 이해할 수 있다. 노동운동의 후퇴를 근래에 나타난 현상으로 취급하는 해석에는 적어도 두 가지 근거가 있다. 그것은 한편으

34 Hobsbawm, *Age of Extremes*, 302–310.

35 Stedman Jones, "Working-Class Culture."

로 두 차례의 세계대전을 전후해 노동자들이 전투적이고 혁명적인 경향을 보여 준 적이 있었다는 사실이며, 다른 한편으로는 노동계급이 급격하고 근본적인 사회변화를 가져올 세력으로서 성장을 계속하리라는 신념이다. 그러나 그런 신념을 버리면, 노동운동의 급진적 국면을 오히려 일시적인 현상으로 볼 수 있다. 돌이켜 보면, 유럽의 노동운동은 20세기가 진행됨에 따라 점차 온건한 면모를 뚜렷하게 보여 주었다. 그것은 양차대전을 전후한 시기뿐 아니라 1960년대 말에도 전투적인 양상을 띠었지만, 본질적으로 자본주의에 도전한 것이 아니라 사회개혁을 요구하는 데 머물러 있었다. 더욱이, 노동운동의 동반자인 좌파 정당도 이미 20세기 초부터 혁명적 변화 대신에 점진적 개혁을 역설했고, 또 2차대전 후에는 계급 정당에서 대중정당으로 변모했다. 간단히 말하면, 유럽의 노동운동은 20세기를 거치며 급진적인 운동에서 온건한 운동으로 점차 성격을 바꾸었다고 할 수 있다. 이 장기적 변형은 1980년대에 와서 노동운동의 양적 위축으로 표면에 떠올랐지만, 그 아래에는 스테드먼 존스가 말하는 노동자 계급문화의 변동이 자리 잡고 있는 것으로 보인다.

그렇다면, 노동운동의 후퇴에 관해 미국에서 보이는 특징은 국제적 맥락에서 볼 때 예외적 현상이라 할 수 없다. 그것은 유럽에서도 보이는 현상, 발전한 자본주의 국가에서 나타나는 일반적 현상이다. 차이가 있다면, 미국에서는 그런 현상이 더 일찍, 또 더 뚜렷하게 나타났다는 점이다. 20세기에 유럽의 노동운동은 온건한 방향으로 흐르면서도, 미국과 달리 2차대전 직후와 1960년대 말에 잠시 급진적인 경향을 보였다. 그 배경에는 앞에서 강조한 공동체적 전통이 자리 잡고 있는 것으로 보인다. 유럽에서도 공동체와 그 문화는 무엇보다 자본주의의 발전으로 인해 와해되었다. 그래도 거기서는 미국만큼 급속한 경제성장이나 활발한 인구이동이 일어나지 않았고, 따라서 공동체적 전통도 미국처럼 급박하고 심각한 위협에 부딪히지 않았다. 게다가 노동운동과 좌파 정당은 작업장보다 주거지를 중심으로 여러 가지 편의시설을 수립하며 공동체적 전통을 유지하는 데 큰 노력을 기울였다. 그 결과는 노동조합 밀도의 추이에서 나타나는 것으로 보인다. 조합 밀도는 대개 1970년대에 최고조에 이르렀다가 지속적으로 감소해서, 오늘날에는 10%에서 30% 사이에 머물러 있다. 이 점에서 예외는 미국이 아니라, 조합 밀도가 70% 선에서 유지되는 스칸디나비아 국가들이다. 그러므로 노동운동의 위축과 온건성이라는 측면에서 볼 때, 미국은 유럽 선진국에 비해 대체로 한 세대 정도 일찍 변화를 겪은 것이다. 미국은 자본주의의 발전 과정에서 예외가 아니라 차라리 첨단인 셈이다.

그런 특징은 더 넓은 시야에서 살펴볼 필요가 있다. 여기서 다룬 미국 노동운동의 특색조차 앞에서 지적한 것처럼 문화적 변동 이외에 정치-경제 체제도 고려할 때에야 비로소 온전하게 이해할 수 있기 때문이다. 이제 시야를 노동운동에서 사회적 세력관계로 확대할 차례가 왔다.

제2부

계급과 국가

이제 노동계급에서 계급관계 전반으로 시야를 확대한다. 미국 문명의 특징적 양상은 앞에서 살펴본 것처럼 노동운동의 전개 과정에서 뚜렷하게 나타나지만, 거기에 국한되지 않고 사회적 관계에 널리 확산되어 있다. 따라서 사회적 관계를 전반적으로 살펴보면, 미국 문명의 특색을 넓고 깊게 이해할 수 있다. 그렇지만 모든 종류의 사회적 관계를 같은 비중으로 취급할 생각은 없다. 인종관계나 젠더관계에서도 미국은 분명히 특이한 면모를 지니고 있지만, 그에 관한 연구 성과는 계급관계에 비해 상대적으로 적을 뿐 아니라 국제적 비교를 시도할 만큼 체계적으로 정리하기도 어려운 듯하다. 그러므로 인종이나 젠더는 필요한 경우에만 거론하면서, 계급에 초점을 맞춰 사회적 관계를 살펴보며 미국 문명의 특색을 알아본다.

미국의 계급관계에 어떤 특징적 면모가 있는지, 그 윤곽은 알려져 있다. 무엇보다 중요한 것은 부르주아지의 패권이 근대 세계에서 가장 일찍이, 또 가장 뚜렷이 확립되었다는 점이다. 미국에서 부르주아지가 재력에다 권력과 위신까지 차지한 시기는 혁명과 건국이 진행되었던 18세기 말이라 할 수 있다. 그 시기를 17세기 식민지 개척기로 앞당겨 잡거나, 아니면 19세기 중엽 내전기로 끌어내리는 학자들도 있다. 그렇지만 미국은 식민지 시대에 영국의 일부로서, 귀족이 지배하는 사회체제에 통합되어 있었다는 사실을 기억할 필요가 있다. 거기에 비춰 보면, 혁명과 건국은 미국의 부르주아지가 영국 귀족의 지배에서 벗어나 권력과 위신을 확보하는 과정이었다. 또 그 이후 미국은 유럽과 달리 귀족이 없는 사회구조, 바꿔 말하면 유럽보다 먼저 귀족을 밀어내 버린 사회구조를 지니게 되었다. 유럽에서는 19세기 말에도 귀족이 사회세력으로서 의미를 띠고 있었다는 사실을 생각할 때, 이는 분명히 주목할 만한 특징이다. 물론, 19세기 미국에도 남부의 농장주를 비롯해 귀족처럼 살아가려는 사람들이 있었다. 또 그들을 북부의 자본가와 대비시키며 내전을 부르주아 혁명으로 간주하는 학자도 있다. 그러나 근래의 연구는 농장주가 봉건적인 귀족이 아니라 근대적인 기업가라는 사실을 밝혀내며, 그런 도식적 해석이 발붙일 수 있는 여지를 없애 버렸다. 바꿔 말하면, 미국의 부르주아지는 이미 18세기 말에, 유럽에 비해 적어도 백 년 앞서, 도전할 상대가 없는 사회세력으로 대두했다고 할 수 있다.

더욱이, 미국에서는 중산층도 부르주아지와 매우 가까운 세력이다. 근대 세계에서 중산층은 경제발전에 따라 구성이 바뀌기는 해도, 대부분은 자영업자와 전문직업인을 비롯해 정치적 · 경제적 · 사회적 자율성을 누리는 사람들이라 할 수 있다. 그들은 19세기 유럽에서 프티부르주아로 불리며 중산층 가운데 하부를 차지했지만, 부르주아지가 귀족을 대신해 정점을 차지하는 미국의 사회구조에서는 중산층의 핵심이 되었다. 이 세력에 관한 연구는 근래에 활발하게 진행되고 있는데, 대개 그것을 '중간계급' 이라 부르며 계급으로 간주한다. 그러나 저 독립적인 사람들이 상층이나 하층과 적대적인 관계를 맺고 또 내부에서 서로 긴밀한 유대관계를 맺는다는 점을, 간단히 줄이면 계급이라는 점을 입증하지 못한다. 다만, 그들이 중간적 지위 때문에 자주 상처를 입으면서도 근검절약을 강조하며 미래를 위한 투자에 주력한다는 것, 바꿔 말해 부르주아지와 구분하기 어려운 문화를 갖고 있다는 것을 보여 줄 뿐이다. 사실, 미국에서는 중산층이 프티부르주아로 불리며 그랑부르주아와 구분된 적이 없다. 더 정확하게 말하면, 미국에서는 부르주아지라는 용어가 거의 쓰이지 않는다. 유럽과 달리 부르주아지가 일찌감치 귀족세력을 밀어내고 문화적 패권까지 차지한 사회에서, 그것은 쓸모없는 단어였던 것이다.

그런 부르주아지의 패권이 미국 노동계급을 둘러싸고 있는 사회적 맥락이다. 노동계급은 이미 제1부에서 다루었지만, 그 초점은 노동운동에서 나타나는 특징에 집중되어 있었다. 여기서는 초점을 노사관계로 옮기고, 그것이 20세기를 거치며 변형되는 과정과 거기서 국가가 담당하는 역할을 살펴본다. 이렇게 넓은 시야에서 살펴보면, 미국의 노동자들은 매우 취약한 입지를 차지하고 있는 것으로 보인다. 그들은 20세기 중엽에 사용자의 '경영상 특권' 에 제약을 가하기 위해 노력했지만 결국 실패하고 말았다. 그 결과, 미국의 사용자들은 다른 선진국에 비해 훨씬 더 강한 권위를 유지할 수 있게 되었다. 더욱이, 미국의 노동자들은 국가의 권력에 접근할 수 있는 통로를 충분히 확보하지 못했다. 그들을 대변하는 정당이 없고, 그들에게 우호적인 정당은 여론에 주목하며 자주 노선을 바꾼다. 따라서 미국의 노동자들은 선진국 노동자 가운데서 가장 힘이 약한 듯하다. 그렇다고 해서 그들이 국가와 사용자의 억압 아래 신음하고 있다는 뜻은 결코 아니다. 오히려 그들은 매우 개방된 사회에서 살고 있으며, 그래서 사회의 사다리를 타고 올라갈 가능성을 다른 선진국 노동자에 비해 더 많이 지니고 있다. 그렇다면 중요한 것은 그들이 매우 취약한 입지에 있으면서도 기존질서에서 배제되지 않고 오히려 긴밀하게 통합되어 있다는 점이다.

그런 특징적 면모에 접근할 때 기억해야 할 것은 장기적 안목을 갖는 일이다. 계급관계나 사회구조를 연구하는 학자들은 탐구하는 시간의 범위를 대개 한두 세대로 제한한다. 이는 특정 시기에 수립되어 있던 사회질서를 면밀하게 탐구하는 데 유리하지만, 그 질서의 변형 과정을 제대로 파악하기에는 좋지 않다. 사회질서는 혁명기처럼 때때로 빠르게 변하기도 하지만, 대체로 사람들이 잘 느끼지 못할 정도로 오랜 기간에 걸쳐 천천히 바뀌기 때문이다. 그런데도 연구자들이 장기적 안목을 갖고 접근하지 않는 것은 그런 접근이 흔히 거대담론으로 이어질 위험이 있을 뿐 아니라, 일단 거대담론으로 넘어가면 핵심적 관심사인 근대적 사회질서가 매우 견고하다는 신념도 있기 때문인 듯하다. 한마디로 말해 자유주의자들이 근대 사회의 개방성에 주목한다면, 마르크스주의자들은 반대로 그 폐쇄성을 강조하는 것이다. 그러나 두말할 나위도 없이, 근대 사회가 항상 같은 정도로 개방되어 있거나 폐쇄되어 있었던 것은 아니다. 중요한 것은 개방성이나 폐쇄성이 얼마나 바뀌었는지, 그에 따라 사회질서도 어떻게 조금이나마 바뀌었는지, 파악하는 일이다. 그런 작업에는 물론 장기적 안목이 필수적인 조건이다. 미국처럼 근대 세계에서도 유난히 빠른 속도로 발전한 나라를 연구할 때는, 더욱 그렇다.

그처럼 장기적 안목을 갖고 미국의 계급관계를 올바르게 이해하기 위해서는, 확고하면서도 개방적인 사회질서부터 파악해야 한다. 따라서 제6장에서는 엘리트에 관한 연구를 검토하며 미국의 권력구조를 살펴본다. 그 권력구조에서 핵심을 차지하는 기업가들은 제7장에서 따로 다룬다. 중산층은 물론 별도의 논의가 필요한 계층이므로, 제8장의 주인공으로 설정한다. 나머지 두 개의 장은 노사관계에 할애한다. 제9장에서는 20세기 중엽에 나타난 타협적 노사관계를 살펴보고, 그 다음 장에서는 최근에 들어와서 그것이 변형되는 양상으로 눈을 돌린다.

제6장

엘리트와 권력구조
—파워 엘리트 논쟁에 대한 재검토

미국의 사회구조를 탐구하고 그 특색을 파악하기 위해서는, 그 구조가 하나의 위계질서를 구성하고 있다는 사실에서 출발해야 한다. 미국도 다른 모든 사회와 마찬가지로 하나의 조직이다—그 구성 요소들이 한때 생각만큼 그리 긴밀하게 통합되어 있지 않다 해도, 어떻게든 연결되어 서로 영향을 주고받는 조직이다. 조직에는 언제나 권위가 필요하다. 그것 없이는 구성 요소들이 서로 다른 방향으로 움직일 때 그 흐름을 조정하며 조직을 유지하기가 어렵기 때문이다. 그리고 권위는 위계질서와 일체이면서 그 정점이다.

미국처럼 사회적 평등주의가 오래전부터 널리 퍼져 있는 사회를 연구할 때, 그 점은 특히 명심할 필요가 있다. 미국 사회도 위계적 구조를 지니고 있으며 그 정점에는 일찍부터 부르주아지가 자리 잡았으니 말이다. 그리고 부르주아지는 어디서나 다양한 요소로 구성되는 복잡한 집합체여서 식별하기가 어렵지만 미국에서는 유난히 더 까다롭다. 미국의 부르주아지는 일찌감치 패권을 장악하고서도, 유럽과 달리 자신들을 귀족과 대비시키며 정체성을 확립하고자 노력할 필요가 없었다. 또 패권을 유지하기 위해서는, 다른 사람들과

거리를 두기보다는 넓은 공감대를 확보할 필요가 있었다. 더욱이 부르주아지를 선명하게 식별한다 해도, 그것이 미국의 사회질서를 명확하게 파악하는 데 큰 도움이 되지는 않을 것 같다. 그들 가운데서도 소수의 사람들이 핵심적인 권위를 장악하고 중요한 제도들을 운영하기 때문이다. 차라리 엘리트라 불리는 집단이 미국의 사회질서에 접근하는 데 가장 효과적인 통로를 제공한다.

1. 주제

요즈음 미국에서는 엘리트라는 총칭과 함께 파워 엘리트라는 전문용어가 심심찮게 쓰인다. 2009년 초에 발행된 어느 시사잡지의 특집은 세계에서 가장 큰 권력을 쥐고 있는 사람들을 소개하며 이 용어를 사용한다. 조금 거슬러 올라가면, 그것은 2008년 봄에 출간되고 가을에 한글로 번역된 『슈퍼 클래스』에서도 중요한 용어로 취급된다. 저자 데이비드 로스코프는 오늘날 전 세계에 걸쳐 영향력을 지니고 있는 사람들이 있다고 하면서, 이들을 세계적인 파워 엘리트로 규정한다. 더욱 거슬러 올라가면, 그것은 이미 2003년부터 시사용어로 쓰인 것으로 보인다. 그해 3월에 미국이 이라크를 침공하고 군대를 주둔시키자, 미국의 비판적 지식인들은 이를 제국주의로 규탄하는 동시에 그런 정책이 권력의 집중을 초래하지 않을까 우려하기 시작했다. 제국주의는 본질적으로 힘에 호소하는 정치이기 때문에, 국내에서도 거기에 적합한 제왕적 권력과 그것을 중심으로 형성되는 권력집단의 대두를 야기한다는 것이다. 그리고 그들은 그런 권력집단을 파워 엘리트라 불렀다.[1]

더욱 흥미로운 것은 이 전문용어를 만든 사회학자 라이트 밀스가 다시 주목을 끌고 있다는 점이다. 이 용어는 널리 알려져 있듯이 그가 1956년에 발표한 『파워 엘리트』에서 처음으로 등장했다. 그렇지만 우파는 물론이요 좌파로부터도 거센 비판을 받고 오랫동안 거의 쓰이지 않았다. 밀스가 신좌파에 큰 영향을 끼쳤고 학계에서 적기는 해도 매우 충실한 추종자들을 거느렸지만, 1960년대 말부터 급진적인 운동이 쇠퇴한 뒤에는 그들조차도 파워 엘리트라는 용어를 쓰지 않았던 것이다. 사실, 그의 업적은 전반적으로 폄하되거나 심지어 무시당하기까지 했다. 그로부터 한 세대가 지난 다음에는 사정이 달라졌다. 2000년에는 『파워 엘리트』가 다시 출판되었고, 이를 전후해 중산층과 노동계급에 관한 그의 저술도

1 Meacham, "Story of Power"; 로스코프, 『슈퍼 클래스』; Bellamy, "New Age of Imperialism"; Giroux, "Emerging Authoritarianism."

새로이 간행되었다. 이제 밀스의 3부작이 모두 주목을 끌고 있는 것이다. 그리고 2006년에는 『파워 엘리트』 출간 50년을 맞아, 사회학자들이 그의 업적을 회고하는 기회를 가졌고 또 정치학자들이 전국적인 학술대회에서 그를 좇아 권력에 대해 관심을 기울이자고 다짐했다. 더욱이 그의 업적을 다시 평가하는 작업도 진행되고 있다. 이제 밀스는 미국의 사회과학계에서 '부활'한 것처럼 보인다.[2]

이는 분명히 최근 미국에서 엘리트에 대한 관심이 고조된 것과 연관이 있다. 그런 관심을 가장 잘 보여 주는 것은 한국에서도 자주 쓰이는 "보보스*bobos*"라는 신조어라 할 수 있다. 그것은 언론인 데이비드 브룩스가 2000년에 발표한 저술에서, 정보시대를 이끌고 있는 엘리트가 창조성을 숭상하는 보헤미안의 세계와 세속적 성공을 추구하는 부르주아지의 세계에 동시에 살고 있다는 점을 드러내기 위해 만든 것이다. 그만큼 주목을 끌지는 않았지만 그보다 앞서 엘리트에 대해 관심을 환기한 다른 작품도 있다. 문학평론가 폴 퍼셀은 이미 1983년에 내놓은 『계급』에서, 미국인들이 대체로 미국에는 계급이란 존재하지 않는다고 말하면서도, 실제로는 언어, 의복, 주택, 소비와 오락 등 다양한 측면에서 미묘하지만 분명한 방식으로 계급적 구분을 표현한다고 지적한 바 있다. 비판적 역사가 크리스토퍼 래쉬는 1995년에 『엘리트의 반란과 민주주의에 대한 배신』이라는 자극적인 제목으로 책을 내고, "특권 계급은 언제나 있었고 미국에서도 그렇지만, 이토록 위태롭게 주변으로부터 유리된 적은 없었다"고 개탄했다. 최근에 엘리트가 정보화와 세계화의 조류를 타고 과거 어느 때보다 더 세계주의적인 자세를 취하면서, 미국의 정치와 도덕, 문화에서 구속적이거나 억압적인 요소를 보고는 아예 등을 돌려 버린다고 비판한 것이다. 여기서 드러나듯이 엘리트에 대한 관심은 20세기가 끝날 무렵에 와서 역사학계로 확산되었다. 미국의 역사학자들은 1960년대에 사회사 열풍을 맞았을 때부터 한 세대가 넘도록 엘리트를 외면하다가 뒤늦게 관심을 갖기 시작한 것이다. 이는 아래에서 상론할 중요한 업적뿐 아니라, 미국 엘리트의 역사를 개관하는 최근 시도에서도 뚜렷하게 나타난다.[3]

그렇지만 엘리트에 대한 관심을 감안한다 해도, 밀스에 주목하는 사회과학계의 최근 조류를 납득하기는 쉽지 않다. 그런 관심을 가진 이들이 가르침을 얻기 위해 선구자를 찾으

2 Mills, *Power Elite*; Domhoff, "Mills's *The Power Elite*"; Valelly, "Political Scientists' Renewed Interest"; Aronowitz, "Mills Revival?"; Barrow, "Plain Marxists."

3 Brooks, *Bobos in Paradise*; Fussel, *Class*; Lasch, *Revolt of the Elites*; Fraser and Gerstle, eds., *Ruling America*.

려 한다면, 여러 사람을 찾아낼 수 있으니 말이다. 멀리 20세기 초로 거슬러 올라가, 독점 기업의 비리와 정경유착의 부패상을 파헤치던 추문 폭로자들을 들먹일 필요도 없다. 그때 형성되었던 전통은 번영을 구가하던 1920년대에도 살아 있었고, 기업가에 대한 불신이 깊어졌던 1930년대에도 다름없었다. 덕분에 밀스의 시대에는 엘리트에 대해 관심을 갖고 연구하는 사람들이 활발하게 움직이고 있었다. 우선, 신문기자로 일하면서 엘리트 인맥을 샅샅이 파헤친 퍼디낸드 런드버그의 『미국의 60개 가문』을 들 수 있다. 1937년에 처음 나왔던 이 책은 "미국의 금권정치에 대한 훌륭한 안내서"라는 찬사를 받으며 널리 읽혔고, 1960년에는 다시 발행되었을 뿐 아니라 런드버그의 후속 저술로 연결되기도 했다. 그리고 플로이드 헌터의 면밀한 연구 『미국의 최고 지도자들』을 빼놓을 수 없다. 그는 엘리트 네트워크를 탐구하는 데 노력을 집중했는데, 처음에는 지방 차원에서 시작했지만 1950년대 말에 이르면 범위를 전국으로 확대하고 연방정부의 정책결정에 영향을 끼치는 가장 유력한 엘리트를 밝혀냈다.[4] 이 연구는 그가 7~8년에 걸쳐 미국의 주요 도시를 방문하며 수많은 지도적 인물을 만나 보고 그 가운데서 450여 명을 심층적으로 면담해서 얻은 결과, 다시 말해 경험적 사실의 발견이라는 측면에서 괄목할 만한 업적이다. 그런데도 요즈음 헌터는 런드버그와 마찬가지로 주목을 끌지 못한다.

그렇다면 왜 유독 밀스가 관심의 대상으로 다시 부각되는가 하는 의문이 떠오른다. 그 해답은 이들 업적을 일별하면 쉽게 얻을 수 있다. 한마디로 줄이면, 헌터나 런드버그가 20세기 중엽 미국의 엘리트에 대해 사실을 밝히는 데서 그친 반면에, 밀스는 그런 사실을 설명하기 위해 개념과 이론을 만들어 냈다고 말할 수 있다. 그가 도입한 개념이나 이론이 20세기 중엽이라는 시대적 한계를 넘어 매력을 유지하고 있는 것이다. 그렇다고 해서 밀스의 견해가 오늘날에도 대부분 유효하다는 말은 결코 아니다. 예를 들어, 파워 엘리트는 원래 현대 미국에서 거대한 조직을 통제하며 서로 긴밀하게 교류하는 소수의 유력인사들을 가리키는 데 쓰였지만, 오늘날에는 앞에서 살펴본 것처럼 원의와 달리 그저 엘리트 가운데서 권력을 쥐고 있는 사람들을 부르는 피상적인 의미로 흔히 사용된다. 또 파워 엘리트 가운데서 군부는 밀스의 주장과 달리 자율성을 지니지 못한다는 점도 널리 알려져 있다. 미국의 군부는 문민통제의 전통에 따라 정치 엘리트에 종속되어 있기 때문이다. 게다가 요즈음 다시 주목을 끄는 군산복합체*military-industrial complex*에서도, 산업계의 통제에서 벗어

4 Lundberg, *America's 60 Families*; Hunter, *Top Leadership, U.S.A.*

날 수 있을 만큼 독자적인 기반을 갖지 못하기 때문이다. 그래도 『파워 엘리트』에 대한 회고담에서 드러나듯이, 밀스의 견해에서 되새겨 볼 만한 것이 많다는 점은 분명하다.[5]

그렇다면 요즈음 밀스가 다시 주목을 끄는 이유가 어디에 있는지 궁금해진다. 특히, 엘리트에 관해 그가 제시한 견해는 이미 여러 측면에서 비판을 견디어 내지 못했는데도 다시 관심을 끌고 있는 이유가 무엇인가 하는 의문이 떠오른다. 이는 엘리트에 관한 연구에서 밀스 이후에 어떤 진전이 있었는가, 또 그의 견해에서 어떤 부분이 아직도 살아남아 있는가 하는 다른 의문을 수반한다.

그런 궁금증을 풀기 위해서는 지난 반세기 동안에 미국의 엘리트에 관해 발표된 연구 성과를 점검해야 한다. 그와 같은 작업은 물론 제한된 범위 안에서만 가능하다. 여기서는 지금까지 축적된 업적 가운데서 연구 동향에 중요한 영향을 끼친 저술을 집중적으로 조명한다. 종래의 업적은 주로 사회과학자들이 발표한 것으로, 20세기 후반에 관심을 기울이며 정태적 분석에 치중한다. 그렇지만 엘리트는 두말할 나위도 없이 형성과 변형의 과정을 겪는 역사적 존재라는 점을 기억할 필요가 있다. 따라서 그에 대한 연구도 동태적 접근과 역사적 시각을 요구한다. 심지어 최근에 몇몇 역사학자들이 주목하는 식민지 시대까지 넘어서 생각할 것을 요청한다. 그런 장기적 안목에서 바라볼 때에야 비로소 현대 미국 엘리트의 면모가 뚜렷하게 드러나기 때문이다.

2. 배경

그런 각도에서 접근할 때 먼저 해결해야 하는 과제는 기존 연구를 둘러싸고 있는 맥락과 함께 논쟁의 윤곽을 파악하는 일이다. 미국의 엘리트 연구자들은 예나 지금이나 다른 사회에서 볼 수 없는 어려움에 부딪힌다. 그것은 미국에는 계급이란 존재하지 않는다는 믿음, 오래전부터 널리 퍼져 있는 신화이다. 그렇기 때문에 폴 퍼셀은 『계급』의 서장에 "까다로운 주제"라는 제목을 붙이고는, 미국에서 계급을 구분한다는 것이 얼마나 복잡하고 미묘한 일인지 설명한다.[6] 그런 믿음은 물론 '미국인의 꿈' 과 짝을 이루고 있다. 누구나 보잘것없는 처지에 얽매이지 않고 노력만 한다면 많은 재산을 모으고 높은 지위를 누릴 수 있

5 Wolfe, "Afterword"; Domhoff, "Mills's *The Power Elite*."
6 Fussel, *Class*, 15-23.

다는 꿈이 살아 있다면, 계급처럼 한 세대에서 다음 세대로 전승되는 사회질서란 받아들이기 어려울 수밖에 없다.

미국의 엘리트 연구자들을 더욱 괴롭히는 것은 미국에는 '지배계급' 이란 존재할 수 없다는 믿음이다. 민주주의가 확립된 미국에서는 국민이 정치인에게 한시적으로 권력을 위임하기 때문에, 권력을 지속적으로 보유하는 집단이 형성될 수 없다는 것이다. 더욱이, 권력과 함께 재산을 대대로 향유하는 집단은 지배계급이라 부르든, 또는 다른 어떤 이름으로 부르든 간에 상상조차 하기 어렵다는 것이다. 이런 믿음이 엘리트 연구자들을 괴롭힌다는 점은 최근에 미국 역사학계의 중진 스티브 프레이저와 게리 거슬이 함께 편찬한 저술에서 잘 나타난다. 그들은 『미국을 지배하는 엘리트』에서 이렇게 말문을 연다.

> 이 책은 하나의 역설, 미국의 탄생과 더불어 역사가와 일반 시민을 난감하게 만든 역설에 토대를 두고 있다. 자유와 평등이라는 대의 위에서 건립된 국가에서, 도대체 어떻게 해서 저 특별한 대의의 토대 자체를 허물어뜨리는 거대한 권력과 재력의 위계질서가 형성되었는가? 역설은 그보다 더 신랄하다. 이 나라는 민주국가이다. 통치권은 국민에게 있다. 그렇지만 국민은 지배하지 않고, 엘리트, 귀족, 특권 집단, 특권 계급이 그 대신 지배한다. 그들은 국민의 이익을 염두에 두고 지배할 때도 있지만, 그렇지 않을 때도 있다.
>
> "지배계급" 이나 "지배 엘리트" 같은 어구는 껄끄러운 느낌을 지닌다. 그런 어구는 미국의 정치와 역사를 서술하는 어휘에 어울리지 않는다는 느낌을 풍긴다. 무엇보다도 미국사회의 개방성과 유동성, 사회적 동질성 자체가 "지배계급" 처럼 배타적이고 기괴하고 소원한 존재를 용납하지 않는다. 그런 관념에는 형언하기 어려운 생소한 느낌, 구세계의 언어에서 수입된 의붓자식 같은 느낌, 작위를 가진 귀족과 토지를 가진 지주들, 무력을 휘두르는 기사들, 그리고 떵떵거리는 가문들처럼 켜켜이 쌓여 있는 구세계의 위계질서에나 어울리는 느낌이 있다. 미국에 널리 퍼져 있는 신념은 결국 계급이란 존재하지 않는다거나, 혹시 존재한다 해도 머지않아 사라지고 만다는 것이다.[7]

그와 같은 난관을 고려할 때, 2차대전 직후에 대두했던 초기 연구자들이 엘리트의 존재를 확인하는 데 큰 관심을 기울인 것은 자연스러운 일이다. 일부는 런드버그의 『미국의 60개 가문』처럼 소수로 구성되는 배타적인 유력자 집단을 염두에 두면서도, 그와 달리 추론을 배제하고 확인 가능한 사실에만 의지해 존재 여부를 확인하고자 했다. 그들이 선택한

7 Fraser and Gerstle, *Ruling America*, 1-2.

방법은 지역사회를 연구 대상으로 삼고 '권력구조'를 밝혀내는 것이었다. 일반인들이 보지 못하는 권력관계, 또는 공식적인 제도 뒤에 숨어 있는 사회질서를 밝혀내기 위해서는, 도시처럼 한 사람이나 기껏해야 몇 사람의 힘으로 깊이 있게 탐구할 수 있는 대상에 초점을 맞출 필요가 있었던 것이다. 유의할 것은 그들이 말하던 '권력구조'가 실제로는 사회적 권력관계 내지 위계적 사회질서였다는 점이다. 그들의 관심은 권력이 배분되어 있는 모습이 아니라 사회집단 사이에 형성되어 있는 비대칭적 권력관계에 집중되어 있었다. 이 구분은 나중에 전개되는 논의에서 중요한 의미를 지닌다.

여기서 중요한 것은 지역사회에 대한 연구가 곧 전국으로 확대되었다는 점이다. 지역사회에 대한 연구에는 중요한 한계가 있었다. 예를 들어 전국은행의 지점장에게서 드러나듯이, 몸은 지역사회에 있지만 힘이 외부에서 나오는 경우를 올바르게 설명할 수 없었다. 따라서 '권력구조'에 대한 연구는 플로이드 헌터의 『미국의 최고 지도자들』에서 분명히 나타나는 것처럼 곧 초점을 지역사회에서 국가 전체로 확대했다. 그렇지만 헌터처럼 면밀하게 조사해서 100여 명의 최고 엘리트를 식별하는 데 성공한다 해도, 그들 사이의 관계를 보여 주는 직접적인 증거를 확보하기는 매우 어려웠다. 따라서 이런 종류의 시도는 결국 음모론으로 흘러가는 경향을 보였다. 사실, 유명한 언론인 리처드 로비어는 1961년에 발표한 글에서 "establishment"라는 단어를 동원해 정권이 교체되어도 권력을 유지하는 실세가 존재한다고 고발했고, 그것은 곧 일반 시민이 일상생활에서 사용하는 어휘로 흡수되었다.[8]

대부분의 연구자들은 런드버그의 『미국의 60개 가문』에서 보이는 추문 폭로의 전통에서 벗어나, 더욱 과학적인 방법, 특히 통계분석을 선택했다. 대표적인 업적으로는 기업사 전문가 윌리엄 밀러의 1952년도 편저 『기업가들』을 들 수 있다. 이 책은 기업가들을 역사적 시각에서 이해하려는 시도로서, 통계를 이용해 미국 기업가들의 집단적 성격을 분석하는 논문 두 편을 싣고 있다. 더욱이 밀러는 이미 1949년에 발표한 논문에서, 기업가들에 대한 과학적 접근은 이전에도 있었지만 통계분석이 새로운 조류를 형성함에 따라 중요한 진전을 보게 되었다고 강조한 바 있다.[9] 이 새로운 조류에서 핵심적인 관심사는 기업가들이 어떤 출신 배경을 지니고 있었는가, 또 그것이 기업가로 성장하는 데 얼마나 중요한 요인이었는가 하는 데 있었다. 바꿔 말해, 초기의 연구자들은 무엇보다도 기업가들이 얼마

8 Rovere, "American Establishment."

9 Miller, ed., *Men in Business*; idem, "American Historians and the Business Elite."

나 배타적인 집단인지, 또는 미국이 얼마나 열린 사회인지 밝혀내는 데 주력했던 것이다.

밀스도 같은 시기에 같은 작업을 하고 있었다. 그는 이미 1945년에 "미국의 기업 엘리트—집단 초상화"라는 제목의 논문을 발표했는데, 그것은 미국의 역사에서 주목을 끄는 기업가 1,464명에 대한 통계분석이었다. 그에 따르면, 이들 지도적 기업가 가운데 63.7%가 상층 출신이었고, 특히 40.4%는 기업가의 아들이었다. 또 45.7%는 정계에 발을 들여놓고 다양한 공직을 보유하기도 했다. 한마디로 말해, 과거 미국에는 상당히 배타적인 엘리트가 존재했다는 것이다. 여기서 흥미를 끄는 것은 밀스가 예민한 역사의식을 지니고 있었다는 점이다. 그는 1570년부터 1879년까지 300년이 넘는 시기를 다루면서, 그 오랜 기간에 기업가들이 상층 이외의 계층에서 나온 비율은 변화를 보였다는 것, 특히 1760~1849년에 그 비율이 상대적으로 높았다는 것을 지적한다.[10] 바꿔 말해, 미국의 기업가 집단이 19세기 중엽부터 점점 배타적인 성격을 띠게 되었다는 데 주의를 환기하는 것이다.

그런 지적은 밀스가 밀러 같은 역사학자들과 함께 하나의 조류를 타고 있었다는 점을 시사한다. 실제로 밀러는 밀스의 논문을 새로운 조류의 일환으로 취급했다.[11] 더욱 중요한 것은 이들 두 사람을 포함해 초기의 엘리트 연구자들이 역사적 경험을 공유하고 있었다는 점이다. 그들은 2차대전을 전후해 미국에서 사회적 세력관계가 뚜렷한 변화를 겪는 과정을 지켜보았다. 잘 알려져 있듯이 대공황과 뉴딜을 계기로 기업가들의 위세가 꺾이고 노동자들의 세력이 크게 신장되었는데, 이런 추세가 대전을 계기로 반전되기 시작했다. 노동운동은 계속해서 세력을 키우고 있었지만, 기업가들도 전시체제 아래서 경제에 관한 발언권을 확보하고 노동운동을 통제하는 데 관심을 기울였다. 무엇보다도 임금을 비롯해 고용조건에 관해 양보하는 대신, 노동운동에서 급진파를 제거하는 데 주력했다. 결국 1947년에 제정된 태프트-하틀리법*Taft-Hartley Act*에서 드러나듯이, 대전 직후에 시작된 냉전으로 인해 미국의 노사관계는 뚜렷하게 사용자가 주도하는 방향으로 전개되었다. 이런 사태를 지켜보며, 초기의 엘리트 연구자들은 미국 사회가 '미국인의 꿈'이나 민주주의의 이상에서 얼마나 벗어나 있는지 폭로하고자 했던 것으로 보인다.

그래도 그들을 하나의 집단으로 취급하기는 어렵다. 밀러 같은 역사학자들이 기업가에 초점을 맞추고 있었던 데 비해, 밀스는 사회학자로서 세력관계를 전반적으로 살펴보려 했다. 그래서 밀러 등이 기업과 경제의 발전을 이끈 지도자들의 역량에 주목했지만, 밀스는

10 Mills, "American Business Elite."

11 Miller, "American Historians and the Business Elite," 185-187.

기업가 이외에 노동계급과 중산층으로 관심을 넓혔던 것이다. 널리 알려져 있듯이 그는 46세가 되던 1962년에 세상을 떠나기 직전에야 마르크스주의에 관심을 가졌을 뿐이고, 막스 베버에 기대어 자신의 학문적 토대를 닦은 학자였다. 그렇지만 베버와 달리, 또는 마르크스와 같이, 밀스는 사회적 세력관계의 전모를 파악하는 데 주력했다. 그리고 엘리트 연구에 몰두하기 전에, 현대 미국의 노동계급과 중산층에 대해 나름대로 진단을 내렸다. 그 요지는 노동계급이 세력을 확대하고도 기존질서에 도전하지 못했으며, 중산층 역시 크게 성장하고도 무력증에 빠져 있다는 것이었다. 그런 진단 아래에는 밀스가 소스타인 베블런과 존 듀이로부터 물려받은 급진주의가 자리 잡고 있었고, 이는 특히 이성적 비판에서 사회변화의 동력을 발견하고 역사에서 인간이 지니는 능동성을 강조하는 자세로 나타났다.[12]

그보다 더 이질적인 요소는 밀스가 사회이론에 깊은 관심을 지니고 있었다는 점이다. 기업사 전문가를 비롯해 역사학자들이 이론적 쟁점을 경시한다는 데 대해서는 설명이 필요 없다. 초기에 엘리트 연구에 종사하던 사회학자들에 대해서도 같은 말을 할 수 있다. 예를 들어 플로이드 헌터의 『미국의 최고 지도자들』은 초기 연구 가운데서 가장 면밀한 조사에 바탕을 두고 있는 저술인데, 이를 위해 그가 수백 명의 인사를 대상으로 수행한 심층면담은 경탄할 만한 작업이다. 그렇지만 도대체 어째서 미국처럼 상대적으로 개방된 사회에 한줌밖에 되지 않는 배타적 엘리트 집단이 존재하는가, 또는 그런 집단의 존재가 미국 사회의 성격을 이해하는 데 어떤 의미를 지니는가 하는 물음을 던진다면, 저 괄목할 만한 업적에서 이끌어 낼 수 있는 것은 별로 없다고 말해야 할 것이다. 그런 물음은 밀스에게 잘 어울린다. 그는 『파워 엘리트』에서 미국에 초점을 맞추면서도, 자주 "현대 사회"를 거론하며 그에 관한 일반론에 비춰 자신의 견해를 구성한다. 그가 미국의 엘리트를 이해하기 위해 베블런에만 의지하지 않고, 빌프레도 파레토나 가이타노 모스카 같은 유럽의 이론가에도 크게 의지했다는 사실은 널리 알려져 있다. 더욱이, 밀스는 사실에 못지않게 의미를 파악하는 데 힘을 기울였다. 그는 『파워 엘리트』에 붙인 발문에서 "사실과 수치는 올바른 연구의 시작일 뿐"이라고 지적하면서, 거기서 한 걸음 더 나아가야 한다고 이렇게 강조한다. "우리의 주된 관심사는 우리가 알고 있거나 쉽게 알아낼 수 있는 사실들을 설명하는 데 있다. 우리는 그저 사실이 나열되어 있는 목록을 만들려고 하지 않고, 의미를 찾아내려고 한

---

12 Tilman, "Intellectual Pedigree"; Gillam, "C. Wright Mills."

다. 왜냐하면 중요한 문제는 대부분 의미를 다루는 문제이기 때문이다."[13] 그런 문제를 다루기 위해서는 개념이나 이론에 기대지 않을 수 없다. 왜냐하면 의미란 하나의 사실을 다른 사실과 비교하거나 연관 지을 때에야 비로소 나타나기 시작하는데, 그렇게 할 때는 사실들을 일반화시켜 만든 개념이나 이론에 의존하지 않을 수 없기 때문이다.

3. 논쟁

따라서 『파워 엘리트』는 사실에 대한 탐구인 동시에 개념이나 이론에 관한 모색이라 할 수 있다. 물론 그의 관심은 파레토나 모스카처럼 엘리트에 관한 일반 이론을 개발하는 데 경도되지 않고, 현대 미국의 엘리트를 설명하는 데 집중되어 있었다. 현대 미국의 엘리트를 이해하는 데 도움이 될 만한 정교한 이론이 없었던 것이다. 한편에서는 자유주의자들이 미국 정치에 대한 일반인들의 신념에서 벗어나지 못하고 있었다. 이 시기에 그런 신념을 발전시킨 업적으로는 데이비드 리스먼의 『고독한 군중』을 빼놓을 수 없다. 1950년에 출간되자마자 고전으로 취급된 이 책에서, 리스먼은 20세기 전반기에 미국의 사회질서에 중요한 변화가 있었다고, 다시 말해 "지배계급을 정점으로 수립되어 있던 단일한 위계질서가 권력을 나누어 갖는 수많은 '비토 그룹'으로 대체되었다"고 선언한다. 그리고 그는 '비토 그룹'이란 본질적으로 지도력을 발휘하는 집단이 아니라 방어에 주력하는 집단이라고 부연한다.[14] 바꿔 말해, 권력이 어떤 집단에 집중되어 있지 않고 여러 집단에 조금씩 배분되어 있다는 것이다. 이는 밀스에게 간단히 처리할 수 있는 명제였다. 그것은 미국의 엘리트가 오래전부터 재산만이 아니라 권력까지 장악해 왔다는 사실과 어긋나는 견해였던 것이다.

다른 한편에서는 마르크스주의자들이 경제를 지배하는 엘리트가 정치까지도 지배한다고 주장하고 있었다. 그들 가운데서 널리 주목을 끈 것은 1951년 폴 스위지가 『먼슬리 리뷰』에 "미국의 지배계급"이라는 제목으로 두 차례에 걸쳐 기고했던 논문이다. 그것은 2차 대전 직후에 몇몇 사회과학자들이 미국의 사회구조에 대해 묵직한 조사보고서를 발표한 데 대한 반응으로서, 마르크스주의의 기본 신조를 역설하는 선언문에 가깝다. 그에 따르면 미국은 기본적으로 지배계급*ruling class*과 노동계급으로 구성된 자본주의 사회이며, 지

13 Mills, *Power Elite*, 383.

14 Riesman, *Lonely Crowd*, 206-224. (인용은 206)

배계급은 자본가들이 가운데 자리 잡고 소규모 재산소유자, 경영자, 정부관리, 전문직종사자 등이 가장자리를 차지하는 집단이다. 이어서 스위지는 지배계급이 어떻게 지배하는가, 말을 바꾸면 경제 엘리트가 정치권력을 어떻게 행사하는가 하는 문제를 다루면서, 자신의 견해를 이렇게 요약한다.

> 지배계급은 정부(이 용어는 모든 수준의 정부를 뭉뚱그려 가리키는 표현으로 쓴다)를 지배하는데, 이는 지배계급의 구성원이 주요 직책을 직접 차지하거나(사법부의 고위직과 입법부의 상위직에서는 대체로 그렇고, 행정부의 고위직에서도 점점 더 그렇게 되고 있다) 그렇지 않으면 정부가 일상적인 업무를 처리할 수 있도록 인력과 지침을 제공하는 정당에 자금을 대주고 그것을 간접적으로 통제한다. 간단히 말해 지배계급이 지배하는 방식은 그 구성원들이 (1) 스스로 지배를 수행하거나, (2) 그런 일을 할 사람을 임명하고 해고하거나, 또는 (3) 자신들을 위해 그런 일을 해 주는 정치기구를 유지하는 데 돈을 쓰는 것이다. 계급 구성원을 통한 이 지배가 **계급** 지배라는 사실은 따로 증명할 필요가 없다. 그것은 우리가 이미 분석한 계급의 성격과 구조에서 유래하는 것이다.[15]

이 마르크스주의적 견해도 밀스에게는 지나치게 단순한 것이었다. 그것은 무엇보다도 '지배'를 담당하는 정치집단이 자본을 장악한 세력에게 종속되어 있다고 본다는 점에서, 바꿔 말해 정치 엘리트에게는 자율성이 없다고 본다는 점에서, 미국의 현실을 올바르게 설명하지 못하는 것이었다.

논쟁의 초점으로 부각되는 이 중요한 쟁점에 관해, 밀스는 『파워 엘리트』에서 자신의 생각을 분명하게 밝힌다. 서론 없이 시작되는 제1장에서는 파워 엘리트의 개념을 소개한다. 그에 따르면, 파워 엘리트는 미국의 주요 조직을 지휘하면서 큰 영향력이 있는 결정을 내리는 사람들, 구체적으로 말해 거대 기업과 연방정부, 그리고 군부에서 요직을 차지하고 전략적인 결정을 내리는 사람들이다.[16] 미국 사회에서 전국적인 영향력을 지니는 권위는 경제, 정치, 군사 영역에 자리 잡고 있는데, 이들 영역에서는 거대한 조직이 대두하고 권력이 집중되는 동시에 서로 영향을 주고받는 관계가 형성되었다. 따라서 거기서 요직을 차지하는 인물들은 "연합 지휘부*interlocking directorate*"를 구성한다. 그들은 미국 사회의 상층에 속하는 사회계급들 가운데서도 핵심부가 된다. 직책상 자주 교류할 뿐 아니라 여가와

15 Sweezy, *Present as History*, 134. (강조는 원문)

16 인기 연예인을 비롯해 "유명인사"도 파워 엘리트에 포함되지만, 이들은 권력의 제도적 배경을 강조하는 그의 논지에 비추어 볼 때 중요한 요소라 할 수 없다.

혼인 등 사회생활에서도 친밀한 관계를 유지하며 배타적인 집단을 형성하는 것이다. 그들은 대부분 상층 출신이지만, 그런 배경 덕분에 파워 엘리트가 될 수 있었던 것만은 아니다. 영향력 있는 요직을 차지하기 위해서는, 선발, 훈련, 검증의 과정을 거치고 또 상부로부터 신임을 얻는 과정까지 거쳐야 하기 때문이다. 바꿔 말해, 밀스는 파워 엘리트가 현대 미국에서 발전한 구조와 기능의 산물이라는 점을 강조한다. 그리고는 제2장에서 제10장에 이르기까지 많은 지면을 할애해, 파워 엘리트가 형성되는 과정을 지역별, 부문별로 상세하게 설명한다.

이론적 쟁점은 밀스가 사실의 서술보다 의미의 해석에 집중하는 책의 후반부에서 거론된다. 먼저 제11장에서는 파워 엘리트가 서로 밀착하면서 권력을 독점할 수 있는 것은 연방 의회가 중간 수준의 권력기관으로 전락하는 등, '권력구조' 의 변형으로 말미암아 미국 정치체제의 토대인 견제와 균형의 원리가 20세기에 들어와서 무너졌기 때문이라고 지적한다. 이어지는 제12장에는 "파워 엘리트"라는 제목을 붙이고, 권력관계의 변형 과정을 간단하게 서술한 다음에 파워 엘리트의 성격을 규정한다. 여기서 밀스는 기존 이론의 문제점 때문에 '지배계급' 대신 '파워 엘리트' 라는 용어를 사용해야 한다고 선언하고, 거기에 유명한 주석을 붙여 그 이유를 다음과 같이 부연한다.

> '지배계급' 은 잘못 만들어진 어구이다. '계급' 은 경제용어지만, '지배' 는 정치용어이다. '지배계급' 이라는 어구는 그래서 하나의 경제계급이 정치적 지배를 수행한다는 이론을 내포한다. 저 간단한 이론은 사실과 부합할 때도 있고 그렇지 않을 때도 있겠지만, 그것을 이리저리 다듬어도 우리의 문제를 분명하게 규정하는 데 사용할 수는 없을 것 같다 …… 구체적으로 말해, '지배계급' 이라는 어구는 그 통상적인 정치적 함의에서 정치질서와 그것을 움직이는 사람들에게 충분히 자율성을 주지 않고, 또 군부 자체에 대해서는 아무것도 말하지 않는다. 분명하게 밝혀 둘 것은 우리가 경제를 주도하는 인물들이 국가적 중요성을 지니는 결정을 도맡아서 내린다는 단순한 견해를 적절한 것으로 여기지 않는다는 점이다. 우리의 생각은 '경제 결정론' 처럼 단순한 견해는 '정치 결정론' 과 '군사 결정론' 으로 보완해야 한다는 것, 오늘날 이들 세 영역에서 상층 인물들은 흔히 현저한 정도의 자율성을 갖고 있다는 것, 그리고 가장 중요한 사항을 결정하고 이행할 때만 가끔 복잡한 연합을 형성한다는 것이다. 이것이 우리가 상층 집단을 권력의 견지에서 살펴보면서 그 성격을 규정할 때 사용하는 어구로 '지배계급' 대신 '파워 엘리트' 를 선택하는 주된 이유이다.[17]

---

17 Mills, *Power Elite*, 277.

따라서 '파워 엘리트'의 이론적 함의는 곧 논쟁의 초점으로 부각되었다. 이는 미국 사회학계의 거장 탤컷 파슨스가 발표한 장문의 서평에서, 이후 자유주의자들의 견해를 대변하게 되는 이 20쪽짜리 글에서 잘 드러난다. 그 요지는 파워 엘리트처럼 권력을 독점하는 단일 집단이 존재한다고 볼 수 없다는 점이다. 파슨스는 세 가지 근거를 제시한다. 첫째, 밀스는 경제 엘리트가 "매우 부유한 사람들*very rich*"과 "대기업을 이끄는 부자들*corporate rich*"로 구성되어 있다고 보는데, 과연 이들을 하나의 집단으로 취급할 수 있는지 의심스럽다는 것이다. 파슨스는 밀스 자신이 두 집단을 구분한다는 점에 주의를 환기한 다음, 그들이 누리는 지위도 토대가 서로 다른 것이라고 지적한다. 즉, 전자의 토대는 부모로부터 물려받은 막대한 재산인 데 비해, 후자의 경우에는 그것이 개인의 재능과 노력이라고 지적한다. 더욱이, 파슨스는 두 집단이 서로 다른 관심사를 갖고 있다고 설명한다. 전자가 기업이 많은 이윤을 거두고 배당금도 많이 나눠 주기를 기대하는 데 비해, 후자는 기업이 넓은 시장을 차지하고 지속적으로 성장하기를 희망한다는 것이다. 이 명제는 나중에 쟁점으로 부각되고 또 결국 크게 수정되는데, 이에 관해서는 후술한다.

둘째, 밀스의 주장과 달리 경제 엘리트가 정부를 통제한다고 볼 수 없다는 것이다. 파슨스는 미국의 정치체제가 다른 체제로부터 분리되어 있을 뿐 아니라 기업 같은 경제조직과 그 활동을 통제하는 방향으로 발전해 왔다고 강조한다. 그리고 밀스가 거기서 핵심적인 기능을 담당하는 정당을 간과하고 의회를 중간 수준의 권력기관으로 취급하는 것은 편견에 불과하다고 부연한다. 셋째, 미국의 정치 엘리트를 밀스의 주장처럼 하나의 확립된 집단으로 취급할 수 없다는 것이다. 파슨스는 미국의 정치에서 지도적 역할을 수행하는 것은 통합력이 없는 잡다한 집단들, 그러니까 직업 정치인들 이외에 기업가, 법률가, 학자, 언론인도 포함하는 집단들이라고 지적한다. 결국 그는 파워 엘리트 개념이 권력을 제로섬 게임으로 보는 시각의 산물이라고, 바꿔 말하면 여러 집단이 권력을 나눠 가지면서 공동의 목적을 위해 사용할 수 있다는 점을 깨닫지 못하고 어느 집단이 권력을 독점하고서는 이기적 목적만 추구한다고 보는 편견의 산물이라고 선언한다.[18]

파슨스의 비평은 결국 미국의 엘리트가 단일한 집단이 아니라 다원적인 구성체라는 것인데, 이는 지도적인 사회학자 대니얼 벨이 발표한 서평에서도 부각된다. 나중에 저 유명

---

18 Parsons, "Distribution of Power in American Society." 파슨스의 비평을 거의 액면 그대로 받아들이는 자유주의자로는 Ralf Dahrendorf를 들 수 있는데, 이에 관해서는 다음을 보라. Dahrendorf, *Class and Class Conflict*, 169-173, 302-307.

한 『이데올로기의 종언』에 포함된 이 글에서, 벨은 밀스가 파워와 엘리트를 비롯해 주요 용어를 명확하게 정의하지 않은 채 사용한다고 지적한다. 이어서 '파워 엘리트'는 밀스의 용법에 따르면 거대 조직에서 요직을 차지하고 전략적 결정을 내리는 사람들을 포괄적으로 가리키는 용어라고 부연한다. 그리고는 밀스가 경험적 근거를 제시하며 그들이 공동의 이해관계를 바탕으로 하나의 집단을 형성한다는 점을 입증하지 못하고, 그저 도식적 설명만 제시할 뿐이라고 비판한다. 벨이 보기에, 밀스의 도식은 유럽에서 들여온 수입품으로 미국에 적합하지 않은 것이었다. 왜냐하면 미국의 민주적 정치체제는 부가 집중되는 경제체제에 상응하지 않는 구조를 갖고 있었기 때문이다. 더욱이, 정부는 19세기 말부터 20세기 초까지 기업가들에게 휘둘렸지만 1930년대부터는 오히려 경제의 운영을 주도하기 시작했다. 벨의 주장은 따라서 미국에는 지배계급이나 파워 엘리트 같은 것이 존재하지 않는다는 것이었다.[19] 요점은 파슨스와 마찬가지로 미국에서는 정치가 경제에서 유리되어 있는 영역이라는 것, 거기서는 다양한 집단이 경쟁을 벌이고 있다는 것, 따라서 두 영역을 함께 지배하는 집단도 존재하지 않는다는 것, 게다가 밀스는 파워 엘리트가 단일한 집단이라는 점을 입증하지 못한다는 것이었다.

자유주의자들이 엘리트의 다원적 성격을 강조한 데 반해, 마르크스주의자들은 매우 대조적인 반응을 보였다. 특히 스위지는 그들의 대변자로서, 밀스가 권력을 독점하는 집단이 존재한다는 점을 잘 보여 주면서도 그것을 지배계급이라 하지 않고 파워 엘리트라 부른다고 비판한다. 그의 서평은 길이에서 파슨스의 것에 버금가는 글이지만, 내용에서는 그것과 판이하게 달리 환영과 비판이 뒤섞여 있다. 스위지는 먼저 찬양을 늘어놓는다. 무엇보다도 밀스가 점잖은 지식인들 사이에서 금기로 여겨지는 주제를 다룬다는 것, 자신의 견해를 풍부한 사실로 뒷받침한다는 것, 깊은 통찰력을 보여 주는 동시에 신랄한 비난을 퍼붓는다는 것, 그리고 비교적 작은 집단이 권력을 독점하고 있다고 주장한다는 것이다. 다음에는 파워 엘리트 개념을 중심으로 문제점을 따진다. 스위지는 이 개념이 엘리트의 사회적 성격—출신 배경, 가치관, 사회적 관계 등등—을 보여 주지 못한다는 점을 지적한다. 그리고 그 아래에는 그릇된 관념들이 자리 잡고 있다고, 구체적으로 말해 경제, 정치, 군사를 비롯해 사회생활의 여러 영역들이 서로 분리되어 있다는 가정, 또 거기에는 각각 자율적인 지휘부가 있다는 가정이 있다고 분석한다. 이어서 그런 가정이 성립하는 사회가 어

19 Bell, "Ruling Class in America?" 또한 다음 글도 보라. Bell, "Breakup of Family Capitalism."

디엔가 있을지 모르지만, "미국이 과거에나 현재에나 그런 사회가 아니라는 것은 완전히 명백하다고 할 수 있다" 고 강조한다. 더욱이, 스위지는 밀스 스스로 정치 엘리트가 독자적 집단이 아니라 자본가계급의 일원이거나 하수인에 불과하다는 점을 보여 준다고 해석한다. 군부도 덩치가 커지기는 했지만, 밀스의 주장과 달리 문민통제의 전통에서 벗어났다고 할 수 없다고 덧붙여 말한다. 스위지의 결론은 밀스의 견해에서 자유주의적 가정을 털어 내고 계급적 분석을 밀어붙인다면 미국의 권력관계를 더 깊이 이해할 수 있을 것이라는 우호적 낙관론이다.[20]

마르크스주의 역사가이자 노동운동가인 허버트 압세커는 비슷하면서도 다른 반응을 보였다. 그는 밀스를 분석하는 1960년도 저술에서 스위지의 비판에 동의하면서 파워 엘리트 개념의 이론적 토대를 비판한다. 밀스가 자본주의 발전에 관해 이론적 무장을 충분히 갖추고 있었더라면, 파워 엘리트를 전능한 집단으로 묘사하는 반면에 민중을 무력한 존재로 폄하하지 않았을 것이라고 주장한다. 사회구조를 충분히 고려하지 않았기 때문에, 엘리트와 민중 사이의 관계를 경시하게 되었다는 것이다. 압세커는 게다가 밀스가 대기업을 통제하는 금융자본에 주목하지 않았고, 또 그래서 대외관계와 파워 엘리트의 제국주의적 성격도 간과했다고 지적한다.[21]

이런 비평에 대해 밀스는 일일이 대응하지 않았지만, 그래도 분명한 태도를 취했다. 그는 사소한 견해 차이에 신경을 쓰지 않는 태도를 지니고 있었기에, 비평 가운데서 의미가 있다고 여겨지는 것만 따로 추린 다음에 적당한 기회를 잡아 자신의 입장을 천명하는 방식으로 대처했다. 밀스가 먼저 밝힌 것은 자신이 마르크스주의자가 아니라는 점이다. 이 점은 그가 1957년 봄, 어느 잡지에 보낸 짧은 편지만이 아니라 그해 겨울에 역시 편지 형식으로 발표한 장문의 반론에서도 분명하게 드러난다. 이 반론에서 밀스는 자유주의자들의 비평에 대해 철학적인 응답으로 일관하다가, 끝에 가서야 마르크스주의자들을 거론하며 그들이 엘리트에 관해 너무 단순한 관념을 갖고 있다고 지적한다. 그리고 그것이 그들의 근본적인 오류, 즉 "부르주아지의 낙관적인 진보관에서 직접적인 영향을 받아서 희망에 대한 열의를 역사의 형이상학에 뒤섞어 버리는 경향" 에서 유래하는 것이

20 Sweezy, "Power Elite or Ruling Class?" (인용은 100) 이 글은 원래 1956년 9월 *Monthly Review*에 게재되었던 것이다. 스위지는 나중에 군부에 대해 생각을 바꾸고 밀스에 가까운 견해로 돌아서는데, 이에 관해서는 다음을 보라. Sweezy, "Thoughts on the American System."

21 Aptheker, *World of C. Wright Mills*, 10–37.

라고 부연한다.[22]

자유주의자들의 비평에 대한 구체적 반응은 밀스의 다른 글에서 나타난다. 1957년 봄, 그러니까 파슨스의 비평이 아직 나오기 전에, 밀스는 유럽을 방문하고 영국과 독일에서 각각 한 차례씩 강연을 한 적이 있었다. 그리고 즉시 그 원고를 손질해서 "미국의 권력구조"라는 제목으로 『영국사회학보』에 발표했다. 그것은 『파워 엘리트』의 내용 가운데서 주요 부분을 압축하는 동시에, 유럽 청중을 위해 자신의 논지를 선명하게 부각시킨 글이다. 밀스는 글을 크게 두 부분으로 나누어 전반부에서 미국의 '권력구조'에 대한 자신의 견해를 간략하게 정리하고, 후반부에서는 다른 해석들을 소개하며 비평을 덧붙인다. 그에 따르면 자유주의적 해석에는 두 가지 버전이 있다. 19세기 버전은 개개인을 권력의 담지자로 상정하고 서로 경쟁하며 균형에 도달하는 사회질서를 상정한다. 20세기 버전은 거기에 개인 대신 이익단체나 비토 그룹을 상정하는 차이를 보인다. 그렇지만 이것도 낡은 틀과 마찬가지로 사회질서를 자유로운 개인이 공정하게 경쟁하는 시장처럼 여기는데, 이런 관념은 현대 미국에서는 중간 부분을 제외하면 적실성을 지니지 못한다. 여기서 밀스는 자신이 초점을 맞추는 지점이 '권력구조' 가운데서 상층부, 즉 전쟁과 평화, 불황과 빈곤 같은 국가적 과제에 관해 결정을 내리는 부분에 있다는 점에 주의를 환기한다. 그리고 이 부분에서는 자유롭고 독립적인 단체 대신에 거대한 기업과 노조를 비롯해 19세기에는 볼 수 없었던 강력한 조직들이 자리를 잡고 있다는 사실을 지적한다. 그럼으로써 밀스는 자유주의적 해석이 20세기 중엽의 미국에는 적합하지 않다는 점을 보여 줄 뿐 아니라, 강연 전반부에서 소개한 자기 자신의 견해에 대해 설명을 덧붙인다.[23] 그렇다면 그는 파슨스와 벨의 서평이 낡은 틀에서 벗어나지 못한 것이라고 반박한 셈이라 할 수 있다. 그가 강연에서 역설한 것은 결국 파슨스 같은 자유주의자들이 19세기적인 관념에 얽매여 있기 때문에, 거

22 Mills, Letter to the Editor; idem, "'Power Elite': Comment on Criticism." (인용은 두 번째 글 33)

밀스는 마르크스가 근대 사회를 매우 면밀하게 관찰한 인물이어서 그의 업적을 살펴보는 것은 사회과학도의 훈련에 필수적인 소양이라고 생각했다. 그리고 스위지 등의 비평 탓인지, 마르크스주의 연구에 몰두하기 시작했고 1962년에 죽을 때에는 그 결과를 정리하고 있었다. 그렇지만 거기서 그가 관심을 기울인 것은 파워 엘리트에 대한 비평이 아니라 마르크스주의의 다양한 사조였다. 그에 따르면 마르크스의 사상 가운데서 일부를 확대해서 전체로 취급하는 "조야한 마르크스주의자들*vulgar Marxists*"과 그의 업적을 공산당의 공식적 노선에 따라 견강부회하며 근대 사회에 관해 일반 이론을 구축하는 "세련된 마르크스주의자들*sophisticated Marxists*"이 있었다. 반면에, 마르크스의 견해가 역사의 산물로서 특정한 시대에만 유효한 것이라 보고 그가 세워 놓은 사회학적 사고의 전통에 따라 근대 사회를 이해하고자 하는 "소박한 마르크스주의자들*plain Marxists*"도 있었다. 밀스는 이 마지막 부류에 대해 호감을 표시하면서 폴 스위지를 여기에 포함시켰다. 그렇지만 그는 죽을 때까지 마르크스주의로 경도되지 않고 미국의 급진주의 전통 속에 남아 있었다. 상세한 것은 Barrow, "Plain Marxists"를 참고하라.

23 Mills, "Structure of Power."

대한 조직과 집중된 권력으로 요약할 수 있는 새로운 현실을 올바르게 해명하지 못한다는 점이다.

그렇다고 해서 밀스가 자유주의적 비평에 대해 적절히 대처했다는 뜻은 결코 아니다. 우선, 그는 파워 엘리트의 내적 통합력을 입증하지 못했다. 밀스는 강연에서 파워 엘리트가 내적으로 충분히 통합되어 있다고 강조하면서, 그 근거로 출신 배경과 교육뿐 아니라 생활 양식과 직업에서도 보이는 유사성, 직책상의 빈번한 교류와 공통 관심사, 그리고 직접적인 의견 조정을 들었다. 그러나 이런 것들은 대부분 파워 엘리트를 둘러싸고 있는 환경을 구성하는 요소로서, 내부의 통합에 기여할 수는 있어도 그것을 보장하는 충분조건은 아니다. 더욱이, 밀스는 강연에서 정치와 경제 두 영역 사이의 관계에 대해 자신의 견해를 밝히지 않았다. 파슨스와 벨은 앞에서 살펴본 것처럼 두 영역이 뚜렷하게 분리되어 있다고 주장하면서, 그 점을 간과하고 구성한 파워 엘리트 개념은 성립할 수 없다고 비판했다. 그들의 비평은 밀스가 강연을 할 때까지 나오지 않았지만, 정치와 경제에 대한 자유주의적 관념이 그의 비판 대상이었다는 점은 강연에서도 분명하게 드러났다. 그런데도 그는 비판에서 멈추고 대안을 제시하지는 않았다. 그가 저술이나 강연에서 말한 것은 다만 현대 미국의 '권력구조' 가운데 상층부에서는 정치와 경제가 사실상 분리되어 있지 않다는 점뿐이다.

따라서 『파워 엘리트』의 출간 직후에 벌어진 논쟁에서 엘리트의 성격은 중요한 쟁점으로 부각되었으나, 영역 사이의 관계는 그와 연관되어 있는데도 잠복 상태에 머물러 있게 되었다. 앞에서 살펴본 스위지의 논문이나 서평에서 분명하게 보이듯이, 지배계급이라는 개념은 정치와 경제가 서로 밀접하게 통합되어 있다는 관념을 토대로 성립한다. 또 이미 언급한 것처럼, 밀스는 이 관념에 따르면 정치 엘리트나 군부 엘리트의 자율성을 설명할 수 없다고 비판하면서 지배계급이라는 용어를 거부한다. 그렇지만 위에서 지적한 것처럼 두 영역이 유리되어 있다는 자유주의적 관념을 비판하면서도, 자신의 견해를 충분히 개진하지 않는다. 심지어 『파워 엘리트』 제11장에서 데이비드 리스먼을 비롯해 자유주의자들의 미국정치관을 상세히 다루면서도, "미국 정치경제의 기본 구조"를 달리 어떻게 이해할 수 있는지 아무 말도 하지 않는다. 밀스는 미국의 '권력구조' 가운데 상층부에서는 영역이 분리되어 있지 않다고 선언하고, 그것을 전제로 영역별 엘리트가 서로 교류하며 내적 통합을 달성한다고 주장할 뿐이다.[24] 파워 엘리트에 관한 논쟁 아래에는 이처럼 정치, 경제 등

---

24 Mills, *Power Elite*, 242-268. (인용은 247)

사회생활을 구성하는 여러 영역이 서로 어떤 관계에 있는가 하는 문제와 그에 대한 상이한 답변이 자리 잡고 있었다.

4. 후속 연구 1

그런 사정은 이후에도 지속되었다. 후속 논의에서는 마르크스주의자들의 목소리가 낮아졌다. 그들은 지배계급이라는 개념을 놓고 자유주의자들의 비판에 효과적으로 대처하지 못했기 때문에 목청을 높일 만한 처지에 있지 않았던 데다가, 자본주의 국가의 성격을 놓고 논쟁을 벌이는 데 열중했다. 따라서 자유주의자들이 후속 논의를 지배했지만, 여간해서는 이견을 좁힐 수 없었다. 그들 가운데서도 일부는 정치와 경제를 비롯해 사회생활의 여러 영역이 분리되어 있고, 영역마다 다양한 개인이나 집단이 권력을 장악하기 위해 경쟁한다고 주장했다. 다른 일부는 영역들이 서로 유리되어 있다 해도 경계선을 넘나들며 교류하는 비교적 단일한 엘리트가 존재한다고 역설했다. 흔히 "다원주의자"와 "(파워) 엘리트주의자"로 구분되는 이들 사회과학자들은 근본적으로 사회생활의 구조에 대해 서로 다른 관념을 지니고 있었던 것이다. 돌이켜 보면, 이는 자연스러운 일인 것 같다. 논쟁을 불러일으켰던 밀스 자신이 앞에서 살펴본 것처럼 영역 사이의 관계에 대해 모호한 견해를 제시하는 데 그쳤기 때문이다.

그러나 논쟁이 지속되는 동안에는, 이견의 뿌리가 표면적 차이에 가려져 있었다. 그만큼 대립이 날카로운 양상을 띠고 있었던 것이다. 후속 논의는 두 개의 국면으로 나눌 수 있다. 첫 번째 국면은 『파워 엘리트』의 출간 직후에 달아올랐던 열기가 가라앉은 1960년대 초에 시작되어 1970년대 중엽까지 계속되었다. 이 시기에는 논의가 주로 비평 대신에 경험적 연구의 형태로 전개되었고, 그 초점은 연구 대상이 미국 전역이든 아니면 특정 지방이든 간에 권력관계에 집중되어 있었다.[25] 이런 경향은 1970년대 중엽에 바뀌었는데, 이때부터는 특정 영역을 중심으로 엘리트 네트워크를 밝혀내는 연구가 주조를 이루었다. 1990년대 초까지 이어지는 이 두 번째 국면에서는, 누구든 밀스가 말하는 뜻에서 파워 엘리트가 존재한다고 고집부릴 수는 없게 되었다.

후속 논의는 밀스의 비판자들이 개시했다. 비판의 방향은 정치학자 로버트 달이 1961년

25 이 첫 번째 국면을 이론적 측면에서 정리하는 작업으로는 다음을 보라. Prewitt and Stone, *Ruling Elites*, 81-128.

에 발표한 『누가 통치하는가?』에서 드러났다. 미국 정치학계에서 고전적인 작품으로 통하기도 하는 이 책에서, 그는 뉴헤이븐이라는 도시에 초점을 맞추고 18세기 말부터 20세기 중엽에 이르는 오랜 기간에 걸쳐 정치체제가 어떻게 변형되었는지 추적한다. 그가 발견한 것은 먼저 고위 공직자들이 처음에는 법률가를 중심으로 유력한 문벌에서 나왔지만, 19세기 중엽부터는 주로 기업가들 사이에서 나왔고 또 20세기에 들어오면 일반 서민층에서 많이 나왔다는 사실이다. 또 20세기 중엽에는 공직자 후보의 선출이든 도시 재개발의 추진이든, 또는 공립학교의 운영이든 어느 분야를 살펴보아도, 지도적 인사들은 일반인에 대해 영향을 끼치기만 하는 것이 아니라 일반인으로부터 영향을 받기도 했다. 더욱이, 그들은 전문화되어 있어서 자신의 분야를 넘어서면 영향력을 잃어버렸다. 요컨대, 뉴헤이븐의 정치체제는 과두정에서 다원주의적 민주정으로 변형되었다. 바꿔 말해, 파워 엘리트 같은 것은 존재하지 않는다는 것이다.[26]

달의 견해는 심각한 약점에도 불구하고 파워 엘리트 논쟁에서 중요한 의미를 지닌다. 밀스의 견지에서 볼 때 그것은 '권력구조' 가운데서 자유주의적 해석이 통하는 중간 부분을 다루고 있으므로, 파워 엘리트 이론에 대한 비판으로서 적실성이 없었다. 이 점은 나중에 달 자신이 인정한 바 있다.[27] 그렇지만 거기서 달이 제시한 권력의 개념은 밀스의 것에 비해 현대 미국의 정치를 이해하는 데 훨씬 더 적합한 것이다. 밀스는 벨이 지적한 것처럼 권력의 개념을 분명하게 규정하지 않지만, 『파워 엘리트』에서 보이는 용법은 그가 제도화된 권력에 초점을 맞추고 있음을 알려 준다. 그는 남을 나의 뜻에 따라 움직이게 만드는 힘 가운데서도 조직된 위계질서에 토대를 두고 있는 것에 주목하고, 강제력에 가까운 이 좁은 뜻에서 권력이라는 단어를 사용하는 것이다. 반면에 달은 같은 단어를 영향력을 비롯해 잠재적 통제력이라는 넓은 뜻으로 확장해서 사용한다. 조직 안에서 명령이나 지시를 내림으로써 다른 사람을 움직이는 힘뿐 아니라, 조직 바깥에서도 행사할 수 있는 통제력을 통해 다른 사람을 자신이 원하는 방향으로 이끌고 가는 힘까지도 포괄하는 것이다. 물론, 권력은 한 사람이 자발적으로 다른 사람에게 접근하고 복종하도록 만드는 매력의 형태를 띨 수도 있다. 그렇지만 이 세 번째 뜻에는 달도 주의를 기울이지 않는다. 그래도 그의 권력 개념은 밀스의 것과 달리 일반 시민이 참정권 덕분에 조직에 기대지 않고도 정치과정에 참여하고 또 영향력을 행사할 수 있는 대중민주주의에서 유익하게 사용될 수 있다.

---

26 Dahl, *Who Governs?*

27 Vogel, *Fluctuating Fortunes*, 5.

그와 같은 개념은 실제로 정치학자 아널드 로즈가 파워 엘리트 이론을 비판하는 데 도움을 주었다. 그는 미네소타 주의회에서 의원으로 활동했던 경험을 바탕으로 1967년에 『권력구조—미국 사회의 정치과정』을 저술했다. 로즈는 본론으로 들어가자마자 권력의 개념에 대해 상론하고, 자신이 밀스의 용법을 존중하면서도 달이 말하는 잠재적 통제력을 포괄할 수 있을 정도로 넓은 정의를 채택한다고 선언한다. 그리고 먼저 경제 엘리트가 정치와 정부에 끼치는 영향력이 제한되어 있다는 점을 지적한다. 그들은 대중매체를 통해 여론을 조성하거나 풍부한 자금을 동원해 선거에 개입하거나, 아니면 정계로 진출해 요직을 차지하기도 하지만, 언제나 자신들에게 유리한 결과를 이끌어 낼 수 있을 만큼 미국의 정치체제를 통제하지는 못한다는 것이다. 로즈에 따르면, 그들은 밀스의 묘사와 달리 단일 집단이 아니라 이해관계에 따라 다양한 소집단으로 구분되는 느슨한 범주에 불과하다. 더욱이, 미국에서는 정치와 경제가 분리되어 있다. 로즈는 이렇게 말한다. "여러 생활 영역은 서로 얽혀 있지 않기 때문에, 예를 들어 인도와 달리 종교적 가치와 제도가 정치, 경제, 가족, 예술, 교육 같은 다른 영역에 스며들지 못한다 …… 그래서 권력도 대개 그 형성 영역의 경계선을 크게 넘어서지 못한다."[28]

로즈는 이렇게 영역 사이의 분리를 지적한 다음, 그것을 전제로 정치과정의 자율성과 중요성을 강조한다. 그에 따르면 경제 엘리트가 정치체제를 통제하지 못하는 다른 이유는 일반 시민이 밀스가 주장하는 것처럼 수동적인 대중이 아니라, 정치과정에 참여하며 영향을 끼치는 능동적인 공중이라는 데 있다. 이는 시민단체들이 선거와 입법에서 경제 엘리트에 못지않은 영향력을 행사하는 사례에서 분명하게 드러난다. 로즈는 특히 케네디가 1959~60년에 민주당 대통령 후보로 선출되는 과정에 주의를 환기한다. 케네디가 원로들을 포함해 당 지도부에 접근하기보다는 전당대회에서 투표권을 행사하는 지방 정치인들을 집중적으로 접촉하는 한편, 예비선거에서 결정적인 역할을 하는 일반 시민을 대상으로 탁월한 홍보 전략을 구사했다는 사실을 강조한다. 바꿔 말해, 미국 정치에서는 대중이 정당과 의회를 통해 경제 엘리트의 영향력 못지않은 압력을 행사한다는 것이다.

달과 로즈의 비판이 권력 개념을 전제로 삼고 있다면, 사회학자 수잔 켈러의 비판은 근대성 개념에 토대를 두고 있다고 할 수 있다. 그의 『지배계급을 넘어』는 1963년 출간 당시에 주목을 끌지 못했지만, 1991년에 다시 간행될 정도로 뒤늦게 관심을 끌기 시작했다. 그

28 Rose, *Power Structure*, 33.

이유는 이 책이 풍부하거나 새로운 사실을 담고 있지는 않으나 예리한 이론적 통찰력을 보여 준다는 점에서 찾을 수 있다. 사실, 저자는 1개 장에서만 현대 미국의 엘리트에 대해 서술하고 나머지 10개 장에서는 일반 이론을 논의한다. 게다가 현대 미국의 엘리트에 관해서는, 다른 다원주의자들과 마찬가지로 엘리트가 영역별로 서로 다른 전문성을 갖추고 있어서 단일 집단을 형성하지 못한다고 지적할 뿐이다. 눈에 띄는 점이 있다면, 그들 가운데서 사회생활에 전반적이고 지속적인 영향을 끼치는 사람들을 "전략적 엘리트*strategic elites*"로 규정하면서 지배계급과 선명하게 구분한다는 것이다. 켈러는 마르크스주의자들 사이에서 지배계급이라는 용어가 사회적 현상에 대한 관찰뿐 아니라 그에 대한 가치판단까지 내포한다고 지적한다. 그들은 마르크스와 엥겔스를 따라 19세기에 부르주아지가 지배계급으로 상승하는 것을 지켜보면서, 이 새로운 사회세력이 경제적 착취만이 아니라 정치적 지배도 자행하는 주범이라고 봄으로써, 또한 경제 결정론에 빠져 경제적 착취에는 정치적 지배가 수반된다고 여김으로써, 계급을 폐지하고 나아가 착취와 지배를 동시에 종식시키는 꿈을 꾸었다는 것이다.

그렇지만 켈러는 결국 부르주아지가 영역별 엘리트로 분화되고 말았다고 말하며, 그 이유를 근대에 특징적인 사회과정—인구증가, 분업의 발전, 공식적 조직의 성장, 그리고 다양한 가치관의 대두—에서 찾는다. 따라서 엘리트는 전문적 역량을 갖추고 특정한 기능을 수행하는 사람들로서, 지배계급과 달리 그런 지위를 확보하거나 상속시킬 수 있는 특권을 지니지 못하고 다른 집단과 경쟁을 벌여야 하는 처지에 있다고 본다. 바꿔 말해, 엘리트는 본질적으로 사회적 유동성을 허용하는 개방된 집단이라는 것이다.[29] 아래에서 거론하듯이, 이는 오늘날의 엘리트 이론에 중요한 도움이 된다. 여기서 중요한 것은 켈러가 파워 엘리트 개념을 근대성의 진화에 비추어 비판함으로써, 달과 로즈의 논지에 역사적 근거를 부여한다는 점이다. 비록 켈러가 제시하는 근거에는 다시 생각해 볼 여지가 있지만 말이다.

어쨌든 그처럼 다양한 비판에 밀스의 추종자들은 적절하게 대처하지 못했다. 그들 가운데서 가장 주목을 끌어온 인물은 사회학자 윌리엄 돔호프인데, 그는 1967년에 『누가 미국을 지배하는가?』를 저술한 데 이어 3년 뒤에는 『최상류사회—미국의 통치계급』을 발표했다. 이들 업적은 한마디로 말해 밀스가 말하는 파워 엘리트를 계급관계의 맥락에서 파악하려는 시도라 할 수 있다. 저자는 먼저 현대 미국에는 배타적인 상층계급*upper class*이 존

---

29 Keller, *Beyond the Ruling Class*.

재한다고 강조한다. 19세기 말에 대두한 이 계급은 전체 인구 가운데서 1%에 불과한 성공한 기업가와 법률가로 구성되어 있고, 유럽과 달리 귀족이나 왕족의 후예 같은 봉건제의 잔재와 경쟁할 필요 없이 가장 높은 지위를 누린다. 그런 지위가 가능한 것은 그들이 대개 주식의 형태로 막대한 재산을 소유하고 해마다 엄청난 소득을 올리며, 교육, 결혼, 사교 등을 통해 서로 가깝게 지내는 반면에 대다수 미국인들과는 거리가 먼 생활양식을 지니고 있기 때문이다.

이어서 저자는 상층계급과 정부 사이의 관계를 논의한다. 상층계급의 힘은 두 번째 책에서 상대적으로 약한 것으로 묘사되는데, 그에 따르면 마르크스주의자들의 주장과 달리 정부를 지배하는 수준에 이르지는 못해도 다원주의자들이 생각하는 것보다는 훨씬 더 강하다. 이 계급은 로비와 선거자금, 그리고 정계 진출 이외에 대기업과 연방정부를 이어주는 제도적 장치들을 통해 정부를 통제한다. 돔호프는 그런 장치 가운데서 미국외교협회 *Council on Foreign Relations*, 기업자문회의*Business Advisory Council*, 그리고 경제발전위원회 *Committee for Economic Development*에 초점을 맞춰 대기업의 의사가 연방정부의 정책에 반영된 사례를 열거한다. 그리고 이를 근거로 상층계급이 정부에서 "우세하고 포괄적인 영향력"을 지니고 있다고 주장하며, 이 계급을 "통치계급*governing class*"으로 규정한다. 돔호프에 따르면 파워 엘리트는 상층계급이 통치계급으로서 발휘하는 기능을 담당하는 집단이다. 다시 말해, 파워 엘리트는 "상층계급의 움직이는 팔"로서, 기업과 정부, 재단과 대학, 그리고 언론에서 요직을 차지하고 있는 상층계급 출신 인사들과 그들을 보조하는 고위 관리자들이다.[30]

돔호프가 말하는 파워 엘리트는 밀스의 개념과 뚜렷이 다른 집단이다. 그것은 밀스가 상정한 것처럼 기업이나 정부 같은 조직에 제도적 토대를 두고 있다. 다른 한편으로 밀스가 규정한 것과 달리 상층계급에 사회적 기반을 두고 있기도 하다. 그렇기 때문에 돔호프의 파워 엘리트는 뿌리가 깊은 나무처럼 보인다. 그러나 밀스의 개념과 비교하면 튼튼하게 자라지 못하는 나무처럼 보이기도 한다. 돔호프는 파워 엘리트를 사회적 기원을 지니고 있는 집단으로 규정하고 그 기원을 상층계급에 한정시키기 때문이다. 그가 묘사하는 상층계급은 딕비 볼첼이 내부자로서 관찰한 것을 근거로 구체적으로 서술한 상층계급의 모습과 일치한다. 돔호프는 그 모습을 재산과 소득이라는 경제적 토대 위에 올려놓은 것

30 Domhoff, *Who Rules America?*; idem, *Higher Circles*. (인용은 두 번째 글 106, 107)

뿐이다. 그렇지만 그는 동시에 상층계급이 배타적인 생활양식을 형성하고 그것을 세대에서 세대로 전달하며 유지한다는 점을 인정한다. 사실 엘리트가 개인이 일생을 살아가며 성취하는 지위라면, 계급은 가족이 한 세대에서 다음 세대로 넘어가며 수립하는 관계이다. 따라서 그는 중산층이나 노동계급 가정에서 태어나 엘리트로 상승한 수많은 사람들, 뒤에서 다루겠지만 20세기 중엽 이후 비중이 크게 늘어난 이 새로운 엘리트를 경시하게 된다. 어느 평자가 지적하듯이, 돔호프가 말하는 파워 엘리트는 사회적 유동성에 저항하는 집단처럼 보인다.[31] 그것은 밀스의 개념과 달리 새로운 요소를 적극적으로 수용하지 않는 비교적 폐쇄적인 집단이다. 이는 두말할 나위도 없이 그가 밀스와 달리 이 집단의 계급적 기반을 강조하는 데 따르는 결과이다.

돔호프가 말하는 파워 엘리트는 구성뿐 아니라 위상에서도 밀스의 개념과 다르다. 그는 파워 엘리트가 연방정부에 대해 행사하는 통제력을 정치과정에 비추어 검증하지 않는다. 파워 엘리트가 달이나 로즈 같은 다원주의자들이 말하는 것보다 더 다양하고 직접적인 통로를 활용한다는 점을 보여 주지만, 그런 통로로 움직이는 통제력이 정당이나 의회를 통해 집중되는 일반 시민의 영향력과 부딪힐 때 어떤 결과가 생기는지 따져 보지 않는 것이다. 따라서 그의 설명이 대부분 선언에 불과하다는 지적은 적절한 비판이라 할 수 있다.[32] 더욱이, 돔호프가 말하는 파워 엘리트의 통제력은 분명한 한계를 지니고 있다. 그는 스위지의 희망처럼 파워 엘리트의 계급적 성격을 규명하면서도, 마르크스주의 이데올로기를 수용하지는 않는다. 나중에 스스로 밝히듯이, 무엇보다도 사회생활의 여러 영역이 밀접하게 통합되어 있다고 보지 않고 또 경제 영역이 궁극적으로 결정적 중요성을 지닌다고 여기지도 않는다.[33] 게다가 "상층계급 가운데 정치문제에 관심을 갖고 있는 사람은 비교적 적다"고 인정한다.[34] 바꿔 말해, 미국의 상층계급은 경제 엘리트로 구성되어 경제 영역에 관심을 집중하며, 정치에 대해서는 대개 거리를 둔다는 것이다. 돔호프는 이렇게 다원주의자들처럼 영역 사이의 분리를 상정하기 때문에, 그가 말하는 파워 엘리트도 밀스의 개념과 달리 제한된 권력과 함께 낮은 위상을 지니게 된다. 그것은 상층계급의 핵심부가 아니라

---

31 Baltzell, *Protestant Establishment*; Vanecko, review of Domhoff, *The Higher Circles*.

32 Berle, review of Domhoff, *Who Rules America?*; Miller, review of Domhoff, *Who Rules America?*; Oh, review of Domhoff, *Who Rules America?* and Rose, *The Power Structure*; Latham, review of Domhoff, *The Higher Circles*.

33 Domhoff, "*Power Elite* 50 Years Later"; idem, "Alternative Theoretical Views"; idem, "Four Networks Theory of Power."

34 Domhoff, *Higher Circles*, 106.

"움직이는 팔," 그러니까 두뇌와 심장에서 멀리 떨어져 있는 수족에 불과한 것이다.

이런 차이점과 연관되어 있는 커다란 문제점에도 주목할 필요가 있다. 돔호프가 주장하듯이 파워 엘리트가 상층계급의 일부라면, 그는 계급의식을 입증해야 하는 부담을 지게 된다. 바꿔 말해 파워 엘리트를 중심으로 미국의 상층계급이 노동계급을 비롯해 다른 계급들과 구분되는 문화를 지니고 있다는 점을 보여 주고, 나아가 이 계급이 대내적으로 이해관계를 공유한다는 것을 스스로 깨닫고 또 드러낸다는 점도 밝혀내야 한다. 그렇지만 돔호프는 상층계급의 문화를 간략하게 소개하고 명문 사립학교와 회원제 사교클럽을 비롯해 그것을 뒷받침하는 제도를 논의하는 데서 멈출 뿐, 계급의식의 발전 과정을 살펴보지는 않는다. 계급과 계급의식을 분리시킬 수 없다는 역사학자 에드워드 톰슨의 주장에 아랑곳하지 않고, 계급을 의식이 없는 사회구조처럼 취급하는 것이다. 실제로 그가 묘사하는 파워 엘리트는 역사를 통해 형성되고 변형되는 역동적 존재가 아니라, 사회구조에 따라 결정되고 그렇기 때문에 변화를 모르는 정태적인 조각처럼 보인다. 사실, 이는 돔호프만이 아니라 이 글에서 거론되는 많은 사회과학자들에게도 일반적으로 해당하며, 그렇기 때문에 그들이 구성한 이론으로서는 엘리트의 역사를 이해할 수 없게 된다.

5. 후속 연구 2

그런 문제점은 누구도 지적하지 않았지만, 파워 엘리트의 개념에 관해 밀스와 돔호프가 보여 준 차이점은 누구나 파악할 수 있는 것이었다. 그런데도, 밀스에 대해 우호적인 태도를 보였던 마르크스주의자들조차 그의 개념을 옹호하기 위해 나서지 않았다. 이는 물론 1960년대 말부터 신좌파를 포함해 진보세력이 전반적으로 후퇴하고 보수세력이 활력을 되찾기 시작한 정치적 기류의 변화와 연관되어 있다. 다른 한편으로, 그것은 그때부터 마르크스주의자들 내부에서 일어났던 지적 조류의 변화와도 깊이 연관되어 있다.

앞에서 살펴본 것처럼 스위지는 파워 엘리트를 지배계급에 내포시킬 수 있으리라고 기대했지만, 그의 동료들은 1960년대 말부터 지배계급이라는 용어에 대해 조심스러운 태도를 갖게 되었다. 그런 태도를 촉구한 것은 영국의 정치학자 랠프 밀리밴드였다. 그가 여러 사회과학자들과 함께 주목한 것은 20세기 초부터 선진 자본주의에서 국가가 점점 더 커다란 역할을 담당하면서, 복지정책의 확대에서 분명하게 보이듯이 가끔 지배계급의 기대를 저버리고 노동계급의 권익을 증진하는 기능을 수행한다는 사실이다. 그것은 어느새 부인하기 어려운 역사적 추세로 자리 잡았는데도, 국가를 지배계급의 도구로 여기는 기존 마르크스주의 이론으로는 해명할 수 없는 현상이었다. 따라서 밀리밴드는 1969년에 발표한 『자본주의 사회 속의 국가』에서, "경제를 좌우하는 계급이 독재에 의지하기보다는 민주적 제도를 통해 지배하는 체제"를 탐구한다. 자본가계급이 통치기구를 독점하지 못한다 해도, 의회나 정당 같은 제도를 통해 중산층을 끌어들이면서 국가를 자본주의 발전에 기여하는 방향으로 이끌고 나갈 수 있다는 점을 해명하고자 시도한 것이다. 그리고 이런 자본가계급에 대해 지배계급이라는 용어 대신에 "경제면에서 지배적인 계급*an economically dominant class*," 또는 간단히 줄여 "지배적 계급*a dominant class*"이라는 표현을 사용하거나, 아니면 중립적인 "경제 엘리트"를 적용한다.[35]

그와 같은 견해는 논쟁을 통해 널리 확산되는 동시에 더욱 발전하게 되었다. 논쟁은 프랑스의 정치학자 니코스 플란차스가 밀리밴드의 책에 대해 서평을 쓴 데서 시작되었다. 『신좌파평론』에 게재된 이 서평에서, 플란차스는 밀리밴드가 사회계급이나 국가 같은 객관적 구조를 인신적 관계로 바꾸며 문제에 접근함으로써 "국가의 상대적 자율성"을 올바르게 해명하지 못한다고 비판했다. 밀리밴드는 즉시 같은 잡지에 반박문을 발표하고 상대적 자율성이라는 개념 자체가 모호하다고 지적하면서, 플란차스가 경험적 사실을 해명하기보다는 구조와 층위를 중심으로 정밀한 이론을 개발하는 데 더 큰 관심을 기울인다고 비판했다.[36] 논쟁은 1973년에 플란차스의 『정치권력과 사회계급』의 영역본이 출간되면서 중단되었지만, 마르크스주의자들 사이에서는 이미 도구주의적 국가관이 퇴조하고 "국가의 상대적 자율성"이라는 관념이 대두하고 있었다.[37]

이 관념은 마르크스주의자들이 경제 엘리트와 정치 엘리트를 구분하는 데 도움을 주었다. 스웨덴 출신의 사회학자 고란 테르본은 "지배계급은 어떻게 지배를 수행하는가?" 하는 물음을 던지고, 마르크스주의적 국가관을 더욱 수정하며 파워 엘리트 논쟁에 관해 논평했다. 이 1976년도 논문에서 테르본은 먼저 논쟁이 영역 사이의 경계선을 넘어 결집력을 지니는 엘리트가 존재하는가 하는 쟁점에 집중된다고 지적하고, 이는 밀스를 옹호하는 측이나 반대하는 측이나 모두 권력을 주관적 관계로 이해하기 때문이라고 비판한다. 그리고 마르크스를 따라 권력을 생산관계의 재생산이라는 커다란 객관적 구조와 과정 속에서 이

35 Miliband, *State in Capitalist Society*.

36 Poulantzas, "Problem of the Capitalist State"; Miliband, "Capitalist State"; idem, "Poulantzas and the Capitalist State."

37 풀란차스, 『정치권력과 사회계급』.

해해야 한다고 주장한다. 어떤 생산관계가 재생산되는가, 그리고 그 과정에서 국가가 어떤 역할을 담당하는가 하고 물을 때, 권력과 엘리트의 성격을 올바르게 이해할 수 있다는 것이다. 그런데 테르본은 생산관계의 재생산이라는 거대한 과제를 놓고 엘리트가 다양한 방안을 제시하고 상이한 입장을 견지할 수 있다고 인정한다. 예를 들어 복지정책을 놓고, 다수가 노동비용의 상승을 우려하며 반대하는 반면에 일부는 노동력의 재생산을 위해 필요하다고 찬성한다는 점을 고려해야 한다는 것이다. 따라서 그는 "경제면에서 지배적인 계급"과 국가를 관장하는 지배계급을 구분하고, 후자를 "특정한 시기에 전체적인 국가개입의 내용과 형태를 통해 착취적인 생산관계를 조장하는 계급"으로 규정한다.[38] 쉽게 말하면, 종래의 용법과 달리 지배계급이라는 용어를 정치 엘리트에게만 적용하면서 경제 엘리트와 구분하는 것이다.

이런 구분은 기존 용법을 고수하는 미국의 사회학자 프레드 블록에게서도 나타난다. 그는 1977년에 "지배계급은 지배하지 않는다"는 제목으로 논문을 발표하고, 자본주의 국가에서는 경제 엘리트가 정치권력을 장악하지 않는 경우에도 국가기구의 관리자들이 경제성장을 위해 기업계에서 선호하는 정책을 집행한다고 주장한다. 여기서 경제 엘리트와 국가 관리자들 사이에 어떤 관계가 형성되는지, 그리 선명하지는 않다. 그래도 분명한 것은 블록이 지배계급이라는 용어를 기존 관행에 따라 사용하면서도 국가 관리자들을 경제 엘리트와 분명하게 구분한다는 점이다.[39] 따라서 1970년대 말에 이르면 마르크스주의자들은 스위지와 달리 밀스가 말하는 파워 엘리트 개념에 대해 적극적인 태도를 보일 수 없게 되었다.

더욱이, 자유주의자들 사이에서도 국가의 자율성에 대한 인식이 고조되었다. 국가에 대한 관심은 이미 1968년에 정치학자 제이 피 네틀이 촉구한 이래 조금씩 확산되었는데, 그로부터 10년이 넘게 흐른 뒤에 사회학자 테다 스카치폴 덕분에 뚜렷이 확대되었다. 스카치폴은 혁명에 대한 비교사적 연구에서 국가에 대한 기존 이해를 비판하며 "국가의 잠재적 자율성"을 역설한다. 특히, 마르크스주의자들이 국가에 대한 새로운 이해를 추구하면서도 국가를 계급관계나 생산양식에 종속되는 제도로 취급한다는 점에서 국가와 사회의 관계에 대한 전통적 관념에서 충분히 벗어나지 못한다고 지적한다. 그리고 프랑스와 러시아, 그리고 중국에서 혁명세력이 기존의 지배집단으로부터 국가조직을 빼앗은 다음, 새로

38 Therborn, "What Does the Ruling Class Do When It Rules?" (인용은 12)
39 Block, "Ruling Class Does Not Rule."

운 체제를 확립하는 데 그것을 활용했다는 사실에 주의를 환기한다. 대내적으로나 대외적으로나 질서를 유지하고 경제를 재건하기 위해서는, 군대와 관료제 등 국가기구를 장악하고 지배계급의 이익보다 종속계급의 요구를 중시하기도 했다는 것이다. 따라서 스카치폴은 국가가 "지배적 계급의 직접적 통제에서 벗어나 잠재적 자율성을 지닌다"고 말하며 자율성의 실현은 경우에 따라 다르다고 덧붙인다.[40]

상대적이든 잠재적이든 국가의 자율성을 강조하는 이론은 중대한 문제점에도 불구하고 확고한 위상을 차지했다. 국가를 통제하는 "국가 통치자들*state rulers*"은 블록이 말하는 국가 관리자들과 마찬가지로 계급 같은 사회적 범주가 아니다. 그들은 지위나 권력을 자녀에게 물려주지 못할 뿐 아니라 해임되는 순간에 지위와 함께 권력마저 잃어버리는 존재, 바꿔 말해 스스로 재생산하지 못하는 일시적인 정치적 현상이다. 따라서 그들이 구현하는 "국가의 잠재적 자율성"도 피와 살이 없는 뼈대처럼 제도적 장치에 불과한 것으로 보인다. 그런데도 마르크스주의자들은 물론이요 자유주의자들 사이에서도 국가의 자율성에 대한 인식이 확산되었다. 그에 따라 정치 엘리트와 경제 엘리트의 구분도 수용하는 정도에 차이가 있기는 하지만 사회과학자들이 널리 받아들이는 명제가 되었다.

그 결과, 엘리트에 관한 연구는 파편화되는 경향을 띠게 되었다. 연구자들은 흔히 엘리트를 단일한 집단이 아니라 다원적인 구성체로 간주하고, 특정 영역에 초점을 맞춰 탐구하면서 국가기구를 비롯해 정치적 맥락을 경시하는 경향을 보였던 것이다. 새로운 동향은 군산복합체에 관한 연구에서 뚜렷하게 나타났다. 군산복합체는 양차대전 사이의 기간을 넘어 미국이 제국주의의 조류에 편승하던 19세기 말 20세기 초에 형성되기 시작했다는 사실이 밝혀졌고, 또 미국의 정치사회학자들은 일찍부터 그것을 관료제 발전의 일환으로 파악했지만 밀스와 달리 군부 엘리트를 자율적인 존재로 간주하지 않았을 뿐이라는 점도 드러났다.[41] 다른 한편에서는 밀스가 주목한 "연합 지휘부"에 관해 많은 연구가 축적되었다. 일부는 밀스를 따라 엘리트가 정치, 경제, 군사 등 영역을 넘나들며 통합되는 기제에 주목했지만, 대부분은 밀스와 달리 경제 영역만 취급했다.[42] 덕분에 재계에서는 그런 지휘부가

---

40 Nettl, "State as a Conceptual Variable"; Skocpol, *States and Social Revolutions*, 3-43. (인용은 두 번째 글 29)

41 Koistinen, "'Industrial-Military Complex'"; Baack and Ray, "Military-Industrial Complex in the United States"; Moskos, "Concept of the Military-Industrial Complex"; Cuff, "Organizational Perspective on the Military-Industrial Complex."

42 그런 일부의 예로는 다음을 보라. Freitag, "Cabinet and Big Business"; Moore, "Structure of a National Elite Network"; Dreier, "Position of the Press."

사외이사들로 채워진다는 것, 또 그 핵심에는 여러 기업에서 이사직을 겸임하는 소수의 인사들이 있다는 것이 드러났다. 그리고 지휘부의 주축이 19세기 말까지 철도, 통신, 광산 부문이었지만, 이후에는 마르크스주의자들의 주장처럼 금융부문으로 바뀌었다는 것도 밝혀졌다. 그렇지만 그들의 해석과 달리, 금융기관이 일반 기업에 대해 통제력을 행사하지 못한다는 점도 밝혀졌다. 은행이나 보험회사에서 파견하는 사외이사들은 자금난에 시달리는 기업을 제외하면 대체로 금융에 관한 조언과 정보를 제공하는 역할에 주력했고, 금융기관들 역시 일반 기업에서 사외이사를 영입함으로써 실물경제에 관한 정보를 수집하는 데 관심을 기울였다는 것이다.[43] 어쨌든 여러 기업에서 이사직을 겸임하는 사람들이 있다는 사실은 경제 엘리트에 핵심부가 있다는 해석으로, 그것도 자본가계급의 이해관계를 대변하며 정부에 영향력을 행사하는 핵심부가 있다는 해석으로 연결되기도 했다. 그렇지만 이 해석도 그런 영향력의 강도를 검토하기보다는 그와 같은 핵심부의 존재를 입증하는 데 주력했다.[44] 거기서도 엘리트 연구의 파편화 경향은 분명한 것이다.

그런 경향을 거부하는 조류도 있었다. 마르크스주의의 세례를 받은 연구자들은 자본가계급이 현대 미국을 이끄는 엘리트의 주축이라는 관념을 고집하면서, 이 계급의 통합성을 입증하는 데 관심을 기울였다. 그렇지만 1970년대에는 그들조차도 자본가들의 정치적 영향력을 거론하며 지배계급의 존재를 역설하기 전에 자본가계급의 내적 분화를 시사하는 명제와 대결하지 않을 수 없었다. 이 점에서 가장 주목을 끈 업적은 1974년에 사회학자 모리스 자이틀린이 "대기업에 대한 소유와 통제"라는 제목으로 발표한 긴 논문이다. 이것은 한마디로 줄이면 소유와 경영의 분리라는 명제—파슨스가 파워 엘리트의 통합성에 관해 문제를 제기할 때 전제로 삼았던 명제—에 치명적인 일격을 가한 비판이라 할 수 있다. 저자는 먼저 이 명제의 출발점인 애돌프 벌리와 가디너 민즈의 유명한 저술 『현대 기업과 사유재산』을 다시 검토한다. 그에 따르면 이들은 200개 대기업 가운데서 경영진이 통제하는 경우가 65%에 이른다고 주장하지만, 피라미드 같은 소유구조 아래에 있는 기업을 배제하고 또 근거 대신 추정에 의지해 경영진이 통제하는 것으로 분류한 기업을 제외하면 그 비

43 Allen, "Structure of Interorganizational Elite Cooptation"; Roy, "Interlocking Directorates"; Palmer, "Interpreting Corporate Interlocks"; Mintz and Schwartz, *Power Structure of American Business*.
은행의 중심적 역할은 20세기 말에 크게 위축되는데, 이에 관해서는 다음을 보라. Davis and Mizruchi, "Money Center Cannot Hold."

44 Useem, *Inner Circle*. 레이건 대통령의 등장을 전후해 경제 엘리트의 정치활동을 주도한 집단이 단일하지 않고 다양하다는 견해도 있는데, 이에 관해서는 다음을 보라. Jenkins and Eckert, "Corporate Elite."

율이 22%에 불과하다고 비판한다. 이어서 자이틀린은 주식이 널리 분산되어 있는 대기업에서 경영권을 장악하는 데 필요한 지분은 대개 10%이고 적지 않은 경우에 5% 미만으로 줄어든다고 지적하고, 그런 비율은 몇몇 개인이나 가족 또는 집단이 제휴를 통해 쉽게 달성할 수 있다고 부연한다. 더욱이 소유와 경영이 분리되어 있다 해도, 경영자들은 흔히 생각하듯이 시장 점유율이나 장기적 성장에 주목하지 않고 이윤에 따라 보상을 책정하는 제도 때문에 이윤에 대한 주주들의 이해관계에 얽매인다고 강조한다. 끝으로, 자이틀린은 많은 대기업들이 필요한 자금을 독자적으로 조달하지 못하고 여전히 금융기관에 크게 의존하고 있으므로, 금융기관의 영향력은 물론이요 금융기관을 통제하는 주주들에 대해서도 탐구해야 한다고 촉구한다. 그의 결론은 자본가계급의 분화와 통합이 더 많은 연구를 요청하는 주제라는 것이다. 이로써 자이틀린이 소유와 경영의 분리에 관한 명제를 잠재운 것은 아니다. 그렇지만 그는 이전부터 제기되었던 회의론에 확고한 근거를 제공함으로써, 1980년대에 와서 저 유명한 명제가 쇠퇴하는 데 결정적으로 기여했다고 할 수 있다. 그에 따라 대기업을 이끄는 엘리트를 소유자와 경영자로 구분하지 않고 하나의 동질적인 집단으로 간주할 수 있게 되었다.[45]

결국, 현대 미국의 엘리트는 밀스가 처음으로 논쟁을 불러일으켰던 때에 비해 상당히 다른 모습으로 보이게 되었다. 이는 정치학자 토머스 다이가 1976년에 발표한 『누가 미국을 움직이는가?』에서 분명하게 나타난다. 이 책은 연구서의 성격을 지니고 있으면서도 개설서 형태를 띠고 있는 덕분인지, 오늘날까지 무려 일곱 차례나 증보판이 나온 저술이다. 여기서 저자는 밀스를 따라 영향력 있는 기관과 권위 있는 직책을 선정하고 그런 요직을 맡는 인물들을 탐구함으로써, 미국을 움직이는 제도적 엘리트의 성격을 규명하고자 시도한다. 그가 규정하는 엘리트는 기업이나 정부, 또는 공익기관—언론기관, 연구재단, 문화단

45 Zeitlin, "Corporate Ownership and Control."

그렇다고 해서 소유와 경영의 분리가 중요한 현상이라는 점을 부인할 수는 없다. 일각에서는 그것이 미국을 넘어 세계적인 차원에서도 일반적인 추세가 아니라 부분적인 현상이라고 주장한다. 이에 관해서는 다음을 보라. La Porta et al., "Corporate Ownership around the World." 그러나 이 연구는 자본주의가 나라에 따라 다른 수준의 발전을 보인다는 사실을 고려하지 않고, 주요 국가들을 단순 비교하는 데 머물러 있다. 거기에 들어 있는 여러 도표에서 선진국과 비선진국을 구분하기만 해도, 소유와 경영의 분리가 선진국에서 더욱 진전되어 있다는 사실이 드러난다. 그것은 자본주의의 발전, 특히 대기업의 대두에 수반되는 역사적 추세인 것이다.

이에 관해 벌리와 민즈가 말한 것은 왜곡이 아니라 과장, 즉 자본주의가 가장 고도로 발전한 국가 가운데서도 가장 규모가 큰 기업에서 나타난 현상을 보편적인 경향으로 성급하게 일반화시키는 방식의 과장이라 할 수 있다. 벌리와 민즈의 명제에 관한 오랜 논의의 전모를 파악하는 데는 다음 문헌이 도움이 된다. Mizruchi, "Berle and Means Revisited."

체, 시민단체, 대학 등—에서 요직을 차지하고 정책을 결정하는 권위를 행사한다. 그런 직책은 기업 부문에서 4,325개, 공익 부문에서 2,705개, 그리고 정부 및 군부에서 284개 등, 모두 7,314개다. 그렇지만 이들 직책을 차지하고 있는 인물은 5,578명에 불과한데, 이는 일부 인사가 두 개 이상의 직책을 겸직하기 때문이다. 여기서 저자 다이가 강조하는 것은 그런 경우가 전체 요직 가운데서 32%에 가까운 2,333개 직책에 걸쳐 있고, 또 전체 인물 가운데서는 15%에 해당하는 867명에 걸쳐 있다는 점이다. 바꿔 말해, 엘리트 가운데 일부는 밀스가 말하던 "연합 지휘부"에 속하지만 대부분은 자신의 전문분야를 넘어서면 영향력을 지니지 못한다는 것이다. 더욱이, 기업 엘리트는 거의 모두 기업 부문에서 성장하는 반면에, 정부 엘리트는 대부분 법조계에서 충원된다. 따라서 다이는 엘리트를 기업, 정부, 공익 부문으로 나누어 분석한다. 기본적으로 정치와 경제를 비롯해 영역 사이의 분리를 수용하는 것이다.

그렇다고 해서 그가 영역 사이의 교류를 부정하는 것은 아니다. 다이는 겸직 인사 867명을 미국 엘리트의 핵심부로 간주하는데, 여기서 그런 교류가 일정한 방향성을 띠면서 제한된 수준에서 일어난다는 점에 주의를 환기한다. 그에 따르면, 겸직은 기업 엘리트가 정부나 공익기관에서 직책을 맡는 경우가 그 반대 경우보다 더 많다. 게다가 정부 엘리트가 겸직하는 경우에는 기업 대신에 공익 부문에서 직책을 얻는다. 바꿔 말해, 저자는 밀스의 주장과 달리 경제 엘리트가 독자성이 없는 소수의 군부 엘리트는 말할 것도 없고 정치 엘리트에 비해서도 압도적인 비중을 지니고 있는 것으로 여긴다. 다이의 관심은 차라리 겸직 비율이 1970년도의 20%에서 1980년도의 15%로 낮아졌다는 것, 그러니까 밀스가 말하던 "연합 지휘부"의 비중이 점차 줄어든다는 데 있다. 다시 말하면, 미국의 엘리트가 다원주의자들이 그리던 모습에 조금씩 가까워진다는 것이다.

더욱이, 다이는 다른 엘리트 연구자들이 경시하던 높은 사회적 유동성에 주목한다. 그는 윌리엄 돔호프가 밀스를 따라 『사교계 인명록*Social Register*』이나 회원제 사교클럽, 또는 명문 예비학교를 상층계급을 나타내는 지표로 간주하지만, 그런 지표는 중산층 출신이라도 엘리트가 되고 나면 쉽게 얻을 수 있는 것이라고 비판한다. 중요한 것은 엘리트의 지위와 권력을 부모로부터 물려받는 사람들이 차지하는 비중에 있다. 다이에 따르면, 그런 사람들은 지위를 물려주는 데 가장 유리한 기업 부문에서도 10%를 넘지 못한다. 출신 배경을 엘리트에 국한시키지 않고 상층으로 확대하면, 그 비율은 30%로 늘어난다. 그래도 이들이 엘리트 사회를 지배한다고 말하기는 어렵다. 나머지 70%는 대부분 중산층 출신으로 채워지기 때문이다. 따라서 다이는 수잔 켈러를 인용하며 지배계급론을 거부하고 엘리트의 개방성을 강조한다.[46]

다이의 견해는 포괄적인 종합이어서, 한마디로 평가하기가 어렵다. 우선 핵심적 쟁점, 즉 엘리트가 단일한 집단인가 아니면 다원적 구성체인가 하는 성격 문제에 관해서는 여전히 뚜렷한 이견이 있었다. 사회학자 필립 버치는 1980년에 간행된 그의 『미국사 속의 엘리트』에서 다이의 견해를 정면으로 비판한다. 그에 따르면 다이는 정부 엘리트가 법조계에서 충원된다고 주장하지만, 그것은 대기업과 밀접한 관계를 지니고 있는 법률회사들을 기업계가 아니라 법조계로 분류하는 명백한 오류에 근거를 두고 있다. 실제로 미국사를 전체적으로 살펴보면 정부 엘리트는 대개 기업가나 기업을 위해 일하는 법률가들 사이에서 충원되었다. 이는 버치가 건국에서 1970년대 말까지 200년에 가까운 기간 동안 대통령이 임명한 각료와 고위 외교관, 그리고 대법원 판사들의 이력을 검토해서 얻은 결론이다. 그런데 그는 이런 결론의 다른 부분은 천착하지 않는다. 고위 공직자 가운데서 그가 정의하는 경제 엘리트가 차지하는 비중은 시대에 따라 상당한 편차를 보인다. 그 비율은 건국에서 내전에 이르는 70여 년 동안 95.8%였으나, 내전이 시작된 다음부터 뉴딜이 시작되기 전까지 역시 70여 년 동안 83.5%로 줄었고, 또 뉴딜 행정부부터 카터 행정부까지 50년 가까운 기간에는 64.4%로 떨어졌다. 이 뚜렷한 감소세는 두말할 나위도 없이 기업과 정부, 그리고 두 부문을 이끄는 엘리트 사이의 관계가 바뀌어 왔다는 사실을 보여 준다. 그런데도 버치는 이를 간과하고 미국사 전체를 통해 경제 엘리트가 차지하는 비율이 80%에 가깝다고 강조할 뿐이다.[47]

윌리엄 돔호프도 여전히 다원주의에 대해 비판적인 태도를 견지한다. 그는 1990년에 발표한 『파워 엘리트와 국가』에서 정책의 결정 과정에 집중하지만, 파워 엘리트의 구성을 거론하며 자신의 기존 견해를 약간 수정한다. 구체적으로 말해, 자신이 1960년대에 발표한 업적에서는 미국의 정치체제에서 의회가 차지하는 비중을 경시했다고 시인한다. 그렇지만 국가의 자율성을 강조하는 견해에 동조하지는 않는다. 미국에서는 유럽과 달리 봉건제가 확립된 적이 없고, 따라서 일찍부터 부르주아지가 귀족계급과 경쟁하지 않고 국가기구를 장악했다고 보기 때문이다. 그래도 돔호프는 "통치계급" 또는 지배계급의 단일성을 주장하지 않는다. 자본가들은 국가기구를 통제하기 시작한 19세기 말 이후에도 이해관계에

46 Dye, *Who's Running America?*

47 Burch, *Elites in American History*. 특히 382-384를 보라.

따라 여러 분파로 분열되었기 때문이다. 그렇지만 그는 자본가들의 분열을 비롯해 사회적 갈등을 조정하는 정치 엘리트의 존재에 대해서는 여전히 부정적인 입장을 취한다. 새로운 저서에서 지면의 대부분을 할애해, 자본가들이 정책의 결정 과정에 끼친 영향력을 서술할 뿐이다.[48] 따라서 그는 다이와 함께 경제 엘리트의 압도적 중요성을 인정하면서도, 다이와 달리 정치 엘리트의 자율성을 부정하는 셈이다.

반면에 정치학자 데이비드 보겔은 다이와 마찬가지로 엘리트의 다원적 성격을 강조한다. 1989년에 간행된 그의 『재력의 부침』은 미국에서 기업계가 정부에 행사하는 영향력을 파악하기 위해 1960~88년간에 의회와 행정부에서 채택된 주요 조치를 면밀하게 검토하는 작업이다. 여기서 저자는 기업계가 1960년대 말부터 보수적인 태도를 취하며 적극적인 정치활동을 벌였는데도, 그 영향력이 결코 일방적인 것이 아니었으며 오히려 제한되어 있었다는 사실을 확인한다. 그것은 경제적 여건에 따라 변동을 겪었을 뿐 아니라, 기업에 관한 공공정책이 대체로 의회에서 결정됨에 따라 기업계에 적대적인 세력과 여론에도 부딪히게 되었다. 특히 1960년대 말에 대두한 소비자운동은 행동을 조율하지 못한 기업계에 상당한 압력으로 작용했고, 또 1970년대에는 환경을 비롯해 공익을 강조하는 운동이 기업계로 하여금 사회적 책임을 받아들이게 만들었다. 거기서 정치인들은 일정한 역할을 떠맡았다. 보겔에 따르면, "정치인들은 변화를 거듭하는 경제상황이나 이익단체의 압력에 수동적인 반응을 보이는 데서 그치지 않는다. 그들은 나름대로 우선순위와 취향을 갖고 있는데, 그것은 그들의 이데올로기와 재선 욕구에 따라 형성된다."[49]

이처럼 엘리트 연구자들은 1980년대에도 엘리트의 성격에 관해 논쟁을 계속했으나, 다이의 종합적 해석 가운데 사회적 유동성에 대해서는 거의 관심을 기울이지 않았다. 대기업을 이끄는 엘리트 가운데서 소유자 대신에 경영자의 비중이 조금씩 늘어나는 경향을 확인하는 논문은 나왔지만, 그런 연구가 단행본으로 간행될 만큼 축적되지는 않았다.[50] 1990년대 이전에는 이 주제가 그만큼 관심을 끌지 못했던 것이다. 그것은 새로운 연구 동향의 일환이므로, 별도로 논의할 필요가 있다.

48 Domhoff, *Power Elite and the State*.

49 Vogel, *Fluctuating Fortunes*. (인용은 292)

50 Allen, "Continuity and Change."

6. 최근 동향

엘리트 연구에서 새로운 동향은 1990년대 중엽에 나타났다고 할 수 있다. 그때부터 연구자들은 엘리트의 개방성에 주목하는 동시에 높은 사회적 유동성을 강조하기 시작했다. 더욱이 그들은 교육의 역할에 주의를 환기하며, 미국이 능력주의 사회*meritocracy*로 이행하고 있는 것은 아닌지 생각하기 시작했다. 이런 조류가 전적으로 새로운 것은 아니다. 그것은 과거에 축적된 연구 업적, 특히 초기의 이론적 성찰에 적잖이 의존하고 있다.

새로운 동향은 사회학자 스탠리 로스만이 두 사람의 동료와 함께 저술한 『미국의 엘리트』에서 뚜렷하게 보인다. 이 책은 1980년대 전반기에 엘리트 1,861명을 대상으로 설문조사와 면담을 실시하고 그 결과를 정리한 조사보고서이다. 그에 따르면 미국의 엘리트가 거의 모두 백인 남성이라는 점은 두말할 나위가 없지만, 이 진부한 관념에 들어맞지 않는 사실도 눈에 띈다. 우선, 전체 인구에서 2%에 불과한 유태계가 엘리트 가운데 23%나 차지한다. 그리고 생활수준이 평균 이상인 가정에서 성장한 사람들이 전체 엘리트 가운데서 겨우 37%인 반면에, 평균에 미치지 못하는 가정에서 성장한 사람들은 무려 29%나 된다. 이는 엘리트의 주관적 인식에만 의거해 산출한 수치이기 때문에 액면 그대로 받아들일 수 없지만, 저자들이 앞에서 소개한 토머스 다이보다 사회적 유동성을 높이 평가한다는 것을 뜻한다.

이런 결과는 저자들이 수집한 자료만이 아니라 그들이 설정한 엘리트의 개념 때문이기도 하다. 그들은 제1장에서 이론적 논의에 집중하는데, 여기서 밀스 이후의 엘리트 논쟁을 검토하고 수잔 켈러의 "전략적 엘리트" 개념을 채택한다. 그리고 기업과 정부와 군부를 넘어 언론, 공익, 종교, 영화에 이르기까지 12개 부문을 포괄한다. 따라서 그들이 서술하는 엘리트는 밀스가 강조하던 것과 달리 내적 응집력이 없는 존재처럼 보인다. 로스만 등은 엘리트 사이에서 널리 공유되는 가치에 주의를 환기하지만, 결국에 가서는 엘리트의 분열에 대해 거론하게 된다. 그들의 결론은 밀스를 비판하던 다원주의자들과 크게 다르지 않은 것이다.

다른 점이 있다면, 그것은 그들이 서술하는 엘리트의 가치관에서 찾을 수 있다. 그에 따르면, 엘리트는 성취욕이 강한 사람들이지만 청교도적인 절제에서 벗어나 자아를 자유롭게 표현하는 개인주의적 태도를 지니고 있다. 그래서 낙태, 동성애 등에 관해 개인의 권리나 취향을 존중하는 경향을 보이는데, 이는 기업에서 일하는 전통적 엘리트보다 문화 분야에 종사하는 새로운 엘리트 사이에서 더욱 뚜렷하다. 그리고 엘리트는 자유주의 속에서도 자유방임보다는 국가개입으로 경도되는 집단주의적 성향을 지니고 있다. 구체적으로 말하면, 정부가 일자리를 만들거나 소득격차를 줄이는 데, 또 기업을 규제하고 환경을 보호하는 데 적극적으로 나서야 한다고 생각한다. 더욱이 미국의 체제에 대해서는 대체로 만족하면서도, 법률 체계가 부자에게 유리하게 되어 있고 또 대기업이 너무 큰 힘을 갖고 있다고 우려한다. 이런 측면에서도 문화계와 노동계의 엘리트가 다른 분야에 비해 더 비판적인 자세를 취한다.[51]

가치관이라는 측면에서 볼 때, 로스만 등이 말하는 엘리트는 몇 년 뒤에 데이비드 브룩스가 그리는 "보보스"와 비슷하다. "보보스"는 부르주아지의 지위와 권력을 누리면서도 가치와 태도에서는 그와 어긋나는 보헤미안을 따르는 존재이다. 그들 역시 인습적 가치관을 버리고 권위주의에 맞서며 개성을 드러내는 개인주의를 지니고 있고, 또 기존 체제를 고스란히 지키기보다는 사회적 약자를 도와주며 환경을 보호하는 방향으로 바꿔 나가려는 자유주의로 기울어져 있다. 그런 가치와 태도는 로스만 등에 따르면 "전략적 엘리트" 가운데서도 문화나 공익에 종사하는 사람들 사이에서 뚜렷하다. 그런 것들은 같은 원천, 즉 1960년대에 형성되었던 대항문화*counterculture*에서 유래했기 때문이다.

더욱이, "보보스"와 "전략적 엘리트"는 사회적 배경도 공유한다. "보보스"는 브룩스에 따르면 정보시대에 대두한 새로운 상층계급으로서, 대부분 중산층 이상의 가정에서 성장한 사람들로 채워져 있다. 그렇지만 이 계급은 그런 배경에 못지않게 지식과 창의력 덕분에 성공을 거둔 유능한 인물들로 구성되어 있고, 따라서 하층에 대해서도 문호가 상당히 개방되어 있다. 이는 일차적으로 "보보스"가 정보 · 통신 기술을 개발하거나 응용하는 능력, 다시 말해 부모로부터 물려받을 수 없는 자질에 의존해 형성된 집단이기 때문이다. 이에 관해 브룩스는 그런 능력이나 자질이 주로 고등교육을 통해 개발되었다는 점을 지적한다. 특히 고등교육이 1970년대에 "신계급" 이론에서 거론되던 것보다도 더 넓고 빠르게 보급되었으며, 이 대중화된 고등교육이 "보보스"의 대두를 가능하게 만든 필수조건이었다고 강조한다.[52] 로스만과 그의 동료들도 "신계급" 이론을 거론하며 고등교육이 "전략적

51 Lerner et al., *American Elites*.

52 Brooks, *Bobos in Paradise*, 특히 13-53, 255-273을 보라. "신계급"에 관해서는 다양한 논의가 있으나, 다음 두 문헌에서 보이는 대조적 견해는 경시하기 어렵다. Burnham, *Managerial Revolution*; Gouldner, *Future of Intellectuals*.

엘리트"의 대두에 중요한 요소라는 점, 특히 출신 배경이 하층이나 중산층인 경우에는 필수적인 요소라는 점을 지적한다.[53]

그렇다면, "전략적 엘리트"와 "보보스"는 많은 부분에서 겹치는 존재라 할 수 있다. 이들은 20세기 말에 대두한 미국의 상층계급을 서로 다른 시각에서 조명한 결과, 구체적으로 말해 한편에서는 엘리트 이론에 비춰 상층계급을 살펴보고 다른 한편에서는 언론인의 안목에서 새로운 흐름으로 여겨지는 현상을 파헤치는 작업의 산물이다. 그러니까 어느 쪽에서나 연구하는 대상은 오랫동안 엘리트 연구자들이 관심을 기울이던 20세기 중엽에서 20세기 말엽으로 옮겨져 있었던 것이다. 더욱이, 동원하는 이론도 새로운 연구 대상의 특징, 특히 개방성과 유동성을 파악하는 데 도움이 되는 것으로 바뀌어 있었다. 로스만도 브룩스도 한물간 것으로 보였던 "신계급" 이론을 거론하며, 지식의 경제적 기능과 교육의 사회적 역할에 주의를 환기했다. 따라서 브룩스는 계급이라는 용어를 쓰면서도, 톰슨과 달리 지속적인 세력관계 대신에 엘리트처럼 유동적인 사회·경제적 집단을 가리킨다.

따라서 1990년대 중엽부터 오늘날에 이르기까지 최근 미국의 엘리트 연구는 종래와 뚜렷이 다른 경향을 보여 준다. 물론, 아직도 20세기 중엽의 동향을 따르는 연구가 나오기는 한다. 그 예로 윌리엄 돔호프가 사회심리학자 리처드 츠바이겐하프트와 협력해 1998년에 발표한 『파워 엘리트의 다양성』을 들 수 있다. 이 책은 돔호프가 말하는 파워 엘리트가 20세기 말에는 유태인과 여성, 흑인 등 여러 소수집단을 받아들이고 있다는 사실을 지적한다. 그렇지만 저자들은 유태인을 제외하면 소수집단의 비중이 너무 작다고 개탄한다. 따라서 그들은 소수집단의 지위 상승에서 보이는 사회적 유동성에 대해서는 관심을 기울이지 않는다.[54] 그렇지만 다른 연구들은 엘리트의 개방성과 함께 유동성을 설명하는 데 주력한다. 예를 들면, 마이클 린지는 밀스가 간과했던 종교인들이 어떻게 최근에 와서 권력 핵심부에 접근할 수 있는 엘리트가 되었는지 보여 주고, 미첼 스티븐스는 오늘날 상층계급의 형성에 명문 사립대학이 어떻게 기여하는지 살펴보며, 로이 벤저민은 견고한 인종 장벽을 비판하면서도 흑인 엘리트의 대두를 확인하는 데 이른다.[55] 바꿔 말해, 오늘날 엘리트 연구자들은 엘리트나 상층계급의 구성에 어떤 변화가 일어나고 있는지 파악하는 데 주력한

53 Rothman et al., *American Elites*, 18–38.

54 Zweigenhaft and Domhoff, *Diversity in the Power Elite*. 여성이 상층계급에서 차지하는 지위와 역할에 관해서는 다음을 보라. Ostrander, *Women of the Upper Class*.

55 Lindsay, *Faith in the Halls of Power*; Stevens, *Creating a Class*; Benjamin, *Black Elite*. 또한 다음도 참고하라. Cookson and Persell, *Preparing for Power*.

다고 할 수 있다.

그들에 따르면, 미국의 엘리트는 반세기 전에 밀스가 묘사한 것과 다른 모습을 지니고 있다. 이미 살펴본 것처럼 밀스가 그 모습을 마치 어른 세 사람이 어깨동무를 하고 나란히 앉아 있는 것처럼 그렸다면, 후속 연구자들은 거인 한 사람이 어른과 아이를 하나씩 데리고 서 있는 것처럼 그린다고 할 수 있다. 세간의 이목도 거인이 상징하는 경제 엘리트에 집중되어 있다. 언론에서 거론되는 파워 엘리트는 데이비드 로스코프가 말하는 "슈퍼 클래스"에서 드러나듯이 대부분 기업가들이다. 물론, 밀스가 언급한 유명 연예인 이외에 예술가와 종교인도 거론되지만, 기업가들이 절대 다수를 차지한다는 점에 관해서는 이견이 없다. 더욱이 최근에 일부 지식인들이 파워 엘리트에 대해 언급하고 있지만, 미국의 제국주의 정책에 관심을 쏟기 때문인지 파워 엘리트 자체를 천착하지는 않는다. 따라서 오늘날 미국에서는 엘리트의 성격 문제, 즉 미국의 엘리트가 단일한 집단인가 아니면 다원적 구성체인가 하는 의문이 쟁점으로 취급되지 않는다. 그것은 밀스 이후에 그려진 초상화에서 이미 해결되었을 뿐 아니라, "보보스"가 대변하는 근래의 사회 · 경제적 변화에서 해답이 확인되기도 한 것이다.

7. 역사적 시각

그렇지만 미국의 엘리트가 언제나 그런 모습을 지니고 있었던 것이 아니라는 사실을 기억할 필요가 있다. 지난 반세기 동안 엘리트 연구는 사회과학자들이 주도해 왔는데, 그들은 엘리트가 변화를 거듭하는 역사적 존재라는 점을 잊고 현재의 모습을 파악하는 데 관심을 기울였다. 따라서 앞에서 지적한 것처럼, 그들의 연구에서 엘리트는 정태적인 모습을 띠고 나타난다. 거기서 찾아내기 어려운 역동적인 양상은 얼마 되지 않는 역사학적 연구를 통해 짐작할 수 있다. 역사학자들이 지난 반세기 동안 엘리트를 경시했다는 점에 대해 길게 설명할 필요는 없다. 이들이 노동자에서 여성과 흑인 등, 여러 소수집단으로 관심의 대상을 넓혀 가며, 이름 없는 다수가 역사의 전개 과정에서 어떤 역할을 했는지 밝혀내는 데 주력했다는 점은 널리 알려져 있으니 말이다. 물론, 엘리트에 대한 역사학적 연구가 없었던 것은 아니다. 그렇지만 그런 연구는 대부분 개인에 초점을 맞춤으로써, 엘리트가 집단으로서 지니는 역사적 경험을 간과했다. 이 빈틈을 메우려는 노력은 최근에 와서야 시작되었고, 따라서 축적된 업적도 빈약하다. 그래도 분명한 것은 사회과학자들이 그려 놓은 엘리트의 집단 초상화가 뉴딜 이전의 시기에는 맞지 않는다는 점이다. 구체적으로 말해, 뉴딜이 시작되기 전에는 정치 엘리트가 어른이 아니라 아이로 묘사되고 또 군부 엘리트가 전면 대신에 배경에서 희미한 모습으로 묘사되어야 한다는 것이다.

이런 측면에서 가장 중요한 업적은 스벤 베커트가 2001년에 발표해 널리 주목을 끈 『대도시의 거부들』이라 할 수 있다. 이것은 19세기 후반 뉴욕 시에서 경제 엘리트가 부르주아지로 통합되는 과정을 추적하는 작업이다. 그에 따르면, 19세기 미국에는 귀족세력이 없었을 뿐 아니라 사회적 경계선이 흐리기도 했다. 무엇보다도 상인과 소상점주, 장인과 제조업자들이 서로 선명하게 구분되지 않았다. 더욱이, 1850년대 뉴욕에서는 상인이 주도권을 쥐고 있었지만 다양한 경제 엘리트가 혼재했다. 면화를 집중적으로 취급하는 상인들 이외에도, 해운, 금융, 부동산 등에 전업적으로 종사하는 기업가들, 그리고 빠른 속도로 성장하던 제조업자들이 있었다. 그러나 내전을 계기로 경제 엘리트의 구성에 큰 변화가 일어났다. 면화와 노예제에 의존하던 상인들이 쇠퇴하는 운명을 맞은 반면에, 제조업자들은 사업을 급격하게 확장할 수 있는 기회를 얻었던 것이다. 게다가 내전 후에는 철도 건설과 서부 개척 덕분에 전국이 하나의 시장으로 통합됨에 따라, 은행가들과 함께 거대한 기업을 수립하며 막대한 재산을 축적할 수 있었다. 그래서 1890년대에 오면, 제조업이나 금융업에 종사하는 기업가들이 뉴욕의 경제생활은 물론이요 사회생활에서도 전통적 상인을 대신해 주도권을 장악했다. 더욱이, 그들은 기업의 성장에 따라 크게 늘어난 노동자들과 대립하면서 자신들이 이해관계와 생활양식을 공유하고 있다는 점을 깨닫는 데 이르렀다. 바꿔 말해, 19세기 말 뉴욕에서는 근대적 기업가들을 중심으로 부르주아지가 통합되어 상층계급을 형성했다.[56]

베커트의 해석은 물론 비판을 받는다. 이미 일각에서는 19세기 말에 뉴욕의 부르주아지가 그처럼 단일한 계급으로 통합되었던가 하고 의문을 제기한 바 있다.[57] 그렇지만 계급의 형성을 주장한다고 해서, 그 내부에 존재하는 다양한 분파와 그들 사이의 알력을 반드시 부인하는 것은 아니다. 중요한 것은 그런 내적 분열에도 불구하고 19세기 말에는 뉴욕의 부르주아지가 다른 계급과의 관계에서 이견을 조정하고 행동을 통일할 수 있었다는 점이다.

더욱 중요한 것은 오히려 뉴욕의 부르주아지가 19세기 중엽에는 그럴 수 없었다는 해석

56 Beckert, *Monied Metropolis*.
57 Gilfoyle, "Making an American Upper Class."

이다. 그 근거는 1850년대 뉴욕의 경제생활이 다양한 부문으로 분화되어 있었다는 점, 그리고 거기서 주도권을 쥐고 있던 상인들이 북부를 무대로 삼고 있던 분파와 남부의 면화와 노예제에 의존하던 분파로 나뉘어 있었다는 점이다. 당대 뉴욕에서는 산업혁명이 한창 진행되고 있었으므로, 경제생활의 분화는 부인할 수 없는 현실이었다고 할 수 있다. 특히, 베커트가 지적하듯이 제조업자들은 상인에 버금가는 경제력을 축적했다. 그렇지만 그들이 상인에 못지않은 사회적 지위를 확보했다고 할 수는 없다. 상인은 오래전부터 농장주와 함께 귀족 같은 지위를 누리고 있었지만, 제조업자들은 대개 생산 현장에서 장인과 함께 땀 흘리며 일하고 있었기에 중간 부류로 취급되던 장인층에서 완전히 벗어나지 못하고 있었다.[58] 소수만이 몇몇 보스턴 상인들처럼 상업에서 축적한 재산을 바탕으로 방직업 같은 새로운 산업에 뛰어들어 대규모 공장을 경영하면서 귀족 같은 지위를 누릴 수 있었을 뿐이다.[59] 그런데도 1850년대에 제조업자들이 사회적 범주로서 독립되어 있었다고 가정하고, 그들이 상인과 같은 지위를 누리지 못했다는 사실을 들어 부르주아지의 미성숙을 주장하는 것은 역사를 거꾸로 읽는 시대착오적 해석이다.

더욱이, 상인이 북부파와 남부파로 양분되어 있었다는 해석도 근거가 빈약하다. 남부파가 면화에 크게 의존하고 있었기에 노예제에 집착하는 남부의 대의에 우호적인 태도를 보였다는 베커트의 지적은 쉬이 수긍할 수 있다. 그렇지만 내전을 계기로 남부파가 몰락함에 따라 뉴욕의 상인들이 동질적인 집단으로 통합되기 시작했다는 그의 주장은 납득하기 어렵다. 이 견해 뒤에는 남부파 상인들과 긴밀한 관계를 맺고 있던 농장주들이 대토지와 노예제에 기반을 두고 있는 전근대적 세력이라는 친숙한 관념이 자리 잡고 있다. 그러나 이 관념은 이제 용납되기 어렵다. 주지하다시피 농장주들을 근대적 기업가로 보는 수정주의적 해석은 1950년대에 처음으로 정립되었고 1970년대 중엽에는 정교한 형태로 개발되었으나, 노예제의 성격을 자본주의와 대립되는 가부장적 온정주의로 규정하며 정통파 해석을 옹호하는 학자들의 반론에 가로막히게 되었다.[60] 그렇지만 근래에 일부 연구자들은 종래에 간과되었던 노예매매에 주목하고, 농장주들이 노예를 상품처럼 거래할 수 있는 노동력으로 취급했다는 사실을 밝혀냄으로써 정통파 해석에 커다란 타격을 입혔다. 더욱이,

58 Wilentz, *Chants Democratic*.

59 Dalzell, *Enterprising Elites*; Farrell, *Elite Families*.

60 Stampp, *Peculiar Institution*; Fogel and Engerman, *Time on the Cross*; Oakes, *Ruling Race*; Fogel, *Without Consent or Contract*; Genovese, *Political Economy of Slavery*; idem, *World the Slaveholders Made*; idem, *Roll, Jordan, Roll*.

최근에는 농장주들 가운데서도 가장 부유한 엘리트가 뉴욕이나 필라델피아로 손을 뻗어 은행, 철도, 운하 등 다양한 부문에 투자했다는 사실도 밝혀졌다.[61] 이런 엘리트를 비롯해 농장주들이 대개 근대적 기업가였다는 점은 이제 거부하기 어려운 명제가 된 것이다.[62] 그런데도 베커트는 정통파 해석에 비추어 뉴욕 상인들을 구분함으로써, 그들 사이의 분열을 과장한다. 이는 아마 그가 내전 이후에 그들 사이에서 동질성이 증가한다고 주장하는 데 도움이 될 것이다. 그러나 일반적으로 상인들이 정치적 · 문화적 차이에도 불구하고 경제적 필요에 따라 넓은 네트워크를 구축하는 경향을 지니고 있다는 점에 비추어 볼 때, 베커트의 이분법은 사실을 올바르게 파악하는 데 도움이 되지 않는 듯하다.

그래도 베커트는 19세기 미국의 엘리트가 사회과학자들이 주로 다룬 20세기와 다른 모습을 지니고 있었다는 점을 분명하게 보여 준다. 그에 따르면, 뉴욕의 상층계급에서 정치 엘리트는 중요한 비중을 차지하지 않았다. 유럽과 달리, 국가는 매우 제한된 기능만 지니고 있었고, 따라서 행정과 치안을 담당하는 기구도 규모가 작았다. 이런 국가기구는 경제 엘리트 가운데 일부가 정계로 진출해 장악하거나, 그렇지 않으면 중산층이나 노동계급에서 충원되는 직업 정치인들이 통제했다. 경제 엘리트는 내전 같은 위기가 다가오거나 국가가 시장에 간섭할 때만 적극적으로 정치에 참여하며 국가를 통치했다. 바꿔 말해, 19세기 후반기의 뉴욕에서 정치 엘리트는 자율적인 집단이 아니라 경제 엘리트에서 파생한 반자율적 존재에 가까웠다는 것이다. 19세기 말까지 미국에서 국가란 "법원과 정당"에 지나지 않았다는 점을 기억한다면, 이는 설득력 있는 해석이다.[63]

베커트는 그와 같은 엘리트의 모습이 19세기 중엽에 형성되었다고 지적한다. 그 이전에는 기업가와 법률가 등 엘리트가 연방 상원의원, 주지사, 시장 등 고위 공직을 사실상 독점했다. 그런 사정은 1820년대에 시작된 대중정치와 직업 정치인의 대두로 말미암아 변화를 겪게 되었다. 이들은 대개 중산층이나 그 이하 계층 출신으로서, 대중을 동원하는 조직을 구축하고 지지자들을 규합해 공직에 진출하기 시작했다. 1840년대에 오면 이들이 정당과 공직에서 무시할 수 없는 비중을 차지했고, 엘리트도 새로운 사태에 적응하기 위해 정치적 전략을 바꾸었다. 엘리트는 정당을 유지하는 데 필요한 자금을 제공하고, 그 대가로 정책

61 Tadman, *Speculators and Slaves*; Johnson, *Soul by Soul*; Deyle, *Carry Me Back*; Scarborough, *Masters of the Big House*.

62 근래의 연구를 종합하는 논의로는 다음을 보라. Kolchin, *American Slavery*; Wright, *Slavery and American Economic Development*; Davis, *Inhuman Bondage*.

63 Skowronek, *Building a New American State*.

을 통제하고 대표권을 장악하는 데 주력했던 것이다. 더욱이, 그들은 지위를 이용해 공직자에게 쉽게 접근할 수 있었다. 그래서 이전보다 공직에 취임하는 경우가 크게 줄었는데도, 정치적 영향력을 유지할 수 있었다.[64]

이 견해는 미국 엘리트의 역사를 이해하는 데 중요한 의미를 지니고 있다. 베커트는 엘리트와 직업 정치인 사이의 분업을 상세히 다루지 않는데, 이는 그의 관심이 19세기 말의 상층계급 형성에 집중되어 있기 때문인 듯하다. 그래도 그가 제시하는 윤곽은 1820년대부터 대두한 대중정치가 미국 엘리트의 역사에서 일종의 분수령이었다는 점을 시사한다. 왜냐하면 그것을 계기로 정치 엘리트가 탄생했다고 말할 수 있기 때문이다. 물론 국가의 기능이 매우 제한되어 있었기 때문에, 그들은 인력이나 자원에서 빈약한 상태에 있었다. 그들은 뉴딜 이후에 엘리트의 집단 초상화에서 어른으로 등장하지만, 19세기 초에는 아이에 지나지 않았다. 더욱이, 그들은 1820년대 이전에는 없던 존재이다. 19세기 초까지 경제 엘리트가 정치적 권위를 독점했기 때문에 정치 엘리트는 따로 없었던 것이다. 이는 본질적으로 "경의의 정치," 즉 재산과 지위와 혈통의 차이를 전제로 평민이 귀족의 정치적 권위를 수용하던 현상이었다. 사실, 19세기 초까지 미국의 엘리트는 유럽의 귀족처럼 신분집단에 가까웠고, 따라서 공식적인 정치에서 배타적인 지위를 누렸다. 그렇다면 미국의 엘리트는 19세기 초까지 단일한 지배집단이었으나, 대중정치의 발전을 계기로 분화 과정에 들어가 정치 엘리트의 분립을 보게 되었다고 할 수 있다.

그렇게 본다면, 파워 엘리트 논쟁에서 잠복 상태에 있던 쟁점, 즉 정치와 경제를 비롯해 사회생활의 여러 영역 사이에 어떤 관계를 설정해야 하는가 하는 문제에 접근할 수 있다. 이 쟁점은 부분적으로 이데올로기의 차이에서 유래한다. 앞에서 살펴본 것처럼 밀스는 파워 엘리트의 개념을 규정할 때 영역 사이의 관계를 분명하게 설정하지 않았고, 파슨스는 엘리트가 영역별로 자율성을 누린다고 주장하면서도 그것을 문제 삼지 않았으며, 후속 연구자들은 엘리트의 성격에 관해 논쟁을 벌이면서도 거기서 견해 차이의 뿌리를 보지 못했다. 또 최근 연구자들은 경제 엘리트에 주목하는 반면에 정치 엘리트를 경시하는 만큼, 양자 사이의 관계와 함께 그 전제인 영역 사이의 관계에 관심을 두지 않는다. 이 반세기 동안의 무관심은 무의식에 가까운 사회관을 반영한다—이데올로기에 따라 특정 시각에서 사회를 바라보고 있으면서도, 자신이 지니고 있는 시각에 내재하는 맹점을 깨닫지 못할 정도

64 Beckert, *Monied Metropolis*, 78-85.

로 이데올로기를 철저히 내면화시킨 상태의 관념을 반영한다. 자유주의자들이 다원주의를 말하며 영역 사이의 분리를 암묵적 전제로 삼는 것은 두말할 나위도 없이 시장에 대한 정부의 간섭을 거부하는 오랜 전통에서 유래한다. 마르크스주의자들이 지배계급을 가리키며 영역 사이의 통합을 명시적으로 강조하는 것은 물론 계급의 폐지를 목표로 사회적 변화를 열망하며 변화의 단서를 경제에서 찾는 사고방식에서 출발한다. 그리고 국가의 자율성을 역설하는 학자들은 어느 이데올로기에 기대고 있든 간에 엘리트를 영역별로 구분하면서도 영역 사이의 관계 자체에는 관심을 기울이지 않는다.

영역 사이의 관계가 쟁점으로 부각되지 않았던 이유는 또한 논객들이 그것을 역사의 산물로 인식하지 않았다는 데서도 찾을 수 있다. 그들은 모두 20세기에 관심을 기울이던 사회과학자들로서, 수잔 켈러가 엘리트의 영역별 분화를 근대화의 결과로 간주했는데도 거기에 귀를 기울이지 않았다. 더욱이 켈러조차도 인구의 증가나 분업의 발전 등, 그런 분화의 과정에 관해 일반적 가설을 제시했을 뿐이지, 구체적 사례를 탐구하며 인과관계를 정확하게 파악하는 작업은 시도하지 않았다. 그는 엘리트의 영역별 분화가 역사적 추세라는 점을 인식했지만, 그에 대한 설명까지는 제시하지 못했던 것이다.

베커트는 켈러가 남겨 놓은 과제에 접근하는 단서를 제공한다. 직업 정치인의 대두에 관한 그의 간략한 서술은 결국 미국의 엘리트가 정치와 경제 두 영역으로 분화되는 과정을 보여 주면서, 그 아래에 "경의의 정치"가 쇠퇴하고 대중정치가 대두하는 변화가 깔려 있다는 점을 가르쳐 준다. 바꿔 말하면 미국의 엘리트는 부를 토대로 형성된 집단이지만 19세기 초까지 전통적인 "경의의 정치" 덕분에 정치적 권위도 독점할 수 있었으나, 대중정치의 발전을 계기로 정치적 권위를 직업 정치인들과 공유하게 되었다는 것이다. 여기서 대중정치가 중요한 요인으로 등장하는 것은 그것이 "경의의 정치" 아래서 통합되어 있던 사회적 신분과 정치적 권위를 분리하는 결과를 가져왔기 때문이다. 저 새로운 정치가 대중적 인기를 누리는 인물에게는 신분에 상관없이 공직에 취임하고 그에 따르는 권위를 장악하는 기회를 부여했으니 말이다. 그렇다면, 대중정치는 19세기 미국인들의 사회생활 가운데서 정치를 독자적인 영역으로 만들어 준 계기라 할 수 있다.

그렇지만 대중정치의 발전은 정치가 하나의 영역으로 독립하는 과정을 충분히 설명해 주지 않는다. 그 과정을 정치적 차원에 그치지 않고 전반적으로 이해하는 데는 미국 엘리트의 역사를 개관하는 최근 시도가 도움이 된다. 그런 시도는 『미국을 지배하는 엘리트』에서 지도적인 사회사 연구자 스티브 프레이저와 게리 거슬이 감행한다. 이들은 혁명기부터 오늘날에 이르기까지 시대별로 전문가들이 집필한 논문을 모아 놓고, 거기에 서론을 붙여 미국 엘리트의 형성 및 변형 과정을 파악하는 데 필요한 윤곽을 제시한다. 그에 따르면, 미국의 엘리트는 높은 사회적 유동성 덕분에 시대에 따라 활동 부문이나 출신 지역이 바뀌는 등, 구성이 자꾸 변하는 모습을 보인다. 이런 특징은 권력 중심의 확산과 연관되어 있다. 건국 초기에는 정부가 권위를 추구하는 엘리트의 가장 중요한 양성소였지만, 19세기 초에 산업혁명이 시작되자 시민사회, 특히 경제력이 집중된 기구가 그 역할을 대신하게 되었다. 그에 따라 정부는 시민사회의 엘리트에게 필요한 보조적 기능을 수행하거나 다른 집단이 그에 도전하는 데 필요한 도구로 부상하게 되었다. 그리고 프레이저와 거슬은 그런 권력 중심의 확산이 자본주의 발전의 일환이라고 말하며 이렇게 선언한다. "권력이 뿌리내린 토대와 그것이 행사되는 용도에서 일어난 이 거대한 변화는 부를 창조하는 기제가 전자본주의에서 자본주의로 이행하는 과정을 겪은 대다수 사회에서 일어났다."[65]

프레이저와 거슬의 주장은 수정할 필요가 있다. 우선, 그들은 권력 중심이 확산되는 과정을 잘못 이해하고 있다. 권력의 중심은 자본주의가 발전함에 따라 분명히 시민사회로 옮겨 갔지만, 그 이전에는 정부에 있었던 것이 아니라 정치와 경제가 분리되지 않은 영역에 있었다. 이는 중세사의 거장 마르크 블로흐가 저 유명한 『봉건사회』에서 설파한 것이다. 그는 봉건제가 지배집단이 토지를 매개로 권리 · 의무 관계를 구축하고 그에 의지해 통치권을 분산시키는 체제라는 점, 그래서 거기서는 재산과 권력이 신분과 더불어 따로 떼어 놓을 수 없을 만큼 깊이 얽혀 있다는 점을 강조했다. 그리고 이 체제가 해체됨에 따라 권력이 행정과 치안을 담당하는 공식적 조직을 통해 집중되었고, 다른 한편에서는 재산이 자유를 얻은 인신의 연장이며 권력의 부당한 침해로부터 보호받아야 하는 권리로 간주되었다는 점도 잘 알려져 있다.[66] 그렇지만 재산은 아래에서 상론하듯이 권리에 머무르지 않고, 거기서 한 걸음 더 나아가 권력의 원천이 되었다. 재산 소유자들은 공식적인 권위의 간섭을 받지 않고 재산을 토대로 자신의 의지를 다른 사람에게 강제할 수 있게 되었던 것이다. 또 이른바 "자본 파업"을 통해 투자를 억제함으로써 정부에 압력을 가하거나 대중매체를 통해 자본주의적 가치체계를 옹호하는 이념적 공세를 취하는 등, 집단적으로 영향력을 행사할 수 있게 되었던 것이다. 이런 뜻에서 자본주의는 경제 권력을 탄생시킨 것은 아니지만, 적어도 그것을 통합된 권력체계에서 분화시켰다고 할 수 있다. 프레이저와 거슬의

65 Fraser and Gerstle, "Introduction." (인용은 14)

66 Bloch, *Feudal Society*, 163-175; 앤더슨, 『절대주의 국가의 계보』, 13-45; Wood, *Origin of Capitalism*.

설명과 달리, 권력의 중심은 정부에서 시민사회로 확산되지 않고 오랫동안 하나로 통합되어 있던 영역에서 복수의 영역으로 분화되었던 것이다. 더욱이, 그들은 미국 엘리트의 역사적 특징을 서술하면서도 그 기원에 대해서는 이렇다 할 만한 설명을 제시하지 못한다. 기원에 관한 그들의 인식이 자본주의에 관한 일반론 수준에 머물러 있기 때문이다.

8. 권력구조

미국 엘리트의 기원과 특징을 이해하기 위해서는, 무엇보다도 엘리트의 형성에 직접적인 영향을 끼치는 권력구조를 탐구할 필요가 있다. 엘리트란 결국 권력구조에서 지배적인 위치를 차지하는 존재이기 때문이다. 여기서 말하는 권력구조는 20세기 중엽 사회과학자들의 용법과 달리 사회적 권력관계나 위계적 사회질서를 가리키지 않는다. 앞에서 언급한 것처럼, 권력은 정치라는 영역에 국한되어 있는 것이 아니다. 그것은 강제력이나 영향력뿐 아니라 자발적인 행동을 이끌어 내는 매력도 내포한다. 따라서 그것은 정치를 넘어 경제나 문화의 영역에도 존재한다. 이런 영역까지 감안할 때, 권력구조는 넓은 뜻에서 권력이 배분되어 있는 모습을 가리킨다. 이것을 올바르게 파악하기 위해서는 정치 이외의 영역으로도 시야를 넓혀야 한다. 더욱이, 그것은 쉽사리 변하지 않는 틀이지만 역사 바깥에서 존재하는 불변의 원칙은 아니다. 그것은 사람의 손에서 만들어져서, 어떤 때는 미묘하고 다른 때는 급격하고 철저한 변화를 겪으며 또 그 과정에서 엘리트의 역사를 좌우한다. 따라서 권력구조를 파악하기 위해서는 역사적 시각에서 접근할 필요가 있다.

그와 같이 접근하는 데는 한때 큰 논쟁을 불러일으켰던 찰스 린드블롬의 『정치와 시장』이 도움이 된다. 여기서 저자는 정치체제와 경제체제를 따로 다루지 않고 하나로 묶어 정치-경제 체제라 부른다. 그에 따르면 정치와 경제는 결코 나누어 놓고 생각할 수 없는데, 이는 하나의 사회가 존립에 필요한 자원을 생산, 배분하기 위해서는 조직에 의지하지 않을 수 없고 또 조직을 구축하고 운영하기 위해서는 권위에 의존하지 않을 수 없기 때문이다. 특히, 자유민주주의와 자본주의는 사회과학자들이 흔히 따로 떼어 놓고 생각하지만 실제로는 서로 얽혀 있어서 어디서나 함께 나타난다. 이는 시장과 교환이 정치적 권위의 보호 없이는 성립하지 않기 때문이다. 시장경제의 토대인 재산은 정부가 보장하는 권리, 즉 개인이 자신의 인신에 대해 지니는 소유권의 연장으로서, 근대에 들어와서 많은 사람들이 요구한 권리라는 것이다. 여기서 드러나듯이 자유민주주의와 자본주의는 사회조직 가운데서 일인이나 소수 대신에 다수가 지배하는 체제로서 같은 기원을 갖고 있기 때문에 서로 긴밀하게 연결되어 있다. 그 기원은 개인이 사유재산과 자유 계약을 비롯해 자유에 필요한 권리를 누리고 또 노력을 통해 자신의 지위를 향상시키는 기회를 가질 수 있도록 사회를 다시 조직하려던 다수의 열망에 있다.

린드블롬은 다수가 지배하는 정치-경제 체제에서 기업가들이 특권적 지위를 누린다고 지적한다. 그들은 시장에서 우월한 위치를 차지할 뿐 아니라 정치에서도 특별한 위치를 차지한다. 기업가들은 재화나 용역의 생산과 유통에 관해 결정을 내리는 사회적 기능을 수행하는데도, 정부관리와 달리 다수가 지배하는 체제로부터 통제를 당하지 않는다. 그래도 정부가 기업의 활동을 규제하고 기업의 환경을 변경하는 권위를 지니기 때문에, 다수가 지배하는 체제의 영향력에서 완전히 벗어나지는 못한다. 따라서 그들은 정치자금을 제공하거나 투자를 조절하는 등, 다양한 방법으로 정부에 영향을 끼친다. 더욱이, 그들의 특별한 위치는 다수가 지배하는 체제에 뿌리를 두고 있다. 그 체제는 다수가 요구하는 기본적 권리를 보장하기 위해 권위를 제어하는 데 주력하는 속성을 지니고 있다. 따라서 정치에서는 법치의 확립과 권력의 분립을 강조하는 경향을 보인다. 그리고 경제는 중앙에서 계획을 세워 통제하지 않고 시장에 맡겨 운영하는데, 이는 중앙계획이 자유나 권리에 배치되기 때문이다.[67] 그러므로 다수가 지배하는 정치-경제 체제는 그 본질적 속성 때문에 기업가들에게 특권적 지위를 제공한다.

그렇지만 정치-경제 체제의 정치적 측면에 대해서는 그가 시사하는 것보다 더 큰 관심을 기울일 필요가 있다. 린드블롬에 따르면, 기업가들이 정치에서 차지하는 특별한 위치는 그들이 시장에서 차지하는 우월한 위치에 토대를 두고 있다. 그들이 경제적 기능을 수행하는 데 체제의 통제를 받지 않는 것은 물론이요 정부에 대해 압력이나 영향력을 끼치는 것도 모두 그들이 소유하는 재산 덕분이니 말이다. 그런데 재산이란 린드블롬이 스스로 강조하듯이 정치적 권위 없이는 존재하기 어려운 권리에 지나지 않는다. 사실, 재산은 자본 축적의 수단이자 경제 권력의 토대로 취급되기 전에 기본적 인권의 일부로 간주되었다. 산업혁명을 계기로 자본 축적의 기회가 확대되기 전에는, 재산이란 무엇보다도 개인의 생존과 독립을 보장하는 수단이었던 것이다. 따라서 "생명과 자유, 그리고 재산"이라는 관용구에서 드러나듯이, 그것은 축적의 수단 대신에 기본권의 일환으로서 의미를 지니고

67 Lindblom, *Politics and Markets*, esp. chs. 12-17, pp. 161-233.

있었다. 이런 의미에서 재산은 다른 기본권과 마찬가지로 권력의 자의적 침해로부터 보호해야 하는 자유주의적 가치였다. 기본권의 보호는 법치의 확립과 권위의 분산을 요구하던 정치적 자유주의의 전통에서 궁극적 목표였던 것이다.[68] 그렇다면 사유재산에 의존하는 기업가의 지위를 올바르게 파악하기 위해서는 정치체제에 주목할 필요가 있다. 더욱이 기업가의 지위가 미국 엘리트의 특징을 보여 주는 결정적인 지표라는 점을 고려할 때, 정치체제가 사유재산을 비롯해 기본권을 보호하는 방식은 면밀하게 검토할 필요가 있다.

여기서 필요한 것은 정치체제에 대한 정태적 분석이 아니라 역동적 이해이다. 왜냐하면 기본권을 보호하는 기제가 분명하고 구체적인 모습을 띠고 나타나는 것은 정치체제가 수립되는 과정이기 때문이다. 이런 뜻에서 테리 부튼의 신작 『민주주의 길들이기』는 매우 흥미로운 업적이다. 이 책은 엘리트에 초점을 맞추고 있다고 보기는 어렵다. 저자의 관심은 미국혁명의 종결 과정에 집중되어 있다. 부튼은 많은 학자들과 달리 미국혁명이 1783년 파리 강화조약의 체결이나 1787년 연방헌법의 제정으로 끝났다고 보지 않는다. 미국혁명은 1790년대에 각 주와 연방에서 새로운 정부가 확립되었을 때에야 비로소 끝났다는 것이다. 이렇게 하지 않으면, 혁명을 지도하던 엘리트가 1776년 독립선언 이후에는 민주주의라는 혁명의 대의에 제동을 걸었다는 점이 제대로 드러나지 않는다고 부튼은 강조한다. 그리고 그 점을 드러내기 위해, 참정권을 거의 모든 성인 남성에게 부여하며 민주주의의 발전을 선도했던 혁명의 중심지 펜실베이니아에 초점을 맞춘다. 따라서 그의 연구는 엘리트와 민중의 관계가 새로운 정치체제에 어떻게 반영되었는지 분명하게 보여 준다.

부튼에 따르면, 미국혁명의 성격은 엘리트와 민중의 관계에 따라 변화를 겪었다. 1763~76년에는 혁명이 엘리트와 민중 사이에 수립된 불안한 연합을 통해 수행되었다. 엘리트는 상인과 농장주를 중심으로 많은 재산과 높은 지위를 지닌 사람들로서, 탄원이나 로비 같은 온건한 방법에 의지해 식민지인들의 불만을 해결하는 데 주력했다. 반면에 민중은 장인과 자영농, 그리고 노동자로 구성되었는데, 직접행동도 불사하면서 영국의 억압에 저항하고 독립까지 갈 수 있다고 생각했다. 1776~87년에는 양자의 알력이 표면으로 떠올랐다. 민중은 독립전쟁에서 결정적인 역할을 수행하면서, 대내적으로도 엘리트가 지배하는 기존질서에 도전했다. 다른 한편에서는 전쟁의 혼란 속에서 갑자기 부상한 소수의 중소 상인과 장인, 농민 등이, 영국으로 떠나 버린 최상층 인사들을 대신해 엘리트를 자임하

68 Sartori, *Theory of Democracy Revisited*, 367-379; Tamanaha, *On the Rule of Law*.

면서 사회질서의 확립 필요성을 강조했다. 그렇지만 민중은 개혁을 추진했다. 심각한 화폐 부족을 해결하기 위해 지폐 발행을 확대할 것, 거부들이 장악하는 은행 대신에 토지를 담보로 신용을 제공하는 은행을 다시 설립할 것, 투기업자의 수중에 있는 전시 공채를 액면가격 대신에 시장가격대로 상환할 것, 서민에게 세금을 감면해 주는 반면에 투기업자나 은행업자 같은 "비생산적인" 부자에 대해 세금을 인상할 것, 서부의 토지를 작은 단위로 분할해 판매하고 그 대금을 오랜 기간에 걸쳐 조금씩 상환할 수 있도록 허용할 것 등, 여러 가지 조치를 요구했고 또 때로는 승리를 거두었다.

더욱 중요한 것은 1787~99년간에 엘리트가 "민주주의에 대한 튼튼한 방벽"을 쌓고 민중의 도전을 물리쳤다는 점이다. 부튼이 말하는 방벽은 연방헌법이었다. 그것은 기본적으로 민중이 주도권을 장악한 각 주에서 많은 권한을 빼앗아 연방으로 옮기는 장치였다. 연방헌법은 화폐나 공채, 토지나 은행에 대해 행사하던 각 주의 권한을 연방의 관할권으로 규정했던 것이다. 게다가 연방헌법은 민주주의 세력을 견제하는 다른 장치를 여러 가지 내포하고 있었다. 대통령은 민중의 영향력 바깥에 자리를 잡았고, 의회는 엘리트가 지배하는 상원과 민중이 접근할 수 있는 하원으로 나뉘었으며, 하원조차 대선거구제를 도입해 민중의 대표가 진입하기 어렵게 만들어 놓았다. 민중은 이런 헌법에 대해 이의를 제기하고 권력구조를 변경해야 한다고 주장했지만, 위스키 반란에서 드러나듯이 연방정부의 권력에 의지하는 엘리트 앞에서 좌절하고 말았다.[69]

부튼의 견해는 몇 가지 문제점을 지니고 있다. 그가 이미 반세기 전에 허물어진 진보주의적 해석을 부활시키려 한다는 것은 분명하다. 그렇다면 먼저 지난 반세기 동안에 널리 수용되었던 수정주의적 해석에 어떤 결점이 있는지 밝힐 필요가 있다. 특히, 연방헌법의 제정이 이데올로기의 측면에서 볼 때 민주주의의 대의를 거스르는 반동이 아니라는 해석에 대해서는 면밀한 반론을 제기할 필요가 있다. 그러나 부튼은 이 필수적인 과정을 무시하고 자신의 주장으로 직핍한다. 게다가 도식적인 설명에 집착한다. 예를 들면, 연방헌법에 대한 민중의 반기는 그의 설명과 달리 1790년대에 종결되지 않았다. 민중은 내전이 다가올 때까지 각 주에서 헌법을 개정하고 권력을 장악해서, 화폐와 조세 등에 관해 자신들에게 유리한 정책을 추진했다.[70]

그래도 부튼은 미국 엘리트의 기원을 잘 보여 준다. 그는 미국혁명을 1760년대에 시작

69 Bouton, *Taming Democracy*.

70 Fritz, *American Sovereigns*.

해서 1790년대까지 지속되는 사건으로 취급함으로써 혁명의 전개 과정이 굴곡이 많은 여정이었다는 점에 주의를 환기한다. 물론 거기서 그가 주장하는 만큼 극적인 반전이 있었다고 하기는 어렵다. 그래도 엘리트와 민중 사이의 관계가 독립선언 이후에 대립적인 양상을 띠기 시작했다는 것, 그것이 연방헌법의 제정을 통해 엘리트의 정치적 우위를 확립하는 방향으로 정리되었다는 것은 충분히 수긍할 수 있다. 이런 윤곽에서 부튼은 기존 해석에서 벗어나지 않으니 말이다.[71] 중요한 것은 엘리트의 구성에 변화가 있었다는 그의 지적이다. 부튼은 귀족적인 세력이 영국으로 떠나고 중산층에서 일부가 부상함에 따라 미국 엘리트가 부르주아지로 완전히 탈바꿈했다는 점을 시사한다. 혁명 후에도 구체제의 부활을 요구하는 전면적인 반동이 없었다는 사실은 유럽과 달리 그와 같은 반동을 기도할 만한 귀족세력이 존재하지 않았다는 점을 뒷받침한다. 그렇지만 엘리트는 민중세력의 도전에서 벗어날 수는 없었다. 부튼이 시사하듯이, 그들은 도전에 맞서 권력구조를 재편하고 정치권력을 확보하면서 자신들이 민중과 다른 이해관계를 갖고 있다는 점을 보여 주었다. 바꿔 말하면, 미국의 엘리트는 이미 18세기 말에 부르주아지 계급으로 자리를 잡았다고 할 수 있다. 그렇다면, 미국 부르주아지의 형성 시기는 스벤 베커트가 주장하는 것보다 한 세기 앞선 건국기라 해야 할 것이다.

더욱 중요한 것은 연방정부가 민주주의를 견제하는 엘리트주의의 거점이 되었다는 부튼의 해석이다. 연방은 흔히 "생명과 자유, 그리고 행복의 추구"라는 어구로 집약되는 기본권을 보장하는 제도로 알려져 있지만, 건국기의 미국인들에게는 이런 현대적 이해와 다른 정치적 함의가 있었다는 것이다. 기본권을 보장하는 정치체제를 고안하는 것은 쉬운 일이 아니었다. 기본권의 보장을 위해서는 본질적으로 권리를 침해하는 속성을 지니고 있는 권위를 분산시켜야 하지만, 기본권을 외부의 위협과 내부의 혼란으로부터 지키기 위해서는 강력한 정부를 수립할 수 있도록 권위를 집중시킬 필요도 있었기 때문이다. 해결책은 연방정부를 수립하되, 그 권력을 입법, 행정, 사법의 세 기능에 따라 각각 분립시킬 뿐 아니라 연방과 각 주도 서로 분립시키는 데 있었다. 구체적으로 말해, 연방을 각 주와 마찬가지로 주권기관으로 만들면서 그 관할권을 각 주와 겹치지 않도록 구분하는 권력의 수준별 분립을 도입했던 것이다. 이런 윤곽은 이미 역사학자들이 밝혀 놓은 바 있다. 여기서 부튼이 역설하는 것은 거기에 정치적 함의가 있다는 점, 즉 각 주에서 대두하던 민중의 세력

---

71 베일린, 『미국혁명의 이데올로기적 기원』; Wood, *Creation of the American Republic*; Foner, *Tom Paine and Revolutionary America*; Appleby, "American Heritage."

에 일정한 한계를 설정하고 대통령과 상원을 중심으로 연방정부를 엘리트의 권력기반으로 만들었다는 점이다. 이 해석은 오늘날의 일반적 관념에 따라 미국의 정치체제를 민주주의로 규정할 것이 아니라 민주주의와 엘리트주의가 공존하면서 서로 견제하는 체제로 간주해야 한다는 점을 시사한다. 이런 뜻에서 부튼의 견해는 중요한 것으로 보인다.

그렇지만 부튼이 미국의 권력구조를 충분히 보여 주는 것은 아니다. 그의 견해는 권위의 분산이 언제나 권리의 보장을 가져오는 것이 아니라 때로는 권력의 확보로 이어지기도 한다는 역설을 담고 있다. 여기에는 암묵적 전제가 깔려 있다. 연방정부가 엘리트의 권력기반이 되었다는 것은 엘리트가 그 기반을 실제로 활용할 때 의미를 지닌다. 그렇지만 부튼은 엘리트가 어떻게 대통령이나 상원의원 같은 직책을 장악하는가 하는 문제에는 관심을 기울이지 않는다. 다만 엘리트가 그런 권력기반을 활용하는 능력을 지니고 있는 것으로 치부할 뿐이다. 이 문제를 풀기 위해서는 부튼이 다루지 않는 경제체제, 즉 권력구조 가운데서 주목을 끌지 않는 부분으로 관심을 돌려야 한다.

미국의 경제체제도 정치체제와 함께 연방헌법에 토대를 두고 있다. 주지하듯이 미국 헌법에는 재산에 관한 언급이 없는데, 이는 헌법을 제정하는 목적이 연방이라는 새로운 정치적 권위를 수립하는 데 있었기 때문이다. 그렇지만 미국인들은 따로 권리장전을 만들어 덧붙이고, 거기서 정부가 존중해야 할 기본권을 명시적으로 열거했다. 특히, "적법 절차를 통하지 않고서는 생명이나 자유, 또는 재산을 박탈할 수 없으며, 적절한 보상을 하지 않고서는 공익을 목적으로 사유재산을 수용할 수 없다"고 선언했다.

이 규정은 제니퍼 네델스키가 보여 주듯이 재산을 소유한 엘리트를 보호하는 장치로서 중요한 의미를 지니고 있었다. 혁명 지도자들은 연방헌법을 제정하면서 민중의 정치적 영향력을 견제하는 데서 만족하지 않았다. 민중이 연방정부에서 발언권을 확대하고 지폐 중발이나 부채 탕감 같은 조치를 요구하는 경우에 대비해 효과적인 대책을 강구할 필요가 있었다. 다수의 지배에 대비하는 방안은 결국 정부가 경제에 깊이 간섭하지 못하게 방지하는 데 있었다. 따라서 헌법에서 경제에 관한 여러 권한을 각 주에서 연방으로 이전하는 동시에 "계약의 의무를 훼손하는 법률"을 제정하지 못하도록 명시했다. 그 위에 권리장전을 통해 재산권의 보장을 선언했다. 이런 규정은 시장경제라는 기본 원칙을 천명하고 그것을 정치권력이 침해하지 못하게 차단하는 제도적 장치였다. 더욱이, 그 덕분에 "시장이라는 기본 구조를 정치적 선택이 가능한 영역에서 벗어나 있는 것으로 여기는 태도"가 형성되었다. 이런 제도와 관념은 네델스키가 강조하듯이 엘리트 권력을 보장하는 데 결정적인 영향을 끼쳤다. 그 덕분에 미국의 엘리트에게 권력의 원천인 시장경제가 정치적 영향력으로부터 격리되었기 때문이다.[72]

그와 같은 정치-경제 체제가 미국 권력구조의 골격이 되었다. 연방헌법과 권리장전에서 규정된 체제는 정당이나 은행 같은 기구의 도움으로 작동하기 시작했지만, 그것을 확고하게 정착시킨 것은 대법원이었다. 대법원은 사법 심사권을 주장하며 권력의 기능별 분립과 연방과 각 주의 관계를 비롯해 헌정질서를 확립하는 판결을 내렸다. 더욱이 재산과 계약에 대한 권리를 보호하는 일련의 판결을 통해, 경제에 관한 국가의 권위를 엄격하게 제한하는 전통을 수립했다. 물론, 행정부는 때때로 사유재산에 대해 수용권을 발동했다. 그렇지만 수용권은 공동체의 복리라는 대의 위에서 조심스럽게 행사되었다. 또 사법부는 계약 당사자들 사이의 불평등한 관계에 주목하기보다는 자유로운 계약을 보호하기 위해 국가의 규제를 제한하는 데 주력했다. 따라서 재산과 계약의 불가침성을 소중하게 여기는 전통이 형성되었다. 그것은 "내가 가진 것을 정부가 빼앗아갈 수는 없다"는 일반적인 관념으로 나타났지만, 거기에만 머무르지 않았다. 저 이데올로기적 전통은 "사기업이 할 수 있는 일에 정부가 나서서는 안 된다"는 말에서 드러나듯이 국가가 시장경제에 간섭할 수 없다는 미국적인 신조로 이어졌다. 네델스키에 따르면, 고용관계를 비롯해 재산과 계약을 토대로 수립되는 관계는 그런 신조 때문에 국가의 권위가 미치지 않는 영역에 속하는 것으로 취급되었다. 따라서 그런 관계에 내재하는 권력도 정부가 간섭할 수 없는 "사적인" 것으로 규정되었다.[73] 바꿔 말해, 경제 권력은 정치권력에서 격리되었던 것이다.

여기서 격리는 교류의 차단을 뜻하지 않는다. 사실, 재산과 계약의 불가침성에도 불구하고 정부는 끊임없이 기업을 규제하고 기업가들은 정치에 영향을 끼친다. 그래도 격리라는 단어를 사용하는 것은 정치권력과 경제 권력 사이의 상호작용이 일방적인 성격을 띠기 때문이다. 그런 성격은 경제발전에 관한 국가 전략을 비교적인 시각에서 살펴볼 때 선명하게 드러난다. 미국의 전략에서 특징적인 것은 이른바 "산업정책"이 없다는 점이다. 이것은 20세기 중엽 일본의 발전 전략을 설명하기 위해 고안된 개념인데, 그 요체는 국가가 성장동력을 기대하는 산업부문을 선정하고 거기에 투자가 집중되도록 지원한다는 데 있다. 이런 정책은 한국과 대만은 물론이요 프랑스와 독일에서도 도입된 바 있으나, 영국과 더불어 미국에서는 찾아보기 어렵다. 따라서 미국에서는 그런 정책을 집행하는 과정에서

72 Nedelsky, *Private Property*, 141-187, 216-222. (인용은 221)

73 Ibid., 222-231, 246-260. (인용은 250)

나타나는 "행정지도"도 보이지 않는다. 관료가 공식적인 기구를 통해 기업가들을 주기적으로 접촉하면서 국가시책에 관해 협조를 구하는 관행은 미국인에게 낯선 것이다. 사실, 기업에 대한 규제조차 미국에서는 정부의 통제를 받지 않고 자율성을 누리는 여러 기구를 통해 이루어진다.[74] 이는 예를 들어 공정거래위원장이 국무회의에 참석하는 한국의 규제방식과 날카롭게 대조되는 양상이다. 한국 같은 나라에서 국가가 시장에 뛰어들어 한가운데 자리를 잡고 지도자나 관리자의 역할을 한다면, 미국에서는 국가가 시장 주변을 맴돌면서 심판관의 기능을 하는 것이다. 바꿔 말해 미국에서는 정치와 경제 두 영역 사이에 일종의 반투막이 자리 잡고 있어서, 권력이 경제 영역에서 정치 영역으로 침투할 수 있도록 내버려 두면서도 반대방향으로는 움직이지 못하게 막는다고 할 수 있다.

그렇다면 미국에서는 권력이 흔히 알려져 있는 것처럼 기능별, 수준별로 분립되어 있을 뿐 아니라 영역별로도 분립되어 있다고 할 수 있다. 이는 지금까지 권력구조에 관한 논의에서 간과되었는데, 그 중요한 이유는 권력을 정치 영역에 국한된 현상으로 파악하는 관념에서 찾을 수 있다. 바꿔 말해 권력을 공식적인 권위로 이해하면, 재산을 토대로 형성되는 비공식적인 영향력을 권력에 관한 담론에서 배제하게 된다는 것이다. 이는 역사를 돌이켜보면 근대에 들어와서 나타난 관념이다. 권력은 원래 남을 나의 뜻에 따르게 만드는 힘으로서, 정치적 권위뿐 아니라 경제적 영향력이나 사회적 위신, 또는 문화적 매력도 포괄한다. 이들 상이한 형태는 마르크 블로흐가 지적한 것처럼 봉건제 아래서 하나로 뒤엉켜 있었다. 근대에 들어와서야 비로소 개인이 자신의 인신은 물론이요 재산과 계약에 대해서도 자율적인 권리를 지닌다는 관념이 대두했고 또 제도적으로 구현되었다. 그런 권리를 인간의 기본권으로 보장하는 정치체제와 더불어 그것을 전제로 자유로운 시장을 지향하는 경제체제가 수립된 것이다. 이 근대적인 체제에서는 정치와 경제가 서로 다른 영역으로 구분되었다. 바꿔 말하면, 좁은 뜻의 권력이 재산과 분리되었다고 할 수 있다. 이것은 물론 미국에 국한된 현상이 아니라 근대 국가에서 널리 나타나는 보편적인 현상이다.

미국에 특징적인 것은 권력의 영역별 분립에서 정치권력의 자율성을 주장하는 세력이 약하다는 사실과 연관되어 있다. 유럽에서는 귀족이 영리를 추구하지 않는다는 점에서 공평무사한 자세를 자부하며 정치권력을 독점하고자 했다. 그러나 미국에서는 귀족의 잔재마저 혁명을 계기로 사라져 버렸고, 따라서 앞에서 언급한 것처럼 정치권력이 엘리트의 수

74 제15장 참조.

중에서 경제 권력과 통합되었다. 정치 엘리트는 유럽과 달리 대중정치가 발전함에 따라 뒤늦게 등장했고, 그들이 장악한 정치권력도 그때서야 비로소 경제 권력으로부터 분립하기 시작했다. 그래도 정치 엘리트는 경제 엘리트와 대등한 위상을 차지하지 못했는데, 이는 정치권력의 공식적 체계라 할 수 있는 국가의 모습에서 드러난다. 최근에 역사학자 윌리엄 노박이 주장한 것처럼, 미국에서 국가는 작지만 강하다고 할 수 있다.[75] 국가기구는 20세기 중엽부터 비약적으로 성장했는데도, 다른 나라에 비하면 여전히 규모가 작은 편이다. 그래도 19세기와 마찬가지로 온갖 기업이나 시민단체와 다양하고 긴밀한 방식으로 교류, 협력하면서, 국민의 역량을 효과적으로 동원할 수 있다. 바꿔 말하면, 미국의 정치 엘리트는 상대적으로 작은 국가기구를 관장하면서 그 세력을 그만한 규모로 확대할 수 있었을 뿐이며, 따라서 국가를 운영하기 위해서는 시민사회를 주도하는 경제 엘리트의 협력에 의존한다고 할 수 있다.

이런 권력구조는 미국 엘리트의 특징을 비교적 시각에서 탐구할 때도 명심할 필요가 있다. 엘리트를 국제적으로 비교하며 국가별 특징을 명확하게 파악하는 시도는 찾아보기 어렵다. 경제 엘리트에 초점을 맞춘 연구, 그나마 노사관계나 정부–기업 관계 같은 몇몇 주제에 관한 부분적 논의만 눈에 띈다. 그중에서도 미국 기업가들의 태도와 지위를 영국, 프랑스, 독일, 일본의 경우와 비교하는 데이비드 보겔의 연구가 주목을 끈다. 그에 따르면, 미국의 기업가들은 강력한 단체를 만들지 못할 정도로 서로 경쟁하는 데 익숙할 뿐 아니라 국가에 대해서도 강한 불신을 보이는 등, 매우 자율적인 태도를 지니고 있다. 더욱이, 정치적인 측면에서는 독일이나 일본에 비해 그리 안정된 지위를 누리지도 못한다. 이미 앞선 연구에서 밝혔던 것처럼, 미국 기업가들의 위상이 정치적 · 경제적 상황에 따라 끊임없이 부침을 거듭한다는 것이다.[76] 따라서 그가 서술하는 미국의 특징은 너무나 유동적인 양상이어서 마치 붙잡을 수 없는 흐름처럼 보인다. 이는 그가 다양한 요인과 함께 동태적 분석을 강조하기 때문만은 아니다. 보겔은 미국 기업가들의 자율적 태도를 특징적 전통으로 묘사하면서도, 그 이유로 경제발전이 시작되는 단계에서 국가가 적극적인 역할을 하지 않았다는 사실을 강조한다. 바꿔 말해, 지속적 전통조차도 우연의 산물처럼 취급하는 것이다. 이처럼 빈약한 설명은 구조주의적 접근을 무시한 결과라 할 수 있다. 그는 기업가들의 위상을 탐구하면서도 그들을 둘러싸고 있는 권력구조를 간과하는 것이다.

---

75 Novak, "Myth of the 'Weak' American State." 또한 다음도 보라. Balogh, *Government Out of Sight*.
76 Vogel, *Kindred Strangers*, esp. pp. 29–72, 298–322.

이는 보겔을 비판하는 구조주의자에게도 적용된다. 역사학자 콜린 고든은 보겔의 연구에 대한 서평에서 대조적인 견해를 제시한다. 보겔이 강조하는 미국 기업가들의 지리멸렬한 모습은 오히려 그들의 특권적 지위를 반영하지 않느냐는 것이다. 고든은 노동운동을 비롯해 기업과 관계를 맺고 있는 다른 세력의 분열상도 감안해야 한다고 지적하며 구조적 요인에 주의를 환기한다. "정치권력과 경제 권력 사이의 직접적인 관계, 그리고 자본주의가 다양한 형태의 민주정치에 부과하는 구조적 제약"에 주목해야 한다는 것이다.[77] 그러나 이런 안목으로는 두 종류의 권력을 격리시키는 미국의 권력구조를 파악할 수 없고, 또 그것을 토대로 형성된 미국 엘리트의 특징적 양상도 제대로 이해할 수 없다. 왜냐하면 그가 말하는 구조는 소위 "자본주의적 민주주의"에 관한 일반론에 지나지 않기 때문이다. 고든이 이 서평에서 국제적 비교와 미국의 특징에 관해 침묵한 것은 결코 우연이 아니다.

이처럼 보겔이나 고든 같은 유능한 학자들이 미국의 특징적 권력구조를 파악하지 못하는 것은 새삼스러운 일이 아니다. 앞에서 살펴본 것처럼, 이 문제는 원래 밀스가 파워 엘리트의 제도적 토대를 천착하지 않고 거론하는 데서 그쳤기 때문에 표면에 떠오르지 않은 것이다. 이후 반세기 동안, 논객들은 미국 엘리트의 구성과 성격에 초점을 맞추며 제도적 토대를 경시했다. 그들은 권력구조를 탐구할 필요가 있다고 보지 않았다. 엘리트 연구자 사이에서 쓰이던 권력구조라는 용어는 이미 지적한 것처럼 엘리트와 다른 집단 사이의 권력관계를 의미했다. 그 관계 아래에 자리 잡고 있는 구조는 그들의 관심사가 아니었다. 권력구조는 밀스를 비판하는 학자들이 볼 때 헌법에 명시되어 있는 것이었고, 그를 지지하는 지식인들에게는 자본주의에 의해 결정되어 있는 것이었기 때문이다. 어느 이데올로기에 따르든, 그것은 의심할 여지가 없었던 것이다. 논쟁이 시작된 지 40년이 흐른 다음에 파워 엘리트를 거론한 보겔과 고든에게도 사정은 조금도 다르지 않았다.

더욱이, 지금까지 권력구조의 개념도 제대로 정립되지 않은 상태에 있었다. 권력구조는 흔히 권력의 사회적 배분이나 기능별 분립을 가리키는 용어로 쓰인다. 이런 용법은 미국의 권력구조를 파악하는 데 적합하지 않다. 테리 부튼의 연구에서 분명히 드러나듯이, 미국에서 권력은 연방과 각 주 사이에서 수준별로도 분립되었다. 사실, 이는 19세기 초에 토크빌이 프랑스인들에게 미국의 민주주의를 설명하려고 했을 때 고심했던 주제이다. 더욱 중요한 것은 미국에서는 권력이 영역별로도 분리되어 있다는 점이다. 위에서 지적한 정치

77 Gordon, "Does the Ruling Class Rule?" (인용은 292)

권력과 경제 권력의 격리는 지금까지 권력구조에 관한 논의에서 간과되었던 측면이다. 그러나 이 세 번째 측면까지 감안할 때에야 비로소 미국의 권력구조를 온전하게 파악할 수 있다. 그것은 다른 두 측면의 권력 분립과 더불어, 왜 미국에서는 경제 엘리트가 사유재산과 자유 계약에 의지해 특권적 지위를 누리며 강대한 권력을 행사하고 있는지 설명하는 데 도움이 된다. 또 왜 미국에서는 정부가 비약적 성장에도 불구하고 여전히 다른 나라에 비해 작은 모습을 지니고 있는지, 나아가 왜 미국에서는 국가가 시민사회에 대해 열세에 놓여 있는지 설명하는 데도 도움이 된다. 한마디로 줄이자면 그와 같이 권력을 삼중으로 분립시키는 체제는 다른 나라에서 유례를 찾아보기 어려운 양상으로서, 미국이 권위의 분산과 권리의 보장이라는 정치적 자유주의의 이상에 가장 가까이 접근한 나라라는 점을 보여준다고 할 수 있다.

그렇다고 해서 권력구조만 파헤치면 엘리트를 제대로 이해할 수 있다는 말은 결코 아니다. 권력구조는 불문율에 속하는 암묵적인 것까지 포함한다 해도, 엘리트의 골격을 규정하는 제도에 지나지 않는다. 거기에 피와 살을 붙여 엘리트를 살아 움직이는 실체로 만드는 것은 문화이다. 엘리트 문화에 관한 연구는 매우 미흡하다. 앞에서 살펴본 것처럼, 그것은 흔히 상층계급의 문화와 구분되지 않는다. 엘리트가 상층계급과 상당 부분 겹쳐져 있다는 것을 생각할 때, 이는 자연스러운 일인 듯하다. 그렇지만 엘리트가 제도적 현상으로서 문호가 개방되어 있는 집단일 뿐 아니라 20세기 중엽부터 빠르게 증가하는 사회적 유동성 덕분에 지속적 변화를 겪고 있다는 점을 고려할 때, 그 문화는 별개의 주제로 취급할 필요가 있다. 더욱이 그것이 영역별로 상당히 다르다는 점을 기억한다면, 그런 필요성은 절실하다 하겠다.

제7장 기업가 —미국 기업사 연구에 관한 제언

1. 쟁점

기업가는 미국 엘리트 가운데서 핵심적인 존재이다. 이는 근래에 나타난 현상이 아니라, 기업이 거대한 규모로 팽창하던 19세기 말부터 널리 주목을 끌었던 현상이다. 더욱이, 그 기원은 앞에서 지적한 것처럼 미국의 엘리트가 정치와 경제, 두 영역으로 분화되기 시작한 19세기 초까지 뻗쳐 있다.

그러나 미국의 기업가는 그리 잘 알려져 있는 존재가 아니다. 물론, 앤드루 카네기나 헨리 포드, 또는 잭 웰치는 우리에게도 낯설지 않은 이름이다. 또 최근 미국에서 활기를 띠고 있는 전기 붐 덕분에, 깊이 있게 탐구할 수도 있다. 그렇지만 한국에도 번역, 소개된 『금융제국 J. P. 모건』에서 드러나듯이, 그런 연구에서는 미국의 기업가들이 공통적으로 지니고 있는 속성이나 특징을 파악하기는 어렵다.[1] 전기는 특정 인물의 행적을 추적하며 그 내면

1 처노, 『금융제국 J. P. 모건』.

세계를 탐색하는 반면에, 그 인물이 포함되는 사회적 범주를 일반적으로 탐구하는 데는 관심을 기울이지 않기 때문이다.

그 대신, 미국 기업가는 많은 사람들에게 적어도 두 가지 이미지, 그것도 서로 어울리지 않는 이미지를 지니고 있다. 하나는 기업가들이 거대한 금융기관이나 제조업체를 파산 상태로 몰고 갈 정도로 무능할 뿐 아니라, 국가에 구제 금융을 요청하는 반면에 자신의 급여는 호황기에 정한 어마어마한 액수대로 챙겨 가는 데서 드러나듯이 도덕 불감증에도 빠져 있다는 것이다. 이런 이미지는 2008년에 시작된 경제위기를 계기로 부각되었지만, 사실 새로운 것은 아니다. 미국 기업의 경쟁력에 대해 심각한 우려가 제기되었던 1980년대에, 많은 기업가들이 혁신 대신에 구조조정이나 인수합병에 몰두한다는 비판이 있었다. 또 그들이 기업의 장기적 성장을 추구하지 않고, 분기별 실적을 높여 더 많은 급여를 제공하는 자리로 옮겨 가는 데 혈안이 되어 있다는 개탄도 있었다. 그렇지만 다른 한편에는 미국의 기업가들이 견실하고 합리적인 지도자라는 이미지가 자리를 잡고 있다. 그들은 대개 기업의 소유자가 아니라 전문경영인이며, 그렇기 때문에 단기간에 많은 이윤을 창출하고 배분하는 데는 관심이 없다는 것이다. 오히려 시장 점유율을 확대하고 새로운 영역으로 진출함으로써 기업의 장기적 성장을 도모하는 데 주력하며, 자신도 기업과 더불어 발전하기를 기대한다는 것이다. 이 두 번째 이미지가 이제는 낡은 것이라고 말하기는 어렵다. 그것은 최근 경제위기 속에서도 많은 미국 기업들이 지니고 있는 우월한 국제 경쟁력을 설명하는 데 도움이 되니 말이다.

그와 같이 상반되는 이미지는 지난 한 세대 사이에 형성된 것이 아니다. 그것은 이미 한 세기 전에 형성된 것이다. 미국의 기업과 기업가에 관한 이해는 20세기 전환기의 진보주의적 비판에서 출발했다. 당대의 많은 지식인들은 여러 기업이 전례 없이 거대한 규모로 성장하는 과정을 지켜보다가, 그 과정에서 기업가들이 흔히 엄청난 부정과 비리를 저지른다는 점을 깨닫고 그들을 "도적 귀족*robber barons*"이라 부르며 규탄했다. 그러나 다른 지식인들은 얼마 지나지 않아 반론을 제기했다. 거대한 기업들이 생산성과 경쟁력의 제고에 기여한다고 지적하고, 그런 기업을 조직하고 경영하는 이들을 "산업 지도자*captains of industry*"라 부르며 찬양했던 것이다.

그런 이미지가 어떻게 해서 오늘날까지 이어져 내려오는가 하는 것은 의미 있는 질문이다. 더욱이 미국 기업사에 관한 연구가 다른 나라와 견줄 수 없을 만큼 풍부하고 선진적인 수준에 있다는 점을 기억한다면, 그것은 흥미로운 의문이기도 하다. 무엇보다 중요한 것은 이 단순한 듯이 보이는 의문이 저 상충하는 이미지를 넘어 미국의 기업가들에 대한 올바른 이해에 접근하는 데 첫걸음이라는 점이다. 그런 이미지는 오랫동안 미국의 기업과 기업가에 대한 이해를 주도한 기업사 분야, 경영학과 역사학이 겹치는 이 분야에 중요한 영향을 끼쳤으며 부분적으로는 거기서 활력을 얻었기 때문이다. 미국 기업사의 형성, 발전 과정을 점검하며 이미지와 그 그림자를 식별하지 않고서는, 미국 기업가들이 지니고 있는 속성과 특징에 대한 정확한 이해에 접근할 수 없는 것이다.

미국 기업사에 관한 연구를 검토한다고 해서, 수많은 연구자와 그들의 업적을 두루 살펴볼 필요는 없다. 미국 기업사는 1960년대부터 한 세대 이상 알프레드 챈들러 2세가 주도했기 때문이다. 그는 오랫동안 하버드 경영대학원에서 뛰어난 제자들을 길러내면서, 방대한 분량의 자료를 동원하며 미국 기업사를 체계적으로 설명하는 탁월한 업적을 발표했다. 챈들러의 관심은 무엇보다도 대기업의 대두와 그 역사적 함의에 집중되어 있다. 그는 기업들이 규모가 커짐에 따라 단일한 기능을 수행하는 집중적 관리 구조에서 벗어나 여러 사업 단위를 수립하고 다양한 기능을 수행하는 분권적 관리 구조를 구축한다고 주장한다. 더욱이, 전문경영인의 통제 아래 대기업은 시장에서 이루어지는 거래를 내부로 흡수함으로써 시장기제를 부분적으로 대체하며, 그래도 독점적인 지위를 누리지 못하고 과점 상태에서 경쟁함으로써 산업 자본주의에 발전 동력을 제공한다고 역설한다.[2] 물론, 주목할 만한 비판이 있었다. 챈들러의 견해에서는 정부를 비롯해 기업을 둘러싸고 있는 정치적 · 사회적 · 문화적 환경이 경시되고, 또 중소기업을 비롯해 기업들 사이의 상호관계나 노사관계 같은 기업 내부의 세력관계가 배제되어 있다.[3] 그래도 챈들러는 기업을 제도로 간주하고 그 발전 과정에 대해 탁월한 내적 분석을 제공했고, 많은 학자들이 거기에 공감했다. 적어도 1990년대 말까지, 그의 해석은 기업사에서 지배적인 패러다임이었다.[4]

챈들러의 패러다임은 "도적 귀족" 대 "산업 지도자"의 대결 구도에서 벗어난 것으로 알려져 있다. 이 견해는 챈들러 학파의 공헌과 한계를 종합적으로 진단하는 리처드 존의 논문에서도 수용된다. 존의 분석에 따르면, 챈들러는 1977년에 발표한 『보이는 손』에서 핵

2 Chandler, *Strategy and Structure*; idem, *Visible Hand*; idem, *Scale and Scope*.

3 챈들러의 업적에 대한 비판적 분석으로는 특히 다음을 보라. Nelles, review of Chandler, *Visible Hand*;Cuff, "From Market to Manager"; Du Boff and Herman, "Chandler' s New Business History"; Maier, "Accounting for the Achievements of Capitalism."

4 챈들러의 연구 성과는 나아가 미국사 전반에 대한 이해에도 큰 영향을 끼쳐, 미국이 19세기 말부터 점점 더 큰 조직으로 재편되었다는 해석으로 통합되기도 했다. 이에 관해서는 다음을 보라. Galambos, "Emerging Organizational Synthesis"; idem, "Technology, Political Economy, and Professionalization."

심적인 명제들을 제시했으나, 그 윤곽은 이미 1962년의 『전략과 구조』에서 그렸고 그 완성 형태는 1990년의 『규모와 범위』에서 보여 주었다고 한다. 이들 저술에서 제시된 명제들은 "챈들러적*Chandlerian*" 설명 체계라 부를 수 있을 만큼 일관성과 연관성을 지니고 있다는 것이다. 이 설명 체계는 최고 경영진이 이끄는 대기업의 내부 구조에 초점을 맞추고, 대기업의 대두 요인으로 대량생산과 대량유통에 수반되는 기술적 필요를 강조한다. 존의 해석에 따르면, 그런 편협한 시야와 결정론적 견지는 뒤퐁 가문과 연관되어 있는 챈들러의 출신 배경뿐 아니라, 2차대전에 참여하면서 국력의 토대로서 산업이 지니는 중요성을 인식하게 되었던 경험에서도 유래한 것이다. 게다가 챈들러는 다른 학자들처럼 산업혁명을 통해 건설된 하부구조를 경제발전에 필수적인 조건으로 여기면서도, 그들과 달리 기술개발과 조직혁신을 병행시킨 대기업의 역할을 중시하는 자세도 지니고 있었다. 그에 못지않게 중요한 것은 챈들러가 기업인들에 관해 미국 지성계에서 전개되었던 논쟁, 즉 그들이 "도적 귀족"인가 아니면 "산업 지도자"인가 하는 도덕 논쟁에서 벗어나고 싶어 했다는 존의 해석이다.[5]

두말할 나위도 없이, 동기와 결과는 서로 다른 것이다. 챈들러가 그런 논쟁에서 벗어나고 싶어 했다고 해서 실제로 그렇게 했다고 단정할 수는 없다. 아니, 그의 저술을 가만히 들여다보면, 차라리 그가 진정으로 도덕 논쟁에서 벗어나려 했는지 의심스럽다. 미국 기업사를 해석하는 챈들러의 패러다임에는 아래에서 밝히듯이 "산업 지도자"의 이미지가 짙게 드리워져 있기 때문이다. 따라서 도덕 논쟁이 챈들러의 저술에 어떻게 투영되어 있는가 하는 문제는 면밀하게 검토해 볼 필요가 있다. 지난 10여 년 동안 챈들러의 패러다임을 넘어서자는 논의가 진행되어 왔다는 점을 감안할 때, 이 작업은 더욱 중요한 의미를 띤다. 그것은 챈들러의 학문 세계를 매우 깊은 수준에서 검토함으로써 거기에 들어 있는 암묵적 전제들을 드러내는 일이기 때문이다.

2. 기업사의 태동

챈들러의 저술은 미국 기업사의 대두 과정과 깊이 연관되어 있다. 그 과정에서 초기는 무엇보다도 정체성을 모색하는 시기였다. 미국에서 기업사는 1920년대에 시작되었으나,

5 John, "Elaborations, Revisions, Dissents."

전문 분야로 독립한 것은 1950년대 말이라 할 수 있다.[6] 이 첫 세대 동안, 기업사는 대개 "기업사*business history*"로 알려져 있었으나, 한때 "기업체 역사*company history*"와 혼동되었을 정도로 모호하고 가변적인 의미를 지니고 있었다. 더욱이, 그것은 2차대전이 끝난 뒤 "기업가 역사*entrepreneurial history*"라는 용어와 경합을 벌이기도 했다. 이런 혼란은 1950년대 말에 "기업사"라는 용어가 승리를 거두고 또 비교적 명료한 의미를 띠게 되면서 해소되었는데, 이 과정에서 기업사의 정체성이 형성되었다.

그런 혼란은 기업사가 원래 경제사에서 파생되었다는 사실과 연관되어 있다. 초기에 기업사가 발전하는 데 중요한 역할을 했던 아서 콜의 회고에 따르면, 기업사는 1920년대에 하버드대학의 경영대학원에서 시작되었다고 한다. 대학원장 에드윈 게이는 유럽 경제사 전문가로서, 뛰어난 박사과정 학생들에게 한자 동맹이나 푸거 가문 등, 자본주의가 발전하기 이전의 상업과 금융에 대해 연구하도록 권장하는 한편, 콜에게는 미국의 기업 문서를 수집하는 작업도 추진하게 했다. 그의 후임자 월리스 돈햄은 법학에서 출발해 정부와 기업의 역사적 관계에 관심을 기울였기에, "기업사"라는 용어를 만들어 쓰기 시작했을 뿐 아니라 기업사 교수직을 신설하고 기업사학회*Business Historical Society*를 조직하는 데도 적극적인 역할을 했다. 기업사 교수직에는 게이의 제자 노먼 그라스가 처음으로 취임했고, 그는 1928년부터 기업사학회가 하버드 경영대학원과 공동으로 발간한 『경제 · 기업사학보*Journal of Economic and Business History*』의 편집을 도왔다. 그라스는 편집인 돈햄과 함께 될 수 있는 대로 많은 논문을 수용하기 위해 연구의 수준을 경시했고, 따라서 이 학보는 1934년에 종간될 때까지 기업사의 독자성을 수립하는 데 기여하지 못했다.[7]

기업사가 경제사에서 분리되기 시작한 것은 대공황기였다. 그라스는 이미 1920년대부터 개별 기업의 역사를 다루는 사례집을 만들고 있었는데, 그것은 원래 대학원장 돈햄이 역설한 교수 방법에 따라 교재로 개발되었다. 돈햄은 기업들이 어떤 상황에서 어떤 정책을 채택했는지 구체적으로 살펴보고, 이를 토대로 교수가 정책의 적정성에 관해 문제를 제기하고 학생들이 토론해야 한다고 주장했던 것이다. 수업을 위해 연구한 성과는 "기업체 역사"로서 사례집에 축적되었고, 또 대공황을 계기로 확장되었다. 이 유례없는 불경기 속에서, 그라스는 여유자금을 갖고 있던 소수의 기업을 염두에 두고 재정적인 지원을 얻어

6 해럴드 리브세이는 기업사가 전문 분야로 확립된 시기를 제2차 세계대전 이전으로 잡고 있으나, 이는 학술잡지와 교과과정 같은 제도적인 측면에서 이해하는 것이다. Livesay, "Introduction," *Entrepreneurship*, I, xiii.

7 Cole, "Aggregate Business History"; Redlich, "Approaches to Business History."

낼 수 있을 만한 연구 과제들을 수립했는데, 그 초점은 개별 기업체에서 경영진이 외부 환경에 대처하는 방식을 탐구하는 데 있었다. 이는 역사학자들의 비판에도 불구하고 하버드 이외에 여러 대학으로 확산되었고, 그 결과 사례 연구가 유행하게 되었다. 따라서 기업사는 "개별 기업체와 기업가에 대한 역사학적 연구"로 경도되었다.[8] 그 결과, 경제사와 달리 좁은 연구 영역에 갇히게 되었고, 게이가 강조했던 유럽에 대한 관심, 특히 자본주의가 발전하기 이전 시대에 대한 관심을 잃게 되었다.

이는 나중에 기능주의적 기업 모델이 대두하는 데 먼 배경이 되는 사실로서, 그 모델의 한계를 인식하는 데 중요하다. 근대 이전의 기업은 대공황 이후 오늘날에 이르기까지 미국의 기업사 연구에서 중요한 주제로 부각된 적이 없다. 이는 미국의 기업사가 근대에서부터 시작되었다는 사실을 상기할 때 매우 자연스러운 현상처럼 보인다. 그렇지만 미국의 기업사 연구자들은 전근대를 외면함에 따라 은연중에 자본주의를 기본 전제로 설정한 것으로 보인다. 그에 따르는 문제점은 나중에 살펴보듯이 1960년대부터 미국 기업사 연구를 선도한 앨프레드 챈들러에게서 뚜렷하게 드러난다. 여기서 중요한 것은 미국에서 기업사라는 분야가 근대 이전을 간과한 채로 발전했다는 사실이다.

그런 결함을 안고서 발전한 "기업체 역사"도 기업사라는 분야의 정체성을 확보하는 데 충분치 않았다. 그런 것들은 많이 모아 놓아도 하나의 덩어리로 뭉쳐지지는 않았던 것이다. 정체성을 확보하는 데는 통합력이 필요했고, 이는 2차대전을 전후해 아서 콜의 주목을 끌었다. 그는 하버드의 경영대학원 도서관장으로 있으면서, 1940년 에드윈 게이의 주선으로 록펠러재단에 접수되는 경제사 분야의 연구계획서 심사를 책임지게 되었다. 개별 기업체에 관한 연구를 비롯해 여러 종류의 연구계획서를 검토하면서, 콜은 "기업가 역사," 즉 기업가 정신에 대한 역사학적 연구를 제안했다. 그것은 그가 하버드에서 경제학도로 받은 훈련과 경영대학원 도서관장으로서 많은 문헌을 읽으며 익힌 지식 위에 시간의 차원을 도입한 것, 바꿔 말하면 기업경제학에 역사학을 도입한 것이라 할 수 있다.

콜의 생각은 1948년 하버드에 수립된 기업사연구소*Research Center in Entrepreneurial History*에서 어느 정도 실현될 수 있었다. 이 연구소는 록펠러재단의 지원 아래 경제사의 발전을 위해 한시적으로 설치된 기구로서, 미국 전역에서 전문가들을 연구원으로 체류하도록 초빙하거나 신진학자들이 재직 대학에서 연구할 수 있도록 연구비를 제공했다. 콜은 유명한

8 Cole, "Aggregate Business History," 290-291.

경제학자 조지프 슘페터와 함께 이 연구소를 조직했다. 슘페터가 귀족적 성향 때문에 동료들과도 거리를 두고 있었던 데 반해, 콜은 경제사 분야에서 쌓은 넓은 교분 관계 위에서 유능한 학자들을 끌어모으는 주도적 역할을 했다. 따라서 연구소에는 적어도 세 가지 연구 경향이 혼재하게 되었다. 우선, 콜처럼 개별 기업체 대신에 기업계의 전반적 구조를 중시하는 사람들이 있었고, 프리츠 레들리크를 비롯해 기업과 경제 전반에 관해 슘페터를 추종하는 사람들이 있었으며, 또 토머스 코크런과 데이비드 랜디스 등, 기업을 둘러싸고 있는 환경에 주목하는 사람들이 있었다. 이런 다양성은 연구소에서 발행하던 학술지 『기업사연구*Explorations in Entrepreneurial History*』에도 반영되었다.[9]

그런 다양성은 상승작용을 일으키지 못하고 오히려 "기업가 역사"의 정립에 장애로 작용했다. 그것은 무엇보다도 연구소를 주도하던 콜과 슘페터가 기업가 정신이라는 개념에 관해 합의할 수 없었기 때문이다. 슘페터의 개념은 이미 대공황기부터 널리 알려지기 시작했다. 그것은 『경제발전론』에서 제시되었는데, 이 책은 1911년에 독일어로 출간되었으나, 그가 하버드에 부임한 지 2년 뒤인 1934년에야 영어로 번역, 간행되었다. 그에 따르면, 경제생활은 균형을 향해 움직이는 경향을 지니고 있어서 환경이 바뀌지 않으면 순환적인 흐름을 형성한다. "발전은 경제생활이 흐르는 경로에서 일어나는 자연발생적이고 불연속적인 변화로서, 기존의 균형 상태를 영원히 변경하고 대체하는 소란이다." 슘페터는 이와 같은 경제발전에서 지도자가 차지하는 역할을 중시한다. 경제적 변화는 소비자의 취향이 바뀌는 데서 시작되기도 하지만, 주로 생산자가 선도하며 필요하면 소비자에게 새로운 제품을 사용하도록 교육하는 역할도 하기 때문이다. 생산자는 특히 혁신*innovation*을 추진하는 경우에 중요한데, 그것은 제품을 생산하는 방식을 개선함으로써 경제생활을 순환적 흐름에서 끌어내는 데 기여하기 때문이다. 그것은 경제 단위의 규모보다는 효율성을 증가시키는 질적인 변화로서, 점차 다른 경제 단위로 널리 유포되어 경제생활을 합리화시키는 데 기여한다는 것이다. 슘페터는 혁신을 "생산수단을 새로운 방식으로 조합하는 것"으로 규정하면서, 이렇게 부연한다.

---

9 Ibid., 292-294; Aitken, "Entrepreneurial Research."
연구소의 다양성이 학술지에 반영된 사례로는 알렉산더 거센크론과 데이비드 랜디스를 중심으로 벌어졌던 논쟁을 들 수 있다. 논쟁은 1953년 가을에 시작되어 다음 해 겨울까지 계속되었는데, 거기에는 토머스 코크런과 존 소여도 가담했다. 논쟁 과정에서 발표된 논문 중에서 특히 다음을 보라. Gerschenkron, "Social Attitudes, Entrepreneurship, and Economic Development"; Landes, "Social Attitudes, Entrepreneurship, and Economic Development: A Comment."

> 이 개념에는 다음과 같은 다섯 가지 경우가 포함된다. (1) 새로운 제품이나 …… 새로운 품질의 도입 (2) 새로운 생산방식의 도입 …… (3) 새로운 시장의 개척 …… (4) 새로운 원료 공급원이나 반제품 공급원의 확보 …… (5) (합병 등을 통한) 독점적 지위의 창출이나 독점적 지위의 분쇄 같은 새로운 산업구조의 수립.[10]

여기서, 혁신은 발명*invention*과 달리 기술보다는 조직을 강조하는 개념이다. 발명은 생산에 활용되어야 경제적 변화를 가져오는데, 그것을 활용하기 위해서는 인력과 자금을 확보하고 조직을 구축해야 하기 때문이다. 따라서 혁신은 기업과 그것을 지도하는 기업가를 요구한다.

슘페터가 생각하는 기업가*entrepreneur*는 혁신이라는 특수한 기능을 수행하는 인물이다. 기업의 소유자든 경영자든 간에, 그런 기능을 수행하지 않으면 기업가라 할 수 없다. 반면에, 개인이 아니라 집단이나 기관도 그런 기능을 수행하면 기업가로 간주할 수 있다. 슘페터에 따르면, 기업가는 위험을 감수해야 하는 투기에 종사하지 않지만, 결과를 예측할 수 있는 안전성을 요구하지도 않는다. 그는 차라리 야전군 사령관처럼 본질적인 사실을 파악하고 직관에 따라 행동하는 인물이다. 그런 인물은 통상적인 행동 경로에서 벗어나기 때문에 일반인들과 다른 동기에 따라 움직인다. 그는 이윤을 추구하지만, 그것은 임금이나 지대 또는 이자가 아니라, 생산비를 절감하거나 품질을 개선하는 등, 혁신을 추진하는 데 대한 보상이다. 그런데도 이윤은 기업가를 움직이는 부차적인 동기일 뿐이다. "그의 행동과 동기는 어떤 뜻에서도 합리적인 것이 아니다." 기업가를 움직이는 동기는 우선 "개인 왕국을 건설하려는 꿈과 뜻"이고, 다음으로 "정복하려는 의지, 즉 싸움터에 들어가 자신이 남들보다 우월하다는 것을 보여 주고 승리의 결실이 아니라 승리 자체를 위해 승리하려는 충동"이며, 끝으로 "창조하거나 성취하거나, 아니면 그저 자신의 기력과 재능을 쓰는 기쁨"이다.[11]

이런 뜻에서 슘페터의 기업가 개념은 실재하는 유형의 인간을 가리키는 것이 아니라 막스 베버가 말하는 이념형에 해당된다. 사실, 슘페터의 기업가 개념은 베버가 주장하는 자본주의 정신에 토대를 두고 있다. 슘페터는 실제로 베버처럼 기업가의 행동을 스포츠에 비유한다. 기업가는 권투 시합을 벌이듯이 금전적 결과를 승리의 표지로 여기며 승리 자

---

10 Schumpeter, *Theory of Economic Development*, 66.

11 Ibid., 64, 92, 93.

체를 과시하는 데 더 열중한다는 것이다. 그러나 이런 기업가 개념이 온전하게 기업사 연구에 채용된 것은 아니다. 그는 자신의 이론 체계를 발전시키면서 기업가 개념에서 비합리적 동기보다 혁신이라는 기능을 더욱 강조했고, 기업사 연구자들은 "창조적 파괴"라는 명제를 포함해 그의 이론 체계에 관심을 기울이며 강조점이 바뀐 기업가 개념에 주목했던 것이다.[12]

슘페터가 경제발전에 기여하는 규범적인 기업가 정신 개념을 역설했다면, 콜은 기업사 내지 경제사를 이해하는 데 필요한 경험적인 개념을 제시했다고 할 수 있다. 콜에 따르면, 기업가 정신은 "이윤을 추구하는 단위 사업체를 수립, 유지, 또는 확대하기 위해 …… 개인이나 개인들이 제휴해 구성한 집단이 …… 단위 사업체의 내부상황이나 경제적 · 정치적 · 사회적 환경을 여건으로 고려하면서 …… 서로 연관되어 있는 일련의 결정을 내리는 등, 의도적으로 취하는 행위" 에 있었다. 이 "의도적인 행위"는 심리적 측면과 지적 역량은 물론이요, 여러 사람들을 움직이는 조직적 요소도 동반하는 것이다. 이들 세 측면은 경제활동을 지배한다고 하는 어떤 법칙에 따라 결정되는 것이 아니라, 사회적인 힘들이 일정한 기간 동안 작용해서 형성된 역사의 산물이다. 특히, 조직적 요소는 기업의 규모가 확대됨에 따라 관리 구조의 발전을 수반하는 등, 매우 복잡하고 중요해졌기 때문에, 기업가 정신도 "서로 연관되어 있는 일련의 결정"을 포함하는 개념으로 규정할 필요가 있다. 그것은 세 개의 범주로 나뉘는데, 첫째는 관리로서 기업을 유지하는 데 필요한 통상적인 결정이며, 이는 중 · 하급 관리자들이 담당한다. 둘째는 적응, 즉 외부 환경의 변화에 따라 기업의 활력과 생명을 확보하는 데 필요한 결정으로서, 흔히 혁신이라는 셋째 범주와 연관되어 있다. 이 마지막 범주는 경기변동이나 경제발전과 연관되어 있으므로, "슘페터 교수가 잘 보여 주었듯이 경제의 견지에서 볼 때 가장 중요한 것이다."

그러면서도 콜은 슘페터와 달리 혁신의 맥락을 강조한다. 콜에 따르면 혁신은 결국 조

---

12 Weber, *Protestant Ethic*, 182; Schumpeter, *Capitalism, Socialism and Democracy*; idem, *Essays on Entrepreneurs*. 두 번째 책에는 기업사 연구와 특히 관계가 깊은 논문 두 편—"The Creative Response in Economic History" (1947)와 "Economic Theory and Entrepreneurial History" (1949)—이 재수록되어 있다.
슘페터의 기업가 정신 개념과 베버의 사회이론 사이의 연관성에 관해서는 다음을 보라. Kilby, "Hunting the Hefflump." 슘페터의 개념을 경제학의 전통 속에서 이해하기 위해서는 다음을 보라. Kanbur, "A Note on Risk Taking"; Pesciarelli, "Smith, Bentham, and the Development of Contrasting Ideas on Entrepreneurship"; Santarelli and Pesciarelli, "Emergence of a Vision." 슘페터의 개념은 물론이요 아래에서 소개하는 콜의 개념도 포함해 20세기 중엽 미국에서 논의되었던 기업가 이론을 전반적으로 살펴보는 데는 다음 자료가 유용하다. Cauthorn, *Contributions to a Theory of Entrepreneurship*.

직을 통해 실현되기 때문에 관리나 적응이라는 요소를 동반한다. 그렇다면 기업가 정신은 슘페터가 말하듯이 "전략적 경영 기능의 인격화된 담지자, 즉 기업가"가 수행하는 역할로 대체될 수 없다. 그것은 개별 기업가가 발휘하는 기능뿐 아니라, 최고 경영진의 지도 아래 조직 전체가 수행하는 기능도 내포하기 때문이다. 그러므로 콜은 "기업가 역사"의 핵심 과제를 이렇게 천명한다. "기업가나 '최고 경영진'과 그들이 이끄는 조직 사이의 상호작용이 기업가 정신과 그 역사에서 유난히 중요하고 복잡한 측면이다."[13]

이렇게 콜은 슘페터와 다른 개념을 제시했다. 사실, 그는 원래 기업가 정신이라는 개념에 대해 개방적인 태도를 갖고 있었다. 2차대전이 한창 진행되고 있던 시기에, 그는 경제사 내지 기업사의 연구 현황을 점검하면서, 미국의 경제성장에서 정부와 기업이 차지하는 역할을 핵심적인 연구 주제로 삼아야 한다고 주장했다. 그러면서도 기업가 정신을 명확하게 규정하지는 않았다. 개별 기업이나 기업가에 관한 연구는 계속해서 발표되고 있었는데도 거기서 모델을 끌어낼 수 없었고, 그에 관한 이론을 제시한 슘페터를 포함해 경제학자들은 대체로 기업에 관해 잘 모른다고 생각했던 것이다.[14] 다만, 콜은 기업가 정신이란 기업을 지도하는 개인의 재능이 아니라 지도자와 관리자들이 함께 수행하는 기능이라 생각하고, 이 사회적 현상에 대한 경험적 연구를 촉구했을 뿐이다.[15]

따라서 하버드 기업사연구소에서는 "기업가 역사"를 정립할 수 없었다. 슘페터는 이 연구소에서 충실한 추종자들을 거느리고 있었고 또 대다수 연구원들로부터 존경을 받고 있었으나, 콜이 잡아 놓은 구도 속에서는 주도적인 위치를 차지할 수 없었다.[16] 반면에, 콜은 슘페터에 비해 환경을 강조했으나, 이는 아직 형성기에 있던 기업사 연구에 구심력 대신 원심력으로 작용했다. 환경을 중시하던 학자들은 주지하듯이 코크런처럼 전통적인 사회경제사에 가까운 기업사를 하거나 랜디스처럼 아예 경제사로 경도되었다.[17] 그들 가운데 일부는 사회사적 접근을 시도했으나, 그것은 기업가에 관한 집단 전기의 성격을 지닌 작업

---

13 Cole, "Entrepreneurship and Entrepreneurial History." (인용은 88, 93, 94, 95) 또한 다음도 참고하라. Cole, "Approach to the Study of Entrepreneurship."

14 Cole, "Aggregate Business History."

15 Cole, "Entrepreneurship and Entrepreneurial History," 94–99.

16 Redlich, "Origin of the Concepts of 'Entrepreneur' and 'Creative Entrepreneur'"; idem, "Military Entrepreneur"; Deutsch, "Note on the History of Entrepreneurship"; Hoselitz, "Early History of Entrepreneurial Theory"; Redlich, *Molding of American Banking*.

17 Cochran, *American Business*; idem, *200 Years of American Business*; idem, *Frontiers of Change*; Landes, *Unbound Prometheus*; idem, *Wealth and Poverty of Nations*.

으로서 사회학계에서 호응을 얻은 반면에 기업사 분야에서는 조너선 휴스와 해럴드 리브세이 등으로 계승되면서 명맥을 유지하는 데 그쳤다.[18] 게다가 연구소에서 다양한 경향들이 혼재하면서 상이한 방향으로 전진하는 동안, 콜은 도서관 업무를 비롯해 다른 일 때문에 바빠서 연구소에 깊이 개입할 수 없었다.

결국, "기업가 역사"는 기업사의 정체성에 적극적으로 기여하지 못했다. 그에 반해, "기업체 역사"는 새로이 활력을 얻고 있었다. 오스카 핸들린 같은 학자들은 기업 제도의 발전을 정치적 맥락에서 해명하는 탁월한 업적을 발표하기도 했으나, 앨런 네빈스를 비롯해 다수 기업사 연구자들은 기업인을 "도적 귀족"이 아니라 "산업 지도자"로 묘사하고 있었다.[19] 더욱이, 정부는 사기업과 시장경제를 비롯해 미국의 가치관을 해외에 전파하는 데 필요한 연구를 지원하고 있었다. 그에 따라 개별 기업체와 기업가에 대한 연구가 활발하게 진행되었고, 그 성과는 1954년 하버드 경영대학원에서 기업사학회의 회보를 인수해 재창간한 『기업사론*Business History Review*』을 중심으로 소개되었다. 결국 록펠러재단은 1950년대 말에 기업사연구소에 대한 지원을 중단했다. 이에 따라 연구소에서 발행하던 학술지도 1958년부터 중단되었으며, 1963년에 복간되었을 때는 그 제호도 『경제사연구*Explorations in Economic History*』로 변경되었다. 이는 "기업가 역사"가 "기업체 역사"의 대안으로 실패했음을 뜻한다.

그러므로 기업사의 정체성은 기업사 연구가 시작된 지 한 세대가 넘도록 해결되지 않은 과제였다. 그것은 1961년 10월 하버드 경영대학원에서 주최한 기업사 학술대회에서 핵심적인 쟁점으로 부각되었다. 그 대회는 연구 경향을 가리지 않고 주도적인 학자들이 참석해 기업사의 현황을 점검하고 장래의 과제를 논의하는 기회였다. 거기서 일부는 "기업체 역사"를 고집했으나, 대부분은 그것을 낡은 전통으로 간주했다. 특히, 프리츠 레들리크는 대공황기에 기업사가 "기업체 역사"로 축소되면서 기업을 위한 선전 도구로 전락했다고 비판했고, 경제사가 조지 테일러는 그것이 지나친 비판이라 지적하면서도 "기업체 역사"뿐 아니라 기업사 전체가 경쟁에서 살아남은 승자를 조명하기 때문에 성공담으로 흐를 위험을 안고 있다고 경고했다. 따라서 참석자들은 "'기업체 역사'가 아니라면 기업사는 과

18 Miller, "American Historians and the Business Elite"; idem, ed., *Men in Business*; Hughes, *Vital Few*; Livesay, *American Made*; Ghent and Jaher, "Chicago Business Elite."

19 Handlin and Handlin, *Commonwealth*; Nevins, *Ford*.
이 시기에 있었던 기업관의 변화에 관해서는 다음을 보라. Destler, "Entrepreneurial Leadership Among the 'Robber Barons'"; Galambos, *Public Image of Big Business*.

연 무엇인가?" 하는 의문에 부딪혔다. 아서 콜은 초점을 개별 기업체와 기업가 대신에 기업계에서 구축되는 체계에 맞추어야 한다고 역설했으나, 이는 "기업가 역사"의 부활 기도로 간주되었다. 분명한 것은 "기업사는 내세울 수 있는 뚜렷한 정체성을 반드시 가져야 하는 것 같다"는 공감대였다.[20]

3. 챈들러의 패러다임

그런 공감대에 비추어 볼 때, 챈들러의 작업이 기업사의 발전에서 어떤 함의를 지니고 있는지 이해할 수 있다. 이 시기에 챈들러 자신이 기업사의 정체성 문제를 얼마나 의식하고 있었는지 알려져 있지 않다. 그러나 그는 적어도 그것을 인지하고 있었을 것으로 보인다. 챈들러는 전후에 해군에서 제대한 뒤, 하버드로 진학해 대학원에서 역사학을 공부하면서 기업사연구소의 지원 아래 기업사 연구자로 성장했기 때문이다. 그는 박사학위 논문에서 19세기 말에 철도업계에서 분석가요 개혁가로 명성을 떨쳤던 헨리 바넘 푸어를 다루었는데, 주제의 성격상 "기업체 역사"의 전통에 따르지 않고 개별 기업체들을 비교하면서 기업계 전반을 보는 안목을 갖게 되었다.[21]

이를 바탕으로, 챈들러는 대기업의 대두라는 커다란 주제에 도전해 이후 지속적으로 발전시킬 명제들을 제시하기 시작했는데, 그 윤곽은 1956년에 발표한 논문에서 부분적으로 나타났다. 여기서 챈들러는 미국의 50개 대기업을 대상으로 관리 구조를 연구한 결과, 대부분이 이른바 분권적 관리 구조를 채택하고 있었다고 지적한다. 그의 설명에 따르면, 대기업들은 매우 다양한 활동을 수행하고 있었기 때문에 특정한 제품이나 지역을 전담하는 총괄 부서들을 갖고 있었다. 총괄 부서 아래에는 다시 생산이나 판매 같은 특정한 기능을 수행하는 중간 부서들이 있고, 맨 아래에 개별 공장이나 지점, 또는 경리과 같은 일선 부서들이 있었다. 그리고 총괄 부서들 위에는 장기적인 계획을 수립하고 총괄 부서의 업무를 조정, 평가하며 총괄 부서에 필요한 자원을 배정하는 기획조정실이 있었다. 이런 형태의 분권적 관리 구조는 1920년대에 뒤퐁을 비롯해 몇몇 대기업에서 먼저 채택했고, 그 뒤에

20 *Business History Review* 36: 1 (Spring 1962). 인용은 Johnson, "Where Does Business History Go from Here," 14, 15. 이 학술대회에 대한 역사적 평가로는 다음을 보라. Soltow, "Entrepreneur in Economic History."

21 McGraw, "Introduction," 2–9.

다른 대기업들이 수용했다는 것이다.[22]

거기에 덧붙여 챈들러가 대기업의 대두 과정을 설명했을 때, 그의 기본 명제들은 전체적인 모습을 갖추었다. 그는 1959년에 발표한 논문에서 다시 50개 대기업을 선정하고, 그 기업들이 대개 1880년대에서 1900년대에 이르는 기간에 성장했음을 지적한다. 성장 과정은 본질적으로 조직혁신, 즉 유통과정에서 많은 물량을 처리할 수 있는 마케팅 조직을 구축하고 또 생산과정에서 생산비를 절감하고 생산성을 제고할 수 있도록 생산조직을 재편하는 과정이었다. 조직혁신은 기업가들이 동일 업종에 종사하는 기업들을 합병하는 수평적 합병에 머무르지 않고, 원료 확보에서 제품 판매까지 다양한 활동을 하나의 기업체로 통합하는 수직적 통합으로 나아갔을 때 결실을 볼 수 있었다. 그런 기업가들 덕분에 대기업들이 경쟁력을 확보하고 성장을 계속할 수 있었다는 것이다.[23]

이는 분명히 개별 기업체나 기업가에 대한 연구와 달리, 많은 사례들을 비교 분석하고 거기서 도출한 일반론이었다. 그것은 또한 기업의 외부 환경보다는 내부 조직에 초점을 맞춘 연구로서, 기업가 정신을 부각시킬 수 있는 여지를 지니고 있었다. 이런 연구가 절실히 필요하다는 것은 이미 1950년대 말에 널리 알려져 있었다. 바로 그렇기 때문에, 프리츠 레들리크는 1961년 학술대회에서 기업사의 발전 방향을 논하면서 챈들러의 작업에 주목했던 것으로 보인다.[24] 바꿔 말해, 챈들러는 탄생한 지 한 세대가 넘도록 정체성을 확보하지 못한 채 발전 방향을 모색하고 있었던 기업사 분야에 구심점이 될 만한 핵심적인 주제와 모범적인 접근방법, 그리고 종합적인 설명 체계를 제시했던 것이다.[25]

이런 함의는 챈들러가 구조-기능주의 기업 모델을 수립하는 과정은 물론이요 그에 수반된 문제점을 이해하는 데 중요하다. 기능주의 모델의 지적 기원은 그에게 큰 영향을 끼쳤던 탤컷 파슨스에 있다고 알려져 있으나, 이는 지나치게 단순한 설명이다. 차라리, 그는 파슨스를 통해 막스 베버로 거슬러 올라가 기업 모델을 가져왔다고 해야 할 것이다. 더욱 중요한 것은 그가 슘페터를 통해서도 베버에게서 커다란 영향을 받았다는 점이다. 또한, 그는 그들의 개념과 이론 체계를 기업사 연구에 적용하면서, 자신의 학술적 필요에 따라

---

22 Chandler, "Management Decentralization." 이 논문은 다음 자료에 재수록되어 있다. Baughman, ed., *History of American Management*.

23 Chandler, "Beginnings of 'Big Business.'" 이 논문은 Baughman, ed., *History of American Management*; McGraw, ed., *Essential Alfred Chandler*에 재수록되어 있다.

24 Hutchins, "Business History, Entrepreneurial History, and Business Administration"; Krooss, "Economic History and the New Business History"; Redlich, "Approaches," 67.

25 McGraw, "Introduction," 10-12.

일부를 강조하는 반면에 다른 부분을 외면했다는 점이다. 이런 점들은 그의 주요 저서 가운데서도 1962년에 나온 『전략과 구조』, 즉 그의 기본 명제들이 하나의 기업 모델로 종합되어 있는 첫 번째 책에서 뚜렷하게 나타난다.

여기서 챈들러는 소유와 경영의 분리를 전제로 삼는다. 이 전제는 애돌프 벌리와 가디너 민즈가 1933년에 발표한 『현대 기업과 사유재산』에서 유래한 것이다. 그들은 미국의 200개 대기업을 대상으로 조사한 결과, 주주가 2만여 명에 이르기까지 주식이 널리 분산되어 있으며 최대 주주의 지분이 1% 미만에 불과한 기업도 많다는 사실을 발견했다. 더욱이, 몇몇 대주주들이 연합해 기업을 통제하는 경우가 있기는 해도, 대체로 경영진이 약간의 지분을 기초로 소주주들과 제휴해 기업을 통제한다는 사실도 발견했다. 경영진은 주주로부터 투표권을 위임받는 위임장위원회를 구성하고, 대부분 주주총회에 참석하지 않을 정도로 경영에 관심이 없는 소주주들을 대신해 권한을 행사한다는 것이었다. 이런 관찰을 토대로 벌리와 민즈는 기업을 통제하는 권한이 어디에 있는가 하는 문제를 제기했다. 그리고 그들은 그것이 경영진에 집중되는 경향이 있다고 진단했다. 주주들은 하나의 집단으로서 기업을 소유하고 있으나 개인으로서는 기업의 자산에 대해 법적 권리를 행사하지 못하는 반면에, 경영진은 주식을 많이 갖고 있지 않아도 위임장위원회를 장악하기 때문에 영구적으로 기업을 통제할 수 있는 권한을 갖는다는 것이었다. 벌리와 민즈는 특히 "소유와 경영의 분리에 따라 이런 권한이 기업을 통제하는 사람들의 손에서 소유자들의 이익에 반하는 방향으로 사용될 수 있는 단계로 발전했다"고 주장했다. 그러나 효과적인 대책을 제시하지는 못하고, 경영진이 사회 전체의 이익을 고려하는 중립적인 전문가 집단으로 발전하기를 기대했을 뿐이다.[26] 주지하다시피, 그들의 연구에 관해 벌어진 논쟁에서 가장 주목을 끈 것은 소유와 경영의 분리라는 명제였고, 이것은 몇 년 뒤에 제임스 버넘의 "경영혁명" 이론으로 계승되었다.[27] 결국, 그것이 통제권의 소재 문제를 가리면서 그들의 유산으로 부각되었다.[28]

챈들러는 벌리와 민즈의 저서를 명시적으로 거론하지 않지만, 거기서 출발해 대기업의 지배구조를 설명한다. 그에 따르면, 분권적 관리 구조를 개발하는 데 기여했던 간부들은

26 Berle and Means, *Modern Corporation and Private Property*. (인용은 334-335)

27 Burnham, *Managerial Revolution*.

28 McGraw, "In Retrospect." 맥그로는 챈들러가 벌리와 민즈의 연구로부터 영향을 받았다는 점도 지적한다. 594쪽에서 주 15를 보라. 또한 Nodoushani, "Promises of Managerial Revolution Theory"도 참고하라.

"전문경영인"으로서, 자신이 관리하는 기업의 주식을 거의 갖고 있지 않거나 대주주와 가족 관계로도 연결되어 있지 않았다고 한다.[29] 이 점은 챈들러가 다른 저서에서 더욱 강조하는데, 특히 『보이는 손』에서는 제임스 버넘의 "경영혁명" 개념을 채용하며 소유자와 전문경영인을 구분한다. 대기업의 경영에서 소유자들이 전통적인 방식대로 기업과 시장의 현황을 기초로 단기적인 계획을 수립하는 데 반해, 전문경영인들은 기획조정실 같은 중앙 사무실에서 확보하는 정보에 입각해 장기적 추세를 예측하고 그에 따라 예산과 인력을 배정한다는 것이다.[30] 반면에, 챈들러의 설명 체계에서는 벌리와 민즈가 경계했던 가능성, 즉 경영진이 주주나 사회의 이익을 외면하고 자의적으로 권력을 행사할 가능성이 배제된다. 경영진은 오히려 기업의 장기적 성장을 추구하는 합리적인 집단으로 묘사되는 것이다.

경영진의 합리성은 베버의 관료제 개념에서 도출된다. 챈들러는 근대 기업의 개념에 관해 독일의 경제학자 베르너 좀바르트의 견해를 인용하면서, 자본주의에서 기업이란 스스로 생명을 유지하는 "독립적인 경제 유기체"라고 선언한다.[31] 그러면서도 근대 기업이 조직으로서 지니는 성격에 관해서는 베버의 견해를 채용한다. 기업 개념에 대해 부연하면서, 챈들러는 근대 기업이 "막스 베버가 처음으로 관료제로 묘사했던" 조직 가운데 하나라고 지적한다. 나아가, 그는 미국의 공공 행정이 "그 성격상 사기업체의 경영과 본질적으로 다른 것"으로 간주할 수 없다는 베버의 견해를 인용하기도 한다.[32] 주지하다시피, 베버는 관료제를 근대적 합리성이 구현된 제도로 간주한다. 그 기초는 전통이나 카리스마 대신에 법률에 입각해 수립된 권위에 있으며, 관료제란 이 적법한 권위가 전문적인 지식과 경험을 갖고 있는 관리자들에 의해 합리적 규칙에 따라 행사되는 조직이다. 그것은 근대 자본주의와 기원이 다르지만 따로 떼어 놓고 생각할 수 없는데, 그 이유는 "자본주의가 관료제 행정에 가장 합리적인 경제적 기초를 제공하고 …… 관료제가 가장 합리적인 형태로 발전할 수 있게 해 준다"는 데 있다. 그런 조직에서 관료는 원칙상 "생산수단이나 관리 수단의 소유권으로부터 완전히 분리되어 있는" 존재로서, 직책을 수행하는 데 필요한 자격과 능력에 따라 임명되며 전문적인 지식과 경험을 기초로 업무를 처리한다. 그리고 베버는 이와 같은 개념이 구체적인 역사적 현실을 모두 포괄하지는 못한다는 경고를 덧붙인다.[33] 그런

29 Chandler, *Strategy and Structure*, 314-323.

30 Chandler, *Visible Hand*. 특히 450-454, 490-497을 보라.

31 Chandler, *Strategy and Structure*, 8.

32 Ibid., 400 n. 5.

33 Weber, *Theory of Social and Economic Organization*, 329-341. (인용은 331, 338)

데도 챈들러는 이 경고를 간과하고, 개념과 현실을 구분하지 않는다. 그는 특히 『보이는 손』에서 대기업이 시장에서 이루어지는 거래 가운데 일부를 내부로 끌어 들여 효율적으로 처리하고 또 장기적인 계획에 따라 자원을 합리적으로 배분한다고 주장한다. "많은 경제 부문에서 관리에 의한 조정이 시장에 의한 조정보다 더 유익하다는 점이 입증되었다—경영진의 보이는 손이 그 가치를 증명했다"는 것이다.[34] 따라서, 그의 설명 체계에서 대기업은 관료제에 수반되는 비능률에서 해방되어 생산성 향상을 선도하는 매우 합리적인 조직을 건설한 것으로 묘사된다.

베버의 관료제 개념은 챈들러의 설명 체계에서 지금까지 알려져 있던 것보다 훨씬 더 중요한 의미를 지닌다.[35] 왜냐하면 챈들러는 베버로부터 관료제 개념을 끌어오면서 그 아래에 깔려 있던 이념형이라는 이론적 구성물을 가져왔기 때문이다. 그는 기업사란 경제사의 일부로서 기업이라는 제도의 발전 과정을 연구하는 분야라고 생각한다. 그리고 이 제도를 연구하는 데 가장 유익한 방법은 경제학자들이 선호하는 수리적 모델이 아니라 사회학자들이 제시하는 사회이론에서 발견할 수 있다고 생각한다. 행동양식과 사회조직에 관한 이론은 기업을 개인 사이의 관계는 물론이요 사회 전체 속에서도 이해할 수 있게 해 준다는 것이다. 이 점에서 챈들러는 탤컷 파슨스의 공헌을 중시하면서도 막스 베버의 유산을 강조한다. 그는 자신의 방법론을 소개하는 기회에, 베버의 관료제 개념이 기업사 연구에 매우 유용하다고 하면서 그것이 베버가 제시한 여러 이념형 가운데 하나라고 밝힌다. 그에 따르면, 이념형은 베버가 개발한 "가장 유용한 …… 분석 도구"로서, 다양한 개별적 현상을 종합적으로 파악할 수 있도록 특정한 견지를 강조해 구성한 모델이다. "역사가는 관료제 모델을 구체적인 조직에 대조시킴으로써, 근대에 나타난 어떤 대규모 경제 단위도 분석할 수 있는 우수한 방법을 갖고 있다." 그러나 챈들러는 이념형이 현실에서는 발견할 수 없는 순수한 형태라는 점을 알고 있으면서도, 위에서 살펴본 것처럼 그것을 실재형처럼 취급한다.[36]

사실, 베버의 관료제 개념은 챈들러의 설명 체계에 슘페터의 기업가 개념을 도입할 수

---

34 Chandler, *Visible Hand*, 483.

35 챈들러의 설명 체계에 들어 있는 베버의 관료제 개념에 대해서는 토머스 맥그로가 짤막하게 지적한 바 있다. McGraw, "Introduction," 19.

36 Chandler, "Business History as Institutional History." (인용은 304) 또한 다음도 보라. Chandler, "Comment [on the New Economic History]." 더욱이, 이런 혼동은 챈들러가 베버주의자인 슘페터로부터 기업가 정신 개념을 도입하는 데서도 계속된다.

있는 길을 열어 준다. 챈들러에 따르면, 대기업에서 수행하는 관리에는 두 가지 유형이 있다. 하나는 장기적인 계획을 수립하고, 중간 부서들을 업무 조정과 실적 평가에 의해 통제하며, 또 계획 추진에 필요한 자원을 배정하는 것이다. 다른 하나는 통상적인 업무를 수행하고, 예상치 못한 문제가 생기면 이미 수립되어 있는 정책과 절차의 골격 안에서 해결하는 것이다. 이들 유형은 부분적으로 겹치지만, 챈들러는 분명하게 구분한다. 그는 자신의 접근방법을 설명하면서 이렇게 선언한다.

> 실제로 [전략적인 결정을 내리면서] 가용 자원을 배정하는 임원들은 …… 어느 기업에서든 핵심적인 인물들이다. 그들은 현대 경제에서 결정적인 역할을 수행하기 때문에 이 연구[전략과 구조]에서 기업가*entrepreneur*로 규정될 것이다. 그에 반해, 배정받은 자원의 한계 안에서 조정과 평가, 그리고 계획을 담당하는 사람들은 관리자라 부를 것이다. 그래서 기업가의 결정과 행동은 기업 전체를 대상으로 자원의 배정이나 이전에 영향을 끼치는 조치를 가리킬 것이고, 관리자의 결정과 행동은 이미 배정받은 자원을 사용해 수행하는 조치를 가리킬 것이다.[37]

그런 기업가 개념에서 직무는 은연중에 인물과 동일시된다. 챈들러는 대기업에서 수행하는 관리를 두 유형으로 나눈 다음, 첫째 역할을 수행하는 사람을 기업가라 부르고 있기 때문이다. 이는 베버의 관료제 개념에서 크게 벗어나는 것이다. 거기서 관료는 자신의 직무를 직업으로 삼고 있으면서도 그것을 전유하지 못하는 존재로서, 공적 직무와 사적 인격을 분리한다. 그러나 챈들러는 양자를 동일시함으로써 슘페터의 기업가 개념을 도입할 수 있는 여지를 만든다. 그가 임원들을 기업가로 규정하는 근거는 그들이 "[전략적인 결정을 내리면서] 가용 자원을 배정하는" 역할을 수행한다는 데 있다. 이런 역할은 슘페터의 개념에서 핵심에 해당되는 혁신이라는 특수한 기능과 다른 것이다. 그것은 "생산수단을 새로운 방식으로 조합하는 것"을 넘어 전략적인 결정과 행동이라는 특정한 직무로 확대되어 있다. 관리 기능이 고도로 분화되어 있는 대기업에서, 이 직무는 최고 경영자들이 전담하기 때문에 쉽게 인격과 동일시할 수 있다. 사실, 챈들러는 슘페터의 기업가 개념을 수용하면서 그것을 느슨하게 확대함으로써 대기업의 내부 구조를 이해하고자 했다. 반면에 아서콜이 제기한 경험적 기업가 개념을 배제한다. 결국, 챈들러는 베버의 관료제 개념을 나름

37 Chandler, *Strategy and Structure*, 11. (강조는 원문)

대로 이해하고 거기에 입각해 슘페터의 기업가 개념을 변형시키며 수용함으로써, 구조-기능주의 기업 모델의 기초를 마련한 것이라 할 수 있다.

이 점은 챈들러가 슘페터의 이론 체계를 폭 넓게 채용한 데서 뚜렷하게 드러난다. 그는 슘페터의 논문 「경제사에 나타나는 창조적 반응」을 인용하면서, 분권적 관리 구조를 "창조적 혁신*creative innovation*"으로 묘사한다. 이는 대기업의 성장 과정을 네 단계로 구분하는 챈들러의 설명 체계에 기초를 두고 있다. 대기업들은 먼저 제국 건설자들, 즉 공격적인 팽창에 재능이 있는 기업가들 덕분에 출현한다. 다음 시기에는 대기업들이 관리 체제를 구축하는데, 이는 최고 경영진이 "커다랗게 모아 놓은 인력과 자금과 시설을 합리적으로 운용하는 방법"을 개발하고자 노력한 결과이다. 세 번째 시기에 오면, 대기업들이 새로운 제품을 개발하거나 새로운 시장으로 진출함으로써 성장을 계속한다. 마지막 시기에는 분권적 관리 구조를 도입하고 가용 자원의 사용 방법을 합리화시킨다. 챈들러의 결론은 "미국의 산업에서 대기업이 성장하는 과정을 전반적으로 살펴보면 단계가 선명하게 구분된다. 자원이 축적되고, 자원이 합리화되며, 자원이 팽창한 다음에, 다시 한 번 자원이 합리화된다." 이 설명 체계에서 합리화는 불연속적이지만 정규적인 현상으로 등장한다. 그것은 사실상 대기업에 구조적으로 수반되는 양상이다. 챈들러에 따르면, 대기업들은 두 번째 단계에서부터 소유권에서 분리된 전문경영인들을 최고 경영진으로, 바꿔 말해 위에서 언급한 기업가로 영입하기 때문이다. 이는 물론 슘페터의 경제발전론에서 크게 벗어난 것이다. 거기서 발전이란 경제의 균형 상태를 깨뜨리는 불연속적이고도 비정규적인 현상으로서, 기업가 정신이라는 비상한 지도력이 혁신을 낳고 또 궁극적으로 합리화를 가져올 때만 일어나기 때문이다.[38]

중요한 것은 챈들러가 벌리와 민즈뿐 아니라 베버와 슘페터로부터도 개념과 이론을 채용하고도 그들과 다른 결론에 도달했다는 점이 아니라, 그의 설명 체계에서 기업가 정신이 집단적 실체로 제도화되어 있다는 점, 다시 말해 소유권에서 분리되어 있으나 최고 경영진에 구현되어 있다는 점이다.[39] 이 명제를 그는 이후에 발표한 주요 저서에서도 견지한다. 물론, 『보이는 손』과 『규모와 범위』에서는 슘페터에게서 기업가 개념은 물론이요 "창조적 파괴"와 "과점 경쟁" 관념도 채용하며 대기업의 성장을 자본주의의 역동성으로 확대해 설명한다. 그렇지만 챈들러의 설명 체계는 일관성을 잃지 않는다. 그것을 구성하는 데 동원

38 Ibid., 299-314, 383-396. (인용은 284, 388, 395)

39 McGraw, "Introduction," 9.

된 연구 방법도 그렇다. 그는 『전략과 구조』에서 미국의 50개 대기업을 다루었는데, 그 수는 『보이는 손』에서 200개 대기업으로 늘었고 『규모와 범위』에 와서는 영국과 독일까지 포함해 600개 대기업으로 늘어났다. 연구 대상의 선정 방법에 내재되어 있는 결함도 그의 설명 체계에 항상 따라다닌다. 그가 연구한 기업은 주로 자산 규모에 따라 선정되는데, 이 방법에 따르면 산업부문의 특성과 관계없이 시설에 많은 자금을 투입하는 기업은 성장 사례로 간주되는 반면에 그렇지 않은 기업은 실패 사례로 취급된다. 따라서, 챈들러의 연구에서 승자는 각광을 받지만 패자는 무대 밖으로 밀려나게 된다. 승자의 성장 과정과 그 요인, 그리고 경제 전반에 대한 기여도가 부각되는 반면에, 패자가 겪은 불공정 경쟁이나 적대적 합병 같은 폐단은 간과되는 것이다. 결국, 챈들러는 연구 대상을 선정하면서 패자를 배제함으로써 경제력 집중 대신에 경제성장에 초점을 맞추고, 승자가 혁신을 통해 경제생활의 합리화에 기여했다고 설명한다. 바꿔 말해, 그는 벌리와 민즈의 명제를 전제로 삼고 슘페터의 규범적 기업가 개념을 베버가 이념형으로 설정한 관료제 모델 속에 제도화시킴으로써 대기업의 성장과 경제의 발전을 동일시하는 것이다. 따라서 챈들러의 설명 체계에서는 슘페터가 우려한 것처럼 관료제가 발달해 기업가 정신을 질식시키고 자본주의의 생존을 위협할 소지는 없는 듯이 보인다.

이는 조금도 이상한 것이 아니다. 챈들러의 설명 체계는 자본주의를 기본 전제로 수립된 패러다임이기 때문이다. 그는 일찍부터 기업의 발전 과정을 화두로 삼고 그것을 성장 전략과 조직 형태라는 측면에서 이해하고자 해왔는데, 이는 나중에 "근대적 산업 기업 *modern industrial enterprise*"을 중심으로 산업 자본주의의 역동성을 해명하려는 노력으로 이어졌다. "근대적 산업 기업"은 전문경영인이 소유권과 관계없이 통제하는 기업으로서, 개인이나 가족이 소유하고 운영하던 "전통적 기업*traditional enterprise*"에 대비되는 개념이다. 챈들러는 "전통적 기업"이 중세에도 존재했으나 자본주의의 발전에도 불구하고 변화를 겪지 않은 형태라 말한다.[40] 물론, "전통적 기업"에는 중요한 변화가 일어났다. 피고용인들이 작업장 주인의 가계에서 독립해 근대적인 임금노동자로 변신했고 또 고객을 위한 주문 생산 대신에 소비자를 위한 상품 생산에 종사했던 것이다. 그렇지만 챈들러는 그런 변화에 주목하지 않는다. 바꿔 말해, 그의 기업 모델에서는 사용자와 피고용인의 관계나 기업과 소비자의 관계가 간과되어 있는 것이다. 그 대신 기업 조직의 형태가 중시되며, 따라

40 챈들러의 업적 가운데서도 특히 Chandler, *Visible Hand*를 보라.

서 전통/근대도 역사학계에서 널리 통용되는 시대 구분론에 부합하지 않는 방식으로 구분되는 것이다. 더욱이, 챈들러는 이 자의적인 구분법에 따라 "전통적 기업"이 장차 위축될 운명을 지니고 있는 것처럼 묘사하기도 한다. 그런 기업의 생명력이 분명히 드러나 있는데도, 그의 기업사에서는 경시되는 것이다.[41] 이런 한계는, 다시 말해 챈들러의 기업 모델에서 간과되는 것과 전통/근대 구분법에서 경시되는 것은, 그가 다루는 기업이 자본주의에 내포되어 있는 제도라는 점을 잊고서는 설명할 수 없다.

그렇다면 챈들러의 패러다임은 "도적 귀족" 대 "산업 지도자"라는 논쟁에서 벗어난 것이 아니라, 오히려 "산업 지도자" 이미지를 정교하게 가공한 설명 체계라 할 수 있다. 위에서 살펴본 것처럼, 그것은 자본주의를 전제로 설정하고 시장기제를 뛰어넘으려는 경제활동에서 그 발전 동력을 발견한다. 그리고 그런 동력이 혁신을 선도하는 대기업에 집중되어 있다고, 특히 관료제를 통해 기업을 통제하며 기업가 정신을 발휘하는 전문경영인에 집중되어 있다고 강조한다. 이렇게 간단하게 요약하면, 챈들러의 패러다임은 이론적 가공물처럼 보인다. 그렇지만 실제로 그것은 놀라지 않을 수 없을 만큼 풍부한 사실을 토대로 구성된 설명 체계이다. 바로 그렇기 때문에 그의 저술이 대단한 영향력을 지니고 있었고, 또 그 덕분에 기존의 도덕 논쟁을 뛰어넘으면서도 묵시적으로 "산업 지도자" 이미지를 전파할 수 있었던 것으로 보인다. 그렇지만 챈들러의 저술에서는 그런 이미지가 전문경영인이라는 집단적 실체를 통해, 그것도 매우 정형화되어 있는 모습으로 나타난다. 거기서는 "산업 지도자"가 피와 살을 가진 인간이 아니라 꼭 같은 기능과 모양을 지닌 자동 인형처럼 보인다.

4. 대안을 찾아서

그러나 챈들러의 패러다임에 들어 있는 "산업 지도자" 이미지는 주변에서 쉽게 관찰할 수 있는 현실과 거리가 있는데, 이는 이미 1970년대부터 드러나기 시작했다. 주지하다시피 많은 미국인들은 1970년대부터 미국 기업의 경쟁력 약화에 대해 우려하기 시작했다. 그들은 미국이 가격뿐 아니라 품질에서도 일본에 비해 뒤떨어지는 제품을 내놓고 있다는 사실을 지적했으나, 챈들러는 미국의 대기업이 혁신을 지향하는 전문경영인들의 통제 아

41 Cochran, *American Business*, 185-192.

래서 항상 경쟁력을 유지한다고 주장하고 있었다. 그에게서는 미국 기업계에 불어닥친 합병 열풍을 탓하는 설명을 들을 수 있었을 뿐이다.[42] 더욱이 1980년대에는, 많은 미국인들이 "일본 모델"에 주목하면서 일본의 경쟁력이 치밀한 생산관리, 안정된 고용관계 이외에 시장 점유율에 초점을 맞추는 장기적 성장 전략에 있다고 생각하기 시작했다. 그것은 미국 기업이 대체로 단기적 실적에 초점을 맞추고 움직인다는 점, 그리고 그런 "단기주의"가 주주의 이익에 봉사하며 사회적 책임을 경시하는 전문경영인들의 태도에서 나온다는 점을 의미했다. 바꿔 말해, 많은 기업가와 지식인들이 미국의 경쟁력이 약화된 이유를 생각하며 챈들러의 기업 모델에서 멀어졌던 것이다.[43]

챈들러의 패러다임이 지닌 이런 현재적 문제점은 최근에 뚜렷하게 부각되었다. 1980년대에는 챈들러가 경시한 중소기업이 일본과 이탈리아 등지에서 다양하고 유동적인 수요에 부응하는 유연한 전문화를 추구함으로써 대중시장과 대량생산에 집착하는 미국의 대기업보다 나은 경쟁력을 보여 주고 있었다.[44] 더욱이, 대기업도 몸집을 줄이는 데 관심을 기울이기 시작했다. 챈들러에 따르면 대기업은 대개 원료 확보에서 제품 판매까지 생산 및 유통 과정을 수직적으로 통합하면서 성장했지만, 이제 그 과정을 여러 단계로 나누고 각 단계를 더 적은 비용으로 또 더 효율적인 방식으로 수행하는 다른 기업에 맡겨 처리하기 시작했던 것이다. 그리고 이런 청부나 사외 발주는 흔히 교통·통신 기술의 발달 덕분에 국경선을 뛰어넘어 여러 나라로 분산되는 경향을 보이면서 "생산의 세계화"라 불리는 현상을 가져왔다. 따라서 많은 대기업은 "선택과 집중"을 외치며 구조조정을 단행하고, 디자인이나 마케팅 같은 핵심적인 역량에 몰입했다. 그 결과, 강철이나 자동차, 또는 석유·화학처럼 규모의 경제가 중요한 산업부문을 제외하면, 전문성을 갖춘 중소기업이 대기업에 비해 우월한 경쟁력을 확보할 수 있었다. 더욱이, 이들 중소기업은 다른 여러 기업과 지속적인 협력 관계를 수립하고, 흡수나 통합 대신에 동반 성장을 추구하는 경향을 보였다. 따라서 최근 일부 학자들은 이제 그런 중소기업이 챈들러가 말하던 대기업을 대신해 지배적인 위치를 차지하고 있는 것은 아닌가 생각한다.[45]

---

42 Chandler, *Visible Hand*, 480–482.

43 Gilson and Roe, "Understanding the Japanese Keiretsu," 872–874.

44 Piore and Sabel, *Second Industrial Divide*.

45 Feenstra, "Intergration of Trade and Disintegration of Production"; Lamoreaux, Raff and Temin, "Beyond Markets and Hierarchies"; Langlois, "Vanishing Hand"; idem, "Chandler in a Larger Frame"; Galambos, "Recasting the Organizational Synthesis."

이런 상황을 염두에 두면, 챈들러의 패러다임을 넘어서는 대안을 찾는 것은 자연스러운 일인 듯하다. 중견 기업사 연구자 케네스 리파티토는 1995년에 발표한 논문 「문화와 기업사 연구」에서, 종래의 기업사에서 문화가 간과되었다고 비판하면서 기업사의 미래는 문화 이론에 있다고 역설한다. 그에 따르면, 오랫동안 기업사 연구자들은 기업 조직이 기술과 시장으로 구성되는 일정한 조건을 맞이하면 시기나 국가를 가리지 않고 유사한 형태로 발전한다는 견해를 갖고 있었다고 한다. 이런 견해는 경영진이 언제, 어디서나 유사한 조건에는 유사한 반응을 보인다는 관념의 소산으로서, 종래에 기업사 연구를 지배하던 구조-기능주의에서 유래하는 것이다. 그러나 리파티토는 기업 조직의 수렴 현상을 구조적 조건 외에 문화적 요인으로도 설명할 수 있다고 주장한다. 다시 말해, 국가에 따라 구조적 조건이 달라도 기업들은 조직에 관한 지식과 아이디어를 배워 유사한 형태를 구축하는가 하면, 조직의 수렴 현상에도 불구하고 서로 다른 방식으로 움직이기도 한다고 지적하는 것이다. 나아가, 그는 기업이 경험을 통해 지식과 정보를 축적함으로써 경쟁력을 확보한다고, 또 기업 활동을 둘러싸고 있는 기술이나 시장 같은 여건도 따지고 보면 문화적 구성물이라고 강조한다. 특히 포스트모더니즘을 비롯해 최근 문화 이론에 비추어 볼 때, 시장이란 상품을 놓고 생산자와 소비자가 그 의미에 관해 협상을 벌이는 공간이며, 기업은 이 공간으로부터 제약을 받을 뿐 아니라 거기에 변형을 가하기도 한다는 것이다. 리파티토는 따라서 "문화의 생산에 주목함으로써 낡은 구조-기능주의의 한계를 넘어서는 기업 모델을 구축할 수 있다"고 선언한다.[46]

이는 매우 매력적인 듯이 보여도 중대한 결함을 안고 있는 주장이다. 리파티토의 논문은 기업을 둘러싸고 있는 문화적 환경은 물론이요 기업이 그 환경의 변화에서 차지하는 역할에 대해서도 주의를 환기한다는 점에서 중요하다. 그러나 그가 시사하는 것과 달리, 문화적 기업 모델을 챈들러 학파의 구조-기능주의와 이분법적으로 구분하기는 어렵다. 그는 문화란 다양한 해석이 병존하면서 서로 협상을 벌이는 텍스트라고 보는데, 이 개념은 구조주의에 대한 비판을 담고 있지만 기능주의에 대한 거부로 이어지지 않을 수도 있다. 그것은 포스트모더니즘에 토대를 두고 있는 개념으로서, 기능주의와 공존할 수 있는 것이기 때문이다. 이는 미국의 유명한 문화사 연구자 잭슨 리어스의 『풍요의 전설』에서 드러난다. 여기서 리어스는 19세기 말 미국에서 광고업이 대두했을 때부터 오늘날에 이르기까지

46 Lipartito, "Culture and the Practice of Business History." (인용은 11)

광고가 지니고 있는 문화사적 함의를 상론한다. 그는 광고에 담겨 있는 다양한 메시지가 빅토리아 시대의 금욕적인 문화에서 대중소비 시대의 쾌락적인 문화로 넘어가는 이행이 아니라, 차라리 두 문화가 계속 병존하면서 맞이한 균형의 변화를 보여 준다고 지적한다. 더욱이, 현대인은 대량생산된 상품, 바꿔 말해 인격으로부터 소외되어 있는 사물들에 둘러싸여 있지만, 기억이나 상상력에 호소해 그런 사물에서 의미를 발견할 수 있기 때문에 상품 세계 속에서도 금욕적인 자아와 유희적인 사회적 관계를 동시에 유지할 수 있다고 주장한다.[47] 여기서 드러나듯이 포스트모더니즘에 토대를 두고 있는 문화 개념에는 기능주의적인 요소가 들어 있으므로, 그것을 기초로 삼아 새로운 기업 모델을 구성하기는 어려울 듯하다.

더욱이 리파티토는 챈들러 학파에는 문화를 수용할 수 있는 여지가 없다고 생각하는데, 이는 옳지 않다. 챈들러는 기업이란 일정한 목적을 위해 움직이기 때문에 유사한 조건을 맞이하면 상이한 방식으로는 반응하지 않는다고 가정하는데, 이는 사람들이 경제적 합리성에 따라 행동한다고 보는 경제주의적 인간관을 전제로 성립한다. 이런 환원론과 달리, 챈들러 학파는 기업 조직의 수렴 현상을 강조하면서도 기업의 다양한 행태를 간과하지 않는다. 실제로, 챈들러 자신이 『규모와 범위』에서, 미국과 영국, 그리고 독일의 기업들이 보여 준 상이한 행태에 주목하면서 기업 문화의 국가별 차이에 대해 언급한 바 있고, 이후에도 이 주제에 관심을 보이고 있다.[48]

사실, 문화는 많은 기업사 연구자들에게 낯선 영역이 아니다. 그것은 이미 1980년대부터 기업가 정신이라는 주제로 나타나 관심을 끌기 시작했다. 경영학계는 일본 기업의 저력을 집단주의적인 문화에서 찾으며 기업 문화에 대한 비교에 착수했고, 그 성과 가운데서 일부는 국내에도 널리 소개되어 있다.[49] 경제학계에서는 저명한 경제사 연구자 피터 테민이 산업혁명의 시작과 전파에서 앵글로-색슨 문화가 결정적인 역할을 했다고 지적하면서 경제사 연구를 위해서는 문화에 더 많은 관심을 기울여야 한다고 역설한 바 있다.[50] 그런 문화적 차이를 염두에 두고, 기업사 연구자들은 기업 문화를 주도하는 기업가 정신에 주목하기 시작했다. 특히, 루이스 갈람보스는 이제 "기업가 정신이 뜨거운 주제"라고 선언하

47 Lears, *Fables of Abundance*.
48 Chandler, *Scale and Scope*; Chandler et. al, eds., *Big Business and the Wealth of Nations*.
49 올슨, 『국가의 흥망성쇠』; 호프슈테더, 『세계의 문화와 조직』; 햄프든-터너 · 트롬페나르, 『기업문화 혁명』.
50 Temin, "Is It Kosher to Talk about Culture?"

고, 챈들러의 패러다임을 미국사 전반에 대한 해석으로 확대해야 한다던 자신의 주장을 철회한 바 있다.[51] 더욱이, 리브세이는 챈들러의 기업사가 "마치 중성자탄처럼 건물은 가만히 두고 사람을 다 죽여 버렸다"고 비판하고, 경제성장에서 중소기업이 차지하는 역할과 그 원천으로서 기업가 정신이 지니는 중요성을 강조한다.[52] 또 최근에는 기업가 정신에 관한 주요 논문 67편을 뽑아 방대한 책으로 엮어 내면서, 기업사라는 분야가 원래 기업가에 초점을 두고 형성되었다고 지적하고 오늘날 기업사 연구자들은 "기업가란 경제에 활력을 불어넣는 동인이라는 점을 '재발견' 하고 있다"고 진단한다.[53]

이런 동향 속에서 부각되는 것은 슘페터의 기업가 개념이다.[54] 실제로, 리브세이는 그의 방대한 편저에서 슘페터의 저 유명한 논문, 기업가가 주도하는 혁신이 자본주의의 발전에서 핵심적인 요소임을 설파한 1928년도 논문부터 소개한다. 다른 기업사 연구자들은 기업가 정신을 넓은 맥락에서 이해하고자 한다. 예를 들면, 영국 기업사 전문가 조너선 브라운과 메리 로즈는 기업가 정신을 개인적 자질로 보는 관점을 명시적으로 비판하면서, 그것을 기업과 사회, 그리고 경제의 시각에서 탐구해야 한다고 주장한다. 기업가들은 매우 불확실한 세계 속에서 살고 있기 때문에 위험 부담을 줄이기 위해 여러 가지 인맥에 의지하므로, 기업가의 역할은 기업 및 산업 구조의 변동, 가정이나 학교 같은 사회적 · 문화적 환경 등, 다양한 맥락 속에서 연구해야 한다는 것이다.[55] 여기서도 슘페터의 개념은 출발점으로 등장한다. 그들의 공동 편저에는 기업가 정신이라는 개념을 다루는 논문이 두 편 실려 있는데, 모두 기업가를 혁신자로 간주하는 슘페터의 명제를 발전시켜야 한다고 제안한다.[56]

---

51 Galambos, review of Doig and Hargrave, eds., *Leadership and Innovation*; idem, "What Makes Us Think We Can Put Business Back into American History." (인용은 Galambos, review, 547)

52 Livesay, "Entrepreneurial Persistence"; idem, "Entrepreneurial Dominance." (인용은 Livesay, "Entrepreneurial Dominance," 5)

53 Livesay, "Introduction." (인용은 p. xi) 기업가 정신에 대한 최근 관심은 경제사 연구자 조너선 휴스가 그의 유명한 저서 *Vital Few*를 증보판으로 확대해 다시 출판했다는 사실에서도 확인할 수 있다. 이 책은 1965년에 처음 간행되었을 때 기업사에 중요한 기여를 한 것으로 주목을 끌었는데, 1986년 증보판에서는 부제를 "미국 경제의 진보와 그 주역들"에서 "기업가 정신과 미국 경제의 진보"로 바꾸어 개별 기업가의 역할을 부각시키고 있다.

54 슘페터는 근래에 기업사뿐 아니라 그 인접 분야에서도 부활했다고 할 만하다. 그는 케인스의 영향력에 밀려 오랫동안 주목을 끌지 못했으나, 1980년대부터 다시 각광을 받기 시작했다. 그가 제시했던 기업가 정신이라는 개념은 물론이요 경제발전론도 갑자기 연구의 대상으로 부각된 것이다. 이런 붐은 미국의 기업사가 토머스 맥그로가 지적하듯이, 자본주의를 역동적인 과정으로 간주하는 슘페터의 이론 체계가 국제 경제질서의 재편을 이해하는 데 중요한 틀을 제공하기 때문인 듯하다. McGraw, "Schumpeter Ascending."

55 Brown and Rose, "Introduction."

56 Corley, "Entrepreneur"; Casson, "Entrepreneurship and Business Culture."

그러나 슘페터의 기업가 개념은 위에서 살펴보았듯이 챈들러의 패러다임에서 핵심적인 위치를 차지하고 있으므로, 거기서 돌파구를 찾는 것은 좋은 생각이라 할 수 없다. 따라서 챈들러를 넘어서는 대안을 모색하는 학자들이 기업가와 기업가 정신에 관해 슘페터에서 출발해서 점차 아서 콜에 접근하는 것은 자연스러운 일이라 하겠다. 그런 추세는 2007년 가을 『경영연구*Journal of Management Studies*』에서 "기업가 중심적 기업 이론"이라는 제목 아래 마련한 특집에서 잘 드러난다. 그 초점은 소유자가 경영하는 기업, 그러니까 챈들러가 주목하던 것과 지배구조가 다른 기업에 집중되어 있다. 오늘날 그런 기업이 차지하는 비중이 대부분의 국가에서 매우 크다는 점을 고려할 때, 이는 쉽게 수긍할 수 있는 것이다. 주목을 끄는 것은 "기업을 기업가적 비전의 구현체"로 보는 울리히 비트의 논문이다. 이 독일 경제학자는 소유자가 기업에서 발휘하는 지도력에 주목한다. 기업은 원래 소유자가 모든 업무를 혼자 수행할 수 없기 때문에 다른 사람들을 고용해 처리하는 분업 조직이다. 거기서 필연적으로 대두하는 과제는 여러 사람들의 업무를 조정하는 동시에 그들이 업무에 매진하도록 유도하는 것이다. 이런 지도력은 기업이 작은 경우에 소유자가 발휘하지만, 소유자가 피고용인과 대면 관계를 유지할 수 없을 정도로 기업이 커지면 관리자에게 분담시키게 된다. 이제 관리자는 소유자로부터 권한과 책임을 위임받아 기업가처럼 지도력을 발휘한다는 것이다.[57] 여기서 비트는 기업가와 기업가 정신의 개념에 대해 상론하지 않는다. 그러나 그의 입론이 앞에서 살펴본 슘페터의 규범적 개념보다 아서 콜의 경험적 개념에 기울어 있다는 것은 분명하다. 비트는 콜처럼 기업을 조직으로 이해하고 기업가 정신에서 혁신에 못지않게 관리를 강조하니 말이다.

콜의 개념은 분명히 챈들러의 패러다임을 넘어서는 데 도움이 될 것으로 보인다. 그것은 슘페터의 개념처럼 경제발전을 설명하기 위해 제작된 자동 기계가 아니라, 경제사를 이해하기 위해 구성된 가설적인 도구이다. 콜은 경제사에서 출발해 기업에 관심을 기울였던 만큼, 경험적 설명에 적합한 도구를 만들었던 것으로 보인다. 그것은 기업사의 정체성을 확립하는 데 절실하게 필요했던 단순하고 선명한 이론을 담고 있지 않다. 그렇지만 기업가 정신을 기업 조직으로 넓혀서 살펴보는 데, 바꿔 말해 챈들러가 경시한 중 · 하급 관리자까지 고려하는 데 도움이 될 듯하다. 더욱이, 콜의 개념에서는 최고 경영자와 그 이하의 관리자 사이의 관계가 탐구해야 할 과제로 설정되어 있다. 이미 살펴보았듯이, 그는 "기업

57 Witt, "Firms as Realizations of Entrepreneurial Visions."

가나 '최고 경영진'과 그들이 이끄는 조직 사이의 상호작용이 기업가 정신과 그 역사에서 유난히 중요하고 복잡한 측면"이라 보는 것이다. 바꿔 말해, 막스 베버가 설명한 관료제를 챈들러처럼 실재형으로 수용하지 않고 중요한 연구 과제로 간주하는 것이다.

그렇지만 콜의 개념도 부분적으로 수정할 필요가 있다. 그것은 이미 살펴본 것처럼 현대 기업에 주안점을 두고 있는 개념이기 때문에, 장기적 안목을 충분히 강조하지 않는다. 이처럼 제한된 역사적 안목은 "기업체 역사"가 대두하면서 형성된 것으로서, 챈들러 학파의 기능주의 모델에서 자본주의 발전에 따른 사용자-피고용인 관계나 기업-소비자 관계가 간과되는 배경이 되었다. 이런 한계를 극복하기 위해서는, 자본주의가 주어져 있는 구조가 아니라 역사적 변화의 산물이라는 점을 명심하고 자본주의 기업의 대두에 수반되는 사회적 관계의 변화를 탐구해야 한다. 다시 말해, 에드윈 게이처럼 자본주의가 발전하기 이전 시대로 관심을 확대해야 한다. 콜의 개념은 또한 국가의 역할과 노동자의 존재를 고려할 수 있도록 그 외연을 확장할 필요가 있다. 물론, 기업가 정신은 의미상 국가나 노동자를 포용하기 어렵다. 그러나 기업가들이 결정과 행동을 취하는 데 공공정책과 노사관계가 중요한 요인으로 작용한다는 사실을 감안하면, 반드시 외연을 넓혀야 할 것이다. 이는 넓은 맥락을 경시하는 챈들러 학파의 한계를 넘어서는 데 도움이 될 것으로 보인다.

이는 결국 기업사에 사회사를 접목시키자는 제안이다. 그런 생각이 전적으로 새로운 것은 아니다. 토머스 코크런은 기업사 연구자로서 사회경제사의 전통을 이어받아 기업사와 사회사의 연관성에 주목했는데, 그의 넓은 시야는 근래에 다시 관심을 끌고 있으니 말이다.[58] 이 제안에서 새로운 것이 있다면, 그것은 1960년대부터 사회사 연구자들이 강조해 온 접근방법을 도입하자는 것이라 할 수 있다. 그들은 "아래에서 위로" 거슬러 올라가는 시각을 지니고 이름 없는 사람들에게서 주체적 능동성을 찾아내는 데 관심을 기울이면서, 사회적 관계를 정치적·경제적 세력관계에 따라 문화적 차원에서 형성되는 것으로 이해하고 그 변화를 장기적 안목에서 추적하는 접근방법을 구사했다. 덕분에 노동계급을 비롯해 소수집단들에 관해 많은 것들이 밝혀졌고, 역사 서술도 큰 변화를 겪었다. 그러나 사회사 연구자들은 귀족이나 엘리트 같은 지배집단에 대해 본격적으로 탐구하지 않았다. 흔히 사회변혁의 동력을 발견하려는 의도를 갖고 역사에 접근했기 때문에, 그들의 역사 서술에서 지배집단은 배경으로 설정되거나 기껏해야 조연으로 등장했을 뿐이다. 기업사는 그런

58 Woodman, "Business History as Social History"; Perkins, "Entrepreneurial Spirit in Colonial America."

결함을 메우는 데 중요한 분야라 할 수 있다. 주지하다시피 사회사 연구자들은 독특한 시각과 관심사로 말미암아 오랫동안 기업사를 경시해 왔으나, 이제 시야를 지배집단에 이르기까지 확대하고 그들이 옹호하는 접근방법을 적용한다면 사회변화의 역동적인 기제를 올바르게 이해하는 데 기여할 수 있을 것이다. 특히, 기업가들에 대한 이해를 2차대전 직후에 성행했던 집단 전기보다, 또 기업가들이 구축한 세계를 그들의 시각에서 탐구한 연구보다, 높은 수준으로 끌어올리는 데 기여할 수 있을 것이다.[59]

이런 제안에 가까운 시도는 이미 나와 있다. 우선, 미국 사회사의 대가 올리비에 준즈가 1990년에 내놓은 『미국 대기업 문화의 형성』을 들 수 있다. 여기서 그는 20세기 전환기에 성장한 대기업에서 중간 관리자들이 조직을 건설하고 운영하는 능동적인 역할을 수행하면서 현대 미국의 대기업 문화를 형성하는 데 기여했다고 주장한다. 나아가, 대기업들이 각각 특징적인 방식으로 운영되었으나, 거기서 형성된 가치관이 대개 미국 사회 전체로 확산되었다고 지적한다. 그리고 여성사가 에인절 콜렉-폴런드는 중산층 문화가 대기업에 수용될 뿐 아니라 거기서 변형되는 과정도 보여 준다. 그는 1994년에 발표한 『젠더와 기업문화』에서, 20세기 전환기에 미국의 대규모 금융기관에서는 경영진이 중산층의 젠더 이데올로기에 따라 사무직 종사자들을 성별로 구분하고 서로 다른 역할을 맡게 하는 등, 가부장제를 대기업 사무실로 끌어들였다는 점을 지적한다. 또한 사무실에서는 상부의 통제에 순종하는 행동양식이 중시되었고, 따라서 여성을 이상적인 노동자로 묘사하면서 남성에게는 전통적인 관념과 달리 자율성보다는 전문성과 효율성을 기대하게 되었다는 점도 강조한다.[60]

이런 시도는 사회사적 시각과 접근방법이 기업사 분야에서 중요한 성과를 낳을 수 있다는 것을 보여 준다. 준즈의 연구에서 강조되는 중간 관리자들의 주체적 능동성이나 콜렉-폴런드의 연구에서 부각되는 사무직 종사자들의 젠더 관념은 사회사는 물론이요 기업사 분야에서도 지금까지 알려져 있지 않던 것인데, 이런 성과는 기업 조직과 문화 변동의 상호관계를 탐구하려는 시도의 산물이다. 그들의 연구는 기업사와 사회사의 접목에서 풍성한 결실을 기대할 수 있다는 점을 보여 주는 것이다. 그리고 그런 결실은 미국의 기업가들이 지니고 있는 특색을 깊이 있게 파악하는 데 기여할 것이다. 적어도 지금까지 챈들러 학

59 후자의 사례로는 다음과 같은 연구를 들 수 있다. Doerflinger, *Vigorous Spirit of Enterprise*; Dalzell, *Enterprising Elite*; Wright and Viens, eds., *Entrepreneurs*.

60 Zunz, *Making America Corporate*; Kwolek-Folland, *Engendering Business*.

파나 기업 문화 연구자들이 지적한 미국의 특징, 즉 미국의 기업가들이 다른 나라에 비해 더 개인주의적이고 더 경쟁적인 태도를 지니고 있다는 추상적 견해에서 한 걸음 더 나아가는 데 도움이 될 것이다.[61]

사회사 연구자들처럼 시야를 넓힐 때 기업가를 깊이 꿰뚫어 볼 수 있다는 점은 이미 드러나 있다. 사회학자 샌포드 자코비는 미국 기업에 대한 풍부한 연구 업적을 바탕으로 미국 예외론을 재검토하면서, 이 틀을 노동자 대신에 기업가에게 적용하는 편이 낫겠다고 제안한다. 그 요지는 다른 나라에 비해 미국의 사용자와 경영자들이 노동자에 대해 더 적대적인 태도를 갖고 있다는 것이다. 그들은 물론 20세기 중엽에 노동조합을 동반자로 인식하고 타협적 노사관계를 수립했지만, 그 이전에 형성되었던 적대적 태도를 완전히 버리지 않았고 또 1980년대부터는 그것을 다시 표면에 내세우기 시작했다는 것이다. 다른 선진국에서 보기 어려운 이런 적대적 태도를 설명하기 위해, 자코비는 미국 사회에 널리 확산되어 있는 개인주의 이데올로기 이외에 "통제의 자유"라는 신조에 주의를 환기한다. 미국의 사용자들은 귀족 같은 경쟁자가 없었을 뿐 아니라 확고한 재산권과 강대한 정치적 영향력을 누렸다. 그처럼 강한 힘을 바탕으로, 그들은 "경영상 특권"을 외치며 정부나 노조의 간섭에 맞서 왔다. 자코비에 따르면, 그런 뜻에서 미국의 기업가들은 예외적인 존재이다.[62]

그렇지만 "예외적"이라는 용어가 적합한지 의심스럽다. 자코비는 다른 예외론자들과 마찬가지로 미국과 다른 나라들 사이의 차이를 정확하게 파악하거나 입증하려고 하지 않는다. 그저 차이점을 강조할 뿐이다. 다른 나라에서도 사용자들은 노동운동에 대해 적대적인 태도를 보이며 막강한 권력을 누린다는 점을 감안할 때, 미국과 다른 나라 사이에 존재하는 차이는 종류의 차이가 아니라 정도의 차이라 할 수 있다. 이는 기업과 정부 사이의 관계에서 잘 드러난다. 지도적인 기업사 연구자 토머스 맥그로는 이 주제를 다룬 논문에서 미국과 다른 나라 사이의 차이를 면밀하게 비교한다. 그에 따르면 어느 나라에서든 정부는 경제발전을 위해 기업을 지원하고 규제하지만, 미국은 직접적인 개입보다 간접적인 접근을 선호한다. 정확하게 말하면, 미국도 19세기에는 전자에 많이 의지하다가 20세기에 들어와서 후자를 강조해 왔다는 것이다. 그래서 독점과 증권 거래를 규제하는 제도와 연구 개발을 지원하는 세금 제도를 비롯해 기업을 간접적으로 통제하는 법률적 장치가 다른

61 근래의 기업 문화 연구 동향에 관해서는 Schröter, "Economic Culture and Its Transfer"를 보라.
62 Jacoby, "American Exceptionalism Revisited."

나라에 비해 더 중시된다는 것이다.[63]

그 이면에는 맥그로가 지적하는 국가의 상대적 취약성, 즉 국가가 기업보다 뒤늦게 발달함에 따라 형성된 역사적 구조만 자리 잡고 있는 것은 아니다. 기업가들이 국가에 대해 지니고 있는 뿌리 깊은 반감도 버티고 있다. 정치학자 데이비드 보겔은 미국의 기업가들이 국가로부터 다양한 지원을 받으면서도, 정부의 간섭을 비판하며 "자유로운 기업" 활동을 역설한다고 지적한다. 그리고 그런 태도는 이미 19세기 초에 형성되기 시작했다고 부연한다. 자본주의가 발전을 시작하는 단계에서, 미국의 부르주아지는 민중이 참정권을 이용해 국가기구를 장악하고 경제적 자유를 침해하지 못하도록 막는 데 관심을 기울였다는 것이다.[64] 그렇지만 이미 제6장에서 살펴본 것처럼 그런 관심은 혁명과 건국이 진행되던 18세기 말부터 나타났을 뿐 아니라 제도화되기도 했다. 여기서 중요한 것은 국가에 대한 기업가들의 뿌리 깊은 반감이 미국의 탄생과 더불어 수립된 권력구조에 배어들어 있다는 점이다.

자코비와 맥그로, 그리고 보겔은 미국 기업가들의 특색에 접근하는 데 필요한 윤곽을 보여 준다. 또한 깊이 있는 이해에 도달하기 위해서는 기업의 구조나 문화를 넘어 노사관계에서 권력구조에 이르는 커다란 맥락에 주목해야 한다는 점을 일깨워 준다. 이제 도덕 논쟁에서 벗어나 역사학적 분석으로 들어가는 길은 뚜렷하게 보이는 듯하다.

---

63 McGraw, "Government, Big Business, and the Wealth of Nations."

64 Vogel, "Why Businessmen Distrust Their State."

제 8 장 중산층

1. 주제

미국은 중산층의 나라라 할 수 있다. 자신이 중산층에 속한다고 생각하는 미국인은 20세기 중엽에 열 명 가운데 일곱이나 여덟이었고, 근래에는 더욱 늘어서 아홉이나 된다. 중산층이 위축된다는 우려에도 불구하고, 그런 미국인은 오히려 늘어난 것이다.[1] 물론, 그들 가운데 상당수는 직업이나 소득에서 보통 노동계급으로 분류되는 위치에 있다. 그런데도 자신이 중산층에 속한다고 생각하는 것은 "허위의식" 운운하며 가벼이 여길 일은 아니다. 거기에는 많은 미국인들이 말하듯이 계급이라는 것은 없다고 할 수 있을 정도로 사회구조가 개방되어 있다는 관념이 들어 있기 때문이다.

미국이 어떻게 해서 그처럼 중산층이 두터운 나라가 되었는지 말하기 어렵다. 이 중요

1 Walkowitz, *Working with Capital*, xv–xvi; Moskowitz, *Standard of Living*, 12.

한 의문에 학자들은 관심을 충분히 기울인 적이 없는데, 그 배경에는 중산층을 경시하는 오랜 풍조가 자리 잡고 있다. 마르크스는 자본주의 아래서 사회가 부르주아지와 프롤레타리아로 양분되는 가운데 그 어느 쪽에도 속하지 않는 집단들도 존재하지만, 그런 집단은 생산관계의 측면에서 볼 때 모호한 위치를 차지하기 때문에 독자적으로 계급을 구성하지는 않는다고 생각했다. 그는 이런 생각을 충분히 발전시키지 않은 채 남겨 놓았다. 그러나 1890년대에 독일 사회민주당의 노선을 놓고 정통파와 수정파가 논쟁을 벌이면서, 그의 견해를 단순화시켜 중산층이 프롤레타리아로 흡수되어 소멸하거나 아니면 별개의 계급으로서 지속된다고 주장했다.[2] 다른 한편에는, 그와 다른 이유에서 중산층을 경시하는 경향이 있었다. 예를 들어 미국의 사회학자 라이트 밀스는 1950년대에 발표한 중요한 저술에서 사무직 종사자들이 중산층의 중심 세력으로 부상했다는 점에 주의를 환기했다. 그러면서도 그들이 기존질서에 순응하며 안락한 생활에 안주하는 무력한 태도를 지니고 있다고 개탄했다. 이 해석은 20세기 중엽에 사무직 종사자들을 관찰한 다른 연구자들의 견해와 어우러져서 오늘날까지도 커다란 영향을 끼치고 있다.[3]

물론, 그런 풍조에 반해 중산층에 대한 관심을 촉구하는 목소리도 있었다. 덕분에 1970년대 중엽부터 중산층의 역사적 윤곽이 드러나기 시작했다. 미국의 유럽사 전문가 아노 메이어는 1975년에 발표한 논문에서, 중산층을 상류와 하류로 구분하고 후자를 역사학적 연구의 과제로 설정해야 한다고 강조한 바 있다. 그에 따르면 근대 서양에서 중산층은 원래 부르주아지라는 형태로 등장했지만, 곧 상인, 은행가, 제조업자로 구성되는 그랑부르주아와 장인과 소상점주를 중심으로 형성되는 프티부르주아로 분화되었다. 그리고 전자가 점차 사회질서에서 지배적인 위치로 상승한 데 반해, 후자는 그 아래에 자리를 잡고 있으면서도 경제적 자립을 누리지 못하는 많은 사람들보다는 나은 처지에 있었다. 그런 뜻에서 메이어는 프티부르주아가 하류 중산층이자 진정한 중산층이라고 지적한다. 덧붙여 이 계층은 해체되리라는 예언과 달리 오히려 활력을 얻었다고 강조한다. 사실, 장인과 소상점주는 자영농과 더불어 크게 위축되지 않았다. 더욱이, 19세기 말부터는 사무원과 판매원 등, 사무직 종사자들이 늘어나면서 "새로운" 하류 중산층을 형성했다. 이런 하류 중산층은 국가에 따라 상이한 양상을 보이는데, 미국에서는 특히 두터운 모습을 띠고 나타난다. 미국에는 귀족이 없었기 때문에 하류 중산층이 일찌감치 중산층으로 자리를 잡았고,

2 Burris, "Discovery of the New Middle Class"; Oppenheimer, "Political Missions of the Middle Strata."
3 Mills, *White Collar*; Riesman, *Lonely Crowd*; Whyte, *Organization Man*.

경제가 빠른 속도로 성장을 계속한 덕분에 다른 나라에 비해 사무직 종사자가 훨씬 많을 뿐 아니라 생산직 종사자 가운데서도 일부는 중산층 생활을 누린다는 것이다. 결국, 메이어의 요점은 하류 중산층이 무기력한 존재라 해도 분명히 중요한 사회현상이므로 그 다양한 모습을 역사학자들이 탐구할 필요가 있다는 것이다.[4]

그렇지만 메이어의 권고가 금방 호응을 얻은 것은 아니다. 중산층에 주목하는 역사학자들은 1970년대에 이어 1980년대에도 소수에 불과했다. 더욱이 그들은 19세기에 관심을 집중시키며 20세기를 외면함으로써 가까운 과거를 사회과학자들에게 양보하는 듯했다. 그래서 중산층은 역사와 이론의 변경지대에 놓여 있었다고 할 수 있다. 이런 사정은 서양에서 전개되는 논의가 소개되는 데서 그치는 국내에서도 다를 바 없다.[5] 이런 양상은 무엇보다도 낡은 관념의 끈질긴 힘, 특히 중산층이 소멸된다는 예언과 무력증이라는 진단이 지니고 있는 놀라운 관성을 보여 준다. 이는 최근의 연구 동향으로 미루어 짐작할 수 있다. 중산층에 관한 연구는 21세기에 들어와서 갑자기 활기를 띠기 시작했는데, 그 주제는 대개 마르크스의 예언을 넘어 밀스의 진단까지 폐기하는 데 있다. 심지어 일부 학자들은 중산층의 정치적 능동성을 발견하고 그것을 사회변화에 대한 전망으로 연결하는 시도를 감행하기도 한다. 바꿔 말해, 오늘날의 연구자들은 한 세대 전에 메이어도 생각하지 않았던 방면에서 그의 권고를 넘어서고 있는 것이다.

그래도 새로운 동향을 포함해 지금까지 한 세대 넘게 축적된 연구가 미국 중산층의 특징을 파악하는 데 얼마나 도움이 되는지 의심스럽다. 이 측면에서 대표적인 업적은 독일의 역사학자 위르겐 코카의 연구라 할 수 있다. 그는 무엇보다 20세기 중엽에 미국의 사무직 종사자들이 독일의 경우와 달리 파시즘으로 기울지 않고 자유주의적 성향을 보였다는 사실에 주의를 환기한다.[6] 그렇지만 코카는 정치적 성향에 초점을 맞추는 반면에 경제발전과 문화변동을 비롯해 중산층을 둘러싸고 있는 커다란 맥락을 경시한다. 그렇기 때문에 그의 연구는 미국 중산층의 특징적 면모를 전반적으로 파악하는 데 크게 도움이 되지 않는다.

그렇다면 지금까지 축적된 연구 성과를 검토하고 그것을 배경으로 최근의 연구 동향을 평가할 필요가 있다. 새로운 동향이 어떤 측면에서 바람직한지, 또 어떤 측면에서 미흡한지, 생각해 보자는 것이다. 그리고 미국 중산층이 지니는 특징에 접근하자면, 어떤 노력을

4 Mayer, "Lower Middle Class." 또한 Stearns, "Middle Class"도 참고하라.

5 노명식 외, 『시민계급과 시민사회—비교사적 접근』 (한울, 1993).

6 Kocka, *White Collar Workers*.

기울여야 하는지도 생각해 보자는 것이다.

그런 측면에서는 인종관계를 잊지 말아야 한다. 인종은 미국의 계급관계에 불가결한 요소이기 때문이다. 그렇다고 해서 여기서 흑인 중산층을 다룬다는 뜻은 아니다. 흑인 중산층에서 다수는 아직도 백인 노동계급의 직종이나 소득 수준에 머물러 있을 정도로 백인 중산층과 다른 입지에 있기 때문이다.[7] 따라서 여기서는 초점을 백인 중산층에 한정하고, 인종관계는 그것을 이해하는 데 도움이 되는 범위에서 거론할 생각이다.

2. 형성

무엇보다 먼저 거론해야 할 것은 중산층에 관한 용어이다. 중산층은 여러 가지 용어로 표현된다. 우리나라에서도, 그것은 중간계급이나 중산계급과 구분되지 않고 혼용된다. 바꿔 말해, 계급*class*과 계층*stratum*이 혼동되고 있는 것이다. 전자에 관해서는 이미 제2장에서 상론한 바 있다. 계급은 한마디로 줄이자면 어떤 사람들이 스스로 다른 사람들과 구분되거나 대립된다고 생각하고 행동할 때 나타나는 역사적 현상이다. 반면에 계층은 사회구조에서 같은 위치를 차지하고 있으면서도 그런 의식이 없는 사람들에게 적합한 구조적 개념이다. 이런 뜻에서 중산층과 중간계급은 명확하게 구분할 수 있다.

그러나 서양에서는 그렇지 않은데, 이는 영어 사용권에서 뚜렷하게 드러난다. 영어에서는 한글의 중산층에 상응하는 용어가 없고, 중간계급*middle class*이 단수형과 복수형으로 쓰일 뿐이다. 따라서 이 용어를 쓰는 데는 계급의식의 존재를 입증해야 하는 부담이 따른다. 이러한 부담은 단수형으로 쓸 때 더욱 크다. 중간계급에 속하는 사람들이 널리 계급의식을 공유하고 있는지 확인하기는 매우 어렵기 때문이다. 그런데도 적지 않은 연구자들이 계급의식을 거론하지 않고, 관습에 따라 용어를 사용한다.

영어 사용권에서는 17세기부터 "중간 신분*middle estate*," "중간 계층*middling ranks*," "중간 부류*middling sorts*" 같은 용어가 사용되었다. 이는 물론 귀족과 평민 사이에 자리 잡은 근대적 시민을 가리키는 용어였다. "중간계급"은 19세기 초부터 사용되기 시작해서 1840년대에는 기존 용어를 대신하는 배타적 위치를 차지했다. 그렇지만 그것은 단수형이 아니라 복수형으로 사용되었다. 단수형이 등장한 것이 언제인지 확실치 않으나, 분명히 1920년대

7 Evans, "Transformation of the Black Middle Class"; Thernstrom and Thernstrom, *America in Black and White*, chs. 7-8, pp. 183-231.

에는 사용되고 있었다. 당대인들은 19세기 말부터 빠른 속도로 늘어나던 사무직 종사자들을 "신중간계급*new middle class*"이라는 단수형 용어로 불렀고, 그에 따라 종래의 중간계급들도 하나로 묶어 "구중간계급*old middle class*"으로 부르기 시작했던 것이다.[8] 그렇다고 해서 복수형이 폐기된 것은 아니다. 1950년대에 "신중간계급"에 관해 주의를 환기한 라이트 밀스도 단수형과 복수형을 혼용했다. 그렇지만 오늘날에는 대체로 단수형이 통용되고 있어서, 복수형을 사용할 때는 그 이유를 따로 설명하기도 한다. 이런 추세는 계급에 관한 논의가 노동계급에서 중산층으로 확산되는 1970년대부터 대두한 것으로 보인다. 바꿔 말해, 이제 영어 사용권에서는 많은 학자들이 단일한 "중간계급"이 존재하는 것처럼 말하는 셈이다.

그런 용어 문제는 미국 중산층에 대한 연구의 기저부에 자리 잡고 있다. 그것은 1970년대 말부터 1980년대 초까지 이 주제에 관한 논의를 선도한 역사학자들의 업적, 특히 중산층의 형성 과정에 관한 연구에서 뚜렷이 드러난다. 폴 존슨은 1815~37년간에 뉴욕의 로체스터에서 소기업가와 전문직업인들이 종교적 부흥운동을 통해 계급적 동질성을 느끼게 되었다고 주장한다. 그는 특히 제조업부문에서 사용자로 등장한 소기업가들이 노동자의 음주와 오락을 죄악으로 간주하고 갱생을 위한 절제와 권위에 대한 존중을 역설함으로써 종교에서 사회적 불안에 대한 통제 수단을 찾으며 결속했다는 점을 강조한다.[9] 메리 라이언은 계급과 가족의 관계에 주목하면서, 1820~60년간에 뉴욕의 오나이더 군에서 사무직 종사자와 전문직업인들이 "중간계급 문화"라 할 만한 특징적인 생활양식을 수립했다고 말한다. 그들의 가정에서는 자수성가를 꿈꾸며 밖에서 남편이 근면과 절제를 실천하고 안에서는 부인이 자녀교육에 열성을 다하는 가족 전략이 정착했다는 것이다.[10] 또 교육에서는 진실성을 무엇보다 강조했다고 캐런 할터넌이 지적한다. 19세기 중엽에 유행한 예법 안내서에서 보이듯이, 그것은 매우 유동적인 사회구조 속에서 "중간계급"의 지위 향상에 필요한 개인 윤리로서, 또는 가식假飾을 통해 접근해 오는 하층민을 식별하는 표지로서 중요한 가치였다.[11] 이런 연구는 간단히 줄이면 19세기 중엽에 "중간계급"이 등장했다고 하

8 Bledstein, "Introduction: Storytellers to the Middle Class," 3-6; Hobsbawm, *Age of Revolution*, 17; Mintz, *Prison of Expectations*, 205; Lederer and Marschak, "New Middle Class." 또한 Kocka, "Middle Classes in Europe"도 참고하라.

9 Johnson, *Shopkeeper's Millennium*.

10 Ryan, *Cradle of the Middle Class*.

11 Haltunen, *Confidence Men and Painted Women*; Mintz, *Prison of Expectations*.

면서, 그 근거로 특징적인 가치나 태도 같은 문화적 현상을 든다. 그렇지만 어떤 연구도 계급의식의 존재를 적극적으로 입증한다고 할 수 없다.

그런 문제는 널리 주목을 끈 스튜어트 블루민의 연구에도 들어 있다. 1989년에 발표한 『중간계급의 등장』에서, 그는 북동부 도시에서 경제적으로나 사회적으로 중간 위치를 차지하고 있던 사람들이 1820~60년 사이에 "비교적 응집력 있는 중간계급으로 부상했다"고 주장한다. 그에 따르면, 이 시기에 뉴욕과 필라델피아 같은 곳에서 서기, 판매원, 회계원 등 사무직 종사자들이 자신들의 작업을 육체노동보다 우월한 것으로 규정하고 의복과 주거를 비롯해 소비생활에서도 육체노동자들과 구분되는 행태를 보이면서 금주협회와 공제조합 등, 각종 임의단체에 활발하게 참여했다고 한다.[12] 그렇지만 블루민은 계급의식이라는 용어를 쓰지 않는다. "중간계급"에 속하는 사람들은 자신들이 상층이나 하층에 속하는 사람들과 대립하는 관계에 있다고 생각하고 자신들의 이익을 위해 단결하지는 않았다는 것이다. 다만 블루민은 그들이 상층이나 하층과 구분되는 문화를 지니고 있는 것으로 느꼈다고 지적하면서, 이 점을 드러내기 위해 "계급적 각성*class awareness*"이라는 용어를 사용한다.

그러나 그런 용어가 적절한지 의심스럽다. 그것은 영국의 사회학자 앤서니 기든스가 만든 용어로서, 중산층에서는 계급에 관한 생각이 "계급의 존재나 계급적 현실을 부인하는 형태를 띨 수도 있다"는 점을 드러낸다.[13] 기든스의 어법은 중산층의 문화에서 뚜렷한 연대의식이나 대립의식을 발견하기 어렵다는 현실을, 다시 말해 역사학자들이 흔히 채용하는 계급 개념을 이 경우에는 적용할 수 없다는 사실을, 그저 분식해 버리는 수사법이 아닌가 싶다. 미국의 중산층은 엘리트나 노동계급과 정면으로 충돌해 본 경험이 없을 뿐 아니라, 이미 구축해 놓은 온갖 단체에서 드러나는 것처럼 너무나 다양하고 때로는 상충하기까지 하는 이해관계를 갖기도 하기 때문이다. 더욱이 중산층은 기존질서에 집단적으로 저항

---

12 Blumin, *Emergence*. (인용은 12)

13 Blumin, *Emergence*, 10. 또한 그의 "Hypothesis of Middle-Class Formation"도 참고하라.

더욱이, 기든스는 블루민의 기대와 달리 "중간계급"에 대한 역동적 분석에 도움이 되지 않는 것 같다. 그는 계급형성에 직접적으로 기여하는 "근접 구조화"의 형태로서, 기업 내부의 기술적 분업과 권위 구조, 그리고 사회 전반에서 소비 패턴으로 구분되는 "분배 집단의 형성"을 든다. 그리고 이를 토대로 사회적 유동성이 제한됨에 따라 집단별로 공통의 생활경험이 축적되는 과정, 즉 "중간 구조화"를 상정한다. (Giddens, *Class Structure of the Advanced Societies*) 이런 기든스의 틀은 마르크스와 베버를 절충해 놓은 것인데, 거기서 시간이란 "근접 구조화"에서 "중간 구조화"에 이르기까지 기껏해야 두어 세대에 걸쳐 흐를 뿐이고 그 뒤에는 제자리에서 맴돌게 된다. 따라서 이미 수세대 이상 진행된 자본주의의 역사에서 중산층이 어떤 역할을 담당했는지 하는 의문에 대해서는, 거기서 어떤 답변도 얻을 수 없다.

하기보다는 개별적으로 적응하는 데 성공한 사람들이고 또 흔히 더 큰 개인적 성공을 바라기도 하는 사람들, 그래서 블루민 스스로 인정하듯이 개인주의에 대해 강한 신념을 갖고 있는 사람들이기 때문이다.

"중간계급 문화"는 계급의식의 대용물처럼 자주 사용되지만, 그 존재가 충분히 입증되었는지 의심스럽다. 그것은 물론 민중문화와 분명히 구분되는 것 같다. 미국의 민중은 혁명기부터 평등과 공생을 강조하면서, 정부가 물가 앙등을 규제하고 통화 공급을 확대하는 등, 시장경제에 깊이 개입해야 한다고 주장했다. 이런 가치와 정책은 19세기에 들어와서 산업 자본주의가 발전함에 따라 그에 수반되는 사회적 폐단을 비판하는 전통으로 이어졌다.[14] 그렇지만 블루민을 비롯해 선도적인 학자들이 묘사하는 "중간계급 문화"가 미국인들 사이에서 널리 공유되던 국민문화와는 뚜렷이 구분되지 않는 듯하다. 건국기에 형성된 국민문화는 미국인의 정체성을 공화국 시민으로 규정했는데, 그는 바로 중산층에 속하는 자립적이고 도덕적인 인물로서 근면하고 용감하며 자유를 사랑하는 이성적 개인이었다. 그의 자아상을 선명하게 부각시킨 부정적 타자들은, 예속에 길들여진 흑인과 야만에 빠져 있는 원주민, 그리고 사치스럽고 나약하지만 도덕적 순결을 고취할 수도 있는 감성적인 여성이었다.[15] 이런 시민 개념은 중산층이 상층과 공유하던 가치였다. 사실, 미국인들은 건국기부터 미국을 세습적인 귀족이 없는 중산층 사회로 여겼다. 혁명 이데올로기에 따르면, 미국은 공화국으로서 경제적 자립과 정치적 미덕을 겸비한 시민이 주도하는 나라, 사치에 빠져 나약해지기 쉬운 부자와 자칫하면 예속 상태로 떨어지는 빈민을 늘 경계하면서 중간에 속하는 소박하고 건전한 시민이 주도하는 나라였다.[16] 이런 관념은 19세기 미국인들 사이에서 널리 공유되고 있었고, 따라서 블루민 등이 묘사하는 "중간계급 문화"에도 스며들어 있었다.

이렇게 선도적인 학자들이 "중간계급 문화"를 국민문화와 선명하게 구분하지 못하는 것은 그들이 미국의 특징적인 사회구조를 경시하기 때문인 듯하다. 두말할 나위도 없이, 19세기 미국에는 귀족이 존재하지 않았다. 루이스 하츠처럼 미국에는 귀족이 존재한 적이 없다고 말하기는 어렵다 해도, 귀족은 18세기가 시작되기 전에 하나의 사회제도로서 미국

14 Foner, *Tom Paine and Revolutionary America*; Sellers, *Market Revolution*.

15 Smith-Rosenberg, "Dis-Covering the Subject." 이런 타자들을 통해, 시민은 자신들의 동질성을 확인하고 국민으로서 단결력을 확보하는 초계급적 존재였다. 이에 관해서는 다음을 보라. Nelson, *National Manhood*, chs. 1-2, pp. 29-101.

16 베일린, 『미국혁명의 이데올로기적 기원』.

에 정착하는 데 실패했다.[17] 그렇다고 해도 유럽처럼 위계적인 사회질서가 확립되어 있었다는 사실은 부인하기 어렵다. 식민지 미국인들은 영국이 수립한 사회질서에 편입되어 있었기 때문이다. 차이가 있다면, 그 정점에 귀족 대신 부르주아지가 자리 잡고 있었다는 것이다.[18] 다른 중요한 차이점은 최근에 초기 미국사의 거장 조이스 애플비가 지적한 바 있듯이 미국에서는 재산이 상대적으로 평등하게 분배되어 있었다는 점이다. 자유를 지닌 백인 남성 가운데 절반에 가까운 사람들이 토지를 소유했고, 그들 가운데서 재산이 가장 많은 최상위 10%도 전체 토지의 절반을 소유했을 뿐이다. 더욱이, 건국 이후에는 서부를 개척하려는 정부의 적극적인 정책 덕분에 토지가 풍부하게 공급되었다. 또 혁명을 계기로 위계적인 사회질서를 비판하는 평등주의가 대두했고, 외형적 성공 대신에 내면적 영성을 강조하는 종교 부흥운동 덕분에 널리 확산되었다.[19] 그렇다면 19세기 미국에서 "중간계급"의 형성 과정을 밝혀낸다는 것은 아노 메이어가 지적한 것처럼 기본적으로 부르주아지 자체를 상류와 하류로 구별해야 한다는 것을 뜻한다.[20] 그런데도 블루민을 비롯해 선도적인 학자들은 "중간계급"과 노동계급의 구분에 주목하는 반면에 "중간계급"이 상층으로부터 분화되는 과정은 천착하지 않는다.

다행스러운 것은 이 두 번째 문제점이 리처드 부시먼 덕분에 상당 부분 해결되었다는 점이다. 그의 1992년도 저술 『미국인의 품위 높이기』는 물질문화의 측면에서 상층과 중산층이 분화되는 과정을 추적하는 중요한 업적이다. 거기서 저자는 식기와 가구, 주택의 구조와 장식, 교회의 건축 양식, 도시계획의 양상 등, 미국인의 물질생활에서 어떤 변화가 일어났는지 면밀하게 검토한다. 그리고 소박하던 생활양식이 1690년대부터 뚜렷한 변화를 보이기 시작했다는 점을 지적한다. 재력이 있는 미국인들은 그 시기부터 유럽 귀족의 호사스러운 생활양식을 따르기 시작했다. 거대한 저택을 짓고 응접실을 꾸미며 손님을 접대하는 공간과 가족이 생활하는 공간을 분리했고, 품위 있는 언행을 배우고 배타적인 사교생활을 함으로써 민중과 거리를 두었다. 바꿔 말해, 17세기 말부터 미국에는 귀족처럼 기품 *gentility*을 내세우는 상층이 대두했다는 것이다. 여기서 더욱 중요한 것은 그로부터 한 세기

---

17 Hartz, *Liberal Tradition in America*; Bailyn, *Origins of American Politics*.

18 부르주아지라는 용어는 미국사에서 잘 쓰이지 않으나, 하츠 자신이 19세기 미국을 부르주아사회로 규정했고 근래에는 잭슨 리어스도 19세기 말 20세기 초의 문화적 변동을 검토하면서 그런 규정에 동의한 바 있다. Lears, *No Place of Grace*, xvi.

19 Appleby, "Social Consequences of American Revolutionary Ideals."

20 Beckert, "Propertied of a Different Kind."

가 지난 다음에는 그와 같은 생활양식을 모방하는 "중간계급"이 형성되기 시작했다는 점이다. 혁명과 건국이라는 과제가 해결되자, 경제적 여유를 가진 사람들이 응접실 있는 주택을 짓고 아담한 정원을 꾸미며 상층의 생활양식을 따르기 시작했다. 그렇지만 그들은 호사를 누릴 수 없었고, 형편이 허락하는 범위 안에서 품위를 높이고자 했을 뿐이다. 기품을 내세우기보다는 체면*respectability*을 지키는 데 만족했던 것이다. 그래도 19세기 중엽에 이르면 문화적 구분선은 옮겨져 있었다. 혁명 이전에는 그것이 상층과 그 이하 계층 사이에서 뚜렷하게 보였지만, 혁명 이후에는 중간 이상 계층과 하층 사이에서 더 뚜렷해지기 시작했다. 물론, 상층은 이런 구분선에 주목하지 않았다. 공화주의가 지배하는 사회에서, 그들은 "중간계급"과 함께 사치에 빠지지 않도록 경계하면서도 자신들만이 공직을 담당하는 권리와 의무를 지니고 있다고 주장했다. 유럽 귀족에 상응하는 "공화국 신사*republican gentlemen*"를 자임했던 것이다.[21]

부시먼의 미묘한 견해를 이렇게 조야하게 요약해도, 그것이 "중간계급 문화"의 구체적 양상과 대두 과정에 관한 설득력 있는 해석이라는 점은 분명히 드러난다. 특히, "중간계급"이 유럽의 궁정문화를 수용하는 상층의 생활양식을 따르면서도 그와 구분되는 물질문화를 만들어 냈다고 본다는 점에서 기존 연구를 크게 뛰어넘는 성과라 할 수 있다. 그렇지만 부시먼도 이 탁월한 업적에서 계급의식을 확인하지 못한 채 "중간계급"이라는 용어를 사용한다. 그는 델라웨어를 집중적으로 다루면서도 다른 지역을 잊지 않을 만큼 넓은 시야를 갖고 있지만, 상층의 경우와 달리 "중간계급"에서는 내부적 결속을 찾아내지 못한다. 더욱이, "중간계급 문화"의 형성 시기를 정치적 변화에 맞추어 설정한다는 점에서 도식적 해석의 혐의도 있다. 실제로, 심성과 예법에 관한 최근 연구는 "중간계급 문화"의 출현시기를 18세기 중엽까지 끌어올릴 수 있다는 것을 보여 준다.[22]

그렇다면 이제 분명한 것은 늦어도 19세기 중엽에 이르면 문화적 측면에서도 상층이나 하층과 구분되는 사람들이 나타났다는 점, 그리고 그들을 중간계급이라 부를 수 없다면 중산층으로 여길 수는 있다는 점이다. 그리고 종래의 연구가 도회지에 집중되어 있는 탓인지 흔히 자영농민이 간과되지만, 이들 농촌지역의 중산층도 잊지 말아야 한다는 점이다.[23]

---

21 Bushman, *Refinement of America*.

22 Miller, "'Uncommon Tranquility of Mind'"; Hemphill, "Middle Class Rising"; Hunt, *Inventing Human Rights*.

23 Nellis, "Working Lives of the Rural Middle Class."

3. 변형

미국의 중산층이 19세기 말부터 중대한 변화를 겪었다는 사실은 널리 알려져 있다. 그것은 일찍이 20세기 전환기의 미국사를 개관하는 주요 저작에서 지적된 바 있다. 리처드 호프스태터는 주지하듯이 진보주의에서 구중간계급들의 반발을 읽어 냈는데, 이 계급들을 구성한 소기업가와 전문직업인들은 오랫동안 지역사회에서 명사로서 가장 높은 위신을 누렸으나 19세기 말부터 전국에 걸쳐 재산과 권력이 소수에게 집중됨에 따라 상대적으로 지위의 하락을 겪었다.[24] 로버트 위비는 진보주의를 신중간계급이 주도한 사회질서의 재편 과정으로 보는데, 이 계급은 단수형으로 표현되지만 실제로는 전문직업인 이외에 기업계와 노동계, 그리고 농업부문에 종사하던 전문가들, 구체적으로 말하자면 중간 관리자와 노동조합 간부, 그리고 과학적 영농을 실행하는 기업형 농부들을 포함한다. 그들은 다만 직업의식을 갖고 업무를 개선하며 직업단체를 조직하는 등, 자신들의 기능에 관해 공통적으로 뚜렷한 의식을 보여 주었다고 한다.[25] 바꿔 말해, 호프스태터와 위비는 진보주의의 주체에 대해 서로 다른 해석을 제시했으나, 중산층에 대해서는 오히려 일관성 있게 연결되는 윤곽을 그려 준다—20세기 전환기에 중산층에서 소기업가들이 위축되고 중간 관리자들이 성장하는 사회적 변화를 개관해 준다.

이런 윤곽은 최근에 이르기까지 많은 역사학자들이 받아들였는데, 그 이유 가운데 일부는 기업사와 노동사 분야의 연구 성과에서 찾을 수 있다. 기업사 연구자들은 무엇보다도 19세기 말에 미국의 자본주의가 대량생산 단계에 진입하면서 대기업을 중심으로 재편되는 과정을 밝혀 준다. 특히 앨프레드 챈들러는 대기업가들이 부도덕한 모리배가 아니라 혁신적인 조직가였다고 지적한다. 그들은 독점 이윤을 즐기는 데 그치지 않고, 원료의 구매에서 제품의 판매에 이르기까지 종래에 개별적으로 수행되던 다양한 기업 활동을 하나의 거대한 조직으로 통합하고 그 내부에서 조정함으로써 막대한 물량을 빠른 속도로 처리할 수 있게 만들었다. 그들은 또한 생산 · 분배 과정에서 연관성이 있는 다른 제품도 취급하며 기업 활동의 범위를 확대해서 기존 시설을 더 효율적으로 활용하기도 했다. 챈들러에 따르면, 이렇게 대기업은 규모의 이익에 만족하지 않고 생산성 제고를 위해 노력함으로

24 Hofstadter, *Age of Reform*, ch. 4, pp. 131-173.

25 Wiebe, *Search for Order*, ch. 5, pp. 111-132.

써 미국 자본주의의 역동적 발전에 기여했다는 것이다.[26]

노동사 연구자들은 그런 발전이 노동자의 희생 위에서 이루어졌음을 보여 준다. 특히 데이비드 몽고메리는 20세기 전환기에 노사갈등이 자주 일어났으며 그 규모가 크고 양상도 격렬했는데, 그것이 자본주의의 재편에 대한 노동자의 저항이었다고 지적한다. 이런 해석은 해리 브레이버먼의 이론에서 공식의 형태로 표현된다. 브레이버먼에 의하면, 대기업에서 경영진은 노동과정을 세밀하게 분해한 다음, 숙련공들에게서 작업을 구상하는 기능을 빼앗아 노동과정에 대한 통제권을 장악하고, 반면에 그들에게는 이제 단순해진 작업을 실행하는 과제만 남겨 두고 노동의 강도를 끌어올리고자 했다. 그들은 비숙련공들과 더불어 저항했으나, 최근에 많은 노동사 연구자들이 강조하듯이 세력관계를 바꾸는 데 실패하고 거기에 적응하는 길을 모색했다.[27] 이렇게 노동사 연구자들은 20세기 전환기에 미국 자본주의가 비약적으로 발전하면서 심각한 사회적 갈등을 수반했다는 사실을 밝힘으로써, 호프스태터와 위비가 개관한 바와 같이 그런 변화에 대응하는 중산층의 모습을 쉬이 받아들일 수 있게 해 준 것 같다.

그런 윤곽은 중산층의 변형 과정을 세밀하게 파악하는 데 큰 영향을 끼쳤는데, 이는 버튼 블레드스타인의 선도적인 연구에서 분명하게 드러난다. 그는 1976년에 발표한 저서에서 19세기 후반에 "중간계급 문화"가 형성되었다고 하면서, 그 핵심적 가치로 프로페셔널리즘을 든다. 그리고 그것이 경쟁적 개인주의가 지배하는 분위기 속에서 전문직업인들이 과학적 지식을 근거로 직무상 자율적 권위를 확보하고자 애쓴 결과였다고 주장한다.[28]

블레드스타인은 전문직업인에 지나치게 집중하다가 미국의 중산층이 얼마나 다양한 집단이었는지 잊어버린 듯하다. 예를 들어 그는 정부관리도 전문직업인에 포함시키지만, 신디 아론의 연구는 그렇게 하기 어렵다는 점을 보여 준다. 아론은 정부관리 가운데서도 연방 행정부의 관리들을 다룬다. 그들은 내전 직전에 1,300명에도 미치지 못했고 또 모두 남성이었으나, 20세기 초에는 20배가 넘는 25,600명 이상으로 늘어났고 게다가 여성이 4분의 1 이상을 차지했다. 그들은 출신 배경이 대개 소기업가나 전문직업인 가정이었으나, 경

---

26 Chandler, *Visible Hand*; idem, *Scale and Scope*; Hounshell, *From the American System to Mass Production*.

27 Montgomery, *Fall of the House of Labor*; Braverman, *Labor and Monopoly Capital*; Moody and Kessler-Harris, eds., *Perspectives on America Labor History*. 상세한 것은 이 책 제3장을 보라.

28 Bledstein, *Culture of Professionalism*. 프로페셔널리즘의 남성적 성격에 관해서는 Nelson, *National Manhood*, chs. 3-4, pp. 102-175을 보라.

제적 곤궁에 빠져 관리의 길을 선택하면서 봉급생활에 따르는 사회적 지위의 하락에 관해 우려했다. 게다가 같은 공간에서 남녀가 어울려 일해야 했기 때문에 중산층의 윤리를 어기는 데 관해서도 걱정했다. 그런 만큼 그들의 관심은 직무상 자율성보다는 직업의 안정성과 승진 및 보수, 또 사회적으로 체면을 떨어뜨리지 않는 언행에 쏠려 있었다.[29] 이처럼 사무직 종사자들의 세계는 전문직업인들의 문화와 달랐다. 소기업가들까지 감안한다면 더욱 다채로운 그림을 상상할 수 있을 것이다.

물론, 이렇게 다양한 집단 사이에서 공통분모를 찾아낼 수는 있다. 실제로 폴 보이어는 중산층에 속하는 사람들이 나날이 커지는 도시에서 도덕적 혼란이 심화되는 것을 보고 19세기 내내 여러 가지 개혁운동을 벌였는데, 이런 운동이 상층의 대두에 따라 자신들의 사회적 위치가 상대적으로 하락하는 데 맞서 기울이는 노력이기도 했다고 지적한다.[30] 게다가 그들 사이의 문화적 친화력이 중간 수준의 권위와 재산과 위신에 토대를 두고 있었다는 점도 인정할 수 있다. 그래도 거기서 계급의식을 끌어내기는 어렵다. 그는 중산층과 노동계급이 공유하던 생산자 이데올로기나 계급을 뛰어넘는 민족의식을 간과하는 데다, 중산층에 속하는 여러 집단의 다양성에 대해 관심을 기울이지 않는다.[31] 더욱이 그는 다양한 집단에 통합성과 지속성을 부여하는 제도의 존재를 보여 주지 못한다. 전문직업인들 사이에서 19세기 후반부터 직업 단체가 결성되기 시작했으나, 사무직 종사자들을 널리 포괄하면서 그들의 관심을 대변하는 조직은 사실 없었던 것이다. 이는 두 범주가 문화적 친화력에도 불구하고 대내적 연대의식과 대외적 대립관계를 공유하지 않았다는 것, 간단히 줄이면 계급으로서 의식을 갖고 있지 않았다는 것을 뜻한다.

따라서 근래에 중산층의 변형에 관한 연구는 여러 범주를 포괄적으로 다루지 않고 하나에 초점을 맞추며, 계급의식을 거론하지 않으면서 "중간계급" 운운하는 경향을 보인다. 이는 널리 격찬을 받은 올리비에 준즈의 연구에서도 나타난다. 준즈는 1870~1920년 사이에 대표적인 대기업들에서 일한 중간 관리자들이 부분적으로 독립 소기업가들 가운데서 충원되었고 그래서 이전에 중간계급이 누렸던 자율성을 상실했다는 점을 지적한다. 그러나 그는 대기업의 중간 관리자들이 흔히 상상하듯이 무기력한 존재가 아니라, 오히려 능동

29 Aron, *Ladies and Gentlemen of the Civil Service*. (통계수치는 5쪽)

30 Boyer, *Urban Masses and Moral Order*.

31 Vinovski, "Stalking the Elusive Middle Class." 이 문제점은 19세기 중산층에 관한 연구 업적에서 일반적으로 나타나는데, 그에 관해서는 다음을 보라. Archer and Blau, "Class Formation in Nineteenth-Century America."

적인 주체로서 거대한 조직의 건설과 운영에 기여하면서 현대적인 노동문화와 생활양식을 창조하는 데 중요한 역할을 담당했다고 역설한다. 이 "신중간계급"이 그 시기에 "미국 사회에서 영향력 있는 위치를 차지하게 되었다"는 것이다.[32]

그것을 입증하기 위해, 준즈는 포드자동차 등 5개 대기업에서 2,600명이 넘는 중간 관리자들의 신원을 확인하고, 신문에서 사신에 이르기까지 다양한 자료를 동원해 그들의 일생을 추적한다. 그에 따르면, 대기업은 19세기 말부터 지방 상권을 독립 기업가들로부터 빼앗아 차지하면서 그들을 중간 관리자로 흡수하고는 관료제를 구축하게 만들었다. 그들에게 원료의 구매에서 상품의 판매에 이르기까지 다양한 활동에 필요한 인력과 자원을 조직하고 통제하는 책임을 맡겼던 것이다. 이렇게 상당한 재량권을 갖고 있던 중간 관리자들은 노사관계에서 보수적 성향을 보이면서도 재력의 집중을 우려하고 또 일상생활에서는 무엇보다도 질서와 방법을 모색하는 태도를 갖고 있었다. 그리고 그들은 고객을 대상으로 하는 판매와 교육을 통해 기술 문화와 기업윤리를 보급하는 등 대기업의 가치관을 전파하는 역할을 수행했다. 준즈에 의하면, 따라서 "대기업이 지배하는 미국의 자본주의는 주로 미국 사회에서 영향력 있는 위치를 차지한 신중간계급의 창조물이었다."[33] 그러므로, 그는 중간 관리자들의 사회적 기원과 역사적 역할을 밝힘으로써 호프스태터의 구중간계급들과 위비의 신중간계급을 연결 지을 뿐 아니라 나아가서는 그들의 주체적 능동성을 부각시킨다.

준즈의 견해는 이론적으로도 중요하다. 그는 라이트 밀스가 그린 중간 관리자들의 무기력하기만 한 모습을 크게 바꾸어 놓는데, 그 이론적 근거는 생산관계에 들어 있다. 중간 관리자들이 생산관계에서 노동자들을 통제하는 권위를 갖는다는 점은 이미 사회학자들이 지적한 바 있는데, 그중에서도 랄프 다렌도르프가 대표적인 인물이다. 그는 산업사회에서 계급이란 권위관계에 의해 결정된다고 주장한다. 그에 따르면, 마르크스의 예언과 달리 19세기 말부터 자본가와 노동자들이 각각 계급으로 통합되지 않고 오히려 다양한 요소로 분해되었고, 이들 요소는 이해관계에 따라 복합적인 갈등을 일으키면서도 단일한 권위의 구조 속에 통합되어 있다고 한다. 권위 구조는 국가 이외에 기업에서도 발달했는데, 이 점은 제임스 버넘이 역설한 경영혁명론에 주로 의지해 설명한다. 경영혁명론은 애돌프 벌리와 가디너 민즈가 지적한 소유와 경영의 분리 현상에서 한 걸음 더 나아가, 현대사회에서 생산수단을 실질적으로 관리하는 권한이 자본가로부터 빠져 나와 경영인에게 집중되며

32 Zunz, *Making America Corporate*. (인용은 202)
33 Ibid., 202.

이런 추세가 기업은 물론이요 국가로도 확산된다는 주장이다. 여기서 다렌도르프는 생산수단을 놓고 소유권과 통제권이 분화되는 경향을 읽어 내고, 또 그것을 생산관계에 전반적으로 적용해 현대 사회의 계급을 지배-종속 관계로 이해한다.[34] 이런 이론은 중간 관리자들의 직무상 권위를 해명하는 데 도움을 주며, 근래에 발표된 역사학적 연구에도 영향을 끼친 것으로 보인다.[35]

그러나 그들이 이 권위를 기반으로 삼아 문화적 위계질서 속에서 하나의 집단으로서 위치를 확보하는 과정은 준즈가 처음으로 보여 준 것 같다. 그는 중간 관리자들이 누린 사회적 위신에 어떤 물적 토대가 있었는지 밝혀낸다. 더욱이 그 토대가 인종과 젠더로 구성된 넓은 맥락 속에 자리 잡고 있었다고 주장한다. 해리 브레이버먼이 지적했듯이, 19세기 말부터 공장과 마찬가지로 사무실에서도 노동과정이 세분화, 단순화되고 또 기계화, 자동화됨에 따라, 하급 사무직은 노동계급 직종으로 취급되기 시작했다.[36] 그러나 준즈에 따르면 중간 관리자들은 그런 직종을 미국 태생의 백인 여성에게 넘겨줌으로써, 특히 직장에 잠시 머물다가 중산층 남성과 결혼하면서 떠나고자 하던 미혼 여성에게 넘겨줌으로써, 사무직 노동의 무산계급화를 저지할 수 있었다.[37] 이 견해를 브레이버먼에 대한 전반적인 반론으로 확대하기는 어렵겠지만, 준즈는 적어도 사무직 노동의 격하 과정이 결코 단선적인 과정은 아니었다는 사실을 보여 준다.

그러나 준즈의 연구는 배경을 생략한 인물화, 또는 초상화 같은 느낌을 준다. 물론, 농민과 소비자들이 등장하기 때문에 배경이 비어 있다고 말할 수는 없다. 그렇지만 그들은 매우 수동적인 모습을 띠고 있을 뿐이고, 그래서 초점에 해당하는 인물의 성격을 드러내는 데 거의 도움을 주지 않는다. 구체적으로 말하자면, 그의 "신중간계급"을 둘러싸고서 변동하고 있던 사회구조, 계급이라는 현상의 본질에 해당하는 역사적 관계, 그것이 보이지 않는다. 그것은 앞에서 언급한 것처럼 개략적으로 파악되어 있는데도 준즈의 연구에서 경시되는 것이다. 그 결과, 중산층이 20세기 전환기의 거대한 사회변화에 직면해 자신의 위상이나 역할을 어떻게 설정하고자 했는가 하는 의문도 제기되지 않는다. 준즈의 "신중간계급"은 기업가들이 내어 준 과제를 충실하게 이행하는 수준에서만 능동적인 모습을 지닐

34 Dahrendorf, *Class and Class Conflict*. 또한 다음도 참고하라. Berle and Means, *Modern Corporation and Private Property*; Burnham, *Managerial Revolution*.

35 Nelson, *Managers and Workers*; Jacoby, *Employing Bureaucracy*.

36 Braverman, *Labor and Monopoly Capital*, chs. 15-16, pp. 293-374.

37 Zunz, *Making America Corporate*, ch. 5, pp. 125-148.

뿐이다. 그들은 변화를 겪고 있던 당대의 사회질서에 주목하지 않았던 것처럼 보이며, 따라서 정치적으로도 무기력 상태에 빠져 있던 것처럼 느껴진다. 그러므로 준즈도 블루민 같은 선도적인 역사학자들처럼 정치를 간과한다는 최근 비판은 적절한 것으로 보인다.[38]

다른 문제점은 중산층이 매우 단순한 성격을 지닌 인물로 묘사된다는 것이다. 그가 그린 "신중간계급"에 소기업가와 전문직업인들이 사실상 포함되어 있지 않다는 점은 잠시 차치한다 해도, 이 집단의 문화가 대기업의 가치관을 위주로 일면적으로 묘사되어 있다. 물론, 할터넌의 지적처럼 중간 관리자들은 19세기 중엽의 중산층 문화에서 부각되었던 진실한 인간상을 버리면서 공격적이고 매력적이며 능수능란한 인간상으로 기울었다.[39] 그러나 그들의 문화가 매우 복합적이고 심층적인 모습을 띠고 있었으리라는 점은 20세기 전환기에 넓고도 깊은 문화적 변동이 진행되었다는 사실을 생각하면 쉬이 짐작할 수 있다. 이미 한 세대 전에 사회학자 리처드 세넷은 19세기 말 시카고에서 중산층이 기존질서의 해체에 놀라, 핵가족을 중심으로 구성된 가정으로 후퇴하며 안정을 도모했다고 주장한 바 있다. 그에 따르면, 중산층 가정에서는 근면한 습관과 합리적 태도와 자녀 교육열 이외에 남편의 비사교적 자세와 부인의 공격적 성향, 그리고 체면과 질서에 대한 집착이 뚜렷했는데, 이 문화의 원천은 지위 상승에 관한 희망뿐 아니라 그 희망의 좌절에 따른 상처에도 있다고 한다.[40]

당대 중산층이 지니고 있던 이런 양면성은 넓은 맥락에서 바라볼 때 더욱 복잡한 양상을 띠고 나타난다. 문화사 전문가 존 하이엄은 1890년대에 미국 지식인들 사이에서 행동주의가 패배주의와 공존하다가 결국 승리를 거둠으로써 진보주의의 지적 토대가 마련되었다고 지적한다. 그리고 이런 동향은 중산층이 점점 세게 옥죄는 조직사회의 굴레에서 벗어나기 위해 스포츠와 야외 오락에 열광하면서 남성적인 활력을 숭배하고 제국주의적 팽창을 지지하던 조류와 연결되어 있었다고 주장한다.[41] 이 조류는 잭슨 리어스의 통찰력에 의하면, 20세기 전환기 미국에서 기존 지배계급의 문화적 권위가 쇠퇴하는 반면에 중세나 동양 같은 이국적인 세계에서 근대화의 폐해에 대한 해독제를 찾으려 하던 반反근대주의가 대두하는 문화적 변동의 일환이었다.[42] 반근대주의는 나중에 역설적으로 소비자문화의

---

38 Johnston, *Radical Middle Class*, 10.

39 Haltunen, *Confidence Men and Painted Women*, 198–210.

40 Sennett, *Families against the City*.

41 Higham, *Writing American History*, ch. 4, pp. 73–102.

42 Lears, *No Place of Grace*.

발전에 기여해서 새로운 문화적 패권에 흡수되었지만, 그것이 당대의 중산층 문화에 끼친 영향을 과소평가할 수는 없다. 왜냐하면 반근대주의는 19세기 말에 대두한 교외의 중산층에서 구체적으로 표현되었는데, 이 계층에서는 남성적인 성격을 지닌 이른바 "신여성"과 가사에 큰 관심을 쏟는 가정적인 남성이 근대 문명에서 벗어나 자연으로 되돌아가면서 현실에서 도피하려는 성향 또한 보여 주었기 때문이다.[43]

그처럼 복잡하고 입체적인 모습이 준즈의 연구에서 간과되는 것은 무엇보다도 그가 중산층 가운데서 중간 관리자들에게 관심을 집중시키고 또 그들의 세계를 가정과 떨어진 사무실로 국한시키기 때문이다. 따라서 초점과 시야를 옮기면, 20세기 전환기의 중산층은 상당히 다른 모습을 띠고 나타난다. 존 길커슨은 로드아일랜드의 프로비던스에서 중산층의 정체성이 생산자에서 소비자로 변하는 과정을 추적한다. 거기서는 장인과 소상점주들이 1830년대에 음주벽과 노예제에 반대하는 등, 개혁 운동을 통해 나태와 방탕에 빠진 빈민과 부자들을 비판하면서, 자신들 같은 생산자들이 근면성과 절제력을 갖추고 서로 화합하는 공동체를 건설하고자 했다. 이 자아상은 19세기 말에 독립 소기업가들이 줄어들고 전문직업인과 사무직 종사자들이 늘어나며 공동체적 전통이 사라지는 등, 기존질서가 급격하게 해체됨에 따라 변화를 맞게 되었다. 이제 중산층은 공익의 대변자로 자임하기 시작했다. 전문직업인과 사무직 종사자들은 사리私利에 좌우되는 이익단체들을 뛰어넘어, 자선단체들을 합리적으로 개편한다든가 도시계획을 추진한다든가 하는 등, 체계와 조정과 능률을 목표로 조직을 구축하는 운동을 주도했다. 그들은 또한 가정주부들과 함께 자신들을 소비자로 규정하고, 소비자단체를 결성하여 불량식품을 배척하고 물가상승세에 항의하기도 했다. 진보주의적인 조직 운동이 1차대전을 계기로 쇠퇴하는 반면에 소비자 운동은 국가의 제도적 지원을 받아 1930년대부터 확대된다는 점에서, 길커슨은 20세기 중엽 이후 중산층 미국인의 정체성에서 가장 중요한 요소가 바로 소비자라고 주장한다.[44]

길커슨의 연구에서 주목을 끄는 것은 그가 준즈와 다른 초점과 시야를 선택함으로써 20세기 전환기의 중산층 문화에서 소비가 생산에 버금가는 영역으로 등장했다는 사실을 보여 준다는 점이다. 길커슨은 하나의 도시에 초점을 맞춤으로써, 준즈와 달리 중간 관리자 외에 다양한 직종에 종사하는 사람들을 관찰할 수 있었다. 또 그들의 생산활동 대신에 소

43 Marsh, "Suburban Men and Masculine Domesticity." 교외화에 관해서는 다음을 보라. Warner, *Streetcar Suburbs*; Binford, *First Suburbs*; Jackson, *Crabgrass Frontier*.

44 Gilkeson, *Middle-Class Providence*.

비생활을 살펴봄으로써, 중산층이 직종의 경계선을 넘어 공유하는 이해관계를 깨닫고 집단적인 운동을 벌이는 모습을 발견할 수 있었다. 중산층의 소비생활에 대한 관심은 새로운 것이 아니다. 앞에서 언급한 것처럼 메리 라이언 같은 학자가 먼저 주의를 환기한 바 있다. 길커슨은 그것을 20세기 전환기의 중산층으로 확대하는데, 이는 적절한 것으로 보인다. 미국에서 대중소비의 단계가 시작되고 소비자문화가 패권적 위치를 확보하는 과정에 관해서는 이미 많은 연구 업적이 있고, 덕분에 20세기 전환기에 있었던 소비생활의 변화와 그 중요성은 이미 알려져 있기 때문이다.[45]

그렇지만 무엇보다 주목을 끄는 것은 중산층의 조직과 운동에 대한 관심이다. 길커슨은 소비자운동에서 중산층의 특징적인 가치관이 뚜렷하게 드러난다고 하면서 그 중요성을 강조한다. 더욱이 그것은 상품 생산자인 기업에 대해 압력으로 작용한다는 점에서, 그가 지적하는 것처럼 생산의 영역에서 중산층이 갖는 관심사와도 분명히 연관되어 있었다. 그러나 소비가 중산층에 속하는 미국인들의 정체성에서 가장 중요한 요소라는 길커슨의 주장은 근거가 부족하다. 게다가 중산층이 소비의 영역에서 같은 이해관계를 갖고 있었다는 점도 지나치게 단순한 견해 같다. 중산층을 대변하는 기구는 고사하고 다양한 조직을 이어 주는 장치조차 없었던 것은 차라리 소비의 상대적 중요성과 더불어 상충하는 이해관계를 드러내는 것이라 하겠다. 바로 그렇기 때문에, 길커슨 자신이 20세기 중엽의 미국 중산층을 단수형 "중간계급"이 아니라 복수형 "중간계급"으로 파악하는 결론에 도달한 것이라 할 수 있다. 바꿔 말해, 그는 특정 도시에 집중하면서 거기서 중산층을 구성하는 다양한 집단을 포괄적으로 탐구했지만, 계급의식이라 할 만한 내부적 연대관계를 발견하지는 못한 것이다.

그래도 중산층의 조직과 운동에 대한 길커슨의 관심은 가볍게 볼 수 없는데, 이는 정치에 주목하는 최근의 연구 동향 때문이다. 새로운 연구 동향은 2001년에 간행된 논문집 『중간 부류』에서 분명하게 나타난다. 이것은 중산층에 관한 연구를 선도한 바 있는 버튼 블레드스타인이 신진 연구자 로버트 존스턴과 함께 편집한 책으로, 미국 중산층의 역사를 새로운 시각에서 살펴보는 논문이 여러 편 실려 있다. 블레드스타인이 서론에서 밝히듯이 가장 중요한 주제는 중산층이 위축되거나 해체되는 운명을 지니고 있지 않다는 점, 그 구성이 바뀌면서 오늘날에도 활력을 잃지 않고 있다는 점, 더욱이 역사 속에서 여러 가지 역할

---

45 예를 들어 다음을 보라. Lynd and Lynd, *Middletown*; Susman, *Culture as History*; Leach, *Land of Desire*; Lears, *Fables of Abundance*.

을 담당하는 능동성을 지니고 있다는 점이다. 그래서 논문집의 결론에서, 존스턴은 블루민과 준즈 등의 업적을 거론하며 종래의 논의에서 정치가 간과되었다고 비판한다. 중산층의 정치적 활동을 살펴보는 것이 마르크스나 밀스 같은 선구자들의 편견에서 벗어나는 효과적인 방안이라는 것이다.[46]

이후에 잇달아 발표된 중산층 연구서 가운데서도 존스턴의 저서는 그런 측면에서 분명히 주목을 끈다. 2003년에 간행된 『급진적 중산층』에서, 그는 종래에 경시되었던 소기업가에 초점을 맞추고 그들의 정치활동을 살펴본다. 그러기 위해 존스턴은 연구의 범위를 진보주의 시대의 오리건 주 포틀랜드로 한정하고, 소기업가의 배경을 지닌 개혁가 네 사람과 그들이 전개한 운동을 면밀하게 추적한다. 그리고 그들의 활동에서 핵심적인 것은 대기업과 유착된 정치권력을 민중이 되찾아야 한다는 신념, 그리고 민중은 노동자와 농민뿐 아니라 직접 노동에 종사하는 중소 상공인을 포괄하는 집단으로서 자본가를 비롯해 노동에 종사하지 않는 기생자들과 분명하게 구분되는 존재라는 관념이라고 지적한다. 바꿔 말해, 그들의 개혁 운동이 공화주의와 인민주의가 혼합된 사조에 의지해 직접 민주주의를 도입하려는 급진적인 성격을 지니고 있었다고 주장한다.[47]

그러나 존스턴의 연구는 중요한 장점에도 불구하고 일면적인 해석에 치우치는 경향이 있다. 소기업가에 초점을 맞추어 중산층의 정치적 능동성에 주의를 환기하는 것은 분명히 의미 있는 작업이다. 중산층에서 공화주의와 포퓰리즘의 전통을 발견하는 것도 그렇다. 하지만 인종주의를 거론하면서도 그것을 중산층의 이데올로기에서 본질적인 부분이 아닌 듯이 취급하는 것은 납득하기 어렵다. 물론, 20세기 전환기의 미국에서 인종주의에 물들지 않은 사람은 없었다고 해도 과언이 아니다. 그렇지만 중산층이 이민 제한이나 미국화 운동에 적극적인 태도를 보였다는 사실은 천착할 필요가 있는 대목이다. 그런 태도는 공화주의나 인민주의와 연결되어 있는 반면에, 민주주의와는 상충하는 것이기 때문이다. 그러나 존스턴은 인종주의에 대해 언급하면서도 그것이 중산층의 이데올로기와 어떻게 연관되어 있는지 살펴보지 않는다.[48] 이는 분명히 중산층의 역사에서 민주주의를 부각시키고 그것을 미래의 정치적 변화로 연결시키려는 존스턴의 의도, 스스로 명시적으로 밝히는 의도에 기인하는 것이다. 따라서 그는 중산층의 퇴행적 면모에 주목하지 않는다.

---

46 Bledstein, "Introduction"; Johnston, "Conclusion: Historians and the American Middle Class."

47 Johnston, *Radical Middle Class*.

48 Ibid., 35-40, 227-231.

그런 뜻에서 길커슨의 업적은 요즈음 거의 잊혀 있지만 되새겨 볼 만한 것이다. 실제로, 위에서 언급한 『중간 부류』나 『급진적 중산층』에서 그의 연구는 인용조차 되지 않는다. 여기에는 여러 가지 이유가 있겠지만, 길커슨이 중산층의 정치에 주목하면서도 계급의식이나 사회변화의 전망을 부각시키지 않는다는 점도 생각할 수 있다. 바꿔 말하면, 그에게서는 존스턴처럼 자신의 이데올로기에 부합하지 않으면 의미 있는 역사적 사실조차 경시하는 자세를 볼 수 없는 것이다. 그런 자세를 갖고서는 중산층 문화에서 인종과 인종주의가 지니는 함의를 올바르게 파악할 수 없다. 사실, 중산층 미국인들이 흑인을 타자로 설정하고 자신들과 대비시킴으로써 중산층으로서 정체성을 수립하는 과정은 중요한 주제인데도 잊혀 있다고 해도 과언이 아니다. 예외적으로, 그레이스 헤일이 남부의 인종 격리 체제를 문화사적 차원에서 분석하면서 그것이 남부는 물론이요 전국에 걸쳐서도 중산층 문화에 중요한 영향을 끼쳤다고 지적한 바 있다.[49] 그의 탁월한 업적은 장래의 연구 방향을 제시하는 것으로 보이지만, 그 가능성은 연구자들이 자신의 이데올로기를 스스로 억제할 수 있을 때에야 제대로 실현될 수 있다.

4. 구성

미국의 중산층은 20세기 전환기에 변형을 거친 뒤에도 변화를 거듭한다. 가장 현저한 변화는 주로 기간산업 부문에서 노동자들이 강력한 노동조합의 보호를 받으며 중산층 생활수준에 도달한 반면에, 사무직 종사자들 가운데 일부가 노동계급으로 전락한 현상이라 할 수 있다. 또 전문직업인들이 부분적으로 기업과 노사관계를 맺고, 소기업가들이 오랜 후퇴를 멈추고 성장하기 시작한 것도 중요한 현상이다. 이런 현상은 두말할 나위도 없이 미국의 역동적인 경제성장과 연관되어 있다—대공황에서 벗어나기 위해 타협적 노사관계를 도입한 이후, 1960년대와 1970년대를 제외하고는 오늘날까지 기술 및 조직상의 혁신을 토대로 계속된 생산력의 발전과 연관되어 있다.

이 사회 · 경제적 변화는 아직 역사학자들의 주목을 끌지 못하고 있으나 사회과학자들이 검토한 바 있으므로, 그들의 연구 성과에 입각해 현대 중산층의 구성을 개관할 수는 있다. 그들의 분석은 대체로 정태적이기는 해도 선명한 윤곽을 보여 주기 때문이다. 사회학

49 Hale, *Making Whiteness*.

자 데일 존슨은 현대 미국의 중산층에서 사회적 단결과 분열을 동시에 발견한다. 그의 분석에 의하면, 1970년에 중산층은 1,700만 명 정도로 미국의 전체 인구 가운데서 21%를 차지하며, 그 구성 요소는 기업과 국가의 관료제에서 중간 관리직에 종사하는 "관리직 피고용인"(540만 명), 연구 · 기능직에 종사하는 "반자율적 피고용인"(460만 명), 의료 · 복지 · 교육 · 환경 등, 공공부문에서 사회적 서비스를 제공하는 "서비스 전문직업인"(430만 명), 그리고 경제적으로 독립을 유지하고 있는 "독립 소기업가"(270만 명)들이다. 이들은 모두 착취와 지배를 위해 형성된 사회적 관계 속에서, 감독과 통제를 담당하고 생산력을 개발하며 기존체제의 유지에 기여한다는 점에서 중간의 위치를 공유한다. 소기업가들은 그런 기능을 갖고 있지 않으나, 존슨에 따르면 자본가로 상승하는 소수를 제외하고는 대개 노동자로 전락함으로써 이미 쇠퇴의 길을 걸어왔다고 한다. 더욱이 다른 요소들도 각각 상 · 하 두 부류로 나뉘면서 그 길로 따라 나선다는 것이다.[50]

데일 존슨의 견해는 이론적인 면에서 중요한 기여라 할 수 있지만, 심각한 문제점을 안고 있다. 그는 현대 중산층에 관해 마르크스주의 이론을 수립하고자 한 구조주의자 니코스 플란차스를 비판하는 데 주력한다. 플란차스에 따르면, 독점 자본주의 단계에서 소수 자본가들은 "법적 소유권"보다는 "경제적 소유권"을 장악하고 생산수단과 노동과정에 대한 통제권을 집중시킴으로써, 거대한 기업을 효과적으로 지배하고 잉여가치를 착취하기 위해 관료제를 구축하고 정신노동자들을 동원한다. 따라서 정신노동자들은 생산관계의 구조 속에서 잉여가치의 착취에 기여하는 동시에 스스로 착취당하는 모순적인 위치를 차지하며, 이런 뜻에서 "새로운 프티부르주아"를 형성한다는 것이다.[51] 존슨은 구조주의자이면서도, 플란차스가 중산층이 상, 하 두 부류로 분열하는 현상에 관심을 기울이는 반면에 생산관계에서 차지하는 다양한 역할과 경험을 간과한다고 비판한다. 존슨의 중산층은 생산관계의 양극화 구조 속에서 중간의 위치를 차지하지만, 다양한 역할에 따라—노동과정의 관리에 개입하는지, 생산의 기술 및 조직을 개발하는지, 또는 전반적인 사회적 관계의 유지에 기여하는지에 따라—서로 다른 경험을 갖는다.[52] 이는 물론 플란차스의 단순한 도식에서 벗어난다는 점에서 의미 있는 진전이다. 그러나 존슨은 중산층의 경험을 실증적

50 Johnson, "Social Unity and Fractionalization of the Middle Class."

51 Poulantzas, *Classes in Contemporary Capitalism*, 13-35, 58-62, 116-130, 204-208, 209-223, 230-242.

52 Johnson, "Toward a Historical and Dialectical Social Science"; idem, "Class Relations and the Middle Class."

으로 검토하지 않으며, 따라서 스스로 인정하듯이 계급의식을 간과한다. 더욱이, 그의 마르크스주의적 전망은 중산층에 속하는 다양한 집단의 역동적인 성장을 인식하는 데 방해가 된다.

그런 문제점에서 벗어나 중산층의 변전하는 구성을 개관하기 위해서는, 데일 존슨의 분류를 참고하며 다양한 요소를 하나씩 일별할 필요가 있다. 먼저, 소기업가들은 존슨이 마르크스주의적 편견 때문에 경시하지만 끈질긴 생명력을 갖고 있는 범주이다. 그들은 19세기 말부터 경제체제의 주변부로 밀려났기 때문에 관심을 끌지 못했으나, 조지 스타인메츠와 에릭 올린 라이트의 연구 덕분에 중산층의 주요 일원으로 복귀하게 되었다고 할 수 있다. 이들 두 사회학자의 연구에 따르면, 자영사업자와 5명 미만의 노동자를 고용하는 영세사업자들은 2차대전 직후에 미국의 노동인구 중에서 21%를 차지했으나 1970년대 초까지 11%로 줄어들었다가 1970년대 중엽부터 늘어나기 시작해 10년 뒤에는 13%에 육박하는 성장세를 보였다.

전후의 감소세를 반전시킨 이런 활력은 자영농의 광범위한 이농현상이 사라졌다는 점만으로는 설명할 수 없다. 그것은 1970년대 미국 경제의 침체 때문에 일자리를 잃은 노동자들이 자영업으로 눈을 돌린 결과이기도 하지만, 그보다는 제조업부문에서 소규모 사업체가 증가하고 서비스부문에서 법률 · 의료 이외에 전문기술을 제공하는 영세업체가 많이 신설되는 경향 덕분이었다.[53] 두 사람이 지적하듯이, 이런 경향은 소규모 생산체제가 포드주의적인 대량생산 체제에 의해 완전히 대체되지 않고 오히려 그에 필수적인 보완물로 정착한다는 이론, 그리고 선진국이 산업사회에서 정보사회로 이행하면서 서비스부문의 비중이 커진다는 이론으로 설명할 수 있다.[54] 게다가 정보 · 통신 기술의 발전 덕분에 벤처 기업들이 번창하고 있는 최근 실정까지 감안한다면, 소기업가들을 사라져 가는 중산층 집단으로 취급할 수 없다는 점은 분명해진다.

소기업가들의 사회적 위상은 그들의 문화에 관해 본격적인 연구가 나온 뒤에야 올바르게 규정할 수 있을 것이다. 지금 생각할 수 있는 것은 그들이 앞에서 살펴본 19세기의 선조로부터 경제적 자립이라는 핵심적 가치를 물려받았으리라는 점이다. 그들은 또한 19세기 말 이래 경제체제에서 주변부로 밀려났으나 사실은 중심부에 통합되어 있다는 뜻에서, 중

53 Steinmetz and Wright, "Fall and Rise of the Petty Bourgeoisie."

54 Piore and Sabel, *Second Industrial Divide*; Bluestone and Harrison, *Deindustrialization of America*; Bell, *End of Ideology*.

심부의 압력에 저항하면서도 엘리트로 상승하려는 열망을 갖고 있다는 점도 덧붙여야 할 것이다. 실제로 몇몇 벤처 기업가의 성공 사례에서 보듯이, 그들은 때로 그런 열망을 현실로 바꾸어 놓기도 한다. 이런 뜻에서, 잠정적으로 소기업가들을 중산층의 선발대요 엘리트의 예비군이라 불러도 좋을 듯하다.

다음으로, 전문직업인들은 최근에 널리 주목을 끌고 있는 집단이다. 그들은 2차대전 이전에 미국의 노동인구 중에서 1%밖에 차지하지 않았으나, 오늘날에는 12%에 이를 만큼 크게 늘어났고 또 여섯 가운데 하나꼴로 전문직 단체에 가입해서 집단적인 발언권을 행사한다. 그러나 사회학자 스티븐 브린트는 그들을 "새로운 계급"으로 보는 데 반대한다. 그는 전문직업인들이 고등교육을 통해 얻은 지식을 배경으로 직무상 자율성과 사회적 위신을 누리며, 공통적인 가치관—교육과 능력을 중시하고 종합적인 사고와 균형 잡힌 판단을 지향하며 자율적인 생활을 선호하는 태도 등—을 갖고 있다는 점을 인정한다. 브린트가 보기에, 그러나 그들은 결코 단일한 집단이 아니다. 직종과 직장에 따라, 법률 · 의료에 종사하는가 또는 기술 · 교육 · 복지에 종사하는가, 사기업에 고용되어 있는가 아니면 비영리부문에 종사하고 있는가, 사기업 가운데서도 대기업인가 중소기업인가에 따라, 소득과 지위는 물론이요 가치관에서도 상당한 편차를 보여 준다. 더욱이 대개 경제적 불평등에 관해 보수적인 견해를 갖고 있으며 사회적 쟁점에 대해 온건한 성향을 보여 주지만, 그들은 집단으로서 정치적 영향력을 잃고 있다. 정책을 결정하기 전에 개발하는 단계에서 영향력을 발휘할 수 있을 뿐이고 그나마도 쟁점이 정치화되는 경우에는 행사하지 못한다. 브린트에 의하면, 이는 프로페셔널리즘이 전문지식에 따르는 사회적 책임보다는 그것이 시장에서 평가되는 가치를 강조하는 방향으로 변모한 결과라 한다.[55]

그의 연구는 소비의 영역을 외면하고 문화적 변동의 맥락을 간과하는 등, 문제점을 안고 있기는 해도, 전문직업인들의 사회적 위상을 파악하는 데 중요한 시사점을 던져 준다. 오늘날 프로페셔널리즘에서 사회적 수임자보다 기능적 전문가라는 면모가 부각된다면, 이 문화적 변동은 국가의 역할과 연관되어 있다고 할 수 있다. 그들은 20세기 전환기부터 국가와 긴밀한 관계를 맺어 왔다—국가의 권위에 기대어 학위와 면허 등, 전문가로서 갖추어야 하는 자격을 공인받는가 하면, 다른 한편으로는 그 권위를 지배계급은 물론이요 노동계

---

55 Brint, *In an Age of Experts*. 의료 · 복지 부문을 비롯해 일부 전문직업인들이 관료제로 편입되면서 종래의 위상을 잃어버리는 경향도 엿보이는데, 이에 관해서는 다음을 보라. Oppenheimer et al., "Professions and the Middle Class." "새로운 계급"에 관해서는, 예를 들어 다음을 보라. Gouldner, *Future of Intellectuals*.

급으로부터도 보호하고자 했다. 더욱이, 1930년대 이래 복지정책이 확대됨에 따라 흔히 국가기구에 취업하는 혜택을 얻기도 했다. 그러나 유럽에 비해, 특히 대륙에 비해, 적어도 2차대전에 이르기까지 미국에서는 국가가 문화적 패권에 크게 의존하는 반면에 관료제를 비롯해 국가의 권위를 구현하는 제도적 장치를 상대적으로 경시했다. 이는 인텔리겐치아, 즉 계급적 이해관계를 초월해 사회 전체의 공동선을 역설하는 지식인 집단의 성장에 불리한 여건을 만들어 주었다. 게다가 진보주의 시대에 공익의 대변자로 자임했던 지식인 집단조차도, 20세기에 미국 경제의 중심부를 장악한 대기업과 거기에 취업하는 수많은 중간 관리자들에 밀려 점차 발언권을 잃게 되었다.

이런 변화를 염두에 둘 때, 오늘날 미국의 전문직업인들이 사회적 책임보다 개인의 성공을 중시하고 전문직 단체를 통해 집단의 이익을 도모하는 경향을 쉽게 이해할 수 있을 듯하다. 그런 가치는 그들이 소기업가들처럼 자신의 권력과 재산과 지위를 향상시켜 엘리트로 상승하는 데 유용하다. 그들 가운데 일부는 사실 대기업의 경영에 직접 참여하거나 그 주식을 소유하기 때문에 엘리트와 뚜렷이 구분되지 않고, 대부분은 엘리트의 정책결정을 보좌하는 역할을 맡고 있다. 그렇다면, 공익이라는 깃발을 앞세워 중산층의 전위대로 나서는 전문직업인들을 엘리트의 동맹군이라 불러도 무방하지 않을까 한다.

마지막으로, 사무직 종사자들은 20세기에 들어와서 괄목할 만큼 성장한 집단으로서, 중산층에 관한 논쟁의 초점에 놓여 있다. 라이트 밀스는 그들을 "신중간계급"이라 부르며 동질성에 주목했으나, 이는 19세기적 관념을 20세기의 현실에 적용한 결과라 하겠다. 왜냐하면 공장과 마찬가지로 사무실에서도 19세기 말부터 노동과정이 세분화, 단순화되고 또 기계화, 자동화되었으므로, 현대 미국에서 하급 사무직은 노동계급 직종으로 전락했기 때문이다. 올리비에 준즈가 보여 주듯이, 전락의 경로는 물론 복잡하다. 그러나 장기적인 추세는 이미 해리 브레이버먼이 해명한 바 있고, 또 그것은 근래에 와서도 컴퓨터가 상징하는 정보·통신 혁명과 정책 결정 과정의 중앙집권화 경향으로 말미암아 계속 진행되고 있다.[56] 따라서, 이제 사무직 자체가 거대한 관료제 속에서 상급과 하급으로 나뉘어 있다.[57] 그 가운데서 하급 사무직 종사자들은 직무상 권위가 거의 없는 사람들로서, 노동조합을 결성하고 노동운동에 합류했다. 다른 한편으로 2차대전 이후에는 생산직 종사자 가운데서

56 Johnson and O' Donnell, "Dequalification of Technical, Administrative, and Professional Labor."

57 노동과정에서 누리는 상대적 자율성을 근거로 삼아 사무직 종사자들을 상·하급으로 구분하기도 하는데, 이에 관해서는 다음을 보라. Kivinen, "New Middle Classes and the Labour Process."

안정된 직장과 높은 임금을 확보하고, 교외의 단독주택을 비롯해 중산층에 가까운 생활양식을 채택하는 노동자들이 증가했다. 이들 두 범주는 1970년대에 들어와서 "하류 중간계급*lower middle class*"이라 불리는 세력을 형성하며 보수주의의 지지 기반으로 등장했다.[58]

상급 사무직 종사자들은 데일 존슨에 따르면 중간 관리직과 전문 기능직으로 나뉘지만, 그런 구분이 그리 유용한 것으로 보이지는 않는다. 후자에는 연구직과 기술직도 포괄되는데, 이들 직종은 19세기 말에 과학이 생산과 접목되면서 출현한 다음부터 꾸준히 증가하다가 20세기 중엽부터 전자, 정보 · 통신 분야를 중심으로 기술혁신이 진행됨에 따라 크게 팽창했다. 덕분에, 상급 사무직 종사자들은 매우 역동적인 성장세를 보이게 되었다. 예를 들어 1983~89년간에는, 미국의 노동인구가 1억 명에서 1.17억 명으로 16.4% 증가한 데 비해 이들 직종의 피고용인은 2천2백만 명에서 2천9백만 명으로 29.6%나 늘어났다.[59] 더욱 중요한 것은 이들 직종에 종사하는 사람들이 직무상 중간 관리자들과 비슷한 수준의 자율권을 누리면서 빈번하게 교류한다는 점이다. 사실 그들 가운데 적지 않은 이들이 관리직으로 진출하는데, 이는 지식이 경제발전에서 점점 더 중요한 역할을 한다는 점을 고려할 때 일시적 현상이라 할 수 없다. 게다가 전문 기능직 종사자들은 교육 배경이나 소득 수준, 또는 생활양식에서도 중간 관리자들과 구분하기 어렵다. 그렇다면 존슨의 견해를 따르지 않고, 이들을 상급 사무직 종사자로 묶어서 생각하는 것이 나을 듯하다.

그들은 현대 미국의 중산층에서 가장 큰 비중을 차지하고 있는 주력부대이지만, 그들의 지위는 기존 이론으로 해명하기 어렵다. 그것은 마르크스주의의 기본 개념들을 재검토하고 소비까지 포괄하는 시야를 채택할 때 해결할 수 있을 듯하다. 먼저, 생산관계를 다시 생각할 필요가 있다. 에릭 올린 라이트는 마르크스의 이론으로는 중산층의 존재를 해명할 수 없는데, 이는 착취의 개념이 잉여노동의 전유에 국한되어 있기 때문이라고 본다. 따라서 이 개념을 확대해, 타인의 노동으로 창조된 결실을 전유하면서 자신이 생산한 것보다 많이 소비하는 행위로 설정한다. 이런 착취 개념이 너무 느슨하다는 점은 이미 밝혀져 있다.[60] 여기서 주목할 것은 라이트가 그것을 근거로 중산층의 계급적 위치에서 모순을 발견하고 "모순을 내포하는 계급적 위치"라는 관념을 제기한다는 점이다.[61] 그것은 사무직 종

58 Murray, "Rethinking Middle-Class Populism," 267-268.

59 U.S. Bureau of the Census, *Statistical Abstract: 1991*, 395-397을 토대로 필자가 추산한 수치.

60 Meiksins, "Critique of Wright' s Theory of Contradictory Class Locations."

61 Wright, *Classes*, ch. 2, pp. 19-63.

사자를 비롯해 중산층 전체에 적용되는 것으로서, 간단히 말해 착취를 행하는 동시에 당하기도 하는 위치를 가리킨다. 이 관념은 중산층이 형성, 또는 변형되는 역사적 과정에 관해 말해 주는 것은 없지만, 이 계층이 차지하는 구조적 위치를 이해하는 데 도움이 된다.

라이트의 "모순을 내포하는 계급적 위치"라는 관념은 착취보다 지배를 중심으로 계급의 개념을 다시 규정하자는 제안에서 출발하지만, 후자를 지나치게 강조하는 다렌도르프와 달리 양자를 접목시키려는 시도로 발전한다. 그에 따르면, 자본주의에서 계급관계는 생산 현장의 지배-종속 관계뿐 아니라 "생산적 자산 자체에 대한 실질적 통제 관계(즉, 현실적인 경제적 소유권)"도 수반한다.[62] 여기서 생산적 자산이란 생산수단은 물론이요 그것과 함께 노동력을 관리하는 조직까지 포괄하는 개념이며, 그에 대한 통제권은 플란차스와 다렌도르프를 거쳐 제임스 버넘까지 거슬러 올라가는 개념이다. 바꿔 말하면, 현대 자본주의에서 지배-종속 관계는 생산수단에 대한 소유권을 토대로 생산 현장에서 수립되는 데 그치지 않고, 소유권에서 분화된 통제권을 근거로 관료제 전체에 걸쳐 구축된다는 것이다. 그런 지배-종속 관계에서 중간 관리자들은 "모순을 내포하는 계급적 위치," 즉 노동과정을 면밀하게 통제해 자본가가 잉여가치를 착취하는 데 기여하는 동시에 스스로 그로부터 착취당하는 위치에 놓인다. 여기서 그들이 무엇을 착취당하는가 하는 의문이 다시 떠오르는데, 이 문제는 자본가가 착취하는 가치란 직접 생산자의 노동을 통해서만 창출된다는 마르크스주의의 핵심적 신조를 버리지 않는 한 해결하기 어려울 것으로 보인다. 그러나 이 신조를 벗어던진다면, 중산층 가운데서도 상급 사무직 종사자들은 현대 자본주의에서 특징적으로 발전한 생산관계의 위계질서 속에서 중간의 위치를 차지한다고 말할 수 있을 것이다.

그들에게서 나타난다고 생각되는 "허위의식" 문제는 소비의 영역을 감안하면 해결할 수 있을 듯하다. 소비는 자본주의의 발전에 따라 점차 생산에서 분리되었고 또한 상품화의 진전 때문에 다양한 상품의 구매를 수반하는 활동으로 변모했다. 더욱이 20세기에 이른바 대중소비의 단계가 도래함에 따라, 그것은 나아가 개인이 상품의 선택과 사용을 통해 자신의 사회적 지위를 표현하는 수단으로서도 중요한 의미를 띠게 되었다. 이 점에서 피에르 부르디외가 말하는 "구분"은 문학과 예술에 관한 취향보다 훨씬 넓은 범위에 적용할 수 있을 것이다—그 자신이 지적하고 있듯이 넓은 뜻의 문화, 즉 소비를 포함하는 생활양

62 Ibid., ch. 3, pp. 64-104. (인용은 72)

식 전체에 적용할 수 있을 것이다.[63] 구체적으로 말하면 오늘날 사람들은 소비를 통해 자신의 생활양식을 드러내고, 그럼으로써 자신을 다른 사람들로부터 구분하려 한다는 것이다. 그렇다면 이제 개인의 정체가 생산관계에 못지않게 소비 관계—재화와 용역을 둘러싸고 생산자와 소비자 사이에서 수립되는 관계와 소비자들 사이에서 수립되는 관계를 가리키는 데 이런 용어를 쓸 수 있다면—에 따라 좌우된다고 할 수 있을 것이다.

소비 관계는 사회학자 미셸 라몽이 중산층 가운데 상류에 속하는 사람들의 문화를 탐구하며 확인한 바 있다. 그는 미국과 프랑스에서 소기업가와 전문직업인, 그리고 중간 관리자들 가운데서 상류에 속하는 백인 남성 160명을 만나 대화를 나누면서, 그들이 자아와 타자를 구분하기 위해 긋는 상징적인 경계선을 관찰했다. 미국인들은 프랑스인과 달리 더 부유한 사람들에 대해 거부감을 보이지 않는 등, 미묘한 차이가 있었으나, 프랑스인과 마찬가지로 부르디외가 생각한 것보다 더 다양한 기준으로 사회적 관계를 구분했다. 경계선을 긋는 작업은 재산이나 권위 같은 사회 · 경제적 범주와 지식이나 취향 같은 문화적 범주에 그치지 않고, 정직성이나 사교성, 또는 적극성 같은 도덕적 범주까지 뻗쳐 있었다. 그것을 근거로 라몽은 "상류 중간계급*upper middle class*"의 존재를 주장한다.[64]

5. 과제

20세기 미국의 중산층에 관한 연구에서 역사학계는 사회과학계와 괴리되어 있는 듯이 보인다. 역사학계의 연구 성과는 상대적으로 빈약할 뿐 아니라 다른 주제에 집중되어 있다. 구체적으로 말하면, 역사학자들은 최근에 와서야 20세기 초 이후의 시기를 다루기 시작했다. 게다가 중산층이 어떤 요소로 구성되어 있는가 하는 것이 아니라 어떻게 형성, 또는 변형되는가 하는 데 관심을 기울인다.

역사학자들은 우선 20세기 미국에서 중산층의 정체성을 결정하는 요인이 사회구조가 아니라 세력관계에 있다는 점을 보여 준다. 구체적으로 말하면, 누가 중산층에 속하는가 하는 문제는 재산이나 권위, 또는 위신에 따라 자동적으로 결정되는 것이 아니라, 그런 자산을 어떻게 분배할 것인지를 놓고 사람들이 결정을 내리는 데 따라 좌우된다는 것이다. 이는 대니얼 월코위츠에 따르면 사회복지사처럼 계층 사이의 경계선에 있는 사람들에게

63 Bourdieu, *Distinction*.

64 Lamont, *Money, Morals & Manners*.

서 뚜렷하게 드러난다. 그는 먼저 20세기에 들어와서 사회복지사가 자선사업가에서 임금노동자로 변모했을 뿐 아니라 임금 수준이나 직무상 권위에서도 전문직업인으로 간주되지 않았다는 사실을 지적한다. 그렇지만 수혜자에 대한 개별적 접근방식을 중심으로 자신들의 작업이 지니는 전문성을 부각시킴으로써 준전문직업인이라는 지위를 확보했다고 부연한다. 게다가 행정을 남성에게 양보하는 대신에 실무에 관해서는 여성으로서 지니는 적성을 강조하면서, 자신들의 지위를 옹호했다고 한다. 더욱이, 월코위츠에 따르면 그들은 1930년에 와서 노동조합을 결성하며 자신들을 노동자로 규정하면서도 중산층의 생활양식을 견지하려 했다. 또 그런 자세는 계층이나 인종 측면에서 수혜자들과 거리를 유지하는 모습으로 나타나기도 했다.[65] 결국, 월코위츠의 요점은 사회복지사들이 자신들의 노력 덕분에 "중간계급" 이라는 위상을 성취했다는 것이라 할 수 있다.

역사학자들의 최근 연구는 또 "중간계급" 이 스스로 특징적인 문화를 만들었다는 점도 부각시킨다. 이 점은 부동산 중개업자들을 통해 "중간계급" 의 문화사를 살펴본 제프리 호른슈타인의 연구에서 잘 드러난다. 그에 따르면, 이들 소기업가는 20세기 전환기에 부패와 무능 등으로 인해 위기에 부딪혔으나 윤리와 역량을 갖춘 전문직업인으로 변신하는 데 성공했다. 더욱이, 1차대전을 전후해 계급 갈등이 심화되자 그 대책으로 주택 소유를 확대할 것을 주장했다. 그것은 자립을 중시하는 공화주의적 가치관에 뿌리를 두고 있는 것으로서, 20세기 미국에서는 중산층을 기존질서의 중심에 확립한다는 함의를 지니고 있었다. 그들의 주장은 뉴딜에 와서 연방정부의 주택정책으로 채택되었고, 그에 따라 국가는 공공주택의 공급 대신에 개인주택에 대한 지원에 주력했다. 그 결과 하나의 가족이 소유하고 생활하는 단독주택이 자립을 성취한 중산층의 표지로 확립되었고, 또 대도시의 교외를 특징짓는 경관으로 자리 잡았다. 따라서 20세기 중엽에 오면, 미국인들은 대개 전문성 있는 직업에 종사하는 사람으로서 주택 소유자라면 누구나 "중간계급" 에 속한다고 여기게 되었다.[66] 거기에는 냉전이 중요한 영향을 끼친 듯하지만, 이미 20세기 초에 자리 잡은 중산층 "생활수준" 의 전통도 경시할 수 없다.[67]

이런 최근 연구는 분명히 중산층에 대한 역동적 이해를 도와주지만, 그래도 중산층을 과연 계급으로 볼 수 있는지 매우 의심스럽다. 월코위츠와 호른슈타인은 각각 특정한 직업

65 Walkowitz, *Working with Capital.*

66 Hornstein, *Nation of Realtors?*

67 Moskowitz, *Standard of Living.*

집단이 공통적인 가치관을 형성할 뿐 아니라 그것을 다른 미국인들에게 전파하기도 했다는 점을 보여 준다. 그렇지만 중산층 미국인들 사이에서 널리 공유되는 연대의식과 대립관계가 존재한다는 점을 입증하지는 못한다. 이는 그들이 그런 집단에 초점을 맞추는 반면에 중산층을 통합하는 조직이나 제도를 간과하기 때문인 듯하다. 더욱이 앞에서 거론한 길커슨의 연구처럼 소비자운동 같은 조직에 초점을 맞춘다 해도, 얼마나 의미 있는 성과를 거둘 수 있을지도 의문이다. 사회과학자들의 연구에서 드러나듯이, 20세기 중산층은 그런 조직이 포괄하기에 너무 다양하게 분화되어 있기 때문이다. 따라서 여기서는 계급 대신에 계층이 적합한 용어라 할 것이다.

그것을 전제로 삼는다면, 장래의 연구 과제를 오늘날보다 더 건설적인 방향으로 설정할 수 있을 듯하다. 우선, 그 구성 요소들이 이해관계나 가치관, 또는 생활양식에서 보이는 차이를 분명하게 포착할 수 있는 가능성이 열릴 것이다. 19세기 중산층에 관한 연구에서 드러나듯이, 오늘날까지 역사학자들은 계급의식이나 계급문화에 관심을 기울이는 반면에 직업이나 지역에 따라 형성되는 차이를 경시해 왔다. 바꿔 말해, 다양한 사람들을 하나의 범주로 묶으려 했기 때문에 다양성을 충분히 인식하지 못했다. 따라서 이제 특정 직업이나 지역에 초점을 맞추어 중산층을 탐구하면서, 중산층에서 널리 공유되는 의식이나 가치뿐 아니라 거기서 나타나는 특색도 면밀하게 파악할 필요가 있다. 그 성과는 계급이든 계층이든 간에 중산층의 넓고 다양한 세계를 이해하는 데 도움이 될 것이다.

중산층을 단일한 계급으로 보지 않고 다양한 요소로 구성된 복합적인 계층으로 여긴다면, 거기서 일어난 구조적 변화를 이해할 수 있는 가능성도 넓어질 것이다. "상류 중간계급"을 탐구한 미셸 라몽의 견해는 이미 1970년대부터 "하류 중간계급"이 거론되었다는 사실을 기억할 때 미국의 중산층이 20세기 말에 와서 두 부분으로 분화되었다는 것을 시사하는 듯하다.

이것은 매우 중요한 주제임에도 학자들의 관심을 충분히 끌지 못하고 있는데, 그 이유 가운데 빼놓을 수 없는 것은 "중간계급" 개념에 대한 집착이라 할 수 있다. 그런 집착은 최근의 연구 동향에서 두드러지게 나타난다. 앞에서 살펴본 것처럼 최근 연구는 정치활동을 중심으로 "중간계급"의 역사적 능동성을 부각시키는 방향으로 흐른다. 특히, 로버트 존스턴은 앞으로 "중간계급"이 노동계급과 협력하며 사회변화에 기여할 것이라는 기대를 명시적으로 선언한다. 이런 정치적 취지는 낯선 것이 아니다. 정치와 학문 사이의 경계선은 늘 흐리며, 그 바람직한 관계는 언제나 설정하기 어렵다. 존스턴처럼 아예 그런 관계를 잊어버리고 정치적 취지를 내세우며 접근한다면, 그것은 학문을 정치의 시녀로 삼으려는 권력자들과 다를 바 없이 현실을 올바르게 파악하는 데 장애가 된다. 그런 자세로는 앞에서 언급한 바와 같이 오랫동안 미국의 중산층이 지니고 있던 인종주의는 물론이요 1970년대에 대두한 보수주의조차 제대로 파악할 수 없다. 이런 측면에서도 "중간계급" 이라는 개념을 유보하는 것은 중요한 의미를 지닌다.

결국, 중산층에 대한 연구는 아직도 시작 단계에 있다고 할 수 있다. 미국의 중산층이 지니는 특색을 깊이 있게 이해할 수 있으려면, 앞으로 많은 연구 성과가 축적될 때까지 기다려야 할 것이다.

제9장

노사관계의 변형

1. 쟁점

노동계급은 제1부에서 살펴본 것과 다른 측면에서 탐구할 필요가 있다. 앞에서는 노동운동에 초점을 맞추고 노동계급의 형성 및 변형 과정을 추적하는 데 주력한 반면에, 노사관계의 전개 과정을 면밀하게 검토하지는 않았기 때문이다.

노사관계는 노동자와 사용자가 개별적으로 상호관계를 맺는 데서 시작되지만 그보다 훨씬 많은 것을 포괄한다. 그것은 경기순환, 기업 전략, 국가 정책 등, 다양한 요소와 밀접하게 연관되어 있기 때문이다. 미국의 노사관계를 깊이 있게 이해하기 위해서는, 그런 요소 이외에 그것을 둘러싸고 있는 넓은 맥락도 충분히 고려해야 한다.

무엇보다 주목해야 할 것은 미국의 노동자들 사이에서 만연되어 있는 평등주의이다. 미국은 식민지 개척기부터 오늘날에 이르기까지 불황기를 제외하고는 언제나 노동력 부족에 시달려 왔다. 그 근본적 원인은 토지를 비롯해 자원이 풍부한 데 반해 인구가 부족한 상태—한국 같은 아시아 국가를 포함해 대다수 국가에서는 상상하기가 쉽지 않은 상태—에 있다. 그 직접적 결과는 높은 임금 수준과 지속적인 기계화, 특히 노동력을 절약하는 기계의 개발과 보급에서 볼 수 있다. 이는 다른 나라에 비해 미국의 노동자들이 유리한 조건을 지닌다는 것, 또 그만큼 나은 지위를 누린다는 것을 뜻한다. 실제로, 식민지 시대부터 백인 남성은 남의 집에서 머슴살이를 하면서도 사용자를 "주인*master*"이라 부르지 않았다. 오라는 데가 많았을 뿐더러 머슴살이가 끝나고 나면, 그도 자영농이 되어 다른 사람을 고용할 수 있었던 것이다.

미국의 노동자들이 뚜렷한 권리의식을 지니고 있다는 점도 명심할 필요가 있다. 18세기 말에 전개된 혁명은 영국과 결별하고 독립된 공화국을 수립하는 정치적 변화뿐 아니라 민중이 엘리트에 도전하며 사회적 위계질서를 흔들어 놓는 사회적·문화적 변화도 가져왔다. 그 결과, 자영농, 소상인, 장인 등, 보통 사람도 새로운 공화국의 시민으로서 "생명과 자유, 그리고 행복의 추구"에 관해 엘리트와 마찬가지로 기본적 권리를 지니게 되었다. 그리고 1830년대에 이르면, 그들은 참정권을 비롯해 그런 권리를 활용하며 자신들의 의사를 표현하기 시작했다. 그들이 주장한 "평등한 권리*equal rights*"라는 관념은 당시에 미국을 방문했던 프랑스의 석학 토크빌에게 참으로 놀라운 것이었다.[1]

그에 못지않게 중요한 것은 경영자의 강력한 권위이다. 오늘날 영화나 드라마에서 가끔 볼 수 있듯이, 미국의 사용자들은 노동자가 업무를 제대로 수행하지 못하면 즉각 해고할 수 있을 만큼 확고한 권위를 지니고 있다. 그 원천은 물론 재산권에 있다. 이미 제6장에서 살펴본 것처럼, 사유재산에 관한 권리는 연방헌법과 권리장전에서 천명된 다음에 사법부의 지원 아래 일종의 성역으로 확립되면서 엘리트 권력의 토대가 되었다. 더욱이 아래에서 상술하듯이 20세기 중엽에 노동운동이 비약적으로 성장하며 그런 권위를 제한하고자 시도했을 때, 기업가들은 "경영상 특권"을 외치며 도전을 물리치는 데 성공했다. 그 결과, 오늘날 미국의 경영자들은 서부 유럽에서 보기 어려운 강한 권위를 지니게 되었다.[2]

미국의 노사관계에서 국가는 중요한 동시에 미묘한 역할을 담당한다. 이미 제6장에서 지적한 것처럼, 미국에서 권력은 기능별, 수준별로 분립되어 있을 뿐 아니라 정치와 경제의 두 영역으로도 분립되어 있다. 이처럼 다양한 방식으로 권력이 분산되어 있는 국가에서 통일성 있는 노사관계 정책을 기대하기는 어렵다. 오늘날 미국 정치에서 주도권을 장

1 Thelen, ed., *Constitution and American Life*; Tocqueville, *Democracy in America*.

2 Jacoby, "American Exceptionalism Revisited."

악하고 있는 연방에 초점을 맞춘다 해도, 노사관계에 대한 정책과 그 함의는 조심스럽게 다룰 필요가 있다. 오랫동안 연방정부는 노사관계에 개입하지 않는다는 원칙을 천명했는데, 그 배경에는 연방정부가 주로 "법원과 정당"으로 구성된 왜소한 기구였다는 점뿐 아니라 국가는 시민 사이의 경쟁과 거래에 간섭하기보다는 법의 지배를 확립하는 데 주력해야 한다는 자유주의적 신조도 있었다. 시민은 다양한 가치관을 갖고 있기 때문에 보편적인 선을 규정하기가 어려우므로 각자 자유롭게 개별적인 목적을 추구할 수 있어야 하며, 따라서 국가의 소임은 경기를 운영하는 심판처럼 규칙을 유지하는 데 있다는 것이다.[3] 그런 신조에 비춰 볼 때 노동조합은 노동능력에 관한 자유로운 거래를 방해하는 조직이었고, 따라서 국가는 19세기 내내 노조를 불법단체로 취급했다. 더욱이 그런 신조가 큰 위력을 발휘하던 19세기 말에는, 군대를 동원해 노조를 물리적으로 탄압하기도 했다. 노동자의 관점에서 볼 때, 국가는 "자유방임"을 내세우면서도 실제로는 사용자의 편에 서 있었던 것이다.

그러나 그런 자세는 20세기에 들어와서 뚜렷하게 바뀌었다. 아래에서 상론하듯이 뉴딜을 통해 국가는 노동조합을 합법적 조직으로 인정하고 단체교섭과 단체협약을 통해 노사관계를 제도화하기 시작했다. 덕분에 노동운동은 오랜 침체 상태에서 벗어나 공격적인 자세를 취하며 빠른 속도로 성장하기 시작했다. 노동조합에 가입한 노동자들은 1935년 358만 명에 불과했으나, 2차대전이 시작되던 1939년에는 876만 명으로 늘어났고 전쟁이 끝나던 1945년에는 1,432만 명으로 더욱 늘어났다. 이제 국가는 거대한 기구로 성장한 노동조합을 제어하는 데 관심을 기울였다. 그 목표는 뉴딜 이전으로 되돌아가려던 것이 아니라 산업평화와 노사화합을 실현하는 데 있었다. 실제로 미국의 노사관계는 1950년대부터 전례 없는 타협과 동반의 시대를 맞이했다. 그리고 그것은 1981년 로널드 레이건이 집권한 다음 연방정부의 정책 기조를 바꿀 때까지 지속되었다.

이처럼 넓은 맥락을 고려할 때, 20세기 중엽에 성립된 노사관계는 갈등과 대립 대신에 타협과 동반이라는 특징을 지닌다는 점에서 주목할 만한 주제이다. 그 구체적 양상에 관해서는 학자들 사이에서 큰 이견이 없는 듯하다. 타협적 노사관계가 주로 대량생산에 종사하는 대기업에서 나타났다는 점, 그것이 거대하고 강력한 노동조합을 전제로 하고 있었다는 점, 또 그 배경에 케인스주의가 자리 잡고 있었다는 점에 학자들은 대개 동의한다. 이견이

3 Tamanaha, *On the Rule of Law*.

있다면, 그것은 주로 타협에 따르는 반대급부에 관한 것이다. 비판적인 학자들은 자본가와 노동자가 국가의 주선과 조정을 통해 타협에 도달하고 그것을 기반으로 지속적 경제성장을 추구하는 반면에 자본주의 경제체제와 위계적인 사회질서를 용인한다는 점을 지적한다. 그런 뜻에서 그들은 20세기 중엽의 노사관계를 가리켜 "사회적 화합"이라 부르기보다는 "사회적 타협"이나 "무장 휴전"이라 부른다. 특히 역사학자 앨런 돌리는 "대타협*Great Compromise*"이라는 어구를 사용하며 타협에 수반되는 폐단에 주의를 환기한 바 있다.[4]

그렇지만 쟁점은 20세기 중엽에 대두한 노사관계가 어떤 성격을 지니고 있는가 하는 데 집중되어 있다. 아래에서 상론하듯이, 일부 학자들은 그 성격을 담합주의로 규정하고 다른 학자들은 거기에 반대한다. 담합주의란 영어의 corporatism, 즉 한국 사회과학계에서 흔히 조합주의로 번역되는 용어를 가리킨다. 여기서 낯선 역어를 사용하는 이유는 '조합주의'가 원어의 어원에 들어 있는 의미, 즉 여럿이 뭉쳐서 하나의 몸이 된다는 뜻을 드러내지 못한다는 데만 있는 것이 아니다. 이 점에서는 '담합주의'도 나은 대안이라 할 수 없다. 다른 이유는 원어가 20세기 중엽에 대두한 노사관계를 비판하는 뉘앙스를 담고 있다는 점이다. 비판적인 학자들은 노동조합이 대기업과 타협해 많은 임금과 혜택을 누리면서 그 부담을 소비자에게 전가하는 모습을 질타하고자 했다. 이런 어원과 뉘앙스에서 드러나듯이, 담합주의는 무엇보다 사용자 단체와 노동자 단체의 존재와 그들 사이의 타협을 지원하는 국가의 역할을 가리킨다. 따라서 그것을 둘러싸고 벌어진 논쟁도 20세기 중엽 미국에 과연 그런 단체가 존재했는가, 정확하게 말하면 전국적 차원에서 사용자와 노동자 사이의 타협을 도출하고 또 그것을 실천에 옮길 수 있는 단체가 조직되어 있었는가 하는 의문에 집중되었다.

이 장에서는 타협적 노사관계의 성격에 관한 논쟁을 되돌아보며 담합주의의 개념을 중심으로 쟁점을 다시 살펴본다. 그리고 담합주의의 측면에서 볼 때 미국이 어떤 특색을 지니고 있는지 생각해 본다. 그렇게 하기 위해, 먼저 노사관계의 변형 과정을 일별한다.

---

4 Kochan, Katz, and McKersie, *Transformation of American Industrial Relations*; Goldfield, *Decline of Organized Labor*; Nissen, ed., *U.S. Labor Relations*; Dawley, "Workers, Capital, and the State." 개괄적인 소개로는 윤진호, 「미국 노동운동의 위기와 새로운 변화」를 보라.

2. 단체교섭의 도입

20세기 중엽에 성립한 노사관계를 역사학적 안목에서 볼 때 무엇보다 눈에 띄는 것은 단체교섭의 도입이다. 미국의 노동자들은 이미 19세기 말부터 단체교섭을 요구했으나, 사용자들은 대부분 1930년대에 세계적 공황 속에서 뉴딜 행정부로부터 압력을 받기 전까지 부정적인 태도를 취했다. 그렇기 때문에 단체교섭의 도입은 미국 노사관계의 역사에서 매우 중요한 의미를 지니는데, 그것은 노동자의 권리라는 측면에서 볼 때 뚜렷하게 드러난다.

단체교섭은 사용자가 고용조건에 관해 노동자와 협의할 때 개별적으로 접촉한다는 종래의 입장을 포기하고 피고용인 단체와 집단적으로 논의한다는 것을 뜻한다. 이 새로운 접근방법은 물론 노동삼권을 전제로 한다. 바꿔 말해, 노동자들이 단체를 결성하는 권리, 단체를 통해 사용자와 교섭하는 권리, 그리고 하나의 단체로서 행동하는 권리를 지닌다고 인정한다는 것을 뜻한다. 따라서 이런 권리는 20세기 중엽에 대두하는 타협적 노사관계의 전제조건이다. 그런 전제조건은 하루아침에 완성된 것이 아니라 오랜 기간에 걸쳐 서서히 성숙했고, 그 과정에서 노사관계에 대한 관념도 중대한 변화를 겪었다.

단체교섭은 19세기 중엽 영국에서 먼저 시작되었는데, 미국에서는 19세기 말에 와서야 미국노동연맹*American Federation of Labor*에 의해 제기되었다. 연맹은 1880년대 중엽에 급진운동에 대한 탄압 선풍이 거세게 부는 상황 속에서 출범했지만, 거기에 가입한 직종별 노동조합은 대개 사회주의자나 사회주의에 우호적인 인물이 주도하고 있었다. 연맹의 의장 새뮤얼 곰퍼스도 엽궐련 제조장에서 익힌 사회주의 이념에 따라 언젠가 사회변혁이 이루어질 것이라고 기대했다. 그리고 이 원대한 꿈을 위해 먼저 해야 할 일은 사용자와 국가의 탄압뿐 아니라 주기적으로 발생하는 공황도 극복할 수 있는 튼튼한 조직을 건설하는 것이라고 생각했다. 그런 조직은 오랜 훈련과 경험을 통해 익힌 기능을 갖고 있으며 사용자에 대해 어느 정도 협상력을 지니고 있는 숙련공만이 건설할 수 있었다. 더욱이, 그것은 숙련공들이 안정된 일자리를 확보하고 있을 때 견실하게 성장할 수 있었다. 따라서 필요한 것은 그들과 사용자 사이의 관계를 안정화시키는 장치였고, 곰퍼스는 그것을 단체교섭에서 찾았다. 그는 노동자들이 집단적으로 사용자와 교섭하고 고용조건을 규정하는 계약을 체결해야 한다고 생각했던 것이다.[5]

---

5 Livesay, *Samuel Gompers and Organized Labor*; Gitelman, "Adolph Strasser and the Origins of Pure and Simple Trade Unionism"; Laslett, "Samuel Gompers and the Rise of American Business Unionism."

그것은 이미 노동운동에 자리 잡고 있던 혁명적 전통에서 연맹이 이탈하는 출발점이었다. 그때까지 미국 노동운동의 주류는 "임금 노예제"를 철폐하고 독립된 소생산자들의 공화국을 건설하려던 이른바 "노동자 공화주의"에 경도되어 있었다. 특히 1880년대에는 노동기사단*Knights of Labor*이 노동운동의 중심으로 부상하면서 자본주의에 대해 근본적인 비판을 가하고 있었다. 그에 반해 미국노동연맹은 자본주의를 용인했다. 단체교섭이란 당사자인 사용자와 노동자가 고용관계를 협상하는 과정인 만큼, 연맹은 그 전제인 "임금 노예제"를 받아들였던 것이다. 더욱이, 그것은 연맹이 이전에 결성된 다른 노동자 단체와 달리 공황을 겪고도 살아남는 데 도움이 되었다. 단체교섭 덕분에 여러 기업에서 고용관계가 안정되었고, 따라서 많은 노동자들이 연맹의 조합원으로서 지위를 유지할 수 있었던 것이다. 따라서 연맹은 1893~96년간의 공황 이후에도 꾸준히 성장했고, 1904년에는 미국의 전체 조합원 가운데 5분의 4가 훨씬 넘는 160만여 명을 확보했다.

그렇지만 단체교섭은 널리 확산되지 않았다. 20세기 전환기에 노동조합이 착실하게 성장하고 노동쟁의가 커다란 규모로 확대될 뿐 아니라 때때로 급진적인 양상을 보이자, 사용자들은 반격을 위해 전열을 정비했다. 중소기업가로 구성된 전국제조업자협회*National Association of Manufactures*는 1904년 불황을 계기로 "노조에 대한 전쟁"을 선포하고 노동조합을 유럽에서 수입된 "비미국적 제도"라고 공격했다. 사실, 노동조합은 그때까지 법률상 모호한 지위를 지니고 있었다. 한편에서는 노동조합을 불법단체로 규정하고 탄압하는 법률이 있었지만, 다른 한편에서는 법률을 위반할 명백한 의도 아래 조직된 단체가 아니라면 노동조합을 처벌할 수 없다는 판례가 있었다. 더욱이 크리스토퍼 톰린스에 따르면, 노조의 지위가 19세기 후반에 쟁점으로 부각되지 않은 것은 노동운동이 침체되어 있었기 때문이다. 그래서 노조는 19세기 말에 오면 독점금지법에 따라 주간 통상을 억제한다는 이유로 제재를 받기도 했다.[6]

그처럼 단체교섭의 일방인 노동조합이 법률상 용인되지 않은 것은 19세기 말 미국을 풍미했던 "자유방임"의 관점에서 이해할 수 있다. 당대의 자유주의자들은 노사관계란 자유로운 개인들 사이에서 체결되는 고용계약에 의해 성립되며, 양자가 경제적 이익을 위해 상대방을 필요로 하는 상호의존적인 관계라고 생각했다. 이렇게 자본가와 노동자 사이의 관계에 관해 자연발생적인 화합을 상정하고 있었기 때문에, 그들은 노동조합을

6 Tomlins, *State and the Unions*, 3-59.

필요 없는 것이 아니라 오히려 그런 화합을 저해하고 개인의 주도권과 자유로운 경제활동을 방해하는 요소로 간주했다. 따라서 국가가 할 일이 있다면, 그것은 노동조합을 비롯해 시장에서 개인이 경제적 자유를 누리지 못하도록 방해하는 집단을 제어하는 것이었다. "자유방임"은 개인이 상이한 조건과 자원을 지니고 있기 때문에 나타나는 불평등, 또는 개인 사이에서 억압과 착취가 가능할 정도로 편향된 세력관계를 건드리지 않는 원칙이었다.

그렇지만 단체교섭의 발전 가능성이 막혀 버렸던 것은 아니다. 무엇보다도, 20세기 전환기에 들어서자 미국을 지배하던 이념이 개혁과 화합, 그리고 능률을 강조하는 진보주의로 방향을 바꾸었다. 기업 집중과 계급 갈등이 심화되자, 국가가 "자유방임"에서 벗어나 적극적인 역할을 수행해야 한다고 주장하는 목소리가 높아졌던 것이다. 그 요점은 독점기업이 시장에서 자유로운 경쟁을 저해하지 못하도록 규제하고 노동자를 비롯해 사회적 약자를 보호하기 위해 기존질서를 개혁하며 사회 전체에 걸쳐 낭비를 줄이고 화합을 도모해야 한다는 데 있었다.[7] 더욱이, 일부 독점 기업가와 온건한 노동 지도자, 그리고 진보적 지식인들은 전국시민연맹*National Civic Federation*을 결성하고 20세기 전환기에 격화되던 계급 갈등에 관해 해법을 모색했다. 그들은 사용자와 국가의 억압 때문에 노동운동이 급진적인 경향을 띠게 된다고 보고, 온건한 노동조합을 육성해 "사회주의의 거대한 물결에 대항하는 방파제"로 만들고자 했다. 나아가 연맹은 단체협약을 통해 노사관계를 안정시켜야 한다고 역설했다.[8]

진보주의적 노사관계론은 전국시민연맹에 참여한 경제학자 존 코먼스가 주도했다. 그는 당대의 격심한 노사갈등을 기업 집중의 결과로 이해했다. 19세기 초 이래 계속해서 시장이 확대됨에 따라 기업의 규모가 거대해졌고, 그 결과로 수공업 단계의 소규모 기업에서 조성되었던 노사화합이 불가능하게 되었다는 것이다. 이제 대기업이 지배하는 경제생활에서 노사화합을 복원하기 위해서는 기업에 종사하는 모든 사람들을 하나로 묶는 집단적 장치가 필요했는데, 그것은 노동조합과 단체협약에 있었다. 많은 진보주의자들처럼, 코먼스는 피고용인들을 조직해 거대한 기업과 대등한 힘을 확보하게 만들고 양자의 행동을 지배하는 규칙을 수립해야 한다고 보았다. 그의 말을 빌리면, 단체협약은 "입헌 정부의 한 형태"로서 "사용자들[과 피고용인들]을 평등하게 조직하고 그 대표자들의 협의를 통해 임

7 Rodgers, "In Search of Progressivism."
8 Weinstein, *Corporate Ideal in the Liberal State*, 16-18. (인용은 17)

금 기준과 노동조건을 결정한다는 것을 의미"했다.[9]

진보주의적 노사관계론은 부분적이고 점진적인 방식으로 확산되었다. 진보주의는 미국이 1차대전에 개입함에 따라 급격하게 쇠퇴했고, 종전 직후에는 보수주의가 지배적 조류로 등장했다. 사실, 대다수 기업가들은 "영원한 번영"을 위해서는 노사관계를 유럽 대신에 "미국의 방식*American Plan*"으로 확립해야 한다고 생각했다. 구체적으로 말해, 이민 노동자에게 미국 문화에 동화할 것을 강요하고 "비미국적인" 노동조합을 분쇄하며 기업별로 피고용인 복지제도를 도입했다.[10] 그런 분위기 속에서도 법조계는 노동조합을 "사실상의 법인"으로 간주하는 등, 노동자의 단결권을 인정하는 움직임을 보였다. 게다가 철도산업에서는 노사분규 중재제도가 수립되었는데, 그것은 이 중요한 부문에서 사용자들이 노동조합에 대해 긍정적인 태도를 지니고 있다는 것을 의미했다.

진보주의적 노사관계론은 결국 광범위한 합의가 아니라 집권세력의 강제를 통해 공식적 제도로 실현되었다. 일찍이 진보주의를 수용했던 프랭클린 델러노 루스벨트는 1933년에 집권하자마자 전국산업부흥법*National Industrial Recovery Act*을 제정하고, 기업가들이 업종별 조직을 만들어 스스로 경쟁을 제한하도록 유도하는 동시에 노동자의 단결권과 단체교섭권을 보장해 노사관계를 개선하고자 시도했다. 그러나 뉴딜 행정부의 노동정책은 기업가들의 맹렬한 반대 때문에 실질적으로 기능을 발휘하지 못했다. 노동자들은 대공황을 계기로 기업가에 대한 불신과 기존체제에 대한 회의를 품게 되었을 뿐 아니라 진보적인 노동정책의 좌절에 따라 커다란 불만까지 갖게 되었다. 루스벨트는 재선을 위해 그 불만을 해소해야 했고, 따라서 뉴딜 행정부는 많은 기업가들의 반대에도 불구하고 1935년에 전국노동관계법*National Labor Relations Act*을 제정했다. 흔히 와그너법*Wagner Act*으로 통하는 이 조치는 노동자의 단결권과 단체교섭권, 그리고 단체행동권을 보장했을 뿐 아니라 사용자가 그런 권리를 침해하면 부당노동행위로 규정하고 제재를 가할 수 있도록 명시했다. 더욱이, 노동자의 권리를 보호하기 위해 전국노동관계위원회*National Labor Relations Board*를 설치하고 노사관계를 감독하는 권한을 부여했다.[11]

---

9 Tomlins, *State and the Unions*, 74-82. (인용은 79) 그 외에 다음을 참고하라. Weinstein, *Corporate Ideal in the Liberal State*; Sklar, *Corporate Reconstruction of American Capitalism*; Hawley, "Discovery and Study of a 'Corporate Liberalism.'"

10 Bernstein, *Lean Years*, 144-189.

11 배영수, 「1930년대 미국 노동조합의 성장 요인」.

물론 와그너법과 노동관계위원회가 처음부터 의도적으로 진보주의적 노사관계론에 입각해 만들어진 것은 아니다. 와그너법의 제정에서 미국의 2차대전 개입에 이르는 시기에는 그보다 진보적인 산업민주주의론이 루스벨

단체교섭의 도입은 대공황 시대의 경제적 · 정치적 위기에 대한 처방이라고 할 수 있다. 대공황으로 인한 경제적 위기가 당대의 미국인들에게 얼마나 절박한 것이었는지는 긴 설명이 필요하지 않다. 경기가 가장 침체되었던 1933년에 이르면 산업 생산고는 대공황 직전에 비해 절반 이하의 수준으로 떨어졌고, 농업부문을 제외한 실업률은 33% 정도로 치솟았으며, 그런 위기는 와그너법이 제정되던 1935년까지 지속되었다. 그에 따라 정치적 · 사회적 혼란도 심화되었다. 우익 진영에서는 루이지애나의 연방 상원의원 휴이 롱과 캘리포니아의 의사 프랜시스 타운센드가 재산분배운동을 제창해 대중적인 지지를 확보함으로써 루스벨트의 정치적 입지를 위축시켰다. 또 좌익 진영에서는 공산주의자와 사회주의자들이 실업자들을 조직해 급진적인 사회입법을 요구하는 한편, 수도 워싱턴을 향한 행진을 주도하며 대중시위를 유도했다. 실제로 1934～35년간에 연방정부의 고위 관리들은 머지않아 혁명적 위기가 도래할지도 모른다고 우려했다.[12]

그렇지만 대공황 시대에 실제로 혁명적 위기가 존재했던 것은 아니다. 1930년대에 계급 갈등이 격렬하게 전개되었다는 비판적인 역사학자들의 해석은 근래의 연구에서 더 이상 수용되지 않는다. 노동사 연구자 멜빈 듀보프스키는 대공황 시대가 "그리 격렬하지 않았다"고 주장하면서, 그 근거로 파업의 규모와 빈도가 다른 시대와 크게 다르지 않았다는 점을 들고 있다.[13] 더욱이, 리자베스 코언은 큰 관심을 끈 자신의 저서에서 당대 미국의 노동자들이 자본주의에 대한 믿음을 버렸던 것은 아니라고 주장한다. 그에 따르면, 그들은 대공황이라는 위기를 겪으면서 기업과 국가가 자신의 일자리와 생계를 보장해 줄 의무를 지니고 있다는 생각을 굳히게 되었다고 한다. 그런 생각은 1920년대에 여러 기업에서 도입했던 복지제도에서 발전한 것으로, 대공황처럼 노동자들이 통제할 수 없는 위기를 맞아 더욱 심화되었다는 것이다. 바꿔 말해, 미국의 노동자들은 고용관계에서 윤리적 책임을 강조하는 "도덕적 자본주의"의 관념을 지니고 있었다는 것이다.[14] 이 관념과 그 기원에 관해 코언의 견해를 전면적으로 수용하기는 어렵다. 무엇보다도 기업에서 시행했던 복지제도는 일부 노동자에게 국한되어 있었고 그나마 대공황으로 인해 대부분 축소되었기 때문이

트 행정부의 노사관계 정책에서 우세했던 것이다. 이들 사이의 갈등에 대해서는 다음을 참고하라. Tomlins, "New Deal, Collective Bargaining, and the Triumph of Industrial Pluralism."

12 Schlesinger, *Coming of the New Deal*, 273; Piven and Cloward, *Regulating the Poor*, 106-108; Greenberg, Serving the Few, 114-116.

13 Dubofsky, "Not So Turbulent Years."

14 Cohen, *Making a New Deal*.

다.[15] 여기서 중요한 것은 미국의 노동자들이 기업과 국가에 대해 윤리적인 책임을 거론한 데서 드러나듯이 1930년대의 위기 속에서도 자본주의에 대해 근본적인 회의를 품었던 것이 아니라 기존체제에 대한 수정을 기대하고 있었다는 점이다.

그렇다면 단체교섭의 도입은 결국 그와 같은 노동자들의 기대에 대한 국가의 호응이라 할 수 있다. 많은 기업가들은 국가가 노사관계에 개입하는 데 대해 여전히 반대하고 있었지만, 국가를 장악한 정치 엘리트는 대공황과 그에 수반된 위기를 타개하기 위해 노사관계를 개혁해야 한다고 생각했다. 전국산업부흥법에서 드러나듯이, 루스벨트와 뉴딜 행정부는 경기회복을 위해 기업 사이의 과당경쟁을 제한하려면 임금과 작업조건을 비롯해 노동비용의 측면에서 공정한 여건이 조성되어야 한다고 생각했던 것이다. 그렇지만 위기가 심화되고 재선이 불투명해지자, 루스벨트는 노사관계에 관해 새로운 입법을 추진함으로써 노동자들의 지지를 얻으려 했다. 이런 뜻에서 와그너법에 명시된 노동삼권은 노동자들이 지닌 정치적 영향력의 소산이라 할 수 있다. 사실 1936년 선거에서 노동자들은 흑인과 함께 공화당을 지지하던 오랜 전통을 버리고 민주당을 지지했고, 여기서 형성된 이른바 "뉴딜 연합세력*New Deal Coalition*"은 레이건이 대통령으로 선출되는 1980년까지 유지되었다. 바꿔 말해, 단체교섭과 그것을 밑받침하는 노동자의 권리는 노동자들이 지닌 정치적 영향력 덕분에 도입되었던 것이다.

3. 단체교섭의 정착

그렇게 해서 도입된 단체교섭이 생산 현장에 정착되기까지는 결코 순탄한 과정이 아니었다. 사회학자 토머스 코한과 그의 동료들은 단체교섭이 "하루아침에 받아들여진 것은 아니다"라고 지적하면서도 그 과정에 대해서는 관심을 기울이지 않는다.[16] 그렇지만 저 순탄치 않은 과정에 노사관계의 실제 모습이 들어 있으므로, 간략하게나마 그 과정을 살펴볼 필요가 있다.

뉴딜 행정부는 와그너법의 제정 이후에도 한동안 소극적인 노동정책을 견지했다. 사용자들은 교묘한 방법으로 법망을 피하거나 아예 그것을 무시하면서 노동조합을 탄압하고 단체교섭을 거부하는 한편, 대법원에 와그너법의 위헌심사를 제청했다. 전국노동관계위

15 Brands, *American Welfare Capitalism*; Brody, "Rise and Decline of Welfare Capitalism."

16 Kochan, Katz, and McKersie, *Transformation of American Industrial Relations*, 22-25.

원회는 전국산업부흥법이 위헌성 때문에 결국 폐기되고 말았다는 점을 고려해 사용자들을 자극하지 않으려고 노력했다. 그렇지만 1936년 가을 대통령 선거에서 루스벨트가 노동자와 흑인 등, 소수집단의 지지를 받고 재선되자 사정이 달라졌다. 더욱이 그가 재선의 여세를 몰아 대법원에서 진보파의 세력을 확대시킨 다음에는, 노동관계위원회가 친노조적 성향을 드러내기 시작했다. 그래도 위원회는 상당한 혼란을 겪었다. 일부에서는 노동조합을 지원하기 위해 노력한 반면에, 다른 일부에서는 노사관계의 안정에 역점을 두었던 것이다.[17]

그런 상황 속에서도 노동운동은 비약적으로 성장했다. 미국노동연맹은 와그너법의 제정에도 불구하고 숙련공들을 대상으로 조심스럽게 조직 사업을 전개했다. 그러나 연맹에서도 광산노조와 피복노조는 대량생산 산업부문에서 절대 다수를 차지하는 비숙련공을 조직할 여건이 성숙했다고 보고 산업별 노동조합의 활성화를 기대했다. 실제로 1936년부터 고무산업에서 비숙련공들의 자발적인 노동운동이 활기를 띠었고, 이것은 자동차, 강철, 섬유, 전기 제품 등 부문으로 급속하게 확산되었다. 그 결과 1937년에는 광산노조와 피복노조가 미국노동연맹에서 탈퇴하고 산업별노동조합회의*Congress of Industrial Organizations*를 결성했다. 이 새로운 조직은 오랫동안 노조가 발붙이지 못했던 대량생산 산업부문을 활발하게 조직했고, 특히 대표적인 대기업 제너럴모터스*General Motors*와 유에스스틸*U. S. Steel*을 굴복시키고 노조를 인정하게 만들었다. 그러자 미국노동연맹도 조직 체계를 유연하게 수정하며 경쟁적으로 노동자를 조직했다. 그래서 1937~38년 불황으로 노동운동이 일시적으로 정체되었는데도, 1933년에 300만 명도 되지 않던 조합원의 수가 1939년에는 900만 명에 육박했다. 그리고 노동연맹과 산별회의는 각각 400만 조합원을 대변하는 거대한 단체로 부상했다.

이에 대한 사용자들의 반응은 세 가지로 대별할 수 있다. 하월 존 해리스의 연구에 의하면, 그것은 "완강한 반노조주의"와 "현실주의적 타협," 그리고 "진보적 접근방법"으로 구분된다. 중소기업은 대체로 노동운동에 완강하게 저항했다. 특히, 전국제조업자협회는 대법원으로부터 와그너법에 대한 위헌 판결을 이끌어 내려는 역공을 취하는 한편, 노동운동을 물리적으로 탄압하는 호전적인 정책을 견지했다. 그러나 이 정책은 실효를 거두지 못했을 뿐 아니라 부정적인 여론을 불러일으켰기 때문에 교묘한 반노조정책으로 대체되었

17 Tomlins, "New Deal, Collective Bargaining, and the Triumph of Industrial Pluralism," 29-33.

다. 구체적으로 말하면 조합원 해고, 노조활동 감시, 반노조 선전 등, 책략을 통해 노조의 결성을 저지하거나 단체교섭을 지연시키는 방법을 쓰는가 하면, 어용노조를 수립함으로써 법망을 피하기도 했던 것이다. 포드자동차와 몇몇 강철기업을 제외하고, 대기업은 대부분 "현실주의적 타협"을 선택했다. 이들 기업은 제너럴모터스처럼 노조운동에 저항하다가 어쩔 수 없이 그것을 현실로 받아들였고, 그런 다음에도 노조의 영향력을 최소한으로 제한하는 정책을 취했다. 그것은 말하자면 "무장 휴전" 정책이었다. 그러나 제너럴일렉트릭*General Electric*을 비롯해 일부 기업은 노조로부터 자발적인 협조를 이끌어 내는 진보적인 정책을 취했다. 이들은 노조를 인정하고 단체교섭에 응하는 데서 그치지 않고, 노조를 기업경영의 동반자로 만들어 생산 현장에서 노사갈등을 억제하고 생산성을 제고하는 데 활용하고자 시도했다.[18]

이 세 가지 반응 중에서 "완강한 반노조주의"는 1930년대가 끝날 무렵에 퇴조했다. 경제는 1937~38년 불황을 거치면서 회복세가 둔화된 다음에 침체에서 벗어나지 못하고 있었다. 그렇지만 노동운동도 이 불황으로 말미암아 활력을 잃어버렸고, 또 거대하기는 했지만 분열되어 있었다. 다른 한편, 와그너법을 철폐시킬 수 있는 가능성은 1937년 대법원 개편 이후 사실상 사라져 버렸다. 따라서 반노조 운동의 본산이었던 전국제조업자협회는 1939년에 오면 더 이상 와그너법의 철폐를 요구하지 않게 되었다. 그렇지만 협회는 노조와 단체교섭에 대해 적극적인 태도를 보인 것이 아니라 현실적인 타협의 자세를 취했을 뿐이다. 해리스에 따르면, "기업계가 조야한 노조 파괴 정책을 계속하기보다는 안정된 노사관계를 건설하는 데 더 관심을 기울이고 있으므로 그에 적합하고 유용한 방향으로 와그너법을 철저하게 개정하는 것"이 협회의 희망이었다고 한다.[19]

반면에 "현실주의적 타협"은 2차대전을 계기로 급격하게 확산되었다. 미국은 이미 1939년부터 군사력을 확충하기 시작했는데, 1940년에 독일이 프랑스를 점령하자 신속하게 대규모 재무장을 추진했다. 그에 따라 군수산업과 그에 관련된 산업이 팽창했고, 그 결과 실업자는 1939년에 1,000만 명이 넘었으나 일본의 진주만 공격이 일어나던 1941년 말에는 400만 명 수준으로 줄어들었다. 이 상황을 이용해 산업별노동조합회의는 전국적인 조직사업을 추진했다. 그에 따라 1941년에는 230만 명의 노동자가 4,200여 건의 파업을 벌임으로써 미국 노동운동 역사상 새로운 기록을 세웠다. 그리고 1940년 6월부터 1941년

18 Harris, *Right to Manage*, 23-27.
19 Ibid., 40.

말까지 150만 명의 노동자가 새로 노조에 가입했을 뿐 아니라 반노조주의의 아성이던 포드자동차와 강철기업들도 노동조합을 인정했다.

"현실주의적 타협" 이 확산된 데에는 국가도 중요한 역할을 했다. 연방정부는 격화되는 노사갈등으로부터 군수산업을 보호하기 위해 1941년 봄에 전국군수산업조정위원회 *National Defense Mediation Board*를 설치해, 군수산업에서 파업을 금지하고 노사분규를 조정하도록 했다. 노동계의 지도부는 그해 여름까지 이에 동의했을 뿐 아니라 진주만 사건으로 미국이 2차대전에 본격적으로 참가한 이후에는 모든 산업부문에서 파업을 포기한다고 선언하기도 했다. 그러나 일반 조합원들은 지도부의 공식 선언을 무시하고 부분적인 파업이나 은밀한 태업을 산발적으로 벌임으로써 자신들의 권익을 스스로 보호하고자 했고, 지도부가 그것을 제지하면 노조에서 탈퇴하거나 조합비를 내지 않으려 했다. 따라서 국가는 군수물자의 생산에 차질이 생기지 않도록 산업평화를 조성해야 할 필요에 직면했고, 그것은 1942년 6월 전국전시노동위원회*National War Labor Board*가 발표한 "조합원 유지안" 으로 나타났다. 그것은 노조가 사용자와 단체협약을 체결하고 나면 새로 취업하는 노동자는 15일이 지나는 때부터 자동적으로 조합원이 되며, 만일 신규 취업자가 그 기간 내에 노조에 가입하지 않겠다는 의사를 밝히지 않은 채 조합비를 내지 않으면 해고된다는 원칙이었다. 노조의 안전을 보장하는 이 장치 덕분에, 조합원의 수는 1939년 900만 명 미만에서 1945년 1,500만 명 정도로 팽창했다. 그리고 사용자들은 노조를 파괴하는 대신, 노조와 단체협약을 체결함으로써 노조를 통해 노동자를 통제하는 방법을 선택했다.[20]

그렇지만 단체교섭으로 노사갈등을 완전히 진정시킬 수는 없었다. 2차대전 동안 드러난 것처럼, 단체교섭이 도입된 작업장에서도 일반 조합원들은 자신들의 권익을 위해 부분적인 파업이나 태업을 벌이기도 했다. 단체협약의 내용에 불만을 품고 그렇게 하기도 했지만, 단체협약에 규정되지 않은 문제를 놓고 사용자와 합의를 보지 못해서 그렇게 하는 경우도 적지 않았다. 단체협약은 기본적으로 임금과 노동시간 등, 고용조건을 규정하는 계약이므로, 직무의 내용과 수행 방법, 노동강도, 또는 승진과 전보 등에 대해서는 구체적이고 세밀하게 규정하지 않았던 것이다.

따라서 단체교섭 뒤에 남는 노사갈등에 관해서는 다른 제도적 장치가 필요했다. 당대의 미국인들은 그런 장치를 "산업 법치" 에서 발견했다. 이것은 유명한 법률가이자 지도적 진

20 Lichtenstein, *Labor's War at Home*, 78-81.

보주의자인 루이스 브랜다이스가 20세기 초에 제창한 관념이다. 코먼스처럼 그도 당시에 격화되고 있던 계급 갈등에 대처하는 방안을 찾기 위해 노력하다가, 법률적 조정을 통해 노사분규를 방지할 수 있을 것이라고 생각했다. 그는 노사분규의 발생 원인이 노동자를 절대적으로 지배하고자 하는 사용자의 욕구와 그에 저항하며 자유를 지키려는 노동자의 노력 사이에 존재하는 긴장에 있다고 보았다. 그렇다면 처방은 단체협약을 체결함으로써 사용자가 노동자의 권익을 존중하고 노동자가 파업에 호소하는 권리를 포기하는 것이며, 단체협약에서 규정된 사항에 관해 양측이 이견을 갖고 있는 경우에는 분쟁 조정 기구를 통해 그것을 해소하는 것이라고 주장했다.[21]

브랜다이스의 생각은 하트섀프너앤드막스*Hart, Schaffner & Marx*라는 시카고의 대규모 피복업체에서 실행되었다. 이 업체는 1910~11년에 있었던 파업에서 승리한 뒤에 노동자들을 무마하기 위해 고용조건을 개선했지만, 노동자들은 노동조합을 결성하고 불만이 있으면 부분 파업에 돌입함으로써 자주 생산과정을 중단시켰다. 결국 경영진은 노조와 협의해 노사 간 이견을 처리하는 절차를 수립했다. 단체협약에 대한 해석이나 거기서 규정되지 않은 문제에 관해 노사 간 이견이 있으면, 경영진이 고용하는 노무관리 책임자와 노동조합이 지명하는 피고용인 대표자가 현장에서 만나 이견을 조정하고, 그래도 해결되지 않으면 양측의 합의하에 제3의 중재자를 선임하고 그 결정에 따르기로 한 것이다. 이 준사법적 절차는 노사 양측의 진정하고 성실한 자세 덕분에 곧 노사분규를 해결하는 장치로 자리를 잡았다.[22]

그런 산업 법치는 오랫동안 피복 이외에 철도와 탄광 부문에 국한되어 있다가 1940년대부터 빠르게 확산되었다. 2차대전을 치르는 동안 대기업들은 대개 단체교섭에 대한 요구를 수용했고 중소기업도 점차 그 뒤를 따랐으나, 단체교섭의 영역을 기본적 고용 조건으로 제한함으로써 가능한 한 경영권을 온존하고자 했다. 그렇지만 파업을 포기한다는 노조의 공식 정책에도 불구하고 일반 조합원들이 벌이는 산발적이고 부분적인 파업을 통제할 수는 없었다. 그로 인해 군수물자의 생산과 공급에 차질이 생기자, 전국노동관계위원회는 1943년 크라이슬러*Chrysler*의 단체협약 집행 문제를 다루면서 산업 법치를 제도화하기로 결정했다.[23] 그것을 주도한 위원회 부의장 조지 테일러는 "단체교섭은 1년에 한 번 단체협

21 Derber, "Idea of Industrial Democracy."

22 배영수, 「노동운동과 혁신주의」.

23 Lichtenstein, *Labor's War at Home*, 189 ff.

약을 체결하는 데 그치는 것이 아니다"라고 하면서 "그것은 또한 일상적인 과정"이라고 지적했다. 이어서 "고충처리절차는 단체협약을 적용하는 데 있어 발생하는 노사 간 이견을 해소할 수 있도록 정해야 한다"고 강조했다.[24] 그에 따라 전국노동관계위원회는 생산 현장에서부터 최고위층에 이르기까지 몇 단계의 노사협의 절차를 마련하고 마지막에 제3의 중재자에 의한 결정 단계를 두었다. 결국 이 산업 법치는 노사갈등을 생산 현장으로부터 제거하고 일정한 규칙에 따라 타결되도록 유도하는 장치였던 것이다. 그리고 이것은 전시에는 물론이요 전후에도 단체교섭이 정착된 기업에 널리 보급되어 노사관계를 안정시키는 데 기여했다.

그러나 단체교섭과 산업 법치의 도입에도 불구하고, 노사갈등이 무시해도 좋을 수준으로 퇴조한 것은 아니다. 사실, 부분적이고 단기적인 파업은 1943년부터 다시 빈발했고, 그런 상황은 2차대전이 끝날 때까지 계속되었다. 전시의 노동력 부족 사태를 이용해, 노동자들은 치솟는 물가의 압박과 경영진의 통제에 대처하려고 했다. 더욱이 2차대전이 종결되자 노조 지도부는 파업 포기 정책을 버리지 않을 수 없었고, 따라서 1945년 늦가을부터 자동차, 강철, 고무 등, 대량생산 산업부문을 중심으로 조직적인 대규모 파업 운동이 시작되었다. 다음 해에는 460만 명의 노동자가 약 5,000건의 파업을 벌여, 미국의 역사상 가장 격심한 노사분규 양상을 연출했다.

더욱이, 이 시기의 파업 운동은 임금과 노동시간 등, 고용조건의 개선만이 아니라 기업 경영권의 제약까지도 목표로 삼고 있었다. 이 점은 자동차노조가 제너럴모터스를 상대로 벌인 파업에서 단적으로 나타난다. 노조 위원장 월터 루서는 임금을 30% 인상하되, 자동차 판매가격은 올리지 말라고 요구했다. 제너럴모터스는 임금 인상분을 생산비에 계상하지 않고도 이윤을 충분히 확보할 수 있으며, 이는 회사가 "장부"를 공개하면 확인할 수 있다고 주장했다. 그것은 기업의 가격정책과 나아가서는 경영방침을 단체교섭의 영역에 포함시키려는 시도였다.[25]

기업계는 반격에 나섰다. 기업가들이 1930년대 중엽부터 수세를 취했던 것은 무엇보다도 대공황으로 인해 조성된 기업가에 대한 불신과 자본주의에 대한 위기의식, 그리고 2차대전으로 인한 생산의 급격한 팽창 및 노동력 부족 때문이었다. 그러나 이제 상황은 바뀌었다. 많은 사람들이 경기가 침체되지 않을까 우려하면서도 자본주의가 다시 위기에 빠질

24 Harris, *Right to Manage*, 53에서 재인용.

25 Lichtenstein, "Walter Reuther and the Rise of Labor-Liberalism."

것이라고 비관하지는 않았고, 생산활동이 둔화되고 있는 데다가 전선으로 나갔던 노동자들이 되돌아와 직장을 구하고 있었다. 더욱이, 공산주의가 미국의 안전을 저해하는 새로운 세력으로 등장했다는 의식이 서서히 고개를 들고 있었다. 따라서 기업계는 노동운동이 "경영상 특권"을 침해하거나 사용자의 주도적 위상을 위협하지 않도록 노사관계를 변경하고자 했다.

그 결과는 1947년 노사관계법*Labor-Management Relations Act*의 제정이었다. 흔히 태프트-하틀리법*Taft-Hartley Act*이라고 불리는 이 법은 노조의 활동을 제한하는 반면에 경영진의 권위를 확대했다. 예를 들어, 취업 희망자가 조합원이 아니면 고용할 수 없게 하는 제도를 금지하고 모든 형태의 "조합원 유지안"을 불법으로 취급했다. 또 피고용인이 노동조합에 가입하지 않을 권리를 지닌다는 점을 명시하고, 노조가 이를 존중하지 않으면 부당노동행위로 처벌하도록 규정했다. 더욱이, 노조는 단체협약을 준수할 의무를 지며 따라서 다른 사업장에서 쟁의에 돌입한 노동자들을 지원하기 위해 동조파업을 벌여서는 안 된다고 선언했다. 그 외에, 노조 간부가 공산당에 가입하지 못하게 규정하는 반면에 사용자는 노조를 비판하는 "언론의 자유"를 지닌다고 명시했다. 그리고 새로운 법률을 산업 현장에 적용하는 전국노동관계위원회도 노동자가 노조에 가입하지 않거나 노조를 단체교섭 대표로 인정하지 않을 권리를 지닌다고 선언함으로써 와그너법의 제정 취지를 저버리는 듯한 태도를 취했다.[26]

그래도 태프트-하틀리법을 반동적인 조치로 간주하기는 어렵다. 종래에 이 법은 노사관계를 와그너법 이전으로 되돌려 놓은 것으로 해석되었지만, 근래에는 양자 사이에 연속성이 있다는 점이 부각된다. 예를 들면 크리스토퍼 톰린스는 태프트-하틀리법이 기존 노사관계를 수정하면서도 기본적으로는 와그너법에 규정된 단결권과 단체교섭권을 인정한다는 점에 주목한다.[27] 더욱 중요한 것은 와그너법의 개정을 요구한 기업계가 뉴딜 이전의 상태로 노사관계를 재편하려는 의도가 없었다는 점이다. 와그너법 개정에 대한 논의는 2차대전이 종결되기 전부터 진행되었는데, 이 과정에서 기업가들은 적어도 노동운동이 더 이상 성장하지 않도록 제약을 가하면서 노조에 대한 우위를 확보하고자 했다. 반노조주의의 선봉이었던 전국제조업자협회조차도 1946년에 준비한 와그너법 개정안에서 노조의 세력이 과도한 것이 노동문제의 핵심이라고 지적하면서도, 와그너법의 철폐가 적절한 해

---

26 Gross, "Conflicting Statutory Purposes."

27 Tomlins, *State and the Unions*, 247–328.

답은 아니라고 선언했다. 협회 내의 소수파는 심지어 "건전한 단체교섭이 좋은 노사관계를 유지하는 데 유용한 도구라는 점"을 인정해야 한다고 주장하기도 했다.[28]

그러므로 태프트-하틀리법은 단체교섭을 확고하게 정착시키는 계기였다고 할 수 있다. 전국제조업자협회의 입장에서 드러나듯이, 그것은 거대한 단체로 성장한 노동조합을 무력하게 만들기보다는 그것을 사용자가 주도하는 노사관계 속에 편입시키는 데 주안점을 두고 있었다. 거기에 필요한 것은 노조가 지나치게 큰 힘을 갖거나 급진적인 방향으로 움직이지 못하도록 제약하는 장치였다. 실제로, 노동계 지도자들은 이 법에 규정된 제약을 비판하면서도 수용했을 뿐 아니라 공산주의자와 사회주의자 등, 급진파를 노동조합에서 제거하는 데 협력하기도 했다. 급진파는 1930년대 중엽 이래 산업별 노조를 중심으로 노동운동의 성장에서 주도적인 역할을 담당했는데, 전후에는 거대한 노조 안에서 비판세력으로 자리를 잡고 기업경영에 대한 노동자의 발언권을 요구하는 등, 노동운동을 진보적인 방향으로 견인하고자 했다. 이제 노조 지도부는 그 위치를 공고히 다지기 위해 이 비판세력을 제거하는 데 협력함으로써, 노조에 권위주의적인 체제를 수립하는 동시에 사용자가 주도하는 노사관계에 도전하는 대신에 거기에 적응하는 길을 선택한 것이다. 바꿔 말하면 태프트-하틀리법을 계기로, 미국의 노동운동은 노사관계를 단체교섭에서 한 걸음 더 끌고 나가지 않고 거기서 머무르기로 결정했다고 할 수 있다.

4. 케인스주의의 대두

전후에 단체교섭과 산업 법치가 원활하게 기능한 배경에는 1970년대 중엽까지 지속된 호황뿐 아니라 세계적으로 확산된 케인스주의도 자리 잡고 있었다. 특히, 토머스 코한과 그의 동료들은 단체교섭이 이른바 "뉴딜형 산업관계 체제"의 초석이라고 하면서, 케인스 이론이 "장기적 전략 및 정책"으로서 그런 초석의 상부를 형성한다고 주장한다. 그들에 따르면 와그너법은 사용자에게 단체교섭을 의무로서 강제한 것이 아니라 수용 여부를 선택할 수 있는 대안으로 권장했을 뿐이다. 그런데도 전후에 점점 많은 사용자들이 그것을 수용한 것은 거대한 노동조합의 압력 못지않게 케인스 이론의 영향력 때문이었다. 사용자들은 종전과 더불어 불황이 찾아오지 않을까 우려하면서 대공황의 근본 원인이 과소소비에

28 Harris, *Right to Manage*, 105-121.

있었다고 진단하고, 또다시 그런 사태에 빠지지 않기 위해서는 생산능력의 발전에 맞추어 대중의 구매력을 증대시켜야 한다는 관념을 가지게 되었다는 것이다. 이 점은 코한 등에 따르면 와그너법에 관한 의회 청문회에서 어느 담배회사가 밝힌 경영방침에서 명백하게 드러난 바 있다.

> 우리 회사[Brown and Williamson Tobacco] 경영진의 견해는 대량생산이란 대중의 구매력이 향상되지 않고서는 오래 지속될 수 없다는 것이었다. 이는 곧 임금을 인상하고 노동시간을 단축해야 한다는 것을 뜻했다. 이것은 우리 경영진의 확고한 신념이 되었다. 그보다 어려운 문제는 이것을 어떻게 성취해야 하는가였고, 우리가 내린 결론은 사용자와 피고용인 사이의 단체교섭이 …… 우리의 체제 아래서 소득의 분배를 조금이라도 공평하게 조정할 수 있는 유일한 수단이라는 것이었다.[29]

그러나 그런 견해가 대공황 시대부터 널리 확산된 것은 아니다. 루스벨트가 경기회복을 위해 적자지출을 감행한 것은 분명하지만, 2차대전이 시작되기 전까지 항상 균형재정으로 되돌아가기 위해 노력했고 뉴딜 행정부 내에 케인스 이론에 대해 아는 사람도 거의 없었다. 제너럴일렉트릭 사장 제라드 스워프를 비롯해 뉴딜에 깊이 관여했던 진보적 기업가들 사이에서도 사정은 같았다. 그들은 기업계에서 소수파로서 초기 뉴딜 정책, 특히 기업 간의 경쟁을 제한하고 노동자에게 단결권과 단체교섭권을 허용하는 데 큰 영향을 끼쳤다. 그렇지만 그들의 취지는 대중 구매력의 확충이 아니라 고용의 안정에 있었고, 루스벨트 행정부에 대한 그들의 영향력도 1935년부터 크게 약화되었다.[30]

케인스 이론과 단체교섭 사이의 연계 가능성은 2차대전으로 초래된 특수한 상황 때문에 오히려 후퇴한 것으로 보인다. 미국 경제가 전시체제로 개편됨에 따라 생활필수품을 중심으로 민수용 물자가 부족하게 되었고, 그 결과 1941년 1월부터 1년 반 동안에만 물가가 15% 정도 상승했다. 덕분에 기업가들은 막대한 이윤을 거두어들이면서도, 노조의 공식적인 파업 포기 선언을 이용해 임금인상에는 인색한 태도를 보였다. 따라서 임금에 관한 노사분규가 1942년 여름까지 2만여 건이나 전국노동관계위원회에 접수되었는데, 그중에서도 강철노조가 제기한 사안은 조합원 50만 명에게 영향을 끼치는 중대한 문제였다. 이에 관해 노동관계위원회는 1941년 1월의 물가와 임금을 기준으로 물가 상승률보다 3% 높은

---

29 Kochan, Katz, and McKersie, *Transformation of American Industrial Relations*, 26에서 재인용.

30 McQaid, "Corporate Liberalism in the American Business Community."

선까지만 임금인상을 허용한다는 원칙을 세웠다. 따라서 이미 1941년 단체교섭을 통해 결정된 약 12%의 임금 인상률 이외에 추가 인상폭을 5.5%로 제한했다. 강철노조는 이것이 노동자들의 기대에 어긋났기 때문에 "단체교섭의 토대에 대한 심각한 타격"이라고 비난했다. 그러나 노동관계위원회는 이 "생계비 조정"을 통해 임금을 억제함으로써 물가를 안정시키고자 했다.[31] 고임금을 기반으로 구매력을 증대시키는 정책은 생활필수품마저 부족한 전시상황에서는 바람직하지 않았던 것이다.

그런 정책은 미국이 평시체제로 복귀함에 따라 절실하게 필요하게 되었다. 미국은 전후 자국의 안전과 번영을 위해 대내외적으로 새로운 질서를 구축하고자 했다. 대외적으로는 소련의 세력 팽창을 저지하는 한편, 자국의 상품과 자본이 자유롭게 진출할 수 있는 교역체제를 수립하기 위해 노력했다. 구체적으로 말해, 대공황 시대에 각국이 쌓아 올렸던 관세장벽을 허물어뜨리는 것은 물론이요 영국, 프랑스 등, 열강이 장악하고 있던 식민지도 해방시키고자 했다. 미국을 제외하고 모든 참전국이 2차대전으로 말미암아 생산능력에 큰 타격을 받았을 뿐 아니라 국제 경쟁력에서도 크게 뒤떨어져 있었으므로, 그런 조치는 사실상 미국을 위해 세계를 개방한다는 것을 의미했다. 문제는 대부분의 국가에서 구매력이 부족하다는 데 있었고, 종전과 함께 불황이 시작되면 사태가 심각해질 우려도 있었다. 따라서 마셜플랜*Marshall Plan*을 비롯해 대규모 원조계획을 추진하는 동시에 미국 내에서 대중 구매력을 강화시키는 방안도 필요했다.

그런 방안은 기업계의 입장에서 볼 때 결국 노동자에게 높은 임금을 지불하는 데 있었다. 이 점은 기업계에서 가장 보수적인 전국제조업자협회도 인정했다. 1946년 협회는 전후 노사관계에 관한 기본 방침을 임금인상, 노동조건 개선, 고용안정, 그리고 노사협조로 설정했다. 그것은 전후의 대규모 파업 운동에 대한 양보인 동시에 새로운 질서를 위한 진보적 제안이었다. 이는 무엇보다도 임금을 생산성에 연계시킨다는 방침에서 드러난다. 협회는 "노동자들의 작업과 그 성과를 제고할 장려 제도를 수립하고 높은 생산성에 기초하여 높은 임금을 지급할 것"을 천명한 것이다.[32] 이런 방침은 오랫동안 반노조주의를 고집했던 카네기-일리노이*Carnegie-Illinois*가 강철노조와 체결한 단체협약에도 반영되었다. 이 협약의 서문에서 노사 양측은 다음과 같이 협조를 강조했다.

---

31 Zieger, *American Workers, American Unions*, 87-92.

32 Harris, *Right to Manage*, 120에서 재인용.

> 양측의 의도는 …… 협약 기간에 최고의 노동생산성을 달성, 유지하는 것이다. 회사 측이 여기에 규정된 대로 임금을 인상하는 데 대한 보답으로, 또 공정한 임금에 상응하는 공정한 작업을 수행한다는 원칙에 따라, 노조 측은 안전과 건강과 작업 능력을 해치지 않는 범위 내에서 피고용인의 역량과 능률을 최고 수준으로 향상시킨다는 목표에 동의한다는 점을 재강조한다. 또한 노조 측은 노조와 노조 간부, 그리고 일반 조합원이 그런 목표를 달성하는 데 방해가 되는 어떤 행동도 취하거나 허가하거나, 혹은 묵과하지 않는다는 점에 동의한다.
>
> 노조 측은 …… 협약 기간에 …… 노조나 노조 간부, 혹은 일반 조합원이 작업 중단이나 파업을 허가, 교사, 지원, 묵과, 혹은 감행하지 않는다는 점에 동의한다.[33]

이렇게 임금과 생산성을 연계시키는 경향은 자동차 산업계에서 집약되었다. 이미 2차 대전 이전에 "현실주의적 타협"을 택했던 제너럴모터스는 전후에 한 걸음 더 나아갔다. 1945~46년 파업 이후에는 노사관계를 안정시키는 데 만족하지 않고, 전후에 팽창하는 자동차시장을 겨냥해 생산성을 제고하는 데 노조의 협조를 얻고자 했던 것이다. 따라서 1948년 단체교섭에서 제너럴모터스는 "생계비 조정"에 따라 임금을 생계비 지수에 연동시키기로 결정했다. 전시에 임금을 억제하기 위해 고안된 장치가 이제는 실질임금을 보장하기 위해 사용되기 시작한 것이다. 그리고 회사 측은 "연간 생산성 향상 요인"을 감안해 임금을 매년 2%씩 추가 인상하기로 결정했다. 그에 대한 보답으로 노조 측은 경영권을 존중하고 생산성 제고 계획에 협조하기로 약속했다. 그리고 1950년, 경영진과 노동조합은 이 단체협약이 유효기간 2년 동안 양측에 모두 만족스러운 것이었다고 판단하고 그와 같은 임금 결정 방식을 토대로 유효기간을 5년으로 하는 전례 없는 단체협약을 체결했다.[34] 결국, 제너럴모터스는 관대한 임금정책을 통해 자동차노조를 생산성 제고에 협조하는 동반자로 만든 셈이다.

그렇지만 갈등의 요인이 완전히 제거된 것은 아니다. 왜냐하면 노사 양측은 생산과정에서 산출되는 잉여가치를 분배하는 방식에 관해 합의를 볼 수 있었지만, 그것을 분배하는 비율을 어떻게 조정할 것인가 하는 본질적 문제는 거론하지 않고 남겨 두었기 때문이다. 1948년도의 제너럴모터스-자동차노조 협약에서 드러나듯이, 임금이 물가 및 생산성에 연계되어 인상된 대신 임금 총액과 이윤 총액 사이의 비율은 조정되지 않았다. 그것은 분배의 본질적 문제를 생산성 제고에 입각한 경제성장 뒤의 일로 미루는 이른바 "생산성의 정

33 Ibid., 153에서 재인용.

34 Ibid., 149-151.

치" 였다.[35] 결국 노사 양측은 문제의 핵심을 회피하고 그것이 궁극적으로 사용자와 노동자 사이의 세력관계에 따라 결정되도록 내버려 두었던 것이다. 그렇지만 결정을 무한정 미룰 수는 없었다. 생산성을 제고하지 못하거나 다른 기업에 추월당해 시장을 잃어버리기 시작하면, 문제의 핵심이 전면에 부각되었다. 제너럴모터스를 비롯해 많은 기업은 그래도 시장에 대한 지배력을 이용해 당분간 임금 인상분을 생산비에 계상함으로써 그 부담을 소비자에게 전가할 수 있었다. 그러나 경쟁력에서 뒤처지기 시작하면, 아예 노동조합을 피해 남부나 해외로 이전하는 방안을 선택하지 않을 수 없었다.

그런 사태가 오기 전까지는, 임금-생산성 연동 방식이 다른 기업과 노조로 확산되었다. 대표적인 기업계 잡지 『포춘*Fortune*』은 1950년도 제너럴모터스-자동차노조 협약을 "디트로이트 조약*Treaty of Detroit*" 이라 부르면서, 이를 통해 경영진이 노조의 협조 아래 다시 주도권을 확보하는 길이 열렸다고 평가했다. 제너럴모터스는 노사관계를 안정시킴으로써 생산과 투자에 관한 장기계획, 바꿔 말해 "하나의 주요 경영 기능" 에 대한 통제권을 다시 장악했다는 것이다.[36] 그런 뜻에서 "디트로이트 조약" 은 하나의 모범이었다. 실제로 거기서 채택된 임금 결정 방식은 다른 단체협약에도 도입되었다. "연간 생산성 향상 요인" 은 1952년 9월까지 350만 명의 노동자에게 확대, 적용되었고, 그보다 더 많은 노동자들이 이를 비공식적으로 채용하는 단체협약을 통해 혜택을 받았다. 그리고 1977년까지 노동자 1,000명 이상을 대상으로 하는 주요 단체협약 중에서 5분의 3 정도가 "생계비 조정" 을 도입했다.[37]

임금-생산성 연동 방식이 그처럼 널리 확산된 데에는 이른바 "모형 교섭" 이 크게 기여했다. 모형 교섭이란 어떤 대기업과 노조가 단체협약을 체결하면 동일 업종에 종사하는 다른 기업들도 그와 유사한 내용의 협약을 체결하는 것을 가리킨다. 태프트-하틀리법은 단체교섭을 개별 업체 단위로, 다시 말해 하나의 기업과 그 피고용인, 그리고 그들을 대표하는 단위 노조로 제한했기 때문에, 어떤 산업부문 전체 혹은 특정 지역 내지 전국에 걸쳐 사용자 단체와 노동자 단체가 협약을 체결할 수는 없었다. 그러나 특정 산업에서 주도적인 위치에 있는 기업이 단체협약을 체결하면, 그것은 해당 부문의 기업가와 노동자들에게 모범이나 기준으로 인식되었다. 사실, 1950년대 초부터 자동차, 강철, 고무, 전기제품, 육

35 Maier, "Politics of Productivity."

36 "Treaty of Detroit."

37 Moody, *Injury to All*, 27; Kochan, Katz, and McKersie, *Transformation of American Industrial Relations*, 40.

류 포장 등, 대량생산 산업부문에서 노동조합은 동일 산업 내에서 수행되는 유사한 작업에 관해 유사한 고용조건을 요구했으며, 기업가들은 노사관계의 안정을 위해 거기에 호응했다. 그리고 건설, 운송, 통신 등의 부문에서는 지부 노조가 상당한 자율성을 지니고 있었고 경제적 조건도 지역에 따라 달랐지만, 노조가 강력했기 때문에 모형 교섭이 일종의 관행으로 정착되었다.[38]

임금-생산성 연동 방식은 분명히 노사관계의 안정에 크게 기여한 것으로 보인다. 파업은 한국전쟁 기간을 제외하고 1940년대 말부터 1960년대 말에 이르기까지 빈도와 규모에서 뚜렷하게 줄어들었다. 농업을 제외하면, 사기업부문에서 파업으로 인한 노동시간의 손실은 1940년대 후반에 0.4%를 훨씬 넘었으나 그 이후에는 0.2% 수준으로 떨어졌다. 또 파업의 쟁점에서도 임금과 노동시간이 차지하는 비중은 전체의 절반 이하로 줄어들었다.[39] 반면에 단체협약의 유효기간은 늘어났다. 단체협약의 유효기간은 1940년대 말까지 대부분 1년이었고 3년인 경우는 없었다. 그러나 1950년대 말까지 유효기간이 3년인 협약이 전체의 3분의 1 정도를 차지했고, 1970년대 말에는 4분의 3 수준으로 증가했다.[40]

제너럴모터스와 자동차노조가 선도한 그런 노사 동반관계가 전후에 20년 가까이 지속된 장기호황의 관건이었다고 할 수 있다. 마이클 피오르와 찰스 세이블은 널리 알려져 있는 그들의 공저에서 1940년대 말까지 형성된 "상대적으로 안정된 새로운 거시경제적 조절 구조"가 장기호황의 제도적 토대였다고 주장한다. 그들에 따르면 이 조절 구조의 핵심은 바로 대량생산 산업부문에서 노조가 성장하고 그에 따라 단체교섭이 확산된 결과로 나타난 "전국적인 임금 결정 체제"이다. 이 체제는 다섯 가지 제도적 장치, 즉 임금-생산성 연동 방식과 모형 교섭을 중심으로 노동입법과 최저임금제도, 그리고 공공부문의 임금 결정 방식이 결합된 것이었다. 결론적으로 피오르와 세이블은 다음과 같이 정리한다.

> 이 상이한 제도적 장치들이 한데 결합됨으로써 경제 전체에 걸쳐 임금이 하나의 구조에 연결되었다. 언제나 모형과 달리 임금이 결정되는 사례가 있었지만, 그것은 대체로 오래가지 않았다. 제너럴모터스-자동차노조 협약을 통해 임금은 생산성 및 물가에 연계되었고, 소비자 구매력은 생산능력의 확대에 연계되었다. 이것은 케인스 이론을 따르지 않는 국가

38 Piore and Sabel, *Second Industrial Divide*, 79-82.

39 U. S. Bureau of the Census, *Historical Statistics*, Pt. 1, 179.

40 Moody, *Injury to All*, 63-64.

의 케인스식 소득정책이었다.[41]

바로 이런 의미에서 단체교섭은 케인스 이론과 결합되어 전후 미국의 노사 동반관계를 정착시키는 장치가 되었다고 할 수 있다.

5. 해석

그런 동반관계가 정립되자마자 사회과학자들은 그것이 어떤 성격을 띠고 있는지 파악하기 위해 노력했다. 그것을 다원주의의 구체적 표현으로 간주하는 지배적 담론은 이미 형성되어 있었다. 그런 담론은 앞에서 언급한 것처럼 전국노동관계위원회를 비롯해 노사관계에 종사하는 전문가들 사이에서 널리 수용되어 있었고, 또 제6장에서 소개한 바와 같이 20세기 중엽의 미국 정치학계에서도 그랬다. 그러나 일부 학자들은 담합주의라는 대안을 제시했다.

정치학자 시어도어 로위는 1969년에 발표한 저 유명한 『자유주의의 종말』에서, 다원주의로는 노사 동반관계를 비롯해 미국의 정치 현실을 올바르게 설명할 수 없다고 주장하고 그 대안으로 "이익단체 자유주의"라는 개념을 제안했다. 이때 그는 corporatism이라는 용어도 고려했지만, 이탈리아의 파시즘을 연상시킨다는 이유로 쓰지 않기로 했다. 20세기 중엽 미국에서, 그것은 이탈리아의 파시즘처럼 국가가 공적 권위를 이용해 사적인 집단 사이의 이해관계를 조정하는 체제를 가리키는 데 쓰였기 때문이다. 그러나 당시 성장하고 있던 급진적인 학자들은 로위의 진단에 공감하면서도, 그가 버린 것을 되살려 "담합 자유주의"라는 용어를 만들어 냈다. 그들은 자신들의 기대와 달리 거대한 노동조합이 사회변화를 위해 노력하기보다는 대기업과 동반관계를 맺고 임금과 복지를 확대하면서 그 부담을 소비자에게 전가하는 모습을 가리키는 데 이 신조어를 썼다.[42] 그런 초기 용법을 고려할 때, 담합주의는 강력한 노동운동과 타협적 노사관계, 그리고 그에 대한 국가의 지원으로 형성되는 구조라 할 수 있다. 이런 정의는 담합주의의 개념을 정립한 것으로 널리 알려

41 Piore and Sabel, *Second Industrial Divide*, 82.

42 Lowi, *End of Liberalism*; Brand, *Corporatism and the Rule of Law*, 1-30; Weinstein, *Corporate Ideal in the Liberal State*; Foner, "Some Reflections on Ideology and American Labor History"; Hawley, "Discovery and Study of 'Corporate Liberalism.'"

져 있는 필립 슈미터에게서도 분명하게 드러난다.[43]

다른 학자들은 그런 용법이 적절하지 않다고 반론을 제기했다. 정치학자 로버트 솔즈베리는 "왜 미국에는 담합주의가 없는가?"라는 제목으로 발표한 1979년도 논문에서, 임금 인상을 약속하는 노사 간의 협력관계가 와해되었을 뿐더러 그런 관계를 지탱하는 전국적인 노사단체도 권위를 결여했다고 지적했다. 담합주의란 결국 일종의 단체교섭인데, 미국에는 그것을 수행할 수 있는 중앙집권적인 조직과 연방정부의 적극적인 지원이 없다는 것이다. 영국의 정치학자 그레이엄 윌슨은 얼마 뒤에 같은 제목으로 발표한 논문에서, 한 걸음 더 나아가 그 이유를 설명하고자 한다. 그에 따르면 미국은 너무 넓어서 전국을 통제할 수 있는 조직이 만들어지기 어렵고, 더욱이 정부와 정당이 권력 분립 이외에 연방주의 원칙도 고수하기 때문에 전국적인 노사협약이 성립한다 해도 그것을 뒷받침할 수 있을 만큼 정치적 권위가 집중되어 있지 않다는 것이다.[44] 독일의 정치학자 게르하르트 렘브루흐도 미국에는 무엇보다도 중앙집권적인 노사협상 장치가 없으므로 담합주의가 발달하지 않았다고 주장한다.[45]

근래에는 역사학자 콜린 고든이 풍부한 근거를 들며 유사한 견해를 역설한다. 그는 담합주의를 떠받치는 세 기둥, 즉 노동계와 기업계, 그리고 정치권력이 각각 너무 분산되어 있다고 지적하면서, 노동계와 기업계의 사정에 주의를 환기한다. 미국의 노동운동은 전통적으로 입지가 취약하고, 지부 노조와 전국 연맹 사이의 관계가 느슨하며, 자체의 실력에 의지해 조금씩 이익을 확보하는 데 주력하는 반면에 정치에 호소해 국가권력을 동원하는 데 대해 유보적인 태도를 갖고 있다. 기업가들은 다른 나라에서 유례를 찾을 수 없을 만큼 강력한 입지를 차지하고 있지만, 여러 산업부문을 포괄하는 조직이든 하나의 업종에 한정되는 조직이든 간에 기업가 조직이 허술한 데서 드러나듯이 개별 기업 사이의 치열한 경쟁으로 인해 대내적으로 결속력을 갖지 못하고 또 대외적인 정치활동에서도 단결력을 보여주지 못한다.[46]

그러나 이런 반론은 중요한 논거 가운데 하나인 담합주의 개념에서 설득력을 잃고 있는 것으로 보인다. 반론을 제기한 이들은 다른 많은 학자들처럼 담합주의의 개념을 필립 슈

43 Schmitter, "Still the Century of Corporatism?"

44 Salisbury, "Why No Corporatism in America?"; Wilson, "Why Is There No Corporatism in the United States?"

45 Lehmbruch, "Concentration and the Structure of Corportist Networks."

46 Gordon, "Why No Corporatism in the United States?"

미터에게서 빌려 오는데, 거기서 강조점이 바뀌고 있기 때문이다. 슈미터의 개념에서 초점은 이익단체들이 개별적으로 분산되어 있지 않고 기능적 범주에 따라 위계질서를 구성하며 체계적으로 연결되어 있다는 점, 또 그런 위계적 체계가 국가의 인정이나 허가에 따라 이해관계를 대변하는 권위를 독점한다는 점에 있다.[47] 이 개념은 제도적 체계에 주목한다는 점에서 다원주의와 뚜렷하게 구분된다. 왜냐하면 다원주의는 다양한 이익단체가 위계적 체계 없이 혼재하면서 경쟁을 벌이는 정치적 현상을 가리키기 때문이다. 사실, 슈미터와 그를 추종하는 이론가들은 담합주의의 토대로서 특정 부문에서 많은 이익단체를 통제할 수 있는 이른바 "최고 협의체"의 존재를 강조한다.[48] 그러나 담합주의에 대한 경험적 연구가 축적됨에 따라, 이익단체를 묶어 주는 전국 차원의 위계적 체계가 쇠퇴하는 반면에, 노 · 사 · 정 협력관계가 지방별로, 또는 산업 부문별로 성립하는 사례가 적지 않다는 사실이 드러났다. 따라서 1989년에 발표한 논문에서 슈미터는 담합주의가 거대 수준에서 중간 수준으로 이행한다고 진단하고, "최고 협의체" 같은 전국 차원의 위계적 체계를 더 이상 강조하지 않는다. 더욱이 1990년대에 많은 유럽 국가에서 노사관계가 사회적 협약으로 제도화됨에 따라, 최근에는 자신의 발언을 뒤집고 "담합주의의 부활"을 주장한다.[49]

더욱 중요한 것은 슈미터를 비롯해 많은 사회과학자들이 역사적 맥락을 경시한다는 데 있다. 슈미터는 미국을 포함해 선진 자본주의 국가들은 물론이요 자본주의 발전에서 뒤처져 있는 중남미 국가에서도 담합주의를 발견한다. 다른 사회과학자들처럼 이익단체의 대두와 위계적 체계의 수립, 그리고 국가의 중재 역할 같은 제도적 변화에 주목하는 반면에, 그런 변화가 일어나는 역사적 맥락에 어떤 차이가 있는지, 또 그런 차이가 담합주의의 작동 기제에 어떤 영향을 끼치는지 간과하는 것이다.

그런 차이를 염두에 두고 20세기 중엽 미국에서 대두한 노사관계를 올바르게 이해하기 위해서는, 우선 담합주의를 선진 자본주의에서 나타나는 특징적인 현상으로 규정할 필요가 있다. 이 점에서는 역사학자 찰스 메이어의 용법에 주목할 필요가 있다. 그는 자신의 대표작 『부르주아지가 지배하는 유럽의 재편』에서, 1차대전이 끝난 다음에 독일, 프랑스, 이탈리아에서 기존질서가 복원되는 과정을 추적한다. 이들 국가에서 부르주아지는 전쟁이

---

47 Schmitter, "Still the Century of Corporatism?" 특히 13-17을 보라.

48 Schmitter, "Reflections on Where the Theory of Neo-Corporatism Has Gone."

49 Schmitter, "Corporatism is Dead! Long Live Corporatism!"; Streek and Schmitter, "From National Corporatism to Transnational Pluralism"; Grote and Schmitter, "Renaissance of National Corporatism." 담합주의 이론에 관한 포괄적인 소개로는 다음을 보라. Gerber, "Corporatism and State Theory."

시작되기 전에 정치 · 경제의 주도권을 장악했지만, 전후에는 세금과 물가, 관세와 전쟁 배상금 등, 쟁점을 중심으로 심화되는 사회적 갈등을 통제하지 못했다. 그래도 1920년대 중엽까지 기존의 계급구조를 복원하고 자본주의 체제를 확립하는 등, 안정을 되찾을 수 있었다. 그 과정에서, 부르주아지는 강력한 노동운동을 탄압하는 대신에 노조와 정당을 통해 노동자들을 조직된 세력으로 만들고 단체교섭과 의회정치를 통해 타협을 도출하게 되었다. 따라서 메이어는 담합주의 개념의 용도를 명시적으로 한정하지 않지만, 그것이 자본주의가 발전한 곳에서 의미 있게 쓰일 수 있다는 점을 잘 보여 준다.[50]

그렇다고 해서 그의 용법이 전적으로 바람직하다는 것은 아니다. 짤막한 요약에서 드러나듯이, 메이어는 담합주의를 정치 · 경제의 운영 원리로, 즉 국가권력을 매개로 이루어지는 경제적 이해관계의 직접적 조정으로 파악한다. 이는 담합주의를 나타났다가 금방 사라질 수도 있는 매우 유동적인 현상으로 이해할 수 있는 여지를 남긴다. 바꿔 말해, 담합주의를 하나의 원리로 규정하면 그것이 자본주의의 발전 과정에서 어떤 역사적 의미를 지니는지 탐구하기가 어렵게 된다는 것이다. 이 점에서는 앞에서 거론한 바와 같이 담합주의를 일종의 구조로 간주하는 사회과학자들의 견해를 따르는 것이 나을 듯하다.

그처럼 담합주의를 자본주의가 고도로 발전한 국가에서 나타나는 타협적 계급관계로 규정하면, 그것은 20세기 중엽 미국에서도 발견할 수 있다. 앞에서 살펴본 것처럼, 이 개념이 미국에 적합하지 않다고 주장하는 학자들은 무엇보다도 미국에서는 노동조합은 물론이요 사용자 단체도 전국적인 차원에서 타협을 도출하거나 집행할 수 있는 권위가 없다는 점을 강조한다. 이것은 미국의 권력구조에 어떤 특징이 있는지 고려하지 않고 제기하는 견해로 보인다. 제6장에서 지적한 것처럼 미국에서 권력은 삼중으로 분산되어 있는데, 여기서 중요한 것은 지리적인 분권 체제이다. 연방과 각 주가 모두 주권기관으로서 서로 다른 관할권을 지니고 있고, 또 각 주 안에서도 시와 군이 지방자치의 원칙에 따라 각기 자율적인 권위를 갖는다. 더욱이 미국에서는 개인의 주도권과 자유로운 경쟁이 유달리 존중되는 가치인 만큼, 기업계와 노동계 사이의 "담합"이 전국 차원에서 이루어지기 어려울 뿐 아니라 혹시 이루어진다 해도 사회적으로 용납되기가 어렵다. 사실, 태프트-하틀리법을 비롯해 미국의 노동법에서도 단체교섭은 개별 기업을 단위로 진행되는 것으로 규정되어 있다. 그렇다면, 담합주의에 관해 사회과학자들이 주목하는 전국적인 구조를 피오르와 세

50 Maier, *Recasting Bourgeois Europe*. 메이어의 담합주의 개념에 관해서는 다음도 참고하라. Maier, "Preconditions for Corporatism."

이블이 말하는 "전국적인 임금 결정 체제"로 느슨하게 이해할 필요가 있다. 그리고 미국에서는 그런 체제가 앞에서 거론한 "모형 교섭"으로 나타났다고 말할 수 있다. 그것은 권위가 고도로 분산되어 있는 국가에서 중앙집권적 노사협상을 대신하는 변용인 셈이다.

그런 변용에서 국가는 상대적으로 소극적인 역할을 수행한 것으로 보인다. 유럽에서는 노동자 정당이 대두해 의회에 진출함에 따라 의회가 타협적 노사관계의 성립에 적극적으로 기여했으나, 미국에서는 그런 정치적 기제가 없었다. 미국 노동자들의 정치적 이해관계는 뉴딜 이후 반세기 가까이 민주당이 대변했지만, 의회는 민주당이 지배하는 시기에도 행정부와 마찬가지로 노사관계에 직접 개입하지 않았다. 게다가 2차대전이 끝난 뒤, 미국은 저소득층을 지원하는 정책을 적극적으로 추진하지 않았다. 영국이나 다른 유럽 국가들이 "요람에서 무덤까지"라는 구호를 내걸고 저소득층에 대한 재정적 보조를 확대한 데 반해, 미국은 뉴딜 시대에 수립된 사회보장제도를 소득 재분배라는 방향으로 이끌고 나가지 않았던 것이다.

그렇지만 미국에서 국가는 소극적인 역할보다는 차라리 종류가 다른 역할을 수행했다고 말하는 편이 더 정확한 지적일 것이다. 국가는 20세기 중엽에 타협적 노사관계가 형성되는 데 필수적인 여건을 조성했기 때문이다. 이미 살펴본 것처럼 그런 노사관계가 성립하기 위해서는 노동자들이 단결권과 단체교섭권, 그리고 단체행동권이라는 기본적 권리를 지니고 있어야 하는데, 이 전제조건은 국가가 뉴딜 정책을 통해 마련했다. 또 2차대전 동안 임금 수준과 물가 수준을 놓고 노사갈등이 심화되었을 때, 국가는 "생계비 조정"을 제안함으로써 타협을 도출할 수 있는 기초를 제공했다. 더욱이, 1980년대에는 국가가 타협적 노사관계를 변형하는 데 중요한 역할을 한다. 잘 알려져 있듯이, 레이건 대통령은 1981년 항공관제사 파업을 불법으로 규정하고 탄압함으로써 노사관계를 종래와 다른 방향으로 이끌고 나가기 시작했던 것이다. 이 여러 측면에서, 국가는 유럽 못지않게 중요한 역할을 담당하면서도 비교적 눈에 띄지 않는 방식으로 그런 역할을 수행했다고 할 수 있다.

그런 차이를 어떻게 설명할 수 있는가 하는 것은 제6장에서 짤막하게 언급한 것처럼 따로 다루어야 할 커다란 문제이다. 여기서 주목할 것은 국가가 타협적 노사관계가 성립하는 과정은 물론이요 그것이 변형되는 과정에서도 중요하면서도 미묘한 역할을 담당했다는 점이다. 그런 역할을 이해하기 위해서는 적어도 두 가지 작업을 해야 한다. 하나는 미국의 노사관계가 1980년대부터 어떻게 바뀌었는지 점검하는 것이고, 다른 하나는 그것을 여기서 다룬 20세기 중엽의 노사관계와 함께 수세기에 걸치는 장기적 안목에서 조망하는 것이다. 그 다음에야 비로소 노사관계의 변화에 어떤 역사적 의미가 있는지 생각할 수 있기 때문이다. 그런 작업은 다음 장에서 시도한다.

제10장 노사관계의 새로운 양상

1. 쟁점

미국의 노사관계는 지난 한 세대 동안에도 변화를 멈추지 않았다. 그래서 앞에서 지적한 것처럼 1980년대부터 어떤 변화가 있었는지 살펴보고, 또 그것을 포함해 미국의 노사관계를 장기적 안목에서 돌이켜 보는 일이 남아 있다.

지난 한 세대를 되돌아볼 때 무엇보다 눈에 띄는 것은 미국의 노사관계가 유례를 찾기 어려운 평화를 누리고 있다는 점이다. 노동자 1,000명 이상이 참가한 대규모 파업은 1950년대에 매년 351건이나 발생했지만, 1980년대에 들어와서 83건으로 크게 줄어들었고 2000년대에는 23건밖에 일어나지 않는다. 그런 파업에 참여하는 노동자도 2000년대에는 매년 10만 명 조금 넘는데, 한 해에 적어도 100만 명이 파업에 가담하던 1950년대에 비하면 그야말로 격세지감이라는 단어가 머리에 떠오른다. 또 파업을 비롯해 노사갈등으로 인한 노동시간의 손실은 2006년의 경우 한 해 동안 노동자 한 명에 9분에 불과해, 이스라엘,

한국, 캐나다, 스페인 등 20분이 넘는 나라들과 대조적인 양상을 보인다.[1]

이런 산업평화를 설명하는 것은 언뜻 보기에 쉬운 일인 듯하다. 오늘날 미국의 노동운동은 평화를 깨뜨릴 수 없을 정도로 심각한 위기에 부딪혀 있기 때문이다. 2006년도에 이르면 노동조합에 소속되어 있는 사람은 1,536만 명인데, 이들이 임금노동자에서 차지하는 비율은 12.0%에 해당한다. 전문가들이 흔히 조합 밀도라 부르는 이 비율은 조합원이 가장 많았던 1970년대에 비하면 절반 수준이고, 밀도가 가장 높았던 1950년대에 비하면 3분의 1을 조금 넘는 수준이다. 이는 경제협력개발기구*OECD* 31개국 가운데 프랑스, 터키, 한국에 이어 네 번째로 낮은 비율이다. 조합 밀도를 부문별로 살펴보면, 심각성이 더욱 뚜렷하게 나타난다. 공공부문의 조합 밀도는 1950년대 중엽에 10%를 조금 넘었지만, 2006년에는 36.2%나 된다. 반면에 사기업부문에서 그 비율은 38%에서 급락해 7.4%에 머물러 있다.[2]

더욱 중요한 요인은 노동운동의 무력증이다. 지난 한 세대 동안 미국노동총연맹*AFL-CIO*은 조합원을 확대하기 위한 조직 운동에 치중하지 않았을 뿐 아니라, 단체교섭에서도 경영진에게 맞서지 못하고 양보에 양보를 거듭하는 자세를 보였다. 이런 무력증은 2005년 여름에 미국노총이 분열하는 결과를 가져왔다. 화물운송을 비롯해 주로 서비스부문의 노조들이 "연대 성취를 위한 연합*Change to Win Coalition*"을 결성하고, 조직과 복지의 확대를 통해 위기를 타개하겠다고 선언한 것이다. 그렇지만 여기에 합류한 7개 노조가 새로운 연맹을 출범시키고 6백만 조합원을 단단하게 결속시킬 수 있을지, 나아가 미국의 노동운동에 활기를 불어넣을 수 있을지, 의심스럽다. 조직을 확대하는 데는 이들 노조가 감당할 수 없을 만큼 많은 비용과 노력이 필요할 뿐 아니라, 전문가들의 진단에 따르면 노동운동의 위기가 대체로 노동조합을 둘러싸고 있는 환경에서 유래하기 때문이다.[3]

노동운동 전문가들은 위기의 원인을 밝혀내는 데 많은 노력을 기울여 왔고 또 의미 있는 성과를 보여 준 바 있다. 그들의 진단을 요약하면, 경제의 중심이 제조업에서 서비스업으로 옮아감에 따라 노조의 조직 기반이 줄어든다는 점, 기술혁신의 진전과 경제성장의 둔화 때문에 실업률이 높은 수준으로 유지되는 등 경제여건이 불리하다는 점, 보수적인 정당이

1 "Unions." 파업 가담자에 관해서는 다음 자료를 참고하라. U.S. Census Bureau, Work Stoppages.

2 "Disorganized Labor." 또한 다음 자료도 참고하라. U.S. Census Bureau, Labor Union Membership; OECD, Trade Union Density.

3 Chaison, "AFL-CIO Split."

집권함에 따라 정치적 분위기가 우호적이지 않다는 점, 그리고 세계화와 정보 · 통신 기술의 발달로 인해 많은 일자리가 해외로 사라진다는 점 등을 들 수 있다.[4] 이런 진단에서 빠지지 않고 등장하는 항목으로서 주목을 끄는 것은 사용자들이 노조에 대해 공격적인 적대 정책을 견지한다는 지적이다. 예를 들면, 지도적인 경제학자 리처드 프리먼은 경영진이 노조 선거에 영향력을 행사하고 노조 활동가를 해고하는 등 위법적인 조치를 취하는 사례가 1970년부터 급증했다는 사실에 주의를 환기하면서, 공격적인 반노조정책이 사기업부문에서 노조가 쇠퇴한 중요한 이유라고 주장한다.[5]

그러나 이런 진단은 산업평화를 설명하는 데 한계를 지니고 있다. 프리먼을 비롯해 노동운동 전문가들은 위기의 원천을 노조 바깥에서 찾는 데 열중하는 반면에, 노조가 평화로운 노사관계에 도전하지 않는 이유에는 그다지 관심을 기울이지 않는다. 그들은 대개 노조 지도부의 보수적 자세를 탓할 뿐이다. 이는 무엇보다도 노사관계에 대한 기본적 인식과 연관되어 있다. 경제학자든 사회학자든, 또는 역사학자든 간에, 노동운동을 연구하는 전문가들은 대체로 노사관계를 대립되는 이해관계 때문에 근본적으로 갈등에서 벗어나기 어려운 구조로 간주한다. 거기에 평화가 찾아온다면, 그것은 일시적인 현상에 지나지 않는다고, 노동자들이 불리한 상황에 처해 잠시 저항을 늦추거나 "허위의식"에 사로잡혀 이해관계의 모순을 깨닫지 못할 때 나타나는 현상일 뿐이라고 생각한다. 이런 관념을 갖고서는 오늘날 왜 노조가 흔히 경영진과 협력하는 데 만족하는지, 또는 왜 노동자들이 대개 자신의 지위와 이익을 보호하기 위해 노조에 의지할 필요가 없다고 생각하는지, 설명하지 못한다.

그런 한계를 넘어서 산업평화를 이해하기 위해서는, 경영진의 정책도 살펴봐야 한다. 두말할 나위도 없이, 미국의 경영자들은 20세기 중엽부터 공장을 폐쇄하거나 이전하면서 노조를 배제하고자 했다. 그렇지 않으면 피고용인의 불만 요인을 제거하며 노조를 회피하고자 했다. 또 "인간관계"에 주목하며 작업에 임하는 노동자들의 동기와 태도에 관심을 기울이기 시작했다. 그들의 노력은 곧 노동자 개개인이 담당하는 직무를 다양하게 구성하거나 빈번하게 교체하면서 직무 만족도를 제고하는 데서 그치지 않고, 피고용인들을 품질관리를 비롯해 의사결정 과정에 끌어들이는 데까지 나아갔다. 게다가 경영자들은 작업조직

4 Goldfield, *Decline of Organized Labor*; Clawson and Clawson, "What Has Happened."

5 Freeman, "Contraction and Expansion." 또한 다음도 보라. Clawson and Clawson, "What Has Happened," 102–103.

을 유연하게 만들면서 "인적 자원"을 관리하는 데도 관심을 기울였다. 따라서 토머스 코한을 비롯해 일부 학자들이 주장하듯이, 1980년대에 오면 노사관계가 노조 있는 체제와 노조 없는 체제로 양분되었다고 할 수 있다.[6]

미국의 경영자들은 1980년대 말부터 더욱 미묘한 전략을 채택했다. 무엇보다도 "피고용인 임파워먼트*empowerment*"라 불리는 새로운 패러다임을 도입했다. 이것은 매우 다양한 형태로 시행되고 있지만, 그 골자는 피고용인들에게 많은 권한을 주어 적극적인 태도를 갖도록 유도하는 동시에 중간 관리자의 기능을 감독에서 지원으로 바꾸며 조직에서 관료제적 성격을 줄이는 데 있다. 그런 관리 방식이 노동운동에 어떤 영향을 끼치는지, 아직 분명치 않다. 최근 조사에 따르면, 그것이 도입된 다음에 노동자들이 노조에 대한 태도를 바꾸었다고 말하기는 어렵다.[7] 분명한 것은 오늘날 많은 기업이 노동자들에게 일정한 권한을 부여하고 의사결정에 참여시키며 위계적 관리 구조를 개혁하려고 시도한다는 점이다. 노동자들이 누리는 권한은 물론 좁은 범위 안으로 제한되어 있는데, 그렇다고 해서 그것을 폄하한다면 노사관계의 변화를 이해하는 데 도움이 되지 않는다. 노사관계란 결국 누가 얼마만 한 세력을 장악하는가 하는 문제를 놓고 밀고 당기는 관계이므로, 조그마한 차이가 커다란 의미를 지니기 때문이다. 따라서 경영 전략이 오늘날 노사관계에 어떤 영향을 끼치는가 하는 것은 중요한 쟁점이라 할 것이다.

더욱이 미국의 산업평화를 온전하게 이해하기 위해서는, 국가의 역할까지 고려해야 한다. 평온한 노사관계의 배경에 보수적인 정권이 자리 잡고 있다는 데 대해 여기서 부연할 필요는 없다. 주목해야 할 것은 오늘날의 노 · 사 · 정 관계가 레이건 대통령의 집권을 계기로 형성되었다는 점, 그리고 그로 인해 1930년대에 성립해서 1970년대까지 존속했던 노사관계 체제가 "상당한" 변화를 겪었다는 점이다. 여기서 "상당한"이라는 모호한 단어를 사용하는 것은 레이건 시대에 있었던 변화의 범위와 성격 역시 오늘날의 산업평화에 관한 중요한 쟁점이기 때문이다.

이런 쟁점을 다루기 위해 모든 산업부문에 걸쳐 노사관계를 살펴볼 필요는 없다. 미국의 노사관계는 대량생산과 대중소비를 실현하며 경제성장을 견인하던 대기업에서 주도해 왔으므로, 거기에 초점을 맞추는 편이 차라리 낫다.

---

6 Kochan, Katz and McKersie, *Transformation of American Industrial Relations*. 또한 다음 문헌도 참고하라. Piore and Sabel, *Second Industrial Divide*; Katz, *Shifting Gears*; Jacoby, *Modern Manors*.

7 Hoell, "Employee Involvement."

2. 담합주의 이론

일부 사회과학자들은 근래의 노사관계에서 레이건 이전의 시대에서 내려오는 연속성을 강조한다. 그들의 견해는 사회학자 로버트 페루치가 제시한 "뿌리내린 담합주의*embedded corporatism*" 개념에서 출발한다. 이 개념은 1980년대에 중서부 지역에 수립된 6개의 일본 자동차 조립공장이 내부 노사관계의 측면에서는 물론이요 지방 정치 · 경제의 측면에서도 확고하게 정착했다는 점을 잘 보여 준다. 페루치는 먼저 일본 기업들이 피고용인을 선발하는 데 많은 시간과 노력을 들임으로써 노조에 관심이 없는 청년들을 확보했다는 점, 또 그들을 훈련생으로 고용하고 지방정부로부터 막대한 보조금을 받아가며 수개월 동안 일본식 작업조직에 적응하도록 가르쳤다는 점을 확인한다. 이어서 지방정부가 일본의 자동차공장을 유치하기 위해 보조금을 포함해 다양한 유인책을 제시한 것은 높은 실업률이 대변하는 경제적 난관 때문만이 아니라고 강조한다. 페루치에 따르면, 지방의 지도적 기업가들의 지지와 우호적인 여론이 중요한 요인으로 작용했다는 것이다. 끝으로 그는 일본 기업들이 지방의 학교와 교회, 시민단체를 후원함으로써 지역사회에 뿌리를 내렸다고 진단한다.[8]

페루치의 개념에서 주목을 끄는 부분은 뿌리내림에 대한 서술이 아니라 담합주의에 관한 설명이다. 특히 흥미로운 것은 그가 사용자 단체와 노동자 단체의 공식적 협약보다 노사 간의 비공식적 협력을 강조하고, 또 중앙정부의 개입과 조정 대신에 지방정부의 적극적인 역할에 주의를 환기한다는 점이다. 이는 크레이그 젠킨스와 케빈 리익트의 논문에서도 드러난다. 이들 사회학자들은 1980년대에 많은 주에서 정부가 도입했던 벤처 캐피털 프로그램을 조사하고, 지방정부가 그런 프로그램을 수립하고 투자했던 동기를 밝혀내는 데 주력한다. 그들에 따르면 주정부들은 제조업의 쇠퇴와 조세 수입의 감소 때문에 그런 프로그램을 도입했는데, 그 과정에서 지방의 기업가 단체와 노동자 단체로부터 적극적인 지지를 확보했다. 바꿔 말해, 지방 수준에서 노 · 사 · 정 사이에 "협약"이라 할 만한 협력관계가 형성되었다는 것이다. 따라서 이들은 페루치를 인용하면서, 오늘날 미국의 산업평화를 설명하는 데 담합주의 이론이 적합하다고 주장한다.[9]

페루치의 견해는 담합주의의 개념이 변형되고 있다는 점을 고려할 때 수긍할 만한 것으

8 Perrucci, "Embedded Corporatism."

9 Jenkins and Leicht, "Direct Intervention by the Subnational State."

로 보인다. 제9장에서 살펴본 것처럼, 1970년대 말에 미국에는 담합주의가 없다는 주장이 제기되었을 때 그 배경에는 전국적인 차원에서 단체교섭을 수행할 수 있는 중앙집권적인 조직의 존재가 필수적인 조건이라는 관념이 자리 잡고 있었다. 사실, 담합주의에 관한 논의를 주도한 필립 슈미터와 그를 추종하는 이론가들은 담합주의의 토대로서 특정한 부문에서 많은 이익단체를 통제할 수 있는 이른바 "최고 협의체"의 존재를 강조한다.[10] 그러나 담합주의에 대한 경험적 연구가 축적됨에 따라, 이익단체를 묶어 주는 전국 차원의 위계적 체계가 쇠퇴하는 반면에, 노·사·정 협력관계가 지방별로, 또는 산업 부문별로 성립하는 사례가 적지 않다는 사실이 드러났다. 따라서 슈미터는 1989년에 발표한 논문에서 담합주의가 거대 수준에서 중간 수준으로 이행한다고 진단하고, "최고 협의체" 같은 전국 차원의 위계적 체계를 더 이상 강조하지 않는다.[11]

더욱이, 유럽의 변화하는 노사관계도 로버트 페루치를 비롯해 미국에서 담합주의를 발견하는 이론가들에게 힘을 보태 주는 것처럼 보인다. 근래에 유럽에서는 노동자 단체와 사용자 단체가 정부의 지원 아래 사회적 협약을 체결하는 사례가 늘어났다. 네덜란드에서는 이미 1982년에 노사단체들이 임금과 사회보장에 관해 포괄적 협약을 체결했는데, 이후에는 그것을 직업교육과 육아휴가 등으로 연장했고, 1996년에는 노동시장의 유연성을 제고하는 대신에 사회보장을 확대하기로 결정했다. 이탈리아에서는 1993년에 노·사·정 대표가 모여 물가와 생산성을 감안해 임금을 조정하는 전국적인 단체협약을 체결했고, 그로부터 5년이 흐른 뒤에는 유럽연합의 물가까지 고려하기로 합의했다. 포르투갈에서도 임금인상을 생산성 증가율의 절반 수준에서 억제한다는 삼자 간 협약이 1996년에 체결되었다. 이런 사회적 협약은 노르웨이, 아일랜드, 벨기에, 핀란드, 오스트리아로 확산되었다. 바꿔 말해, 한때 퇴색한 듯이 보였던 담합주의가 1990년대에 들어와서 활력을 되찾은 것이다. 그래서 필립 슈미터는 적어도 국가 차원에서 볼 때 유럽에서는 담합주의가 쇠퇴했다는 자신의 발언을 뒤집고, 이제 "담합주의의 부활"을 논한다.[12]

---

10 Schmitter, "Still the Century of Corportism?"; idem, "Reflections on Where the Theory of Neo-Corporatism Has Gone."

11 Schmitter, "Corporatism is Dead! Long Live Corporatism!"

12 Baccaro, "What is Dead and What is Alive in the Theory of Corporatism"; Streek and Schmitter, "From National Corporatism to Transnational Pluralism"; Grote and Schmitter, "Renaissance of National Corporatism." 담합주의 이론에 관한 포괄적인 소개로는 다음을 보라. Gerber, "Corporatism and State Theory."

그러나 담합주의 개념에서 강조점이 바뀌고 미국과 유럽에서 노 · 사 · 정 관계가 협력으로 기운다고 해도, 페루치나 슈미터 같은 학자들의 견해를 따르기는 어렵다. 타협적 노사관계와 국가의 지원은 제도적으로 정착되어 있지만, 강력한 노동운동은 존재하지 않기 때문이다. 제9장에서 강조한 것처럼 담합주의는 자본가들의 지혜나 자선의 소산이 아니라, 노동운동이 사용자들의 우월한 세력에 도전하거나 적어도 대항할 수 있을 만큼 강력할 때 그들로부터 이끌어 낸 양보의 산물이다. 미국에서 노동운동이 그렇게 강한 세력을 얻은 것은 1930년대 중엽, 구체적으로 말해 대공황으로 인해 기업가들이 사회적 신뢰를 잃은 반면에 뉴딜 정책을 통해 국가가 노동권을 보장하며 노동조합을 지원했을 때였다. 노동운동은 2차대전 직후에 세력을 확대해 경영권에 도전하기도 했으나, 곧 대기업과 타협하는 데 만족했다. 노사관계에서 본질적인 쟁점, 즉 임금과 이윤의 분배 비율을 어떻게 조정할 것인가 하는 문제를 제기하는 대신에, 생산성이 향상되는 범위 안에서 임금을 인상한다는 방안에 동의했던 것이다. 더욱이, 조합원의 실질소득을 보장하기 위해 임금 인상폭에 물가 상승분을 반영하는 반면에, 그로 인해 증가하는 생산비를 판매가격에 포함시켜 소비자에게 부담하게 만드는 방안도 수용했다. 노동운동은 대기업과 함께 사회 전체의 이익보다 조합원들의 이익을 앞세울 수 있을 만큼 강력했던 것이다. 그렇지만 노동조합은 1970년대부터 세력을 잃었고, 앞에서 언급한 것처럼 오늘날에는 조합 밀도가 12.0%에 불과할 정도로 위축되어 있다. 이런 밀도는 담합주의가 대두하기 직전인 1930년대 초에, 그러니까 누구나 미국의 노동운동이 위기에 처했다고 생각하던 시기에 볼 수 있었던 비율이다.

노동운동의 위기는 미국에만 국한된 것이 아니라, 경제가 발전한 다른 여러 국가에서도 관찰할 수 있는 현상이다. 경제협력개발기구에 가입한 국가 가운데서 24개 국가에서 1970년에서 2003년에 이르는 기간에 조합원의 숫자에 어떤 변화가 있었는지 면밀하게 조사한 최근 연구에 따르면, 증가가 있었던 국가는 한국을 비롯해, 캐나다, 독일, 이탈리아, 아일랜드, 핀란드, 스웨덴, 노르웨이, 덴마크, 네덜란드, 벨기에, 스페인 등 12개국이다. 그런데 이들 국가에서도 조합원은 대개 1970년대와 1980년대에 증가한 반면에, 1990년대에는 감소하는 경향을 보인다. 실제로, 1990~2003년간에 조합원이 증가한 국가는 캐나다, 아일랜드, 노르웨이, 네덜란드, 벨기에, 스페인 등 6개국에 불과하다. 더욱이, 같은 기간에 조합 밀도가 조금이나마 증가한 국가는 핀란드와 벨기에, 그리고 스페인 3개국밖에 없다. 한마디로 줄이자면, 노동운동은 경제발전을 이룩한 거의 모든 나라에서 20세기 말부터 위축 국면에 들어간 것이다.[13] 예외적인 현상은 스칸디나비아 국가를 비롯해 몇몇 나라에서 조합원들이 줄고 있다고는 해도 노동인구 가운데 대부분을 차지하고 있다는 점인데, 이는 여기서 다룰 수 없는 별개의 주제이다.

여기서 중요한 것은 담합주의를 떠받치던 노사 간 세력균형이 미국에서는 이미 사라졌고 유럽에서는 지금 사라지고 있는 중이라는 사실이다. 페루치 등이 보여 주듯이 미국에는 지방 수준에서 담합주의적 타협이 자리 잡고 있는가 하면, 슈미터 등이 말하는 것처럼 유럽에서는 노 · 사 · 정이 참여하는 사회적 협약이 유지되고 있다. 그러나 담합주의 이론가들은 그런 겉모습에 눈이 팔려, 노사 간 세력관계가 팽팽한 균형에서 심각한 불균형으로 변모했다는 사실을 보지 못한다. 이는 미국 못지않게 유럽에도 해당된다. 1990년대에 체결된 사회적 협약에는 대개 노동시장의 유연화나 복지혜택의 축소가 명시되어 있는데, 그것은 사용자들이 세계화의 조류를 배경으로 양보를 요구하는 데 대해 노동운동이 저항하지 못하고 굴복한 결과라 할 수 있다. 한 세대 전에 미국에서 주목을 끌었던 "양보교섭," 즉 노동조합들이 단체교섭에서 양보를 거듭하던 모습이 요즈음 유럽에서 되풀이되고 있는 것이다. 페루치나 슈미터 같은 학자들이 부각시키는 화합 아래에는 일방적인 주도와 묵종이 깔려 있다.

3. 수권 관리 이론

노동운동에서 눈을 돌려 경영 전략을 살펴본다면, 앞에서 언급한 "피고용인 임파워먼트" 에 초점을 맞추게 된다. 이 용어는 요즈음 들어 서양의 경영계에서 널리 쓰이고 있어서 개념을 정확하게 규정하기가 매우 어렵다. 한국에서는 발음을 그대로 표기하지 않으면 "권한위임" 으로 옮기지만, 그렇게 하면 원어의 의미를 제대로 전달하지 못하거나 지나치게 축소하게 된다. 이 용어를 둘러싸고 있는 분위기를 고려한다면, 차라리 "수권授權 관리" 라는 역어가 적절치 않을까 하는 생각이 든다.

이 새로운 패러다임이 각광을 받는 이유는 많은 사람들이 노동자의 사회적 소외와 창의력 고갈, 그리고 뿌리 깊은 불만 등 20세기 내내 사라지지 않던 작업장의 고질적인 문제점들에 대한 해결책을 거기서 기대하는 데 있다. 그들은 그런 문제점이 작업장에 권위주의

---

13 Visser, "Union Membership Statistics."

적인 질서를 수립하고 노동자들에게 상사의 지시에 순종하라고 요구하는 종래의 관리 방식에서 유래한다고 진단하고, 이제 그들에게 될 수 있는 대로 많은 권한을 부여하고 서로 신뢰하고 협력하면서 조직의 목표를 실현하는 데 적극적으로 기여할 수 있도록 관리 방식을 바꿔야 한다는 것이다. 이런 기대와 진단, 그리고 해법은 두말할 나위도 없이 1980년대에 갑자기 나타난 것이 아니다. 그런 것들은 이미 1930년대에 엘턴 메이오와 "인간관계 학파"에서 시작되어, 2차대전 이후에 직무의 확대와 순환을 추구하는 다양한 기법으로 구현된 바 있다. 근래에 임파워먼트라는 용어가 유달리 주목을 끄는 이유는 우선 거기에 들어 있는 매력에서 찾을 수 있다. 그 기원은 1960년대를 풍미했던 다양한 해방운동, 즉 흑인운동과 여성운동 등, 억압과 착취에 시달리던 소수집단들이 권리와 지위를 확보하기 위해 벌이던 운동의 언어에 있다. 운동을 이끌던 지도자들은 소수집단에 속하는 사람들이 무력증에 매몰되어 있다는 사실을 발견하고, 그들에게 세상을 바꿀 수 있는 힘이 있다는 것을 깨우쳐 주는 과정에서 이 단어에 중요한 의미를 부여했던 것이다. 그래서 그것은 오늘날 경영계에서도 사람들에게 힘을 깨닫게 해 준다는 본래의 의미를 잃지 않고 있다.[14]

수권 관리가 주목을 끄는 더 중요한 이유는 그런 본래의 의미를 구현하는 변화에 있는 것으로 보인다. 용어는 물론 말하는 사람과 맥락에 따라 다른 뉘앙스를 지니는데, 경영자들이 현장에서 정치적 호소력을 노리며 사용하는 경우에는 더욱 그렇다. 그래도 임파워먼트라는 단어가 가리키는 폭넓은 변화 가운데서 핵심적인 것은 관료제를 혁파하려는 구조개혁에 있다. 개혁은 우선 생산직 종사자를 비롯해 일선 실무자들을 하나의 부서에 배속시키는 대신에 일정한 임무를 수행하는 팀에 가담하게 하고, 거기서 동료들과 함께 업무를 구상하고 실행하는 방법을 스스로 결정하면서 다양한 역할을 담당하게 하는 데 있다. 그것은 또한 기존 관료제에서 중심을 차지하는 두터운 관리자 계층을 크게 줄이고 그 기능을 일선 실무자에 대한 감독에서 지원으로 바꾸는 데까지 미친다. 그런 개혁은 말하자면 높이 솟은 피라미드를 옆으로 뉘어 놓은 자전거 바퀴로 바꾸는 일이다.

그것이 수권 관리에서 핵심적인 위치를 차지한다는 점은 경영학자 린다 호놀드의 조사에서도 드러난다. 그는 이 새로운 관리 운동에 관한 문헌을 널리 살펴보고, 임파워먼트의 용법을 다섯 가지로 간추릴 수 있다고 말한다. 첫째 용법은 조직에서 말단을 차지하는 사람들에게 힘을 나눠 줄 수 있도록, 관리자들의 감독 기능을 축소하고 그것을 하위직 종사

---

14 Lincoln et al., "Meaning of Empowerment."

자들에게 위임하는 것을 가리킨다. 둘째는 피고용인들이 직무에 만족하고 강한 동기를 가질 수 있도록 직무에 대해 자율적 통제권을 주는 것이다. 처음 두 가지 용법이 근래에 추진되는 구조 개혁을 가리키는 데 반해, 다음 두 가지 용법은 종래의 관리 운동에서 크게 벗어나지 못한다. 셋째 용법은 피고용인들이 동료와 조화하고 협력하는 데서 힘을 느끼는 것이며, 넷째는 원활한 의사소통과 개방적인 의사결정을 통해 피고용인들이 작업과정의 개선에 기여하도록 유도하는 것을 가리킨다. 이런 용법은 호놀드가 지적하듯이 1970년대에서 1990년대까지 성행하던 품질관리 서클운동이나 전사적 품질관리 운동과 다를 바가 없다. 나머지 한 가지는 다른 용법들을 모두 포괄하는 것이어서, 수권 관리의 특징을 보여 주지 못한다.[15]

수권 관리의 특징은 이 새로운 관리 운동을 역사적 맥락에서 살펴보면 분명하게 드러난다. 지도적인 경영학자 에이드리언 윌킨슨은 기존 연구를 비판적으로 검토하는 논문에서, 그것이 1980년대 말부터 갑자기 부각된 이유를 무엇보다 시장의 변화에서 찾는다. 그때부터 세계화와 규제완화 때문에 경쟁이 격화되었을 뿐 아니라, 소비자도 품질이나 디자인, 다양성이나 서비스 등 여러 측면에서 더 까다로워졌고, 따라서 유연 전문화 같은 명제에서 나타나듯이 조직을 유연하고 민감하며 혁신적인 구조로 바꿔야 할 필요가 커졌다는 것이다. 게다가 윌킨슨은 정치적 여건의 변화에 관해 언급하면서, 보수정당의 집권과 더불어 노동운동의 위축 덕분에 기업가들이 개인의 능동적 역할에 호소할 수 있는 분위기가 조성되었다는 점도 강조한다. 그런 맥락에서 볼 때, 이 새로운 운동은 작업에 대한 통제권을 경영진에 집중시키지 않는다는 점에서 인적 자원 관리나 전사적 품질관리와 깊이 연관되면서도 뚜렷이 구분되는 특징을 보여 준다. 윌킨슨에 따르면 수권 관리는 종래의 어떤 운동보다 개인의 자율성을 중시하며, 따라서 작업에 대해서도 새로운 통제 형태를 요청한다는 것이다. 그는 수권 관리 이론의 초석이 토머스 피터스와 로버트 워터맨의 『초우량 기업의 조건』에 있다고 지적하면서, 이렇게 설명한다.

> [그들이 전파하고자 하던] 메시지는 성공하는 조직은 관리 문화에 초점을 맞춘다는 것이었다. 이 진단에는 경영자가 관료적인 조직체제를 해체함으로써 개인이 재능을 발휘하도록 해방시킬 수 있다는 견해가 내포되어 있었다. 그들은 경영자에게 피고용인들을 신뢰하고 참여하도록 유도하라고 권고했다. 종래와 다른 통제 형태를 개발하라고 했다. "풀어 주

15 Honold, "Literature on Employee Empowerment."

면서도 바짝 조이라"고 말하면서, 피고용인들이 (고객에 대한 서비스 같은) 기업의 핵심적 가치관을 습득하도록 하고, 피고용인들에게 직무를 수행하는 방법에 관해 더 많은 재량권을 주면서도 공유하는 가치관을 토대로 통제하는 관리 방식을 강조했다.[16]

윌킨슨이 말하고자 하는 것을 달리 표현하면 관료제의 해체와 문화적 패권의 수립이라 할 수 있다. 이는 그가 충분히 고려하지 않는 종래의 통제 형태를 살펴보면 분명하게 보인다. 해리 브레이버먼, 리처드 에드워즈 등 노동과정 전문가들은 20세기의 미국 기업들이 단순한 통제를 버리고 기술적 통제와 관료제적 통제에 의지했다는 점을 분명하게 보여 준 바 있다. 그에 따르면 19세기 말부터 거대한 규모로 성장한 기업들은 노동력을 효과적으로 통제하기 위해, 무엇보다도 노동과정을 테일러주의적 원칙에 따라 조직했다. 종래에 숙련공이 전담하던 노동과정을 여러 단계의 단순 작업으로 분해해 각각 비숙련공들에게 맡기는 동시에, 수많은 단계별 작업을 서로 긴밀하게 연결해 하나의 이어지는 흐름으로 통합했다. 그럼으로써 경영진은 노동과정에 대한 통제권을 장악하는 한편, 수많은 피고용인들을 위계적인 관료제로 조직해서 통제했다. 경영진은 이런 통제 형태를 수립하면서, 조직을 순종적인 피고용인들로 채움으로써 경영자가 바라는 대로 움직일 수 있게 되기를 기대했다. 바꿔 말해, 종래의 통제 형태에서는 관료제와 더불어 노동과정에 대한 통제권, 정확하게 말하면 경영진의 일방적 통제권이 핵심적 요소였던 것이다.[17] 거기에 비춰 보면, 수권 관리는 개인의 자율적 역할과 함께 기업 구성원 사이에서 널리 공유되는 가치관을 강조한다는 점에서 뚜렷한 차이가 있다.

그렇지만 수권 관리가 윌킨슨이 주장하는 것처럼 종래의 관리 방식과 선명하게 구분되는 것은 아니다. 폴 애들러는 널리 인용되는 1993년도 논문에서 누미 ***NUMMI; New United Motor Manufacturing Inc.***라 불리는 지엠-토요타 합작기업의 생산체제를 소개하는데, 이 논문은 수권 관리와 전사적 품질관리를 구분하기가 어렵다는 점을 보여 준다. 그에 따르면, 1984년 2월 누미는 지엠이 폐쇄한 공장을 인수한 다음, 20개월에 걸치는 면밀한 선발 및 훈련 과정을 통해 2,200명의 시간제 노동자를 고용했다. 이전에 비해 85%에 불과한 이 노동력을 350개 생산팀으로 나누고 각각 지도자 1명과 노동자 5~7명으로 구성했다. 또 직

16 Wilkinson, "Empowerment." (인용은 42) 또한 다음도 참고하라. Peters and Waterman, *In Search of Excellence*. 한역본으로는 이동현 역, 『초우량 기업의 조건』이 있다.

17 Braverman, *Labor and Monoploy Capital*; Edwards, *Contested Terrain*; Jacoby, *Employing Bureaucracy*.

무를 18개 군으로 분류하고 시간급을 80개 종으로 구분하던 체계를 폐지한 다음, 직무를 2개로 줄이고 모든 생산직 종사자에 대해 같은 시간급을 적용했다. 게다가 토요타의 조립 라인과 직무 순환제는 물론이요, 현장에서 문제점을 즉각적으로 발견하고 개선하기 위해 이른바 "카이젠"도 도입했다. 경영진은 물론 일본 모기업과 마찬가지로 생산팀에서 제안하는 것들을 적극적으로 수용하면서, 회사가 하나의 커다란 팀이라는 인식을 심어 주었다. 그 결과, 겨우 2년 만에 생산성은 일본 토요타만큼 올라갔고, 결근율은 20~25%에서 3~4%로 떨어졌으며, 피고용인 가운데서 "만족"하거나 "매우 만족"하는 사람들은 1991년 조사에서 90%에 이를 정도로 많아졌다. 그렇지만 애들러는 누미의 성공 사례를 소개하면서, 생산직 종사자들이 개선안을 강구하는 과정에서 스스로 스톱워치를 들고 작업을 수행하는 데 필요한 시간과 동작을 분석했다는 사실을 지적한다. 그리고 그것을 근거로 테일러주의가 수권 관리에서 제자리로 "복귀"했다고 주장한다.[18]

이 주장은 설득력이 있는 것은 아니지만, 적어도 수권 관리에 모호한 요소가 있다는 점을 시사한다. 애들러는 테일러주의를 노동과정의 조직 원칙이나 통제 형태가 아니라 시간과 동작에 대한 분석으로 간주하는데, 이렇게 좁게 규정하면 그것은 사실상 어떤 관리 방식과도 결합할 수 있는 일반적인 합리화 방안에 지나지 않는다. 다른 한편으로 그의 견해는 수권 관리의 본질적 모호성과 연관되어 있다. 우선, 수권 관리를 도입할 때 "풀어 주면서도 바짝 조이라"는 명제에서 양자를 어떤 비율로 배합해야 하는가 하는 문제가 떠오른다. 종래의 통제 형태에서도 노동자의 능동적 역할이 완전히 배제되지 않았고, 심지어 관료제적 통제에서는 어느 정도 중시되기까지 했다는 사실을 고려하면, 이 문제가 새로운 것이라고 할 수도 없다. 더욱이, 윌킨슨이 강조하듯이 수권 관리가 어디까지나 경영진이 주도하는 개혁 방안이라는 점, 특히 노동자로부터 어떤 요구나 압력도 받지 않고 경영진이 스스로 범위나 속도를 조절하면서 도입하는 방안이라는 점을 감안하면, 거기서 허용되는 '해방'이 과연 어떤 의미를 갖고 있는지 의심스럽다. 그렇기 때문에 일부 학자들은 수권 관리에도 종래의 통제 형태가 남아 있다고 주장하기도 한다. 예를 들어 마이크 파커와 제인 슬로터는 누미에서 새로운 생산체제로 인해 노동강도가 얼마나 증가했는지, 노동자들이 얼마나 스트레스에 시달리게 되었는지 잘 보여 준다.[19]

그래도 수권 관리에는 뚜렷한 특징이 있는데, 그것은 경영학자들이 간과하는 역사적 안

18 Adler, "Time-and-Motion Regained."
19 파커 · 슬로터, 『팀 신화와 노동의 선택』.

목에서 보면 선명하게 드러난다. 에이드리언 윌킨슨이 주장하듯이 노동과정에 대한 통제권이라는 측면에서 볼 때 수권 관리가 전사적 품질관리에 비해 해방과 자율성, 그리고 문화적 패권을 강조한다면, 그것은 경영진이 한 세기 전과 반대되는 방향으로 움직이고 있다는 것을 뜻한다. 수권 관리에서 극복의 대상으로 간주되는 관료제와 그 토대인 테일러주의는 19세기 말부터 20세기 초에 이르는 시기에 심각한 노사갈등을 불러일으키면서 발전한 것이다. 이는 데이비드 몽고메리를 비롯해 많은 노동사 연구자들이 심혈을 기울여 천착한 주제인데, 그들의 업적은 필자가 제3장에서 비판적으로 검토한 바 있다. 여기서 필요한 것은 다만 19세기 말부터 미국의 사용자들이 노동과정에 대한 통제권을 숙련공들로부터 빼앗아 경영진에 집중시키고, 그것을 기반으로 작업장에서 규율을 확립하고 피고용인에게 순종적인 태도를 요구했다는 사실을 확인하는 일이다. 거기에 비하면, 수권 관리는 이제 미국의 경영자들이 상반되는 방향으로 나아가고 있다는 점을 보여 준다. 그것은 윌킨슨이 지적하듯이 "집단주의보다는 개인주의로 경도되는 경향을 지니고 있으며, 그 기초를 노동자 개개인, 또는 노동조합처럼 크지 않은 작업 집단에 두고 있다."[20] 오늘날, 경영자들은 작업장에서 규율과 순종 대신에 해방과 자율성을 추구하는 것이다. 그 배경에는 한 세기 전이라면 기대할 수 없었던 문화적 패권이 자리 잡고 있다. 미국의 노동자들이 19세기 말에 "임금 노예제"를 규탄하며 거기에 도전했다면, 오늘날에는 자본주의를 비롯해 미국의 정치 · 경제 체제에 대해 의미 있는 이의를 제기하지 않는다.

이렇게 역사적 시각에서 볼 때 수권 관리의 특징이 선명하게 드러난다면, 그것이 노사관계에 관해 어떤 함의를 갖고 있는가 하는 의문이 떠오른다. 이것은 새로운 의문이 아니다. 근래에 경영학자들은 수권 관리가 노사관계에 끼치는 영향에 관해 논의하고 있다. 폴 애들러가 보여 주는 것처럼 많은 노동자와 노동조합이 수권 관리의 도입에 만족한다 해도, 학자들은 대개 그것이 노동운동에 부정적 영향을 끼칠 것이라고 본다. 일부는 그것이 종래보다 더 교묘하고 심각한 착취를 수반하고 있기 때문에, 머지않아 노동운동의 저항에 부딪힐 것이라고 예상한다. 대부분은 에이드리언 윌킨슨처럼 그것이 노동자를 개별적 존재로 취급하면서 경영진의 문화적 패권을 추구하기 때문에 노동조합의 존재 기반을 침식한다고 보는 것 같다.[21] 그렇지만 경영학계는 단기적인 안목에서 벗어나지 못하고 있다. 위

20 Wilkinson, "Empowerment," 45.

21 Parker and Slaughter, "Should the Labour Movement Buy TQM?"; Adler, "Time-and-Motion Regained," 45, 52.

에서 지적한 것처럼 수권 관리가 노동과정에 대한 통제에서 테일러주의와 반대되는 방향으로 나아간다는 점을 고려하면, 그것이 지니는 함의는 적어도 한 세기에 걸치는 장기적 안목에서 살펴볼 필요가 있다.

4. 시민권 이론

수권 관리의 역사적 함의를 탐색하는 데 시민권 이론은 중요한 단서를 제공한다. 시민권은 최근에 와서야 노사관계에서 거론되기 시작한 개념으로서, 주로 노동조합의 쇠퇴라는 맥락에서 주목을 끌고 있다. 예를 들면, 사회학자 칼 거스니는 1990년에 발표한 논문에서 보수주의의 대두로 인해 산업계 시민권*industrial citizenship*이 위협을 받고 있다고 주장한 바 있다. 그에 따르면, 이런 시민권은 미국의 경우 1935년에 제정된 전국노동관계법*National Labor Relations Act*에서 확립되었다. 보통 와그너법*Wagner Act*이라 불리는 이 법은 단결권, 단체교섭권, 단체행동권 등 노동삼권을 보장하는 동시에 사용자가 이런 권리를 침해하면 그것을 부당행위로 규정했기 때문에, 미국의 노동자들이 산업 현장에서 발언권을 확보하는 계기가 되었다는 것이다. 산업계 시민권은 와그너법의 허점이나 노동자의 파업권을 제약하는 수정 입법에도 불구하고 2차대전 이후에 상당히 잘 보장되었다. 그러나 레이건 대통령은 1981년 법령을 어기고 파업을 해제하지 않은 항공관제사 11,500명을 해고하고 "대체 노동자"를 투입함으로써, 또 2년 뒤에는 노동삼권의 준수 여부를 감독하는 기관에 보수적인 인물을 임명함으로써, 산업계 시민권을 결정적으로 위축시키기 시작했다. 게다가 최저임금, 산업재해, 사회보장 등 노동자들의 권리를 지원하는 다양한 법령 덕분에, 바꿔 말하면 사회적 시민권의 확대 덕분에, 노동조합의 발언권도 이전에 비해 중요성을 잃기 시작했다.[22]

그러나 이런 견해는 오늘날 근본적 비판에 직면해 있다. 거스니의 견해는 산업계 시민권이라는 개념의 본래 정의에 기반을 두고 있는데, 거기에 중대한 변화가 있다. 그 개념은 저명한 사회학자 티 에이치 마셜이 2차대전이 끝난 뒤에 영국의 복지정책 수립에 관여하면서 제시한 것이다. 그는 시민권을 개인이 어떤 공동체의 일원으로서 지니는 자격과 그에 수반되는 권리 및 의무로 인식하고, 그것을 발전 과정에 따라 시민적인 것, 정치적인

22 Gersuny, "Citizenship and Industrial Relations."

것, 사회적인 것 세 가지로 구분했다. 그리고 사회적 권리를 최소 한도의 복지와 보장을 누리는 권리부터 공동체에서 설정된 기준에 따라 생활수준을 보호받는 권리까지 다양한 것으로 규정했다. 그것은 노동력의 상품화와 그에 따르는 폐단을 제어하는 기능을 갖고 있었다. 그런 기능은 노동조합과 단체협약을 통해 강화되는데, 마셜은 이런 제도를 산업적 권리로 규정하면서 그것을 정치적 권리에 추가되는 부차적인 것으로 간주했다.[23]

법학자 주디 퍼지는 마셜의 구상을 오늘날의 현실에 맞게 발전시키고자 한다. 그는 캐나다의 현황을 다루는 2005년도 논문에서, 전통적으로 시민권은 시장이나 가정 같은 이른바 사적 영역에 들어오지 못했다는 점을 지적하고, 이제 산업계 시민권 개념에 의지해 "정치적 권리와 사회적 권리를 시장으로 확대해야" 한다고 주장한다. 그렇게 해도 가사노동이 시장 바깥에서 이루어지기 때문에 거기에 종사하는 여성은 산업계 시민권을 누리지 못한다고 지적하면서, 그것을 집단적 권리로 한정하지 말고 "피고용인 개인에게 허용되는 사회적 권리"로 더욱 확대해야 한다고 강조한다. 그리고 그 근거로 오늘날 노동자들이 다양한 개인적 권리를 누리고 있다는 사실, 경영진의 부당한 해고 같은 자의적 조치에서 보호받을 권리부터 안전한 작업조건과 상당한 휴식시간을 보장받을 권리까지 누리고 있다는 점을 지적한다.[24]

법학자 가이 먼들라크는 나아가 산업계 시민권을 노동조합 너머로 확대해야 한다고 명시적으로 주장한다. 그는 먼저 마셜의 개념이 특정한 역사적 맥락에서 탄생한 것이라는 점, 구체적으로 말해 마셜은 2차대전 직후 영국에서 노동운동과 복지정책이 대두하고 있던 상황에서 산업계 시민권이라는 개념을 구성하면서 그것을 노동조합에 관한 권리와 동일시했다는 점을 지적한다. 이어서 먼들라크는 그것이 결사권 같은 시민적 권리에 토대를 두고 있지만, 마셜이 시사하듯이 중립적 의도에서 나온 것이라기보다는 노동자의 발언권을 증대시켜 노사갈등을 조정하려는 정치적 취지에서 나온 것이라는 점도 지적한다. 그리고 그런 뜻에서 마셜의 개념을 정태적 서술로 간주하지 말고 어떤 발전 방향을 염두에 두고 있는 역동적 관념으로 파악하자고 제안한다. 바꿔 말해 산업계 시민권을 노동조합이라는 특정한 제도에서 분리시키고, 노동자의 권리 증진이라는 목적에 기여하는 다른 제도에 확대해서 적용하자는 것이다. 따라서 먼들라크는 "작업장 민주주의"를 비롯해 요즈음 주목을 끌고 있는 제도와 관행을 거론하면서, 피고용인이 기업이라는 공동체의 일원으로서

23 Marshall, "Citizenship and Social Class."
24 Fudge, "After Industrial Citizenship." (인용은 636)

일정한 권리와 의무를 지닌다는 관념이 대두하고 있다는 사실에 주의를 환기한다. 결국, 산업계 시민권이 여성을 간과하는 맹점을 지니고 있기는 해도, 기업과 같은 경제조직을 일종의 정치체로 보고 피고용인에게 구성원으로서 일정한 지위를 부여해야 한다는 점을 강조하는 데 도움이 된다는 것이다.[25]

퍼지와 먼들라크의 견해는 미국의 노사관계에 비춰 보면 현실과 거리가 있는 사색이라기보다는 현실을 뒤따라가는 이론적 설명이라 할 수 있다. 그것은 무엇보다 노사관계에 대한 국가의 태도에서 분명히 나타난다. 20세기 후반 미국에서 노사관계를 규정하는 법률과 관행은 흔히 "산업계 다원주의"로 간주되는데, 이는 한마디로 줄이자면 노동자와 사용자가 대등한 입지를 차지하고 있다고 가정하고 노사 간의 갈등을 양측이 동의하는 제도적 절차에 따라 평화롭게 처리해야 한다고 주장하는 것이다. 이런 이념이 정착하는 과정은 순탄치 않았다. 노사관계를 제도화시킨다는 생각은 19세기 말에 나타났는데, 이는 미국노동연맹*American Federation of Labor*에 가입한 노조들이 사용자에게 끈질기게 단체교섭을 요구했기 때문이다. 그런 요구에 먼저 반응을 보인 것은 기업가들이 아니라 존 코먼스를 비롯해 노동운동에 관심을 가진 일부 경제학자들이었다. 이들은 단체협약을 헌법에 비유하면서, 그것을 토대로 노사갈등을 처리하는 기구와 절차를 수립하면 산업평화를 실현할 수 있을 것이라고 주장했다. 그들의 의견은 뉴딜 정책에서, 특히 노동삼권을 보장하면서 그 보호 기관도 수립한 와그너법에서 현실로 바뀌었다.

그렇지만 국가가 노사관계를 어떤 방향으로 끌고 나가야 하는가에 대해서는 이견이 있었다. 비판적 법학자 크리스토퍼 톰린스에 따르면, 일부에서는 노동삼권의 보장을 입법의 목적으로 보고 노사관계에서 노동자세력을 강화시켜 세력균형을 달성하고자 했으나, 다른 일부에서는 피고용인과 노동조합의 행위를 규제하는 조항을 넣어 산업평화를 실현하는 데 관심을 기울였다. 따라서 와그너법에 따라 수립된 전국노동관계위원회*National Labor Relations Board*는 이들 두 세력의 다툼 때문에 혼란에 빠졌다. 그러나 1940년경에 이르러 후자가 위원장직을 포함해 다수를 차지함에 따라, 위원회는 다원주의로 경도되었다.[26] 그것이 지배적 전통으로 확립되는 과정은 노사관계 전문가 제임스 그로스가 잘 보여 준다. 그는 와그너법 제정 50주년을 기념하는 학술대회에서, 전국노동관계위원회의 역사에서

25 Mundlak, "Industrial Citizenship, Social Citizenship, Corporate Citizenship."

26 Tomlins, "New Deal, Collective Bargaining, and the Triumph of Industrial Pluralism." Brand, *Corporatism and the Rule of Law*, 33-80도 보라.

1940년대 말이 분수령이었다는 점에 주의를 환기한 바 있다. 그에 따르면, 1947년에는 의회가 흔히 태프트-하틀리법*Taft-Hartley Act*이라 불리는 노사관계법을 제정해 파업권을 제한하고 노조 선거에서 사용자가 자신의 입장을 설명할 수 있도록 기회를 주는 동시에, 노동자가 노조에 가입하지 않거나 노조를 교섭 대표로 인정하지 않을 권리를 갖는다는 것을 명시했다. 그리고 위원회는 곧 발표한 정책 지침에서 노동자는 단체교섭에 참여하지 않을 권리를 지닌다고 선언했다. 바꿔 말해, 1940년대 말부터 국가는 노동자가 노조라는 집단을 통해 누리는 권리뿐 아니라 개인으로서 지니는 권리도 보장하기 시작했던 것이다.[27]

더욱이, 미국의 원로 노동사 연구자 데이비드 브로디는 다원주의라는 전통이 작업장에서 특징적인 노사관계 체제를 수립하면서 노동자의 개인적 권리를 보장하는 데 기여했다고 주장한다. 그는 먼저 와그너법이 작업장에 단체교섭을 정착시키려는 취지에서 제정된 만큼, 국가가 그 이상 노사관계에 개입하지 않고 그것을 노사 양측이 향유하는 "계약의 자유 영역" 에 남겨 놓았다고 지적한다. 이어서 이후에 체결된 단체협약이 점차 당사자들을 구속하는 강제력을 얻었다고 덧붙인다. 태프트-하틀리법에 따라 사용자나 노동조합이 협약 위반에 관해 연방 법원에 소송을 제기할 수 있게 되었고, 결국 연방 대법원은 1950년대 말에 이르러 단체협약에 법률에 준하는 지위를 부여했다는 것이다. 브로디에 따르면, 대법원은 1960년에 노사 간 분쟁조정에 관한 판결에서 단체협약이란 사적 계약을 넘어 법적 효력을 지니는 것이며 작업장에 일종의 자치정부를 수립하려는 시도라고 규정했다. 그것은 곧 작업장에 법치주의를 도입한다는 것, 바꿔 말해 한편에서 사용자가 노조와 협의해 수립한 고용조건과 작업규칙에 따라 경영하고 다른 한편에서는 피고용인들이 더 이상 경영진의 자의적인 결정에 복종하지 않고 공식적인 처리 기구에 불만을 제기한다는 것을 뜻했다. 이제 피고용인들은 그런 기구를 항소법원처럼 여기고 거기에 의지해 보호받아야 할 가치가 있는 권리를 갖고 있었다.[28]

이와 같은 작업장의 노사관계 체제를 브로디는 "작업장 계약주의" 로 규정하는데, 이것은 그 복잡하고 변화하는 성격을 올바르게 드러내지 못하는 것 같다. 그 어구는 작업장의 노사관계가 법령에 따라 결정되는 것이 아니라 국가의 지원 덕분에 구속력을 갖는 노사 간 계약에 따라 좌우된다는 점을 보여 준다. 그렇지만 그것은 노사관계가 수립, 유지되는 방식을 가리킬 뿐이지, 그 결과로 수립된 체제의 성격을 밝혀 주지는 못한다. 그래도 브로디

27 Gross, "Conflicting Statutory Purposes."

28 Brody, "Workplace Contractualism."

는 좋은 길잡이가 된다. 우선, 그는 작업장의 노사관계 체제가 법적 · 헌정적 질서라는 것을 지적할 뿐 아니라, 심지어 강조하기까지 한다. "작업장 계약주의"를 다루는 논문의 말미에서, 그는 좌파나 우파에 속하는 학자들이 그 체제를 폄하하거나 공격한다고 지적한다.[29] 그리고 닉 디게타노라는 인물을 소개하며 그 체제가 지니는 의미를 부연한다. 디게타노는 1958년에 은퇴할 때까지 20년 넘게 자동차노조의 하급 간부로 지내면서, 작업장에서 일반 조합원들을 대표해 작업반장 등 관리자들과 접촉한 경험을 갖고 있었다. 단체협약에 따른 변화에 관해 말하면서, 그는 무엇보다 자신이 문제를 제기할 때 작업반장을 비롯해 관리자들이 귀를 기울이기 시작했다는 것을 지적했다. 그리고 노동자들이 복종에 길들어 있던 존재에서 "남자다운" 존재로 변했다고 강조했다. 관리자의 조치에 문제가 있다고 생각하면, 당당한 태도로 고충처리절차에 호소해 자신의 권익을 지키려 했다는 것이다.[30] 이는 노사관계가 계약주의를 넘어 법치주의로 진입했음을 의미한다.

5. 역사적 시각

법치주의도 노사관계가 유지되는 방식을 가리킬 뿐이어서, 그것을 통해 형성된 체제가 어떤 성격을 지니는지 가르쳐 주지는 않는다. 그 성격을 규명하는 데는 정치학자 캐런 오런이 1991년에 발표한 『봉건제의 잔재』가 도움이 된다. 여기서 저자는 뉴딜 이전에 노사관계를 규정하던 법적 장치가 봉건제에서 벗어나지 못한 것이었다고 지적한다. 그때까지 미국의 법률 체계에서 노사관계는 사용자의 관할권, 즉 국가에서 제정한 법률이 효력을 갖지 못하고 사용자가 통치자처럼 지배하는 영역으로 존중되었다. 거기서 사용자는 제삼자가 피고용인에게 폭행을 가하면 자위 조치를 취할 수 있었다. 또 피고용인이 자신의 허가 없이 임의로 작업장을 떠나거나, 제삼자가 피고용인을 꾀어내 작업장을 떠나게 하는 경우에, 법적인 제재를 가할 수 있었다. 이런 권리는 중세 말 영국에서 주인과 하인의 관계를 규정할 때 근거가 되었던 봉건적 영주권, 정확하게 말해 노동력을 확보하기 위해 농노의 신체를 통제하는 영주의 권위에서 유래했다. 미국의 노사관계를 둘러싸고 있던 이 봉건적

29 대표적인 사례로 다음 자료를 들 수 있다. Kochan, Katz and McKersie, *Transformation of American Industrial Relations*; Lichtenstein, *Labor's War at Home*. 다양한 견해를 충분히 탐색하기 위해서는 다음 자료를 참고하라. Fraser and Gerstle, eds., *Rise and Fall of the New Deal Order*.

30 Brody, "Workplace Contractualism," 202–205.

장치는 와그너법이 제정되고 대법원에서 그 합헌성을 선언한 다음에야 비로소 사라졌다.[31] 그때까지 사용자가 피고용인에 대해 행사하던 통제권이 근대적 법령에 드리워져 있던 중세 봉건제의 그림자 이상의 것이었다는 점은 노동사 연구자들 사이에 널리 알려져 있다. "산업규율"을 놓고 벌어진 갈등은 서양의 노동사에서 가장 중요한 주제 가운데 하나이기 때문이다. 미국의 노동자들은 사용자가 강제하는 규율에 맞서, 때로는 "남자다움"을 들먹이며 또 때로는 "백인성"을 내세우며 존엄성과 자존심을 지키려 했다.[32] 오런은 그런 규율이 재산권, 특히 생산수단에 대한 소유권에 토대를 두고 있을 뿐 아니라, 지금까지 간과되었던 봉건적 영주권에 기원을 두고 있다는 점도 보여 준다.

그렇지만 오런이 주장하듯이 1930년대에 미국의 작업장에서 봉건적 잔재가 사라지는 동시에 자유주의가 확립되었다고 말하기는 어렵다. 그가 말하고자 하는 요점은 결국 뉴딜 덕분에 법률의 효력이 작업장 안에까지 미치게 되었기 때문에 미국이 온전한 의미에서 자유주의 국가가 되었다는 것이다. 그러나 법치주의는 작업장에 자유주의가 들어올 수 있도록 문을 열어 주기는 했어도, 그것이 자리를 잡게 해 주지는 않았다. 분명히, 자유주의는 사회적 관계를 다원주의적 시각에서 접근하는 방식이다. 그렇지만 그것은 또한 사회적 관계를 개인주의적 관점에서 파악하는 태도이기도 하다. 개인주의는 미국의 작업장에 법치주의가 도입되기 이전에 노사관계를 지배하던 이데올로기였다. 톰린스가 보여 주듯이, 노동자들이 노조를 결성해 사용자에게 대항하지 못하도록 가로막는 관념의 장벽이었던 것이다.[33] 와그너법은 이 장벽을 무너뜨리고 집단주의를 내세웠다. 그런데도 오런은 이 점을 간과한다. 뉴딜을 통해 수립된 노사관계에서 노동자들이 가진 발언권이 개별적 존재로서가 아니라 노조라는 집단의 일원으로서 지니는 권리였다는 점은 부인할 수 없다. 게다가 노사관계는 다원주의라고 말하기 어려울 정도로 위계적인 성격을 띠고 있었다. 바꿔 말해, 1980년대에 이르기까지 미국의 노사관계 체제는 자유주의가 아니라 담합주의라는 성격을 지니고 있었다고 할 수 있다.

---

31 Orren, *Belated Feudalism*. 사용자가 지니는 권위의 기원을 노동력에 대한 공동체의 통제권에서 찾는 견해도 있는데, 이에 관해서는 다음 문헌을 참고하라. Steinfeld, *Invention of Free Labor*; idem, *Coercion, Contract and Free Labor*. 고용관계에 관한 법률과 실제 사이의 상호작용에 대해서는 다음을 보라. Tomlins, *Law, Labor, and Ideology*.

32 Thompson, "Time, Work-Discipline, and Industrial Capitalism"; Perrot, "Three Stages of Industrial Discipline"; Gutman, *Work, Culture, and Society*; Montgomery, *Workers' Control in America*; Roediger, *Wages of Whiteness*.

33 Tomlins, *State and the Unions*.

오런의 견해와 달리, 미국의 작업장에서 자유주의는 1930년대부터 서서히 발전해 1980년대에 와서 정착했다고 할 수 있다. 담합주의적 노사관계 속에서, 피고용인들은 집단으로서 발언권을 누렸을 뿐 아니라 개인으로서도 권리를 확보했다. 닉 디게타노의 서술에서 드러나듯이 그들은 노조 덕분에 개인적 문제를 제기하면서 권리의식을 깨닫기 시작했는데, 그것은 단체협약과 그에 따라 수립된 제도에 기초를 두고 있었다. 노조는 피고용인이 경영진으로부터 부당한 처우를 받았다고 생각할 때 고충처리절차를 통해 시정을 요구할 수 있는 제도를 수립하는 데서 멈추지 않았다. 무엇보다도 선임권을 도입함으로써, 피고용인을 해고하거나 다시 고용할 때, 또는 직무를 배정할 때, 사용자가 자의적으로 결정하는 것을 막고 근무경력에 따라 형성되는 순서를 존중하게 만들었다. 더욱이, 노조는 피고용인이 경영진의 해고나 징계 처분에 대해 납득할 수 없을 때 당국에 조정이나 중재를 의뢰하고 "정당한 사유"를 제시하라고 요구할 수 있도록 해 주었다. 게다가 사회보장의 측면에서는 미국의 노동자들이 유럽에 비해 기업에서 제공하는 혜택에 훨씬 더 많이 의지하게 되었지만, 그래도 실업, 노령, 건강 등 사회보험에 대해 개별적으로 권리를 향유하는 데 기여했다.[34] 그 결과, 1980년대에 이르러 미국의 노동운동이 영향력을 대부분 잃어버렸을 때, 작업장의 노사관계는 이미 집단주의에서 개인주의로 그 이념적 토대를 옮겨 간 것으로 보인다. 따라서, 자유주의는 1980년대에 와서야 미국의 작업장에 정착했다고 할 수 있다.

이런 추세는 근래에 더욱 진전되었고, 이제 미국의 노사관계에 자유주의가 확립되었다고 말할 수 있다. 분명히, 피고용인의 개인적 권리는 노동운동의 쇠퇴와 경영 전략의 변화로 인해 부분적으로 위축되었다. 예를 들어, 선임권은 직무분류가 축소됨에 따라 분명히 효력을 잃고 있는데, 이는 노동운동 전문가 마이크 파커와 제인 슬로터가 누미공장처럼 새로운 관리 방식이 도입되는 작업장을 관찰하면서 강조한 바 있다. 그러나 앞에서 살펴보았듯이, 미국의 경영자들은 한 세기 전과 달리 피고용인을 개별적 존재로 취급하는 태도를 뚜렷하게 보여 준다. 그들은 이미 20세기 중엽에 형성된 전통을 더욱 발전시켜, 피고용인들을 의사결정에 참여시키면서 개인의 재능과 자율성을 강조하는 것이다. 물론, 이런 전략은 에이드리언 윌킨슨이 주의를 환기하듯이 경영진이 발휘하는 주도권의 소산이기 때문에, 개인의 권익을 보호하는 데 기여한다고 보기 어렵다. 그런 측면에서는 차라리 경영학자들이 대개 간과하는 국가의 역할을 고려해야 한다. 앞에서 살펴본 산업계 시민권 개

34 Tolliday and Zeitlin, "Shop Floor Bargaining"; Klein, *For All These Rights*. 노조가 없는 작업장에서는 유사하면서도 상이한 변화가 일어나는데, 이에 관해서는 Jacoby, *Modern Manors*, 236-262를 보라.

념에서 드러나듯이, 국가는 노동삼권을 넘어 노동자들이 개인으로서 지니는 권리를 보장하는 데 관심을 기울여 왔다. 사실, 태프트-하틀리법은 피고용인이 노조에 가입하거나 대표를 선택할 때 개인으로서 자유로이 결정하는 권리를 누릴 수 있어야 한다고 명시적으로 선언한다.[35] 게다가 해고를 비롯해 고용에 관한 사안에서 분쟁이 발생하면, 국가는 조정·중재 기구나 법원을 통해 작업장 안으로 들어가 피고용인의 권리를 보호한다. 그러므로, 오늘날 미국의 작업장에서는 피고용인들이 집단적 존재뿐 아니라 개별적 존재로서도 지위를 확보하고 있다고 할 수 있다. 이제 미국의 노사관계 체제는 담합주의의 시대를 지나 자유주의의 시대를 맞은 것으로 보인다. 미국의 자유주의가 아직도 활력을 지니고 있다는 법률사 연구자 윌리엄 포바스의 견해는, 다른 맥락에서 제기된 것이지만 이런 측면에서도 음미해 볼 만하다.[36]

그런 체제가 수립된 미국의 작업장은 산업 공화국이라 불러도 좋을 듯하다. 거기서 피고용인들은 관리자들과 함께 구성원으로서 일정한 지위를 누린다. 그 지위는 봉건제의 잔재 때문에 자의적 지배에 노출되거나, 노동조합 같은 집단의 필요에 따라 통제되지도 않는다. 그것은 국가의 지원과 경영진의 필요 덕분에 안정되어 있는 것으로 보인다. 거기에 "작업장 민주주의"라는 용어를 적용하기는 어렵다. 그것은 산업 민주주의에서 파생된 용어여서, 노동자들이 경영진과 대등한 발언권을 장악하고 정책을 결정하는 과정에 개입한다는 뉘앙스를 지닌다. 그런 노사관계는 오늘날 미국의 작업장에서 찾아볼 수 없다. 노동운동의 위기에서 드러나듯이, 노동자들은 경영진에 대적할 만한 세력이나 의지를 보이지 않는다. 그들이 이미 심각해진 소득격차를 비판하며 다시 세력을 결집하고 발언권의 확대를 요구할 것인지, 그래서 민주주의를 수립하고자 시도할 것인지, 알 수 없는 일이다. 지금 분명한 것은 그들이 발언권의 불평등에도 불구하고 공화국의 시민처럼 기본적인 권리와 의무를 지닌다는 점이다.

6. 과제

지금까지 살펴본 것은 대기업에 국한되어 있고, 따라서 중소기업으로 연장할 수는 없

35 요즈음 미국 노동계가 노조 선거에서 경영진의 영향력을 차단하기 위해 추진하는 법안조차도 명칭에서 "피고용인의 자유로운 선택"을 부각시킨다.

36 Forbath, "Long Life of Liberal America."

다. 노사관계에 대한 연구에서 중소기업이 경시되어 왔다는 점을 감안하면, 오늘날 미국의 노사관계에 대해 전체적인 윤곽을 그리는 일조차 어렵다.

그 외에 남아 있는 문제는 이 산업 공화국의 도래에 기여한 요인을 설명하는 일이다. 앞에서 살펴본 것은 노동운동이 홍성을 통해서만이 아니라 침체를 통해서도 기여했다는 점, 또 경영진이 노조의 압력에 저항할 때는 물론이요 경제여건의 변화에 적응할 때도 기여했다는 점이다. 왜 그런 일이 벌어졌는가, 특히 왜 근래에 노사가 모두 대결보다 협력에 주력하는가 하는 물음에 답하기 위해서는, 세계화와 기술발전 등 환경의 변화로 인해 사용자의 세력이 확대되는 반면에 노동자의 입지가 위축되어 왔다는 사실을 고려해야 한다. 한 걸음 더 나아가, 노사관계에 내재하는 이중성에도 주목해야 한다. 지도적 사회학자 샌포드 자코비는 근래에 미국 노사관계의 변형을 논하면서, 노사관계란 본질적으로 갈등과 협력을 함께 내포하고 있다는 점에 대해 주의를 환기한 바 있다.[37] 사실, 그 관계가 생산된 가치를 어떻게 나눠 가질 것인가 하는 문제를 놓고 다툴 뿐 아니라 가치를 생산하기 위해 서로 상대방을 필요로 하는 것이라는 점을 기억할 필요가 있다.

다른 한편, 이 글에서 거론된 국가의 역할도 천착할 필요가 있다. 국가는 제9장에서 살펴본 바와 같이 오랫동안 "자유방임"을 내세우며 사용자를 지원하는 역할을 하다가 20세기에 들어와서 노동운동에 우호적인 태도를 보이기 시작했다. 그리고 대공황이라는 위기 속에서 와그너법을 제정해 노동삼권을 보장하는 데 주력하고 2차대전 직후에 태프트-하틀리법을 통해 거대한 노동조합을 제어함으로써, 타협적 노사관계의 형성에 기여했다. 더욱이 이 장에서 다룬 것처럼 국가는 레이건 시대에 반노조정책으로 선회한 것처럼 보이지만, 노동삼권을 비롯해 20세기 중엽에 도입된 노동자의 기본적 권리를 보장하는 데 유의했다. 특히, 단체협약을 법규처럼 취급함으로써 노동자들이 집단뿐 아니라 개인으로서도 그런 권리를 지닌다는 점을 확인했다. 적어도 대기업의 피고용인들은 사용자나 경영자의 권위 아래 노동에 종사하면서도 자유로운 시민처럼 일정한 기본권을 누릴 수 있게 된 것이다. 바꿔 말해, 국가는 대기업이 산업 공화국 같은 조직으로 변모하는 데 제도적 토대를 제공한 것이다. 그렇지만 여기서 밝힌 것은 윤곽 수준에서 벗어나지 못한다. 국가가 담당한 중요하고도 미묘한 역할을 설명하기 위해서는, 그에 관한 사실을 널리 탐구할 뿐 아니라 이론에 대해 깊이 고민할 필요도 있다. 국가에 관한 이론은 노사관계를 해명하는 데 도움

---

37 Jacoby, *Modern Manors*, 3-10.

이 될 만큼 개발되지 않았기 때문이다.

그래도 이론적 고민에 필요한 단서가 있는데, 그것은 역사사회학자 테다 스카치폴에게서 찾을 수 있다. 그는 국가에 관한 기존 이론을 비판하면서, 국가의 기구와 역량에 주목한다. 그에 따르면, 국가를 지배계급의 통제에서 벗어나 어느 정도 자율성을 확보한 존재로 보는 이론은 무엇보다 국가가 자율적으로 움직일 수 있을 만큼 기구를 갖추지 못했던 뉴딜 시대의 미국 상황에 들어맞지 않는다. 또 "지배계급은 지배하지 않는다"는 명제는 뉴딜이 노동계급의 압력보다는 지배계급의 주도로 추진된 개혁이라는 사실을 설명하지 못한다. 스카치폴은 이런 이론에서 간과 내지 경시되는 정치과정에 주목해야 한다고 주장한다. 뉴딜을 설명하는 데는 개혁을 추진하는 국가의 역량, 특히 국가기구와 그것을 움직이는 정당조직을 고려해야 한다는 것이다.[38]

스카치폴의 견해는 정치과정을 더욱 강조하는 방향으로 발전시킬 필요가 있다. 그는 국가기구와 정당조직에 초점을 맞추면서, 개혁을 추진하는 국가의 능동성을 거기서 찾는 경향을 보인다. 그래서 국가를 마치 계급 같은 사회적 범주로부터 유리되어 있는 자율적 존재로 취급한다는 인상마저 풍긴다. 그러나 정치학자 제이 피 네틀이 지적하듯이 국가란 본질적으로 사회 · 문화적 현상이며 미국의 경우에는 자율적 제도라기보다 법률 체계라는 점을 인정한다면, 사회적 범주들 사이에서 벌어지는 정치과정에 주목해야 할 것이다. 더욱이, 최근에 역사학자 윌리엄 노박이 지적한 것처럼, 미국에서 국가는 시민사회와 긴밀하게 연결되어 있다. 국가는 다른 나라에 비해 작은 기구를 갖고 있지만, 기업과 시민단체 등, 시민사회와 다양한 방식으로 긴밀하게 협력하기 때문에 커다란 역량을 지니고 있다는 것이다.[39] 따라서 미국의 국가를 올바르게 이해하자면 국가기구와 정당조직을 넘어 정치과정까지 감안할 필요가 있다.

정치과정으로 시야를 넓히면, 중산층의 역할에 주목할 필요가 있다. 정치경제학자 데이비드 보겔이 강조하는 것처럼 미국의 지배계급이 갈기갈기 찢어져 있을 뿐 아니라 국가에 대해 뿌리 깊은 불신을 갖고 있다면, 다른 계급들의 정치적 발언권에 관심을 기울여야 한

38 Skocpol, "Bringing the State Back In"; idem, "Political Response to Capitalist Crisis"; Weir and Skocpol, "State Structures and the Possibilities for 'Keynesian' Responses"; Block, "Ruling Class Does Not Rule." 또한 다음도 참고하라. Miliband, *State in Capitalist Society*; 니코스 풀란차스, 『정치권력과 사회계급』.

39 Nettl, "State as a Conceptual Variable"; Novak, "Myth of the 'Weak' American State"; "*AHR* Exchange: On the 'Myth' of the 'Weak' American State." 또한 다음도 보라. Balogh, *Government Out of Sight*.

다.[40] 스카치폴을 포함해 국가 이론가들이 지배계급과 노동계급에 주목하는 반면에 중산층을 경시한다는 점을 감안할 때, 이는 특히 중요하다. 제8장에서 살펴본 바 있듯이, 중산층은 미국 사회에서 매우 두터운 범주로서 중심적인 위치를 차지해 왔고 20세기에도 그런 위상을 유지하고 있다. 이 계층은 1960년대 말에 이르러 "침묵하는 다수"로 부상하면서 정치적으로 주목을 끌기 시작했지만, 뉴딜이나 레이거노믹스에서도 중요한 역할을 했다. 그런데도 중산층의 정치적 역할은 최근에 와서야 주목할 만한 주제로 간주되기 시작했다. 이런 경향은 오늘날 진보주의에 관한 연구에서 뚜렷하게 보이는데, 그것이 20세기 중엽으로 연장된다면 보수주의의 대두는 물론이요 노사관계에 관한 국가 정책을 설명하는 데도 도움이 될 것으로 보인다. 정책의 초점이 생산직 종사자에 국한되지 않고 사무직 종사자로, 바꿔 말해 현대 중산층의 주력부대로 확대되었기 때문이다.

그처럼 중산층을 중심으로 정치과정을 고려하며 국가의 역할을 천착한다면, 미국 노사관계의 변천 과정을 올바르게 설명할 수 있을 것이다. 여기서 강조한 것처럼, 미국의 노사관계는 1930년대부터 1970년대까지 타협에 주력하는 담합주의적 국면을 거친 다음에 1980년대부터 개인의 권익과 자율성을 존중하는 자유주의적 국면으로 들어갔다고 할 수 있다. 이 근래의 국면에서는 종래와 달리 중앙집권적인 단체교섭이나 거기에 준하는 교섭 패턴이 보이지 않을 뿐 아니라, 노동운동 자체도 매우 취약한 상태에 머물러 있다. 그 대신, 국가가 단체교섭 테이블에서 멈추지 않고 작업장까지 들어가서 노동자의 개별적 권리를 보호하는 역할을 수행한다. 언뜻 보기에 사소한 이런 역할은 노동자들이 자신의 권익을 위해 노동조합에 의지하지 않고 법원을 비롯해 국가에 호소하도록 영향을 끼칠 수 있다는 점에서 대단히 중요하다. 그런데도 어떻게 해서 국가의 역할이 작업장으로 연장되었는지, 또 그것이 노사관계에 어떤 영향을 끼치고 있는지, 이렇다 할 만한 해답이 없다. 더욱이, 어째서 노동자들이 노동조합이라는 집단을 통해 누리던 기본권이 공화국의 시민처럼 개인으로서 누리는 권리로 확대되었는지, 분명한 답변을 찾기 어렵다. 이런 의문을 풀자면, 작업장을 중심으로 정치과정을 넓고 깊게 탐구해야 할 것이다.

40 Vogel, "Why Businessmen Distrust Their State."

제3부

미국과 세계

이제 시야를 세계로 넓히며 미국을 살펴본다. 미국을 올바르게 이해하기 위해서는 내부만 들여다보지 않고 외부도 살펴볼 필요가 있기 때문이다. 국민은 개인과 마찬가지로 다른 나라 국민과 다양한 측면에서 관계를 맺고 지내며, 그런 대외적 관계로부터 크고 작은 영향을 주고받으며 살아간다. 따라서 대외적 관계는 하나의 국민을 이해하고자 할 때 간과할 수 없는 측면이다.

그 점은 미국 문명에 관한 논의에 비춰 볼 때 각별히 유념할 필요가 있다. 미국 문명론에서는 흔히 미국의 대외관계가 경시되었기 때문이다. 미국 문명론이 20세기 중엽 미국학의 발전을 계기로 학술적 담론으로 격상되었을 때, 주제는 흔히 미국인의 정신이나 국민성 같은 내재적 특성에 집중되어 있었다. 그런 조류에 대한 비판이 제기된 1960년대 이후에도, 사정은 크게 달라지지 않았다. 미국을 바라볼 때 국제적 맥락을 살펴봐야 한다는 목소리는 1990년대에 들어와서야 널리 메아리치기 시작했다. 그렇지만 국제적 맥락에 관한 논의는 한 방향으로 흐르는 경향을 보인다. 그런 논의에서는 흔히 미국의 탄생과 발전에 영향을 끼친 국제적 관계나 초국적 조류가 거론되는 반면에, 미국이 국제질서에서 차지하는 역할이나 위상이 경시되는 것이다. 그래서 그런 논의를 따라가다 보면, 미국은 해외에서 큰 영향을 입은 반면에 다른 나라에 영향을 끼친 것이 거의 없다는 인상을 받게 된다. 이런 인상이 사실과 다르다는 점은 한국을 포함해 약소국의 국민이라면 누구나 알고 있는 것이라 할 수 있다.

그러므로 미국을 올바르게 이해하기 위해서는 미국이 끼치는 국제적 영향을 중심으로 미국의 대외관계를 살펴볼 필요가 있다. 물론, 미국의 내부를 국제적 시각에서 관찰하는 작업을 경시해도 좋다는 뜻은 결코 아니다. 사실, 그런 작업은 제3부의 출발점이다. 제3부는 첫째 장인 제11장에서 미국의 인종관계를 다루며 국제적 맥락에 주의를 환기한다. 미국의 인종관계는 지난 반세기 동안 커다란 변화를 겪었고, 그것은 오바마 대통령이 상징적으로 보여 준다. 정치처럼 눈에 띄지는 않으나 그에 못지않게 중요한 것은 인종에 관한 사고의 변화이다. 이 지적 변화는 반세기 전에 정치적 변화와 함께 시작되었지만, 최근 한 세대 동안에는 정치적 변화와 달리 근본적인 차원에서 전개되어 왔다. 그래서 예를 들면, 이

제 인종이란 인류를 신체상 특징에 따라 분류하는 범주라고 말할 수 없게 되었다. 그것은 한 무리의 사람들이 다른 사람들을 지배하거나 착취하기 위해 만들어 낸 사회적 구성물이라는 점이 드러났기 때문이다. 바꿔 말해, 인종이 존재하기 때문에 인종주의가 대두하는 것이 아니라 인종주의가 발호하기 때문에 인종이 형성된다는 것이다. 이런 지적 변화는 "백인성 연구"라 불리는 새로운 조류가 이끌고 있으므로, 제11장은 이것을 주제로 취급하며 미국의 인종관계를 둘러싸고 있는 국제적 맥락을 살펴본다.

제3부를 구성하는 나머지 네 개의 장은 시선을 돌려 미국의 국제적 영향을 다룬다. 이 측면에서는 무엇보다도 미국이 제국인가 아닌가 하는 논쟁을 살펴볼 필요가 있다. 왜냐하면 이 논쟁은 말을 바꾸면 오늘날 세계에서 미국이 어떤 위상을 차지하고 있는가 하는 물음에 관한 토론이기 때문이다. 이는 제12장의 주요 쟁점 가운데 하나이다. 미국이 제국인가 아닌가에 관한 논쟁은 오늘날 제국이 무엇인가 하는 개념 문제로 축소되어 있다. 특히, 제국이 지니는 권력으로서 제권이 흔히 그것과 다른 것으로 여겨지는 패권과 구분되는 것인가 하는 문제가 부각되어 있다. 그러나 제12장은 제권이든 패권이든 간에 권력이란 결국 힘 자체가 아니라 힘을 휘두르는 자와 거기에 억눌리는 자 사이의 관계라는 점에 주의를 환기한다. 그렇게 볼 때, 미국이 만들고자 하는 세계와 거기서 미국이 차지하는 위상을 분명하게 파악할 수 있다. 나아가, 미국이 제국이라면 어떤 제국인지, 또 그런 제국을 건설하는 정책에서 어떤 특징을 지니는지도 이해할 수 있다.

제13장은 제국으로서 미국이 지니는 특징을 국제경제라는 측면에서 다룬다. 미국이 국제무대에서 차지하는 역할과 위상은 2차대전을 계기로 크게 달라졌다. 미국은 1941년 12월 일본의 진주만 공격을 계기로 대전에 개입하게 되면서 원대한 전략을 세우며 국제무대에 나서기 시작했다. 그 전략의 요체는 미국의 안보와 번영을 위해 국제질서를 재편한다는 데 있었다. 그것은 한편으로 소련이 미국을 위협하지 못하도록 봉쇄한다는 것을, 다른 한편으로는 많은 국가들이 교역의 장벽을 허물고 미국에 대해 문호를 개방하도록 자유무역의 원칙을 확립한다는 것을 뜻했다. 그리고 미국은 그런 전략을 실천에 옮기기 위해 다른 나라와 함께 국제기구를 수립하고 운영하며 제도를 만들고 움직이는 데 힘을 쏟았다. 그렇게 해서 구축된 제도는 오늘날 국제관계의 안정에 기여하는 동시에 미국의 주도적 역할과 위상도 보장하는 장치로 기능을 발휘한다. 이를 해명하기 위해, 제13장은 국제 통화 · 무역 체제에 초점에 맞추고 그것의 형성과 변형에 관한 논쟁을 점검한다.

제14장은 미국의 위상을 문화 측면에서 다룬다. 미국의 문화적 위상은 근래에 세계화의

문화적 파장에 관한 논의에서 주목을 끌고 있지만, 유럽에서는 오래전부터 중요한 관심사로 취급되었다. 거기서는 2차대전 직후부터 미국의 대중문화가 우려와 찬탄의 대상으로 떠오르며 "미국화"에 관한 논쟁을 불러일으켰다. 그런데 "미국화"는 그보다 더 깊은 뿌리를 갖고 있고 있을 뿐 아니라 대중문화 이외에 생산기술, 경제체제, 정치체제 등 여러 방면으로도 가지를 뻗치고 있는 현상이다. 더욱이, 그것은 근대화라는 일반적인 추세와 겹치는 현상이기도 하다. 그렇기 때문에 "미국화"는 미국 문화를 수용하는 주체의 자세에 따라 다른 모습을 띠고 나타난다. 그래도 그 핵심은 미국 대중문화의 확산에 있으므로, 제14장은 거기에 초점을 맞추고 "미국화"에 관한 논쟁을 살펴보며 그 개념을 분명하게 규정하고자 시도한다.

제3부를 마무리하는 제15장은 미국의 문화적 위상을 기업문화라는 측면에서 탐구한다. 미국의 문화적 위상에 관한 논의에서는 흔히 대중문화가 부각되는 반면에 기업문화가 경시된다. 그런 경향은 "미국화"에 관한 논쟁은 물론이요 세계화에 관한 논쟁에서도 뚜렷하게 보인다. 그렇지만 오늘날 많은 기업에서 미국적인 사고와 행태가 확산되고 있다. 이는 통상적인 의미의 기업문화, 즉 기업가가 강조하는 가치체계에서만 보이는 것이 아니다. 그것은 여기서 사용되는 의미의 기업문화, 즉 기업을 움직이는 모든 구성원들 사이에서 널리 공유되는 가치체계와 행동방식에서도 뚜렷하게 나타난다. 따라서 제15장은 한국의 기업문화에 초점을 맞추고 세계화가 어떤 변화를 가져오는지 살펴보며, 그럼으로써 미국의 문화적 위상에 주의를 환기한다.

제11장

미국의 인종관계에 대한 새로운 이해

1. 쟁점

미국의 인종관계는 오바마 대통령에게서 드러나듯이 지난 반세기 동안 대단한 변화를 겪었다. 흑인들이 시민으로서 기본적 권리를 누리기 위해 목숨을 걸고 싸웠던 1950년대 미국에서는 흑인 대통령의 존재를 상상조차 할 수 없었으니 말이다. 더욱이, 그런 변화가 정계나 관계에 국한되어 있는 것도 아니다. 미국인들의 경제생활은 물론이요 사회생활에서도 큰 변화가 있었다. 흑인 중산층은 반세기 전에도 존재했다고 할 수 있으나, 백인사회에서라면 노동자에 해당하는 직업과 지위를 지니고 있었을 뿐이다. 그러나 오늘날 흑인사회에서 중산층은 백인사회와 마찬가지로 전문직업인과 자영 내지 영세 사업자로 구성되어 있다. 일부 사회과학자들은 심지어 흑인 엘리트의 대두를 거론하기도 한다.

그런 변화 가운데서 인종관계에 대한 이해의 변화도 빠뜨릴 수 없다. 실천과 관념은 언제나 서로 얽혀 있으면서 영향을 주고받기 때문이다. 그래도 양자는 서로 다른 궤도를 그리며 변화를 겪는 것 같다. 2차대전을 계기로 독일이 유태인과 집시를 절멸시키려고 시도했다는 사실이 드러남에 따라, 인종주의는 청산 대상으로 간주되기 시작했다. 그리고 흑인 민권운동과 아시아 · 아프리카 국가들의 비판 덕분에, 그것은 쇠퇴의 길로 들어섰다. 이는 인종관계에서 우월한 위치에 있던 사람들이 과거에 자행했던 차별과 억압에 관해 반성하는 반면에, 열등한 위치에 있던 사람들이 도덕적 권위를 얻게 되었다는 것을 의미한다. 더욱이, 인종주의를 연구하는 학자를 비롯해 많은 양심적 지식인들은 여기저기에 남아 있는 인종주의적 편견과 관행을 지적하고 척결을 주장하는 데 주력했다. 따라서 그들이 만들어 낸 방대한 문헌은 거의 예외 없이 인종주의에 대한 비판과 미래에 관한 우울한 전망을 담고 있다. 거기서 오바마의 대통령 당선을 이해하는 데 도움이 되는 문헌을 찾아내기는 참으로 어렵다. 특히 흑인 대통령을 받아들이는 수많은 백인의 존재를, 반세기 전에는 상상조차 할 수 없었던 이 현상을, 어떻게 설명할 수 있을지 의심스러울 뿐이다. 바꿔 말해 흑인과 다른 유색인은 물론이요 백인 사이에서도, 인종과 인종관계에 관한 생각이 눈에 잘 띄지 않지만 커다란 변화를 겪은 것이다.

그런 변화는 결코 저절로 일어난 것이 아니다. 그것은 대체로 의식적인 노력의 소산이다. 무엇보다 학교를 비롯해 많은 공공기관에서 지속적으로 벌인 캠페인의 결과이다. 그런 변화는 때때로 몇몇 사람들이 낡은 생각을 깨뜨리고 새로운 생각을 내놓은 데서 시작되기도 한다. 지난 한 세대 동안 인종과 인종주의에 대한 이해에서 새로운 패러다임이 형성되는 과정에서는, 바로 그런 일이 벌어졌다. 1980년대 말부터 미국의 일부 지식인들은 인종문제를 열악한 환경에서 헤어나지 못하는 흑인의 문제로 보지 않고 그런 환경을 만들어 놓은 백인의 문제로 봐야 한다고 소리 높여 외치기 시작했다. 문제의 핵심은 백인에게 있으니, "백인성*whiteness*"을 연구해야 한다는 것이었다.

그런 외침은 때로 충격적인 소리로 들린다. "백인성에 반역하는 것이 인류에게 충성하는 것이다." 이는 『인종 반역자』라는 잡지가 1992년 가을 창간호에서 내건 구호이다. 편집인 노엘 이그나티예프와 존 가비는 오늘날 미국에서 사회문제를 해결하는 관건이 백인종을 폐지하는 데 있다고 주장한다. 그들이 보기에, 백인종은 "사람들을 태어날 때부터 동의도 받지 않은 채 끌어들이고서는 자체의 규칙에 따라 길러 내는" 일종의 단체이다. 거기서 "사람들은 대체로 회원으로서 혜택을 누리면서도 그 대가에 대해서는 생각하지 않고 일생을 살아가는데," 만일 그 규칙에 의문을 제기하면 제재를 받게 된다. 바꿔 말해, 백인은 피부 빛깔 때문에 혜택을 받기보다는 오히려 혜택을 얻음으로써 백인으로 규정된다는 것이다. 이렇게 인종을 인종주의의 근거로 보는 것이 아니라 "인종 자체가 사회적 차별의 산물"이라 보기 때문에, 이그나티예프와 가비는 "백인종이 존재하는 한, 인종주의에 반대하는 모든 운동은 실패할 운명을 안고 있다"고 진단한다. 반인종주의도 인종을 자연적 범주로, 생물학적 차이에 토대를 두고 있는 개념으로 파악하기 때문이다. 그들이 제창한 백인종 폐지론은, 그래서 "백인종은 역사적으로 형성된 사회적 구성물"이라는 전제에서 출발한다. 백인종이란 일부 사람들이 역사적 상황에 대해 보여 준 반응의 소산으로서, 자연과학의 분류법에는 전혀 들어맞지 않는데도 사회가 사실로서 인정하는 관념이라는 것이다.[1]

『인종 반역자』의 충격적인 주장에서 보이듯이, "백인성"이라는 용어와 그 아래에 깔려 있는 인종 개념은 미국의 인문학과 사회과학에서 패러다임의 변동이라 부를 만큼 심대한 변화를 일으켜 왔다. 그 단초는 1980년대 말에 몇몇 역사학자들이 종래 학계의 인종 담론을 비판한 데 있지만, 거기서 하나의 조류가 형성된 계기는 무엇보다 1992년에 노벨 문학상 수상자 토니 모리슨이 『어둠 속의 움직임』이라는 평론집을 내놓은 데 있다. 그는 미국 문학에서 미국적인 것을 구성하는 요소로서 백인성이 어떻게 형성되고 발전하며 또 어떤 역할을 하는가 하는 의문을 던진다. 미국 문학에서 간과된 이 의문에 답하기 위해서는, 백인성을 규정하는 대칭점으로서 "흑인성*blackness*"을 검토할 뿐 아니라 이런 관념의 기본 전제인 인종 담론도 분석해야 한다. 따라서 모리슨은 인종주의를 그 대상에 끼친 폐해에 그치지 않고 그 주체에 가져온 결과—"인종 사이에 위계질서를 상정하고 어떤 인종을 배척하며 또 어떤 인종이 연약해서 이용할 수 있는 존재라 보는 관념, 이런 관념이 그것을 견지, 거부, 탐구하거나 변경하는 비非흑인들에게 끼친 영향"—까지 포괄해서 이해하자고 제안한다.[2]

이 책은 비슷한 시기에 나온 다른 학자들의 연구와 더불어 문학은 물론이요 법학, 사회학, 그리고 역사학 분야에서도 즉각 커다란 반향을 불러일으켰다. 그 반향은 1990년대 내내 계속되어 흔히 "백인성 연구*whiteness studies*" 또는 "비판적 백인성 연구*critical whiteness studies*"라 불리는 분야를 만들어 내면서 방대한 연구 성과로 축적되었다.[3] 그 덕분에 인종

---

1 Ignatiev and Garvey, eds., *Race Traitor*, 9–11.

2 Morrison, *Playing in the Dark*, 11.

3 백인성 연구는 몇 가지 흐름으로 나뉜다. 우선, "비판적"인 흐름은 백인성 연구에 백인 우월주의자들이 개입하는 것을 경계한다. 그러나 백인 우월주의자들의 개입은 대개 학술적 논의가 아니라 정치적 선전이기 때문에, 백인성 연구에 포함시키기 어렵다. 그래서 "비판적"이라는 수식어가 없어도, 흔히 백인성 연구는 비판적인 학술적 논의로 간주된다.

더욱이, 백인성 연구는 그런 논의로 한정한다 해도 관심사에 따라 다시 몇 갈래로 나뉜다. 본문에서 드러나듯

같은 기본 개념이 바뀌었다—예를 들어, 20세기 초에는 폴란드나 이탈리아에서 미국으로 이주한 사람들이 오늘날과 달리 백인에 속하는 민족이 아니라 별개의 인종으로 간주되었는데, 이런 사실은 이제 용어의 의미 변화를 추적하는 단서라기보다는 오히려 인종과 민족에 대한 관념의 변화를 분석하는 자료로 이용된다. 인종 담론에서 초점도 흑인에서 백인으로 옮겨 갔다—인종문제는 흑인의 문제가 아니라 백인이 흑인에 대한 가해자로서 만들어 낸 문제이며 따라서 해답도 거기서 찾아야 한다는 것이다. 그리고 미국인의 정체성에서 인종이 계급이나 젠더와 어떻게 얽혀 있는지 비교적 분명히 이해할 수 있게 되었다. 이 점은 백인 노동자들의 계급의식 아래에 흑인에 대한 인종적 우월감이 자리 잡고 있음을 보여 준 역사학자 데이비드 로디거의 『백인성의 임금』, 그리고 백인 여성이 인종의식을 토대로 자아를 규정하는 과정을 살펴본 루스 프랑켄버그의 『백인 여성, 인종문제』 같은 업적에서 드러난다.[4] 1980년대 말까지 이들 세 차원을 따로 떼어 놓고 논의하던 사정을 기억한다면, 근래에 일어난 변화는 참으로 놀라운 것이다.

이 새로운 조류는 이미 몇몇 연구자들이 그 성과를 평가하고 한계를 지적하며 쟁점을 부각시키고자 시도한 바 있다.[5] 그렇지만 그것이 어째서 휴화산에서 분출하는 용암처럼 갑자기 또 거세게 나타났는가 하는 의문이 남아 있다. 이 의문은 특히 백인성 연구의 기원을 더듬어 볼 때 뚜렷해진다. 기원은 로디거의 글에서 드러나듯이 가깝게는 20세기 중엽의 흑인 문학에 있고 멀리는 1930년대의 흑인 역사학에 있다. 사실 백인성 연구자들은 흔히 2차대전 직후에 활약하던 흑인 작가들로부터 "미국에서 인종이란 흑인문제가 아니라 백인 사이의 문제"라든가 "자신이 백인이라고 생각하는 한, 당신에게는 희망이 없다"는 구절을 인용하는가 하면, 사회학자 윌리엄 두보이스의 재건기 흑인에 관한 연구에서 백인 노동자가 피부색 덕분에 "공적이고 심리적인 임금"을 보상받는다는 관념을 원용한다.[6]

이, 한편에는 노동계급 백인성에 주목하는 연구자들이 있고, 다른 한편에는 이민의 백인성 확보 과정을 탐구하는 연구자들이 있다. 그 이외에 본문에서 다루지 않지만, 빈민의 백인성을 탐구하는 연구자들이 있다. 이에 관해서는 다음 자료를 보라. Wray and Newitz, eds., *White Trash*.

이 글에서는 백인성 연구의 다양한 흐름을 분별하며 그 차이를 상론하지 않는다. 그런 논의를 위해서는 다음 논문을 보라. Wiegan, "Whiteness Studies and the Paradox of Particularity."

4 Roediger, *Wages of Whiteness*; Frankenberg, *White Women, Race Matters*.

5 Fishkin, "Interrogating 'Whiteness', Complicating 'Blackness'"; Stowe, "Uncolored People"; Towers, "Projecting Whiteness"; Hill, "After Whiteness Studies."

백인성 연구를 전반적으로 살펴보는 데는 다음 두 논문집이 유용하다. Crenshaw et al., eds., *Critical Race Theory*; Delgado and Stefancic, eds., *Critical White Studies*.

6 Roediger, *Wages of Whiteness*, 6, 11–13; Lipsitz, *Possessive Investment*, 236 n. 1.

그렇다면 이들의 저술에 들어 있는 영감이, 왜 한 세대를 넘어 두 세대에 이르기까지 간과되었다가 1990년대에 와서야 각광을 받았고 또 즉시 미국 지성계를 강타했는지 궁금해진다. 이는 물론 미국 인문 · 사회과학계의 내부 사정, 특히 인종뿐 아니라 계급과 젠더에 관한 담론에 내재하는 역학도 살펴봐야 풀 수 있는 것이다. 그렇지만 그런 담론을 둘러싸고 있는 사회적 맥락도 생각해야 할 것이다. 백인성 연구는 『인종 반역자』에서 선명하게 보이듯이 비판적 지식인들이 오늘날 미국의 사회문제에 대해 던지는 적극적인 발언이기 때문이다.

그런 발언이 인종주의적 정책과 태도를 비판하는 데서 멈추지 않고 심지어 반인종주의의 암묵적 전제로서 인종 개념까지 거부하는 만큼, 백인성 연구가 이론적으로 어떤 토대 위에 서 있는지도 궁금해진다. 백인성 연구자들은 무엇보다도 인종을 역사의 소산으로 보기 때문에, 그들의 작업은 본질적으로 현재에 대한 발언이자 역사에 대한 해석이라 할 수 있다. 물론, 이 새로운 조류가 아직 미국사 전반에 걸쳐 일관성 있는 해석을 낳은 것은 아니며, 특히 인종과 젠더의 역사적 관계에 대해서는 더 많은 연구가 필요하다. 그렇지만 적어도 민족과 계급의 역사에 관해, 백인성 연구자들은 17세기의 노예제 성립에서 19세기의 노동계급 형성을 거쳐 20세기의 민족성 변모에 이르기까지 종래의 어떤 해석보다도 훨씬 복잡하고 미묘한 모습을 그려 낸다. 그 모습은 연구자에 따라 어느 정도 다르기는 해도, 백인성 연구에서 일반적으로 통용되는 용어와 개념들을 도구로 삼아 그린 것이다. 따라서 그런 도구를 만들어 내는 이론적 토대를 검토할 때에야 비로소 백인성 연구자들이 제시하는 미국사 해석을 올바르게 평가하고 또 현재에 대한 그들의 발언도 깊이 있게 이해할 수 있을 것이다.

2. 인종의 개념

백인성 연구의 이론적 토대는 무엇보다 인종에 관한 새로운 개념, 즉 인종이 자연적 범주가 아니라 사회적 구성물이라는 관념에 있다. 바꿔 말해, 인종이란 자연이 만들어 놓은 사실이 아니라 사람들이 만들어 낸 범주, 특히 자신들과 다른 사람들을 구별하기 위해 만들어 낸 범주라는 것이다. 이 새로운 개념은 면밀하게 분석할 필요가 있다. 그것은 분명히 사고의 지평선을 넓혀 주지만, 뚜렷한 한계도 지니고 있는 것으로 보이기 때문이다. 그리고 거기에 백인성 연구를 비판적으로 평가하는 데 도움이 되는 중요한 단서가 있는 것으로 보이기 때문이다.

새로운 인종 개념은 역사학자 바버라 필즈가 1982년에 발표한 논문 「미국사 속의 이데올로기와 인종」에서 처음으로 도입한 바 있다. 백인성 연구에서 널리 인용되는 이 글에서, 필즈는 인종이 이데올로기임을 강조한다. 그에 따르면, 대서양에서 노예무역이 활발하게 진행되던 시대에 흑인은 단일 인종집단으로 취급되지 않고 체격과 언어 등에 따라 다양한 부류로 구분되었다. 흑인의 다양성보다 유사성이 부각된 것은 그 뒤 흑인이 노예제에 속박된 다음에 벌어진 일이며, 그 계기는 혁명기에 노예제의 도덕적 정당성에 의문이 제기된 데에, 또 재건기에 노예제의 폐지에 따라 사회질서를 재편할 필요가 생긴 데에 있었다. 인종질서에 대해 비판적인 분위기가 고조되던 시기에 흑인을 하나의 인종으로 간주하는 사고방식이 함께 대두한 현상, 이것은 인종관계만으로는 설명할 수 없다. 그 기원은 오히려 부르주아지가 사회적 관계를 주도함에 따라, 사회통제를 위해 과학적 발견을 근거로 사람들을 분류하고 차이를 확인해야 하는 과제에 부딪힌 데 있었다. 이 관점에서 볼 때, 에드먼드 모건이 지적한 역설, 즉 식민지 미국에서 자유와 예속이 동반해서 발전한 사태는 역설이 아니다. 그것은 공화주의가 낳은 기이한 산물이 아니라 부르주아지가 사회질서를 정당화하기 위해 인종을 무기로 동원해서 생긴 당연한 결과일 뿐이다. 이 이데올로기는 재건기에 이르면 백인 우월론으로 변형되어, 흑인 노동자에 대한 통제는 물론이요 백인 내부의 사회적 갈등을 억제하는 데도 기여했다. 이렇게 인종이 이데올로기로 형성되고 또 변화했는데도, 많은 역사학자들은 여전히 그것을 초역사적인 것으로, 그래서 분석하거나 이해할 수 없는 것으로 취급한다. 그 이유는 인종을 하나의 자연적 사실로 간주하는 데 있다. 그러나 이는 더 이상 용납되지 않는다. 필즈에 따르면 "과학의 견지에서 볼 때, 인종은 어떤 인구집단의 특질을 통계학적으로 기술하는 용어에 불과할 뿐이다."[7]

여기서 "과학"이란 구체적으로 무엇을 가리키는가? 이 논문에서 필즈는 인종이란 통계학적 술어로서도 혼혈이 허용되지 않는 경우에만 유효한 것이라고 부연해서 설명할 뿐이며, 그 논거도 윈스럽 조던이 식민지 미국의 인종관계를 다루면서 짤막하게 인종 개념에 관해 해설을 붙여 놓은 데 있다.[8] 그보다 나은 근거는 필즈가 1990년에 발표한 다른 논문에서 찾을 수 있다. 여기서 그는 노예제를 중심으로 인종 이데올로기의 발전 과정을 검토

7 Fields, "Ideology and Race." (인용은 149) 또한 다음도 참고하라. Morgan, *American Slavery, American Freedom*, ch. 18, pp. 363-387.

8 Fields, "Ideology and Race," 149; Jordan, *White over Black*, 583-585.

하면서, 생물학자와 유전학자들이 인종을 인구집단의 육체적 특질로 보지 않는 것은 "이제 진부해 보이는 주장"이라 지적하고, 그 근거로 스티븐 제이 굴드의 『인간에 관한 측정의 오류』와 스티븐 로우즈 등의 『우리 유전자 안에 없다』를 든다.[9] 두말할 나위도 없이, 1980년대 초반에 나온 이 유명한 저술들은 인간에 관해 온갖 오해를 불러일으킨 종래의 "과학적 발견"을 면밀하게 반박하면서 인종 개념에 과학적 근거가 없다는 점을 명쾌하게 설파한다.[10]

그러나 인종이 사회적 범주라 해서 그것을 자연적 사실과 무관한 구성물로 보기는 어렵다. 우선, 이들 저술이 사회생물학에 관한 논쟁의 일환이라는 사실에 주목할 필요가 있다. 이 논쟁은 에드워드 윌슨이 1970년대 중엽에 인간의 행동양식을 설명하는 요인으로서 유전자를 거론한 데 대해, 여러 학자들이 이를 반박하며 문화의 영향력을 역설하거나 인간과 환경 사이의 상호관계를 강조하는 형태로 전개되었다. 그것은 돌이켜 보면 찰스 다윈 이래 단속적으로 나타난 역사적 논쟁, 인간 본성과 주변 환경 가운데서 무엇이 인간의 행동에 더 결정적인 영향을 끼치는가 하는 논란의 일환이다.[11] 이런 맥락에서 볼 때, 굴드나 로우즈 등은 분명히 육체적 특질이 지능이나 행동양식을 결정하지 않는다고 역설하지만, 그것이 자연적 사실로서 의미가 없다고 주장하지는 않는다. 그들은 인종 사이의 유전적 차이가 매우 작으며 "'인종 유전자'라는 것도 보지 못했다"고 강조할 뿐이지, 인종에 따라 다른 육체적 특질이 존재하지 않는다고 말하지는 않는다.[12]

더욱이, 유전학에서 인종에 관해 아직 결론에 도달하지 못했다는 점을 기억할 필요가 있다. 주지하다시피, 인간 게놈 프로젝트는 지금도 진행되고 있을 뿐더러, 거기서 유전자 지도가 완성된다 해도 인류를 유전적 특징에 따라 분류하는 것은 그와 다른 작업이다. 분류학은 20세기 중엽에 크게 발전했으나, 수리분류학 논쟁에서 드러나듯이 분류에 동원하는 기준과 방법은 여전히 연구 대상의 성질에 따라서만 결정되지는 않는다. 그것은 또한 진화의 계통을 중시하는가 아니면 형질의 유사성에 초점을 맞추는가 하는 문제에 관한 연구 주체의 선택에 따라서도 좌우된다.[13] 바꿔 말해, 인류의 유전자가 99.9% 동일하다는 결론

9 Fields, "Slavery, Race and Ideology." (인용은 96)

10 Gould, *Mismeasure of Man*; 로우즈 등, 『우리 유전자 안에 없다』.

11 Wilson, *Sociobiology*; Caplan, *Sociobiology Debate*.

12 Gould, *Mismeasure of Man*, ch. 2, pp. 30-72. (인용은 323) 또한 로우즈 등, 『우리 유전자 안에 없다』, 149-157도 보라.

13 이두갑, 「수리분류학에서 컴퓨터의 역할」.

에 이른다 해도, 또 나머지 0.1%가 대부분 개인별 차이라는 데 합의한다 해도, 그런 차이를 어떤 기준으로 구분하고 인류를 어떤 집단으로 분류할 것인가 하는 문제는 남게 된다. 이는 개념 이전의 직관적 인식의 문제인 동시에 인식에 영향을 끼치는 사회적 맥락의 문제이다. 그렇기 때문에 인종이 인종주의의 산물이라 해도, 그것이 "사회적으로 규정되지만 그 토대가 육체적인 기준에 있는 집단"을 가리킨다고 할 수 있는 것이다.[14]

그렇다면, 인종 개념에서 쟁점은 인종이 자연적 범주인가 사회적 구성물인가 하는 데 있다기보다는 자연적 사실이 어떻게 사회적 범주로 변환되는가 하는 데 있는 셈이다. 그러나 그것은 백인성 연구자들의 주요 관심사가 아니다. 이는 한편으로 백인성 연구에 선행하는 업적 때문일 것이다. 윈스럽 조던은 1968년에 발표한 저 유명한 저술에서 제1장에 "첫인상"이라는 제목을 붙이고, 16세기 중엽에 영국인들이 아프리카인들을 직접 대면한 뒤부터 검은 피부색에서 혐오감을 느끼고 종교와 생활방식의 차이에서 문화적 후진성을 보며 체격과 심성의 차이에서 인종 위계질서를 읽는 과정을 설명한 바 있다.[15] 그보다 8년 앞서 윌리엄 스탠턴은, 노예제 폐지론이 대두하던 19세기 중엽 미국에서 "미국 학파"라 알려진 과학자들이 인류를 하나의 종으로 규정한 생물학자 린네의 분류법을 거부하고, 두개골 같은 데서 발견한 해부학적 차이를 근거로 인류의 기원이 다양하다고 하면서 인종이란 우열을 따지기 전에 아예 유전자의 교류가 불가능한 별개의 종이라 주장했다는 사실을 밝혀 준 바 있다.[16] 다른 한편으로는, 백인성 연구자들의 주요 관심사가 인종 개념이 사회에 의해 구성되는 기제보다는 그것이 사회 안에서 변전하는 과정에 있다는 점을 생각할 수 있다.

이 점은 인종 이데올로기의 차원에서 미국 노예제의 기원을 재검토하는 시어도어 앨런의 『백인종의 고안 과정』에서 뚜렷이 드러난다. 이 포괄적이고도 면밀한 연구에서, 앨런은 미국에서 인종적 억압이 제도화되는 과정을 탐구한다. 먼저 제1권에서, 그는 영국의 아일랜드 지배체제를 다루면서 이 체제의 기반이 17세기 말부터 백 년에 걸쳐 인종적 억압에서 민족적 억압으로 바뀌었다고 주장함으로써, 근대 초기의 영국인들에게도 인종이 사회적 구성물이었다는 점을 강조한다. 제2권에서는 식민지 미국의 경우 인종적 억압의 기원이 어디에 있었는지 추적하는데, 여기서 앨런은 버지니아에서 흑인의 예속 상태가 제도화

14 Van den Berghe, *Race and Racism*, 9. (강조는 저자) 또한 21-25도 보라.

15 Jordan, *White over Black*, 3-43.

16 Stanton, *Leopard's Spots*.

되는 1660년대에도 인종이 노예제의 기초로 정착되지 않았다고 생각한다. 그에 따르면, 흑인은 예속 노동자로서 백인 하인과 함께 계급적 연대관계를 갖고 있었으며, 그래서 1676년 베이컨의 반란에도 가담했다는 것이다. 바로 이 사건이 인종 노예제의 기원이다. 반란은 초기 국면에서 인디언 문제에 관한 갈등이었으나, 그해 4월부터 시작되는 후기 국면에서는 버지니아 지배계급에 대한 도전이었다. 대농장 부르주아지는 지배계급으로서 토지와 권력을 장악하고 예속 노동을 착취하며 자본을 축적했으나, 변경지대의 주민은 부채와 세금에 견디다 못해 반기를 들었다. 이 지배계급은 반란을 진압한 뒤에 사회통제의 필요성을 절감했고, 상비군이 없는 정치체제 속에서 가능한 방법을 모색했다. 그 결과, 18세기 초에 이르면 흑인 노예제를 확립하고 백인 피지배계급을 "사회통제용 완충 계층"으로 동원하는 체제가 정착했다.[17]

이 해석은 노예제의 기원에 관한 종래의 다양한 해석을 거부하는 매우 중요한 견해이기는 해도, 계급 갈등과 사회통제라는 꽤 단순한 이론에 토대를 두고 있다. 여기서 인종이 갈등을 통제하기 위해 동원되는 이데올로기라는 점은 잘 드러나지만, 그 개념의 기원과 형성 과정은 뚜렷하게 보이지 않는다. 특히, 대농장 부르주아지가 인종 개념을 어디서 끌어와서 어떻게 만들어 냈는지 분명치 않다. 앨런은 이 두꺼운 저술의 서론에서 다만 두 쪽에 걸쳐, 인간의 행태는 유전자와 관계가 없으니 "유전학은 유전학자에게 맡겨 두라"고 선언할 뿐이다.[18]

이런 자세는 대단한 찬사를 받은 그레이스 헤일의 『백인성 만들기』에서도 볼 수 있다. 19세기 말부터 반세기에 걸쳐 미국 남부에서 확립되어 있던 인종 격리 체제에 관해, 이 책은 역사학자들의 관심을 정치에서 "인종 격리 문화"로 돌려놓으며 인종 개념이 '재' 구성되는 과정에 초점을 맞춘다. 헤일에 따르면, 19세기 말 남부에서 인종은 백인이 자신의 정체를 규정하는 데 이전보다 훨씬 중요한 의미를 갖게 되었다고 한다. 이는 당대의 기본적인 변화에 대한 반응이었다—노예제의 폐지에 따라 시민권이 흑인에게도 부여되고 근대화의 진전에 따라 전통적인 사회질서가 와해되며 또한 남부가 자율성을 잃고 전국적 대중문화에 통합되는 과정에서 나타난 산물이었다. 흑인 가운데서 교육과 생활수준이 비교적

---

17 Allen, *Invention of the White Race*. (인용은 2권 13)

18 Ibid., I, 21-22.

앨런은 물론이요 필즈도 비판하면서, 노예제의 기원으로 사회적 · 경제적 요인보다는 인종주의라는 이데올로기를 중시하는 해석으로는 다음을 보라. Vaughan, *Roots of American Racism*. 특히 55-81, 128-135, 136-174를 보라. 노예제의 기원에 관한 논쟁은 이보형, 「미국 노예제도의 기원 논쟁」에 소개되어 있다.

높은 중산층이 형성되고 또 그 존재가 상점과 교통시설 등 소비의 영역에서 눈에 띄게 표현되는 상황에서, 남부 백인은 인종을 뒤섞어 놓으면서도 인종질서를 뚜렷하게 보여 주는 공간을 확보하고자 했다는 것이다. 특히 백인 중산층은 그런 공간 속에서 흑인 남성을 동물적 본능에 사로잡혀 백인 여성을 능욕하려 하는 존재로 비하하는 반면에, 자신들의 가정을 '순결한' 백인 여성이 가꾸는 지상낙원으로, 또 과거의 대농장주처럼 '순종적인' 흑인 하녀에게서 통제권을 맛보는 장소로 발전시키고자 했다. 이런 태도는 흑인에 대한 사형私刑을 공공 오락으로 바꾸는 행태로 나타나기도 했다. 상인들은 사형이 예정된 장소로 관광열차를 운행하고 기념품을 판매했으며, 관광객들은 희생자의 잔해까지 수집하는 끔찍한 오락을 즐기기도 했던 것이다.[19]

이렇게 헤일은 "인종 격리 문화"를 근대성의 표현으로, 그것도 계급이나 젠더와 긴밀하게 얽혀 있는 인종 이데올로기로 규정함으로써 백인성의 역사를 풍부하고 심층적으로 이해할 수 있게 해 주지만, 몇 가지 중요한 문제를 다루지 않고 덮어 둔다. 칼 나이팅게일이 예리하게 분석하듯이, 그의 연구는 백인성이 남부의 정치 · 경제 구조로 번역되는 과정을 간과할 뿐 아니라 인종 담론의 기원과 외연도 경시한다. 헤일은 북부의 인종 담론에 관해 논하지 않고 그저 남부적 기원을 중시하며, 또 저 문화가 미국이 해외팽창을 위한 전략을 수립하는 데 기여했다고 지적할 뿐이다.[20] 인종 담론의 세계적 맥락을 기억하자는 나이팅게일의 제안은 물론 중요하지만, 여기서 더 중요한 것은 그도 간과하고 있는 의문, 즉 그 맥락이 인종 개념의 인식론적 토대로서 육체적 특질에 대한 이해와 어떻게 연관되어 있는가 하는 의문이다.

이 의문을 푸는 데 도움이 되는 실마리는 스티븐 제이 굴드에게서 찾을 수 있다. 그는 18~19세기에 과학자들이 인종 개념을 검증하기 위해 객관적 자료를 수집하기보다는 오히려 인종 사이에 위계질서를 상정하는 "일반적인 사회적 신념"에 매몰되었다고 지적한다. 그런 신념에 따라, 그들은 지능이라는 추상적 개념을 두뇌라는 구체적 사물로 물화시키고 또 그것을 계량적으로 측정하고 인종 사이에 등급을 매김으로써 인종 개념에 "과학적" 근거를 제공했다는 것이다.[21]

그렇다면 문제는 인종 담론의 사회적 기원에 있는데, 이는 사회학자 애비 퍼버의 논문

19 Hale, *Making Whiteness*.

20 Nightingale, "How Lynchings Became High-Tech."

21 Gould, *Mismeasure of Man*, 24-25. (인용은 35)

「백인성의 구성」에서 드러난다. 그는 20세기 말 미국의 백인 우월주의 운동에서 인종적 정체의 구성 기제를 밝혀낸다. 그의 접근방법은 여러 운동 단체에서 발행하는 문헌을 검토하면서, 거기에 들어 있는 담론에서 인종을 기술하는 과정보다는 오히려 그것을 구성하는 과정을 읽음으로써 담론의 주체가 형성되는 방식을 분석하는 것이다. 퍼버의 논지는 이렇다. 백인 우월주의 단체들은 서로 상당히 다르기는 해도, 핵심적인 신념을 공유하고 있을 뿐 아니라 공통적인 위협에도 대처하려 한다—그 위협은 백인종을 말살하려는 기도, 유태인이 조종하고 흑인과 기타 비非백인들이 수행하는 기도인데, 이것은 인종을 강제로 섞어 놓으려는 구체적인 계획으로 나타난다—특히, 흑인 민권운동과 여성 해방운동은 흑인 남성과 백인 여성 사이의 성적 교류를 촉진하므로, 백인종을 보호하기 위해서는 인종을 격리해야 한다—인종은 자연에 기원이 있는 것으로서, 눈에 보이는 신체상 차이는 물론이요 그 아래에 깔려 있는 정신적 차이를 내포한다—이런 차이는 평등을 앞세워 인종을 뒤섞어 버리려는 음모 때문에 흔들린다. 퍼버에 의하면, 바로 그런 사고방식이 오늘날 미국에서 백인성을 구성하는 틀이다. 백인 우월주의자들은 차이를 다양성이 아니라 우열관계로 이해함으로써, "불평등에 의문을 제기하는 어떤 시도도 차이 자체에 대한 위협으로 간주한다"는 것이다.[22] 그렇다면 인종이란 인식론적 토대로서 자연적 사실이 차이=우열 등식을 통해 인류를 분류하는 사회적 범주로 변환되어 생긴 구성물이라 할 수 있다. 이런 인종 개념은 형태와 의미가 조금씩 다르기는 해도, 사실 "인종 격리 문화"와 "미국 학파"의 인종관, 또 영국인들이 흑인에 대해 가진 "첫인상"에도 들어 있다.

이처럼 자연적 사실이 차이=우열 등식을 통해 사회적 범주로 바뀐다면, 이 등식은 어디서 왔는가 하는 의문이 남는다. 그 해답은 백인성 연구보다는 오히려 거기에 포함시키기 어려운 인접 분야의 업적에서 찾을 수 있다. 사회과학자들이 제시한 해답 가운데 가장 주목할 만한 것은 마이클 오미와 하워드 위난트의 공저 『미국에서 전개된 인종의 형성 과정』에 들어 있다. 이 책은 백인성 연구가 대두하기 이전에 출간되어 지금까지 널리 읽히고 있는데, 여기서 오미와 위난트는 인종이란 민족으로 대체하거나 계급으로 환원시킬 수 없는 개념이라고 지적하면서 종래의 인종 이론을 비판한다. 대신, 그들은 인종이 형성되는 과정, 즉 "인종적 범주들이 창조되고 적용되며 또 변형되고 파괴되는 사회적·역사적 과정"에 주목하고, 이 과정이 인간 신체와 사회구조를 서로 연결시키려는 기획에 따라 전개

22 Ferber, "Constructing Whiteness." (인용은 53)

되며 궁극적으로 특정 사회집단이 패권을 확보하는 데 기여한다고 주장한다. 그런 기획은 "인종을 식별하고 지시하는 담론 내지 재현 수단과 그것을 관행과 기준으로 만드는 제도적 · 조직적 형태 사이에서 양자를 매개한다"는 것이다. 그것은 "아메리카 정복"과 같은 근대 유럽의 팽창에서 본격적으로 시작되었고, 미국에서는 인종 노예제와 격리 체제를 거쳐 오늘날의 인종 담론에 이르기까지 지속되고 있다. 따라서 인종이란 정치적 기획에 의해 형성되는 개념, 바꿔 말해 "다양한 유형의 인간 신체를 근거로 삼아 사회적 갈등 및 이해관계에 의미를 부여하고 표현하는 개념"이다. 그렇다면, 오미와 위난트는 신체상 차이에서 사회적 우열관계를 읽어 내는 사고방식이 패권을 추구하는 정치적 기획에서 유래했다고 말하는 셈이다.[23]

3. 인종 개념의 역사

그러나 이런 설명은 인종 개념이 형성되는 사회적 기제를 밝히면서도 그 역사적 과정을 다루지는 않는다. 그래서 이 개념이 사회적 구성물이라는 점을 가르쳐 주면서도, 형태나 성격에 변화가 일어나지 않는 초역사적인 실체인 듯한 인상을 남겨 놓는다. 이런 문제점 때문에, 백인성 연구자들은 사회과학자들의 연구에 의지한다 해도 인종 개념의 역사적 역동성을 올바르게 이해하지 못하고 있는 것으로 보인다. 바꿔 말해 그들은 역사적 전망을 충분히 갖추지 못하고 있는데, 이는 아래에서 다루듯이 그들이 백인성을 해체하는 전략을 제시하는 데서 분명하게 드러난다. 여기서 중요한 것은 인종 개념에 관해 백인성 연구자들이 갖추지 못한 역사적 전망을 확보하는 일, 바꿔 말해 역사학자들도 간과하는 인종 개념의 역사를 윤곽이나마 파악하는 일이다.[24]

그러기 위해서는 먼저 역사학적 접근을 가로막는 장애물부터 뛰어넘어야 한다. 구체적으로 말해, 그것은 백인성 연구자들도 다른 많은 학자들과 마찬가지로 인종이나 인종주의가 근대에 들어와서 발전한 관념이라고 생각한다는 점이다. 이런 생각은 20세기 중엽에 형성된 것이다. 2차대전을 계기로 인종주의에 대한 비판이 널리 확산되자, 역사학계에서도 그런 사조를 반영하는 연구가 진행되었고 그 성과는 인종주의를 근대적 현상으로 취급하는 경향을 보였다. 간단히 말해, 유럽에서는 고대나 중세에도 사람들이 피부나 얼굴에

23 Omi and Winant, *Racial Formation in the United States*. (인용은 55, 60)
24 이하 인종 개념의 역사에 관한 논의는 배영수, 「인종주의」에서 일부를 발췌, 수정한 것이다.

서 나타나는 특징을 알고 있었지만 그것을 두고 다른 사람들에 대해 편견을 품기만 한 것이 아니라 존중하는 태도를 보이기도 했다는 것이다. 이처럼 근대 이전을 낭만적인 시대로 묘사하는 경향은 근대성에 대한 회의, 특히 자본주의에 대한 비판에 편승해, 일반인들 사이에서 인종주의를 자본주의의 산물로 간주하는 오해를 낳을 정도로 널리 확산되었다. 이제 그런 생각은 인종이나 인종주의에 대한 역사학적 연구를 저해하고 있다고 할 수 있다. 예를 들어, 미국의 역사학자 조지 프레드릭슨은 인종주의의 역사를 개관하는 자신의 저술에서 인종을 근거로 사람들을 박해하는 관행이 근대 초기에 시작되었다고 주장한다. 유럽에서 가장 오랫동안 박해당한 집단으로는 유태인을 들 수 있는데, 그는 박해의 근거가 종교에 있었다는 점에 주의를 환기한다. 그러나 15세기에 이베리아반도에서 스페인이 무슬림을 완전히 제압하고 유태인에게 개종을 강요했는데도 유태인 세력이 성장하자, "깨끗한 피"를 가진 사람이 아니면 궁정이나 교회, 또는 공직에서 일하지 못하도록 법령을 제정했다는 사실을 지적한다. 따라서, 프레드릭슨은 16세기 중엽까지 확립되는 이 전통에서 인종주의가 탄생했다고 주장한다.[25] 바꿔 말해, 그 이전에는 인종주의가 존재하지 않았다는 것이다.

그런 주장 아래에는 특수한 인종 개념이 자리 잡고 있다. 인종 개념의 역사를 면밀하게 탐구한 아이번 해나포드에 따르면, 오늘날처럼 눈에 보이는 신체상 차이에 따라 사람들을 구분하고 또 그들 사이에 우열관계가 있다고 주장하는 견해는 18세기 유럽에서 발전했다. 인종을 자연적 사실로 취급하는 대표적 사례는 생물학자 린네의 『자연의 체계』에 있다. 이 책은 1735년에 처음 출판된 다음에 여러 차례 개정되었는데, 여기서 그는 인류를 호모 사피엔스라는 종으로 파악하고, 그것을 아프리카인, 아메리카인, 아시아인, 유럽인 등 네 아종으로 분류했다. 아종이라는 학술적 용어는 기원만이 아니라 피부색 같은 신체상 특징도 근거로 삼아 인류를 구분한다는 점에서 사실상 인종을 가리켰다. 그래도 그는 아종 사이에 우열관계나 위계질서가 있는 것으로 여기지 않았고, 따라서 그의 용법에서는 인종주의적 함의가 보이지 않는다(이것은 나중에 다윈이 계승하는 용법이며, 그를 통해 널리 보급되어 오

25 Fredrickson, *Racism*. 프레드릭슨이 말하는 근대 인종주의에 차이＝우열 등식이 수반되어 있다는 점은 그의 인종주의 개념에서 뚜렷하게 드러난다. 그는 인종주의의 개념을 규정하면서 차이와 세력이라는 두 구성 요소를 강조한다. "그것[인종주의]은 '그들'이 '우리'와 다르고, 또 이 차이가 영원히 바뀌지 않는다는 의식에서 유래한다. 이 차이 의식은 우리가 민족적 · 인종적 타자에 대해 우리의 우월한 세력을 사용할 때, 우리 자신의 집단에 속하는 사람들에게 적용한다면 잔인하다거나 부당하다고 생각할 방식으로 사용하는 데 동기나 근거가 된다."(9쪽) 20세기 중엽의 연구 경향에서 대표적인 업적으로는 다음 두 저술을 들 수 있다. Williams, *Capitalism and Slavery*; Snowden, *Before Color Prejudice*.

늘날까지 남아 있다). 반면에 린네의 분류법을 계승한 인류학자 요한 프리드리히 블루멘바흐는 인종주의적 용법을 뚜렷하게 보여 준다. 그는 1775년에 완성한 논문에서 인류를 코카서스, 몽골, 말레이, 에티오피아, 아메리카 등 다섯 인종으로 구분했는데, 그 근거는 두개골의 모양과 용량을 비롯해 몇 가지 신체상 특징에 있었다. 그리고 그 특징이 집단의 속성이나 자질과 연관되어 있다고 간주했다. 무엇보다 두개골을 보면 어떤 인종이 얼마나 아름다운 용모를 갖고 있는지, 지적으로 얼마나 우수한 능력을 지니고 있는지, 나아가 얼마나 고귀한 정신을 갖고 있는지, 알 수 있다는 것이었다. 구체적으로 코카서스 인종이 가장 우수한 반면에 에티오피아 인종이 가장 열등하다고 주장했다. 여기서는 분명히 인종이라는 단어가 인종주의적 의미를 띠고 있다.[26]

그런 근대적 인종 개념은 18세기 유럽에서 갑자기 등장한 것이 아니라 오랜 기간에 걸쳐 서서히 발전한 것으로 보인다. 인간을 생물학적 존재로 취급하는 인종 개념은 역사학자 캐슬린 브라운에 따르면 근대 초기에 대두한 사고방식이다. 그는 16~17세기에 아프리카나 아메리카를 탐험한 영국인들이 남긴 여행기를 분석함으로써, 그들이 낯선 인구집단을 어떤 방식으로 파악했는지 추적한다. 그리고 윈스럽 조던이 "첫인상"을 소개하며 신체상의 특징을 과장했다고 비판한다. 영국인들이 피부색을 비롯해 신체상 차이를 인식한 것은 분명하지만, 그것은 그들이 받은 "첫인상"에서 지배적인 부분이 아니었다는 것이다. 그들이 주목했던 것은 오히려 문화상의 차이, 즉 복색과 치장, 분업과 교역, 신앙과 의례 등에서 나타나는 특징이었다. 따라서 브라운은 "16세기와 17세기 초에 인종별 차이에 대한 이해가 발전하는 과정에서 검은 피부색이 핵심적 의미를 지니고 있지 않았을 가능성을 열어 두자"고 제안한다. 바꿔 말해 "근대 초기에 인종이 어떤 의미를 지니고 있었는지 생각할 때, 마음을 열어 놓을 필요가 있다"는 것이다.[27]

브라운의 제안에 따르면 인종이 유럽인들 사이에서 생물학적 의미를 띠기 전에 종교적 의미를 지니고 있었던 것으로 볼 수 있다. 그들이 근대 초기에 아프리카나 아메리카를 탐험하면서 인류를 문명인과 야만인으로 구분하는 동시에 기독교도와 이교도로 구분했다는 사실은 널리 알려져 있다. 그런 사고방식은 물론 고대 그리스로부터 전승된 헬레네스/바르바로이 이분법과 기독교의 영향 아래 형성된 세계관의 혼합물이다. 거기에 들어 있던 종교적 세계관은 데니즈 킴버 뷰얼에 따르면 중세 유럽인들의 정체성에 지배적인 영향을

26 Hannaford, *Race*.

27 Brown, "Native Americans and Early Modern Concepts of Race." (인용은 86)

끼쳤다. 기독교가 로마제국에서 널리 전파되기 시작했던 기원 1세기에는 이미 종교가 민족을 구분하는 결정적인 지표로 간주되고 있었다. 로마는 광대한 지역을 제국으로 편입시키면서, 지역 주민이 지니고 있던 고유의 종교적 전통을 로마의 지배에 위협이 되지 않는 한 그대로 용인했다. 따라서 종교는 민족을 구별해 주는 요소로서, 또 개인에게 정체성을 부여하는 요소로서 중시되었다. 그렇기 때문에 키케로는 로마가 제국으로 변모하는 데 대해 걱정하면서도, 로마인이 이민족과 비교해 볼 때 여러 측면에서 비등하거나 심지어 열등하지만 종교의 측면에서는 훨씬 우월하다고 자랑했다. 기독교도들은 이런 사고방식에 기대어, 로마제국의 시민인데도 당국의 탄압 때문에 자신들이 믿는 신을 자유롭게 모실 수 없다고 항의했다. 더욱이 탄압이 잦아들고 세력이 확대되자, 자신들을 다른 민족집단과 구분했다. 예를 들어 2세기 말부터 한동안 기독교계를 이끌었던 알렉산드리아의 클레멘스는 신도들에게 "예배를 그리스인들처럼 드리지 말라 …… 유태인들처럼 드리지도 말라. 우리는 예배를 새로운 방식으로, 제3의 방식으로 드리는 기독교도들이다"라고 강조했다. 물론, 종교는 민족이나 인종과 달리 개방적인 정체성을 제공한다. 그렇지만 그것은 개종을 통해 사람이 새로 태어나는 듯이 느끼게 하는 것과 마찬가지로, 탄압에 대해 순교로 저항하게 할 수 있을 만큼 지배적인 영향력을 지닌다. 오늘날에도 존속하는 이런 영향력은 중세 유럽에 넓고 깊게 드리워져 있었다.[28]

그처럼 종교가 유럽인들의 세계관에서 결정적인 요소로 등장하기 전에는, 물론 다른 요소가 그런 역할을 맡았다. 이는 인종주의에 대한 연구를 고대로 확장하는 데 크게 기여한 벤저민 아이작의 연구에서 분명하게 드러난다. 고대 그리스와 로마의 주요 저술을 면밀하게 분석한 최근 노작 『고전 고대의 인종주의 고안 과정』에서, 그는 인종주의가 근대가 아니라 고전 고대에 탄생했다고 지적한다. 그에 따르면, 기원전 5세기 그리스에서 기원후 4세기 로마에 이르기까지 주요 저술가들은 외국인이나 이민족 같은 타자를 동물에 비유하거나 아예 동물로 취급하면서, 자신들에 비해 열등한 존재로 비하했다. 이런 비인간화의 근거는 용모나 체형뿐 아니라 언어나 종교, 또는 풍속의 차이에도 있었다. 그리고 그들은 그런 차이가 주로 환경, 특히 기후와 풍토가 다른 데서 오는 것이라고 생각했다. 이런 환경결정론이 유전 결정론에 비해 느슨하다는 점은 아이작도 인정한다. 그것은 환경이 바뀌면 사람도 바뀐다, 구체적으로 말해 태도, 능력, 성격 같은 것이 변한다는 점을 시인하는 이론

28 Buell, "Rethinking the Relevance of Race for Early Christian Self-Definition."

이기 때문이다. 그렇지만 획득형질이 유전된다는 전통적 관념과 결합되면, 그것은 환경이 바뀌어도 본성은 여간해서 변하지 않는다는 신념이 되기도 한다. 그런 때는 유전 결정론에 가까운 엄격성을 띠는 것이다. 바꿔 말해, 인종 개념과 같은 기능을 지니는 것이다.[29]

그래도 그 개념은 근대적인 것과 다르다고 벤저민 아이작은 지적하는데, 이는 곰곰이 생각해 볼 만한 주제이다. 그의 근거는 우선 고대 그리스인이나 로마인들이 인종을 생물학적 범주로 여기지 않았다는 데 있다. 이는 새로운 견해가 아니다. 예를 들어 조지 프레드릭슨도 15세기에 이베리아반도에서 유태인에 대한 차별의 근거가 종교에서 혈통으로 바뀌었다고 지적하면서, 전자를 반유태교주의라 부르고 후자를 반유태인주의, 즉 인종주의의 일종으로 본다. 이런 견해는 인종이 생물학적 범주라는 전제 위에서 성립한다. 실제로, 프레드릭슨은 최근 유럽에서 아시아 · 아프리카계 이주민이 받는 차별이나 억압이 문화적 차이에 있다는 점에서 인종주의가 아니라고 주장한다. 그렇지만 인종이 생물학적 범주라는 관념 자체가 앞에서 언급한 것처럼 근대적 현상이라는 사실을 기억할 필요가 있다. 그 이전에는 인종이 종교적이거나 문화적 범주였던 것이다.

벤저민 아이작의 견해는 또한 고대 그리스인이나 로마인들이 인종 사이의 경계선을 엄격한 것으로 보지 않았다는 사실에 근거를 두고 있다. 그렇지만 인간의 정체성에 대한 엄격한 규정이 근대적 현상이라는 점, 바꿔 말해 근대 이전에는 인간의 정체성이 변형 가능성을 띠고 있는 것으로 간주되었다는 사실을 기억할 필요가 있다. 이 사실은 이스라엘 출신의 역사학자 드로어 워먼이 영국을 중심으로 근대적 자아의 형성 과정을 탐구하며 밝혀낸다. 널리 주목을 끈 자신의 최근 저술에서, 그는 18세기 영국인들이 젠더와 인종, 그리고 계급의 측면에서 점차 엄격한 경계선을 설정하면서 개인이 그것을 뛰어넘는 것은 불가능하다고 생각하기 시작했다고 지적한다. 그리고 그런 변화가 일어나기 전에도 경계선이 있었지만 그것은 상대적으로 느슨하고 흐릿해서 개인이 넘나들 수도 있다고 생각했다고 강조하며, 기존의 사고방식을 "구체제적 정체성"이라 부른다.[30] 그렇다면 근대 이전에 유럽인들이 인종적 정체성을 변할 수도 있는 것으로 여겼다고 해서, 그들에게는 인종 개념이 아예 없었다고 말할 수는 없다. 정확하게 표현한다면, 그들에게는 '근대적' 인종 개념이 없었을 뿐이라고 해야 할 것이다. 근대 이전에는 정체성에 대한 관념이 그처럼 유연했다

29 Isaac, *Invention of Racism in Classical Antiquity*.

30 Wahrman, *Making of the Modern Self*. 특히 인종관을 다루는 제3장 83-126을 보라.

는 사실을 인정한다면, 인종 개념의 역사는 적어도 고대 그리스까지 거슬러 올라가는 것으로 볼 수 있다.

더욱이, 그 역사는 차이=우열 등식으로 점철되어 있다고 할 수 있다. 앞에서 살펴본 것처럼 고대 그리스인이나 로마인들은 자신들과 다른 사람들 사이에서 보이는 차이를 우열관계로 간주했을 뿐 아니라, 그 차이가 신체적인 것이든 문화적인 것이든 간에 환경에 따라 결정되는 것이기 때문에 개인이 뛰어넘기가 어렵다고 생각했다. 또 중세 유럽인들은 기독교도로서 지니는 정체성을 내세우며 이교도를 야만인으로 경멸하면서, 종교적·문화적 차이를 우열관계로 파악했다. 그런 사고방식이 근대 초기에 아프리카, 아메리카, 아시아에 식민지를 건설한 유럽인들에게 전승되었다는 것은 두말할 나위도 없다. 이렇게 인종 개념의 발전 과정에는 차이=우열 등식이 개재되어 있는데, 그것은 물론 자신을 중심에 놓고 거기서 보이는 대로 세계를 이해하는 자민족 중심주의의 소산이다. 그것은 또한 자신들과 다른 사람들 사이에 존재하는 세력관계에 대한 관찰의 산물이기도 하다. 이는 유럽인들이 근대 초기에 아프리카나 아메리카, 또는 아시아에서 현지 주민과 지배-종속 관계를 수립하며 자신들의 군사적·기술적·문화적 우월성을 확신했던 데서 뚜렷이 드러난다.

그런데도 백인성 연구자들은 인종 개념의 역사성에 주목하지 않는다. 인종이 사회적 구성물이라는 점을 강조하면서도 그것이 형성되는 역사적 과정을 간과함으로써, 그 개념이 다양한 집단 사이에 실재하는 세력관계를 반영한다는 점을 파악하지 못하는 것이다. 그들의 인종 개념은 어떤 사람들이 자신들의 이익을 위해 다른 사람들을 차별함으로써 초래하는 관념이며, 따라서 그런 이익과 행위를 포기하기만 하면 해체될 수 있는 것이다. 이에 관해서는 아래에서 상론한다. 여기서 중요한 것은 백인성 연구자들이 그런 세력관계를 의식하고 있으면서도 그것이 인종 개념에 관해 지니는 함의를 천착하지 않는다는 점이다. 그들에게 중요한 것은 인종 개념이 자연적 사실이 아니라 인종주의 때문에 구성되는 사회적 사실이라는 점을 강조하는 데 있는 듯하다.

4. 백인성의 역사

백인성 연구자들의 인종 개념에서 보이는 문제점은 그들이 구성한 백인성의 역사와 연결되어 있다. 구체적으로 말해, 그들은 백인성의 역사를 추적하면서 인종 개념의 발전 과정이라는 커다란 흐름을 살펴보지 않는다. 따라서 백인성의 형성과 변형을 밝혀내면서도, 그것을 인종관계의 오랜 역사에 비춰 보지 않는다. 그 대신, 백인성의 역사를 설명하기 위해 사회적 기제를 강조하는 경향을 보인다.

백인성의 역사는 백인성 연구가 대두하기 전에 상당히 밝혀진 바 있다. 특히, 로널드 다카키가 1979년에 발표한 『무쇠 우리』는 이 새로운 조류의 선구적 업적으로서 매우 중요하다. 제목은 막스 베버의 비유—미국처럼 자본주의가 고도로 발전하면 재부財富의 축적이 종교적 · 윤리적 의미를 잃고 세속적인 욕구와 연결되며 그래서 인간을 속박하게 된다는 점을 강조하는 구절—에서 빌려 온 것이다. 내용은 베버의 통찰력을 공화주의와 팽창주의에 확대, 적용해 19세기 미국 문화에서 인종에 기초를 두는 지배-종속 관계가 어떤 형태를 띠고 등장했는지 분석하는 것이다. 그리고 방법은 안토니오 그람시의 문화적 패권 개념을 채택해, 문화와 정책을 만들어 내는 사람들이 미국인의 정체에 관해 어떤 관념을 제시하고 전파했는지 검토하는 것이다. 이런 틀 속에서 다카키는 정치인과 기업가, 의사와 목사 등 영향력 있는 백인들이 써낸 다양한 문건을 살펴보고, 공화주의, 자본주의, 팽창주의 등, 세 가지 "무쇠 우리"를 찾아낸다.

공화주의는 개신교 윤리에 뿌리를 두고 있었기에, 미국인에게 이성과 금욕과 자율이라는 가치를 심어 주는 반면에 자연발생적인 본능을 두려워하게 만들었고, 그래서 인간성의 이 '부정적' 측면을 흑인과 원주민 등 비백인들에게 투사하게 하면서 미국인의 정체를 백인 시민으로 국한시켰다. 자본주의는 공동체적 전통을 파괴하면서 물욕과 개인주의를 자극했던 만큼, 미국인에게 원주민을 말살하고 토지를 빼앗으면서 원주민에 대한 증오심으로 자신을 정당화시키게 유도했고, 또 흑인의 노동력을 착취하면서 흑인을 아동이나 야만인으로 규정하고 인종 위계질서를 강제함으로써 흑인은 물론이요 아일랜드계 이민과 백인 노동자 등에 대해서도 계급적 지배-종속 관계를 확립하게 요구했다. 자본주의는 또한 기술에 대한 신념을 강화시켜, 미국인에게 인간의 육체를 기계로 대체하고 금욕과 이성을 통해 정신의 완성을 추구하게 압박했고 또 문명과 자연 사이의 갈등과 자신과 비백인 사이의 거리도 부각시켰다. 그리고 팽창주의는, 특히 20세기 전환기의 제국주의는, 외부에 대한 공격을 통해 미국 내부의 사회적 · 심리적 긴장을 해소하면서 '미국 정신'을 부활시키려는 조류였다. 팽창주의자들은 공화주의가 억제하는 정서적 자아를 아시아인에게 투사하면서 미국인에게 이성적 통제를 강조하고, 또 자본주의 기업의 통제 때문에 정치적으로 무력해진 다수 시민에게 남성적인 활력을 되찾을 수 있는 기회를 만들어 주려 했던 것

이다.[31]

이렇게 요지를 대강 짚어 보기만 해도 다카키의 깊은 통찰력이 뚜렷이 드러나지만, 그래도 그의 한계를 따져 볼 필요가 있다. 그는 백인성이라는 개념을 쓰지 않고서도, 미국인의 정체성이 인종 개념과 자아/타자 이분법을 통해 어떻게 형성되고 변화했는지, 또 그것이 서로 겹치면서 얽혀 있던 세 가지 "무쇠 우리" 속에서 계급과 어떤 관계를 맺고 있었는지 예리하게 분석했는데, 이는 이후 백인성 연구에서 널리 원용된다. 그러나 그의 접근방법은, 특히 문화적 패권이라는 분석틀은, 그렇지 않은 듯하다. 이 개념은 에드워드 톰슨이 비판한 것처럼 종속집단의 문화적 자율성과 역사적 능동성을 부각시키지 못한다.[32] 그렇기 때문에 다카키의 연구에서는, 예를 들어 백인 노동자들이 지배적 정체성을 어떻게 이해했는지, 또는 이민이 인종 담론에 어떻게 대응했는지 하는 의문에 대해 분명한 해답을 찾을 수 없는 것 같다. 이런 의문은 백인성 연구의 과제로 등장한다.

전자는 데이비드 로디거가 『백인성의 임금』에서 다룬다. 여기서 그는 계급을 인종과 분리하고 계급에 우선권을 부여하는 전통적 마르크스주의를 거부하는 반면에 톰슨의 비판을 수용해, "미국의 백인 노동자들 사이에서 계급의 형성은 백인성 의식의 체계적 발전과 병행하는 과정"이라 주장한다. 이 과정은 백인 노동자라는 관념에 기원이 있다—"노동계급 백인성의 전사前史," 즉 백인의 문명과 원주민의 '야만'을 구분하는 정착기의 대조법에서, 인종을 가리지 않고 고용 노동과 예속 신분을 연관시키는 심성을 거쳐, 백인 노동자를 흑인 노예와 달리 자립적이고 근면하며 자유로운 시민으로 규정하는 혁명기의 공화주의 이데올로기에 이르는 역사가 있다. 그렇지만 그 과정은 19세기에 백인 노동자들이 자유 백인과 노예 흑인 사이의 선명한 구분을 묵인하는 반면에, 자신들을 유력자나 무력자와 구분되는 건강한 생산자로 이해하고 백인 미국인 사이에서 주종관계를 타파하려 하던 노동자 공화주의에서 본격적으로 시작된다. 그리고 1830~60년간에 자유주의와 노예제 폐지론에 따라 임금노동과 노예노동을 대비시킴으로써, 임금 노동제도를 백인 노예제로 보는 관념을 버리고 자신들을 자유롭고 자립적인 백인 노동자로 규정하는 데서, 한마디로 말해 "양민 공화주의*herrenvolk republicanism*"에서 완성된다. 따라서 그들은 19세기 중엽에 오면 자본주의적 산업규율에 대해 적응과 저항이 교차하는 반응을 보이면서, 자본주의가 발전하기 이전의 시대에 대한 그리움과 두려움을 흑인에게 투사하는 인종주의적 언어와 문화

31 Takaki, *Iron Cages*. 베버의 비유에 관해서는 다음을 보라. Weber, *Protestant Ethic*, 181-182.

32 Thompson, *Customs in Common*, ch. 2, pp. 16-96. 특히 85-87쪽.

에서, 특히 백인 배우가 흑인으로 분장하고 등장하는 가극歌劇에서 "욕망의 대상에 대한 증오심"을 표현한다. 그럼으로써 그들은 "공적이고 심리적인 임금"을 얻는다. 이제 배외주의자들조차 아일랜드계 이민의 백인성 주장을 수용할 만큼 인종주의는 노동자 계급문화의 핵심적인 요소가 된 것이다.[33]

로디거의 연구는 계급과 인종의 상호관계를 천착한다는 점에서 찬양할 만한 업적이지만, 그래도 중요한 문제점을 안고 있는 것으로 보인다. 우선, 그것은 인종 담론을 생산·보급하는 주체, 특히 제도적 장치를 경시한다는 점에서 비판을 받을 만하다.[34] 그렇지만 다카키의 한계에 견주어 보면, 그의 논지는 노동계급 인종주의를 지배 이데올로기에 대한 적응과 저항의 산물로 취급하는 해석이라 해도 좋을 것이다. 이 해석은 에릭 롯이 언어학과 정신분석학 등 여러 분야에서 매우 정교한 분석방법을 원용해 한 걸음 더 진전시키기도 했다.[35] 다른 문제점은 로디거가 다루지 않는 주제와 연관되어 있다. 그는 19세기에 주목하는 반면에 그 이전에 형성된 인종관계는 경시하는 듯하다. 사실 로디거는 19세기 이전에 전개된 "백인 노동계급의 전사"를 다루면서도, 거기에 들어 있는 인종관계의 역사성에 주목하지 않는다. 바꿔 말해, 저 전사에 속하는 인종관계는 미국을 포함하는 넓은 지역에서 오랜 기간에 걸쳐 형성된 것으로 백인 노동자들의 계급의식을 둘러싸고 있는 맥락의 일환이 되는데도 거기에 어떤 함의가 있는지 묻지 않는 것이다. 이는 로디거의 실책이라 하기 어렵다. 어떤 연구든 초점을 설정하지 않을 수 없다는 점을 기억한다면 말이다. 그렇지만 그것이 백인성 연구자들에게서 일반적으로 나타나는 문제점이라면, 곰곰이 생각해 볼 필요가 있다.

그런 문제점은 다른 하나의 대표적 업적이라 할 수 있는 노엘 이그나티예프의 『아일랜드인들은 어떻게 백인이 되었는가』에서도 나타난다. 여기서 취급되는 가장 중요한 주제는 이민의 능동성이라 할 수 있다. 이에 관해서는 이미 알렉산더 색스턴이 19세기 미국에서 인종주의가 지배계급과 이민 집단 사이의 갈등과 타협을 통해 발전했음을 주장한 바 있다.[36] 이제 이그나티예프는 아일랜드인들이 그런 역학에 어떻게 성공적으로 적응했는지 보여 준다. 그들은 처음에 흑인과 뚜렷이 구분되지 않았다—그들이 "하얀 흑인"으로 보였

33 Roediger, *Wages of Whiteness*, 8, 14, 124. 또한 다음을 보라. Wilentz, *Chants Democratic*. "양민 공화주의"라는 어구의 기원에 관해서는 다음을 보라. Van den Berghe, *Race and Racism*, 18, 29, 88, 126.

34 Arnesen, "Up from Exclusion." 특히 162-165.

35 Lott, *Love and Theft*.

36 Saxton, *Rise and Fall of the White Republic*.

다면, 흑인은 "그을려 놓은 아일랜드인" 이라 불리기도 했던 것이다. 실제로, 아일랜드인들은 1840년대에 뉴욕과 필라델피아 같은 북부의 대도시에서도 흑인이 몰려 있던 빈민 지역을 찾아들었고, 또 흑인과 함께 비숙련 직종에서 일자리를 얻었다. 그러나 민주당은 배외주의와 제휴관계를 끊고 아일랜드인들을 흑인과 구별하고자 했다. 권력을 장악하기 위해 그들의 표가 필요했을 뿐 아니라, 그들을 자유 흑인보다 나은 위치로 끌어올려 인종주의에 호소함으로써 남부의 노예제를 정당화시키고자 했다. 아일랜드인들은 인종적 억압을 경험했기 때문에 흑인 노예제에 대해 반감이 있었지만, 민주당의 보호 아래 배외주의자들의 공세를 막아 내면서 노동시장에서 흑인과의 경쟁에서 우위에 서려 했다. 따라서 아일랜드인들은 스스로 백인종에 동화됨으로써 노예제의 유지에 기여했다. 그들의 백인성은 재건의 실패로 말미암아 인종이 새로운 기초 위에서—자유로운 임금노동자와 부자유스러운 소작인 사이의 구분, 그리고 투표권이 있는 사람들과 그렇지 않은 사람들 사이의 구분 위에서—부활했을 때 확립되었다.[37] 바꿔 말해, 백인성은 패권을 유지하고자 하는 지배계급과 "공적이고 심리적인 임금" 을 확보하고자 하는 이민 집단 사이의 협상에 의해 확장되었다는 것이다.

그런 역학을 천착하는 연구자들은 백인성이 형성되는 사회적 기제에 주목하는 반면에 그 뒤에 자리 잡고 있는 역사적 배경은 경시하는 경향을 보인다. 이그나티예프가 파악한 역학은 20세기 전환기에 다른 이민 집단들이 미국 사회에 동화되는 과정에서도 작용했으나, 그 구체적인 기제는 그의 생각보다 훨씬 복잡하고 미묘했던 것으로 보인다. 그것은 로버트 오르시가 부각시킨 "중간성" 관념에 토대를 두고 있다. 그는 남부 이탈리아인들이 2차대전에 이르기까지 스스로 이탈리아인이자 또한 미국인으로서 인종관계에서 흑인과 백인 사이의 틈새에 끼어 있다는 관념을 갖고 있었다고 지적한다. 그들은 이탈리아에서 인종 담론의 피해자—북부인으로부터 "터키인" 이나 "아프리카인" 이라 멸시를 받은 피해자—로서 민족의식을 갖고 있지 않았다. 미국에 와서도 북부 대도시에서 흑인에 가까운 지리적 · 사회적 위치를 차지하게 되었으나, 이 새로운 상황에서 자신들을 흑인과 구별함으로써 이탈리아인이자 미국인으로서 정체성을 깨닫는 데 이르렀다는 것이다.[38]

"중간성" 이 발전하는 기제는 제임스 배럿과 데이비드 로디거가 함께 밝혀낸다. 두 사람은 이탈리아인 이외에 헝가리인, 폴란드인, 유태인 등 동부 및 남부 유럽에서 대규모로 이

37 Ignatiev, *How the Irish Became White*.
38 Orsi, "Religious Boundaries of an Inbetween People."

주했던 여러 집단에서, 민족이 인종 및 계급과 얽혀 형성되는 과정을 탐구한다. 이들 집단에서 다수를 차지한 것은 노동자들이었는데, 미국에서 국가는 백인에게만 허용되던 시민권을 그들에게 부여했다. 기업은 노동력을 확보하기 위해 그들을 환영하면서도 백인과 흑인 사이의 "틈새" 일자리를 내주었고, 노동조합은 처음에 그들을 배척하다가 나중에는 기술 및 조직상의 혁신 때문에 세력을 유지하기 어렵게 되자 그들을 시험적으로 수용하면서 비백인과 구분했다. 이런 환경 탓에 이민 노동자들은 스스로 유럽에서 가져온 인종 담론에 사로잡히게 되었지만, 백인성에 대해 모호한 태도를 갖고 있었다. "백인" 이자 "미국인" 이 되기를 주저하면서 민족의 문화적 정체성을 확보하는 데 관심을 기울였다는 것이다.[39]

그처럼 이민의 능동성에 주목하는 백인성 연구자들은 이민사 전문가들이 축적해 놓은 업적에 의존한다. 예를 들면, 캐슬린 콘젠 등 일부 이민사 전문가들은 "민족성*ethnicity*의 고안" 이라는 명제를 제기한 바 있다. 그들은 민족성도 문화적 구성물로 보고, 이민의 미국화란 곧 미국 국민을 구성하는 여러 민족 가운데 하나가 되는 민족화 과정이라 주장한다. 이민 집단은 유럽을 떠날 때 민족의식보다는 지방색을 더 많이 갖고 있었으나, 이주한 뒤에는 미국의 국민문화는 물론이요 인종적 · 민족적 타자들과도 접촉하면서 대내외적 협상을 통해 민족으로서 동질성을 확보하는 동시에 미국 문화의 변형에 기여했다는 것이다.[40]

그러나 이민의 능동성에는 한계가 있다는 점도 기억할 필요가 있다. 콘젠을 비롯해 이민사 연구자들은 동화의 이면을 경시하는 경향을 보인다. 특히 사회학자 허버트 갠스가 반박하듯이, 이민의 미국화가 기존 위계질서의 제약 때문에 많은 굴곡을 거치는 과정이라는 점, 그리고 민족성이 정치적 이해관계에 따라 좌우되는 계급 대체물로서 성격을 갖고 있다는 점을 간과한다.[41] 그들은 또한 다원주의의 견지에서 동화 과정을 파악함으로써 미국 지배계급의 문화적 패권을 경시한다는 점도 덧붙여야 할 듯하다. 결국, 콘젠 등이 제기한 명제는 이민이 부딪히는 정치적 · 문화적 한계를 간과하는 것으로 보인다.

이민의 능동성과 그 한계는 토머스 구글리엘모의 근작에서 역설적인 방식으로 드러난다. 그가 2003년에 발표한 『도착할 때부터 백인이었다』는 널리 찬사를 받은 중요한 작품이다. 그때까지 여러 백인성 연구자들이 주장한 것과 달리, 그것은 이민 가운데 이탈리아

39 Barrett and Roediger, "Inbetween People."

40 Conzen et al., "Invention of Ethnicity." 워너 솔러스는 "고안" 개념을 채용하면서도 콘젠 등과 달리 세력관계를 강조하는데, 이에 관해서는 다음을 보라. Sollors, "Introduction." 특히 pp. xvi-xvii을 보라.

41 Gans, "Comment."

인처럼 처음부터 백인의 지위를 누린 집단이 있었다고 지적한다. 19세기 말 미국으로 이주한 이탈리아인들은 코카서스 인종이 아니라 해서 인종적 차별을 받았지만, 하얀 피부를 가졌기 때문에 "백인과 유색인 사이에서 중간에 해당하는 사회적 지위를 차지한 적은 없었다." 이렇게 피부 색깔과 인종적 정체가 유리되었다는 점에서 출발해, 저자는 이탈리아인들이 모국에서 가져온 지방색을 넘어 하나의 민족으로서 동질성을 깨닫는 과정을 추적하고 이어서 20세기 중엽에 이르러 그들이 이탈리아계 미국인으로서 정체성을 얻는 과정을 탐구한다. 그런 과정은 결국 그들이 온전한 백인성을 확보하는 과정이었다. 바꿔 말해, 하얀 피부색에 덧붙여 백인종으로서 정체성을 확보하는 과정이었다. 거기서 피부색은 중요한 요소였다. 그것은 그들이 시민권이나 일자리, 또는 주택을 구할 때 가능성을 제공하는 관건이었다. 구글리엘모에 따르면, 그러므로 "하얀 피부색은 흔히 역사학자들이 간과하지만 모든 자원 가운데서 가장 결정적인 것이었다."[42]

그의 연구는 이민이 백인성을 확보하는 과정이 다양하다는 것 이외에도 많은 것을 보여준다. 거기서 빠뜨릴 수 없는 것은 물론 그가 강조하는 하얀 피부색의 중요성이다. 그렇지만 구글리엘모는 하얀 피부색이 이탈리아인들에게 이점으로 작용했다는 것을 지적하는 데서 그친다. 왜 그랬는지, 설명하지 않는 것이다. 그 이유는 거의 자명하다. 백인이 지배하는 인종 위계질서가 아무도 부인할 수 없을 정도로 분명하게 확립되어 있었기 때문이다. 그것은 미국에서도 확연했지만, 미국인들이 수립한 질서가 아니다. 앞에서 살펴본 것처럼 유럽인들이 고대로부터 물려받아 아메리카를 포함하는 근대 세계에서 변형, 확산시킨 인종관계이다. 이 진부한 사실은 백인성 연구에서 암묵적 전제로 취급되는 탓인지 흔히 간과된다. 그렇지만 구글리엘모는 하얀 피부색에 주의를 환기함으로써, 그것이 중요하다는 점을 일깨워 주는 것으로 보인다. 바꿔 말해 백인성 뒤에는 오랜 세월에 걸쳐, 또 미국을 포함하는 넓은 지역에 걸쳐, 확고하게 자리 잡은 인종질서가 있다는 사실을 가르쳐 주는 것으로 보인다.

그런 세계사적 맥락 속에서 이민의 능동성이 백인성의 확장에 기여했다는 점은 이제 분명하게 밝혀져 있다. 그것은 무엇보다도 매슈 제이콥슨의 『다른 빛깔의 백인성』에서 확연하게 정리되어 있다. 이 책의 주제는 부제 "유럽계 이민과 인종 연금술"에서 보이듯이 유럽인들이 미국에서 백인종을 구성하는 과정이다. 그 과정은 자본주의와 공화주의, 그리고

42 Guglielmo, *White on Arrival*. (인용은 10, 176)

인종 담론이 합류하는 지점에서 세 단계로 나뉘어 전개된다—1790~1840년간에 정치적으로 또 문화적으로 비백인과 구분되는 자유 백인을 미국인으로 규정하던 단계, 1840~1924년간에 비백인을 인종 위계질서에 따라 분류하고 앵글로-색슨계와 가깝다고 생각되는 일부 유럽계 이민을 백인으로 흡수하던 단계, 그리고 1924~65년간에 흑인/백인 이분법을 통해 유럽계 이민을 모두 백인으로 통합하는 단계. 첫 번째 단계는 1790년 연방의회에서 제정한 귀화법에서 시작된다. 이 법은 귀화 자격을 "자유 백인"으로 한정했는데, 이는 흑인과 원주민에 대한 "공동 방어" 능력과 공화국 시민에게 필요한 자치 역량을 전제로 삼고 있었다. 그러나 이 전제들은 반세기 뒤부터 자본주의의 노동력 수요에 부응해 유럽에서 다양한 집단이 이주함에 따라 완화되었다. 사회질서를 유지하기 위해, 앵글로-색슨계는 이민의 백인성 주장과 타협해 그들 집단을 백인과 "아주 다른" 인종과 "조금 다른" 인종으로 구분하고 후자에게 자치 능력이 있다고 상정했던 것이다. 이 두 번째 단계도 1924년부터 변모했다. 이민이 제한되는 반면에 흑인이 북부로 이주한 결과, 앵글로-색슨계는 타자로 간주되던 유럽계 이민에게서 차이점보다는 오히려 동질성을 발견했다. 결국 1965년에 이르면 미국의 백인은 코카서스 인종으로, 거의 두 세기 전에 독일의 요한 프리드리히 블루멘바흐가 만들어 낸 인종으로 확대, 통합되었다는 것이다. "이제 인종주의는 미국 민주주의에서 변칙적인 요소가 아니라 근본적인 요소로 작용하고 있는 것으로 보인다"고 제이콥슨은 선언한다.[43] 이렇게 그가 백인성의 역사에 관해 그리는 윤곽은 거의 20년 전에 나온 다카키의 연구에 비해 철학적이고 심리학적인 내성內省이 떨어지기는 해도 사회학적 분석을 풍부하게 담고 있다.

제이콥슨의 연구에서 더욱 중요한 것은 어째서 백인성의 역사가 그처럼 변했는지 설명하는 데 있다. 사실 그는 서두에서 시어도어 앨런과 데이비드 로디거가 경제주의에 경도되어 있다고 비판하면서, 그들의 설명 방식을 수용하면서도 민족의식과 인종주의의 상호관계를 세계사적 맥락에서 천착해야 한다고 강조한다. 이는 『다른 빛깔의 백인성』 제2부에서 다루는 핵심적인 쟁점이다. 제이콥슨은 시각적 인식과 사회적 의식 사이의 상호작용에 주목한다. 그는 먼저 재건이 끝나던 1877년에 초점을 맞추어, 당시 인종이 개념상 범주

43 Jacobson, *Whiteness of a Different Color*, chs. 1-3, pp. 13-135. (인용은 12)
근래의 연구에 따르면, 20세기에 백인성은 제이콥슨이 제시한 윤곽보다 훨씬 복잡하고 역동적인 과정을 거쳐 변모했다. 특히, 1920년대에 백인성이 유럽계 이민으로 확대되는 세 번째 단계는 흑인/백인 이분법이 미국의 인종 담론에서 중심적인 위치로 부상하는 과정, 바꿔 말해 남부의 격리 이데올로기가 미국 전역으로 확산되는 과정을 수반했다. 이에 관해서는 다음을 보라. Guterl, *Color of Race in America*; Brattain, *Politics of Whiteness*.

로서 변형되고 있었다고 지적한다. 인종 개념은 흑인의 새로운 정치적 지위와 노사갈등의 폭발과 이민의 대량 유입 등 국내 상황뿐 아니라, 헨리 스탠리의 아프리카 기행문에서 보이듯이 "인종 자체를 생성시키고 부활시키는 제국주의의 부차적인 영향력"에 따라서도 바뀌고 있었다는 것이다. 그리고 과학자들은 인종의 육체적 특질을 발견하고 거기서 정신적 자질을 추론함으로써, 흑인 등 비백인은 물론이요 유럽계 이민도 자치 능력에 따라 상이한 집단으로 구분하는 데 기여했다는 것이다. 유태인은 원래 백인이면서도 주로 종교적 이유에서 타자로 간주되었으나, 이런 변화 때문에 이 시기에 와서는 신체상 특징(피부색, 얼굴 모양, 머리카락 등)을 근거로 헤브라이 인종으로 취급되었다. 거기에는 다른 요인도 작용했는데, 그것은 오래전부터 유럽에 널리 퍼져 있던 반유태인주의 전통이다. 이 전통이 19세기 후반 미국에서 대두하면서, 당대에 변전하고 있던 백인성과 결합되어 헤브라이 인종이라는 개념상 범주를 만들어 냈다. 유태인도 이런 범주를 이용해 민족 정체성을 확보하고자 했다. 그러나 20세기에 백인성의 역사에서 세 번째 단계가 전개됨에 따라, 유태인은 코카서스 인종으로 분류되었다. 이 단계에서 유태인은 육체적 특질로써 구분되지 않는다. 제이콥슨에 따르면, "인식상 범주로서의 인종과 개념상 범주로서의 인종 사이의 관계"는 그러므로 "한편에 있는 눈에 보이는 '차이'와 다른 한편에 있는 깊은 사회적·정치적 의미 사이의 역동적 관계"라는 것이다.[44]

여기서 백인성의 역사는 인종의 개념으로 되돌아간다. 제이콥슨의 견해는 인종이란 시각적 인식과 사회적 의식 사이의 상호작용에서 형성되는 산물이라는 것이다. 유태인의 경우에서 드러나듯이, 그에 따르면 처음에는 신체적 특징이 보이지 않았으나 나중에 인종 담론의 발전으로 말미암아 분명하게 인식되고 또 인종적 정체성의 토대로 부각되었다가, 결국에 가서는 흑인/백인 이분법 때문에 다시 보이지 않게 되었으니 말이다. 시각적 인식이 사회적 의식에 따라 좌우된다는 것은 의문의 여지가 없다. 그러나 이는 인식의 주체에 관한 공식일 뿐이어서, 육체적 특질이라는 인식의 대상을 포괄하지는 못한다. 제이콥슨의 공식은 오히려 인식의 대상마저 주체의 의식에 의존한다는 인상을 풍긴다.

그런 인상은 백인성 연구에서 널리 엿보이는 것이며, 따라서 거기에 들어 있는 문제점을 짚어 볼 필요가 있다. 인식에서 주체와 대상은 결코 유리되어 있는 것이 아니라 상호작용하는 관계를 지니고 있지만, 그 관계는 인식 대상의 존재를 전제로 성립한다. 그렇다면, 인

---

44 Jacobson, *Whiteness of a Different Color*, chs. 4-5, pp. 137-199. (인용은 15-22, 149, 173)

식의 대상으로서 육체적 특질은 인종의 개념에서 배제할 수 없다. 앞에서 지적한 것처럼 신체상 특징을 자연적 사실로 인정한다면, 또 자연적 사실이 사회적 범주로 변환되는 기제에서 차이=우열 등식이 작용한다는 점을 인정한다면, 제이콥슨의 공식은 이 등식의 기원을 상기시킨다. 그는 백인성의 역사를 시각적 인식과 사회적 의식 사이의 상호작용으로 설명하면서, 그런 태도—인류를 인종으로 구분하고 인종 사이의 차이를 위계질서로 파악하는 자세—가 미국 사회의 내부 역학뿐 아니라 세계사적 맥락에도 토대를 두고 있음을 강조한다. 바꿔 말해, 저 등식은 적어도 근대 초기 유럽의 팽창주의에서 형성되어 19세기 서양의 제국주의에서 발전한 세계적인 지배-종속 관계에 뿌리를 갖고 있다는 것이다. 그것은 물론 제이콥슨이 시사하는 것보다 훨씬 긴 역사를 갖고 있다. 앞에서 살펴보았듯이, 적어도 고대에 수립되어 오랜 세월과 넓은 지역에 걸쳐 유지된 위계질서에 기원을 두고 있다. 거기에 들어 있는 불평등한 세력관계가 지배세력에게는 차이=우열 등식을 정당화하며 인종 개념에 사실적 근거를 제공한 것으로 보인다. 결국, 인종 개념은 인식의 주체와 대상 사이의 상호작용뿐 아니라 그것을 둘러싸고 있는 세계사적 맥락까지 고려할 때에야 비로소 올바르게 이해할 수 있다는 것이다. 사실 그렇게 할 때에야 비로소, 왜 유럽계 이민 가운데서도 아일랜드인처럼 종속적인 위치에 있었던 집단들이 미국에서 인종주의에 시달린 반면에, 이탈리아인처럼 독립적인 위치를 완전히 잃지는 않았던 집단들이 인종주의에 덜 시달리며 백인성을 얻을 수 있었는지 이해할 수 있을 것이다.

5. 백인의 정체

백인성의 역사는 다른 한편으로 오늘날의 인종문제에 관한 논쟁에 직결되어 있으며, 이 현재적 맥락 속에서 새로운 백인성 개념으로 변형된다. 따라서 백인성의 현주소를 파악하기 위해서는 근래에 전개된 논쟁을 검토할 필요가 있다.

근래의 논쟁에서 초점은 주지하다시피 소수집단 우대정책*affirmative action*이다. 이 정책의 기원은 1960년대 중엽에 민권운동과 소요사태를 통해 흑인이 고용상의 인종주의적 차별을 비판하고, 소수집단을 위해 고용기회를 확대하는 적극적인 조치를 요구한 데 있다. 연방정부는 1968년 이를 수용해, 연방으로부터 사업을 수주하는 기업이나 자금을 지원받는 학교에서는 소수집단을 우대해야 한다는 지침을 발표했고, 3년 뒤에는 여성운동의 압력 때문에 거기에 여성도 포함시켰다. 그 취지는 과거에 소수집단이 입은 피해를 보상하고 또 현재의 사회적 불공평을 해소하는 데 있었다.

이는 미국인의 사회의식에서, 특히 인종과 젠더에 관한 심성에서, 미묘하지만 매우 중대한 변화를 뜻한다. 흑인 민권운동의 영향으로 1950년대 중엽부터 백인 사이에서 인종 위계질서 관념이 퇴조하고 흑인을 '피부가 검은 백인'으로 보는 평등주의적 경향이 대두한 반면에, 오래전부터 백인을 악의에 가득 찬 가해자로 보던 흑인들은 그런 경향에서 피해자를 가해자와 동류로 간주함으로써 과거에 대해 반성하지 않으려는 모욕적인 태도를 발견했다. 그런 맥락 속에서 소수집단 우대정책은 과거에 백인이 흑인에게 피해를 입혔다는 사실을 공식적으로 인정한다는 뜻을 담고 있었고, 따라서 인종문제에서 심리학적 세력관계가 근본적으로 변모하는 양상을 가리키고 있었다. 흑인 문학평론가 셸비 스틸이 날카롭게 지적해 널리 공감을 얻은 바 있듯이, 흑인은 지난날 아무 죄도 없이 억압과 차별의 고통을 받은 희생자로 인식되는 반면에, 백인은 어이없는 구실을 들며 그런 악행을 저지른 가해자로 부각되었다. 따라서 흑인은 이제 백인으로부터 보상을 받을 자격과 권리를 갖고 있으며, "이런 뜻에서 죄 없이 당했기 때문에 힘을 얻는다"는 등식이 성립한다.[45] 그와 같은 양상은 흑인 민권운동에서 영감을 얻어 백인 남성을 죄인으로 질타해 온 여성운동에서도 볼 수 있는 것 같다.[46]

그러나 백인 남성은 얼마 가지 않아 소수집단 우대정책에 반발해 세력관계를 바꾸고자 했다. 반발은 1977~78년간에 큰 논쟁을 불러일으켰던 앨런 바키 소송에서 집약된 바 있다. 바키는 노르웨이계 백인으로서 캘리포니아대학교의 데이비스분교 의과대학에서 두 차례나 입학 허가를 얻지 못했는데, 그 이유가 자신의 능력보다는 입학정원 가운데 16%를 소수집단에게 배정하는 제도에 있다는 것을 알아내고는 그것이 '역차별'이라며 이의를 제기했다. 이 소송을 연방 대법원에서 심리하게 되었을 때, 쟁점은 우대정책의 실행 방법에 집중되었지만 그 취지와도 연관되어 있었다. 논쟁은 정원 할당제의 정당성과 실효성 문제에서 우대정책의 현실성에 관한 의문으로 연결되었던 것이다—누가 누구에게 얼마나 내주어야 하는가는 결정하기가 어려웠고, 과연 올바르게 주고받을 수 있는가도 의심스럽게 되었던 것이다. 대법원은 할당제를 거부하는 대신 가산점 제도를 지지하는 판결을 내

45 Steele, *Content of Our National Character*. (인용은 5)

46 Evans, *Personal Politics*. 흑인의 문화적 전통과 민권운동에 관해서는 다음을 보라. Levine, *Black Culture and Black Consciousness*; Sitkoff, *Struggle for Black Equality*; Carson, *In Struggle*; Ralph, *Northern Protest*; Thernstrom and Thernstrom, *America in Black and White*, pt. 1, pp. 25-180.

렸고, 이 결정은 할당제는 압도적으로 반대하지만 재정적 지원 같은 다른 조치에 찬성하는 여론과 들어맞았다.[47]

그러나 우대정책은 이미 저항에 직면했고, 이는 이후 보수주의적 사조가 더욱 강화됨에 따라 위기로 심화되었다. 1990년대에 들어와서는, 우대정책이 흑인에게 의존심과 수치심을 심어 주는 등, 폐단을 낳는다고 지적하면서 복지정책에서 인종을 고려하지 말자는 목소리가 커졌다. 거기에는 우대정책 이전의 인종관계, 즉 셸비 스틸이 밝혀낸 등식을 거부하고 가해자와 피해자를 구분하지 않는 비역사적 평등주의로 되돌아가자는 주장도 섞여 있다. 우대정책에 대한 비판은 스틸을 비롯해 중산층에 속하는 흑인 지식인 이외에, 한때 진보파 지도자로 주목을 끌었던 스티븐 선스트롬같이 유력한 주류 지식인의 가담으로 널리 반향을 불러일으키고 있다.[48] 이처럼 오늘날 인종문제에 관한 논쟁은 소수집단 우대정책을 놓고 피부색을 가릴 것인지 말 것인지 하는 문제에 집중되어 있지만, 그 아래에는 셸비 스틸의 통찰력에서 드러나듯이 가해자와 피해자 사이의 심리학적 세력관계가 바뀌고 있는 현실, 바꿔 말해 과거에서 분리할 수 없는 현재가 깔려 있다.

그렇다면, 피해자의 처지에서는 이 논쟁의 관건이 역사적 시각에서 가해자를 적시하고 그 정체를 폭로하는 작업에 달려 있는 셈이다. 그것이 손쉬운 일은 아니라는 점이 드러났으니, 무엇보다도 백인이 누구인지 보이지 않았기 때문이다. 한때 데이비드 로디거조차 흑인이 사회적으로 구성되었듯이 백인도 인종 담론 속에서만 존재한다고 하면서, 백인의 정체가 공허하다고 지적한 바 있다.[49] 그래도 근래에 와서는 그도 백인 정체의 실재를 인정하는 듯하다.[50] 그 배경에는 백인 정체의 "투명성"을 가시화시킨 작업이 자리 잡고 있다. 법학자 바버라 플래그는 1993년에 발표한 논문에서, 백인이 인종에 관해 논할 때 항상 흑인에 초점을 맞추는 데 주목하고 그것이 천진스러운 실책이 아니라 백인의 인종의식에서 나오는 산물이라 강조한다. 그것은 백인이 자신을 인종의 견지에서 보지 않는 태도에서 연유하며, "백인들이 백인성에 관해 생각하지 않거나, 아니면 백인의 특정한 규범, 행태, 경험, 또는 시각에 관해 생각하지 않는 경향을 지니고 있다"는 점을 보여 준다는 것이

47 Wilkinson, *From* Brown *to* Bakke, chs. 10–11, pp. 253–306.

48 Steele, *Content of Our Character*; Thernstrom and Thernstrom, *America in Black and White*, pt. 3 and Conc., pp. 315–529, 530–545. 피부색을 고려하지 말자는 주장이나 정책이 소수집단 우대정책을 비롯해 흑인 민권운동에 대한 반응으로 제기되었다는 점에 관해서는 Brattain, *Politics of Whiteness*를 참고하라.

49 Roediger, *Toward the Abolition of Whiteness*, 13.

50 Rodieger, "Introduction."

다. 플래그는 그런 경향을 "투명성" 현상이라 부른다.[51]

백인성 연구에 중요한 영향을 끼친 이 논지는 법학자 이언 헤이니-로페즈에게서 한층 더 발전한다. 그는 백인의 "투명성"이 확립되는 과정에서 국가, 특히 법원이 수행한 역할을 강조한다. 백인성은 1790년 귀화법에서 미국 시민의 자격으로 규정된 이래 1952년까지 귀화 조건으로 유지되는데, 법원은 귀화에 관한 소송을 심리하면서 인종 담론에 입각해 그것을 자연스러운 것으로 보이게 만들었다. 법원은 백인성을 생물학적 개념으로 간주하고, 신체적 차이에 연관되어 있는 문화적 특질로 규정하며, 또 인종이라는 범주를 상식으로 취급했다는 것이다.[52] 그리고 역사학자 페기 패스코는 백인과 유색인 사이의 혼인을 금지하는 법령에 초점을 맞춰 인종이 국가에 의해 규정되는 방식을 탐구한다. 그런 법령은 1860년대에 나타나서 1960년대에 사라질 때까지, 백인과 유색인 사이의 혼인을 "부자연스러운 것"으로 취급하면서 개인의 인종 정체성을 최종적으로 결정하는 공식적 권위를 행사했다는 것이다.[53] 이런 법률에 관한 연구는 앞에서 살펴본 백인성의 변형 과정과 이민의 능동성을 경시하고 있기는 해도, 백인성의 역사에서 흔히 간과되는 국가의 역할에 주목하면서 백인의 정체를 폭로하는 데 중요한 장애물을 제거한 것으로 보인다.

제거해야 할 장애물은 1970년대에 부활한 민족문화에도 있었다. 주지하다시피 1970년대부터 백인 사이에서 민족성을 주장하는 조류가 다시 대두했는데, 이는 유럽계 이민의 후예들이 미국 사회에서 핵심 주류인 와스프*WASP; White Anglo-Saxon Protestants*와 거리를 둔다는 의미를 담고 있었다. 그들은 이민 집단 사이의 교류를 통해 얻은 다원적 민족 정체성을 내세워 백인성을 모호하게 만들었을 뿐 아니라, 주류와 거리를 벌림으로써 주류 백인성에서 벗어나고자 했던 것이다. 이는 매슈 제이콥슨이 『다른 빛깔의 백인성』 제3부에서 지적한다. 거기서 그는 백인성이 제국주의와 법원, 그리고 흑인 민권운동의 영향 아래 유럽계 미국인들을 널리 포괄하는 코카서스 인종으로 변형되는 과정을 분석한다. 그리고 발문에서는, 1970년대에 오면 그런 포괄적 백인성 속에서 민족성이 내부적 차이로 새로이 규정된다고, 그래서 그들이 백인성의 혜택을 차지하면서도 이민의 후손이기 때문에 원주민과 흑인 등 비백인에 대한 부채에서 벗어나 있는 집단으로 묘사된다고, 힘주어 말한다. 그들은 이제 백인성을 떨쳐 버림으로써, "그들 집단이 와스프가 아니라는 점 덕분에 미국의 정

---

51 Flagg, " 'Was Blind, but Now I See.' " (인용은 957)

52 Haney-López, *White by Law*, chs. 1, 5-6, pp. 1-36, 111-195.

53 Pascoe, *What Comes Naturally*.

치생활에서 [비백인과] 같은 영역을 차지하고 있는 듯이" 보이게 함으로써, 무엇보다도 소수집단 우대정책 때문에 입게 될지도 모르는 피해를 막으려 한다는 것이다.[54]

이런 상황에서 제이콥슨이 바라는 것은 "인종과 그것이 만들어 내는 세력관계, 그리고 그것이 가져오는 사회적 폐단을 새로운 방식으로 바라보는 것"이다.[55] 그의 문제의식은 사실 노엘 이그나티예프 같은 "인종 반역자"를 포함해 백인성 연구자들이 널리 공유한다. 그들은 우대정책에 관한 논쟁에서 인종 중립적 정책을 요구하는 사회 주류를 염두에 두고, 백인이 지니고 있는 채무는 물론이요 백인이 깨닫지 못하는 가해자적 정체를 폭로하려는 것이다. 따라서 그들은 피해자의 인식에 관심을 기울이며, 명시적인 비판을 담고 있는 20세기 중엽의 흑인 문학과 역사학에 주목한다. 그들의 작업 덕택에 백인성은 새로운 의미를 띠고 등장한다. 제이콥슨이 시사하듯이, 미국 사회의 주류에서 백인성은 이제 "공적이고 심리적인 임금"이라기보다는 정신적 부담일 수도 있다.

그렇지만 그것은 본질적으로 재산인데, 이는 법학자 셰릴 해리스가 1993년에 발표한 긴 논문에서 밝혀낸 것이다. 미국법에서 백인성이 재산으로서 가치를 지닌다는 것은 그보다 앞서 지적된 바 있지만, 해리스는 인종 개념과 재산 개념의 상호작용에서 백인성의 기원과 본질을 규명함으로써 그런 지적을 설득력 있는 견해로 발전시킨다. 그에 따르면, 재산으로서 백인성의 기원은 노예제와 원주민 토지에 관한 법규에 있다. 연방헌법을 비롯해 미국의 법률에서는, 흑인을 인간이자 재산으로 규정하는 반면에 백인은 상품화시키지 못하게 보호하면서 그에게 노예를 소유하는 권리를 부여함으로써 백인성을 특권의 원천으로 만들었고, 또 자연상태에 있던 원주민의 토지를 황무지로 규정하여 그들의 소유권을 부인하고 백인만이 정착하고 소유할 수 있는 재산으로 간주함으로써 백인성을 가치의 토대로 만들었다. 그런 백인성은 재산에 지위와 권리를 포함시키는 전통적 이론은 물론이요 사회적 관계와 기대 이익까지 고려하는 근대적 이론에서도 재산이라는 속성을 지니고 있다. 그것은 백인에게 자유로운 지위와 경제적 혜택을 수여하며, 또 백인에게 상대적 권력을 부여하고 특권에 대한 기대를 보장하니 말이다. 백인성은 또한 재산으로서 기능을 갖고 있다—양도성이 없다고 해서 재산으로 볼 수 없다기보다는 오히려 그 때문에 더 가치 있는

---

54 Jacobson, *Whiteness of a Different Color*, chs. 6-8 and Epil., pp. 201-273, 274-280. (인용은 279) 이런 맥락에서, 유태인들이 백인으로서 혜택을 누리게 된 과정도 밝혀져 있는데 이에 관해서는 다음을 보라. Brodkin, *How Jews Became White Folks*. 또 근래의 다원적 민족정체성에 관해서는 다음을 보라. Waters, *Ethnic Options*.

55 Jacobson, *Whiteness of a Different Color*, 280.

것으로 인식될 뿐 아니라, 그에 따르는 특권을 사용하고 향유하며 그에 따라 평판과 지위를 확보하는 반면에 비백인을 배제할 수도 있기 때문이다.[56]

더욱이 해리스에 따르면, 백인성은 재산으로서 오늘날에도 건재하는 지속성을 지닌다. 그것은 가치 있는 사회적 정체로서 두보이스가 말한 바와 같은 정치적 이점과 사회적 위신을 수반하고, 또 소수집단의 정체성을 부인하는 반면에 백인의 개인적 권리와 이익을 보호하는 도구로서 인종적 지배-종속 관계를 재생산하고 있기 때문이다. 법원은 1978년에 마시피 부족이 제기한 소송을 심리하면서, 이 부족은 연방정부로부터 인가를 얻지 않고 부족 토지를 외부에 양도했어도 백인과 흑인 등 다른 집단과 뒤섞여 부족으로서 집단 정체성을 잃었기 때문에 그 토지를 회수할 수 없다고 판결했다. 미국 법률은 백인을 위해서는 "인종적 집단 정체성을 배제와 착취의 도구로" 규정하면서도, "인종적으로 억압받는 집단이 권리를 확인하거나 청구하는 기초로서 집단 정체성을 주장하면 그것을 용인하지 않는다"는 것이다.

그런 논리는 법원이 소수집단 우대정책을 무력화시키는 데도 동원된다. 이미 바키 소송에서 이 정책이 개인의 권리를 침해할 우려가 있다는 지적이 있었는데, 이 점은 이후 사건에서 연방헌법 추가조항 제14조를 근거로 부각되었다. 이 조항은 1868년 해방 흑인의 시민권을 보호하기 위해 제정된 것으로, 제1절에서 미국 시민에게 "법률의 동등한 보호"를 보장한다고 명시한다. 법원은 이를 근거로, 1986년 와이건트 소송에서 미시간의 잭슨 교육위원회가 백인 교사들에게 부당한 해고 순위를 강제했다고 비판하고, 또 1989년 크로선 소송에서 리치먼드 시의 입찰 지침이 백인 사업자의 낙찰 기회를 부당하게 제한했다고 판결했다. 해리스에 의하면, 법원은 우대정책을 동등한 보호라는 규범에 어긋나는 조치로 보고 피부색을 가리지 않는 형식적 평등을 말하지만, "실제에서 불평등한 것을 법에서는 평등한 것으로 간주한다는 기대를 백인에게 심어 줌으로써 평등을 억제한다"는 것이다. "그러므로, 이런 소송은 백인성을 재산으로써 감싸 준다."[57]

데이비드 로디거는 해리스의 논문을 가리켜 두보이스 이후 백인성에 관한 역사학적 분석 가운데 가장 중요한 업적이라 평가하면서도, 백인성을 재산 체제인 동시에 공포 체제로 규정하는 것 같다. 로디거는 흑인 작가들이 백인성을 어떻게 인식했는지 살펴보고, 그들에게 백인이란 지배-종속 관계를 수립하고 유지하기 위해 폭력을 행사하는 인종, 노예제

56 Harris, "Whiteness as Property." 특히 1710-1737을 보라.

57 Ibid., 1757-1781. (인용은 1761, 1777)

에서 격리 체제를 거쳐 오늘에 이르기까지 언제나 흑인에게 신체적 위협을 가하는 인종이었다고 지적한다.[58] 이것은 셰릴 해리스의 견해를 보완하는 것으로 보인다. 해리스는 백인의 집단적 정체를 선명하게 부각시키며 백인성의 경제적 · 사회적 차원을 강조하는 반면에 정치적 차원을 경시하는 듯하다. 그는 물론 국가의 역할에 주목하고 있지만, 그것은 백인성이라는 가치를 유지하기 위해 쓰이는 도구처럼 보이기 때문이다. 그에 비해 로디거는 인종관계라는 정치적 측면에서 백인성에 접근하면서, 흑인의 시각에서 볼 때 드러나는 백인성의 본질을 중시한다.

정체란 본질적으로 관계라는 점을 기억한다면, 로디거가 주목하는 흑인의 백인관은 결코 경시할 수 없다. 맥락이 다르기는 하지만, 조지 립시츠도 해리스의 견해를 수용하면서 백인성의 정치적 차원에 주목한다. 그는 백인성이 "형성될 때부터 재력과 위신과 기회의 분배에 매우 현실적인 영향을 끼쳤고 또 여전히 그런 영향을 끼치고 있는 정체"이며, 인종주의가 "유색 인종에게 자산 축적과 지위 상승의 기회를 주지 않음으로써 백인의 특권을 보호하는 체제"라고 인정한다. 그러면서도 일부 백인성 연구자들이 문화주의로 경도되는 경향을 비판하면서, 그런 정체와 체제가 문화인 동시에 정치의 산물이라 역설한다. 유럽계 미국인들이 의도적으로 행동했다는 것, 즉 "식민지 시대에서 오늘에 이르기까지 백인성에 관해 소유자적 이권을 만들어 내려고 체계적인 노력"을 기울였다는 것이다. 따라서 립시츠는 시야를 넓혀 국가는 물론이요 일상생활의 정치까지 살펴보며, 특히 뉴딜 이후 거주지와 학교와 기업에서 백인이 사회민주주의적 국가 정책에 저항해 그것을 무력화시키며 흑인을 차별하고 억압했다는 사실을 면밀하게 입증한다.[59]

6. 백인성의 해체 전략

백인성이 재산이요 공포라면, 그것도 오늘날 끊임없이 재생, 강화되고 있는 관념이요 체제라면, 미국의 인종주의는 흔히 생각하는 것보다 훨씬 심각한 문제이다. 립시츠는 뉴딜 이후에 인종주의가 오히려 격화되고 있다고 우려하는데, 이는 돌이켜 볼 때 노예제의 폐지가 인종 이데올로기의 강화로 이어졌다는 바버라 필즈의 지적과 일맥상통하는 것이다.

58 Roediger, "Introduction," 12-16. 로디거는 다른 저술에서 백인성을 재산 및 공포의 체제로 간주하고 그것을 폭로하는 데 열중하고 있다. Roediger, *Colored White*를 보라.

59 Lipsitz, *Possessive Investment*, chs. 1-2, pp. 1-46. (인용은 vii, viii, 2)

이런 논리를 수용한다면, 앞으로 백인성이 심화되리라는 예측도 가능하다. 이는 언뜻 보면 인구 변화에 관한 전망, 즉 흑인 인구가 빠르게 증가하고 있을 뿐더러 아시아와 라틴 아메리카에서 이주하는 인구도 늘어나기 때문에 한두 세대 뒤에는 백인이 소수의 위치로 떨어지게 된다는 전망과 맞지 않는다. 그러나 백인성의 역사를 상기한다면, 일부 사회학자들의 의구심처럼 오늘날 비백인으로 간주되는 집단 가운데서 일부가 백인종에 편입되고 그렇게 해서 특권적 백인성이 유지될 가능성도 배제할 수 없다. 아시아계 이민은 특히 '모범 소수집단' 으로서 문화적으로 백인에게 가까워지는 반면에 흑인으로부터 멀어지고 있는 만큼, 주목을 끈다.[60] 물론, 로널드 다카키가 역설하듯이 아시아계 이민은 소득과 지위에서 백인에 비해 상당히 뒤떨어져 있기 때문에, '모범 소수집단' 이 국제 경쟁력의 강화를 위해 절제나 근면 같은 미덕을 강조하는 이데올로기의 소산이라는 점도 인식해야 한다.[61] 그래도 중요한 것은 오늘날 백인성이 그런 우려와 의구심을 자아낼 정도로 강한 활력을 지닌 관념이요 체제라는 점이다.

그렇다면, 그것을 어떻게 해체할 것인가 하는 과제도 중요하다. 이 과제를 푸는 작업은 크게 보면 두 방향에서 진행되고 있다. 첫 번째 방향은 백인성 연구 자체라 할 수 있다. 왜냐하면 이 조류가 백인성을 폭로하는 데 초점을 맞추고 있기 때문이다. 백인의 정체가 지배적 규범이기에 백인에게 보이지 않았던 사정에 비추어 보면, 그것을 눈앞에 드러내는 일은 해체 작업의 시발점에 해당한다. 이는 비판적 백인성 연구자들이 공통적으로 의식하고 있는 일차적 목표라 해도 과언이 아니다. 그들은 미국의 인종문제 아래에 인종주의는 물론이요 인종 담론이 자리 잡고 있으므로, 이 담론의 주체인 백인에게 가해자로서 지니는 정체를 깨우쳐 주고자 한다. 이런 의도는 그들의 선구자인 다카키가 말한 희망, 저 중요한 저술을 마무리하면서 "무쇠 우리" 에서 벗어나 인종을 초월하는 화합을 이루자고 제안한 것과 분명 다르다.[62] 그들은 오히려 매슈 제이콥슨처럼 피부색을 철저하게 의식하고 그것을 "새로운 방식으로 바라보기" 를 희망한다. 그런 희망을 실현하기 위해, 백인성 연구자들은 백인성을 폭로하면서 인종 담론의 생산과 유지에 개입되어 있는 학계도 비판한다. 학계는 과학의 이름 아래 인종주의를 지원하거나, 아니면 인종을 주변적인 주제로 취급한다는 점에서 백인성 연구자들의 작업 대상이다.

60 Warren and Twine, "White Americans, the New Minority?"

61 Takaki, *Iron Cages*, 291-305.

62 Ibid., 308-310.

이는 역사학계, 거기서도 특히 "새로운 노동사"에서 잘 드러난다. 주지하듯이 이 분야에서는 1960년대부터 좌파의 주도 아래, 학자들이 대체로 계급 형성에 초점을 맞추고 마르크스주의적 시각에 의지해 접근했다. 그런 시각에서 볼 때, 인종이란 젠더와 마찬가지로 중요하다 해도 자칫하면 계급에 대한 관심을 침해하는 위험한 주제였다. 그런 시각을 갖고 인종과 계급의 관계를 천착하는 작업도 있었지만, 주류는 인종을 계급에 종속시키는 경향에 머물러 있었다.[63] 바로 이런 경향이 1980년대 말부터 비판의 대상으로 떠올랐다. 반인종주의 활동가에서 노동사 연구자로 변신한 허버트 힐은, 거장 허버트 구트만이 인종을 초월한 광부들의 협력을 부각시킨 반면에 광산노조의 조직적인 인종차별은 경시했다고 하면서 '새로운 노동사'가 "신화 만들기"에 열중한다고 공박했다.[64] 넬 어빈 페인터는 여기서 한 걸음 더 나아가, 사계의 지도자들이 공통적으로 백인 노동자들의 인종주의를 깎아내리거나 덮어 둔다고 하면서 '새로운 노동사'의 "인종" 문제가 인종주의에 주목하지 않는 유럽의 급진파 이론을 미국의 현실에 적용하는 데 있다고 비판했다.[65] 이런 맥락에서, 클래런스 워커는 "카를 마르크스가 검둥이를 몇이나 알고 있었는가?" 물으며 계급 분석의 인종주의적 함의에 관해 경고했다.[66]

이런 비판은 반론에도 불구하고 큰 반향을 가져왔다. 사실, '새로운 노동사'에 "인종" 문제가 있다면 흑인사에는 "계급" 문제가 있고, 또 인종주의에 대한 관심 때문에 백인 사이의 계급 갈등이나 노동조합의 다양한 인종정책을 경시할 우려도 있다.[67] 그렇지만 백인성 연구자들 가운데서 데이비드 로디거와 노엘 이그나티에프 등 노동사에 관심을 쏟는 학자들이 그런 비판을 수용하면서도 마르크스주의 전통을 발전시키자는 의도를 표명했을 때, 노동사 연구자들은 공감할 자세를 갖추고 있었다.[68] 그들은 '새로운 노동사'가 괄목할 만큼 성과를 거두었는데도 미국 노동계급의 취약한 정치적 영향력을 제대로 설명하지 못

63 예를 들어 다음을 보라. Trotter, *Coal, Class, and Color*; Arnesen, *Waterfront Workers of New Orleans*. 이 주제에 관한 근래의 연구에 관해서는 Arnesen, "Up from Exclusion"을 보라.

64 Hill, "Myth-Making as Labor History." 문제가 된 구트만의 논문은 원래 1968년에 발표된 것인데, Gutman, *Work, Culture and Society*, 121-208에도 수록되어 있다. 또한 힐의 다음 논문도 보라. "Importance of Race in American Labor History"; "Problem of Race in American Labor History."

65 Painter, "New Labor History and the Historical Moment."

66 Walker, "How Many Niggers Did Karl Marx Know?"

67 Arnesen, "Up from Exclusion," 162-167; Wilentz, review of Alexander Saxton, *The Rise and Fall of the White Republic*; Goldfield, "Race and the CIO"; Nelson, "Class, Race and Democracy in the CIO."

68 Roediger, *Wages of Whiteness*, 6-11; Ignatiev, *How the Irish Became White*, 178-188; Holt, "Racism and the Working Class."

하는 등 중요한 약점을 안고 있다는 점, 그리고 그 이유가 부분적으로는 인종과 젠더를 경시하는 시각에 있다는 점을 깨닫고 있었기 때문이다.[69] 더욱이, 그런 깨달음은 1980년대에 미국의 노동운동이 위기에 부딪힌 현실과도 연관되어 있었다.[70] 노동사 연구자들은 계급과 인종을 포괄하는 시각과 더불어 그것을 토대로 사회변화를 기대하는 전망을 찾으려 했던 것이다. 이런 시도는 여성운동의 침체 상태를 백인 여성의 인종주의로써 설명하고 젠더와 인종의 관계를 새로운 방식으로 이해하고자 하는 루스 프랑켄버그에게서도 볼 수 있다.[71] 이제 진보적인 노동사 연구자와 여성학자들만이 아니라 미국의 좌파가 전반적으로, 인종과 젠더를 뛰어넘어 노동계급의 잠재력을 확대시키는 데 사회변화의 전망을 걸고 있는 듯하다.[72]

백인성을 해체하는 두 번째 방향은 『인종 반역자』가 가리킨다. 이 잡지의 취지는 백인의 정체를 폭로하는 데 그치지 않고 백인성을 거부하라고 역설하는 데 있으며, 목표도 백인성을 보호하는 각종 제도를 변경하는 데 있다. 전략은 "백인종을 폐지하고자 하는 사람들에게 지적 구심점을 제공하는 것"이다. 잡지를 통해 개인에게 개심하라고 선전하기보다는, 가족과 학교, 기업과 노조, 법원과 행정기관 등 인종 구분선을 유지하는 제도를 비판한다는 것이다. 그렇지만 그런 비판은 "인종 반역자"들을 조직해 세력을 구축하는 작업을 수반하지 않는다. 이 잡지의 편집인들이 보기에, 사실 그럴 만한 여건도 조성되어 있지 않다. "오늘날 무산자계급은 자본에 종속되어 있고, 그 변혁 잠재력은 산발적이고 단편적이며 중복되는 형태를 띠고 나타나며 퇴행적인 경향을 보인다." 노동자들은 초국적기업의 발전과 대량생산 산업부문의 퇴조로 말미암아 세력을 결집하지 못하고 있고, 사회민주주의 정파는 노동계급의 혁명 역량을 고취하지 않기 때문이다.

노엘 이그나티예프 등 잡지 편집인들의 견지에서 볼 때, 이런 상황에서 중요한 것은 어떻게 노동자의 권익을 수호할 것인가 하는 문제가 아니다. 자본주의를 철폐하지 않고서는 어떤 개혁도 성취할 수 없으므로, 문제는 어떻게 하면 노동계급의 잠재력을 강화할 수 있는가 하는 것이다. 지금 무산자계급의 주축은 빈민과 죄수 등, 이른바 한계집단으로 이동하고 있으며, 그중에서 흑인은 역사적으로 자본가계급의 대척지점을 차지해 왔다. 미국에

69 Moody and Kessler-Harris, eds., *Perspectives on American Labor History*.

70 Goldfield, *Decline of Organized Labor*.

71 Frankenberg, *White Women, Race Matters*.

72 Frank, review of David Roediger, *Towards the Abolition of Whiteness*.

서는 인종이 자본가계급의 사회통제를 위한 도구이기 때문이다. 그러나 흑인 무산자계급은 인종주의는 물론이요 인종 개념도 고집하는 백인 집단 때문에 잠재력을 발전시키지 못하고 있다. 따라서, "미국에서 근본적인 사회변화의 관건은 가장 억압받는 백인을 포함해 모든 백인을 포용하는 인종 특권 체제에 도전하는 데 있다." 그런 도전을 감행하기 위해서는, 백인 집단이 백인에게 요구하는 순종을 거부해야 한다. 바람직한 것은 다수라기보다는 차라리 전투적인 소수이다—"온건한 접근방법을 택하면 많은 사람들이 따라올 수도 있지만, 그들에게 저항감을 심어 주게 되리라는 것을 알면서도 격렬한 도발행위를 저지르고자 하는 소수." 그런 소수는 몇 명이면 되는지, 아무도 모른다. 그러나 통화제도를 생각해 보라. 위폐를 얼마나 유통시키면 공식 화폐의 가치를 파괴할 수 있을까? 다수가 필요치 않다. "백인처럼 보여도 백인같이 행동하지 않는 사람들이 임계질량처럼 많아지는 때, 그때가 오면 백인종은 분열을 겪을 것이고 예전의 백인들은 새로운 인류 공동체를 건설하는 데 가담할 수 있을 것이다."[73]

이 전략의 매력을 여기서 평가하는 것은 온당치 않다. 『인종 반역자』가 거둔 성과를 가늠하기에는 아직 시기가 이르고, 따라서 그런 평가는 미래에 관한 논의로 흐를 가능성이 많으니 말이다. 그러나 그 암묵적 전제를 짚어 보는 것은 백인성의 해체 방향을 이해하는 데 도움이 될 것이다.

이그나티예프 등 잡지 편집인들이 생각하는 전략은 기본적으로 문화주의에 경도되어 있다. 그들은 물론 백인성이 이데올로기인 동시에 체제라 보고 있고, 또 그렇기 때문에 그들의 목표도 "인종 장벽을 유지하는 가장 중요한 동력인 국가의 권위"에까지 이른다.[74] 그런데도 제도를 변경하는 방법으로 백인성에 반역하는 소수의 각성과 그 파급효과를 들고 있을 뿐, 여러 제도들이 개별적으로 지니는 관성과 하나의 체제로서 갖는 통합력을 어떻게 파괴할 것인지에 관해서는 아무런 방안도 내놓지 않는다. 두말할 나위도 없이, 백인성에 대한 비판은 넓은 뜻에서 정치적 행위에 해당한다. 그렇지만 백인성이 정치의 산물이라는 조지 립시츠의 역설에 비추어 보면, 그들의 전략은 정치적 접근을 경시하는 문화주의를 노정한다 하겠다.

이 점은 다른 한 가지 전제인 개인주의와도 연관되어 있다. 편집인들이 공언하듯이, 이 잡지는 지적 구심점을 제공하기 위해 창간되었지, "인종 반역자"들을 조직하기 위해 출발

73 Ignatiev and Garvey, eds., *Race Traitor*, 1-5, 9-14, 34-37, 97-101, 179-181, 287-292. (인용은 1, 10, 36, 37, 101)
74 Ibid., 181.

한 것은 아니다. 이런 비정치적 접근은 백인 집단의 세력을 개인들의 도전으로 깰 수 있으리라는 신념에 토대를 두고 있다. 임계질량은 물론 결정적인 역할을 할 수 있다. 그렇지만 그것은 개체들을 모아 놓고 그들 사이에 상호반응을 불러일으킬 때에야 비로소 하나의 실체로 등장한다. 저 비유법은 차라리 체제에 대한 비조직적 저항을 정당화시키는 도구, 또는 개인의 능동적 역량을 과대평가하는 태도의 산물인 듯이 보인다.

이런 개인주의와 문화주의는 사실 백인성을 해체하는 첫 번째 방향에도 들어 있다. 백인성 연구자들은 독자적인 단체나 학술지를 갖고 있지 않고, 또 그들이 학계를 대상으로 백인의 정체를 폭로하는 작업은 본질상 조직되어 있는 정치적 행위라 보기 어렵다. 이런 사정은 어떻게 보면 해체 전략이 선택의 결과라기보다 상황의 소산임을 시사한다. 소수집단 우대정책에 관한 논쟁에서 드러나듯이, 지금 얼마나 많은 백인들이 백인성을 소중한 가치로 여기고 있는지, 또 그것이 재산과 공포의 체제로서 얼마나 강한 힘을 지니고 있는지 분명하다. 그에 반해, 노동사 연구자들의 자성에서 보이듯이 오늘날 미국에서 사회변화를 위한 동력이 얼마나 취약한지 또한 분명하다. 이런 상황에서 백인성을 해체하기 위해 정치적 저항을 조직한다는 것은 무모한 일처럼 보일 수 있다. 그러나 해체 전략과 그 전제는 상황의 소산만은 아닌 듯하다. 거기에는 백인성 연구자들이 암묵적으로 용인하거나 적어도 명시적으로 비판하지 않는 이데올로기적 조류, 그들의 전략과 전제를 제약하는 이념적 한계가 개재되어 있는 것 같으니 말이다.

자유주의는 백인성 연구자들이 본격적으로 거론하지 않는 이데올로기라 할 수 있다. 이는 자유주의자들은 물론이요 마르크스주의 전통을 계승하고자 하는 연구자들에게도 해당한다. 예를 들어 노엘 이그나티예프와 데이비드 로디거, 그리고 시어도어 앨런의 저술에서, 자유주의는 색인 항목으로 등장하지 않으며 존 로크는 본문이나 각주에서 스쳐 지나듯이 언급되고 있을 뿐이다.[75] 이그나티예프와 로디거는 노동계급의 인종주의에 관심을 쏟고 있는 만큼, 그들이 자유주의를 지배계급의 이데올로기로 치부하고 천착하지 않는다고 해서 그것이 중대한 과오라 말하기는 어렵다. 반면에 앨런은 인종관계와 사회통제에 주목하므로, 지배 이데올로기로서 자유주의가 백인성의 형성에 어떤 영향을 끼쳤는가 하는 것은 그의 연구에 중요한 의문이라 하겠다. 그렇지만 거기서 이 의문은 찾아볼 수 없다. 그런 결점은 미국의 이데올로기적 전통에 대해 상당히 비판적인 태도를 갖고 있는 매슈 제이콥

75 Roediger, *Wages of Whiteness*, 28-29; Allen, *Invention of the White Race*, I, 251.

슨에게서도 볼 수 있다. 그는 인종주의가 미국 민주주의의 핵심적인 요소라고 역설하면서도, 자유주의에 관해서는 그것이 20세기 후반에 백인성을 인식하는 데 방해가 되었다고 산만하게 지적하는 이외에 상론하지 않는다.[76]

그러나 자유주의를 배제하고는 미국의 인종주의를 제대로 이해할 수 없을 것이다. 물론, 자유주의는 오래전에 루이스 하츠가 강조하던 바와 달리 또 근래에 일부에서 주장하는 바와도 달리, 18세기 말에 와서야 중심적인 조류로 등장했고 또 그로부터 한 세대가 지난 뒤에야 지배적인 위치를 확보했다고 할 수 있다.[77] 그러나 식민지 시대에 그 비중이 적었다 해도, 그것이 재산 관념에 끼친 영향을 부인하기는 어렵다. 특히, 재산이란 노동의 산물로서 개인이 행복을 추구하기 위해 국가로부터 간섭을 받지 않고 임의대로 통제할 수 있어야 한다는 관념은 미국인들이 혁명을 통해 확인한 기본전제였다. 공동체적 전통에 따라 개인과 사회의 이해관계 조화를 위해 재산권을 제한하는 조치도 있었으나, 그 전제는 혁명기에 노예제 폐지론자들의 비판을 견디어 낼 만큼 강력했다.[78] 혁명의 대의에 입각해 노예제를 위선이라 비난하고 형제애를 호소하는 공세에도 불구하고, 노예는 개인의 재산이기에 그 주인에게만 처분권이 있는 존재라는 믿음은 흔들리지 않았던 것이다.[79] 그렇다면 자유주의가 인종주의와 결합하여 노예제에 이념적 지주를 제공했다고 할 수 있다. 이 점은 노예제가 폐지된 뒤에 인종질서를 재편하는 작업에도 결정적인 영향을 끼쳤다. 재건기에 급진파가 해방 흑인에게 시민으로서 필요한 경제적 자립을 갖출 수 있도록 토지를 나눠 줘야 하며 그 재원을 마련하기 위해 반란 가담자의 재산을 몰수하자고 주장했을 때, 그 제안은 국민 화합을 내세우는 온건파의 취지 이외에 사유재산은 국가가 침해할 수 없는 영역이라는 자유주의적 명제에 부딪혀 간단히 폐기되었던 것이다.

이 명제는 오늘날 백인성을 옹호하는 무기로 쓰인다고 할 수 있다. 특히, 소수집단 우대정책을 무력화시키는 효과적인 무기로 쓰인다고 할 수 있다. 셰릴 해리스가 보여 주듯이, 바키 소송에서 크로선 소송까지 법원은 "법률의 동등한 보호"를 내세우며 백인성을 재산으로 보존한다. 원래 해방 흑인의 시민권을 보장하기 위해 만든 구절을 오늘날 백인의 특권을 보장하는 데 이용하는 이 역설은, 물론 개인주의를 도외시하고는 설명할 수 없다. 근

76 Jacobson, *Whiteness of a Different Color*, 135, 247-248, 256-265, 271-273.

77 Hartz, *Liberal Tradition in America*; 베일린, 『미국혁명』; McCoy, *Elusive Republic*; Wilentz, *Chants Democratic*.

78 Innes, *Creating the Commonwealth*.

79 베일린, 『미국혁명』, 271-286.

래의 소송에서, 법원은 과거 흑인에게 자행한 집단적 가해에 관해 현재 백인이 개별적으로 책임을 질 수 없다는 논리를 수용했으니 말이다. 그렇지만 저 역설은 개인주의적 논리에 연결되어 있는 자유주의적 신조까지 감안할 때에야 비로소 온전하게 설명할 수 있다. 왜냐하면 그 논리는 모든 미국인에게 평등한 기회를 보장한다는 일반적인 신조, 그리고 여기서는 백인에게 백인성이라는 재산에 접근할 수 있는 기회를 제공한다는 특정 목표, 그런 것을 실현하는 데 전제로서 동원되기 때문이다. 이런 뜻에서 자유주의는 오늘날 소수집단 우대정책에 대한 비판을 비롯해 백인성을 재산으로 옹호하는 경향을 밑받침하고 있는 것이다. 그러므로 그것은 여전히 인종주의의 지주라 하겠다. 그리고 좌파가 명맥을 유지하고 있는 학계와 그 주변을 제외하면, 그것은 이념적 반대나 정치적 도전을 사실상 허용하지 않는 미국 정치의 본질에 해당한다. 매슈 제이콥슨은 인종주의가 미국 민주주의의 핵심적 요소라고 선언하면서도 이 점을 간과하기 때문에, 백인성을 폭로하는 데서 멈춰 버리는 것은 아닐까? 또 노엘 이그나티예프의 해체 전략도 바로 그렇기 때문에 개인의 문화적 개종에 집중하는 데 그치는 것은 아닐까?

제12장에서 다루는 제국주의 역시 백인성 연구자들이 명시적으로 비판하지 않음으로써 백인성의 해체를 위한 전망을 제약하는 요소인 듯하다. 그들은 제이콥슨처럼 제국주의에 주목한다—제국주의적 팽창이 인종 및 백인성 관념과 어떤 상호관계를 갖고 있는지 언급한다. 이미 살펴보았듯이, 그런데도 그들은 근대 초기부터 서양 문명이 팽창하는 과정에서 정복과 지배와 착취가 인종 개념의 형성과 인종 위계질서의 수립에 어떤 영향을 끼쳤는지, 또 거꾸로 그로부터 어떤 영향을 받았는지, 천착하지 않는다. 그들의 논의는 근대 초기 유럽의 팽창에서 시작해서 20세기 전환기 미국의 제국 건설에서 절정에 이른 다음, 대단원 없이 막을 내린다. 현재의 세계질서에 관한 언급으로는, 매슈 제이콥슨이 이미 소개한 것처럼 2차대전과 냉전의 영향으로 흑인/백인 이분법이 대두하고 백인종이 통합되었다는 사실을 지적하고, 조지 립시츠가 한국전쟁을 통해 몇몇 흑인 병사들이 인종주의에 적극적으로 저항하는 자세를 갖게 되었다고 강조하는 사례 정도를 들 수 있을 뿐이다.[80] 그들이

80 Jacobson, *Whiteness of a Different Color*, 95–96, 110–113; Lipsitz, *Possessive Investment*, 205. 제이콥슨은 자신의 신작에서 제국주의와 인종주의의 상호연관성에 주목하면서도 현재의 세계질서는 본격적으로 고려하지 않는다. Jacobson, *Barbarian Virtues*. 인종주의가 미국의 대외정책에 어떤 영향을 끼쳤는가 하는 의문은 백인성 연구자가 아니라 외교사 전문가인 마이클 헌트가 다루고 있다. Hunt, *Ideology and U.S. Foreign Policy*, 46–91.

제국주의와 인종주의의 상호관계는 영국사 분야에서 주목할 만한 주제로 부각되었는데, 이에 관해서는 다음을 보라. Lake and Reynolds, *Drawing the Global Color Line*.

제시하는 백인성의 해체 전략에서, 세계질서와 미국의 제국주의는 본질적인 중요성을 갖지 않는 것처럼 보이는 것이다.

그러나 백인성 관념과 그 아래에 깔려 있는 인종 개념은 분명히 사회적 구성물이다. 그것은 신체상 특징이라는 자연적 사실이 인류를 분류하는 사회적 범주로 변환된 결과로서, 차이 = 우열 등식, 즉 위계적인 세계질서에 토대를 두고 있는 사고방식을 통해 형성된 개념이다. 따라서 미국에서 전개된 백인성의 역사는 세계사적 맥락을 무시하고 이해할 수 없으며, 백인성의 해체도 오늘날 미국이 주도하는 세계질서의 재편을 배제하고 구상할 수 없을 것이다.

그렇다면, 의문이 떠오른다. 왜 백인성 연구에서는 세계질서와 인종 개념이나 백인성 관념 사이의 상호관계가 경시되는 것일까? 제국주의는 물론 2차대전 이후에 해체되었으며, 그것도 부분적으로는 미국의 비판 덕분에 쇠퇴했다. 그러나 반식민주의는 미국의 시각에서 볼 때 낡은 제국주의의 해체를 요구하는 노력이었지만, 신생국가들의 시각에서 볼 때 해방의 기회를 제공하는 협력이자 새로운 위계질서를 강제하는 압력이었다. 그런 제국주의를 백인성 연구자들이 간과하는 것은 앞에서 살펴보았듯이 그들이 백인성의 역사를 설명하는 데 미국 사회의 내부 역학을 중시하기 때문일지도 모른다. 그리고 인종은 특히 미국에서 사회통제의 수단으로서 중요하다는 노엘 이그나티예프의 지적에서 엿보이듯이, 그들이 미국사의 세계적 맥락을 인식하고 있으면서도 미국 예외론에서 충분히 벗어나지 못하고 있기 때문일지도 모른다.[81]

그러나 미국의 백인성이 위계적인 세계질서를 토대로 삼는 사회적 구성물이라면, 그것을 해체하기 위해서는 거기까지 시야를 넓혀야 하지 않을까? 그런 세계질서를 미국의 외부에서 깨뜨려 주기를 기대하기보다는, 그들 자신이 미국의 내부에서부터 깨뜨려 나갈 방안을 모색해야 하지 않을까? 더욱이, 지금 자유무역을 외치며 바깥에서 위계질서를 요구하는 미국의 대외정책이 안에서 인종질서를 지원하는 자유주의의 연장선 위에 있다는 점을 감안한다면, 백인성 연구자들은 자신들의 암묵적 전제부터 재검토해야 하지 않을까?

81 Ignatiev and Garvey, eds., *Race Traitor*, 288.

제12장 미국 제국론

1. 쟁점과 용어

미국이 세계에서 어떤 위상을 지니고 있는지 이해하기 위해서는, 미국사의 전개 과정에서 세계가 끼친 영향은 물론이요 거꾸로 세계사의 전개 과정에서 미국이 맡은 역할도 살펴볼 필요가 있다. 그에 관한 연구 성과는 근래에 착실하게 축적되고 있으며, 언젠가 종합적인 해석이 제기될 것이다. 지금 여기서 할 수 있는 것은 그 일부나마 올바르게 이해하고자 시도하는 일이다. 그런 일은 오늘날 미국이 제국인가 아닌가 하는 문제를 놓고 벌어진 논쟁을 살펴보며 할 수 있다.

그 문제는 이제 정계와 언론계는 물론이요 학계에서도 치열한 쟁점이다. 그것이 부각된 것은 좌파가 오랫동안 미국의 제국주의에 대해 끈질기게 규탄했기 때문이 아니라, 미국이 중도파는 물론이요 우파에서도 우려하는 행보를 취했기 때문이다. 그런 행보는 2001년 가을부터 시작되었다. 아들 부시 행정부가 9·11테러를 계기로 테러에 대한 전쟁을 선포하고 알카에다를 뿌리 뽑기 위해 아프가니스탄으로 미군을 파견했을 때, 온건한 지식인들도 미국이 그처럼 힘을 앞세우면 제국과 다를 바가 없지 않은가 하고 걱정했다. 미국이 2003년 3월에 이라크를 상대로 또다시 전쟁을 개시했을 때, 그들의 걱정은 논쟁으로 바뀌었다. 처음에는 초점이 전쟁의 정당성과 목표에 집중되어 있었고 그 범위도 대체로 정계와 언론계에 한정되어 있었다. 그렇지만 제2차 이라크전쟁이 일찌감치 끝난 것처럼, 논쟁도 얼마 지나지 않아 그 초점이 제국의 개념과 역사로 옮겨 가면서 학계로까지 확산되었다. 정치학자들을 비롯해 사회과학자들은 신문 · 잡지의 기고문 이외에 일일이 헤아릴 수 없을 만큼 많은 논문과 저서를 발표해 왔고, 최근에는 역사학자들까지 가담하면서 정치평론의 수준을 뛰어넘은 본격적인 연구 성과를 내놓고 있다.[1]

제국 논쟁은 정치성을 짙게 띠고 있다. 논객들은 우선 국제관계에 대해 다양한 인식을 갖고 있기 때문에, 미국의 외교정책에 대해 유사한 비판을 가하면서도 상이한 함의를 시사하고자 한다. 미국의 제국화에 대해 우려하는 논객 가운데서도 다자주의적 협력이 필요한 세계에서 제국주의란 시대착오적인 이념이라고 지적하는 사람이 있는가 하면, 세계화의 시대에도 권력정치는 지속되므로 미국이 패권에 대한 동의를 얻는 데 주력해야 한다고 주장하는 사람도 있다.[2] 논쟁을 복잡하게 만드는 것은 제국주의자들의 등장이다. 네오콘을 비롯해 일부 보수적인 정치인과 지식인들이 미국은 정치적 부담을 감수하더라도 제국으로서 행보를 취해야 한다고 주장하고 있는 것이다. 그들은 그런 노선이 국제정치의 안정과 세계경제의 성장, 그리고 인권 유린의 방지에 기여하는 길이라고 역설한다. 학계에서는 역사학자 니얼 퍼거슨을 대표적인 인물로 들 수 있는데, 그는 이라크의 혼란은 거기에 미군을 장기적으로 주둔시킨다는 정책을 천명해야 진정시킬 수 있으리라고 주장하면서 제국에 필요한 제도의 수립을 제안한다.[3]

논쟁의 정치적 함의는 미국의 국제관계뿐 아니라 국내정치에도 있다. 그것은 공화당과 민주당 사이의 경쟁이나 네오콘이라 불리는 극단적인 우파와 그에 대해 비판을 가하는 온건한 우파 및 중도파 사이의 갈등에만 있는 것이 아니라, 그런 표면적 알력 아래에도 깔려 있다. 제국은 역사적으로 볼 때 권력의 집중과 군부의 대두를 수반해 왔다. 이는 미국이 탄생한 이래 항상 미국 정치의 근간으로 간주되는 공화주의와 분권 체제, 그리고 문민 우위

1 제국 논쟁에 대한 전반적인 개관을 위해서는 다음을 참고하라. Gardiner and Young, *New American Empire*.

2 Hoffmann, *Gulliver Unbound*; Brzezinski, *Choice*.

3 Ferguson, *Colossus*.

의 원칙을 위협하는 경향이다. 그런 경향은 미국의 정치적 전통을 소중하게 여기는 지식인들에게 뚜렷하게 보인다. 그들은 이라크전쟁에서 부시 행정부의 일방주의적 외교, 미군의 막강한 파괴력과 장기 주둔 가능성 등에 주목하고, 그것을 이미 9·11테러 이후에 시작된 시민적 자유의 제한과 연관 지어 생각한다. 저명한 정치학자 차머스 존슨과 보수적인 국제관계 전문가 앤드루 바세비치는 바로 그런 입장에서 미국의 제국화에 대해 우려한다.[4] 그들과 달리, 좌파 지식인들은 대개 정치체제를 넘어 경제체제까지 고려한다. 그들은 아래서 상론하듯이 제국주의를 자본주의의 마지막 단계로 보는 전통에서 충분히 벗어나지 못하고 있다. 레닌처럼 최후의 순간이 임박했다고 보지는 않지만, 그래도 국제적 알력의 확산과 더불어 경제성장의 둔화와 사회적 갈등의 심화 등, 위기의 징후를 읽어 내는 데 열중한다.[5]

이런 정치성 때문에 용어상의 혼란도 심각하다. 주지하다시피 "제국"은 한때 영광을 연상시키는 용어였지만, 2차대전 이후에는 제국주의에 대한 미국과 소련의 비판과 신생 독립국가들의 저항 덕분에 오욕에 물든 용어로 바뀌었다. 그래서 "제국"은 정치적 용어, 바꿔 말해 정치적 의도에 따라 폭넓은 의미로 사용되는 단어가 되었다. 지금 진행되고 있는 논쟁도 기본적으로 제국이라는 더러운 딱지를 붙이려는 쪽과 그것을 막으려는 쪽 사이에서 벌어진다. 한편에서는 미국의 압도적인 군사적 우위나 일방주의적 외교노선을 비판하는 의미에서 제국이라는 용어를 쓰는 반면에, 다른 한편에서는 미국이 식민지를 가질 생각을 조금도 하지 않기 때문에 미국을 제국으로 볼 수 없다고 반박하는 것이다. 따라서 이 논쟁에서 제국이나 제국주의라는 용어를 쓰는 사람들은 그것을 은연중에 느슨하게 쓰거나 명시적으로 넓혀서 쓰거나, 아니면 미국의 경우에 나타나는 특징을 드러내기 위해 새로운 어구를 만들어 쓴다. "새로운 제국주의"에서 "제국이 아니라 하는 제국*empire in denial*"이나 "요청으로 탄생한 제국*empire by invitation*," 또는 "옅은 제국*empire lite*"에 이르기까지 주의를 끄는 다양한 표현이 그것이다.[6] 따라서 이 논쟁에서 논객들은 대화에 필요한 기본적 용어조차 공유하지 못하는 형편이다. 그래서 지도적인 역사학자 찰스 메이어도 신작 『제국 가운데서』에서 동서고금을 막론하고 수많은 제국을 면밀하게 비교하고는, 논쟁이 결국 제국

4 Johnson, *Sorrows of Empire*; Bacevich, *American Empire*.

5 윌러스틴, 『미국 패권의 몰락』. 정치적 성향은 다르지만 다음 저술처럼 유사한 해석으로 경도되는 경우도 있다. 토드, 『제국의 몰락』.

6 Harvey, *New Imperialism*; Lundestad, "Empire by Invitation?"; Ignatieff, "American Empire."

의 개념을 어떻게 규정하는가에 따라 좌우될 것이라고 선언한다.[7]

여기서는 이처럼 혼란을 일으키는 정치성을 경계하며 제국 논쟁을 검토한다. 정치성의 경계는 무엇보다도 학술적으로 엄격한 자세를 얼마나 철저하게 견지할 수 있는가에 달려 있지만, 그 외에 쟁점과 접근방법에 따라 달라질 수도 있다. 한국의 견지에서 볼 때 중요한 문제는 미국이 제국인가 아닌가 하는 것이라기보다는 미국의 힘이 어떤 성격을 지니고 있는가 하는 의문이다. 미국이 정치와 경제는 물론이요 문화의 측면에서도 한국에 끼치는 막강한 영향력을 올바르게 인식해야 한다는 진부한 명제를 경시할 수 없으니 말이다. 이런 필요를 염두에 둔다면, 지금 진행되고 있는 논쟁을 상대적으로 작은 쟁점을 놓고 벌이는 설전으로 내려다볼 수 있고 또 그만큼 거리를 두고 생각할 수 있을 것이다. 한국의 견지에서 볼 때 중요한 문제는 오늘날 미국이 어떤 힘을 갖고 있는가, 그리고 미국은 어떤 목표를 위해 어떤 방식으로 그 힘을 사용하는가 하는 것이다. 이런 문제에 대한 해답은 미국의 힘이 어떤 성격을 지니고 있는가 하는 의문에 접근하는 데 필수적인 요소이다. 힘의 성격은 그것이 어디서 나와서 어디로 가는지 이해하고 있을 때에야 비로소 올바르게 규정할 수 있기 때문이다. 그렇게 할 수 있다면, 미국이 제국인가 아닌가 하는 표면적인 쟁점에 쉽게 접근할 수 있다. 왜냐하면 제국이란 결국 힘의 결정체이기 때문이다. 거기에 덧붙여, 미국이 제국이라면 어떤 제국인가 하는 문제까지 다룰 수 있을 것이다. 여기서 용어와 개념은 조심스럽게 검토할 것이다. 이는 용어상 혼란을 헤치며 학술적 분석을 시도하는 데 불가결한 과정이기 때문이다.

2. 군사력

제국 논쟁이 시작된 직접적 계기가 테러에 대한 전쟁이었던 만큼, 가장 주목을 끄는 견해는 최근 미국이 군사력에 주로 의지하는 경향을 보여 준다는 점에서 미국을 제국으로 규정하는 것이다. 이는 비판적 지식인들 사이에서 널리 수용되는 견해지만, 흔히 제국의 개념을 느슨하게 정의해서 사용한다는 약점을 안고 있다. 그런 약점에서 벗어나려는 주목할 만한 시도로는 한때 『뉴욕타임스』의 베스트셀러 목록에 오르기도 했던 차머스 존슨의 『제국의 슬픔』을 들 수 있다. 일본 전문가로 널리 알려져 있는 이 정치학자는, 서두에서 1996

7 Maier, *Among Empires*, 66.

년 오키나와에서 있었던 미군 병사들의 일본인 여학생 성폭행 사건을 계기로 미국의 국제관계에 관심을 기울이게 되었다고 밝히면서 이렇게 선언한다. "미국인들은 아직도 '외로운 초강대국' 같은 완곡한 표현을 쓰고 싶어 하겠지만, 9·11테러 이후 우리나라는 공화국에서 제국으로 변모하기 시작했고 이는 돌이킬 수 없을 것 같다."[8] 그 근거는 9·11테러를 계기로 미국의 국제관계가 국제법과 동맹관계를 기반으로 움직이던 외교관들의 손에서 벗어나 무력을 앞세우며 일방적으로 밀어붙이는 군부의 손으로 떨어졌다는 점이다. 바꿔 말해 군국주의, 즉 군부가 자체의 이익을 위해 국가안보나 정부구조를 경시하는 현상이 미국의 국제관계를 특징짓게 되었다는 것이다. 이런 현상은 물론 하루아침에 나타날 수 없다. 그 아래에는 냉전이 끝난 뒤에도 감축되지 않고 오히려 확장되어 온 군사력이 있다. 그것은 오늘날 미국이 세계 38개국에서 725개의 군사기지를 보유하면서 거기에 대략 25만 명의 병력과 3만여 명의 군속을 유지하고 있다는 사실에서 단적으로 드러난다. 이렇게 덩치를 키운 군부가 9·11테러를 계기로 미국을 "외교정책" 대신에 군국주의로 끌고 갔다. 그래서 존슨은 미국을 "기지의 제국*empire of bases*"으로 규정한다.[9]

"기지의 제국"은 식민지가 없는 제국도 있는가 하는 의문에 대한 존슨의 답변이다. 그것은 미국에는 식민지가 없다는 점을 암묵적 전제로 삼는다. 미국이 오키나와를 비롯해 태평양에서 많은 섬을 직접적으로 지배하고 있다는 점에서 미국이 식민지를 갖고 있다고 주장하는 논객들이 있으나, 존슨은 그런 섬들이 정치적으로 의미 있는 영토라고 보지 않는 것이다. 그의 답변은 제국주의에 대한 느슨한 정의, 즉 "약소국에 대한 강대국의 지배와 착취"라는 규정에서 출발한다. 강대국은 약소국을 식민지로 만들지 않고도 지배하고 착취할 수 있다는 것이다. 이런 국제관계에 대해 패권주의라는 용어를 쓰기도 하지만, 존슨은 그것이 냉전시대에 쓰이던 "진영"이나 19세기 말 20세기 초에 쓰이던 "팽창주의"와 같은 완곡한 표현이라고 비판한다. 대신에 제국주의를 자신이 말하는 뜻으로 정의하면, 식민지가 사라지는 2차대전 이후의 세계에서도 사용할 수 있다고 한다. 제국주의는 먼저 신식민주의의 형태로 나타났는데, 이는 강대국이 외견상으로 약소국의 정치적 독립을 존중하면서 실제로는 초국적기업 같은 사적인 제도를 통해 지배하고 착취하는 현상을 가리킨다. 그것은 다음으로 미국과 소련이라는 두 초강대국이 해외에 군사기지를 설치하고 그것을 통해 힘을 행사하는 형태로 나타났다. 그중에서도 미국의 군사기지는 식민지의 축소판이

8 Johnson, *Sorrows of Empire*, 4.
9 Ibid., 15-37, 151-185. (인용은 4)

라 할 수 있는데, 이는 미국이 주둔국가에서 "군대 지위에 관한 협정"을 통해 19세기처럼 치외법권을 확보하기 때문이다.[10]

그러나 "기지의 제국"은 유용한 어구라 하기 어렵다. 우선, 군사기지를 식민지의 축소판으로 볼 수 있는가 하는 문제가 있다. 멀리 필리핀의 수비크 만까지 시야를 넓힐 필요도 없이 바로 서울의 용산기지 이전 사업이나 전시 작전 통제권에 관한 협의에서 드러나듯이, 미국은 상당한 병력을 주둔시키는 국가에서도 정부나 정치과정을 통제하지 못한다.[11] 미국이 "군대 지위에 관한 협정"을 통해 치외법권을 누린다 해도, 그것을 식민지에 대한 제국의 통제력을 보여 주는 것으로 간주할 수 없는 것이다. 더욱이, "기지의 제국"은 식민지가 없는 제국에 대해 흔히 적용하는 "비공식적 제국" 개념의 한 형태에 지나지 않는다. 왜냐하면 "기지의 제국"은 강대국이 군사기지에 배치한 무력을 바탕으로 약소국을 비공식적으로 지배하고 착취하는 것을 가리키기 위해 만들어 낸 용어이기 때문이다. "비공식적 제국"은 주지하다시피 2차대전 이후에 나타난 신식민주의에 대해서만 적용되는 개념이 아니다. 그것은 영국의 역사학자 로널드 로빈슨과 존 갤러거가 1953년에 발표한 유명한 논문을 통해 널리 통용되기 시작한 용어이다. 그들은 19세기에 영국이 약소국을 공식적으로 합병하지 않음으로써 식민지를 유지하는 데 드는 통치비용은 줄이면서 자유무역을 통해 더 많이 착취했다고 지적했다. 그들의 취지는 19세기 영국의 제국주의에서 비공식적인 지배가 공식적인 통치보다 더 중요한 부분이었다는 점을 강조하는 데 있었다.[12] 사실, 이 용어는 원래 영국이 공식적인 지배-종속 관계에 입각한 "직접 통치"에 못지않게, 식민지의 권력구조를 존속시키며 그것을 이용하는 "간접 통치"에 의지했다는 점을 가리키는 데 사용되었다. 그렇기 때문에 그것은 제국의 존재를 전제로 의미를 지닌다. 따라서 그것은 제국과 제국이 아닌 강대국을 구분하는 데 쓰기는 어려운 용어다. 물론, 제국은 강대국과 뚜렷하게 구분되지 않는다. 강대국치고 약소국에 대해 지배와 착취를 자행하지 않은 나라를 찾아내기란 어려운 일이다. 그러나 미국을 강대국이라 부르지 않고 제국이라 부르고자 한다면, 양자를 구분하는 데 적합한 용어를 사용해야 할 것이다.

"기지의 제국"이라는 어구는 미국의 힘에서 군사적 측면을 부각시킨다. 차머스 존슨은 9·11테러를 계기로 미국이 경제적 제국주의에서 군사적 제국주의로 이행했다고 말한다.

---

10 Ibid., 28-37.

11 Maier, *Among Empires*, 66.

12 Gallagher and Robinson, "Imperialism of Free Trade."

아들 부시 행정부가 테러에 대한 전쟁을 선포하면서, 클린턴 행정부가 강조하던 경제적 패권 대신에 군사적 패권을 중시하기 시작했다는 것이다. 변화는 2002년 6월 부시 대통령이 미국육군사관학교 졸업식에서 한 연설에서 먼저 나타났다. 연설의 요지는 무엇보다도 미국이 대량살상무기의 확산에 대비해 절대적으로 우월한 군사력을 유지해야 한다는 점, 그리고 안보를 위협하는 세력에 대해 예방조치를 취할 수 있다는 점에 있었다. 이 새로운 노선은 그해 9월 미국국가안보회의에서 채택한 안보 전략에서 미국의 공식 정책으로 확립되었다. 물론, 존슨은 이런 정책 변화의 기원이 이미 1990년대 초부터 대두한 네오콘에 있다는 것을 인정한다. 그러면서도 그가 강조하는 것은 네오콘의 주장이 클린턴 행정부 아래서 세계화와 다자주의를 추구하던 신자유주의자들 때문에 경시되다가 9·11테러를 계기로 갑자기 주목을 끌게 되었다는 점이다. 이런 변화에 주의를 환기함으로써 존슨은 부시 행정부의 군국주의와 일방주의를 비판하는 동시에, 경제를 외면하는 새로운 정책에 따라 군사력을 확장하면 이는 결국 미국 경제에 큰 부담이 될 것이라고 역설하는 듯하다.[13]

그러나 클린턴과 부시 사이에 단절이 있기는 해도, 그것을 지나치게 강조하는 것은 옳지 않다. 존슨이 단절을 강조하는 근거는 주로 부시 행정부의 일방주의와 군국주의에 있는데, 이는 제국론자들 사이에서 흔히 볼 수 있는 논리이다.[14] 이 논리는 연장하면 미국의 제국주의가 일시적인 현상이라는 견해로 귀결되기도 한다. 유명한 사회학자 마이클 만은 『엉성한 제국』에서 미국의 제국주의를 사실상 군국주의로 환원하면서, 그것이 미국의 전통적인 정치문화와 맞지 않는 것이라고 주장한다. 그러나 이에 관해 지도적인 영국사 전문가 린다 콜리는 미국이 처음부터 제국주의를 실행해 왔다고 단언한다. 미국은 영국 제국주의의 산물로서, 힘으로든 돈으로든 간에 원주민을 몰아내고 토지를 빼앗으며 발전했고, 이런 발전 방식을 계속하면서도 제국주의에 대해 부인했다는 것이다.[15] 콜리는 제국주의를 너무 느슨하게 규정해서 팽창주의와 같은 개념으로 취급하기는 해도, 만이 그것을 지나치게 좁게 한정해서 군국주의에만 초점을 맞춘다고 비판하는 대목에서 설득력을 갖는다. 바로 이런 비판은 존슨에게도 해당된다. 그가 클린턴 행정부와의 단절을 강조함으로써 부시 행정부의 일방주의와 군국주의를 부각시키기 때문이다.

13 Johnson, *Sorrows of Empire*, 70–71, 255–287.

14 Tremblay, *New American Empire*; Burbach and Tarbell, *Imperial Overstretch*.

15 Mann, *Incoherent Empire*; Colley, "Introduction." 또한 다음도 참고하라. Cannadine, "'Big Tent' Historiography."

〈도표 12-1〉 **주요국의 군사비 지출 추이** (단위: 10억 달러)

연도 나라	1990	1995	2000	2004	2005
미국	431.4(5.3)	336.6(3.8)	322.3(3.1)	452.6(4.0)	478.2
영국	51.5(3.9)	43.1(3.0)	40.5(2.4)	51.1(2.8)	48.3
프랑스	50.0(3.4)	46.1(3.0)	43.8(2.5)	41.2(2.6)	46.2
일본	37.7(0.9)	40.5(0.9)	41.8(1.0)	42.4(1.0)	42.1
독일	52.2(2.8)	37.9(1.6)	36.6(1.5)	34.0(1.4)	46.2
이탈리아	25.4(2.1)	22.4(1.8)	29.7(2.1)	30.3(2.0)	27.2
러시아	*126.4(12.3)	16.0(4.4)	14.1(3.7)	19.3(4.3)	21.0
중국	[12.3](2.7)	[14.0](1.8)	[22.2](2.0)	[37.7](2.4)	

주: ( )는 국내총생산(GDP)에서 차지하는 비율 / [ ]는 스톡홀름 국제평화연구소 추정치 / *는 소련의 군사비 지출액

출전: Stockholm International Peace Research Institute, *The SIPRI Military Expenditure Database* (http://first.sipri.org/non-first/milex.php 2006년 12월 2일 접속).

더욱이, 존슨의 견해는 미국의 실제 행동에 잘 들어맞지 않는다. 우선, 미국은 2002년부터 군사비 지출을 확대했지만, 군사적 패권에 대해서는 그 이전부터 커다란 관심을 기울여 왔다. 이는 스톡홀름 국제평화연구소의 군사비 지출 자료에서 분명하게 드러난다. 〈도표 12-1〉에서 보이듯이, 미국의 군사비는 2000년대부터 다시 늘어나기 시작했다. 더 정확하게 말하면, 정책 변화가 있던 2002년부터 금액 측면에서도 비율 측면에서도 늘어났다— 2001년에는 3,249억 달러로 전년도에 비해 금액이 조금 늘었으나 비중은 늘지 않았다. 그러나 거기서 드러나듯이 미국이 군사적 패권을 강조하기 시작한 것은 그때부터가 아니다. 미국은 지난 15년 동안 해마다 적게는 3,223억 달러에서 많게는 4,782억 달러를 지출했는데, 이는 이 기간에 해마다 다른 강대국들이 지출한 군사비를 모두 합친 액수보다도 훨씬 많은 금액이다. 이 자료는 각국이 공개한 지출을 토대로 작성된 것이므로 여기에 포함되지 않은 것까지 감안하면, 그 차이는 더 클 것으로 보인다. 이 양적인 차이는 질적인 차이를 수반한다. 미국의 막대한 군사비는 다른 강대국에 비해 규모가 더 클 뿐 아니라 효과도 더 큰 군사력을 만들어 내는 데 쓰인다. 이는 첨단기술에서, 특히 두 차례의 이라크전쟁에서 미군이 보여 준 전파방해와 정밀폭격, 그리고 새로이 개발된 중성자탄에서 미사일 방어 시스템에 이르는 낯선 무기체계에서 잘 드러난다. 그것은 또한 군사력이 미치는 범위에서도, 바꿔 말해 필요하다면 세계 어느 곳이든지 미군을 즉각 투입할 수 있는 능력에서도 드러난다. 차머스 존슨이 지적하듯이 미국은 700개가 넘는 군사기지를 갖고 있을 뿐 아니라,

군사기지가 없는 지역에도 손을 뻗칠 수 있도록 이미 1979년부터 신속기동군을 편성해 운용하고 있다. 따라서 군사적 패권을 유지하기 위해 미국은 9·11테러 이전부터 많은 노력을 기울였다고 할 수 있다.

3. 경제력

존슨을 비롯해 많은 제국론자들은 아들 부시가 클린턴과 마찬가지로 시장개방과 경제통합을 역설했다는 사실에 주목하지 않는데, 이 사실은 누구보다도 정치학자 앤드루 바세비치가 강조한다. 그는 2002년에 출간된 『미국의 제국주의』에서 부시 행정부의 외교정책이 방향 없이 표류하다가 9·11테러를 계기로 일방주의와 군국주의로 흐른 것처럼 보이지만, 처음부터 시장개방과 경제통합이라는 기본 목표에서 멀어진 적이 없다고 지적한다. 부시가 우월한 군사력과 예방조치의 필요성을 선언한 2002년 6월 연설에서도 자유를 수호한다는 대의를 주제로 부각시켰다는 점에서, 테러에 대한 전쟁조차도 그런 목표를 달성하는 수단으로 간주해야 한다는 것이다.

바세비치는 거기서 나타나는 연속성을 무엇보다도 클린턴 행정부와 부시 행정부에서 공유되는 세계관에서 발견한다. 그에 따르면 이들 두 사람과 그 보좌진은 냉전 이후의 세계에서 미국이 담당해야 할 역할을 거의 같은 관점에서 이해하고 있는데, 그것을 서로 연관되어 있는 네 가지 목표로 정리할 수 있다. 첫째, 미국이 세계질서를 주도하면서 미국의 지배적 위치를 영구적으로 공고하게 만드는 것이다. 둘째, 미국의 주도 아래 세계화를 촉진함으로써 세계를 개방과 통합으로 이끌고 가는 것이다. 셋째, 전략적으로 중요한 모든 지역에서 미국의 우위를 유지하는 것이다. 넷째, 군사적 패권을 영구적으로 유지하면서 지구 전역으로 확대하는 것이다. 바세비치에 따르면 이들 목표는 냉전이 끝난 뒤에 설정되었지만, 그 아래에 깔려 있는 세계관은 이미 19세기 말에 형성되었고 냉전이 시작되던 2차대전 직후에 미국 외교의 기본노선으로 정착되었다. 따라서 그는 미국의 제국주의가 적어도 한 세기가 넘는 역사를 갖고 있다고 주장한다.[16]

바세비치의 견해를 따르면 미국의 힘을 경제 측면에서, 또 장기적 안목에서 파악할 수 있지만, 제국의 개념에 관한 낯익은 문제에 다시 부딪히게 된다. 미국은 식민지가 없기 때

16 Bacevich, *American Empire*, 특히 1-31, 198-244.

문에 제국이 아니라는 항변에 대해, 그는 다만 "비공식적 제국"이라는 어구로 답할 뿐이기 때문이다. 이처럼 넓은 시야와 긴 안목을 갖고 접근하면서 느슨한 개념에 의존하는 태도는 제국주의에 관한 논쟁에서 특이한 것이 아니다. 그것은 이데올로기의 관점에서 볼 때 바세비치의 반대편에 자리 잡고 있는 좌파 학자들에게서도 흔히 나타난다.

사실, 그런 태도는 좌파 학자들의 고질적인 문제라 할 수 있다. 그것은 바세비치가 입론의 출발점으로 삼는 미국 외교사의 거장 윌리엄 애플먼 윌리엄스의 저술에서 미국의 대표적인 마르크스주의 평론지 『먼슬리 리뷰』에 이르기까지 흔히 볼 수 있는 것이다. 윌리엄스는 1959년에 발표한 『미국 외교의 비극』에서 19세기 말 이후의 미국 외교를 "문호개방 제국주의"로 규정한다. 그에 따르면 미국은 오랜 불황에서 벗어나기 위해 1890년대부터 해외에서 상품시장과 원료 공급지를 확보하려 했는데, 그때에는 이미 강대국들이 세계 전역을 식민지나 세력권으로 분할해서 장악하고 있었기 때문에 미국을 위한 공간을 발견할 수 없었다. 따라서 미국은 식민주의에 반대하면서 자유로운 교역을 위해 문호개방이 필요하다는 점을 역설했으며, 20세기 내내 이것을 외교의 기본 노선으로 견지했다. 윌리엄스의 책을 읽다 보면 경제적 제국주의론의 개척자 존 홉슨을 연상하게 되지만, 미국을 식민지가 없다는 점에서 "비공식적 제국"으로 규정하는 대목에 이르면 실망을 느끼게 된다.[17]

윌리엄스의 영향력 아래서 성장한 급진적 지식인들은 대개 홉슨의 해석을 마르크스주의로 흡수시킨 레닌의 견해로 경도되어 있다. 이는 『먼슬리 리뷰』에서 해리 맥도프, 이매뉴얼 월러스틴, 사미르 아민 같은 지도적 좌파 학자들의 기고문을 모아 간행한 2004년도 논문집에서 특히 분명하게 보인다. 그들은 제목을 "미국의 역병"이라 붙인 이 책에서, 미국의 제국주의가 오랜 역사를 갖고 있다는 사실을 강조한다. 제국주의는 테러에 대한 전쟁 속에서 시작된 것이 아니라 미국의 탄생까지 거슬러 올라가는 역사를 지니고 있다는 것이다. 편자들의 설명에 따르면, 그것은 유럽에서 대두한 자본주의가 다른 대륙으로 팽창하는 과정과 구분되지 않는다. 그들은 제국주의를 이해하는 데 역사적 안목이 중요하다고 지적하면서 이렇게 선언한다. "제국주의는 처음부터 자본주의에서 떼어 낼 수 없는 부분이며 자본주의 자체가 끝날 때까지 사라지지 않을 것이다."[18] 여기서 제국주의가 "자본주의의 최고 단계"라는 레닌의 명제를 고수하는 태도, 그래서 제국주의를 자본주의와 구분하지 못하는 맹점을 찾아내기는 쉽다.

---

17 Williams, *Tragedy of American Diplomacy*. 홉슨의 해석에 관해서는 홉슨, 『제국주의론』을 보라.
18 Foster and McChesney, *Pox Americana*. (인용은 11) 레닌의 해석에 관해서는 Lenin, *Imperialism*을 보라.

이 맹점은 오늘날 미국의 국제관계에 대한 마르크스주의적 분석으로서 주목을 끌고 있는 두 권의 저술에도 들어 있다. 지리학계의 거장 데이비드 하비는 2003년에 발표한 『새로운 제국주의』에서, 제국주의라는 용어를 정치적 논쟁 대신에 학술적 분석에 쓸 수 있도록 "자본주의적 제국주의"라는 개념을 도입한다. 이것은 "영토의 논리"와 "자본의 논리"가 혼합된 제국주의를 뜻한다. 여기서 전자는 해외에서 영토를 지배하고 거기서 인력과 자원을 착취하려는 정치적 기도를 가리키고, 후자는 자본을 장악하고 이용함으로써 시간과 함께 공간을 뛰어넘어 자본의 축적을 추진하는 과정을 가리킨다. 두말할 나위도 없이 전자가 전통적 제국주의를 뜻하므로, 그것을 새롭게 만드는 것은 후자에 달려 있다. 하비에 따르면, 자본이란 과도하게 축적되면 시간과 공간을 뛰어넘어 "강탈에 의한 축적"을 기도하는 경향을 지니고 있다. 자본주의가 발전함에 따라 자본 축적의 기회가 줄어들면, 자본가들은 자본주의가 발전하지 않은 지역으로 진출해, 거기서 농민으로부터 토지를 빼앗아 갖거나 공유지를 사유지로 만들어 차지하거나, 아니면 많은 사람들로 하여금 생계를 잇기 위해 임금노동에 종사하게 만든다는 것이다. 이것은 곧 마르크스가 말하던 "자본의 원초적 축적"인데, 하비가 자인하듯이 이 과정이 자본주의의 초기 단계에서 끝나지 않고 자본주의의 공간적 확산에 따라 지속적으로 진행된다는 점을 보여 주기 위해 표현을 바꾼 것일 뿐이다.[19] 그렇다면, "자본주의적 제국주의"란 기본적으로 자본주의가 새로운 영토로 확장되면서 초기의 발전 단계를 되풀이하는 현상이라 할 수 있다. 따라서 하비는 다른 많은 마르크스주의자들처럼 제국주의를 자본주의로 환원한다.

바로 그렇기 때문에, 하비도 마르크스주의자들의 고질적 문제를 해결하지 못한다. 제국주의를 자본주의와 구분하려고 노력하면서도 경제적 해석을 강조하는 마르크스주의의 전통을 비판하지 않기 때문에, 그는 제국에서 식민지가 갖는 군사적 · 정치적 의미를 포착하지 못한다. 제국주의가 맹위를 떨치던 19세기 말 20세기 초에 제국들이 주로 군사적 · 외교적 전략의 견지에서 식민지를 평가했다는 사실은 이미 1930년대에 역사학자 윌리엄 랭어가 보여 주었으나, 그와 대결하지 않고 그저 회피할 뿐이다. 여기서 더욱 중요한 것은 "자본주의적 제국주의"가 자본주의를 근거로 삼아 제국주의를 두 개의 범주로 나누는 매우 단순한 개념이라는 점이다. 그것은 근대 이전에 나타났던 제국들의 다양한 모습을 보여 줄 수 없을 뿐 아니라, 근대 제국들의 다양성도 드러내기보다는 오히려 덮어 버리는 틀

19 Harvey, *New Imperialism*. 특히 26-86, 137-182.

이다. 그래서 하비는 미국 제국주의의 특징을 파악하는 데 실패한다. 그의 견해에 따르면, 미국은 자본주의가 먼저 발전했던 영국의 제국주의를 답습하고 있을 뿐이다. "미국의 부르주아지는 간단히 말해 19세기의 마지막 30년 동안 영국의 부르주아지가 깨달았던 것을 다시 깨달았다. 그것은 해나 아렌트의 말처럼 '단순한 강탈이라는 원죄' 를 통해 자본의 원초적 축적이 가능했는데, '축적의 동력이 갑자기 꺼지지 않게 하려면 결국 그 원죄를 되풀이하는 수밖에 없다는 것' 이다."[20] 따라서 하비는 미국이 어떤 힘을 갖고 있는가 하는 의문을 푸는 데도 도움이 되지 않는다.

지도적인 정치학자 엘렌 우드는 하비보다 정교한 이론을 내놓는다. 그는 2003년에 출간된『자본의 제국』에서 고대에서 현대까지 제국의 역사를 개관하면서, 세 가지 유형의 제국이 존재했다고 지적한다. 첫째 유형인 "재산의 제국" 은 중국이나 로마처럼 영토를 장악하고 그 주민과 토지로부터 조공이나 세금을 거두어들이는 제국이다. 둘째 유형은 "상업의 제국" 으로서, 근대 초기의 네덜란드처럼 무역기지를 확보하고 교환을 통해 상업적 이익을 얻는 제국을 가리킨다. 마지막으로 "자본의 제국" 은 다른 유형과 달리 영토적 지배 대신에 경제적 패권을 추구하는 제국을 뜻한다. 이 제국은 둘째 유형처럼 교환을 통해 상업적 이익을 얻기도 하지만, 그와 달리 투자를 통해 가치를 창조하고 이윤을 추구하는 데 주력한다. "자본의 제국" 은 근대 초기에 영국이 해외에 식민지를 건설하면서 발전하기 시작했다. 우드에 따르면 스페인이나 프랑스와 달리, 영국은 식민사업을 자본주의의 원칙에 따라 추진했다—구체적으로 말해 영국인들이 식민지로 가서 재산을 투자해 농장을 건설하고, 그것을 운영하며 이윤을 창출하는 방식으로 추진했다. 거기서 탄생한 자본주의적 제국주의는 계속해서 발전하지는 못했는데, 그것은 인도에서 드러나듯이 영국이 19세기 후반에도 영토적 지배에 크게 의존했기 때문이다. 그러나 미국은 영토적 지배를 회피할 수 있고 따라서 식민지를 지배하는 데 따르는 비용도 부담하지 않을 수 있는데, 이는 20세기에 들어와서 자본주의가 세계 전역으로 확산되었기 때문이다. 더욱이, 미국은 2차대전이 끝난 다음에 국제통화기금*IMF*과 세계은행과 관세 및 무역에 관한 일반협정으로 구성되는 국제 경제체제를 수립해서 미국 자본의 해외진출을 지원했다. 그래서 우드는 "미국이 최초의, 그리고 아직까지 유일의 자본주의 제국" 이라고 주장한다.[21]

이 견해는 마르크스주의적 제국주의 이론을 새로운 차원으로 발전시키려는 시도라 할

20 Ibid., 182. 랭어의 해석에 관해서는 Langer, *Diplomacy of Imperialism*을 보라.

21 Wood, *Empire of Capital*. (인용은 x)

수 있다. 우드는 레닌을 비롯해 20세기 초에 마르크스주의자들이 제기한 고전적 이론들을 역사적 맥락에 비춰 비판한다. 우드에 따르면, 그들이 자본주의가 제국주의에서 최고 단계나 최후 단계에 이른다고 생각한 것은 식민지 쟁탈전이 격화되던 당대의 현실에 토대를 두고 있다. 그때에는 영국에서 자본주의가 발전하자 독일을 비롯해 다른 나라도 산업화에 주력했고, 이것이 군사적 · 정치적 경쟁으로 심화되면서 자본주의가 발전하지 않은 지역을 자본주의 세계로 강제로 통합하는 현상으로 이어졌다. 레닌 같은 사람들은 이런 상황에다 마르크스의 이론—가장 성숙했던 영국의 자본주의를 분석해서 구성한 개념틀—을 적용했고, 그렇게 해서 마르크스의 이론에 어긋나는 전망—자본주의가 세계 전역으로 충분히 확산되기도 전에 자본주의가 쇠퇴할 것이라는 예언—을 제시했다. 이 고전적 이론들은 미국의 제국주의에 적용되지 않는데, 이는 이제 자본주의가 사실상 세계 전역으로 확산되어 있기 때문이다. 따라서 이 새로운 상황에 맞는 이론이 필요하다고 우드는 주장한다. 새로운 상황에서는 식민지를 얻기 위한 군사적 · 정치적 경쟁이 없고, 경제 측면에서만 경쟁이 벌어진다. 거기서 자본은 식민지보다 국민국가를 선호한다. 국가는 자본 축적에 필요한 기본 조건, 그러니까 재산관계, 시장기제, 그리고 사회질서를 보장하기 때문이다. 그래도 국제질서에서 군사력이 중요하다고 우드는 강조한다. 군사력은 국가권력이 제대로 기능하지 못하는 지역에서 혼란을 방지하고, 미국이 지배하는 국제질서에 저항하는 이른바 "불량국가"를 통제하며, 무엇보다 유럽연합이나 중국, 또는 러시아처럼 미국의 패권에 순응하지 않는 세력을 견제하는 데 불가결한 수단이다.[22]

우드의 견해는 고전적 이론의 한계를 인식하고 대안을 모색한다는 점에서, 특히 미국 제국주의의 특징을 파악하고자 시도한다는 점에서 주목할 만한 것이지만, 거기에는 중대한 결함이 있다. 이미 역사학자 패트릭 울프는 고전적 이론이 자본주의가 세계 전역으로 확산된 다음에야 쇠퇴하기 시작할 것이라는 마르크스의 예언에 어긋난다는 점을 지적한 바 있다.[23] 이는 이제 제국주의를 자본주의와 구분해서 취급해야 한다는 것, 즉 자본주의에 내재하는 팽창 경향을 고려할 때 자본주의를 제국주의와 연관 지어 생각하는 것은 당연한 일이지만 그래도 제국주의는 자본주의가 대두하지 않은 시대나 지역에서도 존재하던 현상이므로 자본주의에서 떼어 내서 다뤄야 한다는 것을 뜻한다. 그렇지만 우드는 제국이나

22 Ibid., 125-168.

23 Wolfe, "History and Imperialism." 좌파에서는 이미 1990년대 초부터 제국주의라는 용어의 유용성을 의심하는 기류가 형성되었는데, 이에 관해서는 "Special Section: Imperialism"을 보라.

제국주의를 자본주의와 구분되는 현상으로 다루면서도 그 개념을 명확히 규정하지 않는다. 그는 서론에서 식민지가 없기 때문에 미국을 제국으로 볼 수 없다는 견해에 대해 언급한다. 그러나 결론을 맺을 때까지 제국이나 제국주의의 개념조차 정의하지 않은 채 미국을 제국으로 취급할 뿐이다. 그 대신, 제국이 행사하는 강제력에 주목한다. 우드에 따르면, 제국은 언제나 경제적 강제와 "비경제적 강제," 즉 정치적 · 군사적 · 사법적 강제를 혼합해서 행사하는데, 오직 자본주의적 제국만 경제적 강제에 주로 의지한다.[24] 그래서 그는 미국이 행사하는 경제적 강제력과 비경제적 강제력이 어떻게 혼합되어 있는지 설명하면서, 그것을 근거로 제국이라는 용어를 사용한다. 바꿔 말해, 우드는 제국이란 식민지가 있든 없든 간에 다른 나라에 대해 강제력을 행사하는 나라라고 말하는 것이다. 이렇게 느슨한 용법은 미국처럼 주로 경제력에 의지하는 자본주의 제국에 적합하지만, 바로 그렇기 때문에 제국과 제국 아닌 국가를 구분하는 데는 적합하지 않다. 왜냐하면 제국이란 결국 정치체 사이의 관계에 관한 개념인데도, 우드는 그 관계 대신에 그 관계를 수립하는 수단에 주목하기 때문이다. 실제로 우드는 오늘날 "세계가 지배하는 제국과 종속당하는 식민지로 구성되어 있는 것이 아니라 정도의 차이가 있기는 해도 제국과 종속 국가가 모두 주권국가인 국제체제로 구성되어 있다"고 인정한다.[25] 그러면서도 주권국가 사이의 지배-종속 관계에 대해서는 강제력이라는 수단 이외에 아무것도 말하지 않는다.

더욱이, 경제력에 관해서도 우드의 견해가 전적으로 설득력이 있는 것은 아니다. 물론, 우드는 미국의 경제력을 중시하면서도 결코 군사력을 경시하지 않는다는 점에서, 데이비드 하비나 차머스 존슨보다 훨씬 균형 잡히고 깊이 있는 견해를 제시한다. 그렇지만 그는 제국주의에 대해 비판적인 많은 지식인들처럼 미국의 경제력에 관해 비관적인 생각을 갖고 있다. 이런 생각에 대해서는 중요한 반론이 제기되었는데, 이 논쟁은 제국에 관한 논쟁과 얽혀 있으므로 면밀하게 검토할 필요가 있다.

미국이 쇠락의 길을 걷고 있다는 생각은 주지하다시피 1960년대 말부터 1970년대 초에 미국이 베트남에서 철수하고 달러 위기와 에너지 위기를 겪었을 때 형성되었다. 그런 비관론은 1980년대에 들어와서 레이건 행정부의 공격적인 팽창 정책 앞에서 후퇴했으나, 역사학자 폴 케네디가 『강대국의 흥망』을 발표해 비관론에 힘을 실어 주었다. 그는 역사상 강대국들이 경제력의 한계를 간과하고 "과도한 팽창"을 시도하다가 필요한 군사비를 감

24 Wood, *Empire of Capital*, 4.
25 Ibid., 152.

당하지 못해 쇠망했다고 강조했다. 이 간단한 교훈은 레이건 행정부 아래서 미국의 재정 적자와 무역적자가 크게 늘어났기 때문에 많은 미국인들 사이에서 엄중한 경고처럼 울려 퍼졌다. 더욱이, 좌파에 속하는 사회과학자들은 미국이 쇠망하고 있다는 생각을 해박한 지식과 정교한 이론으로 다듬어 발표하면서, 비관론의 확산에 일조했다.[26] 따라서 1990년대 중엽까지도 미국의 국력은 흔히 소극적으로 평가되었다.

그러나 그때부터 낙관론이 부활하면서 기류가 바뀌기 시작했다. 클린턴 행정부 아래서 미국은 정보·통신을 비롯해 첨단기술을 바탕으로 호황을 누리며 빠른 속도로 재정적자를 줄였고, 반면에 일본이 침체의 수렁에 빠져 있었고 러시아가 체제 이행의 진통에서 헤어나지 못하고 있었다. 미국인들 사이에 확산되기 시작한 낙관론에는 새로운 논거도 있었다. 이미 1990년대 초부터 정치학자 조지프 나이 2세는 미국의 쇠퇴를 장기적 추세로 볼 수 없다고 지적하기 시작했다. 그는 흔히 미국의 국력이 1945~68년간에 절정에 이르렀다가 쇠락했다고 보지만, 이는 그 시기의 특수성을 간과하는 견해라고 비판했다. 그때에는 독일이나 일본 같은 패전국뿐 아니라 영국과 소련 같은 승전국도 군사적으로나 경제적으로 피폐에 빠졌다가 회생했기 때문에, 미국의 국력이 상대적으로 지나치게 부각되었다는 것이다. 또 그는 1980년대에 미국 경제가 세계 경제에서 4분의 1 정도의 비중을 차지했는데, 이는 미국이 강대국으로 부상하던 20세기 초와 같은 수준이라고 강조했다.[27] 이런 견해는 나이가 1990년대 전반기에 국방차관보를 비롯해 고위 관직에 있으면서 클린턴 행정부의 안보정책에 깊이 관여했기 때문에 더욱 무게를 가질 수 있었다. 게다가, 최근에는 니얼 퍼거슨이 폴 케네디의 "과도한 팽창"이라는 개념을 비판함으로써 미국의 힘에 대해 더욱 적극적으로 생각할 수 있는 논거를 마련해 준다. 그는 영국을 중심으로 강대국의 흥망 과정을 면밀하게 검토하고 그 과정이 경제력이라는 포괄적 역량에 따라 결정되지는 않았다고 설명한다. 그것은 차라리 채권이나 조세 같은 장치를 통해 장기적으로 군사비를 충당할 수 있는 능력에 따라 좌우되었다는 것이다.[28] 이런 비판과 미국의 활력 앞에서 폴 케네디도 저 유명한 관념을 철회했다.[29] 이는 이제 미국의 국력이 적극적으로 평가되고 있음을 뜻한다.

---

26 케네디, 『강대국의 흥망』; Wallerstein, *Politics of World-Economy*, 37-46; Arrighi, *Long Twentieth Century*.

27 Nye, *Bound to Lead*.

28 Ferguson, *Cash Nexus*.

29 Ferguson, *Colossus*, 261-262.

〈도표 12-2〉 **주요국의 국내총생산**(GDP 구매력 평가치) **추이** (단위: 10억 달러)

나라 \ 연도	1990	1994	2000	2005	2005(일인당)*
세 계	NA	NA	43,600	60,630	NA
미 국	[5,465]	6,738	9,963	12,310	41,600
유럽연합	NA	NA	NA	12,180	NA
중 국	[413]	2,979	4,500	8,883	6,800
일 본	[2,115]	2,527	3,150	4,025	31,600
인 도	[254]	1,254	2,200	3,666	3,400
독 일	1,157	1,345	1,936	2,480	30,100
영 국	858	1,045	1,360	1,818	30,100
프랑스	873	1,080	1,448	1,794	29,600
이탈리아	844	999	1,273	1,667	28,700
러시아	(2,660)	721	1,120	1,584	11,000

주: [ ]는 국민총생산(GNP) / ( )는 소련의 1989년도 국민총생산 / * 단위는 1 달러

출전: U.S. Central Intelligence Agency, The World Factbook, 1990, 1991, 1996, 2001, 2006: https://www.cia.gov/cia/publications/factbook/index.html (2006년 12월 4일 접속); http://theodora.com/wfb/abc_world_fact_book.html (2006년 12월 5일 접속).

그렇다고 해도 낙관론은 조심스럽게 받아들여야 한다. 경제력을 국가별로 비교하는 데는 다양한 자료를 이용할 수 있지만, 군사력의 토대로서는 생산력이 무엇보다 중요하므로 미국중앙정보국의 자료가 유용하다. 거기서는 각국의 경제력을 측정하는 기준으로 국내총생산을 채택하면서도, 국가별로 화폐의 구매력이 상당히 다르다는 점을 고려해 구매력 평가방법에 따라 조정한 수치를 사용한다. 그에 따르면 〈도표 12-2〉에서 보이듯이, 미국의 국내총생산은 2000년 9조 9,630억 달러에서 2005년 12조 3,100억 달러로 늘었지만, 세계 총액에서 차지하는 비중은 22.9%에서 20.3%로 줄었다. 이런 추세는 소련 해체기까지 거슬러 올라가면 더욱 뚜렷하게 보인다. 소련이 해체되기 직전인 1990년에는 미국의 생산력이 2위 국가와 3위 국가를 합친 것보다 14% 정도밖에 크지 않았지만, 그 이후에 22%까지 커졌다. 그러나 2005년에 오면, 미국의 생산력이 유럽연합 이외에 2위 및 3위 국가의 생산력보다 오히려 작다. 가장 중요한 요인은 물론 중국의 성장이다. 중국은 1990년대 중엽부터 일본을 제치고 유럽연합 이외에 두 번째로 큰 생산력을 갖게 되었을 뿐 아니라 경이로운 속도로 성장해 왔고, 그래서 미국의 잠재적 경쟁자로서 주목을 끌고 있다. 그

러나 1인당 액수로 가늠할 수 있는 생활수준을 기준으로 보면, 구매력 차이를 감안한다 해도 13억이 넘는 많은 인구 때문에 미국과 비교가 되지 않는다. 더욱이, 인도와 러시아를 제외한 다른 주요국들, 그러니까 경제 선진국인 일본, 독일, 영국, 프랑스, 이탈리아 등 5개국은 국내총생산을 모두 합쳐야 겨우 미국만 한 생산력을 가질 수 있다. 따라서 미국은 아직도 막강한 경제력을 갖고 있지만, 상대적으로 쇠퇴하고 있는 중이라고 말할 수 있다.

그렇다고 해서 비관론이 그럴 듯하게 보이는 것은 아니다. 장기적 안목에서 볼 때, 미국은 경쟁국들에 비해 전례 없이 높은 우위를 누리고 있다. 19세기 영국을 비롯해 다른 제국들이 경쟁국들에 비해 상대적으로 우월한 경제력을 갖고 있었다고 한다면, 20세기 미국은 압도적으로 우월한 경제력을 갖고 있다고 할 수 있다. 이 점은 정치학자 윌리엄 월포스의 논문에서 잘 드러난다. 그는 18세기 중엽부터 오늘날에 이르기까지 강대국들의 상대적 지위를 확인할 수 있도록, 경제력과 군사력의 측면에서 각국이 강대국들 가운데서 얼마만 한 비중을 차지하는지 보여 준다. 그가 선택한 방법은 18세기에는 인구와 병력을, 그리고 19세기와 20세기에는 국내총생산과 군사비를 지표로 이용해, 최상위 강대국 6~7개 국가들 가운데서 각국이 차지하는 비율을 알아내는 것이다. 그에 따르면, 최고 강대국은 18세기 중엽에는 프랑스, 18세기 말에는 러시아, 그리고 19세기 말에는 영국과 러시아였는데, 이들 가운데 어느 국가도 30%가 넘는 경제력이나 군사력을 가진 적이 없었다. 예외적으로 프랑스만이 18세기 중엽에 40%에 가까운 군사력을 갖고 있었다. 반면에 미국은 군사력 측면에서 볼 때 20세기 후반에 40% 조금 넘는 비중을 차지했는데도 소련에 약간 뒤졌지만, 21세기에 들어와서는 60%에 육박하는 수준으로 갑자기 올라섰다. 경제력에서는 20세기 중엽에 50%가 넘는 비중을 차지했으나, 20세기 말에 30% 정도로 줄어들었다가 21세기에 들어와서는 40%가 넘는 수준으로 늘어났다. 한마디로 줄이자면, 군사력뿐 아니라 경제력에서도 미국은 역사상 유례를 찾아볼 수 없을 만큼 압도적인 우위를 누리고 있는 것이다.[30] 그렇다면 미국의 쇠퇴는 화급한 화두라 할 수 없다.[31]

그래도 현실에 대한 해석은 상이한 방향으로 흐르면서, 제국 논쟁에 미묘한 영향을 끼친

30 Wohlforth, "U.S. Strategy." 특히 105쪽 그림을 보라.

31 미국 쇠퇴론에 대한 비판은 급진적인 역사학자에 의해서도 제기된 바 있는데, 이에 관해서는 다음을 보라. Cumings, "Still the American Century." 이 논문은 미국 쇠퇴론을 다루면서 자유주의자들의 견해에 대해서만 언급한다. 이는 사실과 다른 인상을 남길 수 있다. 본문 제3절에서 지적하는 것처럼, 급진적인 지식인들은 대개 레닌을 따라 미국이 "자본주의의 최고 단계"인 제국주의에 도달했고 그래서 이미 쇠퇴 국면에 진입했다고 목청 높여 주장해 왔다.

다. 비관론은 대체로 제국론자들이 이데올로기에 관계없이 수용하는 해석이다. 그들은 미국의 쇠퇴에 대해 차머스 존슨처럼 우려를 갖거나 엘렌 우드처럼 희망을 품는 것이다. 반면에 낙관론은, 정확하게 말해 조심스러운 낙관론은, 미국의 대외정책에 관한 다양한 처방으로 연결된다. 낙관론 자체를 거부하는 좌파를 제외하고 나면, 그것은 이데올로기의 스펙트럼에 따라 다른 정책을 제안하는 근거가 된다. 우선, 니얼 퍼거슨처럼 미국이 공개적으로 제국주의를 표방해야 한다고 주장하는 사람들, 특히 네오콘을 비롯해 극단적인 우파는 사실상 제국주의를 지향한다. 다음으로, 극단적이라고 할 수는 없지만 그래도 강경한 자세를 견지하는 사람들은 힘의 외교를 중시한다. 예를 들면, 정치학자 존 미어셰이머나 카터 대통령의 안보보좌관이었던 즈비그뉴 브레진스키는 미국이 제국주의까지 나아가지는 않는다 해도 권력정치의 논리에 충실히 따라야 한다고 주장한다.[32] 반면에, 온건한 자세를 갖고 있는 사람들은 미국이 제국주의로 경도되는 데 대해 우려한다. 이들은 물론 미국을 제국으로 보지 않는다는 점에서 앞에서 언급한 두 정파와 같은 의견을 갖고 있다. 그러나 그런 정파와 달리 명시적이든 묵시적이든 간에 미국을 패권국가로 간주한다. 따라서 이들의 견해를 패권론—1980년대에 대두한 패권 안정론과 연관되어 있으나, 그와 달리 제국론에 반대하며 미국을 패권국가로 규정하는 해석—으로 묶을 수 있다. 패권론은 물론 이들의 전유물이 아니지만 온건파에서 널리 수용되고 있는데, 지금까지 다룬 제국론의 대안이라 할 수 있으므로 면밀하게 검토할 필요가 있다.

4. 제도적 권위와 문화적 매력

패권론은 한마디로 줄이자면 미국이 패권국가로서 제국과는 다른 방식으로 힘을 행사한다고 보는 해석이다. 제국의 개념을 느슨하게 규정해서 식민지가 없는 미국에 적용하기보다는, 미국이 다른 나라의 동의와 협력을 얻어 가며 힘을 사용하는 데 주목하자는 것이다. 이 취지는 온건파 패권론자들이 사용하는 다양한 표현 속에, 제국이라는 용어에 의지하는 비유법에서 힘을 연상시키는 단어를 회피하는 완곡어법에 이르기까지 여러 가지 용법 속에 들어 있다. 역사학자 게이르 룬데스타드는 미국을 가리켜 "요청으로 탄생한 제국"이라 부르며, 2차대전 이후에 서부 유럽을 중심으로 많은 나라들이 미국의 개입과 지원을

32 Brzezinski, *Choice*; Mearsheimer, *Tragedy of Great Power Politics*.

요청함으로써 미국의 패권에 정당성을 부여했다는 사실을 지적한다. 영어 사용권의 유명한 논객 마이클 이그나티에프는 "열은 제국"이라는 표현을 쓰는데, 이 어구를 처음으로 사용한 글에서 그것이 패권을 가리킨다는 점을 스스로 밝힌 바 있다. 거기서 그는 부시 행정부의 일방주의를 비판하고 국제협력의 중요성에 대해 주의를 환기하면서, 미국의 특징에 대해 이렇게 말한다.

> 미국이라는 제국은 식민지나 정복, 또는 백인의 사명 위에서 건설되었던 지나간 시대의 제국과 같지 않다. 21세기의 제국은 정치학계에 알려져 있지 않던 새로운 창조물인 열은 제국, 즉 자유로운 시장과 인권과 민주주의를 역설하며 인류의 역사에서 가장 강력한 군사력을 행사하는 세계적 패권이다.[33]

정치학자 마이클 만델바움은 차라리 비유법을 써서 미국을 골리앗으로 묘사한다. 그렇지만 그의 취지는 미국이 국제사회에서 막중한 역할을 담당한다는 것, 많은 국가의 안전을 보장하고 국제통화를 제공하며 시장기제를 보호하는 등, 이른바 "공공재"를 공급하는 필수적인 기능을 수행하고 있다는 것을 보여 주는 데 있다.[34] 이에 대해서는 조지프 나이도 같은 의견을 갖고 있다. 대신, 나이는 미국의 역할을 지도력이라는 가장 완곡한 용어로 표현한다. 그의 의도는 그가 미국의 힘을 군사력 같은 "단단한 힘," 그리고 공유하는 가치와 제도에서 나오는 "부드러운 힘"으로 나누고 후자의 중요성을 강조하는 데서 쉽게 짐작할 수 있다.[35]

이 다양한 표현이 적절한가 하는 것은 패권론자들이 미국의 힘을 어떻게 파악하는가 하는 것보다 중요한 문제는 아니다. 용어 문제는 미국의 힘에 관한 그들의 견해를 살펴본 다음에 다루는 편이 낫다. 그런데 그들 사이에도 의견차가 있기 때문에 그들을 단일 집단처럼 취급하는 데는 무리가 따른다. 룬데스타드와 이그나티에프가 정치학에 종사하지 않으니 이들을 차치한다 해도, 만델바움과 나이 사이에도 미묘한 차이가 있다. 나이는 "부드러운 힘"이라는 유명한 어구 덕분에 만델바움보다 더 온건한 것처럼 보인다. 이 용어는 흔히 문화적 매력으로 알려져 있다. 사실, 나이 자신이 최근에는 부시 행정부의 일방주의와 군국주의 때문에 미국의 지도력이 오히려 약화된다고 보고, "부드러운 힘"의 중요성을 역설

---

33 Ignatieff, "American Empire."

34 Mandelbaum, *Case for Goliath*.

35 Nye, *Soft Power*.

하면서 문화적 매력에 대해 주의를 환기한 바 있다. 그래서 그는 신작에서 "부드러운 힘"의 원천에 관해 언급하면서, 가치와 문화, 그리고 외교정책의 중요성을 강조하는 반면에, 제도의 역할에 대해서는 간략하게 소개하고 지나쳐 버린다.[36] 그렇지만 그가 처음으로 이 용어를 만들어 썼을 때, 그것은 국제협력을 뒷받침하는 가치만이 아니라 아래에서 언급하는 브레턴우즈**Bretton Woods** 체제 같은 제도까지 포괄해서 가리키는 어구였다. 이는 그가 1970년대부터 국제정치에서 제도가 지니는 영향력에 주목해 왔다는 점을 기억하면 쉽게 이해할 수 있다.[37] 따라서 나이를 포함해 패권론자들은 모두 미국의 힘에 관해 강제보다는 동의와 협력을 강조한다는 점에서 하나의 조류에 속한다고 할 수 있는데, 그 조류는 제국 논쟁이 시작되기 이전에 형성된 것이다. 그것은 거의 한 세대 전에 국제체제가 큰 변화를 겪는 과정에서 형성되었기 때문에, 그 형성 과정까지 살펴보지 않고서는 올바르게 이해하기 어렵다.

패권론은 1970년대에 변형된 국제관계에 뿌리를 두고 있다. 미국은 앞에서 언급한 것처럼 1960년대 말부터 한동안 위기에 처했는데, 거기서 벗어나기 위해 1970년대 초에 중국과 국교를 맺고 소련과 군축회담을 열며 서독과 일본 등 우방에게 더 큰 발언권을 주는 노력을 기울였다. 그 결과, 미국과 소련의 세력이 상대적으로 약화되었다. 이 새로운 체제에 관해 정치학자들은 의견의 일치를 보지 못했다. 그것은 이전처럼 국제관계에 안정을 가져다주는 것처럼 보이지 않았는데, 이는 국제관계 연구자들 가운데서 이른바 현실주의의 전통을 따르는 사람들에게 특히 그랬다. 그들이 보기에 국가란 이익을 위해서는 수단과 방법을 가리지 않는 이기적 존재여서 언제나 국제관계를 갈등과 혼란으로 끌고 가는 경향이 있기 때문이다. 대표적 현실주의자 로버트 길핀은 1981년에 발표한 『세계정치 속의 전쟁과 변화』에서 고대에서 현대에 이르기까지 국제관계의 변천 과정을 살펴보고, 국제관계는 외형상의 변화에도 불구하고 근본적 성격에서는 조금도 변화를 겪지 않았다고 주장했다. 이는 당대의 상황에 비춰 볼 때 패권의 약화에 수반되는 불안정성을 지적하며 패권국가가 통제하는 단극체제의 출현 가능성, 또는 제국주의의 복귀 가능성을 예언하는 것이었다.[38]

---

36 Ibid., 5-15. 따라서 "부드러운 힘"은 흔히 문화적 매력으로 이해되는데, 그 예로는 다음을 보라. Ferguson, *Colossus*, 19-24; Maier, *Among Empires*, 65.

37 Nye, *Bound to Lead*, 29-35, 191-195; Keohane and Nye, *Power and Interdependence*. 또한 나이, 『제국의 패러독스』도 보라.

38 Gilpin, *War and Change*. 특히 144-145

그렇지만 로버트 코헤인을 비롯해 국제정치학에서 자유주의라는 다른 전통을 이어가는 사람들은 패권의 약화에 대해 우려하지 않았다. 코헤인은 1984년에 간행된 『패권 이후』에서 패권이 쇠퇴해도 국제관계가 안정될 수 있다고 하면서 길핀을 정면으로 공박했다. 그의 주장을 한마디로 요약하자면, 미국의 패권이 쇠퇴한 다음에도 선진 자본주의 국가들은 이미 확립되어 있는 국제기구들 덕분에 협력을 계속하면서 국제관계를 안정시킬 수 있다는 것이다. 코헤인도 국가란 기본적으로 이기적인 존재라고 가정한다. 그러나 길핀과 달리 국가는 자기 이익을 위해 협력할 줄 알고 학습을 통해 행동양식을 바꾸기도 한다고 주장한다. 이런 견해는 무엇보다도 브레턴우즈 체제에 대한 관찰에 토대를 두고 있다. 코헤인은 이 체제가 1960년대 말 1970년대 초에 치명적인 위기를 겪고도 살아남아 원활하게 작동한다는 사실에 주목한다. 그때 미국 경제력의 약화 때문에 달러의 지금地金 태환이 중지되고 각국 화폐의 환율도 달러와 관계없이 변동할 수 있도록 허용되었지만, 그래서 일부에서는 브레턴우즈 체제가 붕괴했다고 선언했지만, 선진 자본주의 국가들은 스스로 환율을 안정시키고 무역을 촉진하기 위해 노력함으로써 그 체제를 수정된 형태로 유지했다는 것이다.[39] 바꿔 말해, 미국은 2차대전이 끝날 때 무역 자유화를 위해 브레턴우즈 체제를 수립함으로써 경제질서를 자유주의적 원칙에 따라 재편했고, 그렇게 해서 수립된 "제도적 국제체제*international regime*"가 미국의 패권이 쇠퇴한 다음에도 지속되었다는 것이다.

이 견해는 코헤인도 예상하지 못했던 방향으로 발전했다. 그가 강조한 "제도적 국제체제"라는 개념은 『패권 이후』가 나오기 전부터 주목을 끌고 있었다. 그것은 코헤인이 조지프 나이와 함께 발표한 1977년도 저술에서, 통화와 해양 부문을 중심으로 20세기 국제정치에서 상호의존성이 증가해 왔다는 사실을 보여 주기 위해 사용했던 용어이다. 두 사람은 그것을 국제관계를 움직이는 규칙과 규범, 제도와 절차를 뭉뚱그려 가리키는 데 썼다.[40] 그것은 상당한 관심을 끌었고, 그 결과 1980년대 초에는 그 개념을 주제로 다룬 논문집이 간행될 정도로 연구 성과가 축적되었다.[41] 그런 성과를 근거로 코헤인은 길핀뿐 아니라 경제학자 찰스 킨들버거도 비판했다. 킨들버거는 이미 1973년에 간행된 『공황에 빠진 세계』에서 패권국가가 기축 통화를 공급하고 교역 조건을 안정시키는 등, "공공재"를 공급해야 국제 경제질서가 유지된다면서 패권 안정론을 제기함으로써 길핀의 논지를 뒷받침해 주

39 Keohane, *After Hegemony*. 특히 182-216.

40 Keohane and Nye, *Power and Interdependence*.

41 Krasner, ed., *International Regimes* .

었기 때문이다.[42] 그렇지만 패권 안정론은 소련의 해체를 계기로 현실 속에서 입증되는 것으로 보였다. 우선, 코헤인은 『패권 이후』에서 전망했던 것과 달리 미국의 패권이 쇠락하기는커녕 단극체제를 이끌 만큼 막강하다는 사실을 인정해야 했다.[43] 다른 한편, 로버트 길핀은 자신의 예상과 달리 강대국들이 미국이라는 유일의 초강대국을 견제하기 위해 세력을 규합하려고 노력하지 않는다는 사실을 설명해야 했다. 왜 그런가 하고 묻던 정치학자들은 흔히 킨들버거의 패권 안정론과 코헤인의 제도주의를 절충하는 데서 해답을 끌어내었다. 이제 그들은 단극체제의 안정성을 설명하면서 미국의 압도적인 힘과 더불어 널리 정착된 자유주의적 규범 및 제도를 중요한 요인으로 거론하며, 그 배경에 자유주의적 가치관을 공유하는 엘리트들이 있다는 사실에 주목한다.[44] 더욱이, 로버트 길핀도 제도주의를 수용하는 자세를 보여 준다. 그는 1980년대 말에는 제도의 관성을 거론하며 그 영향력을 인정하는 데 그쳤으나, 오늘날에는 현실주의의 관점을 유지하면서도 "제도적 국제체제"의 중요성을 적극적으로 평가하는 것으로 보인다.[45]

제도적 권위와 문화적 매력이 미국의 힘을 구성하는 중요한 요소라는 점에 대해서는 패권론에 동의하지 않는 학자들도 수긍한다. 최근에 와서 좌파 가운데서 일부 학자들은 제도화된 국제협력이 미국의 제국주의와 어떻게 연관되어 있는지 고민한다. 이는 주로 마르크스주의자들이 기고한 논문으로 구성된 『테러에 대한 전쟁과 냉전 이후의 아메리카 '제국'』에서 잘 드러난다. 기고자들은 미국을 패권국가가 아니라 비공식적 제국으로 규정하지만, 제목과 달리 냉전이 끝나기 이전까지 거슬러 올라가 미국이 주도하는 국제 경제질서에 관심을 기울인다. 특히 저명한 정치학자 리오 파니치는 샘 긴딘과 함께 집필한 논문에서, 제국주의에 관한 고전적인 마르크스주의 이론에서 벗어나고자 한다. 자본주의 국가들이 경제위기 때문에 제국주의적 경쟁에 돌입한다는 낡은 이론을 갖고서는, "어떻게 해서 아메리카 제국이 경쟁관계에 있는 자본주의 국가들을 한데 묶어 버렸는지, 또 이것이 실로 세계 전역에서 자본주의가 확립되는 데 어떻게 기여했는지" 설명할 수 없기 때문이다. 따라서 두 사람은 미국이 브레턴우즈 체제를 통해 서부 유럽과 일본을 비롯해 많은 국가들을 제도적으로 연결했다는 사실을 중시한다. 나아가, 미국이 나토와 같은 군사동맹을 통해서도 제도

42 Kindleberger, *World in Depression*.

43 Keohane, *After Hegemony*, ix–x.

44 Wohlforth, "U.S. Strategy"; Ikenberry, "Democracy, Institutions, and American Restraint"; Owen, "Transnational Liberalism and American Primacy"; Risse, "U.S. Power in a Liberal Security Community."

45 Gilpin, *Global Political Economy*. 특히 82–102. cf. Gilpin, *Political Economy of International Relations*.

적 연결망을 구축했다는 사실까지 지적한다.[46] 그래서 미국에 제도적으로 연결되어 있는 강대국들은 이라크전쟁을 비롯한 대테러전쟁에 관해 이견을 보이면서도, 국제무대에서 미국이 행사하는 패권에 대해 대항하지 않는다는 것이다. 이런 견해를 토대로 미국을 특이한 제국으로 규정하면서, 이 책의 편자 알레한드로 콜라스와 리처드 사울은 이제 천착해야 할 문제는 "미국이 제국인가 아닌가 하는 것이라기보다 미국이 어떤 종류의 제국인가" 하는 것이라고 선언한다.[47]

그러나 새로운 문제로 눈을 돌릴 수 있을 만큼 현안이 해결되지는 않은 것 같다. 편자들은 제국의 개념을 검토하지 않고 그저 "비공식적 제국"이라는 용어에 의존하고 있기 때문이다. 좌파의 저술로서는 잠시나마 널리 주목을 끌었던 『제국』에서, 마이클 하트와 안토니오 네그리도 비슷한 태도를 취한다. 그들에 따르면, 미국의 제도적 권위는 미국이 주도해 구축한 여러 제도 덕분일 뿐 아니라 근대성에서 벗어나는 오늘날의 세계에서 모든 것을 서로 연결시키면서도 중심이 존재하지 않는 복잡한 네트워크 덕분이기도 하다. 그렇기 때문에 하트와 네그리는 오늘날 존재하는 제국은 미국도 아니고 다른 어떤 나라도 아니며 세계 자체라고 말한다.[48] 그들의 견해는 이제 자의적으로 사용되는 개념과 단편적이고 빈약한 근거, 그리고 지나치게 과감한 상상력 때문에 비웃음을 사고 있지만, 미국의 제국주의에서 제도적 권위에 주목한다는 점에서는 좌파 지식인들의 인식 변화를 보여 준다. 그러나 바로 그런 변화 때문에 미국을 패권국가로 규정하는 급진적인 학자들도 있다. 지리학자 존 애그뉴와 스튜어트 코브리지는 1995년에 간행된 공저 『공간의 지배』에서, 오늘날 자본주의가 공간의 제약에서 벗어나 발전하고 있기 때문에 미국은 과거의 제국과 달리 영토적 지배 대신에 경제적 패권을 추구한다고 주장하면서 미국의 문화적 매력과 함께 제도적 권위를 거론한다. 특히 애그뉴는 2005년에 "패권"이라는 제목으로 새로운 책을 내면서, 또다시 미국의 패권이 브레턴우즈 체제에 토대를 두고 있다는 사실을 강조한다.[49] 따라서 미국의 제도적 강제력에 주목하는 좌파 논객들 사이에서도, 미국을 제국으로 볼 수 있는가 하는 문제는 해결되지 않은 채로 남아 있다.

46 Panitch and Gindin, "Unique American Empire." (인용은 24, 강조는 원문)
47 Colás and Saull, "Introduction." (인용은 11)
48 Hardt and Negri, *Empire*.
49 Agnew and Corbridge, *Mastering Space*; Agnew, *Hegemony*.

5. 동의와 강제

그래도 제도적 권위와 문화적 매력이 미국의 힘 가운데서 중요한 요소라는 점에 대해서는 합의가 형성되어 있다고 말할 수 있다. 이에 관해 문제가 남아 있다면, 그것은 이 요소가 다른 힘과 어떻게 연관되어 있는가 하는 것이다. 미국이 지니고 있는 힘을 큰 맥락에서 생각하는 데는 찰스 메이어가 도움을 준다. 그는 미국이 "복수의 통제 구역"을 갖고 있다고 지적한다. 첫째는 유럽과 라틴아메리카 같은 패권적 구역이고, 둘째는 카리브 해처럼 지역경제에 대한 미국의 지배에 저항하는 세력이 있거나 지역이 혼란에 빠질 때 군사력을 사용할 수 있는 잠재적인 제국적 구역이며, 셋째는 베트남이나 아프가니스탄, 또는 이라크에서 보이듯이 군대나 정보기관을 이용해 일시적으로 개입하기 때문에 개입 기간에 따라 성격이 결정되는 구역이다.[50] 이 구분은 그리 정밀하지는 않으나, 미국의 힘이 단일한 성격을 갖고 있지 않다는 점, 즉 미국이 군사력과 경제력, 제도적 권위와 문화적 매력을 상대 국가에 따라 다양한 방식으로 배합하며 사용한다는 점을 시사한다. 바꿔 말해, 미국이 이라크를 비롯해 이른바 "불량국가"에 대해서는 강제력을 사용하는 데 반해, 다른 강대국들에게는 동의와 협력을 역설한다는 사실을 잊지 말자는 것이다. 이 점을 염두에 두고 미국의 힘을 바라보면, 제국적 성격이 작게 보이고 패권적 성격이 크게 보인다. 메이어는 이렇게 말한다.

> 그래서 미국의 우월한 위치를 떠받치는 구조물은 전통적인 형태에 비춰 볼 때 회색지대에 있다고 할 수 있다. 미국은 "변경지대"를 구성하는 비교적 작은 나라에 대해 제국적 통제력을 행사하려 하지만, 영향권 안에서는 합의에 따른 순종과 엘리트의 공동 관심사에 의지한다.[51]

따라서 메이어는 미국의 힘 가운데서 하나의 측면에 초점을 맞춰 미국의 성격을 규정하는 데 반대하면서, 미국의 힘에서 다양한 측면이 복잡하게 얽혀 있다는 점을 강조한다. 그에 따르면, 미국은 종래의 제국과 달리 국경선처럼 공간을 구분하는 경계선을 넘나드는 힘을 지니고 있다. 기존 제국 가운데서 영국은 경제적 패권에 크게 의존했기 때문에 영토에 얽매이지 않는 힘을 발휘할 수 있었다. 그렇지만 국제적인 경제통합과 교통 · 통신 수단의

50 Maier, *Among Empires*, 66-67.
51 Ibid., 67.

발전 덕분에 미국은 영국과도 비교할 수 없을 만큼 정치적 경계선을 초월해 영향력을 발휘한다. 우선, 그것은 미국이 냉전에서 승리하기 위해 먼저 서부 유럽과, 다음에는 동아시아와 경제를 통합함으로써 초국적 경제를 건설했기 때문이다. 더욱이, 많은 나라가 미국으로부터 제조업과 서비스업을 유치하고, 그렇게 해서 생산한 상품을 다시 미국에 수출함으로써 경제발전을 추진해 왔다. 특히, 중국과 일본, 그리고 한국 같은 동아시아 국가들은 대미수출로 벌어들인 달러를 미국에서 채권을 사들이는 데 쓰면서 거꾸로 미국에 투자해 왔다. 미국이 무역적자와 재정적자에도 불구하고 소비 수준을 유지할 수 있도록 지원하는 것이다. 이렇게 상호의존적인 경제는 결국 미국의 막강한 생산력뿐 아니라 무한한 듯이 보이는 소비력을 토대로 발전한 것이다. 이 초국적 경제에서 미국은 종래의 제국과 달리 영토적 지배를 추구하지 않는다. 거기에는 미국이 주도해서 구축한 국제적 네트워크, 즉 참여하는 국가들이 서로 문호를 개방하고 자유롭게 교역에 종사할 수 있도록 지원하는 제도적 장치가 있고 또 널리 공유되는 가치와 문화가 있기 때문이다. 그렇지만 바로 그 때문에, 미국은 종래의 제국보다 더 강한 군사력을 유지해야 한다. 미국에 도전하는 세력도 테러에서 드러나듯이 영토적 경계선에 얽매이지 않고 초국적 경제를 위협한다. 따라서 종래의 제국이 눈에 보이는 경계선을 따라 변경지대를 관리한 데 반해, 미국은 눈에 보이지 않는 "변경지대"에서도 안전을 유지해야 하는 것이다.[52]

그러나 메이어는 이 다양하고 복합적인 미국의 힘이 대상에 따라 상이한 의미를 지닌다는 점을 간과한다. 물론, 앞에서 소개한 것처럼 그는 "복수의 통제 구역"이라는 어구를 사용함으로써 미국의 힘이 지역에 따라 다른 성격을 띤다는 점을 지적하기는 한다. 이는 미국의 힘에 대한 이해에 대상의 관점을 도입하려는 시도로서, 제국 논쟁 가운데서 가장 깊은 통찰력을 담고 있는 것으로 보인다. 그렇지만 메이어는 자신의 시도가 어떤 함의를 지니고 있는지 깨닫지 못한 것 같다. 힘이 대상에 따라 다른 성격을 띤다고 지적하고는, 그것을 더 이상 발전시키지 않는 것이다.

메이어의 지적은 힘의 본질을 다시 생각하게 만든다. 힘이란 두말할 나위 없이 남을 나의 뜻에 따르게 만드는 능력이다. 따라서 그것은 반드시 주체와 객체의 존재와 양자 사이의 관계를 전제로 삼는다. 더욱이 제국이란 힘의 결정체이므로, 주체와 객체의 관계를 간과하고는 올바르게 이해할 수 없다. 그런데도 미국의 힘이 어떤 성격을 지니고 있는지 논

52 Ibid., 143-284.

쟁을 벌이면서, 논객들은 대부분 그런 관계에 주목하지 않는다. 그것이 강제성을 띠고 있는가 그렇지 않은가 하는 문제에 답하기 위해, 대개 미국이 힘을 행사하는 방식에 관심을 기울인다. 해외에서는 미국의 힘을 어떻게 받아들이는지 살펴보지 않으며, 따라서 그 힘이 구체적 관계에 따라 어떻게 다른 성격을 띠는지도 묻지 않는 것이다. 물론, 예외는 있다. 사회학자 더그 스토크스는 서구 국가나 일본과 달리, 라틴아메리카 국가들이 미국의 힘에서 심각한 강제성을 느낀다는 점에 주의를 환기한다.[53] 더욱이, 정치학자 헤르프리트 뮌클러는 미국이 다른 나라들과 맺는 관계가 미국의 힘이 어떤 성격을 지니는지 이해하는 데 핵심적 요소라고 강조한다. 그는 제국에 관해 일반론을 개진하면서, 제국은 막강한 세력을 이용해 종속 국가들에 대해 강제력을 행사할 수 있는 국가라고 지적한다. 그렇지만 종속 국가들과의 세력 차이가 크지 않을 때는, 동의와 협력을 얻는 데 주력한다고 부연한다. 바꿔 말해 제국은 상대방에 따라 다른 성격의 힘을 동원하며, 따라서 제권帝權과 패권은 분명하게 구분되지 않는다는 것이다.[54]

그 점은 패권에 관한 논의에서 특히 유념할 필요가 있다. 패권은 한자문화권에서 최고의 권력이나 지위를 뜻하지만, 서양에서는 앞에서 지적한 것처럼 동의와 협력을 수반하는 권력을 뜻한다. 특히 제국 논쟁에서 패권론자들은 흔히 안토니오 그람시의 패권 개념을 거론하면서, 가치관의 공유에 토대를 두고 있는 암묵적 동의에 주의를 환기한다. 그렇지만 일상생활에서 드러나듯이, 동의는 여러 유형으로 나뉜다. 패권론자들이 말하는 자발적 동의 이외에, 자의 반 타의 반 동의가 있는가 하면 아예 강제되는 동의도 있다. 이는 물론 힘을 가진 쪽과 그 힘에 휘둘리는 쪽의 관계에 따라 나뉜다. 예를 들면, 힘을 쥐고 있는 사람이 같은 말로 어떤 조치를 권고한다 해도, 듣는 사람은 말하는 사람과 자신 사이의 힘의 차이에 따라 그것을 제안으로, 지시로, 또는 명령으로 이해한다. 그런데도 패권론자들과 마찬가지로, 메이어는 현실에 존재하는 다양한 유형을 무시하고 동의를 단일한 것으로 이해하면서 강제와 대비시킬 뿐이다.

미국의 힘이 어떤 성격을 띠고 있는가 하는 문제에 대해서도, 메이어는 저 단순한 이분법에 의지해 해답을 찾아낸다. 그는 미국에 대해 "탈영토적 제국"이라는 어구를 붙이기도 한다.[55] 그렇지만 이때에는 제국이라는 용어를 분석적 취지가 아니라 일상생활에서 쓰듯

53 Stokes, "Heart of Empire?" 특히 222-225를 보라.

54 Münkler, *Empires*, 1-46.

55 메이어가 말하는 탈영토성에 관해서는 다음 논문을 보라. Maier, "Consigning the Twentieth Century to History."

이 비유적 의도에서 사용한다. 그의 진정한 의도는 미국의 힘이 제국이 행사하는 제권보다 못하지만 동의와 협력을 수반하는 패권보다는 더한 것이라는 점을 표현하는 데 있다. 메이어는 영어의 hegemony가 우월성과 지도력을 뜻하는 그리스 단어에서 유래했다는 점에 주의를 환기하면서, 그 대표적 용례로 기원전 477년에 아테네가 페르시아의 위협에 대처하기 위해 다른 도시국가들과 함께 델로스동맹을 결성했을 때 발휘했던 지도력을 든다. 그렇지만 아테네가 페르시아의 위협이 사라지고 난 뒤에 동맹국들에게 공납금 출연을 강요하면서 지배적인 힘을 행사했을 때 그것을 두고 역사가 투키디데스는 아르케*arche*라는 용어를 사용했는데, 메이어는 바로 이것이 오늘날 미국에 적합하다고 주장한다.

> 만약 미국이 제국이라면, 그 힘은 로마보다는 차라리 아테네의 아르케에 가깝다고 할 수 있다. 미국은 크고 넓은 지역을 직접적으로 통치하지 않고 미국의 지도력과 정책에 대한 순응을 요구할 뿐이다. 지금 미국이 더 강제적인 통솔력을 발휘하고 있는가 그렇지 않은가 하는 것은 아직 답할 수 없는 의문이다.[56]

이어서 메이어는 제권과 패권을 구분하는 새로운 시도에 대해서도 부정적 언급을 덧붙인다. 그것은 패권이라는 용어를 동맹국의 대외관계에 간섭하지만 대내적 자율성까지 침해하지는 않는 강대국에 한정해서 사용하자는 제안에 대한 반응이다. 그렇지만 패권국가란 동맹국이 우호적인 태도를 취할 때에만 내정에 간섭하지 않기 때문에, 메이어는 그런 구분이 실제로는 유용하지 않다고 지적한다. 따라서 그는 패권도 제권과 마찬가지로 오늘날 미국이 갖고 있는 힘을 올바르게 표현하지 못한다고 보고, 앞에서 인용한 것처럼 미국이 "회색지대"에 있다고 주장하는 것이다.

6. 제국의 개념

여기서 다시 용어 문제가 떠오른다. 그것은 메이어가 그런 견해에 도달하게 되는 이유 가운데 하나라 할 수 있다. 그는 많은 제국론자나 패권론자와 달리 학술적 분석을 위해 의미를 엄밀하게 규정해서 용어를 사용하기 때문에 "회색지대"로 들어가게 된 것이다. 메이어의 용법은 충분한 근거를 갖고 있는 것처럼 보인다. 유럽 고대사 전문가 에릭 로빈슨은

---

56 Maier, *Among Empires*, 62-63. (강조는 원문)

패권과 제권의 어원을 살펴보며 그 본래 의미를 가르쳐 준다. 그는 제권을 뜻하는 imperium이 원래 명령한다는 뜻을 지니고 있는 낱말로서, 군대에 대한 통솔권을 가리켰다는 사실을 강조한다. 공화국 시대에 로마는 외침 같은 위기에 직면했을 때 집정관 두 사람 가운데 한 사람에게 군대 통솔권을 집중시켰는데, 그것이 imperium이었다. 그리고 이미 로마사 연구자 존 리처드슨이 보여 준 것처럼, 그런 권력을 장악한 인물은 로마가 팽창하면서 정복한 지역의 주민에게 로마의 이름으로 명령을 내리는 권한도 확보했다. 그래서 흔히 알려져 있는 것과 달리, 로마가 아우구스투스시대에 제국이 되기 전에 이미 imperium은 종속 지역의 주민에게 명령까지 내릴 수 있는 지배권을 가리키게 되었다. 반면에, 패권의 어원 hegemon은 원래 앞에서 이끄는 사람을 가리켰다. 그것은 명령한다는 뜻 대신에 지도한다거나 안내한다는 뜻을 지니고 있었다. 그렇기 때문에 고대 그리스에서 그 의미가 확장된 다음에도, hegemon은 설득이나 동의라는 뉘앙스를 잃지 않았다. 그래서 로빈슨은 제국 논쟁에 관해 언급하면서, 미국의 힘은 패권으로 보는 것이 옳다는 결론에 도달한다.[57] 찰스 메이어는 이 결론에 공감하지 않지만, 용어에 관한 지적은 수용한 것으로 보인다. 아르케는 그의 엄밀한 용법에 적절한 해답이었을 것이다.

그러나 어원을 찾아 의미를 되새기는 것이 엄밀한 용법에 이르는 유일한 길은 아니다. 로빈슨과 리처드슨은 언어의 역사성을 어원으로 환원함으로써, 느슨한 용법을 바로잡는 데 도움을 주지 못한다. 이는 제국이라는 용어의 역사를 되돌아보면 분명해진다. 중세사의 대가 마르크 블로흐는 그의 고전적 저술 『봉건사회』에서 신성로마제국에 대해 언급하면서, 중세인들에게 제국이 어떤 의미를 지니고 있었는지 살펴본다. 그는 게르만족 군주 오토 1세가 이탈리아반도를 정복하고 이미 사라져 버린 로마의 제위에 오르려고 노력하다가 962년에 소원을 성취했고, 그의 후계자들도 때로는 큰 대가를 치러 가며 제위를 계승했다고 지적하면서, 제위에 어떤 의미가 있었는지 스스로 묻는다. 그리고 제위가 보통 군주들에 비해 우월한 지위로 간주되었다고 답한다. 로마 황제는 다른 군주들보다 훨씬 더 넓은 영토와 더 큰 권력을 장악하는 존재로 간주되었고, 그래서 중세의 공식문서에서 흔히 "세계의 통치자"나 "군주의 군주" 같은 어구로 표현되기도 했다는 것이다.[58] 여기에 들어 있는 왕 중의 왕, 또는 왕 위의 왕이라는 관념은 중세 영어에도 각인되어 있다. 『옥스퍼드

57 Robinson, "American Empire?"; Richardson, "Imperium Romanum." 로빈슨과 메이어 사이의 의견 교환에 관해서는 Maier, *Among Empires*, 306 note 18, 그리고 Robinson, "American Empire?" 37 note 4를 보라.
58 Bloch, *Feudal Society*, 390-393.

영어사전』에 따르면 empire와 emperor는 원래 로마제국이나 신성로마제국에만 사용되었지만, 14세기 초부터 의미가 확장되어 광대한 영토와 우월한 세력을 가리키는 데도 사용되기 시작했다. 특히 후자는 "넓은 뜻에서 '왕'의 통치권보다 더 위엄이 높다고 생각되는 통치권자의 칭호"로 쓰이기도 했다. 어원에는 없던 이 중세적 의미가 오늘날 쓰이는 용어의 핵심에 자리 잡고 있다는 데 대해서는 따로 설명할 필요가 없다. 다만, 거기서 지상至上의 권력權力이라는 관념이 관건이라는 점은 기억할 필요가 있다.

이 관념은 정치체 사이의 관계에서 다양한 형태로 실현되므로, 제국을 연구하는 학자들은 흔히 거기에 초점을 맞춰 제국의 개념을 규정한다. 그들의 관심사는 다른 말로 바꾸면 공식적 제국 이외에 어떤 형태의 지배-종속 관계까지 제국에 포함시킬 수 있는가 하는 것이다. 이는 물론 제국들이 비공식적인 지배에 자주 의존하기 때문이다. 요즈음 사회과학자들 사이에서 가장 널리 인용되는 개념은 "제국이란 결국 공식적이든 비공식적이든 간에 한 국가가 다른 정치사회의 유효한 정치적 주권을 통제하는 관계"라는 정의이다. 이것은 정치학자 마이클 도일이 고대에서 근대까지 여러 제국을 살펴보고 비공식적 형태의 지배를 제국의 개념에 포함시키기 위해 제안한 것이다. 그래서 도일은 덧붙여서 "그 관계가 무력이나 정치적 협력, 혹은 경제적이거나 사회적이거나 문화적인 의존을 통해 형성될 수 있다"고 말한다.[59] 따라서 이 개념에서는 제국과 강대국이 분명하게 구분되지 않는다. 정치학자 알렉산더 모틸은 여러 학자들의 제국 개념을 검토한 다음, 제국을 구조화된 관계로, 구체적으로 말해 중심과 주변 사이에 수직적인 상호작용이 있으나 주변과 주변 사이에는 수평적인 상호작용이 없는 구조로, 마치 자전거 바퀴에서 축과 살은 있지만 테가 없는 것 같은 구조로 보자고 제안한다.[60] 그러나 그는 무엇보다도 "상호작용"이라는 용어를 사용함으로써 제국의 본질인 지배-종속 관계를 충분히 드러내지 못한다.

이런 난관에서 벗어나기 위해, 지배-종속 관계의 형태보다는 차라리 그 결과에 주목할 필요가 있다. 위에서 지적한 것처럼 제국이라는 용어는 중세 이후에 지상 권력의 관념을 내포하는데, 그것은 위계질서를 전제로 삼고 있을 뿐 아니라 지배-종속 관계로 실현되면 위계구조로 귀결되기도 한다. 이는 제국을 건설하려는 취지가 바로 위계구조를 만들고 그 정점을 차지하는 데 있기 때문이다. 그런데도 이 점은 흔히 간과된다. 예를 들어 마이클 하트와 안토니오 네그리는 제국이 보편성과 다원성을 띤다고 강조한다. 로마제국이 만민법

59 Doyle, *Empires*, 19-47. (인용은 45)

60 Motyl, *Revolutions, Nations, Empires*, 117-121.

을 제정해 모든 사람들을 포괄하고자 했듯이, 제국은 시간이나 공간을 뛰어넘는 지배력을 추구하기 때문에 보편성이라는 특징을 갖는다는 것이다. 그렇지만 그 보편적인 영역 안에서 다양한 요소들이 하나로 통합되지 않고 혼재하기 때문에, 제국은 언어나 관습, 또는 종교에서 다원성을 보여 주기도 한다는 것이다.[61] 그러나 최근 연구들은 보편성과 다원성 속에 위계구조가 자리 잡고 있다는 사실을 보여 준다. 역사학자 프레드릭 쿠퍼나 인류학자 앤 로라 스톨러를 비롯해 식민지 연구에 종사하는 학자들은 근대 제국들이 보편성을 강조하면서 위계질서를 지향했다는 점을 폭로한다. 서양열강은 아시아나 아프리카에서 "백인의 사명"을 내세우며 지역 주민에게 문명을 받아들이면 백인과 같은 권리와 혜택을 누릴 수 있다고 역설했지만, 실제로는 그들에게 정치적 발언권을 허용하지 않으면서 열등한 지위를 강요했다는 것이다. 마흐무드 맘다니도 『시민과 속민』에서 근대 제국이 아프리카에서 시민으로서 권리를 누리는 백인과 그렇지 못한 흑인을 구분하고 차별하는 구조를 남겨 놓았다는 점을 지적한다.[62] 그런 구조는 무엇보다도 제국 안에서 주변 지역의 법률을 중심지의 법률에 종속시킴으로써 수립한 위계적인 법률 질서에서 뚜렷하게 나타난다.

그것을 가리켜, 이제 식민지 연구자들은 인도의 정치학자 파르타 채터지가 표현한 것처럼 "차별을 통한 식민지 통치"라 부른다.[63] 쿠퍼나 스톨러는 그것이 근대적인 것이라고, 바꿔 말해 근대 제국에서 부르주아지가 주도권을 장악하고서 보편적 권리를 주장했으나 실제로는 기존의 위계질서를 재편하는 데 그쳤던 현상의 일환이라고 설명한다. 그러나 고대 로마가 3세기 초에 모든 주민에게 시민권을 허용한 뒤에도 재판이나 혼인에서 외국인과 야만인의 자격을 제한하는 등, 오랫동안 시민 사이에서 위계질서를 유지했다는 사실을 기억할 필요가 있다.[64] 더욱이, 로마는 속주든 변경지대든 간에 비시민이 시민의 생명이나 재산에 위해를 가했을 때 범인을 끝까지 추적해 일벌백계했다는 사실도 기억할 필요가 있다. 로마는 그럼으로써 로마가 가장 우월한 위치에 있다는 것을 보여 주고자 했고 바로 이 정책을 영국 같은 근대 제국이 계승했다.

그렇다면 제국은 지상 권력을 추구하면서 국제관계를 자국을 정점으로 하는 위계구조

61 Hardt and Negri, *Empire*.

62 Cooper and Stoler, eds., *Tensions of Empire*; Calhoun, Cooper, and Moore, eds., *Lessons of Empire*; Mamdani, *Citizen and Subject*.

63 Benton, "Colonial Law and Cultural Difference"; Abbattista, "Empire, Liberty and the Rule of Difference"; Chatterjee, *Nation and Its Fragments*, 3-27.

64 Mathisen, "*Peregrini, Barbari*, and *Cives Romani*."

로 재편하는 국가라 정의할 수 있다. 이 개념에 따르면, 제국은 지상 권력을 장악한다 해도 단수가 아니라 복수로 존재할 수도 있다. 역사상 제국들은 세계 전역에 걸쳐 국제관계를 통제하지 못하고 특정 지역 안에서만 국제관계를 통제할 수 있었기 때문에, 언제나 다른 지역 제국과 함께 공존해 왔다. 앞에서 살펴본 것처럼 제국이라는 용어가 원래 로마만 의미했지만 중세에 들어와서 로마를 따르고자 하던 세력까지 포괄했다는 점에서 드러나듯이, 이미 중세에 지역 차원에서 제국이 존재한다는 관념이 형성되었던 것이다. 여기서 중요한 것은 지역 차원에서도 제국이란 지상 권력이라는 내적 역량과 위계구조라는 외적 맥락을 본질적 특징으로 지닌다는 점이다. 여기서 후자는 전자 못지않게 중요한데, 이는 제국과 패권국가 사이의 구분을 생각할 때 특히 그렇다. 패권은 앞에서 살펴본 것처럼 힘에 휘둘리는 대상의 견지에서 볼 때 상당한 정도로 제권과 겹친다. 겹치지 않는 부분은 권고하는 말을 지시나 명령이 아니라 제안으로 받아들일 수 있을 만큼 힘을 갖고 있는 사람들뿐이다. 바꿔 말해, 패권은 제권과 달리 세력의 차이가 크지 않은 정치체 사이에서, 즉 고대 그리스에서 아테네가 그랬듯이 국제관계를 위계구조로 변경하지 못하고 경쟁구조로 유지하는 상태에서 우월한 위치를 주장하는 힘이다. 그렇지만 패권은 흔히 제국이 다른 제국이나 강대국들을 대상으로 행사하는 힘이기도 하다. 이는 19세기 영국, 또는 오늘날의 미국에 해당된다.

7. 미국의 제권

이 개념에 비춰 볼 때, 이제 미국을 제국으로 규정할 수 있는가 하는 문제가 남는다. 위계구조의 측면에서는, 이미 많은 것이 알려져 있다. 앞에서 살펴본 것처럼 오늘날 미국이 유일의 초강대국이라는 점, 말을 바꾸면 세계 전역에 걸쳐 있는 위계적인 국제관계에서 정점에 서 있다는 점에서는 논란의 여지가 없다. 또 이 위계구조가 소련의 해체에 따라 등장한 것이지만, 그 골격은 2차대전을 계기로 미국의 주도 아래 구축되었다는 점에 대해서도 합의가 형성되어 있다. 문제는 거기서 미국의 강제와 타국의 동의가 어떻게 배합되어 있는가 하는 것이다. 패권론자들이 강조하는 동의에 강제가 스며들어 있을 수 있다는 점에 대해서는 이미 지적한 바 있다. 여기서 필요한 것은 그 점을 국제관계 속에서 검토하는 작업이다. 실제로는 바로 그들이 주목하는 동의의 현장, 즉 "제도적 국제체제"에서 강제를 확인할 수 있다. 브레턴우즈 체제는 기본적으로 참여 국가들의 동의에 토대를 두고 있는 제도이다.

그것은 미국이 영국과 함께 주도해서 수립했지만, 다른 나라는 거기에 참여함으로써 환율이나 무역에 관한 정책에서 동일한 규칙에 따라 움직여야 한다는 점에 동의한 것이다. 그 규칙은 한마디로 줄여 전후 복구와 번영을 위해 환율을 안정시키고 무역을 자유화해야 한다는 것이었다—상세한 것은 제13장에서 서술한다. 존 제러드 러기의 표현을 빌리면, 거기에는 자유주의가 "새겨져" 있었다.[65] 그리고 그런 규범을 제도화한 기구들은 미국을 위시한 강대국들의 주도권에 대한 비판에도 불구하고 오늘날까지 꾸준히 확대되어 왔다. IMF와 세계은행의 회원국은 2차대전 직후에 출범했을 때 각각 29개, 44개였지만, 이제 양쪽 모두 184개로 늘어났고, 관세 및 무역에 관한 일반협정에 참여한 국가는 23개였으나 1995년에 그것을 계승한 세계무역기구*WTO*를 통해 153개로 늘어났다.

그래도 브레턴우즈 체제가 동의에 의해서만 움직이는 것이 아니라는 점은 그것을 구성하는 기구의 운영구조에서 뚜렷하게 드러난다. IMF에서 가장 중요한 권한을 지니고 있는 이사회는 24명의 이사로 구성되는데, 미국, 일본, 독일, 프랑스, 영국 등 선진 5개국에서 각각 1명씩 임명하고 나머지 179개 회원국들이 19명을 임명한다. 이는 IMF 회원국이 기금의 출연 비율에 따라 투표권을 갖기 때문이다. 그 비율은 미국이 16.83%로 가장 높고 일본, 독일, 프랑스, 영국 4개국이 4.87%에서 6.04%이다.[66] 따라서 미국을 비롯해 선진 5개국은 38.51%에 달하는 발언권을 행사하며 IMF를 통제한다. WTO에서도 중요한 결정은 강대국 대표들이 의장실에서 모여 내린다. 그들이 대변하는 8개국은 인구 측면에서 세계의 7분의 1에도 미치지 못하지만, 국내총생산에서는 세계의 3분의 2를 차지한다. 거기서 주도권을 쥐고 있는 나라가 미국이라는 것은 두말할 나위도 없다. 바꿔 말해, 패권론자들이 주장하는 동의는 오늘날 우리가 일상적으로 관찰하는 국제관계에서 드러나듯이 소수의 강대국에 한정되어 있을 뿐이고, 그 밖의 국가에서는 정도의 차이가 있기는 해도 강제와 뒤섞여 있는 것이다.[67]

미국이 지배하는 위계적인 국제질서의 윤곽은 뚜렷하다. 정치학자 스티븐 캐슬즈는 2차대전을 계기로 수립된 국제질서를 "위계적 국민국가 체계"로 규정한다. 그에 따르면, 그것은 다섯 개의 계단으로 구성되어 있다. 첫 번째 계단에는 물론 미국이 자리 잡고 있고, 두 번째에는 유럽연합 회원국과, 일본, 캐나다, 그리고 오스트레일리아가 있으며, 세 번째

---

65 Ruggie, "International Regimes, Transactions, and Change."

66 International Monetary Fund, "IMF Executive Directors and Voting Power."

67 상세한 것은 배영수, 「오늘날의 세계화」, 580-582를 보라.

에는 신흥 공업국가들과 러시아를 비롯해 체제 이행기에 있는 국가들이 있다. 그리고 네 번째 계단에는 빈곤에서 벗어나지 못한 저개발국가들이 있고, 마지막에는 이른바 "불량국가"와 "낙제국가," 그리고 쿠르드나 팔레스타인처럼 국가 없는 민족들이 자리 잡고 있다. 캐슬즈는 이 구조가 고정되어 있는 것은 아니어서, 일부 국가가 다른 계단으로 올라가거나 내려가기도 한다고 덧붙여 말한다. 더욱 의미 있는 것은 위계구조가 개인의 일상생활에도 영향을 끼친다는 사실이다. 캐슬즈는 인류의 역사에서 처음으로 대부분의 사람들이 시민이라는 지위를 지니고 있지만, 그들이 시민으로서 누리는 권리는 매우 다르다는 것을 지적한다. 차이는 인종, 성, 종교 등 다양한 요인에 따라 좌우되지만, 가장 중요한 요인은 국가라 할 수 있다. 미국 시민이 두 번째 계단에 있는 사람들과 함께 가장 많은 권리를 누리는 반면에, 마지막 계단에 있는 사람들은 시민이라 하기가 어렵고 네 번째 계단에 있는 사람들도 명목상으로만 시민이지 실제로는 정치적 발언권조차 제대로 향유하지 못하는 처지에 있다.[68] 미국이 이 위계구조의 정점에 서서 그것을 유지하기 위해 노력한다는 점은 미국이 국제무대에서 국제법에 따라 행동하기보다는 미국의 이익을 옹호하는 국내법을 적용한다는 데서 잘 드러난다. 그 근거로는 널리 알려져 있는 사실을 몇 가지 들 수 있다. 미국이 무역적자 때문에 자주 반덤핑법을 적용해 외국기업의 대미수출을 억제해 왔다든가, 1974년에 제정된 무역법에 따라 미국의 상업적 권익을 침해하는 국가에 대해 제재를 가해 왔다든가, 혹은 1989년 파나마의 마누엘 노리에가 장군을 체포하고 미국으로 이송한 다음에 미국 법정의 판결을 거쳐 미국 교도소에 수감했다는 것.

제국 개념의 다른 일부, 즉 지상 권력의 측면에서도 많은 것이 알려져 있다. 앞에서 살펴본 것을 간단히 정리하면, 미국이 역사상 유례가 없는 막강한 힘을 갖고 있다는 점, 또 그것이 군사력과 경제력뿐 아니라 제도적 권위와 문화적 매력으로도 구성되어 있다는 점이다. 남아 있는 문제는 미국이 그와 같은 지상 권력을 언제부터 추구했는가 하는 것이다. 앤드루 바세비치가 지적한 것처럼, 미국이 힘을 앞세우는 태도를 취한 것은 아들 부시 행정부에 와서 갑자기 벌어진 일이 아니라는 사실은 이제 널리 알려져 있다. 가장 중요한 근거는 아버지 부시 행정부로부터 계승된 미국의 안보정책이다. 근래에 안보정책을 주도했던 사람들은 딕 체니, 폴 울포위츠 등 네오콘으로서, 1990~91년에 걸프전쟁을 치르고 나서 미국의 안보정책을 다시 검토하고 그 방향을 다시 설정하고자 했다. 그들은 당시 국방부

68 Castles, "Nation and Empire."

에서 각각 장관과 정책담당 차관으로 지내면서 『방위계획지침*Defense Planning Guidance*』을 기초했는데, 그것이 1992년 언론에 유출되어 물의를 일으킨 바 있다. 유출된 초안은 미국 안보정책의 목표를 새로운 경쟁 국가의 출현을 방지하는 것으로 규정하고, 그것을 달성하는 데 필요한 미국의 전략을 다음과 같이 설명한다.

> 이 목표에는 세 가지 부차적인 측면이 있다. 첫째, 잠재적인 경쟁 국가들이 자국의 정당한 이익을 지키기 위해 보다 큰 역할을 떠맡거나 보다 공격적인 자세를 취하는 일을 할 필요가 없다고 확신할 수 있도록, 미국은 새로운 질서를 수립하고 수호하는 데 필요한 지도력을 발휘해야 한다. 둘째, 방위 이외의 분야에서 선진 공업국가들의 이익을 충분히 존중함으로써 이들 국가가 미국의 지도력에 도전하거나 기존의 정치 및 경제 질서를 전복시키려 하지 않도록 만들어야 한다. 마지막으로, 경쟁 국가들이 지역 차원이나 지구 차원에서 더 큰 역할을 추구하지 않도록 단념케 하는 구도를 유지해야 한다.[69]

이처럼 지상 권력을 추구하는 자세는 냉전의 종식에 따라 형성된 새로운 노선이 아니다. 그 기원은 멀리 미국 건국기에서 찾을 수 있지만, 가깝게는 2차대전에서 볼 수 있다.[70] 1939년 가을 유럽에서 전쟁이 시작된 뒤에, 미국인들은 참전 여부를 놓고 고민했다. 여론은 점차 연합국에 동정적인 방향으로 경도되어 갔지만, 그것이 미국의 이익에 부합하는 것인지 의문을 제기하면서 고립주의를 강조하는 지식인들도 적지 않았다. 이런 상황에서 『타임』지의 발행인 헨리 루스는 미국의 참전을 촉구했다. 그는 "미국의 세기"라고 제목을 붙인 글에서 2차대전에서 미래의 세계질서가 결정될 것이라고 전망하면서, 미국은 전쟁에 개입해서 미국을 중심으로 세계질서를 재편하기 위해 노력해야 한다고 주장했다. 그가 상정한 질서는 미국이 다른 나라와 자유로이 교역할 수 있도록 자본주의와 민주주의가 널리 확립되어 있는 세계였다.[71] 그의 글은 즉각 책으로 엮어 내야 할 만큼 주목을 끌면서, 1941년 겨울 일본이 진주만을 기습하기 전까지 고립주의를 위축시키는 데 기여했다. 루스의 생각은 전후 미국 외교정책의 골조가 되었는데, 이는 미국의 안보정책을 기획하고 총괄하는 국가안보회의의 공식문서에서 드러난다. 특히 1950년 봄에 완성된 NSC 68은 전후 외교정책을 전반적으로 검토하고 기본 방향을 다시 설정한 중요한 보고서이다. 이 문서는

---

69 Bromley, "Logic of American Power," 56에서 재인용.

70 Hunt, *American Ascendancy*; Nugent, *Habits of Empire*.

71 Luce, *American Century*.

외교정책의 기본 목표를 "미국의 체제가 존속하고 번영할 수 있는 세계적 환경을 조성하는 것" 으로 규정하고, 이에 따라 고립 노선을 폐기하고 "국제사회에 적극적으로 참여해야 할 필요가 있다는 점" 을 확인했다.[72] 이런 관념이 상황에 따라 약간의 변형을 겪으면서 오늘날까지 이어져 내려온다는 점에 대해서는 긴 설명이 필요 없다. 1992년에 『방위계획지침』의 작성을 주도했던 네오콘은 미국의 안보정책을 자신들이 바라는 방향으로 끌고 가기 위해 1997년에 단체를 결성했는데, 그것은 "새로운 미국의 세기를 위한 프로젝트" 이다. 그들은 오늘날처럼 국제질서가 미국에 유리한 적이 없었다고 하면서, "새로운 세기의 과제는 '미국의 평화' 를 수호하고 증진하는 것" 이라고 선언한다.[73] 말하자면, 스스로 헨리 루스의 후계자라고 자처하는 셈이다.

8. 미국 제국주의의 성격

이와 같이 미국이 추구해 온 지상 권력과 미국을 위주로 구축된 국제적 위계구조에 비춰 볼 때, 미국은 분명히 제국이다. 그것도 진정한 의미에서 사상 초유의 세계제국이다. 그렇다면, 이 제국에 어떤 특징이 있는가 하는 문제가 남는다. 이 문제가 부각된 것은 무엇보다도 미국이 제국이 아니라거나 만약 제국이라 해도 종전과는 다른 특별한 제국—강제보다는 동의와 협력을 통해 보편적 가치를 전파하는 자비로운 제국—이라는 주장 때문이다. 이는 물론 네오콘을 비롯해 보수파 사이에서 널리 수용되는데, 니얼 퍼거슨은 거기에 학술적인 근거를 제공해서 힘을 보태 준다. 그는 영국이 제국주의를 통해 국제관계를 안정시키고 민주주의와 자본주의를 널리 보급했다고 지적하면서, 미국이 힘을 앞세우며 제국으로서 적극적인 태도를 취할 때 더 나은 세계를 만들 수 있을 것이라고 주장한다. 그에 따르면, 영국과 미국 사이에는 많은 공통점이 있다. 제국의 존재 자체를 부정하는 태도에서부터 직접 통치보다는 간접 통치에 의지하는 방식을 거쳐 문화적 매력에 호소하며 자유주의적 가치를 전파하려는 노력에 이르기까지. 그래도 중요한 차이점이 있다는 데 대해 퍼거슨은 주의를 환기한다. 그것은 미국이 영국에 비해 훨씬 강한 힘을 갖고 있으면서도 그 힘

72 U.S. Department of State, *Foreign Relations of the United States*, 1950, vol. I, 235-292. (인용은 252) 전후 미국의 안보정책을 전반적으로 검토하는 데는 Gaddis, *Strategies of Containment*가 유용하다.

73 Project for the New American Century, "Rebuilding America' s Defenses." (인용은 iv) 네오콘의 안보관에 대해서는 Halper and Clarke, *America Alone*을 보라.

을 휘두르려는 생각이, 권력을 향한 의지가 없다는 점이다.[74]

역사학자 버나드 포터는 퍼거슨과 달리 네오콘으로부터 환영을 받지는 못하지만, 퍼거슨보다 더 깊은 통찰력을 보여 준다. 자신의 신작 『제국과 최고 제국』에서, 그는 영국 제국주의에 대한 해박한 지식을 바탕으로 미국의 특징을 날카롭게 파헤치면서 양국 사이의 공통점에 관해 퍼거슨의 견해에 공감한다. 그러나 차이점에 관해서는 퍼거슨을 통렬하게 비판한다. 포터에 따르면, 미국은 영국보다 더 강한 힘을 가진 최고 제국*superempire*이지만 영국만큼 강제력에 의지하지 못한다. 영국의 제국주의에서는 자본가 대신에 귀족을 중심으로 구성된 지배계급이 주도권을 쥐고 있으면서, 강제력을 행사하는 지휘관과 행정가를 지속적으로 공급했다. 그러나 미국에는 그런 지배계급이 없고, 청년들은 퍼거슨의 희망과 달리 제국에 대한 봉사는 생각하지도 않을 뿐더러 관계나 정계보다는 재계로 진출하는 데 훨씬 더 큰 관심을 갖고 있다. 포터는 이런 차이를 자본주의의 발전 수준으로 설명한다. 이들 제국이 모두 자본주의를 토대로 건설된 것이지만 자본주의가 미국에서 고도로 발전했기 때문에, 영국과 달리 미국에는 제국주의의 사회적 토대가 취약하다는 것이다.[75]

그러나 포터도 퍼거슨과 마찬가지로 미국의 제도적 권위를 경시한다. 두 사람은 영국이 19세기 중엽에 관세를 낮추는 모범을 보이며 자유무역을 추구했으나 다른 강대국들이 따라오지 않자 곧 포기했던 반면에, 미국은 브레턴우즈 체제를 확립하는 데 성공했다는 사실을 인정한다. 그러나 그들은 이 차이의 함의에 대해서는 천착하지 않는다. 앞에서 살펴본 것처럼 미국은 세계의 국가 대부분이 참여하는 "제도적 국제체제"를 수립함으로써 강력한 제도적 권위를 누리고 있는데, 이는 역사상 유례가 없는 일이다. 고대 그리스 세계에서 아테네가 누렸던 패권이나 아르케와 형태가 유사하지만, 그 규모는 비교할 수 없을 정도로 큰 것이다.

여기에 차이점이 한 가지 더 연관되어 있다. 그것은 미국이 영국과 다른 환경에서 다른 방식으로 행동하기 때문에 그런 권위를 누리기도 한다는 점이다. "제도적 국제체제"는 포터나 퍼거슨이 간과하는 맥락, 즉 오늘날 자본주의가 19세기에 비해 훨씬 널리 확산되어 있는 환경 속에서 유지된다. 사실, 그것은 미국의 체제가 존속하고 번영할 수 있는 환경을

---

74 Ferguson, *Colossus*; idem, *Cash Nexus*; idem, *Empire*.

75 Porter, *Empire and Superempire*.

포터의 견해는 제국주의에 대한 사회적 해석, 특히 경제학자 조지프 슘페터의 해석을 연상시키는데, 이에 관해서는 Schumpeter, *Imperialism and Social Classes*를 보라.

세계 전역에서 구축하려는 노력의 결과, 바꿔 말해 헨리 루스 이래 지속적으로 추진된 프로젝트의 산물이다. 더욱이, 그런 환경 속에서 미국은 보편적인 규범을 강조한다는 점에서도 특이하다. 종래의 제국은 종속 국가나 지역과 특수한 관계를 맺고 배타적인 권위를 주장했다. 심지어 19세기 중엽에 자유무역을 외치던 영국조차도 얼마 가지 않아 제국의 경계선을 따라 관세장벽을 높이고, 제국의 영역에서 배타적인 지위를 유지했다. 그러나 20세기 중엽부터 미국은 배타적인 영역이나 특수한 관계를 폐기하고, 자국을 포함해서 모든 나라에 적용되는 행동규범을 수립하고자 했다. 물론 미국은 스스로 수립한 규범을 자주 위반하지만, 거기서 완전히 자유로운 특권을 누리지는 못한다. 이는 WTO에 제기된 소송에서 잘 드러난다. 지금까지 미국이 제기한 소송은 어느 나라보다 많은 84건이지만, 미국에 대해 제기된 소송도 가장 많은 95건이며, 그중에는 카리브 해의 약소국 앤티가 바부다*Antigua and Barbuda*가 제기해서 승소한 온라인 도박 분쟁도 포함된다.[76] 이런 보편주의가 미국이 누리는 제도적 권위의 토대인데, 이는 19세기 중엽에 영국이 잠시 표방했던 것보다 훨씬 확고한 것이다.

이와 같이 보편주의가 제도주의와 더불어 미국에서 특징적으로 나타난다고 한다면, 미국의 제국주의—이는 제국을 건설하거나 유지, 또는 확장하려는 관념이나 행동을 가리킨다—가 지니는 성격을 분명하게 규정할 수 있다. 마이클 하트와 안토니오 네그리는 보편주의를 설명하기 위해, 연방헌법까지 거슬러 올라가는 미국의 입헌주의 전통을 거론한다. 이는 분명히 일리가 있는 견해지만, 보편주의 아래에 깔려 있는 이데올로기 가운데 더 중요한 것을 드러내지는 못한다. 그것은 자유주의, 더 정확하게 말하자면 경제적 자유를 무엇보다도 강조하는 자유주의이다. 보편주의와 제도주의는 미국이 원하는 환경, 즉 자유무역과 문호개방이 보장되는 국제질서, 또 그것을 뒷받침할 수 있도록 자본주의와 민주주의가 일반적으로 확립되어 있는 세계, 이런 환경을 만드는 데 동원되는 수단이다. 바꿔 말해, 미국은 경제적 자유를 비롯해 시민적 자유가 보장되는 세계, 그래서 미국이 자유로운 무역과 투자를 통해 지속적으로 번영을 누릴 수 있는 세계를 만들고자 하는 것이다. 이것은 윌리엄 애플먼 윌리엄스가 "문호개방 제국주의"라는 표현으로 시사하는 것보다 훨씬 더 넓고 또 깊은 목표이다. 그것은 또한 많은 제국론자들이 미국의 군국주의에 주의를 환기한다고 해도 경시해서는 안 되는 목표이다. 군대나 정보기관을 이용해 여러 나라에서 정권

76 World Trade Organization, Dispute Settlement.

이나 심지어 체제까지 바꿔 놓는 일방적인 무력행사는 "변경지대"에 대한 통제로서, 세계에 걸쳐 자유주의적 가치와 제도를 확립하려는 목표에 종속되는 수단이기 때문이다. 이런 뜻에서 미국의 제국주의가 자유주의적 성격을 띠고 있다고, 그것도 19세기 영국보다 훨씬 더 강렬한 색채를 띠고 있다고 할 수 있다. 물론, 그 아래에는 포터가 지적한 것처럼 영국보다 훨씬 더 발전한 자본주의가 자리 잡고 있다. 따라서 미국의 제국주의는 마르크스주의자들이 말하듯이 자본주의적 제국주의라 할 수 있을 뿐 아니라, 나아가 가장 자유주의적인 제국주의라고도 해야 하는 것이다.

바로 여기에 제국 논쟁의 이데올로기적 본질이 있다. 아프가니스탄이나 이라크에서 드러나듯이, 논객들은 미국이 인권이나 시장경제, 또는 민주주의 같은 가치를 표방하며 군대를 비롯해 강제력을 사용하는 것을 놓고 지지하는 측과 반대하는 측으로 나뉘어 있다. 구체적인 쟁점은 미국의 실제 목표가 어디에 있는지, 또는 강제력이 과연 효과적인 수단인지, 여러 방면에 걸쳐 있으나, 미국이 표방하는 가치 자체가 논쟁의 대상으로 부각되지는 않는다. 그것은 미국인들이 오랫동안 추구해 온 것들이다. 특히, 경제적 자유는 미국의 핵심적 가치라 할 수 있다. 흥미로운 것은 오랫동안 미국인들이 그런 가치를 미국에서만 향유할 수 있는 것으로 여겼다는 사실이다. 다른 지역은 물론이요 심지어 유럽도 미혹과 부패에 빠져 있기 때문에, 자유는 미국에서만 존속할 수 있다고 믿었던 것이다. 그러나 미국을 예외로 여기는 이 사조는 기이한 탈바꿈을 겪었다. 미국이 20세기 중엽에 세계무대로 나서면서부터, 미국인들은 자신들이 추구하던 가치를 세계 전역으로 전파할 수 있다고 생각하기 시작했다. 더욱이, 부시 행정부를 지지하는 복음주의자들은 미국을 성서에 묘사되어 있는 이스라엘과 동일시하면서, 미국이 그런 가치를 전파하는 데 주도적인 역할을 해야 한다고 믿는다.[77] 이런 뜻에서 미국 예외론은 국제정치 및 역사학 분야의 거장 스탠리 호프만이 지적하듯이 미국을 제국주의적 행로로 끌고 가는 이데올로기이다.[78]

이데올로기적 측면에서 볼 때 제국 논쟁에서 곤혹스러운 것은 미국이 표방하는 가치가 보편성을 띤다는 점이다. 인권이나 민주주의는 분명히 19세기에 제국주의자들이 주장하던 "백인의 사명"을 연상케 한다. 그런 가치는 저 역사적 어구 아래에 깔려 있던 문명의 기준이라는 관념과 연관되어 있기 때문이다. 당시 제국주의자들은 자신들이 가장 높은 수준

77 Mead, "God' s Country?"

78 Hoffmann, *Gulliver Unbound*. 오늘날 예외론이 미국의 외교정책에 끼치는 영향에 관해서는 Hodgson, *Myth of American Exceptionalism*, 155-190도 보라.

의 문명에 도달했다고 보고, 서양열강이 그보다 낮은 수준에 있거나 아예 미개한 상태에 있는 사람들에게 문명을 전파해야 하는 책무을 지고 있다고 말했다.[79] 그 논리가 오늘날 미국 외교의 기본노선에 이르기까지 연장되어 있다고, 인권에 관심을 기울이는 정치학자 잭 도널리는 지적한다. 그러나 그는 저 힘의 논리가 보편적인 가치의 실현에 기여한다는 점에서 곤혹감을 감추지 못한다.[80] 19세기적 제국주의의 유산 위에서 근대 문명을 건설하는 과정을, 그것도 미국의 원조를 받아가며 경제대국을 수립하는 과정을 지켜본 한 사람의 한국인의 가슴에서, 그의 말이 소용돌이를 일으킨다면 그것을 신경계의 불안정 탓이라고만 할 수 있을까?

79 Gong, *Standard of 'Civilization' in International Society*. 문명이라는 용어에 내포되어 있는 제국주의적 함의에 관해서는 Febvre, "Civilisation"을 보라.

80 Donnelley, "Human Rights." 인권이 가치로서 지니는 국제정치적 함의에 관해서는 Rasch, "Human Rights as Geopolitics"를 보라.

제13장 세계화의 제도적 토대

1. 주제

이제 미국을 바라보는 시선의 방향을 바꿀 필요가 있다. 미국 문명은 미국의 내부 사정만이 아니라 대외관계도 포괄하는 거대한 실체이다. 더욱이, 미국 문명에 관한 논의에서는 미국의 대외관계가 경시되어 왔다는 점을 기억할 필요가 있다. 미국 예외론에 대한 근래의 비판에서 드러나는 것처럼, 미국 문명론을 주도한 예외론자들은 오랫동안 국제적 맥락을 외면했기 때문이다. 그러나 어떤 사람을 이해하고자 할 때 그가 다른 사람과 맺고 있는 관계를 경시할 수 없듯이, 하나의 국민을 이해할 때는 그 대외관계를 간과할 수 없다. 미국의 대외관계를 살펴보기 위해서는, 안에서 밖으로 내다보는 시선을 지니는 것이 좋을 듯하다. 구체적으로 말해, 미국이 국제무대에서 취하는 행동을 살펴볼 때 미국의 내부 사정에 주의를 기울이자는 것이다. 이런 시선은 미국의 대외관계를 취급하는 정치학이나 역사학 분야에서도 찾아볼 수 있지만, 일반적으로 나타나는 자세라고는 할 수 없다. 그런 분야에 종사하는 전문가들은 미국의 대외관계를 설명하는 데 필요한 범위 안에서 미국의 내부 사정에 주목하기 때문이다. 반면에 여기서 중요한 것은 대외관계를 관찰하며 미국의 내부 사정을 파악하는 일이다. 바꿔 말해, 미국이 국제무대에서 차지하는 역할과 위상을 살펴봄으로써 미국 문명의 속성을 더 깊이 천착하자는 것이다.

그런 구상을 실천으로 옮기기 위해서는, 먼저 적합한 주제를 선정할 필요가 있다. 미국의 대외관계는 매우 넓은 분야이므로, 특정 주제에 집중하지 않고서는 깊은 이해를 기대할 수 없다. 이런 측면에서 볼 때, 세계화는 적합한 주제로 보인다. 세계화—또는 지구화 *globalization*—는 근래에 주목을 끌기 시작한 국제적 현상일 뿐 아니라 아래에서 소개하듯이 흔히 인간이 개입할 수 없는 자동적인 과정으로 간주되기도 한다. 따라서 세계화의 전개에서 미국이 수행하는 역할을 살펴보는 작업은 세계화에 대한 이해와 미국에 대한 이해를 동시에 증진하는 데 기여할 수 있을 것이다.

세계화라는 용어는 흔히 알려져 있는 것처럼 1980년대에 처음 나타난 것이 아니라, 이미 1960년대에 미국과 프랑스에서 쓰인 적이 있었다. 그렇지만 당시에는 별로 관심을 끌지 못하다가 1980년대에 들어와서 미국 경영학계를 중심으로 다시 쓰이기 시작했고, 또 대중매체를 통해 일반인들 사이에서도 통용되기 시작했다. 이때 세계화라는 용어는 주로 세계 전역이 하나의 시장으로 통합되는 현상을 가리켰다. 사람들은 재화와 용역이 국경선을 가리지 않고 활발하게 거래될 뿐 아니라, 화폐나 채권 같은 금융상품과 그 파생상품도 순식간에 거래되는 사태에 주목했던 것이다. 이런 현상을 놓고 지식인들은 치열한 논쟁을 벌였고, 그 과정에서 세계화의 의미는 크게 확장되었다. 경제가 세계적으로 통합되는 과정은 사회적 충격과 정치적 변화, 그리고 문화적 파장까지 수반하고 있었기에, 세계화도 그처럼 포괄적인 의미로 사용되었던 것이다.

세계화가 가리키는 그런 변화를 이해하기 위해서는, 용어의 의미를 알아보는 데서 멈추지 않고 개념까지 살펴볼 필요가 있다. 우선 의미를 경제 측면에서 규정하는 데서 멈추면, 세계화가 언제 시작되었는지 이해할 수 없다. 세계적인 경제통합은 일설에 따르면 고대에도 있었다고 하지만, 대체로 15세기 말 16세기 초에 시작된 것으로 여겨진다. 그때에 와서 유럽인들이 대양 항해의 경험을 통해 지구의 윤곽을 파악하고 교역이나 식민사업을 통해 비유럽 지역을 유럽에 연결시켰기 때문이다. 그것은 종래에 있었던 지방적이거나 지역적 차원의 통합과 달랐다. 그런 차원들은 여전히 존재했고 심지어 심화되기도 했지만, 이제 그런 것들은 지구적 차원의 움직임과 연관될 수밖에 없었다. 그래도 경제통합은 주로 유럽과 아프리카, 그리고 아메리카 사이에서 진행되었고 또 오늘날의 관점에서 본다면 느슨한 형태로 전개되었다. 따라서 이것도 세계화에 포함시킬 수 있는가 하는 의문이 떠오른다.

더욱이, 경제통합이 얼마나 긴밀한 수준에 도달해야 세계화라고 할 수 있는가 하는 의문도 있다. 일부 경제학자들은 한 지방에서 형성되는 상품 가격이 지구 반대편에서 벌어지는 사건의 영향을 받을 정도로 통합될 때 비로소 세계화라는 용어를 쓸 수 있다고 주장한다. 그리고 그런 통합이 19세기 중엽에 시작되어 1차대전이 일어날 때까지 크게 진전되었다고 지적하며, 이때에 이르러 세계화가 본격적으로 시작되었다고 강조한다. 그렇지만 그처럼 엄격하게 규정하면, 일부 대륙 사이에서 벌어지는 교류가 다른 대륙에 간접적인 영향을 미친다 해도 그것을 간과하게 된다. 예를 들어 근대 초기에 아시아에서 있었던 부분적인 문호개방과 느슨한 경제통합은 세계화의 일환으로 간주할 수 없는 것이다.[1]

그렇다면 정치학자 로버트 코헤인과 조지프 나이가 주장하는 세계화의 개념, 즉 세계를 구성하는 여러 지역 사이에서 상호의존성이 심화되는 과정이라는 정의에 주목할 필요가 있다. 이들은 세계화라는 용어를 지구 전체를 포괄하는 교류나 통합에 국한해서 사용하는 데 반대한다. 상호작용이 일부 대륙 사이에서만 일어난다 해도, 그것이 다른 대륙에 간접적인 영향을 끼치고 또 그래서 세계 전역에서 상호의존성이 증가한다면 그것도 세계화로 보자는 것이다. 이 개념은 세계화의 역사를 근대 초기까지 거슬러 올라가 살펴볼 수 있도록 도움을 준다. 사실, 요즈음 많은 학자들은 세계화가 지속적으로 진행되지 않고 단속적으로 전개된 과정이라는 점을 고려해, 근대 초기를 세계화의 제1차 물결, 19세기 중엽부터 20세기 초기까지를 제2차 물결, 그리고 20세기 중엽 이후를 제3차 물결이라 부른다. 코헤인과 나이의 개념은 이 세 차례의 물결을 모두 포괄할 수 있을 만큼 넓은 것이다.

더욱이, 그것은 이들 물결이 각각 어떤 특징을 지니고 있는지 분별하는 데에도 도움이 된다. 코헤인과 나이는 세계화가 경제만이 아니라 군사, 환경, 사회 및 문화의 측면에서도 상호의존성이 심화되는 과정이라고 생각한다. 그리고 시기에 따라 특정 측면이 부각된다고 덧붙인다. 예를 들어 19세기 중엽부터 20세기 초기까지는 세계화가 경제를 중심으로 전개되었다면, 20세기 전반기에는 그 대신에 주로 군사 측면에서 진행되었다는 것이다.

---

1 배영수, 「서론」. 또한 다음도 참고하라. 헬드 등, 『전지구적 변환』; O'Rourke and Williamson, *Globalization and History*; Hopkins, ed., *Globalization in World History*; Chase-Dunn, "Globalization: A World-Systems Perspective."

이어서 그들은 오늘날의 세계화에서 나타나는 특징을 설명한다. 첫째, 정보·통신 기술의 발달 덕분에 네트워크의 밀도가 크게 높아짐에 따라, 상호관계가 여러 측면에서 복합적으로 형성되고 또 국제기구를 통해 체계화되는 양상을 띤다. 그래서 어떤 사건이 하나의 지역에서, 또 하나의 측면에서 일어나는 경우에도, 다른 지역에서 반향을 불러일으키면서 다른 측면으로 확장되기도 한다. 둘째, 국제적인 활동을 벌이는 기업이나 단체가 크게 늘어났을 뿐 아니라 이들 사이에서 의사가 소통되는 속도와 밀도도 매우 높아졌다. 바꿔 말해, 지구촌이라는 말이 어울릴 만큼 세계가 좁아졌다는 것이다. 셋째, 상호관계가 많은 주체들 사이에서 여러 가지 쟁점을 놓고 다양한 통로를 통해 형성되며, 이렇게 복합적인 상호관계는 국제관계를 경제, 환경, 사회의 측면에서 강화시키는 반면에 군사 측면에서는 약화시킨다. 오늘날에는 군사력에 의존하는 세계화가 중요하지 않다는 말이다.[2]

코헤인과 나이의 세계화 개념에서 군사 측면은 정치 측면으로 확대할 필요가 있다. 우선, 무력은 넓은 뜻에서 권력의 한 형태이다. 더욱이, 정치는 세계화에서 매우 중요한 측면이다. 코헤인과 나이는 제국주의를 경시하지만, 그것은 20세기 중엽에 이르기까지 세계화에서 가장 중요한 형태였다고 해도 과언이 아니다. 사실, 그것은 유럽을 중심으로 근대 세계가 통합되는 과정에서 일반적으로 나타났던 현상이다. 그런 현상에서 군사력은 중요한 비중을 차지하고 있었지만, 그 비중은 일정치 않았다. 제국주의는 초기 국면이 지난 다음에는 정치적 권위에 점점 더 많이 의존하는 경향을 보였으니 말이다. 무엇보다 중요한 것은 오늘날의 세계화에서 정치는 겉보기와 달리 매우 커다란 비중을 차지하고 있다는 점이다. 이는 세계화를 바라보는 시각 문제와 깊이 연관되어 있다.

2. 시각과 접근방법

시각은 세계화에 관한 연구 성과를 검토할 때 반드시 다루어야 하는 중요한 문제이다. 세계화 논쟁에 개입한 지식인들은 서로 판이하게 다른 시각을 지니고 있다. 한편에서는 세계화를 지지하는 사람들이 자리를 잡고, 그것을 거스를 수 없는 흐름으로 묘사하는 데 반해, 다른 한편에서는 그것을 비판하는 사람들이 세계화란 방향을 바꾸거나 적어도 속도를 조절할 수 있는 움직임이라고 주장한다. 이렇게 대조적인 시각이 세계화에 관한 연구

2 Keohane and Nye, "Globalization: What' s New?"

에도 영향을 끼치고 있으므로, 연구 성과를 올바르게 평가하기 위해서는 시각 문제부터 생각할 필요가 있다.

지지자들의 시각은 미국의 언론인 토머스 프리드먼의 『렉서스와 올리브나무』에서 매우 뚜렷하게 나타난다. 그에 의하면 냉전 종식에 따라 거의 모든 나라가 시장기제에 의지해 경제성장을 추진하고 있는 상황에서, 사람들은 비행기를 이용해 몇 시간 안에 대양을 넘나들고 인터넷이나 휴대전화로 어디서나 정보를 주고받는다. 이런 세상에서 사람들은 이전보다 훨씬 많은 것 가운데서 원하는 것을 선택할 수 있는데, 대개 올리브나무가 상징하는 낡은 가치 대신에 렉서스가 대표하는 앞선 기술을 선호한다. 그래서 오늘날에는 세계 어디서나 비슷한 물질적 환경과 행동양식을 볼 수 있다는 것이다. 나아가 프리드먼은 이제 "세계가 평평하다"고, 기술의 발달로 인해 사람들은 어디에 있든지 간에 같은 조건 속에서 다른 사람들과 경쟁하고 있다고 강조한다.[3]

이는 기술 결정론이라는 비판에서 벗어나기 힘들 만큼 기술의 측면에서 세계화를 바라보는 시각이다. 교통 · 통신 기술을 비롯해 기술의 발달이 세계화에 기여한 것은 분명하다. 그러나 그것이 세계화를 추진하는 동력이라고 말하기는 어렵다. 그것은 차라리 세계화를 용이하게 만들어 주는 여건, 그러니까 사람들이 소식을 주고받으며 먼 길을 오갈 때 수고를 덜어 주는 환경이라 해야 할 것이다. 게다가 기술을 중심으로 사람들을 둘러싸고 있는 여건이나 환경을 강조하면 할수록, 세계화를 추진하는 사람이나 기구를 찾아내고 그 동기를 알아내기 어려워진다는 점도 문제이다. 실제로 프리드먼은 세계화가 미국의 패권 위에서 전개되는 과정이라고 말하면서도, 미국조차 마음대로 통제하지 못하는 추세라고 강조한다. 둘도 없는 막강한 초강대국도 자본시장의 논리에 얽매여 있다는 것이다.[4]

그와 대조되는 시각은 세계화 비판자들이 지니고 있다. 이들은 대개 세계화가 미국이 통제하는 과정, 즉 미국의 세력과 전략에 따라 세계가 자본주의 체제로 통합되는 과정이라 본다. 그에 따르면 자본주의는 끊임없이 시장이나 자원을 향해 팽창하면서 새로운 지역과 주민을 흡수하는 속성을 지니고 있는데, 2차대전 이후에는 미국이 자본주의 세계에서 중심을 차지하고서 그런 속성을 실현하고 있다는 것이다. 예를 들어 피터 고완은 『세계 없는 세계화』에서 미국이 이미 1970년대 초에 화폐와 금융을 통해 세계를 지배하는 전략을 수립했다고 주장한다. 1960년대부터 누적된 무역적자 때문에 달러의 가치를 밑받침할 수 있

3 프리드먼, 『렉서스와 올리브나무』; 같은 저자, 『세계는 평평하다』.
4 Ghemawat, "Why the World Isn't Flat."

을 만큼 금을 보유하지 못하게 되자, 우선 달러에 대한 금태환을 중단하고 달러와 각국 통화 사이의 환율을 고정시키던 관행도 폐기했다. 그 대신, 미국은 재무부와 금융계의 긴밀한 협력을 통해 세계의 금융을 통제함으로써 시장경제를 전파하고 자유무역을 확립하려 했다. 따라서 고완이 보기에 세계화는 금융을 통해 세계를 지배하려는 미국의 전략이 실행되는 과정이다.[5]

이는 경제 결정론이라 할 수 있는 시각이다. 강조점이 조금씩 다르기는 해도, 비판자들은 대체로 근대 이후의 세계화를 자본주의가 내재적 논리에 따라 전개되는 과정으로 여긴다. 그렇기 때문에 어떤 국면에서 누가 주도권을 쥐고 어떤 방식으로 세계를 움직이는가 하는 데 주목하지 않는다. 영국이든 미국이든, 또는 다른 어떤 나라든 간에, 주도권을 쥐는 나라는 끊임없이 축적을 지향하는 자본의 요구에 따라 결국 제국주의로 나아가게 되어 있다고 보기 때문이다. 따라서 이 시각에서는 미국의 역할이 부각되는 반면에, 다른 나라들, 특히 자본주의가 발전하는 않은 나라들은 무력증에 빠진 환자처럼 취급된다. 더욱이, 인간은 스스로 판단하고 행동하는 능동적 주체가 아니라 자본의 논리라는 프로그램에 따라 기계적으로 움직이는 컴퓨터처럼 간주된다.

그런 결정론에서 벗어나는 데 도움이 되는 시각은 인도 출신의 경제학자로서 확고한 세계화 지지자인 자그디시 바그와티에게서 얻을 수 있다. 그는 세계화를 비판하는 사람들이 흔히 기업과 자본주의에 대한 적대의식과 미국에 대한 반감을 보여 주는데, 이는 그들이 세계화와 거기에 연관되어 있는 다른 것들을 구분하지 못하고 한데 뭉뚱그려 비판하기 때문이라고 지적한다. 그 대신, 바그와티는 세계화란 구체적으로 말해 무역과 자본 거래, 그리고 이민의 자유화를 통해 경제가 세계적으로 긴밀하게 통합되는 현상이라고 강조한다. 덧붙여서 그것이 교통 · 통신 수단의 발달에 따라 자동적으로 전개되는 과정이 아니라, 사람들이 정치와 정책을 통해 결정하는 과정이라는 점도 역설한다. 바꿔 말해, 세계화란 결국 사람들이 움직이는 과정, 즉 사람들이 국제적인 개방과 교류에 관해 어떤 결정을 내리고 그것을 실천으로 옮기는 과정이라는 것이다.[6] 따라서 바그와티는 세계화라는 거대한 과정에서 인간이 능동적 주체라는 점을 상기시키는데, 이는 물론 역사를 이해하는 데 필수적인 시각이다.

---

5 고완, 『세계 없는 세계화』; Amin, "Challenge of Globalization"; Chase-Dunn et al., "Trade Globalization since 1795." 또한 다음도 참고하라. 마르틴 · 슈만, 『세계화의 덫』.

6 Bhagwati, *In Defense of Globalization*.

바그와티의 시각에 의지한다 해도, 중요한 문제가 남는다. 우선 세계화 연구자들이 상이한 시각과 다양한 관심에 따라 서로 다른 주제를 다루고 있는 만큼, 그들의 연구 성과는 너무 산만해서 종합하기가 어렵다. 더욱이 연구 성과 가운데 대부분은 사회과학자들의 업적으로서, 시기적으로 지난 한 세대 동안의 변화에 초점을 맞추고 있다. 반면에 역사학자들의 업적은 그보다 적을 뿐 아니라, 대체로 근대 초기부터 20세기 중엽에 이르는 장기적인 과정을 개관하는 데 집중되어 있다. 따라서 그 이후부터 오늘날까지 전개되는 세 번째 물결을 역사적 과정으로 이해하는 데 필요한 해석의 틀은 아직 존재하지 않는다.

여기서 할 수 있는 것은 기존 연구를 비판적으로 검토하면서 세계화의 세 번째 물결을 역사학적으로 이해하는 데 필요한 윤곽을 구성하는 일이다. 구체적으로 말해 기존의 업적을 점검하면서, 세 번째 물결의 역사를 서술하는 데 도움이 되는 지식을 찾아내고 그것을 하나의 줄거리로 엮어 내는 일이다. 그리고 그런 윤곽 속에서 미국이 수행하는 역할을 살펴보는 일도 중요하다. 이 글에서 궁극적인 목표는 미국의 국제적 위상을 통해 미국 문명의 속성을 파악하는 데 있기 때문이다.

그런 작업을 시도하는 데 적합한 접근방법은 신제도주의에 있는 듯하다. 사회과학자들은 1980년대부터 제도와 사회의 상호작용에 주목하기 시작했다. 제도는 오래전부터 많은 사회과학자들의 관심사였고, 일각에서는 20세기 중엽에도 제도를 비교하는 업적을 발표했다. 그렇지만 그들은 대체로 제도를 둘러싸고 있는 사회적 맥락을 간과하는 경향이 있었다. 그와 달리, 1980년대부터는 제도를 인간이 만들어 낸 사회적 구성물인 동시에 인간의 사고와 행동에 영향을 끼치는 구조물로 규정하고, 사회를 통해 제도를 이해하거나 거꾸로 제도를 통해 사회를 고찰하기 시작했다. 이 조류는 정치학, 경제학, 사회학 등 여러 분야에서 널리 확산되어 있을 뿐 아니라, 최근에는 세계화와 깊은 관계를 지니고 있는 여러 기구에 대한 연구에도 영향을 끼치고 있다. 그런 연구에서 드러나듯이, 신제도주의는 역사를 이해하는 데도 큰 도움이 된다. 제도의 형성과 변형, 그리고 사멸은 그것을 안고 있는 사회가 만들어 내는 역사의 일환이기 때문이다. 이 점에서 신제도주의는 세계화를 바그와티의 시각에서 바라보는 데 적합한 접근방법이라 할 수 있다.

더욱이, 신제도주의는 세계화의 세 번째 물결에서 나타나는 특징을 파악하는 데 적합한 접근방법이라 할 수 있다. 코헤인과 나이는 위에서 언급한 것처럼 현대 세계화의 특징을 예리하게 관찰한 바 있지만, 그들의 안목은 세계화로 인해 상호관계에 일어난 변화, 즉 세계화의 결과에 집중되어 있다. 따라서 그들은 세계화의 전개 과정에서 나타나는 양상에 주목하지 않는다. 그러나 근대 초기나 19세기 후반과 비교할 때, 20세기 후반에는 세계화가 일련의 제도를 통해 전개된다는 중요한 차이점이 있다. 이는 오늘날 세계무역기구나 국제통화기금(이하 통화기금)의 회의장에 세계화에 저항하는 시위대가 자주 등장하는 데서 극적으로 드러난다. 이들 기구가 상대적으로 비판을 적게 받고 있는 세계은행과 더불어, 1980년대부터 큰 영향력을 발휘하면서 세계화를 관리해 왔다는 점은 시위대에 가담하지 않는 사람들에게도 분명하게 보인다. 그런 기구는 세계화의 역사에서 첫 번째 물결이나 두 번째 물결에는 없었다. 이 특징에 초점을 맞추어 세 번째 물결을 이해하는 데는 신제도주의가 가장 효과적인 접근방법으로 보인다.

3. 브레턴우즈 체제의 수립

사실, 정치학자들을 비롯해 사회과학자들은 오래전부터 2차대전 이후에 국제관계가 제도화되는 현상에 관심을 기울여 왔다. 그들은 전후에 유엔 같은 조직이 많이 등장했을 뿐 아니라 이런 제도가 국제관계에서 협력과 상호의존을 증진시키는 데 주목했다. 그들이 탐구한 국제기구 가운데 여기서 중요한 것은 위에서 언급한 통화기금과 세계은행, 그리고 세계무역기구의 모태인 관세 및 무역에 관한 일반협정(이하 관세협정)이다. 이들은 전후의 국제 경제질서를 제도화시키는 토대가 되었기 때문이다. 특히 통화기금과 세계은행은 국제적 통화관계를 제도화시키는 장치로 여겨져서, 흔히 브레턴우즈*Bretton Woods* 체제라 불리게 되었다. 그것은 두 기구가 1944년 미국 뉴햄프셔의 휴양지 브레턴우즈에서 개최되었던 유엔 통화금융회의의 산물이라는 사실에서 유래한다. 브레턴우즈 체제는 가끔 국제 경제질서로 확대해석되기도 하는데, 이는 그보다 뒤늦게 등장했지만 사실은 처음부터 함께 거론되었던 무역제도와 밀접한 관계가 있기 때문이다. 따라서 국제 경제질서의 제도화, 특히 브레턴우즈 체제의 형성은 2차대전 이후 오늘날까지 지속되는 세계화의 전개를 이해하는 데 출발점이라 할 수 있다.

그에 대한 역사학적 이해는 역사가가 아니라 외교관이었던 리처드 가드너의 1956년도 저술 『스털링-달러 외교』에서 시작된다. 이 책은 1941년 미국과 영국 사이에서 처음으로 전후 경제문제가 거론되었을 때부터 1951년 이 문제에 관한 논의가 일단락될 때까지 10여 년 동안에 있었던 양국 사이의 교섭 과정을 풍부한 사료에 입각해 면밀하게 추적한 업적으로서, 오늘날에도 브레턴우즈 체제의 탄생에 관한 연구 가운데 가장 충실한 것으로 간주된다.[7] 오늘의 관점에서 볼 때, 이 면밀한 연구는 브레턴우즈 체제가 순탄치 않은 과정을 통해 탄생했다는 것, 그리고 출범 초기에는 전도를 확신할 수 없을 정도로 허약한 제도였다는 것을 보여 준다.

가드너는 영국과 미국 사이의 경제외교가 금융과 무역이라는 두 측면으로 나뉘어 있었다고 말한다. 금융 측면에서는 양국 사이에 상당한 의견 차이가 있었다. 1941년 봄 양국이 경제문제를 거론했을 때, 영국 대표 케인스의 상대는 미국 금융계에서 많은 실무경험을 쌓은 해리 덱스터 화이트였다. 그는 배경이나 기질의 차이에도 불구하고 얼마 지나지 않아 저 전설적인 경제학자를 존경하게 되었기 때문에, 교섭은 친밀한 분위기에서 진행되었다. 더욱이, 양국이 금융문제에 관해서는 다자주의적 해결책, 즉 양국 이외에 가능하면 많은 국가가 참여하는 국제 금융기관을 수립한다는 대책을 갖고 있었기 때문에, 기본 방침에 관해서는 이견이 없었다. 그러나 케인스가 대규모 결제은행을 수립해 거기서 회원국들이 국제수지를 상계하고 또 상당한 자금을 초과 인출까지 할 수 있도록 하자고 제안했을 때, 화이트는 분명하게 거부했다. 영국은 국제수지에서 적자를 보더라도 국내의 고용 확대를 위해 투자할 수 있는 자금을 확보하려 했지만, 미국은 국제금융의 안정에 주안점을 두고 있었기 때문이다. 화이트가 미국 재무부에서 마련한 방안은 소규모 안정기금을 조성하고 회원국이 국제수지에서 일시적으로 위기에 봉착하면 단기자금을 대출할 수 있게 허용한다는 것, 그리고 회원국은 환율을 조작하거나 외환을 통제하지 않고 국내 경제정책에 관해 기금의 감독을 받는다는 것이었다. 덧붙여 그는 전후 재건에 필요한 자금은 따로 국제은행을 설립해 공급하자고 제안했다. 이런 제안에 관해 영국에서는 상당한 비판이 있었다. 특히 진보적인 인사들은 그런 국제기구들이 고용정책을 비롯해 국내경제의 운영에 관해 제약을 가하지 않을까 우려했다. 미국에서도 고립주의자들을 중심으로 미국이 적지 않은 자금을 마음대로 다룰 수 없는 국제기구에 넘기는 데 대해 불만이 있었다. 그러나 양국 정부에서 주도권은 국제주의자들이 장악하고 있었고, 그들은 양국의 세력관계에 따라 점차 화이트의 제안으로 의견을 좁혀 갔다. 따라서 1944년 여름 브레턴우즈 회의가 열리기 전에, 양국은 통화기금과 세계은행의 설립에 관해 합의를 볼 수 있었다.

무역에 관한 교섭에서도 의견 차이가 상당했다. 여기서도 영국대표단과 미국 철강계의 거물 마이런 테일러가 이끌던 미국 대표단 사이에서 서로 신뢰하는 분위기가 형성되었다.

7 Gardner, *Sterling-Dollar Diplomacy*.

또 양국은 기본적으로 유사한 방침을 갖고 있었다. 모두 세계적인 무역 자유화를 목표로, 관세인하를 위한 다자회담을 개최하고 무역에 관한 분쟁을 해결하는 기구를 설립하자는 원칙을 수립했던 것이다. 그러나 1943년에 본격적인 교섭이 시작되자, 심각한 이견이 드러났다. 미국이 무역 자유화를 위해서는 무역 상대국에 따라 세율을 차별적으로 적용하는 관행을 전면적으로 금지해야 한다고 주장한 데 반해, 영국은 자국의 제국 체제에 속하는 지역에 대해 특혜를 주는 제도를 폐지할 수 없다고 맞선 것이다. 영국으로서는 제국에 대한 미련이 남아 있었던 데다가 대미무역에서 증가하는 역조 현상 때문에 국제수지의 악화는 물론이요 고용 위축까지 우려하지 않을 수 없었다. 미국은 1945년 가을까지 영국으로부터 특혜를 점진적으로 철폐한다는 양보를 얻어 낼 수 있었지만, 그때쯤에는 불황이 닥쳐올지 모른다는 우려 때문에 무역 자유화에 대해 소극적인 태도를 보이기 시작했다. 미국에서도 불황의 타개책으로 수입 억제가 주목을 끌었을 정도로, 수출 확대를 통해 경기를 부양한다는 것은 여전히 믿음직스럽지 않은 처방이었던 것이다. 그렇지만 전후 유럽을 괴롭힌 사회불안과 경제혼란, 그리고 냉전 때문에, 미국과 영국은 자유진영을 통합하는 데 박차를 가하게 되었다. 그 결과, 1947년 가을 관세협정의 형태로 관세인하를 지향하는 다자주의적 원칙을 천명할 수 있었다. 그러나 그것을 국제무역기구로 구체화시키는 단계까지 나아가지는 못했다.

따라서 가드너에 따르면, 양국이 전후 국제경제를 위해 만든 제도들은 상당히 불안한 모습을 띠고 있었다. 무엇보다도 양국은 외환의 안정과 무역의 자유화를 바라면서도 그로 인해 국내경제에 부정적인 결과가 초래되지 않을까 우려하면서, 새로운 제도에 소극적인 태도를 갖게 되었다. 이들 제도가 두 나라의 적극적인 지원 속에서만 제대로 작동할 수 있었기 때문에, 그런 태도는 불안한 미래를 의미했다. 더욱이, 국제무역기구가 창설되지 않음으로써, 전후 국제 경제질서는 불완전한 구조를 지니게 되었다. 브레턴우즈 체제를 금융·통화 제도로 이해하는 오늘날의 많은 사회과학자들과 달리, 가드너는 금융제도와 무역제도의 성립을 따로 기술하면서도 그런 제도가 한 그루 나무의 줄기와 뿌리처럼 따로 뗄 수 없을 만큼 서로 얽혀 있다는 점을 강조한다. 그는 무역의 중요성을 강조하며, "효과적인 다자주의 체제는 금융 측면에서 수립된 계획만으로는 만들 수 없다. 그것은 무역정책의 분야에서 채택되는 동등한 조치를 토대로 삼아 그 위에 세워야 한다"고 선언하기도 한다.[8] 바꿔 말해, 가드너는 브레턴우즈 체제를 무역제도까지 포괄하는 것으로 넓게 이해해

8 Ibid., 101.

야 한다는 점을 시사한다. 여기서 중요한 것은 그의 관점에서 볼 때 무역기구가 불발로 끝났다는 사실이 전후 질서에 불안정 요인으로 비친다는 점이다. 결국 가드너는 브레턴우즈 체제를 허약한 신생아처럼, 각별한 보호가 필요한 유아처럼 묘사한다고 할 수 있다.

그러나 가드너는 저 신생아를 비롯해 새로운 국제 경제질서의 기원에 관해 논하지 않으며, 따라서 그 성격에 대해서도 언급하지 않는다. 제도의 기원을 파악하는 것은 늘 그렇듯이 까다로운 일이지만, 정책의 결정 과정에서 여론을 비롯해 다양한 영향력이 작용하는 민주정치에서는 더욱 그렇다. 그래도 미국이 주도하는 국제 경제질서의 기원은 사회학자 로런스 샤우프 덕분에 상당히 밝혀져 있다. 그에 따르면, 영국과의 교섭에서 화이트와 테일러가 따로 들고 나갔던 방안은 치밀한 논의를 거쳐 수립된 단일한 세계 전략의 일환이었다. 미국의 세계 전략은 미국과 영국 사이에서 경제문제가 거론되던 1941년 봄에 이르면 이미 "광역*Grand Area*"이라는 골격을 갖추고 있었다. 그것은 전후 세계에서 미국에 필요한 활동 공간을 뜻했는데, 구체적으로는 남·북 아메리카, 소련을 제외한 유럽 대륙 및 지중해 지역, 태평양 및 극동 지역, 영국 및 영연방을 포괄하는 광대한 지역을 가리켰다. 이 넓은 지역이 장차 세계경제를 미국 경제에 통합하고 세계질서를 미국의 패권 아래에 재편하는 데 필수적인 부분이라는 것이었다. 그리고 "광역"을 장악하기 위해 제일 먼저 취해야 할 조치는 영국과 긴밀한 관계를 수립함으로써 국제무대에서 미국의 영향력을 확대하는 데 필요한 토대를 구축하는 것이었다.

더욱이, 샤우프는 이런 전략이 공식적으로 국무부에서 제안되었지만 실제로는 민간단체인 미국외교협회*Council on Foreign Relations*의 주도 아래 개발되었다는 사실에 주의를 환기한다. 이 단체는 유럽에서 2차대전이 발발하자마자 전후 질서에 대한 연구 모임을 구성하는 동시에 국무부에 협조를 요청했고, 국무부는 산하에 자문위원회를 발족시키고 외교협회의 주요 인사들을 임명해서 자체 직원들과 함께 전략을 개발하게 했다. 대영 경제외교에서 주도적 역할을 맡았던 화이트와 테일러도 거기에 참여하고 있었다. 외교협회가 그처럼 영향력을 발휘할 수 있었던 것은 국무부 장관은 물론이요 대통령과도 직접 접촉할 수 있는 인맥을 갖고 있었기 때문이다. 외교협회에는 학자와 외교관을 비롯해 다양한 사람들이 참여했지만, 주도권은 미국의 기업인들 가운데서 제이 피 모건을 중심으로 국제주의적 태도를 지닌 거물들이 쥐고 있었다. 그들은 1차대전의 전후 처리에서 우드로 윌슨의 이상이 폐기된 것을 안타깝게 여기고, 그가 천명했던 자유주의 원칙들을 실현하기 위해 1921년에 외교협회를 결성한 데 이어 미국의 외교정책을 치밀하게 구상하며 정계에서 두터운

인맥을 형성했던 것이다.[9]

샤우프의 견해를 외교정책의 결정 과정으로 확대해석한다면, 미국 외교사 연구에서 엘리트주의적 패러다임으로 되돌아가는 셈이 될 것이다. 그러나 거기까지 나아가지 않는다면, 그가 밝혀 놓은 기원은 새로운 국제 경제질서가 자유주의적 성격을 지니고 있음을 시사한다고 할 수 있다. 외교협회에서 구상한 전략은 외교정책 결정자들 사이에 조성되어 있던 분위기에 맞는 것이었다. 전시의 미국 국무부는 자유주의자들의 아성이었다. 당시 국무부에서 경제문제를 다루었으며 미국 외교사 연구에 큰 영향을 끼치기도 했던 허버트 파이스는 국제 경제관계에 대한 국무부의 태도가 애덤 스미스, 데이비드 리카도 등 "위대한 경제학자들이 오래전에 만들어 놓은 고전주의적 전통"에 뿌리를 두고 있었다고 술회한 바 있다.[10] 그런 전통에 비춰 볼 때, 외교정책 담당자들이 전후 질서를 구상하면서 국제평화에 자유무역이 중요한 기여를 한다고 생각한 것은 자연스러운 일이었다. 국무장관 코델 헐과 재무장관 헨리 모겐소를 비롯해 전후 계획의 수립에 참여했던 고위 관리들에게, 그것은 무엇보다 정치와 경제의 분리를 의미했다. 그들은 "전후에 수립되는 경제제도는 참여국이 정치적으로 어떤 정책을 견지하든 상관없이 자원을 분배할 수 있도록 정치적 진공 상태에서 움직일 수 있어야 한다"고 확신했다.[11] 이 신념은 가드너가 지적하듯이 냉전으로 인해 좌절된다. 그렇지만 그것이 정부가 개입하지만 않으면 시장은 상이한 이해관계를 갖고 있는 사람들 사이에 조화를 가져다준다는 자유주의자들의 전통적 신조를 반영한다는 점은 분명하다.

미국의 구상에 그런 기원이 있다면, 전후에 대두한 국제 경제질서에 자유주의가 "배어 들어 있다"는 정치학자 존 제러드 러기의 견해는 더 큰 설득력을 얻는 셈이다. 그는 1982년에 발표한 유명한 논문에서, 이론적 모델에 의존해 전후 질서의 특징적 속성을 진단한다. 러기의 모델에서 중요한 요소는 국제 경제체제에서 정치적 권위가 차지하는 위상, 원활하게 진행되는 국제적 거래의 종류, 그리고 규범이 지니는 영향력이다. 간단히 말하자면, 전후 질서에서는 국가가 국제적 거래를 자유로이 방임하지 않지만 직접적으로 통제하지도 않는다는 것, 그렇지만 외환안정과 관세인하를 통해 자본과 상품의 거래를 활성화시킴으로써 국제적 분업의 발전에 기여한다는 것, 그리고 다른 국가와의 관계에서 힘의 논리

9 Shoup, "Shaping the Postwar World"; Shoup and Minter, *Imperial Brain Trust*.

10 Eckes, *Search for Solvency*, 6.

11 Gardner, *Sterling-Dollar Diplomacy*, 11.

보다는 규범의 역할을 중시한다는 것이다.[12] 바꿔 말해, 전후 질서는 구조와 기능에서 20세기 자유주의자들이 역설하는 기본 신조들을 반영하고 있다는 것이다.

러기는 어떻게 그런 질서가 수립되었는지 다루지 않는데, 샤우프가 이에 대해 해답을 제공한다고 할 수 있다. 물론, 그가 모든 것을 말해 주는 것은 아니다. 대공황에 관한 기억, 특히 각국에서 블록 경제를 추구하며 관세장벽을 쌓아 올림으로써 무역이 위축되고 따라서 경기회복이 지체되었다는 교훈도 전후 질서의 탄생에서 중요한 요소였다는 점은 부인하기 어렵다. 샤우프의 연구가 시사하는 것은 그 질서의 구조와 기능에 배어 있는 자유주의적 성격이 그것을 구상한 사람들의 역사적 경험만이 아니라 그들이 간직하고 있던 이데올로기에서도 흘러나온 것이라는 점이다.

4. 브레턴우즈 체제의 변형

새로운 경제질서가 전후 세계에 정착하는 과정도 그 탄생 과정만큼이나 순탄치 않았다. 이 질서가 오늘날에도 존속하고 있는 탓인지, 그에 관한 연구에서는 거기에 내재하는 활력이 중시되는 반면에 그것이 정착하거나 발전하는 과정에서 있었던 우여곡절이 간과되는 경향도 있는 듯하다. 그렇지만 그것이 본질적으로 국제관계의 체제라는 점, 구체적으로 말해 상이한 이해관계를 지니고 있는 주권국가들이 공통분모를 찾아내고 그것을 기초로 구축한 일정한 관계라는 점을 기억할 필요가 있다. 바꿔 말해, 전후 질서는 다양한 요인들이 복합적으로 작용하는 상황 속에서 예상하기 어려운 과정을 거쳐 자리를 잡았던 것이다.

그와 같은 사정은 전후 질서에서 중요한 부분을 차지하고 있던 브레턴우즈 체제에서 뚜렷하게 보인다. 이 체제는 오래전부터 학계에서 널리 주목을 끌었지만, 아직도 그 정착 과정이 상세하게 밝혀져 있다고 하기 어렵다. 그래도 윤곽은 알려져 있다. 역사학자 알프레드 에케스에 따르면, 1950년대 말까지 10여 년 동안 브레턴우즈 체제는 자리를 잡지 못했다. 전후 유럽은 미국과 정상적인 교역을 하기는커녕 달러가 부족해 생활필수품마저 충분히 확보하지 못했다. 이런 상황에서 통화기금이 할 일은 별로 없었다. 세계은행은 개발 사업에 대한 민간 투자를 주선하는 데 주력했지만, 그 규모가 작았을 뿐 아니라 상당 부분이 라틴아메리카와 서아시아에서 유전을 개발하는 데 들어갔다. 그래도 마셜플랜 덕분에 서

12 Ruggie, "International Regimes."

부 유럽의 경제가 활력을 회복함에 따라 브레턴우즈 체제로 향하는 진전이 있었다. 서부 유럽의 주요 국가들은 외환에 관해 서로 협력하기 시작했고, 이어서 생산과 무역, 그리고 외환 준비금을 빠른 속도로 늘려갔으며, 1958년 말에는 부분적으로나마 환전을 허용할 수 있게 되었다.[13]

미국 외교사 전문가 다이앤 쿤즈는 그런 윤곽에서 간과된 정치·군사적 측면에 주목하면서, 브레턴우즈 체제의 역사를 포괄적으로 서술한다. 그에 따르면, 미국은 마셜플랜에서 드러나듯이 정치안정이 경제회복과 밀접한 관계에 있다고 보았는데, 이는 냉전체제 아래서 지속되는 관념이었다. 여기서 중요한 것은 그 덕분에 유럽의 재건이 빨라졌고 그에 따라 브레턴우즈 체제도 정상적으로 가동되기 시작했다는 점이다. 유럽에서 시작된 환전은 즉각 미국에서 금이 유출되는 현상으로 이어졌다. 미국의 금보유고는 1957년 23조 달러에 육박했으나, 1971년에는 10조 달러를 간신히 넘을 만큼 빠르게 줄어들었다. 이는 유럽과 미국 사이에서 경제력 격차가 줄어들고 있다는 것을 뜻했다. 사실 마셜플랜 아래서 미국은 기술혁신을 소홀히 하면서 해외투자에 열을 올린 반면에, 서독을 비롯해 프랑스, 이탈리아 등 서구 국가들은 일본과 더불어 새로운 생산시설을 도입하고 수출을 늘리는 데 주력했다. 미국은 케네디 행정부가 출범한 다음에야 수출증진에 관심을 기울였고, 그에 따라 관세협정을 통해 관세인하를 추진했다. 그래도 1960년대 말에 오면 미국은 외국 정부의 태환 요구가 있다 해도 금 1온스를 35달러로 계산해서 내어 줄 수 없게 되었다. 결국, 브레턴우즈에서 약속한 것과 달리 1971년 8월 닉슨 대통령은 달러의 태환 중단을 비롯해 일련의 비상조치를 발표하기에 이르렀다.[14]

많은 사회과학자들은 이 중요한 조치가 브레턴우즈 체제의 해체를 의미한다고 해석하고, 그에 관한 세부적 사실을 놓고 논쟁을 벌여 왔다. 핵심적인 쟁점은 정확하게 언제 브레턴우즈 체제가 해체되었는가, 또 어떻게 해서 그런 일이 벌어졌는가 하는 것이다. 1971년 8월의 비상조치가 결정적 타격이라 해도, 그것을 브레턴우즈 체제의 사망 요인으로 볼 수 있는지 분명치 않았던 것이다. 이 논쟁에서 널리 주목을 끌었던 것은 1977년에 발표된 사회학자 프레드 블록의 『국제 경제질서 해체의 기원』이다. 그는 브레턴우즈 체제가 1971년

13 Eckes, *Search for Solvency*, 211-271.

14 Kunz, *Butter and Guns*. 미국 경제외교의 정치·군사적 측면에 먼저 주의를 환기한 것은 역사학자 로버트 폴러드이다. Pollard, *Economic Security and the Origins of the Cold War*. 미국이 소련과 냉전에 돌입하고 봉쇄 전략을 채택한 데 관해서는 일찍부터 미국 외교사 전문가들이 많은 연구 업적을 내놓은 바 있는데, 폴러드는 경제외교를 연구하며 거기에 주목했던 것이다.

에 결정적 타격을 입고 2년 뒤에 완전히 해체되었다고 보고, 거기에 이르는 과정을 추적한다. 그에 따르면, 해체 과정은 미국이 1960년대 초부터 저 체제를 움직이는 규칙들을 하나씩 폐기함에 따라 오랫동안 진행되었다. 미국이 그렇게 한 것은 국제수지가 정부부문에서나 민간부문에서나 이미 1950년대부터 고질적인 적자에 허덕였기 때문이다. 그 이유는 미국이 2차대전 이후에 세계를 미국 경제에 통합하기 위해 군사비를 무리하게 쓰며 해외투자에 거금을 퍼부은 데 있다. 한마디로 말해, 브레턴우즈 체제는 미국의 제국주의적 야심 때문에 무너졌다는 것이다.[15]

반면에 조앤 고와는 미국의 내부 사정에 주목하면서 국내정치의 중요성을 강조한다. 1983년에 발표한 『태환제도의 종결』에서, 그는 블록처럼 미국의 국제수지를 설명의 출발점으로 삼는다. 그래도 블록과 달리, 정부부문에서는 군사비보다 해외원조가 점차 큰 비중을 차지했다는 사실에 주의를 환기한다. 더욱 중요한 것은 국제수지의 악화에도 불구하고 백악관과 국무성이 국제적 신뢰를 유지하기 위해 지출을 계속했다는 점이다. 결국 1960년대 말에 위기가 다가왔을 때, 닉슨 행정부는 브레턴우즈 체제를 유지하기 위해 국제적 의무를 이행하기보다는 미국 경제의 성장을 위해 정책상 자율성을 확보하는 데 관심을 기울였다. 특히 닉슨은 태환을 계속함으로써 미국 경제가 타격을 입고 그 결과로 실업이 늘어나면, 자신의 재선이 어려워진다는 점에 신경을 썼다. 따라서 그는 국제적 의무를 포기하고, 1971년 8월 브레턴우즈 체제에 대해 사망을 선언했다는 것이다.[16]

블록과 고와의 설명이 반드시 상충하는 것은 아니다. 두 사람은 같은 문제의 서로 다른 측면에 집중하고 있다. 그들은 브레턴우즈 체제가 완전히 해체된 시점에 관해서는 서로 다른 의견을 갖고 있으면서도, 해체를 기정사실로 간주한다는 점에서는 같은 입장에 서 있다. 그리고 해체를 설명하기 위해 블록이 국제수지의 악화 요인을 천착한 반면에, 고와는 국제수지에 대한 닉슨 행정부의 반응에 주목한다. 따라서 두 사람의 견해는 닉슨의 비상조치에 관한 상보적 해석으로 수용할 수 있다.

그렇지만 그들은 저 중요한 조치의 국제적 맥락을 경시하는데, 이는 미국 외교사 전문가 프랜시스 개빈이 자신의 근작 『황금과 달러, 그리고 권력』에서 다룬다. 그는 거기서 브레턴우즈 체제가 본질적으로 불안한 구조라고 지적하면서, 그래도 1958~68년간에 비교적

---

15 Block, "Contradictions of Capitalism as a World System"; idem, *Origins of International Economic Disorder*.

16 Gowa, *Closing the Gold Window*.

안정된 모습을 보인 것은 주요 국가들의 정치적 노력 덕분이라고 주장한다. 개빈은 브레턴우즈 체제에서 핵심을 차지하는 고정 환율제를 불안정 요인으로 간주한다. 그것은 각국에서 물가가 안정되어 있을 때만 유지될 수 있는데, 물가는 국민경제의 성장이나 침체에 따라 나라마다 상당한 변화를 겪는다는 것이다. 그렇기 때문에 그것이 안정성을 보인 기간에는 주요 국가에서 정부가 지속적으로 외환을 통제하며 국제공조에 주력했다. 주요 국가들은 통화 맞교환 협정을 체결하고, 개인이 미국에 달러의 태환을 요구하지 못하도록 규제하며, 통화기금이 회원국으로부터 자금을 차용하거나 거꾸로 회원국에 특별자금을 대여할 수 있게 허용했다는 것이다.

개빈은 그런 국제공조가 복잡한 정치적 · 군사적 차원을 갖고 있었다고 설명한다. 특히, 미국과 소련 사이의 냉전보다는 나토 국가들의 상이한 이해관계에 주의를 환기한다. 미국은 소련의 위협에서 서구를 보호하는 데 관심을 갖고 있었지만, 국제수지의 악화 때문에 서독에 미군을 주둔시키는 데 드는 막대한 비용 가운데 일부를 서독에 부담시키려 했다. 프랑스는 영국과 함께 서독의 재무장을 저지하기 위해 서독에 주둔하는 미군의 규모를 유지하는 데 관심을 기울였고, 서독은 미군의 방위비를 분담하는 대신에 수출로 벌어들인 달러를 미국에 예치하는 방안을 고수하려 했다. 이렇게 여러 차원에서 서로 다른 이해관계를 조정하면서, 이들 국가는 브레턴우즈 체제를 유지할 수 있었다는 것이다.[17]

개빈의 설명은 풍부한 자료와 넓은 시야를 토대로 치밀하게 전개되고 있지만, 끝나는 대목에서 중요한 의문을 남긴다. 그는 이 탁월한 저술의 뒷부분에서 브레턴우즈 체제가 이미 1968년 봄에 붕괴했다고 주장한다. 그 근거는 그때 미국이 주요 국가들과 협의해 금시장을 둘로 나누고, 각국의 중앙은행이 민간시장에서 금을 거래하지 않으며 중앙은행 사이에 거래가 이루어지는 공식 시장에서는 가격을 고정해 놓기로 했다는 데 있다. 이것이 사실상 달러의 태환을 포기하는 조치이므로, 개빈은 여기서 브레턴우즈 체제의 전제가 무너졌다고 본다. 그렇지만 그가 자신의 책에서 무엇보다 역설하는 것은 브레턴우즈 체제가 본질적으로 연약했기 때문에 국제공조 덕분에 유지될 수 있었다는 점이다. 그렇다면 그런 공조가 1968년 봄 이후에는 가능하지 않았는가 하는 의문이 떠오른다. 더욱이 금시장을 나누는 조치 자체가 개빈이 보여 주듯이 매우 긴밀한 국제적 협의를 통해 나온 것이라면, 그와 같은 협력이 이후에는 지속되지 않았다고 볼 수 있을지 의심스럽다. 사실, 국제적 협

17 Gavin, *Gold, Dollars, and Power.*

력은 이후에도 지속되었다. 특히 1971년 8월 달러의 태환 중단으로 고정 환율제가 폐기됨에 따라 많은 나라들이 변동 환율제를 채택했는데, 그 뒤에도 환율이 지나치게 내려가거나 올라가지 않도록 서로 긴밀하게 협력했다.

그렇다면, 과연 브레턴우즈 체제가 해체되었다고 할 수 있을지 의심스럽다. 1971년 여름부터 달러의 태환이 중단되고 고정 환율제가 변동 환율제로 대체되는 중대한 변화가 있었지만, 브레턴우즈 체제를 밑받침하던 국제공조는 견실한 활력을 지니고 있어서 환율을 안정시켰으니 말이다. 이는 이미 1980년대 초에 정치학자 존 제러드 러기가 강조한 바 있다.[18] 더욱이, 최근에는 그의 주장을 뒷받침하는 견해가 속속 제기된다. 우선, 프레드 블록이 자신의 견해를 철회했다. 1999년에 발표한 짤막한 논평에서, 그는 종래에 자신이 브레턴우즈 체제를 지나치게 불안한 것으로 보았다고 고백한다. 미국을 비롯해 주요 국가들은 1970년대 이래 경제위기를 극복하면서 국제경제의 활력을 유지하는 데 성공했다는 것이다. 그리고 이는 국제경제가 어떤 법칙에 따라 전개되는 것이 아니라 국제적인 조정과 협력을 통해 운영되는 것이라는 점을 보여 준다고 덧붙여 말한다. 그리고 일부 경제학자들은 요즈음 "브레턴우즈 체제의 부활"을 거론하고 있다. 그에 따르면 1971년 여름부터 국제 통화체제는 달러를 기축 통화로 삼고 각국 통화가 외환시장에서 결정되는 환율에 따라 변동을 거듭하는 형태로 이행했지만, 작동기제가 바뀌지는 않았다. 미국은 여전히 국제금융의 중심으로서 기능을 발휘하며, 그 주변에서는 수출지향적인 국가들이 종전과 마찬가지로 미국에 상품과 함께 자본을 공급하며 환율을 안정적으로 유지한다는 것이다. 바뀐 것이 있다면 수출지향적인 국가들이 독일과 일본에서 동아시아로 확대되었다는 점이다.[19]

그렇다면, 1960년대 말부터 1970년대 초까지 일어난 변화는 차라리 브레턴우즈 체제의 변형이라 해야 할 것 같다. 그것은 형태를 바꾸면서도 구조와 기능을 그대로 간직했으니 말이다. 문제는 차라리 그런 변형의 요인이 어디에 있는가 하는 것이다. 역사학자 윌리엄 글렌 그레이는 국제경제의 구조적 변동에 주의를 환기한다. 그는 최근에 발표한 논문에서 1969~73년간에 고정 환율제 대신에 변동 환율제가 대두하는 과정을 추적하면서, 독일의 역할을 강조한다. 그에 따르면 1960년대 말에 기존 통화체제에 압력으로 작용한 것은 달러나 파운드가 아니라 엔과 마르크였다고 지적한다. 일본과 독일이 경제부흥에 성공함에

18 Ruggie, "International Regimes," 223-226.

19 Block, "Introduction to 'Contradictions of Capitalism as a World System' "; Dooley et al., "Revived Bretton Woods System"; Dooley and Garber, "Is It 1958 or 1968?"

따라, 엔과 마르크가 달러나 파운드에 대해 강세를 보였다는 것이다. 이런 상황에서 독일이 선택한 것은 마르크가 외환시장에서 조금만 오르게 함으로써 환투기꾼들의 공격을 막는 동시에 독일의 수출을 뒷받침하는 길이었다. 그에 따라 독일 정부는 이미 1960년대 말부터 환율의 변동을 일시적으로 허용하기 시작했고, 1970년대 초에 주요 국가들이 환율의 안정과 국제수지의 균형에 관해 합의를 도출하는 데 기여했다는 것이다.[20] 바꿔 말해, 통화체제의 변화는 독일을 비롯해 서구 국가들이 일본과 더불어 전후에 빠르게 성장한 데 비해 미국과 영국이 전후에 누리던 지위를 계속해서 유지할 수 있을 만큼 성장하는 데 실패한 결과라 할 수 있다. 이미 오래전에 리처드 가드너가 지적했던 것처럼, 국제 경제질서에서 금융제도와 무역제도는 따로 떼어 놓고 생각할 수 없는 것이다.

5. 국제 분업 구조의 변형

세계화의 전개이라는 관점에서 보면, 브레턴우즈 체제의 변형은 미국과 서구, 그리고 일본이 긴밀하게 통합되었을 뿐 아니라 서로 경쟁하면서도 협력하는 관계를 구축했다는 사실을 보여 준다. 1970년대에는 동아시아와 라틴아메리카가 빠른 속도로 발전해 그런 국제관계에 합류함으로써, 세계화에 또 한 차례 중요한 진전이 있었다. 이것을 기술의 발달이나 미국의 패권으로써만 설명할 수 없다면, 어떻게 이해할 수 있는가 하는 의문이 떠오른다. 더욱이 이들 지역에서도 일부 국가가 두드러지게 성장한 반면에 다른 국가들은 저개발에서 벗어나지 못했는데, 이런 차이는 또 어떻게 설명할 것인가 하는 문제도 있다.

무엇보다 먼저 주목할 것은 많은 개발도상국가가 스스로 경제개발과 국제협력에 관한 요구를 제기했다는 사실이다. 이는 이른바 77그룹에서 분명하게 드러난다. 이 기구는 1963년 아시아, 아프리카의 75개 개도국들이 모여서 만든 것인데, 그 취지는 다음 해에 개최되는 유엔 무역개발회의를 겨냥해 거기서 공동으로 제기할 안건과 요구 사항을 준비하는 데 있었다. 이들 국가는 대부분 먼저 출범한 비동맹 운동에 가담하고 있었지만, 경제문제를 집중적으로 다루기 위해 따로 모임을 만들었다. 거기서 부각된 것은 개도국의 산업화와 그것을 제약하는 국제 경제질서였다. 개도국들은 독립 후에도 지속되는 저발전상태가 낡은 국제 분업 구조에 있다고 보고, 선진국에 대해 경제개발에 대한 지원과 개도국 공

20 Gray, "Floating the System."

산품에 대한 문호개방을 요구하기로 했다. 이들은 뒤늦게 가담한 한국, 베트남과 함께 이런 요구를 유엔 무역개발회의에서 공식적으로 제기했을 뿐 아니라, 관세협정을 포함해 다른 여러 국제기구에서도 거론했다. 그 결과, 이들의 요구는 1970년대 중엽에 이르면 "새로운 국제 경제질서*New International Economic Order*"로 알려지게 되었다.[21]

개도국의 요구는 관세협정의 부분적 수정으로 실현되었다. 관세협정의 기본 원칙은 국제무역에서 어느 국가가 어떤 상품에 관한 세율을 최혜국 대우 수준으로 인하하면 상대방 국가도 그에 상응하는 조치를 취하는 동시에 다른 국가에 대해서도 동일한 세율을 적용해야 한다는 것이었다. 이 상호주의와 비차별주의는 개도국의 견지에서 볼 때 선진국과 같은 조건에서 경쟁해야 한다는 것을 뜻했다. 따라서 개도국들은 이미 1960년대부터 선진국에 그와 같은 기본 원칙을 유보해 줄 것을 주장했고 또 양보를 얻어 내기도 했다. 그리고 도쿄라운드, 즉 1973~79년간에 일본 도쿄에서 있었던 관세협정에 관한 다자 협상에서는, 선진국이 개도국에 대해 특별한 지위를 인정하고 일방적 관세혜택을 제공하는 데까지 이르렀다. 그 대신, 개도국은 경제가 발전하면 그런 특혜제도에서 졸업하고 관세협정의 기본 원칙을 준수하기로 했다. 이는 물론 개도국이 점진적으로 국제 경제질서에 편입된다는 것을 의미했다.[22] 일각에서는 그로 인해 개도국의 편입이 지체되었다고 진단한다. 많은 개도국들이 졸업 후에야 비로소 무역 자유화 조치를 취했다는 것이다.[23] 그러나 이 해석은 개도국들이 특혜제도에 의지해 국내산업을 보호하며 국제 경쟁력을 갖추려 노력했다는 점을 경시하는 것으로 보인다.

실제로, 개도국들 가운데 일부는 그와 같은 혜택을 활용하며 산업화에 성공했다. 1970년대에 들어와서 개도국들은 뚜렷하게 분화되었다. 한편에서는 산유국들이 석유수출국기구를 만들어 따로 움직이기 시작했고, 다른 한편에서는 홍콩, 브라질 등이 한국과 더불어 신흥공업국가로 부상했으나, 나머지는 여전히 뒤처져 있었던 것이다. 산유국들은 1970년대에 두 차례에 걸쳐 유가를 대폭 인상함으로써 전 세계를 에너지 위기의 충격에 빠뜨리면서 막대한 "오일 달러"를 확보했으나, 그것을 자국의 산업화에 투자하지 않고 대부분 해외에서 공산품을 수입하는 데 사용했다. 반면에 신흥공업국가들은 1960년대에 착수한 산업화에 박차를 가했는데, 특히 한국과 대만, 홍콩과 싱가포르는 간단한 가공의 단계를 넘어

21 Geldart and Lyon, "Group of 77: A Perspective View."
22 Koekkoek, "Integration of Developing Countries in the GATT System."
23 Özden and Reinhardt, "Perversity of Preferences."

고도의 기술이 필요한 산업부문으로 진출하는 데 성공함으로써 미국을 비롯해 여러 선진국에 다양한 공산품을 수출하기 시작했다. 따라서 이 "동아시아 호랑이들"은 국제 분업을 새로운 방향으로 이끌고 가는 데 핵심적인 기여를 했다. 국제적 분업 체계는 오랫동안 선진국에서 공산품을 제조하고 후진국에서는 농산물이나 광산물을 생산해 서로 교환하는 구조를 갖고 있었으나, 이제 신흥공업국가의 등장으로 인해 "새로운 국제 분업"으로 이행하게 되었던 것이다.

이 변화를 설명하는 것은 쉬운 일이 아니다. 많은 학자들은 고전경제학의 전통에 의지해 신흥공업국가가 선진국의 전철에 따라 자본주의의 발전 과정에 합류한 것이라고 보았으나, 국가의 주도적 역할을 비롯해 동아시아에서 나타나는 특징을 제대로 설명하지는 못했다. 마르크스주의의 세례를 받은 학자들은 신흥공업국가의 발전이 선진국으로 구성되는 자본주의 세계체제의 중심부에 통합되는 종속적 형태에 불과하다고 생각했지만, 그와 같은 발전이 주변부 가운데서도 몇몇 국가에서만 일어나는 이유를 파악하는 데 실패했다. 따라서 일부 학자들은 새로운 국제 분업을 설명하기 위해 이론적 경계선을 넘나들며 종합하고자 시도했다. 예를 들면, 정치학자 제임스 카포라소는 1981년에 발표한 논문에서 "자본주의 반주변부"라는 개념을 사용하며 신흥공업국가의 대두에 관해 포괄적인 설명을 제시했다. 그가 변화의 원천으로 파악한 것은 한편에서는 선진국의 자본이 점점 심화되는 규제와 경쟁, 그리고 임금의 압박을 피해 지식집약적인 산업부문으로 이동하면서 다른 부문의 생산시설을 해외로 이전하는 경향을 보였고, 다른 한편에서는 경제개발에 필요한 제도를 구축한 개도국들이 저렴하고 풍부한 노동력을 내세워 생산 및 수출 기지를 제공하며 해외에서 자본을 끌어들였다는 점이다.[24] 물론, 이런 설명은 개별 개도국의 발전 과정까지 포괄하지는 못했는데, 이는 이후 다른 사회과학자들이 시도한다.[25]

국제 분업 구조는 학자들이 이해하는 것보다 더 빠른 속도로 변화를 거듭했다. 1980년대에 들어오자, 다른 개도국들이 "동아시아 호랑이들"의 뒤를 따르기 시작한 것이다. 그런 국가들은 중국과 인도에서 태국과 말레이시아를 거쳐 브라질과 멕시코, 그리고 터키와 남아프리카공화국에 이르기까지 널리 분포되어 있었다. 그중에서도 라틴아메리카 국가들이 주목을 끌었다. 동아시아와 달리, 이들 국가는 오랫동안 수출증진 대신에 수입대체에 관

24 Caporaso, "Industrialization in the Periphery."

25 그들의 시도를 일별하기 위해서는 다음과 같은 근래의 저술을 참고하라. Amsden, *Rise of the "Rest"*; Stiglitz and Yusuf, eds., *Rethinking the East Asian Miracle*; Woo-Cumings, ed., *Developmental State*.

심을 기울였다. 그러나 1980년대에 들어와서 사정이 달라지기 시작했다. 브라질, 멕시코, 아르헨티나 등 라틴아메리카 국가는 미국이나 유럽의 은행으로부터 "오일 달러"를 빌려다가 자원을 개발하는 데 투자했지만, 경제가 발전하는 속도보다 이자가 늘어나는 속도가 더 빨랐다. 따라서 1982년에는 외채위기에 봉착했고, 그것을 극복하기 위해 통화기금에 구제금융을 요청했다. 그리고 통화기금은 구제금융을 제공하는 조건으로 예산긴축과 물가억제, 통화의 평가절하와 금융시장의 개방을 요구했다. 그래도 라틴아메리카 국가들은 위기를 극복하지 못하고 미국의 지원에 의존하게 되었고, 결국 통화기금과 세계은행이 제시하는 조건에 따라 공기업 민영화와 상품시장 개방까지 추진하기로 결정했다. 이처럼 라틴아메리카는 "워싱턴 컨센서스*Washington consensus*"로 불리는 조건을 통해 국제경제에 긴밀하게 통합되었다.

라틴아메리카의 통합을 이해하는 것도 쉬운 일이 아니다. 많은 사회과학자들은 "워싱턴 컨센서스"라는 신자유주의적 처방이 적절한 것인가 하는 데 관심을 기울였다.[26] 그렇지만 여기서 중요한 것은 통합의 요인을 파악하는 일이다. 이에 관해 경제학자 대니 로드릭은 경제위기의 압력을 강조한 바 있다. 1980년대에 라틴아메리카 국가들이 자유무역으로 선회한 것은 세계은행 같은 국제기구의 강요보다는 고질적인 경제위기로 인해 종래의 수입대체 발전 전략을 버리고 동아시아모델을 따르지 않을 수 없었기 때문이라는 것이다. 다른 학자들은 1980년대에 라틴아메리카 국가들이 한국을 포함해 여러 아시아 국가들과 마찬가지로 민주화과정을 거쳤다는 사실에 주의를 환기한다. 민주화는 사회생활에 전반적인 자유화를 수반했으며, 무역정책도 예외는 아니었다는 것이다.[27] 이런 견해가 서로 어긋나는 것은 아니다. 개도국들이 경제위기를 타개하기 위해 자유무역을 선택했다는 데 대해서는 오히려 합치한다고 할 수 있다. 차이가 있다면, 한편에서 경제적 요인에 주목하고 다른 한편에서는 정치적 요인을 강조한다는 점이라 할 수 있다. 그래도 남아 있는 문제는 국내에서 형성된 변화의 의지와 해외에서 가중된 변화의 압력이 어떤 상호작용을 일으켰는가 하는 것이다.

그와 연관되어 있는 다른 문제는 통화기금과 세계은행의 역할과 위상에 일어난 변화이다. 이들 기구는 라틴아메리카의 외채위기에 깊숙이 개입했는데, 거기서 1970년대와는 다른 모습을 보였다. 통화기금은 1971년 여름부터 변동 환율제가 정착하자 아프리카를 중심

26 에르긴 · 스태니슬로, 『시장 대 국가』; 스티글리츠, 『세계화와 그 불만』.
27 Rodrik, "Rush to Free Trade in the Developing World"; Milner, "Why the Move to Free Trade."

으로 개도국의 개발사업에 관심을 기울이기 시작했다. 그러나 라틴아메리카 외채위기에 개입하면서는 구조조정에도 관심을 보이며 예산긴축에서 시장개방까지 신자유주의적 처방을 전파하는 데 적극적인 태도를 취했다. 또 처음에는 개발사업에 주력하던 세계은행도 채무 국가에 대출을 주선하면서 일련의 신자유주의적 개혁을 요구하기 시작했다. 이렇게 두 기구가 서로 겹치는 업무를 수행하면서 세계화를 선도하는 것은 종래에 볼 수 없었던 모습이다. 이런 변화는 아직 윤곽만 알려져 있다고 할 수 있다.[28]

분명한 것은 결과적으로 국제 분업 구조가 더 복잡한 모습을 띠게 되었다는 점이다. 이는 동아시아국가들의 위상을 어떻게 설정할 것인가 하는 문제에서 잘 드러난다. 일부에서는 이들 국가가 중진국 단계를 지나 선진국에 진입하는 과정에 있다고 높이 평가하는가 하면, 다른 일부에서는 이제 둘로 나뉜 반주변부 가운데 제일 부분에 속한다고 말하며 중심부와 거리가 멀다고 본다. 또 다른 일부에서는 중진국이나 반주변부 같은 범주가 너무 포괄적이기 때문에 개별 국가들이 상당히 상이한 위상을 차지하고 있다는 사실을 드러내지 못한다고 비판하고, 네트워크 분석기법을 도입해 국제무역을 분석함으로써 개별 국가의 위상을 정확하게 파악하고자 시도한다.[29] 바꿔 말해, 국제 분업은 선진국과 후진국으로 양분되어 있던 단순한 구조에서 벗어나 꽤 두터운 중간 부분을 지니게 되었을 뿐 아니라, 그 부분마저 다시 둘로 나누어 생각해야 할 정도로 복잡한 구조로 변형되었다는 것이다.

그런 분업 구조는 동아시아와 라틴아메리카가 국제경제에 깊이 편입되었다는 점을 보여 준다. 20세기 중엽에 국제경제는 미국을 중심으로 서구와 일본이 통합된 모습을 띠고 있었다. 1970년대부터는 거기에 동아시아와 라틴아메리카도 통합되기 시작했고, 이는 오늘날 전개되는 세계화의 역사에서 일종의 분수령이 되었다고 할 수 있다.

6. 미국의 역할

그 분수령을 넘어서자, 국제경제는 더욱 긴밀하게 통합되었다. 그 과정에서 우루과이라운드는 중요한 계기가 되었다. 관세협정에 참여한 국가는 1947년 23개에 불과했으나,

---

28 Feinberg, "Changing Relationship between the World Bank and the International Monetary Fund"; Bird, "Changing Partners: Perspectives and Policies of the Bretton Woods Institutions."

29 Smith and White, "Structure and Dynamics of the Global Economy"; Mahutga, "Persistence of Structural Inequality?"

1986년 우루과이라운드가 시작될 때는 무려 123개국으로 늘어났다. 이 많은 국가들은 관세와 비관세 장벽에서 농산물과 서비스와 지적재산권을 거쳐 관세협정 자체에 이르기까지 무역정책에 관한 쟁점을 거의 모두 거론했다. 협상은 지지부진했는데, 이는 무엇보다 농산물과 섬유 및 의류 제품, 그리고 지적재산권에 관해 선진국과 개도국이 대조적인 입장을 고수했기 때문이다. 그렇지만 1994년에 협상이 끝났을 때, 그 결과는 기대 이상이었다. 무엇보다 관세는 5%로 인하되었는데, 이는 1947년에 대략 40%였던 세율에서 점진적으로 하락한 결과이다. 더욱이, 개도국과 선진국은 폭넓은 타협을 볼 수 있었다. 개도국은 선진국으로부터 농업 보조금을 삭감하고 열대지방에서 생산되는 1차산품과 섬유 및 의류 제품에 대해 시장을 개방한다는 약속을 받았고, 선진국은 개도국으로부터 관세를 일정한 수준 이상으로 인상하지 않고 무역분쟁이 발생할 경우에 장차 수립될 처리기구의 결정을 수용하며 서비스시장을 개방하고 지적재산권을 보호한다는 데 동의를 얻었다. 게다가 우루과이라운드 참여국들은 무역에 관한 규칙과 분쟁을 다루는 세계무역기구를 설치하기로 합의했다.

그런 통합은 통계로 표현되었다. 상품수출이 세계의 국내총생산에서 차지하는 비중은 1913년 7.9%에 불과했으나 1992년에는 17.2%로 증가했다. 21세기에 들어와서 세계화에 합류한 아프리카를 제외하면, 그 비중은 물론 더 커진다. 해외자산이 세계의 국내총생산에서 차지하는 비중은 1914년 17.5%에서 줄어들더니 1980년에 제자리로 돌아온 다음에 1995년 56.8%로 폭발적으로 늘어났다. 그렇지만 그중 대부분이 단기자금이고 또 선진국에 집중되어 있다. 이민은 20세기 말에 숫자가 크게 늘어났는데도, 이주 국가의 인구 가운데서 차지하는 비중을 살펴보면 한 세기 전에 비해 3분의 1 수준으로 오히려 줄어들었다. 이는 주로 생산의 세계화, 즉 교통 · 통신 기술의 발달 덕분에 생산과정 가운데 단순한 노동이 필요한 부분을 개도국에 공장을 수립해 이전하고 그곳의 저렴한 노동력을 이용하는 추세 때문이다. 자그디시 바그와티의 견해와 달리, 오늘날 세계화는 이민보다 무역과 자본 거래의 자유화라는 형태로 진행되고 있는 것이다. 어쨌든 국제적 상호의존이 크게 심화되었는데, 이는 현재 진행되고 있는 세계적 경제위기에서 뚜렷하게 드러난다.

경제통합의 요인은 서두에서 언급한 것처럼 세계화 논쟁에서 핵심적인 쟁점이다. 결정론을 거부하고 바그와티의 시각을 수용하며 신제도주의적 접근방법을 채택할 때, 무엇보다 주의를 끄는 것은 통화기금과 세계은행, 그리고 관세협정의 역할이다. 먼저 브레턴우즈에서 탄생한 두 금융기구에 관해 경제학자 로버트 스키델스키는 흥미로운 견해를 제시한다. 그에 따르면 두 기구가 역설하는 신자유주의적 세계화는 시장에 대한 낙관론에 토대를 두고 있는데, 그 논리를 밀고 나가면 이들 기구의 존재 이유가 사라진다. 그렇지만 통화기금과 세계은행은 원래 시장에 대한 비관론에서 출발했다. 스키델스키는 그것을 케인스의 사고 체계를 분석하면서 입증한다. 케인스는 전후 국제경제에 관해 밑그림을 그리면서 결제은행 같은 제도를 제안했는데, 그것은 경제란 자율적으로 조정을 거치며 균형을 향해 움직이는 경향을 지니고 있지 않다는 그의 신념 때문이었다. 그래서 그는 화이트의 제안을 수용할 수 있었고, 따라서 통화기금과 세계은행도 그런 비관론의 산물이었다는 것이다. 그런데 케인스와 화이트는 미국과 유럽에 주목한 반면에 라틴아메리카를 비롯해 다른 지역을 간과했다. 그런 지역은 국제경제에서 주도적인 역할을 하지 못하고 대체로 제국주의를 통해 미국이나 유럽에 통합되어 있었기 때문이다. 그러나 전후에는 거기서 수많은 국가들이 탄생했는데, 대부분 정치적 안정을 누리지 못하면서 세계경제에서 주변적인 위치를 차지하게 되었다. 스키델스키에 따르면, 바로 그런 국가들을 다시 세계경제에 통합하는 일은 결국 통화기금과 세계은행처럼 비관론 위에서 수립된 국제기구의 몫이라는 것이다.[30]

관세협정의 역할도 윤곽이 밝혀져 있다. 관세협정에는 여러 가지 중요한 허점이 있었다. 예를 들면, 우루과이라운드 이전에는 농산물과 섬유제품이 빠져 있었고, 다양한 비관세 장벽도 버티고 있었다. 그리고 관세협정으로 인한 통합도 지역별로 차이가 있었다. 그것은 선진지역과 후진지역의 통합보다는 선진지역의 국제적 통합에 더 큰 기여를 했다. 게다가 파운드 사용권보다 마르크 사용권을 더 긴밀하게 통합하는 등, 선진지역 안에서도 균등하지 않은 결과를 가져왔다.[31] 그러나 이런 평가는 통합의 전반적 결과에 초점을 맞추고 있으며, 따라서 통합의 과정에 관세협정이 끼친 영향을 올바르게 보여 주지 않는다. 관세협정의 역할을 정확하게 규명하기 위해서는, 도쿄라운드와 우루과이라운드를 비롯해 협정에 관한 다자 협상부터 면밀하게 검토할 필요가 있다.

분명한 것은 다자 협상에서 뚜렷하게 드러나듯이 제도적 통합 아래에 정치적 요인이 자리 잡고 있다는 점이다. 사실, 관세협정이나 통화기금은 국제기구, 바꿔 말해 주권국가들이 상호협력을 위해 수립한 장치이다. 따라서 그런 기구를 통해 전개되는 통합은 결국 주

30 Skidelsky, "Keynes, Globalisation and the Bretton Woods Institutions."

31 McKeown, "Liberal Trade Order?"; Irwin, "GATT in Historical Perspective"; Michalak and Gibb, "Trading Blocs and Multilateralism"; Gowa and Kim, "Exclusive Country Club."

권국가들이 선택하는 정책에 따라 좌우될 수밖에 없다. 이는 브레턴우즈 체제의 변형에서 드러난 바 있다. 윌리엄 글렌 그레이가 보여 준 것처럼, 저 체제는 주요 국가들이 이해관계를 조정하고 서로 협력함으로써 새로운 형태로 이행할 수 있었다. 더욱이, 변형된 체제도 국제적 신뢰와 협력 없이는 움직일 수 없었다. 환율은 상품이나 자본의 국제적 이동에 큰 영향을 끼치기 때문에, 주요 국가들은 변동 환율제 아래서도 환율을 안정시키기 위해 서로 협조해야 했던 것이다. 그런 관계는 1973~74년간의 석유파동을 계기로 제도화되었다. 선진국들은 석유파동에 대처하기 위해 고위 재무관리가 참석하는 회의를 열었는데, 이것이 프랑스의 제안으로 정기적으로 개최되는 정상회담으로 격상되더니 1976년에는 Group of Seven, 즉 G7으로 실현되었다. 잘 알려져 있듯이, 선진국들은 거기서 환율과 무역에서 에너지와 안보에 이르기까지 다양한 주제에 관해 의견을 교환하고 정책을 조정하기 시작했다. 따라서 이 새로운 기구는 선진국 사이의 신뢰와 협력을 제도화시킴으로써 변형된 브레턴우즈 체제를 뒷받침해 주었다고 할 수 있다.[32]

그런 국제관계를 세계화의 전반적인 배경으로 확대해석하는 것은 경계해야 한다. 요즈음 많은 정치학자들은 소련의 해체 이후에 미국이 유일의 초강대국으로 부상했는데도, 왜 다른 강대국들이 미국의 지위와 역할에 도전하지 않고 오히려 미국을 중심으로 서로 협조하고 있는지 설명하고자 한다. 그들 가운데 일부는 그런 국제관계의 토대로서 브레턴우즈 체제를 비롯해 2차대전 이후에 수립된 여러 제도에 주목한다. 제도는 거기에 참여하는 국가들에게 국제적 협력에 관한 규범과 절차를 가르쳐 주며, 여러 국가를 오래도록 한데 묶어 두는 "끈적거리는 속성"도 지니고 있다는 것이다.[33] 이런 견해는 본래 1970년대에 부각되었던 선진국 사이의 협력을 해명하기 위해 제시된 것으로서, 선진국 사이의 관계에 관해서는 설득력을 지니고 있다. 그렇지만 그것을 선진국과 개도국 사이의 관계로 연장한다면, 그래서 토머스 프리드먼이 시사하듯이 세계화를 지구상에 존재하는 많은 국가들이 서로 신뢰하고 협력하며 추진하는 과정으로 해석한다면, 이는 옳지 않다. 이미 살펴본 것처럼, 라틴아메리카의 여러 나라는 내부의 의지만이 아니라 외부의 압력에 따라서도 세계화에 합류했기 때문이다.

---

32 환율제도와 정치체제의 관계에 대해서는 다음 문헌을 참고하라. Bernhard and Leblang, "Democratic Institutions and Exchange-Rate Commitments."

33 Krasner, ed., *International Regimes*; Keohane, *After Hegemony*; Ikenberry, *After Victory*; idem, *Liberal Order & Imperial Ambition*.

중요한 것은 오늘날 국제관계가 그처럼 협력과 강제가 뒤섞여 있는데도 전반적으로 매우 안정된 모습을 띠고 있다는 점이다. 이 점을 이해하기 위해서는 다시 제도에 주목할 필요가 있다. 오늘날 국제무대에는 약 300개의 기구가 존재한다. 대부분은 2차대전 이후에 수립된 것으로서, 전쟁과 평화 같은 고도의 정치적 쟁점에서 매우 기술적인 문제에 이르기까지 다양한 국제분쟁을 조정한다. 이는 기본적으로 국제관계에 법의 지배를 도입하는 노력의 산물이다. 그 아래에는 국제적 갈등을 무력에 호소해 해결하는 오랜 관행에서 벗어나, 일련의 규칙을 설정하고 사법적 절차에 따라 처리할 수 있다는 신념이 자리 잡고 있다. 물론, 국제기구들이 정치적 진공상태에서 움직이는 것은 아니다. 예를 들면, 미국은 몇몇 선진국과 함께 통화기금에서 지배적 지위를 차지하는데, 이에 대한 비판은 점점 거세지고 있다. 여기서 주목할 만한 것은 비판이 국제기구를 해산하자는 쪽으로 흐르지 않고 대체로 운영구조를 개선하자는 쪽으로 흐른다는 점이다. 바꿔 말해, 많은 기구가 국제관계를 조정하는 데 기여하는 것으로 보이는 셈이다.[34]

그런 인상은 결코 우연이 아니다. 그것은 여러 정치학자들이 지적한 제도의 학습효과, 즉 사람들이 제도를 통해 규범과 절차를 배운 결과이다. 더욱이, 그것은 미국이 많은 국제기구의 설립을 주도하면서 염두에 두었던 성과이기도 하다. 미국은 브레턴우즈에서 출발해 여러 가지 기구와 그 규칙을 수립하고 스스로 그것을 준수함으로써 다른 국가들을 미국이 통제하는 제도 안으로 끌어들이려 했던 것이다. 물론 이 취지를 스스로 저버린 사례도 적지 않다. 무엇보다 1971년 여름에 달러의 태환을 중단함으로써, 미국은 브레턴우즈 체제를 흔들어 놓았다. 또 무역분쟁이 있을 때에는, 흔히 국내법을 내세워 일방적으로 제재를 가했다. 그래도 세계무역기구가 수립된 다음에는 그런 관행을 포기하고 그 산하의 조정기구를 통해 문제를 해결하는 방향으로 선회한 데서 드러나듯이, 본래의 취지를 폐기한 것은 아니다.[35]

그런 취지와 그것을 실현시키려는 노력이 2차대전을 계기로 시작된 것은 아니다. 그것은 이미 1차대전의 전후처리에 관해 우드로 윌슨이 천명했던 자유주의적 원칙에서 시작된 것이다. 그의 이상은 해외에서와 마찬가지로 국내에서도 권력정치 앞에서 좌초했다. 그러

34 Alvarez, "International Organizations: Then and Now"; Kapur and Naím, "IMF and Democratic Governance"; Weiss, "Governance, Good Governance and Global Governance."

35 Goldstein and Gowa, "US National Power and the Post-War Trading Regime"; Beeson and Higgott, "Hegemony, Institutionalism and US Foreign Policy"; Ikenberry, "Is American Mulilateralism in Decline?"

나 그의 추종자들은 앞에서 언급한 것처럼 조직적으로 윌슨주의를 전도하며 전후 질서를 미국의 패권 아래 재편하고자 구상했다. 따라서 윌슨주의는 2차대전 이후에 미국을 중심으로 구축된 세계화의 제도적 토대에 스며들어 있다고 할 수 있다. 이렇게 경제질서를 비롯해 국제관계를 제도화시킨 것은 분명히 전례를 찾기 어려운 일이다. 그렇다고 해서 그것을 미국에서만 나타난 예외적 현상이라 할 수는 없다. 그 기원은 17세기 전반기에 종교전쟁 때문에 유럽이 참담한 상황에 부딪혔을 때 휴고 그로티우스가 착상했던 근대적 국제관계까지 거슬러 올라간다.[36]

그렇다면, 세계화의 제도적 토대는 유럽에서 형성되었던 정치적 근대성을 미국이 자유주의적 방향으로 발전시킨 결과라 할 수 있을 것이다. 여기서 살펴본 것처럼, 미국은 2차대전을 계기로 서부 유럽에서 동아시아에 이르는 광대한 지역을 미국 경제에 통합시키는 작업을 시작했고, 그것을 위해 수립한 국제적 제도들을 토대로 이후에 전개된 지구적 차원의 경제통합을 주도했으니 말이다.

36 Ninkovich, *Wilsonian Century*; Lauterpacht, "Grotian Tradition in International Law"; Murphy, "Grotian Vision of World Order"; Russett et al., "Third Leg of the Kantian Tripod for Peace."

제14장 세계화, 근대화, 그리고 미국화
—전후 유럽의 미국 대중문화 수용에 관한 논쟁

1. 주제

세계화라는 용어는 주로 경제활동이 국경선을 가리지 않고 긴밀하게 통합되는 현상을 가리키는 데 쓰이지만, 그런 경제통합에 수반되는 문화적 결과도 경시할 수 없다. 무엇보다 근래에 세계화가 진전됨에 따라 문화의 전파 양상이 달라졌다는 점에 주목할 필요가 있다. 교통·통신 기술의 발전과 무역장벽의 완화 덕분에 인터넷과 매스미디어는 세계 어디서나 쉽게 이용할 수 있게 되었고, 그에 따라 정보가 이전에는 볼 수 없던 속도와 물량으로 전달되고 있다. 문화는 오랫동안 인간이나 물자의 이동에 따라 조금씩 천천히 전파되었지만, 이제 독자적인 경로를 통해 빠르게 전파되고 있는 것이다. 특히 영화와 드라마, 게임과 음악 같은 영역에서 유통되는 문화상품은 순식간에 전 세계로 확산되고 또 많은 사람들에게 일상생활에서 떼어 놓을 수 없을 만큼 중요한 부분이 되었다.

그래서 세계화의 문화적 함의에 관한 논의도 "세계 문화"의 형성 여부에 집중되는 경향을 보인다. 예를 들어 미국의 정치평론가 벤저민 바버는 이제 세계가 "맥월드*McWorld*"와 "지하드*Jihad*"로 재편되고 있다고 주장한다. 한편에는 근대화와 세계화를 추진하면서 국제적 교류와 통합을 지향하는 세력이 있고, 다른 한편에는 전통적인 종교와 생활양식을 고수하며 자율성과 고립을 추구하는 세력이 있다는 것이다. 여기서 전자는 맥도날드와 디즈니랜드를 비롯해 대중문화가 풍미하는 지역으로서, 물질적 풍요를 누리지만 경제적 자유를 위해 분배의 정의를 희생시킨다. 이런 "맥월드"에서 국민문화는 독특한 전통을 유지하기 어렵다. 그러나 문화 연구자들은 바버보다 훨씬 복잡한 양상을 발견하고 조심스러운 진단을 제시한다. 예를 들어 스웨덴의 인류학자 울프 한네시는 세계화 덕분에 다양한 문화가 하나로 통합되기보다는 각기 새로운 요소를 수용하며 지역 문화와 혼합되는 "토착화*creolization*" 현상에 주의를 환기한다. 나이지리아의 대중문화에 대한 자신의 관찰을 바탕으로, 많은 사람들이 낯선 문화를 수동적으로 수용하는 데 그치는 것이 아니라 오랫동안 지니고 있던 것과 섞어서 자신들의 필요에 맞는 문화를 만들어 간다고 주장하는 것이다. 그리고 그런 문화가 동등한 위상을 차지하고 영향을 주고받는 것이 아니라 지구적 차원의 위계질서를 구성한다고 부연한다. 바꿔 말하면, "세계 문화" 운운하는 대신에 다양한 국민 문화 사이에 형성되는 구조적 관계를 이해할 필요가 있다는 것이다.[1]

그런 논의가 전적으로 새로운 것은 아니다. 문화 사이의 교류는 전통적으로 역사학과 인류학을 비롯해 여러 분야에서 많은 학자들이 관심을 기울이는 영역이다. 거기서도 "미국화*Americanization*"는 뜨거운 주제라 할 수 있다. 이 용어는 이미 20세기 초에 영국의 언론인 윌리엄 스테드가 장차 미국이 경제에서는 물론이요 기술이나 문화에서도 세계를 선도할 것이라고 예언하면서 사용한 것이다. 실제로, 유럽의 논객들은 1차대전을 통해 미국의 우월성을 절감하고 미국의 생산기술과 조직을 도입하는 데 관심을 기울였다. 그래도 문화 면에서는 미국을 경시하는 태도를 지니고 있었지만, 1950년대부터는 그렇게 하기도 어려워졌다. 라틴아메리카와 마찬가지로 유럽에서도, 문화의 변동을 관찰하던 지식인들은 코카콜라가 상징하는 미국의 소비문화가 유럽의 문화적 전통을 위협한다고 보고 유럽 문화의 미국화에 대해 우려하기 시작한 것이다. 더욱이 영화나 드라마, 만화나 음악을 통해 미국의 대중문화가 세계적으로 확산됨에 따라, 그와 같은 "코카콜라 식민지화*Coca-colonization*"는 날이 갈수록 심화되는 것처럼 보였다. 따라서 일부 지식인들은 "문화적 제국

1 Barber, *Jihad vs. McWorld*; Hannerz, *Cultural Complexity*; Pieterse, *Globalization and Culture*.

주의"라는 용어를 사용하며 문화 교류를 국제적 세력관계의 일환으로 이해하는 조류를 형성하기도 했다. 그만큼 미국화에 대한 논의가 진척되었던 것이다.

그런데도 세계화에 관한 논쟁이 미국화에 대한 논의와 충분히 연결되어 있다고 할 수 없다. 세계화에 관한 논쟁에서 미국화는 중심적인 주제로 거론되지 않는다. 일부 논객들은 벤저민 바버처럼 미국 문화가 "맥월드"에서 중요한 요소이기는 하지만 핵심적이거나 주도적인 세력이라고 보지는 않는다. 다른 논객들은 울프 한네시처럼 미국 문화를 중심부 문화의 일부로 취급함으로써 미국 문화의 주도적 위상을 올바르게 평가하지 못한다. 다른 한편으로는 미국화에 관심을 기울이는 학자들이 세계화에 관한 논쟁에 가담하지 않는 경향을 보인다. 특히 유럽의 미국화에 주목하는 연구자들은 지난 반세기 동안 매우 활발하게 연구 성과를 발표했지만, 유럽과 미국의 상호관계에 초점을 맞추는 반면에 세계화라는 넓은 맥락은 경시해 왔다고 할 수 있다.

그렇다면 미국화에 대한 연구를 세계화에 관한 논쟁과 연관 지어 검토할 필요가 있다. 그것은 미국화에 대한 연구를 세계화라는 넓은 맥락에 넣고 생각하는 동시에 세계화에 관한 논쟁을 미국화라는 초점에 맞춰 살펴보는 작업으로서, 미국화와 세계화에 대한 이해에 도움이 될 수 있을 것이다. 이 작업을 수행하기 위해서는, 미국화 가운데서도 가장 많은 연구 성과가 축적되어 있는 유럽의 미국화에 초점을 맞출 필요가 있다. 특히 2차대전 이후에 유럽에서 전개된 미국 대중문화의 확산은 뜨거운 논쟁거리였던 만큼, 면밀하게 검토할 만한 주제이다.

물론, 유럽은 광대한 지역에 다양한 문화를 지니고 있기 때문에 하나로 묶어서 다루기 어렵다. 더욱이 동구는 냉전 때문에 미국의 영향력을 차단하는 데 많은 노력을 기울였다. 반면에 서구에서는 미국화가 활발하게 진행되었으므로, 이 지역을 집중적으로 살펴볼 수 있을 것이다. 지리적 범위를 그렇게 한정한다 해도, 기존의 연구 성과를 모두 다룰 수는 없다. 여기서는 대표적인 업적에 주목하고, 패러다임이 전환되는 과정을 추적하며 그에 수반되는 문제점을 천착한다.[2] 그러기 위해서는 2차대전 직후로 거슬러 올라가서, 그때부터 오늘에 이르기까지 서구의 미국화에 관한 논의에서 주도적 역할을 했던 이론과 개념을 차례로 살펴볼 필요가 있다.

2 미국화는 국내에서도 중요한 주제로 간주된다. 그러나 관심이 한국에 집중되어 있는 만큼, 유럽의 미국화에 대한 이해는 개설적 수준에 머물러 있다. 이에 관해서는 다음을 보라. 김덕호 · 원용진 편, 『아메리카나이제이션』, 22-32. 따라서 국내의 논의에 대해서는 따로 언급하지 않는다.

2. 문화적 제국주의 이론

유럽인들은 이미 19세기 말부터 미국의 대중문화에 관심을 기울였지만, 그에 관해 진지하게 논의하기 시작한 것은 2차대전 이후라 할 수 있다. 미국은 대전을 계기로 고립주의적 외교노선에서 벗어났고 또 전후에는 소련과 냉전에 들어가면서 유럽에서 미국의 세력권을 확보하려 했다. 그리고 유럽은 전후 복구를 위해 미국의 원조를 받아들이며 경제 측면에서는 물론이요 정치 · 군사 측면에서도 미국과 긴밀한 관계를 구축했다. 그런 관계는 1950년대에 더욱 심화되었는데, 이는 당대에 미국의 대유럽 투자와 유럽의 대미국 수출이 동시에 늘어났을 뿐 아니라 유럽에서 미국의 대중문화가 본격적으로 확산되기도 했기 때문이다. 따라서 미국 대중문화에 관한 논의는 미국과 유럽 사이의 관계에 대한 전반적 인식과 선명하게 구분되지 않았다. 특히 미국의 대중문화가 유럽에서 지니는 영향력에 관해서는 더욱 그렇다고 할 수 있다. 그런 맥락 속에서 미국화는 흔히 유럽인들이 미국의 대중문화에 압도당하는 일방적인 과정으로 간주되었다.

그 점은 영국의 정치평론가 프랜시스 윌리엄스의 견해에서 뚜렷하게 보인다. 1962년에 발표한 저술에서, 그는 유럽에서 미국의 영향력이 나날이 확대된다고 진단하면서 그것을 『미국의 내침』이라 규정했다. 그에 따르면 영국에 대한 미국의 투자는 1930년대 중엽에 1억 7천만 파운드에 불과했으나, 1950년대 말에는 1,200억 파운드로 추산되었다. 그와 함께 미국 문화가 영국으로 유입되는 것은 당연한 일이라고 하면서, 윌리엄스는 그 문제점을 이렇게 파악했다.

> …… 풍요를 누리는 소비사회는 세계의 역사를 되돌아볼 때 미국에서 가장 뚜렷한 모습을 갖추고 있으며 독특한 풍조를, 바꿔 말해 깊이 뿌리내린 가치판단의 체계를 지니고 있다. 그에 대해 영국인들이 호감을 갖고 있다는 것을 부인할 수 없지만—그렇다고 해서 그들이 지조가 없다는 말은 아니다—그것은 대체로 영국의 특징적 전통과 들어맞지 않는다. 전통은 신성불가침한 것이 아니다. 그러나 우리가 사회적 가치를 바꾸려 할 때, 그것을 해외에서 수입하기보다는 우리 스스로 만들어 내는 편이 나을 것이다.[3]

바꿔 말하면 문제점은 미국의 소비문화가 독특한 가치체계를 지니고 들어와 영국의 전

---

3 Williams, *American Invasion*, 143.

통을 위협한다는 데 있다는 것이다. 그리고 그런 가치체계에서 핵심적인 것은 "표준화를 지향하는 압력" 이라고 윌리엄스는 설명한다. 그에 따르면 표준화는 영국에서도 나타나지만 미국에서만큼 진전된 것은 아니다. 그것은 실제적 이점 때문에 표면에서만 진행되었을 뿐이고 지적이고 정서적인 수준으로 심화되지는 않았다는 것이다. "그렇지만 미국의 경험이 시사하는 것은 표준화—생산의 표준화, 소비의 표준화, 정책결정 및 관리 기법의 표준화—를 지향하는 압력이 사회를 지배하도록 내버려 둔다면 머지않아 그것이 지적 · 정서적 생활까지 침해할 것이라는 점이다. 이는 마땅히 두려워해야 할 일이다." 왜냐하면 미국에서 드러나듯이 그것은 지적으로나 영적으로 탁월한 인물의 성장을 저해하기 때문이다. 그래서 윌리엄스는 "미국인의 지적 · 영적 생활에 기이한 공백" 이 있다고 지적하고, 그것이 대중을 중시하고 특출한 개인을 존중하지 않는 미국 사회의 내재적 경향, 즉 "획일성을 향한 충동" 때문이라고 주장한다.[4]

그의 견해는 미국 문화에 관한 유럽의 지배적 담론 가운데 한 갈래에 속한다. "미국의 내침" 은 윌리엄스가 지적한 것처럼 유럽 전역에서 일어나고 있었다. 프랑스, 독일, 이탈리아를 비롯해 대부분의 국가에서, 미국의 문화상품이 영화와 음악에서 음료수와 패스트푸드까지 대중 사이에서 널리 인기가 있었다. 특히 할리우드 영화는 이미 1950년대 초에 서부 유럽에서 상영되는 영화 가운데 61%나 차지했는데, 그 비율은 영국 70%, 프랑스 50% 등, 나라에 따라 상당한 편차를 보였다. 더욱이 그것은 1990년대 중엽에 이르면 유럽 전역에서 상영되는 영화 가운데 81%가 되었고, 편차도 영국 93%, 프랑스 60% 등으로 크게 늘어났다. 결국, 영화산업은 유럽 국가 가운데 오직 프랑스에서만 살아남았다. 이런 사태를 지켜보며, 유럽 지식인들은 윌리엄스처럼 비판적인 태도를 보였다. 그들에게 미국의 대중문화는 천박하고 유치하며 피상적인 수준에 머물러 있었다. 그것은 예술적 취지가 아니라 상업적 목적에서 만들어진 상품으로서, 장인의 영혼이 깃든 진품과 달리 모조품에 불과했던 것이다. 많은 유럽인들이 그런 문화에 빠져들며 자국의 문화적 전통에서 멀어지는 것은 결코 좌시할 수 없는 일이었다. 하나의 국민으로서 정체성을 지키고 문화의 퇴보를 막기 위해서는, 미국의 문화적 영향력을 제어할 필요가 있었다. 따라서 이런 생각은 행동으로 나타나기도 했다. 예를 들면 1959년 프랑스의 드골 대통령은 문호 앙드레 말로를 문화부 장관에 임명하고, 미국의 대중문화에 맞서 프랑스의 전통적인 인문주의와 합리주의를

4 Ibid., 146, 148.

지키라고 당부했다고 한다.[5]

그처럼 미국의 대중문화를 폄하하며 자국의 문화적 전통을 옹호하는 태도는 유럽의 보수주의에 토대를 두고 있다. 그 기원은 1830년대에 발표된 토크빌의 『미국의 민주주의』에서 찾을 수 있다. 그 책의 제2부에서 토크빌은 민주주의의 함의를 천착하면서 "다수의 전횡" 에 대해 깊은 우려를 표시한다. 미국에서 다수를 차지하는 대중은 비교적 평등한 조건을 누리고 있기 때문에, 정치생활에서는 물론이요 지식, 윤리, 도덕 등, 문화 측면에서도 평등주의를 지향하는 경향을 보인다. 그런 획일주의적 압력 때문에, 토크빌에 따르면 미국에서는 지적으로나 정신적으로 탁월한 인물이 등장하기가 어렵다.[6] 그런 우려는 19세기 말 이래 미국 대중문화에 접하게 된 유럽의 지식인들 사이에서 더욱 심화되었다. 슈펭글러나 호이징가 같은 지도적 지식인들에게, 미국인들은 물질적 풍요를 누리며 우월한 생산력을 자랑하지만 정신적으로는 빈곤하고 천박한 상태에 머물러 있는 것으로 보였다. 그들이 주목한 미국의 소비문화는 분명히 앞선 기술 위에서 형성된 근대적 현상이었지만, 물질주의의 팽배와 더불어 표준화된 상품과 모조품 같은 획일성, 저급한 품질과 천박한 취향 같은 특징을 지니고 있었다. 바꿔 말해, 유럽의 오랜 전통에서 보이던 특징, 즉 장인의 영혼이 깃든 진품, 호사스러운 품질과 그것을 감상할 줄 아는 세련된 취향, 그리고 생산자와 소비자 사이의 교감 같은 것들을 미국에서는 찾아볼 수 없다는 것이었다.[7] 그런 관점에서 볼 때 소비문화에 젖어 있는 대중이 긍정적인 평가를 받을 수 없었다. 대중은 수준 높은 교양을 갖추도록 가르쳐야 할 대상으로 취급되었을 뿐이다.

보수주의적 비판은 미국 대중문화에 관한 유럽의 지배적 담론 가운데 하나의 갈래일 뿐이다. 거기서는 급진주의적 비판이 또 하나의 갈래를 형성하는데, 보수주의적 비판과 뚜렷하게 구분되는 차이점만 있는 것이 아니라 어떤 면에서는 상당히 겹치는 공통점도 있다. 미국 문화의 영향력에 대한 급진주의적 비판은 1960년대에 문화적 제국주의라는 용어를 중심으로 형성되었지만, 그것이 온전한 모습을 갖춘 것은 1971년 칠레에서 아리엘 도르프만과 아르망 마텔라르가 발표한 『도널드 덕, 어떻게 읽을 것인가』 덕분이다. 두 저자는 도널드 덕을 주인공으로 하는 디즈니 만화를 분석하기 위해 수많은 단편만화를 검토하고 그 내용을 정리한다. 구체적으로 말해, 만화에 등장하는 캐릭터의 대사와 행동을 관찰

---

5 Pells, *Not Like Us*, 212–230, 236–239.

6 Tocqueville, *Democracy in America*, II, pp. 415–705.

7 Kroes, *If You've Seen One*, 16–22.

함으로써 캐릭터의 성격과 그들 사이의 관계, 그리고 그것들로 구성되는 세계를 재구성한다. 그리고 주인공 도널드 덕이 일자리가 없어도 그럭저럭 살아가는 데서 잘 드러나듯이, 그 세계는 자본주의 사회이면서도 공장과 착취가 없고 그래서 계급 갈등도 없는 것으로 묘사된다고 주장한다. 끝으로, 두 저자는 그런 만화가 칠레와 같은 라틴아메리카 국가에서 위협적인 영향력을 지니고 있다고 역설하며 그 이유를 설명한다.

> 첫 번째 이유는 거대한 산업 자본주의 제국에 의해 요구되면 촉진되는 그[월트 디즈니]의 제품들이 그 밖의 많은 소비상품과 함께 종속국으로 수출되는 데서 찾을 수 있다. 주변국은 경제적 · 정신적으로 완전히 낯선(즉 이질적인) 중심국의 조건에서 만들어진 상품들에 의존한다는 바로 그 이유 때문에 종속적이다. 다시 말해 우리네 나라들은 원자재 수출국인 동시에 상부구조적인 상품과 문화상품의 수입국인 것이다. 따라서 우리의 '단일 상품' 경제에 편익을 제공하고 도시 설비에 필수품을 조달하기 위해서 우리는 구리를 내보내고, 그들은 구리를 캐기 위한 기계, 그리고 말할 것도 없이 코카콜라를 들여보낸다. 물론 이때 코카콜라 뒤에는 '모범적인' 행동 모델과 기대치에 대한 모든 구성 체계가 따라오며, 그와 더불어 특정한 종류의 현재와 미래 사회, 그리고 과거에 대한 해석이 붙어 있기 마련이다. 그리하여 우리는 해외에서 착안되고 포장되고 상표가 붙여져서 외국의 부자 삼촌의 이익을 위해 판매되는 제품들을 수입하는 동시에 그처럼 전혀 이질적인 사회의 문화 형태를—제품의 토대인 선진 자본주의 국가의 사회적 조건이라는 맥락은 쏙 빼 버린 채—수입하는 것이다. 종속국들이 경제적 독립에 이를 수 있는 모든 발전을 제한하는 지속적인 국제 분업에 의해 계속 종속 상태를 벗어날 수 없었다는 점은 이미 역사적으로 증명된 바 있다.[8]

요약하자면, 미국의 대중문화는 경제적 지배-종속 관계에 따라 종속 국가로 수출되고 거기서 기존질서를 옹호하는 가치체계와 이데올로기를 전파하며, 따라서 종속 국가의 자립을 저해하는 기능을 발휘한다는 것이다. 이 견해는 상당한 영향력을 지니고 있다. 『도널드 덕, 어떻게 읽을 것인가』는 지금까지 한글을 포함해 18개 국어로 번역되었다. 또 미국의 문화적 팽창정책을 탐구하는 저술을 비롯해 그런 견해를 뒷받침하는 연구 성과도 축적되었다.[9]

이 문화적 제국주의론은 본질적으로 자본주의에 대한 공격이라는 성격을 띠고 있다는 점에서 이미 언급한 보수주의적 비판과 분명히 구분된다. 그렇지만 대중에 대한 인식이라

8 도르프만 · 마텔라르, 『도널드 덕, 어떻게 읽을 것인가』, 232-233. (강조는 원문)

9 Rosenberg, *Spreading the American Dream.*

는 측면에서는 그렇지 않다. 도르프만과 마텔라르는 칠레와 같은 종속 국가의 대중을 미국에서 수입된 문화상품의 소비자로 인식하지만, 주체적 능동성을 지니고 있는 존재로 간주하지는 않는다. 오히려 그런 상품에 들어 있는 메시지를 아무 생각 없이 수용하는 수동적인 존재로 취급할 뿐이다. 그렇기 때문에 그들은 대중이 미국의 문화상품을 소비하면서 거기서 어떤 의미를 이끌어 내는가 하는 의문은 제기하지 않는다. 그들에게 대중은 미국 대중문화에 들어 있는 이데올로기를 간파할 수 있도록 일깨워 주고 자립 의지를 가지도록 가르쳐야 할 대상으로 보이는 것이다. 따라서 문화적 제국주의론은 대중문화의 소비자를 교육 대상으로 간주한다는 점에서 보수주의적 비판과 공통점을 갖고 있다.

그 점은 문화적 제국주의론을 전후 유럽에 적용한 경우에도 볼 수 있다. 영국의 미국학 연구자 랠프 윌렛은 2차대전 직후의 독일에서 경제와 함께 문화가 급격하게 미국화되었다고 주장한다. 1989년에 간행된 그의 『1945~49년에 전개된 독일의 미국화』는 패전의 충격과 미국 대중문화의 매력에 주목한다. 그에 따르면, 독일인들은 오래전부터 미국의 대중문화에 노출되어 있었다. 그들은 바이마르 시대부터 할리우드 영화를 보았고, 나치의 단속에도 불구하고 재즈를 즐겼다. 그래도 그것은 졸졸 흐르는 개울에 지나지 않았는데, 패전을 계기로 홍수로 돌변했다. 패전은 독일인들에게 군사적 · 경제적 파탄뿐 아니라 "사회적 · 문화적 공백"을 가져왔다. 독일의 역사는 나치즘이라는 오점 때문에 재건을 위한 출발점이 될 수 없었으며, 더욱이 미국과 영국, 그리고 프랑스가 점령한 서독에서는 공산주의가 모델이 될 수도 없었다. 따라서 서독에서 재건은 민주주의와 함께 자본주의를 다시 도입하는 방향으로 결정되었는데, 이는 자본과 더불어 미국의 대중문화가 침투할 수 있도록 문호가 개방된다는 것을 의미했다. 실제로, 1940년대 말부터 할리우드 영화와 재즈는 물론이요 드라마, 소설, 잡지 등을 통해 "미국 대중문화에서 만들어진 이미지가 가로막을 수 없는 물결처럼 흘러들어 왔다."[10] 그러므로 그때 무엇이 서독으로 유입되었는지 구체적으로 밝히는 것이 이 책에서 저자가 주력하는 작업이다.

거기서 윌렛은 서독이 패전 직후에 금방 미국 대중문화에 압도되었다는 사실을 지적하고 그 계기를 해명하는 작업에 집중한다. 실제로, 그는 "서독에서 미국의 문화적 제국주의는 소비자 경제를 재창조하는 데 기반이 되는 자본주의의 재건과 함께 전개되었다"고 선언한다.[11] 그도 도르프만과 마텔라르처럼 사태의 근원이 자본주의에 있다고 보는 것이다.

---

10 Willett, *Americanization of Germany*, viii, 11.

11 Ibid., 11.

이 점에서 윌렛의 급진주의적 비판은 윌리엄스의 보수주의적 비판과 뚜렷한 차이점을 지니고 있다. 그래도 윌렛은 보수주의자와 마찬가지로 대중에게 주목하지 않는다. 그는 서독의 대중이 미국의 문화상품을 어떻게 이해했는지, 또는 거기에 어떤 의미를 부여했는지, 천착하지 않는다. 다만 자신의 서술을 마무리하기 위해 1950년대를 간략하게 다루면서, 독일인들이 자동차를 포함해 미국의 제품이라면 무엇이든 좋아하게 되었다고 선언할 뿐이다. 윌렛은 그들이 미국의 문화상품을 소비하면서 그 의미도 수용했다고 간주하는 것으로 보인다. 하나의 상품에 얼마나 다양한 의미가 들어 있는지, 또 그것을 소비하는 주체나 맥락에 따라 어떤 기발한 함의가 나타날 수 있는지, 의심하지 않는 것이다.

그런 급진주의적 비판은 보수주의적 비판에 비해 넓은 흐름을 형성하고 있다. 그 기원은 멀리 마르크스에게서 찾을 수 있다. 그가 무엇보다 강조한 것은 자본주의가 노동을 착취하는 계급관계를 토대로 삼고 있으면서도, 그것을 보이지 않게 하거나 적어도 움직일 수 없는 것처럼 보이게 만드는 관념을 만들어 낸다는 점이기 때문이다. 그렇지만 그런 "허위의식"을 대중문화, 특히 미국의 소비문화에서 발견하고 그것을 비판의 요점으로 부각시킨 것은 20세기 중엽의 마르크스주의자들이다. 아래에서 언급하듯이, 이른바 프랑크푸르트학파는 1940년대에 대중문화에 관해 비판적 견해를 제시해 지식인들에게 널리 영향을 끼쳤는데, 그 파장은 1960년대에 대두한 신좌파는 물론이요 1980년대에 두각을 나타낸 마르크스주의 사회과학자들을 통해서도 널리 확산되었다.[12]

이 흐름에 속하는 논객들은 앞에서 언급한 것처럼 대중에 대한 인식에서 보수주의자들과 공통점을 보이는데, 이는 급진주의적 비판 가운데 가장 큰 영향력을 지니고 있는 프랑크푸르트학파의 대중문화론에서 뚜렷하게 드러난다. 저 유명한 이론은 막스 호르크하이머와 테오도어 아도르노가 1944년에 발표한 『계몽의 변증법』 가운데 "문화 산업"이라는 제목을 붙인 논문에서 분명하게 정리되어 있다. 그에 따르면, 문화 산업은 자본가들이 문화활동에서 상업적 잠재력을 발견하고 이윤을 얻기 위해 문화상품을 만들어 파는 분야이다. 그들은 많이 팔리는 상품을 만들기 위해 문화와 오락을 결합시킨다—한편으로 문화의 품격을 떨어뜨리고 다른 한편으로는 오락에 지적 요소를 넣어서 상품을 만들어 낸다. 그런 상품은 그것을 소비하는 대중이 일상생활의 세계로부터 도피할 수 있게 해 준다. 공장이나 사무실에서 표준화된 작업을 수행해야 하는 대중에게, 거기서 벗어날 수 있는 유일한

12 Kroes, *If You've Seen One*, 26-27.

길은 여가시간을 이용해 거기에 적응하는 방법이다. 그리고 문화 산업은 대중을 현실도피로 유도함으로써 일상생활의 세계에서 저항이 가능한지 생각할 수도 없도록 억제한다. 그것은 대중이 문화상품을 통해 현실세계를 바라보게 만들기 때문이다. 이런 기제는 영화에서 뚜렷하게 드러난다. 호르크하이머와 아도르노에 따르면,

> 영화는 관객에게 자유롭게 상상할 수 있는 여지를 주지 않는다는 점에서 환상을 보여 주는 연극보다 훨씬 더 강한 힘을 지니고 있다. 영화를 보는 관객은 영화가 만들어 주는 틀에 갇히면서도 영화 속에서 전개되는 구체적 사건 때문에 구속당하지는 않는다. 줄거리를 따라가다가 관객은 영화와 현실을 바로 같은 것으로 여기는 습관을 얻게 된다. 오늘날 문화 소비자의 상상력과 자발성이 시들어 가는 현상을 이해하기 위해서는 심리적 기제를 천착할 필요도 없다. 문화상품 자체가 가장 특징적인 유성영화에서 드러나듯이 그 객관적 구조를 통해 그런 능력을 손상시킨다. 재빨리 관찰하고 수용하는 자세만 있으면 상품을 제대로 이해할 수 있도록 구조가 만들어져 있기 때문에, 관객은 생각을 억누르지 않으면 빠르게 흘러가는 사태를 놓치게 된다.[13]

그렇다면, 영화에서 드러나듯이 문화상품에서는 생산자가 결정적 권위를 지니고 있다. 생산자는 소비자를 수동적 위치에 몰아넣고 자신이 원하는 이미지와 메시지를 주입할 수 있는 것이다. 물론, 이미지나 메시지의 내용은 상품의 직접 생산자보다는 그것을 후원하는 자본가에 의해 결정된다. 따라서 그런 상품을 소비하는 대중은 조작 대상에 불과하다. 이런 비판은 두말할 나위도 없이 대중이 가져야 할 '진정한 의식' 이 따로 있다는 신조를 반영한다. 대중문화에 빠지지 않으면, 대중은 자본주의에 내재하는 착취관계를 파악하고 자신들의 '진정한' 이해관계에 따라 하나의 계급으로서 생각하고 행동할 수 있다는 것, 그래서 자본주의를 타파하는 혁명에 매진할 수 있다는 것이다. 그렇다면 과제는 대중이 그런 문화적 조작에 넘어가지 않도록 교육을 수행하는 것이다. 따라서 프랑크푸르트학파도 대중을 교육 대상으로 취급한다는 점에서 문화적 제국주의자들은 물론이요 보수주의자들과도 공감한다고 할 수 있다.

그런 견해는 더욱 단순화되면서 널리 확산되었다. 호르크하이머와 아도르노는 『계몽의 변증법』을 집필하던 시기에 나치에 대한 비판에 경도되어 있었고, 그런 자세는 대중문화

13 Horkheimer and Adorno, *Dialectic of Enlightenment*, 99-100.

의 대중 통제력에 주목하는 그들의 인식에도 영향을 끼친 것으로 보인다. 사실, 아도르노는 1950년대 말에 이르면 미국인들이 대중문화를 경험하는 방식에 관심을 기울이며 대중문화에 대해 긍정적인 평가를 내리기도 했다. 그렇지만 20세기 중엽에 대중문화를 관찰하던 논객들은 아도르노와 호르크하이머의 "비판이론"에 주목했다. 좌파는 물론이요 우파조차도 그 이론의 마르크스주의적 토대에도 불구하고 거기에 공감했고, 그 요점을 더욱 극적으로 표현했다. 그들에게 대중문화는 전통적인 '빵과 서커스'의 일부이거나 산업주의의 시대에 '종교를 대신하는 아편'이었다.[14] "비판이론"이 이데올로기의 경계선을 넘어 수많은 논객에게 수용되었다는 사실은 설명을 요청한다. 대중문화의 조작 기능에 주목하며 생산자의 결정적 권위와 소비자의 수동적 위치를 강조하는 이론이 객관적 타당성을 지니고 있다 해도, 그것이 저 넓은 공감대를 모두 해명하지는 못하기 때문이다.

해답의 단서는 대중문화에 대한 비판이 근대 서양 지성계의 면면한 조류였다는 사실에서 찾을 수 있다. 영국의 사회과학자 마틴 파커는 영국의 경우에 19세기 중엽부터 오늘날에 이르기까지 지식인들이 정치적 입장을 막론하고 비판적인 태도를 견지했다고 지적한다. 이미 1867년에 평론가 매슈 아널드는 문화를 바람직한 신념과 행태로 규정하고, 대중이 그것을 존중하지 않으면 도덕적 혼란이 조성될 것이라고 경고했다. 그의 견해는 문인들을 비롯해 많은 보수적 지식인들 사이에서 확산되면서, 문화를 상류와 하류로 구분하며 후자를 격조와 가치가 낮은 모조품으로 가득 차 있는 것으로 폄하하는 동시에 전자가 그런 수준으로 전락하지 않을까 우려하는 사조로 발전했다. 다른 한편에서는 윌리엄 모리스나 존 러스킨 같은 급진적인 문인들이 노동자들이 변혁을 위해 투쟁하기보다는 대중문화로 도피하는 현상에 대해 개탄했다. 그리고 그런 현상을 타개하기 위해 노동자의 의식을 계발하는 작품을 만드는 데 헌신했다. 그들도 보수적 지식인처럼 문화에 위계질서가 있다고 생각하고, 자신들은 문화 엘리트로서 국민문화를 올바른 방향으로 이끌고 나갈 책무가 있다고 믿었던 것이다.[15]

그런 관념이 영국에서만 나타난 것은 아니다. 프랑스에서는 부르주아지가 "문명"을 내세우며 자신들의 위상을 확립하고자 했다. 그들에게 "문명"은 자신들의 생활양식을 가리키는 개념으로서, 농민의 원시적이고 조야한 미개 상태보다 우월한 것일 뿐 아니라 귀족의 퇴행적이고 비생산적인 태도와도 구분되는 것이었다. 그들은 근대 초기부터 사회·경제

14 Maase, "Taste of Honey."

15 Parker, "Nostalgia and Mass Culture," 1-18, esp. 3-5.

적 지위를 바탕으로 정치적 발언권을 얻고, 프랑스를 "문명"으로 이끌고자 했던 것이다. 독일 지역에서는 특이한 "문화" 개념이 형성되었다. 거기서는 부르주아지가 상대적으로 취약한 입지를 차지하고 있었기에, 사회를 개혁하려는 적극적인 자세를 갖추지 않았다. 오히려 대학을 근거지로 삼아 사회로부터 고립되면서, "문화"를 물질적인 것과 구분되는 수준 높은 정신적 자질로 규정하고 그 핵심으로서 교육과 경험을 통해 세련되는 "교양"을 강조했다. 그것은 물론 부르주아지가 농민을 비롯한 평민이나 귀족보다 우월한 존재라는 함의를 지니고 있었다.[16] 평등주의적 경향이 강한 미국에서도 19세기 후반에는 문화적 위계질서가 형성되었다. 제6장에서 언급한 것처럼, 거기서는 이미 18세기 말부터 부르주아지가 정치까지 주도하는 위상을 차지했다. 또 제8장에서 지적한 바와 같이, 19세기 중엽에는 프티부르주아라 할 수 있는 중산층이 형성되었다. 이들 계층은 농민과 노동자 등이 주도하는 민중문화와 구분되는 상류문화*highbrow culture*를 조성하고자 했다. 예를 들면, 셰익스피어의 연극은 19세기 중엽에도 다양한 계층의 미국인들이 무대 위의 배우를 향해 소리를 지르거나 몸짓을 보내면서 함께 관람했다. 그렇지만 19세기 말에 오면 소수가 가만히 앉아 소리 없이 관람하는 "진지한" 연극으로 변모했고, 반면에 대중은 "오락적인" 볼거리로 경도되었다. 그런 위계질서는 미국의 지식인들이 유럽과 마찬가지로 천박한 물질주의 운운하며 대중문화를 폄하함에 따라 선명하게 부각되었던 것으로 보인다.[17]

그렇다면 문화에서 나타난 위계질서와 엘리트주의는 19세기 말 서양에서 일반적으로 관찰할 수 있던 현상이라 할 수 있다. 그것은 본질적으로 지식인들이 대중문화의 대두에 대해 보인 반응이었다. 위에서 언급한 것처럼, 그들은 빠른 속도로 확산되던 대중문화에서 전통적 국민문화를 위협하는 요소를 보거나 자본주의 체제에 적응하는 과정을 읽어 내었다. 그런 차이와 그 아래에 깔려 있는 상이한 이데올로기에도 불구하고, 그들은 문화 엘리트로서 대중에 대해 위계질서를 주장한다는 점에서 일치하는 태도를 보였다. 거기서 대중문화에 관한 지배적 담론이 형성되었고, 그것은 이데올로기에 따라 두 갈래로 나뉘면서도 하나의 흐름처럼 면면하게 후대로 전승되었다. 이는 아도르노와 호르크하이머의 대중문화론이 수많은 지식인들 사이에서 공감을 얻으며 사실상 정설로 취급되었다는 사실에서 분명히 보인다. 그렇기 때문에 프랜시스 윌리엄스와 랠프 윌렛의 견해에서 보이듯이, 저 담론은 20세기 후반에 유럽 지식인들이 미국 대중문화가 유럽에 끼치는 영향을 이해하

16 엘리아스, 『문명화과정 I』, 105-168.

17 Levine, *Highbrow/Lowbrow*; 이형대, 「미국의 지식인과 대중문화」.

는 데서도 그 모습을 드러내었던 것이다.

3. 근대화 이론

그러나 20세기 말에는 대중문화에 대해 새로운 인식이 형성되었고, 대중문화를 중심으로 전개되는 유럽의 미국화에 관해서도 지배적 담론과 대조되는 해석이 제기되었다. 이 수정주의적 해석은 다양한 형태를 띠지만, 기본적으로 문화적 위계질서나 엘리트주의를 거부하고 대중문화 소비자의 주체적 능동성을 강조한다는 공통점을 지닌다. 구체적으로 말해, 수정주의자들은 대중문화가 그토록 천박하거나 공허한 것이 아니라고 생각하며, 대중의 입장에서 접근함으로써 대중이 문화상품을 생산자의 의도와 다른 방식으로 소비한다는 점에 주목한다. 이런 인식은 이른바 미국화에 대한 다른 해석으로 연결된다. 종래의 지배적 담론을 간단하게 요약해 "코카콜라 한 병 마시면 그만큼 미국 사람에 가까워진다" 고 보는 것이라 한다면, 수정주의적 해석은 "코카콜라 몇 병 마신다 해도 미국 사람처럼 보이지는 않는다" 고 생각하는 것이라 할 수 있다.

대중문화에 대한 새로운 인식은 "비판이론" 처럼 체계적인 모습을 갖추고 있다고 할 수 없다. 그것은 차라리 20세기 후반에 다양한 사조가 뒤엉키면서 나타난 일종의 조합이라 할 수 있다. 그 출발점에 해당하는 사조는 1950년대에 영국을 중심으로 등장한 "새로운 노동사" 이다. 그것을 선도한 에드워드 톰슨은 제2장에서 살펴본 것처럼 계급의 개념을 새로운 방식으로 규정하면서 노동자들의 주체적 능동성을 강조한 바 있다. 그 요점은 노동자들이 수동적인 존재가 아니라 문화적 전통과 생활경험에 입각해 사회를 바라보며 자신들의 입지를 깨닫는다는 것이다. 다른 한편에서는 비슷한 시기에 역시 영국에서 대두하기 시작한 문화학이 중요한 사조로 부상했다. 거기서 주도적인 역할을 담당한 스튜어트 홀은 문화의 수용 과정을 천착하고, 문화적 텍스트의 소비자는 결코 수동적인 존재가 아니라고 역설했다. 독자나 청중, 또는 관객은 서적이나 공연 같은 문화적 텍스트를 대할 때 저자나 배우, 또는 감독 같은 생산자의 의도를 올바르게 파악한다 해도, 그것을 그대로 받아들이는 것이 아니라 자신의 입장에 따라 거부하거나 부분적으로 수용하면서 생산자의 의도와 다른 의미를 부여하기도 한다고 지적했다. 게다가 프랑스의 사회학자 피에르 부르디외는 문화를 사회구조와 연관 지어 이해할 수 있도록 새로운 시각을 제시했다. 그는 무엇보다도 문화가 어떤 사회에서 전반적으로 공유되는 가치체계나 생활양식이라기보다 구성원들이 자신의 지위를 표현하고 설정하는 공간이라고 강조했다. 사람들은 예를 들어 입는 옷이나 듣는 음악을 통해 자신의 취향을 드러내면서, 사회 속에서 차지하는 위치를 표현하거나 해석한다고 주장했던 것이다. 이런 다양한 사조들은 한마디로 줄이자면 문화란 생산자의 권위에 의해 결정되는 가치와 의미의 구조가 아니라 생산자와 소비자 사이의 협상에 따라 바뀌는 유동적인 과정이라는 점을 말해 준다.

그것은 대중문화의 개념을 다시 검토할 필요가 있다는 것을 의미했다. 실제로, 1990년대에 들어오면 대중문화를 새로운 방식으로 이해하려는 노력이 전개되었다. 일부에서는 민중문화라는 용어를 부활시키고자 했다. 그것은 보통 19세기에 산업화와 도시화가 본격적으로 진행되기 이전에 농민과 장인 등, 보통 사람들이 형성한 문화를 가리키는 용어였다. 그렇지만 미국의 문학 평론가 존 피스크는 1990년에 발표한 논문에서 그 의미를 새로운 방식으로 규정하며 재활용할 것을 제안한다. 그는 분명히 과거의 민중과 달리 오늘날 대중은 문화의 생산자가 아니라는 점을 인정한다. 이제 문화는 대부분 상품의 형태로 기업에서 생산되고 있으므로, 대중은 19세기의 농민이나 장인과 달리 스스로 문화를 생산하지 못한다는 것이다. 그래도 피스크는 대중이 문화상품을 선택하는 힘을 지니고 있다고 지적한다. 예를 들면, 영화 가운데 80%는 대중이 선호하지 않기 때문에 사실상 폐기된다는 것이다. 더욱이, 사람들은 선택한 문화상품을 다양한 맥락에서 사용하면서, 생산자의 의도와 상관없이 그 의미를 자율적으로 규정한다. 피스크에 따르면 고급문화*high culture*를 향유하는 사람들은 문학, 예술 작품을 작자의 의도대로 이해하고자 노력하지만, 보통 사람들은 특정한 부분을 가져오거나 빼어 버리면서 거기서 새로운 의미를 만들어 낸다. 그는 이렇게 보통 사람들이 주체적 능동성을 발휘하는 문화를 민중문화라 불러야 한다고 역설한다. 그것은 대중문화와 겹치고 그 경계선도 늘 움직이지만, 보통 사람들이 문화의 소비에서 보이는 창조력 덕분에 대중문화와 구분된다는 것이다.[18]

그렇지만 대중문화가 널리 통용되는 친숙한 용어이기 때문에, 다른 일부에서는 차라리 그 개념을 새로운 방식으로 규정하고자 했다. 미국의 문화사 전문가 마이클 데닝은 "대중문화의 종언"이라는 제목으로 발표한 1990년도 논문에서 프랑크푸르트학파의 용법과 결별해야 한다고 선언한다. 피스크와 달리, 그는 오늘날 대중문화 아닌 것이 있는지, 바꿔 말해 상품화되지 않은 문화가 존재하는지 의심한다. 그런 뜻에서 노동자를 비롯해 보통 사

18 Fiske, "Popular Culture."

람들은 스스로 문화를 창조하지 못한다는 점을 인정해야 한다는 것이다. 그가 보기에 중요한 것은 그래도 노동자들이 문화상품을 자율적인 방식으로 사용한다는 점이다. 데닝에 따르면, 노동자들은 문화상품을 피에르 부르디외가 말하듯이 자신들의 특이한 취향을 드러내는 방식으로 사용한다. 더욱이, 그것을 생산자의 의도대로 사용하며 언제나 기존질서에 순응하기만 하는 것은 아니다. 이른바 민중 음악가들에게서 드러나듯이, 노동계급 가운데서 성장한 문화 생산자들의 인도 아래 기존질서를 비판하는 방식으로 문화상품을 사용하기도 한다.[19]

피스크와 데닝이 무엇보다 대중의 주체적 능동성에 관해 주의를 환기했다면, 미국의 지도적 문화사 전문가 잭슨 리어스는 대중문화에 내재하는 해방의 잠재력을 강조한다. 그는 1993년에 발표한 논문에서 대중문화는 상업주의에서 출발하기 때문에 될 수 있는 대로 많은 사람들에게 팔릴 수 있도록 생산된다고 지적한다. 기업에서 하나의 상품을 여러 가지 모델로 개발하는 것도 대중이 단일한 존재가 아니라 다양한 욕구나 취향을 지니고 있는 여러 집단으로 구성되어 있다는 점을 파악하고 그것을 생산에 반영하기 때문이다. 이렇게 소비자의 욕구나 취향은 통제되거나 조작되는 것이 아니라 오히려 대중문화의 생산과정에서 적극적으로 흡수된다. 그렇기 때문에 로큰롤에서 뚜렷하게 드러나듯이, 대중문화에는 "축제적 충동, 즉 리비도를 분출하고 기존 권위에 도전하는 충동"이 들어 있다. 이 점에서 대중문화는 해방의 잠재력을 지니고 있다. 물론, 해방이라는 말이 자본주의의 타파를 뜻하는 것은 아니다. 그렇지만 "해방의 의미를 제한한다면 대중문화는 해방의 잠재력을 지니고 있다고 할 수 있다. 사람들은 주체로서 생산뿐 아니라 소비를 통해서도 자신들을 표현할 수 있기 때문이다." 특히, 가부장제와 금욕주의에 대한 도전은 대중문화에서 중요한 주제로 자주 등장한다.[20]

그와 같이 새로운 방식으로 대중문화를 이해한다면, 대중문화를 중심으로 전개되는 미국의 유럽화에 관해서도 다시 생각해 볼 필요가 있다. 사실, 영국의 문화학 연구자 존 톰린슨은 대중문화에 대한 새로운 인식을 바탕으로 문화적 제국주의론을 전면적으로 비판한다. 그는 1991년에 간행된 저술에서, 다양한 문화적 제국주의 개념을 소개하며 그 문제점을 지적한다. 그에 따르면 일부 논객들은 대중매체를 통해 전파되는 문화에 초점을 맞춘

19 Denning, "End of Mass Culture."

20 Lears, "Mass Culture and Its Critics." 리어스의 대중문화론은 광고에 대한 자신의 경험적 연구에 잘 반영되어 있다. 이에 관해서는 Lears, *Fables of Abundance*를 보라.

다. 그렇지만 그런 문화는 수용자의 생활경험과 결부되지 않으면 의미 있는 영향을 끼치지 못한다. 따라서 대중매체에 초점을 맞추는 제국주의 개념은 설득력이 부족하다. 더욱이, 많은 논객들이 사용하는 국민문화라는 용어도 실체가 모호한 개념이다. 문화란 특정 지역을 넘어 널리 교류되는 것일 뿐 아니라 시간에 따라 끊임없이 변화를 겪기도 하기 때문에, 어떤 국민이 지니는 고유 문화란 항상 정확하게 규정하기가 어렵다. 따라서 국민문화를 전제로 삼는 제국주의 개념은 성립할 수 없다. 게다가 급진적인 논객들은 문화적 제국주의를 자본주의가 지구 전역으로 확대, 발전하는 데 수반되는 현상으로 이해하는데, 이 패러다임에서는 문화적 지배-종속 관계를 상상하기가 어렵다. 거기서 문화는 자본주의의 발전 단계에 따라 결정되는 것이므로, 어떤 사회가 뒤늦은 단계에 있는 사회에 앞선 문화를 강제할 수 없기 때문이다. 끝으로 문화적 제국주의를 근대에 특징적인 문화가 세계적으로 확산되는 현상으로 이해할 수도 있는데, 이 경우에 핵심적인 것은 여러 사회 사이의 상이한 발전 과정이지 지배-종속 관계가 아니다.[21] 결국, 톰린슨에 따르면 문화는 제국주의적 강제를 통해 전파되지 않는다는 것이다. 그것은 무엇보다도 문화란 사람들이 자신들의 행동과 경험을 이해하는 방식이므로 정치나 경제와 달리 외부의 힘에 따라 크게 좌우되지 않기 때문이다.

문화적 제국주의론에 대한 그런 이론적 비판은 경험적 연구와 맞물려 있었다. 그것은 미국의 대중문화가 유럽에서 지니는 영향력에 관한 경험적 연구에 토대를 두고 있었을 뿐 아니라 그런 연구에 자극제가 되기도 했던 것이다. 이는 톰린슨이 자신의 견해를 밑받침하는 주요 근거로 1982년에 발표된 이엔 앙의 『댈러스 시청자』를 활용한 데서 잘 드러난다. 그것은 1980년대 초에 세계적으로 대단한 인기를 누렸던 미국의 TV 드라마 시리즈 『댈러스』에 관한 연구로서 널리 이목을 끈 바 있다. 당시 네덜란드에서 활동하던 오스트레일리아 출신의 문화학 연구자 앙은 이 멜로드라마가 인기를 누리는 이유는 물론이요, 그것을 즐겨 보는 사람들이 그 즐거움에 관해 다른 사람들에게 변명하는 이유도 파악하고자 했다. 그러기 위해 그는 드라마를 분석하는 대신, 애청자의 반응을 탐구하는 방법을 선택했다. 대중적인 여성잡지에 광고를 내어 애청자들에게 『댈러스』에 대한 느낌을 써서 보내 달라고 요청한 다음, 그렇게 해서 받은 편지 42통을 면밀하게 분석했던 것이다. 『댈러스』가 텍사스의 석유 재벌가에서 돈과 힘, 그리고 사랑을 놓고 벌어지는 끊임없는 다툼을 다루는

21 Tomlinson, *Cultural Imperialism*.

시리즈였던 만큼, 그것은 그 진부한 드라마에서 시청자들이 느끼는 매력을 파악하는 데 적절한 방법이었다.

분석 결과는 대중과 엘리트 사이의 간극을 선명하게 보여 준다. 앙에 따르면 드라마의 줄거리가 틀에 박힌 듯 뻔할 뿐 아니라 그 배경과 등장인물도 유럽의 대중과 거리가 먼데도, 애청자들은 등장인물 사이의 애증관계와 그 전개 과정에서 커다란 재미를 느끼고 있었다. 대중은 저 이색적이면서도 진부한 허구에서 자신들의 경험과 공명하는 정서적 사실성을 발견하며 감동을 느끼고 있었다는 것이다. 그에 못지않게 중요한 것은 많은 애청자들이 거기서 재미를 느끼는 데 대해 스스로 변호한다는 사실이었다. 앙에 따르면, 그들은 『댈러스』 같은 드라마가 저급한 대중문화의 일환이라는 엘리트주의적 관념을 의식하고 있었다. 그렇지만 몇몇 애청자들은 비판적 시선에 상관하지 않고 『댈러스』가 정말로 재미있다는 점을 강조했다. 그들은 대중문화에 대해 포퓰리즘이라 할 수 있는 관념을 갖고 있었고 또 드라마에 흠뻑 빠질 수 있을 만큼 그와 일치하는 감정 구조를 갖고 있었던 것이다. 앙은 바로 거기에 『댈러스』가 인기를 누리는 비결이 있다고 지적한다. 멜로드라마는 본질적으로 될 수 있는 대로 많은 사람들이 재미를 느낄 수 있도록 만들어진다는 것이다. 거기에 미학적 기준을 들이댄다면, 그것은 대중문화에 관한 엘리트의 이데올로기에 지나지 않는다. 이에 관해 앙은 이렇게 명백하게 지적한다.

> 멜로드라마는 19세기 초부터 '민중' 계급을 중심으로 인기를 누리던 문화 형태이며, 그래서 언제나 열등한 문화에 해당하는 지위를 지니고 있었다. 그리고 실제로 이미 확고한 위치를 차지한 유럽의 부르주아 문화에 비춰 볼 때, 특히 거기에 젖어 있던 문학가와 문학 애호자들의 눈으로 볼 때, 줄거리를 중심으로 엮어져 있는 반면에 등장인물의 성격에 깊이가 없다는 점은 멜로드라마를 '상투적'이고 '진부하다'며 폄하하는 좋은 이유이다. 그러나 그런 판단은 일방적인 것으로서, 유럽의 문학적 전통에 들어 있는 규범을 절대적인 것으로 여기는 태도에 토대를 두고 있을 뿐 아니라 멜로드라마의 외적 형태에만 초점을 맞추는 피상적 관찰의 결과이기도 하다. 이 점은 여기서 특히 중요하다. 문학의 규범을 멜로드라마에 적용하는 것은 긴장으로 가득 찬 줄거리와 감정이 과장된 인물이 지니는 **기능**을 간과하는 것이다. 그렇지만 바로 이 기능에서 멜로드라마의 매력이 상당 부분 흘러나온다. 왜냐하면 겉으로 볼 때 단순하고 편리한 기법으로 선정적인 효과를 얻으려는 경향은 그 구조상 이 장르의 강점이 되기 때문이다.[22]

22 Ang, *Watching Dallas*, 62-63. (강조는 원문)

앙이 주의를 환기한 대중의 문화적 자율성과 대중과 엘리트 사이의 간극은 1980년대 이후에 전개되는 유럽의 미국화에 관한 논의에서 더욱 부각된다. 그렇지만 그런 주제는 문화에 국한되지 않는 넓은 맥락 속에서, 또 수세대를 포괄하는 긴 세월 속에서 취급되는 경향이 나타나는데, 이는 근래의 논의에서 역사학자들이 주도적인 역할을 떠맡았다는 사실과 연관되어 있다. 그 점은 프랑스의 미국화를 천착한 리처드 퀴젤의 연구에서 분명하게 나타난다. 이 미국인 프랑스사 전문가에 따르면, 프랑스에서 미국화는 일정치 않은 의미를 지니고 있었다. 그래도 미국화에 관한 논의에서 지속되는 근본적인 관념들이 존재하는데, 그런 것들은 프랑스 지식인들이 처음으로 미국 문화에 주목했던 1920년대에 형성되었다. 그들은 1차대전을 계기로 미국의 생산력에 찬탄하고 미국을 발전의 모델로 간주하며 그 선진적인 기술과 조직을 도입하고자 했다. 그러면서도 프랑스 문명과 대조되는 미국 대중문화의 문제점을 지적했다. 그들에 따르면 프랑스의 인문주의적 고급문화와 달리 미국의 대중문화는 물질만능주의, 획일적 취향, 피상적 관찰, 공허한 내용으로 채워져 있다는 것이었다. 그런 관념들은 2차대전을 계기로 미국의 영향력이 확대됨에 따라 프랑스의 국민 정체성에 관한 위기의식과 연결되었다. 전쟁으로 인한 재해 속에서 지식인들은 대체로 소련보다 미국을 모델로 간주했지만, 미국의 막강한 군사적 · 경제적 영향력 아래서 미국의 생산기술과 조직을 도입하려고 노력하면 할수록 프랑스 문명이 훼손되고 타락하지 않을까 우려하게 되었던 것이다. 더욱이, 좌파는 미국의 물질적 풍요와 함께 보수주의도 유입되어 프랑스혁명의 전통이 쇠락하지 않을까 두려워했다. 1940년대 말에 코카콜라가 프랑스에 공장을 건설하고자 했을 때, 그런 우려는 프랑스의 "코카콜라 식민지화"에 대한 격렬한 반대로 나타났다.

바꿔 말해, 프랑스에서는 미국화라는 개념이 이미 20세기 중엽에 이르기 이전에 미국과 프랑스 사이의 정치 · 경제적 관계라는 넓은 맥락 속에서 형성되었다는 것이다. 그렇지만 퀴젤은 1960년대부터 그 개념에 변화가 일어났다고 지적한다. 우선, 그때부터 서서히 미국화에 대한 우려가 퇴조했다. 드골 대통령은 미국의 영향력을 견제하면서 반미감정을 증폭시켰지만, "프랑스의 영광"을 되살리기 위해 미국의 기술력을 따라잡으려 애썼고 또 실제로 프랑스를 대량생산과 대중소비의 단계까지 이끌고 갔다. 다른 한편으로는 거물 지식인 대신에 대중적인 지식인들이 언론의 주목을 받으며 미국에 대해 호의적인 견해를 밝혔다. 그들은 미국에서 대두한 반전운동과 해방운동, 그리고 대항문화*counterculture*에 공감하면서, 재즈와 로큰롤에서 청바지와 맥도날드까지 미국의 대중문화를 수용하기 시작했다.

그것은 분명히 프랑스가 미국을 뒤따라 소비문화를 받아들였다는 사실을 반영했다. 더욱이, 일부 고위 공직자와 전문경영인, 그리고 사회과학자들은 앞선 미국 경제에 프랑스의 미래가 있다고 지적하며 미국화가 국가적 과제라고 역설했다. 그래도 프랑스의 '우월한' 문명과 미국의 '열등한' 문화를 대비시키는 관념이 남아 있었다. 그 배경에는 1970년대 이후 프랑스에서 소비문화가 빠른 속도로 발전함에 따라 프랑스인들 사이에서 나타난 문화적 정체성에 관한 위기위식이 자리 잡고 있었다. 그런데도 1980년대부터 프랑스인들은 미국적인 소비문화에 젖어 들었다. 젊은이들은 미국인 같은 언행을 했고, 어른들은 파리 근교에 디즈니랜드가 들어서는 데 대해 논쟁을 벌였지만 완공되고 나자 그리로 몰려갔다. 결국, 퀴젤은 1980년대에 들어오면 프랑스인들이 오랜 거부감을 버리고 문화적으로도 미국과 매우 가까워졌다고 지적한다. 그래도 분명한 것은 그들이 미국인과 구분되는 문화적 정체성을 지니고 있다는 점이라고 덧붙여 말한다.[23]

퀴젤의 견해는 이렇게 짤막하게 요약해도 미국화란 과연 무엇인가 하는 의문을 던지는 듯하다. 그에 따르면, 프랑스에서 미국화는 사회적 쟁점으로 등장했던 1920년대부터 미국으로부터 앞선 기술과 조직을 도입하는 노력인 동시에 그에 수반되는 문화의 변형에 대한 우려였다. 이는 이미 19세기 말 조선에서 대두했던 동도서기론을 비롯해 아시아 지식인들이 서양의 충격에 관해 가졌던 관념과 본질적으로 같은 것이다. 또 프랑스에서 미국이 압도적 영향력이 지니고 있던 20세기 중엽에는, 19세기 말 조선에서 동도서기론이 그랬듯이 미국화가 국운이 걸려 있는 중대 관심사로 부각되었다. 그것이 프랑스의 국민 정체성을 위협하는 논리로 간주되었던 것은 퀴젤의 서술에서 드러나듯이 2차대전을 계기로 확립된 미국과 프랑스 사이의 일방적 세력관계 때문인 듯하다. 바꿔 말해, 프랑스인들은 미국의 압도적 세력에 직면하게 되었을 때 미국화에 관해 위기의식을 가졌던 것으로 보인다. 따라서 프랑스가 1960년대부터 군사적으로 독자 노선을 걸으며 기술이나 경제의 측면에서도 미국을 따라잡기 시작하자, 그런 위기의식이 퇴조하면서 프랑스 문화의 미국화도 착실하게 진행되었다고 할 수 있다. 이 역시 지난 반세기 동안 급속한 경제발전을 이룩한 동아시아에서 동도서기론 같은 담론이 퇴조한 것과 같은 현상인 듯하다. 더욱이, 그런데도 오늘날 프랑스가 미국과 뚜렷하게 구분되는 문화를 갖고 있다는 퀴젤의 지적도 자본주의를 비롯해 동아시아의 근대성이 서양의 그것과 다른 것이라는 최근의 인식과 일맥상

23 Kuisel, *Seducing the French*.

통한다. 그런 인식은 저명한 사회학자 아이젠스타트가 제시한 "다양한 근대성"이라는 개념에서 잘 나타난다.[24] 그렇다면, 미국화란 미국의 앞선 기술과 조직을 비롯해 넓은 뜻에서 미국 문화를 도입하는 근대화 프로젝트가 아닌가 하는 생각이 든다. 또 바로 그렇기 때문에 그에 관한 담론도 국제적 세력관계에 따라, 구체적으로 말해 미국과 다른 국가 사이에 존재하는 세력 격차뿐 아니라 발전 단계의 차이에 따라, 좌우되는 것이 아닌가 하는 생각이 든다.

그런 생각은 미국의 문화사 전문가 리처드 펠즈가 1997년에 발표해 널리 찬사를 받았던 『우리와 같지 않다』에서 확인할 수 있다. 여기서 저자는 무엇보다 미국화가 2차대전 이후 유럽 전역에서 빠르게 진행되면서 어디서나 상당한 논쟁을 불러일으켰다고 지적하고, 그것이 결국 근대화에 관한 논쟁이라고 주장한다. 그에 따르면 미국화는 '미국식 *Americanism*'이라는 용어와 함께 이미 1830년대 영국에서 쓰이기 시작해 1850년대에는 유럽 전역에서 사용되었는데, 처음에는 주로 미국의 기술적 혁신에 초점이 맞춰져 있었다. 그러다가 1차대전을 계기로 그 의미는 미국 경제의 효율성으로 확대되었을 뿐 아니라 그에 수반되는 미국 대중문화의 유입까지 포괄하게 되었다. 따라서 1920년대 유럽에서 미국화가 본격적으로 논의되었을 때, 미국은 이미 근대성을 대표하는 국가로 취급되었다. 이는 2차대전 이후에 더욱 확연해지는데, 그것은 전쟁을 계기로 유럽인들이 미국의 압도적 군사력과 선진적인 경제체제를 목도하고 미국을 추격하는 데 노력을 경주했기 때문이다. 그리고 냉장고와 자동차를 사들이는 데 그치지 않고 미국의 음악과 영화, 그리고 드라마 등, 미국의 대중문화도 받아들였다. 한마디로 말해, 펠즈는 유럽에서 미국화란 경제면뿐 아니라 문화면에서도 근대성이 발전하는 과정이라는 것이다.

그가 강조하고자 하는 것은 그것이 일방적이거나 단선적인 과정이 아니라는 점이다. 미국은 냉전이 시작되던 때부터 풀브라이트 프로그램과 잘츠부르크 세미나를 비롯해 유럽 지식인들을 대상으로 미국 문화를 전파하고자 시도했다. 거기에는 물론 미국에는 저급하고 열등한 문화밖에 없다는 낡은 편견을 불식시키려는 취지가 들어 있었다. 다른 한편으로, 미국은 유럽의 문화 시장을 개방하기 위해서도 많은 노력을 기울였다. 그것은 미국 문화에 대한 편견이 주로 엘리트에 국한되어 있었던 반면에, 농민과 장인을 비롯해 유럽의 하층에서는 미국을 보통 사람들의 낙원으로 보는 오랜 관념이 널리 퍼져 있었기 때문이다.

---

24 Eisenstadt, "Multiple Modernities"; Tu, "Implications of the Rise of 'Confucian' East Asia."

게다가 젊은 세대는 1950년대부터 미국의 대중음악과 해방운동, 그리고 대항문화의 영향 때문에 미국 문화에 개방적인 태도를 갖고 있었다. 이런 계급이나 세대 사이의 차이 덕분에, 미국의 대중문화는 전후 유럽에서 빠른 속도로 확산될 수 있었다. 그렇지만 펠즈는 미국의 대중문화가 유럽인들의 취향에 맞춰 상당한 변형을 겪었다는 점에도 주의를 환기한다. 유럽에서는 맥도날드가 미국에서 볼 수 없는 메뉴를 제공한다거나 유로 디즈니랜드가 주변 경관과 유럽인들의 휴가 패턴에 따라 상당한 변모를 거쳤다거나, 아니면 미국에도 영국 BBC와 유사한 공영방송 PBS가 설립, 운영되고 있다는 것이다. 따라서 펠즈는 "미국 문화의 유럽화"도 말할 수 있다고 제안한다. 말하자면, 미국과 유럽이 서로 영향을 주고받으며 동질적인 근대 문화를 발전시켰다는 것이다. 결론적으로, 그는 오늘날 진행되는 세계화가 미국 문화 대신에 "서양 문화"가 세계적으로 확산되는 현상이라고 주장한다.[25]

펠즈의 견해를 전적으로 수용하기는 어렵다. 우선 한국인을 포함해 아시아인의 눈으로 볼 때, "서양 문화"라는 것이 존재한다는 점은 쉬이 수긍할 수 있다. 그러나 그것이 펠즈가 상정하는 만큼 동질적인 문화인지는 의심스럽다. 미국 문화는 두말할 나위도 없이 유럽에서 유래한 것이지만, 아메리카의 산물이라는 점도 기억할 필요가 있다. 유럽에서 도입된 문화는 아메리카의 자연환경과 사회조건에 맞게 수정되었을 뿐 아니라, 아프리카적인 요소와 혼합되면서 유럽과 다른 상징 및 의미 체계를 갖추게 되었기 때문이다. 사실, 유럽인들은 그런 차이점을 기술과 경제 이외에 언어와 관습, 그리고 사고방식과 생활양식에서도 발견했고, 펠즈가 지적하듯이 이미 19세기 중엽부터 '미국식'이라는 용어를 쓰며 그것을 표현했다. 미국과 유럽 사이에 문화적 차이점이 엄연히 존재한다는 사실은 앞에서 언급한 리처드 퀴젤의 연구에서 저자가 오늘날 프랑스 문화가 전후에 진행된 미국화에도 불구하고 뚜렷한 정체성을 지니고 있다고 지적하는 데서 잘 드러난다. 그런데도 펠즈는 차이점을 경시하며 "서양 문화"의 동질성을 강조한다. 더욱이, 펠즈가 사용하는 근대성의 개념도 분명치 않다. 근대성은 그가 강조하는 "서양 문화"의 동질성에 토대를 제공한다. 그에 따르면 그것은 먼저 미국 문화에서 충실하게 구현되었고, 그만큼 충실하지는 않아도 서구 문화에서도 뒤이어 구현되었다. 그렇지만 이 책에서 펠즈는 근대성이 무엇인지 명확하게 규정하지 않는다. 근대성이 모호한 개념이라는 점을 기억한다면, 그가 주목하는 문화의 측면에 국한해서 그 의미를 규정해 볼 수도 있을 것이다. 그러나 그는 그런 시도를 하지 않음

25 Pells, *Not Like Us*.

으로써 오늘날 "서양 문화"가 동질성을 지닌다는 자신의 주장을 뒷받침하지 못한다.

게다가 "미국 문화의 유럽화"도 설득력이 부족한 명제라 할 수 있다. 그가 제시하는 근거는 대부분 유로 디즈니랜드를 비롯해 유럽으로 수출된 미국 문화이지, 미국에 거주하는 대다수 미국인들 사이에서 공유되는 것이 아니다. 그런 근거는 "미국 문화의 유럽화"가 주변적이고 부분적인 현상에 지나지 않는다는 점을 보여 준다. 반면에 서구 문화의 미국화는 중심에서 일어난 커다란 변화라 할 수 있다. 그런데도 펠즈는 양자를 대등한 것으로 취급하는 동시에 통합된 현상으로 파악하는데, 이는 다원주의의 소산인 듯하다. 그는 미국과 유럽 사이에 존재하는 세력관계가 편중되어 있지 않고 균형을 이루고 있다고 보는 것이다. 펠즈가 결론에서 "서양 문화의 세계화"를 자연스러운 추세로 간주하는 것도 현실에 실재하는 세력관계를 보지 못하는 그런 시각 때문인 듯하다.

그에 못지않게 중요한 문제점은 펠즈가 "서양 문화"의 동질성을 주장하면서 동원하는 구체적 근거가 문화적 텍스트에 국한되어 있을 뿐이고 거기서 대중이 이끌어 내는 상징 내지 의미 체계까지 포함하지 않는다는 점이다. 바꿔 말하면, 그는 1960년대부터 유럽인들도 청바지에 티셔츠를 입고 재즈를 들으며 냉장고에서 콜라를 꺼내 마시는 등, 미국인 같은 행태를 보인다는 점을 지적하고, 그것을 근거로 "서양 문화"의 동질성을 주장한다. 그렇지만 유럽인들이 그런 행태를 통해 미국인과 같은 의미나 가치를 표현하는지 천착하지는 않는다. 펠즈는 대중문화에서 소비자가 상당한 자율성을 갖는다는 점, 바꿔 말하면 대중이 동일한 텍스트에서도 상이한 의미를 이끌어 낼 수 있다는 점을 간과하는 것이다. 대중문화에 대한 수정주의적 이해를 경시하는 이런 태도는 앞에서 거론한 리처드 쿼젤의 연구에서도 나타나는데, 거기서 그랬듯이 펠즈의 저술에서도 문화에 관한 깊은 통찰력을 찾아볼 수 없는 것은 그 때문인 듯하다.

그런 문제점은 무엇보다도 펠즈가 근대화 이론에 지나치게 의존하는 데서 유래하는 것 같다. 그의 서술에 따르면 유럽에서 미국화는 근대화와 같은 현상으로 나타나는데, 이는 근대성이 미국에서 가장 먼저, 또 가장 철저하게 구현되었기 때문이다. 이런 해석 아래에는 두말할 나위도 없이 근대화 이론이 깔려 있다. 그것은 20세기 중엽에 미국의 사회과학계를 풍미했던 설명틀로서, 미국을 근대적 발전의 모델로 간주하는 관념을 전제로 삼고 있다. 그러나 이제 그런 전제는 널리 받아들여지지 않는다. 앞에서 간단히 지적한 것처럼, 오늘날 근대성은 다양한 형태를 띨 수 있는 것으로 여겨지기 때문이다. 그렇다고 해서 미국화가 근대화와 전혀 다른 현상이라는 뜻은 아니다. 적어도 20세기 유럽에서는 양자가 상당히 많은 부분에서 서로 겹치는 현상이라 할 수 있다. 그렇다면 중요한 것은 이들 현상이 어떤 점에서 겹치는지, 또 어떤 점에서 그렇지 않은지 파악하는 일이라 할 수 있다.

그런 일은 라인홀트 바근라이트너가 『코카콜라 식민지화와 냉전』에서 시도한다. 이 책은 20세기 중엽 오스트리아에서 전개된 미국의 문화 외교를 다루는데, 원래 1991년 오스트리아에서 발표되었고, 3년 뒤 영어로 번역되어 미국에서 다시 간행되었다. 저자는 제목에서 "코카콜라 식민지화"라는 용어를 쓰면서도, 문화적 제국주의라는 개념에 대해 비판적인 자세를 취한다. 미국이 오스트리아에 미국 문화를 전파하기 위해 상당한 노력을 기울였다는 사실은 분명하지만, 오스트리아인들이 미국의 지원에 의지하며 스스로 미국 문화를 수용했다는 점도 잊지 말아야 한다는 것이다. 더욱이, 바근라이트너는 미국화가 미국의 문화 외교와 다른 방향으로 전개되었다는 사실에 주의를 환기한다. 그에 따르면, 오스트리아인들은 다른 유럽인들처럼 미국에 대한 고정관념에 얽매여 있었다. 유럽인들에게 아메리카는 언제나 "신세계"로서, 풍요로운 낙원으로 이상화되는 동시에 야만이 지배하는 황야로 간주되었고, 이런 이중적 관념이 20세기에 들어오면 미국은 물질적 풍요를 누리면서도 문화적 빈곤에 시달리는 나라라는 편견으로 이어졌다. 그런 편견은 2차대전이 끝난 다음에 미국이 오스트리아를 점령하고 독일에서 분리시키며 나치즘을 청산하는 과정에서 문화 외교의 초점으로 부각되었다. 미국은 오스트리아인들에게 미국의 고급문화를 소개, 전파함으로써 자유와 평등 같은 가치를 선전하는 데 역점을 두었던 것이다. 그렇지만 오스트리아인들은 문화 외교보다는 신문, 잡지, 라디오 같은 대중매체를 통해 미국에 관한 정보를 더 많이 얻었고, 그 덕분에 미국의 물질적 풍요와 그것을 가능케 한 선진적 기술, 그리고 그런 것들을 모두 포괄하는 미국인의 생활양식에 매료되었다. 그들에게 미국은 독일에 대한 종속에서 벗어나 나치즘을 청산하는 동시에 소련이 제안하는 공산주의에 빠지지 않는 길이었고, 따라서 미국화는 강요된 것이라기보다는 스스로 추진하는 프로젝트였다.

그 점은 음악과 영화에 대한 바근라이트너의 관찰에서 뚜렷하게 드러난다. 미군은 오스트리아인들에게 미국의 고전음악을 소개하는 데 주력했으나, 오스트리아인들은 미군이 운영하는 라디오 방송의 음악 프로그램을 경청했다. 특히 재즈는 대단한 인기를 누렸다. 엘리트는 대개 그것을 "흑인 무도곡"이라 부르며 경멸했으나, 청년층을 비롯해 대중은 열광했고 미국에서 재즈밴드를 초청하는 사태까지 초래했다. 결국, 미군은 음악 프로그램을 재즈를 중심으로 재편하고 그것을 바탕으로 정치적 선전을 기도하게 되었다. 그것이 로큰롤으로 이어졌음은 두말할 나위도 없다. 영화도 미국의 의도대로 전파되지 않았다. 미국 정부는 다른 나라에서 그랬듯이 오스트리아에서도 영화시장을 개방하는 데 주력했고, 또 미국의 영화 제작자들은 영화수출협회를 구성해 자신들 사이의 경쟁을 통제하고 외국시장을 공략하는 데 서로 협력했다. 또 미군 당국은 미국의 어두운 면을 보여 주지 않는 영화 가운데서도 유럽인들에게 친숙할 만한 것을 오스트리아에 공급하려 했다. 그 배경에는 미국 문화에 대한 오스트리아인들의 오랜 편견뿐 아니라 소련이 미국 영화를 흑색선전에 이용할지도 모른다는 경계심도 자리 잡고 있었다. 그렇지만 오스트리아인들이 좋아한 것은 주로 서부영화와 폭력영화, 그리고 섹스영화였고, 그런 영화는 소련이 점령한 지역에서도 아무런 제약을 당하지 않고 상영되었으며, 따라서 오스트리아의 영화산업은 성장 기회를 잡을 수 없었다.

그처럼 미국 문화가 엘리트의 의도보다 대중의 요구에 따라 전후 오스트리아에 전파된 것은 바근라이트너에 따르면 문화적 요인만으로 설명할 수 없다. 미국의 대중문화는 물론 여러 가지 매력을 지니고 있다. 예를 들면, 할리우드 영화는 짜임새 있는 줄거리와 눈을 사로잡는 볼거리를 갖고 있을 뿐 아니라, 고급문화의 전통을 따르지 않고 다양한 민족으로 구성된 대중의 정서와 취향에 맞도록 만들어진다. 그래도 할리우드의 막대한 자본과 효율적인 배급구조, 그리고 해외진출을 위한 자발적 협력과 미국 정부의 지원 같은 문화 외적 요인도 경시할 수 없다. 더욱이, 미국의 문화 외교는 미국이 달성한 군사적 · 경제적 우월성 이외에 냉전에 따르는 정치적 필요와 따로 뗄 수 없을 만큼 깊이 얽혀 있었다. 미군은 막대한 자원을 배경으로 점령 지역에서 활발한 문화정책을 수행했는데, 그것이 결국 팍스 아메리카나를 구축하는 프로젝트의 일환이었다는 것이다. 이 점에서 바근라이트너는 다른 역사학자들처럼 미국화의 넓은 맥락에 주목한다고 할 수 있다. 그렇지만 그가 퀴젤이나 펠즈 같은 학자들보다 대중의 주체적 능동성을 훨씬 강조한다는 점도 기억할 필요가 있다. 바근라이트너는 오스트리아의 대중이 미국이나 오스트리아를 이끌던 엘리트와 달리 소설이나 영화, 또는 음악에서 "진지한" 작품보다는 대중적인 것을 좋아했을 뿐 아니라 거기서 자신들이 원하는 의미를 부각시키기도 했다는 점을 강조한다. 특히 젊은이들은 1960년대 미국에서 대두한 대항문화에서 영향을 받아, 청바지를 입고 전통적 관습에 대해 거부감을 표현하고 로큰롤을 들으며 기성세대의 권위에 대해 비판과 저항을 표출했다는 것이다.[26]

26 Wagnleitner, *Coca-Colonization and the Cold War.*

그러나 깊은 통찰력과 넓은 시야, 그리고 풍부한 서술에도 불구하고, 바근라이트너가 규정하는 미국화의 개념이 적절한 것인지 의심스럽다. 그는 서론과 결론에서 미국이 유럽 제국주의의 산물이라는 점에 주의를 환기하면서, 미국화는 세계가 "유럽화" 되는 과정의 일환이라고 주장한다. 한마디로 말해, 미국화는 근대화라는 커다란 조류의 일부라는 것이다. 바근라이트너에 따르면 미국화는 합리화, 표준화, 기계화, 국제화 등을 통해 근대화를 대중소비의 단계로 끌어올리는 과정이다. 미국은 일찍이 대중소비가 견인차 역할을 하는 자본주의 사회로 이행했고, 유럽은 20세기에 들어와서 그것을 본받으며 발전했기 때문이다. "그렇다면 '미국화' 라는 용어는 자본주의 사회 안에서 소비지향적인 사회질서가 발전하는 과정, 즉 행복의 추구를 소비의 추구로 바꾸어 놓는 과정을 가리킨다."[27] 이 개념이 퀴젤이나 펠즈가 규정하는 것보다 더 세밀하다 해도 그만큼 더 적절한 것으로 보이지는 않는다. 왜냐하면 바근라이트너가 말하는 미국화는 근대화의 일환이므로, 사회가 발전하면 어디서나 소비문화가 대두해서 결국에는 유사한 양상을 지니게 되기 때문이다. 그것은 "다양한 근대성" 이라는 개념이 보여 주듯이 근대성이 국가에 따라 상이한 모습을 띠고 나타날 수 있다는 점을 간과하는 가설이다.

더욱 중요한 것은 바근라이트너에 따르면 오스트리아인들이 미국 문화에서 느낀 매력이 근대성에 국한되지 않는다는 점이다. 그들은 미국의 대중문화에 들어 있는 전근대적 요소에 매료되기도 했다. 바근라이트너가 지적하듯이, 대중은 미국의 소설이나 영화 가운데서도 선정적인 작품을 선호했는데, 이는 그런 작품이 폭력이나 서부, 또는 섹스처럼 근대성과 거리가 있는 주제를 다루기 때문인 듯하다. 사실, 엘리트가 고전적 작품을 근대적 미학에 입각해 감상한다면, 대중은 고전에 속하지 않는 작품을 선택하고 이성을 통해 제어되지 않는 원초적 욕구와 역동적 전개에서 재미를 느낀다고 할 수 있다. 마찬가지로, 미국의 대중음악에 열광하는 젊은이들이 규칙이나 균형 같은 어떤 근대적 요소에 주목하고 거기서 감동을 느꼈다고 보기는 어렵다. 바근라이트너가 강조하는 것처럼, 그들은 재즈에 배어 있는 흑인의 비애나 로큰롤에서 터져 나오는 조야한 욕정에 공감한 듯하다. 그런 정서를 근대적인 것으로 보기는 어렵다. 그것은 차라리 근대성에 배치되는 것으로서 억제된 감정이며, 따라서 근대성에 포함시킬 수 없다. 물론, 미국의 대중문화는 소비문화의 일환으로서 상품이라는 근대적 형태를 띠고 있다. 그러나 그 매력은 그런 외형보다 거기에 들

---

27 Ibid., 6–7.

어 있는 보편적 정서, 특히 전근대적 요소에서 나온다고 할 수 있다. 미국의 대중문화는 분명히 근대적 현상이지만, 전근대적 요소도 내포하고 있는 것이다.

따라서 미국화를 근대화나 그 일환으로 취급한다면, 그것은 미국의 대중문화에 들어 있는 전근대적 요소를 간과하는 셈이다. 노예제가 남겨 놓은 문화적 유산, 다양한 이민 집단이 유지하는 전통적 생활양식, 근래에 재조명을 받고 있는 원주민의 사고방식, 이런 것들은 근대성이라는 용어에 담을 수 없는 요소들이다. 더욱이, 그런 것들은 미국 문화에서 주변적인 것이 아니라 오히려 본질적인 것이라 할 수 있다. 미국 문화는 앞에서 지적한 것처럼 유럽에 뿌리를 두고 있지만, 아메리카의 토양에 이식된 다음에 아메리카는 물론이요 아프리카에서도 자양분을 흡수하면서 성장했기 때문이다. 그런 뜻에서 미국 문화를 진정으로 미국적인 것으로 만드는 요소는 유럽적인 것이나 근대적인 것이 아니라 오히려 그렇지 않은 것이라 할 수 있다. 근대성이 전후 유럽에서 발전하고 또 근래에 아시아에서도 발전함에 따라, 그 점은 더욱 명료해진 것으로 보인다. 그렇다면 바근라이트너처럼 미국화를 근대화의 일환으로 이해하는 것도 문제가 있다. 그것은 미국에 대한 유럽인들의 일반적 인식을 따르는 용법이며, 따라서 그들이 미국 문화를 수용하는 과정을 비판적으로 이해하는 데 장애가 된다. 그들은 미국을 따라 근대화를 추진하는 데 그치지 않고 미국 문화의 전근대적 요소도 수용했으나, 그들의 일상적 용어로서 미국화는 전자에 초점을 맞추면서 후자를 간과하게 만들기 때문이다.

4. 대안과 과제

그러므로 미국화에 관심이 있는 연구자들은 문화적 제국주의나 근대화 이론 대신에 새로운 패러다임을 찾는 노력을 기울이게 되었다. 그런 노력의 결실은 1990년대 중엽부터 나타나기 시작했는데, 거기서 부각된 핵심적 과제는 미국화에서 근대적인 것과 미국적인 것을 분별하고 후자가 유럽인들에게 수용되는 과정을 파악하는 것이라 할 수 있다. 바꿔 말해, 근래에 연구자들은 유럽인들이 미국의 대중문화를 어떻게 이해하고 또 어떻게 활용했는가 하는 문제에 주목한다. 그들은 물론 대중문화에 대한 수정주의적 해석, 특히 대중의 주체적 능동성을 강조하는 해석에 의지하고 있다.

그런 동향은 네덜란드의 미국학 연구자 랍 크로스가 1996년에 발표한 『하나를 보았다면 그것은 상가였을 것이다』에서 뚜렷하게 나타난다. 이 가벼운 제목이 미국 대중문화의 상업주의적이고 소비주의적인 성격에 주의를 환기한다는 점에서, 저자는 바근라이트너나 다른 많은 연구자들처럼 미국 문화에 구현되어 있는 근대성에 관심을 기울인다. 그렇지만 그것이 그가 주목하는 가장 중요한 것은 아니다. 그의 관심은 오히려 미국과 미국 문화에 대한 유럽인들의 태도에 집중되어 있다. 사실, 제1장은 유럽인들의 태도가 객관적 인식보다는 오히려 상상력의 소산이었음을 보여 준다. 그들은 원래 아메리카를 "백지상태"로 간주했는데, 이는 아메리카를 식인종이 날뛰는 황야로 취급하는 동시에 낙원을 건설할 수 있는 공간으로 파악한다는 것, 바꿔 말하면 유럽과 대조되는 타자로 인식한다는 것을 뜻했다. 그것은 물론 유럽인들의 오랜 꿈과 두려움이 투영된 결과였다. 그런 태도는 그들이 미국에 대해 진지하게 생각하게 된 20세기에도 지속되었다. 유럽인들에게 미국은 역사가 너무 짧아서 피상적이거나 천박한 문화에서 벗어나지 못한 반면에 새로운 것을 두려워하지 않는 진취적인 자세 덕분에 가장 근대적인 문명을 건설한 나라였다. 이런 인식은 물론 대중문화로도 연장되었다. 그들은 미국의 대중문화에서 물질주의와 상업주의, 그리고 소비주의를 보고 개탄했을 뿐 아니라 거기서 공허한 쾌락을 맛보고 전통이나 권위에서 벗어나는 해방감을 느끼기도 했다는 것이다. 크로스는 그것을 "공허함의 매력"이라 부르며 그에 주의를 환기한다. 이어서 그는 그런 매력을 지닌 대중문화가 대두하는 과정을 살펴본다. 제2장에서는 19세기 후반 미국에 대거 이주한 이민이 주류에 속하는 지식인들의 비판에도 불구하고 모조품과 복제품을 대량으로 제작해 대중의 문화적 수요에 부응하며 미국 대중문화의 대두에 기여했다고 지적하는 것이다.

그렇지만 제3장에서 제8장까지 책의 몸통이라 할 수 있는 부분에서, 저자 크로스는 유럽인들이 미국의 대중문화를 수용하는 과정을 분야별로 검토한다. 그들은 미국의 영화나 광고, 또는 TV나 음악에서 나타나는 상업주의와 물질주의, 그리고 획일적이고 피상적인 관념을 비판하기만 한 것이 아니라, 거기서 보이는 미국의 자유와 풍요, 그리고 근대성에 찬탄하기도 했다는 것이다. 더욱이 1950년대에 프랑스영화에서 나타난 "새로운 조류"나 근래에 여러 나라에서 많은 젊은이들이 스스로 만드는 랩뮤직에서 드러나듯이, 유럽인들은 할리우드 영화와 흑인 음악을 비롯해 미국적인 요소를 유럽의 대중문화에 적극적으로 도입하기까지 했다는 것이다. 이는 물론 대중문화를 소비하는 유럽인들 사이에서 그런 요소에 대한 수요가 충분히 형성되어 있기 때문이다. 따라서 크로스는 "이제 소비자들이 수동적 수용자라는 역할을 포기하고 대중문화에 창의적 변화를 가져온다"고 선언한다. 그리고 미국화를 토착화로 이해하자는 결론에 도달한다. 그에 따르면 미국은 원래 유럽의 변방으로 출발했지만, 이제 중심부 국가로서 세계를 주도하고 있다. 반면에 유럽은 주변부로 밀려나서 미국의 대중문화를 비판하면서도 다른 한편으로는 모방하고 있다. 이는 본질적으로 주변부가 중심부의 문화를 도입하면서, 현지의 필요에 맞게 수정하며 정착시키는 것이다. 따라서 크로스는 미국화란 결국 스웨덴의 인류학자 한네시가 말하는 토착화라고 주장한다.[28]

그런 주장에는 네덜란드의 사회학자 멜 반 엘테른도 동조한다. 그는 1996년에 발표한 논문에서 미국 대중문화의 세계적 영향을 어떻게 개념화할 것인가 하는 문제를 다룬다. 그에 따르면 미국화라는 용어는 미국 문화의 확산과 그에 수반되는 변화를 가리키는 데 흔히 사용되지만, 그 본질을 규명하는 데는 도움이 되지 않는다. 본질을 파악하기 위해 한때 문화적 제국주의나 근대화 이론이 제기되었으나, 그런 이론은 수용자의 능동적인 역할을 간과하거나 다양한 발전 경로를 경시한다는 점에서 미국화라는 복잡한 과정을 올바르게 설명하지 못한다. 그 대신, 반 엘테른은 토착화 개념에 주의를 환기한다. 그것은 무엇보다도 유럽인들이 미국의 대중문화를 선택적으로 차용하고 또 적극적으로 전유한다는 점을 잘 보여 준다. 미국의 대중문화는 단일한 유기적 실체로 취급할 수 없을 만큼 다양한 형태와 내용, 그리고 의미를 띠고 있으며, 소비자들은 "하나의 커다란 '셀프서비스 상점'"에서 물건을 사듯이 필요한 것을 선택할 수 있다. 그리고 그들은 자신이 처한 문화적 맥락에 맞게 수정을 가하며 사용한다. "이전에 미국이 유럽에서 문화를 도입하며 혼합하고 토착화시켰듯이, 그런 과정은 유럽이 미국 문화를 수용할 때도 진행된다."[29]

미국화를 토착화로 간주하는 데는 크로스와 반 엘테른 이외에도 많은 학자들이 공감한다. 이는 근래에 발간된 여러 논문집에서 분명하게 나타난다. 1990년대 중엽부터 오늘날까지 미국화에 관한 연구 성과는 한 사람의 저자가 집필하는 연구서보다 여러 명의 필자들이 참여하는 논문집의 형태로 출간되는 경향을 보인다. 그 가운데서 주목할 만한 업적은 4권이라 할 수 있는데, 거기에 실린 논문은 대부분 유럽인들이 미국의 대중문화를 어떻게 수용했는가 하는 문제를 취급한다. 더욱이, 그것조차도 지역과 시기는 물론이요 분야와 장르까지 한정하며 미국화의 과정을 구체적으로 천착한다. 주목을 끌고 있는 음악분야만

28 Kroes, *If You've Seen One*. (인용은 159)
크로스의 이론적 입장은 다음 글에서 뚜렷하게 드러난다. Kroes, "American Empire and Cultural Imperialism."

29 Elteren, "Conceptualizing the Impact of US Popular Culture." (인용은 62, 69)

살펴봐도, 20세기 중엽 독일에서 재즈와 로큰롤이 수용되는 과정을 다루는 논문, 같은 시기에 영국에서 로큰롤이 수용, 변형된 다음에 미국으로 역수출되는 과정을 다루는 논문, 그리고 20세기 말 독일에서 젊은이들이 미국의 힙합을 즐기는 데 그치지 않고 독일적인 것을 스스로 만들어 내는 과정을 다루는 논문 같은 것을 볼 수 있다.[30]

이런 구체적이고 다양한 연구 성과들이 모두 하나의 패러다임에 따라 미국화를 이해하는 것은 아니지만, 그래도 토착화가 가장 유력한 패러다임이라는 점은 분명하다. 이는 근래의 간행물 가운데서 가장 주목을 끄는 논문집 『교류, 월경, 변형』에서 잘 드러난다. 편자 하이데 페렌바흐와 유타 포이저는 서론에서 미국화의 개념을 다루면서 근대화나 문화적 제국주의 이론이 너무 단순하다고 지적하고 이렇게 선언한다.

> …… 최근 연구는 대체로 그런 이론을 매우 꺼림칙하게 여긴다. 그 대신 미국화를 미국의 재화와 상징이 다른 나라로 이전되는 과정을 기술하는 용어로 간주하고, 그런 것을 수입하는 사회가 그것을 수용하고 또 그에 따르는 영향력을 변환하는 방식에 초점을 맞춘다. 이 책은 미국 문화가 외국에서 수용되는 과정에 집중함으로써 이런 경향을 따른다. 동시에 미국화라는 용어를 분석의 도구로 사용할 수 있고 또 그렇게 해야 한다고 제안한다. 그렇지만, 미국화를 둘러싸고 있는 맥락을 면밀하게 살펴볼 필요가 있다는 것을 부연한다.[31]

따라서 편자들은 최근 연구가 미국 문화를 수용하는 사람들에게 주의를 기울인다고 지적한다. 미국 문화의 소비자들이 수동적인 존재가 아니라 자신의 필요에 따라 선택과 거부, 혼합과 변형을 감행하는 능동적인 존재이므로, 그들의 역할을 파악할 때에야 비로소 미국화를 올바르게 이해할 수 있다는 것이다.

토착화 이론에는 장점만이 아니라 단점도 있는 것으로 보인다. 미국화가 미국 문화의 확산을 가리킨다면, 그것은 미국에서 새로운 문화를 도입하려는 의지와 노력 없이는 진행될 수 없을 것이다. 또 그런 의지와 노력이 낯선 문화를 고스란히 재현하는 시도를 거쳐 머

---

30 Dean and Gabilliet, eds., *European Readings of American Popular Culture*; Fehrenbach and Poiger, eds., *Transactions, Transgressions, Transformations*; Ramet and Crnković, eds., *Kazaaam! Splat! Ploof!*; Mueller, ed., *German Pop Culture*.

그 외에 주목할 만한 것으로 다음 논문집을 들 수 있다. Stephan, ed., *Americanization of Europe*. 이 책은 유럽의 미국화에서 각국의 경험을 개관하며 국가별 공통점과 차이점을 보여 준다는 점에서 유용하다. 그렇지만 문화 외교라는 정치적 측면에 초점을 맞춘다는 점에서 최근의 연구 동향에서 벗어나는 작품이므로, 토착화 패러다임에 관한 논의에 포함시키지 않는다.

31 Fehrenbach and Poiger, "Introduction," xiv.

지않아 현지의 상황과 필요에 맞춰 수정하는 작업으로 귀결된다는 것도 자연스러운 일이다. 왜냐하면 토착화란 결국 문화가 한 지역에서 다른 지역으로 전파되는 과정에서 벌어지는 보편적 현상이기 때문이다. 그렇지만 바로 그렇기 때문에 토착화는 미국화의 본질을 밝혀 주는 반면에 그 특성을 드러내지 못한다. 그것은 미국화를 문화가 확산되는 일반적인 패턴에 속하는 현상으로 취급할 뿐이지, 이 특수한 현상에 수반되는 특징적 양상에 관해서는 아무것도 시사하지 못하는 것이다.

그런 한계를 의식하기 때문인지, 크로스와 반 엘테른은 미국화의 맥락에 주의를 환기한다. 그들은 토착화 개념을 제기한 울프 한네시를 따라 중심부나 주변부 같은 용어를 사용하며 미국 문화와 서구 문화의 관계를 규정함으로써, 미국화가 근대 세계라는 맥락 속에서 전개되는 현상이라는 점을 강조하는 것이다. 그렇지만 근대 세계라는 맥락에 주목해도 미국화의 특성을 올바르게 파악하기는 어려운 듯하다. 이 맥락에서는 근대성이 부각되는 반면에 다른 요소가 경시되거나 간과되기 때문이다. 크로스를 비롯해 토착화 개념을 채용하는 연구자들은 유럽인들이 미국 문화의 근대적 면모뿐 아니라 전근대적 요소에서도 매력을 발견하고 그것을 수용했다는 사실을 인정하면서도, 그 점을 미국화의 특징으로 부각시키지 못한다.

게다가 그들이 근대 세계라는 맥락을 올바르게 파악하고 있는지, 또 적절하게 주목하고 있는지도 의심스럽다. 우선, 그들이 말하듯이 과연 서구를 주변부로 볼 수 있는가 하는 의문이 든다. 오늘날 서구가 기술과 조직에서 교육과 학문에 이르기까지 여러 분야에서 미국에 비해 뒤져 있는 것은 분명하지만, 시야를 세계로 넓혀 보면 다른 어떤 지역보다 먼저 또 많이 근대화되어 있다고 해야 할 것이다. 그리고 오랫동안 아시아를 비롯해 다른 지역과 지배-종속 관계를 맺고 있었으며 아직도 그 유산을 누리고 있다는 점을 기억한다면, 차라리 중심부에 속한다고 할 수 있다. 더욱이, 토착화 이론에 의지하는 학자들은 중심부-주변부를 거론하면서도 미국과 유럽 사이의 세력관계를 경시하는 경향을 보인다. 그들은 서구가 미국에 대해 주변적인 위상을 차지하고 있다고 지적하면서도, 거기에 들어 있는 세력관계에 충분히 주목하지 않는다. 실제로 그들의 연구에서는 미국이 유럽의 미국화에 끼친 영향력이 뚜렷하게 부각되지 않는다. 유럽인들이 미국의 압도적 세력에 개의치 않고 저 "셀프서비스 상점"에서 자유로이 선택하고 수용한 것처럼 묘사되는 것이다. 토착화 이론은 수용자의 능동적 역할을 강조하는 만큼, 수용자를 둘러싸고 있는 상황의 압력을 경시하는 경향을 보이는 듯하다.

토착화 이론에서 보이는 그런 문제점은 필자가 보기에 앞으로 미국화에 대한 연구에서 핵심적 과제가 무엇인지 가르쳐 주는 듯하다. 미국화의 특성을 설명하기 위해 근대 세계라는 맥락에 주목하면, 미국화가 근대화와 겹치는 현상이라는 점을 드러낼 수 있지만 양자가 겹치지 않는 부분을 경시하게 된다. 그 부분은 결코 사소한 것이 아니다. 분명히 유럽인들은 20세기 초부터 미국을 근대화의 모델로 취급하고 따라잡기 위해 노력하기 시작했고, 2차대전 뒤에는 그런 노력에 박차를 가했다.[32] 그렇지만 그들이 미국과 유럽 사이에 있던 커다란 근대화 격차에만 주목했던 것은 아니다. 재즈와 로큰롤에 열광했고, 폭력과 섹스가 난무하는 할리우드 영화에 열중했으며, 청바지로 상징되던 대항문화에 심취하기도 했던 것이다. 그들을 매료시킨 것은 근대성이라기보다 오히려 전근대성과 반근대성이라 할 수 있다. 더욱이 그런 측면은 미국의 대중문화에서 부차적인 부분이 아니라 핵심적인 부분이며, 이미 살펴본 것처럼 그래서 엘리트는 미국의 대중문화를 경멸하며 유럽까지 확산되지 않도록 통제하고자 했다. 그래도 오늘날 유럽에서 상영되는 영화 가운데 할리우드 영화가 수입 측면에서 볼 때 90%를 차지할 정도로, 미국의 대중문화는 유럽에서 널리 확산되었다. 그렇다면 그 이유는 어디에 있는가?

해답은 부분적으로 미국 대중문화의 매력에서 찾을 수 있다. 이는 독일의 미국사 전문가 빈프리트 플룩크가 2004년 "독일 문화의 미국화?"라는 제목 아래 발표한 논문에서 잘 드러난다. 그는 근래의 연구 동향에 따라 "문화적 재료가 단지 행동의 모델로서 흡수되는 것이 아니라 다른 맥락에서 다른 필요와 목적을 위해 새로운 방식으로 전용된다는 인식은 미국화에 관한 논쟁에서 드러난 기본적 합의라 할 수 있다"고 선언한다. 그리고 미국의 대중문화가 세계적으로 전용, 확산되는 이유를 거기에 들어 있는 특징에서 찾는다. 그에 따르면, 우선 미국의 대중문화는 일찍부터 문화생활에 접근할 수 있는 가능성을 널리 열어놓고 발전함으로써 세계적으로 대중 사이에서 인기를 끌 수 있는 이점을 갖고 있다. 문화생활에 대한 접근 가능성은 전통적으로 엘리트에게만 열려 있었는데, 미국에서는 그런 위계질서가 일찍부터 무너졌다. 게다가 단일한 국민문화가 존재하기보다는 차라리 지역이나 민족에 따라 다양한 문화가 혼재하기 때문에, 미국의 대중문화도 세계의 이질적인 소비자들에게 널리 수용될 수 있는 다양성을 갖출 수 있었다. 플룩크는 또한 미국의 대중문화가 압축하는 경향을 지니고 있다고 지적한다. 논객들은 흔히 미국의 대중문화가 저급한

32 예를 들어 다음을 보라. Maier, *In Search of Stability*:, chs. 1, 4, pp. 19-69, 153-184; Nolan, *Visions of Modernity*.

취향에 영합한다고 개탄하지만, 영화나 소설에서 잘 드러나듯이 감독이나 작가는 복잡한 내용을 간단하게 압축하는 과정에서 눈길을 사로잡는 효과적 표현을 구사하는 등, 새로운 표현과 미적 경험의 가능성을 실현하기도 했다는 것이다.

플룩크는 그처럼 미국 대중문화에서 부각되는 주제와 기법에서 미국의 대중문화가 세계적으로 확산되는 세 번째 이유를 이끌어 낸다. 문화에 대한 접근성이 널리 열려 있는 상황에서 새로운 미적 경험의 가능성이 조성됨에 따라, 미국 대중문화의 소비자는 획일적 경험이 아니라 개별적 경험을 할 수 있게 되었다. 이 점에서 플룩크는 대중문화에 대한 일반적 관념과 결별한다. 그는 "미국의 대중문화가 표준화된 대량생산의 산물이라는 종래의 인식과 달리, 상상을 통해 새로운 역량과 모습을 갖출 수 있는 지름길을 가르쳐 준다고 약속하면서 발전해 왔다"고 주장한다. 또 그런 개별적 경험 속에는 미국 대중문화의 특징적인 메시지가 들어 있다고 부연한다. 그것은 반권위주의적 사조로서, 격식에 구애되지 않는 언행의 묘사에서 기존의 관습이나 취향을 뛰어넘는 표현방식에 이르기까지 다양한 형태로 나타난다. 플룩크에 따르면, "미국의 대중문화는 도덕적 · 사회적 맥락을 외면한다는 점에서는 물론이요 기존의 문화적 위계질서를 고의적으로 무시한다는 점에서도 반권위주의적 성격을 지니고 있다." 그것은 분명히 이중성을 지니고 있다. 개인에게 사회적 · 문화적 공간을 만들어 주며 해방감을 느낄 수 있게 해 주는 반면에 사회에는 공감대를 조성하고 질서를 유지할 수 있는 기회를 만들어 주지 않는다.[33]

플룩크의 설명은 더욱 발전시킬 수 있는 여지가 있다. 그는 미국 대중문화의 매력을 전후 독일인들의 경험을 토대로 추론하면서 다른 나라에 관한 연구 성과는 면밀하게 검토하지 않는다. 그렇기 때문에 그가 말하는 미국 대중문화의 매력은 근거가 부족한 일반론이라 할 수 있다. 더욱이, 그가 독일에 관한 다른 학자들의 연구에 대해 충분히 비판적인 태도를 유지하고 있는지도 의심스럽다. 플룩크는 전후 독일의 미국화에 관한 연구에서 패러다임의 변동이 있었다고 지적하면서, 문화적 제국주의와 토착화 이론을 거론하는 반면에 근대화 이론에 대해서는 주의를 기울이지 않는다. 오히려 미국화를 근대화와 같은 것으로 취급하는 것처럼 보인다. 이는 한편으로 독일의 미국화에 관한 연구에서 근대화 패러다임이 갖고 있는 영향력 때문이고, 다른 한편으로는 플룩크가 지니고 있는 느슨한 근대성 개념 때문인 듯하다. 그는 17세기부터 서양에서 나타난 새로운 현상을 포괄해서 근대성이라

33 Fluck, "Americanization of German Culture?" (인용은 21-22, 25)

부른다.[34] 그럼으로써 합리화와 표준화에 초점을 맞추지 않고 개인의 해방과 발전이라는 근대적 가치에 주의를 환기한다. 그렇지만 이 추상적 가치를 중심으로 개념을 규정하기 때문에, 근대성에 대한 반발조차도 근대성에 포함시키는 경향을 보인다. 특히 미국을 근대성이 가장 철저하게 구현된 국가로 묘사하면서 근대화와 미국화를 같은 것으로 취급한다. 그 결과, 플룩크는 미국의 대중문화에서 보편적으로 근대적인 것과 특수하게 미국적인 것을 구분하지 못하는 사태에 도달한다. 그런 사태에서 벗어나려는 노력은 중요한 의미를 지니고 있다. 미국 대중문화의 매력에서 근대적인 것과 미국적인 것을 구분할 수 있을 때에야 비로소 우리는 진정한 의미에서 미국화를 이해할 수 있기 때문이다.

그렇다면 플룩크의 견해는 비교사적 접근을 통해 발전시킬 수 있을 것으로 보인다. 미국 대중문화의 특징적인 주제나 기법, 또는 메시지는 여러 나라의 대중문화와 비교할 때에야 비로소 분명하게 드러날 것이다. 특히, 메시지는 사람들이 미국의 대중문화를 어떤 방식으로 소비하는지 국제적으로 비교하며 탐구할 때 뚜렷하게 나타날 것이다. 그것은 문화적 텍스트에 내재하는 것일 뿐 아니라 그것을 소비하는 사람들이 해석하는 것이기도 하기 때문이다. 바꿔 말하면, 토착화 이론에서 부각되는 소비자의 필요와 상황을 비롯해 대중문화가 소비되는 맥락에 주목할 필요가 있다는 것이다.

맥락은 유럽에서 미국의 대중문화가 확산된 이유를 파악하는 데도 중요하다. 미국 대중문화의 확산은 결국 거기에 내재하는 매력에 따라 좌우되기보다는 오히려 유럽인들이 그 매력을 인식하고 경험하는 방식에 따라 결정되기 때문이다. 따라서 유럽인들이 미국의 대중문화를 수용하는 맥락은 면밀하게 관찰할 필요가 있다. 이는 근래의 연구 가운데서 맥락에 세심한 주의를 기울이는 업적을 살펴봐도 분명하게 드러나는데, 그 실례로 유타 포이저가 2000년에 발표한 『재즈, 록, 그리고 반항』을 들 수 있다. 거기서 저자는 20세기 중엽 동 · 서독이 미국 대중문화의 확산에 어떻게 대처했는지 살펴보면서, 미국화보다는 그에 대한 정치적 반응에 초점을 맞춘다. 특히, 두 독일의 지도자들이 어떻게 해서 처음에는 비슷한 반응을 보였는데도 나중에는 대조적인 조치를 취하게 되었는지 파헤친다.

거기서 주목을 끄는 것은 미국 대중문화의 수용을 놓고 두 독일 내부에서 벌어진 갈등이다. 포이저에 따르면, 서독은 물론이요 동독도 1960년대 초에 장벽을 쌓기 전까지 미국 대중문화의 확산에 대해 심각하게 우려했다. 거기서도 젊은이들은 재즈와 로큰롤, 할리우드

34 Ibid., 31 n. 1.

영화, 청바지와 가죽 재킷 등, 미국의 대중문화에 심취했고, 1950년대 중엽에는 거기서 묘사되는 반항적인 주인공들을 따라 소요사태를 일으킬 정도로 열광하기까지 했다. 두 독일의 당국과 논객, 그리고 시민단체들은 그 요인을 미국 대중문화에 들어 있는 메시지에서 찾았다. 그들은 미국의 대중문화가 강한 여성과 약한 남성을 부각시킨다고, 다시 말해 여성이 강렬한 성적 매력과 욕구로 남성을 조종해 공격적인 행동으로 유도하는 모습을 묘사한다고 개탄했다. 그리고 독일의 전통에 어긋나는 그런 젠더 관념이 노동계급 청년을 중심으로 젊은이들 사이에서 확산되어 퇴행과 타락을 가져온다고 우려했다. 심지어 그 요인으로 재즈와 로큰롤을 비롯해 미국의 대중문화에 들어 있는 흑인적 요소를 지목하기도 했다. 두 독일의 지도자들은 미국의 대중문화에서 젠더와 계급, 그리고 인종에 관해 우려할 만한 메시지를 읽었던 것이다. 포이저는 그런 메시지 때문에 독일의 젊은이들이 미국의 대중문화에 매료되었다고 덧붙인다. 그들은 미국의 대중문화에서 기성세대의 권위와 규범에 대한 도전을 발견하고 거기에 심취했다는 것이다. 그에 따르면 "바로 그렇게 남녀 예절에 관한 부르주아지의 규범에 저항하고 인종 사이의 경계선을 무시할 수 있었기에 동독과 서독의 소녀들은 로큰롤을 매력적인 춤 스타일로 보고 엘비스 프레슬리를 소중한 인물로 여긴 것이다."[35]

따라서 포이저는 20세기 중엽 독일에서 미국 대중문화가 확산된 요인으로 세대와 젠더의 차이에 따른 갈등에 주의를 환기한다고 할 수 있다. 물론, 그가 그런 갈등을 충분히 파헤쳤다고 보기는 어렵다. 그의 관심은 두 독일의 지도자들이 젊은이들에 대해 어떤 반응을 보였는지 밝히는 데 집중되어 있기 때문이다. 그래도 포이저는 지도자들의 우려와 통제가 미국 대중문화에 대한 청년과 여성의 열광적인 수용에서 비롯되었다는 것을 보여 준다. 바꿔 말해, 20세기 중엽 독일에서 미국 대중문화를 놓고 벌어진 갈등은 본질적으로 세대와 젠더의 차이에서 비롯되었음을 보여 준다. 그런 갈등이 기존 권위에 대한 청년과 여성의 도전이라는 점을 기억한다면, 그의 견해는 미국 대중문화의 매력으로 반권위주의적 사조를 지적하는 빈프리트 플룩크의 해석과 맞아떨어진다고 할 수 있다.

그렇지만 세대와 젠더의 차이에 따른 갈등 이외에 다른 사회적 갈등은 미국 대중문화의 확산 요인으로서 주목을 끌지 않는 것 같다. 예를 들어 포이저는 서독 지도자들의 우려 속에 노동자 계급문화에 대한 경계심이 들어 있었다고 지적하면서도, 서독 노동자들이 미국

35 Poiger, *Jazz, Rock, and Rebels.* (인용은 181)

대중문화에 대해 어떤 반응을 보였는지 파헤치지 않는다. 물론, 계급과 계급 갈등을 미국화에 관한 논의에 끌어들이기는 어렵다. 거기서 주제는 본질적으로 계급 경계선이 모호한 대중문화이기 때문이다. 그래도 계층은 주목할 만한 측면인 것 같다. 미국 대중문화의 수용 과정에 관심을 기울이는 근래의 연구에서는 수용자가 단일한 존재가 아니라 다양하거나 심지어 이질적인 요소로 구성되어 있는 집단으로 취급된다. 그런 집단은 세대나 젠더뿐 아니라 계층이라는 측면에서도 상이한 요소를 내포한다. 그렇기 때문에 근래의 연구에서 계층이라는 용어가 명시적으로 사용되지 않는다 해도, 엘리트와 민중 또는 대중 사이의 간극은 가끔 거론된다.

그것은 2005년에 간행된 이래 널리 주목을 끌고 있는 『볼로냐의 버펄로 빌』에서 뚜렷하게 드러난다. 저자 로버트 라이델과 랍 크로스는 무엇보다도 미국의 대중문화가 처음부터 문화적 위계질서를 위협하는 현상이었다는 사실을 일깨워 준다. 그들은 미국에서 "대중문화"라는 용어는 1930년대에 와서야 등장했지만, 그것이 가리키는 현상은 이미 1860년대부터 1890년대 사이에 대두했다고 지적한다. 그 시기에 대중적 인기를 끈 쇼와 서커스, 저렴한 잡지와 책자, 대량으로 복제되는 사진 같은 것들이 등장했고, 또 그런 문화상품의 생산과 유통이 대기업으로 조직되기까지 했다. 특히, 버펄로 빌이라 불리던 윌리엄 코디의 「와일드 웨스트 쇼」는 1886~87년 영국 공연에 이어 1889~90년 유럽 순회공연을 가질 정도로 큰 인기를 누렸다. 영국 여왕과 교황, 그리고 귀족이 관람했고 수백만 명의 대중이 그 뒤를 이었다. 바꿔 말해, 유럽의 미국화는 이미 19세기 말에 시작되었다는 것이다. 지식인들은 그런 사태에 부정적인 태도를 취했다. 미국과 마찬가지로 유럽에서도, 그들은 미국 대중문화의 오락적 성격에 주목하고 거기서 소비자가 경험하는 쾌락을 천박하고 의미없는 것으로 취급했다. 라이델과 크로스에 따르면 미국의 대중문화는 될 수 있는 대로 많은 사람들에게 오락의 즐거움을 제공함으로써 영리를 추구하는 산업으로서, 기존의 문화적 위계질서에 도전하는 현상이었다. 기존질서는 예술적 창조와 정신적 고양을 핵심적 가치로 설정하고 그것을 기준으로 문화를 상류와 하류로 구분하는 구조를 갖추고 있었다. 거기서는 지식인과 예술가들이 문화의 생산과 소비를 주도하며 엘리트의 위상을 차지하고 있었다. 그들이 보기에, 대중문화는 그런 가치와 구조를 무시하고 진정한 예술품 대신에 모조품을 대량으로 생산하며 소비자에게 말초적 쾌락을 제공하는 데 그칠 뿐이었다.[36]

---

36 Rydell and Kroes, *Buffalo Bill in Bologna*. 특히 제6장, 142-169쪽을 보라. 또한 양홍석, 『고귀한 야만』도 참고하라.

바꿔 말하면, 대중문화는 그들의 문화적 권위를 위협했던 것이다. 그렇다면 미국 대중문화의 확산 과정으로서 미국화는 유럽에서 문화 엘리트와 대중 사이의 갈등을 수반하는 것으로 보인다.

그런 계층적 갈등이 지금까지 미국화에 관한 논의에서 부각되지 않은 것은 지식인과 예술가의 모호한 위상과 관계가 있는 듯하다. 20세기는 물론이요 19세기에도 그들은 유럽의 문화적 위계질서에서 엘리트였으나, 정치나 경제, 또는 사회를 조직하는 위계질서에서는 그런 위치에 있지 않았다. 거기서 지식인과 예술가는 최상층에서 중간층 하부에 이르기까지 다양한 계층에 자리 잡고 있었다. 더욱이, 그들은 자신의 정체성을 문화적 측면에서만 설정한 것이 아니라 정치, 경제 또는 사회적 측면에서도 규정했고, 심지어 이념에 따라 자신의 객관적 위상과 어긋나는 정체성을 추구하기까지 했다. 한마디로 줄여, 그들은 "부동하는" 존재였다고 할 수 있다. 따라서 지식인과 예술가에게 단일한 위상을 부여하기는 어렵다. 그렇기 때문에 지금까지 미국화에 관한 논의에서 엘리트와 대중이 자주 거론되었는데도, 그들 사이에 계층적 경계선을 설정하고 양자의 관계를 탐구하는 작업은 없었던 것으로 보인다.

그렇지만 그런 작업은 시도할 만한 가치가 있는 것 같다. 문화는 정치나, 경제, 또는 사회와 구분할 수 있는 영역이다. 그것은 분명히 다른 영역과 뒤엉켜 있지만, 의미와 상징으로 구성되어 있는 세계라는 점에서 다른 영역과 갈라진다. 더욱이, 거기에 상류와 하류로 구분되는 위계질서가 존재한다는 점도 부인하기 어렵다. 그렇다면 문화의 영역에서 엘리트와 대중이 어떤 관계를 맺고 있는지 밝히는 것은 중요한 의미가 있는 일이다. 이 과제는 새로운 것이 아니다. 그것은 이미 엘리트 문화와 대중문화의 관계라는 형태로 거론되어 왔다. 그래도 계층적 구분이나 갈등이 부각되지 않았는데, 그 이유는 부분적으로 대중문화를 계급이나 계층을 가리지 않고 널리 공유되는 현상으로 취급하는 관념에서 찾을 수 있다. 이 관념은 20세기 중엽에 대단한 영향력을 지니고 있었으나, 앞에서 살펴본 것처럼 근래에 와서 새로운 인식으로 대체되기 시작했다. 이제 대중문화의 소비자는 문화상품을 선택하고 사용하는 주체적 능동성을 지니고 있을 뿐 아니라 그런 역량을 활용해 자신의 정체성을 드러내는 것으로 여겨진다. 바꿔 말해, 소비자는 대중문화를 통해 계급, 또는 계층 정체성을 표현할 수 있는 것으로 보인다. 그렇다면 대중문화를 엘리트 문화와 대비되는 현상으로 보고 양자의 관계를 탐구할 수도 있을 것이다.

그렇게 생각할 때, 대중문화는 민중문화와 같은 위상과 기능을 지니는 것으로 보인다.

민중문화는 흔히 엘리트 문화의 패권에 종속되어 문화적 위계질서의 유지에 기여하면서도 거기에 도전하는 능동성을 지닌 현상으로 취급되기 때문이다.[37] 대중문화가 그와 같은 위상과 기능을 지니고 있다는 생각은 『볼로냐의 버펄로 빌』에서 라이델과 크로스가 제기한 바 있다. 그들은 서론에서 대중문화가 상업적 목적을 위해 표준화된 형태로 대량생산되어 대중에 의해 소비되는 과정에서 특징적 기능을 수행한다고 지적한다.

> 대중문화는 대중적 교통 · 통신 시설이 없던 전 산업사회에서 상상할 수 없던 규모로 문화적 · 이데올로기적 자원을 동원한다는 것을 의미한다. 그것은 또한 문화평론가 딕 헵디지가 정치적 이해관계가 상충하는 계급 사이의 "유동적 평형상태"라 부르는 것을 특정한 사회 속에서 유지하는 데 그런 자원을 동원한다는 것을 의미한다. 바꿔 말해, 대중문화는 흔히 선진 산업사회에서 패권의 유지에 기여한다.[38]

그렇지만 라이델과 크로스는 패권이 결코 일방적인 지배-종속 관계를 가리키는 것은 아니라고 덧붙인다. 그것은 안토니오 그람시가 주목한 지배계급의 권위와 종속계급의 "자발적 동의"로 구성되어 있는 것이 아니라, "언제나 권력을 지니는 사람들과 그렇지 않은 사람들 사이에서 갈등을 수반하는" 현상이라는 것이다.[39] 바꿔 말하면, 대중문화는 민중문화와 마찬가지로 엘리트 문화와 끊임없는 긴장관계를 맺는다고 할 수 있다. 라이델과 크로스가 규정하는 대중문화의 개념은 20세기 중엽에 프랑크푸르트학파가 제기했던 것과 날카롭게 대비된다. 그들은 소비자가 생산자의 의도에 따라 통제되는 수동적 수용자가 아니라 문화상품을 자신의 필요에 따라 선택하고 사용하는 능동적 주체라고 주장한다. 더욱이, 소비자들은 개별적 존재라기보다 집단적 실체로서 문화적 위계질서에 안주하기만 하는 것이 아니라 도전하기도 한다는 점을 강조한다. 이런 뜻에서 라이델과 크로스는 1990년대 초에 대두한 새로운 대중문화론에서 한 걸음 더 나아간다고 할 수 있다.

그들의 대중문화 개념은 납득할 만한 것으로 보인다. 이는 미국의 문화사 전문가 로렌스 러바인이 대중문화에 관한 인식의 전환을 촉구한 데서 드러난다. 그는 1992년에 발표한 「산업사회의 민속」이라는 논문에서 소비자들이 대중문화의 생산과정에 영향을 끼치는

37 예를 들어 다음 연구를 보라. Ginzburg, *Cheese and the Worms*; Burke, *Popular Culture in Early Modern Europe*; Roche, *People of Paris*; Kaplan, ed., *Understanding Popular Culture*; Darnton, *Great Cat Massacre*; Thompson, *Customs in Common*.

38 Rydell and Kroes, *Buffalo Bill in Bologna*, 4.

39 Ibid.

사회적 실체라고 역설한다. 우선, 러바인은 대중문화 가운데 상당한 부분이 소비자의 외면 때문에 폐기된다는 점에 주의를 환기하면서, 소비자의 능동적 역할을 드러내기 위해 대중문화 대신에 민중문화라는 용어를 사용한다. 이어서 그는 소비자들이 생산자의 의도에 개의치 않고 자신의 필요와 상황에 맞게 문화상품을 사용하며 그 의미도 자의적으로 해석한다고 부연한다. 문화적 텍스트는 다양한 의미를 지니고 있을 뿐 아니라 소비자의 해석에 따라 생산자가 부여하지 않는 의미를 띠게 될 수도 있다는 것이다. 더욱이, 러바인은 산업사회에서 대량생산되는 문화적 텍스트가 상업적 목적에 따라 소비자의 취향에 맞춰 제작된다고 지적한다. 영화를 제작하는 과정에서 드러나듯이, 대중문화의 생산자는 자율적 권위를 지니고 있는 것이 아니라 소비자의 취향을 파악하고 그에 따라 텍스트를 수정한다는 것이다. 게다가 그는 라디오 청취자들이 프로그램을 통해 생각이나 감정을 공유하듯이, 대중문화의 소비자들은 고독한 개인이 아니라 서로 영향을 주고받는 사회적 실체라고 강조한다.[40] 더욱이, 대중문화는 흔히 민중문화에서 소재나 주제를 차용해 생산된다는 점을 기억할 필요가 있다. 디즈니랜드에서 잘 드러나듯이, 대중문화는 흔히 민중문화를 근대적인 방식으로 가공함으로써 생산되는 것이다. 그렇게 본다면, 대중문화는 민중문화가 지닌 여러 속성을 이어받는다고, 심지어 민중문화의 근대적 변용이라고 할 수 있다. 구체적으로 말해, 그것은 자본주의가 대량생산 및 대중소비의 단계로 발전해 문화를 생산하고 소비하는 전통적 패턴을 바꾸어 놓은 결과인 셈이다. 바로 그렇기 때문에 민중문화에 들어 있는 엘리트와 민중 사이의 긴장을 대중문화에서도 발견할 수 있는 것으로 보인다.

대중문화를 민중문화의 근대적 변용으로 간주한다면, 지금까지 유럽의 미국화에 관한 논의에서 경시되었던 과제도 생각할 수 있다. 무엇보다도 유럽의 미국화를 문화적 패권이라는 각도에서 살펴볼 수 있을 듯하다. 앞에서 지적한 것처럼, 미국과 유럽 사이의 세력관계가 근대화 패러다임에서나 토착화 패러다임에서 올바르게 취급된다고 할 수 없다. 전자는 그 관계를 다원주의적 평형 상태로 상정하고, 유럽의 미국화를 미국 문화의 변형과 병렬적인 현상으로 간주함으로써 미국과 유럽의 세력관계를 오해하는 결과에 도달한다. 후자는 유럽이 주체적 능동성을 발휘할 수 있다고 주장하며 미국 대중문화가 유럽에 정착하는 과정에 주목하는 반면에 그 과정을 둘러싸고 있는 국제적 세력관계를 경시하는 경향을 드러낸다. 그런 패러다임은 대중음악이나 영화, 또는 광고에서 미국이 유럽을 압도하는

40 Levine, "Folklore of Industrial Society."

현실을 올바르게 반영하지 못한다. 더욱이, 대중문화에 내재하는 세력관계에 충분히 주목하지도 않는다. 그렇지만 유럽의 미국화는 미국의 대중문화가 확산되면서 거기에 내포되어 있는 문화적 패권도 함께 확장되는 과정이라 할 수 있다. 그것은 물론 미국의 대중문화에 들어 있는 엘리트와 대중 사이의 긴장 관계가 유럽으로 이식되는 과정이 아니다. 차라리 두 지역에서 수립되어 있던 엘리트-대중 관계가 접합되는 과정이라 해야 할 것이다. 아시아를 비롯해 국외자의 시각에서 본다면, 유럽의 미국화는 결국 서양세계에서 문화가 더욱 긴밀하게 통합되면서 거기에 들어 있는 패권과 위계질서도 서로 연결, 확립되는 과정이라 할 수 있다. 최근 유럽에서 미국 대중문화의 확산이 사회적 관심사로 부상하지 않는 것은 이제 그 과정이 일단락되었다는 점을 의미하는 것으로 보인다.

물론, 그 과정이 거기서 끝난 것은 아니다. 그것은 오히려 세계적 차원으로 확대되었다고 할 수 있다. 미국화는 2차대전 이후 동아시아와 라틴아메리카에서도 진행되었고 근래에는 서아시아와 아프리카에서도 시작되었다. 이들 지역에서 미국화는 유럽화와 함께 전개되는 과정이라 할 수 있다. 미국의 대중문화는 유럽의 대중문화와 함께 세계 전역으로 확산되고, 각지에서 현지 문화와 뒤섞이며 뿌리를 내린다. 흔히 세계화라 불리는 이 과정은 두말할 나위도 없이 저절로 움직이는 것은 아니다. 근래에 멜 반 엘테른이 지적한 바 있듯이, 그것은 미국 정부와 기업이 문호개방을 외치며 해외에 미국 문화를 전파하는 노력 덕분에 진행된다. 더욱이 그렇게 해서 확산된 미국 문화는 세계의 문화적 위계질서에서 패권적 위치를 차지한다. 미국에 본부를 두고 있는 초국적 대기업에서 뚜렷하게 드러나듯이, 개인주의와 자유주의, 그리고 소비문화를 비롯해 미국적인 가치체계와 행동양식은 미국으로 이주하려는 사람들은 물론이요 성공을 추구하는 사람들 사이에서 흔히 모델로 여겨진다는 것이다. 이것을 반 엘테른은 미국의 문화적 제국주의로 규정한다.[41] 그렇지만 그의 용법에서는 강제라는 제국주의의 본질적 의미가 사라져 버리는 듯하다. 적합한 용어는 차라리 문화적 패권이라 할 수 있다. 그것도 라이델과 크로스가 지적하듯이 "언제나 권력을 지니는 사람들과 그렇지 않은 사람들 사이에서 갈등을 수반하는" 현상이라는 단서를 붙일 필요가 있다. 오늘날 세계화는 미국의 문화적 패권이 확산되는 과정이지만, 결코 미국의 의지가 일방적으로 관철되는 과정은 아니기 때문이다.

그런 뜻에서 미국화는 문화적 패권이라는 시각에서 천착할 필요가 있다. 미국화를 깊이

41 Elteren, "U.S. Cultural Imperialism."

있게 이해하기 위해서는 물론 앞에서 언급한 다른 과제도 취급해야 한다. 특히, 미국 대중문화가 지니는 매력, 그것을 수용하는 과정에서 나타나는 사회적 갈등, 그리고 미국적인 요소가 토착적인 특징과 혼합되는 양상이라 할 수 있다. 이런 과제에 대한 탐구는 오늘날 진행되는 문화의 변동을 이해하는 데 기여할 것이다. 무엇보다도 어떻게 해서 다양한 국민문화가 정체성과 자율성을 유지하면서도 미국 문화에 점점 긴밀하게 통합되는지, 또 그로 인해서 문화적 위계질서가 세계적 차원에서는 물론이요 국가적 차원에서도 어떤 변형을 겪는지, 이해하는 데 도움이 될 것이다. 전후 유럽에서 미국의 소비문화가 수용되는 과정을 추적한 빅토리아 데 그라치아의 흥미로운 업적에서 드러나듯이, 그와 같은 연구는 이미 시작된 것으로 보인다.[42]

42 De Grazia, *Irresistible Empire*.

제15장

세계화의 문화적 함의
—한국 기업문화의 변형

1. 쟁점

오늘날 전개되는 세계화에서 미국이 주도적인 역할을 하고 있다면, 그것은 세계화가 가져오는 결과에서도 찾아볼 수 있을 것이다. 더욱이 세계화의 영향과 파장을 올바르게 이해하기 위해서도, 거기서 미국적인 요소를 분별하는 것은 중요한 일이다. 이는 우리가 세계화라고 뭉뚱그려 부르는 변화를 분석하고 그 요인과 함의를 이해하는 작업의 일환으로, 세계화에 수반되는 과제를 정확하게 파악하는 데 도움이 되기 때문이다.

세계화가 가져오는 여러 결과 가운데서 문화적 변동은 시장의 통합이나 주권국가의 위상에 비해 주목을 적게 받은 편이다. 더욱이, 문화에 관한 논쟁도 "세계 문화"의 형성과 국민문화의 위축에 집중되어 있다. 주요 쟁점은 이렇게 정리할 수 있다. 영화나 TV에서 드러나듯이 기업을 통해 제작·배급되는 문화상품 덕분에, 연예계와 스포츠계의 스타들이 대표하는 대중문화가 이제 세계적인 차원에서 형성되고 있는 것은 아닌가? 그런 문화가 다양한 국민 사이의 문화적 차이를 인식하게 해 주는 동시에 시간과 장소와 전통의 제약을 넘어서는 초국적 동질성을 발견하게 해 주고 있는 것은 아닌가? 따라서 이제 국민문화는 개인의 정체성을 규정하는 데 끼치던 강한 영향력을 잃고 있는 것은 아닌가?[1]

이런 쟁점이 전면에 부각된 탓인지, 세계화의 문화적 측면 가운데서 다른 부분은 경시된다. 기존 논쟁은 세계화로 인해 문화의 전파 양상이 달라졌다는 사실에서 출발한다. 교통·통신 기술의 발전과 무역장벽의 완화 덕분에, 최근에는 많은 양의 정보가 전 세계에 걸쳐 빠르게 전달되고 있다. 문화는 오랫동안 인간이나 물자의 이동에 따라 조금씩 천천히 전파되었지만, 이제 인터넷과 매스미디어를 비롯해 새로운 경로를 통해 빠르게 전파되고 있는 것이다. 그런 경로를 통해 전파되는 문화상품은 지금까지 세계화에 관한 논쟁에서 주목을 끌었다. 그러나 그런 경로를 거치지 않는 문화적 변동도 세계화에 수반되어 있다. 특히 경제 영역에서는 기존 제도나 관행이 세계화에 따라 때때로 급격한 변화를 겪고 있는데, 그 파장은 가치체계와 행동양식에서도 분명하게 드러난다. 예를 들면, 한국에서는 외환위기 이후에 많은 기업에서 계약제와 연봉제를 도입했고, 한 세대 이상 고속성장의 밑거름이었던 "평생직장"이라는 관념이 불과 몇 년 사이에 크게 쇠퇴했다. 그런데도 이런 기업문화의 변동은 세계화 논쟁에서 취급되지 않는다.

그렇다면 기업문화의 측면에서 세계화에 관해 중요한 문제를 제기할 수 있다. 여기서 기업문화란 기업가가 직원들에게 요구하는 의식과 태도가 아니라 기업에서 널리 공유되는 가치체계와 행동양식을 가리킨다. 그것은 국민문화의 일부로 형성되고, 그래서 때로는 국민문화와 혼동되기도 한다. 그렇지만 그것은 기업에서 특징적으로 나타나는 문화이기 때문에 다른 부문의 문화와 구분될 수 있다. 기업문화는 다양한 제도와 관행을 통해 구체적으로 표현되지만, 거꾸로 제도나 관행의 변경에 따라 의미 있는 변화를 겪기도 한다. 그렇기 때문에 기업문화가 세계화로 인해 어떤 변화를 겪고 있는가 하는 문제를 생각할 수 있다.

한국은 이런 문제를 논의하는 데 적절한 경우라 할 수 있다. 주지하듯이 우리나라는 외환위기 이후에 폭이 넓고 속도가 빠른 방식으로 세계화를 겪어 왔기 때문이다. 더욱이, 여기서 전개된 세계화는 미국화라는 단어로 특징지을 수 있을 만큼 뚜렷한 일관성을 지니고 있다. 두말할 나위도 없이 세계화는 미국화와 다른 것이지만, 오늘날 미국화를 배제하고

1 세계화의 문화적 측면에 관해 지금까지 벌어진 논쟁을 일별하는 데 도움이 되는 참고자료로는 무엇보다도 다음 논문 선집을 들 수 있다. Held and McGrew, eds., *Global Transformations Reader*. chs. 20–25, pp. 239–297.

서는 올바르게 이해하기 어렵다. 한국의 경우에는 특히, 미국화가 세계화에서 가장 중요한 부분을 차지한다고 할 수 있다. 왜냐하면 한국 정부가 추진해 온 경제개혁은 미국 경제를 모델로 삼아 구성된 프로젝트이기 때문이다. 미국 모델은 물론 다양한 방식으로 해석될 수 있으나, 근래에는 이른바 "워싱턴 컨센서스"에서 드러나듯이 한국을 포함해 전 세계에 걸쳐 신자유주의적인 방식으로 해석되어 왔다. 이는 간단히 말하자면 경제성장이 시장기제에 달려 있다고 보고, 그것을 활성화시키기 위해 민영화와 규제완화 등 국가개입을 최소화시키자는 정책 노선이다. 그렇다면, 위에서 언급한 쟁점은 한국의 경우에 다음과 같은 의문으로 구체화된다. 신자유주의적인 미국 모델에 따라 추진되는 개혁조치가 한국의 기업문화에 어떤 변화를 가져오고 있는가? 그리고 거기에는 어떤 의미가 있는가?

이런 의문을 풀기 위해, 이 글은 기업 구조와 노동시장에 초점을 맞추어 접근한다. 이들 부문에서 진행된 구조적 · 제도적 변화는 상당히 밝혀져 있으나, 문화적 변동에 관한 논의는 찾아보기 어렵다.[2] 문화의 측면에서 볼 때, 두 부문은 세계화의 충격을 서로 다른 방식으로 흡수해 왔다. 이는 기본적으로 경제개혁을 주도해 온 정부에 대해 기업계와 노동계가 서로 다른 협상력을 갖고 있기 때문이라 할 수 있다. 그렇지만 여기서 중요한 것은 두 부문 사이에서 보이는 차이를 밝히는 일이 아니라, 이들 부문에서 일어난 문화적 변동의 전반적인 양상을 살펴보고 그 의미를 찾아내는 작업이다.

이를 위해서는 먼저 한국 문화에 대한 정태적인 이해에서 벗어나야 한다. 한국의 경제성장에 관한 설명에서는 문화적 요인이 최근에 와서 자주 거론되는데, 그런 경우에 한국 문화는 거의 변하지 않는 오랜 가치와 관습으로 취급된다. 이런 관념을 갖고서는 경제와 문화 사이의 역동적인 상호관계를 올바르게 파악할 수 없다. 그렇다고 해서 여기서 경제성장의 문화사에 접근해야 한다고 말하는 것은 아니다. 필요한 것은 다만 문화사적 접근의 가능성을 탐색하는 일이다. 따라서 최근의 경제개혁을 중심으로 한국 경제에 관한 담론을 살펴보면서, 문화사적 접근을 가로막는 장애물을 찾아내고 그것을 넘어서 문화적 변동의 윤곽을 살펴보고자 한다.

2 특히 다음 문헌을 보라. 정이환 · 이병훈, 「경제위기와 고용관계의 변화」; 송호근, 「기업조직과 고용체계의 구조변화」; 주무현, 「경제위기 이후 기업별 내부노동시장의 구조변화」; 주무현, 「경제위기 이후 기업 구조조정과 노동」.

2. 경제개혁의 문화적 파장

경제개혁에 관한 담론에서 세계화는 기본적으로 거역할 수 없는 조류라기보다는 도전할 만한 기회로 등장한다. 물론, 이미 1990년대 초부터 한국의 매스미디어에서는 대개 세계화가 지구 전역에 걸쳐 진행되는 현상으로서 어느 나라도 회피할 수 없는 역사적 추세로 묘사되어 왔다. 더욱이 1997년에 시작된 외환위기와 그에 뒤이은 경제개혁 때문에 우리는 대부분 일상생활에서 충격과 좌절을 겪었고, 이때 쓰였던 "IMF 위기"라는 신조어에서 드러나듯이 그런 고통을 저항하기 어려운 외부 압력과 연관시켜 이해했다. 그렇지만 세계화를 거스를 수 없는 대세로 간주하는 경향 속에는 소극적 저항이나 피동적인 수용 대신에 능동적 대처를 촉구하는 의도가 들어 있는 것으로 보인다. 사실, 이미 1980년대 말에 노동운동이 활력을 얻고 임금이 빠른 속도로 상승한 다음부터 신문이나 방송에서는 흔히 한국 경제의 체질을 개선해야 한다고 주장했고, 세계화가 화두로 부상하자 이런 견해를 증폭시켜 반복했다. 이렇게 말한다고 해서 대중매체의 여론조작에 대해 경고하려는 것은 결코 아니다. 오래전부터 한국 경제가 과도한 경제력 집중, 부적절한 자원 배분, 심각한 정경유착 등 중대한 문제점을 안고 있다는 사실은 널리 알려져 있었기 때문이다. 여기서 말하고자 하는 것은 근래의 경제개혁이 외부에서 일방적으로 강제한 것이 아니라 국내에서 형성되어 있던 담론과 외부에서 요구한 조치가 만난 결과라는 점이다. 세계화가 넓은 강을 따라 흐르는 큰물이라면, 최근 한국에서 추진된 경제개혁은 거기서 물을 끌어 들이기 위해 만든 일종의 물길이라 할 수 있을 것이다. 이런 뜻에서 오늘날 한국은 세계화에 편승하면서도 매우 내부 지향적인 태도를 보여 준다.

세계화와 경제개혁의 관계는 개혁론이 구체적인 조치로 변형되는 과정에서 분명하게 드러난다. 기업 구조는 외환위기를 계기로 세계화가 밀물처럼 들이닥치기 전부터 개혁의 대상으로 부각되어 있었다. 많은 경제학자들은 재벌에 초점을 맞추어 한국의 기업 구조를 비판하면서, 문어발식 팽창, 과도한 차입과 부실한 경영, 그리고 낮은 국제 경쟁력 등 문제점을 지적했다. 이들은 대개 미국 유학 경험을 갖고 있었는데, 대다수는 1980년대에 미국에 머무르면서 신자유주의를 역설하는 시카고학파로부터 영향을 받아 한국 경제의 모델을 일본이나 독일 대신에 미국과 영국에서 찾고 있었다.[3] 그들 중 일부는 재벌이 자유로운

3 Amsden, "Specter of Anglo-Saxonization."

경쟁을 저해하므로 재벌을 해체해야 한다고 주장했지만, 대부분은 재벌이 선택과 집중의 원칙에 따라 구조를 조정하고 업종 전문화를 추진한다면 세계시장에서 경쟁력을 확보할 수 있을 것이라 제안했다. 구조조정론은 1997년 외환위기를 계기로 실행될 수 있었다. 정부가 위기에 봉착한 재벌들에게 산하 기업 가운데서 일부를 매각해서 몸집을 줄이거나 다른 재벌과 교환해서 구조를 조정하도록 요구했기 때문이다. 이는 물론 국제통화기금의 제안에 토대를 두고 있었다. IMF에 따르면, 위기의 원인은 결국 많은 기업들이 경쟁력을 잃고서도 시장에서 퇴출되지 않는 데 있었고, 그것은 불투명한 회계가 용납되고 과도한 차입이 허용되었기 때문이다. 따라서 필요한 처방은 상장 기업들에게 국제적 기준에 맞추어 회계장부를 작성하게 하면서 재벌들에게는 특히 통합 재무제표를 제출하게 하여 회계의 투명성을 확보한다는 것, 그리고 금융부문에 대한 규제를 완화시켜 정부가 은행의 대출정책에 개입하지 못하게 하여 기업이 과도한 차입에 의지해 시장에서 버티지 못하게 만든다는 것이었다.[4]

노동시장에서도 외환위기 이전부터 변화가 필요하다는 목소리가 있었다. 변화는 널리 알려져 있듯이 "평생직장"으로 표현되던 경직성을 낮추고 노동력이 상품으로서 쉽게 거래될 수 있도록 유연성을 높이는 것이었는데, 이는 명예퇴직제와 조기퇴직제를 활성화시키고 계약제와 연봉제를 확대할 뿐 아니라 정리해고제와 파견근로제까지 도입하는 조치로 나타났다. 이들 낯선 제도를 도입하기 위해, 정부는 이미 1996년 초에 법안을 만들어 국회에 제출했다. 노동계가 이를 저지하기 위해 파업과 시위로 강력하게 대응했고, 따라서 법안을 둘러싼 갈등은 참호전처럼 장기화되었다. 여론도 여러 차례의 조사에서 분명하게 드러났듯이 찬반양론으로 거의 비슷하게 나뉘어 있었다. 그러나 분위기는 외환위기로 인해 극적인 변화를 겪었다. 1997년 12월, 김대중 대통령 당선자는 IMF의 권고를 수용해 외국자본을 유치하고 외환위기를 극복하기 위해서는 노동시장을 유연하게 만들어야 한다고 호소했다. 여론은 찬성 쪽으로 기울기 시작했고, 새로 출범한 정부는 무난하게 법안을 통과시켰다.

그런 처방에 따라 개혁은 과감하게 진행되었고, 덕분에 한국은 경제위기를 성공적으로 극복하는 듯이 보였다. 재벌들은 자동차와 반도체를 비롯해 몇몇 산업분야에서 산하 기업을 매각하거나 교환했고, 여러 계열사들을 독립된 중소기업으로 분리시켰다. 이런 구조

4 International Monetary Fund, Annual Report of the Executive Board, 30–32. 외환위기의 전개 과정에 관해서는 박대근 · 이창용, 「한국의 외환위기」를 참고하라.

조정은 재벌 총수들이 부실 경영에 대해 책임을 지고 사재를 출연하거나 경영 일선에서 물러남으로써 적어도 겉으로는 순조롭게 진행되었다. 따라서 외환위기가 시작된 1997년부터 겨우 4년이 지나는 사이에, 30대 재벌들은 산하 기업을 평균 30개에서 23개로 줄였고 또 자본에 비해 5배나 많았던 부채를 2배도 되지 않는 규모로 줄였다. 금융부문에서는 구조조정이 더욱 강력하게 추진되었다. 전체 금융기관 가운데서 4분의 1이 넘는 572개 기관이 2001년 봄까지 문을 닫았고, 그에 수반된 대량해고는 구조조정의 고통을 극명하게 보여 주었다. 게다가 정부는 137조 원이라는 막대한 액수의 공공자금을 투입하면서 이자율을 매우 높게 책정함으로써, 금융기관의 경영을 지원하는 동시에 외국자본의 유입을 장려했다. 그 결과, 한국은 외환위기를 극복하고 구조조정에 성공한 대표적인 사례로 간주되었다.[5]

이런 개혁이 가져온 문화적 변동은 개혁의 물결이 조금 잦아든 다음부터 분명하게 보이기 시작했다. 처음에는 구조조정과 대량해고로 인해 "평생직장"이라는 관념이 빠르게 퇴조하는 현상만 눈길을 끌었다. 그렇지만 2002년경에 개혁의 물결이 어느 정도 가라앉자 문화적 변동의 전반적인 양상이 드러났다. 그즈음에 한국경제가 고속성장의 동력을 잃고 저속성장의 궤도에 들어갔고, 따라서 이 각도에서 개혁을 바라볼 수 있었던 것이다.

무엇보다 주목을 끈 것은 투자열기가 식어 버렸다는 점인데, 이는 재벌의 수비적인 자세를 시사한다. 경제개혁 프로그램을 비판하는 학자들에 따르면, 성장을 이끌어 가는 투자는 개혁으로 인해 부진 상태에 빠지게 되었다. 국민소득 가운데서 투자가 차지하는 비중은 외환위기를 계기로 연평균 37.1%에서 25.9%로 크게 줄었다. 특히 제조업부문에서는 건물이나 기계 같은 자산의 증가율이 외환위기 이전에는 연평균 12%나 되었으나 그 이후에는 3%로 떨어졌다. 이것마저도 기업들이 부채비율을 낮추기 위해 자산을 재평가하면서 그 가치를 늘려 잡은 결과라는 점을 감안하면, 제조업부문에서는 투자가 크게 위축된 것으로 보인다.

그에 대한 해석은 엇갈린다. 개혁론자들은 과거에 과잉투자가 있었다고 보고 투자부진이 차라리 바람직한 것이라고 말하거나, 경제가 성숙하면 투자기회가 줄어들기 때문에 그것은 자연스러운 현상이라고 생각했다. 반면에 비판적인 학자들은 기업들이 투자를 꺼린다고 지적했다. 그들에 따르면, 기업은 우선 과도한 차입을 막으려는 개혁 조치 때문에 부

5 신장섭 · 장하준, 『한국의 구조조정』, 140-191; 『외환위기 5년—세계 석학들의 한국경제 진단』.

채를 감축하는 데 많은 자금을 투입했다. 30대 재벌의 경우, 부채비율은 1995년 347.5%에서 외환위기가 닥쳐왔던 1997년에 512.8%까지 치솟았다가 2000년에는 171.2%로 크게 떨어졌다. 더욱이 개혁의 일환으로 적대적 인수·합병이 허용됨에 따라, 이들 재벌은 경영권을 방어하는 데도 자금을 투입했다. 내부의 소유 지분을 1997년부터 1999년까지 2년 사이에 43.2%에서 50.5%로 늘리고, 남은 자금은 투자하지 않고 현금으로 보유하고자 했다.[6] 2003~04년 SK가 지배 주주로 등장한 소버린의 경영권 도전에서 벗어나기 위해 막대한 자금을 동원한 데서 드러나듯이, 재벌들은 그런 사태에 대비해 현금을 쥐고 있으려 했다. 어쨌든 분명한 것은 자금의 운용 행태에서 볼 때 대기업이 공격적인 성향을 버리고 수비적인 자세를 취하기 시작했다는 점이다. 이는 외환위기 이전에 재벌들이 보여 주었던 적극적인 태도와 대조되는 현상이다. 특히 1973~79년간에 정부가 세계은행에서 무모하다며 반대하는 것을 무릅쓰고 중화학공업에 집중적인 투자를 추진했을 때 재벌들이 수행했던 대담한 투자를 생각하면, 격세지감 운운할 정도로 달라졌다고 할 것이다.

지배구조에서도 문화적 변화를 볼 수 있는데, 그것은 가족주의가 이전과 같은 모습을 띠면서도 조금 다른 기능을 한다는 점이다. 지배구조에 관한 조치는 다양해서, 계열사 사이의 상호출자에 대한 제한과 채무 지급보증에 대한 금지와 내부 거래에 대한 처벌 강화에서 지배 주주의 주력 기업 대표이사 등재와 소액 주주의 발언권 강화에 이르기까지 넓게 걸쳐 있다. 그 요점은 한마디로 줄이자면 재벌 총수로 하여금 산하 기업에서 손을 떼고 주력 기업의 경영에 전념하게 만드는 데 있었다. 재벌들은 두 방향으로 반응을 보였다. 일부 금융기업과 더불어 LG 같은 재벌은 지주회사로 변신함으로써, 산하 기업에 대해 확고한 통제권을 장악했다. 상호출자와 지급보증을 통해 계열사들을 이른바 선단식 구조로 편성하고 비공식적인 방법으로 통제하던 오랜 관행에서 벗어난 것이다. 다른 재벌들은 공정거래위원회의 발표에 따르면 내부에서 소유하고 있는 지분을 51.2%로 더욱 늘렸다.[7] 여기에는 경영권을 방어하려는 의도 이외에 산하 기업에 대한 통제권을 강화하려는 의도도 있는 것으로 보인다. 재벌들은 정부의 압력 때문에 "명예회장실"이나 "기획조정실"을 없애는 대신 "구조조정본부" 같은 기구를 설치해 총수의 통제력을 보호하려 했다. 게다가 총수들은 산하 기업을 전문경영인에게 맡겼는데, 이런 경우에는 가족에 가까운 유대관계가 있는 인물 가운데서 적임자를 선택했다. 그들은 마치 봉건시대에 대영주가 직접 지배하지 못하는

6 신장섭·장하준, 『한국의 구조조정』, 5-10, 142-167; 장하준, 『개혁의 덫』.

7 공정거래위원회, 「2005년 대기업집단의 소유지배구조」.

영토를 봉신에게 맡겨 통제한 것처럼 산하 기업을 통제하지만, 그의 통제력은 영주와 봉신 사이에서는 흔히 볼 수 없었던 가족적인 관계를 토대로 삼고 있기 때문에 봉건시대에 비해 훨씬 확고한 것으로 보인다. 이처럼 총수의 통제력을 보호하기 위해 인신적 유대관계에 의지하는 경향은 새로운 현상이 아니다. 그것은 이미 재벌이 성장하는 과정에서 형성된 가족주의 문화의 일환이다. 그러나 개혁 조치로 인해 재벌은 더 이상 선단식 구조와 비공식적 통제력을 이용할 수 없기 때문에, 가족주의는 총수의 통제력 유지에 더욱 중요한 의미를 지니고 있는 것으로 보인다. 그것은 많은 재벌들이 개혁 조치 때문에 바뀐 제도적 환경에 적응하면서도 지배구조를 유지하는 데 크게 기여하기 때문이다.

기업 구조에서 일어나는 문화적 변동이 미묘하다고 한다면, 노동시장에서 보이는 변동은 명확하다고 할 수 있다. 이를 올바르게 이해하기 위해서는 구조적 · 제도적 변화부터 살펴봐야 한다. 외환위기 이후에 노동시장에서는 주변부가 커지는 동시에 중심부에서 더욱 멀어지는 경향이 보인다. 이는 사회적 쟁점으로 부각된 비정규직 문제에서 잘 드러난다. 비정규직은 흔히 고용이 불안한 직종을 가리키는 데 쓰인다. 그런 직종에 속하는 다양한 일용직과 임시직은 오래전부터 존재했으나, 외환위기 이후에 크게 늘어나고 그 성격이 바뀜에 따라 주목을 끌기 시작한 것이다.[8] 사실 통계청은 2000년 8월부터 비정규직의 규모와 실태를 파악하기 위해 별도의 조사를 실시하고 있다. 그러나 조사 결과를 해석하는 주체에 따라 비정규직의 규모는 크게 다르게 나타난다. 예를 들어 2003년 8월 통계청 조사를 기초로 비정규직 종사자가 전체 근로자 가운데서 차지하는 비중을 계산할 때, 노사정위원회가 32.6%라는 결과를 내놓은 데 반해 노동계는 56.3%라는 수치를 제시한 바 있다. 노사정위원회가 비정규직을 한시적 근로자와 기간제 근로자, 그리고 파견, 용역 등의 형태로 고용되는 비전형 근로자로 규정한 반면에, 노동계는 임시직 근로자와 일용직 근로자, 그리고 상용직 근로자에 포함되어 있는 시간제 근로자로 규정했기 때문이다. 바꿔 말해, 노동계는 정규직 종사자가 아니기 때문에 고용이 불안하다고 느끼는 모든 근로자를 포함시킨 것이다.

규모보다 더욱 심각한 것은 비정규직 종사자들이 정규직으로 구성되는 중심부 노동시장에 진입할 수 있는 기회를 갖지 못한다는 점이다. 우선 처우 측면에서 볼 때, 비정규직은 뚜렷하게 정규직과 구분된다. 한국비정규노동센터의 조사에 따르면, 2002년도의 경우

8 채구묵, 「IMF 경제위기 이후 비정규근로자의 증가원인」.

비정규직의 월평균 급여는 96만 원으로 정규직의 급여 182만 원의 절반을 조금 넘었다. 이것은 비정규직을 노사정위원회처럼 가장 처우가 열악한 근로자로 한정해서 조사한 결과가 아니라, 노동계의 통념에 따라 상대적으로 처우가 나은 근로자까지 포함해서 계산한 결과이다.[9] 그리고 노동계처럼 비정규직의 개념을 규정하고 그 특징을 보면, 시간제 근로자가 6.6%에 불과한 데 비해 계약직에 종사하는 근로자는 55.2%나 된다. 미국, 일본 등 많은 선진국에서 시간제 근로자가 비정규직의 다수를 차지한다는 점을 감안할 때, 이는 특징적인 현상이다. 그 의미는 연령별 구성에 비추어 볼 때 드러난다. 비정규직 가운데서 30세 미만이 차지하는 비중은 30.6%인 데 비해 30세 이상 50세 미만은 48.8%나 된다. 바꿔 말해, 여러 선진국에서 비정규직은 젊은이들이 본격적인 취업을 준비하면서 잠시 거쳐 가는 단계인 반면에, 한국에서는 나이가 들어서도 빠져나오기 어려운 일종의 함정이라는 것이다.[10]

비정규직은 또한 중심부에 종속되어 있는 노동시장을 형성하고 있다. 그것은 사회적 약자에게 배정된 직종이라 할 수 있다. 비정규직 종사자가 전체 임금근로자 가운데서 차지하는 비율은 성별에 따라 다른데, 남성의 경우에 대략 46%이지만 여성의 경우에는 70% 정도나 된다. 그리고 고졸 이하의 학력을 가진 사람들이 아직도 4분의 3을 넘을 만큼 압도적인 다수를 차지하고 있지만, 근래에는 비정규직 종사자 가운데서 전문대졸 이상의 학력을 가진 사람들이 늘어난 것으로 보인다.[11] 이런 약자들은 많은 경우에 외환위기 이후에 중심부에서 밀려난 사람들이다. 사용자들은 구조조정의 필요에 직면했을 때 흔히 계약제를 도입해 상용직 일부를 임시직으로 변경하고 그럼으로써 노동비용을 절약하고자 했다. 그런 조치의 대상으로 떠오른 것은 대개 작업을 수행하는 데 고도의 기능이 필요하지 않기 때문에 대체 가능성이 높은 일자리였다. 게다가 그런 일자리를 차지하고 있는 사람들은 대부분 조직되어 있지 않았기 때문에 조직적이거나 장기적인 저항의 가능성도 낮았다. 노동조합은 그런 사람들이 상용직에서 밀려나는 것을 용인했고, 지금도 비정규직의 조직에 대해 소극적인 자세를 취하고 있다. 결국, 외환위기 이후에 유연화는 노동시장에서 입지가 취약하던 사회적 약자를 대상으로 진행되었던 것이다.

덕분에 중심부에서는 유연화가 제한된 범위에서만 진행되었다. 중심부는 고용이 안정

9 「노동뉴스」, 『월간 노동』 2003년 2월.

10 정형옥, 「비정규직 고용의 특성과 차이」.

11 같은 글.

되어 있고 처우가 훨씬 나은 정규직 종사자로 채워져 있는데, 여기서 일어난 제도적 변화 가운데서 가장 중요한 것은 연봉제의 도입이라 할 수 있다. 연봉제는 적어도 두 가지 전제 위에서 수립된다. 하나는 개인의 업적과 능력을 강조하는 개인주의요, 다른 하나는 개인이 직장을 쉽게 바꿀 수 있을 만큼 유연성이 높은 노동시장이다. 이들 전제는 주변부는 물론이요 중심부 노동시장에서도 낯선 것이었다. 그래도 연봉제는 외환위기 이후에 널리 도입되었다. 2004년 6월에 실시된 노동부의 조사에 따르면, 종업원을 100명 이상 고용하고 있는 4,370개 업체 중에서 연봉제를 도입한 업체는 1,259개로서 전체의 41.9%에 달한다. 2000년 1월의 조사에서 그 비율이 23.0%에 불과했던 것을 감안한다면, 연봉제는 매우 빠른 속도로 확산되는 추세를 보인다고 할 수 있다. 그런 추세는 대기업과 공공부문에서 주도하고 있다. 2002년 1월에 있었던 노동부 조사에 의하면, 연봉제를 도입한 기업은 30대 그룹에 속하는 기업 중에서 66.9%에 이르고 공공부문에서는 78.4%나 된다.[12]

중심부와 주변부에서 일어난 이런 제도적 변화는 뚜렷한 문화적 변동을 동반하고 있다. 가장 분명한 것은 "평생직장" 이라는 관념이 사실상 사라졌다는 점이다. 그것은 원래 중심부에서 발전한 관념인데, 이제 거기서도 공공부문을 제외하면 찾아보기 어렵다. 이는 외환위기와 경기침체 속에서 구조조정이라는 명분 아래 단행되었던 정리해고나 조기퇴직 내지 명예퇴직의 희생자들 사이에서 뚜렷한 현상이다. 그들의 경험과 고통이 한때 언론의 집중적인 조명을 받음에 따라, "평생직장" 은 허구에 불과했던 것처럼 보이기까지 했다. 연봉제 역시 이런 변화가 확산되는 데 기여한 것으로 보인다. 안정된 직장에 남아 있는 사람들도 이 제도에 따라 자신의 능력과 업적에 대해 평가를 받으면서, 더 나은 보수를 받을 수 있다면 언제든 직장을 옮기려는 태도를 보이기 때문이다. 그런 태도는 기업의 성장과 개인의 발전을 분리해서 생각하며 자신의 경력을 관리하는 데 유의하는 청년층에서 뚜렷하다. 게다가 "평생직장" 이 자리 잡지 못했던 주변부에서도 변화를 찾아볼 수 있다. 거기서는 계약직에 종사하는 사람들이 외환위기 이후에 급속하게 늘어나면서, 중심부에 진입해 안정된 직장을 얻기가 더욱 어려워졌다. 이제 "평생직장" 은 꿈꾸기조차 어려운 이상이 된 셈이다.

이는 가족주의의 쇠퇴를 뜻한다. "평생직장" 이라는 관념은 1970년대에 중화학공업이 발전하는 과정에서 대두한 것으로 보인다. 이 시기에도 그 이전과 마찬가지로 일자리를

12 「노동자료」, 『월간 노동』 2004년 12월; 「노동통계」, 『월간 노동』 2002년 4월.

구하는 사람이 일자리보다 많았기 때문에, 기업들은 대개 노동자를 쉽게 교체할 수 있었다. 그렇지만 철강, 조선, 기계, 정유 등의 산업부문에 진출한 대기업은 막대한 자금을 들여 설비를 도입하고 그것을 가동하는 데 필요한 기능 인력을 육성하고 또 유지해야 하는 과제를 안게 되었다. 그 대책으로 경공업부문의 중소기업보다 많은 임금과 함께 안정된 일자리를 제공하기 시작했다. 더욱이 나중에 자세히 살펴보겠지만 그런 중심부 대기업에서 경영진은 필요한 기능을 직접 장악하지 않고 기능 인력에 의지해서 확보했다.[13] 그리고 기능 인력으로부터 자발적인 협력을 얻어 내기 위해 가족주의에 호소했다. 기업을 가족에 비유하면서 직원들에게 가족적인 유대감과 충성심을 불어넣으려 했던 것이다. 이와 같이 가족주의는 "평생직장"과 짝을 이루던 문화였기 때문에, 이 관념의 소멸과 함께 쇠퇴 단계에 들어선 것이라 할 수 있다.

그래도 가족주의는 중심부에서 잔존하면서 변형을 겪는데, 이를 이해하기 위해서는 연봉제를 조금 상세하게 살펴봐야 한다. 앞에서 언급한 것처럼 연봉제는 빠른 속도로 보급되고 있지만, 그 속에는 호봉제적인 요소가 들어 있다. 그런 요소는 먼저 연봉제의 외형에서 드러난다. 미국에서도 연봉은 개인의 실적 이외에 물가 상승률이나 개인별 시장성 같은 요소를 고려해 책정된다. 그렇지만 가장 중요한 요소는 개인의 업적과 능력이며, 그렇기 때문에 해마다 이를 기초로 봉급이 책정된다. 이와 같은 형태를 채택한 기업은 2004년 6월의 노동부 조사에 따르면 연봉제를 도입한 기업 중에서 15.7%에 불과하다. 가장 널리 보급되어 있는 형태는 연봉제와 호봉제를 혼합한 형태다. 이 혼합형은 기본급을 책정하고 업적에 따라 개인별 인상률을 결정하며 상여금도 개인별로 지급하는 것인데, 46.4%의 기업에서 채택하고 있다. 이보다 호봉제적 성격이 더 강한 성과가급 형태가 있는데, 이는 기본급을 직급별·직능별로 인상하면서 그 위에 개인의 업적에 따라 상여금을 얹어 주는 것이다. 이런 형태를 채택한 기업은 13.8%에 이른다. 그 외에 기존의 호봉제를 단순화시켜 연봉제로 변경한 것도 있다. 이 연수형은 기본급에다 수당과 상여금을 합쳐 연봉으로 지급하지만 업적에 따라 개인별로 다른 인상률을 적용하지는 않는다. 호봉제적 요소는 또한 연봉제의 내용에서도 나타난다. 어떤 형태든 간에, 연봉 총액 중에서 업적에 따라 변동하는 금액이 차지하는 비중이 작은 것이다. 이런 변동급의 비중은 절반에 가까운 기업(49.0%)에서 10% 미만이고, 나머지 가운데서 대부분의 경우(37.2%)에

---

13 Amsden, *Asia's Next Giant*, 206–212.

도 30% 미만이다.[14]

연봉제 속에 들어 있는 호봉제적 요소는 가족주의가 끈질기게 지속되고 있다는 것을 뜻한다. 연봉제가 전면적으로 도입되지 않은 데에는 물론 여러 가지 이유가 있다. 많은 기업들은 개인의 업적과 능력을 정확하게 평가할 수 있을 만큼 세밀한 규정을 마련하지 못하거나, 임직원들 사이에서 형성되는 평가에 대한 불신을 잠재우지 못하고 있다. 그에 못지않게 중요한 것은 대부분의 기업들이 연봉제를 도입하면서도 개인주의가 확산되는 것을 바라지 않는다는 점이다. 이는 2002년 1월의 노동부 조사에서 단적으로 드러난다. 이 조사에 따르면, 연봉제를 도입한 기업에서 업적을 평가할 때 개인의 업적만 평가하는 경우(19.6%)보다는 개인의 업적과 함께 부서의 업적까지 고려하는 경우(74.0%)가 압도적으로 많다.[15] 바로 그렇기 때문에 많은 기업들은 연봉제에 호봉제적 요소를 가미함으로써 연공서열을 중시하는 태도를 보여 준다. 바꿔 말해, 대기업을 비롯해 선도적인 기업들은 연봉제에 수반되는 개인주의를 수용하면서도 집단을 강조하는 가족주의의 전통을 보존하고자 하는 것이다.

3. 시장과 국가, 그리고 기업

이렇게 가족주의가 최고 경영진에서 유지되는 반면에 그 하부에서는 개인주의와 뒤섞이면서 쇠퇴하는 등 기업문화에 의미 있는 변동이 일어나고 있는데, 이것이 어떤 의미를 지니고 있는지 이해하기 위해서는 지금까지 그린 윤곽을 한국 경제의 성장 과정과 발전 전략이라는 커다란 맥락 속에서 살펴봐야 한다. 한국 경제의 성장 과정과 발전 전략에 대해서는 물론 다양한 견해가 제시되어 있지만 대체로 경제개혁에 관한 담론에 집약되어 있으므로, 최근에 제기된 개혁론과 그에 대한 비판을 문화의 측면에서 검토하는 것이 바람직하다. 그런데 과연 이 각도에서 접근하는 것이 가치 있는 일인가 하는 문제가 떠오른다. 왜냐하면 경제개혁에 관한 담론은 문화가 거의 거론되지 않는 영역이므로, 마치 거두어들일 것이 전혀 없는 불모지처럼 보이기 때문이다. 사실은 바로 그렇기 때문에 접근을 시도할 가치가 있다. 경제개혁에 관한 담론을 주도하는 경제학자와 정치학자들은 사실상 문화를 외면하는데, 이는 결코 자연스러운 현상이 아니다. 한때 정치학자들이 정치문화에 주목했듯

14 「노동자료」,『월간 노동』 2004년 12월.
15 「노동통계」,『월간 노동』 2002년 4월.

이, 최근에 경제학자들도 경제 문화에 관심을 기울이고 있으니 말이다. 물론 학계에서 새로운 조류가 확산되는 데는 시간이 걸린다는 점을 고려할 때, 경제개혁에 관한 논쟁에서 문화가 무시되는 것은 어느 정도 납득할 수 있는 일이다. 더 깊은 사정은 경제개혁에 관한 담론을 분석하면서 한국 경제를 보는 시각과 그에 따르는 맹점을 파악할 때에야 비로소 드러난다. 이것은 앞에서 말한 커다란 맥락을 올바르게 인식하는 데 필요한 작업이다.

2008년 미국에서 금융위기가 시작될 때까지, 경제개혁에 관한 담론에서 가장 중요한 화두는 시장기제였다. 개혁론자들이 종래에 경제성장에서 주도적인 역할을 담당했던 국가의 권위 대신에 시장의 활력에서 한국 경제의 미래를 찾았다면, 그들을 비판하는 학자들은 한국이 아직도 후발 산업화의 과정에서 벗어나지 못했으므로 국가의 역할을 중시해야 한다고 역설했다. 이들의 논쟁을 기업 구조의 측면에서 살펴보면, 지금까지 주목을 끌지 않은 문제점이 나타난다. 개혁론자들은 시장기제를 과신하고 있어서, 시장이 제대로 움직인다면 재벌을 개혁하고 기업 구조를 개선할 수 있을 것으로 기대했다. 그래서 시장기제를 활성화시키기 위해, 시장에 대한 국가의 간섭을 축소해야 한다고 주장했다. 이런 견해 아래에는 물론 한국의 경제성장에서 국가가 주도적 역할을 담당하면서 재벌을 비롯해 대기업을 우선적으로 지원했다는 비판이 깔려 있었다. 거기에는 또한 미국의 경제성장에 대한 신자유주의적 해석, 구체적으로 말해 미국은 효율적인 기업 구조를 갖고 있으며 그것이 자유로운 시장과 치열한 경쟁의 산물이라는 해석이 깔려 있었다. 그러나 기업 구조와 시장기제 사이의 관계는 훨씬 복잡하다. 이는 특히 지난 수십 년 동안 미국에서도 재벌과 유사한 구조를 갖고 있으면서 효율성을 누리지 못하는 대기업들이 늘어났다는 사실에서 뚜렷하게 드러난다.

그것을 이해하기 위해서는 미국 기업사를 살펴봐야 한다. 관심의 초점에 있던 대기업은 미국의 경우 자유로운 시장에서 치열한 경쟁을 극복하기 위해 기울인 노력의 산물이다. 미국 시장은 근대사에서 가장 빠른 성장과 격심한 경쟁을 보여 주었다. 그것은 주로 풍부한 자원과 급격한 인구증가, 그리고 개인주의와 자유주의가 함께 만들어 낸 것이다. 그런 시장이 가져온 결과는 미국이 유럽의 식민지로 출발해서 300년 뒤인 20세기 초에는 유럽을 압도하는 세계적 경제대국으로 발전했다는 사실이다. 미국의 대기업은 그런 시장에서 경쟁이 더욱 격화되었을 때 탄생했다. 미국은 1870년대 중엽에 공황을 겪은 데 이어 1890년대 중엽까지 약 20년 동안 이른바 대불황 속에서 물가하락세를 수반하는 낮은 경제성장률을 경험했다. 그것은 기본적으로 생산력의 비약적 발전에 따라 시장에 공급되는 상품이 크게 늘어난 데 비해 소비가 늘어나지 않아 빚어진 결과였다. 더욱이, 이 기간에 철도, 해운, 전신이 크게 발달해 지방시장이 전국적으로 통합되며 국내시장이 국제시장과 긴밀하게 연결되었고, 그래서 기업 간의 경쟁은 더욱 격화되었다. 이를 극복하기 위해 기업들은 해외에서 시장을 개척하는 한편, 국내에서는 물가의 지속적 하락을 막기 위해 공급을 통제하고자 했다. 그리고 공급을 통제하는 방법은 결국 기업합병으로 이어졌다.

그렇게 해서 등장한 대기업은 해체하거나 적어도 통제하려는 노력에도 불구하고 계속해서 성장했는데, 그 이유는 주로 대기업이 경제적 이익을 가져다준 데 있었다. 미국 기업사의 대가 알프레드 챈들러에 따르면, 많은 대기업들이 시장을 지배하는 데 만족했고 그래서 곧 경쟁에서 밀려나 사라져 버렸다. 그러나 다른 대기업들은 생산비를 절감하고 생산성을 제고하며 이윤율을 증가시키는 전략을 채택했다. 이들은 동일 업종에 종사하는 다른 기업과 결합하는 수평적 합병에 이어, 원료 채취에서 제품 판매에 이르기까지 여러 단계에 걸쳐 기업들을 인수하는 수직적 통합을 추진했다. 또 독립된 기업들을 흡수함으로써 그들 사이에서 치러야 할 거래비용을 절약했을 뿐 아니라, 대규모 생산·유통 시설을 통합하고 또 합리화시키는 조직혁신도 단행했다. 그렇게 해서 단위 비용을 최소한도까지 끌어내리는 데 필요한 효율적 규모에 도달하고 또 제품의 흐름을 통합하고 조정해서 많은 물량을 빠르게 처리하는 이점, 즉 규모의 경제와 속도의 경제를 달성할 수 있었다. 이런 이점은 예를 들면 카네기의 강철회사에서 톤당 생산비를 1874년 100달러 이상에서 20여 년 뒤 12달러로 낮추는 극적인 효과로 나타났다.[16]

미국의 대기업들은 이런 이점을 활용해 이윤을 증대시키고 시장 점유율을 확대하는 데 만족하지 않았다. 그들은 새로운 제품을 개발하고 새로운 영역으로 진출하는 다각화를 추진했다. 그 과정에서 많은 대기업들이 자체 시설을 확장하고 기존 사업체를 인수하거나 합병했다. 그래서 2차대전 뒤에는 복합기업이라 불리는 새로운 형태의 기업들이 등장했는데, 이들은 서로 관계가 없는 품목을 취급하는 여러 사업체들이 느슨하게 결합된 거대기업이다. 예를 들어, ITT는 모태인 통신사업 이외에 유리 제조, 주택 건설, 호텔 경영, 승용차 대여 등 다양한 업종에 걸쳐 사업을 벌인다. 이런 기업들은 이전과 달리 특정한 업종에 주력하지 않는 만큼, 경영도 단일한 권위 아래 집중시키는 대신에 업종별로 분산시키는 느슨한 구조를 갖는다. 그러나 다른 대기업들은 제품 다각화에 주력했다. 기존의 생산·유통

16 Chandler, *Visible Hand*.

과정에서 이미 취급하고 있던 제품 이외에도 그와 연관되어 있는 다양한 제품들을 처리함으로써, 개별 품목의 단위 비용을 더욱 감축할 수 있었던 것이다. 이 '범위의 경제'는 챈들러가 그의 저서 『규모와 범위』에서 강조하고 있는 것이다. 그에 따르면, 이는 사업 다각화와 다른 것이다. 오늘날 미국의 기업들은 사업 다각화를 위해 인수와 합병에 열을 올리고 있지만, 그들은 흔히 생산·유통 과정에서 서로 유기적 연관성이 없는 제품들을 취급하고 있기 때문에 '범위의 경제'를 달성하지 못한다. 따라서 그런 인수와 합병은 미국의 경쟁력 강화에 기여하지 못한다. 챈들러는 미국 경제의 지속적 성장을 위해 '범위의 경제'에 주목해야 한다고 역설하는 것이다.[17]

이처럼 시장은 원활하게 움직인다 해도 반드시 기업에 효율적인 구조를 갖추도록 압력을 가하지 않는데, 개혁론자들은 이 점을 잊고 있었다. 기업들이 사활을 다투는 경쟁을 벌이는 미국에서도, 일부 대기업은 규모의 경제나 '범위의 경제'를 달성하지 못하는 비효율적인 구조에 안주해 왔다. 특히 챈들러가 우려하는 복합기업은 기업이 시장의 압력에 따라 자연스럽게 효율적인 구조를 갖추게 될 것이라는 개혁론자들의 기대를 무색하게 만든다. 그렇다고 해서 한국의 재벌이 상대적으로 효율성을 지니고 있다고 말하려는 것은 아니다. 개혁론에 비판적인 학자들은 한국의 경제체제가 지니고 있는 이점을 옹호하면서, 재벌을 중심으로 대기업이 생산성 향상에 기여했다고 주장한다. 또 이런 주장을 뒷받침하기 위해 챈들러를 원용하기도 한다.[18] 물론 챈들러의 논지에서 '범위'는 어느 정도 느슨한 개념이다. 왜냐하면 하나의 생산 또는 유통 과정에서 처리되는 제품은 다른 많은 제품과 다양한 연관성을 갖기 때문이다. 그래서 챈들러 자신도 인정하듯이, '범위의 경제'를 실현할 수 있는 가능성은 화학부문에서는 높지만 철강부문에서는 낮은 것처럼 부문에 따라 상당히 다르다. 그렇지만 그가 복합기업에 관해 우려하면서 강조하는 것은 '범위의 경제'가 제품 사이의 유기적 연관성에 좌우된다는 점이다. 따라서 챈들러가 우리에게 시사하는 것은 재벌이 취급하는 제품 사이에 유기적 연관성이 있는지 면밀하게 따져 보지도 않고 사업을 확장해 왔고, 그래서 '범위의 경제'를 누릴 만큼 효율적인 구조를 갖추지는 못했다는 점이라고 할 수 있다.

경제개혁에 관한 담론에서 다음으로 중요한 화두는 국가의 역할이다. 이것은 주로 개혁론을 비판하는 학자들이 역설했다. 그들에 따르면, 국가는 산업과 무역, 그리고 금융에

---

17 Chandler, *Scale and Scope*.

18 Amsden, *Asia's Next Giant*, 115-129.

관한 개입을 통해 경제성장을 주도했다. 구체적으로 말하자면 산업정책을 통해 전략 산업을 선정하고, 은행에 대한 영향력을 통해 거기에 필요한 자금을 통제하며, 재벌에 대해 전략 산업에 진출하게 하고는 수출을 늘리도록 독려하며 경제개발을 추진했던 것이다. 그러기 위해 관료제를 능력 위주로 조직하고 또 수출 실적과 같은 객관적인 근거를 토대로 기업에 대한 지원이나 제재를 결정했다. 간단히 말해, 국가가 수출을 통해 역량을 입증한 대기업에 정책 금융을 지원하고 또 사업을 확장할 수 있게 허용했기 때문에 대기업이 성장하고 국민경제가 발전했다는 것이다. 따라서 개혁론에 비판적인 학자들은 산업정책으로 집약되는 국가와 은행과 재벌 사이의 제휴 관계에 주목하면서, 한국 경제를 한 단계 더 끌어올리기 위해서는 국가의 역할을 축소하는 대신에 새로운 방식으로 규정해야 한다고 주장했다.[19]

산업정책론자라고 부를 수 있는 이들의 견해에는 강점 못지않은 약점이 있다. 경제성장에서 국가가 주도적인 역할을 담당하는 현상은 한국에만 국한된 것이 아니고 차이가 있기는 해도 일본과 대만 등 동아시아의 다른 나라에서도 나타났는데, 이는 개발 국가라는 개념으로 널리 알려져 있다.[20] 미국이나 유럽에서는 국가가 경제성장에 유리한 여건을 조성하는 데 치중했다는 사실에 비추어 보면, 산업정책론자들의 견해는 한국을 포함해 동아시아의 경제성장을 서양의 경험과 구분해 준다는 점에서 의미가 있다. 특히 한국의 경제개혁론이 미국을 모델로 삼고 있다는 점을 고려할 때 그렇다. 비록 동아시아를 휩쓴 경제위기와 일본 경제의 오랜 침체 때문에 어느 정도 손상을 입기는 했지만, 그것은 국제적 비교라는 시각에서 볼 때 여전히 유용하다.[21] 그러나 눈을 안으로 돌리면, 국가 이외에 다른 경제 주체가 잘 보이지 않는다. 산업정책론자들은 경제성장을 성공으로 이끈 주역에 주목하는 반면에 조연은 경시하며, 간혹 조연으로 눈길을 돌린다 해도 조연의 문제점까지 보지는 못한다. 실제로 개혁론자들과 마찬가지로 그들의 견해에서도 노동자는 어디 있는지 아예 등장하지도 않는다. 기업은 자주 등장하지만 보조적인 위치에 있는 것으로 보이는데, 여기서 재벌은 위험 부담을 감수하고 내부 거래를 활용하는 등 중요한 역할을 한 것으로 부

19 신장섭 · 장하준, 『한국의 구조조정』; 장하준, 『사다리 걷어차기』; Chang, *Political Economy of Industrial Policy*; Woo, *Race to the Swift*.

20 Johnson, *MITI and the Japanese Miracle*; Woo-Cumings, ed., *Developmental State*; Evans, *Embedded Autonomy*.

21 World Bank, *East Asian Miracle*; Stiglitz and Yusuf, eds., *Rethinking the East Asian Miracle*; Aoki et al., eds., *Government in East Asian Economic Development*.

각된다. 반면에 비효율적인 구조를 비롯해 재벌이 안고 있는 문제점은 잘 드러나지 않는다. 산업정책론자들은 성공담을 해설하는 데 관심을 쏟으며, 기존 경제체제에서 장점을 찾아내고는 그것을 지키고 키우는 데 주력한 것이다.[22] 따라서 그들은 기업 구조의 개선에 관해 국가가 어떤 역할을 해야 할 것인지 천착하지 않는다.

반면에 개혁론자들은 기업 규제를 중심으로 국가의 역할을 축소해야 한다고 주장했다. 기업 구조가 무엇보다도 국가 정책의 산물이라는 점을 생각할 때, 이런 주장은 언뜻 타당한 것처럼 보인다. 그렇지만 그것은 국가에 관한 오해에 토대를 두고 있기 때문에 설득력이 없다. 개혁론자들은 국가의 역할을 마치 떼어 내야 할 혹으로, 그것도 하나의 덩어리로 취급한다. 이런 태도 아래에는 국가를 단일한 실체로 간주한다는 암묵적인 전제가 깔려 있다. 그러나 국가는 단일한 실체가 아니므로, 논쟁의 초점에 있는 역할을 국가 가운데서도 어느 기구에서 담당하는가 하는 문제가 떠오른다. 이 문제를 풀지 않고서는, 국가의 역할을 축소하기가 어렵고 또 기업 구조를 개혁하기도 어렵기 때문이다. 개발국가론자들은 이 문제에 큰 관심을 기울이지는 않지만, 그것이 행정부라는 해답을 갖고 있다. 이 점은 개발국가론자들이 시사하는 것보다 더 중요하다. 왜냐하면 영국이나 미국에 관한 연구들은 기업 구조가 국가 가운데서 어느 기구가 어떤 성격의 권위를 행사하는가에 따라 좌우되기도 한다는 것을 보여 주기 때문이다. 이는 국가의 역할이 가장 작은 것으로 알려져 있는 미국의 경우를 살펴볼 때 뚜렷하게 드러난다.

미국의 경우에 기업에 대한 규제가 기업 구조에 어떤 영향을 끼쳤는지 이해하기 위해서는, 그런 규제가 시작되는 과정부터 살펴봐야 한다. 미국에서 국가는 일찍부터 경제성장을 위해 적극적인 역할을 담당했다. 예를 들어 19세기 초에는 서양에서 가장 먼저 주식회사의 설립을 일반적으로 허용하는 법률을 제정했고, 얼마 뒤부터 철도회사에 막대한 토지를 양도해서 철도의 건설을 지원했다. 그런 역할은 정경유착을 가져왔고, 이는 19세기 말부터 20세기 초에 대기업이 대두했을 때 절정에 도달했다. 더욱이, 많은 대기업은 여러 기업이 트러스트라는 형태로 서로 합병해서 만든 것인데, 이런 대기업은 흔히 독점적이거나 과점적인 위치를 확보하고 시장을 지배하는 힘을 갖고 있었다. 예를 들어 록펠러의 스탠더드오일은 당시 미국에서 소비되던 등유 가운데 80%를 공급하고 등유 가격을 좌우하는 위치를 확보했다. 당대의 미국인들은 이것이 자유로운 시장에서 벌어지는 경쟁을 통해 경

22 신장섭 · 장하준, 『한국의 구조조정』, 194-211.

제를 운영한다는 자유주의의 기본 원칙을 훼손할 뿐 아니라, 소규모 생산자의 생존을 위협해 공화주의적 정체의 사회적 기반까지 침식하는 사태라고 보았다. 그렇지만 앞에서 언급한 것처럼 대기업이 생산비를 절감하고 생산성을 제고하는 성과를 거두어 소비자에게 혜택을 가져다줄 수 있다는 점도 무시하지 않았다. 그리고 그들은 다른 때와 마찬가지로 의회를 통해 문제를 해결하고자 했다. 기업 사이의 연합이나 합병을 금지하는 법률을 제정함으로써 그것을 규제하고자 했던 것이다. 이는 대기업이 경제적 혜택을 가져올 수 있다는 점에서 그 존재를 허용하면서도, 그것이 시장에서 경쟁을 저해하지 못하도록 게임의 규칙을 정해 감독하는 방법이었다. 기업가들은 이런 제약을 회피하기 위해 다른 기업을 인수하거나 합병하고, 이어서 단일한 권위 아래 하나의 조직으로 통합함으로써 대기업을 발전시켜 나갔다. 다른 한편으로는 업종별로 협회를 만들고 이를 통해 기업 사이의 관계를 자율적으로 안정시키거나, 여기서 해결되지 않는 문제가 있는 경우 법원에 호소했다. 미국에서는 식민지 시대부터 국가보다 시민사회가 우위를 차지하는 전통과 함께 입헌주의와 법치주의가 존중되는 전통이 자리를 잡았고 또 19세기 초부터는 사법부가 행정부를 견제하면서 질서를 유지하는 중요한 기구로 대두했기 때문에, 기업가들은 법원을 통해 자신의 주장을 관철시키려 했던 것이다.[23]

거기에 비추어 보면 한국에서 기업을 규제하는 권력의 소재와 성격이 드러난다. 한국에서는 국가가 시민사회보다 우위를 차지하는 데다가 정치권력이 대통령에게 집중되어 있기 때문에, 기업 규제를 비롯해 시장에 개입하는 권력도 미국에 비해 훨씬 크고 또 행정부에 집중되어 있다. 널리 알려져 있듯이 행정부는 개발주의라는 기치 아래 인력과 자원을 전반적으로 통제하면서 기업에 대한 지원이나 제재를 결정했는데, 이는 흔히 기업의 사활에 직접적으로 영향을 끼쳤다. 이런 권력은 개발국가론자들이 인정하는 것보다 더 자의적인 성격을 띠고 있다. 그들이 강조하듯이 행정부는 각종 인허가나 정책 금융에 관한 결정을 내리면서 수출 실적 같은 객관적 기준만 적용한 것이 아니라, 널리 알려져 있듯이 인맥이나 뇌물, 또는 심지어 "괘씸죄"로 통하던 감정도 고려했다. 이런 관행이 경제개발과 함께 국가안보를 내세우며 권력을 전제군주처럼 자의적으로 행사했던 박정희로부터 비롯되었다는 사실은 두말할 나위도 없다.[24] 그와 같은 구조와 성격을 지닌 권력이 한국의 기업구조에 끼치는 영향은 재벌의 지배구조에서 찾아볼 수 있다.

---

23 Sklar, *Corporate Reconstruction of American Capitalism*; Freyer, *Regulating Big Business*.

24 김형아, 『유신과 중화학공업』. 또한 Woo, *Race to the Swift*도 참고하라.

재벌의 지배구조는 미국의 대기업과 비교하면 선명하게 보인다. 챈들러가 보여 주는 것처럼 미국의 대기업들은 20세기 전환기부터 인수나 합병 등을 통해 확대된 조직을 통합하고 합리화하면서, 내부에 관료제적인 위계질서를 수립하고 최고 경영자가 통제하는 단일한 체계로 집중시켰다. 그렇지만 그 이후에 다각화를 통해 사업 영역이 확대됨에 따라, 대개 취급하는 제품이나 지역을 단위로 사업 부서에 자율성을 부여하는 분권적 구조를 도입했다.[25] 이에 비해 한국의 재벌들은 공식적으로 독립되어 있는 기업들을 비공식적인 방식으로 통제하는 구조를 갖추고 있는데, 이는 널리 알려져 있듯이 성장기에 형성된 패턴이다. 경제가 빠른 속도로 성장하는 상황에서, 재벌들은 새로운 영역으로 진출해 사업을 확장할 때 그에 따르는 위험 부담을 줄이면서도 거래비용을 절감하기 위해 이른바 선단식 구조를 선택했던 것이다.[26] 따라서 재벌은 산하 기업들을 상호출자와 지급보증으로 결속시키고, 그것을 기획조정실 같은 기구를 통해 총수가 통제하는 지배구조를 수립했다. 이런 구조는 미국과 다른 환경에 대한 반응이라고 할 수 있다. 기업의 사활을 결정할 수 있을 만큼 강대한 권력이 외부에 존재할 뿐 아니라 그것이 자의적인 성격까지 지니고 있다면, 기업은 내부에서 단단하게 결속해야 한다. 무엇보다도 집권세력의 의중을 정확하게 파악하고 그에 따라 신속하게 움직일 수 있는 체제를 갖추어야 하기 때문이다. 따라서 기업은 주주총회와 이사회에서 공론에 부쳐 경영 방침을 강구하기보다는, 비밀스러운 방법으로 수집한 비공식적 정보를 바탕으로 극히 제한된 범위에서만 논의를 거친 다음 의사를 결정해야 한다. 한마디로 줄여 말하자면, 힘이 한 사람에게 집중되어 자의적으로 행사되는 재벌의 지배구조는 국가의 권력구조를 거푸집으로 삼아 만들어 낸 그릇이라 할 수 있다.

이렇게 논의의 범위를 기업의 내부 구조까지 확대하면, 국가의 역할을 축소한다고 해서 기업 구조를 개혁할 수 있을 것인지 매우 의심스러워진다. 미국의 경험에서 드러나듯이 국가의 역할이 제한되어 있다고 해도 기업 구조가 기업을 규제하는 권력의 소재와 성격에 따라 좌우된다면, 한국에서 기업 구조를 개혁하기 위해서는 강대한 권력을 제한할 뿐 아니라 권력이 행정부에 집중되어 있는 구조를 바꾸고 이에 따르는 자의적인 성격도 줄여야 하기 때문이다. 그러나 이런 과제는 개혁론자들이 거론한 적이 없다. 그들은 더욱이 국가의 역할에 대해 이중적인 자세를 갖고 있다. 그들은 민영화와 규제완화를 중심으로 국가개입의 축소를 주장하면서도, 이른바 빅딜에서 그랬듯이 기업 구조를 개혁하기 위해서는 국가

25 Chandler, *Strategy and Structure*.

26 Chang, *Political Economy of Industrial Policy*.

가 강압적인 수단을 사용해도 된다는 듯이 국가개입의 확대를 용인했다. 다른 한편에서는 개혁론을 비판하는 학자들이 산업정책을 비롯해 국가의 역할을 제한하거나 축소하는 데 대해 부정적인 입장을 취했다. 따라서 기업 구조의 개혁에 관한 논쟁에서 국가가 어떤 역할을 얼마만큼 해야 하는가 하는 문제가 쟁점으로 부각된 반면에, 국가의 권력구조를 어떻게 개편해야 하는가 하는 문제는 거론되지 않았다. 이는 아마 두 번째 문제가 경제와 별로 관계가 없고, 그래서 경제 전문가들이 외면해도 좋은 정치문제로 간주되었기 때문인 듯하다. 그러나 두 문제는 정치경제학 원론은 물론이요 한국의 경험에 비추어 볼 때도 서로 분리할 수 없을 만큼 긴밀하게 연관되어 있다.

권력구조가 시장기제와 함께 기업 구조에 영향을 끼치는 압력이나 환경을 구성한다면, 기업 자체는 기업 구조를 결정하는 관건을 쥐고 있다고 할 수 있다. 기업은 일반적으로 자본주의 경제체제에서 가장 중요한 주체일 뿐 아니라, 한국 경제가 성장함에 따라 국가보다 점점 더 중요한 역할을 담당했기 때문이다. 바로 여기에 뜨거운 쟁점이 있다. 한국의 경제성장에 대해 연구하는 학자들은 십여 년 전부터 한국 경제가 어떤 방식으로 성장했고, 거기에 기업이 어떻게 기여했는가 하는 문제를 놓고 치열한 논쟁을 벌였다. 이미 1980년대 말까지 앨리스 앰스덴을 비롯해 이른바 흡수론자들은 성장 과정에 관해 선진기술의 흡수에 주목하는 견해를 제시했는데, 그 요점은 이렇게 정리할 수 있다. 동아시아에서 고속성장을 누린 나라들은 국가의 주도 아래 국내 저축이나 해외 차관을 통해 자본을 동원하고 수출산업을 육성하기 위해 선진국으로부터 새로운 생산설비를 도입했다는 것, 또 그것을 효율적으로 운용하기 위해 교육에 막대한 자금을 투자하고 거기서 배출된 유능한 인재들에게 낯선 설비를 실제로 움직여 보면서 배우게 하는 이른바 "실행을 통한 학습*learning by doing*"을 하게 했다는 것, 그래서 빠른 속도로 생산성을 향상시킬 수 있었다는 것이다.[27]

그러나 이런 견해는 1990년대 중엽부터 폴 크루그먼을 중심으로 하는 축적론자들로부터 맹렬한 비판을 받게 되었다. 그들은 계량적인 접근방법을 통해 동아시아의 경제성장을 재검토하고 생산성이 대부분 자본이나 노동력 같은 생산요소의 투입 물량을 늘려 나가는 방식으로 증가했다는 결론에 도달했다. 이렇게 생산요소를 축적하는 방식에 주력했다는 것은 바꿔 말하면, 작업 방식을 개량하는 등 생산요소의 투입 방법을 개선하지 않음으로써

---

27 Amsden, *Asia's Next Giant*; 김인수, 『모방에서 혁신으로』.

생산활동의 전체적인 효율성을 보여 주는 총요소 생산성을 별로 향상시키지 못했다는 것을 뜻한다.[28] 흡수론자들이 이런 비판에 대해 뚜렷한 답변을 내놓지 못한 반면에, 축적론자들은 총요소 생산성이 국민경제 전반에 관해서는 물론이요 제조업에 한정해서 적용한다 해도 본질적으로 정확하게 계량하기 어려운 개념이라는 지적에 대답하지 못했다. 따라서 논쟁은 1990년대 말에 와서 정체 상태에 빠지게 되었다.[29]

이 논쟁은 경제개혁에 관한 담론과 직결되어 있었다. 축적론자들은 경제위기의 원인이 궁극적으로 낮은 생산성에 있다고 보았다. 국제자본가들은 고속성장에 이끌려 한국과 싱가포르 등 이른바 아시아의 용들에게 투자했지만, 외환위기를 계기로 거기서 높은 이윤율을 기대할 수 없다는 것을 깨닫고 투자를 꺼리게 되었다는 것이다. 따라서 그들은 기업 구조를 비롯해 포괄적이고 근본적인 경제개혁이 필요하다는 처방을 내렸다. 두말할 나위도 없이, 이는 개혁론의 핵심적 요소가 된다. 반면에 흡수론자들은 한국 등지에서 생산성이 빠른 속도로 향상되고 있었다고 보기 때문에 경제위기의 원인을 종래의 성장 방식에서 찾을 수 있다고 생각하지 않았다. 문제는 오히려 기존 경제체제가 더 이상 순조롭게 움직이지 않는 데 있다고 생각했다. 산업정책론자들은 흡수론을 따르면서 경제위기의 원인과 처방에 대해 명시적으로 견해를 밝혔는데, 그들에 의하면 이미 1980년대 말부터 산업정책을 폐기하고 금융부문을 자유화시키는 등 경제정책을 바꾸기 시작했고 그 결과로 국가-은행-재벌의 연계로 요약할 수 있는 기존 경제체제에 기능 장애가 생겼다.[30] 따라서 이들은 축적론자와 개혁론자에 비해 생산성 문제에 그다지 관심을 기울이지 않는다.

그러나 다른 연구들은 생산성 문제가 흡수론자나 산업정책론자들이 생각하는 것보다 훨씬 심각하다는 점을 보여 준다. 일부에서는 총요소 생산성을 정확하게 측정하기 위해, 국민경제를 전반적으로 다루지 않고 산업 부문별로 기업 수준에서 접근한 바 있다. 그에 따르면 예를 들어 자동차, 반도체, 제과업 부문에서, 한국은 1990년대 중엽까지 노동자 일인당 투입하는 자본을 미국만큼 늘리고서도 총요소 생산성은 절반밖에 달성하지 못했다. 전반적으로 보면, 미국의 생산성을 100으로 잡을 때 독일과 프랑스가 90에 가깝고 일본이 60 정도인데 한국은 50에 머물러 있다는 것이다. 그렇다고 해서 크루그먼 같은 축적론자

28 Young, "Tale of Two Cities"; idem, "Tyranny of Numbers"; Kim and Lau, "Sources of Economic Growth of the East Asian Newly Industrialized Countries"; Krugman, "Myth of Asia's Miracle."

29 Nelson and Pack, "Asian Miracle and Modern Growth Theory"; Felipe, "Total Factor Productivity Growth in East Asia."

30 신장섭 · 장하준, 『한국의 구조조정』, 114-134.

들이 전적으로 옳다는 뜻은 아니다. 한국의 생산성은 그들이 말하는 것과 달리 꾸준히 증가했기 때문이다. 1970년대에는 미국에 비해 40에 불과했지만, 1980년대부터 뚜렷하게 상승했던 것이다. 결국 한국은 성장 과정에서 생산성을 상당히 끌어올리기는 했지만, 아직도 미국이나 독일 같은 선진국에 비해 크게 뒤떨어져 있다는 것이다.[31]

안타까운 것은 생산성 문제에 관심을 갖고 있는 개혁론자들도 대책에 대해 심각하게 고민하지 않았다는 점이다. 그들은 재벌을 비효율성의 주범으로 간주하고 출자 총액 제한에서 사외이사 제도에 이르기까지 다양한 규제를 도입하는 한편, 비효율적인 기업은 사라지고 효율적인 기업이 살아남을 수 있도록 자본시장을 활성화시키는 조치를 역설했다. 그렇지만 기업을 둘러싸고 있는 그런 환경에서 눈을 돌려, 생산성이 결정되는 생산 현장이나 그것을 포함하는 기업 내부를 들여다보려 하지 않았다. 이런 측면에서 개혁론자들이 거론한 것이 있다면, 그것은 경영권의 소재라 할 수 있다. 그들에 따르면, 생산성 격차를 비롯해 재벌의 문제점은 총수가 경영 능력이 없는데도 자신과 가족이 소유하는 지분을 토대로 산하 기업들을 지배하고 또 이런 지위를 자녀에게까지 상속시키는 데서 시작된다. 따라서 총수에게 대표이사로 등록해 경영에 관해 법적인 책임을 지도록 만듦으로써 퇴진시킬 수 있는 길을 열어 놓아야 한다. 그 대신 전문경영인들이 경영을 맡을 수 있게 해야 한다는 것이다. 그러나 이는 입증되지 않은 이론에 토대를 두고 있다.

이론적인 문제점은 개혁론자들의 주장을 가장 치밀하게 뒷받침해 주는 챈들러에게서 선명하게 볼 수 있다. 그에 의하면, 대기업의 성장에는 "조직역량," 구체적으로 말하면 대규모의 생산 · 유통 시설을 효과적으로 통제하는 위계적 관리 조직의 역할이 필수불가결했다. 지속적으로 성장한 대기업에서는, 그런 관리 조직의 고위층이 기업의 장기적 전략을 수립하고 집행하며, 중간층이 구매와 판매, 그리고 생산과 연구 등의 기능 가운데 어느 하나를 담당하거나 특정한 품목의 관리를 전담해서, 시설의 효율성을 끌어올리는 조직혁신을 추진했다는 것이다. 챈들러는 특히 고위층의 중요성을 역설한다. 고위층은 전문경영인들로 구성되어 있는데, 이들은 기업이 지속적으로 성장해야 더 나은 보상과 직책을 기대할 수 있기 때문에 기업의 장기적 성장에 주력한다는 것이다. 따라서 전문경영인들은 매

31 Baily and Zitzewitz, "Extending the East Asian Miracle" (이 논문은 한글로 번역되어 책자로 간행되었다. 『맥킨지 보고서—한국 재창조의 길』 [서울: 매일경제신문사, 1998]); Baily and Solow, "International Productivity Comparisons Built from the Firm Level." 또한 다음도 참고하라. Pilat, "Comparative Productivity of Korean Manufacturing."

우 합리적인 존재로 묘사된다. 이는 제7장에서 밝힌 바와 같이 챈들러가 조지프 슘페터의 기업가적 역량 개념과 막스 베버의 관료제 개념을 혼합한 결과이다. 잘 알려져 있듯이 슘페터는 혁신을 경제발전의 동력으로 중시하면서 그것이 기업가적 역량의 핵심이라고 강조하고, 베버는 관료제를 근대적 합리성이 구현되는 제도로 간주한다. 챈들러는 이런 명제들을 결합해서 관료제적 관리 조직에서 상부에 자리 잡은 전문경영인들이 기업가적 역량을 구현하고 있다고 보는 것이다.[32]

챈들러에게 전적으로 동의하기는 어렵다. 그의 견해 아래에는 하나의 명시적 전제가 깔려 있는데, 그것은 소유자가 기업으로부터 단기적 이윤 배당을 기대하는 데 반해 전문경영인은 그 속성상 기업의 장기적 성장을 추구한다는 점이다. 이 전제는 1930년대에 애돌프 벌리와 가디너 민즈가 제기한 소유와 경영의 분리라는 명제, 그리고 그로부터 몇 년 뒤에 제임스 버넘이 주장한 전문경영인의 대두라는 명제, 이 둘을 결합한 것이다.[33] 그러나 이런 전제는 옳지 않다. 미국을 비롯해 여러 선진국에서 소유와 경영의 분리가 명백한 추세라는 점은 부인할 수 없는 사실이지만, 소유자가 단기적 이윤에 매달리는 반면에 전문경영인이 장기적 안목을 갖고 있다는 것은 증명되지 않은 이론에 불과하다.[34] 소유자라고 해서 기업의 장기적 성장과 먼 훗날에 돌아올 커다란 이윤을 바라지 않는다는 법이 없고, 전문경영인이라고 해서 기업의 단기적 팽창과 머지않아 누릴 수 있는 개인의 명망과 타 기업 영전을 노리지 않는다는 법도 없다. 사실 이는 얼마 전에 미국의 기업계가 일본의 경쟁력을 분석하면서 깨닫게 된 점이기도 하다. 중요한 것은 혁신이다. 소유자든 경영자이든 간에 기업의 지속적 성장을 위해 기술과 조직을 끊임없이 연구하고 혁신하는 능력과 노력만 있으면 된다. 사실 이것이 챈들러가 진정으로 강조하고자 하는 것이다.

그렇다면 생산성이 낮은 요인은 기업의 내부에서 접근할 때 개혁론자들처럼 경영권의 소재 문제로 환원할 수 없다. 그 요인을 올바르게 파악하는 데는 기업 수준에서 생산성을 탐구한 연구가 도움이 된다. 그에 따르면, 한국 기업들은 무엇보다도 미국에 비해 규모가 작기 때문에 노동자 일인당 투입하는 자본이 비슷하다 해도 업체별로 보면 투자 총액이 적고, 그래서 많은 물량을 효율적으로 처리할 수 있는 시설을 갖추지 못한다. 그에 못지않게 중요한 요인은 한국 기업들이 흔히 첨단 시설과 지식을 도입하고서도 뒤떨어진 경영 기법

32 상세한 것은 제7장 제3절을 보라.

33 Berle and Means, *Modern Corporation and Private Property*; Burnham, *Managerial Revolution*.

34 상세한 것은 제6장 제5절을 보라.

에 의존하고 있다는 사실이다. 예를 들어 한국의 자동차기업들은 미국만큼이나 선진적인 설비를 갖추고 있지만, 부품 공급과 품질 관리 등 관리 측면에서 볼 때 일본은 물론이요 미국보다도 뒤떨어져 있다. 한국 경제가 고속성장을 누리는 동안 기업들은 투자를 하기만 하면 쉽게 이윤을 얻을 수 있었기 때문에 선진적인 경영 기법을 배우려고 노력하지 않았다는 것이다.[35]

이 견해에는 두 가지 문제점이 있다. 우선 이 연구는 초점을 경영진에 맞추는 탓에, 노사관계에 대해 가끔 언급하지만 전반적으로 보면 생산 현장과 노동자의 역할을 경시한다. 따라서 한국의 노동자들이 선진국에서 볼 수 있는 설비를 움직이는데도 선진국만큼 생산성을 올리지 못한다고 지적하고는, 그 요인을 찾아내기 위해 공장으로 들어가 생산과정과 작업 조직을 살펴보지 않고 사무실로 들어가 경영 기법을 나무란다. 게다가 경영진을 둘러싸고 있는 문화적 맥락을 경시한다. 선진적인 경영 기법이 쉽게 배울 수 있는 기능이라 해도, 그것을 한국 기업에 도입하는 데는 문화적 차이와 같은 장애물이 있다는 점을 고려하지 않는 것이다. 사실 기업문화를 국제적으로 비교하는 많은 연구에서 드러나듯이, 의사를 결정하는 방식에서 실적을 평가하는 방식까지 경영에는 나라마다 다른 특징이 있고 문화적 환경은 거기에 커다란 영향을 끼친다. 그런데도 경영 기법에 관한 논의에서 문화적 차이는 중시되지 않는다.

4. 생산체제와 기업문화

그런 문제점을 넘어서기 위해서는 먼저 시야를 넓혀야 한다. 기업 수준에서 생산성 격차에 접근할 때 시야를 경영진과 경영 기법에 국한시키지 말고, 노동자를 포함해 기업에서 널리 공유되는 기업문화까지 고려해야 한다. 그리고 생산성이 직접적으로 결정되는 생산 현장, 특히 생산체제에 초점을 맞춰야 한다. 여기서 생산체제란 경제체제와 권력구조까지 포괄하는 거대한 체계를 뜻하지 않는다. 그것은 작업장에서 생산에 필요한 물질적 조건과 인간의 노력을 결합하는 미시적인 체계를 가리킨다. 이 둘은 물론 연결되어 있지만, 지금 살펴보고자 하는 것은 후자를 움직이는 구성 요소들이다. 구체적으로 말해 생산체제는 공장에 도입되는 기술과 시설을 중심으로 구축되는 생산과정, 그것을 움직이기 위해 노동자

35 Baily and Zitzewitz, "Extending the East Asian Miracle." 특히 288-292를 보라.

들에게 작업을 분담시키고 또 전체적으로 조정하는 작업 조직, 그리고 작업 조직에 따라 노동자들의 작업 수행을 통제하는 통제 형태와 그것을 중심으로 노동자와 관리자 사이에 형성되는 문화, 이 네 가지 요소로 구성되는 체계를 가리킨다.

생산성 격차에 접근하기 위해 기업문화까지 고려하면서 생산체제에 주목할 때도, 한국과 미국을 역사적 시각에서 비교하는 방법이 유용하다. 미국의 높은 생산성은 흔히 생각하듯이 많은 기업이 넓은 시장과 풍부한 자본을 바탕으로 거대한 규모로 공장을 짓고 첨단 설비를 들여놓음으로써 효율적인 생산과정을 구축한다는 것만으로 설명할 수 없다. 그런 생산과정에 잠재되어 있는 생산력을 충분히 끌어내기 위해, 많은 물량을 빠른 속도로 처리할 수 있는 작업 조직을 개발하고 그에 따라 노동을 통제하는 형태도 조정한다는 점까지 고려해야 한다. 이는 물론 매우 유연한 노동시장을 배경으로 이해할 수 있다. 미국의 노동시장은 기능뿐 아니라 인종과 성에 따라 구분되어 있지만, 산업 자본주의의 역사에서 다른 어떤 나라보다도 높은 유연성을 지니고 있다. 기업은 그런 노동시장에 한편으로 적응하면서 다른 한편으로 변화를 초래했다. 미국에서는 언제나 노동력이 부족하고 값비쌌기 때문에, 기업가들은 노동력을 절약하는 데 커다란 관심을 기울였다.

더욱이 19세기 말부터는 노동력을 효율적으로 사용하는 데 세심한 주의를 기울였다. 그때 강철, 기계, 전기, 정유, 화학 등의 분야에서 새로운 제품과 생산기술이 개발되었는데, 많은 기업가들은 새로운 기술을 도입하기 위해 거대한 규모로 시설을 구축하고 수많은 노동자를 고용하고서도 기대한 만큼 생산력이 늘어나지 않는 것을 보았기 때문이다. 이유는 주로 생산과정이 효율적으로 구축되지 않았으며 그마저도 숙련공들이 통제하는 데 있었다. 숙련공들은 유럽에 비해 취약한 조직과 전통을 지니고 있었지만, 생산과정에 관해 기업가보다 우월한 지식과 경험을 갖고 있었기에 그것을 통제할 수 있었다. 따라서 기업가들은 생산과정을 체계적으로 관리하기 위해 노력했고, 그 결과 테일러주의에 주목하게 되었다. 테일러주의는 노동과정을 면밀하게 분석해서 숙련공이 하던 작업을 여러 단계로 나누어 비숙련공에게 맡기는 한편, 수많은 노동자들의 작업을 유기적으로 연결해 하나의 흐름으로 통합하는 원칙이다. 이런 원칙을 도입하는 곳에서는 대개 격심한 노사분규가 일어났다. 숙련공을 중심으로 노동자들은 생산과정에 대한 통제권을 지키려 했고, 경영진은 그것을 빼앗아 효율적인 작업 조직을 개발하고 생산성을 향상시키려 했기 때문이다. 따라서 테일러주의는 오랜 기간에 걸쳐 조금씩 확산되었고, 그것도 창시자 프레드릭 테일러의 제안보다 단순화된 형태로 보급되었다. 그렇지만 복잡한 생산과정에 맞추어 작업 조직의

효율성을 끌어올리고 노동시장의 유연성을 높이는 데 크게 기여했다.[36]

작업 조직은 노동에 대한 통제 형태와 함께 더욱 발전했는데, 이는 포드주의에서 분명하게 드러난다. 포드주의는 테일러주의를 토대로 노동자가 수행하는 작업을 기계화시키면서 컨베이어벨트를 중심으로 통합하는 원칙으로서, 컨베이어벨트의 속도를 조절함으로써 노동자를 통제할 수 있는 이른바 "기술적 통제 형태"를 실현시켜 주었다. 이로써 생산성을 더욱 향상시킬 수 있었지만, 노동자들은 높은 노동 강도를 견디지 못하고 이직하거나 조직적인 저항에 나섰다. 그래서 기업가들은 임금을 크게 인상하는 방안을 선택했는데, 이는 노동자들의 구매력을 강화시켜 상품에 대한 수요를 확대하고 경제성장에 기여하는 효과를 가져올 수 있었다. 결국 포드주의는 2차대전 이후에 주요 기업으로 확산되면서 미국 경제의 발전 전략으로 정착되었다. 그리고 이런 전략에 따라 거대한 규모로 성장한 기업을 효율적으로 움직일 수 있도록 그에 적합한 작업 조직과 통제 형태도 개발되었다. 미국의 대기업들은 세밀한 직무기술서와 업무규정집을 개발하고 그것을 토대로 개별 피고용인들의 업적을 정확하게 평가하고 보상할 수 있도록 작업 조직을 재편하고 "관료제적 통제 형태"를 도입했던 것이다. 따라서 기간산업에 종사하는 대기업을 중심으로 기업 내부에서 노동시장이 발전했고, 그것은 임금이 높고 이직률이 낮으며 백인 남성이 대부분을 차지한다는 특징 때문에 다른 노동시장과 구분된다.[37]

미국과 비교할 때, 한국에서는 매우 특이한 현상이 눈에 띈다. 무엇보다도 생산과정과 작업 조직이 맞아 떨어지지 않는 것으로 보인다. 한국의 대기업들은 기계화나 자동화 같은 생산기술의 진보 덕분에, 생산과정의 측면에서 볼 때 대체로 포드주의의 수준에 접근한 것으로 보인다. 그렇지만 미국과 달리 거기에 걸맞은 작업 조직을 도입했다고 보기는 어렵다. 대체로 컨베이어벨트를 중심으로 노동자들을 배치했을 뿐이지, 생산과정 전체에 걸쳐서 모든 개별 작업을 효율적으로 수행하는 순서와 방법을 개발하고 또 그것들을 유기적으로 통합하는 데는 노력을 경주하지 않았다. 바꿔 말해, 테일러주의를 도입하려는 시도가 없었다는 것이다. 이는 관리 조직이 작다는 데서 단적으로 드러난다. 테일러주의를 도입하면 노동자들의 작업을 통제하고 조정하기 위해 많은 관리자들을 채용하고 이들을 단일한 구조로 편성해야 하는데, 한국에서는 그런 관리 조직이 발전하지 않은 것이다. 여기

36 상세한 것은 제3장을 보라.

37 Meyer, *Five Dollar Day*; Edwards, *Contested Terrain*; Gordon et al., *Segmented Work, Divided Workers*; Jacoby, *Employing Bureaucracy*.

서 앨리스 앰스덴은 오히려 장점을 찾는다. 그에 따르면, 한국 기업은 관리 조직이 작아서 의사를 빠르게 결정할 수 있다는 것이다. 그러나 앰스덴은 거기에 따르는 단점에 대해서는 언급하지 않는다. 그가 스스로 강조하듯이 "실행을 통한 학습" 은 선진적인 시설을 도입한 다음에 생산과정에서 진행되었고, 거기서 습득한 지식과 경험은 생산 현장에서 움직이는 노동자와 관리자들에게 축적되었다. 그렇지만 기업가들은 그런 것들을 경영진의 사무실로 이전하고 효율성의 관점에서 분석하거나 재구성하지는 않았다. 다만 봉급과 "평생직장" 을 들먹이며 그 지식을 지니고 있는 사람을 붙들고 있으려 했을 뿐이다. 한마디로 말해, 한국에서 대기업은 테일러주의를 거치지 않고 포드주의로 넘어갔던 것이다.

뒤떨어진 작업 조직은 낡은 형태의 노동 통제와 짝을 이룬다. 중소기업이나 대기업이나 가릴 것 없이, 모두 포드주의 아래서 가능한 "기술적 통제 형태" 이외에 주로 "단순한 통제 형태" 에 의존한다. 이 형태에는 우선 강제력을 이용하는 방법, 특히 국가 권력을 동원해서 탄압하는 방법이 있었다. 국가는 오랫동안 분배보다 성장을 우선시키고 내수보다 수출에 역점을 두는 경제정책을 고집해 왔기 때문에, 노동자들에게 낮은 임금과 높은 노동 강도를 강요하는 기업을 도와줄 자세를 갖추고 있었다. 따라서 한국 기업들은 적합한 작업 조직과 통제 형태를 개발하지 않고서도, 지출하는 노동비용에 비해서 높은 노동생산성을 누릴 수 있는 든든한 백을 갖고 있었다. 바꿔 말하면, 억압적인 국가가 작업 조직과 통제 형태의 개발을 막는 배경이었던 것이다. 그 이외에 노동자들에게 호소하는 방법도 있었다. 이것은 생산 현장에서 감독이 '인간적으로 잘해 보자' 며 접근하는 데서 잘 나타나는데, 본질적으로는 국가와 기업이 근로의욕을 고무하는 방법이다. 국가는 '잘살아 보세' 라는 구호에서 출발해서 여러 가지 구호를 내걸고 물질적인 풍요를 약속했고, 기업은 안정된 일자리와 더 많은 봉급을 약속했던 것이다.

이런 작업 조직과 통제 형태를 갖고도 생산성을 어느 정도 끌어올릴 수 있었던 것은 생산 현장을 지배한 맹렬한 근로의욕과 그 아래에 깔려 있던 가족주의 문화 덕분이라 할 수 있다. 한국의 노동자들은 그야말로 젊음을 바쳐서 열심히 일했는데, 이는 40대 남성 사망률이 세계에서 가장 높다는 비극적인 현상으로 나타난 바 있다. 그와 같은 근로의욕은 사회 · 경제적 배경을 빼놓고는 이해할 수 없다. 한국의 노동시장은 오랫동안 풍부하고 저렴할 뿐 아니라 교육도 많이 받은 노동력으로 가득 차 있었기 때문에, 노동자들은 격심한 경쟁에 둘러싸여 있었다. 거기서 살아남기 위해서는, 일단 취업을 하고 나면 주어진 과업을 달성하는 데서 그치지 않고 할 일을 스스로 찾아서 해내는 자세를 갖춰야 했다. 그에 못지

않게 중요한 원천은 물질주의와 결합된 가족주의에 있다. 이것은 어떤 집단이 물질적 풍요를 위해, 마치 가족처럼 구성원에게 희생을 요구하고 그 대가로 보호와 지원을 제공하는 문화를 가리킨다. 종래의 연구는 이 문화가 1980년대에 중화학공업 부문의 대기업에서 일하는 노동자들 사이에서 널리 확산되었다는 사실을 인정하면서도, 그것을 노동시장의 치열한 경쟁 이외에 국가와 자본의 끈질긴 이데올로기 공세의 소산으로 간주한다.[38]

그러나 이는 충분한 설명이라 할 수 없다. 노동시장이나 이데올로기는 모든 노동자들을 둘러싸고 있던 외적 환경이기 때문에, 가족주의가 왜 하필이면 1980년대에 중심부 대기업에서 일하던 노동자들 사이에서 뚜렷하게 나타났는지 설명하지 못한다. 더욱이, 대기업 노동자들은 1960~70년대에 경공업부문의 중소기업에서 일했던 노동자들에 비해 높은 고용 안정성을 누리고 있었을 뿐 아니라, 교육과 연륜 덕분에 국가나 자본에 대해서도 더 비판적인 태도를 지니고 있었다. 이런 역설적인 현상이 관심을 끌지 못한 것은 많은 연구자들이 민주정치나 사회변혁을 위한 정치투쟁의 견지에서 노동운동에 접근하기 때문인 듯하다. 그런 견지에서 볼 때 1960~70대에 여성 노동자들이 주도했던 노동운동은 노동조합과 경제적 이해관계라는 좁은 한계를 벗어나지 못한 것처럼 보인다.[39] 그와 마찬가지로 1980년대에 전투적이고 정치적인 노동운동을 벌였던 중심부의 남성 노동자들 사이에서는 가족주의가 곧 사라져야 할 문화로 보이는 것이다.

이런 맹점에서 벗어나기 위해서는 작업 조직으로 되돌아갈 필요가 있다. 한마디로 말해, 가족주의는 위에서 지적한 것처럼 테일러주의를 건너뛴 중심부의 대기업에서 그 대체물로서 어느 정도 기능을 발휘한다는 것이다. 이는 가족주의를 구성하는 정서와 윤리를 살펴보면 이해할 수 있다. 가족주의는 핵가족을 중심으로 형성되어 있지만, 그보다 더 큰 집단도 포괄하는 정서이다. 오늘날 한국인들은 흔히 '집안'이라는 느슨한 혈연집단에 대해서 상당한 경제적 부담을 감수할 만큼 뚜렷한 소속감과 충성심을 갖고 있다. 또 지연과 학연을 통해 구축된 인간관계에서도 그와 비슷한 소속감과 충성심을 볼 수 있다. 이 점은 기업에서도 통한다. 사원들은 동료 사이에 혈연관계의 수준은 아니라 해도 지연이나 학연에 가까운 유대관계를 기대한다. 이 유대관계에서 이상형은 형제자매의 관계여서, 동료들 사이에서 사적으로 쓰이는 호칭으로는 선배와 후배보다 형님과 언니 그리고 동생이 더 낫

38 임영일 등, 「독점대기업 노동자의 의식연구」; 이영희, 「독점대기업 화이트칼라노동자 연구」; 구해근, 『한국 노동계급의 형성』.

39 김원, 『여공 1970』.

다고 생각된다. 그리고 가족과 마찬가지로 기업에서도, 웃어른은 아랫사람들에 대해 가부장적 권위를 유지하고자 하며, 아랫사람들은 그에 순응하는 자세를 갖추어야 한다. 물론 갈등은 횡적이거나 종적이거나 간에 피할 수 없다. 그러나 그것을 해소하는 방식으로는 이성적 타협에 못지않게 감정적 교류가 중요하게 여겨진다. 그러므로 기업 이름 다음에 '가족'이라는 명사를 붙이는 관행은 사용자의 선전에 그치지 않고 피고용인의 동의를 불러일으키는 것 같다.

가족주의는 그런 정서와 함께 쌍무적인 윤리로 구성된다. 그것은 구성원 사이의 관계는 물론이요 구성원과 집단 사이의 관계에 대해서도 특정한 태도를 요구한다. 가족주의는 어떤 집단이든 일단 신입의식을 거쳐 그 구성원이 되고 나면, 그와 경쟁관계에 있는 집단에 대해 적대감에 가까운 배타적 감정을 배양함으로써 내적 유대관계를 강화시킨다. 그리고 그것을 토대로 소속 집단을 위한 희생정신을 찬양하고, 심지어 그 집단만을 위한 이기주의도 용인한다. 구성원은 집단에서 자신에게 맡긴 역할을 수행하기 위해 상당한 고통도 참아 내는 인내심을 가져야 하고, 그 바깥에서는 집단의 이익을 위해서라면 대의와 원칙도 굽힐 수 있는 융통성을 가져야 하는 것이다. 그 대신, 집단은 그런 구성원을 외부의 위험으로부터 보호하고 또 장래에 더욱 발전할 수 있도록 지원하는 부담을 진다. 이런 쌍무적 윤리는 "평생직장"이라는 관념의 암묵적 전제라 할 수 있다. 이 관념은 노동자는 '가족'을 위해 헌신하고 그 대가로 사용자는 노동자에게 고용을 보장해야 한다는 윤리를 담고 있기 때문이다. 이런 뜻에서 "평생직장" 관념은 노동시장에 경직성을 가져오는 요인일 뿐 아니라 한국 노동자들의 근로의욕을 설명하는 요인이기도 하다. 한국의 노동자들은 국가와 기업이 노동을 통제하기 위해서 기울인 온갖 노력보다도, 차라리 내면화된 가족주의적 윤리의 명령에 따라 자발적으로 맹렬하게 일해 왔다고 할 수 있다. 바로 이런 윤리가 한국 기업들이 낙후된 작업 조직과 통제 형태에도 불구하고 부드럽게 움직이고 또 빠르게 커나간 비결이었던 것으로 보인다.

가족주의는 한국의 고유문화로서 영속성을 지니고 있는 것이라고 할 수 없다. 이런 문화는 차이가 있기는 해도 중국과 일본 등 여러 아시아 국가에도 존재한다. 가족은 이 지역에서 놀라운 경제성장을 가능하게 만든 가치관의 산실이었다.[40] 더욱이, 가족주의는 유교문화권 바깥에도 존재한다. 예를 들면, 그것은 20세기 중엽 이탈리아에서 뚜렷했는데 아

40 Hobsbawm, *Age of Extremes*.

직도 사라졌다고 말하기 어렵다.[41] 이처럼 가족주의는 여러 나라에서 찾아볼 수 있지만, 그 차이는 잘 알려져 있지 않다. 여기서 중요한 것은 가족주의가 자본주의의 발전에 따라 쇠퇴한다는 사실이다. 이는 미국에서 뚜렷하게 드러나듯이 자본주의에 내재하는 경향, 즉 자본주의가 생명과 재산으로 집약되는 개인의 존재를 전제로 발전하면서 그것을 더욱 확산시킨다는 점으로 설명할 수 있다.[42] 이 점을 염두에 두고 보면, 경제위기 이후에 한국에서 보이는 "평생직장"의 소멸과 가족주의의 쇠퇴는 결코 놀라운 일이 아니다.

주목을 끄는 것은 한국의 경우에 가족주의의 쇠퇴가 작업 조직이나 통제 형태의 발전과 관계없이 진행된다는 점이다. 근래에 작업 조직과 통제 형태는 겉으로 보기에 관료제로 재편되는 듯하다. 대기업은 오래전에 수립한 관료제를 새로 도입한 계약제와 연봉제로 보완하고, 중소기업은 대기업에서 시행하는 제도를 간소화하여 수용한다. 그래서 많은 기업에서 방대한 조직 체계와 단일한 권위 구조, 그리고 정교한 인사제도를 볼 수 있다. 그러나 관료제를 움직이는 직무기술서와 업무규정집은 대체로 매우 소략하거나 그렇지 않으면 포괄적인 용어로 작성되어 있어서, 업무를 분담하고 수행하는 지침으로서 별로 유용하지 않은 것 같다. 그래서 흔히 새로운 직책을 맡으면, 자신의 직무에 대해 전임자로부터 대충 설명을 듣고 모르는 것이 있으면 동료들에게 물어 가면서 일을 배운다. 업무의 면밀한 분담과 긴밀한 조정, 바꿔 말해 관료제가 효율적으로 움직이는 데 필수적인 기본 원리가 충분히 실현되지 않은 것이다. 바로 그렇기 때문에 앞에서 살펴본 것처럼 한국 기업들이 대개 연봉제를 시행하면서도 호봉제적 요소를 유지하고, 그럼으로써 가족주의적 윤리에 의지해 맹렬한 근로의욕을 보존하고자 하는 것으로 보인다. 실제로 많은 기업가들은 계약제와 연봉제가 도입된 다음에 더 열심히 일하는 분위기가 조성되었다고 생각한다. 그렇지만 그들은 다른 한편으로 직원들이 회사에서 업무에 전념하지 않고 자신의 경력을 위해 전직을 준비하거나 심지어 부업에 신경을 쓴다고 우려한다. 그래도 생산체제에 주목하고 작업 조직이나 통제 형태를 개선하려고 노력하지 않는다.

그렇다면 한국의 생산체제가 흔들리고 있다고 해야 할 것이다. 고속성장 시대에 형성되었던 생산체제—선진적인 생산과정과 전근대적인 작업 조직과 통제 형태, 그리고 가족주의적 윤리와 관념으로 구성되어 있던 생산체제—는 더 이상 과거와 같은 방식으로 움직이지 않는다. 오랫동안 한국의 생산체제를 원활하게 움직였던 문화가 쇠퇴하고 개인주의가

41 Banfield, *Moral Basis of a Backward Society*; Bell, *Fate and Honor, Family and Village*.
42 Sellers, *Market Revolution*; Bae, *Labor in Retreat*.

대두하는 반면에, 생산과정이나 작업 조직, 또는 통제 형태가 종래의 모습을 유지하고 있기 때문이다. 이런 현상이 수많은 작업장에서 같은 정도로 나타나는 것은 아니다. 그것은 전체적으로 볼 때 중심부의 대기업보다는 경제개혁의 충격이 큰 주변부의 중소기업에서 더욱 뚜렷한 것으로 보인다. 그렇지만 중요한 것은 중심부 대기업에서도 그런 현상이 나타난다는 점이다. 왜냐하면 거기서는 가족주의가 후진적 작업 조직을 보완하는 중요한 기능을 담당해 왔으므로, 생산체제가 근본적인 변화에 직면하게 되었기 때문이다. 더욱이, 가족주의의 쇠퇴는 그 속도를 가늠하기가 어렵지만 당분간 계속될 것으로 보인다. 그것은 큰 맥락에서 볼 때 자본주의 발전의 산물로서, 이미 젊은 세대를 중심으로 한국 사회 전반에서 커다란 조류를 형성하고 있기 때문이다.

그런데도 기업가들이 문화적 변동을 중심으로 생산체제에 일어나고 있는 변화에 관심을 기울이지 않는 이유는 경제성장의 경험 속에서 형성된 사고방식에서 찾을 수 있다. 경제개혁으로 인해 기업을 둘러싸고 있는 환경이 크게 바뀌면서 내수가 위축됨에 따라, 기업가들은 대개 수출에서 활로를 찾거나 그렇지 않으면 소비부진을 탓하며 투자를 꺼린다. 일부에서 투자에 나선다면, 그것은 거의 모두 "조직역량"을 기르기 위한 것이 아니라 생산과정을 바꾸기 위한 것으로 보인다. 많은 기업가들이 과거처럼 선진국에서 개발한 제품을 개량하거나 나아가 새로운 제품을 개발하는 데 주력하고 있는 것이다. 사실 그들은 요즈음 혁신을 화두로 삼고 있는 듯이 보이지만, 슘페터의 의도와 달리 조직의 측면을 경시하면서 발명 같은 기술의 측면에 몰두하고 있다. 이는 역사적인 시각에서 볼 때 축적론자들이 비판하는 과거의 성장 방식, 즉 생산성의 제고보다는 생산요소 투입량의 확대에 의존하는 성장 방식의 소산이다. 그렇다면 그들이 지적하는 생산성 격차가 좁혀지기를 기대하기는 어렵다. 오히려 생산체제가 흔들림에 따라, 제한된 범위에서나마 나타났던 과거의 생산성 증가 추세마저 약화되는 사태를 맞게 될지도 모른다.

이런 측면에서 볼 때, 경제개혁에 수반된 문화적 변동은 흔히 경시되지만 매우 중요한 주제라 할 수 있다. 지금까지 밝힌 것처럼 경제개혁에 관한 담론은 시장기제와 국가개입에 집중되어 있는데, 그처럼 기업을 둘러싸고 있는 환경에서 출발해 기업 구조에 접근하는 개혁론이나 그에 대한 비판에서 효율성을 제고하는 데 적극적으로 기여하는 제안을 찾아보기는 어렵다. 더욱이 기업 내부로 눈을 돌려, 생산체제에 주목하고 생산성을 향상시키는 방안도 보이지 않는다. 앞에서 살펴본 바와 같이 경제개혁이 세계화의 물결을 타고 본격적으로 추진되기 이전부터 한국 경제가 안고 있는 문제점이 노정되었고 또 개혁안도 제기되었다는 사실을 감안하면, 생산성 문제가 경시되는 것은 이해하기 어렵다. 축적론자들의 주장에 귀를 기울이지 않는다 해도, 투자나 수요와 더불어 경제성장을 좌우하는 생산성이 한국에서는 낮은 수준에 머물러 있다는 점이 잘 알려져 있기 때문이다. 그 이유는 한국에서 경제개혁에 관한 담론을 주도하는 사회과학자들이 대체로 기업의 내부, 특히 생산 현장에 주목하지 않는다는 점과 연관되어 있는 것 같다. 어쨌든 생산성 격차를 조금씩이나마 좁혀 가던 생산체제가 흔들리고 있다면, 이제부터라도 생산성에 직접적인 영향을 끼치는 작업 조직과 통제 형태는 물론이요 그것들을 움직이는 문화에 대해서도 관심을 기울일 필요가 있다. 세계화는, 좁혀 말해 미국화는, 한국의 기업문화에도 주목할 만한 영향을 끼치는 것으로 보인다.

제16장

결론—미국 예외론의 대안을 찾아서

이제 미국 예외론의 대안을 찾아야 한다는 것은 분명하다. 일부 학자들은 오늘날에도 예외론이 미국 문명을 설명하는 패러다임으로 유효하다고 주장하지만, 거기에 심각한 문제점이 있다는 것은 부인할 수 없다. 예외론이 국제적 비교를 경시하는 담론이라는 점은 이미 1960년대에 드러났다. 사실 예외론자들은 미국과 다른 나라들을 면밀하게 비교하지 않은 채, 많은 나라들을 하나로 뭉뚱그려 모두 미국과 달리 격심한 빈부격차나 계급 갈등 같은 사회적 폐단에 시달린다고 생각했다. 더욱이, 1990년대에는 그들이 국제관계를 외면한다는 점도 드러났다. 세계화 덕분에 초국가적 조류가 주목을 끌자, 예외론에서는 미국이 국제적 교류나 영향에서 고립된 채 발전한 것처럼 묘사된다는 점이 뚜렷하게 보였던 것이다. 미국 역사학계의 거장 조이스 애플비는 한 걸음 더 나아가 예외론이 유럽중심주의의 변형이라는 사실을 지적했다.[1] 거기에 덧붙여 필자는 제1장에서 예외론이 식민주의적

1 Appleby, "America's Historic Diversity."

이고 인종주의적인 시각을 지니고 있다고 주장한 바 있다. 그것은 본질적으로 유럽인들이 아메리카로 건너가 원주민을 몰아내고 스스로 "아메리카인"이라 부르며 자신들의 정체를 규정하는 관념이었다.

그런 문제점에도 불구하고, 지금까지 예외론의 대안은 제기되지 않았다. 물론, 예외론에 대한 비판은 대안에 대한 관심으로 이어졌다. 1960년대에 남부사의 거두 밴 우드워드가 편찬한 『미국사에 대한 비교사적 접근』뿐 아니라 근래에 토머스 벤더가 편찬한 『세계화 시대의 미국사 재고찰』에서도 그런 관심은 뚜렷하게 드러난다.[2] 거기에 기고한 학자들은 대부분 예외론의 문제점을 지적함으로써 그 대안을 모색하는 데 기여하고자 했다. 그래도 아직 대안이 형성되지 않은 것은 한두 가지 난관만 생각해도 이해할 수 있다. 우선, 미국 문명이 포괄적으로 파악하기 어려운 거대하고 복잡한 실체라는 점을 들 수 있다. 그것은 다른 문명과 마찬가지로 영농 기술에서 정치 · 경제 · 사회 질서를 거쳐 문예 활동에 이르기까지 미국인들의 생각과 행동, 그리고 그것을 밑받침하는 물질생활을 포함하는 것이다. 더욱이, 이 다양한 요소들은 이제 하나의 전체로 통합되어 있는 것으로 간주되지 않는다. 한때 미국을 포함해 문명은 모두 긴밀한 통합력을 지니고 있는 것으로 보였고, 또 하나의 문명을 전체적으로 설명하는 시도 역시 바람직한 것으로 여겨졌다. 그러나 포스트모더니즘이 바람처럼 스쳐 간 다음에는, 그런 시도가 무모한 것으로 보이게 되었다. 게다가 서문에서 언급한 것처럼 미국에 관한 연구 성과는 하나의 분야에 집중한다 해도 한 사람의 학자가 도저히 섭렵할 수 없을 만큼 방대하다.

이와 같은 난관을 감안할 때, 섣불리 대안을 만들어 내려 하기보다는 차라리 그 단서라도 붙잡으려 하는 것이 시도할 만한 일인 듯하다. 그것이 이 책에서 필자가 추구하는 목표이다. 이 작은 목표를 달성하기 위해, 필자는 시야를 제한했다. 구체적으로 말하면 미국 문명을 전반적으로 취급하지 않고, 미국의 정치질서와 경제체제, 사회구조와 생활양식 등, 흔히 넓은 뜻에서 사회라 하는 것에 집중했다. 그래도 시야가 지나치게 넓기 때문에, 필자는 미국 사회를 포괄적으로 다루지 않고 세 측면에서 파헤치고자 했다. 먼저 제1부에서는 근래에 미국 예외론에서 주제로 대두한 노동계급에 초점을 맞추고, 미국 노동운동의 전개 과정을 살펴보며 그 특색을 파악하려 했다. 다음으로 제2부에서는 "계급과 국가"라는 제목 아래 미국의 사회구조에 초점을 맞추되, 그것을 정치질서 및 경제체제와 연관 지어 살

2 Woodward, ed., *Comparative Approach*; Bender, ed., *Rethinking American History*.

펴보았다. 끝으로 제3부에서는 "미국과 세계"라는 제목을 설정하고, 미국의 사회구조와 경제체제, 그리고 생활양식을 국제적 세력관계라는 커다란 맥락 속에서 탐구했다. 이런 작업도 경험적 연구보다 이론적 비평에 의존하는 방식으로 수행했다. 일차 자료를 이용해 경험적 사실을 탐구하기보다는, 학술적 쟁점을 중심으로 기존 연구를 비판적으로 검토하며 미국 사회에 대한 이해를 증진하려 시도한 것이다. 더욱이 거론되는 쟁점과 관계가 있다면, 역사학의 경계선을 넘어서 필자에게 낯선 사회과학의 여러 분야에서 축적된 연구 성과도 이용했다. 사회과학 이론은 예외론에서 경시되는 국제적 비교나 관계에 주목하는 데 큰 도움이 되기 때문이다.

대안의 단서는 제1부에서 떠오르기 시작했다. 지난 두 세대 동안 예외론에 관한 논쟁은 "미국에는 왜 사회주의가 없는가?" 하는 의문에 집중되었다. 이 논쟁에서 드러난 것은 우선 문제가 '사회주의가 있는 유럽'을 암묵적 전제로 삼고 있을 뿐 아니라 거기서도 사회주의가 결국에는 쇠퇴의 길을 걸었다는 사실과 어긋나기도 한다는 점이다. 더욱이, 미국에서도 20세기 초에는 사회주의가 노동운동과 긴밀한 관계를 맺으며 주목할 만한 정치세력으로 대두했다는 사실이 밝혀졌다. 그러므로 오랜 논쟁은 어째서 미국에서는 사회주의가 일찍부터 쇠퇴했는가 하는 문제로 귀결되었다고 할 수 있다.

이것은 새로운 문제가 아니다. 이미 1920년대에 셀리그 펄먼 같은 경제학자는 미국의 노동운동이 사회주의를 비롯해 정치와 거리를 두면서 온건한 방향으로 흐르기 시작했다고 진단하고 그것을 설명하고자 했다. 그의 결론은 노동자들이 전근대 사회에서 형성된 집단 심리, 즉 물질적 결핍에 대한 두려움에서 벗어나지 못해 급진적인 혁명적 변화보다 일자리나 임금 같은 직접적인 경제적 이익을 중시한다는 것이었다. 거기에 덧붙여 다른 학자들은 노동운동에 불리한 여건, 특히 보수적인 법원과 정당, 그리고 단속적으로 찾아오는 불황 같은 요인에 주의를 환기했다. 이런 여건은 근래에 발표된 연구에서도 미국의 노동운동을 온건한 방향으로 이끈 중요한 요인으로 부각된다. 그러나 그런 요인은 노동운동을 둘러싸고 있는 여건에 지나지 않는다. 노동운동의 성격은 궁극적으로 노동자들의 태도에 따라 결정된다. 그들은 경기변동과 정치적 분위기를 무대로 삼아 노동운동의 방향을 결정하는 주역이기 때문이다. 그런데도 미국 노동운동의 방향과 성격에 관한 논의에서는 노동자들의 태도가 경시된다. 그에 관한 설명으로는 본래적 집단 심리라는 낡은 해석밖에 없는 것이다. 따라서 20세기 미국 노동운동의 방향과 성격을 설명하기 위해 노동자들의 태도를 탐구할 필요가 있다.

그런 필요에 따라, 제1부는 이론에 대한 검토에서 출발한다. 왜냐하면 노동자들의 태도를 탐구하는 데 적합한 이론에는 중요한 문제점도 있기 때문이다. 계급의 개념은 에드워드 톰슨을 비롯해 "새로운 노동사" 연구자들에 의해 개발되어 노동자들의 의식과 문화를 탐구하는 데 널리 사용된다. 그렇지만 그것은 계급의 형성을 설명하는 데 적합하지만 계급의 분해를 탐구하는 데는 적절치 않다. 노동과정은 노동자와 사용자 사이의 관계가 집중되는 지점으로서, 노동자들의 태도에 직접적 영향을 끼친다. 그렇지만 그것은 흔히 노사갈등을 가져오는 요인으로 간주되는 반면에 노사타협을 유도하는 여건으로 취급되지는 않는다. 주거 공간은 노동사 연구자는 물론이요 역사학자들이 일반적으로 간과하는 환경이다. 그러나 주택은 소비생활 가운데 가장 중요한 부분으로서, 사람들이 자신의 정체를 규정하는 데 중요한 영향을 끼친다. 따라서 미국 노동자들의 태도를 규명하기 위해서는, 주거생활도 노동과정과 함께 고려해야 한다.

이론적 검토는 결국 새로운 해석으로 이어진다. 경험적 사실에 대한 탐구는 필자가 다른 책에서 수행한 바 있다.[3] 거기서 필자는 20세기 전환기의 미국 시카고에 초점을 맞추고 남성피복 노동자들의 운동과 문화를 파헤쳤다. 이 책에서는 거기서 충분히 다루지 못한 이론 문제를 면밀하게 취급함으로써, 미국 노동운동의 특색이라는 주제에 비춰 볼 때 필자의 이전 연구에 어떤 커다란 함의가 있는지 살펴보았다. 제5장에서 드러나듯이, 20세기 전환기의 미국에서 노동자들은 생산 현장에서 사용자에 대해 갈등과 타협이라는 상충하는 노선 사이에서 흔들리고 있었을 뿐 아니라 자신들 사이에서도 경쟁과 협력이라는 양립하기 어려운 자세를 놓고 오락가락하고 있었다. 다른 한편으로, 거주지에서는 이민 노동자들 사이에서 공동체적 전통이 경제적 개인주의로 대체되고 있었다. 그들은 유럽에서 가져온 공동체적 전통을 미국의 도시 중심부에 이식했으나, 19세기 말부터 도시가 급격하게 확대됨에 따라 도시 전역으로 분산, 거주하며 거기서 누릴 수 있는 개인의 자율성에 주목했던 것이다. 그런 변화는 노동자들의 태도에 중요한 영향을 끼쳤다. 공동체적 전통은 노동자들이 거주지에서 넓은 유대관계를 구축하고 그것을 생산 현장으로 연장시키는 데 기여했으며, 따라서 노사관계를 갈등으로 이끄는 요인으로 작용했다. 반면에 경제적 개인주의는 노동자들 사이의 관계를 소원하게 만들며 노사관계를 타협으로 밀고 나가는 힘으로 움직였다. 결국, 거주지에서 일어난 문화적 변동이 미국 노동자들을 취약한 노동운동과

3 Bae, *Labor in Retreat*.

타협적 노사관계로 이끌었다고 할 수 있다. 이는 20세기 전환기를 넘어 20세기 전반에도 적용되는 해석이다. 미국의 노동운동은 2차대전을 중심으로 한 세대 동안 비약적으로 성장했으나, 20세기 전체를 되돌아보면 노동조합의 조직률과 정치적 성향에서 나타나듯이 온건한 타협으로 나아갔다. 그 배경에는 노동조합이 침투하지 못한 지역사회, 더 좁혀 말하면 공동체적 전통이 경제적 개인주의로 대체된 주거 공간이 자리 잡고 있다.

더욱 중요한 것은 그런 변화를 예외적 현상으로 볼 수 없다는 점이다. 그것은 20세기 유럽에서도 볼 수 있는 변화이다. 그렇지만 미국과 유럽을 정밀하게 비교하기는 어렵다. 노동운동의 쇠퇴는 유럽에서도 중요한 관심사이지만, 쇠퇴를 가져오는 직접적 요인이 집중적으로 거론되는 반면에 장기적 추세와 넓은 맥락은 경시되기 때문이다. 더욱이, 거주지를 포괄하는 노동자 계급문화의 측면에서 노동운동의 전개 과정을 조명하는 시도는 미국뿐 아니라 유럽에서도 유례를 찾아볼 수 없다. 그래도 제5장에서 드러나듯이, 윤곽은 분명하다. 유럽의 노동운동은 미국에 비해 급진적인 경향을 더 뚜렷하게, 더 오랫동안 보였지만, 1970년대부터 조직면에서 위축되는 동시에 온건한 성격을 띠기 시작했다. 이 점에서는 아직도 높은 조직률을 유지하고 있는 스칸디나비아 국가들을 예외로 볼 수 있다. 그렇다면 대부분의 유럽 국가들은 노동운동의 규모와 성격이라는 측면에서 볼 때 미국에 비해 한 세대 뒤늦게 후퇴 국면에 들어간 셈이다. 그 배경에는 미국보다 뿌리가 깊고 넓은 공동체 문화가 자리 잡고 있다. 사실, 유럽의 노동조합은 지역사회에 복지기관을 설립하고 노동자들의 소비 및 여가 생활에 깊이 침투하는 경향을 보인다. 그렇지만 유럽에서도 공동체와 그 문화는 와해되었다. 다만, 미국에 비해 완만한 과정을 거쳤다. 거기서는 경제가 미국만큼 급격하고 지속적인 팽창을 겪지 않았고, 또 인구가 미국만큼 활발한 이동을 보이지 않았으니 말이다. 바꿔 말해 노동운동의 쇠퇴와 노동자 계급문화의 변형이라는 측면에서 볼 때, 유럽에 비해 미국이 변화를 일찍, 또 빨리 겪은 것으로 보인다. 이 점에서 미국은 예외가 아니라 첨단이라 할 수 있다.

그것은 노동운동에 관한 해석이므로, 미국 사회에 전반적으로 적용할 수 있는 것인지, 혹시 수정해야 하는 것은 아닌지 따로 살펴볼 필요가 있다. 제2부는 그 해답을 찾기 위해 미국의 사회구조를 집중적으로 다룬다. 미국의 사회구조가 지니는 특징은 제2부 서문에서 밝히듯이 전체적 윤곽에서 뚜렷하게 보인다. 미국은 18세기 말에 있었던 혁명을 계기로 영국 사회로부터 분립했고, 그 결과 귀족 대신에 부르주아지가 주도하는 사회로 변모했다. 부르주아지는 미국에서 거의 쓰이지 않는 용어이지만, 재산과 지위를 토대로 정치적 권위를 장악한 당대 미국의 상인과 농장주들에게 적절한 것이라 할 수 있다. 상인은 물론이요 농장주들도 유럽의 부르주아지와 마찬가지로 근대적 기업가의 면모를 갖추고서 궁정 문화를 받아들이며 독특한 정체성을 형성했기 때문이다. 그래도 중요한 차이가 있다. 유럽의 부르주아지는 미국보다 일찍 등장했지만, 패권을 훨씬 늦게 장악했다. 유럽에서는 19세기 말까지 귀족과 그 후예가 정치적 권위를 쥐고 엘리트로서 지위를 유지했기 때문에, 부르주아지는 그런 질서에 적응하며 패권에 접근했던 것이다. 반면에 미국의 부르주아지는 이미 18세기 말에 정치적 권위를 장악했을 뿐 아니라 문화적 패권도 확보했다. 중산층은 19세기 중엽에 와서 상·하층과 구분되는 사회세력으로 등장했는데, 그때에 이르면 자녀 교육을 비롯해 미래를 위한 투자에 주력하는 등, 부르주아지의 가치체계도 수용하고 있었다. 그리고 노동계급은 낮은 임금과 나쁜 처우에 항의하며 부르주아지의 주도권에 저항했으나, 이미 살펴본 것처럼 20세기 전환기에 치열한 투쟁을 거친 다음에 굴곡 있는 후퇴의 길을 걸었다. 그렇다면, 미국은 서양 국가 가운데서 가장 일찍이 부르주아지의 패권이 확립된 사회였다고 할 수 있다.

그에 못지않게 중요한 것은 부르주아지의 패권이 오랫동안 유지되었다는 사실이다. 미국의 부르주아지는 18세기 말에 정치적 권위를 장악하며 사회구조의 정점에 오름으로써 사회를 이끄는 엘리트가 되었다. 제6장에서 살펴보았듯이, 그렇게 대두한 엘리트는 그 위상을 유지하기 위해 제도적 장치를 수립했다. 우선 혁명기에 성장한 민중세력을 견제하기 위해, 연방헌법과 권리장전을 제정하고 권력을 분립시키며 자신들을 위한 보호장치를 수립했다. 권력을 입법, 행정, 사법 등 기능에 따라 분립시키는 데 그치지 않고, 민중이 우세한 각 주의 권력과 엘리트가 독점할 수 있는 연방의 권력을 구분하며 수준별로 분립시키는 데까지 나아갔다. 더욱이 정부가 사유재산이나 사적 계약에 관한 권리를 자의적으로 침해하지 못하게끔 그 권위에 엄격한 한계를 설정함으로써, 엘리트가 재산을 토대로 경제 권력을 향유할 수 있도록 영역별 분립도 도입했다. 그런 장치에도 불구하고, 미국의 엘리트는 아래로부터 도전을 받았다. 참정권이 19세기 초에 백인 성인 남성 사이에서 보편화되어 대중정치의 시대가 열리자, 중산층은 그것을 이용해 정치적 권위를 누리고자 했다. 그렇지만 엘리트는 중산층 출신의 직업 정치인들에게 정당의 당직과 함께 정부의 관직을 나누어 주면서도, 정당과 정부를 지휘하는 고위 직책은 내어 주지 않았다. 또 19세기 말에는 서부와 남부의 농민이 경제적 곤경에 관해 항의하며 민중의 정치적 발언권을 강화하는 일련의 조치를 요구했고, 20세기 초에는 중산층이 그것을 이어받아 진보주의라 불리는 개혁

운동을 추진했다. 엘리트는 직접 선거의 확대와 주민 발의권의 도입을 비롯해 아래에서 제기된 개혁 조치를 부분적으로 수용했지만, 이번에도 자신들의 위상과 그것을 밑받침하는 권력구조를 온존할 수 있었다. 이는 오늘날까지 이어지는 기본적 양상이다. 물론, 제6장에서 지적한 것처럼 미국의 엘리트는 20세기 동안 상당히 개방적이고 유동적인 집단이 되었다. 진입과 퇴출을 결정하는 요인이 부모로부터 물려받은 재산에서 자신이 갖추고 있는 능력으로 바뀌고 있는 것이다. 그래도 엘리트 가운데서 다수는 부모로부터 지위를 이어받는다. 그들을 중심으로, 부르주아지의 패권은 오늘날에도 유지된다고 할 수 있다.

그처럼 미국에서는 부르주아지의 패권이 일찍 확립되었을 뿐 아니라 오랫동안 유지되어 왔다는 사실을 이해하기 위해서는 계급관계를 천착해야 한다. 제7장은 먼저 기업가에 초점을 맞추었다. 기업가들은 위에서 언급한 권력구조 덕분에 미국의 엘리트 가운데서도 핵심적인 존재가 되었기 때문이다. 그러나 그들은 제대로 알려져 있다고 할 수 없다. 기업사 연구자들은 대개 그들을 기업가 정신에 충실한 인물이면서 거대한 조직을 합리적으로 운영하는 경영자로 묘사해 왔다. 그런 이미지는 경험적 연구에 토대를 두고 있는 것이 아니라 조지프 슘페터와 막스 베버의 이론에 근거를 두고 있다. 더욱이, 기업사 연구자들은 국가를 비롯해 넓은 맥락을 경시하고 기업과 기업가를 시장이라는 좁은 환경 속에서 취급하는 경향을 보였다. 따라서 종래의 연구는 기업가를 계급관계 속에서 이해하는 데 별로 도움이 되지 않는다. 다만, 미국의 기업가들이 정부와 노조의 간섭을 물리치고 "경영상 특권"을 누린다는 지적은 참고할 만하다. 그것은 그들이 다른 나라의 기업가들보다 더 강한 세력을 갖고 있다는 점을 시사하기 때문이다.

기업가들의 막강한 세력은 두말할 나위도 없이 다른 계급이나 계층의 취약성을 의미한다. 제8장에서 다룬 중산층은 미국에서 가장 많은 사람들을 포괄하는 세력이다. 미국인들 가운데 대다수가 스스로 중산층에 속한다고 생각하기 때문이다. 그러나 이 세력에 대한 연구는 빈약하다. 중산층은 요즈음 자주 언급되는 양극화로 인해 조만간 사라져 버릴 존재로 간주되었다. 근래에 발표되는 연구도 경험적 측면에서는 물론이요 이론적 측면에서도 미국과 다른 나라를 비교하는 데 도움이 될 만큼 충분하다고 할 수 없다. 그래도 분명한 것은 미국의 중산층이 엘리트의 주도권에 대해 심각한 도전을 제기하지 않았다는 점이다. 중산층은 19세기에 정치적 발언권을 요구하며 기업가에 대항하는 노동자들을 지원했고, 20세기 초에는 정경유착과 부정부패를 개탄하며 엘리트를 비판했다. 그렇지만 다른 한편으로 19세기 후반부터 엘리트가 기업을 거대한 규모로 확대하는 데 가담했다. 더욱이, 그렇게 해서 성장한 사무직 종사자들은 20세기에 들어와 미국 중산층의 주력부대가 되었다. 이들의 의식이나 문화는 잘 알려져 있지 않다. 그래도 이들이 거대한 조직을 건설하고 관리하며 대기업의 가치관을 수용, 전파해 왔다는 점은 밝혀져 있다. 게다가 1970년대부터 보수적 성향을 보이며 기존질서를 옹호해 왔다는 사실도 널리 알려져 있다. 바꿔 말해, 미국의 중산층은 엘리트가 주도하는 사회질서에 서서히 적응했다고 할 수 있다.

노동계급은 제9장과 제10장에서 중요한 주제로 취급되었다. 이 두 개의 장에서 필자는 제1부와 달리 노동운동 대신에 노사관계에 주목했다. 우선 제9장에서는 미국의 노사관계가 20세기 중엽에 갈등에서 타협으로 이행하는 과정을 취급했다. 그 과정은 간략하게 정리하면, 미국의 노동자들이 뉴딜시대에 와서 단결권과 단체교섭권, 그리고 단체행동권이라는 기본적 권리를 확보했다는 것, 노동운동은 거기서 활력을 얻어 2차대전 동안 비약적으로 성장했지만 기존 노사관계와 사회질서의 전면적 재편을 시도하지 않았다는 것, 오히려 기업가들이 냉전 분위기 속에서 국가의 지원을 얻어 노동운동에서 급진파를 제거하는 한편 임금을 생계비와 생산성에 연계시켜 인상함으로써 노동조합과 동반자 관계를 수립했다는 것이다. 그 관계는 20세기 말에 중요한 변화를 겪는데, 이는 제10장에서 살펴보았다. 그에 따르면, 미국의 노동운동이 1970년대 중엽부터 쇠퇴를 거듭하며 소극적인 태도를 보이는 것을 정부와 기업의 억압 탓으로만 돌리기는 어렵다. 주목할 만한 것은 미국의 경영자들이 노동조합을 통해 노동자들과 집단적 관계를 맺기보다는 노조 없이 개별적 관계를 맺으려 한다는 점이다. 이는 노동자들에게 업무상 자율권을 부여하며 그들을 의사결정 과정에 참여시킴으로써 그들의 재능을 십분 활용하려는 경영 전략의 소산이다. 그 배경에는 노동자의 기본적 권리를 보장하기 위해 작업장에서 법의 지배를 강조하는 국가가 자리 잡고 있다. 바꿔 말해, 오늘날 미국 노동운동의 위축은 앞에서 살펴본 문화적 변동뿐 아니라 경영 전략과 국가 정책에도 기인하는 것으로 보인다.

이런 노사관계는 역사적 안목에서 볼 때 자유주의의 부활을 의미하는 듯하다. 20세기 중엽의 노사관계는 제9장에서 지적한 것처럼 담합주의의 성격을 지니고 있다. 미국의 노동운동은 국가의 지원 아래 강대한 세력을 확보하고, 거기에 의지해 사용자들과 이해관계를 조정하며 동반자 관계를 구축했다. 이 담합주의는 강력한 노동조합뿐 아니라 전국적인 사용자 단체도 요청한다는 점에서 노사 양측을 집단적 존재로 취급한다. 반면에 20세기 말에는 대기업을 중심으로 사용자들이 사용자 단체나 노동조합의 개입을 거부하고 노동자와 개별적으로 고용관계를 맺는 경향을 보인다. 이는 언뜻 보기에 19세기의 자유주의적 이상에 가까운 것 같다. 그것은 노사가 모두 개별적 존재로서 자신의 자유로운 의사에 따라 고용관계를 수립하거나 해소하는 양상을 띠고 있기 때문이다. 그렇지만 국가의 역할에는 중요한 변화가 있었다. 국가는 더 이상 노사를 평등한 존재로 간주하지 않으며, 노동자의 권익을 보호하기 위해 법률과 제도를 구비하고 있다. 바로 그렇기 때문에 오늘날 미국의 노동자들은 자신의 권익을 지키기 위해 노동조합에 가입하기보다는 법원 같은 국가기구에 호소하는 경향을 보인다. 이런 국가의 역할은 물론 노동자들의 정치적 발언권 위에서 형성된 것이다. 그렇다면 오늘날의 노사관계는 19세기의 자유주의적 이상이 노동자 세력 때문에 변형된 형태로 실현된 것이라 할 수 있다. 그것은 부르주아지의 패권이 새로운 형태로 다시 확립되었음을 말해 주는 듯하다.

이렇게 오늘날까지 지속되는 부르주아지의 패권은 미국의 사회구조를 확고한 위계질서로 이끌고 갔다. 미국의 부르주아지는 18세기 말에 패권을 장악하며 "생명과 자유, 그리고 행복의 추구"라는 어구로 집약되는 인간의 기본적 권리를 확립했다. 그런 권리가 부르주아지의 염원인 동시에 민중의 소망이었기 때문이다. 그렇지만 민중의 소망은 곧 "평등한 권리"로 확대되었다. 농민과 장인 등, 보통 사람들은 큰 재산이나 권위를 지닌 사람들이 권리를 충분히 누리는 반면에 자신들이 권리를 제대로 누리지 못한다고 생각하고 평등을 요구했던 것이다. 그런 요구는 엘리트가 저지한 부의 재분배 대신에 기회의 평등에 집중되었고, 따라서 미국의 사회질서는 사회적 이동을 허용하는 개방성과 더불어 위계구조를 온존하는 보수성도 지니게 되었다.

그런 복합적 사회질서는 언젠가 거부가 될 수 있다는 "미국인의 꿈"과 격심한 빈부격차가 공존하는 현실로 나타난다. "미국인의 꿈"이 오늘날 빌 게이츠 같은 인물에게서 표현된다면, 빈부격차는 소득 불평등에 대한 국제적 조사에서 뚜렷하게 보인다. 최근에 발표된 경제개발협력기구**OECD**의 조사에 따르면, 미국인 가운데 소득이 가장 많은 상위 10%는 하위 10%에 비해 6배 가까운 소득을 벌어들인다. OECD의 31개 회원국 가운데서 미국보다 소득 불평등이 심각한 나라는 포르투갈, 터키, 멕시코 3개국밖에 없다. 반면에 덴마크, 스웨덴, 노르웨이 같은 스칸디나비아 국가에서는 상위 10%가 벌어들이는 소득이 하위 10%의 3배가 되지 않는다.[4] 정치적 측면에서도 사정은 비슷하다. 미국의 권력구조는 위에서 언급한 것처럼 엘리트의 주도권을 보장하는 반면에 민중의 발언권을 제한한다. 미국은 대

4 OECD, Income Inequality.

표적 민주국가로 알려져 있으나, 이는 미국 정치에 깊은 뿌리를 내리고 있는 엘리트주의를 간과하는 평가이다. 연방정부, 거기서도 특히 대통령과 상원, 그리고 대법원은 엘리트의 전통적 아성이라 할 수 있다. 정치적 측면에서 볼 때, 미국은 시민을 형식상 평등한 존재로 취급하면서도 실질적으로는 위계질서로 구분하고 위상에 따라 그들에게 다른 정치적 비중을 부여하는 것이다.

그러므로 사회구조의 측면에서는 미국을 첨단으로 규정하기가 어렵다. 평등은 근대인이 추구해 온 핵심적 가치로서, 그 의미가 꾸준히 확대되어 왔다. 처음에는 근대인이 신분제라는 낡은 장벽을 제거하는 데 관심을 기울였기 때문에, 법률상 평등이 주목을 끌었다. 그렇지만 근대인의 관심은 차츰 참정권의 확대를 요구하는 정치적 평등으로, 위신의 차이를 뛰어넘는 사회적 평등으로, 또 빈부격차를 줄여 나가는 경제적 평등으로 확대되었다. 미국은 분명히 법률과 정치, 그리고 사회의 측면에서 볼 때 일찍이 평등을 달성했다. 그러나 정치와 경제의 측면에서 기회의 평등을 달성하고도 결과의 평등에 접근하지는 않았고, 그래서 여러 선진국보다 오히려 뒤처져 왔다. 이는 부르주아지가 패권을 일찍 확립하고 또 오래 유지하면서 미국을 전형적인 부르주아 사회로 만들었기 때문이다. 사회과학자들의 표현을 빌린다면, 그것은 경로의존적 발전의 소산이라 할 수 있을 것이다. 달리 말하면, 첨단의 역설이라고도 할 수 있을 것이다.

첨단이 미국을 특징짓는 용어로 적합하지 않다면, 대안을 찾기 위해 국제적 맥락을 고려할 필요가 있다. 국제적 맥락을 살펴보며 미국의 위상을 밝히는 것은 제3부의 목적이다. 그에 따라 제11장에서는 먼저 국제적 조류가 미국에 끼친 영향을 살펴보되, 인종관계에 초점을 맞춘다. 인종관계는 미국을 이해하고자 할 때 간과할 수 없는 주제일 뿐 아니라 근래에 그에 대한 이해에 근본적 변화가 일어나기도 했기 때문이다. 그런 변화는 백인성 연구자들이 주도해 왔다. 그들은 백인성이 피부색 같은 신체상 특징을 전제로 형성되는 자연적 범주가 아니라, 피부색을 구분하고 그에 따라 사람을 차별함으로써 혜택을 얻기 위해 만들어 낸 사회적 구성물이라고 지적한다. 어떤 사람들이 자신들을 다른 사람들과 구별하며 하얀 피부색을 비롯해 신체상 특징을 근거로 자신들이 우월한 위치를 차지해야 한다고 주장했기 때문에 백인이나 흑인 같은 인종이 생겼다는 것이다. 따라서 그처럼 이기적인 생각을 버리면 인종주의도 없앨 수 있다는 것이 백인성 연구자들의 전망이다. 그러나 그들은 인종과 인종주의가 근대의 산물이 아니라 고대까지 거슬러 올라가는 깊은 뿌리를 지니고 있다는 점을 간과한다. 더욱이, 그것이 집단 사이에 존재하는 불평등한 세력관계에 토대를 두고 있다는 점을 경시한다. 구체적으로 말해, 미국의 인종관계는 유럽이 아메리카로 팽창하는 과정에서 형성된 지배-종속 관계에 기원을 두고 있다는 점을 기억할 필요가 있다. 이는 백인성이라는 개념을 버린다 해도 위계적 사회질서를 바꾸지 않으면 인종관계를 청산하기 어렵다는 것을 뜻한다. 여기서 주목해야 할 것은 미국의 인종관계가 유럽이 아메리카를 식민지로 만드는 과정에서 형성되었다는 사실이다. 인종관계를 비롯해 미국 사회는 유럽 문명의 가장자리에서 건설되었던 것이다.

미국은 오늘날 다른 가장자리에 있는데, 이는 제12장에서 드러난다. 거기서 필자는 미국이 인류의 역사에서 처음으로 등장한 지구 차원의 제국이라고 지적했다. 이는 오늘날 미국이 제국인가 아닌가를 놓고 벌어지는 논쟁에 대해 필자가 제시하는 답변이다. 논쟁에서 초점으로 떠오른 것은 미국이 군사력과 경제력을 비롯해 얼마나 강한 세력을 지니고 있는가, 또 그것을 다른 국가의 동의와 협력 아래에서 사용하는가, 아니면 일방적이고 강제적으로 행사하는가 하는 의문이다. 말하자면, 힘의 크기와 성질이 해답을 결정하는 중요한 요소로 간주되는 것이다. 그러나 제국은 강제력에만 의지하는 것이 아니라 종속국의 동의와 협력을 유도하는 문화적 매력에도 의존한다. 따라서 그것은 패권국가와 분명하게 구분되지 않는다. 더욱이 물리적 세계와 달리 인류가 살아가는 정치적 세계에서는, 힘의 성격이 무엇보다 힘을 통해 형성되는 관계에 따라 결정된다. 따라서 미국이 국제사회를 어떤 질서로 편성했으며 거기서 스스로 어떤 위상을 확보했는가 하는 것이 관건이다. 그 해답은 미국이 2차대전을 치르며 전후 세계를 자유무역의 원칙 위에서 재편하기 시작했다는 사실에서 찾을 수 있다. 미국은 관세를 인하하고 환율을 안정시키는 제도적 장치를 수립하고 거기에 다른 나라들이 참여하도록 유도했다. 그 과정은 제13장에서 상세하게 다루었다. 주목해야 할 것은 미국이 그런 제도를 막강한 군사력으로 뒷받침하면서 거기서 주도권을 장악했다는 사실이다. 한마디로 줄이면, 미국은 자국이 정점을 차지하는 국제질서를 수립했던 것이다. 그리고 그것이 소련의 몰락에 따라 세계질서로 확대되었다는 것은 따로 설명할 필요가 없다. 그런 뜻에서 오늘날 미국은 세계 제국이라 할 수 있다. 바꿔 말해, 이제 미국은 출범하던 때와 다른 가장자리에 도달한 것이다.

이처럼 미국이 근대 세계의 가장자리에서 가장자리로 움직여 왔다고 한다면, 미국의 위상을 극단이라는 용어로 표현할 수 있다. 그래도 이 용어가 미국의 위상뿐 아니라 미국이 지니는 특징을 표현하는 데에도 적절한지, 그렇지 않은지 점검할 필요가 있다. 이것이 제14장과 제15장에서 필자가 시도하는 작업이다. 먼저 제14장에서는 유럽의 미국화에 관한 논쟁을 검토하며 두 문명 사이의 관계와 차이를 고찰했다. 유럽인들은 이미 19세기 중엽에 미국화를 거론했으나, 1차대전 이후에야 진지한 관심을 기울이기 시작했다. 그들은 전쟁을 치르며 미국의 막강한 생산력에 눈을 떴고, 따라서 미국의 앞선 기술과 조직, 그리고 그 배경에 있는 문화를 도입하고자 했다. 그들에게 미국은 근대성의 첨단이었던 것이다. 그런 인식은 2차대전을 계기로 심화되었다. 미국과 유럽 사이의 세력 격차는 더 뚜렷해졌고, 따라서 미국화가 심각한 과제로 떠올랐다. 미국으로부터 새로운 설비와 문화를 들여올수록, 미국의 자본과 군대에 휘둘리게 될지도 모른다는 두려움이 커졌던 것이다. 그래서 미국화는 문화적 제국주의로 간주되기도 했고, 또 근대화와 동일시되기도 했다. 그렇지만 20세기 말에 이르면, 유럽이 미국과 비슷한 기술과 조직을 갖추고 있는데도 미국과 다른 문화를 갖고 있다는 점이 분명해졌다. 따라서 미국화는 결국 미국 문화를 유럽의 토양에 맞게 바꿔 가며 받아들이는 것이 아닌가 하는 인식이 싹트게 되었다. 그것은 근대화와 겹치면서도 그와 다른 것으로 여겨지기 시작한 것이다. 이는 두말할 나위도 없이 미국 문화와 근대 문화가 같은 것이 아니기 때문이다. 그렇다면 미국화라는 용어를 사용할 때도, 근대적인 것과 미국적인 것을 구분할 필요가 있다. 결국 20세기 말 유럽에서는 미국과 근대성을 동일시하는 관념이 설득력을 잃기 시작한 것이다.

그 점은 제15장에서 드러나듯이 한국을 포함하는 아시아의 시각에서 볼 때 더욱 분명해진다. 다른 아시아 국가와 마찬가지로, 한국도 미국으로부터 큰 영향을 받으며 근대화의 길을 걸었다. 1997년에 시작된 외환위기는 미국의 영향을 살펴보는 데 좋은 계기이다. 위기를 극복하기 위해, 한국은 "국제 기준"이라는 이름 아래 미국에서 수립된 제도와 관행을 수용해야 했기 때문이다. 특히, 한국의 대기업들은 지배구조와 노무관리를 비롯해 여러 측면에서 미국의 제도와 관행을 도입했다. 그에 따라 지배구조는 외형상 미국의 대기업과 유사한 형태를 띠게 되었지만, 최고 경영진은 가족적 유대관계를 형성하며 총수를 정점으로 단일한 지휘체계를 구축했다. 또 많은 기업들은 연봉제를 도입하면서도 호봉제적 요소를 유지함으로써, 피고용인들을 개별적 존재로 취급하면서도 그들 사이의 집단의식을 강조하는 경향을 보였다. 개인주의를 수용하면서도 가족주의를 유지하는 자세를 보인 것이다. 이렇게 끈질기게 지속되는 가족주의는 한국 경제의 성장 과정과 발전 전략뿐 아니라 한국의 권력구조도 살펴볼 때 올바르게 이해할 수 있다. 한국에서 권력은 대통령에게 집중되어 있고 또 자의적 성격을 지니고 있으므로, 기업들은 그런 환경에 적응하기 위해 미국에서는 보기 어려운 구조와 행태를 보였다. 기업의 규모가 커져도 권위를 분산시키는 대신에 최고 경영자 한 사람에게 집중시키는 구조를 선호했다. 그리고 피고용인들을 관료제로 조직하고서도, 정부의 강제력에 의지하거나 피고용인의 충성심에 호소하는 경향을 보였다. 이는 한국에서 발전한 근대성이 미국과 다른 모습을 띠고 있음을 시사한다.

그렇다면 미국은 "다양한 근대성"의 일환이라 할 수 있다. 이 유명한 어구는 아직도 충분히 개발되지 않은 명제이다. 학자들은 근대성의 다양한 모습을 비교해 차이점을 파악하거나 체계적으로 정리하지 못했고, 따라서 다양성에 관한 단편적 인식을 체계적 지식으로 발전시키지도 못했으니 말이다. "다양한 근대성"이라는 어구는 다만 동아시아에서 발전한 근대성이 유럽과 미국에서 성숙한 근대성과 다르다는 점을 일깨워 줄 뿐이다. 거기서 한 걸음 더 나아가, 필자는 제14장에서 미국의 근대성이 유럽의 근대성과 가까우면서도 뚜렷이 다르다는 점을 강조한 바 있다. 이어서 제15장에서는 미국의 근대성이 한국의 근대성과 매우 다르다고 지적했다. 이런 다양성은 이해하기 어렵지 않다. 근대성은 전통과 단절된 현상이 아니라 전통 위에서 발전한 것이어서, 전통에 따라 상이한 모습을 띠기 때문이다. 구체적으로 말해 한국의 근대성에 권위주의적 전통의 그림자가 짙게 드리워져 있다면, 미국과 유럽의 근대성에는 부르주아지가 권위주의를 자유주의로 대체한 흔적이 뚜렷이 남아 있는 것이다. 더욱이 미국에서는 부르주아지의 패권이 일찍 확립되고 또 오래 유지된 덕분에, 근대성이 유럽에 비해 평등보다 자유로 경도되는 경향을 띠는 것으로 보인다. 바꿔 말하면, 미국은 "다양한 근대성" 가운데서 가장 자유주의적인 성향을 지닌다고 할 수 있다. 이는 한국을 포함해 아시아의 관점에서 볼 때 분명하게 드러난다. 그러므로 미국은 근대 세계의 극단에 자리 잡고 있다고 해도 좋을 것이다.

극단이라는 개념은 미국 예외론의 대안이 아니라 그 단서에 지나지 않는다. 위에서 언급한 것처럼, 그 전제인 "다양한 근대성"이 충분히 개발된 명제가 아니기 때문이다. 따라서 극단이라는 개념을 대안적 이론으로 발전시키기 위해서는, 미국이 근대 세계에서 지니는 특징과 위상을 구체적으로 파악해야 한다. 이것은 차후의 과제이다.

발문

긴 여정을 끝내려 하니, 지금까지 걸어온 길을 되돌아보게 된다. 돌이켜 보면 가장 눈에 띄는 것은 계획대로 된 것이 별로 없다는 점이다. 처음 구상했던 것은 이런 책이 아니라 노동사에 초점을 맞추고 사회이론을 다루는 조그만 책이었다. 1994~95년 연구년을 이용해 미국에서 노동사에 관한 저서를 준비하면서, 이론에 관한 논의를 따로 떼어 출판하기로 결심했던 것이다. 그러나 어물어물하던 사이에 외환위기가 다가와 그런 결심을 바꿔 놓았다. 외환위기를 다루던 당국자들은 물론이요 많은 지식인들도 국난을 극복하는 방안이 국가가 주도하는 발전 전략을 버리고 미국의 경제 제도와 관행을 도입하는 데 있다고 진단했다. 필자는 그것이 옳지 않다고 말했다. 하나의 제도나 관행은 한 그루 나무처럼 뿌리를 갖고 있어서, 커다란 체제와 문화 같은 토양과 함께 들여오지 않으면 옮겨 심기가 어렵기 때문이다. 그래도 사람들은 귀를 기울이지 않았고, 따라서 필자는 글을 쓰기 시작했다. 그리고 1998년이 끝나기도 전에 미국 사회에 대한 본격적 연구서가 필요하다는 결론에 이르게 되었다.

그것은 실천에 옮기기가 어려운 생각이었다. 노동사를 벗어나 사회사, 경제사, 정치사, 문화사로 시야를 넓혀야 했고, 또 인접한 사회과학의 여러 분야를 넘나들어야 했기 때문이다. 이는 물론 역사와 이론을 따로 떼어 놓을 수 없다는 필자의 사고방식 때문만이 아니다. 종래에 미국 문명론에서는 국제적 비교와 관계가 경시되었던 만큼, 이제 거기에 주의를 기울일 필요가 있기 때문이기도 했다. 더욱이, 필자의 관심은 미국이 어떤 나라인가 보여 주기보다는 어떻게 하면 미국을 올바르게 이해할 수 있는가 알아내는 데로 기울어져 있었다. 필자는 미국을 이해하는 데 중요한 쟁점을 찾아내고, 거기에 초점을 맞춰 연구 성과를 비판적으로 검토하며 이전보다 나은 이해 방식을 제안하고자 했다. 그런 쟁점은 대개 하나의 학문 분야 안에 있는 것 아니라 여러 분야가 겹쳐져 있는 영역에 자리 잡고 있었다. 따라서 필자는 노동사라는 전문 영역을 벗어나 낯선 영역을 기웃거리며 여러 분야에서 기초부터 다져야 했다. 그것은 목적지로 곧장 나아가는 여행이 아니라, 눈이 끌리는 대로 발길을 돌리는 방랑에 가까웠다.

이 책은 그런 여정의 결과이기 때문에, 단일 주제에 집중하는 연구서이면서도 다양한 주제의 논문들을 한데 엮어 놓은 느슨한 선집의 성격을 지닌다. 전문적 쟁점을 천착하기 위해서는, 언제나 상이한 견해를 섭렵할 뿐 아니라 때때로 그 아래에 깔려 있는 공통적 전제까지 탐색해야 한다. 학문 분야나 영역을 넘어 그런 작업을 계속하자면, 탐구한 성과가 보일 때마다 정리해 놓는 것이 효과적인 방법이다. 따라서 필자는 처음부터 논문을 한 편씩 써 나가고 언젠가 그것을 모아서 책을 만들려고 했다. 실제로, 그런 생각으로 하나씩 발표한 논문들이 이 책의 대부분을 차지한다. 물론, 이미 발표된 논문은 필요하면 최근의 연구 성과를 수용해 수정하고 또 일관성 있는 전체를 구성하도록 변경하기도 했다. 그런 논문의 목록은 발문 다음에 정리되어 있다. 이 책에서 새로운 글은 서문과 결론 이외에 제6장 대부분, 제13장, 그리고 제14장이다.

원고를 완성하는 데는 오랜 시간이 걸렸다. 읽을 것은 늘 산더미처럼 쌓여 있었고, 쓰는 일은 언제나 달팽이처럼 느리게 나아갔다. 작업을 재촉하기 위해 2005년에는 서울대 인문학연구원에 연구비를 신청하며 2007년까지 보고서를 제출하겠다는 계획서를 제출했다. 그래도 소용이 없었다. 인문학연구원도 심하게 독촉하지 않았다. 연구원의 재정 지원뿐 아니라 그 관대한 인내에도 감사한다. 2009년 초에는 이래서는 안 되겠다 싶어, 더 이상 자료를 보지 않고 원고를 마무리하겠다고 결심하고 서문부터 썼다. 그리고 2009년 1월 이후에 발표된 문헌은 참고하지 않겠다는 방침—실제로는 철저히 지키지 못한 결심—도 세웠다. 반년이면 끝낼 수 있을 것 같았다. 그렇지만 발문을 쓰는 지금 시간은 그로부터 반년이 네 번 넘게 흐른 다음이다. 중요한 이유는 손질하는 것이 새로 쓰는 것 못지않게 어렵다는 데 있었다. 어떤 이는 오래전에 완성한 원고를 수정하는 것이 아문 상처를 건드리는 것과 같다고 했지만, 필자는 상처가 아물지 않은 채 곪은 경우도 보았던 것이다.

그런 탓인지, 결과가 전적으로 만족스러운 것은 아니다. 우선, 원고가 너무 길어졌다. 인쇄해서 300쪽이 넘지 않는 규모로 쓰겠다는 생각은 일찌감치 버렸다. 미국 문명론을 주제로 삼을 때부터, 그것은 더 이상 간직할 수 없는 생각이었다. 그래도 내용을 압축하며 간결한 문장을 구사했더라면, 원고를 줄일 수 있지 않았을까 하는 아쉬움이 남는다. 문장이 너무 어렵다는 것도 마음에 들지 않는다. 물론, 이 책은 성격상 쉽게 쓸 수 없다. 주제가 학술적 전문성을 띠고 있을 뿐 아니라 여러 분야에 걸치는 다양성도 지니고 있기 때문이다. 더욱이, 목적이 전문가들 사이에서 벌어지는 논쟁에 개입해 주제에 대한 이해를 진척시키는 데 있기 때문이다. 따라서 한 분야에서 고도의 훈련을 거친 독자라 해도, 이 책을 처음부터 끝까지 따라 읽으려면 적잖이 어려움을 느낄 것이다. 그런 어려움을 알고 있으면서도, 그것을 조금이나마 덜지 못해 아쉽다. 쉬운 말로 옮길 수 있을 만큼 깊이 깨닫지 못한 데다가, 글을 꼼꼼히 다듬지 못했기 때문이다.

그래도 이만한 원고를 만드는 데는 많은 분들의 도움이 있었다. 먼저, 참고문헌 목록에 등장하는 수많은 인명이 떠오른다. 그들의 업적이 이 책의 밑거름이라는 점을 밝혀 두고 싶다. 그것은 이 책에서 필자가 제시하는 견해의 출발점이었다. 물론, 종착점은 모두 필자가 탐색해서 얻은 결과이며, 다른 문헌에서 찾아볼 수 없는 독자적인 견해이다. 그에 따르는 책임감은 그에 대한 자부심과 함께 오로지 필자의 몫이다.

참고문헌 목록에 없는 분들의 도움도 적지 않았다. 서울대학교 명예교수 이인호 선생님은 학창시절부터 오늘날까지 역사학은 물론이요 시사문제와 사적 용무 등, 다양한 방면에서 많은 도움을 주신 분이다. 미국사분야에서는, 기초를 가르쳐 주신 건국대학교 명예교수 이주영 선생님과 공식적 사제관계를 맺지 못했어도 언제나 따뜻한 가르침을 주시는 서강대학교 명예교수 이보형 선생님께 감사의 말씀을 드리고 싶다. 또 서강대학교 명예교수 김영한 선생님은 학문 이외에 인생의 선배로서 많은 충고를 해 주셨다. 그런 말씀은 필자가 서울대 교수로 일하면서 부딪히는 어려움을 덜어 주며 연구에 매진하도록 격려해 주신 서울대학교 명예교수 안병직 선생님과 최명 선생님께도 드리고 싶다.

서울대 미국학연구소의 미국사 세미나 참여자들에게도 감사한다. 그들은 마지막 단계에서 원고를 점검하는 수고를 해 주었다. 더욱 고마운 것은 세미나가 2004년부터 오늘날에 이르기까지 7년 이상 계속될 만큼 그들이 열의를 지니고 있다는 사실이다. 덕분에 필자는 외로운 길을 함께 가는 동무들을 얻게 되었고, 또 가르치면서 배우는 기쁨까지 누리게 되었다. 바쁜데도 여간해서는 빠지지 않는 이형대 교수, 양홍석 교수, 박진빈 교수, 또 최근에 교수가 된 이동환과 세미나의 살림꾼 김보식과 조용한 여성학도 신필식, 미국에서 공부에 열중하고 있는 김석호와 김성엽, 어려운 상황에도 굴하지 않는 임지연과 심은경, 이 모든 참여자들에게 진심으로 감사한다. 이들이 지적한 문제를 모두 해결하지 못한 것은 주로 필자의 완미頑迷한 성격 때문이다.

그리고 카이스트 과학기술정책대학원의 콜로키움 참여자들에게도 감사드린다. 박범순 교수는 2010년 4월 필자에게 제6장을 발표하는 기회를 주었을 뿐 아니라 기술이 문명에서 차지하는 의미에 대해 다시 생각하게 만들어 주었다. 그리고 윤정로 교수, 김동원 교수, 김대륜 교수 등, 거기에 참석했던 교수와 학생들은 두 시간 동안 다양한 질문과 논평을 내놓으며 학문에 탐닉하는 기쁨을 누리게 해 주었다.

자료를 구하는 데 많은 도움을 주신 분들이 있다. 특히, 서울대 중앙도서관 상호대차실과 이화여대 중앙도서관 대출실에서 일하는 분들은 필자의 성가신 부탁을 빠르고 깔끔하게, 또 기꺼이 들어 주셨다.

출판에 관해 도움을 주신 분들도 있다. 서울대 자유전공학부 한경구 교수는 일조각에서 수익성을 생각하지 않고 원고의 출판을 맡아 주도록 주선했다. 일조각에서는 또 황인아 과장이 원고를 까다롭게 살펴보고 잘못을 바로잡으며 거친 표현을 다듬도록 도움을 주었다. 서울대 서양사학과에서는 박정준 조교와 배미정 조교가 원고 정리와 복사 작업을 거들어 주었다.

각별히 언급하고 싶은 분이 생각난다. 데이비드 도널드 선생님은 2009년 봄에 세상을 뜨셨지만 자주 생각하게 된다. 미국사에 관한 가르침보다는 교육이라는 다른 주제에 관한 가르침 때문에 그렇다. 선생님께서는 1995년 오랜만에 만나는 필자에게 남부사를 이해하려면 남부를 직접 봐야 한다며 미시시피에 동생이 살고 있으니 거기 다녀오라고 주선해 주셨는데, 그것은 아직 필자가 흉내 낼 엄두도 내지 못하는 일이다. 돌아가시기 전에 한 번 더 찾아뵙지 못한 것이 가끔 짙은 회한으로 가슴을 누른다. 저 세상에서 다시 뵐 수 있다면, 연구에 필요한 온갖 기법과 문장을 쓰고 다듬는 방법을 비롯해 당신께서 가르쳐 주신 것을 요즈음 고스란히 이용하고 있다고, 친구의 말처럼 마치 제 것인 양 "훔쳐" 쓰고 있다고, 말씀드리고 싶다.

끝으로 아내에 관해서도 한마디 하고 싶다. 아내는 요즈음 필자에게 아직도 원고를 붙들고 있느냐고 핀잔을 주는 데 재미를 붙인 것 같다. 그래도 필자가 책상 앞에 앉으면 훼방을 놓지는 않는다. 아니, 사실은 몇 년 전부터 필자가 매주 며칠씩 집을 비우고 혼자서 지낼 수 있도록 도와준다. 덕분에, 요즈음 글에 빠져 지낼 수 있었다. 그것은 사실 새로운 내조일 뿐이다. 이제 30년도 넘은 일이지만, 아내는 필자와 결혼하면서 직장에서 전임 직책을 맡지 않기로 했다. 그것이 살림을 돌보며 아이들을 기르는 데 방해가 될지도 모른다고 생각했기 때문이다. 덕분에, 필자는 지금까지 집안일을 소홀히 하고 지낼 수 있었다. 그 대신, 아내는 오랫동안 같은 학교에서 "시간강사"로 지냈다. 물론, 필자의 유학생활을 뒷바라지하느라고 학교를 떠난 적도 있고, 또 학교에서 적임자를 구하지 못했을 때는 잠시 전임 직책을 맡은 적도 있다. 그런 기간을 제외하면, 30년 가까이 같은 직장에서 같은 자리를 지킨 셈이다. 그것도 근래에는 학교 측의 요구에 따라 해마다 같은 내용의 계약서에 서명해야 하는 비정규직 교원으로 지냈다. 그런 요구가 일반 기업과 달리 학교에서는 불법이 아니어서, 이리저리 항의해도 소용이 없었다 한다. 돌아오는 겨울에는 같은 계약서에 다시 서명하는 일을 그만두겠다고 하니, '그렇게 간단한 은퇴도 있구나!' 하고 깨닫는다. 이 책은 아내에게 바친다.

장별 원문

제 1 장: 「미국 예외론의 맹점」. 『미국학』 27 (2004), 89-115.

제 2 장: 「사회사의 이론적 함의」. 『역사와 현실』 10 (1993), 123-156.

제 3 장: 「노동과정론—테일러주의 논쟁」. 『성곡논총』 23 (1992), 1029-1064.

제 4 장: 「도시사의 최근 동향」. 『서양사연구』 17 (1995), 235-257.

제 5 장: 「노동운동의 운명과 공동체의 개념」. 『서양사연구』 21 (1997), 139-169.

제 6 장: 제7~8절: 「엘리트에 대한 새로운 관심과 그 한계」. 『역사학보』 204 (2009), 405-430.

제 7 장: 「기업사의 최근 동향」. 『서양사연구』 30 (2003), 29-62.

제 8 장: 「역사와 이론의 변경지대」. 『서양사론』 66 (2000), 99-131.

제 9 장: 「현대 미국의 자본-노동 관계」. 『지역연구』 1: 2 (1992), 49-71.

제10장: 「산업 공화국의 도래」. 『역사교육』 105 (2008), 185-218.

제11장: 「인종과 민족과 계급의 삼각관계」. 『미국학』 25 (2002), 1-42.

제12장: 「미국은 제국인가?」. 『미국학』 29 (2006), 39-89.

제15장: 「세계화의 문화적 충격」. 『미국학』 28 (2005), 235-275.

참고문헌

1. 한국 문헌

고완, 피터. 『세계 없는 세계화』. 홍수원 역. 서울: 시유시, 2001.

공정거래위원회. 「2005년 대기업집단의 소유지배구조에 관한 정보공개」. http://www.ftc.go.kr.

구해근. 『한국 노동계급의 형성』. 신광영 역. 서울: 창작과비평사, 2002.

권용립. 『미국—보수적 정치문명의 사상과 역사』. 서울: 역사비평사, 1991.

길현모. 「역사학과 사회과학」. 이광주 · 이민호 편, 『역사와 사회과학』, 147-168.

김덕호; 원용진 편. 『아메리카나이제이션』. 서울: 푸른역사, 2008.

김봉중. 『미국은 과연 특별한 나라인가? 미국의 정체성을 읽는 네 가지 역사적 코드』. 서울: 소나무, 2001.

김영희. 「F. R. Leavis와 Raymond Williams 연구—비평적 판단의 객관성 문제를 중심으로」. 서울대학교 박사학위 논문, 1991.

김원. 『여공 1970, 그녀들의 反역사』. 서울: 이매진, 2005.

김인수. 『모방에서 혁신으로』. 임윤철 · 이호선 공역. 서울: 시그마인사이트컴, 2000.

김형아. 『유신과 중화학공업—박정희의 양날의 선택』. 신명주 역. 서울: 일조각, 2005.

나이, 조지프. 『제국의 패러독스』. 홍수원 역. 서울: 세종연구원, 2002.

나종일. 「브로델의 전체사」. 한국정신문화연구원 역사연구실 편, 『현대 역사이론의 조명』 (성남: 한국정신문화연구원, 1984), 7-58.

「노동뉴스」. 『월간 노동』 2003년 2월. http://www.labor21.com.

「노동자료」. 『월간 노동』 2004년 12월. http://www.labor21.com.

「노동통계」. 『월간 노동』 2002년 4월. http://www.labor21.com.

노명식 외. 『시민계급과 시민사회—비교사적 접근』. 서울: 한울, 1993.

도르프만, 아리엘; 아르망 마텔라르. 『도널드 덕, 어떻게 읽을 것인가—디즈니 만화로 가장한 미 제국주의의 야만』. 김성오 역. 서울: 새물결, 2003.

로스코프, 데이비드. 『슈퍼클래스』. 이현주 역. 서울: 더난출판, 2008.

로우즈, 스티븐; 리차드 르원틴; 레온 카민. 『우리 유전자 안에 없다』. 이상원 역. 서울: 한울, 1993.

마르틴, 한스-페터; 하랄트 슈만. 『세계화의 덫』. 강수돌 역. 서울: 영림, 1997.

민석홍. 「아날르학파의 성립과 논리」. 이광주 · 이민호 편, 『역사와 사회과학』, 11-26.

박대근; 이창용. 「한국의 외환위기: 전개과정과 교훈」. 『경제학연구』 46: 4 (1998), 351-389.

배영수. 「1930년대 미국 노동조합의 성장요인에 대하여」. 『서양사연구』 1 (1979), 105-140.

______. 「노동운동과 혁신주의—미국 남성피복 노동조합에서의 좌우갈등과 민주주의」. 『미국학』 13 (1990), 27-54.

______. 「1920년대 미국의 노동계급 문화와 거주형태」. 『미국학』 18 (1995), 99-123.

______. 「상조회, 공동체, 자본주의」. 『미국사연구』 4 (1996), 218-230.

______. 「백인 우월주의의 기원에 대한 재검토」. 『미국학』 26 (2003), 213-240.

______. 「서론」. 『세계화의 역사와 패권 경쟁』 (서울: 서울대학교 출판부, 2007), 1-13.

______. 「인종주의」. 『역사용어사전』 (근간).

베일린, 버나드. 『미국혁명의 이데올로기적 기원』. 배영수 역. 서울: 새물결, 1999.

송호근. 「기업조직과 고용체계의 구조변화」. 『경제와 사회』 56 (2002), 161-190.

스티글리츠, 조지프. 『세계화와 그 불만』. 송철복 역. 성남: 세종연구원, 2002.

신광영. 「서구 사회사연구의 동향」. 한국사회사연구회 논문집 24 『사회사 연구의 이론과 실제』(1990), 44-70.

신장섭; 장하준. 『주식회사 한국의 구조조정 무엇이 문제인가』. 장진호 역. 서울: 창비, 2004.

양병우. 「역사 · 사회과학 · 혁명이론」. 이광주 · 이민호 편, 『역사와 사회과학』, 233-249.

양홍석. 『고귀한 야만』. 서울: 동국대학교 출판부, 2008.

앤더슨, 페리. 『절대주의 국가의 계보』. 김현일 외 역. 서울: 까치, 1993.

엘리아스, 노르베르트. 『문명화과정 I』. 박미애 역. 서울: 한길사, 1996.

예르긴, 다니엘; 조셉 스태니슬로. 『시장 대 국가』. 주명건 역. 성남: 세종연구원, 1999.

오주환. 「아날르학파의 역사와 사론」. 이광주 · 이민호 편, 『역사와 사회과학』, 27-57.

올슨, 맨슈어. 『국가의 흥망성쇠』. 최광 역. 서울: 한국경제신문사, 1990.

『외환위기 5년—세계 석학들의 한국경제 진단』. 서울: 서울대학교 국제금융센터, 2002.

유재건. 「톰슨의 역사 방법론」. 『역사교육』 39 (1986), 312-320.

윤진호. 「미국 노동운동의 위기와 새로운 변화」. 『경제와 사회』 14 (1992), 193-218.

월러스틴, 이매뉴얼. 『미국 패권의 몰락』. 한기욱 · 정범진 공역. 서울: 창작과비평사, 2003.

이거스, 게오르그 G. 『현대 사회사학의 흐름』. 이민호 · 박은구 공역. 서울: 전예원, 1990.

이광주. 「독일사학의 사회사적 전환」. 이광주 · 이민호 편, 『역사와 사회과학』, 61-79.

이광주; 이민호 편. 『역사와 사회과학』. 서울: 한길사, 1981.

이두갑. 「수리분류학에서 컴퓨터의 역할: 자료의 계산에서 연구공간의 창출로, 1957-1970」. 서울대학교 석사학위 논문, 2000.

이민호. 『현대사회와 역사이론』. 서울: 문학과지성사, 1982.

이보형. 「미국 노예제도의 기원 논쟁」. 『서양사론』 29 · 30 합병호 (1988), 341-362.

이상신. 「사회사의 개념과 방법론」. 이광주 · 이민호 편, 『역사와 사회과학』, 106-144.

이영석. 「'언어로의 전환'과 노동사의 위기」. 『다시 돌아본 자본의 시대』 (서울: 소나무, 1999), 251-285.

이영희. 「독점대기업 화이트칼라노동자 연구」. 『한국사회노동자연구 1』 (서울: 백산서당, 1989), 273-324.

이형대. 「미국의 지식인과 대중문화, 1890-1929」. 『미국사연구』 24 (2006), 1-29.

임영일; 차성수; 박준식; 이상영. 「독점대기업 노동자의 의식연구」. 『한국사회노동자연구 1』 (서울: 백산서당, 1989), 143-271.

장하준. 『개혁의 덫』. 서울: 부키, 2004.

______. 『사다리 걷어차기』. 형성백 역. 서울: 부키, 2004.

정이환; 이병훈. 「경제위기와 고용관계의 변화: 대기업 사례를 중심으로」. 『산업노동연구』 6: 1 (2000), 27-58.

정형옥. 「비정규직 고용의 특성과 차이」. 『여성연구』 67 (2004), 121-158.

주무현. 「경제위기 이후 기업별 내부노동시장의 구조변화: 현대자동차의 사례」. 『산업노동연구』 8: 1 (2002), 75-110.

______. 「경제위기 이후 기업구조조정과 노동: 영남지역 금속연맹 사업장을 중심으로」. 『경제와 사회』 58 (2003), 8-33.

채구묵. 「IMF 경제위기 이후 비정규근로자의 증가원인 분석 및 과제」. 『한국사회학』 36: 5 (2002), 143-169.

처노, 론. 『금융제국 J. P. 모건』. 강남규 역. 서울: 플래닛, 2007.

케네디, 폴. 『강대국의 흥망』. 이일수 · 전남석 · 황건 공역. 서울: 한국경제신문사, 1988.

케이, 하비 J. 『영국의 마르크스주의 역사가들』. 양효식 역. 서울: 역사비평사, 1988.

코카, 위르겐. 『임노동과 계급 형성』. 한운석 역. 서울: 한마당, 1987.

토드, 엠마뉘엘. 『제국의 몰락—미국 체제의 해체와 세계의 재편』. 주경철 역. 서울: 까치, 2003.

톰슨, 폴. 『노동사회학—노동과정에 관한 제 논쟁』. 심윤종 · 김문조 역. 서울: 경문사, 1987.

파커, 마이크; 제인 슬로터. 『팀 신화와 노동의 선택』 강수돌 외 역. 서울: 강, 1996.

풀란차스, 니코스. 『정치권력과 사회계급』. 홍순권 · 조형제 공역. 서울: 풀빛, 1986.

프리드먼, 토머스 L. 『렉서스와 올리브나무』. 신동욱 역. 서울: 창해, 2003.

______. 『세계는 평평하다』. 김상철 · 이윤섭 · 최정임 공역. 서울: 창해, 2006.

햄프든-터너, 찰스; 알폰스 트롬페나르. 『기업문화혁명』. 정헌주 역. 서울: 자작나무, 1995.

헬드, 데이비드; 앤터니 맥그루; 데이비드 골드블라트; 조너선 페라턴. 『전지구적 변환』. 조효제 역. 서울: 창작과비평사, 2002.

호프슈테더, 헤르트. 『세계의 문화와 조직』. 차재호 · 나은영 공역. 서울: 학지사, 1995.

홉슨, 존. 『제국주의론』. 신홍범 · 김종철 공역. 서울: 창작과비평사, 1982.

2. 외국 단행본

Aglietta, Michel. *A Theory of Capitalist Regulation: The US Experience.* Trans. David

Fernbach. London: New Left Review, 1979.

Agnew, John. *Hegemony: The New Shape of Global Economy.* Philadelphia: Temple Univ. Pr., 2005.

______, and Stuart Corbridge. *Mastering Space: Hegemony, Territory and International Political Economy.* New York: Routledge, 1995.

Aitken, Hugh G. J., ed. *Explorations in Enterprise.* Cambridge, Mass.: Harvard Univ. Pr., 1965.

Allen, Theodore W. *The Invention of the White Race.* 2 vols. London: Verso, 1994-97.

Althusser, Louis, and Etienne Balibar. *Reading Capital.* London: Verso, 1979.

Amsden, Alice H. *Asia's Next Giant: South Korea and Late Industrialization.* Oxford: Oxford Univ. Pr., 1989.

______. *The Rise of the "Rest": Challenges to the West from Late-Industrializing Economies.* Oxford: Oxford Univ. Pr., 2001.

Anderson, Perry. *Arguments Within English Marxism.* London: Verso, 1980.

Ang, Ien. *Watching Dallas: Soap Opera and the Melodramatic Imagination.* Trans. Della Couling. London: Routledge, 1989.

Aoki, Masahiko; Hyung-Ki Kim; and Masahiro Okuno-Fujiwara, eds. *The Role of Government in East Asian Economic Development: Comparative Institutional Analysis.* Oxford: Clarendon Pr., 1996.

Aptheker, Herbert. *The World of C. Wright Mills.* New York: Marzani & Munsell, 1960.

Arnesen, Eric. *Waterfront Workers of New Orleans: Race, Class, and Politics, 1863-1923.* Illini Books ed. Urbana: Univ. of Illinois Pr., 1994.

Aron, Cindy Sondik. *Ladies and Gentlemen of the Civil Service: Middle-Class Workers in Victorian America.* New York: Oxford Univ. Pr., 1987.

Arrighi, Giovanni. *The Long Twentieth Century: Money, Power, and the Origins of Our Times.* London: Verso, 1994.

Bacevich, Andrew J. *American Empire: The Realities and Consequences of U.S. Diplomacy.* Cambridge, Mass.: Harvard Univ. Pr., 2002.

Bae, Youngsoo. *Labor in Retreat: Class and Community among Men's Clothing Workers of Chicago, 1871-1929.* Albany: State Univ. of New York Pr., 2001.

Bailyn, Bernard. *The Origins of American Politics.* New York: Alfred A. Knopf, 1968.

Baker, Alan R. H., and Mark Billinge, eds. *Period and Place: Research Methods in*

Historical Geography. Cambridge: Cambridge Univ. Pr., 1982.

Balogh, Brian. *A Government Out of Sight: The Mystery of National Authority in Nineteenth-Century America*. Cambridge: Cambridge Univ. Pr., 2009.

Baltzell, E. Digby. *The Protestant Establishment: Aristocracy & Caste in America*. New York: Random House, 1964.

Bancroft, George. *History of the United States*. Vols. 1-2. 18th ed. Boston: Little, Brown & Co., 1859-60.

Banfield, Edward C. *The Moral Basis of a Backward Society*. Glencoe, Ill.: Free Pr, 1958.

Barber, Benjamin R. *Jihad vs. McWorld: Terrorism's Challenge to Democracy*. New York: Ballantine Books, 2001.

Bartlett, Robert. *The Making of Europe: Conquest, Colonization and Cultural Change, 950-1350*. Princeton, N.J.: Princeton Univ. Pr., 1993.

Baughman, James P., ed. *The History of American Management*. Englewood Cliffs, N.J.: Prentice-Hall, 1969.

Beckert, Sven. *The Monied Metropolis: New York City and the Consolidation of the American Bourgeoisie, 1850-1896*. Cambridge: Cambridge Univ. Pr., 2001.

Bell, Daniel. *The End of Ideology: On the Exhaustion of Political Ideas in the Fifties*. Revised ed. New York: Free Pr., 1962.

Bell, Rudolph M. *Fate and Honor, Family and Village: Demographic and Cultural Change in Rural Italy since 1800*. Chicago: Univ. of Chicago Pr, 1979.

Bender, Thomas. *Community and Social Change in America*. Baltimore: Johns Hopkins Univ. Pr., 1982.

______, ed. *Rethinking American History in a Global Age*. Berkeley: Univ. of California Pr., 2002.

Benjamin, Lois. *The Black Elite: Still Facing the Color Line in the Twenty-First Century*. 2nd ed. Lanham: Rowman & Littlefield, 2005.

Berger, Bennett M. *Working-Class Suburb: A Study of Auto Workers in Suburbia*. Berkeley: Univ. of California Pr., 1960.

Berle, Adolf A., Jr. and Gardiner C. Means. *The Modern Corporation and Private Property*. New York: Macmillan, 1933.

Bernstein, Irving. *The Lean Years: A History of the American Worker, 1920-1933*. Boston: Houghton Mifflin, 1960.

Bhagwati, Jagdish. *In Defense of Globalization.* Oxford: Oxford Univ. Pr., 2004.

Binford, Henry C. *The First Suburbs: Residential Communities on the Boston Periphery, 1815–1860.* Chicago: Univ. of Chicago Pr., 1985.

Blackmar, Elizabeth. *Manhattan for Rent, 1785–1850.* Ithaca: Cornell Univ. Pr., 1989.

Bledstein, Burton J. *The Culture of Professionalism: The Middle Class and the Development of Higher Education in America.* New York: W. W. Norton, 1976.

______, and Robert D. Johnston, eds. *The Middling Sorts: Explorations in the History of the American Middle Class.* New York: Routledge, 2001.

Bloch, Marc. *Feudal Society.* Trans. L. A. Manyon. Chicago: Univ. of Chicago Pr., 1961.

Block, Fred L. *The Origins of International Economic Disorder: A Study of United States International Monetary Policy from World War II to the Present.* Berkeley: Univ. of California Pr., 1977.

Bluestone, Barry, and Bennett Harrison. *The Deindustrialization of America: Plant Closings, Community Abandonment, and the Dismantling of Basic Industry.* New York: Basic Books, 1982.

Blumin, Stuart. *The Emergence of the Middle Class: Social Experience in the American City, 1760–1900.* New York: Cambridge Univ. Pr., 1989.

Boorstin, Daniel J. *The Genius of American Politics.* Chicago: Univ. of Chicago Pr., 1953.

Bourdieu, Pierre. *Distinction: A Social Critique of the Judgement of Taste.* Trans. Richard Nice. Cambridge, Mass.: Harvard Univ. Pr., 1984.

Bouton, Terry. *Taming Democracy: "The People," the Founders, and the Troubled Ending of the American Revolution.* New York: Oxford Univ. Pr., 2007.

Boyer, Paul. *Urban Masses and Moral Order in America, 1820–1920.* Cambridge, Mass.: Harvard Univ. Pr., 1978.

Brand, Donald R. *Corporatism and the Rule of Law: A Study of National Recovery Administration.* Ithaca: Cornell Univ. Pr., 1988.

Brandes, Stuard D. *American Welfare Capitalism, 1880–1940.* Chicago: Univ. of Chicago Pr., 1970.

Brattain, Michelle. *The Politics of Whiteness: Race, Workers, and Culture in the Modern South.* Princeton, N.J.: Princeton Univ. Pr., 2001.

Braudel, Fernand. *The Mediterranean and the Mediterranean World in the Age of Philip II.* Trans. Siân Reynolds. New York: Harper & Row, 1972.

______. *Civilization and Capitalism, 15th–18th Century.* 3 vols. Trans. Siân Reynolds. New York: Harper & Row, 1979–84.

Braverman, Harry. *Labor and Monopoly Capital: The Degradation of Work in the Twentieth Century.* New York: Monthly Review Pr., 1974.

Bridenbaugh, Carl. *Cities in Wilderness: The First Century of Urban Life in America, 1625–1742.* New York: Ronald, 1938.

______. *Cities in Revolt: Urban Life in America, 1743–1776.* New York: Alfred A. Knopf, 1955.

Briggs, Asa. *Victorian Cities.* New York: Harper & Row, 1965.

Brint, Steven. *In an Age of Experts: The Changing Role of Professionals in Politics and Public Life.* Princeton, N.J.: Princeton Univ. Pr., 1994.

Brodkin, Karen. *How Jews Became White Folks and What That Says about Race in America.* New Brunswick, : Rutgers Univ. Pr., 2000.

Brody, David. *Steelworkers in America: The Nonunion Era.* Cambridge, Mass.: Havard Univ. Pr., 1960.

______. *Workers in Industrial America: Essays on the 20th Century Struggle.* Oxford: Oxford Univ. Pr., 1980.

Brooks, David. *Bobos in Paradise: The New Upper Class and How They Got There.* New York: Simon & Schuster, 2000.

Brown, Jonathan, and Mary B. Rose, eds. *Entrepreneurship, Networks and Modern Business.* Manchester: Manchester Univ. Pr., 1993.

Brzezinski, Zbigniew. *The Choice: Global Domination or Global Leadership.* New York: Basic Books, 2004.

Burawoy, Michael. *The Politics of Production: Factory Regimes under Capitalism and Socialism.* London: Verso, 1985.

Burbach, Roger and Jim Tarbell. *Imperial Overstretch: George W. Bush and the Hubris of Empire.* New York: Zed Books, 2004.

Burch, Philip H., Jr. *Elites in American History: The New Deal to the Carter Administration.* New York: Homles & Meier, 1980.

Burke, Peter. *Popular Culture in Early Modern Europe.* New York: Harper Torchbook, 1978.

Burnham, James. *The Managerial Revolution: What Is Happening in the World.* New York: John Day, 1941.

Bushman, Richard L. *The Refinement of America: Persons, Houses, Cities.* New York: Vintage Books, 1993.

Business History Review 36: 1 (Spring 1962).

Calhoun, Craig; Frederick Cooper; and Kevin W. Moore, eds. *Lessons of Empire: Imperial Histories and American Power.* New York: New Pr., 2006.

Caplan, Arthur L. *The Sociobiology Debate: Readings on the Ethical and Scientific Issues Concerning Sociobiology.* New York: Harper & Row, 1978.

Carsel, Wilfred. *A History of the Chicago Ladies' Garment Workers' Union.* Chicago: Normandie House, 1940.

Carson, Clayborne. *In Struggle: SNCC and the Black Awakening of the 1960s.* Cambridge, Mass.: Harvard Univ. Pr., 1981.

Castells, Manuel. *The Urban Question: A Marxist Approach.* Trans. Alan Sheridan. Cambridge, Mass.: MIT Pr., 1977.

Cauthorn, Robert C. *Contributions to a Theory of Entrepreneurship.* New York: Garland, 1989.

Chandler, Alfred D., Jr. *Strategy and Structure: Chapters in the History of the Industrial Enterprise.* Cambridge, Mass.: MIT Pr., 1962.

______. *The Visible Hand: The Managerial Revolution in American Business.* Cambridge, Mass.: Harvard/Belknap, 1977.

______. *Scale and Scope: The Dynamics of Industrial Capitalism.* Cambridge, Mass.: Harvard/Belknap, 1990.

______; Franco Amatori; and Takashi Hikino, eds. *Big Business and the Wealth of Nations.* Cambridge: Cambridge Univ. Pr., 1997.

Chang Ha-Joon. *The Political Economy of Industrial Policy.* New York: St. Martin's Pr., 1994.

Chatterjee, Partha. *The Nation and Its Fragments: Colonial and Postcolonial Histories.* Princeton, N.J.: Princeton Univ. Pr., 1993.

Clarke, John; Chas Critcher; and Richard Johnson, eds. *Working-Class Culture.* London: Hutchinson, 1979.

Clawson, Dan. *Bureaucracy and the Labor Process: The Transformation of U.S. Industry, 1860-1920.* New York: Monthly Review Pr., 1980.

Cochran, Thomas. *American Business in the Twentieth Century.* Cambridge, Mass.: Harvard Univ. Pr., 1972.

______. *200 Years of American Business.* New York: Dell, 1977.

______. *Frontiers of Change: Early Industrialism in America.* Oxford: Oxford Univ. Pr., 1981.

Cohen, Lizabeth. *Making a New Deal: Industrial Workers in Chicago, 1919–1939.* Cambridge: Cambridge Univ. Pr., 1990.

Colás, Alejandro, and Richard Saull, eds. *The War on Terrorism and the American 'Empire' after the Cold War.* New York: Routledge, 2006.

Cookson, Peter W., Jr. and Caroline Hodges Persell. *Preparing for Power: America's Elite Boarding Schools.* New York: Basic Books, 1985.

Cooper, Frederick, and Ann Laura Stoler, eds. *Tensions of Empire: Colonial Cultures in a Bourgeois World.* Berkeley: Univ. of California Pr., 1997.

Crenshaw, Kimberlé; Neil Gotanda; Gary Peller; and Kendall Thomas, eds. *Critical Race Theory: The Key Writings That Formed the Movement.* New York: New Pr., 1995.

Crew, David F. *Town in the Ruhr: A Social History of Bochum, 1860–1914.* New York: Columbia Univ. Pr., 1979.

Dahl, Robert A. *Who Governs? Democracy and Power in an American City.* New Haven: Yale Univ. Pr., 1961.

Dahrendorf, Ralf. *Class and Class Conflict in Industrial Society.* Stanford: Stanford Univ. Pr., 1959.

Dalzell, Robert F., Jr. *Enterprising Elites: The Boston Associates and the World They Made.* Cambridge, Mass.: Harvard Univ. Pr., 1987.

Darnton, Robert. *The Great Cat Massacre and Other Episodes in French Cultural History.* New York: Vintage Books, 1985.

Davis, David Brion. *Inhuman Bondage: The Rise and Fall of Slavery in the New World.* New York: Oxford Univ. Pr., 2008.

Dean, John, and Jean-Paul Gabilliet, eds. *European Readings of American Popular Culture.* Westport, Conn.: Greenwood Pr., 1996.

De Grazia, Victoria. *Irresistible Empire: America's Advance through 20th-Century Europe.* Cambridge, Mass.: Harvard Univ. Pr., 2005.

Delgado, Richard, and Jean Stefancic, eds. *Critical White Studies: Looking Behind the Mirror.* Phildelphia: Temple Univ. Pr., 1997.

DeMarco, William M. *Ethnics and Enclaves: Boston's Italian North End.* Ann Arbor,

Mich.: UMI Research Pr., 1981.

Demos, John. *A Little Commonwealth: Family Life in Plymouth Colony.* Oxford: Oxford Univ. Pr., 1970.

Deyle, Steven. *Carry Me Back: The Domestic Slave Trade in American Life.* New York: Oxford Univ. Pr., 2005.

Dobb, Maurice. *Studies in the Development of Capitalism.* New York: International Publishers, 1947.

Doerflinger, Thomas M. *A Vigorous Spirit of Enterprise: Merchants and Economic Development in Revolutionary Philadelphia.* New York: W. W. Norton, 1986.

Domhoff, G. William. *Who Rules America?* Englewood Cliffs, N.J.: Prentice-Hall, 1967.

______. *The Higher Circles: The Governing Class in America.* New York: Vintage Books, 1971.

______. *The Power Elite and the State: How Policy Is Made in America.* New York: Aldine de Gruyter, 1990.

Doyle, Michael W. *Empires.* Ithaca: Cornell Univ. Pr., 1986.

Dubofsky, Melvyn. *We Shall Be All: A History of the Industrial Workers of the World.* Chicago: Quadrangle Books, 1969.

_______, and Warren Van Tine, eds. *Labor Leaders in America.* Urbana: Univ. of Illinois Pr., 1987.

Duby, Georges. *The Early Growth of the European Economy: Warriors and Peasants from the Seventh to the Twelfth Century.* Ithaca, N.Y.: Cornell Univ. Pr., 1974.

Dye, Thomas R. *Who's Running America? The Clinton Years.* 6th ed. Englewood Cliffs, N.J.: Prentice Hall, 1995.

Dyos, H. J. *Victorian Suburb: A Study of the Growth of Camberwell.* Leicester: Leicester Univ. Pr., 1961.

______, ed. *The Study of Urban History.* London: Edward Arnold, 1968.

______, and Michael Wolff, eds. *The Victorian City: Images and Realities.* Vol. 2. London: Routledge & Kegan Paul, 1973.

Earle, Carville. *Geographical Inquiry and American Historical Problems.* Stanford: Stanford Univ. Pr., 1992.

Eckes, Alfred E., Jr. *A Search for Solvency: Bretton Woods and the International Monetary System, 1941-1971.* Austin: Univ. of Texas Pr., 1975.

Edwards, Richard. *Contested Terrain: The Transformation of the Workplace in the Twentieth Century.* New York: Basic Books, 1979.

Eley, Geoff, and Keith Nield. *The Future of Class in History: What's Left of the Social?* Ann Arbor: Univ. of Michigan Pr., 2007.

Evans, Peter. *Embedded Autonomy: States and Industrial Transformation.* Princeton, N.J.: Princeton Univ. Pr., 1995.

_____; Dietrich Rueschemeyer; and Theda Skocpol, eds. *Bringing the State Back In.* Cambridge: Cambridge Univ. Pr., 1985.

Evans, Sara. *Personal Politics: The Roots of Women's Liberation in the Civil Rights Movement & the New Left.* Vintage Books ed. New York: Vintage Books, 1980.

Farrell, Betty G. *Elite Families: Class and Power in Nineteenth-Century Boston.* Albany: State Univ. of New York Pr., 1993.

Fehrenbach, Heide, and Uta G. Poiger, eds. *Transactions, Transgressions, Transformations: American Culture in Western Europe and Japan.* New York: Berghahn Books, 2000.

Ferguson, Niall. *The Cash Nexus: Money and Power in the Modern World, 1700–2000.* London: Penguin Books, 2001.

_____. *Empire: The Rise and Demise of the British World Order and the Lessons for Global Power.* New York: Basic Books, 2003.

_____. *Colossus: The Price of America's Empire.* New York: Penguin Pr., 2004.

Fogel, Robert William. *Without Consent or Contract: The Rise and Fall of American Slavery.* New York: W. W. Norton, 1989.

_____, and Stanley L. Engerman. *Time on the Cross: The Economics of American Negro Slavery.* Boston: Little, Brown and Co., 1974.

Foner, Eric. *Tom Paine and Revolutionary America.* New York: Oxford Univ. Pr., 1976.

Forbath, William E. *Law and the Shaping of the American Labor Movement.* Cambridge, Mass.: Harvard Univ. Pr., 1991.

Foster, John. *Class Struggle and the Industrial Revolution: Early Industrial Capitalism in Three English Towns.* London: Weidenfeld and Nicolson, 1974.

Foster, John Bellamy, and Robert W. McChesney. *Pox Americana: Exposing the American Empire.* New York: Monthly Review Pr., 2004.

Frankenberg, Ruth. *White Women, Race Matters: The Social Construction of Whiteness.* London: Routledge, 1993.

Fraser, Steve, and Gary Gerstle, eds. *The Rise and Fall of the New Deal Order, 1930–1980.* Princeton, N.J.: Princeton Univ. Pr., 1989.

______, and ______, eds. *Ruling America: A History of Wealth and Power in a Democracy.* Cambridge, Mass.: Harvard Univ. Pr., 2005.

Fredrickson, George M. *Racism: A Short History.* Princeton, N. J.: Princeton Univ. Pr., 2002.

Freyer, Tony. *Regulating Big Business: Antitrust in Great Britain and America 1880–1990.* Cambridge: Cambridge Univ. Pr., 1992.

Frisby, David. *Simmel and Since: Essays on Georg Simmel's Social Theory.* London: Routledge, 1992.

Fritz, Christian G. *American Sovereigns: The People and the American Constitution before the Civil War.* Cambridge: Cambridge Univ. Pr., 2008.

Fussel, Paul. *Class: A Guide Through the American Status System.* New York: Simon & Schuster, 1983.

Gaddis, John Lewis. *Strategies of Containment: A Critical Appraisal of Postwar American National Security Policy.* Oxford: Oxford Univ. Pr., 1982.

Galambos, Louis. *The Public Image of Big Business in America, 1880–1940.* Baltimore: Johns Hopkins Univ. Pr., 1975.

Gans, Herbert J. *The Levittowners: Ways of Life and Politics in a New Suburban Community.* New York: Pantheon, 1967.

Gardiner, Lloyd C., and Marilyn B. Young. *The New American Empire: A 21st Century Teach-in on U.S. Foregin Policy.* New York: New Pr., 2005.

Gardner, Richard N. *Sterling-Dollar Diplomacy in Current Perspective: The Origins and the Prospects of Our International Economic Order.* Expanded ed. New York: Columbia Univ. Pr., 1980.

Gartman, David. *Auto Slavery: The Labor Process in the American Automobile Industry, 1897–1950.* New Brunswick: Rutgers Univ. Pr., 1986.

Gavin, Francis J. *Gold, Dollars, and Power: The Politics of International Monetary Relations, 1958–1971.* Chapel Hill: Univ. of North Carolina Pr., 2004.

Genovese, Eugene D. *The Political Economy of Slavery: Studies in the Economy and Society of the Slave South.* New York: Vintage Books, 1967.

______. *The World the Slaveholders Made: Two Essays in Interpretation.* New York: Vintage Books, 1971.

_____. *Roll, Jordan, Roll: The World the Slaves Made.* New York: Vintage Books, 1976.

Giddens, Anthony. *Central Problems in Social Theory: Action, Structure and Contradiction in Social Analysis.* Berkeley: Univ. of California Pr., 1979.

_____. *The Class Structure of the Advanced Societies.* 2nd ed. London: Unwin Hyman, 1980.

_____. *The Constitution of Society: Outline of the Theory of Structuration.* Berkeley: Univ. of California Pr., 1984.

Gierke, Otto von. *Community in Historical Perspective.* Ed. Anthony Black. Cambridge: Cambridge Univ. Pr., 1990.

Gilkeson, John S., Jr. *Middle-Class Providence, 1820–1940.* Princeton, N.J.: Princeton Univ. Pr., 1986.

Gilpin, Robert. *War and Change in World Politics.* Cambridge: Cambridge Univ. Pr., 1981.

_____. *The Political Economy of International Relations.* Princeton, N.J.: Princeton Univ. Pr., 1987.

_____. *Global Political Economy: Understanding the International Economic Order.* Princeton, N.J.: Princeton Univ. Pr., 2001.

Ginzburg, Carlo. *The Cheese and the Worms: The Cosmos of a Sixteenth-Century Miller.* Trans. John and Anne Tedeschi. Harmondsworth: Penguin Books, 1982.

Goldfield, Michael. *The Decline of Organized Labor in the United States.* Chicago: Univ. of Chicago Pr., 1987.

Goldthorpe, John H., ed. *Order and Conflict in Contemporary Capitalism.* Oxford: Clarendon Pr., 1984.

Gong, Gerrit W. *The Standard of 'Civilization' in International Society.* Oxford: Clarendon, 1984.

Gordon, David M.; Richard Edwards; and Michael Reich. *Segmented Work, Divided Workers: The Historical Transformation of Labor in the United States.* Cambridge: Cambridge Univ. Pr., 1982.

Gould, Stephen Jay. *The Mismeasure of Man.* New York: W. W. Norton, 1981.

Gouldner, Alvin W. *The Future of Intellectuals and the Rise of the New Class.* New York: Continuum, 1979.

Gowa, Joanne. *Closing the Gold Window: Domestic Politics and the End of Bretton Woods.* Ithaca: Cornell Univ. Pr., 1983.

Gramsci, Antonio. *Selection from the Prison Notebooks*. Ed. and trans. Quintin Hoarse and Geoffrey Nowell Smith. New York: International Publishers, 1971.

Greenberg, Edward S. *Serving the Few: Corporate Capitalism and the Bias of Government Policy*. New York: John Wiley & Sons, 1974.

Greene, Jack P. *The Intellectual Construction of America: Exceptionalism and Identity from 1492–1800*. Chapel Hill: Univ. of North Carolina Pr., 1993.

Greene, Victor R. *The Slavic Community on Strike: Immigrant Labor in Pennsylvania Anthracite*. South Bend: Notre Dame Univ. Pr., 1968.

Gregory, Derek. *Ideology, Science and Human Geography*. London: Hutchinson, 1978.

______. *Geographical Imaginations*. Cambridge, Mass.: Blackwell, 1994.

______, and John Urry, eds. *Social Relations and Spatial Structures*. London: Macmillan, 1985.

Greven, Philip J., Jr. *Four Generations: Population, Land, and Family in Colonial Andover, Massachusetts*. Ithaca: Cornell Univ. Pr., 1970.

Guglielmo, Thomas A. *White on Arrival: Italians, Race, Color, and Power in Chicago, 1890–1945*. Oxford: Oxford Univ. Pr., 2003.

Guterl, Matthew Pratt. *The Color of Race in America, 1900–1940*. Cambridge, Mass.: Harvard Univ. Pr., 2001.

Gutman, Herbert G. *Work, Culture, and Society in Industrializing America: Essays in American Working-Class and Social History*. New York: Vintage Books, 1977.

Hale, Grace Elizabeth. *Making Whiteness: The Culture of Segregation in the South, 1890–1940*. New York: Pantheon Books, 1998.

Halper, Stefan, and Jonathan Clarke. *America Alone: The Neo-Conservatives and the Global Order*. Cambridge: Cambridge Univ. Pr., 2004.

Halpern, Rick, and Jonathan Morris, eds. *American Exceptionalism? US Working-Class Formation in an International Context*. New York: St. Martin's Pr., 1997.

Haltunen, Karen. *Confidence Men and Painted Women: A Study of Middle-Class Culture in America, 1830–1870*. New Haven: Yale Univ. Pr., 1982.

Handlin, Oscar, and John Burchard, eds. *The Historian and the City*. Cambridge, Mass.: MIT Pr., 1963.

______, and Mary Flug Handlin, *Commonwealth: A Study of the Role of Government in the American Economy: Massachusetts, 1774–1861*. Revised ed. Cambridge, Mass.: Harvard/Beknap, 1969.

Haney-López, Ian F. *White by Law: The Legal Construction of Race.* New York: New York Univ. Pr., 1996.

Hannaford, Ivan. *Race: The History of an Idea in the West.* Washington, D.C.: Woodrow Wilson Center Pr., 1996.

Hannerz, Ulf. *Cultural Complexity: Studies in the Social Organization of Meaning.* New York: Columbia Univ. Pr., 1992.

Hardt, Michael, and Antonio Negri. *Empire.* Cambridge, Mass.: Harvard Univ. Pr., 2000.

Harris, Howell John. *The Right to Manage: Industrial Relations Policies of American Business in the 1940s.* Madison, Wisc.: Univ. of Wisconsin Pr., 1982.

Hartz, Louis. *The Liberal Tradition in America: An Interpretation of American Political Thought since the Revolution.* New York: Harcourt, Brace & World, 1955.

Harvey, David. *Social Justice and the City.* London: Edward Arnold, 1973.

______. *The Limits to Capital.* Oxford: Basil Blackwell, 1982.

______. *The Urbanization of Capital: Studies in the History and Theory of Capitalist Urbanization.* Baltimore: Johns Hopkins Univ. Pr., 1985.

______. *Consciousness and the Urban Experience.* Oxford: Basil Blackwell, 1985.

______. *The Condition of Postmodernity: An Enquiry in the Origins of Cultural Change.* Oxford: Basil Blackwell, 1989.

______. *The New Imperialism.* Oxford: Oxford Univ. Pr., 2003.

Hattam, Victoria. *Labor Visions and State Power: The Origins of Business Unionism in the United States.* Princeton, N.J.: Princeton Univ. Pr., 1993.

Held, David, and Anthony McGrew, eds. *The Global Transformations Reader: An Introduction to the Globalization Debate.* 2nd ed. Cambridge: Polity Pr., 2000.

Higham, John. *Writing American History: Essays on Modern Scholarship.* Midland Books ed. Bloomington: Indiana Univ. Pr., 1972.

Hobsbawm, Eric J. *The Age of Revolution.* New York: New American Library, 1962.

______. *Workers: Worlds of Labor.* New York: Pantheon Books, 1984.

______. *The Age of Extremes: A History of the World, 1914–1991.* New York: Pantheon Books, 1994.

Hodgson, Godfrey. *The Myth of American Exceptionalism.* New Haven: Yale Univ. Pr., 2009.

Hoffmann, Stanley. *Gulliver Unbound: America's Imperial Temptation and the War in*

Iraq. Lanham: Rowman & Littlefield Publishers, 2004.

Hofstadter, Richard. *The Age of Reform: From Bryan to F. D. R.* Vintage Books ed. New York: Vintage Books, 1960.

Hopkins, A. G., ed. *Globalization in World History*. New York: W. W. Norton, 2002.

Horkheimer, Max, and Theodor W. Adorno. *Dialectic of Enlightenment: Philosophical Fragments*. Trans. Edmund Jephcott. Stanford: Stanford Univ. Pr., 2002.

Hounshell, David A. *From the American System to Mass Production, 1800–1932: The Development of Manufacturing Technology in the United States*. Baltimore: Johns Hopkins Univ. Pr., 1984.

Hoyt, Homer. *The Structure and Growth of Residential Neighborhoods in American Cities*. Washington, D.C.: Federal Housing Administration, 1939.

Hubbard, Philip; Rob Kitchen; and Gill Vallentine, eds. *Key Texts in Human Geography*. London: Sage Publications, 2008.

Hughes, Jonathan. *The Vital Few*. Expanded ed. New York: Oxford Univ. Pr., 1986.

Hulme, Peter. *Colonial Encounters: Europe and the Native Caribbean, 1492–1797*. London: Methuen, 1986.

Hunt, Lynn. *Inventing Human Rights: A History*. New York: W. W. Norton, 2008.

Hunt, Michael H. *Ideology and U.S. Foreign Policy*. New Haven: Yale Univ. Pr., 1987.

______. *The American Ascendancy: How the United States Gained and Wielded Global Dominance*. Chapel Hill: Univ. of North Carolina Pr., 2007.

Hunter, Floyd. *Top Leadership, U.S.A.* Chapel Hill: Univ. of North Carolina Pr., 1959.

Ignatiev, Noel. *How the Irish Became White*. New York: Routledge, 1995.

______, and John Garvey, eds. *Race Traitor*. New York: Routledge, 1996.

Ikenberry, G. John. *After Victory: Institutions, Strategic Restraint, and the Rebuilding of Order after Major Wars*. Princeton, N.J.: Princeton Univ. Pr., 2001.

______. *Liberal Order & Imperial Ambition: Essays on American Power and World Politics*. Cambridge: Polity, 2007.

International Monetary Fund. Annual Report of the Executive Board for the Financial Year Ended April 30, 1998. Washington, D.C.: International Monetary Fund, 1998.

Isaac, Benjamin. *The Invention of Racism in Classical Antiquity*. Princeton, N.J.: Princeton Univ. Pr., 2004.

Jackson, Kenneth T. *Crabgrass Frontier: The Suburbanization of the United States.* Oxford: Oxford Univ. Pr., 1985.

Jacobson, Matthew Frye. *Whiteness of a Different Color: European Immigrants and the Alchemy of Race.* Cambridge, Mass.: Harvard Univ. Pr., 1998.

______. *Barbarian Virtues: The United States Encounters Foreign Peoples at Home and Abroad, 1876–1917.* New York: Hill and Wang, 2000.

Jacoby, Sanford M. *Employing Bureaucracy: Managers, Unions, and the Transformation of Work in American Industry, 1900–1945.* New York: Columbia Univ. Pr., 1985.

______. *Modern Manors: Welfare Capitalism since the New Deal.* Princeton, N.J.: Princeton Univ. Pr., 1997.

Janowitz, Morris. *The Community Press in an Urban Setting: The Social Elements of Urbanism.* 2nd ed. Chicago: Univ. of Chicago Pr., 1967.

Jennings, Francis. *The Invasion of America: Indians, Colonialism, and the Cant of Conquest.* New York: W. W. Norton, 1976.

Johnson, Chalmers. *MITI and the Japanese Miracle: The Growth of Industrial Policy.* Stanford: Stanford Univ. Pr., 1982.

______. *The Sorrows of Empire: Militarism, Secrecy, and the End of Republic.* New York: Metropolitan Books, 2004.

Johnson, Dale L., ed. *Class and Social Development: A New Theory of the Middle Class.* Beverly Hills, Calif.: SAGE Publications, 1982.

Johnson, James H., and Colin G. Pooley, eds. *The Structure of Nineteenth-Century Cities.* London: Croom Helm, 1982.

Johnson, Paul. *A Shopkeeper's Millennium: Society and Revivals in Rochester, New York, 1815–1837.* New York: Hill & Wang, 1978.

Johnson, Richard; Gregor McLennan; Bill Schwarz; and David Sutton, eds. *Making Histories: Studies in History Writing and Politics.* Minneapolis: Univ. of Minnesota Pr., 1982.

Johnson, Walter. *Soul by Soul: Life inside the Antebellum Slave Market.* Cambridge, Mass.: Harvard Univ. Pr., 1999.

Johnston, Robert D. *The Radical Middle Class: Populist Democracy and the Question of Capitalism in Progressive Era Portland, Oregon.* Princeton, N.J.: Princeton Univ. Pr., 2003.

Jordan, Winthrop D. *White over Black: American Attitudes toward the Negro, 1550–1812.* Penguin Books ed. Baltimore: Penguin Books, 1969.

Kammen, Michael. *People of Paradox: An Inquiry Concerning the Origins of American Civilization.* New York: Oxford Univ. Pr., 1972.

Kaplan, Steven, ed. *Understanding Popular Culture: Europe from the Middle Ages to the Nineteenth Century.* Berlin: Mouton, 1984.

Katz, Harry C. *Shifting Gears: Changing Labor Relations in the U.S. Automobile Industry.* Cambridge, Mass.: MIT Pr., 1985.

Katznelson, Ira, and Aristide R. Zolberg, eds. *Working-Class Formation: Nineteenth-Century Patterns in Western Europe and the United States.* Princeton, N.J.: Princeton Univ. Pr., 1986.

Kaye, Harvey J., and Keith McClelland, eds. *E. P. Thompson: Critical Perspectives.* Cambridge: Polity, 1990.

Keller, Suzanne. *Beyond the Ruling Class: Strategic Elites in Modern Society.* New York: Random House, 1963.

Keohane, Robert O. *After Hegemony: Cooperation and Discord in the World Political Economy.* Princeton, N.J.: Princeton Univ. Pr., 2005.

______, and Joseph S. Nye. *Power and Interdependence: World Politics in Transition.* Boston: Little, Brown and Co., 1977.

Kindleberger, Charles P. *The World in Depression, 1929–1939.* Berkeley: Univ. of California Pr., 1973.

Klein, Jennifer. *For All These Rights: Business, Labor, and the Shaping of America's Public-Private Welfare State.* Princeton, N.J.: Princeton Univ. Pr., 2003.

Kochan, Thomas A.; Harry C. Katz; and Robert B. McKersie. *The Transformation of American Industrial Relations.* New York: Basic Books, 1986.

Kocka, Jürgen. *White Collar Workers in America, 1890–1940: A Social-Political History in International Perspective.* Beverly Hills, Calif.: SAGE Publications, 1980.

Kolchin, Peter. *American Slavery, 1619–1877.* Revised ed. New York: Hill & Wang, 2003.

Kornblum, William. *Blue Collar Community.* Chicago: Univ. of Chicago Pr., 1974.

Krasner, Stephen D., ed. *International Regimes.* Ithaca: Cornell Univ. Pr., 1983.

Kroes, Rob. *If You've Seen One, You've Seen the Mall: Europeans and American Mass Culture.* Urbana: Univ. of Illinois Pr., 1996.

Kuisel, Richard F. *Seducing the French: The Dilemma of Americanization.* Berkeley: Univ. of California Pr., 1993.

Kunz, Diane B. *Butter and Guns: America's Cold War Economic Diplomacy.* New York: Free Pr., 1997.

Kwolek-Folland, Angel. *Engendering Business: Men and Women in the Corporate Office, 1870–1930.* Baltimore: Johns Hopkins Univ. Pr., 1994.

Lake, Marilyn, and Henry Reynolds. *Drawing the Global Color Line: White Men's Countries and the International Challenge of Racial Equality.* Cambridge: Cambridge Univ. Pr., 2008.

Lamont, Michèle. *Money, Morals & Manners: The Culture of the French and the American Upper-Middle Class.* Chicago: Univ. of Chicago Pr., 1992.

Landes, David. *The Unbound Prometheus: Technological Change and Industrial Development in Western Europe from 1750 to the Present.* Cambridge: Cambridge Univ. Pr., 1972.

_____. *The Wealth and Poverty of Nations: Why Some Are So Rich and Some So Poor.* New York: W. W. Norton, 1998.

Langer, William L. *The Diplomacy of Imperialism, 1890–1902.* New York: Alfred A. Knopf, 1960.

Lasch, Christopher. *The Revolt of the Elites and the Betrayal of Democracy.* New York: W. W. Norton, 1995.

Laslett, John H. M. *Labor and the Left: A Study of Socialist and Radical Influences in the American Labor Movement, 1881–1924.* New York: Basic Books, 1970.

_____, and Seymour Martin Lipset, eds. *Failure of a Dream?: Essays in the History of American Socialism.* Revised ed. Berkeley: Univ. of California Pr., 1984.

Leach, William. *Land of Desire: Merchants, Power, and the Rise of a New American Culture.* Vintage Books ed. New York Vintage Books, 1994.

Lears, T. J. Jackson. *No Place of Grace: Antimodernism and the Transformation of American Culture, 1880–1920.* Chicago: Univ. of Chicago Pr., 1983.

_____. *Fables of Abundance: A Cultural History of Advertising in America.* New York: Basic Books, 1994.

Lefebvre, Henri. *The Survival of Capitalism: Reproduction of the Relations of Production.* Trans. Frank Bryant. New York: St. Martin's, 1976.

_____. *The Production of Space.* Trans. Donald Nicholson-Smith. Oxford: Oxford Univ.

Pr., 1991.

Lehmbruch, Gerhard, and Philippe C. Schmitter. *Patterns of Corporatist Policy-Making.* London: SAGE Publications, 1982.

Lenin, V. I. *Imperialism, the Highest Stage of Capitalism: A Popular Outline.* New York: International Publishers, 1939.

Lerner, Robert; Althea K. Nagai; and Stanley Rothman. *American Elites.* New Haven: Yale Univ. Pr., 1996.

Levine, Lawrence W. *Black Culture and Black Consciousness: Afro-American Folk Thought from Slavery to Freedom.* Oxford: Oxford Univ. Pr., 1977.

______. *Highbrow/Lowbrow: The Emergence of Cultural Hierarchy in America.* Cambridge, Mass.: Harvard Univ. Pr., 1988.

Lichtenstein, Nelson. *Labor's War at Home: The CIO in World War II.* Cambridge: Cambridge Univ. Pr., 1982.

Lindblom, Charles E. *Politics and Markets: The World's Political-Economic Systems.* New York: Basic Books, 1977.

Lindsay, D. Michael. *Faith in the Halls of Power: How Evangelicals Joined the American Elite.* Oxford: Oxford Univ. Pr., 2007.

Lipset, Seymour Martin. *The First New Nation: The United States in Historical and Comparative Perspective.* New York: Anchor, 1963.

______. *American Exceptionalism: A Double-Edged Sword.* New York: W. W. Norton, 1996.

______, and Gary Marks. *It Didn't Happen Here: Why Socialism Failed in the United States.* New York: W. W. Norton, 2001.

Lipsitz, George. *The Possessive Investment in Whiteness: How White People Profit from Identity Politics.* Philadelphia: Temple Univ. Pr., 1998.

Littler, Craig R. *The Development of the Labour Process in Capitalist Societies: A Comparative Study of the Transformation of Work Organization in Britain, Japan and the USA.* London: Heineman Educational Books, 1982.

Livesay, Harold C. *Samuel Gompers and Organized Labor in America.* Boston: Little, Brown and Co., 1978.

Locke, John. *The Second Treatise on Civil Government.* Amherst, N.Y.: Prometheus Books, 1986.

Lockridge, Kenneth A. *A New England Town: The First Hundred Years, Dedham,*

Massachusetts, 1636–1736. New York: W. W. Norton, 1970.

Lott, Eric. *Love and Theft: Blackface Minstrelsy and the American Working Class.* New York: Oxford Univ. Pr., 1993.

Lowi, Theodore J. *The End of Liberalism: Ideology, Policy, and the Crisis of Public Authority.* New York: W. W. Norton, 1969.

Luce, Henry R. *The American Century.* New York: Farrar and Rinehart, 1941.

Lundberg, Ferdinand. *America's 60 Families.* New York: Citadel, 1960.

Lynd, Robert S., and Helen Merrell Lynd. *Middletown: A Study in Modern American Culture.* Harvest Books ed. New York: Harcourt, Brace & World, 1956.

Maier, Charles S. *Recasting Bourgeois Europe: Stabilization in France, Germany, and Italy in the Decade after World War I.* Princeton, N.J.: Princeton Univ. Pr., 1975.

_____. *In Search of Stability: Explorations in Historical Political Economy.* Cambridge: Cambridge Univ. Pr., 1987.

_____. *Among Empires: American Ascendancy and Its Predecessors.* Cambridge, Mass.: Harvard Univ. Pr., 2006.

Mamdani, Mahmood. *Citizen and Subject: Contemporary Africa and the Legacy of Late Colonialism.* Princeton, N.J.: Princeton Univ. Pr., 1996.

Mandelbaum, Michael. *The Case for Goliath: How America Acts as the World's Government in the 20th Century.* New York: PublicAffairs, 2005.

Mann, Michael. *Incoherent Empire.* London: Verso, 2003.

Marx, Karl. *Capital.* Vol. 1. Trans. Ben Fowkes. New York: Vintage Books, 1977.

Marx, Leo. *The Machine in the Garden: Technology and the Pastoral Ideal in America.* Oxford: Oxford Univ. Pr., 1964.

McCoy, Drew R. *The Elusive Republic: Political Economy in Jeffersonian America.* New York: W. W. Norton, 1980.

McGraw, Thomas, ed. *The Essential Alfred Chandler: Essays Toward a Historical Theory of Big Business.* Boston: Harvard Business School Pr., 1988.

Mearsheimer, John J. *The Tragedy of Great Power Politics.* New York: W. W. Norton, 2001.

Merriman, John. *The Margins of City Life: Explorations on the French Urban Frontier, 1815–1851.* Oxford: Oxford Univ. Pr., 1991.

Meyer, Stephen, III. *The Five Dollar Day: Labor Management in the Ford Motor*

Company, 1908–1921. Albany: State Univ. of New York Pr., 1981.

Miliband, Ralph. *The State in Capitalist Society: An Analysis of the Western System of Power.* New York: Basic Books, 1969.

Miller, Perry. *Errand into the Wilderness.* Cambridge, Mass.: Harvard Univ. Pr., 1956.

Miller, William, ed. *Men in Business: Essays in the History of Entrepreneurship.* Cambridge, Mass.: Harvard Univ. Pr., 1952.

Mills, C. Wright. *White Collar: The American Middle Classes.* New York: Oxford Univ. Pr., 1951.

______. *The Power Elite.* New ed. New York: Oxford Univ. Pr., 2000.

Mintz, Steven. *A Prison of Expectations: The Family in Victorian Culture.* New York: New York Univ. Pr., 1983.

Montgomery, David. *Workers' Control in America: Studies in the History of Work, Technology, and Labor Struggles.* Cambridge: Cambridge Univ. Pr., 1979.

______. *The Fall of the House of Labor: The Workplace, the State, and American Labor Activism, 1865–1925.* Cambridge: Cambridge Univ. Pr., 1987.

Moody, J. Carroll, and Alice Kessler–Harris, eds. *Perspectives on America Labor History: The Problems of Synthesis.* DeKalb: Northern Illinois Univ. Pr., 1990.

Moody, Kim. *An Injury to All: The Decline of American Unionism.* London: Verso, 1988.

More, Charles. *Skill and the English Working Class, 1870–1914.* London: Croom Helm, 1980.

Morgan, Edmund S. *American Slavery, American Freedom: The Ordeal of Colonial Virginia.* New York: W. W. Norton, 1975.

Morris, R. J. *Class and Class Consciousness in the Industrial Revolution 1780–1850.* London: Macmillan, 1979.

Morrison, Toni. *Playing in the Dark: Whiteness and the Literary Imagination.* New York: Vintage Books, 1992.

Moskowitz, Marina. *Standard of Living: The Measure of the Middle Class in Modern America.* Baltimore: Johns Hopkins Univ. Pr., 2004.

Motyl, Alexander J. *Revolutions, Nations, Empires: Conceptual Limits and Theoretical Possibilities.* New York: Columbia Univ. Pr., 1999.

Mueller, Agnes C., ed. *German Pop Culture: How "American" Is It?* Ann Arbor: Univ. of Michigan Pr., 2004.

Mumford, Lewis. *The Culture of Cities.* New York: Harcourt, Brace and Co., 1938.

______. *The City in History: Its Origins, Its Transformations, and Its Prospects.* New York: Harcourt, Brace & World, 1961.

Münkler, Herfried. *Empires: The Logic of World Domination from Ancient Rome to the United States.* Trans. Patrick Camiller. Cambridge: Polity, 2007.

Myrdal, Gunnar. *An American Dilemma: The Negro Problem & Modern Democracy.* New York: Pantheon Books, 1972.

Nadworny, Milton J. *Scientific Management and the Unions, 1900–1932: A Historical Analysis.* Cambridge, Mass.: Harvard Univ. Pr., 1955.

Nash, Gary B. *The Urban Crucible: Social Change, Political Consciousness, and the Origins of the American Revolution.* Cambridge, Mass.: Harvard Univ. Pr., 1979.

Nedelsky, Jennifer. *Private Property and the Limits of American Constitutionalism: The Madisonian Framework and Its Legacy.* Chicago: Univ. of Chicago Pr., 1990.

Nelson, Dana D. *National Manhood: Capitalist Citizenship and the Imagined Fraternity of White Men.* Durham: Duke Univ. Pr., 1998.

Nelson, Daniel. *Managers and Workers: Origins of the New Factory System in the United States, 1880–1920.* Madison, Wisc.: Univ. of Wisconsin Pr., 1975.

______. *Frederick W. Taylor and the Rise of Scientific Management.* Madison, Wisc.: Univ. of Wisconsin Pr., 1980.

Nevins, Allan. *Ford: The Times, the Man, the Company.* New York: Charles Scribner's Sons, 1954.

Ninkovich, Frank. *The Wilsonian Century: U.S. Foreign Policy since 1900.* Chicago: Univ. of Chicago Pr., 1999.

Nisbet, Robert A. *The Quest for Community: A Study in the Ethics of Order and Freedom.* New York: Oxford Univ. Pr., 1953.

Nissen, Bruce, ed. *U.S. Labor Relations, 1945–1989: Accommodation and Conflict.* New York: Garland, 1990.

Noble, David F. *America by Design: Science, Technology, and the Rise of Corporate Capitalism.* Oxford: Oxford Univ. Pr., 1977.

Noble, David W. *Historians against History: The Frontier Thesis and the National Covenant in American Historical Writing since 1830.* Minneapolis: Univ. of Minnesota Pr., 1965.

Nolan, Mary. *Visions of Modernity: American Business and the Modernization of*

Germany. New York: Oxford Univ. Pr., 1994.

Norton, William. *Historical Analysis in Geography*. London: Longman, 1984.

Nugent, Walter. *Habits of Empire: A History of American Expansion*. New York: Alfred A. Knopf, 2008.

Nye, Joseph S., Jr. *Bound to Lead: The Changing Nature of American Power*. New York: Basic Books, 1990.

______. *Soft Power: The Means to Success in World Politics*. New York: PublicAffairs, 2004.

Oakes, James. *The Ruling Race: A History of American Slaveholders*. New York: Vintage Books, 1983.

O'Gorman, Edmundo. *The Invention of America: An Inquiry into the Historical Nature of the New World and the Meaning of Its History*. Westport, Conn.: Greenwood Pr., 1972.

Omi, Michael, and Howard Winant. *Racial Formation in the United States: From the 1960s to the 1990s*. 2nd ed. New York: Routledge, 1994.

O'Rourke, Kevin H., and Jeffrey G. Williamson. *Globalization and History: The Evolution of a Nineteenth-Century Atlantic Economy*. Cambridge, Mass.: MIT Pr., 1999.

Orren, Karen. *Belated Feudalism: Labor, the Law, and Liberal Development in the United States*. Cambridge: Cambridge Univ. Pr., 1991.

Ostrander, Susan A. *Women of the Upper Class*. Philadelphia: Temple Univ. Pr., 1984.

Park, Robert E.; Ernest W. Burgess; and Roderick D. McKenzie. *The City*. Chicago: Univ. of Chicago Pr., 1925.

Pascoe, Peggy. *What Comes Naturally: Miscegenation Law and the Making of Race in America*. Oxford: Oxford Univ. Pr., 2009.

Pells, Richard. *Not Like Us: How Europeans Have Loved, Hated, and Transformed American Culture since World War II*. New York: Basic Books, 1997.

Perlman, Selig. *A Theory of the Labor Movement*. New York: Augustus M. Kelley, 1949.

Peters, Thomas J., and Robert H. Waterman, Jr. *In Search of Excellence: Lessons from America's Best-Run Companies*. New York: Harper & Row, 1982.

Pieterse, Jan Nederveen. *Globalization and Culture: Global Mélange*. Lanham: Rowman & Littlefield Publishers, 2004.

Piore, Michael J., and Charles F. Sabel. *The Second Industrial Divide: Possibilities for Prosperity.* New York: Basic Books, 1984.

Piven, Frances F., and Richard A. Cloward. *Regulating the Poor: The Functions of Public Welfare.* New York: Vintage Books, 1971.

Poiger, Uta G. *Jazz, Rock, and Rebels: Cold War Politics and American Culture in a Divided Germany.* Berkeley: Univ. of California Pr., 2000.

Pollard, Robert A. *Economic Security and the Origins of the Cold War, 1945–1950.* New York: Columbia Univ. Pr., 1985.

Pollard, Sidney. *The Genesis of Modern Management: A Study of the Industrial Revolution in Great Britain.* Baltimore: Penguin Books, 1968.

Porter, Bernard. *Empire and Superempire: Britain, America and the World.* New Haven: Yale Univ. Pr., 2006.

Potter, David M. *People of Plenty: Economic Abundance and the American Character.* Chicago: Univ. of Chicago Pr., 1954.

Poulantzas, Nicos. *Classes in Contemporary Capitalism.* London: Verso, 1978.

Pratt, Mary Louise. *Imperial Eyes: Travel Writing and Transculturation.* London: Routledge, 1992.

Prewitt, Kenneth, and Alan Stone. *The Ruling Elites: Elite Theory, Power, and American Democracy.* New York: Harper & Row, 1973.

Ralph, James R., Jr. *Northern Protest: Martin Luther King, Jr., Chicago, and the Civil Rights Movement.* Cambridge, Mass.: Harvard Univ. Pr., 1993.

Ramet, Sabrina P., and Gordana P. Crnković, eds. *Kazaaam! Splat! Ploof!: The American Impact on European Popular Culture since 1945.* Lanham: Rowman & Littlefield, 2003.

Relph, Edward. *Place and Placelessness.* London: Pion, 1976.

Riesman, David. *The Lonely Crowd: A Study of the Changing American Character.* Abridged ed. New Haven: Yale Univ. Pr., 1969.

Roche, Daniel. *The People of Paris: An Essay in Popular Culture in the 18th Century.* Trans. Marie Evans. Berkeley: Univ. of California Pr., 1987.

Roediger, David R. *The Wages of Whiteness: Race and the Making of the American Working Class.* London: Verso, 1991.

______. *Toward the Abolition of Whiteness: Essays on Race, Politics, and Working-Class History.* London: Verso, 1994.

______. *Colored White: Transcending the Racial Past.* Berkeley, Calif.: Univ. of California Pr., 2002.

Rose, Arnold M. *The Power Structure: Political Process in American Society.* New York: Oxford Univ. Pr., 1967.

Rosenberg, Emily S. *Spreading the American Dream: American Economic and Cultural Expansion, 1890–1945.* New York: Hill and Wang, 1982.

Rosenzweig, Roy. *Eight Hours for What We Will: Workers & Leisure in an Industrial City, 1870–1920.* Cambridge: Cambridge Univ. Pr., 1983.

______, and Elizabeth Blackmar. *The Park and the People: A History of Central Park.* Ithaca: Cornell Univ. Pr., 1992.

Ryan, Mary P. *Cradle of the Middle Class: The Family in Oneida County, 1790–1865.* Cambridge: Cambridge Univ. Pr., 1981.

Rydell, Robert W., and Rob Kroes. *Buffalo Bill in Bologna: The Americanization of the World, 1869–1922.* Chicago: Univ. of Chicago Pr., 2005.

Sack, Robert David. *Conceptions of Space in Social Thought.* Minneapolis: Univ. of Minnesota Pr., 1980.

Salvatore, Nick. *Eugene V. Debs: Citizen and Socialist.* Urbana: Univ. of Illinois Pr., 1982.

Samuel, Raphael, ed. *People's History and Socialist Theory.* London: Routledge & Kegan Paul, 1981.

Sartori, Giovanni. *The Theory of Democracy Revisited.* Chatham, N.J.: Chatham House, 1987.

Saxton, Alexander. *The Rise and Fall of the White Republic: Class Politics and Mass Culture in Nineteenth-Century America.* London: Verso, 1990.

Scarborough, William Kauffman. *Masters of the Big House: Elite Slaveholders of the Mid-Nineteenth-Century South.* Baton Rouge: Louisiana State Univ. Pr., 2003.

Schlesinger, Arthur M. *The Rise of the City, 1878–1898.* New York: Macmillan, 1933.

Schlesinger, Arthur M., Jr. *The Coming of the New Deal.* Boston: Houghton Mifflin, 1958.

Schmitter, Philippe C., and Gerhard Lehmbruch, eds. *Trends toward Corporatist Intermediation.* London: SAGE Publications, 1979.

Schnore, Leo F., ed. *The New Urban History: Quantitative Explorations by American Historians.* Princeton, N.J.: Princeton Univ. Pr., 1975.

Schumpeter, Joseph A. *Capitalism, Socialism and Democracy.* London: Unwin University Books, 1943.

_____. *Imperialism and Social Classes.* New York: Meridian Books, 1955.

_____. *The Theory of Economic Development: An Inquiry into Profits, Capital, Credit, Interest, and the Business Cycle.* Trans. Redvers Opie. London: Oxford Univ. Pr., 1961.

_____. *Essays on Entrepreneurs, Innovations, Business Cycles, and the Evolution of Capitalism.* Ed. Richard V. Clemence. New Brunswick: Transaction Publishers, 1989.

Sellers, Charles. *The Market Revolution: Jacksonian America, 1815-1846.* New York: Oxford Univ. Pr., 1991.

Sennett, Richard. *Families against the City: Middle Class Homes of Industrial Chicago, 1872-1890.* Cambridge, Mass.: Harvard Univ. Pr., 1984.

Sewell, William H., Jr. *Work and Revolution in France: The Language of Labor from the Old Regime to 1848.* Cambridge: Cambridge Univ. Pr., 1980.

Shafer, Byron, E., ed. *Is America Different?: A New Look at American Exceptionalism.* Oxford: Clarendon Pr., 1991.

Shoup, Laurence H., and William Minter. *Imperial Brain Trust: The Council on Foreign Relations and United States Foreign Policy.* New York: Authors Choice Pr., 2004.

Sitkoff, Harvard. *The Struggle for Black Equality, 1954-1980.* New York: Hill & Wang, 1981.

Sklar, Martin J. *The Corporate Reconstruction of American Capitalism, 1890-1916: The Market, the Law, and the Politics.* Cambridge: Cambridge Univ. Pr., 1988.

Skocpol, Theda. *States and Social Revolutions: A Comparative Analysis of France, Russia, and China.* Cambridge: Cambridge Univ. Pr., 1979.

Skowronek, Stephen. *Building a New American State: The Expansion of National Administrative Capacities, 1877-1920.* Cambridge: Cambridge Univ. Pr., 1982.

Slotkin, Richard. *Regeneration through Violence: The Mythology of the American Frontier, 1600-1860.* Middletown, Conn.: Wesleyan Univ. Pr., 1973.

Smith, Henry Nash. *Virgin Land: The American West as Symbol and Myth.* Cambridge, Mass.: Harvard Univ. Pr., 1950.

Snowden, Frank M., Jr. *Before Color Prejudice: The Ancient View of Blacks.* Cambridge, Mass.: Harvard Univ. Pr., 1983.

Soja, Edward W. *Postmodern Geographies: The Reassertion of Space in Critical Social Theory.* London: Verso, 1989.

Sombart, Werner. *Why Is There No Socialism in the United States?* Trans. Patricia M. Hocking and C. T. Husbands. White Plains: M. E. Sharpe, 1976.

Stampp, Kenneth M. *The Peculiar Institution: Slavery in the Ante-Bellum South.* New York: Vintage Books, 1956.

Stanton, William. *The Leopard's Spots: Scientific Attitudes toward Race in America, 1815-59.* Chicago: Univ. of Chicago Pr., 1960.

Stedman Jones, Gareth. *Languages of Class: Studies in English Working Class History, 1832-1982.* Cambridge: Cambridge Univ. Pr., 1983.

Steele, Shelby. *The Content of Our National Character: A New Vision of Race in America.* New York: St. Martin's, 1990.

Steinfeld, Robert J. *The Invention of Free Labor: The Employment Relation in English & American Law and Culture, 1350-1870.* Chapel Hill: Univ. of North Carolina Pr., 1991.

______. *Coercion, Contract and Free Labor in the Nineteenth Century.* Cambridge: Cambridge Univ. Pr., 2001.

Stephan, Alexander, ed. *The Americanization of Europe: Culture, Diplomacy and Anti-Americanism after 1945.* New York: Berghahn Books, 2006.

Stevens, Mitchell L. *Creating a Class: College Admissions and the Education of Elites.* Cambridge, Mass.: Harvard Univ. Pr., 2007.

Stiglitz, Joseph E., and Shahid Yusuf, eds. *Rethinking the East Asian Miracle.* Oxford: Oxford Univ. Pr., 2001.

Stockholm International Peace Research Institute. *The SIPRI Military Expenditure Database.* http://first.sipri.org/non-first/milex.php. 2006년 12월 2일 접속.

Susman, Warren I. *Culture as History: The Transformation of American Society in the Twentieth Century.* New York: Pantheon Books, 1984.

Suttles, Gerald D. *The Social Construction of Communities.* Chicago: Univ. of Chicago Pr., 1972.

Sweezy, Paul M. *The Present as History: Essays and Reviews on Capitalism and Socialism.* New York: Monthly Review Pr., 1953.

Tadman, Michael. *Speculators and Slaves: Masters, Traders, and Slaves in the Old South.* Madison, Wisc.: Univ. of Wisconsin Pr., 1989.

Takaki, Ronald. *Iron Cages: Race and Culture in 19th-Century America.* New York: Oxford Univ. Pr., 1990.

Tamanaha, Brian Z. *On the Rule of Law: History, Politics, Theory.* Cambridge: Cambridge Univ. Pr., 2004.

Taylor, Frederick W. *Scientific Management.* New York: Harper & Row, 1947.

_____. *The Principle of Scientific Management.* New York: W. W. Norton, 1967.

Thelen, David, ed. *The Constitution and American Life.* Ithaca: Cornell Univ. Pr., 1988.

Thernstrom, Stephan. *Poverty and Progress: Social Mobility in a Nineteenth-Century City.* Cambridge, Mass.: Harvard Univ. Pr., 1964.

_____. *The Other Bostonians: Poverty and Progress in the American Metropolis, 1880–1970.* Cambridge, Mass.: Harvard Univ. Pr., 1973.

_____, and Richard Sennett, eds. *Nineteenth-Century Cities: Essays in the New Urban History.* New Haven: Yale Univ. Pr., 1969.

_____, and Abigail Thernstrom. *America in Black and White: One Nation, Indivisible.* New York: Simon & Schuster, 1997.

Thompson, E. P. *Making of the English Working Class.* London: Victor Gollancz, 1963.

_____. *Whigs and Hunters: The Origin of the Black Act.* New York: Pantheon, 1975.

_____. *William Morris: Romantic to Revolutionary.* New York: Pantheon Books, 1976.

_____. *The Poverty of Theory and Other Essays.* New York: Monthly Review Pr., 1978.

_____. *Customs in Common: Studies in Traditional Popular Culture.* London: Merlin, 1991.

Timms, Duncan. *The Urban Mosaic: Towards a Theory of Residential Differentiation.* Cambridge: Cambridge Univ. Pr., 1971.

Tocqueville, Alexis de. *Democracy in America.* Trans. George Lawrence. Garden City, N.Y.: Doubleday & Co., 1969.

Tomlins, Christopher L. *The State and the Unions: Labor Relations, Law, and the Organized Labor Movement in America, 1880–1960.* Cambridge: Cambridge Univ. Pr., 1985.

_____. *Law, Labor, and Ideology in the Early American Republic.* Cambridge: Cambridge Univ. Pr., 1993.

Tomlinson, John. *Cultural Imperialism.* Baltimore: Johns Hopkins Univ. Pr., 1991.

Tönnies, Ferdinand. *Community and Society.* Trans. and ed. Charles P. Loomis. New

York: Harper & Row, 1963.

Tremblay, Rodrigue. *The New American Empire.* Philadelphia: Infinity Publishing, 2004.

Trotter, Joe William, Jr. *Coal, Class, and Color: Blacks in Southern West Virginia, 1915–32.* Urbana: Univ. of Illinois Pr., 1990.

Tuan, Yi-Fu. *Space and Place: The Perspective of Experience.* Minneapolis: Univ. of Minnesota Pr., 1977.

Turner, Frederick Jackson. *Rereading Frederick Jackson Turner: "The Significance of the Frontier in American History" and Other Essays.* New York: Henry Holt and Co., 1994.

U.S. Bureau of the Census. *Historical Statistics of the United States: Colonial Times to 1970.* Bicentinnial ed. Washington, D.C.: U.S. Government Printing Office, 1975.

______. *Statistical Abstract of the United States: 1991.* Washington, D.C.: U.S. Government Printing Office, 1991.

U.S. Central Intelligence Agency. *The World Factbook.* 1990, 1991, 1996, 2001, 2006. https://www.cia.gov/cia/publications/factbook/index.html. 2006년 12월 4일 접속; http://theodora.com/wfb/abc_world_fact_book.html. 2006년 12월 5일 접속.

U.S. Congress. House. *Eleventh Special Report of the Commissioner of Labor: Regulation and Restriction of Output.* H. Doc. 734, 58th Cong., 2d sess., 1904.

U.S. Department of State. *Foreign Relations of the United States.* 1950. Vol. 1. Washington, D.C.: U.S. Government Printing Office, 1977.

Useem, Michael. *The Inner Circle: Large Corporations and the Rise of Business Political Activity in the U.S. and U.K.* New York: Oxford Univ. Pr., 1984.

Van den Berghe, Pierre L. *Race and Racism: A Comparative Perspective.* New York: John Wiley & Sons, 1967.

Vaughan, Alden T. *Roots of American Racism: Essays on the Colonial Experience.* New York: Oxford Univ. Pr., 1995.

Vidich, Arthur J., ed. *The New Middle Classes: Life-Styles, Status Claims and Political Orientations.* London: Macmillan, 1995.

Vogel, David. *Fluctuating Fortunes: The Political Power of Business in America.* New York: Basic Books, 1989.

______. *Kindred Strangers: The Uneasy Relationship between Politics and Business in America.* Princeton, N.J.: Princeton Univ. Pr., 1996.

Wagnleitner, Reinhold. *Coca-Colonization and the Cold War: The Cultural Mission of the United States in Austria after the Second World War.* Trans. Diana M. Wolf. Chapel Hill: Univ. of North Carolina Pr., 1994.

Wahrman, Dror. *The Making of the Modern Self: Identity and Culture in Eighteenth-Century England.* New Haven: Yale Univ. Pr., 2004.

Walkowitz, Daniel J. *Working with Capital: Social Workers and the Politics of Middle-Class Identity.* Chapel Hill: Univ. of North Carolina Pr., 1999.

Wallerstein, Immanuel. *The Modern World-System I: Capitalist Agriculture and the Origins of the European World-Economy in the Sixteenth Century.* Orlando: Academic Pr., 1974.

______. *The Politics of World-Economy: The States, the Movements, and the Civilizations.* Cambridge: Cambridge Univ. Pr., 1984.

Warner, Sam Bass, Jr. *The Private City: Philadelphia in Three Periods of Its Growth.* Philadelphia: Univ. of Pennsylvania Pr., 1968.

______. *Streetcar Suburbs: The Process of Growth in Boston, 1870-1900.* 2nd ed. Cambridge, Mass.: Harvard Univ. Pr., 1978.

Waters, Mary C. *Ethnic Options: Choosing Identities in America.* Berkeley, Calif.: Univ. of California Pr., 1990.

Weber, Max. *The Protestant Ethic and the Spirit of Capitalism.* Trans. Talcott Parsons. Los Angeles: Roxbury, 1996.

Weinstein, James. *The Corporate Ideal in the Liberal State, 1990-1918.* Boston: Beacon, 1968.

Whyte, William H. *The Organization Man.* Philadelphia: Univ. of Pennsylvania Pr., 2002.

Wiebe, Robert H. *The Search for Order, 1877-1920.* New York: Hill & Wang, 1967.

Wilentz, Sean. *Chants Democratic: New York City and the Rise of the American Working Class, 1788-1850.* New York: Oxford Univ. Pr., 1984.

Wilkinson, J. Harvie, III. *From* Brown *to* Bakke: *The Supreme Court and School Integration, 1954-1978.* Oxford: Oxford Univ. Pr., 1979.

Willett, Ralph. *The Americanization of Germany, 1945-1949.* London: Routledge, 1989.

Williams, Eric Eustace. *Capitalism and Slavery.* Chapel Hill: Univ. of North Carolina Pr., 1944.

Williams, Francis. *The American Invasion.* New York: Crown Publishers, 1962.

Williams, Raymond. *The Long Revolution: An Analysis of the Democratic, Industrial, and Cultural Changes Transforming Our Society.* New York: Columbia Univ. Pr., 1961.

______. *Culture and Society, 1780–1950.* Harmondsworth: Penguin Books, 1971.

______. *Marxism and Literature.* Oxford: Oxford Univ. Pr., 1977.

______. *Problems in Materialism and Culture.* London: Verso, 1980.

Williams, William Appleman. *The Tragedy of American Diplomacy.* 2nd revised and enlarged ed. New York: Dell Publishing, 1972.

Wilson, Edward O. *Sociobiology.* Abridged ed. Cambridge, Mass.: Belknap/Harvard, 1980.

Woo, Jung-en. *Race to the Swift: State and Finance in Korean Industrialization.* New York: Columbia Univ. Pr., 1991.

Woo-Cumings, Meredith, ed. *The Developmental State.* Ithaca: Cornell Univ. Pr., 1999.

Wood, Ellen Meiksins. *The Origin of Capitalism: A Longer View.* London: Verso, 2002.

______. *Empire of Capital.* London: Verso, 2003.

Wood, Gordon S. *The Creation of the American Republic, 1776–1787.* New York: W. W. Norton, 1969.

Woodward, C. Vann, ed., *A Comparative Approach to American History.* Washington, D.C.: U.S. Information Service, 1968.

World Bank. *The East Asian Miracle: Economic Growth and Public Policy.* Washington, D.C.: World Bank, 1993.

Wray, Matt, and Annalee Newitz, eds. *White Trash: Race and Class in America.* New York: Routledge, 1997.

Wright, Erik Olin. *Classes.* London: Verso, 1985.

Wright, Gavin. *Slavery and American Economic Development.* Baton Rouge: Louisiana State Univ. Pr., 2006.

Wrobel, David M. *The End of American Exceptionalism: Frontier Anxiety from the Old West to the New Deal.* Lawrence, Kans.: Univ. Pr. of Kansas, 1993.

Zieger, Robert H. *American Workers, American Unions, 1920–1985.* Baltimore: Johns Hopkins Univ. Pr., 1986.

Zimbalist, Andrew, ed. *Case Studies on the Labor Process.* New York: Monthly Review Pr., 1979.

Zunz, Olivier. *Making America Corporate, 1870–1920.* Chicago: Univ. of Chicago Pr., 1990.

Zweigenhaft, Richard L., and G. William Domhoff. *Diversity in the Power Elite: Have Women and Minorities Reached the Top?* New Haven: Yale Univ. Pr., 1998.

3. 외국 논문

Abbattista, Guido. "Empire, Liberty and the Rule of Difference: European Debates on British Colonialism in Asia at the End of the Eighteenth Century." *European Review of History* 13: 3 (Sept. 2006), 473–498.

Acemoglu, Daron. "Technical Change, Inequality, and the Labor Market." *Journal of Economic Literature* 40: 1 (Mar. 2002), 7–72.

Adler, Paul S. "Time-and-Motion Regained." *Harvard Business Review* 71: 1 (Jan./Feb. 1993), 97–108.

"*AHR* Exchange: On the 'Myth' of the 'Weak' American State." *American Historical Review* 115: 3 (June 2010), 766–800.

Aitken, Hugh G. J. "Entrepreneurial Research: The History of an Intellectual Innovation." In *Explorations in Enterprise*, 3–19.

Allen, Michael Patrick. "The Structure of Interorganizational Elite Cooptation: Interlocking Corporate Directorates." *American Sociological Review* 39: 3 (June 1974), 393–406.

______. "Continuity and Change Within the Core Corporate Elite." *Sociological Quarterly* 19: 4 (Autumn 1978), 510–521.

Alvarez, José E. "International Organizations: Then and Now." *American Journal of International Law* 100: 2 (Apr. 2006), 324–347.

Amin, Samir. "The Challenge of Globalization." *Review of International Political Economy* 3: 2 (Summer 1996), 216–259.

Amsden, Alice H. "The Specter of Anglo-Saxonization Is Haunting South Korea." *Korea's Political Economy: An Institutional Perspective*, ed. Lee-Jay Cho and Yoon Hyung Kim (Boulder, Colo.: Westview Pr., 1994), 87–125.

Amsden, Jon. "Historians and the Spatial Imagination." *Radical History Review* 21 (Fall 1979), 11–30.

Anderson, Perry. "Confronting Defeat." *London Review of Books*, 17 Oct. 2002.

Appleby, Joyce. "The American Heritage: The Heirs and the Disinherited." In *The Constitution and American Life*, ed. David Thelen (Ithaca: Cornell Univ. Pr., 1988), 138–153.

______. "Recovering America's Historic Diversity: Beyond Exceptionalism." *Journal of American History* 79: 2 (Sept. 1992), 419–431.

______. "The Social Consequences of American Revolutionary Ideals in the Early Republic." In Bledstein and Johnston, eds., *Middling Sorts*, 31–49.

Archer, Melanie, and Judith R. Blau. "Class Formation in Nineteenth-Century America: The Case of the Middle Class." *Annual Review of Sociology* 19 (1993), 17–41.

Arnesen, Eric. "Up from Exclusion: Black and White Workers, Race, and the State of Labor History." *Reviews in American History* 26: 1 (Mar. 1998), 146–174.

Aronowitz, Stanley. "Marx, Braverman, and the Logic of Capital." *Insurgent Sociologist* 8: 2–3 (Fall 1978), 126–146.

______. "A Mills Revival?" *Logos* 2: 3 (Summer 2003), 67–93.

Baack, Ben, and Edward Ray. "The Political Economy of the Origins of the Military-Industrial Complex in the United States." *Journal of Economic History* 45: 2 (June 1985), 369–375.

Baccaro, Lucio. "What is Dead and What is Alive in the Theory of Corporatism." Geneva: International Institute for Labor Studies, 2002.

Baily, Martin Neil, and Eric Zitzewitz. "Extending the East Asian Miracle: Microeconomic Evidence from Korea." *Brookings Papers on Economic Activity: Microeconomics 1998* (1998), 249–308.

______, and Robert M. Solow. "International Productivity Comparisons Built from the Firm Level." *Journal of Economic Perspectives* 15: 3 (2001), 151–172.

Bailyn, Bernard. "Braudel's Geohistory — A Reconsideraion." *Journal of Economic History* 11: 3 (Summer 1951), 277–282.

Baker, Alan R. H. "Historical Geography: A New Beginning." *Progress in Human Geography* 3: 4 (Dec. 1979), 560–570.

______. "On Ideology and Historical Geography." In Baker and Billinge, eds., *Period and Place*, 233–243.

______. "Reflections on the Relations of Historical Geography and the Annales School of History." In *Explorations in Historical Geography: Interpretative Essays*, ed. Alan R. H. Baker and Derek Gregory (Cambridge: Cambridge Univ, Pr., 1984),

1–27.

Barrett, James R. and David R. Roediger. "Inbetween People: Race, Nationality and the 'New Immigrant' Working Class." *Journal of American Ethnic History* 16: 3 (Spring 1997), 3–44.

Barrow, Clyde W. "Plain Marxists, Sophisticated Marxists, and C. Wright Mills' *The Power Elite*." *Science and Society* 71: 4 (Oct. 2007), 400–430.

Beckert, Sven. "Propertied of a Different Kind: Bourgeoisie and Lower Middle Class in the Nineteenth-Century United States." In Bledstein and Johnston, eds., *Middling Sorts*, 285–295.

Beeson, Mark and Richard Higgott. "Hegemony, Institutionalism and US Foreign Policy: Theory and Practice in Comparative Historical Perspective." *Third World Quarterly* 26: 7 (Oct. 2005), 1173–1188.

Bell, Daniel. "Is There a Ruling Class in America? *The Power Elite* Reconsidered." In *End of Ideology*, 47–74.

_____. "The Breakup of Family Capitalism: On Changes in Class in America." Ibid., 39–45.

Bellamy, John Forster. "The New Age of Imperialism." *Monthly Review* 55: 3 (July–Aug. 2005), 1–14.

Bender, Thomas. "Introduction." In *Rethinking American History*, 1–21.

Benton, Lauren. "Colonial Law and Cultural Difference: Jurisdictional Politics and the Formation of the Colonial State." *Comparative Studies in Society and History* 41: 3 (July 1999), 563–588.

Berle, Adolf A. Review of G. William Domhoff, *Who Rules America? Annals of the American Academy of Political and Social Sciences* 377 (May 1968), 201–202.

Bernhard, William, and David Leblang. "Democratic Institutions and Exchange-Rate Commitments." *International Organization* 53: 1 (Winter 1999), 71–97.

Billinge, Mark. "Reconstructing Societies in the Past: The Collective Biography of Local Communities." In Baker and Billinge, eds., *Period and Place*, 19–32.

Bird, Graham. "Changing Partners: Perspectives and Policies of the Bretton Woods Institutions." *Third World Quarterly* 15: 3 (1994), 483–503.

Bledstein, Burton J. "Introduction: Storytellers to the Middle Class." In Bledstein and Johnston, eds., *Middling Sorts*, 1–30.

Block, Fred L. "Contradictions of Capitalism as a World System." *Insurgent Sociologist*

5: 2 (Winter 1975), 3-21.

______. "The Ruling Class Does Not Rule: Notes on the Marxist Theory of the State." *Socialist Revolution* 7: 3 (1977), 6-28.

______. "Introduction to 'Contradictions of Capitalism as a World System.'" *Critical Sociology* 25: 2/3 (1999), 143-146.

Blum, Jerome. "The European Village as Community: Origins and Functions." *Agricultural History* 45: 3 (July 1971), 157-178.

______. "The Internal Structure and Polity of the European Village Community from the Fifteenth to the Nineteenth Century." *Journal of Modern History* 43: 4 (Dec. 1971), 541-576.

Blumin, Stuart. "The Hypothesis of Middle-Class Formation in Nineteenth-Century America: A Critique and Some Proposals." *American Historical Review* 90: 2 (Apr. 1985), 299-338.

Bochner, Salomon. "Space." In *Dictionary of the History of Ideas*, vol. 4 (New York: Charles Scribner's Sons, 1973), 295-307.

Brighton Labor Process Group. "The Capitalist Labor Process." *Capital & Labor* 1 (Spring 1977), 3-26.

Brody, David. "The Rise and Decline of Welfare Capitalism." In *Workers in Industrial America*, 48-81.

______. "Workplace Contractualism in Comparative Perspective." In *Industrial Democracy in America: The Ambiguous Promise*, ed. Nelson Lichtenstein and Howell John Harris (Cambridge: Cambridge Univ. Pr., 1996), 176-205.

Bromley, Simon. "The Logic of American Power in the International Capitalist Order." In Colás and Saull, eds., *War on Terrorism*, 44-64.

Brown, Jonathan, and Mary B. Rose. "Introduction." In *Entrepreneurship, Networks and Modern Business*, 1-8.

Brown, Kathleen. "Native Americans and Early Modern Concepts of Race." In *Empire and Others: British Encounters with Indigenous Peoples, 1600-1850*, ed. Martin Daunton and Rick Halpern (Philadelphia: Univ. of Pennsylvania Pr., 1999), 79-100.

Buell, Denise Kimber. "Rethinking the Relevance of Race for Early Christian Self-Definition." *Harvard Theological Review* 94: 4 (Oct. 2001), 449-476.

Burris, Val. "The Discovery of the New Middle Class." In Vidich, ed., *New Middle*

Classes, 15–54.

Cannadine, David. "Residential Differentiation in Nineteenth-Century Towns: From Shapes on the Ground to Shapes in Society." In Johnson and Pooley, eds., *Structure of Nineteenth-Century Cities*, 235–251.

______. " 'Big Tent' Historiography: Transatlantic Obstacles and Opportunities in Writing the History of Empire." *Common Knowledge* 11: 3 (Fall 2005), 375–392.

Caporaso, James A. "Industrialization in the Periphery: The Evolving Global Division of Labor." *International Studies Quarterly* 25: 3 (Sept. 1981), 347–384.

Casson, Mark. "Entrepreneurship and Business Culture." In Brown and Rose, eds., *Entrepreneurship, Networks and Modern Business*, 30–54.

Castles, Stephen. "Nation and Empire: Hierarchies of Citizenship in the New Global Order." *International Politics* 42 (2005), 203–224.

Chaison, Gary. "The AFL-CIO Split: Does It Really Matter?" *Journal of Labor Research* 28: 2 (Spring 2007), 301–311.

Chandler, Alfred D., Jr. "Management Decentralization: An Historical Analysis." *Business History Review* 30: 2 (June 1956), 111–174.

______. "The Beginnings of 'Big Business' in American History." *Business History Review* 33: 1 (Spring 1959), 1–31.

______. "Business History as Institutional History." In McGraw, ed., *Essential Alfred Chandler*, 301–306.

______. "Comment [on the New Economic History]." Ibid., 293–300.

Chase-Dunn, Christopher. "Globalization: A World-Systems Perspective." *Global Social Change: Historical and Comparative Perspectives*, ed. Christopher Chase-Dunn and Salvatore J. Babones (Baltimore: Johns Hopkins Univ. Pr., 2006), 79–105.

______; Yukio Kawano; and Benjamin D. Brewer. "Trade Globalization since 1795: Waves of Integration in the World-System." *American Sociological Review* 65: 1 (Feb. 2000), 77–95.

Clawson, Dan, and Mary Ann Clawson. "What Has Happened to the US Labor Movement?: Union Decline and Renewal." *Annual Review of Sociology* 25 (1999), 95–119.

Cole, Arthur H. "Entrepreneurship and Entrepreneurial History." In *Change and the Entrepreneur: Postulates and the Patterns for Entrepreneurial History*

(Cambridge, Mass.: Harvard Univ. Pr., 1949), 85–107.

______. "An Approach to the Study of Entrepreneurship: A Tribute to Edwin F. Gay." In Aitken, ed., *Explorations in Enterprise*, 30–44.

______. "Aggregate Business History." *Business History Review* 39: 3 (Autumn 1965), 287–300.

Colley, Linda. "Introduction: Some Difficulties of Empire — Past, Present, and Future." *Common Knowledge* 11: 2 (Spring 2005), 198–214.

Conzen, Kathleen Neils. "Patterns of Residence in Early Milwaukee." In Schnore, ed., *New Urban History*, 145–183.

______, et al. "The Invention of Ethnicity: A Perspective from the U.S.A." *Journal of American Ethnic History* 12: 1 (Fall 1992), 3–41.

Coombs, Rod. "Labour and Monopoly Capital." *New Left Review* 107 (Jan.–Feb. 1978), 79–96.

Corley, T. A. B. "The Entrepreneur: The Central Issue in Business History?" In Brown and Rose, eds., *Entrepreneurship, Networks and Modern Business*, 11–29.

Cresswell, Tim. "Space and Place (1977): Yi-Fu Tuan." In Hubbard et al., eds., *Key Texts in Human Geography*, 53–59.

Cronin, James E. "Memoir, Social History and Commitment: Eric Hobsbawm's Interesting Times." *Journal of Social History* 37: 1 (Fall 2003), 219–231.

Cuff, Robert D. "An Organizational Perspective on the Military-Industrial Complex." *Business History Review* 52: 2 (Summer 1978), 250–267.

______. "From Market to Manager." *Canadian Review of American Studies* 10: 1 (Spring 1979), 47–54.

Cumings, Bruce. "Still the American Century." *Review of International Studies* 25 (1999), 271–299.

Darby, H. C. "On the Relations of Geography and History." *Transactions and Papers of the Institute of British Geographers* 19 (1953), 1–11.

Davis, Gerald F., and Mark S. Mizruchi. "The Money Center Cannot Hold: Commercial Banks in the U.S. System of Corporate Governance." *Administrative Science Quarterly* 44 (June 1999), 215–239.

Davis, Mike. "Why the US Working Class Is Different." *New Left Review* 123 (Sept.–Oct. 1980), 3–44.

______. "The Barren Marriage of American Labour and the Democratic Party." *New Left*

Review 124 (Nov.-Dec. 1980), 43-84.

Dawley, Alan. "Workers, Capital, and the State in the Twentieth Century." In Moody and Kessler-Harris, eds., *Perspectives on American Labor History*, 152-200.

Dawson, Andy. "History and Ideology: Fifty Years of 'Job Consciousness.'" *Literature & History* 8 (Autumn 1978), 233-241.

Degler, Carl N. "In Pursuit of American History." *American Historical Review* 92: 1 (Feb. 1987), Supplement, 1-12.

Denning, Michael. "The End of Mass Culture." *International Labor and Working-Class History* 37 (Spring 1990), 4-18.

Derber, Milton. "The Idea of Industrial Democracy in America, 1898-1915." *Labor History* 7: 3 (Summer 1966), 259-286.

Destler, Chester McArthur. "Entrepreneurial Leadership Among the 'Robber Barons': A Trial Balance." *The Tasks of Economic History* 6 (1946), Supplement, 28-49.

Deutsch, Karl W. "A Note on the History of Entrepreneurship, Innovation and Decision-Making." *Explorations in Entrepreneurial History* 1: 5 (May 1949), 8-16.

"Disorganized Labor." *U.S. News & World Report*, 7 Mar. 2005, 48.

Domhoff, G. William. "Mills's *The Power Elite* 50 Years Later." *Contemporary Sociology* 35: 6 (Nov. 2006), 547-550.

______. "C. Wright Mills, Floyd Hunter, and 50 Years of Power Structure Research." In http://sociology.ucsc.edu/whorulesamerica.

______. "Alternative Theoretical Views." Ibid.

______. "The Four Networks Theory of Power: A Theoretical Home for Power Structure Research." Ibid.

Donnelley, Jack. "Human Rights: A New Standard of Civilization?" *International Affairs* 74: 1 (January 1998), 1-23.

Dooley, Michael P.; David Folerts-Landau; and Peter Garber. "The Revived Bretton Woods System." *International Journal of Finance and Economics* 9 (Oct. 2004), 307-313.

______, and Peter Garber, "Is It 1958 or 1968? Three Notes on the Longevity of the Revived Bretton Woods System." *Brookings Papers on Economic Activity* 1 (2005), 147-209.

Dreier, Peter. "The Position of the Press in the U.S. Power Structure." *Social Problems*

29: 3 (Feb. 1982), 298–310.

Du Boff, Richard B., and Edward S. Herman. "Alfred Chandler's New Business History: A Review." *Politics and Society* 10: 1 (1980), 87–110.

Dubofsky, Melvyn. "Not So Turbulent Years: A New Look at the 1930's." In *Life & Labor: Dimensions of American Working-Class History*, ed. Charles Stephenson and Robert Asher (Albany: State Univ. of New York Pr., 1986), 205–223.

Eagleton, Terry. "Introduction." In *Raymond Williams: Critical Perspectives* (Cambridge: Polity, 1989), 1–11.

Eisenstadt, S. N. "Multiple Modernities." *Daedalus* 129 (2000), 1–29.

Elbaum, Bernard, et al. "The Labour Process, Market Structure and Marxist Theory." *Cambridge Journal of Economics* 3: 3 (September 1979), 227–273.

Eley, Geoff, and Keith Nield. "Why Does Social History Ignore Politics?" *Social History* 5: 2 (May 1980), 249–271.

Elger, Tony, and Bill Schwarz. "Monopoly Capitalism and the Impact of Taylorism: Notes on Lenin, Gramsci, Braverman and Sohn-Rethel." In *Capital and Labour*, ed. Theo Nichols (Glasgow: Fontana, 1980), 358–369.

Elteren, Mel van. "Conceptualizing the Impact of US Popular Culture Globally." *Journal of Popular Culture* 30: 1 (Summer 1996), 47–89.

______. "U.S. Cultural Imperialism Today: Only a Chimera?" *SAIS Review* 23: 2 (Summer-Fall 2003), 169–188.

Englander, Ernest J. "The Inside Contract System of Production and Organization: A Neglected Aspect of the History of the Firm." *Labor History* 28: 4 (Fall 1987), 429–446.

Epstein, James. "Spatial Practices/Democratic Vistas." *Social History* 24: 3 (Oct. 1999), 294–310.

"E. P. Thompson." In *Visions of History: Interviews*, ed. Henry Abelove, Betsy Blackmar, Peter Dimock, and Jonathan Schneer (New York: Pantheon, 1984), 5–25.

Etulain, Richard W. "The Frontier and American Exceptionalism." In *Does the Frontier Experience Make America Exceptional?* (Boston: Bedford/St. Martins, 1999), 3–14.

Evans, Arthur S., Jr., "The Transformation of the Black Middle Class." In Vidich, ed., *New Middle Classes*, 215–237.

Febvre, Lucien. "Civilisation: Evolution of a Word and a Group of Ideas." In *A New Kind of History from the Writings of Febvre*, ed. Peter Burke (London: Routledge & Kegan Paul, 1973), 219–257.

Feenstra, Robert C. "Intergration of Trade and Disintegration of Production in the Global Economy." *Journal of Economic Perspectives* 12: 4 (Fall 1998), 31–50.

Fehrenbach, Heide, and Uta G. Poiger. "Introduction: Americanization Reconsidered." In Fehrenbach and Poiger, eds., *Transactions, Transgressions, Transformations*, xiii–xl.

Felipe, Jesus. "Total Factor Productivity Growth in East Asia: A Critical Survey." *Journal of Development Studies* 35: 4 (1999), 1–41.

Feinberg, Richard E. "The Changing Relationship between the World Bank and the International Monetary Fund." *International Organization* 42: 3 (Summer 1988), 545–560.

Ferber, Abby L. "Constructing Whiteness: The Intersections of Race and Gender in US White Supremacist Discourse." *Ethnic and Racial Studies* 21: 1 (Jan. 1998), 48–63.

Fields, Barbara. "Ideology and Race in American History." In *Region, Race, and Reconstruction: Essays in Honor of C. Vann Woodward*, ed. J. Morgan Kousser and James M. McPherson (New York: Oxford Univ. Pr., 1982), 143–177.

______. "Slavery, Race and Ideology in the United States of America." *New Left Review* 181 (May/June 1990), 95–118.

Fishkin, Shelley Fisher. "Interrogating 'Whiteness,' Complicating 'Blackness': Remapping American Culture." *American Quarterly* 47: 3 (Sept. 1995), 428–466.

Fiske, John. "Popular Culture." In *Critical Terms for Literary Study*, 2nd ed., ed. Frank Lentricchia and Thomas McLaughlin (Chicago: Univ. of Chicago Pr., 1995), 321–335.

Flagg, Barbara J. " 'Was Blind, but Now I See': White Race Consciousness and the Requirement of Discriminatory Intent." *Michigan Law Review* 91: 5 (Mar. 1993), 953–1017.

Fluck, Winfried. "The Americanization of German Culture? The Strange, Paradoxical Ways of Modernity." In Mueller, ed., *German Pop Culture*, 19–30.

Foner, Eric. "Why Is There No Socialism in the United States?" *History Workshop Journal* 17–18 (1984), 57–80.

Foner, Philip S. "Some Reflections on Ideology and American Labor History." *Science and Society* 34: 4 (Winter 1970), 467–477.

Forbath, William E. "The Long Life of Liberal America: Law and State-Building in the U.S. and England." *Law and History Review* 24: 1 (Spring 2006), 179–192.

Foster, John. "Nineteenth-Century Towns — A Class Dimension." In Dyos, ed., *Study of Urban History*, 281–299.

Fox-Genovese, Elizabeth, and Eugene D. Genovese. "The Political Crisis of Social History: A Marxian Perspective." *Journal of Social History* 10: 1 (Autumn 1976), 205–220.

Frank, Dana. Review of David Roediger, *Towards the Abolition of Whiteness*. *Socialist Review* 24 (1995), 243–250.

Fraser, Steve, and Gary Gerstle. "Introduction." In *Ruling America*, 1–26.

Freeman, Richard B. "Contraction and Expansion: The Divergence of Private Sector and Public Sector Unionism in the United States." *Journal of Economic Perspectives* 2: 2 (Spring 1988), 63–88.

Freitag, Peter J. "The Cabinet and Big Business: A Study of Interlocks." *Social Problems* 23: 2 (Dec. 1975), 137–152.

Fudge, Judy. "After Industrial Citizenship: Market Citizenship or Citizenship at Work?" *Relations Industrielles/Industrial Relations* 60: 4 (Fall 2005), 631–656.

Galambos, Louis. "The Emerging Organizational Synthesis in Modern American History." *Business History Review* 44: 3 (Autumn 1970), 279–290.

______. "Technology, Political Economy, and Professionalization: Central Themes of the Organizational Synthesis." *Business History Review* 57: 4 (Winter 1983), 471–493.

______. Review of Doig and Hargrave, eds., *Leadership and Innovation*. *Business History Review* 62: 3 (Autumn 1988), 547–549.

______. "What Makes Us Think We Can Put Business Back into American History." *Business and Economic History*, 2nd Ser., 20 (1991), 1–11.

______. "Recasting the Organizational Synthesis: Structure and Process in the Twentieth and Twenty-First Centuries." *Business History Review* 79: 1 (Spring 2005), 1–38.

Gallagher, John, and Ronald Robinson. "The Imperialism of Free Trade." *Economic History Review*, 2nd Ser., 6: 1 (1953), 1–15.

Gans, Herbert J. "Comment: Ethnic Invention and Acculturation, a Bumpy-Line Approach." *Journal of American Ethnic History* 12: 1 (Fall 1992), 42–52.

Gartman, David. "Marx and the Labor Process." *Insurgent Sociologist* 8: 2–3 (Fall 1978), 97–108.

Geldart, Carol, and Peter Lyon. "The Group of 77: A Perspective View." *International Affairs* 57: 1 (Winter 1980–81), 79–101.

Gerber, Larry G. "Corporatism and State Theory." *Social Science History* 19: 3 (Autumn 1995), 313–332.

______. "Shifting Perspectives on American Exceptionalism: Recent Literatures on American Labor Relations and Labor Policies." *Journal of American Studies* 31: 2 (Aug. 1997), 253–274.

Gerschenkron, Alexander. "Social Attitudes, Entrepreneurship, and Economic Development." *Explorations in Entrepreneurial History* 6: 1 (Oct. 1953), 1–19.

Gersuny, Carl. "Citizenship and Industrial Relations." *Employee Responsibilities and Rights Journal* 3: 3 (Sept. 1990), 185–197.

Ghemawat, Pankaj. "Why the World Isn't Flat." *Foreign Policy* (March/April 2007), 54–60.

Ghent, Jocelyn Maynard, and Frederic Cople Jaher. "The Chicago Business Elite: 1830–1930. A Collective Biography." *Business History Review* 50: 3 (Autumn 1976), 288–328.

Gilfoyle, Timothy J. "Making an American Upper Class." *Reviews in American History* 30 (June 2002), 279–287.

Gillam, Richard. "C. Wright Mills and the Politics of Truth: *The Power Elite* Revisited." *American Quarterly* 27: 4 (Oct. 1975), 461–479.

Gilson, Ronald J., and Mark J. Roe. "Understanding the Japanese Keiretsu: Overlaps Between Corporate Governance and Industrial Organization." *Yale Law Journal* 102: 4 (Jan. 1993), 871–906.

Giroux, Henry A. "The Emerging Authoritarianism in the United States: Political Culture under the Bush/Cheney Administration." *Symplokē* 14: 2–3 (2006), 98–151.

Gitelman, H. M. "Adolph Strasser and the Origins of Pure and Simple Trade Unionism." *Labor History* 6 (Winter 1965), 71–83.

Goldfield, Michael. "Race and the CIO: The Possibilities for Racial Egalitarianism during the 1930s and 1940s." *International Labor and Working Class History* 44 (Fall 1993), 1–32.

Goldstein, Judith, and Joanne Gowa. "US National Power and the Post-War Trading

Regime." *World Trade Review* 1: 2 (July 2002), 153-170.

Gordon, Colin. "Does the Ruling Class Rule?" *Reviews in American History* 25: 2 (June 1997), 288-293.

______. "Why No Corporatism in the United States? Business Disorganization and Its Consequences." *Business and Economic History* 27: 1 (Fall 1998), 29-46.

Gowa, Joanne, and Soo Yeon Kim. "An Exclusive Country Club: The Effects of the GATT on Trade, 1950-94." *World Politics* 57: 4 (July 2005), 453-478.

Gray, Robert. "History, Marxism and Theory." In Kaye and McClelland eds., *Thompson*, 153-182.

Gray, William Glenn. "Floating the System: Germany, the United States, and the Breakdown of Bretton Woods, 1969-1973." *Diplomatic History* 31: 2 (April 2007), 295-323.

Gregory, Derek. "Human Agency and Human Geography." *Transactions of the Institute of British Geographers*, NS 6: 1 (1981), 1-18.

______, and John Urry. "Introduction." In *Social Relations and Spatial Structures*, 1-8.

Gross, James A. "Conflicting Statutory Purposes: Another Look at Fifty Years of NLRB Law Making." *Industrial and Labor Relations Review* 39: 1 (Oct. 1985), 7-18.

Grote, Jürgen, and Philippe Schmitter. "The Renaissance of National Corporatism." In *Renegotiating the Welfare State: Flexible Adjustment through Corporatist Concertation*, ed. Frans van Waarden and Gerhard Lehmbruch (London: Routledge, 2003), 279-302.

Gunn, Simon. "From Hegemony to Governmentality: Changing Conceptions of Power in Social History." *Journal of Social History* 39: 3 (Spring 2006), 705-720.

Hafter, Daryl M. "The Cost of Inventiveness: Labor's Struggle with Management's Machine." *Technology and Culture* 44: 1 (Jan. 2003), 102-113.

Hall, Stuart. "In Defence of Theory." In Samuel, ed., *People's History*, 378-385.

Halpern, Rick, and Jonathan Morris. "The Persistence of Exceptionalism: Class Formation and the Comparative Method." In *American Exceptionalism?* 1-13.

Handlin, Oscar. "The Modern City as a Field of Historical Study." In Handlin and Burchard, eds., *Historian and the City*, 1-26.

Harris, Cheryl I. "Whiteness as Property." *Harvard Law Review* 106: 8 (June 1993), 1710-1791.

Harris, Richard. "Residential Segregation and Class Formation in the Capitalist City: A

Review and Directions for Research." *Progress in Human Geography* 8: 1 (Jan. 1984), 26–49.

Harsgor, Michael. "Total History: The Annales School." *Journal of Contemporary History* 31: 1 (Jan. 1978), 1–13.

Harvey, David. Review of J. Foster, *Class Struggle and the Industrial Revolution*. *Journal of Historical Geography* 1: 1 (Jan. 1975), 109–111.

______. "Class Structure in a Capitalist Society and the Theory of Residential Differentiation." In *Processes in Physical and Human Geography: Bristol Essays*, ed. R. Peel, M. Chisholm and P. Haggett (London: Heinemann, 1975), 254–369.

______. "The Geopolitics of Capitalism." In Gregory and Urry, eds., *Social Relations and Spatial Structures*, 126–163.

Hawley, Ellis W. "The Discovery and Study of 'Corporate Liberalism.'" *Business History Review* 52: 3 (Autumn 1978), 309–320.

Hemphill, C. Dallett. "Middle Class Rising in Revolutionary America: The Evidence from Manners." *Journal of Social History* 30: 2 (Winter 1996), 317–344.

Herman, Andrew. "Conceptualizing Control: Domination and Hegemony in the Capitalist Labor Process." *Insurgent Sociologist* 11: 3 (Fall 1982), 7–22.

Hill, Herbert. "Myth-Making as Labor History: Herbert Gutman and the United Mine Workers of America." *International Journal of Politics, Culture, and Society* 2: 2 (Winter 1988), 132–200.

______. "The Importance of Race in American Labor History." *International Journal of Politics, Culture, and Society* 9: 2 (Winter 1995), 317–343.

______. "The Problem of Race in American Labor History." *Reviews in American History* 24: 2 (June 1996), 189–208.

Hill, Mike. "After Whiteness Studies." In *After Whiteness: Unmaking an American Majority* (New York: New York Univ. Pr., 2004), 173–184.

Hobsbawm, E. J. "Custom, Wages and Work-Load." In *Labouring Man: Studies in the History of Labour* (London: Weidenfeld and Nicolson, 1964), 344–370.

______. "From Social History to the History of Society." *Daedalus* 100: 1 (Winter 1971), 20–45.

Hoell, Robert C. "How Employee Involvement Affects Union Commitment." *Journal of Labor Research* 25: 2 (Spring 2004), 267–277.

Holt, Thomas C. "Racism and the Working Class." *International Labor and Working*

Class History 45 (Spring 1994), 86–95.

Honold, Linda. "A Review of the Literature on Employee Empowerment." *Empowerment in Organizations* 5: 4 (1997), 202–212.

Hoselitz, Bert F. "The Early History of Entrepreneurial Theory." *Explorations in Entrepreneurial History* 3: 4 (Apr. 1951), 193–220.

Hutchins, John G. B. "Business History, Entrepreneurial History, and Business Administration." *Journal of Economic History* 18: 4 (Dec. 1958), 453–466.

Ignatieff, Michael. "The American Empire: The Burden." http://www.ksg.harvard.edu/cchrp/pdf/NYTimesJan03Burden.pdf. 2006년 12월 3일 접속.

Ikenberry, G. John. "Democracy, Institutions, and American Restraint." In Ikenberry, ed., *America Unrivaled*, 213–238.

______. "Is American Mulilateralism in Decline?" *Perspectives on Politics* 1: 3 (Sept. 2003), 533–550.

International Monetary Fund. IMF Executive Directors and Voting Power. http://www.imf.org/external/np/sec/memdir/eds.htm. 2006년 12월 26일 접속.

"Introduction: The Spatial Dimension of History." *Radical History Review* 21 (Fall 1979), 3–9.

Ireland, Craig. "The Appeal to Experience and Its Consequences: Variations on a Persistent Thompsonian Theme." *Cultural Critique* 52 (Fall 2002), 86–107.

Iriye, Akira. "The Internationalization of History." *American Historical Review* 94: 1 (Feb. 1989), 1–10.

Irwin, Douglas A. "The GATT in Historical Perspective." *American Economic Review* 85: 2 (May 1995), 323–328.

Jacoby, Sanford M. "American Exceptionalism Revisited: The Importance of Management." In *Masters to Managers: Historical and Comparative Perspectives on American Employers* (New York: Columbia Univ. Pr., 1991), 173–200.

Jenkins, J. Craig, and Craig M. Eckert. "The Corporate Elite, the New Conservative Policy Network, and Reaganomics." *Critical Sociology* 16: 2/3 (Summer/Fall 1989), 121–144.

______, and Kevin T. Leicht. "Direct Intervention by the Subnational State: The Development of Public Venture Capital Programs in the American States." *Social Problems* 43: 3 (Aug. 1996), 306–326.

John, Richard R. "Elaborations, Revisions, Dissents: Alfred D. Chandler, Jr.'s *The Visible*

Hand after Twenty Years." *Business History Review* 71: 2 (Summer 1997), 151–200.

Johnson, Arthur M. "Where Does Business History Go from Here." *Business History Review* 36: 1 (Spring 1962), 11–20.

Johnson, Dale L. "Toward a Historical and Dialectical Social Science." In *Class and Social Development*, 29–48.

______. "Class Relations and the Middle Class." Ibid., 87–108.

______. "The Social Unity and Fractionalization of the Middle Class." Ibid., 179–202.

______, and Christine O'Donnell. "The Dequalification of Technical, Administrative, and Professional Labor." Ibid,, 225–244.

Johnson, Richard. "Edward Thompson, Eugene Genovese, and Socialist-Humanist History." *History Workshop* 6 (Autumn 1978), 79–100.

______. "Culture and the Historians." In Clarke et al., eds. *Working-Class Culture*, 41–71.

______. "Three Problematics." Ibid., 201–237.

Johnston, Robert D. "Conclusion: Historians and the American Middle Class." In Bledstein and Johnston, eds., *Middling Sorts*, 396–406.

Joyce, Patrick. "Labour, Capital and Compromise: A Response to Richard Price." *Social History* 9: 1 (Jan. 1984), 67–76.

______. "Language of Reciprocity and Conflict: A Further Response to Richard Price." *Social History* 9: 2 (May 1984), 225–231.

______. "The End of Social History?" *Social History* 21: 1 (Jan. 1995), 73–91.

Judt, Tony. "A Clown in Regal Purple: Social History and the Historian." *History Workshop* 7 (Spring 1979), 66–94.

Kammen, Michael. "The Problem of American Exceptionalism: A Reconsideration." *American Quarterly* 45: 1 (Mar. 1993), 1–43.

Kanbur, S. M. "A Note on Risk Taking, Entrepreneurship, and Schumpeter." *History of Political Economy* 12: 4 (Winter 1980), 489–498.

Kaplan, Amy. " 'Left Alone with America': The Absence of Empire in the Study of American Culture." In *Cultures of United States Imperialism*, ed. Amy Kaplan and Donald E. Pease (Durham: Duke Univ. Pr., 1993), 3–21.

Kapur, Devesh, and Moisés Naím. "The IMF and Democratic Governance." *Journal of*

Democracy 16: 1 (Jan. 2005), 89-102.

Keohane, Robert O., and Joseph S. Nye, Jr. "Globalization: What's New? What's Not? (And So What?)" *Foreign Policy* 118 (Spring 2000), 104-119.

Kilby, Peter. "Hunting the Hefflump." In *Entrepreneurship and Economic Development* (New York: Free Pr., 1971), 1-40.

Kim, Jong-Il and Lawrence J. Lau. "The Sources of Economic Growth of the East Asian Newly Industrialized Countries." *Journal of the Japanese and International Economies* 8 (1994), 235-271.

Kirk, Neville. "In Defense of Class: A Critique of Recent Revisionist Writing upon the Nineteenth-Century English Working Class." *International Review of Social History* 32: 1 (Apr. 1987), 2-47.

______. "Class and the 'Linguistic Turn' in Chartist and Post-Chartist Historiography." *Social Class and Marxism: Defences and Challenges* (Aldershot: Scolar Pr., 1996), 87-134.

______. "'Peculiarities' versus 'Exceptions': The Shaping of the American Federation of Labor's Politics during the 1890s and 1900s." *International Review of Social History* 45: 1 (Apr. 2000), 25-50.

Kivinen, Markku. "The New Middle Classes and the Labour Process." *Acta Sociologica* 32: 1 (Mar. 1989), 53-73.

Kocka, Jürgen. "The Middle Classes in Europe." *Journal of Modern History* 67: 4 (Dec. 1995), 783-806.

Koekkoek, K. A. "The Integration of Developing Countries in the GATT System." *World Development* 16: 8 (Aug. 1988), 947-957.

Koistinen, Paul A. C. "The 'Industrial-Military Complex' in Historical Perspective: The Inter-War Years." *Journal of American History* 56: 4 (Mar. 1970), 819-839.

Kroes, Rob. "American Empire and Cultural Imperialism: A View from the Receiving End." *Diplomatic History* 23: 3 (Summer 1999), 463-477.

Krooss, Herman E. "Economic History and the New Business History." *Journal of Economic History* 18: 4 (Dec. 1958), 467-480.

Krugman, Paul. "The Myth of Asia's Miracle." *Foreign Affairs* 73: 6 (1994), 62-78.

Kupperman, Karen Ordahl. "International at the Creation: Early Modern American History." In Bender, ed., *Rethinking American History*, 103-104.

Lamoreaux, Naomi R.; Daniel M. G. Raff; and Peter Temin. "Beyond Markets and

Hierarchies: Toward a New Synthesis of American Business History." *American Historical Review* 108: 2 (Apr. 2003), 404–433.

Lampard, Eric E. "Urbanization and Social Changes: On Broadening the Scope and Relevance of Urban History." In Handlin and Burchard, eds., *Historian and the City*, 225–247.

Landes, David. "Social Attitudes, Entrepreneurship, and Economic Development: A Comment." *Explorations in Entrepreneurial History* 6: 4 (May 1954), 245–272.

Langlois, Richard N. "The Vanishing Hand: The Changing Dynamics of Industrial Capitalism." *Industrial and Corporate Change* 12: 2 (Apr. 2003), 351–385.

______. "Chandler in a Larger Frame: Markets, Transaction Costs, and Organizational Form in History." *Enterprise and Society* 5: 3 (2004), 355–375.

La Porta, Rafael; Florencio Lopez-de-Silanes; and Andrei Shleifer. "Corporate Ownership around the World." *Journal of Finance* 54: 2 (Apr. 1999), 471–517.

Laslett, John H. M. "Samuel Gompers and the Rise of American Business Unionism." In Dubofsky and Van Tine, eds., *Labor Leaders in America*, 62–88.

Latham, Earl. Review of G. William Domhoff, *The Higher Circles*. *American Political Science Review* 66: 1 (Mar. 1972), 199–201.

Lauterpacht, H. "The Grotian Tradition in International Law." *British Year Book of International Law* 23 (1946), 1–53.

Lazonick, William H. "Technological Change and the Control of Work: The Development of Capital-Labour Relation in US Mass Production Industries." In *Managerial Strategies and Industrial Relations: An Historical and Comparative Study*, ed. Howard F. Gospel and Craig R. Littler (London: Heinemann Educational Books, 1983), 111–136.

Lears, T. J. Jackson. "Mass Culture and Its Critics." *Encyclopedia of American Social History*, vol. 3, ed. Kupiec Cayton et al. (New York: Charles Scribner's Sons, 1993), 1591–1609.

Lederer, Emil, and Jacob Marschak. "The New Middle Class." In Vidich, ed., *New Middle Classes*, 55–86.

Lehmbruch, Gerhard. "Concentration and the Structure of Corporatist Networks." In Goldthorpe, ed., *Order and Conflict*, 60–80.

Levine, Lawrence W. "The Folklore of Industrial Society: Popular Culture and Its Audiences." *American Historical Review* 97: 5 (Dec. 1992), 1369–1399.

Lichtenstein, Nelson. "Walter Reuther and the Rise of Labor-Liberalism." In Dubofsky and Van Tine, eds., *Labor Leaders in America*, 280–302.

Lincoln, Nicola Denham; Cheryl Travers; Peter Ackers; and Adrian Wilkinson. "The Meaning of Empowerment: The Interdisciplinary Etymology of a New Management Concept." *International Journal of Management Reviews* 4: 3 (Sept. 2002), 271–290.

Lipartito, Kenneth. "Culture and the Practice of Business History." *Business and Economic History* 24: 2 (Winter 1995), 1–42.

Lipold, Paul F., and Larry W. Isaac. "Striking Deaths: Lethal Contestation and the 'Exceptional' Character of the American Labor Movement, 1870–1970." *International Review of Social History* 54: 2 (Aug. 2009), 167–205.

Livesay, Harold. "Entrepreneurial Persistence Through the Bureaucratic Age." *Business History Review* 51: 4 (Winter 1977), 415–443.

______. "Entrepreneurial Dominance in Businesses Large and Small, Past and Present." *Business History Review* 63: 1 (Spring 1989), 1–21.

______. "Introduction." In *Entrepreneurship and the Growth of Firms*, vol. 1 (Aldershot: Gower House, 1995), xi–xvii.

Livingston, James. "The Social Analysis of Economic History and Theory: Conjectures on Late Nineteenth-Century American Development." *American Historical Review* 92: 1 (Feb. 1987), 69–95.

Lundestad, Geir. "Empire by Invitation? The United States and Western Europe, 1945–1952." *Journal of Peace Research* 23: 3 (Sept. 1986), 263–277.

Maase, Kaspar. "A Taste of Honey: Adorno's Reading of American Mass Culture." In *European Readings of American Popular Culture*, ed. John Dean and Jean-Paul Gabilliet (Westport, Conn.: Greenwood Pr., 1996), 201–211.

Magarey, Susan. "That Hoary Old Chestnut, Free Will and Determinism: Culture vs. Structure, or History vs. Theory in Britain." *Comparative Studies in Society and History* 29: 3 (July 1987), 626–639.

Mahutga, Matthew C. "The Persistence of Structural Inequality? A Network Analysis of International Trade, 1965–2000." *Social Forces* 84: 4 (June 2006), 1863–1889.

Maier, Charles S. "Preconditions for Corporatism." In Goldthorpe, ed., *Order and Conflict*, 39–59.

______. "Between Taylorism and Technocracy: European Ideologies and the Vision of Industrial Productivity in the 1920s." In *In Search of Stability*, 22–53.

______. "The Politics of Productivity: Foundations of American International Economic Policy after World War II." Ibid., 225–260.

______. "Accounting for the Achievements of Capitalism: Alfred Chandler's Business History." *Journal of Modern History* 65: 4 (Dec. 1993), 771–782.

______. "Consigning the Twentieth Century to History: Alternative Narratives for the Modern Era." *American Historical Review* 105: 3 (June 2000), 807–831.

Marglin, Stephen A. "What Do Bosses Do?: The Origins and Functions of Hierarchy in Capitalist Production." *Review of Radical Political Economics* 6: 2 (Summer 1972), 60–112.

Marsh, Margaret. "Suburban Men and Masculine Domesticity, 1870–1915." *American Quarterly* 40: 2 (June 1988),165–186.

Marshall, T. H. "Citizenship and Social Class." In *Citizenship and Social Class* (London: Pluto Pr., 1992), 3–51.

Martins, Mario Rui. "The Theory of Social Space in the Work of Henri Lefebvre." In *Urban Political Economy and Social Theory: Essays in Urban Studies*, ed. Ray Forrest, Jeff Henderson, and Peter Williams (Aldershot: Gower, 1982), 160–185.

Massey, Doreen. "New Directions in Space." In Gregory and Urry, eds., *Social Relations and Spatial Structures*, 9–19.

Mathisen, Ralph W. "*Peregrini*, *Barbari*, and *Cives Romani*: Concepts of Citizenship and the Legal Identity of Barbarians in the Later Roman Empire." *American Historical Review* 111: 4 (Oct. 2006), 1011–1040.

Mayer, Arno J. "The Lower Middle Class as Historical Problem." *Journal of Modern History* 47: 3 (Sept. 1975), 409–436.

Mayfield, David, and Susan Thorne. "Social History and Its Discontents: Gareth Stedman Jones and the Politics of Language." *Social History* 17: 2 (May 1992), 165–188.

McClelland, Keith. "Introduction." In Kaye and McClelland, eds., *Thompson*, 1–11.

McGerr, Michael. "The Price of the 'New Transnational History.'" *American Historical Review* 96: 4 (Oct. 1991), 1056–1067.

McGraw, Thomas. "Introduction." In *Essential Alfred Chandler*, 1–21.

______. "In Retrospect: Berle and Means." *Reviews in American History* 18 (1990), 578–596.

______. "Schumpeter Ascending." *American Scholar* 60: 3 (Summer 1991), 371–392.

_____. "Government, Big Business, and the Wealth of Nations." In Chandler et al., eds., *Big Business and the Wealth of Nations*, 522–545.

McKeown, Timothy J. "A Liberal Trade Order? The Long-Run Pattern of Imports to the Advanced Capitalist States." *International Studies Quarterly* 35: 2 (June 1991), 151–171.

McLennan, Gregor. "E. P. Thompson and Discipline of Historical Context." In Johnson et al., eds., *Making Histories*, 96–130.

McQaid, Kim. "Corporate Liberalism in the American Business Community, 1920–1940." *Business History Review* 52: 3 (Autumn 1978), 342–368.

Meacham, Jon. "The Story of Power." *Newsweek*, 5 Jan. 2009 (http://www.newsweek.com/id/176300).

Mead, Walter Russell. "God's Country?" *Foreign Affairs* 85: 5 (Sept./Oct. 2006), 24–43.

Meiksins, Peter F. "A Critique of Wright's Theory of Contradictory Class Locations." In Erik Olin Wright et al., *The Debate on Classes* (London: Verso, 1989), 173–183.

Merrifield, Andrew. "Place and Space: A Lefebvrian Reconciliation." *Transactions of the Institute of the British Geographers* NS 18: 4 (1993), 516–531.

Michalak, Wieslaw, and Richard Gibb. "Trading Blocs and Multilateralism in the World Economy." *Annals of the Association of American Geographers* 87: 2 (June 1997), 264–279.

Miliband, Ralph. "The Capitalist State — Reply to N. Poulantzas." *New Left Review* 59 (Jan.- Feb. 1970), 53–60.

_____. "Poulantzas and the Capitalist State." Ibid. 82 (Nov.-Dec. 1973), 83–92.

Miller, Jacquelyn C. "An 'Uncommon Tranquility of Mind': Emotional Self-Control and the Construction of a Middle-Class Identity in Eighteenth-Century Philadelphia." *Journal of Social History* 30: 1 (Fall 1996), 129–148.

Miller, Kenneth E. Review of G. William Domhoff, *Who Rules America? Journal of Politics* 31: 2 (May 1969), 565–567.

Miller, William. "American Historians and the Business Elite." *Journal of Economic History* 9: 2 (Nov. 1949), 184–208.

Mills, C. Wright. "The American Business Elite: A Collective Portrait." *Journal of Economic History* 5 (Dec. 1945), Supplement, 20–44.

_____. Letter to the Editor. *Commentary* 23 (June 1957), 580–581.

_____. " 'The Power Elite': Comment on Criticism." *Dissent* 4 (Winter 1957), 22–34.

_____. "The Structure of Power in American Society." *British Journal of Sociology* 9: 1 (Mar. 1958), 29–41.

Milner, Helen V., with Keiko Kubota. "Why the Move to Free Trade: Democracy and Trade Policy in the Developing Countries." *International Organization* 59 (Winter 2005), 107–143.

Mintz, Beth, and Michael Schwartz. *The Power Structure of American Business.* Chicago: Univ. of Chicago Pr., 1985.

Mizruchi, Mark S. "Berle and Means Revisited: The Governance and Power of Large U.S. Corporations." *Theory and Society* 33: 5 (Oct. 2004), 579–617.

Monds, Jean. "Workers' Control and the Historians: A New Economism." *New Left Review* 97 (May–June 1976), 81–100.

Montgomery, David. "Workers' Control in Machine Production in the Nineteenth Century." In *Workers' Control in America,* 9–31.

Moore, Gwen. "The Structure of a National Elite Network." *American Sociological Review* 44: 5 (Oct. 1979), 673–692.

Moskos, Charles C., Jr. "The Concept of the Military-Industrial Complex: Radical Critique or Liberal Bogey?" *Social Problems* 21: 4 (Apr. 1974), 498–512.

Mundlak, Guy. "Industrial Citizenship, Social Citizenship, Corporate Citizenship: I Just Want My Wages." *Theoretical Inquiries in Law* 8: 2 (July 2007), 719–748.

Murphy, Cornelius F. "The Grotian Vision of World Order." *American Journal of International Law* 76: 3 (July 1982), 477–498.

Murray, Sylvie. "Rethinking Middle-Class Populism and Politics in the Postwar Era: Community Activism in Queens." In Bledstein and Johnston, eds., *Middling Sorts,* 267–279.

Murrin, John M. "The Jeffersonian Triumph and American Exceptionalism." *Journal of the Early Republic* 20: 1 (Spring 2000), 1–25.

Nelles, H. V. Review of Alfred D. Chandler, Jr., *The Visible Hand. Labour/Le Travailleur* 4 (Winter 1979), 271–275.

Nellis, Eric. "The Working Lives of the Rural Middle Class in Provincial Massachusetts." *Labor History* 36: 4 (Fall 1995), 505–529.

Nelson, Bruce. "Class, Race and Democracy in the CIO: The 'New' Labor History Meets the 'Wages of Whiteness.'" *International Review of Social History* 41 (Dec. 1996), 351–374.

Nelson, Richard R., and Howard Pack. "The Asian Miracle and Modern Growth Theory." *Economic Journal* 109 (1999), 416–436.

Nettl, J. P. "The State as a Conceptual Variable." *World Politics* 20: 1 (July 1968), 559–592.

Nightingale, Carl H. "How Lynchings Became High-Tech, and Other Tales from the Modern South." *Reviews in American History* 27: 1 (Mar. 1999), 140–148.

Novak, William J. "The Myth of the 'Weak' American State." *American Historical Review* 113: 3 (June 2008), 752–772.

Oestreicher, Richard. "Urban Working-Class Political Behavior and Theories of American Electoral Politics, 1870–1940." *Journal of American History* 74: 4 (Mar. 1988), 1259–1286.

Oh, John C. H. Review of G. William Domhoff, *Who Rules America?* and Arnold M. Rose, *The Power Structure. Sociological Quarterly* 10: 3 (Summer 1969), 400–402.

Oppenheimer, Martin. "The Political Missions of the Middle Strata." In Johnson, ed., *Class and Social Development*, 109–132.

______; Christine O'Donnell; and Dale L. Johnson. "Professions and the Middle Class: Professionalization/Deprofessionalization." Ibid., 245–257.

Organisation for Economic Co-operation and Development. Income Inequality. In *OECD Factbook 2010: Economic, Environmental and Social Statistics* (Paris: OECD, 2010), 234–235. (http://www.oecdlibrary.org/docserver/download/fulltext.3010061ec088.pdf 2010년 6월 4일 접속)

______. Trade Union Density. In *StatExtracts*. (http://stats.oecd.org/Index.aspx?DataSetCode=UN_DEN 2010년 6월 9일 접속)

Orsi, Robert. "The Religious Boundaries of an Inbetween People: Street Feste and the Problem of the Dark-Skinned Other in Italian Harlem, 1920–1990." *American Quarterly* 44: 3 (Sept. 1992), 313–347.

Owen, John M., IV. "Transnational Liberalism and American Primacy: or, Benignity Is In the Eye of the Beholder." In Ikenberry, ed., *America Unrivaled*, 239–259.

Özden, Çaglar, and Eric Reinhardt. "The Perversity of Preferences: GSP and Developing Country Trade Policies, 1976–2000." *Journal of Development Economics* 78:1 (Oct. 2005), 1–21.

Painter, Nell Irvin. "The New Labor History and the Historical Moment." *International Journal of Politics, Culture, and Society* 2: 3 (Spring 1989), 367–370.

Palmer, Bryan. "Class, Conception and Conflict: The Thrust for Efficiency, Managerial Views of Labor and the Working Class Rebellion, 1903–22." *Review of Radical Political Economics* 7: 2 (Summer 1975), 31–49.

Palmer, Donald. "Interpreting Corporate Interlocks from Broken Ties." *Social Science History* 7: 2 (Spring 1983), 217–231.

Panitch, Leo, and Sam Gindin. "The Unique American Empire." In Colás and Saull, eds., *War on Terrorism*, 24–43.

Parker, Martin. "Nostalgia and Mass Culture: McDonaldization and Cultural Elitism." In *McDonaldization Revisited: Critical Essays on Consumer Culture*, ed. Mark Alfino, John S. Caputo and Robin Wynyard (Westport, Conn.: Praeger, 1998), 1–18.

Parker, Mike, and Jane Slaughter. "Should the Labour Movement Buy TQM?" *Journal of Organizational Change Management* 6: 4 (1993), 43–56.

Parsons, Talcott. "The Distribution of Power in American Society." *World Politics* 10: 1 (Oct. 1957), 123–143.

Parthasarathi, Prasannan. "The State and Social History." *Journal of Social History* 39: 3 (Spring 2006), 771–778.

Perkins, Edwin J. "The Entrepreneurial Spirit in Colonial America: The Foundations of Modern Business History." *Business History Review* 63: 1 (Spring 1989), 160–186.

Perrot, Michelle. "The Three Stages of Industrial Discipline in Nineteenth-Century France." In *Consciousness and Class Experience in Nineteenth-Century Europe*, ed. John M. Merriman (New York: Holmes & Meier, 1979), 149–168.

Perrucci, Robert. "Embedded Corporatism: Auto Transplants, the Local State and Community Politics in the Midwest Corridor." *Sociological Quarterly* 35: 3 (1994), 487–505.

Pesciarelli, Enzo. "Smith, Bentham, and the Development of Contrasting Ideas on Entrepreneurship." *History of Political Economy* 21: 3 (Fall 1989), 521–536.

Pilat, Dirk. "Comparative Productivity of Korean Manufacturing, 1967–1987." *Journal of Development Economics* 46: 1 (1995), 123–144.

Pooley, Colin G. "Choice and Constraint in the Nineteenth-Century City: A Basis for Residential Differentiation." In Johnson and Pooley, eds., *Structure of Nineteenth-Century Cities*, 199–233.

Poulantzas, Nicos. "The Problem of the Capitalist State." *New Left Review* 58 (Nov.–Dec.

1969), 67–78.

Pratt, Geraldine. "Reproduction, Class, and the Spatial Structure of the City." In *New Models in Geography: The Political-Economy Perspective*, vol. 2, ed. Richard Peet and Nigel Thrift (London: Unwin Hyman, 1989), 84–108.

Price, Richard. "The Labour Process and Labour History." *Social History* 8: 1 (Jan. 1983), 57–75.

_____. "Conflict and Co-operation: A Reply to Patrick Joyce." *Social History* 9: 2 (May 1984), 217–224.

_____. "Theories of Labour Process Formation." *Journal of Social History* 18: 1 (Fall 1984), 91–110.

Project for the New American Century. "Rebuilding America's Defenses: Strategy, Forces and Resources for a New Century." http://www.newamericancentury.org/RebuildingAmericasDefenses/pdf.

Rasch, William. "Human Rights as Geopolitics: Carl Schmitt and the Legal Form of American Supremacy." *Cultural Critique* 54 (Spring 2003), 120–147.

Redlich, Fritz. "The Origin of the Concepts of 'Entrepreneur' and 'Creative Entrepreneur.'" *Explorations in Entrepreneurial History* 1: 2 (Feb. 1949), 1–7.

_____. "The Military Entrepreneur: A Neglected Area of Research." Ibid. 8: 4 (Apr. 1956), 252–256.

_____. "Approaches to Business History." *Business History Review* 36: 1 (Spring 1962), 61–70.

"Review Essays: American Exceptionalism." *American Historical Review* 102: 3 (June 1997), 748–774.

Richardson, J. S. "Imperium Romanum: Empire and the Language of Power." *Journal of Roman Studies* 81 (1991), 1–9.

Risse, Thomas. "U.S. Power in a Liberal Security Community." In Ikenberry, ed., *America Unrivaled*, 260–283.

Robinson, Eric W. "American Empire? Ancient Reflections on Modern American Power." *Classical World* 99: 1 (Fall 2005), 35–50.

Rodgers, Daniel T. "In Search of Progressivism." *Reviews in American History* 10: 4 (December 1982), 113–132.

_____. "Exceptionalism." In *Imagined Histories: American Historians Interpret the Past*, ed. Anthony Molho and Gordon S. Wood (Princeton, N.J.: Princeton Univ.

Pr., 1998), 21–40.

______. "American Exceptionalism Revisited." *Raritan* 24: 2 (Fall 2004), 21–47.

Rodieger, David R. "Introduction." In *Black on White: Black Writers on What It Means to Be White* (New York: Schocken Books, 1998), 1–26.

Rodrik, Dani. "The Rush to Free Trade in the Developing World: Why So Late? Why Now? Will It Last?" In *Voting for Reform: Democracy, Political Liberalization, and Economic Adjustment*, ed. Stephan Haggard and Steven B. Webb (New York: Oxford Univ. Pr., 1994), 61–88.

Rovere, Richard H. "The American Establishment." In *The American Establishment and Other Reports, Opinions, and Speculations* (New York: Harcourt, Brace & World, 1962), 3–21.

Roy, William G. "Interlocking Directorates and the Corporate Revolution." *Social Science History* 7: 2 (Spring 1983), 143–164.

Ruggie, John Gerard. "International Regimes, Transactions, and Change: Embedded Liberalism in the Postwar Economic Order." *International Organization* 36: 2 (Spring 1982), 379–415.

Russett, Bruce; John R. Oneal; and David R. Davis. "The Third Leg of the Kantian Tripod for Peace: International Organizations and Militarized Disputes, 1950–85." *International Organization* 52: 3 (Summer 1998), 441–467.

Salisbury, Robert H. "Why No Corporatism in America?" In Schmitter and Lehmbruch, eds., *Trends toward Corporatist Intermediation*, 213–230.

Samuel, Raphael. "Workshop of the World: Steam Power and Hand Technology in Mid-Victorian Britain." *History Workshop* 3 (Spring 1977), 6–72.

Santarelli, Enrico, and Enzo Pesciarelli. "The Emergence of a Vision: The Development of Schumpeter's Theory of Entrepreneurship." *History of Political Economy* 22: 4 (Winter 1990), 677–696.

Saunders, Peter. "Space, the City and Urban Sociology." In Gregory and Urry, eds., *Social Relations and Spatial Structures*, 67–89.

Savage, Michael. "Space, Networks and Class Formation." In *Social Class and Marxism: Defences and Challanges*, ed. Neville Kirk (Aldershot: Scolar Pr., 1996), 58–86.

Sayer, Andrew. "The Difference that Space Makes." In Gregory and Urry, eds., *Social Relations and Spatial Structures*, 49–66.

Schmitter, Philippe C. "Still the Century of Corporatism?" In Schmitter and Lehmbruch, eds., *Trends toward Corporatist Intermediation*, 7-52.

______. "Reflections on Where the Theory of Neo-Corporatism Has Gone and Where the Praxis of Neo-Corporatism May Be Going." In Lehmbruch and Schmitter, eds., *Patterns of Corporatist Policy-Making*, 259-279.

______. "Corporatism is Dead! Long Live Corporatism!." *Government and Opposition* 24: 1 (Jan. 1989), 54-73.

Schnore, Leo F. "Furthur Reflections on the 'New' Urban History: A Prefatory Note." In *New Urban History*, 3-11.

Schröter, Harm G. "Economic Culture and Its Transfer: An Overview of the Americanization of the European Economy, 1900-2005." *European Review of History: Revue europeenne d'histoire* 15: 4 (Aug. 2008), 331-344.

Schwarz, Bill. " 'The People' in History: The Communist Party Historians' Group, 1946-56." In Johnson et al., eds. *Making Histories*, 44-95.

Scott, Joan W. "Gender: A Useful Category of Historical Analysis." *American Historical Review* 91: 5 (Dec. 1986), 1053-1075.

Seaman, David, and Jacob Sowers. "Place and Placelessness (1976): Edward Relph." In Hubbard et al., eds., *Key Texts in Human Geography*, 43-51.

Seidman, Michael. "Social History and Antisocial History." *Common Knowledge* 13: 1 (Winter 2007), 40-49.

Sewell, William H., Jr. "How Classes are Made: Critical Reflections on E. P. Thompson's Theory of Working-Class Formation." In Kaye and McClelland, eds., *Thompson*, 50-79.

______ "Toward a Post-Materialist Rhetoric for Labor History." In *Rethinking Labor History: Essays on Discourse and Class Analysis*, ed. Lenard R. Berlanstein (Urbana: Univ. of Illinois Pr., 1993), 15-38.

Shafer, Byron E. "Preface." *Is America Different?*, v-xi.

Shoup, Laurence H. "Shaping the Postwar World: The Council on Foreign Relations and United States War Aims During World War Two." *Insurgent Sociologist* 5: 3 (Spring 1975), 9-52.

Simmel, Georg. "The Metropolis and Mental Life." In *The Sociology of Georg Simmel*, trans. and ed. Kurt H. Wolff (New York: Free Pr., 1950), 409-424.

Skidelsky, Robert. "Keynes, Globalisation and the Bretton Woods Institutions in the Light of Changing Ideas about Markets." *World Economics* 6: 1 (Jan./Mar. 2005),

15–30.

Skocpol, Theda. "Bringing the State Back In: Strategies of Analysis in Current Research." In *Bringing the State Back In*, 3–37.

______. "Political Response to Capitalist Crisis: Neo-Marxist Theories of the State and the Case of the New Deal." In *Power: Critical Concepts*, vol. 3, ed. John Scott (London: Routledge, 1994), 331–369.

Smith, David A., and Douglas R. White. "Structure and Dynamics of the Global Economy: Network Analysis of International Trade, 1965–1980." *Social Forces* 70: 4 (June 1992), 857–893.

Smith-Rosenberg, Carroll. "Dis-Covering the Subject of the 'Great Constitutional Discussion,' 1786–1789." *Journal of American History* 79: 3 (Dec. 1992), 841–873.

Soja, Edward W., and Costis Hadjimichalis. "Between Geographical Materialism and Spatial Fetishism." *Antipode* 11: 3 (Dec. 1979), 3–11.

Sollors, Werner, "Introduction." In *The Invention of Ethnicity* (New York: Oxford Univ. Pr., 1989), ix–xx.

Soltow, James H. "The Entrepreneur in Economic History." *American Economic Review* 58: 2 (May 1968), 84–92.

Soper, Kate. "Socialist Humanism." In Kaye and McClelland, eds., *Thompson*, 204–232.

Spanos, William V. "American Exceptionalism, the Jeremiad, and the Frontier: From the Puritans to the Neo-Con-Men." *Boundary 2* 34: 1 (Spring 2007), 35–66.

"Special Section: Imperialism: A Useful Category of Historical Analysis?" *Radical History Review* 57 (Fall 1993), 4–180.

Stark, David. "Class Struggle and the Transformation of the Labour Process." *Theory and Society* 9: 1 (Jan. 1980), 89–130.

Stearns, Peter N. "The Middle Class: Toward a Precise Definition." *Comparative Studies in Society and History* 21: 3 (July 1979), 377–396.

______. "Social History, Present and Future." *Journal of Social History* 37: 1 (Fall 2003), 9–19.

Stedman Jones, Gareth. "From Historical Sociology to Theoretical History." *British Journal of Sociology* 27: 3 (Sept. 1976), 295–305.

______. "Class Struggle and the Industrial Revolution." In *Languages of Class*, 25–75.

______. "Rethinking Chartism." Ibid., 90–178.

______. "Working-Class Culture and Working-Class Politics in London, 1870–1900: Notes on the Remaking of a Working Class." Ibid., 179–238.

Steinberg, Marc W. "Culturally Speaking: Finding a Commons between Post-Structuralism and the Thompsonian Perspective." *Social History* 21: 2 (May 1996), 193–214.

Steinmetz, George, and Erik Olin Wright. "The Fall and Rise of the Petty Bourgeoisie: Changing Patterns of Self-Employment in the Postwar United States." *American Journal of Sociology* 94: 5 (Mar. 1989), 973–1018.

Stokes, Doug. "The Heart of Empire? Theorising US Empire in an Era of Transnational Capitalism." *Third World Quarterly* 26: 2 (Mar. 2005), 217–236.

Stone, Katherine. "The Origins of Job Structures in the Steel Industry." *Review of Radical Political Economics* 6: 2 (Summer 1972), 113–173.

Stowe, David W. "Uncolored People: The Rise of Whiteness Studies." *Lingua Franca* 6 (Sept.-Oct. 1996), 68–77.

Streek, Wolfgang, and Philippe C. Schmitter. "From National Corporatism to Transnational Pluralism: Organized Interests in the Single European Market." *Politics and Society* 19: 2 (June 1991), 133–164.

Sweezy, Paul M. "Power Elite or Ruling Class?" In *Modern Capitalism and Other Essays* (New York: Monthly Review Pr., 1972), 92–109.

______. "Thoughts on the American System." Ibid., 110–124.

Temin, Peter. "Is It Kosher to Talk about Culture?" *Journal of Economic History* 57: 2 (June 1997), 267–287.

Thelen, David. "Of Audiences, Borderlands, and Comparisons: Toward the Internationalization of American History." *Journal of American History* 79: 2 (Sept. 1992), 432–462.

______. "The Nation and Beyond: Transnational Perspectives on United States History." *Journal of American History* 86: 3 (Dec. 1999), 965–975.

Therborn, Göran. "What Does the Ruling Class Do When It Rules? Some Reflections on Different Approaches to the Study of Power in Society." *Insurgent Sociologist* 6: 3 (Spring 1976), 3–16.

Thernstrom, Stephan. "Reflections on the New Urban History." *Daedalus* 100: 2 (Spring 1971), 359–375.

Thompson, E. P. "Socialist Humanism, an Epistle to the Philistines." *New Reasoner* 1

(Summer 1957), 103–143.

______. "The Long Revolution (Part I)." *New Left Review* 9 (May–June 1961), 24–33.

______. "The Long Revolution (Part II)." Ibid. 10 (July–Aug. 1961), 34–39.

______. "Time, Work-Discipline, and Industrial Capitalism." *Past & Present* 38 (1967), 56–97.

______. "Folklore, Anthropology, and Social History." *Indian History Review* 3: 2 (Jan. 1977), 247–266.

______. "Eighteenth-Century English Society: Class Struggle without Class?" *Social History* 3: 2 (May 1978), 133–165.

______. "The Politics of Theory." In Samuel, ed., *People's History*, 396–408.

Thrift, Nigel. "On the Determination of Social Action in Space and Time." *Environment and Planning D: Society and Space* 1: 1 (1983), 23–57.

Tilman, Rick. "The Intellectual Pedigree of C. Wright Mills: A Reappraisal." *Western Political Quarterly* 32: 4 (Dec. 1979), 479–496.

Tolliday, Steven, and Jonathan Zeitlin. "Shop Floor Bargaining, Contract Unionism, and Job Control: An Anglo-American Comparison." In *On the Line: Essays in the History of Auto Work*, ed. Nelson Lichtenstein and Stephen Meyer (Urbana: Univ. of Illinois Pr., 1989), 219–244.

Tomlins, Christopher L. "The New Deal, Collective Bargaining, and the Triumph of Industrial Pluralism." *Industrial and Labor Relations Review* 39: 1 (Oct. 1985), 19–34.

Towers, Frank. "Projecting Whiteness: Race and the Unconscious in the History of 19th-Century American Workers." *Journal of American Culture* 21: 2 (Summer 1998), 47–57.

"Treaty of Detroit, The." *Fortune*, July 1950, 53–55.

Tu, Weiming. "Implications of the Rise of 'Confucian' East Asia." *Daedalus* 129 (2000), 195–218.

Tyrrell, Ian. "American Exceptionalism in an Age of International History." *American Historical Review* 96: 4 (Oct. 1991), 1031–1055.

______. "Ian Tyrell Responds." *American Historical Review* 96: 4 (Oct. 1991), 1068–1072.

______. "Making Nations/Making States: American Historians in the Context of Empire." *Journal of American History* 86: 3 (Dec. 1999), 1015–1044.

"Unions: Less Impact and a Lower Profile." *Business Week*, 3 Dec. 2007, 11.

Urry, John. "Social Relations, Space and Time." In Gregory and Urry, eds., *Social Relations and Spatial Structures*, 20–48.

U.S. Census Bureau. Work Stoppages: 1960 to 2006. In *The 2008 Statistical Abstract* (http://www.census.gov/compendia/statab/tables/08s0641.pdf).

______. Labor Union Membership by Sector: 1983 to 2006. In Ibid. (http://www.census.gov/compendia/statab/tables/08s0642.pdf).

Valelly, Richard M. "Political Scientists' Renewed Interest in the Workings of Power." *Chronicle of Higher Education*, 11 Aug. 2006, B 6–7.

Vanecko, James J. Review of G. William Domhoff, *The Higher Circles*. *Contemporary Sociology* 1: 1 (Jan. 1972), 60–62.

Vernon, James. "Who's Afraid of the 'Linguistic Turn'? The Politics of Social History and Its Discontents." *Social History* 19: 1 (Jan. 1994), 81–97.

Veysey, Laurence. "The Autonomy of American History Reconsidered." *American Quarterly* 31: 4 (Autumn 1979), 455–477.

Vinovski, Maris A. "Stalking the Elusive Middle Class in Nineteenth-Century America." *Comparative Studies in Society and History* 33: 3 (July 1991), 582–587.

Visser, Jelle. "Union Membership Statistics in 24 Countries." *Monthly Labor Review* 129: 1 (Jan. 2006), 38–49.

Vogel, David. "Why Businessmen Distrust Their State: The Political Consciousness of American Corporate Executives." *British Journal of Political Science* 8: 1 (Jan. 1978), 45–78.

Wagenaar, Michael. "Conquest of the Center or Flight to the Suburbs? Divergent Metropolitan Strategies in Europe, 1950–1914." *Journal of Urban History* 19:1 (Nov. 1992), 60–83.

Walker, Clarence. "How Many Niggers Did Karl Marx Know? Or, a Peculiarity of the Americans." In *Deromanticizing Black History: Critical Essays and Reappraisals* (Knoxville: Univ. of Tennessee Pr., 1991), 1–33.

Walker, Richard A. "The Transformation of Urban Structure in the Nineteenth Century and the Beginnings of Suburbanizaion." In *Urbanization and Conflict in Market Societies*, ed. Kevin Cox (London: Methuen, 1978), 165–212.

______. "A Theory of Suburbanization: Capitalism and the Construction of Space in the United States." In *Urbanization and Urban Planning in Capitalist Society*, ed.

Michael Dear and Allen J. Scott (London: Methuen, 1981), 383–429.

Walkowitz, Daniel. "The Cultural Turn and a New Social History: Folk Dance and the Renovation of Class in Social History." *Journal of Social History* 39: 3 (Spring 2006), 781–802.

Warren, Jonathan W., and France Winddance Twine. "White Americans, the New Minority? Non-Blacks and the Ever-Expanding Boundaries of Whiteness." *Journal of Black Studies* 28: 2 (Nov. 1997), 200–218.

Weir, Margaret, and Theda Skocpol. "State Structures and the Possibilities for 'Keynesian' Responses to the Great Depression in Sweden, Britain, and the United States." In *Bringing the State Back In*, 107–163.

Weiss, Thomas G. "Governance, Good Governance and Global Governance: Conceptual and Actual Challenges." *Third World Quarterly* 21: 5 (Oct. 2000), 795–814.

Wiegan, Robyn. "Whiteness Studies and the Paradox of Particularity." *Boundary 2* 26: 3 (Fall 1999), 115–150.

Wilentz, Sean. "Against Exceptionalism: Class Consciousness and the American Labor Movement, 1790–1920." *International Labor and Working Class History* 26 (Fall 1984), 1–24.

______. Review of Alexander Saxton, *The Rise and Fall of the White Republic*. *International Labor and Working Class History* 42 (Fall 1992), 141–143.

Wilkinson, Adrian. "Empowerment: Theory and Practice." *Personnel Review* 27: 1 (1998), 40–56.

Williams, Raymond. "Base and Superstructure in Marxist Cultural Theory." *New Left Review* 82 (Nov.-Dec. 1973), 3–16.

Wilson, Graham K. "Why Is There No Corporatism in the United States?" In Lehmbruch and Schmitter, eds., *Patterns of Corporatist Policy-Making*, 219–236.

Wirth, Louis. "Urbanism as a Way of Life." *American Journal of Sociology* 44 (July 1938), 1–24.

Wohlforth, William C. "U.S. Strategy in a Unipolar World." In *America Unrivalled: The Future of the Balance of Power*, ed. G. John Ikenberry (Ithaca: Cornell Univ. Pr., 2002), 98–118.

Wolfe, Alan. "Afterword." In Mills, *Power Elite*, 363–380.

Wolfe, Patrick. "History and Imperialism: A Century of Theory, from Marx to

Postcolonialism." *American Historical Review* 102: 2 (April 1997), 388–420.

Wood, Ellen Meiksins. "The Politics of Theory and the Concept of Class: E. P. Thompson and His Critics." *Studies in Political Economy* 9 (Fall 1982), 45–75.

______. "Falling Through the Cracks: E. P. Thompson and the Debate on Base and Superstructure." In Kaye and McClelland, eds., *Thompson*, 125–152.

Woodman, Harold D. "Business History as Social History." *Reviews in American History* 6: 1 (Mar. 1978). 36–42.

World Trade Organization. Dispute Settlement: The Disputes. http://www.wto.org/english/tratop_e/dispu_e/dispu_by_country_e.htm. 2006년 12월 30일 접속.

Wright, Conrad Edick, and Katheryn P. Viens, eds. *Entrepreneurs: The Boston Community, 1700–1850.* Boston: Massachusetts Historical Society, 1997.

Young, Alwyn. "A Tale of Two Cities: Factor Accumulation and Technical Change in Hong Kong and Singapore." *National Bureau of Economic Research Macroeconomics Annual 1992* (1992),13–65.

______. "The Tyranny of Numbers: Confronting the Statistical Realities of the East Asian Growth Experience." *Quarterly Journal of Economics* 110: 3 (1995), 641–680.

Young, Marilyn B. "The Age of Global Power." In Bender, ed., *Rethinking American History*, 274–294.

Zeitlin, Maurice. "Corporate Ownership and Control: The Large Corporation and the Capitalist Class." *American Journal of Sociology* 79: 5 (Mar. 1974), 1073–1119.

Zimbalist, Andrew. "Technology and the Labor Process in the Printing Industry." In *Case Studies*, 103–126.

Zuckerman, Michael. "The Dodo and the Phoenix: A Fable of American Exceptionalism." In Halpern and Morris, eds., *American Exceptionalism?*, 14–35.

인명 찾아보기

ㄱ

가드너, 리처드 428-432, 438
가비, 존 342-343
가트먼, 데이비드 101
갈람보스, 루이스 247
개빈, 프랜시스 435-436
갠스, 허버트 362
갤러거, 존 386
거셴크론, 알렉산더 231
거스니, 칼 326
거슬, 게리 176, 211-212
고든, 콜린 222, 308
고와, 조앤 435
고완, 피터 425-426
골드필드, 마이클 161-162
곰퍼스, 새뮤얼 144-145, 160, 163, 289
구글리엘모, 토머스 362-363
구트만, 허버트 374
굴드, 스티븐 제이 347, 350
그람시, 안토니오 65, 358-359, 406, 485
그레고리, 데릭 133
그레이, 로버트 62
그레이, 윌리엄 글렌 437, 445
그로스, 제임스 328
그린, 잭 36-39, 44
기든스, 앤서니 133, 260
긴딘, 샘 402
길커슨, 존 270-271, 273, 282
길핀, 로버트 400-402

ㄴ

나이 2세, 조지프 395
나이팅게일, 칼 350
네그리, 안토니오 403, 409, 417

네델스키, 제니퍼 218-219
네빈스, 앨런 235
네틀, 제이 피 196
넬슨, 대니얼 96, 98, 108, 110-112
노박, 윌리엄 221, 335
노블, 데이비드 112
닉슨 [리처드] 434-435
닐드, 키스 81-83

ㄷ

다렌도르프, 랄프 267-268, 279
다윈, 찰스 347, 353
다이, 토머스 199-203
다카키, 로널드 358-360, 364, 373
달, 로버트 188-191, 193
데글러, 칼 26
데닝, 마이클 462-463
도널리, 잭 419
도르프만, 아리엘 454-456
도브, 모리스 57, 75, 97
도일, 마이클 409
돌리, 앨런 288
돔호프, 윌리엄 191-194, 200-201, 205
두보이스, 윌리엄 344, 371
듀보프스키, 멜빈 293
듀이, 존 179

ㄹ

라몽, 미셸 280, 282
라이델, 로버트 483, 485, 487
라이언, 메리 259, 271
라이트, 에릭 올린 275, 278-279
라조닉, 윌리엄 102
래쉬, 크리스토퍼 173
랜디스, 데이비드 231, 234
랭어, 윌리엄 391-392
러기, 존 제러드 412, 432, 437
러바인, 로렌스 485 ,486
런드버그, 퍼디낸드 174, 176-177
레들리크, 프리츠 231, 235, 237
레이건, 로널드 198, 287, 294, 311, 316, 317, 326, 334, 394-395
렐프, 에드워드 138
렘브루흐, 게르하르트 308
로드릭, 대니 441
로디거, 데이비드 344, 359-361, 364, 368, 371-372, 374, 377
로비어, 리처드 177
로빈슨, 로널드 386
로빈슨, 에릭 407-408
로센즈위그, 로이 130
로스만, 스탠리 203-205
로우즈, 스티븐 347
로위, 시어도어 307
로즈, 메리 248
로즈, 아널드 190-191, 193
로크, 존 42, 377
롯, 에릭 360
루서, 월터 162, 299
루스, 헨리 414-415, 417
루스벨트, 프랭클린 델러노 292-295, 302
룬데스타드, 게이르 398-399
르페브르, 앙리 128-129, 133, 139
리브세이, 해럴드 229, 235, 248
리스먼, 데이비드 180, 187
리어스, 잭슨 246, 262, 269, 463
리익트, 케빈 317
리카, 데이비드 432
리파티토, 케네스 246-247
린네 [칼] 348, 353-354
린드블롬, 찰스 213-214
린지, 마이클 205
립셋, 시이머 마틴 26-28
립시츠, 조지 372, 376, 379

ㅁ

마글린, 스티븐 112
마르크스 [카를] 24, 61, 67-69, 74, 83, 86-88, 91, 95, 114-115, 130, 179, 191, 195, 256-257, 267, 272, 278, 374, 391, 393, 457
마셜, 티 에이치 326-327

마텔라르, 아르망 454-456
만, 마이클 387
만델바움, 마이클 399
맘다니, 마흐무드 410
맥그로, 토머스 238, 240, 248, 252-253
맥도프, 해리 390
먼들라크, 가이 327-328
메리먼, 존 131-132
메이어, 아노 256-257, 262
메이어, 찰스 309-310, 383, 404-408
메이오, 엘턴 321
모리스, 윌리엄 60, 459
모리슨, 토니 343
모스카, 가이타노 179-180
모어, 토머스 35
모틸, 알렉산더 409
몬즈, 진 99
몽고메리, 데이비드 95-97, 99, 101-102, 117, 147, 265, 325
뮈르달, 군나르 38
뮌클러, 헤르프리트 406
미어셰이머, 존 398
민즈, 가디너 198-199, 238-239, 242-243, 267, 511
밀러, 윌리엄 177-178
밀러, 페리 25, 38, 45-46
밀리밴드, 랠프 194-195
밀스, 씨 라이트 172-175, 179-200, 203, 205-206, 210, 222, 256-257, 259, 267, 277

ㅂ

바그와티, 자그디시 426-427, 443
바근라이트너, 라인홀트 471-475
바버, 벤저민 450-451
바세비치, 앤드루 383, 389-390, 413
배릿, 제임스 361
배비지, 찰스 92, 101
밴크로프트, 조지 30-31
버넌, 제임스 78
버넘, 제임스 238-239, 267, 279, 511
버제스, 어니스트 124
버치, 필립 201
버크, 피터 64-65
번스타인, 어빙 146
벌리, 애돌프 198-199, 238-239, 242-243, 267, 511
베버, 막스 179, 232-233, 237, 239, 240-241, 243, 250, 260, 358-359, 511, 527
베블런, 소스타인 179
베스푸치, 아메리고 34
베일린, 버나드 39-41, 127, 217, 261, 378
베커트, 스벤 207-211, 217
벤더, 토머스 27, 149-150, 522
벤저민, 로이 205
벨, 대니얼 161-162, 183-184, 186-187, 189
보겔, 데이비드 202, 221-222, 253, 335
보이어, 폴 266
볼첼, 딕비 192
부라보이, 마이클 112
부르디외, 피에르 279-280, 461, 463
부시 [조지 더블유] 389
부시먼, 리처드 262-263
부어스틴, 대니얼 25, 38
부튼, 테리 215-218, 222
뷰얼, 데니즈 킴버 354
브라운, 조너선 248
브라운, 캐슬린 354
브랜다이스, 루이스 298
브레이버먼, 해리 86-92, 95, 100-101, 103, 109-116, 265, 268, 277, 323
브레진스키, 즈비그뉴 398
브로델, 페르낭 54, 127, 130
브로디, 데이비드 146, 329
브룩스, 데이비드 173, 204, 205
브린트, 스티븐 276
블랙마, 엘리자베스 130-131
블레드스타인, 버튼 265, 271
블로흐, 마르크 54, 212, 220, 408
블록, 프레드 196-197, 433-435, 437
블루멘바흐, 요한 프리드리히 354, 364
블루민, 스튜어트 260-262, 269, 272
비트, 울리히 249

ㅅ

사울, 리처드 403
새뮤얼, 라파엘 93-95
새비지, 마이클 137-138
색스턴, 알렉산더 360
샤우프, 로런스 431-433
선스트롬, 스티븐 124, 368
세넷, 리처드 269
세이블, 찰스 306, 310
셰이퍼, 바이런 27-28
소여, 존 231
소자, 에드워드 133-134
손더스, 피터 134
솔즈베리, 로버트 308
슈미터, 필립 308-309, 318-320
슈얼 2세, 윌리엄 59
슈와츠, 빌 58, 75
슘페터, 조지프 231-234, 237, 240-243, 248-249, 416, 511, 519, 527
스리프트, 나이절 133
스미스, 애덤 92, 101, 432
스미스, 헨리 내시 25, 38
스위지, 폴 180-181, 184-187, 193-194, 196
스카치폴, 테다 196-197, 335-336
스콧, 조앤 79
스키델스키, 로버트 443-444
스타인메츠, 조지 275
스타크, 데이비드 101
스탠턴, 윌리엄 348
스테드먼 존스, 개러스 53-54, 77-80, 83, 164-165
스토크스, 더그 406
스톤, 캐서린 98
스톨러, 앤 로라 410
스티븐스, 미첼 205
스틸, 셸비 367-368
슬로킨, 리처드 39
슬로터, 제인 324, 332

ㅇ

아글리에타, 미셸 106
아도르노, 테오도어 457-460
아렌트, 해나 392
아론, 신디 265
아민, 사미르 390
아이작, 벤저민 355-356
알튀세르, 루이 58, 68-73, 77
압세커, 허버트 185
앙, 이엔 464-465
애그뉴, 존 403
애들러, 폴 323-325
애플비, 조이스 32-34, 36, 44, 262, 521
앤더슨, 페리 54, 57-59, 62, 74, 83, 212
앨런, 시어도어 348-349, 364, 377
앰스덴, 앨리스 508, 515
앰스덴, 존 131
어리, 존 132
에드워즈, 리처드 112, 323
에케스, 알프레드 433
엘테른, 멜 반 476, 478, 487
영, 메릴린 29-30
오고르만, 에드문도 34-36
오런, 캐런 330-332
오르시, 로버트 361
오미, 마이클 351-352
오스트리처, 리처드 146
우드, 엘렌 58, 71, 392-394, 398
우드워드, 씨 밴 26, 522
울프, 패트릭 393, 450-451, 478
워너 2세, 샘 배스 124
워먼, 드로어 356
워커, 클래런스 374
워터맨, 로버트 322
월러스틴, 이매뉴얼 127, 383, 390
월코위츠, 대니얼 280-281
월포스, 윌리엄 397
웹스터, 대니얼 41
위난트, 하워드 351-352
위비, 로버트 264-265, 267
윌런츠, 숀 26, 77, 93-94, 117, 142
윌렛, 랠프 456, 457, 460
윌리엄스, 레이먼드 58, 61-62, 73-74
윌리엄스, 윌리엄 애플먼 390

윌리엄스, 프랜시스 452-453, 457, 460
윌슨, 그레이엄 308
윌슨, 에드워드 347
윌슨, 우드로 431, 446
윌킨슨, 에이드리언 322-325, 332
이그나티에프, 마이클 399
이그나티예프, 노엘 342-343, 360-361, 370, 374-377, 379-380
일리, 제프 81-82

ㅈ

자이틀린, 모리스 198-199
자코비, 샌포드 252-253, 334
제노비즈, 유진 54
제이콥슨, 매슈 363-366, 369-370, 373, 377, 379
젠킨스, 크레이그 317
조던, 윈스럽 346, 348, 354
조이스, 패트릭 78, 99
존, 리처드 227, 228
존스턴, 로버트 271-273, 282
존슨, 데일 274-275, 278
존슨, 리처드 57-58, 80
존슨, 차머스 383-389, 394, 398
존슨, 폴 259
좀바르트, 베르너 18, 20, 25-26, 28, 141-142, 239
준즈, 올리비에 251, 266-270, 272, 277
짐발리스트, 앤드루 102

ㅊ

채터지, 파르타 410
챈들러 2세, 알프레드 104, 227
츠바이겐하프트, 리처드 205

ㅋ

카네기, 앤드루 107, 225, 502
카스텔, 마누엘 128-129
카터 [지미] 201, 398
카포라소, 제임스 440
캐너다인, 데이비드 136-137
캐먼, 마이클 28, 39
캐슬즈, 스티븐 412-413
캐플런, 에이미 29
케네디 [존 에프] 190, 434
케네디, 폴 394-395
케이, 하비 53-54, 75
켈러, 수잔 190-191, 201, 203, 211
코먼스, 존 146, 291, 298, 328
코브리지, 스튜어트 403
코언, 리자베스 147, 293
코와코프스키, 레셰크 67
코카, 위르겐 100, 257
코크런, 토머스 231, 234, 250
코헤인, 로버트 401-402, 423-424, 427
콘젠, 캐슬린 362
콜, 아서 229-231, 233-236, 241, 249-250
콜라스, 알레한드로 403
콜럼버스 [크리스토퍼] 34, 36
콜렉-폴런드, 에인절 251
콜리, 린다 387
쿠퍼, 프레드릭 410
쿤즈, 다이앤 434
퀴젤, 리처드 466-467, 472-473
크로스, 랍 474-476, 478, 483, 485, 487
크루, 데이비드 77
크루그먼, 폴 508-509
클로슨, 댄 101
클린턴 [빌] 387, 389, 395
킨들버거, 찰스 401-402

ㅌ

터너, 프레드릭 잭슨 31-32
테르본, 고란 195-196
테민, 피터 247
테일러, 조지 235, 298
토어, 도나 75
톰린스, 크리스토퍼 290-300, 328, 331
톰린슨, 존 463-464
톰슨, 에드워드 파머 54-75, 112, 115, 194, 205, 359, 461, 524
퇴니에스, 페르디난트 150

투안, 이-푸 138
투키디데스 407
티렐, 이언 27

ㅍ

파니치, 리오 402
파레토, 빌프레도 179-180
파슨스, 탤컷 183-184, 186-187, 198, 210, 237, 240
파이스, 허버트 432
파커, 마이크 324, 332
파커, 마틴 459
파크, 로버트 124
패스코, 페기 369
퍼거슨, 니얼 382, 395, 398, 415-416
퍼버, 애비 350-351
퍼셀, 폴 173, 175
퍼지, 주디 327-328
펄먼, 셀리그 144-146, 153, 160, 163, 523
페렌바흐, 하이데 477
페루치, 로버트 317-320
페인, 토머스 37
페인터, 넬 어빈 374
펠즈, 리처드 468-470, 472-473
포너, 에릭 28, 141-142
포드, 헨리 106, 225
포바스, 윌리엄 145, 333
포스터, 존 99, 135-137
포이져, 유타 477, 481-482
포터, 데이비드 25, 38
포터, 버나드 416, 418
폭스-제노비즈, 엘리자베스 54
폴러드, 로버트 434
프라이스, 리처드 101, 115
프랑켄버그, 루스 344, 375
프랫, 메리 루이즈 36
프레드릭, 조지슨 353
프레이저, 스티브 176, 211-212
프리드먼, 토머스 425, 445
프리먼, 리처드 315
플란차스, 니코스 195, 274, 279
플래그, 바버라 368-369
플룩크, 빈프리트 479-482
피스크, 존 462-463
피오르, 마이클 306, 310
피터스, 토머스 322
필즈, 바버라 346, 349, 372

ㅎ

하비, 데이비드 126, 129-131, 135, 137, 391-392, 394
하이엄, 존 269
하츠, 루이스 25, 38, 261-262, 378
하탐, 빅토리아 145
하트, 마이클 403, 409, 417
할터넌, 캐런 259, 269
해나포드, 아이번 353
해리스, 리처드 137
해리스, 셰릴 370-372, 378
핸들린, 오스카 124, 235
헌터, 플로이드 174, 177, 179
헌트, 마이클 379
헤이니-로페즈, 이언 369
헤일, 그레이스 273, 349-350
호놀드, 린다 321-322
호르크하이머, 막스 457-460
호른슈타인, 제프리 281
호프만, 스탠리 418
호프스태터, 리처드 264, 267
홀, 스튜어트 73, 461
홉스봄, 에릭 52-53, 79-80, 83, 116-117, 164
홉슨, 존 390
화이트, 해리 덱스터 429, 431, 444
휴스, 조너선 235, 248
흄, 피터 36
힐, 허버트 374
힐먼, 시드니 157, 160

사항 찾아보기

ㄱ

가부장제 251, 463
가족주의 495-496, 498-500, 515-519, 532
개인주의 23, 32, 152, 203-204, 252, 261, 265, 325, 331-332, 358, 376-379, 487, 498, 500-501, 518, 532
경제적 ___ 50, 152-153, 159, 161, 163, 524-525
건조환경 129-130, 139
결정론 62, 71, 74-75, 443
경제 ___ 82, 182, 191, 426
계급 ___ 75
군사 ___ 182
기술 ___ 61, 425
정치 ___ 182
경영권 199, 298-299, 304, 319, 495, 510-511
경영상 특권 169, 252, 286, 300, 527
경영자 181, 199, 202, 232, 252, 286, 315-316, 321-323, 325, 332, 334, 511, 527-528
계급 [개념] 55-60, 147-149
___ 경험 59-60, 139
___ 결정론 75
계급문화 64, 146, 165, 282, 360, 482, 525
계급의식 28, 49, 55, 57-60, 63-64, 116, 135-136, 145, 164, 194, 258, 260-261, 263, 266, 271, 273, 275, 282, 344
계몽사상 37, 40, 126, 132
계층 122, 170, 178, 209, 256, 258, 263, 270, 279-282, 336, 460, 483-484, 527
고급문화 462, 466, 471-472
고립주의 414, 452
고용관계 90, 99, 144, 149, 219, 245, 290, 293, 528-529
고용조건 144-145, 156, 178, 289, 297-299, 306, 329

공간 [개념] 126-135
공간성 133-134
공동사회 149-150
공동체 149, 155-157, 159-160, 165, 219, 270, 326-327, 525
[개념] 149-153
민족 ___ 156-157, 159, 161
___ 문화 151-153, 155-157, 160-161, 163, 525
___ 의식 99
___적 전통 50, 117, 146, 153, 161, 163, 165, 270, 358, 378, 524-525
공산주의 24, 30, 83, 456, 471
공유 재산 152, 155
공유지 64, 151, 391
공장제도 55
공장제 공업 87, 93
공장제 수공업 87, 93-94
공화국 31, 37, 261, 286, 290, 336, 364, 385, 408
공화당 294, 382
공화주의 33, 40, 132, 143, 263, 272, 281, 346, 358-359, 363, 382, 506
노동자 ___ 117, 290, 359
과두정 189
과점 104, 227, 242, 505
관료제 197, 239-241, 243-244, 250, 267, 274, 277, 279, 316, 321, 323-325, 504, 507, 511, 514, 518, 533
관리 [기업] 89, 91, 104-105, 108-112, 234, 240-242, 266, 274, 316, 320-325, 332, 453, 510, 512-513, 528
과학적 ___ 109, 117
체계적 ___ 108
관리 구조 98, 105-111, 114, 233, 236
분권적 ___ 107-111, 114, 227, 236, 238, 242
위계적 ___ 316
집중적 ___ 227
관리자 98, 109-110, 192, 196-197, 220, 234, 239, 241, 249, 321, 330, 333, 513-515
중간 ___ 251, 264, 266-270, 278-280, 316
관세 및 무역에 관한 일반협정 392, 412, 428, 430, 434, 439, 442-444
구조-기능주의 56, 246
구조-기능주의 기업 모델 237, 242
"기능주의" 참조
구조주의 58, 69, 77, 221, 246
국가기구 196, 197, 201, 209, 221, 253, 277, 335, 529
국가개입 196, 204, 491, 507-508, 519
국가안보회의 414
국민국가 17, 29, 393, 412
국민문화 261, 362, 450, 459-460, 464, 479, 488-490
국민주의 13, 17
국제주의자 429
국제질서 27, 29, 34, 46, 338-339, 393, 412, 415, 417, 531
국제통화기금 392, 428-429, 433, 436, 441, 443-444, 446, 493
군산복합체 174, 197
군주 37, 408
군주제 13, 31
권력 분립 214, 217, 223, 308
기능별 ___ 219, 222
수준별 ___ 217
영역별 ___ 220, 526
권력구조 20, 170
[개념] 220-223
권력정치 382, 398, 446
권리 40, 43, 78, 145, 152, 203, 212-214, 217-220, 223, 238, 263, 286-289, 292, 294, 298, 300, 311, 321, 326-334, 336, 341, 367, 370-371, 410, 413, 526, 528-529
권리의식 286, 332
권리장전 218-219, 286, 526
권위주의 204, 301, 320, 533
귀족계급 63, 201
규제완화 322, 491, 507
근대성 16, 190-191, 350, 353, 403, 447, 467, 469-470, 473-475, 478-481, 532-533
근대화 211, 269, 340, 349, 450, 461, 468, 470, 473-474, 476, 478-480, 486, 532
급진주의 13, 18, 28, 55, 61, 78, 80, 143-145, 179, 454

급진파 40-41, 78, 143, 153, 159, 162, 178, 301, 374, 378, 528
기능주의 230, 237, 246-247, 250
"구조-기능주의" 참조
기독교 35, 354, 355
기독교도 43, 354, 355, 357
기본권 214-215, 217-218, 220, 334, 336
"권리" 참조
기업가 정신 230-231, 233-234, 237, 242-244, 247-250, 527
기업문화 20, 340, 490-491, 500, 512, 513, 520
기업자문회의 192
기업형 조합주의 145, 153, 158, 163
"노동조합" 참조
길드 31, 93, 146

ㄴ

나치즘 456, 471
나토 402, 436
남부 42-43, 168, 208, 273, 305, 349-350, 361, 526
남아메리카 34
"라틴아메리카" 참조
내전 168, 201, 207-209, 216, 265
냉전 13, 24-25, 32, 76, 163, 178, 281, 385, 389, 402, 405, 414, 425, 430, 432, 436, 451-452, 468, 472, 528
네오콘 382, 387, 398, 413, 415-416
노동 가치설 117
노동과정 [개념] 86-88
노동귀족 99, 136
노동기사단 290
노동능력 87-92, 97, 129, 131, 287
노동력 35, 43, 86, 94, 98, 114, 117, 125, 153-155, 157, 196, 208, 279, 285-286, 299, 323, 327, 330, 358, 362, 364, 440, 443, 493, 508, 513, 515
노동사 19, 26, 49, 54, 93, 95-96, 101, 143, 153, 164, 264, 331
노동삼권 289, 294, 326, 328, 333-334
단결권 292, 300, 302, 311, 326, 528
단체교섭권 292, 300, 302, 311, 326, 528
단체행동권 292, 311, 326, 528
노동시장 90, 318, 320, 361, 491, 493, 496, 497, 498, 513-517
노동조합 25, 48, 96, 102, 144, 146, 154, 162, 252, 264, 273, 277, 281, 287-310, 314, 319-320, 325-329, 333-334, 336, 362, 374, 497, 516, 525, 528-529
산업별 ___ 153
___ 밀도 162, 165, 314, 319
___원 [일반] 48, 144-145, 153-154, 157-159, 162, 290, 295-298, 300, 302, 304, 314, 319-320, 330
노사관계법 300, 329
"태프트-하틀리법" 참조
노예제 37, 43, 207-208, 270, 345-346, 348-349, 352, 361, 370-372, 378, 474
노예제 폐지론 348, 359
농노 37, 161, 330
농노제 43
농장주 168, 208-209, 215, 526
뉴딜 147, 162-163, 178, 201, 207, 210, 281, 287, 289, 292, 294, 300, 302, 311, 319, 328, 330-331, 335-336, 372, 528

ㄷ

다문화주의 33
"다양한 근대성" 16, 468, 473, 533
다원주의 33-34, 189, 201, 211, 307, 309, 328-329, 331, 362, 470, 486
___자 188, 191-193, 200, 203
다자주의 382, 387, 429-430
단극체제 400, 402
단체교섭 287, 289-291, 293-294, 296-308, 310, 318, 320, 328-329, 336
단체협약 117, 287, 291, 297-300, 303-306, 318, 327-330, 332, 334
담합주의 288
[개념] 288, 307-309
___ 이론 317-320
대공황 25, 125, 144, 163, 178, 229, 273, 292-

294, 299, 301-303, 319, 334, 433
대량생산 104, 106, 158, 161, 228, 245, 247, 264, 275, 287, 295, 299, 302, 306, 316, 375, 466, 480, 485-486
대량유통 104, 228
대법원 219, 294, 295-296, 329, 331, 367, 530
대불황 103, 114, 116, 501
대중문화 20, 122, 340, 349, 450-466, 468-470, 472-476, 480-487
대중민주주의 189
대중소비 121, 158, 161, 247, 271, 279, 316, 466, 473, 486
대중정치 142, 209-211, 221, 526
대통령 201, 216, 218, 431, 506, 530, 532
대항문화 204, 466, 472, 479
"도덕경제" 63, 64
도시사 122-126
독립 33, 37, 40, 215, 286
"미국혁명" 참조
독점 103-104, 109, 114, 130, 156, 174, 182-184, 209-211, 220, 227, 232, 252, 264, 291, 309, 505, 526
___ 자본 101, 103
___ 자본주의 88, 100, 103-104, 114, 274
동부 30, 41
동아시아 15, 16, 405, 437-438, 440, 442, 447, 467, 487, 504, 508, 533

ㄹ

라틴아메리카 373, 404, 406, 433, 438, 441-442, 444-445, 450, 455, 487
레닌주의 99
레이거노믹스 336
로큰롤 463, 466, 472-473, 477, 479, 481-482

ㅁ

마르크스주의 51, 54, 56, 67, 69, 70, 72, 74-75, 81, 83, 86, 89, 93, 97, 99, 128-130, 133, 135, 146, 148, 164, 179, 181, 185, 193, 195, 198, 274, 278-279, 359, 374, 377, 390-392, 402, 440, 457, 459
___자 61, 66, 70, 73, 80, 82, 164, 170, 180, 184-185, 188, 191-192, 194-198, 211, 391, 393, 402, 418, 457
마셜플랜 303, 433-434
목적론 82
___적 역사관 82-84
무산자계급 375-376
"프롤레타리아" 참조
문화사 19, 52, 77, 79-80, 246-247, 269, 273, 281, 462-463, 468, 485, 491, 536
문화 이론 54, 61-62, 246
문화적 패권 65-66, 169, 270, 277, 323, 325, 358-359, 362, 486-487, 526
"패권" 참조
물질주의 32, 454, 460, 475, 516
미국노동연맹 117, 144-145, 153, 158, 162, 289-290, 295, 328
미국노동총연맹 314
미국 예외론 [개념] 13, 23-28
미국외교협회 192, 431
미국중앙정보국 396
미국학 28-29, 39, 45, 338, 456, 474
미국혁명 12-13, 36, 43, 215-216
"독립" 참조
미국화 20, 31, 160, 272, 340, 362, 450-452, 456, 461, 466-481, 483-484, 486-487, 490-491, 520, 531-532
민주당 190, 294, 311, 361, 382
민주주의 30, 32, 83, 176, 178, 189, 215-218, 222, 272, 333, 364, 378, 399, 414-418, 454, 456
산업___ 333
직접___ 272
민중 72, 76, 122, 124, 185, 215-218, 253, 261-262, 272, 286, 462, 465, 483, 526, 529
민중문화 64, 261, 460, 462, 484-486

ㅂ

바키 소송 [앨런] 367, 371, 378
반권위주의 480, 482

반근대주의 269-270
백인 남성 33-34, 79, 81, 203, 262, 280, 286, 367, 514
백인 노동자 344, 358-360, 374
백인성 331
[개념] 342-343, 366-372
___ 연구 339, 343-346, 348, 351, 358-359, 363, 365, 369, 373, 380
___ 연구자 79, 344-345, 348, 352, 357, 360, 362, 370, 372-374, 377, 379-380, 530
백인 여성 268, 344, 350-351, 375
백인 우월주의 351
백인종 342-343, 351, 361, 363, 373, 375-376, 379
법치 214-215, 298-299, 301, 528
법치주의 329-331, 506
베트남전쟁 25
변경지대 31, 39, 43, 257, 349, 404-405, 410, 418
보보스 173, 204-206
보수주의 278, 283, 292, 326, 336, 454, 456-457, 466
보통법 63
보통선거권 78
봉건제 31, 152, 192, 201, 212, 220, 330-331, 333
봉쇄 43, 339
___ 전략 434
부르주아지 55, 122, 131, 136, 168-169, 171-173, 185, 191, 201, 204, 207-208, 217, 253, 256, 262, 309-310, 346, 349, 392, 410, 459-460, 482, 525-527, 529-530, 533
그랑___ 169, 256
프티___ 169, 256, 274, 460
부르주아지화 162, 164
분업 53, 87, 90-91, 93-95, 191, 210-211, 249, 354, 432, 438, 440, 442, 455
기술적___ 92-93, 95
사회적___ 91
비숙련공 88, 92, 94, 99-100, 102, 106-107, 117, 125, 136, 154, 265, 295, 323, 513
비정규직 496-497
비판이론 122, 459, 461

ㅅ

사무직 88, 268, 277
___ 종사자 251, 256-260, 266, 270, 273, 277-279, 336, 528
사법 심사권 219
사용가치 87, 90
사유재산 145, 152, 157, 198, 214-215, 218-219, 223, 286, 378, 526
사회구성 67, 70, 73, 80
사회사 18-20, 25-26, 49-54, 62, 64, 77-83, 116, 121-122, 130, 139, 173, 211, 250-252, 536
사회주의 13, 18, 23, 25-26, 28, 48-49, 54, 60-61, 75-77, 81, 117, 132, 141-145, 160, 162, 289, 291, 523
사회질서 19, 34, 124, 145, 170, 172, 176-177, 180, 186, 213, 216, 256, 262, 264, 269, 288, 346, 349, 364, 393, 473, 528-529, 531
사회통제 151-152, 155-156, 346, 349, 376-377, 380
산업규율 63-64, 96, 125, 130-331, 359
산업별노동조합회의 162, 295-296
산업 자본주의 91-92, 96, 103, 115, 117, 125, 135, 145, 156, 227, 243, 261, 455, 513
산업정책 219, 504, 508-509
산업혁명 55, 78, 80, 89, 92, 95-97, 99, 113, 208, 212, 214, 228, 247
산업화 32, 93, 132, 155, 393, 438-439, 462, 501
상류문화 460
상업주의 463, 475
상원 216, 218, 530
상인 37, 63-64, 207-209, 215, 256, 350, 526
상층 126, 169, 178, 181-182, 200, 260-263, 266
상층계급 191-194, 200, 204-205, 207, 209-210, 223
상품화 159, 161, 279, 327, 370, 462
생산관계 49-50, 55, 58-59, 62, 75, 86, 100, 113-114, 116-119, 121, 139, 148, 195-196, 256-268, 274, 278-280
생산수단 56, 58, 87, 90, 97-98, 128, 231, 239, 241, 267-268, 274, 279, 331
생산양식 57-58, 67, 70, 74, 80, 86-87, 92, 95, 101, 196

생산자 91, 100, 116-117, 122, 231, 246, 266, 270-271, 279-280, 290, 359, 454, 458-459, 461-463, 485-486, 506
생산주의 121, 139
생산직 88
___ 종사자 257, 277, 321, 324, 336
생산체제 94-95, 99, 275, 323-324, 512-513, 518-520
서부 30, 41, 207, 262, 526
서부 유럽 286, 398, 402, 405, 433, 447, 453
석유수출국기구 439
성약 이론 40
세계은행 392, 412, 428-429, 433, 441-443, 444, 495
세계화 [개념] 422-426
소비문화 50, 122, 139, 450, 452, 454, 457, 467, 473, 487-488
소비자 122, 231, 243, 246, 250, 268, 270, 280, 288, 305-307, 319, 322, 454, 456, 458-459, 461-463, 470, 475-477, 479-481, 483-486, 506
소비자문화 269, 271
소비자운동 202, 270-271, 282
소비주의 475
소수집단 33, 81, 205-206, 250, 295, 321, 366-367, 371
소수집단 우대정책 366-368, 370-371, 377-379
소유권 87, 213, 239, 242, 243, 268, 274, 279, 331, 370
소유와 경영의 분리 [명제] 198-199, 238
숙련공 88, 92, 94-100, 102, 106-108, 125, 136, 144, 154, 265, 289, 295, 323, 325, 513
스탈린주의자 56-57; 72, 77
시민계급 116
"부르주아지" 참조
시민권 326-327, 332, 349, 362-363, 371, 378, 410
시민사회 212-213, 221, 223, 335, 506
시장경제 63, 213, 218-219, 235, 261, 418, 426
시장기제 227, 244, 393, 399, 425, 491, 501, 508, 519
시카고학파 124, 126, 135, 492
식민주의 36-37, 41-42, 44-46, 390, 521
"신식민주의" 참조
식민지인 40, 215
신식민주의 385-386
"식민주의" 참조
신자유주의자 387
신제도주의 427-428, 443
신좌파 25, 76, 172, 194, 457
신흥공업국가 439, 440
실증주의 68

ㅇ

"아메리칸" 44
아시아 15, 34-35, 286, 342, 357, 373, 410, 423, 438, 474, 478, 487, 509, 517, 532-533
아프리카 15, 34-35, 45, 342, 354, 357, 410, 423, 438, 441, 443, 474, 487
아프리카인 45, 348, 353, 361
엘리트 20, 72, 132, 136, 170, 172-180, 184-185, 188, 191, 193, 195-225, 250, 260, 276-277, 286, 402, 404, 465-466, 468, 471-473, 479, 483-487, 526-530
경제 ___ 181, 183, 190, 193, 195-198, 200-202, 206-207, 209-210, 221, 223
군부 ___ 187, 197, 200, 207
기업 ___ 178, 200
문화 ___ 459-460, 484
정치 ___ 174, 181, 183, 185, 187, 195-197, 200, 202, 207, 209-210, 221, 294
파워 ___ [개념] 181-188
엘리트주의 217-218, 432, 460-461, 465, 530
여성 18, 33, 46, 81, 92, 122, 205-206, 251, 261, 265, 281, 327-328, 366, 482, 497
___ 노동자 81, 516
___ 해방운동 81, 351
여성주의 78
연방 법원 329
연방의회 364
연방정부 174, 181, 192-193, 216-218, 281, 287, 293, 297, 308, 366, 371, 530
연방헌법 215-219, 286, 370-371, 417, 526

영주 37, 151-152, 330, 496
영주권 330-331
온정주의 [가부장적] 64
와그너법 292-296, 300-302, 326, 328-329, 331, 334
"전국노동관계법" 참조
용익권 70-71
워싱턴 컨센서스 441, 491
원주민 33, 35-39, 41-46, 261, 358-359, 364, 369, 474, 522
윌슨주의 447
유럽 13-14, 16, 25-26, 28, 30-31, 34-37, 40, 43, 46, 49, 107, 121, 123-124, 142, 146, 156, 160, 163, 165, 168-169, 171, 179, 184, 186, 192, 201, 209-210, 217, 220-221, 230, 262, 277, 290, 292, 311, 318-320, 332, 340, 352, 356, 362, 365, 374, 390, 404, 414, 418, 424, 430-431, 433-434, 441, 444, 447, 450-456, 460-461, 464-466, 468-470, 473-479, 481, 483-484, 486, 487, 501, 504, 513, 523-526, 531-533
유럽계 아메리카인 37-38, 43-46
유럽연합 318, 393, 396, 412
유럽중심주의 15, 33, 35-36, 44-46, 521
유물론 52, 81
역사적 ___ 54, 66-75
유색인 81, 342, 363, 369
의회 182-183, 190, 193, 195, 201-202, 216, 302, 329, 506
이라크전쟁 382-383, 388, 403
이민 31, 154, 156, 158-161, 272, 359-361, 363-364, 366, 369, 373, 426, 443, 474-475
___ 노동자 142, 156-157, 159, 161, 163, 292, 362, 524
이민사 160, 362
이익단체 186, 202, 270, 307, 309, 318
이익사회 150
이주민 39, 93, 150, 356
인권 40, 214, 382, 399, 418-419
"권리" 참조
"인디언" 44, 349
인종 39
[개념] 343-344, 345-352, 365-366
___ 격리 체제 273, 349
인종관계 13, 20, 38-39, 45, 168, 258, 338-339, 341-342, 346, 358, 360-361, 363, 368, 372, 377, 530-531
인종문제 38, 342, 344, 366-368, 373
인종주의 25, 38-39, 42-46, 79, 131, 272-273, 283, 339, 342-345, 348, 352-357, 359-361, 364, 366, 372-379, 522, 530
인종질서 34, 346, 350, 363, 378, 380
일방주의 383, 387-389, 399
임금노동자 243, 281, 314, 361
임금제도 97
"임금 노예제" 290, 325
입헌주의 417, 506

ㅈ

자본가 86, 391, 416, 457-458
자본가계급 114, 185, 195, 198-199, 375-376
자본주의 국가 88, 114, 165, 188, 196, 402
자본주의 사회 86, 91, 129, 180, 455, 473
자연상태 30, 35, 370
자영농 37, 215, 256, 275, 286
자유 11, 13, 30, 32-33, 37, 39-40, 43, 87, 118, 152, 176, 212, 214, 218, 262, 286, 298, 346, 389
경제적 ___ 253, 291, 417-418, 450
시민적 ___ 383, 417
종교적 ___ 37
자유민주주의 213
자유방임 204, 287, 290-291, 334
자유주의 20, 26, 38, 54, 148, 185-187, 189, 204, 215, 223, 257, 287, 307, 331-333, 336, 359, 377-380, 401-402, 412, 415, 417-418, 431-432, 446-447, 487, 501, 528-529, 533
___자 56, 170, 180, 183-188, 196-197, 211, 290, 377, 432-433
장기호황 164, 306
장인 37, 55, 93-94, 116, 131, 156, 207-208, 215, 256, 270, 286, 338, 453-454, 462, 468, 529
재벌 492-496, 501, 503-507, 509-510

재산 37, 78, 152, 176, 180, 183, 192, 207-208, 210, 212-215, 218-220, 262, 264, 266, 277, 280, 370-372, 377-379, 392, 410, 518
재산관계 133, 152, 393
재산권 70-71, 78, 218, 252, 286, 331, 378
재즈 456, 466, 470-471, 473, 477, 479, 481-482
전국노동관계법 292, 326
"와그너법" 참조
전국노동관계위원회 292, 294, 298-300, 302, 307, 328
전국산업부흥법 292, 294-295
전국시민연맹 291
전국제조업자협회 290, 295-296, 300-301, 303
전문경영인 104-105, 226-227, 239, 242, 244-245, 467, 495, 510-511
전체사 52, 79, 127
정체성 13, 23, 32-33, 36-38, 40, 44-46, 50, 52, 79, 81, 122, 132, 136, 138, 171, 228-230, 235-237, 249, 261, 270-271, 273, 280, 344, 354-357, 359, 361-363, 365, 369, 371, 453, 466-467, 469, 484, 488, 490, 526
정치과정 132, 189-190, 193, 335-336, 386
정치사 52, 146, 536
정치질서 12, 18, 20, 182, 522
제국
[개념] 383-384, 407-411
비공식적 ___ 386, 390, 402-403
제국주의 29, 103, 382-383
[개념] 384-394, 415-419
문화적 ___ 450, 452-456, 463-464, 471, 474, 476-477, 480, 487, 532
제권 339, 406-408, 411
"패권" 참조
젠더 33, 52, 78-79, 168, 251, 268, 344-345, 350, 356, 367, 374-375, 482-483
종속계급 197, 485
주거지 125-126, 131, 135-139, 148, 153, 155, 157-158, 160, 165
중간계급 162, 169, 258-260, 262-263, 266, 271, 281-283
구___ 259, 264, 267
신___ 259, 264, 267-269, 277
"중산층" 참조
중산층 20, 126, 169
[개념] 258-263, 278-280
___ 문화 251, 269-270, 273
지배계급 65-66, 71, 176, 180-182, 184, 187-188, 191, 194-198, 201, 211, 269, 276, 335-336, 349, 360-361, 377, 416, 485
지배구조 238, 249, 495-496, 506-507, 532
지배집단 18-19, 196, 210, 212, 250-251
지주회사 103, 495
직장 96-98, 102, 108-111, 113, 154
진보주의 216, 226, 264, 269-270, 272, 277, 291-292, 336, 526
"진정한 조합주의" 144-145, 160, 163
"노동조합" 참조
집단주의 204, 247, 325, 331-332

ㅊ

차티즘 77-78, 80
참정권 78, 189, 215, 253, 286, 526, 530
청교도 30, 38, 40-43, 45-46, 203
___ 신앙 41, 46
촌락 42, 151-152, 156
___ 공동체 152, 156
최고 경영진 228, 234, 242, 250, 500, 532

ㅋ

케인스주의 287, 301

ㅌ

탈구조주의 79
태프트-하틀리법 178, 300-301, 305, 310, 329, 333-334
테일러주의 88-89, 91-92, 100-102, 107-114, 118, 323-326, 513-516
트러스트 103, 505

ㅍ

파시즘 25, 257, 307
파업권 326, 329
패권 25, 30, 66, 168-169, 171, 339, 352, 361, 382, 387-389, 392-393, 399-408, 411, 416, 425, 431, 438, 447, 485, 487, 526, 529, 530, 533
패권국가 398, 400-403, 407, 411, 531
패권주의 385
팽창주의 41, 358, 366, 385, 387
평등주의 23, 171, 262, 285, 367-368, 454, 460
평민 33, 37, 63-64, 66, 210, 258, 460
평민문화 63-66
포드주의 275, 514-515
포스트모더니즘 33, 78-79, 246-247, 522
 포스트모더니스트 81-82
포퓰리즘 272, 465
프랑스혁명 12, 33, 55, 77, 466
프랑크푸르트학파 457-458, 462, 485
프롤레타리아 131, 256
 "무산자계급" 참조

ㅎ

하원 216
하층 43, 122, 169, 204-205, 260, 263, 468
한국전쟁 306, 379
할리우드 영화 453, 456, 472, 475, 479
"허위의식" 255, 279, 315, 457
헌법 33, 216, 218, 222
혁명적 조합주의 145
 "노동조합" 참조
혁신 63, 104, 107, 110, 226, 231-233, 241-244, 248-249, 273, 362, 511, 519
 기술___ 111, 143, 161, 164, 278, 314, 434
 조직___ 104-108, 114, 228, 237, 502, 510
휘그파 70
흑인 18, 33, 37-39, 43-46, 81, 205-206, 261, 273, 294-295, 341-342, 344, 346, 348-351, 358, 360-362, 364-375, 410, 473, 530
 ___ 남성 350-351
 ___ 노동자 346
 ___ 민권운동 39, 81, 342, 351, 367, 369
 ___ 엘리트 205, 341
 ___ 중산층 258, 341
흑인성 343

미국 예외론의
대안을 찾아서

1판 1쇄 펴낸날 2011년 5월 30일

지은이 | 배영수
펴낸이 | 김시연

펴낸곳 | (주)일조각
등록 | 1953년 9월 3일 제300-1953-1호(구 : 제1-298호)
주소 | 110-062 서울시 종로구 신문로 2가 1-335
전화 | 734-3545 / 733-8811(편집부)
733-5430 / 733-5431(영업부)
팩스 | 735-9994(편집부) / 738-5857(영업부)
이메일 | ilchokak@hanmail.net
홈페이지 | www.ilchokak.co.kr

ISBN 978-89-337-0608-4 93940
값 35,000원

* 이 도서의 국립중앙도서관 출판시도서목록(CIP)은
e-CIP홈페이지(http://www.nl.go.kr/ecip)와
국가자료공동목록시스템(http://www.nl.go.kr/kolisnet)에서
이용하실 수 있습니다.
(CIP제어번호: CIP2011002035)